VEDIC CONCORDANCE OF MANTRAS AS PER DEVATĀ AND ṚṢI

(वैदिक–देवतार्ष्यनुसारी मन्त्रानुक्रमकोषः)

(प्रथमो भागः)

Vol. 1

(अक्षकितवनिन्दा से ऊर्ध्वा बृहस्पतिः श्वित्र वर्षः तक)

By

Dr. Ravi Prakash Arya
Ram Narain Arya

Amazon Books, USA
in association with
Indian Foundation for Vedic Science
H.O.1051, Sector-1, Rohtak, Haryana, India ✆ 01262-292580
Delhi Contact : 011-65188114; Mobile: 09313033917; 09650183260
Email : vedicscience@rediffmail.com
vedicscience@hotmail.com
Web : www.vedascience.com

Second revised edition

Kali era : 5117 (c. 2014)

Kalpa era :1,97,29,49,117

Brahma era :15,50,21,97,9,49,117

ISBN 81-87710-77-2

© Author

All rights are reserved. No part of this work may be reproduced or copied in any form or by any means without written permission from the author

To my beloved father, Late Ram Narain Arya
A Vedic scholar par excellence and Rainmaker
Colloborator, guide and a great source of inspiration
behind this endevour

Introduction

Indian Foundation for Vedic Science has been established with the sole objective of preserving the ancient Vedic heritage and culture of India by way of promoting scientific researches into Vedic philology, exegesis and sciences.

The aims and objectives of the foundation are as under:

1. To preserve ancient Vedic heritage and culture of India.

2. To unravel the mysteries of the Vedas and the Allied literature.

3. To promote and promulgate the rational and scientific outlook of Vedic seers and scholiasts of ancient India.

4. To conduct research into various aspects of Vedic learning and to seek its relevance to the modern living.

5. To function as a nodal international agency for information about the current status of Vedic research, Vedic research scholars and Institutions and a liaison agency.

6. To be a competent body of scholars who can authoritatively proclaim decisions and evaluate research in the field of Vedic philology, Vedic exegesis and Vedic Sciences.

7. To bring together the Vedic scholars who evinced a great deal of interest for promotion of Vedic studies on scientific lines and Modern scientists or scholars interested into Vedic scientific vision to co-ordinate for synthesis of modern scientific knowledge with the Vedic one so that it may diffuse following the Vedic vision for upkeep, advancement, safety and development of mankind and not for ecological crisis, destruction and extinction of mankind.

8. To disseminate the knowledge, information, training scope, for advanced research of direct and interdisciplinary nature for all those who are desirous of learning and contributing in the field of Vedic exegesis, Vedic philology and Vedic sciences.

9. To construct a computer library and to prepare a computer concordance by computerizing the entire bulk of Vedic literature.

10. To undertake the publication of research work done from time to time by the scholars under the auspices of the foundation.

11. To promote such a vision (as discovered by the seers of this land in the times of yore) as could bring about social reforms leading to harmony, friendship, fraternity and common culture to the present day trouble torn world of mankind and help in the cause of national and international peace thus suggesting the modern science for more and more active role for upkeep and safety of living organisms and the planet.

In tune with the aims and objectives of the foundation it was thought that a proper apparatus be produced first to facilitate the in-depth scientific studies and commentaries on the Vedas, since the presently available translations and commentaries on the Vedas and allied literature, leaving a few cases, are not able to present the actual and factual significance of this oldest literature of the world. Most of the translations are based on prejudices and preconceived notions of the translators and so are misleading and far fetched ones. The position is known to everyone. We need not elaborate upon this fact. In the absence of factual interpretation of the Vedas, no factual data can be collected and in absence of the factual data nobody, howsoever be reputed or eminent he may be in his field of studies, is able to do justice with the ancient most world of humanity or say Vedic life and thought. Under the circumstances it becomes the paramount duty of an institute like the **Indian Foundation For Vedic Science** not only to preserve the ancient most intellectual and scientific heritage of the globe, but also (१) to present it in the most modern terms and try to seek the relevance of this ancient most scientific treasure of the globe in context of the modern scientific advancement and the modern living. (2) To see whether and to what extent Vedic scientific vision can contribute for the furtherance of modern science or say to seek the possibility of updating the modern scientific advancement with the help of Vedic scientific vision. (३) To find out the possible areas of collaboration between Vedic scientific vision and modern science. (४) To find the equivalence between Vedic scientific vision and modern science. (5) To present the state of art of different disciplines in the Vedas and allied literature in terms of documentation, sources and past and present experiments, etc. To pursue the work along the above cited facts and to define the Vedic age and culture in right perspective, it is imminent to have accurate interpretations of the Vedas and allied literature. Since the Vedas can best be interpreted with the help of the Vedas only, as the famous convention is 'Vedas are homomensura or *svataḥ pramāṇa*.' On the other hand to interpret the Vedas with the help of Vedas, it is highly essential to have the deep rooted knowledge and understanding of the cultural and the scientific background of the Vedic period. When we look out for such an apparatus as could help us best to interpret Vedas with the help of Vedas. we come across with threefold apparatus designed to facilitate and deepen the study of the Vedas . First one among these is the Universal Word Index to the Vedas published in १६ vols. by Vishvabandhu et al. from VVRI Hoshiarpur Punjab under the title 'Vedic Word Concordance' or वैदिक पदानुक्रम कोष. Second is the Vedic Index of Names and Subjects by Macdonell. Third one is an index of each and every Mantra-pāda to the Vedas consisting of the Published Vedic literature available by the time of its publication in १906, published by Bloomfield under the title 'A Vedic Concordance'. On careful examination it was found that only these threefold concordances available in the market are though suffice to facilitate the deep study of the Vedas, are not enough to help pluck out the actual estimate of the Vedas. To interpret the Vedas with the help of Vedas, it is highly essential to have the deep rooted knowledge and understanding of the cultural and the scientific background of the Vedic period which is only possible through the knowledge of the actual intention of the Vedic seers and the deities or the subject matter dealt with by them. A full detail of the Mantras compiled under a particular devatā-head revealed to a particular seer in various Saṁhitās would also facilitate readers and researchers of the Vedas to make out the actual intention of the seer behind his revelation or visualization of various laws of nature known as various deities. Keeping in view the desideratum of such an apparatus as could help facilitate the readers and researchers make out the actual intention of the seers behind the visualization of various laws of nature at physical, astrophysical and metaphysical level, the foundation comes forward with the four-fold apparatus. Firstly named as 'A Vedic Concordance of Ṛṣis and Devatās' or वैदिक–ऋषि–देवता–पदानुक्रम कोषः- Secondly with 'A concordance of Vedic Mantras as per Ṛṣis and Devatās' or वैदिक–ऋषि–देवतानुसारी मन्त्रानुक्रम कोषः- Thirdly, 'A Vedic Concordance of Devatās and Ṛṣis' or वैदिक–देवता–ऋषि–पदानुक्रम कोषः- Fourthly, 'A Concordance of Vedic Mantras as per Devatās and Ṛṣis or वैदिक–देवता–ऋष्यनुसारीमन्त्रानुक्रम कोषः Fifthly, it was also decided to produce Bloomfield's Vedic Concordance in Devanāgarī script in an updated, revised and improved manner by including citations from the works not available by the time of publication of this work during his period so that Vedic researcher can find in updated devanāgarī version .

It is a matter of great pleasure and pride that after completing the first three tasks of producing

(1) Concordance of Vedic Ṛṣis and Devatās' or वैदिक–ऋषि–देवता–पदानुक्रम कोषः-

(2) A concordance of Vedic Mantras as per Ṛṣis and Devatās' or वैदिक–ऋषि–देवतानुसारी मन्त्रानुक्रम कोषः

(3) 'A Vedic Concordance of Devatās and Ṛṣis' or वैदिक–देवता–ऋषि–पदानुक्रम कोषः

We are coming out with the fourth most important work, i.e. 'A Concordance of Vedic Mantras as per Devatā and Ṛṣi and' or वैदिक–देवता–ऋषि–पदानुक्रम कोषः running into two vols. of total 92१+ 96 pages. With the publication of this work a long felt need of an apparatus useful to comprehend the actual intention of the visionaries of the Vedas has fulfilled. It is fervently hoped that this work will be welcomed by the entire community of Vedic scholars and the researchers.

The foundation is also coming out soon with the fifth monumental work, i.e. 'A Vedic Concordance' or 'वैदिक–मन्त्रपादानुक्रम कोषः', an updated and revised Devanāgarī version of Bloomfield's Vedic concordance running into 2000 pages. The work is ready for publication.

Introductory To The Present Concordance

In preparing the present Concordance following works have been used :

1. *Ṛgveda Saṁhita* : Edited by Dr. Ravi Prakash Arya, Delhi, 1997.
2. *Ṛgveda Saṁhita* (Mantras only) : Vaidika Yantralaya, Ajmer.
3. *Yajurveda Saṁhita* (Mantras only) : Vaidika Yantralaya, Ajmer.
4. *Sāmaveda* : Edited by Dr. Ravi Prakash, Delhi 1996.
5. *Sāmaveda* : Edited by Sātavalekara, Svādhyāya Maṇḍala, Paradi. 1985.
6. *Sāmaveda* : By R.T.H. Griffth, Delhi. 1978.
7. *Sāmavedārṣeyadīpa* of Bhaṭṭa Bhāskarādhvbarīndra : Edited by Ramachandra Sharma,

Tirupati. 1957.

8. *Atharvaveda* : Vaidika Yantrālaya, Ajmer.

9. *Ṛksarvānukramaṇī* of Sāyaṇa.

This work has been prepared by compiling various Devatās of the four Vedas. Under a particular Devatā head, the names of the various Ṛṣis along with the Mantra / or Mantras revealed to them on the particular subject Devatā were also compiled. The names of Devatās and Ṛṣis have been arranged alphabetically. While compiling the names of various Devatās and Ṛṣis of particular Mantrā / or Mantrās, the author came across the variant readings regarding the names of Devatās and their Ṛṣis in the various works cited above. All those variant readings have been cited in the concordance with reference to the works that contain those readings. For instance,

विश्वेदेवाः – ऋ. १०.१२६.१–८

अंहोमुग् वामदेव्यः (साग्री. सास्वा. सार्षदी.); कुल्मल वर्हिषः शैलूषि अंहोमुग् वा वामदेव्यः (ऋसर्व.)

In the above cited entry Ṛgvedic mantrās of १0th Maṇḍala and १26th sūkta have been recorded in various additions to have been revealed to varying seers. Sāyaṇabhāṣya of Ṣāmaveda, Ṣāmaveda by Sātavalekara and Sāmvedārṣeyadīpa of Bhaṭṭa Bhāskarādhvarindra register **अंहोमुग् वामदेव्यः** as the seer, where as Ṛksarvānukramaṇī of Śaunaka registers **कुल्मल वर्हिषः शैलूषि अंहोमुग् वा वामदेव्यः** as the seer. These variant readings have been shown in the above cited entry quoting the original works, in their abbreviated form, containing these readings.

Significance of the present work

Vedas represent the knowledge of the creation of the universe acquired first ever by humanity on the globe. The knowledge of creation came into being as soon as the creation got materialized. Vedic seers were the masters of vision. They visualized this knowledge and the laws of nature, creation and de-creation beyond time and space in their Samādhi. They encoded all those secret laws revealed to them in the form of Mantras. Since those laws of nature, creation and de-creation were visualized and encoded in the form of Mantras by the Vedic scholars, they were known as the seers or Ṛṣis of that / those particular Mantra or Mantras which revealed to them. The secret laws of the nature that were encoded by way of the Mantras came to be known as the deities or the Devatās. Thus the knowledge of the Vedas lies in the knowledge of the seers and the deities. We find that a particular phenomenon or deity was visualized and encoded in the form of Mantras by more than one seer. Consequent upon which all the four Saṁhitās recorded various seers on a particular devatā and various devatās visualized by one particular seer. Under the circumstances, it would be interesting to conduct a comparative and critical study of the nature and types of the various laws or deities of the nature visualized by various seers from their various subjective angles. This comparative analysis would provide a clear-cut picture as to what extent the various seers have differed or agreed in their visualization of a particular phenomenon. This study would also provide a great help in deducing the actual intention of the original seer while interpreting the Vedic texts. In addition, the comparative picture of the various seers and deities would also help solve the various riddles impregnating the actual names of the seers, their surnames and the deities visualized by them.

To enable the readers and the researchers to carry out such comparative studies regarding the seers and their respective visualizations, this concordance has been prepared. This concordance is a ready reference to all the deities, and the seers who worked on them along with the mantras revealed to them deity-wise as compiled in the four major Saṁhitās of the Vedas. This concordance has listed 959 Devatās underlying great laws of the spiritual, astronomical and physical nature visualized by various high spirited Ṛṣis in the beginning of the origin of the human civilization on this globe. The various names of seers enlisted under a particular Devatā head also reveal the extensive interest of various seers for the particular field of the research in the beginning of humanity on the Globe. The publication of this concordance also marks the beginning of the rational, scientific and factual translation of ancient-most scientific literature of the world. This concordance is followed by a 'Bibliography of Vedic Ṛṣis' and 'Researches into Vedic Devatās - The Subject Matter of Vedas'.

Dr. Ravi Prakash Arya
998- Akash, DRDO Complex
Lucknow Road, Timarpur, Delhi -11 0054
℘ 09313033917, 09650183260
Email : vedicscience@hotmail.com
: vedicscience@rediffmail.com
Web : www.vedascience.com

ABBREVIATIONS

Following abbreviations have been used in this volume:

ऋ. – *Ṛgveda*
सा. – *Sāmaveda*
अ. – *Atharvaveda*
य. – *Yajurveda* of *Vājasaneyī Saṁhitā*
सार्षदी. – *Sāmavedārṣeyadīpa* of Bhaṭṭ Bhāskarādhvarindra
सास्वा. – *Sāmaveda* of *Svādhyāya Maṇḍala Pāraḍī* edited by Sātavalekara
साग्री. – Sāmaveda Sāyaṇa Bhāṣya or *Sāmaveda* edition of Griffith
ऋसर्व. – *Ṛksarvānukramaṇī* of Śaunaka
अजमेर – *Ṛgveda* edition of Vaidika Yantralaya Ajmer.

CONTENTS

Introduction ५—१०

१. अक्षकितवनिन्दा ४७

१. कवष ऐलूषः अक्षो वा मौजवान् ४७

2. अक्ष कृषिप्रशंसा ४७

१. कवष ऐलूषः अक्षो वा मौजवान् ४७

३. अक्षिः मनः ४७

१. अथर्वा ४८

४. अग्नाविष्णू ४८

१. मेधातिथि ४८

५. अग्निः ४८

१. अगस्त्यः ४८

2. अग्निः ४८

३. अग्निः पावकः ४६

४. अग्निः प्रजापतिः (सास्व.) ५०

५. अग्निवरुणसोमानां निहवः ५०

६. अग्निः सौचीको वैश्वानरो वा सप्तिर्वा वाजम्भरः ५०

७. अंगिराः ५०

८. अंगिराः प्रचेता यमश्च ५१

६. अथर्वा ५१

१०. अथर्वा (पण्यकामः) ५४

११. अथर्वा (स्वस्त्ययनकामः) ५४

१2. अथर्वांगिरा ५४

१३. अप्रतिरथः ५४

१४. अरुणो वैतहव्यः ५५

१५. अवत्सारः ५६

१६. अवत्सारः काश्यपः ५६

१७. अश्विनौ ५६

१८. आगस्त्य अग्रे द्रष्टव्यम् ५६

१६. आथर्वणः दध्यङ् ५७

20. आदित्या देवाः ५७

2१. आश्वतराश्विः ५७

22. आसुरिः ५७

2३. इन्द्राग्नी ५७

२४.	इष आत्रेयः	५७
२५.	उत्कीलः	५८
२६.	उत्कीलः कात्यः	५८
२७.	उपस्तुतो वार्ष्टिहव्यः (सास्वा. साग्री. –१०.११५.९) य त्वाष्ट्रीहव्यः (सार्षदी.)	५९
२८.	उपस्तुतो वार्ष्टिहव्यः	५९
२९.	उशना	५९
३०.	उशना काव्यः	५९
३१.	ऋषभो वैश्वामित्रः	६०
३२.	कण्वः	६०
३३.	कण्वो घौरः	६०
३४.	कतो वैश्वामित्रः	६२
३५.	कुत्सः	६२
३६.	कुत्स आंगिरसः	६४
३७.	कुमार आत्रेयो वृशो वा जान उभौ वा	६४
३८.	केतुर् आग्नेयः	६४
३९.	कौशिकः (अनृणकामः)	६५
४०.	गय आत्रेयः	६५
४१.	गाथी कौशिकः	६६
४२.	गार्ग्यः	६६
४३.	गालवः	६६
४४.	गृत्समदः	६६
४५.	गृत्समदः शौनकः	६७
४६.	गोतमः	६९
४७.	गोतमो राहूगणः	७०
४८.	गोपवन आत्रेयः	७२
४९.	चातनः	७२
५०.	चित्रः	७४
५१.	चित्रमहा वासिष्ठः	७४
५२.	जमदग्निः	७५
५३.	जमदग्निः भार्गवः	७५
५४.	जरिता	७५
५५.	तापसः	७५
५६.	त्रितः	७६
५७.	त्रित आप्त्यः	७८
५८.	त्रिशिराः	७९
५९.	त्रिशिराः त्वाष्ट्रः	७९

६०.	त्र्यरुणस् त्रैवृष्णः त्रसदस्युः पौरुकुत्स्यः अश्वमेधश्च भरतोऽत्रिर्वा	७९
६१.	दध्यङ् आथर्वणः	७९
६२.	दमनः	८०
६३.	दमनो यामायनः	८०
६४.	दीर्घतमा	८०
६५.	दीर्घतमा औचथ्यः	८१
६६.	देवलः	८४
६७.	देववातः	८५
६८.	देववात भरतौ	८५
६९.	देवश्रव–देववातौ	८५
७०.	देवाः	८५
७१.	देवश्रवा देववातश्च भारतौ	८५
७२.	द्युम्नो विश्वचर्षणिः	८५
७३.	द्रुह्वणः (आयुर्वर्चोबलकामः)	८५
७४.	द्रोणः	८५
७५.	द्वितो मृक्तवाहा आत्रेयः	८५
७६.	धरुण आङ्गिरसः	८६
७७.	ध्रुवः	८६
७८.	नाभाकः काण्वः	८६
७९.	नाभानेदिष्टः	८६
८०.	नोधा गौतमः	८७
८१.	परमेष्ठी	८७
८२.	परमेष्ठी प्रजापतिः	८९
८३.	पराशरः	९०
८४.	पराशरः शाक्त्यः	९०
८५.	परुच्छेपो दैवोदासिः	९३
८६.	पायुः	९५
८७.	पायुर् भरद्वाजः	९५
८८.	पावकाग्निः	९५
८९.	पुरुः आत्रेयः	९५
९०.	पूरुर् आत्रेयः	९५
९१.	पुरोधाः	९६
९२.	प्रजापतिः	९६
९३.	प्रजापतिर् वैश्वामित्रो वाच्यो वा	९६
९४.	प्रतिवेदनः	९७
९५.	प्रयस्वन्त आत्रेयाः	९७
९६.	प्रयोगो भार्गवः	९७

९७. प्रयोगो भार्गवः पावकोऽग्निर् बार्हस्पत्यो वा गृहपतिर्यविष्ठो सहसः पुत्रो वा अन्यतरो वा	९७
९८. प्रस्कण्वः	९८
९९. प्रस्कण्वः काण्वः	९८
१००. बन्धुः सुबन्धुः श्रुतबन्धुर् विप्रबन्धुश्च गौपायनाः	९९
१०१. बन्धुः सुबन्धुः श्रुतबन्धुः विप्रबन्धुश्च क्रमेण गौपायना लौपायना वा (साग्री. सास्वा.) बन्धुः सुबन्धुः श्रुतबन्धुः विप्रबन्धुश्च गौपायना (ऋसर्व.) वर्द्घु गौपायनः (सार्षेदी.)	९९
१०२. बन्धुः सुबन्धुः श्रुतबन्धुः विप्रबन्धुः क्रमेण गौपायना लौपायना वा	९९
१०३. बुधगविष्ठिरौ आत्रेयौ	९९
१०४. बृहदुक्थो वामदेव्यः	१००
१०५. ब्रह्म	१००
१०६. भरद्वाजः	१०२
१०७. भरद्वाजो बार्हस्पत्यः	१०२
१०८. भरद्वाजो बार्हस्पत्यः वीतहव्य आंगिरसो वा	१०८
१०९. भर्गः	१०९
११०. भर्गः प्रागाथः	११०
१११. भर्गः प्रागाथः (साग्री. सास्वा.) शंयुः (सार्षेदी.)	१११
११२. भार्गवः	१११
११३. भृगुः	१११
११४. मधुच्छन्दाः	११२
११५. मधुच्छन्दा वैश्वामित्रः	११२
११६. मनुर्वैवस्वतः	११२
११७. मय आत्रेयः	११३
११८. मयोभूः	११३
११९. मरीचिः काश्यपः	११३
१२०. महीयवः	११४
१२१. मृगः	११४
१२२. मृगारः	११४
१२३. मृळीको वासिष्ठः	११४
१२४. मेधातिथिः	११४
१२५. मेधातिथिः काण्वः	११५
१२६. मेध्यातिथिः	११६
१२७. यमः	११६
१२८. लोपामुद्रा	११६
१२९. वत्सः	११६
१३०. वत्स आग्नेयः	११६

Vedic Concordance of Mantras as per Devatā and Ṛṣi

१३१. वत्सः काण्वः	११६
१३२. वत्सप्रिः	११७
१३३. वत्सप्रिर् भालन्दनः (साग्री. सास्वा. ऋसर्व.) वत्स (सार्षेदी.-७४) वत्सप्रिय (सार्षेदी.७७)	११८
१३४. वत्सारः	११८
१३५. वव्रिर् आत्रेयः	११८
१३६. वसिष्ठः	१२०
१३७. वसुयुः	१२५
१३८. वसुश्रुत आत्रेयः	१२५
१३९. वसूयव आत्रेयः	१२७
१४०. वामदेवः	१२७
१४१. वामदेवो गौतमः	१२८
१४२. वामदेवो गौतमः (साग्री. सास्वा. ऋसर्व.४.१०.९) अग्निः (सार्षेदी.)	१३४
१४३. वामदेवः कश्यपो वा मारीचो मनुर् वा वैवस्वतः उभौ वा (साग्री. सास्वा.) वामदेवः (सार्षेदी.)	१३४
१४४. वारुणिः	१३४
१४५. वासिष्ठो मैत्रावरुणिः	१३४
१४६. वासिष्ठो मैत्रावरुणिः (साग्री. सास्वा.) वामदेव (सार्षेदी.)	१३५
१४७. विदर्भिः	१३५
१४८. विधृतिः	१३५
१४९. विमद ऐन्द्रः वसुकृद्वा वासुक्रः (साग्री. सास्वा.) विमद ऐन्द्रः वसुकृद्वावसुक्रो वा प्राजापत्यः (ऋसर्व.) वसुकृद्दृषि विमदो वा (सार्षेदी.)	
१५०. विमद ऐन्द्रः (साग्री. सास्वा.) प्राजापत्यो वा वसुकृद्वा वासुक्र (ऋसर्व. १०.२१.१; १०.२५.१) गोतमः (सार्षेदी.)	१३७
१५१. विरुपः	१३७
१५२. विरुप आंगिरसः	१४०
१५३. विरुप अंगिरसः (साग्री. ऋसर्व. ८.७५.१०) विश्वरुप आंगिरसः (सार्षेदी.) आयुङ्क्ष्वाही (सास्वा.)	१४२
१५४. विरुपाक्षः	१४२
१५५. विश्वकर्मा	१४२
१५६. विश्वमनाः	१४७
१५७. विश्वमना वैयश्वः	१४७
१५८. विश्वसामा आत्रेयः	१४३
१५९. विश्वरुपः	१४३
१६०. विश्ववारा	१४३
१६१. विश्ववारा आत्रेयी	१४३
१६२. विश्वामित्रः	१४३

९६३. विश्वामित्रो गाथिनः — १४८
९६४. विश्वावसुर् देवगन्धर्वः — १५०
९६५. विश्वावसुः — १५०
९६६. वृषो जारः — १५०
९६७. वृहद्दिवोऽथर्वा — १५०
९६८. वैखानसः — १५०
९६९. शङ्खः — १५१
९७०. शन्ततिः — १५१
९७१. शंयुर् बाहस्पत्यः — १५१
९७२. शम्युः — १५२
९७३. शतं वैखानसः — १५२
९७४. शाङ्गाः — १५२
९७५. शुनः शेपः — १५३
९७६. शुनःशेप आजीगर्तिः — १५३
९७७. शुनःशेप आजीगर्ति कृत्रिमो देवरातो वैश्वामित्रो वा (साग्री. सास्वा.) शुनःशेप आजगर्ति कृत्रिमो देवरातो वैश्वामित्रः (ऋसर्व.) शुनःशेपः (सार्षेदी.) — १५४
९७८. शौनकः — १५४
९७९. शौनकः (सम्पत्कामः) — १५४
९८०. श्यावाश्वो वामदेवो वा (सास्वा. साग्री.) वामदेवः (सार्षेदी.) — १५५
९८१. श्रुतबन्धुः — १५५
९८२. संवननः — १५५
९८३. सप्तर्षयः — १५५
९८४. सरस्वती — १५५
९८५. सर्पराज्ञी कद्रूः — १५५
९८६. सस आत्रेयः — १५५
९८७. सारिसृक्वः — १५६
९८८. सिन्धुद्वीपः — १५६
९८९. सिन्धुद्वीप आम्बरीष त्रित आप्त्यो वा (साग्री. सास्वा.) सिन्धुद्वीप (सार्षेदी.) — १५६
९९०. सुतम्भरः — १५६
९९१. सुतम्भर आत्रेयः — १५६
९९२. सुदीति-पुरुमीढौ — १५७
९९३. सुदीति-पुरुमीळ्हौ आंगिरसौ — १५७
९९४. सुदीति पुरुमीळौ आंगिरसौ (साग्री. सास्वा.) सुदीति पुरुमीढो वा (सार्षेदी.) — १५७
९९५. सुदीति पुरुमीढौ आंगिरसौ तयोर्वान्यतरः (साग्री. सास्वा.)

	सुदीतिः (सार्षेदी.)	१५८
	१६६. सुदिति पुरुमीळहौ तयोर्वा अन्तरः	१५८
	१६७. सुनुर् भार्गवः	१५८
	१६८. सुपर्णः	१५८
	१६९. सुबन्धुः	१५८
	२००. सुमित्रो वाध्र्यश्वः	१५८
	२०१. सुश्रुतः	१५९
	२०२. सोमकः	१५९
	२०३. सोमाहुतिः	१५९
	२०४. सोमाहुतिः भार्गव	१५९
	२०५. सोभरिः काण्वः	१५९
	२०६. सौभरिः काण्वः	१६१
	२०७. स्तम्बमित्रः	१६२
	२०८. स्वस्त्यात्रेयः	१६२
	२०९. हविर्धान आङ्गिः	१६२
	२१०. हिरण्यगर्भः	१६३
	२११. हिरण्यस्तूपः आंगिरसः	१६३
	२१२. हैमवर्चिः	१६४
	२१३. ऋषि?	१६४
६.	अग्निः (साग्री. सास्वा.) ऋतवः (सार्षेदी.)	१६४
	१. वामदेवो गौतमः	१६४
७.	अग्निः आज्यम्	१६५
	१. भृगुः	१६५
८.	अग्निः (सार्षेदी.) इन्द्रः (सास्वा. साग्री. ऋसर्व.)	१६५
	१. बन्धुः सुबन्धुः श्रुतबन्धुः विप्रबन्धुश्च क्रमेण गौपायना लौपायना वा (साग्री. सास्वा.) बन्धुःसुबन्धुः श्रुतबन्धुः विप्रबन्धुश्च गौपायना (ऋसर्व.)वामदेव (सार्षेदी.)	१६५
९.	अग्निः (सर्व.६-२-४) इन्द्रः (साग्री. सास्वा. सार्षेदी.)	१६५
	१. भरद्वाजो बार्हस्पत्यः	१६५
१०.	अग्निः पवमानः	१६५
	१. शतं वैखानसः	१६५
११.	अग्निः मन्त्रोक्ता	१६५
	१. भृगुः	१६५
१२.	अग्नि मित्रावरुणौ रात्रिः सविता च	१६७
	१. हिरण्यस्तूपः आंगिरसः	१६७
१३.	अग्निः (साग्री. सास्वा. ए सार्षेदी.) अग्नि सूर्यौ (ऋसर्व.)	१६७

	९. पृषध्रः काण्वः (सा‌ग्री. सा‌स्वा. ए ऋसर्व.८.५६.५) वामदेवः (सार्षेदी.)	१६७
१४.	अग्निः (सा‌ग्री.) वैद्युतोऽग्निः (सार्षेदी.)	१६७
	९. विश्वामित्रो गाथिनः	१६७
१५.	अग्निः (सा‌ग्री. सा‌स्वा.) वैश्वानरः (सार्षेदी.)	१६७
	९. भरद्वाजो बार्हस्पत्यः	१६७
१६.	अग्निः शुचिश्च	१६७
	९. गृत्समदः शौनकः	१६७
१७.	अग्निः सूर्यो वा अपो वा गावो वा ऋतव वा	१६७
	९. वामदेवो गौतमः	१६७
१८.	अग्निः सूर्यो वायुश्च	१६८
	९. दीर्घतमा औचथ्यः	१६८
१९.	अग्निः सौचिकः	१६८
	९. देवाः	१६८
२०.	अग्निः हवींषि वा	१६९
	९. हर्यतः प्रागाथः	१६९
२१.	अग्नि-अब्-बृहस्पत्यादयः	१६९
	९. प्रजापतिः	१६९
२२.	अग्निभूत पतीन्द्रा मन्त्रोक्ता	१६९
	९. चातनः	१६९
२३.	अग्निमरुतश्च	१७०
	९. मेधातिथिः काण्वः	१७०
२४.	अग्निरक्षोहा	१७०
	९. पायुः	१७०
२५.	अग्निर्जातवेदाः	१७१
	९. कश्यपो मारीचः	१७१
	2. श्येन आग्नेयः	१७१
२६.	अग्नि लिंगोक्ता वा	१७१
	९. वामदेवो गौतमः	१७१
२७.	अग्निवैश्वानरः	१७१
	९. नोधा गौतमः	१७१
२८.	अग्निवरुणौ	१७१
	९. वामदेवः	१७१
२९.	अग्नि विश्वकर्मा	१७२
	९. अथर्वा	१७२
३०.	अग्निर् आत्मा वा	१७२
	९. विश्वामित्रो गाथिनः	१७२

Vedic Concordance of Mantras as per Devatā and Ṛṣi

३१. अग्निर् देवाश्च । १७२
    १. प्रस्कण्वः काण्वः । १७२
    2. असुनीतिः (बन्धुः सुबन्धुः श्रुतबन्धुर् विप्रबन्धुश्च गौपायनाः) । १७२

३२. अग्निर्मरुतश्च । १७२
    १. सोभरिः काण्वः । १७२

३३. अग्निर्वा वरुणश्च । १७२
    १. वामदेवो गौतमः । १७२

३४. अग्निर् वैश्वानरः । १७३
    १. कुत्स आंगिरसः । १७३
    2. विश्वामित्रो गाथिनः । १७३

३५. अग्नि—वायु सूर्याः । १७४
    १. प्रजापतिः । १७४

३६. अग्नि वायू । १७४
    १. परमेष्ठी प्रजापतिः । १७४

३७. अग्निषोमौ । १७४
    १. गोतमो राहूगणः । १७४
    2. भार्गवः । १७५
    ३. मथितो यामायनो भृगुर् वा वारुणिः च्यवनो वा भार्गवः । १७५

३८. अग्निषोमौ इन्द्राग्नी । १७५
    १. परमेष्ठी प्रजापतिः । १७५

३९. अग्निः सत्यौजा । १७५
    १. चातनः । १७५

४०. अग्नि सरस्वत्यौ । १७५
    १. परमेष्ठी प्रजापतिः । १७५

४१. अग्नि सूर्य बृहस्पतिः । १७६
    १. अथर्वा । १७६

४२. अग्नि सूर्यानिलाः । १७६
    १. इरिम्बिठिः काण्वः । १७६

४३. अग्नि—सूर्यौ । १७६
    १. पृषध्रः काण्वः । १७६
    2. प्रजापतिः । १७६

४४. अग्नीन्द्रादयः । १७६
    ४. अथर्वा । १७६

४५. अग्नीन्द्रौ । १७६
    त्रिशोक काण्वः । १७६

४६. अग्नीरक्षोहा । १७६

	९.	उरुक्षय आमहीयवः	१७६
४७.	अग्नीषोमौ (अग्नि-सोमौ)		१७६
	९.	प्रतिवेदनः	१७६
	२.	ब्रह्म	१७६
४८.	अग्नयः		१७७
	९.	वत्सप्रिः	१७७
	२.	विश्वरुपः	१७७
४९.	अग्न्यश्वेन्द्रसरस्वत्याद्या लिंगोक्ताः		१७७
	९.	स्वस्त्यात्रेयः	१७७
५०.	अग्न्यादयः		१७७
	९.	प्रजापतिः	१७७
	२.	भरद्वाजः	१७८
	३.	याज्ञवल्क्यः	१७८
	४.	विश्वेदेवाः	१७८
	५.	स्वस्त्यात्रेयः	१७८
५१.	अग्न्यादयः पाप्महनो मन्त्रोक्ताः		१७८
	९.	ब्रह्म	१७८
५२.	अग्न्यादयो मन्त्रोक्ताः		१७८
	९.	अथर्वाः	१७९
	२.	कौशिकः (अनृणकामः)	१७९
	३.	देववातः	१७९
	४.	बादरायणिः	१७९
	५.	ब्रह्म	१७९
	६.	भृगुः	१८०
	७.	वरुणः	१८०
	८.	विश्वामित्रः	१८०
	९.	शन्तातिः	१८०
५३.	अग्नादयो लिंगोक्ताः		१८१
	९.	दीर्घतमा	१८१
	२.	वसिष्ठः	१८१
५४.	अगस्त्यः (सास्वा.) दम्पती (अजमेर)		१८१
	९.	लोपामुद्रा-अगस्त्यौ (सास्वा.) रति (अजमेर)	१८१
५५.	अगस्त्य शिष्यः (सास्वा.) दम्पती (अजमेर)		१८१
	९.	लोपामुद्रा-अगस्त्यौ (सास्वा.) रति (अजमेर)	१८१
५६.	अग्न्यादयो लिङ्गोक्ताः		१८१
	६.	दीर्घतमा	१८१

Vedic Concordance of Mantras as per Devatā and Ṛṣi

५७.	अघ्न्या	१८१
	१. उपरिबभ्रवः	१८१
	2. काङ्कायनः	१८१
	३. कुमारहारितः	१८2
५८.	अंगिरसः	१८2
	१. शङ्खः	१८2
५९.	अंगिराः	१८2
	१. वामदेवः काश्यपः असितो देवलो वा (सा0ग्री0) वामदेवः (सार्षेदी0)	१८2
६०.	अजः पंचोदनः	१८2
	१. भृगुः	१८2
६१.	अतिथिविद्या	१८४
	१. ब्रह्म	१८४
६२.	अतिथ्यादयो लिंगोक्ताः	१८६
	१. हैमवर्चिः	१८६
६३.	अतिमृत्युः	१८६
	१. प्रजापतिः	१८६
६४.	अत्रिः	१८६
	१. अत्रिर् भौमः	१८६
६५.	अदितिः	१८६
	१. अथर्वा (ब्रह्मवर्चस् कामः)	१८६
	2. इरिम्बिठिः काण्वः (सा0ग्री0 ध्सास्वा0 ऋसर्व0 ८.१८.७); पुरुमीढ (सार्षेदी0)	१८७
	३. गयस्कानः	१८७
	४. ब्रह्म	१८७
	५. सिन्धुद्वीपः	१८७
६६.	अदिति (स्वस्त्ययनम्)	१८७
	१. सत्यधृतिर्-वरुणिः	१८७
६७.	अध्यात्मम्	१८७
	१. कुत्सः	१८७
	2. ब्रह्म	१८६
६८.	अध्यात्मम् रोहितः आदित्यः	१९१
	१. ब्रह्म	१९१
६९.	अध्यापकः	१९७
	१. प्रजापतिः	१९७
७०.	अध्यापक—उपदेशकौ	१९७
	१. नाभानेदिष्ट्ः	१९७
७१.	अध्वर्युः	१९७

	१. दक्षः	१६७
७२.	अनड्वान् इन्द्ररुपः	१६७
	१. भृग्वंगिरा	१६७
७३.	अनुमतिः	१६८
	१. अगस्त्यः	१६८
	２. अथर्वा	१६८
७४.	अन्तरिक्षादयः	१६८
	१. प्रजापतिः	१६८
७५.	अन्तरिक्षादयो मन्त्रोक्ताः	१६८
	१. कौशिकः (अनृणकामः)	१६८
७६.	अन्तरिक्षम्	१६८
	१. जमदग्निः	१६८
७७.	अन्नम्	१६८
	१. अगस्त्यः	१६८
	2. आत्मा	१६९
७८.	अन्नवान् विद्वान्	१६९
	१. देवाः	१६९
७९.	अन्वृच यजमान—यजमानपत्नी—अहोरात्राशिषः	१६९
	१. प्रजावान् प्राजापत्यः	१६९
८०.	अपचिद् भैषज्यम्	१६९
	१. अथर्वा	१६९
८१.	अप यज्ञ सूर्याः	१६९
	१. दीर्घतमा	१६९
८2.	अपान्नपात्	१६९
	१. गृत्समदः शौनकः	१६९
८३.	अपांनपात् (सा्ग्री. सास्वा.) अपांनपादग्निः (सार्षेदी.)	200
	१. गृत्समदः शौनकः	200
८४.	अपांपतिः	200
	१. वरुणः	200
८५.	अपामार्गः	200
	१. शुक्रः	200
८६.	अपामार्गो वनस्पतिः	200
	१. शुक्रः	200
८७.	अप्रियः	209
	१. अगस्त्यो मैत्रावरुणिः	209
८८.	अप्वा	202

Vedic Concordance of Mantras as per Devatā and Ṛṣi

	१. अप्रतिरथ ऐन्द्रः	२०२
८६.	अप्सरसः	२०२
	१. बादरायणिः	२०२
८७.	अप्सरा	२०२
	१. बादरायणिः	२०२
८८.	अप्सवितारौ	२०२
	१. परमेष्ठी प्रजापतिः	२०२
८९.	अबोषधि सूर्याः	२०२
	१. अगस्त्यो मैत्रावरुणिः	२०२
९०.	अबोषध्यौ	२०३
	१. प्रजापतिः	२०३
९१.	अभ्यावर्ति नश्चायमानस्य दानस्तुतिः	२०३
	१. भरद्वाजो बार्हस्पत्यः	२०३
९२.	अमावस्याः	२०३
	१. अथर्वा	२०३
९३.	अरण्यानी	२०३
	१. देवमुनिर् ऐम्मदः	२०३
९४.	अरातयः	२०३
	१. अथर्वा	२०४
९५.	अरिनाशनम्	२०४
	१. बादरायणिः	२०४
९६.	अरुन्धत्यादयोः	२०४
	१. अथर्वा	२०४
१००.	अर्बुदिः	२०४
	१. काङ्कायनः	२०४
१०१.	अर्यमा	२०५
	१. अथर्वा	२०५
१०२.	अर्य्यमादि मन्त्रोक्ताः	२०५
	१. तापसः	२०५
१०३.	अर्यमा बृहस्पतिः इन्द्रः—वातः विष्णुः सरस्वती—सविता वाजी	२०५
	१. वसिष्ठः	२०५
१०४.	अर्यमा भगः बृहस्पतिः देवी	२०५
	१. वसिष्ठः	२०५
१०५.	अलक्ष्मीघ्नम्	२०५
	१. शिरिम्बिठो भारद्वाजः	२०५
१०६.	अलक्ष्मीनाशनम्	२०५

	९. शिरिम्बिठिः	२०६
१०७.	अव्युक्ता वैराजः	२०६
	९. अथर्वा	२०६
१०८.	अश्वः	२०६
	९. बृहस्पतिः	२०६
१०९.	अश्व्यादयः	२०६
	९. प्रजापतिः	२०६
	२. स्वस्त्यात्रेयः	२०६
११०.	अश्वत्थः	२०७
	९. जगद्बीजं पुरुषः	२०७
१११.	अश्विनी बृहस्पतिः	२०७
	९. ब्रह्म	२०७
११२.	अश्विनौ	२०७
	९. अगस्त्यो मैत्रावरुणिः	२०७
	२. अत्रिर् भौमः	२०९
	३. अथर्वा	२१०
	४. अथर्वा (अभयकामः)	२१०
	५. अवस्युर् आत्रेयः	२१०
	६. अश्विनौ	२११
	७. अश्विनौ वैवस्वतौ	२११
	८. इरिम्बिठिः काण्वः	२११
	९. उशना	२११
	१०. कक्षीवान (दैर्घतमसः औशिजः)	२१२
	११. कक्षीवान् दैर्घतमसः औशिजः	२१४
	१२. कुत्सः	२१५
	१३. कुत्स आंगिरसः	२१५
	१४. कुमारहारितः	२१७
	१५. कृष्णः (ऋसर्व. अ.) कृष्ण आंगिरसः (साग्री.)	२१७
	१६. कृष्णो द्युम्नीको वा प्रियमेधो वा वासिष्ठः	२१७
	१७. कृष्णो विश्वको वा कार्ष्णिः	२१७
	१८. गृत्समदः	२१७
	१९. गृत्समदः शौनकः	२१७
	२०. गोतमः	२१८
	२१. गोतमो राहूगणः	२१८
	२२. गोपवन आत्रेयः सप्तवध्रिर् वा	२१८
	२३. घोषा काक्षीवती	२१९

२४.	जमदग्निः (अभिसंमनस्कामः)	220
२५.	जमदग्निः भार्गवः	220
२६.	दीर्घतमा	220
२७.	दीर्घतमा औचथ्यः	220
२८.	नाभाकः काण्वः अर्चनाना वा	221
२९.	प्रजापतिः	221
३०.	प्रस्कण्वः	221
३१.	परुच्छेपो दैवोदासिः	221
३२.	पुरुमीढ–अजमीढौ	221
३३.	पुरुमीळ्हौ अजमीळ्हौ सौहोत्रौ	221
३४.	पौर आत्रेयः	222
३५.	प्रगाथः काण्वः	223
३६.	प्रस्कण्वः काण्वः	223
३७.	बृहदुक्थो वामदेव्यः	224
३८.	ब्रह्मातिथिः काण्वः	224
३९.	भरद्वाजो बार्हस्पत्यः	225
४०.	भूतांशः काश्यपः	226
४१.	मधुच्छन्दाः	226
४२.	मधुच्छन्दा वैश्वामित्रः	227
४३.	मेधातिथिः	227
४४.	मेधातिथिः काण्वः	227
४५.	मेध्यः काण्वः	227
४६.	मेध्यातिथिः	227
४७.	वसिष्ठः	227
४८.	वामदेवः	230
४९.	वामदेवो गौतमः	230
५०.	वासिष्ठो मैत्रावरुणिः	230
५१.	विमद ऐन्द्रः वसुकृद्वा वासुक्रः (सा॰ग्री॰ सा॰स्वा॰) विमद ऐन्द्रः वसुकृद्वावसुक्रो वा प्राजापत्यः (ऋ॰सर्व॰) वसुकृद्दृषि विमदो वा (सार्षेदी॰)	231
५२.	विश्वमना वैयश्व व्यश्वो वा आंगिरसः	231
५३.	विश्वामित्रः	231
५४.	विश्वामित्रो गाथिनः	231
५५.	शंखः	232
५६.	शशकर्णः	232
५७.	शशकर्णः काण्वः	233
५८.	शुनः शेपः	233
५९.	शुनःशेप आजीगर्तिः	233

६०. श्यावाश्वः	२३३
६१. सप्तवध्रिर् आत्रेयः	२३५
६२. सध्वंसः काण्वः	२३५
६३. सरस्वती	२३५
६४. सुकीर्तिः	२३६
६५. सुकीर्तिः काक्षीवतः	२३६
६६. सुहस्त्यो घौषेयः	२३६
६७. सोभरिः काण्वः	२३६
६८. हिरण्यस्तूपः	२३७
६९. हिरण्यस्तूपः आंगिरसः	२३७
११३. अश्विनौ मित्रावरुणौ	२३७
१. ब्रह्मातिथिः काण्वः (सास्वा. साग्री.) ब्रह्मातिथिः (सार्षेदी.)	२३७
११४. अश्विसरस्वतीन्द्राः	२३७
१. मधुच्छन्दाः	२३७
२. विदर्भिः	२३७
११५. अश्वोऽग्निः	२३८
१. दीर्घतमा औचथ्यः	२३८
११६. अष्टका	२३९
१. अथर्वा	२३९
११७. असंगस्य दानस्तुतिः	२३९
१. आसंगः प्लायोगिः	२३९
११८. असमाती राजा	२३९
१. अगस्त्यस्य स्वसा एषां माता	२३९
२. बन्धुः सुबन्धुः श्रुतबन्धुर् विप्रबन्धुश्च गौपायनाः	२३९
११९. असुरः	२४०
१. अथर्वा	२४०
१२०. अस्तुतमणिः	२४०
१. प्रजापतिः	२४०
१२१. अहिः	२४०
१. वसिष्ठः	२४०
१२२. अहिर्बुध्न्यः	२४०
१. वसिष्ठः	२४०
१२३. अहोरात्रे	२४०
१. अश्विनौ	२४०
२. सरस्वती	२४०
१२४. अहोरात्रौ	२४०

	९. प्रजापतिर् वैश्वामित्रो वाच्यो वा	२४०
१२५.	आंजनम्	२४१
	९. भृगुः	२४१
१२६.	आर्त्नी	२४१
	९. पायुर् भरद्वाजः	२४१
१२७.	आत्मस्तुतिः	२४१
	९. लब ऐन्द्रः	२४१
१२८.	आत्मा	२४२
	९. अथर्वा (ब्रह्मवर्चस् कामः)	२४२
	2. गोतमः	२४२
	३. त्रसदस्युः पौरुकुत्सः	२४२
	४. दीर्घतमा	२४३
	५. ब्रह्म	२४३
	६. वेनः	२४४
	७. शङ्खः	२४४
	८. सावित्री सूर्या	२४४
	९. स्वयम्भुर् ब्रह्म	२४५
१२९.	आत्मा अग्निर् वा	२४५
	९. विश्वामित्रो गाथिनः	२४५
१३०.	आत्मानः	२४५
	९. देवाः	२४५
१३१.	आदित्यः	२४६
	९. अथर्वा	२४६
	2. अप्रतिरथः	२४६
	३. उत्तरनारायणः	२४६
	४. काण्वः	२४६
	५. परमेष्ठी	२४६
	६. ब्रह्म	२४६
	७. वत्सारः	२५१
	८. वसिष्ठः	२५१
	९. वामदेवः	२५१
	१०. वासिष्ठो मैत्रावरुणिः	२५१
	११. सत्यधृतिर् वारुणिः	२५२
१३२.	आदित्यः अध्यात्मम्	२५२
	९. ब्रह्म	२५२
१३३.	आदित्यरश्मिः	२५३

	९. शन्तातिः	२४३
१३४.	आदित्यवस्वंगिरसः	२४३
	९. भरद्वाजः	२४३
१३५.	आदित्यवस्वंगिरसः पितरः	२४३
१३६.	आदित्याः	२४३
	९. इरिम्बिठिः काण्वः	२४३
	2. कण्वो घौरः	२४४
	३. कुत्सः	२४४
	४. कूर्मः गार्त्समदः	२४४
	५. कूर्मः गार्त्समदः गृत्समदो वा	२४४
	६. जमदग्निः भार्गवः	२४५
	७. त्रित आप्त्यः	२४५
	८. मत्स्यः सांमदो मान्यो वा मैत्रावरुणिर्बाहवो वा मत्स्या जालनद्धाः	२४५
	९. वसिष्ठः	२४६
	९०. विश्वावसुः	२४६
	९९. सोभरिः काण्वः	२४६
१३७.	आदित्या उषा च	२४६
	९. त्रित आप्त्यः	२४७
१३८.	आदित्यादयः	२४७
	९. ब्रह्म	२४७
१३९.	आदित्यादयो लिंगोक्ताः	२४७
	९. सिन्धुद्वीपः	२४७
१४०.	आदित्यो गृहपतिः	२४७
	९. कुत्सः	२४७
१४१.	आपः	२४७
	९. अथर्वा	२४७
	2. अथर्वा कृतिर्वा	२४७
	३. आथर्वणः दध्यङ्	२४८
	४. आदित्या देवाः	२४८
	५. उशना	२४८
	६. त्रिशिरास् त्वाष्ट्रः सिन्धुद्वीपो वा अम्बरीषः	२४८
	७. दध्यङ् आथर्वणः	२४८
	८. दीर्घतमा	२४८
	९. दीर्घतमा औचथ्यः	२४८
	९०. देवश्रवा यामायनः	२४९
	९९. प्रजापतिः	२४९

Vedic Concordance of Mantras as per Devatā and Ṛṣi

१२.	प्रियमेधाः	२५६
१३.	बृहस्पतिः	२५६
१४.	ब्रह्म	२५६
१५.	भृग्वंगिरा	२५६
१६.	मेधातिथिः	२५६
१७.	मेधातिथिः काण्वः	२६०
१८.	यमः	२६०
१९.	याज्ञवल्क्यः	२६०
२०.	वरुणः	२६०
२१.	वसिष्ठः	२६०
२२.	वामदेवः	२६१
२३.	शन्तातिः	२६१
२४.	शुनः शेपः	२६१
२५.	सिन्धुद्वीपः	२६१
२६.	सिन्धुद्वीपः कृतिर् वा	२६३

१४२. आप अपान्नपाद् वा — २६३
    १. कवष ऐलूषः — २६३

१४३. आपः सोमो वा — २६४
    १. देवश्रवा यामायनः — २६४

१४४. आप्रम् — २६४
    १. वसिष्ठः — २६४
    २. सुमित्रो वाध्र्यश्वः — २६५

१४५. आप्रियः — २६५
    १. असितः काश्यपो देवलो वा (ऋसर्व.साग्री.) असितः काश्यपः (सार्षेदी. – ४७५; ७६; ८५; ८६) — २६५
    २. जमदग्नी रामो वा — २६५
    ३. विश्वामित्रो गाथिनः — २६६

१४६. आप्री (१. इध्म अथवा समिद्ध अग्निः ; २. नाराशंस ३. इळ ४. बर्हि ५. देवीद्वार ६. उषासानक्ता ७. दिव्य होता प्रचेतस ८. सरस्वती इळा भारती ९. त्वष्टा १०. वनस्पति ११. स्वाहाकृतिः) — २६७
    १. वसुश्रुत आत्रेयः — २६७

१४७. आयुः २६७
    १. ब्रह्म — २६७
    २. ब्रह्म (अ. बृहस्पतिः अश्विनौ च) — २६९

१४८. आयुः (मन्त्रोक्ता) — २७०
    १. उन्मोचनः (आयुष्कामः) — २७०

१४९.	आयुरादयः	२७०
	१. प्रजापतिः	२७०
१५०.	आशापाला वास्तोष्पतयः	२७०
	१. ब्रह्म	२७०
१५१.	आशीः	२७१
	१. अथर्वा	२७१
१५२.	अश्वाः	२७१
	१. पायुर् भरद्वाजः	२७१
१५३अ.	आसंगः	२७१
	१. शश्वती अङ्गीरसस्य पत्नी	२७१
१५३ब.	आसन्दी राजपत्नी	२७१
	१. वामदेवः	२७१
१५४.	आसुरी वनस्पतिः	२७१
	१. ब्रह्म	२७१
१५५.	आस्रावः (भेषज्यम्)	२७१
	१. अंगिराः	२७१
१५६.	इळः	२७२
	१. मेधातिथिः काण्वः	२७२
१५७.	इळा	२७२
	१. मेधातिथिः काण्वः	२७२
१५८.	इडा	२७२
	१. मेधातिथिः	२७२
	२. हैमवर्चिः	२७२
१५९.	इज्यास्तवः यजमान प्रशंसा च	२७२
	१. मनुर् वैवस्वतः	२७२
१६०.	इद् समिद् अग्निर् वा	२७२
	१. मेधातिथिः काण्वः	२७२
१६१.	इध्मः समिद्धोऽग्निर् वा	२७२
	१. मेधातिथिः काण्वः	२७२
१६२.	इन्दुः	२७२
	१. शुनः शेपः	२७२
१६३.	इन्द्र अग्निः यज्ञः	२७२
	१. परमेष्ठी प्रजापतिः	२७२
१६४.	इन्द्र उषा च	२७२
	१. वामदेवो गौतमः	२७२
१६५.	इन्द्र ऋत देवो वा	२७३

	९. वामदेवो गौतमः	२७३
१६६.	इन्द्रपूषादयः	२७३
	९. अथर्वा (स्वस्त्ययनकामः)	२७३
१६७.	इन्द्र बृहस्पत्यादयः	२७३
	९. अप्रतिरथः	२७३
१६८.	इन्द्र मरुतो वा	२७३
	९. अप्रतिरथ ऐन्द्रः	२७३
१६९.	इन्द्र–यज्ञ–सोमाः	२७३
	९. शुनःशेप आजीगर्तिः	२७३
१७०.	इन्द्र वायुः	२७३
	९. गृत्समदः शौनकः	२७३
१७१.	इन्द्र वायू	२७३
	९. पुरुमीढ–अजमीढौ	२७३
	2. मधुच्छन्दाः	२७४
	३. मधुच्छन्दा वैश्वामित्रः	२७४
	४. मेधातिथिः	२७४
	५. मेधातिथिः काण्वः	२७४
	६. वसिष्ठः	२७४
	७. वामदेवो गौतमः	२७५
१७२.	इन्द्रः वैकुण्ठः	२७५
१७३.	इन्द्र–सवितृ–वरुणः	२७५
	९. विदर्भिः	२७५
१७४.	इन्द्रः	२७५
	९. अंग औरवः	२७५
	2. अंगिराः	२७६
	३. अगस्त्यः	२७६
	४. अगस्त्यो मैत्रावरुणिः	२७७
	५. अग्नियुतः स्थौरोऽग्नि यूपो वा स्थौर	२८०
	६. अग्निवरुणसोमानां निह्वः	२८०
	७. अत्रिः	२८१
	८. अत्रिर् भौमः	२८१
	९. अथर्वा	२८२
	१०. अथर्वा (पण्यकामः)	२८४
	११. अथर्वा (स्वस्त्ययनकामः)	२८४
	१२. अथर्वांगिरा	२८४
	१३. अपाला आत्रेयी	२८४

१४.	अप्रतिरथः	२८४
१५.	अप्रतिरथ ऐन्द्रः	२८५
१६.	अरिष्टनेमिस् ताक्ष्यः	२८५
१७.	अवस्युर् आत्रेयः	२८६
१८.	अश्विनौ	२८७
१९.	अष्टकः	२८७
२०.	अष्टको वैश्वामित्रः	२८७
२१.	अष्टादंष्ट्रो वैरूपः	२८८
२२.	आथर्वणः दध्यङ्	२८८
२३.	आभूतिः	२८८
२४.	आयुः	२८८
२५.	आयुः काण्वः (वालखिल्यम्)	२८८
२६.	आयुः काण्वः	२८८
२७.	इटो भार्गवः	२८९
२८.	इन्द्रः	२८९
२९.	इन्द्र मातरो देवजामयः	२८९
३०.	इन्द्रो मुष्कवान्	२८९
३१.	इन्द्र वसुक्रयोः संवादः ऐन्द्रः	२९०
३२.	इन्द्रविश्वामित्रौ	२९०
३३.	इरिम्बिठिः	२९०
३४.	इरिम्बिठिः काण्वः	२९१
३५.	इरिम्बिठिः काण्वः (सांग्री. सास्वा. ऋत्सर्व. ८.१६.१य ८.१७.११ (८.१७.१) इरिमीढः (सार्षेदी.)	२९२
३६.	एवयूर् नौधसः	२९२
३७.	और्णवाभः	२९३
३८.	कपिंजलः	२९३
३९.	कबन्धः	२९३
४०.	कलिः	२९३
४१.	कलिः प्रागाथः	२९३
४२.	कवष ऐलूषः	२९४
४३.	कुत्सः	२९४
४४.	कुत्स आंगिरसः	२९४
४५.	कुरुस्तुतिः कुरुसुतिर्वा	२९६
४६.	कुरुसुतिः काण्वः	२९६
४७.	कुशिकः	२९७
४८.	कुसीदी काण्वः	२९७
४९.	कृष्णः (ऋत्सर्व. अ.) कृष्ण आंगिरसः (सांग्री.)	२९८

५०.	गर्गः	३०१
५१.	गातुर् आत्रेयः	३०२
५२.	गालवः	३०३
५३.	गृत्समदः	३०३
५४.	गृत्समदः शौनकः	३०४
५५.	गोतमः	३११
५६.	गोतमो राहूगणः	३१२
५७.	गोधा	३१६
५८.	गोरवीति शाक्त्यः	३१६
५९.	गोषूक्त्यश्वसूक्तिनौ	३१६
६०.	गोषूक्त्यश्वसूक्तिनौ काण्वायनौ	३१७
६१.	गौतमः	३१८
६२.	गौरिवीतिः	३१८
६३.	गौरिवीतिः शाक्त्यः	३१९
६४.	गर्गो भारद्वाजः (ऋसर्व.६.४७.११) भारद्वाजः (साग्री.सास्वा. सार्षेदी.)	३२०
६५.	घोर आंगिरसः	३२०
६६.	चातनः	३२०
६७.	जमदग्निः भार्गवः	३२०
६८.	जयः	३२०
६९.	जय ऐन्द्रः	३२०
७०.	जाटिकायनः	३२०
७१.	जेता माधुच्छन्दसः	३२०
७२.	तिरश्चीर् आंगिरसः	३२१
७३.	तिरश्चीर् आंगिरसो ध्रुतानो वा	३२१
७४.	त्रसदस्युः पौरुकुत्सः	३२२
७५.	त्रसदस्युः पौरुकुत्सः (साग्री.सास्वा.) वामदेवः (सार्षेदी.)	३२२
७६.	त्रितः	३२२
७७.	त्रिशिराः त्वाष्ट्रः	३२२
७८.	त्रिशोकः	३२२
७९.	त्रिशोक काण्वः	३२२
८०.	दध्यङ् आथर्वणः	३२४
८१.	दीर्घतमा	३२४
८२.	दीर्घतमा औचथ्यः	३२४
८३.	दुर्मित्रः (सुमित्रो वा) कौत्सः	३२४
८४.	देवजामयः इन्द्रमातरः	३२४
८५.	देववातः	३२४
८६.	देवातिथिः	३२५

८७.	देवातिथिः काण्वः	३२५
८८.	देवातिथिः काण्वः	३२५
८९.	द्युतानो मारुतः (सा.ग्री.सा.स्वा. सार्षेदी.) तिरश्चीर आंगिरसः (ऋसर्व. ८.६६.७य १३य१६)	३२६
९०.	द्युतानो मारुतः (सा.ग्री. सार्षेदी.) तिरश्चीर्द्युतानो वा मारुतः (ऋसर्व.)	३२६
९१.	नभः प्रभेदनो वैरूपः	३२७
९२.	नरः	३२८
९३.	नारदः काण्वः	३२८
९४.	निपातिथिः काण्वः	३२९
९५.	नृमेधः	३३०
९६.	नृमेधः आंगिरसः	३३१
९७.	नृमेध पुरुमेधौ	३३२
९८.	नृमेध-पुरुमेधौ आंगिरसौ	३३३
९९.	नृमेधः वामदेवो वा	३३३
१००.	नेमो भार्गवः	३३३
१०१.	नोधा	३३४
१०२.	नोधा गौतमः	३३५
१०३.	परमेष्ठी प्रजापतिः	३३८
१०४.	परुच्छेपः	३३८
१०५.	परुच्छेपो दैवोदासिः	३३९
१०६.	पर्वतः काण्वः	३४२
१०७.	पावकोऽग्निर् बार्हस्पत्यो वा गृहपतिर्यविष्ठौ सहसः पुत्र-अन्यतरो वा	३४२
१०८.	पुरुहन्मा	३४२
१०९.	पुरुहन्मा आंगिरसः	३४४
११०.	पुष्टिगुः	३४४
१११.	पुष्टिगुः काण्वः	३४४
११२.	पूरणः	३४५
११३.	पूरणो वैश्वामित्रः	३४५
११४.	पृथुर् वैन्यः	३४५
११५.	प्रगाथः	३४६
११६.	प्रगाथः काण्वः	३४६
११७.	प्रगाथः काण्वः (सा.ग्री. सा.स्वा. ए ऋसर्व. ८.६४.१) गाधः (सार्षेदी.)	३४७
११८.	प्रगाथो घौरः काण्वः	३४७
११९.	प्रगाथो घौरः काण्वो वा	३४८
१२०.	प्रजापतिः	३४९
१२१.	प्रतर्दनः काशिराजः	३५०
१२२.	प्रतिवेदनः	३५०

१२३. प्रभूवसुर् आंगिरसः	३५०
१२४. प्रस्कण्वः	३५१
१२५. प्रस्कण्वः काण्वः	३५१
१२६. प्रस्कण्वः काण्वः (सा.ग्री. सा.स्वा. ऋसर्व. ८.४६.१) वालखिल्याः (सार्षेदी.)	३५१
१२७. प्रियमेधः	३५१
१२८. प्रियमेध आंगिरसः	३५२
१२९. प्रियमेध आंगिरसः (सा.ग्री. ३५४य३६०) प्रियमेधः (ऋसर्व.)	३५२
१३०. प्रियमेध आंगिरसः (सा.ग्री. सा.स्वा. सार्षेदी.) प्रियमेध अभिप्रपाच्यः	३५३
१३१. बन्धुः सुबन्धुः श्रुतबन्धुर् विप्रबन्धुश्च गौपायनाः	३५३
१३२. बरुः सर्वहरिर् वा	३५३
१३३. बृहद्दिवोऽथर्वा	३५४
१३४. बृहद्दिव आथर्वणः	३५४
१३५. बृहदुक्थो वामदेवः	३५५
१३६. बृहदुक्थो वामदेव्यः	३५५
१३७. बृहस्पतिः	३५६
१३८. बृहस्पतिर् नकुलो वा (सा.ग्री. सा.स्वा.) वामदेवः (सार्षेदी.)	३५६
१३९. ब्रह्म	३५६
१४०. भगः	३५६
१४१. भरद्वाजः	३५६
१४२. भरद्वाजो बार्हस्पत्यः	३५६
१४३. भरद्वाजो बार्हस्पत्यः	३६६
१४४. भरद्वाज (सार्षेदी.) भारद्वाजः (सार्षेदी.ध्सास्वा.)	३६६
१४५. भरद्वाजो बार्हस्पत्यः (सा.ग्री. सा.स्वा.) शंयुबार्हस्पत्यः (ऋसर्व. ६.४६.७.७.४६.६य ६.४६.३) भारद्वाजः (सार्षेदी.)	३६६
१४६. भरद्वाजः शिरम्बिठः	३६६
१४७. भर्गः	३६६
१४८. भर्गः प्रागाथः	३६७
१४९. भुवनः	३६८
१५०. भुवनः साधनो वा	३६८
१५१. भृगुः	३६८
१५२. भृग्वंगिरा	३६९
१५३. भृगुर् आथर्वणः	३६९
१५४. मधुच्छन्दाः	३६९
१५५. मधुच्छन्दा वैश्वामित्रः	३७२
१५६. मधुच्छन्दा सुतजेता	३७४
१५७. महीयवः	३७४
१५८. मातरिश्वा काण्वः	३७५

१५९.	मान्धाता यौवनाश्वः	३७५
१६०.	मान्धाता यौवनाश्वः (पूर्वार्द्ध) गोधा ऋषिका (उत्तरार्द्ध)	३७५
१६१.	मान्धाता यौवनाश्वः (ऋसर्व. १०.१३४.१) मेधातिथिः काण्वः (साग्री. सास्वा.) मरुतो यौवनाश्वः (सार्षेदी.)	३७५
१६२.	मृगारः	३७६
१६३.	मेधाकामः	३७६
१६४.	मेधातिथिः काण्वः	३७६
१६५.	मेधातिथिः काण्वः प्रियमेधश्च आंगिरसः	३७८
१६६.	मेधातिथि-मेध्यातिथी काण्वौ	३८०
१६७.	मेधातिथि-मेध्यातिथी काण्वौ (ऋसर्व.) मेधातिथि-मेध्यातिथी काण्वौ; विश्वामित्र इत्येके (साग्री. सास्वा. सार्षेदी.)	३८१
१६८.	मेध्यः काण्वः	३८१
१६९.	मेध्यः काण्वः (साग्री. ध्सास्वा. ऋसर्व.) बालखिल्याः (सार्षेदी.)	३८१
१७०.	मेध्यातिथिः	३८१
१७१.	मेध्यातिथिः काण्वः	३८४
१७२.	मेध्यातिथिः काण्वः (ऋसर्व. ८.३.७ ८.३३.१ ८.३.१७ सार्षेदी.) मेधातिथिः काण्वः (साग्री. सास्वा.)	३८६
१७३.	मेध्यातिथिः काण्वः (ऋसर्व. ८.३३.७ य ८.३३.१०) मेधातिथिः काण्वः (साग्री. सास्वा. सार्षेदी.)	३८६
१७४.	मेध्यातिथिः काण्वः (ऋसर्व. ८.३.५य ८.३.३) मेधातिथिर् मेध्यातिथिर् वा काण्वः (साग्री. सास्वा.) मेधातिथिः (सार्षेदी.)	३८६
१७५.	मेध्यातिथिर् वा काण्वः (ऋसर्व. ८.३.१५ सार्षेदी.) मेधातिथिर् मेध्यातिथिर् वा काण्वः (साग्री. सास्वा.)	३८६
१७६.	रम्याक्षी	३८६
१७७.	रेणुः	३८६
१७८.	रेणुर् वैश्वामित्रः	३८७
१७९.	रेभः	३८७
१८०.	रेभः काश्यपः	३८८
१८१.	वत्सः	३८९
१८२.	वत्सः काण्वः	३८९
१८३.	वम्रो वैखानसः	३९१
१८४.	वशोऽश्व्यः	३९१
१८५.	वशः अश्व्यः (ऋसर्व. ८.४६.१०य ८.४६.१य ८.४६.४य ८.४६.१४) वत्सः काण्वः (साग्री. सास्वा.) वंशः (सार्षेदी.)	३९२
१८६.	वसिष्ठः	३९२
१८७.	वासिष्ठो मैत्रावरुणिः	४०२
१८८.	वासिष्ठो मैत्रावरुणिः (साग्री. सास्वा.) वामदेव (सार्षेदी.)	४०३

१५९.	वसिष्ठः शक्तिर्वा	४०३
१६०.	वसुक्रः	४०३
१६१.	वसुक्र ऐन्द्रः	४०४
१६२.	वसुमना रौहिदश्वः	४०५
१६३.	वामदेवः	४०६
१६४.	वामदेवो गौतमः	४०७
१६५.	वामदेवो गौतमः (साग्री. सास्वा.) वामदेवः विश्वामित्र इत्येके (सार्षेदी.)	४१५
१६६.	वामदेवो गौतमः (साग्री. सास्वा.) इन्द्राणी (सार्षेदी.)	४१५
१६७.	वामदेवो गौतमः शाकपूतो वा (साग्री. सास्वा.) वामदेवो गौतमः (सार्षेदी.)	४१५
१६८.	विधृतिः	४१५
१६९.	विमद ऐन्द्रः वसुकृद्वा वासुक्रः (साग्री. सास्वा.) विमद ऐन्द्रः वसुकृद्वावसुक्रो वा प्राजापत्यः (ऋसर्व.) वसुकृद्दृषि विमदो वा (सार्षेदी.)	४१५
२००.	विरुप आंगिरसः	४१७
२०१.	विश्वमनाः	४१७
२०२.	विश्वमना वैयश्वः	४१७
२०३.	विश्वामित्रः	४१८
२०४अ.	विश्वामित्रो गाथिनः	४२०
२०४ब.	विश्वामित्रो गाथिनः अभिपाद उदलो वा	४३०
२०५.	विश्वामित्रो गाथिनः कुशिको ऐषीरथी वा	४३०
२०६.	विश्वामित्रो जमदग्नी	४३१
२०७.	विश्वामित्रो गाथिनो जमदग्नि र्वा	४३१
२०८.	विश्वामित्रो गाथिनः (साग्री. सास्वा.) तिरश्ची (सार्षेदी.)	४३१
२०९.	वृषाकपिर् इन्द्राणी च	४३१
२१०.	वृषाकपिर् ऐन्द्र इन्द्राणीन्द्रश्च	४३२
२११.	वृषागिरो महाराजस्य पुत्रभूता वार्षागिरा	४३३
२१२.	वृहदुक्थो वामदेव्यः	४३४
२१३.	वृहद्दिवोऽथर्वा	४३४
२१४.	वैखानसः	४३५
२१५.	शक्तिः	४३५
२१६.	शतप्रभेदेनो वैरुपः	४३५
२१७.	शाषः	४३५
२१८.	शासो भारद्वाजः	४३५
२१९.	शिविर् औशीनरः	४३६
२२०.	शुनः शेपः	४३६
२२१.	शुनःशेप आजीगर्तिः	४३६
२२२.	शनुः शेपो देवरात अपरनामा	४३८

223.	शुनूहोत्रः	४३८
224.	शौनकः	४३८
225.	शङ्खः	४३८
226.	शंयुर् बार्हस्पत्यः	४४१
227.	शंयुर् बार्हस्पत्यः (ऋसर्व. ६.४५.२ट्य ६.४६.१) भरद्वाजो बार्हस्पत्यः (साग्री. सास्वा. सार्षेदी.)	४४१
228.	श्यावाश्वः	४४२
229.	श्रुष्टिगुः	४४२
230.	श्रुष्टिगुः काण्वः (साग्री. सास्वा.ऋसर्व.) बालखिल्यः (सार्षेदी.)	४४३
231.	श्रुतकक्षः	४४३
232.	श्रुतकक्ष आंगिरसः	४४३
233.	श्रुतकक्ष आंगिरसः (साग्री. सार्षेदी.) श्रुतकक्ष सुकक्षो वा (ऋसर्व.)	४४४
234.	श्रुतकक्ष आंगिरसः (साग्री. सास्वा.) श्रुतकक्ष (सार्षेदी.) श्रुतकक्ष सुकक्षो वा आंगिरसः (ऋसर्व. ८.६२.१०; २२; २५)	४४४
235.	श्रुतकक्ष आंगिरसः (साग्री. सास्वा.)य श्रुतकक्षः (सार्षेदी.) सुकक्षः आंगिरसः (ऋसर्व. ८.६३.७य ८)	४४४
236.	श्रुतकक्ष आंगिरसः (साग्री. सास्वा.) श्रुतकक्षः (सार्षेदी.) सुकक्षः (ऋसर्व. ८.६२.४य८.६३.३४)	४४४
237.	श्रुतकक्षः आंगिरसः (साग्री. सास्वा.) श्रुतकक्षः सुकक्षौ वा आंगिरसः (ऋसर्व. ८.६२.२८)य मधुच्छन्दा (सार्षेदी.)	४४४
238.	श्रुतकक्षः (सार्षेदी.) श्रुतकक्षः सुकक्षो वा आंगिरसः (साग्री. सास्वा.)	४४५
239.	श्रुतकक्षः सुकक्षो वा	४४५
240.	श्रुतकक्षः सुकक्षो वा आंगिरसः	४४५
241.	सप्तगुरांगिरसः	४४५
242.	सरस्वती	४४६
243.	सव्यः	४४७
244.	सव्य आंगिरसः	४५१
245.	सुकक्षः	४५१
246.	सुकक्ष आंगिरसः	४५१
247.	सुकक्ष आंगिरसः (साग्री. सास्वा.) श्रुतकक्षः (सर्व.८.६३.१६ सार्षेदी.)	४५१
248.	सुकक्षः (ऋसर्व.) सुकक्षः (साग्री.) त्श्रुतकक्षः (सार्षेदी.)	४५२
249.	सुकक्षः (ऋसर्व.) श्रुतकक्ष सुकक्षो वा आंगिरसः (साग्री.) श्रुतकक्षः (सार्षेदी. १५०)	४५२
250.	सुकक्षः (ऋसर्व.) श्रुतकक्ष सुकक्षो वा आंगिरसः (साग्री.)	४५२
251.	सुकक्ष श्रुतकक्षौ (साग्री. सास्वा.) श्रुतकक्षः (सार्षेदी.)	४५२
252.	सुकीर्तिः	४५३
253.	सुकीर्ति काक्षीवतः	४५३

254.	सुचीकः	453
255.	सुतकक्षः सुकक्षो वा	453
256.	सुदा	453
257.	सुदा पैजवनः	454
258.	सुदासः पैजवनः	454
259.	सुपर्णः तार्क्ष्यपुत्र ऊर्ध्व कृशनो वा यामायनः	454
260.	सुमित्रो दुर्मित्रो वा कौत्सः	454
261.	सुवेदाः शैरीषिः	455
262.	सुवेदा शैलूषि	455
263.	सुहोत्रः	455
264.	सुहोत्रो भरद्वाजः	455
265.	सोभरिः	456
266.	सोभरिः काण्वः	456
267.	सौभरिः	456
268.	सौभरिः काण्वः	457
269.	संवरणः प्राजापत्यः	458
270.	स्वस्त्यात्रेयः	458
271.	हिरण्यस्तूपः आंगिरसः	460
272.	हैमवर्चिः	460
273.	ऋषि–?	460
274.	ऋषि–?	460

175. **इन्द्रः (सास्वा. साग्री.) अग्निः (सार्षेदी.)** — 460

1. बन्धुः सुबन्धुः श्रुतबन्धुः विप्रबन्धुश्च क्रमेण गौपायना लौपायना वा (साग्री. सास्वा.) बन्धुःसुबन्धुः श्रुतबन्धुः विप्रबन्धुश्च गौपायना (ऋसर्व.) वामदेव (सार्षेदी.) — 460

176. **इन्द्रः (सास्वा. साग्री.) अश्विनौ (सार्षेदी. ऋसर्व. १.१३६.५)** — 460

1. परुच्छेपो दैवोदासिः — 460

177. **इन्द्रः (साग्री. सास्वा. सार्षेदी.) अश्विनौ (ऋसर्व. १.४७.१)** — 460

1. प्रस्कण्वः काण्वः — 460

178. **इन्द्रः (साग्री. सास्वा.) आत्मा (सार्षेदी. पृ. ११६)** — 460

1. वामदेवो गौतमः — 460

179. **इन्द्रः (सास्वा. साग्री.) आदित्यः (सर्व. १०-१८५-१) मित्रावरुणौ (सार्षेदी.)** — 461

1. सत्यधृतिर्–वरुणिः — 461

180. **इन्द्रः (साग्री. सास्वा.) इन्द्राग्नी (सार्षेदी. ऋसर्व.)** — 461

1. भरद्वाजो बार्हस्पत्यः — 461

१८१.	इन्द्रः (साग्री. सास्वा. सार्षेदी.) इन्द्रापूषणौ (सर्व. १.८४.१)	४६१
१.	गोतमो राहूगणः	४६१
१८२.	इन्द्रः (साग्री. सास्वा. सार्षेदी.) इन्द्रापूषणौ (सर्व. १-३०-१०)	४६१
१.	शुनःशेप आजीगर्तिः	४६१
१८३.	इन्द्रः (साग्री. सास्वा. सार्षेदी.) इन्द्रापूषणौ (ऋसर्व. ८-६-२४)	४६१
१.	श्रुतकक्ष आंगिरसः (साग्री. सास्वा.) श्रुतकक्षः (सार्षेदी.) सुकक्षः (ऋसर्व.८-८२-८-६३-३४)	४६१
१८४.	इन्द्रः (साग्री. सास्वा.) इन्द्रापूषणौ (ऋसर्व.)	४६१
१.	श्रुतकक्षः (सार्षेदी.) श्रुतकक्षः सुकक्षो वा आंगिरसः (साग्री. सास्वा.) सुकक्षः (ऋसर्व. ८-६३-२३ २८ ३१)	४६१
१८५.	इन्द्रः (साग्री. सास्वा.) इन्द्रापूषणो (सार्षेदी.)	४६१
१.	भरद्वाजो बार्हस्पत्यः	४६१
१८६.	इन्द्रः (साग्री. सास्वा. सार्षेदी.) इन्द्रापूषणौ (ऋसर्व. ८-४५-२५)	४६१
१.	मेधातिथिः काण्वः (साग्री. सास्वा.) शंयुर्बार्हस्पत्यः (सर्व. ८-४५-२५) भरद्वाजः (सार्षेदी.)	४६१
१८७.	इन्द्रः उशना वा	४६१
१.	गौरिवीतिः शाक्त्यः	४६१
२.	अवस्युर् आत्रेयः	४६२
१८८.	इन्द्रः (साग्री. सास्वा.) उषा (सार्षेदी.)	४६२
१.	भरद्वाजो बार्हस्पत्यः	४६२
१८९अ.	इन्द्रः ऋणंचय	४६२
१.	बभ्रुः आत्रेयः	४६२
१८९ब.	इन्द्रः कुत्सो वा	४६२
१.	अवस्युर् आत्रेयः	४६२
१९०.	इन्द्रः कुत्सश्च	४६३
१.	अवस्युर् आत्रेयः	४६३
१९१.	इन्द्रः क्षत्रियो राजा	४६३
१.	वासिष्ठः अथर्वा वा	४६३
१९२.	इन्द्रः त्रैलोक्यात्मा (साग्री. सास्वा.) इन्द्रः (सार्षेदी.)	४६३
१.	प्रजापतिः (साग्री. सास्वा.) इन्द्रः प्रजापतिः विष्णु विश्वामित्रो वा (सार्षेदी.)	४६३
१९३.	इन्द्रः पर्जन्यात्मा त्वष्टा वा अग्निश्च	४६३
१.	प्रजापतिर् वैश्वामित्रो वाच्यो वा	४६३
२.	विश्वामित्रो गाथिनः	४६४
१९४.	इन्द्रः पूषा वा	४६४
१.	देवातिथिः काण्वः	४६४
१९५.	इन्द्रः प्रगाथो वा	४६४

Vedic Concordance of Mantras as per Devatā and Ṛṣi 41

१. शंयुर् बार्हस्पत्यः (ऋसर्व. ६.४५.2८; ६.४६.१) भरद्वाजो बार्हस्पत्यः (साग्री. सास्वा. सार्षेदी.) ४६४

१६६. इन्द्रः मरुतश्च ४६५

१. द्युतानो मारुतः (साग्री. सार्षेदी.) तिरश्चीर्द्युतानो वा मारुतः (ऋसर्व.) ४६५

१६७. इन्द्रः (साग्री. ध्सास्वा.) मरुतः (सार्षेदी.) ४६५

१. त्रसदस्युः पौरुकुत्सः (साग्री.ध्सास्वा.) वामदेवः (सार्षेदी.) ४६५

2. त्रिशोक काण्वः ४६५

१६८. इन्द्रः (साग्री. सास्वा.) मरुतः (सर्व.१.३.७.३) ४६५

१. कण्वो घौरः (साग्री. सास्वा. ऋसर्व.) त्रिशोकः काण्वः (सार्षेदी.) ४६५

१६६. इन्द्रः (साग्री. सास्वा.) मित्रावरुणौ (सार्षेदी.) ४६५

१. मधुच्छन्दा वैश्वामित्रः ४६५

2००. इन्द्रः (साग्री. सार्षेदी.) यमीवैवस्वती (ऋसर्व.) ४६५

१. वामदेवः गौतमः (साग्री. सार्षेदी.) यमोवैवस्वतः (ऋसर्व.)८–१०; १2; १४ ४६५

2०१. इन्द्रः (साग्री. सास्वा.) यमो वैवस्वतः (ऋसर्व.) ४६६

१. वामदेवो गौतमः (साग्री. सास्वा. सार्षेदी.) यमो वैवस्वती (ऋसर्व. १०–१०–१) ४६६

2०2. इन्द्रः वनस्पतिः परसेना हननं च ४६६

१. भृग्वंगिरा ४६७

2०३. इन्द्रः (साग्री. सास्वा.) वरुणमित्रार्यमणः (ऋसर्व.) मित्रावरुणां मुख्या आदित्या देवताः (सार्षेदी.) ४६७

१. कण्वो घौरः ४६७

2०४. इन्द्रः (साग्री. सास्वा. ऋसर्व.) वायुः (सार्षेदी.) ४६८

१. उलो वातायनः ४६८

2०५. इन्द्रः (सार्षेदी.) विश्वेदेवाः (साग्री.ध्सास्वा.) ४६८

१. त्रसदस्युः पौरुकुत्सः (साग्री.ध्सास्वा.) वामदेवः (सार्षेदी.) ४६८

2०६. इन्द्रः (साग्री. सास्वा. सार्षेदी.) विश्वेदेवाः (ऋसर्व. १. ६०.१) ४६८

१. गोतमो राहूगणः ४६८

2०७. इन्द्रः विश्वेदेवा च ४६८

१. कक्षीवान् दैर्धतमसः औशिजः ४६८

2०८. इन्द्रः (साग्री. सास्वा. सार्षेदी.) विश्वेदेवाः (ऋसर्व. ८.८३.१) ४६८

१. कसीदी काण्वः ४६८

2०६. इन्द्रः (साग्री. सास्वा.) सदसस्पतिः (सर्व.१–१८–६) ४६६

१. मेधातिथिः काण्वः ४६६

2१०. इन्द्रः (सास्वा. साग्री.) सरस्वती (सार्षेदी.) ४६६

१. मधुच्छन्दा वैश्वामित्रः ४६६

291.	इन्द्रः (साग्नी. सास्वा.) सविता (सर्व. ५-८२-४ सार्षेदी.)	४६६
	१. श्यावाश्व आत्रेयः	४६६
292.	इन्द्रः (साग्नी. सास्वा.) सविता (सार्षेदी.)	४६६
	१. प्रस्कण्वः काण्वः	४६६
293.	इन्द्रः (साग्नी. सास्वा.) सोमो पूषा च (सार्षेदी.)	४६६
	१. शुनःशेप आजीगर्तिः वामदेवो वा (साग्नी. सास्वा.) पूषा (सार्षेदी.)	४६६
294.	इन्द्राग्नादयः	४६६
	१. प्रजापतिः	४६६
295.	इन्द्राग्निः	४६६
	१. त्र्यरुणस् त्रैवृष्णः त्रसदस्युः पौरुकुत्स्यः अश्वमेधश्च भरतोऽत्रिर् वा	४६६
	2. विधृतिः	४६६
	३. विश्वामित्रः	४६६
	४. सुहोत्रः	४७०
296.	इन्द्राग्नी	४७०
	१. अत्रिर् भौमः	४७०
	2. अथर्वा	४७०
	३. कुत्स आंगिरसः	४७०
	४. त्रिशोक काण्वः	४७१
	५. नाभाकः काण्वः	४७१
	६. परमेष्ठी	४७२
	७. परुच्छेपो दैवोदासिः	४७२
	८. भरद्वाजः	४७२
	९. भरद्वाजो बार्हस्पत्यः	४७२
	१०. भृगुः	४७३
	११. मेधातिथिः काण्वः	४७३
	१२. वसिष्ठः	४७३
	१३. वासिष्ठो मैत्रावरुणिः	४७४
	१४. विश्वामित्रो गाथिनः	४७५
	१५. विश्वामित्रः प्रागाथः	४७५
	१६. विश्वेदेवाः	४७५
	१७. श्यावाश्वः	४७५
	१८. श्यावाश्व आत्रेयः	४७६
297.	इन्द्राग्नी आयुः यक्ष्मनाशनम्	४७६
	१. भृग्वंगिरा	४७६
	2. ब्रह्म	४७६
298.	इन्द्राग्नी सोमः इन्द्रश्च	४७६

Vedic Concordance of Mantras as per Devatā and Ṛṣi

	९. प्रशोचनः	४७६
२१९.	इन्द्राणी	४७६
	९. अथर्वा (स्वस्त्ययनकामः)	४७६
२२०.	इन्द्राणीवरुणानी अग्नाय्यः	४७७
	९. मेधातिथिः काण्वः	४७७
२२१.	इन्द्रादयः	४७७
	९. अथर्वा (यशस्कामः)	४७७
	२. काण्वः	४७७
	३. वसिष्ठः	४७७
२२२.	इन्द्रादितिः	४७७
	९. वामदेवो गौतमः	४७७
२२३.	इन्द्रादयो मन्त्रोक्ता	४७८
	९. ब्रह्म	४७८
२२४.	इन्द्रापर्वतौ	४७८
	९. विश्वामित्रो गाथिनः	४७८
२२५.	इन्द्रापूषणौ	४७८
	९. भरद्वाजो बार्हस्पत्यः	४७८
२२६.	इन्द्रा बृहस्पती	४७९
	९. वसिष्ठः	४७९
	२. वामदेवो गौतमः	४७९
२२७.	इन्द्रा बृहस्पतिः	४७९
	९. अंगिराः	४७९
	२. बृहस्पतिः	४७९
	३. वामदेवः	४७९
	४. द्युतानो मारुतः (साग्री. सार्षदी.) तिरश्चीर्द्युतानो वा मारुतः (ऋसर्व.)	४८०
२२८.	इन्द्रा ब्रह्मणस्पती	४८०
	९. वसिष्ठः	४८०
२२९.	इन्द्रामरुतौ	४८०
	९. अगस्त्यः	४८०
२३०.	इन्द्रायः	४८०
	९. प्रजापतिः	४८१
२३१.	इन्द्रावरुणौ	४८१
	९. आगस्त्यः	४८१
	२. कौरुपथिः	४८१
	३. त्रसदस्युः पौरुकुत्सः	४८१
	४. भरद्वाजो बार्हस्पत्यः	४८१

५.	मेधातिथिः काण्वः	४८२
६.	वसिष्ठः	४८२
७.	वामदेवो गौतमः	४८३
८.	विश्वामित्रो गाथिनः	४८३
९.	सुपर्णः काण्वः	४८४

232. इन्द्राविष्णू — ४८४
१.	भरद्वाजो बार्हस्पत्यः	४८४
२.	वसिष्ठः	४८५

233. इन्द्राश्वौ — ४८५
१.	वामदेवो गौतमः	४८५

234. इन्द्रासोमादयो मन्त्रोक्ता — ४८५
१.	चातनः	४८५

235. इन्द्रासोमौ — ४८६
१.	गृत्समदः शौनकः	४८६
२.	भरद्वाजो बार्हस्पत्यः	४८६
३.	रेणुः	४८६
४.	वामदेवो गौतमः	४८७

236. इन्द्रासोमौ रक्षोहणौ — ४८७
१.	वसिष्ठः	४८७

237. इन्द्रो ऋभवश्च — ४८७
१.	सुकक्षः (ऋसर्व.) श्रुतकक्ष सुकक्षो वा आंगिरसः (साग्नि.)	४८७

238. इन्द्रो नभश्च — ४८७
१.	गृत्समदः शौनकः	४८७

239. इन्द्रो बृहस्पतिश्च — ४८८
१.	तिरश्चीर् आंगिरसो द्युतानो वा	४८८

240. इन्द्रो मघश्च — ४८९
१.	गृत्समदः शौनकः	४८८

241. इन्द्रो मरुत् च — ४८८
१.	इन्द्रो मरुत् च	४८८

242. इन्द्रो मरुत्वान् — ४८८
१.	मेधातिथिः काण्वः	४८८

243. इन्द्रो वैकुण्ठः — ४८८
१.	इन्द्रो वैकुण्ठः	४८८
२.	सप्तगुः	४९०

244. इन्द्रस् त्वष्टा वा — ४९०
१.	गृत्समदः शौनकः	४९०

Vedic Concordance of Mantras as per Devatā and Ṛṣi

२४५.	इषवः	४६०
	१. पायुर् भरद्वाजः	४६०
२४६.	इषुः	४६१
	१. अप्रतिरथः	४६१
२४७.	इषुधि	४६१
	१. पायुर् भरद्वाजः	४६१
२४८.	ईर्ष्यापनयनम्	४६१
	१. प्रस्कण्वः	४६१
२४९.	ईशानः	४६१
	१. नारायणः	४६१
२५०.	ईश्वरः	४६१
	१. अथर्वणः	४६१
	२. आथर्वणः दध्यङ्	४६१
	३. कण्वः	४६२
	४. गृत्समदः	४६२
	५. गोतमः	४६२
	६. दध्यङ् आथर्वणः	४६२
	७. दीर्घतमा	४६३
	८. नारायणः	४६३
	९. प्रजापतिः	४६३
	१०. लौगाक्षिः	४६३
	११. वामदेवः	४६३
	१२. विश्वेदेवाः	४६३
	१३. सङ्कसुकः	४६३
	१४. हिरण्यगर्भः	४६४
२५१.	ईश्वर-सभाध्यक्षौ	४६४
	१. दीर्घतमा औतथ्यः	४६४
	२. मधुच्छन्दाः	४६४
२५२.	ईश्वर सभेशौ राजानौ	४६४
	१. शाषः	४६४
२५३.	ईर्ष्याविनाशनम्	४६४
	१. अथर्वा	४६४
२५४.	उच्छिष्टः	४६४
	१. अथर्वा	४६४
२५५.	उदीची सोमः स्वजः अशनिः	४६५
	१. अथर्वा	४६५

२५६. उपदेशकाः		४६५
१. प्रजापतिः		४६५
२५७. उपनिषत् सपत्नीबाधनम्		४६५
१. इन्द्राणी		४६५
२५८. उपमश्रवा-मित्र-अतिथिपुत्राः		४६५
१. कवष ऐलूषः		४६५
२५९. उर्वशी		४६५
१. पुरुरवा ऐळः		४६६
२६०. उषा		४६६
१. अथर्वा		४६६
२. कक्षीवान् दैर्घतमसः औशिजः		४६६
३. गोतमो राहूगणः		४६७
४. प्रजापतिर् वैश्वामित्रो वाच्यो वा		४६८
५. प्रस्कण्वः काण्वः		४६८
६. भरद्वाजो बार्हस्पत्यः		४६९
७. वसिष्ठः		५००
८. वासिष्ठो मैत्रावरुणिः		५०२
९. वामदेवो गौतमः		५०३
१०. विश्वामित्रो गाथिनः		५०३
११. शुनःशेप आजीगर्तिः		५०४
१२. सत्यश्रवा आत्रेयः		५०४
१३. संवर्त आंगिरसः (सा.ग्री.४४३; ४५१) संवर्त (ऋसर्व.) वामदेवः (सार्षेदी.)		५०५
२६१. उषा (सा.ग्री. सास्वा.) अग्निः (सार्षेदी.)		५०५
१. सत्यश्रवा आत्रेयः (सा.ग्री. सास्वा. ऋसर्व.)गोतमः (सार्षेदी.)		५०५
२६२. उषा द्वितीयस्यार्द्धर्चस्य रात्रिरपि		५०५
१. कुत्स आंगिरसः		५०५
२६३. उषासानक्ता		५०६
१. मेधातिथिः काण्वः		५०६
२६४. उषासा-नक्ता		५०६
१. दीर्घतमा औचथ्यः		५०६
२६५. उषा सूर्यप्रभावा		५०६
१. जमदग्निः भार्गवः		५०६
२६६. ऊर्ध्वा बृहस्पति शिवत्र वर्षं		५०७
१. अथर्वा		५०७

VEDIC CONCORDANCE OF MANTRAS

AS PER DEVATĀ AND ṚṢI

(वैदिक–देवता–ऋष्यनुसारी मन्त्रानुक्रमकोषः)

१. अक्षकितवनिन्दा

१. कवष ऐलूषः अक्षो वा मौजवान् – ऋ. १०.३४.2–६; ८; १०; १४

ऋ. १०.३४.2–६

न मा मिमेथ न जिहीळ एषा शिवा सखिभ्य उत मह्यमासीत् ।
अक्षस्याहमेकपरस्य हेतोरनुव्रतामप जायामरोधम् ।।2।।
द्वेष्टि श्वश्रूरप जाया रुणद्धि न नाथितो विन्दते मर्डितारम् ।
अश्वस्येव जरतो वस्न्यस्य नाहं विन्दामि कितवस्य भोगम् ।।३।।
अन्ये जायां परि मृशन्त्यस्य यस्यागृधद्वेदने वाज्य१क्षः ।
पिता माता भ्रातर एनमाहुर्न जानीमो नयता बद्धमेतम् ।।४।।
यदादीध्ये न दविषाण्येभिः परायद्भ्योऽव हीये सखिभ्यः ।
न्युप्ताश्च बभ्रवो वाचमक्रतँ एमीदेषां निष्कृतं जारिणीव ।।५।।
सभामेति कितवः पृच्छमानो चेष्यामीति तन्वा३ शूशुजानः ।
अक्षासो अस्य वि तिरन्ति कामं प्रतिदीव्ने दधत आ कृतानि ।।६।।

ऋ. १०.३४.८

त्रिपंचाशः क्रीळति व्रात एषां देव इव सविता सत्यधर्मा ।
उग्रस्य चिन्मन्यवे ना नमन्ते राजा चिदेभ्यो नम इतकृणोति ।।८।।

ऋ. १०.३४.१०

जाया तप्यते कितवस्य हीना माता पुत्रस्य चरतः क्व स्वित् ।
ऋणावा बिभ्यद्धनमिच्छमानोऽन्येषामस्तमुप नक्तमेति ।।१०।।

ऋ. १०.३४.१४

मित्रं कृणुध्वं खलु मृळता नो मा नो घोरेण चरताभि धृष्णु ।
नि वो नु मन्युर्विशतामरातिरन्यो बभ्रूणां प्रसितौ न्वस्तु ।।१४।।

2. अक्ष कृषिप्रशंसा

१. कवष ऐलूषः अक्षो वा मौजवान् – ऋ. १०.३४.१; ७; ६; १2; १३

ऋ. १०.३४.१

प्रावेपा मा बृहतो मादयन्ति प्रवातेजा इरिणे वर्वृतानाः ।
सामेस्येव मौजवतस्य भक्षो विभीदको जागृविर्मह्यमच्छान् ।।१।।

ऋ. १०.३४.७

अक्षास इदङ्कुशिनो नितो दिनो निकृत्वानस्तपनास्तापयिष्णवः ।
कुमारदेष्णा जयतः पुनर्हणो मध्वा सम्पृक्ताः कितवस्य बर्हणा ।।७।।

ऋ. १०.३४.६

नीचा वर्तन्त उपरि स्फुरन्त्यहस्तासो हस्तवन्तं सहन्ते ।

दिव्या अंगारा इरिणे न्युप्ताः शीताः सन्तो हृदये निर्दहन्ति ।।६।।

ऋ. १०.३४.१२–१३

यो वः सेनानीर्महतो गणस्य राजा व्रातस्य प्रथमो बभूव ।
तस्मै कृणोमि न धना रुणध्मि दशाहं प्राचीस्तदृतं वदामि ।।१२।।
अक्षैर्मा दीव्यः कृषिमित्कृषस्व वित्ते रमस्व बहु मन्यमानः ।
तत्र गावः कितव तत्र जाया तन्मे वि चष्टे सवितायमर्यः ।।१३।।

३. अक्षिः मनः

१. अथर्वा – अ. ७.३६.१

अक्षयौ नौ मधुसंकाशे अनीकं नौ समंजनम्। अन्तः कृणुष्व मां हृदि मन इन्नौ सहासति।।१।।

४. अग्नाविष्णू

१. मेधातिथि – अ. ७.2९.१–2

अग्नाविष्णू महि तद् वां महित्वं पाथो घृतस्य गुह्यस्य नाम ।
दमेदमे सप्त रत्ना दधानौ प्रति वां जिह्वा घृतमा चरण्यात् ।।१।।
अग्नाविष्णू महि धाम प्रियं वां वीथो घृतस्य गुह्या जुषाणौ ।
दमेदमे सुष्टुत्या वावृधानौ प्रति वां जिह्वा घृतमुच्चरण्यात् ।।2।।

५. अग्निः

१. अगस्त्यः – ऋ. १.१८९.१–८

अग्ने नय सुपथा राये अस्मान्विश्वानि देव वयुनानि विद्वान् ।
युयोध्य १ स्मज्जुहुराणमेनो भूयिष्ठां ते नमउक्तिं विधेम।।१।।
अग्ने त्वं पारया नव्यो अस्मान्त्स्वस्तिभिरति दुर्गाणि विश्वा ।
पूश्च पृथ्वी बहुला न उर्वी भवा तोकाय तनयाय शं योः।।2।।
अग्ने त्वमस्द्युयोध्यमीवा अनग्नित्रा अभ्यमन्त कृष्टीः ।
पुनरस्मभ्य सुविताय देव क्षां विश्वेभिरमृतेभिर्यजत्र।।३।।
पाहि नो अग्ने पायुभिरजस्रैरुत प्रिये सदन आ शुशुक्वान् ।
मा ते भय जरितारं यविष्ठ नूनं विदन्मापरं सहस्वः।।४।।
मा नो अग्नेऽव सृजो अघायाविष्यवे रिपवे दुच्छुनायै ।
मा दत्वते दशते मादते नो मा रीषते सहसावन्परा दाः।।५।।
वि घ त्वाँवा ऋतजात यंसद्गृणानो अग्ने तन्वे३ वरूथम् ।
विश्वाद्रिरिक्षोरुत वा निनित्सोरभिह्रुतामसि हि देव विष्पट्।।६।।
त्वं ताँ अग्न उभयान्वि विद्वान्वेषि प्रपित्वे मनुषो यजत्रा ।
अभिपित्वे मनवे शास्यो भूर्मर्मृजेन्य उशिग्भिर्नाक्रः।।७।।
अवोचाम निवचनान्यस्मिन्मानस्य सूनुः सहसाने अग्नौ ।
वयं सहस्रमृषिभिः सनेम विद्यामेषं वृजनं जीरदानुम् ।।८।।

2. अग्निः – ऋ. १०.१2४.2–४; य. 2७.१; ३–७; ११; १८

ऋ. १०.१2४.2–४

अदेवाद्देवः प्रचता गुहा यन्प्रपश्यमानो अमृतत्वमेमि ।
शिवं यत्सन्तमशिवो जहामि खात्सख्यादरणीं नाभिमेमि।।2।।
पश्यन्नन्यस्या अतिथिं वयाया ऋतस्य धाम वि मिमे पुरूणि ।
शंसामि पित्रो असुराय शेवमयज्ञियाद्यज्ञियं भागमेमि।।३।।
बह्वीः समा अकरमन्तरस्मिन्निन्द्रंवृणानः पितरं जहामि ।
अग्निः सोमो वरुणस्ते च्यवन्ते पर्यावर्द्राष्ट्रं तदवाम्यायन् ।।४।।

य. २७.१

समास्त्वाग्नऽऋतवो वर्द्धयन्तु संवत्सराऽऋषयो यानि सत्या ।
सं दिव्येन दीदिहि रोचनेन विश्वाऽआ भाहि प्रदिशश्चतस्रः ।।१।।

य. २७.३–७

त्वामग्ने वृणते ब्राह्मणाऽइमे शिवोऽअग्ने संवरणे भवा नः ।
सपत्नहा नोऽअभिमातिजिच्च स्वे गये जागृह्यप्रयुच्छन् ।।३।।
इहैवाग्नेऽअधिं धारया रयिं मा त्वा नि क्रन् पूर्वचितो निकारिणः ।
क्षत्रमग्ने सुयममस्तु तुभ्यमुपसत्ता वर्द्धतां तेऽअनिंष्टृतः।।४।।
क्षत्रोणाग्ने स्वायुः सं रभस्व मित्रोणाग्ने मित्राधेये यतस्व ।
सजातानां मध्यमस्थाऽएधि राज्ञामग्ने विहव्यो दीदिहीह।।५।।
अति निहोऽअति स्रिधोऽत्यचित्तिमत्यरातिमग्ने ।
विश्वा ह्यग्ने दुरिता सहस्वाथास्मभ्यं सहवीरां यिं दाः।।६।।
अनाधृष्यो जातवेदा ऽअनिष्टृतो विराडग्ने क्षत्राभृद्दीदिहीह ।
विश्वाऽआशाः प्रमुंचन्मानुषीर्भियः शिवोभिरद्य परिंपाहि नो वृधे ।।७।।

य. २७.११

ऊर्ध्वा ऽअस्य समिधो भवन्त्यूर्ध्वा शुक्रा शोचींष्यग्नेः। द्युमत्तमा सुप्रतीकस्य सूनोः।।११।।

य. २७.१८

दैव्या होताराऽऊर्ध्वमध्वरं नोऽग्ने र्जिह्वामभि गृणीतम्। कृणुतं नः स्विष्टिम्।।१८।।

३. अग्निः पावकः – ऋ. १०.१४०.१–६; सा. १८१६–१८२१

ऋ. १०.१४०.१–६

अग्ने तव श्रवो वयो महि भ्राजन्ते अर्चयो विभावसो ।
बृहद्भानो शवसा वाजमुक्थ्यं१ दधासि दाशुषे कवे।।१।।
पावकवर्चाः शुक्रवर्चा अनूनवर्चा उदियर्षि भानुना ।
पुत्रो मातरा विचरन्नुपावसि पृणक्षि रोदसी उभे।।2।।
ऊर्जो नपाज्जातवेदः सुशस्तिर्भिन्दस्व धीतिभिर्हितः ।
त्वे इषः सं दधुर्भूरिवर्पसश्चित्रोतयो वामजाताः।।३।।
इरज्यन्नग्ने प्रथयस्व जन्तुभिरस्मे रायो अमर्त्य ।
स दर्शतस्य वपुषो वि राजसि पृणाक्षि सानसिं क्रतुम्।।४।।
इष्कर्तारमध्वरस्य प्रचेतसं क्षयन्तं राधसो महः ।
रातिं वामस्य सुभगां महीमिषं दधासि सानसिं रयिम्।।५।।
ऋतावानं महिषं विश्वदर्शतमग्निं सुम्नाय दधिरे पुरो जनाः ।
श्रुत्कणं सप्रथस्तमं त्वा गिरा दैव्यं मानुषा युगा ।।६।।

सा. १८१६–१८२१

अग्ने तव श्रवो वयो महि भ्राजन्ते अर्चयो विभावसो ।
बृहद्भानो शवसा वाजमुक्थ्यां ३ दधासि दाशुषे कवे।।१।।
पावकवर्चाः शुक्रवर्चा अनूनवर्चा उदियर्षि भानुना ।
पुत्रो मातरा विचरन्नुपावसि पृणक्षि रोदसी उभे।।2।।
ऊर्जो नपाज्जातवेदः सुशस्तिभिर्मन्दस्व धीतिभिर्हितः ।
त्वे इषः सं दधुर्भूरिवर्पसश्चित्रोतयो वामजाताः।।३।।
इरज्यन्नग्ने प्रथयस्य जन्तुभिरस्मे रायो अमर्त्य ।
स दर्शतस्य वपुषो वि राजसि पृणक्षि दर्शतं क्रतुम्।।४।।

इष्कर्तारमध्वरस्य प्रचेतसं क्षयन्तं राधसो महः।
रातिं वामस्य सुभगां महीमिषं दधासि सानसिं रयिम्।।५।।
ऋतावानं महिषं विश्वदर्शतमग्निं सुम्नाय दधिरे पुरो जनाः ।
श्रुत्कर्णं सप्रथस्तमं त्वा गिरा दैव्यं मानुषा युगा ।।६।।

४. अग्निः प्रजापतिः (सास्व.) – सा. १८२५

अग्निरिन्द्राय पवते दिवि शुक्रो वि राजति। महिषीव वि जायते।।१।।

५. अग्निवरुणसोमानां निहवः – ऋ. १०.१२४.१

इमं नो अग्न उप यज्ञमेहि पंचयामं त्रिवृतं सप्तन्तुम् ।
असो हव्यावळुत नः पुरोगा ज्योगेव दीर्घं तम आशयिष्ठाः।।१।।

६. अग्निः सौचीको वैश्वानरो वा सप्तिर्वा वाजम्भरः – ऋ. १०.७६.१–७; १०.८०.१–७

ऋ. १०.७६.१–७

उपश्यमस्य महतो महित्वममर्त्यस्य मर्त्यासु विक्षु ।
नाना हनू विभृते सं भरेते असिन्वती बप्सती भूर्यत्तः।।१।।
गुहा शिरो निहितमृधगक्षी असिन्वन्नति जिह्वया वनानि ।
अत्राण्यस्मै पड्भिः सं भरन्त्युत्तानहस्ता नमसाधि विक्षु।।2।।
प्र मातुः प्रतरं गुह्यमिच्छन्कुमारो न वीरुधः सर्पदुर्वीः ।
ससं न पक्वमविदच्छुचन्तं रिरिह्वांसं रिप उपस्थे अन्तः।।३।।
तद्वामृतं रोदसी प्र ब्रवीमि जायमानो मातरा गर्भो अत्ति ।
नाहं देवस्य मर्त्यश्चिकेताग्निरङ्ग विचेताः स प्रचेताः।।४।।
यो अस्मा अन्नं तृष्वा३ दधात्याज्यैर्घृतैर्जुहोति पुष्यति ।
तस्मै सहस्रमक्षभिर्वि चक्षेऽग्ने विश्वतः प्रत्यङ्ङसि त्वम्।।५।।
किं देवेषु त्यज एनश्चकर्थाग्ने पृच्छामि नु त्वामविद्वान् ।
अक्रीळन् क्रीळन्हरिरत्तवेऽदन्वि पर्वशश्चकर्त गामिवासिः।।६।।
विषूचो अश्वान्युयुजे वनेजा ऋजीतिभी रशनाभिर्गृभीतान् ।
चक्षदे मित्रो वसुभिः सुजातः समानृधे पर्वभिर्वावृधानः ।।७।।

ऋ. १०.८०.१–७

अग्निः सप्तिं वाजंभरं ददात्यग्निर्वीरं श्रुत्यं कर्मनिष्ठाम् ।
अग्नी रोदसी वि चरत्समंजन्नग्निर्नारीं वीरकुक्षिं पुरन्धिम्।।१।।
अग्नेरप्नसः समिदस्तु भद्राग्निर्मही रोदसी आ विवेश ।
अग्निरेकं चोदयत्समत्स्वग्निर्वृत्राणि दयते पुरूणि।।2।।
अग्निर्ह त्यं जरतः कर्णमावाग्निरद्भ्यो निरदहज्जरूथम् ।
अग्निरत्रिं घर्म उरुष्यदन्तरग्निर्नृमेधं प्रज्यासृजत्सम्।।३।।
अग्निर्दाद् द्रविणं वीरपेशा अग्निर्ऋषिं यः सहस्रा सनोति ।
अग्निर्दिवि हव्यमा ततानाग्नेर्धामानि विभृता पुरुत्रा।।४।।
अग्निमुक्थैऋषयो वि ह्वयन्तेऽग्निं नरो यामनि बाधितासः ।
अग्निं वयो अन्तरिक्षे पतन्तोऽगिनः सहस्रा परि याति गोनाम्।।५।।
अग्निं विश ईळते मानुषीर्या अग्निं मनुषो नहुषो वि जाताः ।
अग्निर्गान्धर्वीं पथ्यामृतस्याग्नेर्गव्यूतिर्घृत आ निषत्ता।।६।।
अग्नये ब्रह्म ऋभवस्तत्क्षुरग्निं महामवोचामा सुवृक्तिम् ।
अग्ने प्राव जरितारं यविष्ठाग्ने महि द्रविणमा यजस्व ।।७।।

७. अंगिराः – अ. ५.१2.१–११.

समिद्धो अद्य मनुषो दुरोणे देवो देवान् यजसि जातवेदः ।
आ च वह मित्रमहश्चिकित्वान् त्वं दूतः कविरसि प्रचेताः।।१।।
तनूनपात् पथ ऋतस्य यानन् मध्वा समंजन्तरस्वदया सुजिह्व ।
मन्मानि धीभिरुत यज्ञमृन्धन् देवत्रा च कृणुह्यध्वरं नः।।2।।
आजुह्वान् ईड्यो वन्द्यश्चा याह्यग्ने वसुभिः सुजोषाः ।
त्वं देवानामसि यह्व होता स एनान् यक्षीषितो यजीयान्।।३।।
प्राचीनं बर्हिः प्रदिशा पृथिव्या वस्तोरस्या वृजयते अग्रे अह्नाम् ।
वयु प्रथते वितरं वरीयो देवेभ्यो अदितये स्योनम्।।४।।
व्यचस्वतीरुर्विया वि श्रयन्तां पतिभ्यो न जनयः शुम्भमानाः ।
देवीर्द्वारो बृहतीर्विश्वमिन्वा देवेभ्यो भवत सुप्रायणाः।।५।।
आ सुष्वयन्ती यजते उपाके उषासानक्ता सदतां नि योनौ ।
दिव्ये योषणे बृहती सुरुक्मे अधि श्रियं शुक्रपिशं दधाने दैव्या।।६।।
होतारा प्रथमा सुवाचा मिमाना यज्ञं मनुषो यजध्यै ।
प्रचोदयन्ता विदथेषु कारू प्राचीनं ज्योतिः प्रदिशा दिशन्ता।।७।।
आ नो यज्ञं भारती तूयमेत्विडा मनुष्वदिह चेतयन्ती ।
तिस्रो देवीर्बर्हिरेदं स्योनं सरस्वतीः स्वपसः सदन्ताम्।।८।।
य इमे द्यावापृथिवी जनित्री रूपैरपिंशद् भुवनानि विश्वा ।
तपद्य होतरिषितो यजीयान् देवं त्वष्टारमिह यक्षि विद्वान्।।९।।
उपावसृज त्मन्या समंजन देवानां पाथ ऋतुथा हवींशि ।
वनस्पतिः शमिता देवो अग्निः स्वदन्तु हव्यं मधुना घृतेन।।१०।।
सद्यो जातो वयमिमीत यज्ञमग्निर्देवानामभवत् पुरोगः ।
अस्य होतुः प्रशिष्यृतस्य वाचि स्वाहाकृतं हविरदन्तु देवाः ।।११।।

८. **अंगिराः प्रचेता यमश्च – अ. ६.४७.१**

अग्निः प्रातःसवने पात्वस्मान् वैश्वानरो विश्वकृद् विश्वशंभूः ।
स नः पावको द्रविणे दधात्वायुष्मन्तः सहभक्षाः स्याम ।।१।।

९. **अथर्वा – अ. १.९.३–४; 2.१३.१; 2.१९.१–५; 2.2९.१–७; ३.१.१; ३.2.१–2; ४.४.६; ४.१५. १; ५.६.११–१४; ५.८.१; 2; ५.2४.2; ६.११०.१–३; ६.१११.१–४; ६.११2.१–३; ७.६१.१–2; ७.७१.१; ७.७८.१–2; १८.2.४; ३४; १८.३.५–६; १८.४.८८; १९.३७.१–३; १९.2६.१–४**

अ. १.९.३–४

येनेन्द्राय समभरः पयांस्युत्तमेन ब्रह्मणा जातवेदः ।
तेन त्वमग्न इह वर्धयेमं सजातानां श्रैष्ठ्य आ धेह्येनम्।।३।।
ऐषां यज्ञमुत वर्चो ददेऽहं रायस्पोषमुत चित्तान्यग्ने ।
सपत्ना अस्मदधरे भवन्तूत्तमं नाकमधि रोहयेमम् ।।४।।

अ. 2.१३.१

आयुर्दा अग्ने जरसं वृणानो घृतप्रतीको घृतपृष्ठो अग्ने ।
घृतं पीत्वा मधु चारु गव्यं पितेव पुत्रनभि रक्षतादिमम् ।।१।।

अ. 2.१९.१–५

अग्ने यत् ते तपस्तेन तं प्रति तप यो३स्मान् द्वेष्टि यं वयं द्विष्मः।।१।।
अग्ने यत् ते हरस्तेन तं प्रति हर यो३स्मान् द्वेष्टि यं वयं द्विषमः।।2।।
अग्ने यत् तेऽर्चिस्तेन तं प्रत्यर्च यो३स्मान् द्वेष्टि यं वयं द्विष्मः।।३।।

अग्ने यत् ते शोचिस्तेन तं प्रति शोच यो३स्मान् द्वेष्टि यं वयं द्विष्मः ।।४।।
अग्ने यत् ते तेजस्तेन तमतेजसं कृणु यो३स्मान् द्वेष्टि यं वयं द्विष्मः ।।५।।

अ. 2.2६.१–७

पार्थिवस्य रसे देवा भगस्य तन्वो३ बले ।
आयुष्यमस्मा अग्निः सूर्यो वर्च आ धाद् बृहस्पतिः।।१।।
आयुरस्मै धेहि जातवेदः प्रजां त्वष्टरधिनिधेह्यस्मै ।
रायस्पोषं सवितरा सुवास्मै शतं जीवाति शरदस्तवायम्।।2।।
आशीर्ण ऊर्जमुत सौप्रजास्त्वं दक्षं धत्तं द्रविणं सचेतसौ ।
जयं क्षेत्राणि सहसायमिन्द्र कृण्वानो अन्यानधरान्त्सपत्नान्।।३।।
इन्द्रेण दत्ते वरुणेन शिष्टो मरुद्भिरुग्रः प्रहितो न आगन् ।
एष वां द्यावापृथिवी उपस्थे मा क्षुधन्मा तृषत्।।४।।
ऊर्जमस्मा ऊर्जस्वती धत्तं पयो अस्मै पयस्वती धत्तम् ।
ऊर्जमस्मै द्यावापृथिवी अधातां विश्वे देवा मरुत ऊर्जमापः।।५।।
शिवाभिष्टे हृदयं तर्पयाम्यनमीवो मोदिषीष्ठाः सुवर्चाः ।
सवासिनौ पिबतां मन्थमेतमश्विनो रूपं परिधाय मायाम्।।६।।
इन्द्र एतां ससृजे विद्धो अग्र ऊर्जां स्वधामजरां सा त एषा ।
तया त्वं जीव शदः सुवर्चा मा त आ सुस्रोद् भिषजस्ते अक्रन् ।।७।।

अ. ३.१.१

अग्निर्नः शत्रून् प्रत्येतु विद्वान् प्रतिदहन्नभिषस्तिमरातिम् ।
स सेनां मोहयतु परेषां निर्हस्तांश्च कृणवज्जातवेदाः ।।१।।

अ. ३.2.१–2

अग्निर्नोदूतः प्रत्येतु विद्वान् प्रतिदहन्नाभिशस्तिमरातिम् ।
स चित्तानि मोहयतु परेषां निर्हस्ताश्च कृणवज्जातवेदाः।।१।।
अयमग्निरमूमुहद् यानि चित्तानि वो हृदि । वि वो धमत्वोकसः प्र वो धमतु सर्वतः।।2।।

अ. ४.१५.१

समुत्पतन्तु प्रदिशो नभस्वतीः समभ्राणि वातजूतानि यन्तु ।
महऋषभस्य नदतो नभस्वतो वाश्रा आपः पृथिवीं तर्पयन्तु।।१।।

अ. ५.६.१०

या३स्माश्चक्षषा मनसा चित्त्याकत्या च या अघायरभिदासात।
त्व तानग्न मन्यामनीन कण स्वाहा।।१०।।

अ. ५.८.१–2

वैकङ्कतेनेध्मेन देवेभ्य आज्यं वह । अग्ने ताँ इह मादय सर्व आ यन्तु मे हवम्।।१।।
इन्द्रा याहि मे हवमिदं करिष्यामि तच्छृणु । इम ऐन्द्रा अतिसारा आकूतिं सं नमन्तु मे ।
तेभिः शकेम वीर्य१ जातवेदस्तनूवशिन् ।।।2।।

अ. ५.2४.2

अग्निर्वनस्पतीनामधिपतिः स मावतुः अस्मिन् ब्रह्मण्यस्मिन् कर्मण्यस्यां
पुरोधायामस्यां प्रतिष्ठायमस्यां चित्त्यामस्यामाकूत्यामस्यामाशिष्यस्या देवहूत्यां स्वाहा ।।2।।

अ. ६.११०.१–३

प्रत्नो हि कमीड्यो अध्वरेषु सनाच्च होता नव्यश्च सत्सि ।
स्वां चाग्ने तन्वं पिप्रायस्वास्मभ्यं च सौभगमा यजस्व।।१।।
ज्येष्ठध्न्यां जातो विचृतोर्यमस्य मूलबर्हणात् परि पाह्येनम् ।
अत्येनं नेषद् दुरितानि विश्वा दीर्घायुत्वाय शतशारदाय।।2।।

व्याघ्रेऽह्न्यजनिष्ट वीरो नक्षत्रजा जायमानः सुवीरः ।
स मा वधीत् पितरं वर्धमानो मा मातरं प्र मिनीज्जनित्रीम् ।।३।।

अ. ६.१११.१–४

इमं मे अग्ने पुरुषं मुमुग्ध्ययं यो बद्धः सुयतो लालपीति ।
अतोऽधिं ते कृणवद् भागधेयं यदानुन्मदितोऽसति।।१।।
अग्निष्टे नि शमयतु यदि ते मन उद्युतम् ।
कृणोमि विद्वान् भेषजं यथानुन्मदितोऽससि।।2।।
देवैनसादुन्मदितमुन्मत्तं रक्षसस्परि ।
कृणोमि विद्वान् भेषजं यदानुन्मदितोऽसति।।३।।
पुनस्त्वा दुरप्सरसः पुनरिन्द्रः पुनर्भगः ।
पुनस्त्वा दुर्विश्वे देवा यथानुन्मदितोऽससि ।।४।।

अ. ६.११2.१–३

मा ज्येष्ठं वधीदयमग्न एषा मूलबर्हणात् पाह्येनम् ।
स ग्राह्याः पाशान् वि चृत प्रजानन् तुभ्यं देवा अनु जानन्तु विश्वे।।१।।
उन्मुंच पाशांस्त्वमग्न एषां त्रयस्त्रिभिरुत्सिता येभिरासन् ।
स ग्राह्याः पाशान् वि चृत प्रजानन् पितापुत्रौ मातरं मुंच सर्वान्।।2।।
येभिः पाशैः परिवित्तो विबद्धोऽङ्गेअङ्ग आर्पित उत्सितश्च ।
वि ते मुच्यन्तां विमुचो हि सन्ति भ्रूणघ्नि पूषन् दुरितानि मृक्ष्व ।।३।।

अ. ७.६१.१–2

यदग्ने तपसा तप उपतप्यामहे तपः। प्रियाः श्रुतस्य भूयास्मायुष्मन्तः सुमेधसः।।१।।
अग्ने तपस्तप्यामह उप तप्यामहे तपः। श्रुतानिं शृण्वन्तो वयमायुष्मन्तः सुमेधसः ।।2।।

अ. ७.७१.१

परि त्वाग्ने पुरं वयं विप्रं सहस्य धीमहि। धृषद्वर्णं दिवेदिवे इन्तारं भङ्गुरावतः।। १।।

अ. ७.७८.१–2

वि ते मुंचामि रशनां वि योक्त्रं वि नियोजनम् ।
इहैव त्वमजस्र एध्यग्ने।।१।।
अस्मै क्षत्राणि धारयन्तमग्ने युनजिम त्वा ब्रह्मणा दैव्येन ।
दीदिह्य१स्मभ्यं द्रविणेह भद्रं प्रेमं वोचो हविर्दां देवतासु ।।2।।

अ. १८.2.४

मैनमग्ने वि दहो माभि शूशुचो मास्य त्वचं चिक्षिपो मा शरीरम् ।
शृतं यदा करसि जातवेदोऽथेममेनं प्र हिणुतात् पितृँरुप ।।४।।

अ. १८.2.३४

ये निखाता ये परोप्ता ये दग्धा ये चोद्धिताः। सर्वांस्तानग्न आ वह पितृन हविषे उत्तवे।।३४।।

अ. १८.३.५–६

उप द्यामुप वेतसमवत्तरो नदीनाम्। अग्ने पित्तमपामसि।।५।।
यं त्वमग्ने समदहस्तमु निर्वापया पुनः। क्याम्बूरत्र रोहतु शाण्डदूर्वा व्यल्कशा।।६।।

अ. १८.४.८८

आ त्वाग्न इधीमहि द्युमन्तं देवाजरम् ।
यद् घ सा ते पनीयसी समिद् दीदयति द्यवि। इषं स्तोतृभ्य आ भर ।।८८।।

अ. १६.३७.१–३

इदं वर्चो अग्निना दत्तमागन् भर्गो यशः सह ओजो वयो बलम्।
त्रयस्त्रिंशद् यानि च वीर्याणि तान्यग्निः प्र ददातु मे।।१।।
वर्च आ धेहि मे तन्वां३ सह ओजो वयो बलम् ।
इन्द्रियाय तवा कर्मणे वीर्याय प्रति गृह्णामि शतशारदाय।।2।।

ऊर्जे त्वा बलाय त्वौजसे सहसे त्वा ।
अभिभूयाय त्वा राष्ट्रभृत्याय पर्यूहामि शतशारदाय ।।३।।

अ. १६.2६.१–४

अग्नेः प्रजातं परि यद्धिरण्यममृतं दध्रे अधि मर्त्येषु ।
य एनद् वेद स इदेनमर्हति जरामृत्युर्भवति यो बिभति।।१।।
यद्धिरण्यं सूर्येण सुवर्णं प्रजावन्तो मनवः पूर्व ईषिरे ।
तत् त्वा चन्द्रं वर्चसा सं सृजत्यायुष्मान् भवति यो बिभति।।2।।
आयुषे त्वा वर्चसे त्वौजसे च बलाय च ।
यथा हिरण्यतेजसा विभासासि जनाँ अनु।।३।।
यद् वेद राजा वरुणो वेद देवो बृहस्पतिः ।
इन्द्रो यद् वृत्रहा वेद तत् त आयुष्यं भुवत् तत् ते वर्चस्यं भुवत् ।।४।।

१०. अथर्वा (पण्यकामः) – अ. ३.१५.३

इध्मेनाग्न इच्छमानो घृतेन जुहोमि हव्यं तरसे बलाय ।
यावदीशे ब्रह्मणा वन्दमान इमां धियं शतसेयाय देवीम् ।।३।।

११. अथर्वा (स्वस्त्ययनकामः) – अ. ६.३६.१–३; ६.५.१; ३

अ. ६.३६.१–३

ऋतावनं वैश्वानरमृतजस्य ज्योतिषस्पतिम्। अजस्रं घर्ममीमहे ।।१।।
स विश्व प्रति चाक्लृप ऋतूंरुत सृजते वशी। यज्ञस्य वय उत्तिरन् ।।2।।
अग्निः परेषु धामसु कामो भूतस्य भव्यस्य। सम्राडेको वि राजति ।।३।।

अ. ६.५.१

उदेनमुत्तरं नयाग्ने घृतेनाहुत। समेनं वर्चसा सृज प्रजया च बहुं कृधि।।१।।

अ. ६.५.३

यस्य कृण्मो हवि र्गृहे तमग्ने वर्धया त्वम्। तस्मै सोमो अधि ब्रवदयमं च ब्रह्मणस्पतिः।।३।।

१2. अथर्वांगिरा – अ. १६.३.१–४; १६.४.१–४

अ. १६.३.१–४

दिव्स्पृथिव्याः पर्यन्तरिक्षाद् वनस्पतिभ्यो अध्योषधीभ्यः ।
यत्रयत्र विभृतो जातवेदास्तत स्तुतो जुषमणो न एहि ।।१।।
यस्ते अप्सु महिमा यो वनेषु य ओषधीषु पशुष्वप्स्व१न्तः ।
अग्ने सर्वास्तन्व१ः सं रभस्व ताभिर्न एहि द्रविणोदा अजस्रः ।।2।।
यस्ते देवेषु महिमा स्वर्गो या ते तनूः पितृष्वाविश ।
पुष्टिर्या ते मनुष्येषु पप्रथेऽग्ने तया रयिमस्मासु धेहि ।।३।।
श्रुत्कर्णाय कवये वेद्याय वचोभिर्वाकैरुप यामि रातिम् ।
यतो भयमभयं तन्नो अस्त्वव देवानां यज हेडो अग्ने ।।४।।

अ. १६.४.१–४

यामाहुतिं प्रथमामथर्वा या जाता या हव्यमकृणोज्जातवेदाः ।
तां त एतां प्रथमो जोहवीमि ताभिष्टुप्तो वहतु हव्यमग्निरग्नये स्वाहा ।।१।।
आकूतिं देवीं सुभगां पुरो दधे चित्तस्य माता सुहवा नो अस्तु ।
यामाशामेमि केवली सा मे अस्तु वदेयमेनां मनसि प्रविष्टाम् ।।2।।
अकूत्या नो बृहस्पत आकूत्या न उपा गहि ।
अथो भगस्य नो धेह्यथो नः सुहवो भव ।।३।।
बृहस्पतिर्म आकूतिमांगिरसः प्रति जानातु वाजमेताम् ।
यस्य देवा देवताः संबभूवुः स सुप्रणीताः कामो अन्वेत्वस्मान् ।।४।।

Vedic Concordance of Mantras as per Devatā and Ṛṣi 55

१३. अप्रतिरथः – य. १७.५०; ५2; ५३; ५५; ५६; ५८

य. १७.५०

उदेनमुत्तरां नयाग्ने घृतेनाहुत। रायस्पोषेण संसृज प्रजया च बहुं कृधि ।।५०।।

य. १७.५2–५३

यस्य कुर्मो गृहे हविस्तमग्ने वर्द्धया त्वम्। तस्मै देवाऽअधि ब्रुवन्नयं च ब्रह्मणस्पतिः ।।५2।।
उदु त्वा विश्वे देवाऽअग्ने भरन्तु चित्तिभिः। स नो भ्व शिवस्त्वं सुप्रतीको विभावसुः ।।५३।।

य. १७.५५–५६

समिद्धेऽअग्नावधि मामहानऽउक्थपत्र ऽईड्यो गृभीतः ।
तप्तं घर्म्मं परिगृह्यायजन्तोर्जा यद्यज्ञमयजन्त देवाः ।।५५।।
देव्याय घर्त्रे जोष्टे देवश्री श्रीमनाः शतपयाः ।
परिगृह्म देवा यज्ञमायन देवा दैवभ्योऽअध्वर्य्यन्तोऽअस्थुः ।।५६।।

य. १७.५८

सूर्यरश्मिर्हरिकेशः पुरस्तात्सविता ज्योतिरुदयाँ2ऽ अजस्रम् ।
तस्य पूषा प्रसवे याति विद्वान्त्सम्पश्यन्विश्वा भुवनानि गोपाः ।।५८।।

१४. अरुणो वैतहव्यः – ऋ. १०.९१.१–१५; सा. ६८2–८४; १८2४

ऋ. १०.९१.१–१५

सं जागृवद्भिर्जरमाण इध्यते दमे दमूना इषयन्निळस्पदे ।
विश्वस्य होता हविषो वरेण्यो विभुर्विभावा सुषखा सखीयते ।।१।।
स दर्शतश्रीरतिथिगृहेगृहे वनेवने शिश्रिये तक्ववीरिव ।
जनंजनं जन्यो नाति मन्यते विश आ क्षेति विश्यो३ विशंविशम्।।2।।
सुदक्षो दक्षैः क्रतुनासि सुक्रतुरग्ने कविः काव्येनासि विश्ववित् ।
वसुर्वसूनां क्षयसि त्वमेक इद् द्यावा च यानि पृथिवी च पुष्यतः ।।३।।
प्रजानन्नग्ने तव योनिमृत्वियमिळायास्पदे घृतवन्तमासदः ।
आ ते चिकित्र उषसामिवेतयोऽरेपसवः सूर्यस्येव रश्मयः ।।४।।
तव श्रियो वर्ष्यस्येव विद्युताश्चित्राश्चिकित्र उषसां न केतवः ।
यदोषधीरभिसृष्टो वनानि च परि स्वयं चिनुषे अन्नमास्ये ।।५।।
तमोषधीर्दधिरे गर्भमृत्वियं तमापो अग्निं जनयन्त मातरः ।
तमित्समानं वनिनश्च वीरुधोऽन्तर्वतीश्च सुवते च विश्वहा ।।६।।
वातोपधूत इषितो वशाँ अनु तृषु यदन्ना वेविषद्वितिष्ठसे ।
आ ते यतन्ते रथ्यो३ यथा पृथक् शर्धांस्यग्ने अजराणि धक्षतः ।।७।।
मेधाकारं विदथस्य प्रसाधनमग्निं होतारं परिभूतमं मतिम् ।
तमिदर्भे हंविष्या समानमित्तमिन्महे वृणते नान्यं त्वत् ।।८।।
त्वामिदत्र वृणते त्वायवो होतारमग्ने विदथेषु वेधसः ।
यद्देवयन्तो दधति प्रयांसि ते हविष्मन्तो मनवो वृक्तबर्हिषः ।।९।।
त्वाग्ने होत्रं तव पोत्रमृत्वियं तव नेष्ट्रं त्वमग्निदृतायतः ।
तव प्रशास्त्रं त्वमध्वरयिसि ब्रह्मा चासि गृहपतिश्च नो दमे ।।१०।।
यस्तुभ्यमग्ने अमृताय मर्त्यः समिधा दाशदुत वा हविष्कृति ।
तस्य होता भवसि यासि दूत्य१मुप ब्रूषे यजस्ध्वरीयसि ।।११।।
इमा अस्मै मतयो वाचो अस्मदाँ ऋचो गिरः सुष्टुतयः समग्मत ।
वसूयवो वसवे जातवेद से वृद्धासु चिद्वर्धनो यासु चाकनत् ।।१2।।
इमां प्रत्नाय सुष्टुतिं नवीयसीं वेचोयमस्या उशते शृणोतु नः ।
भूया अन्तरा हृद्यस्य निस्पृशे जायेव पत्य उशती सुवासाः ।।१३।।
यस्मिन्नश्वास ऋषभास उक्षणो वशा मेषा अवसृष्टास आहुताः ।

कीलालपे सोमपृष्ठाय वेधसे हृदा मतिं जनये चारुमग्नये ।।१४।।
अहाव्यग्ने हविरास्ये ते स्रुचीव घृतं चम्वीव सोमः ।
वाजसनिं रयिमस्मे सुवीरं प्रशस्तं धेहि यशसं बृहन्तम् ।।१५।।

सा. ६८2–८४

तव श्रियो वर्ष्यस्येव विद्युतोऽग्नेश्चिकित्र उषसामिवेतयः ।
यदोषधीरभिसृष्टो वनानि च परि स्वयं चिनुषे अन्नमासनि ।।१।।
वातोपजूत इषितो वशाँ अनु तृषु यदन्ना वेविषद्वितिष्ठसे
आ ते यतन्ते रथ्यो३यथा पृथक् शर्धांस्यग्ने अजरस्य धक्षतः ।।2।।
मेधाकारं विदथस्य प्रसाधनमग्निं होतारं परिभूतरं मतिम् ।
त्वामर्भस्य हविषः समानमित्त्वां महो वृणते नान्यं त्वत् ।।३।।

सा. १८2४

तमोषधीर्दधिरे गर्भमृत्वियं तमापो अग्निं जनयन्त मातरः ।
तमित्समानं वनिनश्च वीरुधोऽन्तर्वतीश्च सुवते च विश्वहा ।।१।।

१५. अवत्सारः – य. ३.१६–१६

अस्य प्रत्नामनु द्युतं शुक्रं दुदुह्रेऽअह्रयः। पयः सहस्रसामृषिम् ।।१६।।
तनूपा ऽअग्नेऽसि तन्वं मे पाह्यायुर्दाऽअग्नेऽस्यायुर्मे देहि वर्च्चोदाऽअग्नेऽसि वर्च्चो मे देहि।
अग्ने यन्मे तन्वाऽऊनं तन्म ऽआपृण ।।१७।।
इन्धानास्त्वा शतं हिमा द्युमन्तं समिधीमहि। वयस्वन्तो वयस्कृतं सहस्वन्तः सहस्कृतम्।
अग्ने सपत्नदम्भनमदब्धासोऽअदाभ्यम्। चित्रावसो स्वस्ति ते पारमशीय ।।१८।।
सं त्वमग्ने सूर्यस्य वर्च्चसागथाः समृषीणांस्तुतेन ।
सं प्रियेण धाम्ना समहमायुषा स वर्च्चसा सं प्रजया सं रायस्पोषेण ग्मिषीय ।।१६।।

१६. अवत्सारः काश्यपः – सा. १८३१–३३

अग्निर्ज्योतिर्ज्योतिरग्निरिन्द्रो ज्योतिर्ज्योतिरिन्द्रः। सूर्यो ज्योतिर्ज्योतिः सूर्यः ।।१।।
पुनरूर्जा नि वर्तस्व पुनरग्न इषायुषा। पुनर्नः पाह्यंहसः ।।2।।
सह रय्या नि वर्तस्वाग्ने पिन्वस्य धारया। विश्वप्स्न्या विश्वतस्परि ।।३।।

१७. अश्विनौ – य. 2८.22–2३

देवोऽअग्निः स्विष्टकृद्देवमिन्द्रमवर्द्धयत्। स्विष्टं कुर्वन्त्स्विष्टकृत् स्विष्टमद्य करोतु नो वसुवने वसुधेयस्य वेतु यज ।।22।।
अग्निमद्य होतारमवृणीतायं यजमानः पचन् पक्ववीः पचन् पुरोडाशं बध्नन्निन्द्राय छागम्।
सूपस्थाऽअद्य देवो वनस्पतिरभवदिन्द्राय छागेन ।
अघत्तं मेदस्तः प्रति पचताग्रभीदवीवृधत्पुरोडाशेन त्वामद्यऽऋषे ।।2३।।

१८. आगस्त्यः अग्रे द्रष्टव्यम् – य. ३.४७; ५.३६; ३७; ४०; ४2; ४३

य. ३.४७

अक्रन् कर्म कर्मकृतः सह वाचा मयोभुवा। देवेभ्यः कर्म कृत्वासतं प्रेत सचाभुवः ।।४७।।

य. ५.३६–३७

अग्ने नय सुपथा रायेऽअस्मान्विश्वनि देव वयुनानि विद्वान् ।
युयोध्यस्मज्जुहुराणमेनो भूयिष्ठां ते नमऽउक्तिं विधेम ।।३६।।
अयं नो ऽअग्निर्वरिवस्कृणोत्वयं मृधः पुरऽएतु प्रभिन्दन् ।
अयं वाजांजयतु वाजसातावयं शत्रूंजयतु जर्हृपाणः स्वाहा ।।३७।।

य. ५.४०

अग्ने व्रतपास्ते व्रतपा या तव तनूर्मय्यभूदेषा सा त्वयि यो मम तनूस्त्वय्यभूदियं सा मयि ।
यथायथं नौ व्रतपते व्रतान्यनु मे दीक्षां दीक्षापतिरमंस्तानु तपस्तपस्पतिः ।।४०।।

य. ५.४2–४३

अत्यन्याँ2ऽअगां नान्याँ2ऽउपागामर्वाक् त्वा परेभ्योऽविंद परोऽवरेभ्यः ।
तं त्वा जुषामहे देव वनस्पते देवयज्यायै देवास्त्वा देवयज्यायै जुषन्तां विष्णवे त्वा ।
ओषधे त्रयस्व स्वधिते मैनं हिंसीः ।।४2।।
द्यां मा लोखीरन्तरिक्षं मा हिंसीः पृथिव्या संभव ।
अयं हि त्वा स्वधितिस्तेतिजानः प्रणिनाय महते सौभगाय ।
अतस्त्वं देव वनस्पते शतवल्शो विरोह सहस्रवल्शा वि वयं रुहेम ।।४३।।

१६. आथर्वणः दध्यङ् – य. ३६.१; ३७.१५

य. ३६.१

ऋचं वाचं प्र पद्ये मनो यजुः प्र पद्ये साम प्राणं प्र पद्ये चक्षुः श्रोत्रं प्र पद्ये।
वागोजः सहौजो मयि प्राणापानौ ।।१।।

य. ३७.१५

समग्निरग्निना गत सं दैवेन सवित्रा सं सूर्य्येणारोचिष्ट ।
स्वाहा समग्निस्तपसा गत सं दैव्येन सवित्रा सं सूर्य्येणारूरुचत ।।१५।।

२०. आदित्या देवाः – य. ३५.१६

अग्नऽआयूंष्ि पवसऽआ सुवोर्जमिषं च नः। आरे बाधस्व दुच्छुनाम् ।।१६।।

२१. आश्वतराश्विः – य. २०.२४–२६

अभ्या दधामि समिधमग्ने व्रतपते त्वयि ।
व्रतं च श्रद्धां चोपैमीन्धे त्वा दीक्षितोऽअहम् ।।2४।।
यत्र ब्रह्म च क्षत्रं च सम्यंचौ चरतः सह ।
तं लोकं पुणयं प्रज्ञेषं यत्र देवाः सहाग्निना ।।2५।।
यत्रेन्द्रश्च वायुश्च सम्यंचौ चरतः सह ।
तं लोकं पुणयं प्रज्ञेषं यत्र सेदिर्न विद्यते ।।2६।।

22. आसुरिः – य. ३.३८–४०

आगन्म विश्ववेदसमस्मभ्यं वसुवित्तमम् ।
अग्ने सम्राडभि द्युम्नमभि सहऽआयच्छस्व ।।३८।।
अयमग्निर्गृहपतिर्गार्हपत्यः प्रजाया वसुवित्तमः ।
अग्ने गृहपतेऽभि द्युम्नमभि सहऽआयच्छस्व ।।३६।।
अयमग्निः पुरीष्यो रयिमान् पुष्टिवर्द्धनः ।
अग्ने पुरीष्याभि द्युम्नमभि सहऽआयच्छस्व ।।४०।।

२३. इन्द्राग्नी – य. १३.22

यास्तेऽअग्ने सूर्य्ये रुचो दिवमातन्वन्ति रश्मिभिः ।
ताभिर्नोऽअद्य सर्वाभी रुचे जनाय नस्कृधि ।।22।।

२४. इष आत्रेयः – ऋ. ५.७.१–१०; ५.८.१–७

ऋ. ५.७.१–१०

सखायः सं वः सम्यंचमिषं स्तोमं चाग्नये। वर्षिष्ठाय क्षितीनामूर्जो नप्त्रे सहस्वते ।।१।।
कुत्रा चिद्यस्य समृतौ रण्वा नरो नृषदने। अर्हन्तश्चिद्यमिन्धते संजनयन्ति जन्तवः ।।2।।
सं यदिषो वनामहे सं हव्या मानुषाणाम्। उत द्युम्नस्य शवस ऋतस्य रश्मिमा ददे ।।३।।
स स्मा कृणोति केतुमा नक्तं चिद्दूर आ सते। पावको यद्वन्स्पतीन्प्र स्मा मिनात्यजरः ।।४।।
अव स्म यस्य वेषणे स्वेदं पथिषु जुह्वति। अभीमह स्वजेन्यं भूमा पृष्ठेव रुरुहुः ।।५।।
यं मर्त्यः पुरुस्पृहं विदद्विश्वस्य धायसे। प्र स्वादनं पितूनामस्ततातिं चिदायवे ।।६।।
स हि ष्मा धन्वाक्षितं दाता न दात्या पशुः। हिरिश्मश्रुः शुचिदन्नृभुरनिभृष्टतविषिः ।।७।।
शुचिः ष्म यस्मा अत्रिवत्प्र स्वधितीव रीयते। सुषूरसूत माता क्राणा यदानशे भगम् ।।८।।
आ यस्ते सर्पिरासुतेऽग्ने शमस्ति धायसे। ऐषु द्युम्नमुत श्रव आ चित्तं मर्त्येषु धाः ।।६।।

इति चिन्मन्युमध्रिजस्त्वादातमा पशुं ददे। आदग्ने अपृणतोऽत्रिः सासह्याद्दस्यूनिषः
सासह्यान्नॄन्।।१०।।

ऋ. ५.८.१–७

त्वामग्न ऋतायवः समीधिरे प्रत्नं प्रत्नास ऊतये सहस्कृत ।
पुरुश्चन्द्र यजतं विश्वधायसं दमूनसं गृहपतिं वरेण्यम् ।।१।।
त्वामग्ने अतिथिं पूर्व्यं विशः शोचिष्केशं गृहपतिं नि षेदिरे ।
बृहत्केतुं पुरुरूपं धनस्पृतं सुशर्माणं स्ववसं जरद्विषम् ।।2।।
त्वामग्ने मानुषीरीळते विशो होत्राविदं विविचिं रत्नधातमम् ।
गुहा सन्तं सुभग विश्वदर्शतं तुविष्वणसं सुयजं घृतश्रियम् ।।३।।
त्वामग्ने धर्णसिं विश्वधा वयं गीर्भिर्गृणन्तो नमसोप सेदिम ।
स नो जुषस्व समिधानो अंगिरो देवो मर्तस्य यशसा सुदीतिभिः ।।४।।
त्वमग्ने पुरुरूपो विशेविशे व्यो दधासि प्रत्नथा पुरुष्टुत ।
पुरूण्यन्ना सहसा वि राजसि त्विषिः सा ते तित्विषाणस्य नाधृषे ।।५।।
त्वामग्ने समिधानं यविष्ठ्य देवा दूतं चक्रिरे हव्यवाहनम् ।
उरुज्रयसं घृतयोनिमाहुतं त्वेषं चक्षुर्दधिरे चोदयन्मति ।।६।।
त्वामग्ने प्रदिव आहुतं घृतैः सुम्नायवः सुषमिधा समीधिरे ।
स वावृधान ओषधीभिरुक्षितो३भि ज्रयांसि पार्थिवा वि तिष्ठसे ।।७।।

2५. उत्कीलः – य. ११.४६; १८.७५

य. ११.४६

वि पाजसा पृथुना शोशुचानो बाधस्व द्विषो रक्षसोऽअमीवाः ।
सुशर्मणो बृहतः शर्मणि स्यामग्नेरहं सुहवस्य प्रणीतौ ।।४६।।

य. १८.७५

वयं ते ऽअद्य ररिमा हि काममुत्तानहस्ता नमसोपसद्य ।
यजिष्ठेन मनसा यक्षि देवानसेधता मन्मना विप्रोऽअग्ने ।।७५।।

2६. उत्कीलः कात्यः – ऋ. ३.१५.१–७; ३.१६.१–६; सा. ६०

ऋ. ३.१५.१–७

वि पाजसा पृथुना शोशुचानो बाधस्व द्विषो रक्षसो अमीवाः ।
सुशर्मणो बृहतः शर्मणि स्यामग्नेरहं सुहवस्य प्रणीतौ ।।१।।
त्वं नो अस्या उषसो व्युष्टौ त्वं सूर उदिते बोधि गोपाः ।
जन्मेव नित्यं तनयं जुषस्व स्तोमं मे अग्ने तन्वा सुजात ।।2।।
त्वं नृचक्षा वृषभानु पूर्वीः कृष्णास्वग्ने अरुषो वि भाहि ।
वसो नेषि च पर्षि चात्यंहः कृधी नो राय उशिजो यविष्ठ ।।३।।
उषाळहो अग्ने वृषभो दिदीहि पुरो विश्वाः सौभगा संजिगीवान् ।
यज्ञस्य नेता प्रथमस्य पायोर्जातवेदो बृहतः सुप्राणीते ।।४।।
अच्छिद्रा शर्म जरितः पुरूणि देवाँ अच्छा दीद्यानः सुमेधाः ।
रथो न सस्निरभि वक्षि वाजमग्ने त्वं रोदसी नः सुमेके ।।५।।
प्र पीपय वृषभ जिन्व वाजानग्ने त्वं रोदसी नः सुदोघे ।
देवेभिर्देव सुरुचा रुचानो मा नो मर्तस्य दुर्मतिः परि ष्ठात् ।।६।।
इळामग्ने पुरुदंसं सनि गोः शश्वत्तमं हवमानाय साघ ।
स्यान्नः सूनुस्तनयो विजावाग्ने सा ते सुमतिर्भूत्वस्मे ।।७।।

ऋ. ३.१६.१–६

अयमग्नि सुवीर्यस्येषे महः सौभगस्य ।
राय ईशे स्वपत्यस्य गोमत् ईशे वृत्रहथानाम् ।।१।।

इमं नरो मरुतः सश्चता वृधं यस्मिन्नायः शेवृधासः ।
अभि ये सन्तिः पृतनासु दूढ्यो विश्वाहा शत्रुमादभुः ।।2।।
स त्वं नो रायः शिशीहि मीढ्वो अग्ने सुवीर्यस्य ।
तुविद्युम्न वर्षिष्ठस्य प्रजावतोऽनमीवस्य शुष्मिणः ।।३।।
चक्रिर्यो विश्वा भुवनाभि सासहिश्चक्रिर्देवेष्वा दुवः ।
आ देवेषु यतत आ सुवीर्य आ शंस उत नुणाम् ।।४।।
मा नो अग्नेऽमतये मावीरतायै रीरधः ।
मागोतायै सहसस्पुत्र मा निदेऽप द्वेषांस्या कृधि ।।५।।
शग्धि वाजस्य सुभग प्रजावतोऽग्ने बृहतो अध्वरे ।
सं राया भूयसा सृज मयोभुना तुविद्युम्न यशस्वता ।।६।।

सा. ६०

अयमग्निः सुवीर्यस्येशे हि सौभगस्य। राय ईशे स्वपत्यस्य गोमत ईशे वृत्रहथानाम् ।।६०।।

२७. उपस्तुतो वार्ष्टिहव्यः (सास्वा. साग्री. –१०.११५.१)
य त्वाष्ट्रीहव्यः (सार्षेदी.) – सा. ६४

चित्र इच्छिशोस्तरुणस्य वक्षथो न यो मातरावन्वेति धातवे ।
अनूधा यदजीजनदधा चिदा ववक्षत्सद्यो महि दूत्यांइचरन् ।।2।।

२८. उपस्तुतो वार्ष्टिहव्यः – ऋ. १०.११५.१–६

चित्र इच्छिशोस्तरुणस्य वक्षथो न यो मातरावप्येति धातवे ।
अनूधा यदि जीजनदधा च नु ववक्ष सद्यो महि दूत्यं१ चरन् ।।१।।
अग्निर्ह नाम धायि दन्पस्तमः सं यो वना युवते भस्मना दता ।
अभिप्रमुरा जुह्वा स्वध्वर इनो न प्रोथमानो यवसे वृषा ।।2।।
तं वो विं न द्रुषदं देवमन्धस इन्दुं प्रोथन्तं प्रवपन्तमर्णवम् ।
आसा वह्निं न शोचिषा विरप्शिनं महिव्रतं न सरजन्तमध्वनः ।।३।।
वि यस्य ते ज्रयसानस्याजर धक्षोर्न वाताः परि सन्त्यच्युताः ।
आ रण्वासो युयुधयो न सत्वनं त्रितं नशन्त प्र शिषन्त इष्टये ।।४।।
स इदग्निः कणवतमः कण्वसखार्यः परस्यान्तरस्य तरुषः ।
अग्निः पातु गृणतो अग्निः सूरीनग्निर्ददातु तेषामवो नः ।।५।।
वाजिनत्माय सह्यसे सुपित्र्य तृषु च्यवानो अनु जातवेदसे ।
अनुद्रे चिद्यो धृषता वरं सते महिन्तमाय धन्वनेदविष्यते ।।६।।
एवाग्निर्मर्तैः सह सूरिभिर्वसुः ष्टवे सहसः सूनरो नृभिः ।
मित्रासो न ये सुधिता ऋतायवो द्यावो न द्युम्नैरभि सन्ति मानुषान् ।।७।।
ऊर्जो नपात्सहसावन्निति त्वोपस्तुतस्य वन्दते वृषा वाक् ।
त्वां स्तोषाम त्वया सुवीरा द्राघीय आयुः प्रतरं दधानाः ।।८।।
इति त्वाग्ने वृष्टिहव्यस्य पुत्रा उपस्तुतास ऋषयोऽवोचन् ।
ताँश्च पाहि गृणतश्च सूरीन्वषड्वषळित्यूर्ध्वासो अनक्षन्नमो नम इत्यूर्ध्वासो अनक्षन् ।।९।।

२९. उशना – य. १३.५2

त्वं यविष्ठ दाशुषो नॄँः पाहि श्रृणुधी गिरः। रक्षा तोकमतु त्मना ।।५2।।

३०. उशना काव्यः – ऋ. ८.८४.१–९; सा. ५; ३४; १२४४–१२४६; १५४९–१५५१

ऋ. ८.८४.१–९

प्रेष्ठं वो अतिथिं स्तुषे मित्रमिव प्रियम्। अग्निं रथं न वेद्यम् ।।१।।
कविमिव प्रचेतसं यं देवासो अध द्विता। नि मर्त्येष्वादयधुः ।।2।।
त्वं यविष्ठ दाशुषो नॄँः पाहि शृणुधी गिरः। रक्षा तोकमुत त्मना ।।३।।

कया ते अग्ने अंगिर ऊर्जो नपादुपस्तुतिम्। वराय देव मन्यवे ।।४।।
दाशेम कस्य मनसा यज्ञस्य सहसो यहो। कदु वोच इदं नमः ।।५।।
अधा त्वं हि नस्करो विश्वा अस्मभ्यं सुक्षितीः। वाजद्रविणसो गिरः।।६।।
कस्य नूनं परीणसो धियो जिन्वसि दंपते। गोषाता यस्य ते गिरः ।।७।।
तं मर्जयन्त सुक्रतुं पुरोयावानमाजिषु। स्वेषु क्षयेषु वाजिनम् ।।८।।
क्षेति क्षेमेभिः साधुभिर्नकिर्यं घ्नन्ति हन्ति यः। अग्ने सुवीर एधते ।।६।।

सा. ५

प्रेष्ठं वो अतिथि स्तुषे मित्रमिव प्रियम्। अग्ने रथं न वेद्यम् ।।५।।

सा. ३४

कस्य नूनं परीणसि धियो जिन्वसि सत्पते। गोषाता यस्य ते गिरः।।१४।।

सा. १२४४–१२४६

प्रेष्ठं वा अतिथिं स्तुषे मित्रमिव प्रियम्। अग्ने रथं न वेद्यम् ।।१।।
कविमिव प्रशंस्यं यं देवास इति द्विता। नि मर्त्येष्वादधुः ।।2।।
त्वं यविष्ठ दाशुषो नॄंःपाहि शृणुही गिरः। रक्षा तोकमुत त्मना ।।३।।

सा. १५४६–१५५१

कया ते अग्ने अंगिर ऊर्जो नपादुपस्तुतिम्। वराय देव मन्यवे ।।१।।
दाशेम कस्य मनसा यज्ञस्य सहसो यहो। कदु वोच इदं नमः ।।2।।
अधात्वं हि नस्करो विश्वा अस्मभ्यं सुक्षितीः। वाजद्रविणसो गिरः ।।३।।

३१. ऋषभो वैश्वामित्रः – ऋ. ३.१३.१–७; ३.१४.१–७

ऋ. ३.१३.१–७

प्र वो देवायाग्नये बर्हिष्ठमर्चास्मै। गमद्देवेभिरा स नो यजिष्ठो बर्हिरा सदत् ।।१।।
ऋतावा यस्य रोदसी दक्षं सचन्त ऊतयः। हविष्मन्तस्तमीळते तं सनिष्यन्तोऽवसे ।।2।।
स यन्ता विप्र एषां स यज्ञानामथा हि षः। अग्नि तं वो दुवस्यत दाता यो वनिता मघम् ।।३।।
स नः शर्माणि वीतयेऽग्निर्यच्छतु शंतमा। यतो नः प्रुष्णवद्वसु दिवि क्षितिभ्यो अप्स्वा ।।४।।
दीदिवांसमपूर्व्यं वस्वीभिरस्य धीतिभिः। ऋक्वाणो अग्निमिन्धते होतारं विश्पतिं विशाम् ।।५।।
उत नो ब्रह्मन्नविष उक्थेषु देवहूतमः। शं नः शोचा मरुद्वृधोऽग्ने सहस्रसातमः ।।६।।
नू नो रास्व सहस्रवत्तोकवत्पुष्टिमद्वसु। द्युमदग्ने सुवीर्यं वर्षिष्ठमनुपक्षितम् ।।७।।

ऋ. ३.१४.१–७

आ होता मन्द्रो विदथान्यस्थात्सत्यो यज्वा कवितमः स वेधाः ।
विद्युद्रथः सहसस्पुत्रो अग्निः शेचिष्केशः पृथिव्यां पाजो अश्रेत् ।।१।।
अयामि ते नमउक्तिं जुषस्व ऋतावस्तुभ्यं चेतते सहस्वः ।
विद्वाँ आ वक्षि विदुषो नि षत्सि मध्ये आ बर्हिरूतये यजत्र ।।2।।
द्रवतां त उषसा वाजयन्ती अग्ने वातस्य पथ्याभिरच्छ ।
यत्सीमंजन्ति पूर्व्यं हविर्भिरा बन्धुरेव तस्थतुर्दुरोणे ।।३।।
मित्रश्च तुभ्यं वरुणः सहस्वोऽग्ने विश्वे मरुतः सुम्नमर्चन् ।
यच्छोचिषा सहस्पुत्र तिष्ठा अभि क्षितीः प्रथयन्त्सूर्यो नॄन् ।।४।।
वयं ते अद्य ररिमा हि काममुत्तानहस्ता नमसोपसद्य ।
यजिष्ठेन मनसा यक्षि देवानस्रेधता मन्मना विप्रो अग्ने ।।५।।
त्वद्धि पुत्र सहसो वि पूर्वीर्देवस्य यन्त्यूतयो वि वाजाः ।
त्वं देहि सहस्रिणं रयिं नोऽदोघेण वचसा सत्यमग्ने ।।६।।
तुभ्यं दक्ष कविक्रतो यानीमा देव मर्तासो अध्वरे अकर्म ।
त्वं विश्वस्य सुरथस्य चोधि सर्वं तदग्ने अमृत स्वदेह ।।७।।

३2. कण्वः – य. ११.४2

ऊर्ध्वऽऊ षु णऽऊतये तिष्ठा देवो न सविता ।
ऊध्वो वाजस्य सनिता यदंजिभिर्वाघद्भिर्विह्वयामहे ।।४2।।

३३. कण्वो घौरः – ऋ. १.३६.१–20; सा. ५४; ५६; ५७; ५६

ऋ. १.३६.१–2०

प्र वो यह्वं पुरूणां विशां देवयतीनाम् ।
अग्निं सूक्तेभिर्वचोभिरीमहे यं सीमिदन्यं ईळते ।।१।।
जनासो अग्निं दधिरे सहोवृधं हविष्मन्तो विधेम ते ।
स त्वं नो अद्य सुमना इहाविता भवा वाजेषु सन्त्य ।।2।।
प्र त्वा दूतं वृणीमहे होतारं विश्ववेदसम् ।
महस्ते सतो वि चरन्त्यर्चयो दिवि स्पृशन्ति भानवः ।।३।।
देवासस्त्वा वरुणो मित्रो अर्यमा सं दूतं प्रत्नमिन्धते ।
विश्वं सो अग्ने जयति त्वया धनं यस्ते ददाश मर्त्यः ।।४।।
मन्द्रो होता गृहपतिरग्ने दूतो विशामसि ।
त्वे विश्वा संगतानि व्रता ध्रुवा यानि देवा अकृण्वत् ।।५।।
त्वे इदग्ने सुभगे यविष्ठ्य विश्वमा हूयते हविः ।
स त्वं नो अद्य सुमना उतापरं यक्षि देवान्त्सुवीर्या ।।६।।
तं घेमित्था नमस्विन उप स्वराजमासते ।
होत्राभिरग्निं मनुषः समिधते तितिर्वांसो अति स्रिधः ।।७।।
घ्नन्तो वृत्रमतरन्नोदसी अप उरु क्षयाय चक्रिरे ।
भुवत्कण्वे वृषा द्युम्न्याहुतः क्रन्ददश्वो गविष्टिषु ।।८।।
सं सीदस्व महाँ असि शोचस्व देववीतमः ।
वि धूममग्ने अरुषं मियेध्य सृज प्रशस्त दर्शतम् ।।६।।
यं त्वा देवासो मनवे दधुरिह यजिष्ठं हव्यवाहन ।
यं कण्वो मेध्यातिथिर्धनस्पृतं यं वृषा यमुपस्तुतः ।।१०।।
यमग्निं मेध्यातिथिः कण्व ईध ऋतादधि ।
तस्य प्रेषो दीदियुस्तमिमा ऋचस्तमग्निं वर्धयामसि ।।११।।
रायस्पूर्धि स्वधावोऽस्ति हि तेऽग्ने देवेष्वाप्यम् ।
त्वं वाजस्य श्रुत्यस्य राजसि स नो मृळ महाँ असि ।।१2।।
ऊर्ध्व ऊ षु ण ऊतये तिष्ठा देवो न सविता ।
ऊर्ध्वो वाजस्य समिता यदत्रिजिभिवधिद्भिर्विह्वयामहे ।।१३।।
ऊर्ध्वो नः पाह्यंहसो नि केतुना विश्वं समत्रिणं दह ।
कृधी न ऊर्ध्वांचरथय जीवसे विदा देवेषु नो दुवः ।।१४।।
पाहि नो अग्ने रक्षसः पाहि धूर्तेरराव्णः ।
पाहि रीषत उत वा जिघांसतो बृहद्भानो यविष्ठ्य ।।१५।।
घनेव विष्वग्वि जह्यराव्णस्तपुर्जम्भ यो अस्मध्रुक् ।
ये मर्त्यः शिशीते अत्यक्तुभिर्मा नः स रिपुरीशत ।।१६।।
अग्निर्वव्ने सुवीर्यमग्निः कण्वाय सौभगम् ।
अग्निः प्रावन्मित्रोत मेध्यातिथिमग्निः साता उपस्तुतम् ।।१७।।
अग्निना तुर्वशं यदुं परावत उग्रादेवं हवामहे ।
अग्निर्नयन्नववास्त्वं बृहद्रथं तुर्वीतिं दस्यवे सहः ।।१८।।
नि त्वामग्ने मनुर्दधे ज्योतिर्जनाय शश्वते ।
दीदेथ कण्व ऋतजात उक्षितो यं नमस्यान्ति कृष्टयः ।।१६।।
त्वेषासो अग्नेरमवन्तो अर्चयो भीमासो न प्रतीतये ।
रक्षस्विनः सदमिद्याातुमावतो विश्वं समत्रिणं दह ।।2०।।

सा. ५४

नित्वामग्ने मनुर्दधे ज्योतिर्जनाय शश्वते ।
दीदेथ कण्व ऋतजात उक्षितो यं नमस्यन्ति कृष्टयः ।।१०।।

सा. ५६–५७

प्रैतु ब्रह्मणस्पतिः प्र देव्येतु सूनृता ।
अच्छा वीरं नर्यं पङक्तिराधसं देवा यज्ञं नयन्तु नः ।।2।।
ऊर्ध्व ऊ षु ण ऊतये तिष्ठा देवो न सविता ।
ऊर्ध्वो वाजस्य सनिता यदजिभिर्वाघद्भिर्विह्वयामहे ।।३।।

सा. ५६

प्र वो यह्व पुरूणां विशां देवयतीनाम्। अग्नि सूक्तेभिर्वचोभिर्वृणीमहे यं समिदन्य इन्धते ।।५।।

३४. कतो वैश्वामित्रः – ऋ. ३.१७.१–५; ३.१८.१–५

ऋ. ३.१७.१–५

समिध्यमानः प्रथमानु धर्मा समक्तुभिरज्यते विश्ववारः ।
शोचिष्केशो घृतनिर्णिक्पावकः सुयज्ञो अग्निर्यजथाय देवान् ।।१।।
यथायजो होत्रमग्ने पृथिव्या यथा दिवो जातवेदश्चिकित्वान् ।
एवानेन हविषा यक्षि देवान्मनुष्वद्यज्ञं प्र तिरेममद्य ।।2।।
त्रीण्यायूंषि तव जातवेदस्तिस्र आजानीरुषसस्ते अग्ने ।
ताभिर्देवानामवो यक्षि विद्वानथा भव यजमानाय शं योः ।।३।।
अग्निं सुदीतिं सुदृशं गृणन्तो नमस्यामस्त्वेड्यं जातवेदः ।
त्वा दूतमरतिं हव्यवाहं देवा अकृण्वन्नमृतस्य नाभिम् ।।४।।
यस्त्वद्धोता पूर्वो अग्ने यजीयान्द्विता च सत्ता स्वधया च शंभुः ।
तस्यान् धर्म प्र यजा चिकित्वोऽथा नो धा अध्वरं देववीतौ ।।५।।

ऋ. ३.१८.१–५

भवा नो अग्ने सुमना उपतौ सखेव सख्ये पितरेव साधुः ।
पुरुद्रुहो हि क्षितयो जनानां प्रति प्रतीचीर्दहतादरातीः ।।१।।
तपो ष्वग्ने अन्तराँ अमित्रान् तपा शंसमररुषः परस्य ।
तपो वसो चिकितानो अचित्तान्वि ते तिष्ठन्तामजरा अयासः ।।2।।
इध्मेनाग्न इच्छमानो घृतेन जुहोमि हव्यं तरसे बलाय ।
यावदीशे ब्रह्मणा वन्दमान इमां धियं शतसेयाय देवीम् ।।३।।
उच्छोचिषा सहसस्पुत्र स्तुतो बृहद्वयः शशमानेषु धेहि ।
रेवदग्ने विश्वामित्रेषु शं योर्मर्मृज्मा ते तन्वं१ भूरि कृत्वः ।।४।।
कृधि रत्नं सुसनितर्धनानां स घेदग्ने भवसि यत्समिद्धः ।
स्तोतुर्दुरोणे सुभगस्य रेवत्सृप्रा करस्ना दधिषे वपूंषि ।।५।।

३५. कुत्सः – अ. 20.१३.३; य. १2.2; १७.७०–७३; १८.७३; ३३.५ ६

अ. 20.१३.३

इमं स्तोमर्महते जातवेदसे रथमिव सं महेमा मनीषया ।
भद्रा हि नः प्रमतिरस्य संसद्यग्ने सख्ये मा रिषामा वयं तव ।।३।।

य. १2.2

नक्तोषासा समनसा विरूपे धापयेते शिशुमेकं समीची ।
द्यावाक्षामा रुक्मोऽअन्तर्विभाति देवाऽअग्निं धारयन् द्रविणोदाः ।।2।।

य. १७.७०–७३

नक्तोषासा समनसा विरूपे धापयेते शिशुमेकं समीची ।
द्यावाक्षामा रुक्मोऽअन्तर्विभाति देवाऽअग्निं धारयन् द्रविणोदाः ।।७०।।
अग्ने सहस्राक्ष शतमूर्द्धंछतं ते प्राणाः सहस्रं व्यानाः ।

त्वं साहस्रस्य रायऽईशिषे तस्मै ते विधेम वाजाय स्वाहा ।।७१।।
सुपर्णोऽसि गरुत्मान् पृष्ठे पृथिव्याः सीद ।
भासान्तरिक्षमापृण ज्योतिषा दिवमुत्तभान तेजसा दिशऽउद्दृंह ।।७2।।
आजुह्वानः सुप्रतीकः पुरस्तादग्ने स्वं योनिमासीद् साधुया ।
अस्मिन्तस्धस्थे ऽअध्युत्तरस्मिन् विश्वे देवा यजमानश्च सीदत ।।७३।।

य. १८.७३

पृष्टो दिवि पृष्टोऽअग्निः पृथिव्यां पृष्टो विश्वाऽओषधीरा विवेश ।
वैश्वानरः सहसा पृष्टोऽअग्निः स नो दिवा स रिषस्पातु नक्तम् ।।७३।।

य. ३३.५–६

द्वे विरूपे चरतः स्वर्थेऽअन्यान्या वत्समुप धापयेते ।
हरिरन्यस्या भवति स्वधावांछुक्रोऽअन्यस्यां ददृशे सुवर्चाः ।।५।।
अयमिह प्रथमो धायि धातृभिर्होता यजिष्ठोऽअध्वरेष्वीड्यः ।
यमपवानो भृगवो वि रुरुचुर्वनेषु चित्रं विभवं विशेविशे ।।६।।

३६. कुत्स आंगिरसः – ऋ. १.६४.१–१६; १.६७.१–८; सा. ६६; १०६४–१०६६

ऋ. १.६४.१–१६

इमं स्तोमर्महते जातवेदसे रथमिव सं महेमा मनीषया ।
भद्रा हि नः प्रमतिरस्य संसद्यग्ने सख्ये मा रिषामा वयं तव ।।१।।
यस्मै त्वमायजसे स साधत्यनर्वा क्षेति दधते सुवीर्यम् ।
स तूताव नैनमश्नोत्यंहतिरग्ने सख्ये मा रिशामा वयं तव ।।2।।
शकेम त्वा समिधं साधया धियस्त्वे देवा हविरदन्त्याहुतम् ।
त्वमादित्याँ आ वह तान्ह्यु१श्मस्यग्ने सख्ये मा रिषामा वयं तव ।।३।।
भरामेध्मं कृणवामा हवींषि ते चितयन्तः पर्वणापर्वणा वयम् ।
जीवातवे प्रतरं साधया धियोऽग्ने सख्ये मा रिषामा वयं तव ।।४।।
विशां गोपा अस्य चरन्ति जन्तवो द्विपच्च यदुत चतुष्पदक्तुभिः ।
चित्रः प्रकेत उषसो महाँ अस्यग्ने सख्ये मा रिषामा वयं तव ।।५।।
त्वमध्वर्युरुत होतासि पूर्व्यः प्रशास्ता पोता जनुषा पुरोहितः ।
विश्वा विद्वाँ आर्त्विज्या धीर पुष्यस्यग्ने सख्ये मा रिषामा वयं तव ।।६।।
यो विश्वतः सुप्रतीकः सदृङ्ङसि दूरे चित्सन्तळिदिवाति रोचसे ।
रात्र्याश्चिदन्धे अति देव पश्यस्यग्ने सख्ये मा रिषामा वयं तव ।।७।।
पूर्वो देवा भवतु सुन्वतो रथेऽस्माकं शेसो अभ्यस्तु दूढ्यः ।
तदा जानीतोत पुष्यता वचोऽग्ने सख्ये मा रिषामा वयं तव ।।८।।
वधैर्दुःशंसाँ अप दूढ्यो जहि दूरे वा ये अन्ति वा के चिदत्रिणः ।
अथा यज्ञाय गृणते सुगं कृध्यग्ने सख्ये मा रिषामा वयं तव ।।९।।
यदयुक्था अरुषा रोहिता रथे वातजूता वृषभस्येव ते रवः ।
अदिन्वसि वनिनो धूमकेतुनाग्ने सख्ये मा रिषामा वयं तव ।।१०।।
अध स्वनादुत बिभ्युः पतत्रिणो द्रप्सा यत्ते यवसादो व्यस्थिरन् ।
सुगं तत्ते तावकेभ्यां रथेभ्योऽग्ने सख्ये मा रिषामा वयं तव ।।११।।
अयं मित्रस्य वरुणस्य धायसेऽवयातां मरुतां हेळो अद्भुतः ।
मृळा सु नो भूत्वेषां मनः पुनरग्ने सख्ये मा रिषामा वयं तव ।।१2।।
देवो देवनामसि मित्रो अद्भुतो वसुर्वसूनामसि चारुरध्वरे ।
शर्मन्त्स्याम् तव सप्रथस्तमेऽग्ने सख्ये मा रिषामा वयं तव ।।१३।।
तत्ते भद्रं यत्समिद्धः स्वे दमे सोमाहुतो जरसे मृळयत्तमः ।
दधासि रत्नं द्रविणं च दाशुषेऽग्ने सख्ये मा रिषामा वयं तव ।।१४।।
यस्मै त्वं सुद्रविणो ददाशोऽनागास्त्वमदिते सर्वताता ।

यं भद्रेण शवसा चोदयासि प्रजावता राधसा ते स्याम ।।१५।।
स त्वमग्ने सौभगत्वस्य विद्वानस्माकमायुः प्र तिरेह देव ।
तिन्नो मित्रो वरुणो मामहन्तामदितिः सिन्धुः पृथिवी उत द्यौः ।।१६।।

ऋ. १.९७.१–८

अप नः शोशुचदघमग्ने शुशुग्ध्या रयिम्। अप नः शोशुचदघम् ।।१।।
सुक्षेत्रिया सुगातुया वसूया च यजामहे। अप नः शेशुचदघम् ।।2।।
प्र यद्भन्दिष्ठ एषां प्रास्माकासश्च सूरयः। अप नः शेशुचदघम् ।।३।।
प्र यत्ते अग्ने सूरयो जायेमहि प्र ते वयम्। अपः न शेशुचदघम् ।।४।।
प्र यदग्नेः सहस्वतो विश्वतो यन्ति भानवः। अपः न शोशुचदघम् ।।५।।
त्वं हि विश्वतोमुख विश्वतः परिभूरसि। अपः न शेशुचदघम् ।।६।।
द्विषो नो विश्वतोमुखाति नावेव पारय। अप नः शंशुचदघम् ।।७।।
स नः सिन्धुमिव नावयाति पर्षा स्वस्तये। अप नः शेशुचदघम् ।।८।।

सा. ६६

इमं स्तोममर्हते जातवेदसे रथमिव सं महेमा मनीषया ।
भद्रा हि नः प्रमतिरस्य संसद्यग्ने सख्ये मा रिषामा वयं तव ।।४।।

सा. १०६४–१०६६

इमं स्तोममर्हते जातवेदसे रथमिव सं महेमा मनीषया ।
भद्रा हि नः प्रमतिरस्य संसद्यग्ने सख्ये मा रिषामा वयं तव ।।१।।
भरामेध्मं कृणवामा हवींषि ते चितयन्तः पर्वणापर्वणा वयम् ।
जीवातवे प्रतरां साधया धियोऽग्ने सख्ये मा रिषामा वयं तव ।।2।।
शकेम त्वा समिधं साधया धियस्त्वे देवा हविरदन्त्याहुतम् ।
त्वमिदित्याँ आ वह तानह्यू३श्मस्यग्ने सख्ये मा रिषामा वयं तव ।।३।।

३७. कुमार आत्रेयो वृशो वा जान उभौ वा – ऋ. ५.2.१; ३–८; १०–१2

ऋ. ५.2.१

कुमारं माता युवतिः समुब्धं गुहा बिभर्ति न ददाति पित्रे ।
अनीकमस्य न मिनज्जनासः पुरः पश्यन्ति निहितमरतौ ।।१।।

ऋ. ५.2.३–८

हिरण्यदन्तं शुचिवर्णमारात्क्षेत्रादपश्यमायुधा मिमानम् ।
ददानो अस्मा अमृतं विपृक्वतिकं मामनिन्द्राः कृणवन्ननुक्थाः ।।३।।
क्षेत्रादपश्यं सनुतश्चरन्तं सुमद्यूथ न पुरु शोभमानम् ।
न ता अगृभ्रन्नजनिष्ट हिषः पलिक्नीरिद्युवतयो भवन्ति ।।४।।
के मे मर्यकं वि यवन्त गोभिर्न येषां गोपा अरणश्चिदास ।
य ईं जगृभुरव ते सृजन्त्वाजाति पश्व उप नश्चिकित्वान् ।।५।।
वसां राजानं वसतिं जानामरातयो नि दधुर्मर्त्येषु ।
ब्रह्मायत्रेरव तं सृजन्तु निन्दितारो निन्द्यासो भवन्तु ।।६।।
शुनश्चिच्छेपं निदितं सहस्राद्यूपादमु□चो अशमिष्ट हि षः ।
एवास्मदग्ने वि मुमुग्धि पाशान्होतश्चिकित्व इह तू निषद्य ।।७।।
हृणीयमानो अप हि मदैयेः प्र मे देवानां व्रतपा उवाच ।
इन्द्रो विद्वाँ अनु हि त्वा चचक्ष तेनाहमग्ने अनुशिष्ट आगाम् ।।८।।

ऋ. ५.2.१०–१2

उत स्वानासो दिवि षन्त्वग्नेस्तिग्मायुधा रक्षसे हन्तवा उ ।
मदे चिदस्य प्र रुजन्ति भामा न वरन्ते परिबाधो अदेवी ।।१०।।
एतं ते स्तोमं तुविजात विप्रो रथं न धीरः स्वपा अतक्षम् ।

Vedic Concordance of Mantras as per Devatā and Ṛṣi 65

यदीदग्ने प्रति त्वं देव हर्याः स्वर्वतीरप एना जयेम ।।११।।
तुविग्रीवो वृषभो वावृधानोऽशत्र्व१र्यः समजाति वेदः ।
इतीममग्निममृता अवोचन्बर्हिष्मते मनवे शर्म यंसद्धविष्मते मनवे शर्म यंसत् ।।१2।।

३८. केतुर् आग्नेयः – ऋ. १०.१५६.१–५; सा. १५२७–१५३१

ऋ. १०.१५६.१–५

अग्नि हिन्वन्तु नो धियः सप्तिमाशुमिवाजिषु। तेन जेष्म धनन्धनम् ।।१।।
यया गा आकरामहे सेनयाग्ने त्वोत्या। तां नो हिन्व मघत्तये ।।2।।
आग्ने स्थूरं रयिं भर पृथुं गोमन्तमश्विनम्। अङ्धि खं वर्तया पणिम् ।।३।।
अग्ने नक्षत्रमजरमा सूर्यं रोहयो दिवि। दधज्ज्योतिर्जनेभ्यः ।।४।।
अग्ने केतुर्विशामसि प्रेष्ठः श्रेष्ठ उपस्थसत्। बोधा स्तोत्रे वयो दधत् ।।५।।

सा. १५२७–१५३१

अग्निं हिन्वन्तु नो धियः सप्तिमाशुमिवाजिषु। तेन जेष्म धनंधनम् ।।१।।
यया गा आकरामहे सेनयाग्ने तवोत्या। तां नो हिन्व मघत्तये ।।2।।
आग्ने स्थुरंरयिं भर पृथुं गोमन्तमश्विनम्। अङ्धि खं वर्तया पविम् ।।३।।
अग्ने नक्षत्रमजरमा सूर्यं रोहयो दिवि। दधज्जयोतिर्जनेभ्यः ।।४।।
अग्ने केतुर्विशामसि प्रेष्ठ श्रेष्ठ उपस्थसत्। बोधा स्तोत्रे वयो दधत् ।।५।।

३९. कौशिकः (अनृणकामः) – अ. ६.११७.१–३; ६.११८.१–३

अ. ६.११७.१–३

अपमित्यमप्रतीत्तं यदस्मि यमस्य येन बलिना चरामि ।
इदं तदग्ने अनृणो भवामि त्वं पाशान् विचृतं वेत्थ सर्वान् ।।१।।
इहैव सन्तः प्रति दद्य एनज्जीवा जीवेभ्यो नि हराम एनत् ।
अपमित्य धान्यं१ यज्जघसाहमिदं तदग्ने अनृणो भवामि ।।2।।
अनृणा अस्मिन्ननृणाः परस्मिन् तृतीये लोके अनृणाः स्याम ।
ये देवयानाः पितृयाणाश्च लोकाः सर्वान् पथो अनृणा आ क्षियेम ।।३।।

ऋ. ६.११८.१–३

यद्धस्ताभ्यां चकृम किल्बिषाण्यक्षाणां गत्नुमुपलिप्समानाः ।
उग्रंपश्ये उग्रजितौ तदद्याप्सरसावनु दत्तामृणं नः ।।१।।
उग्रंपश्ये राष्ट्रभृत् किल्बिषाणि यदक्षवृत्तमनु दत्तं न एतत् ।
ऋणान्नो नर्णमेर्त्समानो यमस्य लोके अधिरज्जुरायत् ।।2।।
यस्मा ऋणं यस्य जायामुपैमि यं याचमानो अभ्यैमि देवाः ।
ते वाचं वादिषु मोत्तरां मद्देवपत्नी अप्सरसावधीतम् ।।३।।

४०. गय आत्रेयः – ऋ. ५.६.१–७; ५.१०.१–७; सा. ८१

ऋ. ५.६.१–७

त्वामग्ने हविष्मन्तो देवं मर्तास ईळते ।
मन्ये त्वा जातवेदसं स हव्या वक्ष्यानुषक् ।।१।।
अग्निर्होता दास्वतः क्षयस्य वृक्तबर्हिषः ।
सं यज्ञासश्चरन्ति यं सं वाजासः श्रवस्यवः ।।2।।
उत स्म यं शिशुं यथा नवं जनिष्टारणी ।
धर्तारं मानुषीणां विशामग्निं स्वध्वरम् ।।३।।
उत स्म दुर्गृभीयसे पुत्रो न ह्वार्याणाम् ।
पुरू यो दग्धासि वनाग्ने पशुर्न यवसे ।।४।।
अथ स्म यस्यार्चयः सम्यक्संयन्ति धूमिनः ।
यदीमह त्रितो दिव्युप ध्मातेव धमति शिशीते ध्मातरी यथा ।।५।।

त्वाहमग्न ऊतिभिर्मित्रस्य च प्रशस्तिभिः ।
द्वेषोयुतो न दुरिता तुर्याम मर्त्यानाम् ।।६।।
तं नो अग्ने अभी नरो रयिं सहस्व आ भर ।
स क्षेपयत्स पोषयद्भुवद्वाजस्य सातय उतैधि पृत्सु नो वृधे ।।७।।

ऋ. ५.१०.१–७

अग्न ओजिष्ठमा भर द्युम्नमस्मभ्यमध्रिगो। प्र नो राया परीणसा रत्सि वाजाय पन्थाम् ।।१।।
त्वं नो अग्ने अद्भुत क्रत्वा दक्षस्य मंहना। त्वे असुर्य१ मारुहत्क्राणा मित्रो न यज्ञियः ।।2।।
त्वं नो अग्न एषां गयं पुष्टिं च वर्धय। यं स्तोमेभिः प्र सूरयो नरो मघान्यानशुः ।।३।।
ये अग्ने चन्द्र ते गिरः शुम्भन्त्यश्वराधसः ।
शुष्मेभिः शुष्मिणो नरो दिवश्चिद्येषां बृहत्सुकीर्तिर्बोधति त्मना ।।४।।
त्व त्ये अग्ने अर्चयो भ्राजन्तो यन्ति धृष्णुया। परिज्मानो न विद्युतः स्वानो रथो न वाजयुः ।।५।।
नू नो अग्न ऊतये सबाधसश्च रातये। अस्माकासश्च सूरयो विश्वा आशास्तरीषणि ।।६।।
त्वं नो अग्ने अंगिरः स्तुतः स्तवान आ भर ।
होतर्विभ्वासहं रयिं स्तोतृभ्यः स्तवसे च न उतैधि पृत्सु नो वृधे ।।७।।

सा. ८१

अग्न ओजिष्ठमा भर द्युम्नमस्मभ्यमध्रिगो। प्र नो राये पनीयसे रत्सि वाजाय पन्थाम् ।।१।।

४१. गाथी कौशिकः – ऋ. ३.१९.१–५; ३.21.१–५

ऋ. ३.१९.१–५

अग्निं होतारं प्र वृणे मियेधे गृतसं कविं विश्वविदममूरम् ।
स नो यक्षद्देवतात यजीयन् राये वाजाय वनते मघानि ।।१।।
प्र ते अग्ने हविष्मतीमियर्म्यच्छा सुद्युम्नां रातिनीं घृताचीम् ।
प्रदक्षिणिद्देवतातिमुराणः। सं रातिभिर्वसुभिर्यज्ञमश्रेत् ।।2।।
स तेजीयसा मनसा त्वोत उत शिक्ष स्वपत्यस्य शिक्षोः ।
अग्ने रायो नृतमस्य प्रभूतौ भूयाम ते सुष्टुतयश्च वस्वः ।।३।।
भूरीणि हि त्वे दधिरे अनीकाग्ने देवस्य यज्यवो जनासः ।
स आ वह देवतातिं यविष्ठ शर्धो यदद्य दिव्यं यजासि ।।४।।
यत्त्वा होतारमनजन्मियेधे निषादयन्तो यजथाय देवाः ।
स त्वं नो अग्नेऽवितेह बोध्यधि श्रवांसि धेहि नस्तनूषु ।।५।।

ऋ. ३.21.१–५

इमं नो यज्ञममृतेषु धेहीमा हव्या जातवेदो जुषस्व ।
स्तोकानामग्ने मेदसो घृतस्य होतः प्राशान प्रथमो निषद्य ।।१।।
घृतवन्तः पावक ते स्तोकाः श्चोतन्ति मेदसः ।
स्वधर्मन्देववीतये श्रेष्ठं नो धेहि वार्यम् ।।2।।
तुभ्यं स्तोका घृतश्चुतोऽगने विप्राय सन्त्य ।
ऋषि श्रेष्ठः समिध्यसे यज्ञस्य प्राविता भव ।।३।।
तुभ्यं श्चोतन्त्यध्रिगो शचीवः स्तोकासो अग्ने मेदसो घृतस्य ।
कविशस्तो बृहता भानुनागा हव्या जुषस्व मेधिर ।।४।।
ओजिष्ठं ते मध्यतो मेद उदभृतं प्र ते वयं ददामहे ।
श्चोतन्ति ते वसो स्तोका अधि त्वचि प्रति तान्देवशो विहि ।।५।।

४2. गार्ग्यः – अ. ६.४९.१–३

नहि ते अग्ने तन्वः क्रूरमानंश मर्त्यः ।
कपिर्बभस्ति तेजनं स्वं जरायु गौरिव ।।१।।
शीर्ष्णा शिरोऽप्ससाप्सो अर्दयन्नंशून् बभस्ति हरितेभिरासभिः ।।2।।

सुपर्णा वाचमक्रतोप द्यव्याखरे कृष्णा इषिरा अनर्तिषुः ।
नि यन्नियन्त्युपरस्य निष्कृतिं पुरू रेतो दधिरे सूर्यश्रितः ।।३।।

४३. गालवः – य. १८.५७

इष्टो ऽअग्निराहुतः पिपर्त्तु नऽइष्टं हविः। स्वगेदं देवेभ्यो नमः ।।५७।।

४४. गृत्समदः – अ. २०.६७.५; य. ११.२४; २७–२६; ३६; १७.७५; ८८

अ. २०.६७.५

आ वक्षि देवाँ इह विप्र यक्षि चोशन् होतर्नि षदा योनिषु त्रिषु ।
प्रति वीहि प्रस्थितं सोम्यं मधु पिबाग्नीध्रात् तव भागस्य तृप्णुहि ।।५।।

य. ११.२४

आ विश्वतः प्रत्यंचं जिघर्म्यरक्षसा मनसा तज्जुषेत ।
तर्य्यश्री स्पृहयद्वर्णोऽअग्निर्नाभिमृशे तन्वा जर्भुराणः ।।२४।।

य. ११.२७–२६

त्वमग्ने द्युभिस्त्वमाशुशुक्षणिस्त्वमद्भ्यस्त्वमश्मनस्परि ।।
त्वं वनेभ्यस्त्वमोषधीभ्यस्त्वं नृणां नृपते जायसे शुचिः ।।२७।।
देवस्य त्वा सवितुः प्रसवेऽश्विनोर्बाहुभ्यां पूष्णो हस्ताभ्याम् ।
पृथिव्याः सधस्थदग्निं पुरीष्यमंगिरस्वत् खनामि ।
ज्योतिष्मन्तं त्वाग्ने सुप्रतीकमजस्रेण भानुना दीद्यतम् ।
शिवं प्रजाभ्योऽहिंसन्तं पृथिव्याः सधस्थादग्निं पुरीष्यमंगिरस्वत् खनामः ।।२८।।
अपां पृष्ठमसि योनिरग्ने५ समुद्रमभितः पिन्वमानम् ।
वर्धमानो महाँ२ऽआ च पुष्करे दिवो मात्रया वरिम्णा प्रथस्व ।।२६।।

य. ११.३६

नि होता होतृषदने विदानस्त्वेषा दीदिवाँ२ऽअसदत्सुदक्षः
। अदब्धव्रतप्रमतिर्वसिष्ठः सहस्रम्भरः शुचिजिह्वोऽअग्निः ।।३६।।

य. १७.७५

विधेम ते परमे जन्मन्नग्ने विधेम स्तोमैस्वरे सधस्थे ।
यस्माद्योनेरुदारिथा यजे तं प्र त्वे हवींषि जुहुरे समिद्धे ।।७५।।

य. १७.८८

घृतं मिमिक्षे घृतमस्य योनिर्घृते श्रितो घृतम्वस्य धाम ।
अनुष्वधमा वह मादयस्व स्वाहाकृतं वृषभ वक्षि हव्यम् ।।८८।।

४५. गृत्समदः शौनकः –ऋ. २.८.१–६; २.६.१–६; २.१०.१–६; २.२.१–१३; २.३.१–११; २.३७.६

ऋ. २.८.१–६

वाजयन्निव नू रथान्योगाँ अग्नेरुप स्तुहि। यशस्तमस्य मीळहुषः ।।१।।
यः सुनीथो ददाशुषेऽजुर्यो जरयन्नरिम्। चारुप्रतीक आहुतः ।।२।।
य उ श्रिया दमेष्वा दोषोषसि प्रशस्यते। यस्य व्रतं न मीयते ।।३।।
आ यः स्व२र्ण भानुना चित्रो विभात्यर्चिषा। अंजानो अजरैरभि ।।४।।
अत्रिमनु स्वराज्यमग्निमुक्थानि वावृधुः। विश्वा अधि श्रियो दधे ।।५।।
अग्नेरिन्द्रस्य सोमस्य देवानामूतिभिर्वयम्। अरिष्यन्तः सचेमह्यभि ष्याम पृतन्यतः ।।६।।

ऋ. २.६.१–६

नि होता होतृषदने विदानस्त्वेषे दीदिवाँ असदत्सुदक्षः ।
अदब्धव्रतप्रमतिर्वसिष्ठः सहस्रम्भरः शुचिजिह्वो अग्निः ।।१।।
त्वं दूतस्त्वमु नः परस्पास्त्वं वस्य आ वृषभ प्रणेता ।
अग्ने तोकस्य नस्तने तनूनामप्रयुच्छन्दीद्यद्बोधि गोपाः ।।२।।

विधेम ते परमे जन्मन्नग्ने विधेम स्तोमैरवरे सधस्थे ।
यस्माद्योनेरुदारिथा यजे तं प्र त्वे हवींषि जुहुरे समिद्धे ।।३।।
अग्ने यजस्व हविषा यजीयांछ्रुष्टी देष्णमभि गृणीहि राधः ।
त्वं ह्यसि रयिपती रयीणां त्वं शुक्रस्य वचसो मनोता ।।४।।
उभयं ते न क्षीयते वसव्यं दिवेदिवे जायमानस्य दस्म ।
कृधि क्षुमन्तं जरितारमग्ने कृधि पतिं स्वपत्यस्य रायः ।।५।।
सैनानीकेन सुविदत्रो अस्मे यष्टा देवाँ आयजिष्ठः स्वस्ति ।
अदब्धो गोपा उत नः परस्पा अग्ने द्युमदुत रेवद्दिदीहि ।।६।।

ऋ. 2.१०.१–६

जोहूत्रो अग्निः प्रथमः पितेवेळस्पदे मनुषा यत्समिद्धः ।
श्रियं वसानो अमृतो विचेता मर्मृजेन्यः श्रवस्य१ः स वाजी।।१।।
श्रूया अग्निश्चित्रभर्नुहवं मे विश्वाभिर्गीर्भिरमृतो विचेताः ।
श्यावा रथं वहतो रोहिता वोतारुषाह चक्रे विभृत्रः ।।2।।
उत्तानायामजनयन्त्सुषूतं भुवदग्निः पुरुपेशासु गर्भः ।
शिरिणायां चिदक्तुना महोभिरपरीवृतो वसति प्रचेताः ।।३।।
जिघर्म्यग्निं हविषा घृतेन प्रतिक्षियन्तं भुवनानि विश्वा ।
पृथुं तिरश्चा वयसा बृहन्तं व्यचिष्ठमन्नै रभसं दृशानम् ।।४।।
आ विश्वतः प्रत्यंचं जिघर्म्यरक्षसा मनसा तज्जुषेत ।
मर्यश्रीः स्पृहयद्वर्णो अग्निर्नाभिमृशे तन्वा३ जर्भुराणः ।।५।।
ज्ञेया भागं सहसानो वरेण त्वादूतासो मनुवद्वदेम ।
अनूनमग्निं जुह्वा वचस्या मधुपृचं धनसा जोवीमि ।।६।।

ऋ. 2.2.१–१३

यज्ञेन वर्धत जातवेदसमग्निं यजध्वं हविषा तना गिरा ।
समिधानं सुप्रयसं स्वर्णरं द्युक्षं होतारं वृजनेषु धूर्षदम्।।१।।
अभि त्वा नक्तीरुषसो ववाशिरोऽग्ने वत्सं न स्वसरेषु धेनवः ।
दिवइवेदरतिर्मानुषा युगा क्षपो भासि पुरुवार संयतः ।।2।।
तं देवा बुध्ने रजसः सुदंससं दिवस्पृथिव्योररतिं न्येरिरे ।
रथमिव वेद्यं शुक्रशोचिषमग्निं मित्रं न क्षितिषु प्रशंस्यम् ।।३।।
तमुक्षमाणं रजसि स्व आ दमे चन्द्रमिव सुरुचं ह्वार आ दधुः ।
पृश्न्याः पतरं चितयन्तमक्षभिः पाथो न पायुं जनसी उभे अनु ।।४।।
स होता विश्वं परि भूत्वध्वरं तमु हव्यैर्मनुष ऋंजते गिरा ।
हिरिशिप्रो वृधसानासु जर्भुरद् द्यौर्न स्तृभिश्चितयद्रोदसी अनु ।।५।।
स नो रेवत्समिधानः स्वस्तये संददस्वान् रयिमस्मासु दीदिहि ।
आ नः कृणुष्व सुवताय रोदसी अगने हव्या मनुषो देव वीतये।।६।।
दा नो अग्ने बृहतो दाः सहस्रिणो दुरो न वाजं श्रुत्या अपा वृधि ।
प्राची द्यावापृथिवी ब्रह्मणा कृधि स्व१र्ण शुक्रमुषसो वि दिद्युतुः।।७।।
स इधान उषसो राम्या अनु स्व१र्ण दीदेहरुषेण भानुना ।
होत्राभिग्निर्मनुषः स्वध्वरो राजा विशामतिथिश्चारुरायवे ।।८।।
ऐवा नो अग्ने अमृतेषु पूर्व्य धीष्पीपाय बृहद्दिवेषु मानुषा ।
दुहाना धेनुर्वृजनेषु कारवे त्मना शतिनं पुरुरूपमिषणि ।।६।।
वयमग्ने अर्वता वा सुवीर्यं ब्रह्मणा वा चितयेमा जनाँ अति ।
अस्माकं द्युम्नमधि पंच कृष्टिषूच्चा स्व१र्ण शुशुचीत दुष्टरम्।।१०।।
स नो बोधि सहस्य प्रशंस्यो यस्मिन्त्सुजाता इषयन्त सूरयः ।

यमग्ने यज्ञमुपयन्ति वाजिनो नित्ये तोके दीदिवांसं स्वे दमे ।।११।।
उभयासो जातवेदः स्याम ते स्तोतारो अग्ने सूरयश्च शर्मणि ।
वस्वो रायः पुरुश्चन्द्रस्य भूयसः प्रजावतः स्वपत्यस्य शग्धि नः।।12।।
ये स्तोतृभ्यो गोअग्रामश्वपेशसमग्ने रातिमुपसृजन्ति सूरयः ।
अस्मांच तांश्च प्र हि नेषि वस्य आ बृहद्वदेम विदथे सुवीराः ।।१३।।

ऋ. 2.३.१–११

समिद्धो अग्निर्निहितः पृथिव्या प्रत्यङ् विश्वानि भुवनान्यस्थात् ।
होता पावकः प्रदिवः सुमेधा देवो देवान्यजत्वग्निरर्हन् ।।१।।
नराशंसः प्रति धामान्यंजन् तिस्रो दिवः प्रति मह्वा स्वर्चिः ।
घृतप्रुषा मनसा हव्यमुन्दन्मूर्धन्यज्ञस्य समनक्तु देवान्।।2।।
ईळितो अग्ने मनसा नो अर्हन्देवान्यक्षि मानुषात्पूर्वो अद्य ।
स आ वह मरुतां शर्धो अच्युतमिन्द्रं नरो बर्हिषदं यजध्वम्।।३।।
देव बर्हिर्वर्धमानं सुवीरं स्तीर्णं राये सुभरं वेद्यस्याम् ।
घृतेनाक्तं वसवः सीदतेदं विश्वे देवा आदित्या यज्ञियासः ।।४।।
वि श्रयन्तामुर्विया हूयमाना द्वारो देवीः सुप्रायणा नमोभिः ।
व्यचस्वतीर्वि प्रथन्तामजुर्या वर्णं पुनाना यशसं सुवीरम् ।।५।।
साध्वपांसि सनता न उक्षिते उषासानक्ता वय्येव रण्विते ।
तन्तुं ततं संवयन्ती समीची यज्ञस्य पेशः सुदुघे पयस्वती ।।६।।
दैव्या होतारा प्रथमा विदुष्टर ऋजु यक्षतः समृचा वपुष्टरा ।
देवान्यजन्तावृतुथा समंजतो नाभा पृथिव्या अधि सानुषु त्रिषु ।।७।।
सरस्वती साधयन्ती धियं न इळा देवी भारती विश्वतूर्तिः ।
तिस्रो देवीः स्वधया बर्हिरेदमच्छिद्रं पान्तु शरणं निषद्य ।।८।।
पिशंगरूपः सुभरो वयोधाः श्रुष्टी वीरो जायते देवकामः ।
प्रजां त्वष्टा वि ष्यतु नाभिमस्मे अथा देवानामप्येतु पाथः ।।६।।
वनस्पतिरवसृजन्नुप स्थादग्निर्हविः सूदयाति प्र धीभिः ।
त्रिधा समक्तं नयतु प्रजानन्देवेभ्यो दैव्यः शमितोप हव्यम् ।।१०।।
घृतं मिमिक्षे घृतमस्य योनिर्घृते श्रितो घृतम्वस्य धाम ।
अनुष्वधमा वह मादयस्व स्वाहाकृतं वृषभ वक्षि हव्यम् ।।११।।

ऋ. 2.३७.६

जोष्यग्ने समिधं जोष्याहुतिं जोषि ब्रह्म जन्यं जोषि सुष्टुतिम् ।
विश्वेभिर्विश्वाँ ऋतुना वसो मह उशन्देवाँ उशतः पायया हविः ।।६।।

४६. गोतमः – य. ३.११; ५.४ ६ ८ ६; 2५.४७; ३३.३ १६

य. ३.११

अपप्रयन्तोऽअध्वरं मन्त्रं वोचेमाग्नये। आरेऽअस्मे च शृण्वते ।।११।।

य. ५.४

अग्नावग्निश्चरति प्रविष्टऽऋषीणां पुत्रोऽअभिशस्तिपावा ।
स नः स्योनः सुयजा यजेह देवेभ्यो हव्यं सदमप्रयुच्छन्त्स्वाहा ।।४।।

य. ५.६

अग्ने व्रतपास्त्वे व्रतपा या तव तनूरियं सा मयि यो मम तनूरेषा सा त्वयि ।
सह नौ व्रतपते व्रतान्यनु मे दीक्षां दीक्षापतिर्मन्यतामनु तपस्तपस्पतिः ।।६।।

य. ५.८–६

या तेऽअग्नेऽयःशया तनूर्वर्शिष्ठा गह्वरेष्ठा। उग्रं वचोऽअपावधीत्त्वेषं वचोऽअपावधीत् स्वाहा ।
या तेऽअग्ने रजः शया तनूर्वर्शिष्ठा गह्वरेष्ठा। उग्रं वचोऽअपावधीत्त्वेषं वचोऽअपावधीत् स्वाहा ।

या तेऽअग्ने हरिशया तनूर्वर्शिष्ठा गह्वरेष्ठा। उग्रं वचोऽअपावधीत्त्वेषं वचोऽअपावधीत् स्वाहा ।।८।।
तप्तायनी मेऽसि वित्तायनी मेऽस्यवतान्मा नाथितादवतान्मा व्यथितात् ।
विदेदग्निर्नभो नामाग्नेऽअंगिरऽआयुना नाम्नेहि योऽस्यां पृथिव्यामसि यत्तेऽनाधृष्टं नाम यज्ञियं तेन त्वा दधे विदेदग्निर्नभो नामाग्नेऽअंगिरऽआयुना नाम्नेहि यो द्वितीयस्यां पृथिव्यामसि यत्तेऽनाधृष्टं नाम यज्ञियं तेन त्वा दधे विदेदग्निर्नभो नामाग्नेऽअंगिरऽआयुना नाम्नेहि यस्तृतीयस्यां पृथिव्यामसि यत्तेऽनाधृष्टं नाम यज्ञियं तेन त्वा दधे। अनु त्वा देववीतये ।।९।।

य. 2५.४७

अग्ने त्वं नोऽ अन्तमऽउत त्राता शिवो भवा वरुथ्यः ।
वसुरग्निर्वसुश्रवाऽअच्छा नक्षि द्युमत्तमं रयिं दाः ।।४७।।

य. ३३.३

यजा नो मित्रावरुणा यजा देवाँ2ऽ ऋतं बृहत्। अग्ने यक्षि स्वं दमम् ।।३।।

य. ३३.१६

विश्वेषामदितिर्यज्ञियानां विश्वेषामतिथिर्मानुषाणाम् ।
अग्निर्देवानामवऽआवृणानः सुमृडीको भवतु जातवेदाः ।।६।।

४७. गोतमो राहूगणः – ऋ. १.७४.१–९; १.७५.१–५; १.७६.१–५; १.७७.१–५; १. ७८.१–५; १. ७९. १–12; सा. ६९; १३७९; १३८०; १३८2; १५2४–१५2६; १५३५–३७; १५६१–६३

ऋ. १.७४.१–९

उपप्रयन्तो अध्वरं मन्त्रं वोचेमाग्नये। आरे अस्मे च शृण्वते ।।१।।
यः सनीहितीषु पूर्व्यः संजग्मानासु कृष्टिषु। अरक्षद्दाशुषे गयम् ।।2।।
उत ब्रुवन्तु जन्त्व उदग्निर्वृत्रहाजनि। धनंजयो रणेरणे ।।३।।
यस्य दूतो असि क्षये वेषि हव्यानि वीतये। दस्मत्कृणोषध्वरम् ।।४।।
तमित्सुहव्यमंगिरः सुदेवं सहसो यहो। जना आहुः सुबर्हिषम् ।।५।।
आ च वहासि ताँ इह देवाँ उप प्रशस्तये। हव्या सुश्चन्द्र वीतये ।।६।।
न योरुपब्दिरश्व्यः शृण्वे रथस्य कच्चन। यदग्ने यासि दूत्यम् ।।७।।
त्वोतो वाजयह्वयोऽभि पूर्वसमादपरः। प्र दाश्वाँ अग्ने अस्थात् ।।८।।
उत द्युमत्सुवीर्यं बृहदग्ने विवाससि। देवेभ्यो देव दाशुषे ।।९।।

ऋ. १.७५.१–५

जुषस्व सप्रथस्तमं वचो देवप्सरस्तमम्। हव्या जुह्वान आसनि ।।१।।
अथा ते अंगिरस्तमाग्ने वेधस्तम प्रियम्। वोचेम ब्रह्म सानसि ।।2।।
कस्ते जामिर्जनानामग्ने को दाश्वध्वरः। को ह कस्मिन्नसि श्रितः ।।३।।
त्वं जामिर्जनानामग्ने मित्रो असि प्रियः। सखा सखिभ्य ईड्यः ।।४।।
यजा नो मित्रावरुणा यजा देवाँ ऋतं बृहत्। अग्ने यक्षि स्वं दमम् ।।५।।

ऋ. १.७६.१–५

का त उपेतिर्मनसो वराय भुवदग्ने शंतमा का मनीषा ।
को वा यज्ञैः परि दक्षं त आप केन वा ते मनसा दाशेम ।।१।।
एह्यग्न इह होता नि षीदादब्धः सु पुरएता भवा नः ।
अवतां त्वा रोदसी विश्वमिन्वे यजा महे सौमनसाय देवान।।2।।
प्र सु विश्वान् रक्षसो धक्ष्यग्ने भवा यज्ञानामभिशस्तिपावा ।
अथा वह सोमपतिं हरिभ्यामातिथ्यमस्मै चकृमा सुदाव्ने ।।३।।
प्रजावता वचसा वह्निरासा च हुवे नि च सत्सीह देवैः ।
वेषि होत्रमुत पोत्रं यजत्र बोधि प्रयन्तर्जनतर्वसूनाम् ।।४।।
यथा विप्रस्य मनुषो हविर्भिर्देवाँ अयजः कविभिः कविः सन् ।

एवा होतः सत्यतर त्वमद्याग्ने मन्द्रया जुह्वा यजस्व ।।५।।

ऋ. १.७७.१–५

कथा दाशेमाग्नये कास्मै देवजुष्टोच्यते भामिने गीः ।
यो मर्त्येष्वमृत ऋतावा होता यजिष्ठ इत्कृणोति देवान् ।।१।।
यो अध्वरेषु शंतम ऋतावा होता तमू नमोभिरा कुणुध्वम् ।
अग्निर्यद् वेर्मर्ताय देवान्त्स चा बोधाति मनसा यजाति ।।2।।
स हि क्रतुः स मर्यः स साधुर्मित्रो न भूदद्भुतस्य रथीः ।
तं मेधेषु प्रथमं देवयन्तीर्विश उप ब्रुवते दस्ममारीः ।।३।।
स नो नृणां नृतमो रिशादा अग्निर्गिरोऽवसा वेतु धीतिम् ।
तना च ये मघवानः शविष्ठा वाजप्रसूता इषयन्त मन्म ।।४।।
एवाग्निर्गोतमेभिर्ऋतावा विप्रेभिरस्तोष्ट जातवेदाः ।
स एषु द्युम्नं पीपयत्स वाजं स पुष्टिं याति जोषमा चिकित्वान् ।।५।।

ऋ. १.७८.१–५

अभि त्वा गोतमा गिरा जातवेदो विचर्षणे। द्युम्नैरभि प्र णोनुमः ।।१।।
तमु त्वा गोतमो गिरा रायस्कामो दुवस्यति। द्युम्नैरभि प्र णोनुमः ।।2।।
तमु त्वा वाजसातममंगिरस्वद्धवामहे। द्युम्नैरभि प्र णोनुमः ।।३।।
तमु त्वा वृत्रहन्तमं यो दस्यूँरवधूनुषे। द्युम्नैरभि प्र णोनुमः ।।४।।
अवोचाम रहूगणा अग्नये मधुमद्वचः। द्युम्नैरभि प्र णोनुमः ।।५।।

ऋ. १.७९.१–१2

हिरण्यकेशो रजसो विसारेऽहिर्धुनिर्वात इव ध्रजीमान ।
शुचिभ्राजा उषसो नवेदा यशस्वतीरपस्युवो न सत्याः ।।१।।
आ ते सुपर्णा अमिनन्तँ एवैः कृष्णो नोनाव वृषभे यदीदम् ।
शिवाभिर्न स्मयमानाभिरागात्पतन्ति मिहः स्तनयन्त्यभ्रा ।।2।।
यदीमृतस्य पयसा पियानो नयन्नृतस्य पथिभी रजिष्ठैः ।
अर्यमा मित्रो वरुणः परिज्मा त्वचं पृंचन्त्युपरस्य योनौ ।।३।।
अग्ने वाजस्य गोमत ईशानः सहसो यहो। अस्मे धेहि जातवेदो महि श्रवः ।।४।।
स इधानो वसुष्कविरग्निरीळेन्यो गिरा। रेवदस्मभ्यं पुर्वणीक दीदिहि ।।५।।
क्षपो राजन्नुत त्मनाग्ने वस्तोरुतोषसः। स तिग्मजम्भ रक्षसो दह प्रति ।।६।।
अवा नो अग्न ऊतिभिर्गायत्रस्य प्रभर्मणि। विश्वासु धीषु वन्द्य ।।७।।
आ नो अग्ने रयिं भर सत्रासाहं वरेण्यम्। विश्वासु पृत्सु दुष्टरम् ।।८।।
आ नो अग्ने सुचेतुना रयिं विश्वायुपोषसम्। मार्डीकं धेहि जीवसे ।।९।।
प्र पूतास्तिग्मशेचिषे वाचो गोतमाग्नये। भरस्व सुम्नयुर्गिरः ।।१०।।
येा नो अग्नेऽभिदासत्यन्ति दूरे पदीष्ट सः। अस्माकमिद् वृधे भव ।।११।।
सहस्राक्षो विचर्षणिरग्नी रक्षांसि सेधति। होता गृणीत उक्थ्यः ।।१2।।

सा. ९९

अग्ने वाजस्य गोमत ईशानः सहसो यहो। अस्मे देहि जातवेदो महि श्रवः ।।३।।

सा. १३७९–१३८०

उपप्रयन्तो अध्वरं मन्त्रं वोचेमाग्नये। आरे अस्मे च शृण्वते ।।१।।
यः स्नीहितीषु पूर्व्यः संजग्मानासु कृष्टिषु। अरक्षद्दाशुषे गयम् ।।2।।

सा. १३८2

उत ब्रुवन्तु जन्वत उदग्निर्वृत्रहाजनि। धनंजयो रणेरणे ।।४।।

सा. १५2४–१५2९

अवा नो अग्न ऊतिभिर्गायत्रस्य प्रभर्मणि। विश्वासु धीषु वन्द्य ।।१।।
आ नो अग्ने रयिं भर सत्रासाहं वरेण्यम्। विश्वासु पृत्सु दुष्टरम् ।।2।।

आ नो अग्ने सुचेतुना रयिं विश्वयुपोषम्। मार्डीकं धेहि जीवसे ।।३।।

सा. १५३५–३७

कस्ते जामिर्जनानामग्ने को दाश्वध्वरः। को ह कस्मिन्नसि श्रितः ।।१।।
त्वं जामिर्जनानामग्ने मित्रो असि प्रियः। सखा सखिभ्य ईड्यः ।।2।।
यजा नो मित्रावरुणा यजा देवाँ ऋतं बृहत्। अग्ने यक्षिस्वं दमम् ।।३।।

सा. १५६१–६३

अग्ने वाजस्य गोमत ईशानः सहसो यहो। अस्मे देहि जातवेदो महि श्रवः।।१।।
स इधानो वसुष्कविरग्निरीडेन्यो गिरा। रेवदस्मभ्यं पुर्वणीक दीदिहि ।।2।।
क्षपो राजन्नुत त्मनाग्ने वस्तोरुतोषसः। स तिग्मजम्भ रक्षसो दह प्रति ।।३।।

४८. गोपवन आत्रेयः – ऋ. ८.७४.१–12; सा. 2६; ८७; ८६; १५६४–६६

ऋ. ८.७४.१–12

विशेविशो वो अतिथि वाजयन्तः पुरुप्रियम्। अग्निं वो दुर्यं वचः स्तुषे शूषस्य मन्मभिः ।।१।।
यं जनासो हविष्मन्तो मित्रं न सर्पिरासुतिम्। प्रशंसन्ति प्रशस्तिभिः ।।2।।
पन्यासं जातवेदसं यो देवतात्युद्यता। हव्यान्यैरयद्दिवि ।।३।।
आगन्म वृत्रहन्तमं ज्येष्ठमग्निमानवम्। यस्य श्रुतर्वा बृहन्नार्क्षो अनीक एधते ।।४।।
अमृतं जातवेदसं तिस्तमांसि दर्शतम्। घृताहवनमीड्यम् ।।५।।
सबाधो य जना इमेऽग्निं हव्येभिरीळते। जुह्वानासो यतस्रुचः ।।६।।
इयं ते नव्यसी मतिरग्ने अधाय्यस्मदा। मन्द्र सुजात सुक्रतोऽमूर दस्मातिथे ।।७।।
सा ते अग्ने शंतमा चनिष्ठा भवतु प्रिया। तया वर्धस्व सुष्टुतः ।।८।।
सा द्युम्नैर्द्युम्निनी बृहदुपोप श्रवसि श्रवः। दधीत वृत्रतूर्ये ।।६।।
अश्वमिद्गां रथप्रां त्वेषमिन्द्रं न सत्पतिम्। यस्य श्रवांसि तूर्वथ पन्यंपन्यं च कृष्टयः ।।१०।।
य त्वा गोपवनो गिरा चनिष्ठदग्ने अंगिरः। स पावक श्रुधी हवम् ।।११।।
यं त्वा जनास ईळते सबाधो वाजसातये। स बोधि वृत्रतूर्ये ।।12।।

सा. 2६

तं त्वा गोपवनो गिरा जनिष्ठदग्ने अंगिरः। स पावक श्रुधी हवम् ।।६।।

सा. ८७

विशोविशो वो अतिथि वाजयन्तः पुरुप्रियम्। अग्नि वो दुर्यं वचः स्तुषे शूषस्य मन्मभिः ।।७।।

सा. ८६

अगन्म वृत्रहन्तमं ज्येष्ठमग्निमानवम्। यः स्म श्रुतर्वन्नार्क्षे बृहदनीक इध्यते ।।६।।

सा. १५६४–६६

विशो विशो वो अतिथिं वाजयन्तः पुरुप्रियम्। अग्निं वो दुर्यं वच स्तुषे शूषस्य मन्मभिः ।।१।।
यं जनासो हविष्मन्तो मित्रं न सर्पिरासुतिम्। प्रशंसन्ति प्रशस्तिभिः ।।2।।
पन्यांसं जातवेदसं यो देवतात्युद्यता। हव्यान्यैरयद्दिवि ।।३।।

४६. चातनः – अ. १.2८.१–2; १.७.१–2; ४–७; १.८.३–४; १.१६.१; 2.१८.१–५; ६.३2.१; ६.३४.१–५; ८.३.१–2६

अ. १.2८.१–2

उप प्रागाद् देवो अग्नी रक्षोहामीवचातनः। दहन्नप द्वयाविनो यातुधानान् किमीदिनः ।।१।।
प्रति दह यातुधानान् प्रति देव किमीदिनः। प्रतीचीः कृष्णवर्तने सं दह यातुधान्यः ।।2।।

अ. १.७.१–2

स्तुवानमग्न आ वह यातुधानं किमीदिनम्। त्वं हि देव वन्दितो हन्ता दस्योर्बभूविथ ।।१।।
आज्यस्य परमेष्ठिंजातवेदस्तनूवशिन्। अग्ने तौलस्य प्राशान यातुधानान् वि लापय ।।2।।

अ. १.७.४–७

अग्निः पूर्व आ रभतां प्रेन्द्रो नुदतु बाहुमान् ।
ब्रवीतु सर्वो यातुमानयमस्मीत्येत्य ।।४।।
पश्याम ते वीर्यं जातवेदः प्र णो ब्रूहि यातुधानान् नृचक्षः ।
त्वया सर्वे परितप्ताः पुरस्तात् त आ यन्तु प्रब्रुवाणा उपेदम् ।।५।।
आ रभस्व जातवेदोऽस्माकार्थाय जज्ञिषे ।
दूतो नो अग्ने भूत्वा यातुधानान् वि लापय ।।६।।
त्वमग्ने यातुधानानुपबद्धाँ इहा वह ।
अथैषामिन्द्रा वज्रेणापि शीर्षाणि वृश्चतु ।।७।।

अ. १.८.३–४

यातुधानस्य सोमप जहि प्रजां नयस्व च ।
नि स्तुवानस्य पातय परमक्ष्युतावरम् ।।३।।
यत्रैषामग्ने जनिमानि वेत्थ गुहा स्तामत्त्रिणां जातवेदः ।
तांस्त्वं ब्रह्मणा वावृधानो जह्येषां शततर्हमग्ने ।।४।।

अ. १.१६.१

येऽमावास्यां३ रात्रिमुदस्थुर्व्राजमत्त्रिणः। अग्निस्तुरीयो यातुहा सो अस्मभ्यमधि ब्रवत् ।।१।।

अ. 2.१८.१–५

भ्रातृव्यक्षयणमसि भ्रातृव्यचातनं मे दाः स्वाहा ।।१।।
सपत्क्षयणमसि सपत्नचातनं मे दाः स्वाहा ।।2।।
अरायक्षयणमस्यरायचातनं मे दाः स्वाहा ।।३।।
पिशाचक्षयणमसि पिशाचचातनं मे दाः स्वाहा ।।४।।
सदान्वाक्षयणमसि सदान्वाचातनं मे दाः स्वाहा ।।५।।

अ. ६.३2.१

अन्तर्दावे जुहुता स्वे३तद् यातुधानक्षणं घृतेन ।
आराद् रक्षांसि प्रति दह त्वमग्ने न नो गृहाणामुप तीतपासि ।।१।।

अ. ६.३४.१–५

प्राग्नये वाचमीरय वृषभाय क्षितीनाम्। स नः पर्षदति द्विषः ।।१।।
यो रक्षांसि निजूर्वत्यग्निस्तिग्मेन शोचिषा। स नः पर्षदति द्विषः ।।2।।
यः परस्याः परावतस्तिरो धन्वातिरोचते। स नः पर्षदति द्विषः ।।३।।
यो विश्वाभि विपश्यति भुवना सं च पश्यति। स नः पर्षदति द्विषः ।।४।।
यो अस्य पारे रजसः शुक्रो अग्निरजायत। स नः पर्षदति द्विषः ।।५।।

अ. ८.३.१–2६

रक्षोहणं वाजिनमा जिघर्मि मित्रं प्रथिष्ठमुप यामि शर्म ।
शिशानो अग्निः क्रतुभिः समिद्धः स नो दिवा स रिषः पातु नक्तम् ।।१।।
अयोदंष्ट्रो अर्चिषा यातुधानानुप स्पृश जातवेदः समिद्धः ।
आ जिह्वया मूरदेवान् रभस्व क्रव्यादो वृष्ट्वापि धत्स्वासन् ।।2।।
उभोभयाविन्नुप धेहि दंष्ट्रौ हिंस्रः शिशानोऽवरं परं च ।
उतान्तरिक्षे परि याह्यग्ने जम्भैः सं धेह्यभि यातुधानान् ।।३।।
अग्ने त्वचं यातुधानस्य भिन्धि हिंस्राशनिर्हरसा हन्त्वेनम् ।
प्र पर्वाणि जातवेदः शृणीहि क्रव्यात् क्रविष्णुर्वि चिनोत्वेनम् ।।४।।
यत्रेदानीं पश्यसि जातवेदस्तिष्ठन्तमग्न उत वा चरन्तम् ।
उतान्तरिक्षे पतन्तं यातुधानं तमस्ता विध्य शर्वा शिशानः। ।।५।।
यज्ञैरिषूः संनममानो अग्ने वाचा शल्याँ अशनिभिर्दिहानः ।
ताभिर्विध्य हृदये यातुधानान् प्रतीचो बाहून् प्रति भङ्ग्ध्येषाम् ।।६।।
उतारब्धान्त्स्पृणुहि जातवेद उतारेभाणाँ ऋष्टिभिर्यातुधानान् ।

अग्ने पूर्वो नि जहि शोशुचान आमादः क्ष्विङ्कास्तमदन्त्वेनीः ।।७।।
इह प्र ब्रूहि यतमः सो अग्ने यातुधानो य इदं कृणोति ।
तमा रभस्व समिधा यविष्ठ नृचक्षसश्चक्षुषे रन्धयैनम् ।।८।।
तीक्ष्णेनाग्ने चक्षुषा रक्ष यज्ञं प्रांचं वसुभ्यः प्र णय प्रचेतः ।
हिंस्रं रक्षांस्यभि शोशुचानं मा त्वा दभन् यातुधाना नृचक्षः ।।६।।
नृचक्षा रक्षः परि पश्य विक्षु तस्य त्रीणि प्रति शृणीह्यग्रा ।
तस्याग्ने पृष्टीर्हरसा शृणीहि त्रेधा मूलं यातुधानस्य वृश्च ।।१०।।
त्रिर्यातुधानः प्रसितिं त एत्वृतं यो अग्ने अनृतेन हन्ति ।
तमर्चिषा स्फूर्जयंजातवदेः समक्षमेनं गृणते नि युङ्ग्धि ।।११।।
यदग्ने अद्य मिथुना शपातो यद् वाचस्तृष्टं जनयन्त रेभाः ।
मन्योर्मनसः शरव्या३ जायते या तया विध्य हृदये यातुधानान् ।।१2।।
परा शृणीहि तपसा यातुधानान् पराग्ने रक्षो हरसा शृणीहि ।
परार्चिषा मूरदेवांछृणीहि परासुतृपः शोशुचतः शृणीहि ।।१३।।
पराद्य देवा वृजिनं शृणन्तु प्रत्यगेनं शपथा यन्तु सृष्टाः ।
वाचास्तेनं शरव ऋच्छन्तु मर्मन् विश्वस्यैतु प्रसितिं यातुधानः ।।१४।।
यः पौरुषेयेण क्रविषा समङ्क्ते यो अश्व्येन पशुना यातुधानः ।
यो अघ्न्याया भरति क्षीरमग्ने तेषां शीर्षाणि हरसापि वृश्च ।।१५।।
विषं गवां यातुधाना भरन्तामा वृश्चन्तामदितये दुरेवाः ।
परैणान् देवः सविता ददातु परा भागमोषधीनां जयन्ताम् ।।१६।।
संवत्सरीणं पय उस्रियायास्तस्य माशीद् यातुधानो नृचक्षः ।
पीयूषमग्ने यतमस्तितृप्सात् तं प्रत्यंचमर्चिषा विध्य मर्मणि ।।१७।।
सनादग्ने मृणसि यातुधानान् न त्वा रक्षांसि पृतनासु जिग्युः ।
सहमूराननु दह क्रव्यादो मा ते हेत्या मुक्षत दैव्यायाः ।।१८।।
त्वं नो अग्ने अधरादुदक्तस्त्वं पश्चादुत रक्षा पुरस्तात् ।
प्रति त्ये ते अजरासस्तपिष्ठा अघशंसं शोशुचतो दहन्तु ।।१६।।
पश्चात् पुरस्तादधरादुतोत्तरात् कविः काव्येन परि पाह्यग्ने ।
सखा सखायमजरो जरिम्णे अग्ने मर्तां अमर्त्यस्त्वं नः ।।20।।
तदग्ने चक्षुः प्रति धेहि रेभे शफारुजो येन पश्यसि यातुधानान् ।
अथर्ववज्ज्योतिषा दैव्येन सत्यं धूर्वन्तमचितं न्योष ।।2१।।
परि त्वाग्ने पुरं वयं विप्रं सहस्य धीमहि। धुषद्वर्णं दिवेदिवे हन्तारं भङ्गुरावतः ।।22।।
विषेण भङ्गुरावतः प्रति स्म रक्षसो जहि। अग्ने तिग्मेन शोचिषा तपुरग्राभिर्चिभिः ।।2३।।
वि ज्योतिषा बृहता भात्यग्निराविर्विश्वानि कृणुते महित्वा ।
प्रादेवीर्मायाः सहते दुरेवाः शिशीते शृंगे रक्षोभ्यो विनिक्ष्वे ।।2४।।
ये ते शृंगे अजरे जातवेदस्तिग्महेती ब्रह्मसंशिते ।
ताभ्यां दुर्हार्दमभिदासन्तं किमीदिनं प्रत्यंचमर्चिषा जातवेदो वि निक्ष्व ।।2५।।
अग्नी रक्षांसि सेधति शुक्रशोचिरमर्त्यः। शुचिः पावक ईड्यः ।।2६।।

५०. चित्रः – य. ११.४५

शिवो भव प्रजाभ्यो मानुषीभ्यस्त्वमंगिरः।
मा द्यावापृथिवीऽअभि शोचीर्मान्तरिक्षं मा वनस्पतीन्।।४५।।

५१. चित्रमहा वासिष्ठः – ऋ. १०.१22.१–८

वसुं न चित्रमहसं गृणीषे वामं शेवमतिथिमद्विषेण्यम् ।
स रासते शुरुधो विश्वधायसोऽग्निर्होता गृहपतिः सुवीर्यम् ।।१।।
जुषाणो अग्ने प्रति हर्य मे वचो विश्वानि विद्वान् वयुनानि सुक्रतो ।

घृतनिर्णिग्ब्रह्मणे मातुमेरय तव देवा अजनयन्ननु व्रतम् ।।2।।
सप्त धामानि परियन्नमर्त्यो दाशद्दाशुषे सुकृते मामहस्व ।
सुवीरेण रयिणाग्ने स्वाभुवा यस्त आनट् समिधा तं जुषस्व ।।३।।
यज्ञस्य केतुं प्रथमं पुरोहितं हविष्मन्त ईळते सप्त वाजिनम् ।
शृण्वन्तमग्निं घृतपृष्ठमुक्षणं पृणन्तं देवं पृणते सुवीर्यम् ।।४।।
त्वं दूतः प्रथमो वरेण्यः स हूयमानो अमृताय मत्स्व ।
त्वां मर्जयन्मरुतो दाशुषो गृहे त्वां स्तोमेभिर्भृगवो वि रुरुचुः ।।५।।
इषं दुहन्त्सुदुघां विश्वधायसं यज्ञप्रिये यजमानाय सुक्रतो ।
अग्ने घृतस्नुस्त्रिऋतानि दीद्यद्वर्तिर्यज्ञं परियन्त्सुक्रतूयसे ।।६।।
त्वामिदस्या उषसो व्युष्टिषु दूतं कृण्वाना अयजन्त मानुषाः ।
त्वा देवा महयाय्याय वावृधुराज्यमग्ने निमृजन्तो अध्वरे ।।७।।
नि त्वा वसिष्ठा अह्वन्त वाजिनं गृणन्तो अग्ने विदथेषु वेधसः ।
रायस्पोषं यजमानेषु धारय यूयं पात स्वस्तिभिः सदा नः ।।८।।

५2. जमदग्निः – य. ११.७३ ७४; 2६.2८ ३५

य. ११.७३–७४

यदग्ने कानि कानि चिदा ते दारुणि दध्मसि। सर्वं तदस्तु ते घृतं तज्जुषस्व यविष्ठ्य ।।७३।।
यदत्त्युपजिह्विका यद्वम्रोऽअतिसर्पति। सर्वं तदस्तु ते घृतं तज्जुषस्व यविष्ठ्य ।।७४।।

य. 2६.2८

आजुह्वानऽईड्यो वन्द्यश्चा याह्यग्ने वसुभिः सजोषाः ।
त्वं देवानामसि यह्व होता सऽएनान्यक्षीषितो यजीयान् ।।2८।।

य. 2६.३५

उपावसृज त्मन्या समंजन्देवानां पाथऽऋतुथा हवींषि ।
वनस्पतिः शमिता देवोऽअग्निः स्वदन्तु हव्यं मधुना घृतेन ।।३५।।

५३. जमदग्निः भार्गवः – य. 2६.१३–१८ 20

य. 2६.१३–१८

यमेन दत्तं त्रितऽएनमायुनगिन्द्रऽएण प्रथमोऽअध्यतिष्ठत् ।
गन्धर्वोऽअस्य रशनामगृभ्णात्सूरादश्वं वसवो निरतष्ट ।।१३।।
असि यमोऽअस्यादित्योऽअर्वन्नसि त्रितो गुह्येन व्रतेन ।
असि सोमेन समया विपृक्तऽआहुस्ते त्रीणि दिवि बन्धनानि ।।१४।।
त्रीणि तऽआहुर्दिवि बन्धनानि त्रीण्यप्सु त्रीण्यन्तः समुद्रे ।
उतेव मे वरुणश्छन्त्स्यर्वन्यत्रा तऽआहुः परमं जनित्रम् ।।१५।।
इमा ते वाजिन्नवमार्जनानीमा शफानां सनितुर्निधाना ।
अत्रा ते भद्रा रशनाऽअपश्यमृतस्य याऽअभिरक्षन्ति गोपाः ।।१६।।
आत्मानं ते मनसारादजानामवो दिवा पतयन्तं पतंगम् ।
शिरोऽअपश्यं पथिभिः सुगेभिररेणुभिर्जेहमानं पतत्रि ।।१७।।
अत्रा ते रूपमुत्तममपश्यं जिगीषमाणमिषऽआ पदे गोः ।
यदा ते मर्त्तोऽअनु भोगमानडादिद् ग्रसिष्ठऽओषधीरजीगः ।।१८।।

य. 2६.20

हिरण्यशृंगोऽयोऽअस्य पादा मनोजवाऽअवरऽइन्द्रऽआसीत् ।
देवाऽइदस्य हविरद्यमायन्योऽअर्वन्तं प्रथमोऽअध्यतिष्ठत् ।।20।।

५४. जरिता – ऋ. १०.१४2.१–2

अयमग्ने जरिता त्वे अभूदपि सहसः सूनो नह्य१न्यदस्त्याप्यम् ।
भद्रं हि शर्म त्रिवरूथमस्ति त आरे हिंसानामप दिद्युमा कृधि ।।१।।

प्रवत्ते अग्ने जनिमा पितृयतः साचीव विश्वा भुवना न्यृंजसे ।
प्र सप्तयः प्र सनिषन्त नो धियः पुरश्चरन्ति पशुपाइव त्मना ।।2।।

५५. तापसः – य. ६.2८; १2.३१–३2

य. ६.2८

अग्नेऽअच्छा वदेह नः प्रति नः सुमना भव ।
प्र नो यच्छ सहस्रजित् त्वं हि धनदाऽअसि स्वाहा ।।2८।।

य. १2.३१–३2

उदु त्वा विश्वे देवा अग्ने भरन्तु चित्तिभिः। स नो भव शिवस्त्वं सुप्रतीको विभावसुः ।।३१।।
प्रेदग्ने ज्योतिष्मान् याहि शिवेभिरर्चिभिष्ट्वम्। बृहद्भिर्भानुभिर्भासन्मा हिंसीस्तन्वा प्रजाः ।।३2।।

५६. त्रितः – ऋ. १०.१.१–७; १०.2.१–७; १०.३.१–७; १०.४.१–७; १०.५.१–७; १०.६.१–७; १०.७.१–७; य. ११.४३ ४४ ४६–४८; १३.१५–१७

ऋ. १०.१.१–७

अग्रे बृहन्नुषसामूर्ध्वो अस्थान्निर्जगन्वान्तमसो ज्योतिषागात् ।
अग्निर्भानुना रुशता स्वङ्ग आ जातो विश्वा सद्यान्यप्राः ।।१।।
स जातो गर्भो असि रोदस्योरग्ने चारुर्विभृत ओषधीषु ।
चित्रः शिशुः परि तमांस्यक्तून्प्र मातृभ्यो अधि कनिक्रदद्गाः ।।2।।
विष्णुरित्था परममस्य विद्वांजातो बृहन्नभि पाति तृतीयम् ।
आसा यदस्य पयो अक्रत स्वं सचेतसो अभ्यर्चन्त्यत्र ।।३।।
अत उ त्वा पितुभृतो जनित्रीरन्नावृधं प्रति चरन्त्यन्नैः ।
ता ईं प्रतयेषि पुनरन्यरूपा असि त्वं विक्षु मानुषीषु होता ।।४।।
होतारं चित्ररथमध्वरस्य यज्ञस्ययज्ञस्य केतुं रुशन्तम् ।
प्रत्यर्धिं देवस्यदेवस्य मह्ना श्रिया त्व१ग्निमतिथिं जनानाम् ।।५।।
स तु वस्त्राण्यध पेशनानि वसानो अग्निर्नाभा पृथिव्याः ।
अरुषो जातः पद इळायाः पुरोहितो राजन्यक्षीह देवान् ।।६।।
आ हि द्यावापृथिवी अग्न उभे सदा पुत्रो न मातरा ततन्थ ।
प्र याह्यच्छोशतो यविष्ठाथा वह सहस्येह देवान् ।।७।।

ऋ. १०.2.१–७

पिप्रीहि देवाँ उशतो यविष्ठ विद्वाँ ऋतूँर्ऋतुपते यजेह ।
ये दैव्या ऋत्विजस्तेभिरग्ने त्वं होतॄणामस्यायजिष्ठः ।।१।।
वेषि होत्रमुत पोत्रं जनानां मन्धातासि द्रविणोदा ऋतावा ।
स्वाहा वयं कृणवामा हवींषि देवो देवान्यजत्वग्निरर्हन् ।।2।।
आ देवानामपि पन्थामगन्म यच्छक्रवाम तदनु प्रवोळहुम् ।
अग्निर्विद्वान्त्स यजात्सेदु होता सो अध्वरान्त्स ऋतून्कल्पयाति ।।३।।
यद्वो वयं प्रमिनाम व्रतानि विदुषां देवा अविदुष्टरासः ।
अग्निष्टद्विश्वमा पृणाति विद्वान्येभिर्देवाँ ऋतुभिः कल्पयाति ।।४।।
यत्पाकत्रा मनसा दीनदक्षा न यज्ञस्य मन्वते मर्त्यासः ।
अग्निष्टद्धोता क्रतुर्विद्विजानन्यजिष्ठो देवाँ ऋतुशो यजाति ।।५।।
विश्वेषां ह्यध्वराणामनीकं चित्रं केतुं जनिता त्वा जजान ।
स आ यजस्व नृवतीरनु क्षाः सपार्हा इषः क्षुमतीर्विश्वजन्याः ।।६।।
यं त्वा द्यावापृथिवी यं त्वापस्त्वष्टा यं त्वा सुजनिमा जजान ।
पन्थामनु प्रविद्वान्पितृयाणं द्युमदग्ने समिधानो वि भाहि ।।७।।

ऋ. १०.३.१–७

इनो राजन्नरतिः समिद्धो रौद्रो दक्षाय सुषुमाँ अदर्शि ।

चिकिद्वि भाति भासा बृहतासिक्रीमेति रुशतीमपाजन् ।।१।।
कृष्णां यदेनीमभि वर्पसा भूज्जनयन्योषां बृहतः पितुर्जाम् ।
ऊर्ध्वं भानुं सूर्यस्य स्तभायन्दिवो वसुभिररतिर्वि भाति ।।2।।
भद्रो भद्रया सचमान आगात्स्वसारं जारो अभ्येति पश्चात् ।
सुप्रकेतैर्द्युभिरग्निर्वितिष्ठन् रुशद्भिर्वर्णैरभि राममस्थात् ।।३।।
अस्य यामासो बृहतो न वग्नूनिन्धाना अग्नेः सख्युः शिवस्य ।
ईड्यस्य वृष्णो बृहतः स्वासो भामासो यामन्नक्तवश्चिकित्रे ।।४।।
स्वना न यस्य भामासः पवन्ते रोचमानस्य बृहतः सुदिवः ।
ज्येष्ठेभिर्यस्तेजिष्ठैः क्रीळुमद्भिर्वर्षिष्ठेभिर्भानुभिर्नक्षति द्याम् ।।५।।
अस्य शुष्मासो ददृशानपवेर्जेहमानस्य स्वनयन्नियुद्भिः ।
प्रत्नेभिर्यो रुशद्भिर्देवतमो वि रेभद्भिररतिर्भाति विभ्वा ।।६।।
स आ वक्षि महि न आ च सत्सि दिवस्पृथिव्योररतिर्युवत्योः ।
अग्निः सुतुकः सुतुकेभिरश्वै रभस्वद्भी रभस्वाँ एह गम्याः ।।७।।

ऋ. १०.४.१–७

प्र ते यक्षि प्र त इयर्मि मन्म भुवो यथा वन्द्यो नो हवेषु ।
धन्वन्निव प्रपा असि त्वमग्न इयक्षवे पूरवे प्रत्न राजन् ।।१।।
यं त्वा जनासो अभि संचरन्ति गाव उष्णमिव व्रजं यविष्ठ ।
दूतो देवानामसि मर्त्यानामन्तर्महाँश्चरसि रोचनेन ।।2।।
शिशुं न त्वा जेन्यं वर्धयन्ती माता बिभर्ति सचनस्यमाना ।
धनोरधि प्रवता यासि हर्यज्जिगीषसे पशुरिवावसृष्टः ।।३।।
मूना अमूर न वयं चिकित्वो महित्वमग्ने त्वमंग वित्से ।
शये वव्रिश्चरति जिह्वयादन्रेरिह्यते युवतिं विश्पतिः सन् ।।४।।
कूचिज्जायते सनयासु नव्यो वने तस्थौ पलितो धूमकेतुः ।
अस्नातापो वृषभो न प्र वेति सचेतसो यं प्रणयन्त मर्ताः ।।५।।
तनूत्यजेव तस्करा वनर्गू रशनाभिर्दशभिरभ्यधीताम् ।
इयं ते अग्ने नव्यसी मनीषा युक्ष्वा रथं न शुचयद्भिरंगैः ।।६।।
ब्रह्म च ते जातवेदो नमश्चेयं च गीः सदमिद्वर्धनी भूत् ।
रक्षा णो अग्ने तनयानि तोका रक्षोत नस्तन्वो१ अप्रयुच्छन् ।।७।।

ऋ. १०.५.१–७

एकः समुद्रो धरुणो रयीणामस्मद्धृदो भूरिजन्मा वि चष्टे ।
सिषक्त्यूधर्निण्योरुपस्थ उत्सस्य मध्ये निहितं पदं वेः ।।१।।
समानं नीळं वृषणो वसानाः संजग्मिरे महिषा अर्वतीभिः ।
ऋतस्य पदं कवयो नि पान्ति गुहा नामानि दधिरे पराणि ।।2।।
ऋतायिनी मायिनी सं दधाते मित्वा शिशुं जज्ञतुर्वर्धयन्ती ।
विश्वस्य नाभि चरतो ध्रुवस्य कवेश्चित्तन्तुं मनसा वियन्तः ।।३।।
ऋतस्य हि वर्तनयः सुजातमिषो वाजाय प्रदिवः सचन्ते ।
अधीवासं रोदसी वावसाने घृतैरन्नैर्वावृधाते मधूनाम् ।।४।।
सप्त स्वसृररुषीर्वावशानो विद्वान्मध्व उज्जभारा दृशे कम् ।
अन्तर्येमे अन्तरिक्षे पुराजा इच्छन्वव्रिमविदत्पूषणस्य ।।५।।
सप्त मर्यादाः कवयस्ततक्षुस्तासामेकामिदभ्यंहुरो गात् ।
आयोर्ह स्कम्भ उपमस्य नीळे पथां विसर्गे धरुणेषु तस्थौ ।।६।।
असच्च सच्च परमे व्योमन् दक्षस्य जन्मन्नदितेरुपस्थे ।
अग्निर्ह नः प्रथमजा ऋतस्य पूर्व आयुनि वृषभश्च धेनुः ।।७।।

ऋ. १०.६.१–७

अयं स यस्य शर्मन्नवोभिरग्नेरेधते जरिताभिष्टौ ।
ज्येष्ठेभिर्यो भानुभिर्ऋषूणां पर्येति परिवीतो विभावा ।।१।।
यो भानुभिर्विभवा विभत्यग्निर्देवोभिर्ऋतावाजस्रः ।
आ यो विवाय सख्या सखिभ्योऽपरिह्वृतो अत्यो न सप्तिः ।।2।।
ईशे यो विश्वस्या देववीतेरीशे विश्वायुरुषसो व्युष्टौ ।
आ यस्मिन्मना हवींष्यग्नावरिष्टरथः स्कभ्नाति शूषैः ।।३।।
शूषेभिर्वृधो जुषाणो अर्कैर्देवाँ अच्छा रघुपत्वा जिगाति ।
मन्द्रो होता स जुह्वा३यजिष्ठः सम्मिश्लो अग्निरा जिघर्ति देवान् ।।४।।
तमुस्रामिन्द्रं न रेजमानमग्निं गीर्भिर्नमोभिरा कृणुध्वम् ।
आ यं विप्रासो मतिभिर्गृणन्ति जातवेदसं जुह्वं सहानाम् ।।५।।
सं यस्मिन्विश्वा वसूनि जग्मुर्वाजे नाश्वा सप्तीवन्त एवैः ।
अस्मे ऊतीरिन्द्रवाततमा अर्वाचीना अग्न आ कृणुष्व ।।६।।
अधा ह्यग्ने मह्ना निषद्या सद्यो जज्ञानो हव्यो बभूथ ।
तं ते देवासो अनु केतमायन्नधावर्धन्त प्रथमास ऊमाः ।।७।।

ऋ. १०.७.१–७

स्वस्ति नो दिवो अग्ने पृथिव्या विश्वयुर्धेहि यजथाय देव ।
सचेमहि तव दस्म प्रकेतैरुरुष्या ण उरुभिर्देव शंसैः ।।१।।
इमा अग्ने मतयस्तुभ्यं जाता गोभिरश्वैराभि गृणन्ति राधः ।
यदा ते मर्तो भोगमानड्वसो दधानो मतिभिः सुजात ।।2।।
अग्निं मन्ये पितरमग्निमापिग्निं भ्रातरं सदमित्सखायम् ।
अग्नेरनीकं बृहतः सपर्यं दिवि शुक्रं यजतं सूर्यस्य ।।३।।
सिध्रा अग्ने धियो अस्मे सनत्रीर्यं त्रायसे दम आ नित्यहोता ।
ऋतावा स रोहिदश्वः पुरुक्षुर्द्युभिरस्मा अहभिर्वाममस्तु ।।४।।
द्युभिर्हितं मित्रमिव प्रयोगं प्रत्नमृत्विजमध्वरस्य जारम् ।
बहुभ्यामग्निमायवोऽजनन्त विक्षु होतारं न्यसादयन्त ।।५।।
स्वयं यजस्व दिवि देव देवान्किं ते पाकः कृणवदप्रचेताः ।
यथायज ऋतुभिर्देव देवानेवा यजस्व तन्वं सुजात ।।६।।
भवा नो अग्नेऽवितोत गोपा भवा वयस्कृदुत नो वयोधाः ।
रास्वा च नः सुमहो हव्यदातिं त्रास्वोत नस्तन्वो३ अप्रयुच्छन् ।।७।।

य. ११.४३–४४

स जातो गर्भोऽअसि रोदस्योरग्ने चारुर्विभृतऽओषधीषु ।
चित्रः शिशुः परि तमांस्यक्तून् प्र मातृभ्योऽअधि कनिक्रदद् गाः ।।४३।।
स्थिरो भव वीड्वंगऽआशुर्भव वाज्यर्वन्। पृथुर्भव सुषदस्त्वमग्नेः पुरीषवाहणः ।।४४।।

य. ११.४६–४८

प्रैतु वाजी कनिक्रदन्नानदद्रासभः पत्वा। भरन्नग्निं पुरीष्यं मा पाद्यायुषः पुरा ।
वृषाग्निं वृषणं भरन्नपां गर्भं समुद्रियम्। अग्नऽआयाहि वीतये ।।४६।।
ऋतं सत्यमृतं सत्यमग्निं पुरीष्यमंगिरस्वद्भरामः। ओषधयः प्रतिमोदध्वमग्निमेतं
शवमायन्तमभ्यत्र युष्माः। व्यस्यन् विश्वाऽअनिरा अमीवा निषीदन्नोऽ अप दुर्मतिं जाहि ।।४७।।
ओषधयः प्रतिगृभ्णीत पुष्पवतीः सुपिप्पलाः। अयं वो गर्भऽऋत्वियः प्रत्नं सधस्थमासदत् ।।४८।।

य. १३.१५–१७

भुवो यज्ञस्य रजसश्च नेता यत्रा नियुद्भिः सचसे शिवाभिः ।
दिवि मूर्द्धानं दधिषे स्वर्षां जिह्वामग्ने चकृषे हव्यवाहम् ।।१५।।
ध्रुवासि धरुणास्तृता विश्वकर्मणा। मा त्वा समुद्रऽउद्वधीन्मा सुपर्णोऽव्यथमाना पृथिवीं दृंह।।१६।।
प्रजापतिष्ट्वा सादयत्वपां पृष्ठे समुद्रस्येमन्। व्यचस्वतीं प्रथस्वतीं प्रथस्व पृथिव्यसि ।।१७।।

५७. त्रित आप्त्यः – सा. १५४६–१५४८

इनो राजन्नरतिः समिद्धो रौद्रो दक्षाय सुषुमाँ अदर्शि ।
चिकिद्विभाति भासा बृहतासिक्नीमेति रुशतीमपाजन् ।।१।।
कृष्णां यदेनीमभि वर्पसाभूज्जनयन्योषां बृहतः पितुर्जाम् ।
ऊर्ध्वं भानुं सूर्यस्य स्तभायन् दिवो वसुभिररतिर्वि भाति ।।2।।
भद्रो भद्रया सचमान आगात्स्वसारं जारो अभ्येति पश्चात् ।
सुप्रकेतैर्द्युभिरग्निर्वितिष्ठन्रुशद्भिर्वर्णैरभि राममस्थात् ।।३।।

५८. त्रिशिराः – य. १३.१५–१६ १८–१६

य. १३.१५–१६

भुवो यज्ञस्य रजसश्च नेता यत्रा नियुद्भिः सचसे शिवाभिः ।
दिवि मूर्द्धानं दधिषे स्वर्षां जिह्वामग्ने चकृषे हव्यवाहम् ।।१५।।
ध्रुवासि धरुणास्तृता विश्वकर्मणा। मा त्वा समुद्रऽउद्वधीन्मा सुपर्णोऽव्यथमाना पृथिवीं दृंह।।१६।।

य. १३.१८–१६

भूरसि भूमिरस्यदितिरसि विश्वधाया विश्वस्य भुवनस्य धर्त्री ।
पृथिवीं यच्छ पृथिवीं दृंह पृथिवीं मा हिंसीः ।।१८।।
विश्वस्मै प्राणायापानाय व्यानायोदानाय प्रतिष्ठायै चरित्राय ।
अग्निष्ट्वाभिपातु मह्या स्वस्त्या छर्दिषा शन्तमेन तया देवतयांगिरस्वद् ध्रुवा सीद ।।१६।।

५६. त्रिशिराः त्वाष्ट्रः – ऋ. १०.८.१–६; सा. ७१

ऋ. १०.८.१–६

प्र केतुना बृहता यात्यग्निरा रोदसी वृषभो रोरवीति ।
दिविश्चिदन्ताँ उपमाँ उदानळपामुपस्थे महिषो ववर्ध ।।१।।
मुमोद गर्भो वृषभः ककुद्यानस्रेमा वत्सः शिमीवाँ अरावीत् ।
स देवतात्युद्यतानि कृण्वन्त्स्वेषु क्षयेषु प्रथमो जिगाति ।।2।।
आ यो मूर्धानं पित्रोररब्ध न्यध्वरे दधिरे सूरो अर्णः ।
अस्य पत्मन्नरुषीरश्वबुध्ना ऋतस्य योनौ तन्वो जुषन्त ।।३।।
उषउषो हि वसो अग्रमेषि त्वं यमयोरभवा विभावा ।
ऋताय सप्त दधिषे पदानि जनयन्मित्रं तन्वे३ स्वायै ।।४।।
भुवश्चक्षुर्मह ऋतस्य गोपा भुवो वरुणो यदृताय वेषि ।
भुवो अपां नपाज्जातवेदो भुवो दूतो यस्य हव्यं जुजोषः ।।५।।
भुवो यज्ञस्य रजसश्च नेता यत्रा नियुदभिः सचसे शिवाभिः ।
दिवि मूर्धानं दधिषे स्वर्षां जिह्वामग्ने चकृषे हव्यवाहम् ।।६।।

सा. ७१

प्र केतुना बृहता यात्यग्निरा रोदसी वृषभो रोरवीति ।
दिवश्चिदन्तादुपमामुदानडपामुपस्थे महिषो ववर्ध ।।६।।

६०. त्र्यरुणस् त्रैवृष्णः त्रसदस्युः पौरुकुत्स्यः अश्वमेधश्च भरतोऽत्रिर्वा –ऋ.५.27.१–५

अनस्वन्ता सत्पतिर्मामहे मे गावा चेतिष्ठो असुरो मघोनः ।
त्रैवृष्णो अग्ने दशभिः सहस्रैर्वैश्वानर त्र्यरुणश्चिकेत ।।१।।
यो मे शता च विंशतिं च गोनां हरी च युक्ता सुधुरा ददाति ।
वैश्वानर सुष्टुतो वावृधानोऽग्ने यच्छ त्र्यरुणाय शर्म ।।2।।
एवा ते अग्ने सुमतिं चकानो नविष्ठाय नवमं त्रसदस्युः ।
यो मे गिरस्तुविजातस्य पूर्वीर्युक्तेनाभि त्र्यरुणो गृणाति ।।३।।
यो म इति प्रवोचत्यश्वमेधाय सूरये ।

ददद‍ृचा सनिं यते ददन्मेधामृतायते ।।४।।
यस्य मा परुषाः शतमुद्धर्षयन्त्युक्षणः ।
अश्वमेधस्य दानाः सोमा इव त्र्याशिरः ।।५।।

६१. दध्यङ् आथर्वणः – य. ३६.१; ३७.१५

य. ३६.१

ऋचं वाचं प्र पद्ये मनो यजुः प्र पद्ये साम प्राणं प्र पद्ये चक्षुः श्रोत्रं प्र पद्ये ।
वागोजः सहौजो मयि प्राणापानौ ।।१।।

य. ३७.१५

समग्निरग्निना गत सं दैवेन सवित्रा सं सूर्य्येणारोचिष्ट ।
स्वाहा समग्निस्तपसा गत सं दैव्येन सवित्रा सं सूर्य्येणारूरुचत ।।१५।।

६2. दमनः – य. ३५.१९

क्रव्यादमग्निं प्र हिणोमि दूरं यमराज्यं गच्छतु रिप्रवाहः ।
इहैवायमितरो जातवेदा देवेभ्यो हव्यं वहतु प्रजानन् ।।१९।।

६३. दमनो यामायनः – ऋ. १०.१६.१–१४

मैनमग्ने वि दहो माभि शोचो मास्य त्वचं चिक्षिपो मा शरीरम् ।
यदा शृतं कृण्वो जातवेदोऽथेमेनं प्र हिणुतात्पितृभ्यः ।।१।।
शृतं यदा करसि जातवेदोऽथेमेनं परि दत्तात्पितृभ्यः ।
यदा गच्छात्यसुनीतिमेतामथा देवानां वशनीर्भवाति ।।2।।
सूर्यं चक्षुर्गच्छतु वातमात्मा द्यां च गच्छ पृथिवीं च धर्मणा ।
अपो वा गच्छ यदि तत्र ते हितमोषधीषु प्रति तिष्ठा शरीरैः ।।३।।
अजो भागस्तपसा तं तपस्व तं ते शोचिस्तपतु तं ते अर्चिः ।
यास्ते शिवास्तन्वो जातवेदस्ताभिर्वहैनं सुकृतामु लोकम् ।।४।।
अव सृज पुनरग्ने पितृभ्यो यस्त आहुतश्चरति स्वधाभिः ।
आयुर्वसान उप वेतु शेषः सं गच्छतां तन्वा जातवेदः ।।५।।
यत्ते कृष्णः शकुन आतुतोद पिपीलः सर्प उत वा श्वापदः ।
अग्निष्टद्विश्वदगदं कृणोतु सोमश्च यो ब्राह्मणाँ आविवेश ।।६।।
अग्नेर्वर्म परि गोभिर्व्ययस्व सं प्रोर्णुष्व पीवसा मेदसा च ।
नेत्त्वा धृष्णुर्हरसा जर्हृषाणो दधृग्विधक्ष्यन्पर्यङ्खयाते ।।७।।
इममग्ने चमसं मा वि जिह्वरः प्रियो देवानामुत सोम्यानाम् ।
एष यश्चमसो देवपानस्तस्मिन्देवा अमृता मादयन्ते ।।८।।
क्रव्यादमग्निं प्र हिणोमि दूरं यमराज्ञो गच्छतु रिप्रवाहः ।
इदहैवायमितरो जातवेदा देवेभ्यो हव्यं वहतु प्रजानन् ।।९।।
यो अग्निः क्रव्यात्प्रविवेश वो गृहमिमं पश्यन्नितरं जातवेदसम् ।
तं हरामि पितृयज्ञाय देवं स घर्ममिन्वात्परमे सधस्थे ।।१०।।
यो अग्निः क्रव्यवाहनः पितॄन्यक्षदृतावृधः ।
प्रेदु हव्यानि वोचति देवेभ्यश्च पितृभ्य आ ।।११।।
उशन्तस्त्वा नि धीमह्युशन्तः समिधीमहि ।
उशन्नुशत आ वह पितॄन्हविषे अत्तवे ।।१2।।
यं त्वमग्ने समदहस्तमु निर्वापया पुनः ।
कियाम्ब्वत्र रोहतु पाकदूर्वा व्यल्कशा ।।१३।।
शीतिके शीतिकावति ह्लादिके ह्लादिकावति ।
मण्डूक्या३ सु संगम इमं स्व१ग्नि हर्षय ।।१४।।

६४. दीर्घतमा – य. ६.१८; १2.४2; ३८.१७; ३९.१०–१३

य. ६.१८

सं ते मनो मनसा सं प्राणः प्राणेन गच्छताम्। रेडस्यग्निष्ट्वा श्रीणात्वापस्त्वा
समरिणन्वातस्य त्वा ध्राज्यै पूष्णो रंह्याऽऊष्मणो व्यथिषत्प्रयुतं द्वेषः ।।१८।।

य. १2.४2

बोधा मेऽअस्य वचसो यविष्ठ मंहिष्ठस्य प्रभृतस्य स्वधावः ।
पीयति त्वोऽअनु त्वो गृणाति वन्दारुष्टे तन्वं वन्देऽअग्ने ।।४2।।

य. ३८.१७

अभीमं महिमा दिवं विप्रो बभूव सप्रथाः। उत श्रवसा पृथिवीं संसीदस्व महाँ2ऽ असि
रोचस्व देववीतमः। वि धूममग्नेऽअरुषं मियेद्ध्य सृज प्रशस्त दर्शतम् ।।१७।।

य. ३९.१०–१३

लोमभ्यः स्वाहा लोमभ्यः स्वाहा त्वचे स्वाहा त्वचे स्वाहा लोहिताय स्वाहा लोहिताय स्वाहा
मेदोभ्यः स्वाहा मेदोभ्यः स्वाहा। मांसेभ्यः स्वाहा मंसेभ्यः स्वाहा स्नावभ्यः स्वाहा स्नावभ्यः
स्वाहास्थभ्यः स्वाहास्थभ्यः स्वाहा मज्जभ्यः स्वाहा मज्जभ्यः स्वाहा।
रेतसे स्वाहा पायवे स्वाह।।१०।।
आयासाय स्वाहा प्रायासाय स्वाहा संयासाय स्वाहा वियासाय स्वाहोद्यासाय स्वाहा ।
शुचे स्वाहा शोचते स्वाहा शोच मानाय स्वाहा शोकाय स्वाहा ।।११।।
तपसे स्वाहा तप्यते स्वाहा तप्यमानाय स्वाहा तप्ताय स्वाहा घर्माय स्वाहा ।
निष्कृत्यै स्वाहा प्रायश्चित्यै स्वाहा भेषजाय स्वाहा ।।१2।।
यमाय स्वाहान्तकाय स्वाहा मृत्यवे स्वाहा ।
ब्रह्मणे स्वाहा ब्रह्महत्यायै स्वाहा विश्वेभ्यो देवेभ्यः स्वाहा द्यावापृथिवीभ्यां स्वाहा ।।१३।।

६५. दीर्घतमा औचथ्यः – ऋ. १.१४०.१–१३; १.१४१.१–१३; १.१४2.१–४; १.१४३.१–८; १.१४४.१–७; १.१४५.१–५; १.१४६.१–५; १.१४७.१–५; १.१४८.१–५; १.१४९.१–५; १.१५०.१–३; सा. ६७; १७७४–७६

ऋ. १.१४०.१–१३

वेदिषदे प्रियधामाय सुद्युते धासिमिव प्र भरा योनिमग्नये ।
वस्त्रेणेव वासया मन्मना शुचिं ज्योतीरथं शुक्रवर्णं तमोहनम् ।।१।।
अभि द्विजन्मा त्रिवृदन्नमृज्यते संवत्सरे वावृधे जग्धमी पुनः ।
अन्यस्यासा जिह्वया जेन्यो वृषा न्य१न्येन वनिनो मृष्ट वारणः ।।2।।
कृष्णप्रुतौ वेविजे अस्य सक्षिता उभा तरेते अभि मातरा शिशुम् ।
प्राचाजिह्वं ध्वसयन्तं तृषुच्युतमा साच्यं कुपयं वर्धनं पितुः ।।३।।
मुमुक्ष्वो३ मनवे मानवस्यते रघुद्रुवः कृष्णसीतास ऊ जुवः ।
असमना अजिरासो रघुष्यदो वातजूता उप युज्यन्त आशवः ।।४।।
आदस्य ते ध्वसयन्तो वृथेरते कृष्णमभ्वं महि वर्पः करिक्रतः ।
यत्सीं महीमवनिं प्राभि मर्मृशदभिश्वसन्त्स्तनयन्नेति नानदत् ।।५।।
भूषन्न योऽधि बभ्रूषु नम्नते वृषेव पत्नीरभ्येति रोरुवत् ।
ओजायमानस्तन्वश्च शुम्भते भीमो न शृंगा दविधाव दुर्गृभिः ।।६।।
स संस्तिरो विष्टिरः सं गृभायति जानन्नेव जानतीर्नित्य आ शये ।
पुनर्वर्धन्ते अपि यन्ति देव्यमन्यद्वर्पः पित्रोः कृण्वते सचा ।।७।।
तमग्रुवः केशिनीः सं हि रेभिर ऊर्ध्वास्तस्थुर्मम्रुषीः प्रायवे पुनः ।
तासां जरां प्रमुंवचन्नेति नानददसुं परं जनयंजीवमस्तृतम् ।।८।।
अधीवासं परि मातू रिहन्नह तुविग्रेभिः सत्वभिर्याति वि ज्रयः ।
वयो दधत्पद्वते रेरिहत्सदान श्येनी सचते वर्तनीरह ।।९।।
अस्माकमग्ने मघवत्सु दीदिह्यध श्वसीवान्वृषभो दमूनाः ।

अवास्या शिशुमतीरदीदेर्वर्मेव युत्सु परिजर्भुराणः ।।१०।।
इदमग्ने सुधितं दुर्धितादधि प्रियादु चिन्मन्मनः प्रेयो अस्तु ते ।
यत्ते शुक्रं तन्वो३ रोचते शुचि तेनास्मभ्यं वनसे रत्नमा त्वम् ।।११।।
रथाय नावमुत नो गृहाय नित्यारित्रां पद्वतीं रास्यग्ने ।
अस्माकं वीराँ उत नो मघोनो जनाँश्च या पारयाच्छर्म या च ।।१2।।
अभी नो अग्न उक्थमिज्जुगुर्या द्यावाक्षामा सिन्धवश्च स्वगूर्ताः ।
गव्यं यव्यं यन्तो दीर्घाहेषं वरमरुण्यो वरन्त ।।१३।।

ऋ. १.१४१.१–१३

बळित्था तद्वपुषे धायि दर्शतं देवस्य भर्गः सहसो यतो जनि ।
यदीमुप ह्वरते साधते मतिर्ऋतस्य धेना अनयन्त सस्रुतः ।।१।।
पृक्षो वपुः पितुमान्नित्य आ शये द्वितीयमा सप्तशिवासु मातृषु ।
तृतीयमस्य वृषभस्य दोहसे दशप्रमतिं जनयन्त योषणः ।।2।।
निर्यदीं बुध्नान्महिषस्य वर्पस ईशानासः शवसा क्रन्त सूरयः ।
यदीमनु प्रदिवो मध्व आधवे गुहा सन्तं मातरिश्वा मथायति ।।३।।
प्र यत्पितुः परमान्नीयते पर्या पृक्षुधो वीरुधो दंसु रोहति ।
उभा यदस्य जनुषं यदिन्वत आदिद्यविष्ठो अभवद्घृणा शुचिः ।।४।।
आदिन्मातृराविशद्यास्वा शुचिरहिंस्मान उर्विया वि वावृधे ।
अनु यत्पूर्वा अरुहत्सनाजुवो नि नव्यसीष्ववरासु धावते ।।५।।
आदिद्धोतारं वृणते दिविष्टिषु भगमिव पपृचानास ऋंजते ।
देवान्यत्क्रत्वा मज्मना पुरुष्टुतो मर्तं शंसं विश्वधा वेति धायसे ।।६।।
वि यदस्थाद्यजतो वातचोदितो ह्वारो न वक्वा जरणा अनाकृतः ।
तस्य पत्मन्दक्षुषः कृष्णजंहसः शुचिजन्मनो रज आ व्यध्वनः ।।७।।
रथो नयातः शिक्वभिः कृतो द्यामंगेभिररुषेभिरीयते ।
आदस्य ते कृष्णासो दक्षि सूरयः शूरस्येव त्वेषथादीषते वयः ।।८।।
त्वया ह्यग्ने वरुणो धृतव्रतो मित्रः शाशद्रे अर्यमा सुदानवः ।
यत्सीमनु क्रतुना विश्वथा विभुररान्न नेमिः परिभूरजायथाः ।।९।।
त्वमग्ने शशमानाय सुन्वते रत्नं यविष्ठ देवतातिमिन्वसि ।
तं त्वा नु नव्यं सहसो युवन्वयं भगं न कारे महिरत्न धीमहि ।।१०।।
अस्मे रयिं न स्वर्थं दमूनसं भगं दक्षं न पपृचासि धर्णसिम् ।
रश्मींरिव यो यमति जन्मनी उभे देवानां शंसमृत आ च सुक्रतुः ।।११।।
उत नः सुद्योत्मा जीराश्वो होता मन्द्रः शृणवच्चन्द्ररथः ।
स नो नेषन्नेषतमैरमूरोऽग्निर्वामं सुवितं वस्यो अच्छ ।।१2।।
अस्ताव्यग्निः शिमीवद्भिरर्कैः साम्राज्याय प्रतरं दधानः ।
अमी च ये मघवानो वयं च मिहं न सूरो अति निष्टतन्यु ।।१३।।

ऋ. १.१४2.१–४

समिद्धो अग्न आ वह देवाँ अद्य यतस्रुचे। तन्तुं तनुष्व पूर्व्यं सुतसोमाय दाशुषे ।।१।।
घृतवन्तमुप मासि मधुमन्तं तनूनपात्। यज्ञं विप्रस्य मावतः शशमानस्य दाशुषः ।।2।।
शुचिः पावको अद्भूतो मध्वा यज्ञं मिमिक्षति ।
नराशंसस्त्रिरा दिवो देवो देवेषु यज्ञियः ।।३।।
ईळितो अग्न आ वहेन्द्र चित्रमिह प्रियम्। इयं हि त्वा मतिर्ममाच्छा सुजिह्व वच्यते ।।४।।

ऋ. १.१४३.१–८

प्र तव्यसीं नव्यसीं धीतिमग्नये वाचो मतिं सहसः सूनवे भरे ।
अपां नपाद्यो वसुभिः सह प्रियो होता पृथिव्यां न्यसीददृत्वियः ।।१।।
स जायमानः परमे व्योमन्याविरग्निरभवन्मातरिश्वने ।

अस्य क्रत्वा समिधानस्य मज्मना प्र द्यावा शोचिः पृथिवी अरोचयत् ।।2।।
अस्य त्वेषा अजरा अस्य भानवः सुसंदृशः सुप्रतीकस्य सुद्युतः ।
भात्वक्षसो अत्यक्तुर्न सिन्धवोऽग्ने रेजन्ते अससन्तो अजराः ।।३।।
यमेरिरे भृगवो विश्ववेदसं नाभा पृथिव्या भुवनस्य मज्मना ।
अग्निं तं गीर्भिर्हिनुहि स्व आ दमे य एको वस्वो वरुणो न राजति ।।४।।
न यो वराय मरुतामिव स्वनः सेनेव सृष्टा दिव्या यथाशनिः ।
अग्निर्जम्भैस्तिगितैरत्ति भर्वति योधो न शत्रून्त्स वना न्यृंजते ।।५।।
कुविन्नो अग्निरुचथस्य वीरसद्वसुष्कुविद्वसुभिः काममावरत् ।
चोदः कुवित्तुतुज्यात्सातये धियः शुचिप्रतीकं तमया धिया गृणे ।।६।।
घृतप्रतीकं व ऋतस्य धूर्षदमग्निं मित्रं न समिधान ऋंजते ।
इन्धानो अक्रो विदथेषु दीद्यच्छुक्रवर्णामुदु नो यंसते धियम् ।।७।।
अप्रयुच्छन्नप्रयुच्छद्भिरग्ने शिवेभिर्नः पायुभिः पाहि शग्मैः ।
अदब्धेभिरदृपितेभिरिष्टेऽनिमिषद्भिः परि पाहि नो जाः ।।८।।

ऋ. १.१४४.१–७

एति प्र होता व्रतमस्य माययोर्ध्वां दधानः शुचिपेशसं धियम् ।
अभि स्रुचः क्रमते दक्षिणावृतो या अस्य धाम प्रथमं ह निंसते ।।१।।
अभीमृतस्य दोहना अनूषत योनौ देवस्य सदने परीवृताः ।
अपामुस्थे विभृतो यदावसदध स्वधा अधयद्याभिरीयते ।।2।।
युयूषतः सवयसा तदिद्वपुः समानमर्थं वितरित्रता मिथः ।
आदीं भगो न हव्यः समस्मदा वोळहुर्न रश्मीन्त्समयंस्त सारथिः ।।३।।
यमीं द्वा सवयसा सपर्यतः समाने योना मिथुना समोकसा ।
दिवा न नक्तं पलितो युवाजनि पुरू चरन्नजरो मानुषा युगा ।।४।।
तमी हिन्वन्ति धीतयो दश व्रिशो देवं मर्तास ऊतये हवामहे ।
धनोरधि प्रवत आ स ऋण्वत्यभिव्रजद्भिर्वयुना नवाधित ।।५।।
त्वं ह्यग्ने दिव्यस्य राजसि त्वं पार्थिवस्य पशुपा इव त्मना ।
एनी त एते बृहती अभिश्रिया हिरण्ययी वक्वरी बर्हिराशाते ।।६।।
अग्ने जुषस्व प्रति हर्य तद्वचो मन्द्र स्वधाव ऋतजात सुक्रतो ।
यो विश्वतः प्रत्यङ्ङसि दर्शतो रण्वः संदृष्टौ पितुमाँ इव क्षयः ।।७।।

ऋ. १.१४५.१–५

तं पृच्छता स जगामा स वेद स चिकित्वाँ ईयते सा न्वीयते ।
तस्मिन्त्सन्ति प्रशिषस्तस्मिन्निष्टयः स वाजस्य शवसः शुष्मिणस्पतिः ।।१।।
तमित्पृच्छन्ति न सिमो वि पृच्छति स्वेनेव धीरो मनसा यदग्रभीत् ।
न मृष्यते प्रथमं नापरं वचोऽस्य क्रत्वा सचते अप्रदृपितः ।।2।।
तमिद् गच्छन्ति जुह्व१ स्तमर्वतीर्विश्वान्येकः शृणवद्वचांसि मे ।
पुरुप्रैषस्ततुरिर्यज्ञसाधनोऽच्छिद्रोतिः शिशुरादत्त सं रभः ।।३।।
उपस्थायं चरति यत्समारत सद्यो जातस्तत्सार युज्येभिः ।
अभि श्वान्तं मृशते नान्द्ये मुदे यदीं गच्छन्त्युशतीरपिष्ठितम् ।।४।।
स ईं मृगो अप्यो वनर्गुरुप त्वच्युपमस्यां नि धायि ।
व्यब्रवीद्वयुना मर्त्येभ्योऽग्निर्विद्वाँ ऋतचिद्धि सत्यः ।।५।।

ऋ. १.१४६.१–५

त्रिमूर्धानं सप्तरश्मिं गृणीषेऽनूनमग्निं पित्रोरुपस्थे ।
निषत्तमस्य चरतो ध्रुवस्य विश्वा दिवो रोचनापप्रिवांसम् ।।१।।
उक्षा महाँ अभि ववक्ष एने अजरस्तथावितऊतिर्ऋष्वः ।
उर्व्याः पदो नि दधाति सानौ रिहन्त्यूधो अरुषासो अस्य ।।2।।

समानं वत्समभि संचरन्ती विश्वग्धेनु वि चरतः सुमेके ।
अनपवृज्याँ अध्वनो मिमाने विश्वान्केताँ अधि महो दधाने ।।३।।
धीरासः पदं कवयो नयन्ति नाना हृदा रक्षमाणा अजुर्यम् ।
सिषासन्तः पर्यपश्यन्त सिन्धुमाविरेभ्यो अभवत्सूर्यो नृन् ।।४।।
दिदृक्षेण्यः परि काष्ठासु जेन्य ईळेन्यो महो अर्भाय जीवसे ।
मुरुत्रा यदभवत्सूरहैभ्यो गर्भेभ्यो मघवा विश्वदर्शतः ।।५।।

ऋ. १.१४७.१–५

कथा ते अग्ने शुचयन्त आयोर्ददाशुर्वाजोभिराशुषाणाः ।
उभे यत्तोके तनये दधाना ऋतस्य सामन् रण्यन्त देवाः ।।१।।
बोधा मे अस्य वचसो यविष्ठ मंहिष्ठस्य प्रभृतस्य स्वधावः ।
पीयति त्वो अनु त्वो गृणाति वन्दारुस्ते तन्वं वन्दे अग्ने ।।2।।
ये पायवो मामतेयं ते अग्ने पश्यन्तो अन्धं दुरितादरक्षन् ।
ररक्ष तान्त्सुकृतो विश्ववेदा दिप्सन्त इद्रिपवो नाह देभुः ।।३।।
यो नो अग्ने अररिवाँ अघायुररातीवा मर्चयति द्वयेन ।
मन्त्रो गुरुः पुनरस्तु सो अस्मा अनु मृक्षीष्ट तन्वं दुरुक्तैः ।।४।।
उत वा यः सहस्य प्रविद्वान्मर्तो मर्तं मर्चयति द्वयेन ।
अतः पाहि स्तवमान स्तुवन्तमग्ने माकिर्नो दुरिताय धायीः ।।५।।

ऋ. १.१४८.१–५

मथीद्यदीं विष्टो मातरिश्वा होतारं विश्वाप्सुं विश्वदेव्यम् ।
नि यं दधुर्मनुष्यासु विक्षु स्वर्ण चित्रं वपुषे विभावम् ।।१।।
ददानमिन्न ददभन्त मन्माग्निर्वरूथं मम तस्य चाकन् ।
जुषन्त विश्वान्यस्य कर्मोपस्तुतिं भरमाणस्य कारोः ।।2।।
नित्ये चिन्नु यं सदने जगृभ्रे प्रशस्तिभिर्दधिरे यज्ञियासः ।
प्र सू नयन्त गृभयन्त इष्टावश्वसो न रथ्यो रारहाणाः ।।३।।
पुरूणि दस्मो नि रिणाति जम्भैराद्रोचते वन आ विभावा ।
आदस्य वातो अनु वाति शोचिरस्तुर्न शर्यामसनामनु द्यून् ।।४।।
न यं रिपवो न रिषण्यवो गर्भे सन्तं रेषणा रेषयन्ति ।
अन्धा अपश्या न दभन्नभिख्या नित्यास ईं प्रेतारो अरक्षन् ।।५।।

ऋ. १.१४९.१–५

महः स राय एषते पतिर्दन्निन इनस्य वसुनः पद आ। उप ध्रजन्तमद्रयो विधन्नित् ।।१।।
स यो वृषा नरां न रोदस्योः श्रवोभिरस्ति जीवपीतसर्गः। प्र यः सस्राणः शिश्रीत योनौ ।।2।।
आ यः पुरं नार्मिणीमदीदेदत्यः कविर्नभन्यो३ नार्वा। सूरो न रुरुक्वांछतात्मा ।।३।।
अभि द्विजन्मा त्री रोचनानि विश्वा रजांसि शुशुचानो अस्थात्।
होता यजिष्ठो अपां सधस्थे ।।४।।
अयं स होता यो जिन्मा विश्वा दधे वार्याणि श्रवस्या। मर्तो यो अस्मै सुतुको ददाश ।।५।।

ऋ. १.१५०.१–३

पुरु त्वा दाश्वन्वोचेऽरिरग्ने तव स्विदा। तोदस्येव शरण आ महस्य ।।१।।
व्यनिनस्य धनिनः प्रहोषे चिदररुषः। कदा चन प्रजिगतो अदेवयोः ।।2।।
स चन्द्रो विप्र मर्त्यो महो व्राधन्तमो दिवि। प्रप्रेत्ते अग्ने वनुषः स्याम ।।३।।

सा. ९७

पुरु त्वा दाशिवाँ वोचेऽरिरग्ने तव स्विदा। तोदस्येव शरण आ महस्य ।।१।।

सा. १७७४–१७७६

आ यः पुरं नार्मिणीमदीदेदत्यः कविर्नभन्यो३ नार्वा। सूरो न रुरुक्वां छतात्मा ।।१।।
अभि द्विजन्मा त्री रोचनानि विश्वा रजांसि शशुचानो अस्थात्। होता यजिष्ठो अपां

Vedic Concordance of Mantras as per Devatā and Ṛṣi 85

सधस्थे।।2।।
अयं स होता यो द्विजन्मा विश्वा दधे वार्याणि श्रवस्या। मर्तो यो अस्मै सुतुको ददाश ।।३।।

६६. देवलः – य. 2.१७

यं परिधिं पर्यधत्थाऽअग्ने देवपणिभिर्गुह्यमानः ।
तं तऽएतमनु जोषं भराम्येष मेत्त्वदप चेतयाताऽअग्नेः प्रियं पाथोऽपीतम् ।।१७।।

६७. देववातः – य. ६.३७

अग्ने सहस्व पृतनाऽअभिमातीरपास्य। दुष्टरस्तरन्नरातीर्वर्चो धा यज्ञवाहसि ।।३७।।

६८. देववात भरतौ – य. ३.१४

अयं ते योनिर्ऋत्वियो यतो जातोऽअरोचथाः। तं जानन्नग्नऽआरोहाथा नो वर्द्धया रयिम् ।।१४।।

६९. देवश्रव–देववातौ – य. १८.६६–६७

अग्निरस्मि जन्मना जातवेदा घृतं मे चक्षुरमृतं मऽआसन् ।
अर्कस्त्रिधातू रजसो विमानोऽजस्रो घर्मो हविरस्मि नाम ।।६६।।
ऋचो नामास्मि यजूंसि नामास्मि सामानि नामास्मि ।
येऽअग्नयः पांचजन्याऽअस्यां पृथिव्यामधि । तेषामसि त्वमुत्तमः प्र नो जीवातवे सुव ।।६७।।

७०. देवाः – य. १८.१

वाजश्च मे प्रसवश्च मे प्रयतिश्च मे प्रसितिश्च मे धीतिश्च मे क्रतुश्च मे स्वरश्च मे
श्लोकश्च मे श्रवश्च मे श्रुतिश्च मे ज्योतिश्च मे स्वश्च मे यज्ञेन कल्पन्ताम् ।।१।।

७१. देवश्रवा देववातश्च भारतौ – ऋ. ३.23.१–५

निर्मथितः सुधित आ सधस्थे युवा कविरध्वरस्य प्रणेता ।
जूर्यत्स्वग्निरजरो वनेष्वत्रा दधे अमृतं जातवेदाः ।।१।।
अमन्थिष्टां भारता रेवदग्निं देवश्रवा देववातः सुदक्षम् ।
अग्ने वि पश्य बृहताभि रायेषां नो नेता भवतादनु द्यून् ।।2।।
दश क्षिपः पूर्व्यं सीमजीजनन्सुजातं मातृषु प्रियम् ।
अग्निं स्तुहि दैववातं देवश्रवो यो जनानामसद्वशी ।।३।।
नि त्वा दधे वर आ पृथिव्या इळायास्पदे सुदिनत्वे अह्नाम् ।
दृषद्वत्यां मानुष आपयायां सरस्वत्यां रेवदग्ने दिदीहि ।।४।।
इळामग्ने पुरुदंसं सनि गोः शश्वत्तमं हवमानाय साध ।
स्यान्नः सूनुस्तनयो विजावाग्ने सा ते सुमतिर्भूत्वस्मे ।।५।।

७२. द्युम्नो विश्वचर्षणिः – ऋ. ५.2३.१–४

अग्ने सहन्तमा भर द्युम्नस्य प्रासहा रयिम्। विश्वा यश्चर्षणीरभ्या३सा वाजेषु सासहत् ।।१।।
तमग्ने पृतनाषहं रयिं सहस्व आ भर। त्वं हि सत्यो अद्भूतो दाता वाजस्य गोमतः ।।2।।
विश्वे हि त्वा सजोषसो जनासो वृक्तबर्हिषः। होतारं सद्‌यसु प्रियं व्यन्ति वार्या पुरु ।।३।।
स हि ष्मा विश्वचर्षणिरभिमाति सहो दधे।
अग्न एषु क्षयेष्वा रेवन्नः शुक्र दीदिहि द्युमत्पावक दीदिहि ।।४।।

७३. द्रुह्वणः (आयुर्वर्चोबलकामः) – अ. ६.६३.४

संसमिद् युवसे वृषन्नग्ने विश्वान्यर्य आ। इडस्पदे समिध्यसे स नो वसून्या भर ।।४।।

७४. द्रोणः – ऋ. १०.१४2.३–४

उत वा उ परि वृणक्षि बप्सद्बहोरग्न उलपस्य स्वधावः ।
उत खिल्या उर्वराणां भवन्ति मा ते हेतिं तविषीं चुक्रुधाम ।।३।।
यदुद्वतो निवतो यासि वप्सत्पृथगेषि प्रगर्धिनीव सेना ।
यदा ते वातो अनुवाति शोचिर्वप्तेव श्मश्रु वपसि प्र भूम ।।४।।

७५. द्वितो मृक्तवाहा आत्रेयः – ऋ. ५.१८.१–५; सा. ८५

ऋ. ५.१८.१–५

प्रातरग्निः पुरुप्रियो विशः स्तवेतातिथिः ।
विश्वनि यो अमर्त्यो हव्या मर्तेषु रण्यति ।।१।।
द्विताय मृक्तवाहसे स्वस्य दक्षस्य मंहना ।
इन्दुं स धत्त आनुषक्स्तोता चित्ते अमर्त्य ।।2।।
तं वो दीर्घायुशोचिषं गिरा हुवे मघोनाम् ।
अरिष्टो येषां रथो व्यश्वदावन्नीयते ।।३।।
चित्रा वा येषु दीधितिरासन्नुक्था पान्ति ये ।
स्तीर्णं बर्हिः स्वर्णरे श्रवांसि दधिरे परि ।।४।।
ये मे पंचाशतं दुदुरश्वानां सधस्तुति ।
द्युमदग्ने महि श्रवो बृहत्कृधि मघोनां नृवदमृत नृणाम् ।।५।।

सा. ८५

प्रातरग्निः पुरुप्रियो विश स्तवेतातिथिः। विश्वे यस्मिन्नमर्त्ये हव्यं मर्तास इन्धते ।।५।।

७६. धरुण आगिंरसः – ऋ. ५.१५.१–५

प्र वेधसे कवये वेद्याय गिरं भरे यशसे पूर्व्याय ।
घृतप्रसत्तो असुरः सुशेवो रायो धर्ता धरुणो वस्वो अग्निः ।।१।।
ऋतेन ऋतं धरुणं धारयन्त यज्ञस्य शाके परमे व्योमन् ।
दिवो धर्मन्धरुणे सेदुषो नृंजातैरजाताँ अभि ये ननक्षुः ।।2।।
अंहोयवस्तन्वस्तन्वते वि वयो महद्दुष्टरं पूर्व्याय ।
स संवतो नवजातस्तुतुर्यात्सिहं न क्रुद्धमभितः परि ष्ठुः ।।३।।
मातेव यद्भरसे पप्रथानो जनंजनं धायसे चक्षसे च ।
वयोवयो जरसे यद्दधानः परि त्मना विषुरूपो जिगासि ।।४।।
वाजो नु ते शवसस्पात्वन्तमुरुं दोघं धरुणं देव रायः ।
पदं न तायुर्गुहा दधानो महो राये चितयन्नत्रिमस्यः ।।५।।

७७. ध्रुवः – य. १2.११

आ त्वाहार्षमन्तरभूर्ध्रुवास्तिष्ठाविचाचलिः। विशस्त्वा सर्वा वांछन्तु मा त्वद्राष्ट्रमधिभ्रशत् ।।११।।

७८. नाभाकः काण्वः – ऋ. ८.३६.१–१०

अग्निमस्तोष्यृग्मियमग्निमीळा यजध्यै ।
अग्निर्देवाँ अनुक्त न उभे हि विदथे कविरन्तश्चरति दूत्यं१ नभन्तामन्यके समे ।।१।।
न्यग्ने नव्यसा वचस्तनूषु शंसमेषाम् ।
न्यराती रराव्णां विश्वा अर्यो अरातीरितो युच्छन्त्वामुरो नभन्तामन्यके समे ।।2।।
अग्ने मन्मानि तुभ्यं कं घृतं न जुह्व आसनि ।
स देवेषु प्र चिकिद्धि त्वं ह्यसि पूर्व्यः शिवो दूतो विवस्वतो नभन्तामन्यके समे ।।३।।
तत्तदग्निर्वयो दधे यथायथा कृपण्यति ऊर्जाहुतिर्वसूनां शं च योश्चस मयो दधे विश्वस्यै देवहूत्यै नभन्तामन्यके समे ।।४।।
स चिकेत सहीयसाग्निश्चित्रेण कर्मणा ।
स होता शश्वतीनां दक्षिणाभिरभीवृत इनोति च प्रतीव्यं१ नभन्तामन्यके समे ।।५।।
अग्निर्जाता देवानामग्निर्वेद मर्तानामपीच्यम् ।
अग्निः स द्रविणोदा अग्निर्द्वारा व्यूर्णुते स्वाहुतो नवीयसा रभन्तामन्यके समे ।।६।।
अग्निर्देवेषु संवसुः स विक्षु यज्ञियास्वा ।
स मुदा काव्या पुरु विश्वं भूमेव पुष्यति देवो देवेषु यज्ञियो नभन्तामन्यके समे ।।७।।
यो अग्निः सप्तमानुषः श्रितो विश्वेषु सिन्धुषु ।
तमागन्म त्रिपस्त्यं मन्धातुर्दस्युहन्तममग्निं यज्ञेषु पूर्व्यं नभन्तामन्यके समे ।।८।।
अग्निस्त्रीणि त्रिधतून्या क्षेति विदथा कविः ।
स त्रीरेकादशाँ इह यक्षच्च पिप्रयच्च नो विप्रो दूतः परिष्कृतो नभन्तामन्यके समे ।।९।।

त्वं नो अग्न आयुषु त्वं देवेषु पूर्व्य वस्व एक इरजयसि ।
त्वामापः परिस्रुतः परि यन्ति स्वसेतवो नभन्तामन्यके समे ॥१०॥

७९. नाभानेदिष्टः – य. ११.७५–७८

अहरहरप्रयावं भरन्तोऽश्वायेव तिष्ठते घासमस्मै ।
रायस्पोषेण समिषा मदन्तोऽग्ने मा ते प्रतिवेशा रिषाम ॥७५॥
नाभा पृथिव्याः समिधानेऽअग्नौ रायस्पोषाय बृहते हवामहे ।
इरम्मदं बृहदुक्थं यजत्रं जेतारमग्निं पृतनासु सासहिम् ॥७६॥
याः सेनाऽअभीत्वीराव्याधिनीरुगणाऽउत ।
ये स्तेना ये च तस्करास्ताँस्तेऽअग्नेऽपिदधाम्यास्ये ॥७७॥
दंष्ट्राभ्यां मलिम्लून् जम्भ्यैस्तस्कराँ2ऽउत ।
हनुभ्यां स्तेनान् भगवस्ताँस्त्वं खाद सुखादितान् ॥७८॥

८०. नोधा गौतमः – ऋ. १.५८.१–९; १.६०.१–५

ऋ. १.५८.१–९

नू चितसहोजा अमृतो नि तुन्दते होता यद्दूतो अभवद्विवस्वतः ।
वि साधिष्ठेभिः पथिभी रजो मम आ देवताता हविषा विवासति ॥१॥
आ स्वमद्य युवमानो अजरस्तृष्वविष्यन्नतसेषु तिष्ठति ।
अत्यो न पृष्ठं प्रुषितस्य रोचते दिवो न सानु स्तनयन्नचिक्रदत् ॥2॥
क्राणा रुद्रेभिर्वसुभिः पुरोहितो होता निषत्तो रयिषाळमर्त्यः ।
रथो न विक्ष्वृंजसान आयुषु व्यानुष्ज्ञग्वार्या देव ऋण्वति ॥३॥
वि वातजूतो अतसेषु तिष्ठते वृथा जुहूभिः सृण्या तुविष्वणिः ।
तृषु यदग्ने वनिनो वृषायसे कृष्णं त एम रुशदूर्मे अजर ॥४॥
तपुर्जम्भो वन आ वातचोदितो यूथे न साह्वाँ अव वाति वंसगः ।
अभिव्रजन्नक्षितं पाजसा रजः स्थातुश्चरथं भयते पतत्रिणः ॥५॥
दधुष्ट्वा भृगवो मानुषेष्वा रयिं न चारुं सुहवं जनेभ्यः ।
होतारमग्ने अतिथिं वरेण्यं मित्रं न शेवं दिव्याय जन्मने ॥६॥
होतारं सप्त जुह्वो३यजिष्ठं यं वाघतो वृणते अध्वरेषु ।
अग्निं विश्वेषामरतिं वसूनां सपर्यामि प्रयमा यामि रत्नम् ॥७॥
अच्छिद्रा सूनो सहसो नो अद्य स्तोतृभ्यो मित्रमहः शर्म यच्छ ।
अग्ने गणन्तमंहस उरुष्योर्जो नपात्पूर्भिरायसीभिः ॥८॥
भवा वरूथं गृणते विभावो भवा मघवन्मघवद्भ्यः शर्म ।
अरुष्याग्ने अंहसो गृणन्तं प्रातर्मक्षू धियावसुर्जगम्यात् ॥९॥

ऋ. १.६०.१–५

वह्निं यशसं विदथस्य केतुं सुप्राव्यं दूतं सद्योअर्थम् ।
द्विजन्मानं रयिमिव प्रशस्तं रातिं भरद् भृगवे मातरिश्वा ॥१॥
अस्य शासुरुभयासः सचन्ते हविष्मन्त उशिजो ये च मर्ताः ।
दिवश्चित्पूर्वो न्यसादि होतापृच्छ्यो विश्पतिर्विक्षु वेधाः ॥2॥
तं नव्यसी हृद आ जायमानमस्मत्सुकीर्तिर्मधुजिह्वमश्याः ।
यमृत्विजो वृजने मानुषासः प्रयस्वन्त आयवो जीजन्त ॥३॥
उशिक्पावको वसुर्मानुषेषु वरेण्यो होताधायि विक्षु ।
दमूना गृहपतिर्दम आँ अग्निर्भुवद्रयिपती रयीणाम् ॥४॥
तं त्वा वयं पतिमग्ने रयीणां प्र शंसामो मतिभिर्गोतमासः ।
आशुं न वाजम्भरं मर्जयन्तः प्रातर्मक्षू धियावसुर्जगम्यात् ॥५॥

८१. परमेष्ठी – य. १५.१–2; 20–५६; १७.७७

य. १५.१–2

अग्ने जातान् प्रणुदा नः सपत्नान् प्रत्यजातान्नुद जातवेदः ।
अधि नो ब्रूहि सुमनाऽअहेडँस्तव स्याम शँर्मस्त्रिवरूथऽउद्भौ ।।१।।
सहसा जातान् प्रणुदा नः सपत्नान् प्रत्यजातान् जातवेदो नुदस्व ।
अधि नो ब्रूहि सुमनस्यमानो वयं स्याम प्रणुदा नः सपत्नान् ।।2।।

य. १५.20–५६

अग्निर्मुर्द्धा दिवः ककृत्पतिः पृथिव्याःऽअयम्। अपां रेतांसि जिन्वति ।।20।।
अयमग्निः सहस्रिणो वाजस्य शतिनस्पतिः। मूर्धा कवी रयीणाम् ।।21।।
त्वामग्ने पुष्करादध्यथर्वा निरमन्थत। मूर्ध्नो विश्वस्य वाघतः ।।22।।
भुवो यज्ञस्य रजसश्च नेता यत्रा नियुद्भि सचसे शिवाभिः ।
दिवि मूर्धानं दधिषे स्वर्षां जिह्वामग्ने चकृषे हव्यवाहम् ।।2३।।
अबोध्यग्निः समिधा जनानां प्रति धेनुमि वायतीमुषासम् ।
यह्वा इव प्र वयामुज्जिहानाः प्र भानवः सिस्रते नाकमच्छ ।।2४।।
अवोचाम कवये मेध्याय वचो वन्दारु वृषभाय वृष्णे ।
गविष्ठिरो नमसा स्तोममग्नौ दिवीव रुक्ममुरुव्यंचमश्रेत् ।।2५।।
अयमिह प्रथमो धायि धातृभिर्होता यजिष्ठोऽअध्वरेष्वीड्यः ।
यमप्नवानो भृगवो विरुरुचुर्वनेषु चित्रं विभ्वं विशेविशे ।।2६।।
जनस्य गोपा ऽ अजनिष्ट जागृविरग्निः सुदक्षः सुविताय नव्यसे ।
घृतप्रतीको बृहता दिविस्पृशा द्युमद्विभाति भरतेभ्यः शुचिः ।।2७।।
त्वामग्ने ऽ अंगिरसो गुहा हितमन्वविन्दंछिश्रियाणं वनेवने ।
स जायसे मथयमानः सहो महत् त्वामाहुः सहसस्पुत्रमंगिरः ।।2८।।
सखायः सं वः सम्यंचमिषं स्तोमं चाग्नये। वर्षिष्ठाय क्षितीनामूर्जो नप्त्रे सहस्वते ।।2६।।
संसमिद्युवसे वृषन्नग्ने विश्वान्यर्य्य ऽ आ। इडस्पदे समिध्यसे स नो वसून्याभर ।।३०।।
त्वां चित्रश्रवस्तम हवन्ते विक्षु जन्तवः। शेचिष्केशं पुरुप्रियाग्ने हव्याय वोढवे ।।३१।।
एना वो ऽ अग्निं नमसोर्जो नपातमाहुवे। प्रियं चेतिष्ठमरतिं स्वध्वरं विश्वस्य दूतममृतम् ।।३2।।
विश्वस्य दूतममृतं विश्वस्य दूतममृतम्।
स योजते ऽ अरुषा विश्वभौजसा स दुद्रवत् स्वाहुतः।।३३।।
स दुद्रवत् स्वाहुतः स दुद्रवत् स्वाहुतः। सुबह्मा यज्ञः सुशमी वसूनां देवं राधो जनानाम् ।।३४।।
अग्ने वाजस्य गोपत ऽ ईशानः सहसो यहो। अस्मे धेहि जातवेदो महि श्रवः ।।३५।।
स ऽ इधानो वसुष्कविरग्निरीडेन्यो गिरा। रेवदस्मभ्यं पुर्वणीक दीदिहि ।।३६।।
क्षपो राजन्नुत त्मनाग्ने वस्तोरुतोषसः। स तिग्मजम्भ रक्षसो दह प्रति ।।३७।।
भद्रो नो ऽ अग्निराहुतो भद्रा रातिः सुभग भद्रो ऽ अध्वरः। भद्रा ऽ उत प्रशस्तयः ।।३८।।
भद्रा ऽ उत प्रशस्तयो भद्रं मनः कृणुष्व वृत्रतूर्य्ये। येना समत्सु सासहः ।।३६।।
येना समत्सु सासहोऽव स्थिरा तनुहि भूरि शर्धताम्। वनेमा ते ऽ अभिष्टिभिः ।।४०।।
अग्निं तं मन्ये यो वसुरस्तं यं यन्ति धेनवः ।
अस्तमर्वन्त ऽ आशवोऽस्तं नित्यासो वाजिन ऽ इषं स्तोतृभ्य ऽ आ भर ।।४१।।
सो ऽ अग्निर्यो वसुर्गृणे सं यमायन्ति धेनवः ।
समर्वन्तो रघुद्रुवः सं सुजातासः सूरय ऽ इषं स्तोतृभ्य ऽ आ भर ।।४2।।
उभे सुश्चन्द्र सर्पिषो दर्वी श्रीणीष ऽ आसनि ।
उतो न ऽ उत्पुपूर्या ऽ उक्थेषु शवसस्पत ऽ इषं स्तोतृभ्य ऽ आ भर ।।४३।।
अग्ने तमद्याश्वं न स्तोमैः क्रतुं न भद्रं हृदिस्पृशम्। ऋध्यामा त ऽ ओहैः ।।४४।।
अधा ह्यग्ने क्रतोर्भद्रस्य दक्षस्य साधोः। रथीर्ऋतस्य बृहतो बभूथ ।।४५।।

एभिर्नो ऽ अर्कैर्भवा नो अर्वाङ् स्वर्ण ज्योतिः। अग्ने विश्वेभिः सुमना ऽ अनीकैः ।।४६।।
अग्निं होतारं मन्ये दास्वन्तं वसुं सुनुं सहसो जातवेदसं विप्रं न जातवेदसम् ।
य ऽ ऊर्ध्वया स्वध्वरो देवो देवाच्या कृपा ।
घृतस्य विभ्राष्टिमनु वष्टि शोचिषाऽऽजुह्वानस्य सर्पिषः ।।४७।।
अग्ने त्वं नो ऽ अन्तम ऽ उत त्राता शिवो भवा वरूथ्यः ।
वसुरग्निर्वसुश्रवा ऽ अच्छा नक्षि द्युमत्तमं रयिन्दाः।
तं त्वा शेचिष्ठ दीदिवः सुम्नाय नूनमीमहे सखिभ्यः ।।४८।।
येन ऽ ऋषयस्तपसा सत्रमायन्निन्धाना ऽ अग्निं स्वराभरन्तः ।
तस्मिन्नहं निदधे नाके ऽ अग्निं यमाहुर्मनव स्तीर्णबर्हिषम् ।।४६।।
तं पत्नीभिरनु गच्छेम देवाः पुत्रैर्भ्रातृभिरुत वा हिरण्यैः ।
नाकं गृभ्णानाः सुकृतस्य लोके तृतीये पृष्ठे ऽ अधि रोचने दिवः ।।५०।।
आ वाचो मध्यमरुहद्भुरण्युरयमग्निः सत्पतिश्चेकितानः ।
पृष्ठे पृथिव्या निहितो दविद्युतदधस्पदं कृणुतां ये पृतन्यवः ।।५१।।
अयमग्निर्वीरतमो वयोधाः सहस्रियो द्योततामप्रयुच्छन् ।
विभ्राजमानः सरिरस्य मध्य ऽ उप प्र याहि दिव्यानि धाम ।।५2।।
सम्प्रच्यवध्वमुप संप्रयाताग्ने पथो देवयानान् कृणुध्वम् ।
पुनः कृण्वाना पितरा युवानान्वातांसीत् त्वयि तन्तुमेतम् ।।५३।।
उद् बुध्यस्वाग्ने प्रति जागृहि त्वमिष्टापूर्ते सं सृजेथामयं च ।
अस्मिन् सधस्थे अध्युत्तरस्मिन् विश्वे देवा यजमानश्च सीदत ।।५४।।
येन वहसि सहस्रं येनाग्नि सवेवेदसम्। तेनेमं यज्ञं नो नय स्वर्देवेषु गन्तवे ।।५५।।
अयं ते योनिर्ऋत्वियो यतो जातो ऽ अरोचथाः।
तं जानन्नग्न ऽ आ रोहाथा नो वर्धया रयिम्।।५६।।

य. १७.७७

अग्ने तमद्याश्वन्न स्तोमैः क्रतुन्न भद्रं हृदिस्पृशम्। ऋध्यामा त ऽ ओहैः ।।७७।।

८2. परमेष्ठी प्रजापतिः – य. 2.३; ४; ७; ६; १४; ५; ८; ११; १७–१६; 2३

य. 2.३–४

गन्धर्वस्त्वा विश्वावसुः परिदधातु विश्वास्यारिष्ट्यै यजमानस्य परिधिरस्य ग्निरिडऽईडितः। इन्द्रस्य बाहुरसि दक्षिणो विश्वस्यारिष्ट्यै यजमानस्य परिधिरस्यग्निरिडऽईडितः। मित्रावरुणौ त्वोत्तरतः परिधत्तां ध्रुवेण धर्मणा विश्वस्यारिष्ट्यै यजमानस्य परिधिरस्यग्निरिड ऽ ईडितः ।।३।।
वीतिहोत्रं त्वा कवे द्युमन्तं समिधीमहि। अग्ने बृहन्तमध्वरे ।।४।।

य. 2.७

अग्ने वाजजिद् वाजं त्वा सरिष्यन्तं वाजजितं सम्मार्ज्मि ।
नमो देवेभ्यः स्वधा पितृभ्यः सुयमे मे भूयास्तम् ।।७।।

य. 2.६

अग्ने वेर्होत्रं वेर्दूत्यमवतां त्वां द्यावापृथिवी ऽ अव त्वं द्यावापृथिवी स्विष्टकृद्देवेभ्यऽ
इन्द्रऽ आज्येन हविषा भूत्स्वाहा सं ज्योतिषा ज्योतिः ।।६।।

य. 2.१४

एषा तेऽअग्ने समित्तया वर्धस्व चा च प्यायस्व। वर्धिषीमहि च वयमा च प्यासिषीमहि। अग्ने वाजजिद्वाजं त्वा ससृवांसं वाजजितं सम्मार्ज्मि ।।१४।।

य. 2.५

समिदसि सूर्यस्त्वा पुरस्तात् पातु कस्याश्चिदभिशस्त्यै। सवितुर्बाहू स्थ ऽ ऊर्णम्रदसं त्वा स्तृणामि स्वासस्थं देवेभ्य ऽ आ त्वा वसवो रुद्रा ऽ आदित्याः सदन्तु ।।५।।

य. 2.८

अस्कन्नमद्य देवेभ्य ऽ आज्यं संभ्रियासमंघ्रिणा विष्णो मा त्वावक्रमिषं वसुमतीमग्ने ते

च्छायामुपस्थेषं विष्णो स्थानमसीत ऽ इन्द्रो वीर्यमकृणोदूर्ध्वोऽध्वर ऽ आस्थात् ।।८।।

य. 2.११

उपहूतो द्यौष्पितोप मां द्यौष्पिता ह्वयतामग्निराग्नीध्रात् स्वाहा। देवस्य त्वा सवितुः
प्रसवेऽश्विनोर्बाहुभ्यां पूष्णो हस्ताभ्याम्। प्रतिगृह्णाम्यग्नेष्ट्वास्येन प्राश्नामि ।।११।।

य. 2.१७–१९

यं परिधिं पर्यधत्था ऽ अग्ने देवपणिभिर्गुह्यमानः। तं तऽएतमनु जोषं भराम्येष
मेत्त्वदपचेतयाताऽअग्नेः प्रियं पाथोऽपीतम् ।।१७।।
संस्रवभागा स्थेषा बृहन्तः प्रस्तरेष्ठाः परिधेयाश्च देवाः। इमां वाचमभि विश्वे गृणन्तऽआसद्यास्मिन्
बर्हिषि मादयध्वं स्वाहा वाट् ।।१८।।
घृताची स्थो धुर्यौ पातं सुम्ने स्थः सुम्ने मा धत्तम् ।
यज्ञ नमश्च त उप च यज्ञस्य शिवे संतिष्ठस्व स्विष्टे मे संतिष्ठस्व ।।१९।।

य. 2.2३

कस्त्वा विमुंचति स त्वा विमुंचति कस्मै त्वा विमुंचति तस्मै त्वा विमुंचति ।
पोषाय रक्षसां भागोऽसि ।।2३।।

८३. पराशरः – य. ३३.११

आ यदिषे नृपतिं तेज ऽ आनट् शुचि रेतो निषिक्त द्यौरभाके ।
अग्निः शर्द्धमनवद्यं युवानं स्वाध्यं जनयत्सूदयश्च ।।११।।

८४. पराशरः शाक्त्यः – ऋ. १.६५.१–१०; १.६६.१–१०; १.६७.१–१०; १.६८.१–१०; १.६९.१–१०; १.७०.१–११; १.७१.१–१०; १.७2.१–१०; १.७३.१–१०

ऋ. १.६५.१–१०

पश्वा न तायुं गुहा चतन्तं नमो युजानं नमो वहन्तम् । १
सजोषा धीराः पदेरनु ग्मन्नुप त्वा सीदन्विश्वे यजत्राः ।।१।। 2
ऋतस्य देवा अनु व्रता गुर्भुवत्परिष्टिद्यौर्न भूम । ३
वर्धन्तीमापः पन्वा सुशिश्विमृतस्य योना गर्भे सुजातम् । ।2।। ४
पुष्टिर्न रण्वा क्षितिर्न पृथ्वी गिरिर्न भुज्म क्षोदो न शंभु । ५
अत्यो नाज्मन्त्सर्गप्रतक्तः सिन्धुर्न क्षेदः क ईं वराते ।।३।। ६
जामिः सिन्धूनां भ्रातेव स्वस्रामिभ्यान्न राजा वनान्यत्ति । ७
यद्वातजूतो वना व्यस्थादग्निर्ह दाति रोमा पृथिव्याः ।।४।। ८
श्वसित्यप्सु हंसो न सीदन् क्रत्वा चेतिष्ठो विशामुषर्भुत् । ९
सोमो न वेधा ऋतप्रजातः पशुर्न शिश्वा विभुर्दूरेभाः ।।५।। १०

ऋ. १.६६.१–१०

रयिर्न चित्रा सूरो न संदृगायुर्न प्राणो नित्यो न सूनुः । १
तक्वा न भूर्णिर्वना सिषक्ति पयो न धेनुः शुचिर्विभावा ।।१।। 2
दाधार क्षेममोको न रण्वो यवो न पक्वो जेता जनानाम् । ३
ऋषिर्न स्तुभ्वा विक्षु प्रशस्तो वाजी न प्रीतो वयो दधाति ।।2।। ४
दुरोकशोचिः क्रतुर्न नित्यो जायेव योनावरं विश्वस्मै । ५
चित्रो यदभ्राट्छ्वेतो न विक्षु रथो न रुक्मी त्वेषः समत्सु ।।३।। ६
सेनेव सृष्टामं दधात्यस्तुर्न दिद्युत्त्वेषप्रतीका । ७
यमो ह जातो यमो जनित्वं जारः कनीनां पतिर्जनीनाम् ।।४।। ८
तं वश्चराथा वयं वसत्यास्तं न गावो नक्षन्त इद्धम् । ९
सिन्धुर्न क्षेदः प्र नीचीरैनोन्नवन्त गावः स्व१र्दृशीके ।।५।। १०

ऋ. १.६७.१–१०

वनेषु जायुर्मर्तेषु मित्रो वृणीते श्रुष्टिं राजेवाजुर्यम् । १
क्षेमो न साधुः क्रतुर्न भद्रो भुवत्स्वाधीर्होता हव्यवाट् ।।१।। 2
हस्ते दधानो नृम्णा विश्वान्यमे देवान्धाद् गुहा निषीदन् । ३
विदन्तीमत्र नरो धियंधा हृदा यत्तष्टान्मन्त्राँ अशंसन् ।।2।। ४
अजो न क्षां दाधार पृथिवीं तस्तम्भ द्यां मन्त्रेभिः सत्यैः । ५
प्रिया पदानि पश्वे नि पाहि विश्वायुरग्ने गुहा गुहं गाः ।।३।। ६
य ईं चिकेत गुहा भवन्तमा यः ससाद धारामृतस्य । ७
वि ये चृतन्त्यृता सपन्त आदिद्वसूनि प्र ववाचास्मै ।।४।। ८
वि यो वीरुत्सु रोधन्महित्वोत प्रजा उत प्रसूष्वन्तः । ९
चित्तिरपां दमे विश्वायुः सद्येव धीराः संमाय चक्रुः ।।५।। १०

ऋ. १.६८.१–१०

श्रीणन्नुप स्थाद्दिवं भुरण्युः स्थातुश्चरथमक्तून्व्यूर्णोत् । १
परि यदेषामेको विश्वेषां भुवद्देवो देवानां महित्वा ।।१।। 2
आदित्ते विश्वे क्रतुं जुषन्त शुष्काद्यद्देव जीवो जनिष्ठाः । ३
भजन्त विश्वे देवत्वं नाम ऋतं सपन्तो अमृतमेवैः ।।2।। ४
ऋतस्य प्रेषा ऋतस्य धीतिर्विश्वायुर्विश्वे अपांसि चक्रुः । ५
यस्तुभ्यं दाशाद्यो वा ते शिक्षात्तस्मै चिकित्वान् रयिं दयस्व ।।३।। ६
होता निषत्तो मनोरपत्ये स चिन्न्वासां पती रयीणाम् । ७
इच्छन्त रेतो मिथस्तनूषु सं जानत स्वैर्दक्षैरमूराः ।।४।। ८
पितुर्न पुत्राः क्रतुं जुषन्त श्रोषन्ये अस्य शासं तुरासः । ९
वि राय और्णोद्दुरः पुरुक्षुः पिपेश नाकं स्तृभिर्दमूनाः ।।५।। १०

ऋ. १.६९.१–१०

शुक्रः शुशुक्वाँ उषो न जारः पप्रा समीची दिवो न ज्योतिः । १
परि प्रजातः क्रत्वा बभूथ भुवो देवानां पिता पुत्रः सन् ।।१।। 2
वेधा अदृप्तो अग्निर्विजानन्नूधर्न गोनां स्वाद्या पितूनाम् । ३
जने न शेव आहूर्यः सन्मध्ये निषत्तो रण्वो दुरोणे ।।2।। ४
पुत्रो न जातो रण्वो दुरोणे वाजी न प्रीतो विशो वि तारीत्। ५
विशो यद्वह्वे नृभिः सनीळा अग्निर्देवत्या विश्वान्यश्याः ।।३।। ६
नकिष्ट एता व्रता मिनन्ति नृभ्यो यदेभ्यः श्रुष्टिं चकर्थ । ७
तत्तु ते दंसो यदहन्त्समानैर्नृभिर्यद्युक्तो विवे रपांसि ।।४।। ८
उषो न जारो विभावोस्रः संज्ञातरूपश्चिकेतदस्मै । ९
त्मना वहन्तो दुरो व्यृण्वन्नवन्त विश्वे स्व१र्दृशीके ।।५।। १०

ऋ. १.७०.१–११

वनेम पूर्वीरर्यो मनीषा अग्निः सुशोको विश्वान्यश्याः । १
आ दैव्यानि व्रता चिकित्वाना मानुषस्य जनस्य जन्म ।।१।। 2
गर्भो यो अपां गर्भो वनानां गर्भश्च स्थातां गर्भश्चरथाम् । ३
अद्रौ चिदस्मा अन्तर्दुरोणे विशां न विश्वो अमृतः स्वाधीः ।।2।। ४
स हि क्षपावाँ अग्नी रयीणां दाशद्यो अस्मा अरं सूक्तैः । ५
एता चिकित्वो भूमा नि पाहि देवानां जन्म मर्तांश्च विद्वान् ।।३।। ६
वर्धान्यं पूर्वीः क्षपो विरूपाः स्थातुश्च रथमृतप्रवीतम् । ७
अराधि होता स्व१र्निषत्तः कृण्वन्विश्वान्यपांसि सत्या ।।४।। ८
गोषु प्रशस्तिं वनेषु धिषे भरन्त विश्वे बलिं स्वर्णः । ९
वि त्वा नरः पुरुत्रा सपर्यन्पितुर्न जिव्रेर्वि वेदो भरन्त ।।५।। १०
साधुर्न गृध्नुरस्तेव शूरो यातेव भीमस्त्वेषः समत्सु ।।६।। ११

ऋ. १.७१.१–१०

उप प्र जिन्वन्नुशतीरुशन्तं पतिं न नित्यं जनयः सनीळाः ।
स्वसारः श्यावीमरुषीजुष्रंचित्रमुच्छन्तीमुषसं न गावः ।।१।।
वीळु चिद् दृळ्हा पितरो न उक्थैरद्रिं रुजन्नङ्गिरसो रवेण ।
चक्रुर्दिवो बृहतो गातुमस्मे अहः स्वर्विविदुः केतुमुस्राः ।।2।।
दधन्नृतं धनयन्नस्य धीतिमादिदर्यो दिधिष्वो३ विभृत्राः ।
अतृष्यन्तीरपसो यन्त्यच्छा देवांजन्म प्रयसा वर्धयन्तीः ।।३।।
मथीद्यदीं विभृतो मातरिश्वा गृहेगृहे श्येतो जेन्यो भूत् ।
आदीं राज्ञे न सहीयसे सचा सन्ना दूत्यंभृगवाणो विवाय ।।४।।
महे यत्पित्र ईं रसं दिवे करव त्सरपृशन्यश्चिकित्वान् ।
सृजदस्ता धृषता दिद्युमस्मै स्वायां देवो दुहितरि त्विषिं धात् ।।५।।
स्व आ यस्तुभ्यं दम आ विभाति नमो वा दाशादुशतो अनु द्यून् ।
वर्धे अग्ने वयो अस्य द्विबर्हा यासद्राया सरथं यं जुनासि ।।६।।
अग्निं विश्वा अभि पृक्षः सचन्ते समुद्रं न स्रवतः सप्त यह्वीः ।
न जामिभिर्वि चिकिते वयो नो विदा देवेषु प्रमतिं चिकित्वान् ।।७।।
आ यदिषे नृपतिं तेज आनट्छुचि रेतो निषिक्तं द्यौरभीके ।
अग्निः शर्धमनवद्यं युवानं स्वाध्यं जनयत्सूदयच्च ।।८।।
मनो न योऽध्वनः सद्य एत्येकः सत्रा सूरो वस्व ईशे ।
रजाना मित्रावरुणा सुपाणी गोषु प्रियममृतं रक्षमाणा ।।६।।
मा नो अग्ने सख्या पित्र्याणि प्र मर्षिष्ठा अभि विदुष्कविः सन् ।
नभो न रूपं जरिमा मिनाति पुरा तस्या अभिशस्तेरधीहि ।।१०।।

ऋ. १.७2.१–१०

नि काव्या वेधसः शश्वतस्कर्हस्ते दधानो नर्या पुरूणि ।
अग्निर्भुवद्रयिपती रयीणां सत्रा चक्राणो अमृतानि विश्वा ।।१।।
अस्मे वत्सं परि षन्तं न विन्दन्निच्छन्तो विश्वे अमृता अमूराः ।
श्रमयुवः पदव्यो धियंधास्तस्थुः पदे परमे चार्वग्नेः ।।2।।
तिस्रो यदग्ने शरदस्त्वामिच्छुचिं घृतेन शुचयः सपर्यान् ।
नामानि चिद्दधिरे यज्ञियान्यसूदयन्त तन्वः१ सुजाताः ।।३।।
आ रोदसी बृहती वेविदानाः प्र रुद्रिया जभ्रिरे यज्ञियासः ।
विदन्मर्तो नेमधिता चिकित्वानग्निं पदे परमे तस्थिवांसम् ।।४।।
संजनानां उप सीदन्नभिज्ञु पत्नीवन्तो नमस्यं नमस्यन् ।
रिरिक्वांसस्तन्वः कृण्वत स्वाः सखा सख्युर्निमिषि रक्षमाणाः ।।५।।
त्रिः सप्त यद्गुह्यानि त्वे इत्पदाविदन्निहिता यज्ञियासः ।
तेभी रक्षन्ते अमृतं सजोषाः पशूंच स्थातृंचरथं च पाहि ।।६।।
विद्वाँ अग्ने वयुनानि क्षितीनां व्यानुषक्छुरुधो जीवसे धाः ।
अन्तर्विद्वाँ अध्वनो देवयानानतन्द्रो दूतो अभवो हविर्वाट् ।।७।।
स्वाध्यो दिव आ सप्त यह्वी रायो दुरो व्यृतज्ञा अजानन् ।
विदद्गव्यं सरमा दृळहमूर्वं येना नु कं मानुषी भोजते विट् ।।८।।
आ ये विश्वा स्वपत्यानि तस्थुः कृण्वानासो अमृतत्वाय गातुम् ।
मह्ना महद्भिः पृथिवी वि तस्थे माता पुत्रैरदितिर्धायसे वेः ।।६।।
अधि श्रियं नि दधुश्चारुमस्मिन्दिवो यदक्षी अमृता अकृण्वन् ।
अध क्षरन्ति सिन्धवो न सृष्टाः प्र नीचीरग्ने अरुषीरजानन् ।।१०।।

ऋ. १.७३.१–१०

रयिर्न यः पितृवित्तो वयोधाः सुप्रणीतिश्चिकितुषो न शासुः ।
स्योनशीरतिथिर्न प्रीणानो होतेव सद्‌य विधतो वि तारीत् ।।१।।
देवो न यः सविता सत्यमन्मा क्रत्वा निपाति वृजनानि विश्वा ।
पुरुप्रशस्तो अमतिर्न सत्य आत्मेव शेवो दिधिषाय्यो भूत् ।।2।।
देवो न यः पृथिवीं विश्वधाया उपक्षेति हितमित्रो न राजा ।
पुरः सदः शर्मसदो न वीरा अनवद्या पतिजुष्टेव नारी ।।३।।
तं त्वा नरो दम आ नित्यमिद्धमग्ने सचन्त क्षितिषु ध्रुवासु ।
अधि द्युम्नं नि दधुर्भूर्यस्मिन्भवा विश्वायुर्धरुणो रयीणाम् ।।४।।
वि पृक्षो अग्ने मघवानो अश्युर्वि सूरयो ददतो विश्वमायुः ।
सनेम वाजं समिथेष्वर्यो भागं देवेषु श्रवसे दधानाः ।।५।।
ऋतस्य हि धेनवो वावशानाः स्मदूध्नीः पीपयन्त द्युभक्ताः ।
परावतः सुमतिं भिक्षमाणा वि सिन्धवः समया सस्रुरद्रिम् ।।६।।
त्वे अग्ने सुमतिं भिक्षमाणा दिवि श्रवो दधिरे यज्ञियासः ।
नक्ता च चक्रुरुषसा विरूपे कृष्णं च वर्णमरुणं च सं धुः ।।७।।
यान् राये मर्तान्त्सुषूदो अग्ने ते स्याम मघवानो वयं च ।
छायेव विश्वं भुवनं सिसक्ष्यापप्रिवान्नोदसी अन्तरिक्षम् ।।८।।
अर्वद्भिरग्ने अर्वतो नृभिर्नृन्वीरैर्वीरान्वनुयामा त्वोताः ।
ईशानासः पितृवित्तस्य रायो वि सूरयः शतहिमा नो अश्युः ।।९।।
एता ते अग्न उचथानि वेधो जुष्टानि सन्तु मनसे हृदे च ।
शकेम रायः सुधुरो यमं तेऽधि श्रवो देवभक्तं दधानाः ।।१०।।

८५. परुच्छेपो दैवोदासिः – ऋ. १.१२७.१–११; १.१२८.१–८; १.१३९.७

ऋ. १.१२७.१–११

अग्निं होतारं मन्ये दास्वन्तं वसुं सूनुं सहसो जातवेदसं विप्रं न जातवेदसम् ।
य ऊर्ध्वया स्वध्वरो देवो देवाच्या कृपा ।
घृतस्य विभ्राष्टिमनु वष्टि शोचिषजुह्वानस्य सर्पिषः ।।१।।
यजिष्ठं त्वा यजमाना हुवेम ज्येष्ठमंगिरसां विप्र मन्मभिर्विप्रेभिः शुक्र मन्मभिः । परिज्मानमिव द्यां होतारं चर्षणीनाम् ।
शोचिष्केशं वृषणं यमिमा विशः प्रावन्तु जूतये विशः ।।2।।
स हि पुरू चिदोजसा विरुक्मता दीद्यानो भवति द्रुहंतरः परशुर्न द्रुहंतरः ।
वीळु चिद्यस्य समृतौ श्रुवद्वनेव यत्स्थिरम् ।
निष्षहमाणो यमते नायते धन्वासहा नायते ।।३।।
दृळहा चिदस्मा अनु दुर्यथा विदे तेजिष्ठाभिररणिभिर्दाष्ट्यवसेऽग्नये दाष्ट्यवसे । प्र यः पुरूणि गाहते तक्षद्वनेव शेचिषा ।
स्थिरा चिदन्ना नि रिणात्योजसा नि स्थिराणि चिदोजसा ।।४।।
तमस्य पृक्षमुपरासु धीमहि नक्तं ।
यः सुदर्शतरो दिवातरादप्रायुषे दिवातरात्। आदस्यायुर्ग्रभणवद्वीळु शर्म न सूनवे ।
भक्त मभक्तमवो व्यन्तो अजरा अग्नयो व्यन्तो अजराः ।।५।।
स हि शर्धो न मारुतं तुविष्वणिरप्नस्वतीषूर्वरास्विष्टनिरार्तनास्वि– ष्टनिः ।
आदद्धव्यान्याददिर्यज्ञस्य केतुरर्हणा ।
अधसमास्य हर्षतो हृषीवतो विश्वे जुषन्त पन्थां नरः शुभे न पन्थाम् ।।६।।
द्विता यदीं कीस्तासो अभिद्यवो नमस्यन्त उपवोचन्त भृगवो मथ्नन्तो दाशा भृगवः । अग्निरीशे वसूनां शुचिर्यो धर्णिरेषाम ।
प्रियाँ अपिधीँर्वनिषीष्ट मेधिर आ वनिषीष्ट मेधिरः ।।७।।
विश्वासां त्वा विशां पतिं हवामहे सर्वासां समानं दंपतिं भुजे सत्यगिर्वाहसं भुजे । अतिथिं

मानुषाणां पितुर्न यस्यासया ।
अमी च विश्वे अमृतास आ वयो हव्या देवेष्वा वयः ।।८।।
त्वमग्ने सहसा सहन्तमः शुष्मिन्तमो जायसे देवतातये रयिर्न देवतातये ।
शुष्मिन्तमो हि ते मदो द्युम्निन्तम उत क्रतुः ।
अध स्मा ते परि चरन्त्यजर श्रुष्टीवानो नाजर ।।९।।
प्र वो महे सहसा सहस्वत उषर्बुधे पशुषे नाग्नये स्तोमो बभूत्वग्नये ।
प्रति यदीं हविष्मान्विश्वासु क्षासु जोगुवे ।
अग्रे रेभो न जरत ऋषूणां जूर्णिर्होत ऋषूणाम् ।।१०।।
स नो नेदिष्ठं ददृशान आ भराग्ने देवेभिः सचनाः सुचेतुना महो रायः सुचेतुना । महि शविष्ठ नस्कृधि संचक्षे भुजे अस्यै ।
महि स्तोतृभ्यो मघवन्त्सुवीर्यं मथीरुग्रो न शवसा ।।११।।

ऋ. १.१२८.१—८

अयं जायत मनुषो धरीमणि होता यजिष्ठ उशिजामनु व्रतमग्निः स्वमनु व्रतम् । विश्वश्रुष्टिः सखीयते रयिरिव श्रवस्यते ।
अदब्धो होता नि षददिळस्पदे परिवीत इळस्पदे ।।१।।
तं यज्ञसाधमपि वातयामस्यृतस्य पथा नमसा हविष्मता देवताता हविष्मता ।
स न ऊर्जामुपाभृत्यया कृपा न जूर्यति ।
यं मातरिश्वा मनवे परावतो देवं भाः परावतः ।।2।।
एवेन सद्यः पर्येति पार्थिवं मुहुर्गी रेतो वृषभः कनिक्रदद्दधद्रेतः कनिक्रदत् ।
शतं चक्षाणो अक्षभिर्देवो वनेषु तुर्वणिः ।
सदो दधान उपरेषु सानुष्वग्निः परेषु सानुषु ।।३।।
स सुक्रतुः पुरोहितो दमेदमेऽग्निर्यज्ञसयाध्वरस्य चेतति क्रत्वा यज्ञस्य चेतति । क्रत्वा वेधा इषूयते विश्वा जातानि पस्पशे ।
यतो घृतश्रीरतिथिरजायत वह्निर्वेधा अजायत ।।४।।
क्रत्वा यदस्य तविषीषु पृंचतेऽग्नेरवेण मरुतां न भोज्येषिराय न भोज्या ।
स हि ष्मा दानमिन्वति वसूनां च मज्मना ।
स नस्त्रासते दुरितादभिह्रुतः शंसादघादभिह्रुतः ।।५।।
विश्वो विहाया अरतिर्वसुर्दधे हस्ते दक्षिणे तरणिर्न शिश्रथच्छ्रवस्यस्या न शिश्रथत् । विश्वस्मा इदिषुध्यते देवत्रा हव्यमोहिषे ।
विश्वस्मा इत्सुकृते वारमृण्वत्यग्निर्द्वारा व्यृण्वति ।।६।।
स मानुषे वृजने शन्तमो हितोऽग्निर्यज्ञेषु जेन्यो न विश्पतिः प्रियो यज्ञेषु विश्पतिः । स हव्या मानुषाणामिळा कृतानि पत्यते ।
स नस्त्रासते वरुणस्य धूर्तेर्महो देवस्य धूर्तेः ।।७।।
अग्निं होतारमीळते वसुधितिं प्रियं चेतिष्ठमरतिं न्येरिरे हव्यवाहं न्येरिरे ।
विश्वायुं विश्ववेदसं होतारं यजतं कविम् ।
देवासो रण्वमवसे वसूयवो गीर्भी रण्वं वसूयवः ।।८।।

ऋ. १.१३९.७

ओ षू णो अग्ने शृणुहि त्वमीळितो देवेभ्यो ब्रवसि यज्ञियेभ्यो राजभ्यो यज्ञियेभ्यः ।
यद्ध त्यामंगिरोभ्यो धेनुं देवा अदत्तन। वि तां दुह्रे अर्यमा कर्तरी सचाँ एष तां वेद मे सचा।।७।।

सा. ४६५

अग्निं होतारं मन्ये दास्वन्तं वसोः सूनुं सहसो जातवेदसं विप्रं न जातवेदसम् ।
य ऊर्ध्वया स्वध्वरो देवो देवाच्या कृपा ।

धृतस्य विभ्राष्टिमनु शुक्रशोचिष आजुह्वानस्य सर्पिषः ।।६।।

सा. १८१३–१८१५

अग्निं होतारं मन्ये दास्वन्तं वसोः सूनुं सहसो जातवेदसं विप्रं न जातवेदसम् ।
य ऊर्ध्वया स्वध्वरो देवाच्या कृपा। घृतस्य विभ्राष्टिमनु शुक्रशोचिष अजुह्वानस्य सर्पिषः।।१।।
यजिष्ठं त्वा यजमाना हुवेम ज्येष्ठमंगिरसां विप्र मन्मभिर्विप्रेभिः शुक्र मन्मभिः ।
परिज्मानमिव द्यां होतारं चर्षणीनाम्। शोचिष्केशं वृषणं यमिमा विशः प्रावन्तु जूतये विशः।।2।।
स हि परू चिदाजसा विरुक्मता दीद्याना भवति दहन्तरः परशन दहन्तरः वीड चिद्यस्य समता
श्रवद्वनव यत्स्थिरम। निष्षहमाणा यमत नायत धन्वासहा नायत ।।३।।

८६. पायुः – य. ११.2६

परित्वाग्ने पुरं वयं विप्रं सहस्य धीमहि। धृषद्वर्णं दिवेदिवे हन्तारं भङ्गुरावताम् ।।2६।।

८७. पायुर् भरद्वाजः – सा. ८०

सनादग्ने मृणसि यातुधानान्व त्वा रक्षांसि पुतनासु जिग्युः ।
अनु दह सहमूरान्कयादो मा ते हेत्या मुक्षत दैव्यायाः ।।८।।

८८. पावकाग्निः – य. १2.१०६; १०८; १०६; १११

य. १2.१०६

अग्ने तव श्रवो वयो महि भ्राजन्ते ऽ अर्चयो विभावसो ।
बृहद्भानो शवसा वाज मुक्थ्यं दधासि दाशुषे कवे ।।१०६।।

य. १2.१०८–१०६

ऊर्जो नपाज्जातवेदः सुशस्तिभिर्मन्दस्व धीतिर्भिर्हित ।
त्वे ऽ इषः संदधुर्भूरिवर्पसश्चित्रोतयो वामजाताः ।।१०८।।
इरज्यन्नग्ने प्रथयस्व जन्तुभिरस्मे रायो ऽ अमर्त्य ।
स दर्शतस्य वपुषो विराजसि पृणाक्षि सानसिं क्रतुम् ।।१०६।।

य. १2.१११

ऋतावानं महिषं विश्वदर्शतमग्निं सुम्नाय दधिरे पुरो जनाः ।
श्रुत्कर्णं सप्रथस्तमं त्वा गिरा दैव्यं मानुषा युगा ।।१११।।

८६. पुरुः आत्रेयः – सा. ८८

बृहद्वयो हि भानवेऽर्चा देवायाग्नये। यं मित्रं न प्रशस्तये मर्तासो दधिरे पुरः ।।८।।

६०. पूरुर् आत्रेयः – ऋ. ५.१६.१–५; ५.१७.१–५

ऋ. ५.१६.१–५

बृहद्वयो हि भानवेऽर्चा देवायाग्नये ।
यं मित्रं न प्रशस्तिभिर्मर्तासो दधिरे पुरः ।।१।।
स हि द्युभिर्जनानां होता दक्षस्य बाह्वोः ।
वि हव्यमग्निरानुषग्भगो न वारमृण्वति ।।2।।
अस्य स्तोमे मघोनः सख्ये वृद्धशेचिषः ।
विश्वा यस्मिन्तुविष्वणि समर्ये शुष्ममादधुः ।।३।।
अधा ह्यग्न एषां सुवीर्यस्य मंहना ।
तमिद्यह्वं न रोदसी परि श्रवो बभूवतुः ।।४।।
नू न एहि वार्यमग्ने गृणान आ भर ।
ये वयं ये च सूरयः स्वस्ति धामहे सचोतैधि पृत्सु नो वृधे ।।५।।

ऋ. ५.१७.१–५

आ यज्ञैर्देव मर्त्य इत्था तव्यांसमतये ।
अग्निं कृते स्वध्वरे पुरुरीळीतावसे ।।१।।
अस्य हि स्वयशस्तर आसा विधर्मन्मन्यसे ।

तं नाकं चित्रशोचिषं मन्द्रं परो मनीषया ।।2।।
अस्य वासा उ अर्चिषा य आयुक्त तुजा गिरा ।
दिवो न यस्य रेतसा बृहच्छोचन्त्यर्चयः ।।३।।
अस्य क्रत्वा विचेतसो दस्मस्य वसु रथ आ ।
अध विश्वासु हव्योऽग्निर्विक्षु प्र शस्यते ।।४।।
नू न इद्धि वार्यमासा सचन्त सूरयः ।
ऊर्जो नपादभिष्टये पाहि शग्धि स्वस्तये उतैधि पृत्सु नो वृधे ।।५।।

६१. पुरोधाः – य. ११.१७

अन्वग्निरुषसामग्रमख्यदन्वहानि प्रथमो जातवेदाः ।
अनु सूर्यस्य पुरुत्रा च रश्मीननु द्यावापृथिवी ऽ आततन्थ ।।१७।।

६2. प्रजापतिः – य. ३.४; १2.११७; 2०.१४; 22; 22.३; १६; १९

य. ३.४

उप त्वाग्ने हविषमतीर्घृताचीर्यन्तु हर्यत। जुषस्व समिधो मम ।।४।।

य. १2.११७

अग्निः प्रियेषु धामसु कामो भूतस्य भव्यस्य। सम्राडेको विराजति ।।११७।।

य. 2०.१४

यद्देवा देवहेडनं देवासश्चकृमा वयम्। अग्निर्मा तस्मादेनसो विश्वान्मुंचत्वंहसः ।।१४।।

य. 2०.22

अपो ऽ अद्यान्वचारिषं रसेन समसृक्ष्महि ।
पयस्वानग्नऽआगमं तं मा सं सृज वर्चसा प्रजया च धनेन च ।।22।।

य. 22.३

अभिधा ऽ असि भुवनमसि यन्तासि धर्त्ता। स त्वमग्निं वैश्वानरं सप्रथसं गच्छ स्वाहाकृतः ।।३।।

य. 22.१६

स हव्यवाडमर्त्य ऽ उशिग्दूतश्चनोहितः। अग्निर्धिया समृण्वति ।।१६।।

य. 22.१९

विभूर्मात्रा प्रभूः पित्राश्वेऽसि हयोऽस्यत्योऽसि मयोऽस्यर्वासि सप्तिरसि वाज्यसि वृषासि
नृम्णाऽअसि। युयुर्नामासि शिशुर्नामास्यादित्यानां पत्वान्विहि देवाऽआशापाला ऽ एतं देवेभ्योऽश्वं
मेधाय प्रोक्षितं रन्तिरिह रमतामिह धृतिरिह स्वधृतिः स्वाहा ।।१९।।

६३. प्रजापतिर् वैश्वामित्रो वाच्यो वा – ऋ. ३.५५.2–१०

मो षू णो अत्र जुहुरन्त देवा मा पूर्वे अग्ने पितरः पदज्ञाः ।
पुराण्योः सद्यनोः केतुरन्तर्महद्देवानामसुरत्वमेकम् ।।2।।
वि मे पुरुत्रा पतयन्ति कामाः शम्यच्छा दीद्ये पूर्व्याणि ।
समिद्धे अग्नावृतमिद्वदेम महद्देवानामसुरत्वमेकम् ।।३।।
समानो राजा विभृतः पुरुत्रा शये शयासु प्रयुतो वनानुः ।
अन्या वत्सं भरति क्षेति माता महद्देवानामसुरत्वमेकम् ।।४।।
आक्षित्पूर्वास्वपरा अनूरुत्सद्यो जातासु तरुणीष्वन्तः ।
अन्तर्वतीः सुवते अप्रवीता महदेवानामसुरत्वमेकम् ।।५।।
शयुः परस्तादध नु द्विमाताबन्धनश्चरति वत्स एकः ।
मित्रस्य ता वरुणस्य व्रतानि महद्देवानामसुरत्वमेकम् ।।६।।
द्विमाता होता विदथेषु सम्राळन्वग्रं चरति क्षेति बुध्नः ।
प्र रण्यानि रण्यवाचो भरन्ते महद्देवानामसुरत्वमेकम् ।।७।।
शूरस्येव युध्यतो अन्तमस्य प्रतीचीनं ददृशे विश्वमायत् ।
अन्तर्मतिश्चरति निष्षिधं गोर्महद्देवानामसुरत्वमेकम् ।।८।।

नि वेवेति पलितो दूत आस्वन्तर्महांश्चरति रोचनेन ।
वपूंषि बिभ्रदभि नो वि चष्टे महद्देवानामसुरत्वमेकम् ।।९।।
विष्णुर्गोपाः परमं पाति पाथः प्रिया धामान्यमृता दधानः।
अग्निष्टा विश्वा भुवनानि वेद महद्देवानामसुरत्वमेकम् ।।१०।।

६४. प्रतिवेदनः – अ. 2.३६.१

आ नो अग्ने सुमतिं संभलो गमेदिमां कुमारीं सह नो भगेन ।
जुष्टा वरेषु समनेषु वल्गुरोषं पत्या सौभगमस्त्वस्यै ।।१।।

६५. प्रयस्वन्त आत्रेयाः – ऋ. ५.20.१–४

यमग्ने वाजसातम त्वं चिन्मन्यसे रयिम्। तं नो गीर्भिः श्रवाय्यं देवत्रा पनया युजम् ।।१।।
ये अग्ने नेरयन्ति ते वृद्धा उग्रस्य शवसः। उप द्वेषो अप ह्वरोऽन्यव्रतस्य सश्चिरे ।।2।।
होतारं त्वा वृणीमहेऽग्ने दक्षस्य साधनम्। यज्ञेषु पूर्व्यं गिरा प्रयस्वन्तो हवामहे ।।३।।
इत्था यथा त ऊतये सहसावन् दिवेदिवे ।
राय ऋताय सक्रता गाभिः ष्याम सध्मादा वीरः स्याम सधमादः ।।४।।

६६. प्रयोगो भार्गवः – सा. १३; १८; १९; 2१; १०७; ११०; ६४६–६४८

सा. १३

उप त्वा जामयो गिरो देदिशतीर्हविष्कृतः। वायोरनीके अस्थिरन् ।।३।।

सा. १८–१९

और्वभृगुवच्छुचिमप्नवानवदा हुवे। अग्निं समुद्रवाससम् ।।८।।
अग्निमिन्धानो मनसा धियं सचेत मर्त्यः। अग्निमिन्धे विवस्वभिः ।।९।।

सा. 2१

अग्निं वो वृधन्तमध्वराणां पुरूतमम्। अच्छा नप्ने सहस्वते ।।१।।

सा. १०७

प्र मंहिष्ठाय गायत ऋताव्ने बृहते शुक्रशोचिषे। उपस्तुतासो अग्नये ।।१।।

सा. ११०

मा नो हृणीथा अतिथिं वसुरग्निः पुरुप्रशस्त एषः। यः सुहोता स्वध्वरः ।।४।।

सा. ६४६–६४८

अग्निं वो वृधन्तमध्वराणां पुंरूतमम्। अच्छा नप्ने सहस्वते ।।१।।
अयं यथा न आभुवत्त्वष्टा रूपेव तक्ष्या। अस्य क्रत्वा यशस्वतः ।।2।।
अयं विश्वा अभि श्रियोऽग्निर्देवेषु पत्यते। आ वाजैरुप नो गमत् ।।३।।

६७. प्रयोगो भार्गवः पावकोऽग्निर् बार्हस्पत्यो वा गृहपतियविष्ठौ सहसः पुत्रो वा अन्यतरो वा – ऋ. ८.१०2.१–22; सा. १५७०–१५७2

ऋ. ८.१०2.१–22

त्वमग्ने बृहद्वयो दधासि देव दाशुषे। कविगृहपतिर्युवा ।।१।।
स न ईळानया सह देवाँ अग्ने दुवस्युवा। चिकिद्विभानवा वह ।।2।।
त्वया ह स्विद्युजा वयं चोदिष्ठेन यविष्ठ्य। अभि ष्मो वाजसातये ।।३।।
और्वभृगुवच्छुचिमप्नवानवदा हुवे। अग्नि समुद्रवाससम् ।।४।।
हुवे वातस्वनं कविं पर्जन्यक्रन्द्यं सहः। अग्नि समुद्रवासमम् ।।५।।
आ सवं सवितुर्यथा भगस्येव भुजिं हुवे। अग्नि समुद्रवाससम् ।।६।।
अग्नि वो वृधन्तमध्वराणां पुरूतमम्। अच्छा नप्त्रे सहस्वते ।।७।।
अयं यथा न आभुवत्त्वष्टा रूपेव तक्ष्या। अस्य क्रत्वा यशस्वतः ।।८।।
अयं विश्वा अभि श्रियोऽग्निर्देवेषु पत्यते। आ वाजैरुप नो गमत् ।।९।।
विश्वेषामिह स्तुहि होतृणां यशस्तमम्। अग्नि यज्ञेषु पूर्व्यम् ।।१०।।
शीरं पावकशोचिषं ज्येष्ठो यो दमेष्वा। दीदाय दीर्घश्रुत्तमः ।।११।।

तमर्वन्तं न सानिसिं गृणीहि विप्र शुष्मिणम्। मित्रं न यातयज्जनम् ।।१2।।
उप त्वा जामयो गिरो देदिशतीर्हविष्कृतः। वायोरनीके अस्थिन् ।।१३।।
यस्य त्रिधात्ववृतं बर्हिस्तस्थावसंदिनम्। आपश्चिन्नि दधा पदम् ।।१४।।
पदं देवस्य मीळहुषोऽनाधृष्टाभिरूतिभिः। भद्रा सूर्य इवोपदृक् ।।१५।।
अग्ने घृतस्य धीतिभिस्तेपानो देव शोचिषा। आ देवान्वक्षि यक्षि च ।।१६।।
तं त्वाजनन्त मातरः कविं देवासो अंगिरः। हव्यवाहममर्त्यम् ।।१७।।
प्रचेतसं त्वा कवेऽग्ने दूतं वरेण्यम्। हव्यवाहं नि षेदिरे ।।१८।।
नहि मे अस्त्यघ्न्या न स्वधितिर्वनन्वति। अथैतादृग्भरामि ते ।।१९।।
यदग्ने कानि कानि चिदा ते दारूणि दध्मसि। ता जुषस्व यविष्ठ्य ।।2०।।
यदत्त्युपजिह्विका यद्वम्रो अतिसर्पति। सर्वं तदस्तु ते घृतम् ।।2१।।
अग्निमिन्धानो मनसा धियं सचेत मर्त्यः।अग्निमीधे विवस्वभिः ।।22।।

सा. १५७०–१५७2

उपत्वा जामयो गिरो देदिशतीर्हविष्कृतः। वायोनरीके अस्थिरन् ।।१।।
यस्य त्रिधातववृतं बर्हिस्तस्थावसन्दिनम्। आपश्चिन्नि दधा पदम् ।।2।।
पदं देवस्य मीढुषोऽनाधृष्आभिरूतिभिः। भद्रा सूर्य इवोपदृक् ।।३।।

९८. प्रस्कण्वः – य. ११.३७; ३३.१५

य. ११.३७

संसीदस्व महाँ2ऽअसि शोचस्व देववीतमः ।
वि धूममग्नेऽअरुषं मियेध्य सृज प्रशस्त दर्शतम् ।।३७।।

य. ३३.१५

श्रुधि श्रुत्कर्ण वह्निभिर्देवैरग्ने सयावभिः ।
आ सीदन्तु बर्हिषि मित्रोऽ अर्य्यमा प्रातर्यावाणोऽध्वरम् ।।१५।।

९९. प्रस्कण्वः काण्वः – ऋ. १.४४.१–१४; सा. ३१; ४०; ५०; ६६; १७८०–१७८१

ऋ. १.४४.१–१४

अग्ने विवस्वदुषसश्चित्रं राधो अमर्त्य ।
आदाशुषे जातवेदो वहा त्वमद्या देवाँ उषर्बुधः ।।१।।
जुष्टो हि दूतो असि हव्यवाहनोऽग्ने रथीरध्वराणाम् ।
सजूरश्विभ्यामुषसा सुवीर्यमस्मे धेहि श्रवो बृहत् ।।2।।
अद्या दूतं वृणीमहे वसुमग्निं पुरुप्रियम् ।
धूमकेतुं भाऋजीकं व्युष्टिषु यज्ञानामध्वरश्रियम् ।।३।।
श्रेष्टं यविष्ठमतिथिं स्वाहुतं जुष्टं जनाय दाशुषे ।
देवाँ अच्छा यातवे जातवेदसमग्निमीळे व्युष्टिषु ।।४।।
स्तविष्यामि त्वामहं विश्वस्यामृत भोजन ।
अग्ने त्रातारममृतं मियेध्य यजिष्ठं हव्यवाहन ।।५।।
सुशंसो बोधि गृणते यविष्ठ्य मधुजिह्वः स्वाहुतः ।
प्रस्कण्वस्य प्रतिरन्नायुर्जीवसे नमस्या दैव्यं जनम् ।।६।।
होतारं विश्ववेदसं सं हि त्वा विश इन्धते ।
स आ वह पुरुहूत प्रचेतसोऽग्ने देवाँ इह द्रवत् ।।७।।
सवितारमुषसमिश्विना भगमग्निं व्युष्टिषु क्षपः ।
कण्वासस्त्वा सुतसोमास इन्धते हव्यवाहं स्वध्वर ।।८।।
पतिर्ह्यध्वराणामग्ने दूतो विशामसि ।
उषर्बुध आ वह सोमपीतये देवाँ अद्य स्वर्दृशः ।।९।।
अग्ने पूर्वा अनूषसो विभावसो दीदेथ विश्वदर्शतः ।

Vedic Concordance of Mantras as per Devatā and Ṛṣi 99

असि ग्रामेष्ववितां पुरोहितोऽसि यज्ञेषु मानुषः ।।१०।।
नि त्वा यज्ञस्य साधनमग्ने होतारमृत्विजम् ।
मनुष्वद्देव धीमहि प्रचेतसं जीरं दूतममर्त्यम् ।।११।।
यद्देवानां मित्रमहः पुरोहितोऽनतरो यासि दूत्यम् ।
सिन्धोरिव प्रस्वनितास ऊर्मयोऽग्नेर्भ्राजन्ते अर्चयः ।।१2।।
श्रुधि श्रुत्कर्ण वह्निभिर्देवैरग्ने सयावभिः ।
आ सीदन्तु बर्हिषि मित्रो अर्यमा प्रातर्यावाणो अध्वरम् ।।१३।।
शृण्वन्तु स्तोमं मरुतः सुदानवोऽग्निजिह्वा ऋतावृधः ।
पिबतु सोमं वरुणो धृतव्रतोऽश्विभ्यामुषसा सजूः ।।१४।।

सा. ३१–४०

उदु त्यं जातवेदसं देवं वहन्ति केतवः। दृशे विश्वाय सूर्यम् ।।११।।
अग्ने विवस्वदुषसश्चित्रं अमर्त्य। आ दाशुषे जातवेदो वहा त्वमद्या देवाँ उषर्बुधः ।।६।।
श्रुधि श्रुत्कर्ण वह्निभिर्देवैरग्ने सयावदभिः। आ सीदतु बर्हिषि मित्रो अर्यमा प्रातर्याविभिरध्वरे।।६।।
त्वमग्ने वसूं रिह रुद्राँ आदित्याँ उत। यजा स्वध्वरं जनं मनुजातं घृतप्रुषम् ।।६।।
अग्ने विवस्वदुषसश्चित्रं राधो अमर्त्य। आ दाशुषे जातवेदो वहा त्वमद्या देवाँ उषर्बुधः ।।१।।
जुष्टो हि दूतो असि हव्यवाहनोऽग्ने रथीरध्वराणाम् ।
सजूरश्विभ्यामुषसा सुवीर्यमस्मे धेहि श्रवो बृहत् ।।2।।

१००. बन्धुः सुबन्धुः श्रुतबन्धुर् विप्रबन्धुश्च गौपायनाः – ऋ. ५.2४.१–४

अग्ने त्वं नो अन्तम उत त्राता शिवो भवा वरूथ्यः ।।१।।
वसुरग्निर्वसुश्रवा अच्छा नक्षि द्युमत्तमं रयिं दाः ।।१।।2।।
स नो बोधि श्रुधी हवमुरुष्या णो अघायतः समस्मात् ।।३।।
तं त्वा शोचिष्ठ दीदिवः सुम्नाय नूनमीमहे सखिभ्यः ।।2।।४।।

१०१. बन्धुः सुबन्धुः श्रुतबन्धुः विप्रबन्धुश्च क्रमेण गौपायना लौपायना वा (साग्री. सास्वा.) बन्धुः सुबन्धुः श्रुतबन्धुः विप्रबन्धुश्च गौपायना (ऋसर्व.) वर्द्धगु गौपायनः (सार्षेदी.) – सा. ४४८

अग्ने त्वं ना अन्तम उत त्राता शिवो भुवो वरूथ्यः ।।2।।

१०2. बन्धुः सुबन्धुः श्रुतबन्धुः विप्रबन्धुः क्रमेण गौपायना लौपायना वा – सा. ११०७–११०९

अग्ने त्वं नो अन्तम उत त्राता शिवो भवा वरूथ्यः ।।१।।
वसुरग्निर्वसुश्रवा अच्छा नक्षि द्युमत्तमो रयिं दाः ।।2।।
तं त्वा शोचिष्ठ दीदिवः सुम्नाय नूनमीमहे सखिभ्यः ।।३।।

१०३. बुधगविष्ठिरौ आत्रेयौ – ऋ. ५.१.१–१2; सा. ७३; १७४६–१७४८

ऋ. ५.१.१–१2

अबोध्यग्निः समिधा जनानां प्रति धेनुभिवायतीमुषासम् ।
यह्वा इव प्र वयामुज्जिहानाः प्र भानवः सिस्रते नाकमच्छ ।।१।।
अबोधि होता यजथाय देवानूर्ध्वो अग्निः सुमनाः प्रातरस्थात् ।
समिद्धस्य रुशददर्शि पाजो महान्देवस्तमसो निरमोचि ।।2।।
यदीं गणस्य रशनामजीगः शुचिरङ्क्ते शुचिभिर्गोभिरग्निः ।
आद्दक्षिणा युजयते वाजयन्त्युत्तानामूर्ध्वो अधयज्जुहूभिः ।।३।।
अग्निमच्छा देवयतां मनांसि चक्षूंषीव सूर्ये सं चरन्ति ।
यदीं सुवाते उषसा विरूपे श्वेतो वाजी जायते अग्रे अह्नाम् ।।४।।
जनिष्ट हि जेन्यो अग्रे अह्नां हितो हितेष्वरुषो वनेषु ।

दमेदमे सप्त रत्ना दधानोऽग्निर्होता नि षसादा यजीयान् ।।५।।
अग्निर्होता न्यसीदद्यजीयानुपस्थे मातुः सुरभा उ लोके ।
युवा कविः पुरुनिष्ठ ऋतावा धर्ता कृष्टीनामुत मध्य इद्धः ।।६।।
प्र णु त्यं विप्रमध्वरेषु साधुमग्निं होतारमीळते नमोभिः ।
आ यस्ततान् रोदसी ऋतेन नित्यं मृजन्ति वाजिनं घृतेन ।।७।।
मार्जाल्यो मृज्यते स्वे दमूनाः कविप्रशस्तो अतिथिः शिवो नः ।
सहस्रशृंगो वृषभस्तदोजा विश्वाँ अग्ने सहसा प्रस्यन्यान् ।।८।।
प्र सद्यो अग्ने अत्येष्यन्यानाविर्यस्मै चारुतमो बभूथ ।
ईळेन्यो वपुष्यो विभावा प्रियो विशामतिथिर्मानुषीणाम् ।।९।।
तुभ्यं क्षितयो यविष्ठ बिलिमग्ने अन्तित ओत दूरात् ।
आ भन्दिष्ठस्य सुमतिं चकिद्धि बृहत्ते अग्ने महि शर्म भद्रम् ।।१०।।
आद्य रथं भानुमो भानुमन्तमग्ने तिष्ठ यजतेभिः समन्तम् ।
विद्वान्पथीनामुर्व१न्तरिक्षमेह देवान्हविरद्याय वक्षि ।।११।।
अवोचाम कवये मेध्याय वचो वन्दारु वृषभाय वृष्णे ।
गविष्ठिरो नमसा स्तोममग्नौ दिवीव रुक्ममुरुव्यंचमश्रेत् ।।१२।।

सा. ७३

अबोध्यग्निः समिधा जनानां प्रति धेनुमिवायतीमुषासम् ।
यह्वा इव प्र वयामुज्जिहानाः प्र भानवः सिस्रते नाकमच्छ ।।१।।

सा. १७४६–१७४८

अबोध्यग्निः समिधा जनानां प्रति धेनुमिवायती मुषासम् ।
यह्वा इव प्र वयामुज्जिहानाः प्र भानवः सस्रते नाकमच्छ ।।१।।
अबोधि होता यजथाय देवनूर्ध्वो अग्निः सुमनाः प्रातरस्थात् ।
समिद्धस्य रुशददर्शि पाजो महान् देवस्तमसो निरमोचि ।।2।।
यदीं गणस्य रशनामजीगः शुचिरङ्क्ते शुचिभिर्गोभिरग्निः ।
आद्दक्षिणा युज्यते वाजयंत्युत्तानामूर्ध्वो अधयज्जुहूभिः ।।३।।

१०४. बृहदुक्थो वामदेव्यः – सा. ६५; य. 2९.१–५; ११

सा. ६५

इदं त एकं पर ऊ त एकं तृतीयेन ज्योतिषा सं विशस्व।
संवेशनस्तन्वे ३चारुरेधि प्रियो देवानां परमे जनित्रे ।।३।।

य. 2९.१–५

समिद्धोऽअंजन् कृदरं मतीनां घृतमग्ने मधुमत् पिन्वमानः ।
वाजी वहन्वाजिनं जातवेदो देवानां वक्षि प्रियमा सधस्थम् ।।१।।
घृतेनांजन्त्सं पथो देवयानान् प्रजा नन्वाज्यप्येतु देवान् ।
अनु त्वा सप्ते प्रदिशः सचन्तां स्वधामस्मै यजमानाय धेहि ।।2।।
ईड्यश्चासि वन्द्यश्च वाजिन्नाशुश्चासि मेध्यश्च सप्ते ।
अग्निष्ट्वा देवैर्वसुभिः सजोषाः प्रीतं वह्निं वहतु जातवेदाः ।।३।।
स्तीर्णं बर्हिः सुष्टरीमा जुषाणोरु पृथु प्रथमानं पृथिव्याम् ।
देवेभिर्युक्तमदितिः सजोषाः स्योनं कृण्वाना सुविते दधातु ।।४।।
एताऽउ वः सुभगा विश्व रूपा वि पक्षोभिः श्रयमाणाऽउदातैः ।
ऋष्वाः सतीः कवषः शुम्भमाना द्वारो देवीः सुप्रायणा भवन्तु ।।५।।

य. 2९.११

प्रजापतेस्तपसा वावृधानः सद्यो जातो दधिषे यज्ञमग्ने ।
स्वाहाकृतेन हविषा पुरोगा याहि साध्या हविरदन्तु देवाः ।।११।।

१०५. ब्रह्म – अ. 2.१६.४; ४.३३.१–८; ५.2६.१; ५.2७.१–१2; ६.७१.१–2; १३.१.2८.३०; १६

५६.१–३; १६.६४.१–४

अ. 2.१६.४

अग्ने वैश्वानर विश्वैर्मा देवैः पाहि स्वाहा ।।४।।

अ. ४.३३.१–८

अप नः शोशुचदघमग्ने शुशुग्ध्या रयिम्। अपः नः शोशुचदघम् ।।१।।
सुक्षेत्रिया सुगातुया वसूया च यजामहे। अप नः शेशुचदघम् ।।2।।
प्र यद् भन्दिष्ठ एषां प्रास्माकासश्च सूरयः। अप नः शेशुचदघम् ।।३।।
प्र यत् ते अग्ने सूरयो जायेमहि प्र ते वयम्। अप नः शोशुचदघम्।।४।।
प्र यदग्नेः सहस्वतो विश्वतो यन्ति भानवः। अप नः शेशुचदघम् ।।५।।
त्वं हि विश्वतोमुख विश्वतः परिभूरसि। अप नः शेशुचदघम् ।।६।।
द्विषो नो विश्वतोमुखाति नावेव पारय। अपः नः शेशुचदघम् ।।७।।
स नः सिन्धुमिव नावाति पर्षा स्वस्तये। अप नः शेशुचदघम् ।।८।।

अ. ५.2६.१

यजूंषि यज्ञे समिधः स्वाहाग्निः प्रविद्वानिह वो युनक्तु ।।१।।

अ. ५.2७.१–१2

ऊर्ध्वा अस्य समिधो भवन्त्यूर्ध्वा शुक्रा शोचीष्यग्नेः ।
द्युमत्तमा सुप्रतीकः ससूनुस्तनूनपादसुरो भूरिपाणिः ।।१।।
देवो देवेषु देवः पथो अनक्ति मध्वा घृतेन ।।2।।
मध्वा यज्ञं नक्षति प्रैणानो नराशंसो अग्निः सुकृद् देवः सविता विश्ववारः ।।३।।
अच्छायमेति शवसा घृता चिदीडानो वह्निर्नमसा ।।४।।
अग्निः स्रुचो अध्वरेषु प्रयक्षु न यक्षदस्य महिमानमग्नेः ।।५।।
तरी मन्द्रासु प्रयक्षु वसवश्चातिष्ठन् वसुधातरश्च ।।६।।
द्वारो देवीरन्वस्य विश्वे व्रतं रक्षन्ति विश्वहा ।।७।।
उरुव्यचसाग्नेर्धाम्ना पत्यमाने ।
आ सुष्वयन्ती यजते उपाके उषासानक्तेमं यज्ञमवतामध्वरं नः ।।८।।
दैवा होतार ऊर्ध्वमध्वरं नोऽग्नेर्जिह्वयाभि गृणत गृणता नः स्विष्टये ।
तिस्रो देवीर्बर्हिरेदं सदन्तामिडा सरस्वती मही भारती गृणाना ।।९।।
तन्नस्तुरीपमद्भुतं पुरुक्षु। देव त्वष्टा रायस्पोषं वि ष्य नाभिमस्य ।।१०।।
वनस्पतेऽव सृजा रराणः। त्मना देवेभ्यो अग्निर्हव्यं शमिता स्वदयतु ।।११।।
अग्ने स्वाहा कृणुहि जातवेदः। इन्द्राय यज्ञं विश्वे देवा हविरिदं जुषन्ताम् ।।१2।।

अ. ६.७१.१–2

यदन्नमद्मि बहुधा विरूपं हिरण्यमश्वमुत गामजामविम् ।
यदेव किं च प्रतिजग्रहाहमग्निष्टद्धोता सुहुतं कृणोतु ।।१।।
यन्मा हुतमहुतमाजगाम दत्तं पितृभिरनुमतं मनुष्यैः ।
यस्मान्मे मन उदिव रारजीत्यग्निष्टद्धोता सुहुतं कृणोतु ।।2।।

अ. १३.१.2८–३०

समिद्धो अग्निः समिधानो घृतवृद्धो घृताहुतः ।
अभीषाड् विश्वाषाडग्निः सपत्नान् हन्तु ये मम ।।2८।।
हन्त्वेनान् प्र दहत्वरिर्यो नः पृतन्यति ।
क्रव्यादाग्निना वयं सपत्नान् प्र दहामहसि ।।2९।।
अवाचीनानव जहीन्द्र वज्रेण बाहुमान् ।
अधा सपत्नान् मामकानग्नेस्तेजोऽभिरादिषि ।।३०।।

अ. १९.५९.१–३

त्वमग्ने व्रतपा असि देव आ मर्त्येष्वा। त्वं यज्ञेष्वीड्यः ।।१।।

यद् वो वयं प्रमिनाम व्रतानि विदुषां देवा अविदुष्टरासः ।
अग्निष्टद् विश्वादा पृणातु विद्वान्त्सोमस्य यो ब्राह्मणाँ आविवेश ।।2।।
आ देवानामपि पन्थामगन्म यच्छक्नवाम तदनुप्रवोढुम् ।
अग्निर्विद्वान्त्स यजात् स इद्धोता सोऽध्वरान्त्स ऋतून् कल्पयाति ।।३।।

अ. १६.६४.१–४

अग्ने समिधमाहार्षं बृहते जातवेदसे। स मे श्रद्धां च मेधां च जातवेदाः प्र यच्छतु ।।१।।
इध्मेन त्वा जातवेदः समिधा वर्धयामसि। तथा त्वमस्मान् वर्धय प्रजया च धनेन च ।।2।।
यदग्ने यानि कानि चिदा ते दारूणि दध्मसि। सर्वं तदस्तु मे शिवं तज्जुषस्व यविष्ठ्य ।।३।।
एतास्ते अग्ने समिधस्त्वमिद्धः समिद् भव। आयुरस्मासु धेह्यमृतत्वमाचार्याय ।।४।।

१०६. भरद्वाजः – अ. 2.१2.८; य. ३.३; १३; ११.३2–३४; १३.३६;१७.१०; १६; १८.७४; 2६. १३; ३३.६

अ. 2.१2.८

आ दधामि ते पदं समिद्धे जातवेदसि। अग्निः शरीरं वेवेष्ट्वसुं वागपि गच्छतु ।।८।।

य. ३.३

तं त्वा समिद्भिरंगिरो घृतेन वर्द्धयामसि। बृहच्छोचा यविष्ठ्य ।।३।।

य. ३.१३

उभा वामिन्द्राग्नीऽआहुवध्याऽउभा राधसः सह मादयध्यै ।
उभा दाताराविषां रयीणामुभा वाजस्य सातये हुवे वाम् ।।१३।।

य. ११.३2–३४

पुरीष्योऽसि विश्वभराऽअथर्वा त्वा प्रथमो निरमन्थदग्ने ।
त्वामग्ने पुष्करादध्यथर्वा निरमन्थत। मूर्ध्नो विश्वस्य वाघतः ।।३2।।
तमु त्वा दध्यङ्ङृषिः पुत्र ईधेऽअथर्वणः। वृत्रहणं पुरन्दरम् ।।३३।।
तमु त्वा पाथ्यो वृषा समीधे दस्युहन्तमम्। धनंजयं रणेरणे ।।३४।।

य. १३.३६

अग्ने युक्ष्वा हि ये तवाश्वासो देव साधवः। अरं वहन्ति मन्यवे ।।३६।।

य. १७.१०

पावकया यश्चितयन्त्या कृपा क्षामन् रुरुचऽउषसो न भानुना ।
तूर्वन्न यामन्ने तशस्य नू रणऽआ यो घृणे न ततृषाणोऽअजरः ।।१०।।

य. १७.१६

अग्निस्तिग्मेन शोचिषा यासद्विश्वं न्यत्रिणम्। अग्निर्नो वनते रयिम् ।।१६।।

य. १८.७४

अश्याम तं काममग्ने तवोतीऽअश्याम रयिं रयिवः सुवीरम् ।
अश्याम वाजमभि वाजयन्तोऽश्याम द्युम्नमजराजरं ते ।।७४।।

य. 2६.१३

एह्यू षु ब्रवाणि तेऽग्नऽइत्थेतरा गिरः। एभिर्वर्द्धासऽइन्दुभिः ।।१३।।

य. ३३.६

अग्निर्वृत्राणि जंघनद्द्रविणस्युर्विपन्यया। समिद्धः शुक्रऽआहुतः ।।६।।

१०७. भरद्वाजो बार्हस्पत्यः – ऋ. ६.१.१–१३; ६.2.१–११; ६.३.१–८; ६.४.१–८; ६.५.१–७; ६.६.१–७; ६.१०.१–७; ६. ११.१–६; ६.१2.१–६; ६.१३.१–६; ६.१४.१–६; १६.१–४८; सा. १; 2; ४; ७; ९; 22; 2५; ६७; ६८; ८३; ८४; ६६०–६६2; ७०५–७०७; १३८३–१३८५; १३६६–१३६८; १४७४–१४७६; १७०५–१७०७

ऋ. ६.१.१–१३

त्वं ह्यग्ने प्रथमो मनोतास्या धियो अभवो दस्म होता ।
त्वं सीं वृषन्नकृणोर्दुष्टरीतु सहो विश्वस्मै सहसे सहध्यै ।।१।।

अधा होता न्यसीदो यजीयानिळस्पद इषयन्नीड्यः सन् ।
तं त्वा नरः प्रथमं देवयन्तो महो राये चितयन्तो अनु ग्मन् ।।2।।
वृतेव यन्तं बहुभिर्वसव्यै३ स्त्वे रयिं जागृवांसो अनु ग्मन् ।
रुशन्तमग्निं दर्शतं बृहन्तं वपावन्तं विश्वहा दीदिवांसम् ।।३।।
पदं देवस्य नमसा व्यन्तः श्रवस्यवः श्रव आपन्नमृक्तम् ।
नामानि चिद्दधिरे यज्ञियानि भद्रायां ते रणयन्त संदृष्टौ ।।४।।
त्वां वर्धन्ति क्षितयः पृथिव्यां त्वां राय उभयासो जनानाम् ।
त्वं त्राता तरणे चेत्यो भूः पिता माता सदमिन्मानुषाणाम् ।।५।।
सपर्येण्यः स प्रियो विक्ष्व१ ग्नि र्होता मन्द्रो नि षसादा यजीयान् ।
तं त्वा वयं दम आ दीदिवांसमुप ज्ञुबाधो नमसा सदेम ।।६।।
तं त्वा वयं सुध्यो३ नव्यमग्ने सुम्नायव ईमहे देवयन्तः ।
त्वं विशो अनयो दीद्यानो दिवो अग्ने बृहता रोचनेन ।।७।।
विशां कविं विश्पतिं शश्वतीनां नितोशनं वृषभं चर्षणीनाम् ।
प्रेतीषणिमिषयन्तं पावकं राजन्तमग्निं वृषभं चर्षणीनाम् ।
प्रेतीषणिमिषयन्तं पावकं राजन्तमग्निं यजतं रयीणाम् ।।८।।
सो अग्न ईजे शशमे च मर्तो यस्त आनट् समिधा हव्यदातिम् ।
य आहुतिं परि वेदा नमोभिर्विश्वेत्स वामा दधते त्वोतः ।।६।।
अस्मा उ ते महि महे विधेम नमोभिरग्ने समिधोत हव्यैः ।
वेदी सूनो सहसो गीर्भिरुक्थैरा ते भद्राया सुमतौ यतेम ।।१०।।
आ यस्ततन्थ रोदसी वि भासा श्रवोभिश्च श्रवस्य१स्तरुत्रः ।
बृहद्भिर्वाजैः स्थविरेभिरस्मे रेवद्भिरग्ने वितरं वि भाहि ।।११।।
नृवद्वसो सदमिद्धेह्यस्मे भूरि तोकाय तनयाय पश्वः ।
पूर्वीरिषो बृहतीरारे अघा अस्मे भद्रा सौश्रवसानि सन्तु ।।१2।।
पुरूण्यग्ने पुरुधा त्वाया वसूनि राजन्वसुता ते अश्याम् ।
पुरूणि हि त्वे पुरुवार सन्त्यग्ने वसु विधते राजनि त्वे ।।१३।।

ऋ. ६.2.१–११

त्वं हि क्षैतवद्यशोऽग्ने मित्रो न पत्यसे। त्वं विचर्षणे श्रवो वसो पुष्टिं न पुष्यसि ।।१।।
त्वां हि ष्मा चर्षणयो यज्ञेभिर्गीर्भिरीळते। त्वां वाजी यात्यवृको रजस्तूर्विश्वचर्षणिः ।।2।।
सजोषस्त्वा दिवो नरो यज्ञस्य केतुमिन्धते। यद्ध स्य मानुषो जनः सुम्नायुर्जुह्वे अध्वरे ।।३।।
ऋधद्यस्ते सुदानवे धिया मर्तः शशमते। ऊती ष बृहतो दिवो द्विषो अंहो न तरति ।।४।।
समिधा यस्त आहुतिं निशितिं मर्त्यो नशत्। वयावन्तं स पुष्यति क्षयमग्ने शतायुषम् ।।५।।
त्वेषस्ते धूम ऋण्वति दिवि षंछुक्र आततः। सूरो न हि द्युता त्वं कृपा पावक रोचसे ।।६।।
अधा हि विक्ष्वीड्योऽसि प्रियो नो अतिथिः। रण्वः पुरीव जूर्यः सूनुर्न त्रययाय्यः ।।७।।
क्रत्वा हि द्रोणे अजयसेऽग्ने वाजी न कृत्व्यः। परिज्मेव स्वधा गयोऽत्यो न ह्वार्यः शिशुः।।८।।
त्वं त्या चिदच्युताग्ने पशुर्न यवसे। धामा ह यत्ते अजर वना वृश्चन्ति शिक्वसः ।।६।।
वेषि ह्यध्वरीयतामग्ने होता दमे विशाम्। समृधो विश्पते कृणु जुषस्व हव्यमंगिरः ।।१०।।
अच्छा नो मित्रमहो देव देवानग्ने वोचः सुमतिं रोदस्योः ।
वीहि स्वस्तिं सुक्षितिं दिवो नृन्द्विषो अंहांसि दुरिता तरेम ता तरेम तवावसा तरेम ।।११।।

ऋ. ६.३.१–८

अग्ने स क्षेषदृतपा ऋतेजा उरु ज्योतिर्नशते देवयुष्टे ।
यं त्वं मित्रेण वरुणः सजोषा देव पासि त्यजसा मर्तमंहः ।।१।।
ईजे यज्ञेभिः शशमे शमीभिर्ऋधद्वारायाग्नये ददाश ।
एवा चन तंयशसामजुष्टिर्नांहो मर्तं नशते न प्रदृप्तिः ।।2।।
सूरो न यस्य दृशतिर रेपा भीमा यदेति शुचतस्त आ धीः ।

हेषस्वतः शुरुधो नायमक्तोः कुत्रा चिद्रण्वो वसतिर्वनेजाः ।।३।।
तिग्मं चिदेम महि वर्पो अस्य भसदश्वो न यसमान आसा ।
विजेहमानः परशुर्न जिह्वा द्रविर्न द्रावयति दारु धक्षत् ।।४।।
स इदस्तेव प्रति धादसिष्याच्छिशीत तेजोऽयसो न धाराम् ।
चित्रध्रजतिररतिर्यो अक्तोर्वेर्न द्रुषद्वा रघुपत्मजंहाः ।।५।।
स ईं रेभो न प्रति वस्त उस्राः शोचिषा रारपीति मित्रमहाः ।
नक्तं य ईमरुषो यो दिवा नृनमर्त्यो अरुषो यो दिवा नृन् ।।६।।
दिवो न यस्य विधतो नवीनोद्वृषा रुक्ष ओषधीषु नूनोत् ।
घृणा न यो ध्रजसा पत्मना यन्ना रोदसी वसुना दं सुपत्नी ।।७।।
धायोभिर्वा यो युजयेभिरर्कैर्विद्युन्न दविद्योत्स्वेभिः शुष्मैः ।
शर्धो वा यो मरुतां ततक्ष ऋभुर्न त्वेषो रभसानो अद्यौत् ।।८।।

ऋ. ६.४.१–८

यथा होतर्मनुषो देवताता यज्ञेभिः सूनो सहसो यजासि ।
एवा नो अद्य समना समानानुशन्नग्न उशतो यक्षि देवान् ।।१।।
स नो विभावा चक्षणिर्न वस्तोरग्निर्वन्दारु वेद्यश्चनो धात् ।
विश्वायुर्यो अमृतो मर्त्येषूषर्भुदभूदतिथिर्जातवेदाः ।।2।।
द्यावो न यस्य पनयन्त्यभ्वं भासांसि वस्ते सूर्यो न शुक्रः ।
वि य इनोत्यजरः पावकोऽश्नस्य चिच्छिश्नथत्पूर्व्याणि ।।३।।
वद्या हि सूनो अस्यद्यसद्वा चक्रे अग्निर्जनुषाज्मान्नम् ।
स त्वं न ऊर्जसन ऊर्जं धा राजेव जेरवृके क्षेष्यन्तः ।।४।।
नितिक्ति यो वारणमन्नमत्ति वायुर्न राष्ट्र्यत्येत्यक्तून् ।
तुर्याम यस्त आदिशामरातीरत्यो न ह्रुतः पततः परिह्रुत् ।।५।।
आ सूर्यो न भानुमद्भिरर्कैरग्ने ततन्थ रोदसी वि भासा ।
चित्रो नयत्परि तमांस्यक्तः शोचिषा पत्मन्नौशिजो न दीयन् ।।६।।
त्वां हि मन्द्रतममर्कशोकैर्ववृमहे महि नः श्रेष्यग्ने ।
इन्द्रं न त्वा शवसा देवता वायुं पृणन्ति राधसा नृतमाः ।।७।।
नू नो अग्नेऽवृकेभिः स्वस्ति वेषि रायः पथिभिः पर्ष्यंहः ।
ता सूरिभ्यो गृणते रासि सुम्नं मदेम शतहिमाः सुवीराः ।।८।।

ऋ. ६.५.१–७

हुवे वः सूनुं सहसो युवानमद्रोघवाचं मतिभिर्यविष्ठम् ।
य इन्वति द्रविणानि प्रचेता विश्ववाराणि पुरुवारो अध्रुक् ।।१।।
त्वे वसूनि पुर्वणीक होतर्दोषा वस्तोरेरिरे यज्ञियासः ।
क्षामेव विश्वा भुवनानि यस्मिन्त्सं सौभगानि दधिरे पावके ।।2।।
त्वं विक्षु प्रदिवः सीद आसु क्रत्वा रथीरभवो वार्याणाम् ।
अत इनोषि विधते चिकित्वो व्यानुषग्जातवेदो वसूनि ।।३।।
यो नः सनुत्यो अभिदासदग्ने यो अन्तरो मित्रमहो वनुष्यात् ।
तमजरेभिर्वृषभिस्तव स्वैस्तपा तपिष्ठ तपसा तपस्वान् ।।४।।
यस्ते यज्ञेन समिधा य उक्थैरर्केभिः सूनो सहसो ददाशत् ।
स मर्त्येष्वमृत प्रचेता राया द्युम्नेन श्रवसा वि भाति ।।५।।
स तत्कृधीषितस्तूयमग्ने स्पृधो बाधस्व सहसा सहस्वान् ।
यच्छस्यसे द्युभिरक्तो वचोभिस्तज्जुषस्व जरितुर्घोषि मन्म ।।६।।
अश्याम तं काममग्ने तवोती अश्याम रयिं रयिवः सुवीरम् ।
अश्याम वाजमभि वाजयन्तोऽश्याम द्युम्नमजराजरं ते ।।७।।

ऋ. ६.६.१–७

प्र नव्यसा सहसः सूनुमच्छा यज्ञेन गातुमव इच्छमानः ।
वृश्चद्वनं कृष्णयामं रुशन्तं वीती होतारं दिव्य जिगाति ।।१।।
स श्वितानस्तन्यतू रोचनस्था अजरेभिर्नानदद्भिर्यविष्ठः ।
यः पावकः पुरुतमः पुरूणि पृथून्यग्निरनुयाति भर्वन् ।।2।।
वि ते विष्वग्वातजूतासो अग्ने भामासः शुचे शुचयश्चरन्ति ।
तुविम्रक्षासो दिव्या नवग्वा वना वनन्ति धृषता रुजन्तः ।।३।।
ये ते शुक्रासः शुचयः शुचिष्मः क्षां वपन्ति विषितासो अश्वाः ।
अध भ्रमस्त उर्विया वि भाति यातयमानो अधि सानु पृश्नेः ।।४।।
अध जिह्वा पापतीति प्र वृष्णो गोषुयुधो नाशनिः सृजाना ।
शूरस्येव प्रसितिः क्षातिरग्नेर्दुर्वर्तुर्भीमो दयते वनानि ।।५।।
आ भानुना पार्थिवानि ज्रयांसि महस्तोदस्य धृषता ततन्थ ।
स बाधस्वाप भया सहोभिः स्पृधो वनुष्यन्वनुषो नि जूर्व ।।६।।
स चित्र चित्रं चितयन्तमस्मे चित्रक्षत्र चित्रतमं वयोधाम् ।
चन्द्रं रयिं पुरुवीरं बृहन्तं चन्द्र चन्द्राभिर्गृणते युवस्व ।।७।।

ऋ. ६.१०.१–७

पुरो वो मन्द्रं दिव्यं सुवृक्तिं प्रयति यज्ञे अग्निमध्वरे दधिध्वम् ।
पुर उक्थेभिः स हि नो विभावा स्वध्वरा करति जातवेदाः ।।१।।
तमु द्युमः पुर्वणीक होतरग्ने अग्निभिर्मनुष इधानः ।
स्तोमं यमस्मै ममतेव शूषं घृतं न शुचि मतयः पवन्ते ।।2।।
पीपाय स श्रवसा मर्त्येषु यो अग्नये ददाश विप्र उक्थैः ।
चित्राभिस्तमूतिभिश्चित्रशोचिर्व्रजस्य साता गोमतो दधाति ।।३।।
आ यः पप्रौ जायमान उर्वी दूरेदृशा भासा कृष्णाध्वा ।
अध बहु चित्तम ऊर्म्यायास्तिरः शोचिषा ददृशे पावकः ।।४।।
नू नश्चित्रं पुरुवाजाभिरूती अग्ने रयिं मघवद्भ्यश्च धेहि ।
ये राधसा श्रवसा चात्यन्यान्त्सुवीर्येभिश्चाभि सन्ति जनान् ।।५।।
इमं यज्ञं चनो धा अग्न उशन्यं त आसानो जुहुते हविष्मान् ।
भरद्वाजेषु दधिषे सुवृक्तिमवीर्वाजस्य गध्यस्य सातौ ।।६।।
वि द्वेषांसीनुहि वर्धयेळां मदेम शतहिमाः सुवीराः ।।७।।

ऋ. ६.११.१–६

यजस्व होतरिषितो यजीयानग्ने बाधो मरुतां न प्रयुक्ति ।
आ नो मित्रावरुणा नासत्या द्यावा होत्राय पृथिवी ववृत्याः ।।१।।
त्वं होता मन्द्रत्मो नो अध्रुगन्तर्देवो विदथा मर्त्येषु ।
पावकया जुह्वा३ वह्निरासाग्ने यजस्व तन्वं१ तव स्वाम् ।।2।।
धन्या चिद्धि त्वे धिष्णा वष्टि प्र देवांजन्म गृणते यजध्यै ।
वेष्ठिो अंगिरसां यद्ध विप्रो मधुच्छन्दो भनति रेभ इष्टौ ।।३।।
अदिद्युतत्स्वपाको विभावाग्ने यजस्व रोदसी उरूची ।
आयुं न यं नमसा रातहव्या अंजन्ति सुप्रयसं पंच जनाः ।।४।।
वृंजे ह यन्नमसा बर्हिरग्नावयामि स्रुग्घृतवती सुवृक्तिः ।
अम्यक्षि सद्य सदने पृथिव्या अश्रायि यज्ञः सूर्ये न चक्षुः ।।५।।
दशस्या नः पूर्वणीक होतर्देवेभिरग्ने अग्निभिरिधानः ।
रायः सूनो सहसो वावसाना अति स्रसेम वृजनं नांहः ।।६।।

ऋ. ६.१२.१–६

मध्ये होता दुरोणे बर्हिषो राळग्निस्तोदस्य रोदसी यजध्यै ।

अयं स सूनुः सहस ऋतावा दूरात्सूर्यो न शोचिषा ततान ।।१।।
आ यस्मिन्त्वे स्वपाके यजत्र यक्षद्राजन्त्सर्वतातेव नु द्यौः ।
त्रिषधस्थस्ततरुषो न जंहो हव्या मघानि मानुषा यजध्यै ।।2।।
तेजिष्ठा यस्यारतिर्वनेराट् तोदो अध्वन्न वृधसानो अद्यौत् ।
अद्रोघो न द्रविता चेतति त्मन्नमर्त्योऽवर्त्र ओषधीषु ।।३।।
सास्माकेभिरेतरी न शूषैरग्निः ष्टवे दम आ जातवेदाः ।
द्रवन्नो वन्वन् क्रत्वा नार्वोस्रः पितेव जारयायि यज्ञैः ।।४।।
अध स्मास्य पनयन्ति भासो वृथा यत्तक्षदनुयाति पृथ्वीम् ।
सद्यो यः स्यन्द्रो विषितो धवीयानृणो न तायुरति धन्वा राट् ।।५।।
स त्वं नो अर्वन्निदाया विश्वेभिरग्ने अग्निभिरिधानः ।
वेषि रायो वि यासि दुच्छुना मदेम शतहिमाः सुवीराः ।।६।।

ऋ. ६.१३.१–६

त्वद्विश्वा सुभग सौभगान्यग्ने वि यन्ति वनिनो न वयाः ।
श्रुष्टी रयिर्वाजो वृत्रतूर्ये दिवो वृष्टिरीड्यो रीतिरपाम् ।।१।।
त्वं भगो न आ हि रत्नमिषे परिज्मेव क्षयसि दस्मवर्चा ।
अग्ने मित्रो न बृहत ऋतस्यासि क्षत्ता वामस्य देव भूरेः ।।2।।
स सत्पतिः शवसा हन्ति वृत्रमग्ने विप्रो वि पणेर्भर्ति वाजम् ।
यं त्वं प्रचेत ऋतजात राया सजोषा नप्त्रापां हिनोषि ।।३।।
यस्ते सूनो सहसो गीर्भिरुक्थैर्यज्ञैर्मर्तो निशितिं वेद्यानट् ।
विश्वं स देव प्रति वारमग्ने धत्ते धान्यं१ पत्यते वसव्यैः ।।४।।
ता नृभ्य आ सौश्रवसा सुवीराग्ने सूनो सहसः पुष्यसे धाः ।
कृणोषि यच्छवसा भूरि पश्वो वयो वृकायारये जसुरये ।।५।।
वद्या सूनो सहसो नि विहाया अग्ने तोकं तनयं वाजि नो दाः ।
विश्वाभिर्गीर्भिरभि पूर्तिमश्यां मदेम शतहिमाः सुवीराः ।।६।।

ऋ. ६.१४.१–६

अग्ना यो मर्त्यो दुवो धियं जुजोष धीतिभिः। भसन्नु ष प्र पूर्व्य इषं बुरीतावसे ।।१।।
अग्निरिद्धि प्रचेता अग्निर्वेधस्तम ऋषिः। अग्निं होतारमीळते यज्ञेषु मनुषो विशः ।।2।।
नाना ह्य१ग्नेऽवसे स्पर्धन्ते रायो अर्यः। तूर्वन्तो दस्युमायवो व्रतैः सीक्षन्तो अव्रतम् ।।३।।
अग्निरप्सामृतीषहं वीरं ददाति सत्पतिम्। यस्य त्रसन्ति शवसः संचक्षि शत्रवो भिया ।।४।।
अग्निर्हि विद्मना निदो देवो मर्तमुरुष्यति। सहावा यस्यावृतो रयिर्वाजेष्ववृतः ।।५।।
अच्छा नो मित्रमहो देव देवानग्ने वोचः सुमतिं रोदस्योः ।
वीहि स्वस्तिं सुक्षितिं दिवो नॄन्द्विषो अंहांसि दुरिता तरेम ता तरेम तवावसा तरेम ।।६।।

ऋ. ६.१६.१–४८

त्वमग्ने यज्ञानां होता विश्वेषां हितः। देवेभिर्मानुषे जने ।।१।।
स नो मन्द्राभिरध्वरे जिह्वाभिर्यजा महः। आ देवान्वक्षि यक्षि च ।।2।।
वेत्था हि वेधो अध्वनः पथश्च देवांजसा। अग्ने यज्ञेषु सुक्रतो ।।३।।
त्वामीळे अध द्विता भरतो वाजिभिः शुनम्। ईजे यज्ञेषु यज्ञियम् ।।४।।
त्वमिमा वार्या पुरु दिवोदासाय सुन्वते। भरद्वाजाय दाशुषे ।।५।।
त्वं दूतो अमर्त्य आ वहा दैव्यं जनम्। शृण्वन्विप्रस्य सुष्टुतिम् ।।६।।
त्वामग्ने स्वाध्यो३ मर्तासो देववीतये। यज्ञेषु देवमीळते ।।७।।
तव प्र यक्षि संदृशमुत क्रतुं सुदानवः। विश्वे जुषन्त कामिनः ।।८।।
त्वं होता मनुर्हितो वह्निरासा विदुष्टरः। अग्ने यक्षि दिवो विशः ।।९।।
अग्न आ याहि वीतये गृणानो हव्यदातये। नि होता सत्सि बर्हिषि ।।१०।।

तं त्वा समिद्भिरंगिरो घृतेन वर्धयामसि। बृहच्छोचा यविष्ठ्य ।।११।।
स नः पृथु श्रवाय्यमच्छा देव विवाससि। बृहदग्ने सुवीर्यम् ।।१2।।
त्वामग्ने पुष्करादध्यथर्वा निरमन्थत। मूर्ध्नो विश्वस्य वाघतः ।।१३।।
तमु त्वा दध्यङ्ङृषिः पुत्र ईधे अथर्वणः। वृत्रहणं पुरन्दरम् ।।१४।।
तमु त्वा पाथ्यो वृषा समीधे दस्युहन्तमम्। धनंजयं रणेरणे ।।१५।।
एह्यू षु ब्रवाणि तेऽग्न इत्थेतरा गिरः। एभिर्वर्धास इन्दुभिः ।।१६।।
यत्र क्व च ते मनो दक्षं दधस उत्तरम्। तत्रा सदः कृणवसे ।।१७।।
नहि ते पूर्तमक्षिपद्भुवन्नेमानां वसो। अथा दुवो वनवसे ।।१८।।
आग्निरगामि भारतो वृत्रहा पुरुचेतनः। दिवोदासस्य सत्पतिः ।।१९।।
स हि विश्वाति पार्थिवा रयिं दाशन्महित्वना वन्वन्नवातो अस्तृतः ।।2०।।
स प्रत्नवन्नवीयसाग्ने द्युम्नेन संयता। बृहत्ततन्थ भानुना ।।2१।।
प्र वः सखायो अग्नये स्तोमं यज्ञं च धृष्णुया। अर्च गाय च वेधसे ।।22।।
स हि यो मानुषा युगा सीदद्धोता कविक्रतुः। दूतश्च हव्यवाहनः ।।2३।।
ता राजाना शुचिव्रतादित्यान्मारुतं गणम्। वसो यक्षीह रोदसी ।।2४।।
वस्वी ते अग्ने संदृष्टिरिषयते पर्त्याय। ऊर्जो नपादमृतस्य ।।2५।।
क्रत्वा दा अस्तु श्रेष्ठोऽद्य त्वा वन्वन्त्सुरेक्णाः। मर्त आनाश सुवृक्तिम् ।।2६।।
ते ते अग्ने त्वोता इषयन्तो विश्वमायुः। तरन्तो अर्यो अरातीर्वन्वन्तो अर्यो अरातीः ।।2७।।
अग्निस्तिग्मेन शोचिषा यासद्विश्वं न्यत्रिणम्। अग्निर्नो वनते रयिम् ।।2८।।
सुवीरं रयिमा भर जातवेदो विचर्षणे। जहि रक्षांसि सुक्रतो ।।2९।।
त्वं नः पाह्यंहसो जातवेदो अघायतः। रक्षा णो ब्रह्मणस्कवे ।।३०।।
यो नो अग्ने दुरेव आ मर्तो वधाय दाशति। तस्मान्नः पाह्यंहसः ।।३१।।
त्वं तं देव जिह्वया परि बाधस्व दुष्कृतम्। मर्तो यो नो जिघांसति ।।३2।।
भरद्वाजाय सप्रथः शर्भ यच्छ सहन्त्य। अग्ने वरेण्यं वसु ।।३३।।
अग्निवृत्राणि जङ्घनद् द्रविणस्युर्विपन्यया। समिद्धः शुक्र आहुतः ।।३४।।
गर्भे मातुः पितुष्पिता विदिद्युतानो अक्षरे। सीदन्नृतस्य योनिमा ।।३५।।
ब्रह्म प्रजावदा भर जातवेदो विचर्षणे। अग्ने यद्दीदयद्दिवि ।।३६।।
उप त्वा रण्वसदृंशं प्रयस्वन्तः सहसस्कृत। अग्ने ससृज्महे गिरः ।।३७।।
उप च्छायामिव घृणेरगन्म शर्म ते वयम्। अग्ने हिरण्यऽसंदृशः ।।३८।।
य उग्र इव शर्यहा तिग्मशृङ्गो न वंसगः। अग्ने पुरो रुरोजिथ ।।३९।।
आ यं हस्ते न खादिनं शिशुं जातं न बिभ्रति। विशामग्निं स्वध्वरम् ।।४०।।
प्र देवं देववीतये भरता वसुवित्तमम्। आ स्वे योनौ नि षीदतु ।।४१।।
आ जातं जातवेदसि प्रियं शिशीतातिथिम्। स्योन आ गृहपतिम् ।।४2।।
अग्ने युक्ष्वा हि ये त्वाश्वासो देव साधवः। अरं वहन्ति मन्यवे ।।४३।।
अच्छा नो याह्या वहाभि प्रयांसि वीतये। आ देवान्त्सोमपीतये ।।४४।।
उदग्ने भारत द्युमदजस्रेण दविद्युतत्। शोचा वि भाह्यजर ।।४५।।
वीति यो देवं मर्तो दुवस्येदग्निमीळीताध्वरे हविष्मान् ।
होतारं सत्ययजं रोदस्योरुत्तानहस्तो नमसा विवासेत् ।।४६।।
आ ते अग्न ऋचा हविर्हृदा तष्टं भरामसि। ते ते भवन्तूक्षण ऋषभासो वशा उत ।।४७।।
अग्निं देवासो अग्रियमिन्धते वृत्रहन्तमम्। येना वसून्याभृता तृळहा रक्षांसि वाजिना ।।४८।।

सा. १–2

अग्न आ याहि वीतये गृणानो हव्यादातये। नि होता सत्सि बर्हिषि ।।१।।
त्वमग्ने यज्ञानां होता विश्वेषां हितः। देवेभिर्मानुषे जने ।।2।।

सा. ४

अग्निर्वृत्राणि जंघनद् द्रविणस्युर्विपन्यया। समिद्ध शुक्र आहुतः ।।४।।

सा. ७

एह्यू ब्रवाणि तेऽग्न इत्थेतरा गिरः। एभिर्वर्धास इन्दुभिः ।।७।।

सा. ६

त्वामग्ने पुष्करादध्यथर्वा निरमन्थत। मूर्ध्नो विश्वस्य वाघतः ।।६।।

सा. 22

अग्निस्तिग्मेन शोचिषा यंसद्विश्वं न्य३त्रिणम्। अग्निर्नो वंसते रयिम् ।।2।।

सा. 2५

अग्ने युङ्क्ष्वा हि ये तवाश्वासो देव साधवः। अरं वहन्त्याशवः ।।५।।

सा. ६७

मूर्धानं दिवो अरतिं पृथिव्या वैश्वानरमृत आ जातमग्निम् ।
कविं सम्राजमतिथिं जनानामासन्नः पात्रं जनयन्त देवाः ।।५।।

सा. ६८

वि त्वदापो न पर्वतस्य पृष्ठादुक्थेभिरग्ने जनयन्त देवाः ।
तं त्वा गिरः सुष्टुतयो वाजयन्त्याजिं न गिर्ववाहो जिग्युरश्वाः ।।६।।

सा. ८३–८४

त्वेषस्ते धूम ऋण्वति दिवि संछुक्र आततः। सूरो न हि द्युता त्वं कृपा पावक रोचसे ।।३।।
त्वं हि क्षैतवद्यशोऽग्ने मित्रो न पत्यसे। त्वं विचर्षणे श्रवो वसा पुष्टिं न पुष्यसि ।।४।।

सा. ६६०–६६2

अग्न आ याहि वीतये गृणानो हव्यदातये। नि होता सत्सि बर्हिषि ।।१।।
तं त्वा समिद्भिरंगिरो घृतेन वर्धयामसि। बृहच्छोचा यविष्ठ्य ।।2।।
स नः पृथु श्रवाय्यमच्छा देव विवाससि। बृहदग्ने सुवीर्यम् ।।३।।

सा. ७०५–७०७

एह्यू षु ब्रवाणि तेऽग्न इत्थेतरा गिरः। एभिर्वर्धास इन्दुभिः ।।१।।
यत्र क्व च ते मनो दक्षं दधस उत्तरम्। तत्र योर्नि कृणवसे ।।2।।
न हि ते पूर्तमक्षिपद्भुवन्नेमानां पते। अथा दुवो वनवसे ।।३।।

सा. १३८३–१३८५

अग्ने युङ्वा हि ये तवाश्वासो देव साधवः। अरं वहन्त्याशवः ।।१।।
अच्छा नो याह्या वहाभि प्रयांसि वीतये। आ देवान्त्सोमपीतये ।।2।।
उदग्ने भारत द्युमदजस्रेण दविद्युतत्। शोचा वि भाह्यजर ।।३।।

सा. १३६६–१३६८

अग्निर्वृत्राणि जंघनद्द्रविणस्युर्विपन्यया। समिद्धः शुक्र आहुतः ।।१।।
गर्भे मातुः पितुः पिता विदिद्युतानो अक्षरे। सीदन्नृतस्य योनिमा ।।2।।
ब्रह्म प्रजावदा भर जातवेदो विचर्षणे। अग्ने यद्दीदयद्दिवि ।।३।।

सा. १४७४–१४७६

त्वमग्ने यज्ञानां होता विश्वेषं हितः। देवेभिर्मानुषे जने ।।१।।
स नो मन्द्राभिरध्वरे जिह्वाभिर्यजा महः आ देवान्वक्षि यक्षि च ।।2।।
वेत्था हि वेधो अध्वनः पथश्च देवांजसा। अग्ने यज्ञेषु सुक्रतो ।।३।।

सा. १७०५–१७०७

उप त्वा रण्वसंदृशं प्रयस्वन्तः सहस्कृत। अग्ने ससृज्महे गिरः ।।१।।
उप च्छायामिव घृणेरगन्म शर्म ते वयम्। अग्ने हिरण्यसंदृशः ।।2।।
य उग्र इव शर्यहा तिग्मशृंगो न वंसगः। अग्ने पुरो रुरोजिथ ।।३।।

१०८. भरद्वाजो बार्हस्पत्यः वीतहव्य आंगिरसो वा –ऋ. ६.१५.१–१६; सा.१५६७–१५६६

ऋ. ६.१५.१–१६

इममू षु वो अतिथिमुषर्बुधं विश्वासां विशां पतिमृंजसे गिरा ।

वेतीदि्दवो जनुषा कच्चिदा शुचिर्ज्योक् चिदत्ति गर्भो यदच्युतम् ।।१।।
मित्रं न यं सुधितं भृगवो दधुर्वनस्पतावीड्यमूर्ध्वशोचिषम् ।
स त्वं सुप्रीतो वीतहव्ये अद्भुत प्रशस्तिभिर्महयसे दिवेदिवे ।।2।।
स त्वं दक्षस्यावृको वृधो भूरर्यः परस्यान्तरस्य तरुषः ।
रायः सूनो सहसोा मर्त्येष्वा छर्दिर्यच्छ वीतहव्याय सप्रथो भरद्वाजाय सप्रथः ।।३।।
द्युतानं वो अतिथिं स्वर्णरमग्नि होतारं मनुषः स्वध्वरम् ।
विप्रं न द्युक्षवचसं सुवृक्तिभिर्हव्यवाहमरतिं देवमृंजसे ।।४।।
पावकया यश्चितयन्त्या कृपा क्षामन् रुरुच उषसो न भानुना ।
तूर्वन्न यामन्नेतशस्य नू रण आ यो घृणे न ततृषाणो अजरः ।।५।।
अग्निमग्निं वः समिधा दुवस्यत प्रियंप्रियं वो अतिथिं गृणीषणि ।
उप वो गीर्भिरमृतं विवासत देवो देवेषु वनते हि वार्यं ।
देवो देवेषु वनते हि नो दुवः ।।६।।
समिद्धमग्निं समिधा गिरा गृणे शुचिं पावकं पुरो अध्वरे ध्रुवम् ।
विप्रं होतारं पुरुवारमद्रुहं कविं सुम्नैरीमहे जातवेदसम् ।।७।।
त्वां दूतमग्ने अमृतं युगेयुगे हव्यवाहं दधिरे पायुमीड्यम् ।
देवासश्च मर्तासश्च जागृविं विभुं विश्पतिं नमसा नि षेदिरे ।।८।।
विभूषन्नग्न उभयाँ अनु व्रता दूतो देवानां रजसी समीयसे ।
यत्ते धीतिं सुमतिमावृणीमहेऽध स्मा नस्त्रिवरूथः शिवो भव ।।६।।
तं सुप्रतीकं सुदृशं स्वंचमविद्वांसो विदुष्टरं सपेम ।
स यक्षद् विश्वा वयुनानि विद्वान् प्र हव्यमग्निरमृतेषु वोचत् ।।१०।।
तमग्ने पास्युत तं पिपर्षि यस्त आनट् कवये शूर धीतिम् ।
यज्ञस्य वा निशितिं वोदितिं वा तमित्पृणक्षि शवसोत राया ।।११।।
त्वमग्ने वनुष्यतो नि पाहि त्वमु नः सहसावन्नवद्यात् ।
सं त्वा ध्वस्मन्वदभ्येतु पाथः सं रयिः स्पृहयाय्यः सहस्री ।।१2।।
अग्निर्होता गृहपतिः स राजा विश्वा वेद जनिमा जातवेदाः ।
देवानामुत यो मर्त्यानां यजिष्ठः स प्र यजतामृतावा ।।१३।।
अग्ने यदद्य विशो अध्वरस्य होतः पावकशोचे वेष्ट्वं हि यज्वा ।
ऋता यजासि महिना वि यद्भूर्हव्या वह यविष्ठ या ते अद्य ।।१४।।
अभि प्रयांसि सुधितानि हि ख्यो नि त्वा दधीत रोदसी यजध्यै ।
अवा नो मघवन्वाजसातावग्ने विश्वानि दुरिता तरेम ता तरेम तवावसा तरेम ।।१५।।
अग्ने विश्वेभिः स्वनीक देवैरूर्णावन्तं प्रथमः सीद योनिम् ।
कुलायिनं घृतवन्तं सवित्रे यज्ञं नय यजमानाय साधु ।।१६।।
इममु त्यमथर्ववदग्निं मन्थन्ति वेधसः। यमङ्कूयन्तमानयन्नमूरं श्याव्याभ्यः ।।१७।।
जनिष्वा देववीतये सर्वताता स्वस्तये ।
आ देवान् वक्ष्यमृताँ ऋतावृधो यज्ञं देवेषु पिस्पृशः ।।१८।।
वयमु त्वा गृहपते जनानामग्ने अकर्म्म समिधा बृहन्तम् ।
अस्थूरि नो गार्हपत्यानि सन्तु तिग्मेन तस्तेजसा सं शिशाधि ।।१६।।

सा. १५६७–१५६६

समिद्धमग्निं समिधा गिरा गृणे शुचिं पावकं पुरो अध्वरे ध्रुवम् ।
विप्रं होतारं पुरुवारमद्रुहं कविं सुम्नैरीमहे जातवेदसम् ।।१।।
त्वां दूतमग्ने अमृतं युगेयुगे हव्यवाहं दधिरे पायुमीड्यम् ।
देवासश्च मर्तासश्च जागृविं विभुं विश्पतिं नमसा नि षेदिरे ।।2।।
विभूषन्नग्न उभयाँ अनु व्रता दूतो देवानां रजसी समीयसे ।
यत्ते धीतिं सुमतिमावृणीमहेऽध स्मा नस्त्रिवरूथः शिवो भव ।।३।।

१०६. भर्गः – अ. 20.१०३.2–३

अग्न आ याह्यग्निभिर्होतारं त्वा वृणीमहे ।
आ त्वामनक्तु प्रयता हविष्मती यजिष्ठं बर्हिरासदे ।।2।।
अच्छा हि त्वा सहसः सूनो अंगिरः स्रुचश्चरन्त्यध्वरे ।
ऊर्जो नपातं घृतकेशमीमहेऽग्निं यज्ञेषु पूर्व्यम् ।।३।।

११०. भर्गः प्रागाथः – ऋ. ८.६०.१–20; सा. ३६; ३६; ४६; १५४४–१५४५; १५५2–१५५३

ऋ. ८.६०.१–20

अग्न आ याह्यग्निभिर्हेतारं त्वा वृणीमहे ।
आ त्वामनक्तु प्रयता हविष्मती यजिष्ठं बर्हिरासदे ।।१।।
अच्छा हि त्वा सहसः सूनो अंगिरः स्रुचश्चरन्त्यध्वरे ।
ऊर्जो नपातं घृतकेशमीमहेऽग्निं यज्ञेषु पूर्व्यम् ।।2।।
अग्ने कविर्वेधा असि होता पावक यक्ष्यः ।
मन्द्रो यजिष्ठो अध्वरेष्वीड्यो विप्रेभिः शुक्र मन्मभिः ।।३।।
अद्रोघमा वहोशतो यविष्ठ्य देवाँ अजस्र वीतये ।
अभि प्रयांसि सुधिता वसो गहि मन्दस्व धीतिभिर्हितः ।।४।।
त्वमित्सप्रथा अस्यग्ने त्रातर्ऋतस्कविः ।
त्वां विप्रासः समिधान दीदिव आ विवासन्ति वेधसः ।।५।।
शोचा शोचिष्ठ दीदिहि विशे मयो रास्व स्तोत्रे महाँ असि ।
देवानां शर्मन् मम सन्तु सूरयः शत्रूषाहः स्वग्नयः ।।६।।
यथा चिद्वृद्धमतसमग्ने संजूर्वसि क्षमि ।
एवा दह मित्रमहो यो अस्मध्रुग् दुर्मन्मा कश्च वेनति ।।७।।
मा नो मर्त्ताय रिपवे रक्षस्विने माघशंसाय रीरधः ।
अस्रेधद्भिस्तरणिभिर्यविष्ठ्य शिवेभिः पाहि पायुभिः ।।८।।
पाहि नो अग्न एकया पाह्यु१त द्वितीयया ।
पाहि गीर्भिस्तिसृभिरूर्जाम्पते पाहि चतसृभिर्वसो ।।६।।
पाहि विश्वस्माद्रक्षसो अराव्णः प्र स्म वाजेषु नोऽव ।
त्वामिद्धि नेदिष्ठं देवतातय आपिं नक्षामहे वृधे ।।१०।।
आ नो अग्ने वयोवृधं रयिं पावक शंस्यम् ।
रास्वा च न उपमाते पुरुस्पृहं सुनीती स्वयशस्तरम् ।।११।।
येन वंसाम पृतनासु शर्धतस्तरन्तो अर्य आदिशः ।
स त्वं नो वर्ध प्रयसा शचीवसो जिन्वा धियो वसुविदः ।।१2।।
शिशानो वृषभोः यथाग्निः शृङ्गे दविध्वत् ।
तिग्मा अस्य हनवो न प्रतिधृषे सुजम्भः सहसो यहुः ।।१३।।
नहि ते अग्ने वृषभ प्रतिधृषे जम्भासो यद्वितिष्ठसे ।
स त्वं नो होतः सुहुतं हविष्कृधि वंस्वा नो वार्या पुरु ।।१४।।
शेषे वनेषु मात्रोः सं त्वा मर्तास इन्धते ।
अतन्द्रो हव्या वहसि हविषकृत आदिद्देवेषु राजसि ।।१५।।
सप्त होतारस्तमिदीळते त्वाग्ने सुत्यजमह्रयम् ।
भिनत्सयद्रिं तपसा वि शोचिषा प्राग्ने तिष्ठ जनाँ अति ।।१६।।
अग्निमग्निं वो अध्रिगुं हुवेम वृक्तबर्हिषः ।
अग्निं हितप्रयसः शश्वतीष्वा होतारं चर्षणीनाम् ।।१७।।
केतेन शर्मन्त्सचते सुषामण्यग्ने तुभ्यं चिकित्वना ।
इषण्यया नः पुरुरूपमा भर वाजं नेदिष्ठमूतये ।।१८।।

अग्ने जरितार्विश्पतिस्तेपानो देव रक्षसः ।
अप्रोषिवान्गृहपतिर्महाँ असि दिवस्पायुर्दुरोणयुः ।।१९।।
मा नो रक्ष आ वेशीदाघृणीवसो मा यातुर्यातुमावताम् ।
परोगव्यूत्यनिरामप क्षुधमग्नेसेध रक्षस्विनः ।।20।।

सा. ३६

पाहि नो अग्न एकया पाह्यू३त द्वितीययज्ञं पाहि गीर्भिस्तिसृभिरूर्जा पते पाहि चतसृभिर्वसो।।2।।

सा. ३९

अग्ने जरितर्विश्पतिस्तपानो देव रक्षसः। अप्रोषिवान् गृहपते महाँ असि दिवस्पायुर्दुरोणयुः ।।५।।

सा. ४६

शेषे वनेषु मातृषु सं त्वा मर्तास इन्धते। अतन्द्रो हव्यं वहसि हविष्कृत आदिद्देवेषु राजसि ।।2।।

सा. १५४४–१५४५

पाहि नो अग्न एकया पाह्यु३त द्वितीयया ।
पाहि गीर्भिस्तिसृभिरूर्जां पते पाहि चतसृभिर्वसो ।।१।।
पाहि विश्वस्माद्रक्षसो अराव्णः प्र स्म वाजेषु नोऽव ।
त्वामिद्धि नेदिष्ठं देवतातय आपिं नक्षामहे वृधे ।।2।।

सा. १५५2–१५५३

अग्न आ याह्यग्निभिर्होतारं त्वा वृणीमहे ।
आ त्वामनक्त प्रयता हविष्मती यजिष्ठं बर्हिरासदे ।।१।।
अच्छा हि त्वा सहसः सूनो अंगिरः स्रचश्चरन्त्यध्वरे ।
ऊर्जो नपातं घृतकेशमीमहेऽग्निं यज्ञेषु पूर्व्यम् ।।2।।

१११. भर्गः प्रागाथः (साग्री. सास्वा.) शंयुः (सार्षेदी.) – सा. ४2–४३

त्वमित्सप्रथा अस्यग्ने त्रतर्ऋतः कविः। त्वां विप्रासः समिधान दीदिव आ विवासन्ति सेधसः।।८।।
आ नो अग्ने वयोवृधं रयिं पावक शंस्यम्। रास्वा च न उपमाते पुरुस्पृहं सुनीती
सुयशस्तरम्।।९।।

११2. भार्गवः – य. 2७.४३

पाहि नोऽअग्नऽएकया पाह्युत द्वितीयया। पाहि गीर्भिस्तिसृभिरूर्जां पते पाहि चतसृभिर्वसो।।४३।।

११३. भृगुः – अ. ७.८४.१; ७.१०८.१–2; १९.५५.१–७

अ. ७.८४.१

अनाधृष्यो जातवेदा अमर्त्यो विराडग्ने क्षत्रभृद् दीदिहीह ।
विश्वा अमीवाः प्रमुंचन् मानुषीभिः शिवाभिरद्य परि पाहि नो गयम् ।।१।।

अ. ७.१०८.१–2

यो नस्तायद् दिप्सति यो न आविः स्वो विद्वानरणो वा नो अग्ने ।
प्रतीच्येत्वरणी दत्वती तान् मैषामग्ने वास्तु भून्मो अपत्यम् ।।१।।
यो नः सुप्तांजाग्रतो वाभिदासात् तिष्ठतो वा चरतो जातवेदः ।
वैश्वानरेण सयुजा सजोषास्तान् प्रतीचो निर्दह जातवेदः ।।2।।

अ. १९.५५.१–७

रात्रिंरात्रिमप्रयातं भरन्तोऽश्वायेव तिष्ठते घासमस्मै ।
रायस्पोषेण समिषा मदन्तो मा ते अग्ने प्रतिवेशा रिषाम ।।१।।
या ते वसोर्वात इषुः सा त एषा तया नो मृड ।
रायस्पोषेण समिषा मदन्तो मा ते अग्ने प्रतिवेशा रिषाम ।।2।।
सायंसायं गृहपतिर्नो अग्निः प्रातः प्रातः सौमनस्य दाता ।
वसोर्वसोर्वसुदान् एधि वयं त्वेन्धानास्त्वं पुषेम ।।३।।
प्रातः प्रात गृहपतिर्नो अग्निः सायंसायं सोमनस्य दाता ।

वसोवसोर्वसुदान एधीन्धानास्त्वा शतंहिमा ऋधेम ।।४।।
अपश्चादग्धान्नस्य भूयासम्। अन्नादयान्नपतये रुद्राय नमो अग्नये ।।५।।
सभ्य सभां मे पाहि ये च सभ्याः सभासदः ।
त्ययेद्गाः पुरुहूत विश्वमायुर्व्यश्नवम् ।।६।।
अहरहर्बलिमित्ते हरन्तोऽश्वायेव तिष्ठते घासमग्ने ।
रायस्पोषेण समिषा मदन्तो मा ते अग्ने प्रतिवेशा रिषाम ।।७।।

११४. मधुच्छन्दाः – य. ५.३१–३५; ६.२६; 12.५७–५६

य. ५.३१–३५

विभूरसि प्रवाहणो वह्निरसि हव्यवाहनः। शवात्रोऽसि प्रचेतास्तुथोऽसि विश्ववेदाः ।।३१।।
उशिगसि कविरङ्घारिरसि बम्भारिरवस्यूरसि दुवस्वांछुन्ध्यूरसि मार्जालीयः। सम्राडसि कृशानुः परिषद्योऽसि पवमानो नभोऽसि प्रतक्वा मृष्टोऽसि हव्यसूदन्ऽऋतधामासि स्वर्ज्योतिः ।।३2।।
समुद्रोऽसि विश्वव्यचाऽअजोऽस्येकपादहिरसि बुध्न्यो वागस्यैन्द्रमसि सदोऽस्यृतस्य द्वारौ मा मा सन्ताप्तमध्वनामध्वपते प्र मा तिर स्वस्ति मेऽस्मिन पथि देवयाने भूयात् ।।३३।।
मित्रस्य मा चक्षुषेक्षध्वमग्नयः सगराः सगरा स्थ सगरेण नाम्ना रौद्रेणानीकेन पात माग्नयः पिपृत माग्नयो गोपायत मा नमो वोऽस्तु मा मा हिंसिष्ट ।।३४।।
ज्योतिरसि विश्वरूपं विश्वेषां देवानां समित् त्वं सोम तनूकृद्भ्यो द्वेषोभ्योऽन्यकृतेभ्यऽउरु यन्तासि वरूथं स्वाहा। जुषाणोऽअप्तुराज्यस्य वेतु स्वाहा ।।३५।।

य. ६.2६

यमग्ने पृत्सु मर्त्यमवा वाजेषु यं जुनाः। स यन्ता शश्वतीरिषः स्वाहा ।।2६।।

य. 12.५७–५६

समितं सं कल्पेथां संप्रियौ रोचिष्णू सुमनस्यमानौ। इषमूर्जमभि संवसानौ ।।५७।।
सं वां मनांसि सं व्रता समु चित्तान्याकरम् ।
अग्ने पुरीष्याधिपा भव त्वं नऽइषमूर्जं यजमानाय धेहि ।।५८।।
अग्ने त्वं पुरीष्यो रयिमान् पृष्टिमाँ2ऽ असि। शिवाः कृत्वा दिशः सर्वाः स्वं योनिमिहासदः ।।५६।।

११५. मधुच्छन्दा वैश्वामित्रः – ऋ. १.१.१–६; सा. १४; ६०५; य. ३.22–2४

ऋ. १.१.१–६

अग्निमीळे पुरोहितं यज्ञस्य देवमृत्विजम्। होतारं रत्नधातमम् ।।१।।
अग्निः पूर्वेभिर्ऋषिभिरीड्यो नूतनैरुत। स देवाँ एह वक्षति ।।2।।
अग्निना रयिमश्नवत् पोषमेव दिवेदिवे। यशमं वीरवत्तमम् ।।३।।
अग्ने यं यज्ञमध्वरं विश्वतः परिभूरसि। स इद्देवेषु गच्छति ।।४।।
अग्निर्होता कविक्रतुः सत्यश्चित्रश्रवस्तमः। देवो देवेभिरा गमत् ।।५।।
यदंग दाशुषे त्वमग्ने भद्रं करिष्यसि। तवेत्तत् सत्यमंगिरः ।।६।।
उप त्वाग्ने दिवेदिवे दोषावस्तर्धिया वयम्। नमो भरन्त एमसि ।।७।।
राजन्तमध्वराणां गोपामृतस्य दीदिविम्। वर्धमानं स्वे दमे ।।८।।
स नः पितेव सूनवेऽग्ने सूपायनो भव। सचस्वा नः स्वस्तये ।।६।।

सा. १४

उप त्वाग्ने दिवेदिवे दोषवस्तर्धिया वयम्। नमो भरन्त एमसि ।।४।।

सा. ६०५

अग्निमीळे पुरोहितं यज्ञस्य देवमृत्विजम। होतारं रत्नधातमम् ।।४।।

य. ३.22–2४

संहितासि विश्वरूप्यूर्जा माविश गौपत्येन ।

उप तवाग्ने दिवेदिवे दोषावस्तर्द्धिया वयम्। नमो भरन्तऽएमसि ।।22।।
राजन्तमध्वरारणां गोपामृतस्य दीदिविम्। वर्द्धमानं स्वे दमे ।।2३।।
स नः पितेव सूनवेऽग्ने सूपायनो भव। सचस्वा नः स्वस्तये ।।2४।।

११६. मनुर्वैवस्वतः – सा. ४८

अग्निरुक्थे पुरोहितो ग्रावाणो बर्हिरध्वरे। ऋचा यामि मरुतो ब्रह्मणस्पते देवा अवो वरेण्यम्।।४।।

११७. मय आत्रेयः – ऋ. ५.६.१–७; ५.१०.१–७

ऋ. ५.६.१–७

त्वामग्ने हविष्मन्तो देवं मर्तास ईळते ।
मन्ये त्वा जातवेदसं स हव्या वक्ष्यानुषक् ।।१।।
अग्निर्होता दास्वतः क्षयस्य वृक्तबर्हिषः ।
सं यज्ञासश्चरन्ति यं सं वाजासः श्रवस्यवः ।।2।।
उत स्म यं शिशुं यथा नवं जनिष्टारणी ।
धर्तारं मानुषीणां विशामग्नि स्वध्वरम् ।।३।।
उत स्म दुर्गृभीयसे पुत्रो न ह्वार्याणाम् ।
पुरू यो दग्धासि वनाग्ने पशुर्न यवसे ।।४।।
अध स्म यस्यार्चयः सम्यक्संयन्ति धूमिनः ।
यदीमह त्रितो दिव्युप ध्मातेव धमति शिशीते ध्मातरी यथा ।।५।।
त्वाहमग्न ऊतिभिर्मित्रस्य च प्रशस्तिभिः ।
द्वेषोयुतो न दुरिता तुर्याम मर्त्यानाम् ।।६।।
तं नो अग्ने अभी नरो रयिं सहस्व आ भर ।
तं क्षेपयत्स पोषयद्भुवद्वाजस्य सातय उतैधि पृत्सु नो वृधे ।।७।।

ऋ. ५.१०.१–७

अग्न ओजिष्ठमा भर द्युम्नमस्मभ्यमध्रिगो ।
प्र नो राया परीणसा रत्सि वाजाय पन्थाम् ।।१।।
एवं नो अग्ने अद्भुत क्रत्वा दक्षस्य मंहना ।
त्वे असुर्य१मारुहत्क्राणा मित्रो न यज्ञियः ।।2।।
त्वं नो अग्न एषां गयं पुष्टिं च वर्धय ।
ये स्तोमेभिः प्र सूरयो नरो मघान्यानशुः ।।३।।
ये अग्ने चन्द्र ते गिरः शुम्भन्त्यश्वराधसः ।
शुष्मेभिः शुष्मिणो नरो दिविश्चिद्येषां बृहत्सुकीर्तिर्बोधति त्मना ।।४।।
तव त्ये अग्ने अर्चयो भ्राजन्तो यन्ति धृष्णुया ।
परिज्मानो न विद्युतः स्वानो रथो न वाजयः ।।५।।
नू नो अग्न ऊतये सबाधसश्च रातये ।
अस्माकासश्च सूरयो विश्वा आशास्तरीषणि ।।६।।
त्वं नो अग्ने अंगिरः स्तुतः स्तवान आ भर ।
होतर्विभ्वासहं रयिं स्तोतृभ्यः स्तवसे च न उतैधि पृत्सु नो वृधे ।।७।।

११८. मयोभूः – य. ११.१८–१६

आगत्य वाज्यध्वानं सर्वा मृधो विधूनुते ।
अग्निं सधस्थे महति चक्षुषा निचिकीषते ।।१८।।
आक्रम्य वाजिन् पृथिवीमग्निमिच्छ रुचा त्वम् ।
भूम्या वृत्वाय नो ब्रूहि यतः खनेम तं वयम् ।।१६।।

११६. मरीचिः काश्यपः – अ. ७.६2.१; अ. ७.६2.१

अ. ७.६2.१

अयमग्निः सत्पतिर्वृद्धवृष्णो रथीव पत्तीनजयत् पुरोहितः ।
नाभा पृथिव्यां निहितो दविद्युतदधस्पदं कृणुतां ये पृतन्यवः ।।१।।

अ. ७.६2.१

अयमग्निः सत्पतिर्वृद्धवृष्णो रथीव पत्तीनजयत् पुरोहितः ।
नाभा पृथिव्यां निहितो दविद्युतदधस्पदं कृणुतां ये पृतन्यवः ।।१।।

१२०. महीयवः – य. 2६.१६

उच्चा ते जातमन्धसो दिवि सद्भूम्या ददे। उग्रं शर्म महि श्रवः ।।१६।।

१२१. मृगः – सा. १८2८–१८३०

नमः सखिभ्यः पूर्वसद्भ्यो नमः साकंनिषेभ्यः। युंजे वाचं शतपदीं ।।१।।
युंज वाचं शतपदीं गाये सहस्रवर्तनि। गायत्रं त्रैष्टुभं जगत् ।।2।।
गायत्रं त्रैष्टुभं जगद्विश्वा रूपाणि सम्भृता। देवा ओकांसि चक्रिरे ।।३।।

१22. मृगारः – अ. ४.2३.१–७

अग्नेर्मन्वे प्रथमस्य प्रचेतसः प्रांचजन्यस्यबहुधा यमिन्धते ।
विशोविशः प्रविशिवांसमीमहे स नो मु□चत्वंहसः ।।१।।
यथा हव्यं वहसि जातवेदो यथा यज्ञं कल्पयसि प्रजानन् ।
एवा देवेभ्यः सुमति न आ वह स नो मु□चत्वंहसः ।।2।।
यामन्यामन्नुपयुक्तं बहिष्ठं कर्मन्कर्मन्नाभगम् ।
अग्निमीडे रक्षोहणं यज्ञवृधं घृताहुतं स नो मुंचत्वंहसः ।।३।।
सुजातं जातवेदसमग्निं वैश्वानरं विभुम् ।
हव्यवाहं हवामहे स नो मुंचत्वंहसः ।।४।।
येन ऋषयो बलमद्योतयन् युजा येनासुराणामयुवन्त मायाः ।
येनाग्निना पणीनिन्द्रो जिगाय स नो मुंचत्वंहसः ।।५।।
येन देवा अमृतमन्वविन्दन् येनौषधीर्मधुमतीरकृण्वन् ।
येन देवाः स्व१राभरन्त्स नो मुंचत्वंहसः ।।६।।
यस्येदं प्रदिशि यद् विरोचते यज्जातं जनितव्यं च केवलम् ।
स्तौम्यग्निं नाथितो जोहवीमि स नो मुंचत्वंहसः ।।७।।

१2३. मृळीको वासिष्ठः – ऋ. १०.१५०.१–५

समिद्धश्चित्समिध्यसे देवेभ्यो हव्यवाहन ।
आदित्यै रुद्रैर्वसुभिर्न आ गहि मृळीकाय न आ गहि ।।१।।
इमं यज्ञमिदं वचो जुजुषाण उपागहि ।
मर्तासस्त्वा समिधान हवामहे मृळीकाय हवामहे ।।2।।
त्वामु जातवेदसं विश्ववारं गृणे धिया ।
अग्ने देवाँ आ वह नः प्रियव्रतान्मृळीकाय प्रियव्रतान् ।।३।।
अग्निर्देवो देवानमभवत्पुरोहितोऽग्निं मनुष्या३ऋषयः समीधिरे ।
अग्निं महो धनसातावहं हुवे मृळीकं धनसातये ।।४।।
अग्निरत्रिं भरद्वाजं गविष्ठिरं प्रावन्नः कण्वं त्रसदस्युमाहवे ।
अग्निं वसिष्ठो हवते पुरोहितो मृळीकाय पुरोहितः ।।५।।

१2४. मेधातिथिः – य. १७.2–७; ६; ३३.१०

य. १७.2–७

इमा मेऽअग्नऽइष्टका धेनवः सन्त्वेका व दश च दश च शतं च शतं च सहस्रं च सहस्रं चायुतं

Vedic Concordance of Mantras as per Devatā and Ṛṣi 115

चायुतं च नियुतं च नियुतं च प्रयुतं चार्बुदं च न्यर्बुदं च समुद्रश्च मध्यं चान्तश्च परार्द्धश्चैता मेऽअग्नऽइष्टका धेनवः सन्त्वमुत्रामुष्मिँल्लोके ।।2।।
ऋतव स्थऽऋतावृधऽऋतुष्ठा स्थऽऋतावृधः।
घृतश्च्युतो मधुश्च्युतो विराजो नाम कामदुघाऽअक्षीयमाणाः ।।३।।
समुद्रस्य त्वावकयाग्ने परि व्ययामसि। पावकोऽअस्मभ्यं यिशवो भव ।।४।।
हिमस्य त्वा जरायुणाग्ने परि व्ययामसि। पावकोऽअस्मभ्यं शिवो भव ।।५।।
उप ज्मन्नुप वेतसेऽवतर नदीष्वा।
अग्ने पित्तमपामसि मण्डूकि ताभिरागहि सेमं नो यज्ञं पावकवर्णं शिवं कृधि ।।६।।
अपामिदं न्ययनं समुद्रस्य निवेशनम्।
आन्याँस्तेऽअस्मत्तपन्तु हेतयः पावकोऽअस्मभ्यं शिवो भव।।७।।

य. १७.६

स नः पावक दीदिवोऽग्ने देवाँ2ऽ इहावह। उप यज्ञं हविश्च नः ।।६।।

य. ३३.१०

विश्वेभिः सोम्यं मध्वग्नऽइन्द्रेण वायुना। पिबा मित्रस्य धामभिः ।।१०।।

१२५. मेधातिथिः काण्वः – ऋ. १.१2.१–१2; १.१५.१2; १.22.६; १०; १.2३.2३–2४; सा. ३; १६; ३2; ७६०–७६2; ८४४–८४६

ऋ. १.१2.१–१2

अग्नि दूतं वृणीमहे होतारं विश्ववेदसम्। अस्य यज्ञस्य सुक्रतुम् ।।१।।
अग्निमग्नि हवीमभि५ सदा हवन्त विश्पतिम्। हव्यवाहं पुरुप्रियम् ।।2।।
अग्ने देवाँ इहा वह जज्ञानो वृक्तबर्हिषे। असि होता न ईड्यः ।।३।।
ताँ उशतो वि बोधय यदग्ने यासि दूत्यम्। देवैरा सत्सि बर्हिषि ।।४।।
घृताहवन दीदिवः प्रति ष्म रिषतो दह। अग्ने त्वं रक्षस्विनः ।।५।।
अग्निनाग्निः समिध्यते कविर्गृहपतिर्युवा। अव्यवाड् जुह्वास्यः ।।६।।
कविमग्निमुप स्तुहि सत्यधर्माणमध्वरे। देवममीवचातनम् ।।७।।
यस्त्वामग्ने हविष्पतिर्दूतं देव सपर्यति। तस्य स्म प्राविता भव ।।८।।
यो अग्नि देववीतये हविष्माँ आविवासति। तस्मै पावक मृळय ।।६।।
स नः पावक दीदिवोऽग्ने देवाँ इहा वह। उप यज्ञं हविश्च नः ।।१०।।
स नः स्तवान आ भर गायत्रेण नवीयसा। रयिं वीरवतीमिषम् ।।११।।
अग्ने शुक्रेण शोचिषा विश्वाभिर्देवहूतिभिः। इमं स्तोमं जुषस्व नः ।।१2।।

ऋ. १.१५.१2

गार्हपत्येन सन्त्य ऋतुना यज्ञनीरसि। देवान् देवयते यज ।।१2।।

ऋ. १.22.६–१०

अग्ने पत्नीरिहा वह देवानामुशतीरुप। त्वष्टारं सोमपीतये ।।६।।
आ ग्ना अग्न इहावसे होत्रां यविष्ठ भारतीम्। वरूत्रीं धिषणां वह ।।१०।।

ऋ. १.2३.2३–2४

आपो अद्यान्वचारिषं रसेन समगस्महि। पयस्वानग्न आ गहि तं मा सं सृज वर्चसा ।।2३।।
सं माग्ने वर्चसा सृज सं प्रजया समायुषा। विद्युर्मे अस्य देवा इन्द्रो विद्यात्सह ऋषिभिः ।।2४।।

सा. ३

अग्निं दूतं वृणीमहे होतारं विश्ववेदसम्। अस्य यज्ञस्य सुक्रतुम् ।।३।।

सा. १६

प्रति त्यं चारुमध्वरं गोपीथाय प्र हूयसे। मरुद्भिरग्न आ गहि ।।६।।

सा. ३2

कविमग्निमुप स्तुहि सत्यधर्माणमध्वरे। देवममीवचातनम् ।।१2।।

सा. ७६०–७६2

अग्निं दूतं वृणीमहे होतारं विश्ववेदसम्। अस्य यज्ञस्य सुक्रतुम् ।।१।।
अग्निमग्निं हवीमभिः सदा हवन्त विश्पतिम्। हव्यवाहं पुरुप्रियम् ।।2।।
अग्ने देवाँ इहा वह जज्ञानो वृक्तबर्हिषे। असि होता न ईड्यः ।।३।।

सा. ८४४–८४६

अग्निनाग्निः समिध्यते कविर्गृहपतिर्युवा। हव्यवाड् जुह्वास्य ।।१।।
यस्त्वामग्ने हविष्पतिर्दूतं देव सपर्यति। तस्य स्म प्राविता भव ।।2।।
यो अग्निं देववीतये हविष्माँ आविवासति। तस्मै पावक मृडय ।।३।।

१2६. मेध्यातिथिः – अ. 20.१०१.१–३

अग्नि दूतं वृणीमहे होतारं विश्ववेदसम्। अस्य यज्ञस्य सुक्रतुम् ।।१।।
अग्निमग्नि हवीमभिः सदा हवन्त विश्पतिम्। हव्यवाहं पुरुप्रियम् ।।2।।
अग्ने देवाँ इहा वह जज्ञानो वृक्तबर्हिषे। असि होता न ईड्यः ।।३।।

१2७. यमः – अ. ७.६४.2; १८.४.८८

अ. ७.६४.2

इदं यत् कृष्णः शकुनिरवामृक्षन्निर्ऋते ते मुखेन। अग्निर्मा तस्मादेनसो गार्हपत्यः प्र मुंचतु ।।2।।

अ. १८.४.८८

आ त्वाग्न इधीमहि द्युमन्तं देवाजरम् ।
यद् घ सा ते पनीयसी समिद् दीदयति द्यवि। इषं स्तोतृभ्य आ भर ।।८८।।

१2८. लोपामुद्रा – य. १७.११; १2; १५; ३६.20

य. १७.११–१2

नमस्ते हरसे शोचिषे नमस्तेऽअस्त्वर्चिषे।
अन्याँस्ते अस्मत्तपन्तु हेतयः पावकोऽअस्मभ्यं शिवो भव।।११।।

य. १७.१५

प्राणदा अपानदा व्यानदा वर्चोदा वरिवोदाः ।
अन्याँस्ते अस्मत्तपन्तु हेतयः पावको अस्मभ्यं शिवो भव ।१५।।

य. ३६.20

नमस्ते हरसे शोचिषे नमस्ते अस्त्वर्चिषे ।
अन्याँस्ते अस्मत्तपन्तु हेतयः पावको अस्मभ्यं शिवो भव ।।20।।

१2६. वत्सः – य. ४.१६–१७; 2८; 2६; ३2

य. ४.१६–१७

त्वमग्ने व्रतपाऽअसि देवऽआ मर्त्येष्वा। त्वं यज्ञेष्वीड्यः ।
रास्वेयत्सोमा भूयो भर देवो नः सविता वसो र्दाता वस्वदात् ।।१६।।
एषा ते शुक्र तनूरेतद्वर्चस्तया सम्भव भ्राजंगच्छ। जूरसि धृता मनसा जुष्टा विष्णवे ।।१७।।

य. ४.2८–2६

परि माग्ने दुश्चरिताद्बाधस्वा मा सुचरिते भज। उदायुषा स्वायुषोदस्थाममृताँ 2ऽअनु ।।2८।।
प्रति पन्थामपद्यहि स्वस्तिगामनेहसम्। येन विश्वाः परि द्विषो वृणक्ति विन्दते वसु ।।2६।।

य. ४.३2

सूर्य्यस्य चक्षुरारोहाग्नेरक्ष्णः कनीनकम्। यत्रैतशेभिरीयसे भ्राजमानो विपश्चिता ।।३2।।

१३०. वत्स आग्नेयः – ऋ. १०.१८७.१–५

प्राग्नये वाचमीरय वृषभाय क्षितीनाम्। स नः पर्षदति द्विषः ।।१।।
यः परस्याः परावतस्तिरो धन्वातिरोचते। स नः पर्षदति द्विषः ।।2।।
यो रक्षांसि निजूर्वति वृषा शुक्रेण शोचिषा। स नः पर्षदति द्विषः ।।३।।
यो विश्वाभि विपश्यति भुवना सं च पश्यति। स नः पर्षदति द्विषः।।४।।

यो अस्य पारे रजसः शुक्रो अग्निरजायत। स नः पर्षदति द्विषः ।।५।।

१३१. वत्सः काण्वः – ऋ. ८.११.१–१०; सा. ८; 2०; ११६६–११६८

ऋ. ८.११.१–१०

त्वमग्ने व्रतपा असि देव आ मर्त्येष्वा। त्वं यज्ञेष्वीड्यः ।।१।।
त्वमसि प्रशस्यो विदथेषु सहन्त्य। अग्ने रथीरध्वराणाम् ।।2।।
स त्वमस्मदप द्विषो युयोधि जातवेदः। अदेवीरग्ने अरातीः ।।३।।
अन्ति चित्सन्तमह यज्ञं मर्तस्य रिपोः। नोप वेषि जातवेदः ।।४।।
मर्ता अमर्त्यस्य ते भूरि नाम मनामहे। विप्रासो जातवेदसः ।।५।।
विप्रं विप्रासोऽवसे देवं मर्तास ऊतये। अग्निं गीर्भिर्हवामहे ।।६।।
आ ते वत्सो मनो यमत्परमाच्चित्सधस्थात्। अग्ने त्वांकामया गिरा ।।७।।
पुरुत्रा हि सदृङ्ङसि विशो विश्वा अनु प्रभुः। समत्सु त्वा हवामहे।।८।।
समत्स्वग्निमवसे वाजयन्तो हवामहे। वाजेषु चित्रराधसम् ।।६।।
प्रत्नो हि कमीड्यो अध्वरेषु सनाच्च होता नव्यश्च सत्सि ।
स्वां चाग्ने तन्वं पिप्रयस्वास्मभ्यं च सौभगमा यजस्व ।।१०।।

सा. ८

आ ते वत्सा मनो यमत्परमाच्चित्सधस्थात्। अग्ने त्वां कामये गिरा ।।८।।

सा. 2०

आदित्प्रत्नस्य रेतसो ज्योतिः पश्यन्ति वासरम्। परो यदिध्यते दिवि ।।१०।।

सा. ११६६–११६८

आ ते वत्सा मनो यमत्परमाच्चित्सधस्थात्। अग्ने त्वां कामये गिरा।।१।।
पुरुत्रा हि सदृङ्ङसि दिशो विश्वा अनु प्रभुः। समत्सु त्वा हवामहे ।।2।।
समत्स्वग्निमवसे वाजयन्तो हवामहे। वाजेषु चित्रराधसम् ।।३।।

१३2. वत्सप्रिः – ऋ. १०.४५.१–१2; १०.४६.१–१०; य. १2.१; ६–१०; १८–2६; ४०–४१

ऋ. १०.४५.१–१2

दिवस्परि प्रथमं जज्ञे अग्निरस्मद् द्वितीयं परि जातवेदाः ।
तृतीयमप्सु नृमणा अजस्रमिन्धान एनं जरते स्वाधीः ।।१।।
विद्या ते अग्ने त्रेधा त्रयाणि विद्या ते धाम विभृता पुरुत्रा ।
विद्या ते नाम परमं गुहा यद्विद्या तमुत्सं यत आजगन्थ ।।2।।
समुद्रे त्वा नृमणा अप्स्वन्तर्नृचक्षा ईधे दिवो अग्न ऊधन् ।
तृतीये त्वा रजसि तस्थिवांसपामुपस्थे महिषा अवर्धन् ।।३।।
अक्रन्ददग्निः स्तनयन्निव द्यौः क्षामा रेरिहद्वीरुधः समंजन् ।
सद्यो जज्ञानो वि हीमिद्धो अख्यदा रोदसी भानुना भात्यन्तः ।।४।।
श्रीणामुदारो धरुणो रयीणां मनीषाणां प्रार्पणः सोमगोपाः ।
वसुः सूनुः सहसो अप्सु राजा वि भात्यग्र उषसामिधानः ।।५।।
विश्वस्य केतुर्भुवनस्य गर्भ आ रोदसी अपृणाज्जायमानः ।
वीळुं चिदद्रिमभिनत्परायंजना यदग्निमयजन्त पंच ।।६।।
उशिक्पावको अरतिः सुमेधा मर्तेष्वग्निरमृतो नि धायि ।
इयर्ति धूममरुषं भरिभ्रदुच्छुक्रेण शोचिषा द्यामिनक्षन् ।।७।।
दृशानो रुक्म उर्विया व्यद्यौदुर्मर्षमायुः श्रिये रुचानः ।
अग्निरमृतो अभवद्वयोभिर्यदेनं द्यौर्जनयत्सुरेताः ।।८।।
यस्ते अद्य कृणवद्भद्रशोचेऽपूपं देव घृतवन्तमग्ने ।
प्र तं नय प्रतरं वस्यो अच्छाभि सुम्नं दवेभक्तं यविष्ठ ।।६।।
आ तं भज सौश्रवसेष्वग्न उक्थउक्थ आ भज शस्यमाने ।

प्रियः सूर्ये प्रियो अग्ना भवात्युज्जातेन भिनददुज्जनित्वैः ।।१०।।
त्वामग्ने यजमाना अनु द्यून्विश्वा दधिरे वर्याणि ।
त्वया सह द्रविणमिच्छमाना व्रजं गोमन्तमुशिजो वि वव्रुः ।।११।।
अस्ताव्यग्निर्नरां सुशेवो वैश्वानर ऋषिभिः सोमगोपाः ।
अद्वेषे द्यावापृथिवी हुवेम देवा धत्त रयिमस्मे सुवीरम् ।।१2।।

ऋ. १०.४६.१–१०

प्र होता जातो महान्नभोविन्नृषद्वा सीददपामुपस्थे ।
दधिर्यो धायि स ते वयांसि यन्ता वसूनि विधते तनूपाः ।।१।।
इमं विधन्तो अपां सधस्थे पशुं न नष्टं पदैरनु ग्मन् ।
गुहा चतन्तमुशिजो नमोभिरिच्छन्तो धीरा भृगवोऽविन्दन् ।।2।।
इमं त्रितो भूर्यविन्ददिच्छन्वैभूवसो मूर्धन्यघ्न्यायाः ।
स शेवृधो जात आ हर्म्येषु नाभिर्युवा भवति रोचनस्य ।।३।।
मन्द्रं होतारमुशिजो नमोभिः प्रांचं नेतारमध्वराणाम् ।
विशामकृण्वन्नरतिं पावकं हव्यवाहं दधतो मानुषेषु ।।४।।
प्र भूर्जयन्तं महां विपोधां मूरा अमूरं पुरां दर्माणम् ।
नयन्तो गर्भं वनां धियं धुर्हिरिश्मश्रुं नार्वाणं धनर्चम् ।।५।।
नि पस्त्यासु त्रितः स्तभूयन्परिवीतो योनौ सीददन्तः ।
अतः सङ्गृभ्या विशां दमूना विधर्मणायन्त्रैरीयते नॄन् ।।६।।
अस्याजरासो दमामरित्रा अर्चद्धूमासो अग्नयः पावकाः ।
श्वितीचयः श्वात्रासो भुरण्यवो वनर्षदो वायवो न सोमाः ।।७।।
प्र जिह्वया भरते वेपो अग्निः प्र वयुनानि चेतसा पृथिव्याः ।
तमायवः शुचयन्तं पावकं मन्द्रं होतारं दधिरे यजिष्ठम् ।।८।।
द्यावा यमग्निं पृथिवी जरिष्टामापस्त्वष्टा भृगवो यं सहोभिः ।
ईळेन्यं प्रथमं मातरिश्वा देवास्ततक्षुर्मनवे यजत्रम् ।।९।।
यं त्वा देवा दधिरे हव्यवाहं पुरुस्पृहो मानुषासो यजत्रम् ।
स यामन्नग्ने स्तुवते वयो धाः प्र देवयन्यशसः सं हि पूर्वीः ।।१०।।

य. १2.१

दृशानो रुक्मऽउर्व्या व्यद्यौद् दुर्मर्षमायुः श्रिये रुचानः ।
अग्निरमृतोऽअभवद्वयोभिर्यदेनं द्यौरजनयत्सुरेता ।।१।।

य. १2.६–१०

अक्रन्ददग्नि स्तनयन्निव द्यौः क्षामा रेरिहद्वीरुधः समंजन् ।
सद्यो जज्ञानो वि हीमिद्धोऽ अख्यदा रोदसी भानुना भात्यन्तः ।।६।।
अग्नेऽभ्यावर्त्तिन्नाभि मा निवर्त्तस्वायुषा वर्चसा प्रजया धनेन। सन्या मेध्या रय्या पोषेण।।७।।
अग्नेऽअंगिरः शतं ते सन्त्वावृतः सहस्रं तऽउपावृतः ।
अधा पोषस्य पोषेण पुनर्नो नष्टमाकृधि पुनर्नो रयिमाकृधि ।।८।।
पुनरूर्जा निवर्त्तस्व पुनरग्नऽइषायुषा। पुनर्नः पाह्यंहसः ।।९।।
सह रय्या निवर्त्तस्वाग्ने पिन्वस्व धारया। विश्वप्स्न्या विश्वप्स्न्या विश्वतस्परि ।।१०।।

य. १2.१८–2६

दिवस्परि प्रथमं जज्ञेऽअग्निरस्मद्द्वितीयं परि जातवेदाः ।
तृतीयमप्सु नृमणाऽअजस्रमिन्धानऽएनं जरते स्वाधीः ।।१८।।
विद्या तेऽअग्ने त्रेधा त्र्याणि विद्या ते धाम विभृता पुरुत्रा ।
विद्या ते नाम परमं गुहा यद्विद्या तमुत्सं यतऽआजगन्थ ।।१९।।
समुद्रे त्वा नृमणाऽअप्स्वन्तर्नृचक्षाऽईधे दिवो अग्नऽऊधन् ।

तृतीये त्वा रजसि तस्थिवांसमपामुपस्थे महिषाऽअवर्धन् ।।20।।
अक्रन्ददग्नि स्तनयन्निव द्यौः क्षामारेरिहद् वीरुधः समंजन् ।
सद्यो जज्ञानो वि हीमिद्धोऽअख्यदा रोदसी भानुना भात्यन्तः ।।21।।
श्रीणामुदारो धरुणो रयीणां मनीषाणां प्रार्पणः सोमगोपाः ।
वसुः सूनुः सहसोऽअप्सु राजा विभात्यग्रऽउषसामिधानः ।।22।।
विश्वस्य केतुर्भुवनस्य गर्भऽआ रोदसीऽअपृणाज्जायमानः ।
वीडुं चिदद्रिमभिनत् परायंजना यदग्निमयजन्त पंच ।।2३।।
उशिक् पावको अरतिः सुमेधा मर्त्येष्वग्निरमृतो नि धायि ।
इयर्त्ति धूममरुषं भरिभ्रदुच्छुक्रेण शोचिषा द्यामिनक्षन् ।।2४।।
दृशानो रुक्मऽउर्व्या व्यद्यौद्दुर्मर्षमायुः श्रिये रुचानः ।
अग्निरमृतोऽअभवद्वयोभिर्यदेनं द्यौरजनयत्सुरेताः ।।2५।।
यस्तेऽअद्य कृणवद्भद्रशोचेऽपूपं देव घृतवन्तमग्ने ।
प्र तं नय प्रतरं वस्योऽअच्छाभि सुम्नं देवभक्तं यविष्ठ ।।2६।।
आ तं भज सौश्रवसेष्वग्नऽउक्थऽउक्थऽआभज शस्यमाने ।
प्रियः सूर्य्ये प्रियोऽअग्ना भवात्युज्जातेन भिनददुज्जनित्वैः ।।2७।।
त्वामग्ने यजमानाऽअनु द्यून् विश्वा वसु दधिरे वार्य्याणि ।
त्वया सह द्रविणमिच्छमाना व्रजं गोमन्तमुशिजो विवव्रुः ।।2८।।
अस्ताव्यग्निर्नरां सुशेवो वैश्वानरऽऋषिभिः सोमगोपाः ।
अद्वेषे द्यावापृथिवी हुवेम देवा धत्त रयिमस्मे सुवीरम् ।।2९।।

य. १2.३३

अक्रन्ददग्नि स्तनयन्निव द्यौः क्षामा रेरिहद् वीरुधः समंजन् ।
सद्यो जज्ञानो वि हीमिद्धोऽअख्यदा रोदसी भानुना भात्यन्तः ।।३३।।

य. १2.४०–४१

पुनरूर्जा निवर्त्तस्व पुनरग्नऽइषायुषा। पुनर्नः पाह्यंहसः ।।४०।।
सह रय्या निवर्त्तस्वाग्ने पिन्वस्व धारया। विश्वप्स्न्या विश्वतस्परि ।।४१।।

१३३. वत्सप्रिर् भालन्दनः (साग्री. सास्वा. ऋसर्व.) वत्स (सार्षेदी.–७४) वत्सप्रिय (सार्षेदी. ७७) – सा. ७४; ७७

सा. ७४

प्र भूर्जयन्तं महां विपोधां मूरैरमूरं पुरां दर्माणम् ।
नयन्तं गीर्भिर्वना धियं धा हरिश्मश्रुं न वर्मणा धनर्चिम् ।।2।।

सा. ७७

प्र होता जातो महान्नभोविन्नृषद्या सीददपां विवर्ते ।
दधद्यो धायी सुते वयांसि यन्ता वसूनि विधते तनूपाः ।।५।।

१३४. वत्सारः – य. १2.११५; १३.१–2

य. १2.११५

आ ते वत्सो मनो यमत्परमाच्चित्सधस्थात्। अग्ने त्वां कामया गिरा ।।११५।।

य. १३.१–2

मयि गृह्णाम्यग्रेऽअग्निं रायस्पोषाय सुप्रजास्त्वाय सुवीर्य्याय। मासु देवताः सचन्ताम् ।।१।।
अपां पृष्ठमसि योनिरग्नेः समुद्रमभितः पिन्वमानम् ।
वर्धमानो महाँ2ऽआ च पुष्करे दिवो मात्रया वरिम्णा प्रथस्व ।।2।।

१३५. वव्रिर् आत्रेयः – ऋ. ५.१९.१–५

अभ्यवस्थाः प्र जायन्ते प्र वव्रेर्वव्रिश्चिकेत। उपस्थे मातुर्वि चष्टे ।।१।।

जुहुरे वि चितयन्तोऽनिमिषं नृम्णं पान्ति। आ दृळहां पुरं विविशुः ।।2।।
आ श्वैत्रेयस्य जन्तवो द्युमद्वर्धन्त कृष्टयः। निष्कग्रीवो बृहदुक्थ एना मध्वा न वाजयुः ।।३।।
प्रियं दुग्धं न काम्यमजामि जाम्योः सचा। घर्मो न वाजजठरोऽदब्धः शश्वतो दभः ।।४।।
क्रीळन्नो रश्म आ भुवः सं भस्मना वायुना वेविदानः ।
ता अस्य सन्धृषजो न तिग्माः सुसंशिता वक्ष्यो वक्षणेस्थाः ।।५।।

१३६. वसिष्ठः – ऋ. ७.१.१–2५; ७.३.१–१०; ७.४.१–१०; ७.८.१–७; ७.६.१–६; ७.१०.१–५; ७.११.१–५; ७.१2.१–३; ७.१४.१–३; ७.१५.१–१५; ७.१६.१–१2; ७.१७.१–७; ७.५०.2; ७.१०४.१०; १४; य. १५.६2; १७.७६; 2१.६; अ. ३.20.१–2; ५; ३.2१.१–७

ऋ. ७.१.१–2५

अग्निं नरो दीधितिभिररण्योर्हस्तच्युती जनयन्त प्रशस्तम्। दूरेदृशं गृहपतिमथर्युम् ।।१।।
तमग्निमस्ते वसवो न्यृण्वन्त्सुप्रतिचक्षमवसे कुतश्चित्। दक्षाय्यो यो दम आस नित्यः ।।2।।
प्रेद्धो अग्ने दीदिहि पुरो नोऽजस्रया सूर्म्या यविष्ठ। त्वां शश्वन्त उप यन्ति वाजाः ।।३।।
प्र ते अग्नयोऽग्निभ्यो वरं निः सुवीरासः शोशुचन्त द्युमन्तः। यत्रा नरः समासते सुजाताः ।।४।।
दा नो अग्ने धिया रयिं सुवीरं स्वपत्यं सहस्य प्रशस्तम्। न यं यावा तरति यातुमावान् ।।५।।
उप यमेति युवतिः सुदक्षं दोषा वस्तोर्हविष्मती घृताची। उप स्वैनमरमतिर्वसूयुः ।।६।।
विश्वा अग्नेऽप दहारातीर्येभिस्तपोभिरदहो जरूथम्। प्र निस्वरं चातयस्वामीवाम् ।।७।।
आ यस्ते अग्न इधते अनीकं वसिष्ठ शुक्र दीदिवः पावक। उतो न ऐभिः स्तवथैरिह स्याः ।।८।।
वि ये ते अग्ने भेजिरे अनीकं मर्ता नरः पित्र्यासः पुरुत्रा। उतो न एभिः सुमना इह स्याः ।।६।।
इमे नरो वृत्रहत्येषु शूरा विश्वा अदेवीरभि सन्तु मायाः। ये मे धियं पनयन्त प्रशस्ताम् ।।१०।।
मा शूने अग्ने नि षदाम नृणां माशेषसोऽवीरता परि त्वा। प्रजावतीषु दुर्यासु दुर्य ।।११।।
यमश्वी नित्यमुपयाति यज्ञं प्रजावन्तं स्वपत्यं क्षयं नः। स्वजन्मना शेषसा वावृधानम् ।।१2।।
पाहि नो अग्ने रक्षसो अजुष्टात् पाहि धूर्तेरररुषो अघायोः। त्वा युजा पृतनायूँरभि ष्याम् ।।१३।।
सेदग्निरग्नीँरत्यस्त्वन्यान्यत्र वाजी तनयो वीळुपाणिः। सहस्रपाथा अक्षरा समेति ।।१४।।
सेदग्निर्यो वनुष्यतो निपाति समेद्धारमंहस उरुष्यात्। सुजातासः परि चरन्ति वीराः ।।१५।।
अयं सो अग्निराहुतः पुरुत्रा यमीशानः समिदिन्धे हविष्मान। परि यमेत्यध्वरेषु होता ।।१६।।
त्वे अग्न आहवनानि भूरीशानास आ जुहुयाम नित्या। उभा कृण्वन्तो वहतू मियेधे ।।१७।।
इमो अग्ने वीततमानि हव्याजस्रो वक्षि देवतातिमच्छ। प्रति न ईं सुरभीणि व्यन्तु ।।१८।।
मा नो अग्नेऽवीरते परा दा दुर्वाससेऽमतये मा नो अस्यै ।
मा नः क्षुधे मा रक्षस ऋतावो मा नो दमे मा वन आ जुहूर्थाः ।।१६।।
नू मे ब्रह्माण्यग्न उच्छशाधि त्वं देव मघवद्भ्यः सुषूदः ।
रातौ स्यामोभयास आ ते यूयं पात स्वस्तिभिः सदा नः ।।20।।
त्वमग्ने सुहवो रण्वसंदृक् सुदीति सूनो सहसो दिदीहि ।
मा त्वे सचा तनये नित्य आ धङ्मा वीरो अस्मन्नर्यो वि दासीत् ।।2१।।
मा नो अग्ने दुर्भृतये सचैषु देवेद्धेष्वग्निषु प्र वोचः ।
मा ते अस्मान्दुर्मतयो भृमाच्चिद्देवस्य सूनो सहसो नशन्त ।।22।।
स मर्तो अग्ने स्वनीक रेवानमर्त्ये य आजुहोति हव्यम् ।
स देवता वसुवनिं दधाति यं सुरिरर्थी पुच्छमान एति ।।2३।।
महो नो अग्ने सुवितस्य विद्वान् रयिं सरिभ्य आ वहा बृहन्तम् ।
येन वयं सहसावन्मदेमाविक्षितास आयुषा सुवीराः ।।2४।।
नू मे ब्रह्माण्यग्न उच्छशाधि त्वं देव मघवद्भ्यः सुषूदः ।
रातौ स्यामोभयास आ ते यूयं पात स्वस्तिभिः सदा नः ।।2५।।

ऋ. ७.३.१–१०

अग्निं देवमग्निभिः सजोषा यजिष्ठं दूतमध्वरे कृणुध्वम् ।

यो मर्त्येषु निध्रुविर्ऋतावा तपुर्मूधा घृतान्नः पावकः ।।१।।
प्रोथदश्वो न यवसेऽविष्यन्यदा महः संवरणाद्व्यस्थात् ।
आदस्य वातो अनु वाति शोचिरध स्म ते व्रजनं कृष्णमस्ति ।।2।।
उद्यस्य ते नवजातस्य वृष्णोऽग्ने चरन्त्यजरा इधानाः ।
अच्छा द्यामरुषो धूम एति सं दूतो अग्न ईयसे हि देवान् ।।३।।
वि यस्य ते पृथिव्यां पाजो अश्रेत्तृषु यदन्ना समवृक्त जम्भैः ।
सेनेव सृष्टा प्रसितिष्ठ एति यवं न दस्म जु□हा विवेक्षि ।।४।।
तमिद्दोषा तमुषसि यविष्ठमग्निमत्यं न मर्जयन्त नरः ।
निशिशाना अतिथिमस्य योनौ दीदाय शोचिराहुतस्य वृषणः ।।५।।
सुसंदृक्ते स्वनीक प्रतीकं वि यद्रुक्मो न रोचस उपाके ।
दिवो न ते तन्यतुरेति शुष्मश्चिन्नो न सूरः प्रति चक्षि भानुम् ।।६।।
यथा वः स्वाहाग्नये दाशेम परीळाभिर्घृतवद्भिश्च हव्यैः ।
तेभिर्नो अग्ने अमितैर्महोभिः शतं पूर्भिरायसीभिर्नि पाहि ।।७।।
या वा ते सन्ति दाशुषे अधृष्टा गिरो वा याभिर्नृवतीरुरुष्याः ।
ताभिर्नः सूनो सहसो नि पाहि स्मत्सूरींजरितृंजातवेदः ।।८।।
निर्यत्पूतेव स्वधितिः शुचिर्गात् स्वया कृपा तन्वा३ रोचमानः ।
आ यो मात्रोरुशेन्यो जनिष्ट देवयज्याय सुक्रतुः पावकः ।।९।।
एता नो अग्ने सौभगा दिदीह्यपि क्रतुं सुचेतसं वतेम ।
विश्वा स्तोतृभ्यो गृणते च सन्तु यूयं पात स्वस्तिभिः सदा नः ।।१०।।

ऋ. ७.४.१–१०

प्र वः शुक्राय भानवे भरध्वं हव्यं मतिं चाग्नये सुपूतम् ।
यो दैव्यानि मानुषा जनूंष्यन्तर्विश्वानि विद्यना जिगाति ।।१।।
स गृत्सो अग्निस्तरुणश्चिदस्तु यतो यविष्ठो अजनिष्ट मातुः ।
सं यो वना युवते शुचिदन् भूरि चिदन्ना समिदत्ति सद्यः ।।2।।
अस्य देवस्य संसद्यनीके यं मर्तासः श्येतं जगृभ्रे ।
नि यो गृभं पौरुषेयीमुवोच दुरोकमग्निरायवे शुशोच ।।३।।
अयं कविरकविषु प्रचेता मर्तेष्वग्निरमृतो नि धायि ।
स मा नो अत्र जुहुरः सहस्वः सदा त्वे सुमनसः स्याम ।।४।।
आ यो योनिं देवकृतं ससाद क्रत्वा ह्य१ग्निरमृताँ अतारीत् ।
तमोषधीश्च वनिनश्च गर्भं भूमिश्च विश्वधायसं बिभर्ति ।।५।।
ईशे ह्य१ग्निरमृतस्य भूरेरीशे रायः सुवीर्यस्य दातोः ।
मा त्वा वयं सहसावन्नवीरा माप्सवः परि षदाम मादुवः ।।६।।
परिषद्यं ह्यरणस्य रेक्णो नित्यस्य रायः पतयः स्याम ।
न शेषो अग्ने अन्यजातमस्त्यचेतानस्य मा पथो वि दुक्षः ।।७।।
नहि ग्रभायारणः सुशेवोऽन्योदर्यो मनसा मन्तवा उ ।
अधा चिदोकः पुनरित्स एत्या नो वाज्यभीषाळेतु नव्यः ।।८।।
त्वमग्ने वनुष्यतो नि पाहि त्वमु नः सहसावन्नवद्यात् ।
सं त्वा धवस्मन्वदभ्येतु पाथः सं रयिः स्पृहयाय्यः सहस्री ।।९।।
एता नो अग्ने सौभगा दिदीह्यपि क्रतुं सुचेतसं वतेम ।
विश्वा स्तोतृभ्यो गृणते च सन्तु यूयं पात स्वस्तिभिः सदा नः ।।१०।।

ऋ. ७.८.१–७

इन्धे राजा समर्यो नमोभिर्यस्य प्रतीकमाहुतं घृतेन ।
नरो हव्येभिरीळते सबाध आग्निरग्र उषसामशोचि ।।१।।
अयमु ष्य सुमहाँ अवेदि होता मन्द्रो मनुषो यह्वो अग्निः ।

वि भा अकः ससृजानः पृथिव्यां कृष्णपविरोषधीभिर्ववक्षे ।।2।।
कया नो अग्ने वि वसः सुवृक्तिं कामु स्वधामृणवः शस्यमानः ।
कदा भवेम पतयः सुदत्र रायो वन्तारो दुष्टरस्य साधोः ।।३।।
प्रप्रायमग्निर्भरतस्य शृण्वे वि यत्सूर्यो न रोचते बृहद्भाः ।
अभि यः पुरुं पृतनासु तस्थौ द्युतानो दैव्यो अतिथिः शुशोच ।।४।।
असन्नित्त्वे आहवनानि भूरि भुवो विश्वेभिः सुमना अनीकैः ।
स्तुतश्चिदग्ने शृण्विषे गृणानः स्वयं वर्धस्व तन्वं सुजात ।।५।।
इदं वचः शतसाः संसहस्रमुदग्नये जनिषीष्ट द्विबर्हाः ।
शं यत्सतोतृभ्य आपये भवाति द्युमदमीवचातनं रक्षोहा ।।६।।
नू त्वामग्न ईमहे वसिष्ठा ईशानं सूनो सहसो वसूनाम् ।
इषं स्तोतृभ्यो मघवद्भ्य आनड्यूयं पात स्वस्तिभिः सदा नः ।।७।।

ऋ. ७.९.१–६

अबोधि जार उषसामुपस्थाद्धोता मन्द्रः कवितमः पावकः ।
दधाति केतुमुभयस्य जन्तोर्हव्या देवेषु द्रविणं सुकृत्सु ।।१।।
स सुक्रतुर्यो वि दुरः पणीनां पुनानो अर्कं पुरुभोजसं नः ।
होता मन्द्रो विशां दमूनास्तिरस्तमो ददृशे राम्याणाम् ।।2।।
अमूरः कविरदितिर्विवस्वान्त्सुसंसन्मित्रो अतिथिः शिवो नः ।
चित्रभानुरुषसां भात्यग्रेऽपां गर्भः प्रस्व१ आ विवेश ।।३।।
ईळेन्यो वो मनुषो युगेषु समनगा अशुचज्जातवेदाः ।
सुसंदृशा भानुना यो विभाति प्रति गावः समिधानं बुधन्त ।।४।।
अग्ने याहि दूत्यं१ मा रिषण्यो देवाँ अच्छा ब्रह्मकृता गणेन ।
सरस्वतीं मरुतो अश्विनापो यक्षि देवान्रत्नधेयाय विश्वान् ।।५।।
त्वामग्ने समिधानो वसिष्ठो जरूथं हन् यक्षि राये पुरन्धिम् ।
पुरुणीथा जातवेदो जरस्व यूयं पात स्वस्तिभिः सदा नः ।।६।।

ऋ. ७.१०.१–५

उषो न जारः पृथु पाजो अश्वेद्दविद्युतद्दीद्यच्छोशुचानः ।
वृषा हरिः शुचिरा भाति भासा धियो हिन्वान उशतीरजीगः ।।१।।
स्व१र्ण वस्तोरुषसामरोचि यज्ञं तन्वाना उशिजो न मन्म ।
अग्निर्जन्मानि देव आ वि विद्वान्द्रवद् दूतो देवयावा वनिष्ठः ।।2।।
अच्छा गिरो मतयो देवयन्तीरग्निं यन्ति द्रविणं भिक्षमाणाः ।
सुसंदृशं सुप्रतीकं स्वंचं हव्यवाहमरतिं मानुषाणाम् ।।३।।
इन्द्रं नो अग्ने वसुभिः सजोषा रुद्रं रुद्रेभिरा वहा बृहन्तम् ।
आदित्येभिरदितिं विश्वजन्यां बृहस्पतिमृक्वभिर्विश्ववारम् ।।४।।
मन्द्रं होतारमुशिजो यविष्ठमग्निं विश ईळते अध्वरेषु ।
स हि क्षपावाँ अभवद्रयीणमतन्द्रो दूतो यजथाय देवान् ।।५।।

ऋ. ७.११.१–५

महाँ अस्यच्चरस्य प्रकेतो न ऋते त्वदमृता मादयन्ते ।
आ विश्वेभिः सरथं याहि देवैर्न्यग्ने होता प्रथमः सदेह ।।१।।
त्वामीळते अजिरं दूत्याय हविष्मन्तः सदमिन्मानुषासः ।
यस्य देवैरासदो बर्हिरग्नेऽहान्यस्मै सुदिना भवन्ति ।।2।।
त्रिश्चिदक्तोः प्र चिकितुर्वसूनि त्वे अन्तर्दाशुषे मर्त्याय ।
मनुष्वदग्न इह यक्षि देवान्भवा नो दूतो अभिशस्तिपावा ।।३।।
अग्निरीशे बृहतो अध्वरस्याग्निर्विश्वस्य हविषः कृतस्य ।

क्रतुं ह्यस्य वसवो जुषन्ताथा देवा दधिरे हव्यवाहम् ।।४।।
आग्ने वह हविरद्याय देवानिन्द्रज्येष्ठास इह मादयन्ताम् ।
इमं यज्ञं दिवि देवेषु धेहि यूयं पात स्वस्तिभिः सदा नः ।।५।।

ऋ. ७.१२.१–३

अगन्म महा नमसा यविष्ठं यो दीदाय समिद्धः स्वे दुरोणे ।
चित्रभानुं रोदसी अन्तरुर्वी स्वाहुतं विश्वतः प्रत्यंचम् ।।१।।
स मह्ना विश्वा दुरितानि साह्वानग्निष्टवे दम आ जातवेदाः ।
स नो रक्षिषद् दुरितादवद्यादस्मान्गृणत उत नो मघोनः ।।2।।
त्वं वरुण उत मित्रो अग्ने त्वां वर्धन्ति मतिभिर्वसिष्ठाः ।
त्वं वसु सुषणनानि सन्तु यूयं पात स्वस्तिभिः सदा नः ।।३।।

ऋ. ७.१४.१–३

समिधा जातवेदसे देवाय देवहुतिभिः ।
हविर्भिः शुक्रशोचिषे नमस्विनो वयं दाशेमाग्नये ।।१।।
वयं ते अग्ने समिधा विधेम वयं दाशेम सुष्टुती यजत्र ।
वयं घृतेनाध्वरस्य होतर्वयं देव हविषा भद्रशोचे ।।2।।
आ नो देवेभिरुप देवहूतिमग्ने याहि वषट्कृतिं जुषाणः ।
तुभ्यं देवाय दाशतः स्याम यूयं पात स्वस्तिभिः सदा नः ।।३।।

ऋ. ७.१५.१–१५

उपसद्याय मीळ्हुष आस्ये जुहुता हविः। यो नो नेदिष्ठमाप्यम् ।।१।।
यः पंच चर्षणीरभि निषसाद् दमेदमे। कविर्गृहपतिर्युवा ।।2।।
स नो वेदो अमात्यमग्नी रक्षतु विश्वतः। उतास्मान्पात्वंहसः ।।३।।
नवं नु स्तोममग्नये दिवः श्येनाय जीजनम्। वस्वः कुविद्वनाति नः ।।४।।
स्पार्हा यस्य श्रियो दृशे रयिर्वीरवतो यथा। अग्रे यज्ञस्य शोचतः ।।५।।
सेमां वेतु वषट्कृतिमग्निर्जुषत नो गिरः। यजिष्ठो हव्यवाहनः ।।६।।
नि त्वा नक्ष्य विश्पते द्युमन्तं देव धीमहि। सुवीरमग्न आहुत ।।७।।
क्षप उस्रश्च दीदिहि स्वग्नयस्त्वया वयम्। सुवीरस्त्वमस्मयुः ।।८।।
उप त्वा सातये नरो विप्रासो यन्ति धीतिभिः। उपाक्षरा सहस्रिणी ।।६।।
अग्नी रक्षांसि सेधति शुक्रशोचिरमर्त्यः। शुचिः पावक ईड्यः ।।१०।।
स नो राधांस्या भरेशानः सहसो यहो। भगश्च दातु वार्यम् ।।११।।
त्वमग्ने वीरवद्यशो देवश्च सविता भगः। दितिश्च दाति वार्यम् ।।१2।।
अग्ने रक्षा णो अंहसः प्रति ष्म देव रीषतः। तपिष्ठैरजरो दह ।।१३।।
अधा मही न आयस्यनाधृष्टो नृपीतये। पूर्भवा शतभुजिः ।।१४।।
त्वं नः पाह्यंहसो दोषावस्तरघायतः। दिवा नक्तमदाभ्य ।।१५।।

ऋ. ७.१६.१–१2

एना वो अग्निं नमसोर्जो नपातमा हुवे ।
प्रियं चेतिष्ठमरतिं स्वध्वरं विश्वस्य दूतममृतम् ।।१।।
स योजते अरुषा विश्वभोजसा स दुद्रवत्स्वाहुतः ।
सुब्रह्मा यज्ञः सुशमी वसूनां देवं राधो जनानम् ।।2।।
उदस्य शोचिरस्थादाजुह्वानस्य मीळ्हुषः ।
उद्धूमासो अरुषासो दिविस्पृशः समग्निमिन्धते नरः ।।३।।
तं त्वा दूतं कृण्महे यशस्तमं देवाँ आ वीतये वह ।
विश्वा सूनो सहसो मर्तभोजना रास्व तद्यत्त्वेमहे ।।४।।
त्वमग्ने गृहपतिस्त्वं होता नो अध्वरे ।
त्वं पोता विश्ववार प्रचेता यक्षि वेषि च वार्यम् ।।५।।

कृधि रत्नं यजमानाय सुक्रतो त्वं हि रत्नधा असि ।
आ न ऋते शिशीहि विश्वमृत्विजं सुशंसो यश्च दक्षते ।।६।।
त्वे अग्ने स्वाहुत प्रियासः सन्तु सूरयः ।
यन्तारो ये मघवानो जनानामूर्वान्दयन्त गोनाम् ।।७।।
येषामिळा घृतहस्ता दुरोण आँ अपि प्राता निषीदति ।
ताँस्त्रायस्व सहस्य द्रुहो निदो यच्छा नः शर्म दीर्घश्रुत् ।।८।।
स मन्द्रया च जिह्वया वह्निरासा विदुष्टरः ।
अग्ने रयिं मघवद्भ्यो न आ वह हव्यदातिं च सूदय ।।९।।
ये राधांसि ददत्यश्व्या मघा कामेन श्रवसो महः ।
ताँ अंहसः पिपृहि पर्तृभिष्ट्वं शतं पूर्भिर्यविष्ठ्य ।।१०।।
देवो वो द्रविणोदाः पूर्णां विवष्ट्यासिचम् ।
उद्वा सिंचध्वमुप वा पृणध्वमादिद्वो देव ओहते ।।११।।
तं होतारमध्वरस्य प्रचेतसं वह्निं देवा अकृण्वत ।
दधाति रत्नं विधते सुवीर्यमग्निर्जनाय दाशुषे ।।12।।

ऋ. ७.१७.१–७

अग्ने भव सुषमिधा समिद्ध उत बर्हिरुर्विया वि स्तृणीताम्।।१।।
उत द्वार उशतीर्वि श्रयन्तामुत देवाँ उशत आ वहेह ।।2।।
अग्ने वीहि हविषा यक्षि देवान्त्स्वध्वरा कृणुहि जातवेदः ।।३।।
स्वध्वरा करति जातवेदा यक्षद्देवाँ अमृतान्पिप्रयच्च ।।४।।
वंस्व विश्वा वार्याणि प्रचेतः सत्या भवन्त्वाशिषो नो अद्य ।।५।।
त्वामु ते दधिरे हव्यवाहं देवासो अग्न ऊर्ज आ नपातम् ।।६।।
ते ते देवाय दाशतः स्याम महो नो रत्ना वि दध इयानः ।।७।।

ऋ. ७.५०.2

यद्विजामन्परुषि वन्दनं भुवदष्ठीवन्तौ परि कुल्फौ च देहत् ।
अग्निष्टच्छोचन्नप बाधतामितो मा मां पद्येन रपसा विदत्त्सरुः ।।2।।

ऋ. ७.१०४.१०

यो नो रसं दिप्सति पित्वो अग्ने यो अश्वानां यो गवां यस्तनूनाम् ।
रिपुः स्तेनः स्तेयकृद्दभ्रमेतु नि ष हीयतां तन्वा३ तना च ।।१०।।

ऋ. ७.१०४.१४

यदि वाहमनृतदेव आम मोघं वा देवाँ अप्यूहे अग्ने ।
किमस्मभ्यं जातवेदो हृणीषे द्रोघवाचस्ते निर्ऋथं सचन्ताम् ।।१४।।

य. १५.६2

प्रोथदश्वो न यवसेऽविष्यन्यदा महः संवरणाद्व्यस्थात् ।
आदस्य वातोऽअनु वाति शोचिरध स्म ते व्रजनं कृष्णमस्ति ।।६2।।

य. १७.७६

प्रेद्धोऽअग्ने दीदिहि पुरो नोऽजस्रया सूर्म्या यविष्ठ। त्वां शश्वन्तऽउपयन्ति वाजाः ।।७६।।

य. 2१.६

प्र बाहवा सिसृतं जीवसे नऽआ नो गव्यूतिमुक्षतं घृतेन ।
आ म जने श्रवयतं युवाना श्रुतं मे मित्रावरुणा हवेमा ।।६।।

अ. ३.2०.१–2

अयं ते योनिर्ऋत्वियो यतो जातो अरोचथाः। तं जानन्नग्न आ रोहाधा नो वर्धया रयिम् ।।१।।
अग्ने अच्छा वदेह नः प्रत्यङ् नः सुमना भव। प्र णो यच्छ विशां पते धनदा असि नस्त्वम् ।।2।।

अ. ३.2०.५

त्वं नो अग्ने अग्निभिर्ब्रह्म यज्ञं च वर्धय। त्वं नो देव दातवे रयिं दानाय चोदय ।।५।।

अ. ३.२१.१–७

ये अग्नयो अप्स्वन्तर्ये वृत्रे ये पुरुषे ये अश्मसु ।
य आविवेशौषधीर्यो वनस्पतींस्तेभ्यो अग्निभ्यो हुतमस्त्वेतत् ।।१।।
यः सोमे अन्तर्यो गोष्वन्तर्य आविष्टो वयःसु यो मृगेषु ।
य आविवेश द्विपदो यश्चतुष्पदस्तेभ्यो अग्निभ्यो हुतमस्त्वेतत् ।।2।।
य इन्द्रेण सरथं याति देवो वैश्वानर उत विश्वदाव्यः ।
यं जोहवीमि पृतनासु सासहिं तेभ्यो अग्निभ्यो हुतमस्त्वेतत् ।।३।।
यो देवो विश्वाद् यमु काममाहुर्यं दातारं प्रतिगृह्णन्तमाहुः ।
यो धीरः शक्रः परिभूरदाभ्यम्तेभ्यो अग्निभ्यो हुतमस्त्वेतत् ।।४।।
यं त्वा होतारं मनसाभि संविदुस्त्रयोदश भौवनाः पंच मानवाः ।
वर्चोधसे यशसे सूनृतावते तेभ्यो अग्निभ्यो हुतमस्त्वेतत् ।।५।।
उक्षान्नाय वशान्नाय सोमपृष्ठाय वेधसे ।
वैश्वानरज्येष्ठेभ्यस्तेभ्यो अग्निभ्यो हुतमस्त्वेतत् ।।६।।
दिवं पृथिवीमन्वन्तरिक्षं ये विद्युतमनुसंचरन्ति ।
ये दिक्ष्वन्तर्ये वाते अन्तस्तेभ्यो अग्निभ्यो हतमस्त्वेतत् ।।७।।

१३७. वसुयुः – य. १७.८

अग्ने पावक रोचिषा मन्द्रया देव जिह्वया। आ देवान् वक्षि यक्षि च ।।८।।

१३८. वसुश्रुत आत्रेयः – ऋ. ५.३.१–१2; ५.४.१–११; ५.६.१–१०; सा. ४१६; ४2५; १७३७–१७३६

ऋ. ५.३.१–१2

त्वमग्ने वरुणो जायसे यत्त्वं मित्रो भवसि यत्समिद्धः ।
त्वे विश्वे सहसस्पुत्र देवास्त्वमिन्द्रो दाशुषे मर्त्याय ।।१।।
त्वमर्यमा भवसि यत्कनीनां नाम स्वधावन्गुह्यं बिभर्षि ।
अंजन्ति मित्रं सुधितं न गोभिर्यद्दम्पती समनसा कृणोषि ।।2।।
तव श्रिये मरुतो मजर्यन्त रुद्र यत्ते जनिम चारु चित्रम् ।
पदं यद्विष्णोरुपमं निधायि तेन पासि गुह्यं नाम गोनाम् ।।३।।
तव श्रिया सुदृशो देव देवाः पुरू दधाना अमृतं सपन्त ।
होतारमग्निं मनुषो नि षेदुर्दशस्यन्त उशिजः शंसमायोः ।।४।।
न त्वद्धोता पूर्वो अग्ने यजीयान्न काव्यैः परो अस्ति स्वधावः ।
विशश्च यस्या अतिथिर्भवासि स यज्ञेन वनवद्देव मर्तान् ।।५।।
वयमग्ने वनुयाम त्वोता वसूयवो हविषा बुध्यमानाः ।
वयं समर्ये विदथेष्वह्नां वयं राया सहस्पुत्र मर्तान् ।।६।।
यो न आगो अभ्येनो भरात्यधीदघमघशंसे दधात ।
जही चिकित्वो अभिशस्तिमेतामग्ने यो नो मर्चयति द्वयेन ।।७।।
त्वामस्या व्युषि देव पूर्वे दूतं कृण्वाना अयजन्त हव्यैः ।
संस्थे यदग्न ईयसे रयीणां देवो मर्तैर्वसुभिरिध्यमानः ।।८।।
अव स्पृधि पितरं योधि विद्वान्पुत्रो यस्ते सहसः सून ऊहे ।
कदा चिकित्वो अभि चक्षसे नोऽग्ने कदाँ ऋतचिद्यातयासे ।।६।।
भूरि नाम वन्दमानो दधाति पिता वसो यदि तज्जोषयासे ।
कुविद्देवस्य सहसा चकानः सुम्नमग्निर्वनते वावृधानः ।।१०।।
त्वमंग जरितारं यविष्ठ विश्वान्यग्ने दुरिताति पर्षि ।
स्तेना अदृश्रन् रिपवो जनासोऽज्ञातकेता वृजिना अभूवन् ।।११।।

इमे यामासस्त्वद्रिगभूवन्वसवे वा तदिदागो अवाचि ।
नाहायमग्निरभिषस्तये नो न रीषते वावृधानः परा दात् ।।१२।।

ऋ. ५.४.१–११

त्वामग्ने वसुपतिं वसूनामभि प्र मन्दे अध्वरेषु राजन् ।
त्वया वाजं वाजयन्तो जयेमाभि ष्याम पृत्सुतीर्मर्त्यानाम् ।।१।।
हव्यवाळग्निरजरः पिता नो विभुर्विभावा सुदृशीको अस्मे ।
सुगार्हपत्याः समिषो दिदीह्यस्मद्र्य१क् सं मिमीहि श्रवांसि ।।2।।
विशां कविं विश्पतिं मानुषीणां शुचिं पावकं घृतपृष्ठमग्निम् ।
नि होतारं विश्वविदं दधिध्वे स देवेषु वनते वार्याणि ।।३।।
जुषस्वाग्न इळया सजोषा यतमानो रश्मिभिः सूर्यस्य ।
जुषस्व नः समिधं जातवेद आ च देवान्हविरद्याय वक्षि ।।४।।
जुष्टो दमूना अतिथिर्दुरोण इमं नो यज्ञमुप याहि विद्वान् ।
विश्वा अग्ने अभियुजो विहत्या शत्रूयतामा भरा भोजनानि ।।५।।
वधेन दस्युं प्र हि चातयस्व वयः कृण्वानस्तन्वे३ स्वायै ।
पिपर्षि यत्सहसस्पुत्र देवान्त्सो अग्ने पाहि नृतम वाजे अस्मान् ।।६।।
वयं ते अग्न उक्थैर्विधेम वयं हव्यैः पावक भद्रशोचे ।
अस्मे रयिं विश्ववारं समिन्वास्मे विश्वानि द्रविणानि धेहि ।।७।।
अस्माकमग्ने अध्वरं जुषस्व सहसः सूनो त्रिषधस्थ हव्यम् ।
वयं देवेषु सुकृतः स्याम शर्मणा नस्त्रिवरूथेन पाहि ।।८।।
विश्वानि नो दुर्गहा जातवेदः सिन्धुं न नावा दुरितातिं पर्षि ।
अग्ने अत्रिवन्नमसा गृणानो३स्माकं बोध्यविता तनूनाम् ।।९।।
यस्त्वा हृदा कीरिणा मन्यमानोऽमर्त्यं मर्त्यो जोहवीमि ।
जातवेदो यशो अस्मासु धेहि प्रजाभिरग्ने अमृतत्वमश्याम् ।।१०।।
यस्मै त्वं सुकृते जातवेद उ लोकमग्ने कृणवः स्योनम् ।
अश्विनं स पुत्रिणं वीरवन्तं गोमन्तं रयिं नशते स्वस्ति ।।११।।

ऋ. ५.६.१–१०

अग्निं तं मन्ये यो वसुरस्तं यं यन्ति धेनवः ।
अस्तमर्वन्त आशवोऽस्तं नित्यासो वाजिन इषं स्तोतृभ्य आ भर ।।१।।
सो अग्निर्यो वसुर्गृणे सं यमायन्ति धेनवः ।
समर्वन्तो रघुद्रुवः सं सुजातासः सूरय इषं स्तोतृभ्य आ भर ।।2।।
अग्निर्हि वाजिनं विशे ददाति विश्वचर्षणिः ।
अग्नी राये स्वाभुवं स प्रीतो याति वार्यमिषं स्तोतृभ्य आ भर ।।३।।
आ ते अग्न इधीमहि द्युमन्तं देवाजरम् ।
यद्ध स्या ते पनीयसी समिद्दीदयति द्यवीषं स्तोतृभ्य आ भर ।।४।।
आ ते अग्न ऋचा हविः शुक्रस्य शोचिषस्पते ।
सुश्चन्द्र दस्म विश्पते हव्यवाट् तुभ्यं हूयत इषं स्तोतृभ्य आ भर ।।५।।
प्रो त्ये अग्नयोऽग्निषु विश्वं पुष्यन्ति वार्यम् ।
ते हिन्विरे त इन्विरे त इषण्यन्त्यानुषगिषं स्तोतृभ्य आ भर ।।६।।
तव त्ये अग्ने अर्चयो महि व्राधन्त वाजिनः ।
ये पत्वभिः शफानां व्रजा भुरन्त गोनामिषं स्तोतृभ्य आ भर ।।७।।
नवा नो अग्न आ भर स्तोतृभ्यः सुक्षितीरिषः ।
ते स्याम य आनृचुस्त्वादूतासो दमेदम इषं स्तोतृभ्य आ भर ।।८।।
उभे सुश्चन्द्र सर्पिषो दर्वी श्रीणीष आसनि ।
उतो न उत्पुपूर्या उक्थेषु शवसस्पत इषं स्तोतृभ्य आ भर ।।९।।

एवाँ अग्निमजुर्यमुर्गीर्भिर्यज्ञेभिरानुषक् ।
दधदस्मे सुवीर्यमुत त्यादाश्वश्व्यमिषं स्तोतृभ्य आ भर ।।१०।।

सा. ४१६
आ ते अग्न दधीमहि द्युमन्तं देवाजरम् ।
यद्ध स्या ते पनीयसी समिद्दीदयति द्यवीषं स्तोतृभ्य आ भर ।।१।।

सा. ४२५
अग्निं तं मन्ये यो वसुरस्तं यं यन्ति धेनवः ।
अस्तमर्वन्त आशवोऽस्तं नित्यासो वाजिन इषं स्तोतृभ्य आ भर ।।७।।

सा. १७३७–१७३९
अग्नि तं मन्ये यो वसुरस्तं यं यन्ति धेनवः ।
अस्तमर्वन्त आशवोऽस्तं नित्यासो वाजिन इषं स्तोतृभ्य आ भर ।।१।।
अग्निर्हि वाजिनं विशे ददाति विश्वचर्षणिः ।
अग्नी राये स्वाभुवं सु प्रीतो याति वार्यमिष स्तोतृभ्य आ भर ।।2।।
सो अग्निर्यो वसुर्गृणे सं यमायन्ति धेनवः ।
समर्वन्तो रघुद्रुवः सं सुजातासः सूरय इषं स्तोतृभ्य आ भर ।।३।।

१३९. वसूयव आत्रेयः – ऋ. ५.25.१–९; ५.2६.१–९; सा. ८६; १५2१–१५2३

ऋ. ५.2५.१–९
अच्छा वो अग्निमवसे देवं गासि स नो वसुः। रासत्पुत्र ऋषूणामृतावा पर्षति द्विषः ।।१।।
स हि सत्यो यं पूर्वे चिद्देवासश्चिद्यमीधिरे। होतारं मन्द्रजिह्वमित्सुदीतिभिर्विभावसुम् ।।2।।
स नो धीती वरिष्ठया श्रेष्ठया च सुमत्या। अग्ने रायो दिदीहि नः सुवृक्तिभिर्वरेण्य ।।३।।
अग्निर्देवेषु राजत्यग्निर्मर्तेष्वाविशन्। अग्निर्नो हव्यवाहनोऽग्निं धीभिः सपर्यत ।।४।।
अग्निस्तुविश्रवस्तमं तुविब्रह्माणमुत्तमम्। अतूर्तं श्रावयत्पतिं पुत्रं ददाति दाशुषे ।।५।।
अग्निर्ददाति सत्पतिं सासाह यो युधा नृभिः। अग्निरत्यं रघुष्यदं जेतारमपराजितम् ।।६।।
यद्वाहिष्ठं तदग्नये बृहदर्च विभावसो। महिषीव त्वद्रयिस्त्वद्वाजा उदीरते ।।७।।
तव द्युमन्तो अर्चयो ग्रावेवोच्यते बृहत्। उतो ते तन्यतुर्यथा स्वानो अर्त त्मना दिवः ।।८।।
एवाँ अग्निं वसूयवः सहसानं ववन्दिम। स नो विश्वा अति द्विषः पर्वन्नावेव सुक्रतुः ।।९।।

ऋ. ५.2६.१–९
अग्ने पावक रोचिषा मन्द्रया देव जिह्वया। आ देवान्वक्षि यक्षि च ।।१।।
तं त्वा घृतस्नवीमहे चित्रभानो स्वर्दृशम्। देवाँ आ वीतये वह ।।2।।
वीतिहोत्रं त्वा कवे द्युमन्तिं समिधीमहि। अग्ने बृहन्तमध्वरे ।।३।।
अग्ने विश्वेभिरा गहि देवेभिर्हव्यदातये। होतारं त्वा वृणीमहे ।।४।।
यजमानाय सुन्वत आग्ने सुवीर्यं वह। देवैरा सत्सि बर्हिषि ।।५।।
समिधानः सहस्रजिदग्ने धर्माणि पुष्यसि। देवानां दूत उक्थ्यः ।।६।।
न्यग्निं जातवेदसं होत्रवाहं यविष्ठ्यम्। दधाता देवमृत्विजम् ।।७।।
प्र यज्ञ एत्वानुषगद्या देवव्यचस्तमः। स्तृणीत बर्हिरासदे ।।८।।
एदं मरुतो अश्विना मित्रः सीदन्तु वरुणः। देवासः सर्वया विशा ।।९।।

सा. ८६
यद्वाहिष्ठं तदग्नये बृहदर्च विभावसो। महिषीव त्वद्रयिस्त्वद्वाजा उदीरते ।।६।।

सा. १५2१–१५2३
अग्ने पावक रोचिषा मन्द्रया देव जिह्वया। आ देवान्वक्षि यक्षि च ।।१।।
तं त्वा घृतस्नवीमहे चित्रभानो स्वर्दृशम्। देवाँ आ वीतये वह ।।2।।
वीतिहोत्रं त्वा कवे द्युमन्तं समिधीमहि। अग्ने बृहन्तमध्वरे ।।३।।

१४०. वामदेवः – सा. १०; ८2; य. 2.2७–३०; ३.१५; ३६; १३.९–१४; १७.८९; ९०; 2७.३९

सा. १०
अग्ने विवस्वदा भरास्मभ्यमूतये महे। देवो ह्यसि नो दृशे ।।१०।।
सा. ८2
यदि वीरो अनु ष्यादग्निमिन्धीत मर्त्यः। आजुह्वद्धव्यमानुषक् शर्म भक्षीत दैव्यम् ।।2।।
य. 2.२७–३०
अग्ने गृहपते सुगृहपतिस्त्वयाऽग्नेहं गृहपतिना भूयासं सुगृहपतिस्त्वं मयाऽग्ने गृहपतिना भूयाः ।
अस्थूरि णौ गार्हपत्यानि सन्तु शतं हिमाः सूर्यस्यावृतमन्वावर्ते ।।२७।।
अग्ने व्रतपते व्रतमचारिषं तदशकं तन्मेऽराधीदमहं यऽएवाऽस्मि सोऽस्मि ।।2८।।
अग्नये कव्यवाहनाय स्वाहा सोमाय पितृमते स्वाहा। अपहताऽअसुरा रक्षांसि वेदिषदः ।।2६।।
ये रूपाणि प्रतिमुंचमानाऽअसुराः सन्तः स्वधया चरन्ति ।
पुरापुरो निपुरो ये भरन्त्यग्निष्टाँल्लोकात् प्रणुदात्यस्मात् ।।३०।।
य. ३.१५
अयमिह प्रथमो धायि धातृभिर्होता यजिष्ठोऽध्वरेष्वीड्यः ।
यमप्नवानो भृगवो विरुरुचुर्वनेषु चित्रं विभ्वं विशेविशे ।।१५।।
य. ३.३६
परि ते दूडभो रथोऽस्माँ 2ऽअश्नोतु विश्वतः। येन रक्षसि दाशुषः ।।३६।।
य. १३.६–१४
कृणुष्व पाजः प्रसितिं न पृथ्वीं याहि राजेवामवाँ2ऽइभेन ।
तृष्वीमनु प्रसितिं द्रूणानोऽस्तासि विध्य रक्षमस्तपिष्ठैः ।।६।।
तव भ्रमासऽआशुया पतन्त्यनु स्पृश धृषता शोशुचानः ।
तपूंष्यग्ने जुह्वा पतंगानसन्दितो विसृज विष्वगुल्काः ।।१०।।
प्रति स्पशो विसृज तूर्णितमो भवा पायुर्विशोऽअस्या अदब्धः ।
यो नो दूरेऽअघशंसो योऽअन्त्यग्ने माकिष्टे व्यथिरादधर्षीत् ।।११।।
उदग्ने तिष्ठ प्रत्यातनुष्व न्यमित्रा 2ऽओषतात्तिग्महेते ।
यो नोऽअरातिं समिधान चक्रे नीचा तं धक्ष्यतसं न शुष्कम् ।।१2।।
ऊर्ध्वो भव प्रति विध्याध्यस्मदाविष्कृणुष्व दैव्यान्यग्ने ।
अव स्थिरा तनुहि यातुजूनां जामिमजामिं प्रमृणीहि शत्रून् ।
अग्नेष्ट्वा तेजसा सादयामि ।।१३।।
अग्निर्मूर्द्धा दिवः ककुत्पतिः पृथिव्याऽअयम् ।
अपां रेतांसि जिन्वति। इन्द्रस्य त्वौजसा सादयामि ।।१४।।
य. १७.८६–६०
समुद्रादूर्मिर्मधुमाँ2ऽ उदारदुपांशुना सममृतत्वमानट् ।
घृतस्य नाम गुह्यं यदस्ति जिह्वा देवानाममृतस्य नाभिः ।।८६।।
वयं नाम प्र ब्रवामा घृतस्यास्मिन् यज्ञे धारयामा नमोभिः ।
उप ब्रह्मा शृणवच्छस्यमानं चतुः शृंगोऽवमीद् गौरऽएतत् ।।६०।।
य. २७.३६
कया नश्चित्रऽआ भुवदूती सदावृधः सखा। कया शचिष्ठया वृता ।।३६।।

१४१. वामदेवो गौतमः – ऋ. ४.१.१; ५–20; ४.2.१–20; ४.३.१–१६; ४.६.१–११; ४.७. १–११; ४.८.१–८; ४.६.१–८; ४.१०.१–८; ४.११.१–६; ४.12.१–६; ४.१३.१–५; ४.१५ १–६; सा. 12; 2३; ३०; ६६; ६०६; ६१५; १७७७–१७७६

ऋ. ४.१.१
त्वां ह्यग्ने सदमित्समन्यवो देवासो देवमरतिं न्येरिर इति क्रत्वा न्येरिरे ।
अमर्त्यं यजत मर्त्येष्वा देवमादेवं जनत प्रचेतसं विश्वमादेवं जनत प्रचेतसम्।।१।।

Vedic Concordance of Mantras as per Devatā and Ṛṣi 129

ऋ. ४.१.५–20

स त्वं नो अग्नेऽवमो भवोती नेदिष्ठो अस्या उषसो व्युष्टौ ।
अव यक्ष्व नो वरुणं रराणो वीहि मृळीकं सुहवो न एधि ।।५।।
अस्य श्रेष्ठा सुभगस्य संदृग्देवस्य चित्रतमा मर्त्येषु ।
शुचि घृतं न तप्तमघ्न्यायाः स्पार्हा देवस्य मंहनेव धेनोः ।।६।।
त्रिरस्य ता परमा सन्ति सत्या स्पार्हा देवस्य जनिमान्यग्नेः ।
अनन्ते अन्तः परिवीत आगाच्छुचिः शुक्रो अर्यो रोरुचानः ।।७।।
स दूतो विश्वेदभि वष्टि सद्मा होता हिरण्यरथो रंसुजिह्वः ।
रोहिदश्वो वपुष्यो विभावा सदा रण्वः पितुमतीव संसत् ।।८।।
स चेतन्यमनुषो यज्ञबन्धुः प्र तं मह्या रशनया नयन्ति ।
स क्षेत्यस्य दुर्यासु साधन्देवो मर्तस्य सधनित्वमाप ।।९।।
स तू नो अग्निर्नयतु प्रजानन्नच्छा रत्नं देवभक्त यदस्य ।
धिया यद्विश्वे अमृता अकृण्वन्द्यौष्पिता जनिता सत्यमुक्षन् ।।१०।।
स जायत प्रथमः पस्त्यासु महो बुध्ने रजसो अस्य योनौ ।
अपादशीर्षा गुहमानो अन्तायोयुवानो वृषभस्य नीळे।।११।।
प्र शर्ध आर्त प्रथमं विपन्याँ ऋतस्य योना वृषभस्य नीळे ।
स्पार्हो युवा वपुष्यो विभावा सप्त प्रियासोऽजनयन्त वृष्णे ।।१2।।
अस्माकमत्र पितरो मनुष्या अभि प्र सेदुर्ऋतमाशुषाणाः ।
अश्मव्रजाः सुदुघा वव्रे अन्तरुदुस्रा आजन्नुषसो हुवानाः ।।१३।।
ते मर्मृजत ददृवांसो अद्रिं तदेषामन्ये अभितो वि वोचन् ।
पश्वयन्त्रासो अभि कारमर्चन्विदन्त ज्योतिश्चकृपन्त धीभिः ।।१४।।
ते गव्यता मनसा दृध्रमुब्धं गा येमानं परि षन्तमद्रिम् ।
दृळहं नरो वचसा दैव्येन व्रजं गोमन्तमुशिजो वि वव्रुः ।।१५।।
ते मन्वत प्रथमं नाम धेनिस्त्रः सप्त मातुः परमाणि विन्दन् ।
तज्जानतीरभ्यनूषत व्रा आविर्भुवदरुणीर्यशसा गोः ।।१६।।
नेशत्तमो दुधितं रोचत द्यौरुद्देव्या उषसो भानुरर्त ।
आ सूर्यो बृहतस्तिष्ठदज्राँ ऋजु मर्तेषु वृजिना च पश्यन् ।।१७।।
आदित्पश्चा बुबुधाना व्यख्यन्नदिद्रत्नं धारयन्त द्युभक्तम् ।
विश्वे विश्वासु दुर्यासु देवा मित्र धिये वरुण सत्यमस्तु ।।१८।।
अच्छा वोचेय शुशुचानमग्निं होतारं विश्वभरसं यजिष्ठम् ।
शुच्यूधो अतृणन्न गवामन्धो न पूतं परिषिक्तमंशोः ।।१९।।
विश्वेषमदितिर्यज्ञियानां विश्वेषामतिथिर्मानुषाणाम् ।
अग्निर्देवानामव आवृणानः सुमृळीको भवतु जातवेदाः ।।20।।

ऋ. ४.2.१–20

यो मर्त्येष्वमृत ऋतावा देवो देवेष्वरतिर्निधायि ।
होता यजिष्ठो मह्ना शुचध्यै हव्यैरग्निर्मनुष ईरयध्यै ।।१।।
इह त्वं सूनो सहसो नो अद्य जातो जाताँ उभयाँ अन्तरग्ने ।
दूत ईयसे युयुजान ऋष्व ऋजुमुष्कान्वृषणः शुक्रांश्च ।।2।।
अत्या वृधस्नू रोहिता घृतस्नू ऋतस्य मन्ये मनसा जविष्ठा ।
अन्तरीयसे अरुषा युजानो युष्मांश्च देवान्विश आ च मर्तान् ।।३।।
अर्यमणं वरुणं मित्रमेषामिन्द्राविष्णू मरुतो अश्विनोत ।
स्वश्वो अग्ने सुरथः सुराधा एदु वह सुहविषे जनाय ।।४।।
गोमाँ अग्नेऽविमाँ अश्वी यज्ञो नृवत्सखा सदमिदप्रमृष्यः ।
इळावाँ एषो असुर प्रजावान्दीर्घो रयिः पृथुबुध्नः सभावान् ।।५।।

यस्त इध्मं जभरत्सिष्विदानो मूर्धानं वा ततपते त्वाया ।
भुवस्तस्य स्वतवाँः पायुरग्ने विश्वस्मात्सीमघायत उरुष्य ।।६।।
यस्ते भरादन्नियते चिदन्नं निशिषन्मन्द्रमतिथिमुदीरत् ।
आ देवयुरिनधते दुरोणे तस्मिन् रयिर्ध्रुवो अस्तु दास्वान् ।।७।।
यस्त्वा दोषा य उषसि प्रशंसात्प्रियं वा त्वा कृणवते हविष्मान् ।
अश्वो न स्वे दम आ हेम्यावान्तमंहसः पीपरो दाश्वांसम् ।।८।।
यस्तुभ्यमग्ने अमृताय दाशद् दुवस्त्वे कृणवते यतस्रुक् ।
न स राया शशमानो वि योषन्नैनमंहः परि वरदघायोः ।।६।।
यस्य त्वमग्ने अध्वरं जुजोषो देवो मर्तस्य सुधितं रराणः ।
प्रीतेदसद्धोत्रा सा यविष्ठासाम यस्य विधतो वृधासः ।।१०।।
चित्तिमचित्तिं चिनबद्वि विद्वान्पृष्ठेव वीता वृजिना च मर्तान् ।
राये च नः स्वपत्याय देव दितिं च रास्वादितिमुरुष्य ।।११।।
कविं शशासुः कवयोऽदब्धा निधारयन्तो दुर्यास्वायोः ।
अतस्त्वं दृश्याँ अग्न एतान्पड्भिः पश्येरद्भुताँ अर्य एवैः ।।१2।।
त्वमग्ने वाघते सुप्रणीतिः सुतसोमाय विधते यविष्ठ ।
रत्नं भर शशमानाय घृष्वे पृथु श्चन्द्रमवसे चर्षणिप्राः ।।१३।।
अधा ह यद्वमग्ने त्वाया पडभिर्हस्तेभिश्चकृमा तनूभिः ।
रथं न क्रन्तो अपसा भुरिजोर्ऋतं येमुः सुध्य आशुषाणाः ।।१४।।
अधा मातुरुषसः सप्त विप्रा जायेमहि प्रथमा वेधसो नृन् ।
दिवस्पुत्रा अंगिरसो भवेमाद्रिं रुजेम धनिनं शुचन्तः ।।१५।।
अधा यथा नः पितरः परासः प्रत्नासो अग्न ऋतमाशुषणाः ।
शुचीदयन्दीधितिमुक्थशासः क्षामा भिन्दन्तो अरुणीरप व्रन् ।।१६।।
सुकर्माणः सुरुचो देवयन्तोऽयो न देवा जनिमा धमन्तः ।
शुचन्तो अग्निं ववृधन्त इन्द्रमूर्वं गव्यं परिषदन्तो अग्मन् ।।१७।।
आ यूथेव क्षुमति पश्वो अख्यद्देवानां यज्जनिमान्त्युग्र ।
मर्तानां चिदुर्वशीरकृप्रन्वृधे चिदर्य उपरस्यायोः ।।१८।।
अकर्म ते स्वपसो अभूम ऋतमवस्रन्नुषसो विभातीः ।
अनूनमग्निं पुरुधा सुश्चन्द्रं देवस्य मर्मृजतश्चारु चक्षुः ।।१६।।
एता ते अग्न उचथानि वेधोऽवोचाम कवये ता जुषस्व ।
उच्छोचस्व कृणुहि वस्यसो नो महो रायः पुरुवार प्र यन्धि ।।2०।।

ऋ. ४.३.१–१६

आ वो राजानमध्वरस्य रुद्रं होतारं सत्ययजं रोदस्योः ।
अग्निं पुरा तनयित्नोरचित्ताद्धिरण्यरूपवसे कृणुध्वम् ।।१।।
अयं योनिश्चकृमा यं वयं ते जायेव पत्य उशती सुवासाः ।
अर्वाचीनः परिवीतो नि षीदेमा उ ते स्वपाक प्रतीचीः ।।2।।
आशृण्वते अदृपिताय मन्म नृचक्षसे सुमृळीकाय वेधः ।
देवाय शस्तिममृताय शंस ग्रावेव सोता मधुषुद् यमीळे ।।३।।
त्वं चिन्नः शम्या अग्ने अस्या ऋतस्य बोध्यृतचित्स्वाधीः ।
कदा त उक्था सधमाद्यानि कदा भवन्ति सख्या गृहे ते ।।४।।
कथा ह तद्वरुणाय त्वमग्ने कथा दिवे गर्हसे कन्न आगः ।
कथा मित्राय मीळहुषे पृथिव्यै ब्रवः कदर्यम्णे कद्भगाय ।।५।।
कद्धिष्ण्यासु वृधसानो अग्ने कद्वाताय प्रतवसे शुभंये ।
परिज्मने नासत्याय क्षे ब्रवः कदग्ने रुद्राय नृघ्ने ।।६।।
कथा महे पुष्टिंभराय पूष्णे कद्रुद्राय सुमखाय हविर्दे ।

कद्विष्णव उरुगायाय रेतो ब्रवः कदग्ने शरवे बृहत्यै ।।७।।
कथा शर्धाय मरुतामृताय कथा सूरे बृहते पृच्छ्यमानः ।
प्रति ब्रवोऽदित्ये तुराय साधा दिवो जातवेदश्चिकित्वान् ।।८।।
ऋतेन ऋतं नियतमीळ आ गोरामा सचा मधुमत्पक्वमग्ने ।
कृष्णा सती रुशता धासिनैषा जामर्येण पयसा पीपाय ।।९।।
ऋतेन हि ष्मा वृषभश्चिदक्तः पुमाँ अग्निः पयसा पृष्ठ्येन ।
असपन्दमानो अचरद्वयोधा वृषा शुक्रं दुदुहे पृश्निरूधः ।।१०।।
ऋतेनाद्रिं व्यसन्भिदन्तः समंगिरसो नवन्त गोभिः ।
शुनं नरः परि षदन्नुषासमाविः स्वरभवज्जाते अग्नौ ।।११।।
ऋतेन देवीरमृता अमृक्ता अर्णोभिरापो मधुमद्भिरग्ने ।
वाजी न सर्गेषु प्रस्तुभानः प्र सदमित्स्रवितवे दधन्युः ।।१२।।
मा कस्य यक्षं सदमिद्धुरो गा मा वेशस्य प्रमिनतो मापेः ।
मा भ्रातुरग्ने अनृजोर्ऋणं वेर्मा सख्युर्दक्षं रिपोर्भुजेम ।।१३।।
रक्षा णो अग्ने तव रक्षणेभी रारक्षाणः सुमख प्रीणानः ।
प्रति ष्फुर वि रुज वीड्वंहो जहि रक्षो महि चिद्वावृधनम् ।।१४।।
एभिर्भव सुमना अग्ने अर्कैरिमान्त्स्पृश मन्मभिः शूर वाजान् ।
उत ब्रह्माण्यंगिरो जुषस्व सं ते शस्तिर्देववाता जरेत ।।१५।।
एता विश्वा विदुषे तुभ्यं वेधो नीथान्यग्ने निण्या वचांसि ।
निवचना कवये काव्यान्यशंसिषं मतिभिर्विप्र उक्थैः ।।१६।।

ऋ. ४.६.१–११

ऊर्ध्व ऊ षु णो अध्वरस्य होतरग्ने तिष्ठ देवताता यजीयान् ।
त्वं हि विश्वमभ्यसि मन्म प्र वेधसश्चित्तिरसि मनीषाम् ।।१।।
अमूरो होता न्यसादि विक्ष्वग्निर्मन्द्रो विदथेषु प्रचेताः ।
ऊर्ध्वं भानुं सवितेवाश्रेन्मेतेव धूमं स्तभायदुप द्याम् ।।२।।
यता सुजूर्णी रातिनी घृताची प्रदक्षिणिद् देवतातिमुराणः ।
उदु स्वरुर्नवजा नाक्रः पश्वो अनक्ति सुधितः सुमेकः ।।३।।
स्तीर्णे बर्हिषि समिधाने अग्ना ऊर्ध्वो अध्वर्युर्जुजुषाणो अस्थात् ।
पर्यग्निः पशुपा न होता त्रिविष्ट्येति प्रदिव उराणः ।।४।।
परि त्मना मितद्रुरेति होताग्निर्मन्द्रो मधुवचा ऋतावा ।
द्रवन्त्यस्य वाजिनो न शोका भयन्ते विश्वा भुवना यदभ्राट् ।।५।।
भद्रा ते अग्ने स्वनीक संदृग्घोरस्य सतो विषुणस्य चारुः ।
न यत्ते शोचिस्तमसा वरन्त न ध्वस्मानस्तन्वी३ रेप आ धुः ।।६।।
न यस्य सातुर्जनितोरवारि न मातरापितरा नू चिदिष्टौ ।
अधा मित्रो न सुधितः पावको३ग्निर्दीदाय मानुषीषु विक्षु ।।७।।
द्विर्यं पंच जीजनन्संवसानाः स्वसारो अग्निं मनुषीषु विक्षु ।
उषर्बुधमथर्यो३ न दन्तं शुक्रं स्वासं परशुं न तिग्मम् ।।८।।
तव त्ये अग्ने हरितो घृतस्ना रोहितास ऋज्वंचः स्वंचः ।
अरुषासो वृषण ऋजुमुष्का आ देवतातिमह्वन्त दस्माः ।।९।।
ये ह त्ये ते सहमाना अयासस्त्वेषासो मारुतं न शर्धः ।।१०।।
अकारि ब्रह्म समिधान तुभ्यं शंसात्युक्थं यजते व्यू धाः ।
होतारमग्निं मनुषो नि षेदुर्नमस्यन्त उशिजः शंसमायोः ।।११।।

ऋ. ४.७.१–११

अयमिह प्रथमो धायि धातृभिर्होता यजिष्ठो अध्वरेष्वीड्यः ।
यमप्नवानो भृगवो विरुरुचुर्वनेषु चित्रं विभ्वं विशेविशे ।।१।।

अग्ने कदा त आनुषग्भुवद्देवस्य चेतनम् ।
अधा हि त्वा जगृभ्रिरे मर्तासो विक्ष्वीड्यम् ।।2।।
ऋतावानं विचेतसं पश्यन्तो द्यामिव स्तृभिः ।
विश्वेषामध्वराणां हस्तकर्तारं दमेदमे ।।३।।
आशुं दूतं विवस्वतो विश्वा यश्चर्षणीरभि ।
आ जभ्रुः केतुमायवो भृगवाणं विशेविशे ।।४।।
तमीं होतारमानुषक्चिकित्वांसं नि षेदिरे ।
रण्वं पावकशोचिषं यजिष्ठं सप्त धामभिः ।।५।।
तं शश्वतीषु मातृषु वन आ वीतमश्रितम् ।
चित्रं सन्तं गुहा हितं सुवेदं कूचिदर्थिनम् ।।६।।
ससस्य यद्वियुता सस्मिन्नू धन्नृतस्य धामन् रणयन्त देवाः ।
महाँ अग्निर्नमसा रातहव्यो वेरध्वराय सदमिदृतावा ।।७।।
वेरध्वरस्य दूत्यानि विद्वानुभे अन्ता रोदसी संचिकित्वान् ।
दूत ईयसे प्रदिव उराणो विदुष्टरो दिव आरोगधनानि ।।८।।
कृष्णं त एम रुशतः पुरो भाश्चरिष्णव१र्चिर्वपुषामिदेकम् ।
यदप्रवीता दधते ह गर्भं सद्यश्चिज्जातो भवसीदु दूतः ।।६।।
सद्यो जातस्य ददृशानमोजो यदस्य वातो अनुवाति शोचिः ।
वृणक्ति तिग्मामतसेषु जिह्वां स्थिरा चिदन्ना दयते वि जम्भैः ।।१०।।
तृषु यदन्ना तृषुणा ववक्ष तृषुं दूतं कृणुते यह्वो अग्निः ।
वातस्य मेळिं सचते निजूर्वन्नाशुं न वाजयते हिन्वे अर्वा ।।११।।

ऋ. ४.८.१–८

दूतं वो विश्ववेदसं हव्यवाहममर्त्यम्। यजिष्ठमृंजसे गिरा ।।१।।
स हि वेदा वसुधितिं महाँ आरोधनं दिवः। स देवाँ एह वक्षति ।।2।।
स वेद देव आनमं देवाँ ऋतायते दमे। दाति प्रियाणि चिद्वसु ।।३।।
स होता सेदु दूत्यं चिकित्वाँ अन्तरीयते। विद्वाँ आरोधनं दिवः ।।४।।
ते स्याम ये अग्नये ददाशुर्हव्यदातिभिः। य ईं पुष्यन्त इन्धते ।।५।।
ते राया ते सुवीर्यैः ससवांसो वि शृण्विरे। ये अग्ना दधिरे दुवः ।।६।।
अस्मे रायो दिवेदिवे सं चरन्तु पुरुस्पृहः। अस्मे वाजास ईरताम् ।।७।।
स विप्रश्चर्षणीनां शवसा मानुषणाम्। अति क्षिप्रेव विध्यति ।।८।।

ऋ. ४.६.१–८

अग्ने मृळ महाँ असि य ईमा देवयुं जनम्। इयेथ बर्हिरासदम् ।।१।।
स मानुषीषु दूळभो विक्षु प्रावरमर्त्यः। दूतो विश्वेषां भूवत् ।।2।।
स सद्य परि णीयते होता मन्द्रो दिविष्टिषु। उत पोता नि षदति ।।३।।
उत ग्ना अग्निरध्वर उतो गृहपतिर्दमे। उत ब्रह्मा नि षीदति ।।४।।
वेषि ह्यध्वरीयतामुपवक्ता जनानाम्। हव्या च मानुषाणम् ।।५।।
वेषीद्वस्य दूत्यं१ यस्य जुजोषो अध्वरम्। हव्यं मर्तस्य वोळहवे ।।६।।
अस्माकं जोष्यध्वरमस्माकं यज्ञमंगिरः। अस्माकं शृणुधी हवम् ।।७।।
परि ते दूळभो रथोऽस्माँ अश्नोतु विश्वतः। येन रक्षसि दाशुषः ।।८।।

ऋ. ४.१०.१–८

अग्ने तमद्याश्वं न स्तोमैः क्रतुं न भद्रं हृदिस्पृशम्। ऋध्यामा त ओहैः ।।१।।
अधा ह्यग्ने क्रतोर्भदस्य दक्षस्य साधोः। रथीर्ऋतस्य बृहतो बभूथ ।।2।।
एभिर्नो अर्कैर्भवा नो अर्वाङ् स्व१र्ण ज्योतिः। अग्ने विश्वेभिः सुमना अनीकैः ।।३।।
अभिष्टे अद्य गीर्भिर्गृणन्तोऽग्ने दाशेम। प्र ते दिवो न स्तनयन्ति शुष्माः ।।४।।
तव स्वादिष्ठाग्ने संदृष्टिरिदा चिदह्न इदा चिदक्तोः। श्रिये रुक्मो न रोचत उपाके ।।५।।

घृतं न पूतं तनूररेपाः शुचि हिरण्यम्। तत्ते रुक्मो नरोचत स्वधावः ।।६।।
कृतं चिद्धि ष्मा सनेमि द्वेषोऽग्नय इनोषि मर्तात्। इत्था यजमानादृतावः ।।७।।
शिवा नः सख्या सन्तु भ्रात्राग्ने देवेषु युष्मे। सा नो नाभिः सदने सस्मिन्नूधन् ।।८।।

ऋ. ४.११.१–६

भद्रं ते अग्ने सहसिन्ननीकमुपाक आ रोचते सूर्यस्य ।
रुशद्दृशे ददृशे नक्तया चिदरूक्षितं दृश आ रूपे अन्नम् ।।१।।
वि षाह्यग्ने गृणते मनीषां खं वेषसा तुविजात स्तवानः ।
विश्वेभिर्यद्वावनः शुक्र देवैस्तन्नो रास्व सुमहो भूरि मन्म ।।2।।
त्वदग्ने काव्या त्वन्मनीषास्त्वदुक्था जायन्ते राध्यानि ।
त्वेदेति द्रविणं वीरपेषा इत्थाधिये दाशुषे मर्त्याय ।।३।।
त्वद्वाजी वाजंभरो विहाया अभिष्टिकृज्जायते सत्यशुष्मः ।
त्वद्रयिर्देवजूतो मयोभुस्त्वदाशुर्जूजुवाँ अग्ने अर्वा ।।४।।
त्वामग्ने प्रथमं देवयन्तो देवं मर्ता अमृत मन्द्रजिह्वम् ।
द्वेषोयुतमा विवासन्ति धीभिर्दमूनसं गृहपतिममूरम् ।।५।।
आरे अस्मदमतिमारे अंह आरे विश्वां दुर्मतिं यन्निपासि ।
दोषा शिवः सहसः सूनो अग्ने यं देव आ चित्सचसे स्वस्ति ।।६।।

ऋ. ४.१2.१–६

यस्त्वामग्न इनधते यतस्रुक् त्रिस्ते अन्नं कृणवत्सस्मिन्नहन् ।
स सु द्युम्नैरभ्यस्तु प्रसक्षत्तव क्रत्वा जातवेदश्चिकित्वान् ।।१।।
इध्मं यस्ते जभरच्छश्रमाणे महो अग्ने अनीकमा सपर्यन् ।
स इधानः प्रति दोषामुषासं पुष्यन् रयिं सचते घ्नन्नमित्रान् ।।2।।
अग्निरीशे बृहतः क्षत्रियस्याग्निर्वाजस्य परमस्य रायः ।
दधाति रत्नं विधते यविष्ठो व्यानुषङ्मर्त्याय स्वधावान् ।।३।।
यच्चिद्धि ते पुरुषत्रा यविष्ठाचित्तिभिश्चकृमा कच्चिदागः ।
कृधी ष्व१स्माँ अदितेरनागान्व्येनांसि शिश्रथो विष्वगग्ने ।।४।।
महश्चिदग्न एनसो अभीक ऊर्वाद्देवानामुत मर्त्यानाम् ।
मा ते सखायः सदमिद्रिषाम यच्छा तोकाय तनयाय शं योः ।।५।।
यथा ह त्यद्वसवो गौर्यं चित्पदि षिताममुंचता यजत्राः ।
एवो ष्व१स्मन्मुंचता व्यंहः प्र तार्यग्ने प्रतरं न आयुः ।।६।।

ऋ. ४.१३.१–५

प्रत्यग्निरुषसामग्रमख्यद्विभातीनां सुमना रत्नधेयम् ।
यातमश्विना सुकृतो दुरोणमुत्सूर्यो ज्योतिषा देव इति ।।१।।
ऊर्ध्वं भानुं सविता देवो अश्रेद्द्रप्सं दविध्वद्गविषो न सत्वा ।
अनु व्रतं वरुणो यन्ति मित्रो यत्सूर्यं दिव्यारोहयन्ति ।।2।।
यं सीमकृण्वन्तमसे विपृचे ध्रुवक्षेमा अनवस्यन्तो अर्थम् ।
तं सूर्यं हरितः सप्त यह्वीः स्पशं विश्वस्य जगतो वहन्ति ।।३।।
वहिष्ठोभिर्विहरन्यासि तन्तुमवव्ययन्नसितं देव वस्म ।
दविध्वतो रश्मयः सूर्यस्य चर्मेवावाधुस्तमो अप्स्व१न्तः ।।४।।
अनायतो अनिबद्धः कथायं न्यङ्ङुत्तानोऽव पद्यते न ।
कया याति स्वधया को ददर्श दिवः स्कम्भः समृतः पाति नाकम् ।।५।।

ऋ. ४.१५.१–६

अग्निर्होता नो अध्वरे वाजी सन्परि णीयते। देवो देवेषु यज्ञियः ।।१।।
परि त्रिविष्ट्यध्वरं यात्यग्नी रथीरिव। आ देवेषु प्रयो दधत् ।।2।।

परि वाजपतिः कविरग्निर्हव्यान्यक्रमीत्। दधद्रत्नानि दाशुषे ।।३।।
अयं यः सृज्जये पुरो दैववाते समिध्यते। द्युमाँ अमित्रदम्भनः ।।४।।
अस्य घा वीर ईवतोऽग्नेरीशीत मर्त्यः। तिग्मजम्भस्य मीळ्हुषः ।।५।।
तमर्वन्तं न सानसिमरुषं न दिवः शिशुम्। मर्मृज्यन्ते दिवेदिवे ।।६।।

सा. १2
दूतं वो विश्ववेदसं हव्यवाहममर्त्यम्। यजिष्ठमृंजसे गिरा ।।2।।

सा. 2३
अग्ने मृड महाँ अस्यय आ देवयुं जनम्। इयेथ बर्हिरासदम् ।।३।।

सा. ३०
परि वाजपतिः कविरग्निर्हव्यान्यक्रमीत्। दधद्रत्नानि दाशुषे ।।१०।।

सा. ६६
आ वो राजानमध्वरस्य रुद्रं होतारं सत्ययजं रोदस्योः ।
अग्निं पुरातनयित्नोरचित्ताद्धिरण्यरूपमवसे कृणुध्वम् ।।७।।

सा. ६०६
ते मन्वत प्रथमं नाम गोनां त्रिः सप्त परमं नाम जानन् ।
ता जानतीरभ्यनूषत क्षा आविर्भुवन्नरुणीर्यशसा गावः ।।५।।

सा. ६१५
भ्राजन्त्यग्ने समिधान दीदिवो जिह्वा चरत्यन्तरासनि ।
स त्वं नो अग्ने पयसा वसुविद्रयिं वर्चो दृशेऽदाः ।।१।।

सा. १७७७–१७७६
अग्ने तमद्याश्वं न स्तोमैः क्रतुं न भद्रं हृदिस्पृशम्। ऋध्यामा त ओहैः ।।१।।
अधा ह्यग्ने क्रतोर्भद्रस्य दक्षस्य साधोः। रथीर्ऋतस्य बृहतो बभूथ ।।2।।
एभिर्नो अर्कैर्भवा नो अर्वाङ्स्वर्ण ज्योतिः। अग्ने विश्वेभिः सुमना अनीकैः ।।३।।

१४2. वामदेवो गौतमः (साग्री. सास्वा. ऋसर्व. ४.१०.१) अग्निः (सार्षेदी.) – सा. ४३४
अग्ने तमद्याश्वं न स्तोमैः क्रतुं न भद्रं हृदिस्पृशम्। ऋध्यामा त ओहैः ।।८।।

१४३. वामदेवः कश्यपो वा मारीचो मनुर् वा वैवस्वतः उभौ वा (साग्री. सास्वा.) वामदेवः (सार्षेदी.) – सा. ६०
जातः परेण धर्मणा यत्सवृद्भिः सहाभुवः। पिता यत्कश्यपस्याग्निः श्रद्धा माता मनुः कविः ।।१०।।

१४४. वारुणिः – य. ११.७2
परमस्याः परावतो रोहिदश्वऽइहागहि। पुरीष्यः पुरुप्रियोऽग्ने त्वं तरा मृधः ।।७2।।

१४५. वासिष्ठो मैत्रावरुणिः – सा. 2६; ३८; ४५; ५५; ६१; ७०; ७2; ७८; ७४६–७५० १2१६–१22१; १३०४–१३०६; १३७३–१३७५; १५१३–१५१४

सा. 2६
नि त्वा नक्ष्य विश्पते द्युमन्तं धीमहे वयम्। सुवीरमग्न आहुत ।।६।।

सा. ३८
त्वे अग्ने स्वाहुत प्रियासः सन्तु सूरयः। यन्तारो ये मघवानो जनानामूर्वं दयन्त गोनाम् ।।४।।

सा. ४५
एना वो अग्निं नमसोर्जो नपातमा हुवे। प्रियं चेतिष्ठमरतिं स्वध्वरं विश्वस्य दूतममृतम् ।।१।।

सा. ५५
देवो वो द्रविणोदाः पूर्णां विवष्ट्वासिचम्। उद्वा सिंचध्वमुप वा पृणध्वमादिद्वो देव ओहते ।।१।।

सा. ६१
त्वमग्ने गृहपतिस्त्वं होता नो अध्वरे। त्वं पोता विश्ववार प्रचेता यक्षि यासि च वार्यम् ।।७।।

सा. ७०
इन्धे राजा समर्यो नमोभिर्यस्य प्रतीकमाहुतं घृतेन ।
नरो हव्येभिरीडते सबाध आग्निरग्रमुषसामशोचि ।।८।।
सा. ७2
अग्नि नरो दीधितिभिररण्योर्हस्तच्युतं जनयत प्रशस्तम्। दूरेदृशं गृहपतिमथव्युम् ।।१०।।
सा. ७८
प्र सम्राजमसुरस्य प्रशस्तं पुंसः कृष्टीनामनुमाद्यस्य ।
इन्द्रस्येव प्र तवसस्कृतानि वन्दद्वारा वन्दमाना विवष्टु ।।६।।
सा. ७४६–७५०
एना वो अग्निं नमसोर्जो नपातमा हुवे ।
प्रियं चेतिष्ठमरतिं स्वध्वरं विश्वस्य दूतममृतम् ।।१।।
स योजते अरुषा विश्वमोजसा स दुद्रवत्स्वाहुतः ।
सुब्रह्मा यज्ञः सुशमी वसूनां देवं राधो जनानाम् ।।2।।
सा. १२१६–१२२१
अग्नि वो देवमग्निभिः सजोषा यजिष्ठं दूतमध्वरे कृणुध्वम् ।
यो मर्त्येषु निध्रुविर्ऋतावा तपुर्मूर्धा घृतान्नः पावकः ।।१।।
प्रोथदश्वो न यवसेऽविष्यन्यदा महः संवरणाद्व्यस्थात् ।
आदस्य वातो अनु वाति शोचिरध स्म ते व्रजनं कृष्णमस्ति ।।2।।
उद्यस्य ते नवजातस्य वृष्णोऽग्ने चरन्त्यजरा इधानाः ।
अच्छा द्यामरुषो धूम एषि सं दूतो अग्न ईयसे हि देवान् ।।३।।
सा. १३०४–१३०६
अगन्म महा नमसा यविष्ठं यो दीदाय समिद्धः स्वे दुरोणे ।
चित्रभानुं रोदसी अन्तरुर्वी स्वाहुतं विश्वतः प्रत्यंचम् ।।१।।
स मह्ना विश्वा दुरितानि साह्वानग्नि ष्टवे दम आ जातवेदाः ।
स नो रक्षिषद्दुरितादवद्यादस्मान्गृणत उत नो मघोनः ।।2।।
त्वं वरुण उत मित्रो अग्ने त्वां वर्धन्ति मतिभिर्वसिष्ठाः ।
त्वे वसु सुषणनानि सन्तु यूयं पात स्वस्तिभिः सदा नः ।।३।।
सा. १३७३–१३७५
अग्निं नरो दीधितिभिररण्योर्हस्तच्युतं जनयत प्रशस्तम्। दूरेदृशं गृहपतिमथव्युम् ।।१।।
तमग्निमस्ते वसवो न्यृण्वन्त्सुप्रतिचक्षमवसे कुतश्चित्। दक्षाय्यो यो दम आस नित्यः ।।2।।
प्रेद्धो अग्ने दीदिहि पुरो नोऽजस्रया सूर्म्या यविष्ठ। त्वा शश्वन्त उप यन्ति वाजाः ।।३।।
सा. १५१३–१५१४
देवो वो द्रविणोदाः पूर्णां विवष्ट्वासिचम्। उद्वा सिंचध्वमुप वा पृणध्वमादिद्वो देव ओहते ।।१।।
तं होतारमध्वरस्य प्रचेतसं वह्निं देवा अकृण्वत्।
दधाति रत्नं विधते सुवीर्यमग्निर्जनाय दाशुषे।।2।।

१४६. वासिष्ठो मैत्रावैरुणिः (साग्री. सास्वा.) वामदेव (सार्षेदी.) – सा. 2४

अग्ने रक्षा णो अं हसः प्रति स्म देव रीषतः। तपिष्ठैरजरो दह ।।४।।

१४७. विदर्भिः – य. 20.७८; ७६

यस्मिन्नश्वासऽऋषभासऽउक्षणो वशा मेषाऽअवसृष्टासऽआहुताः ।
कीलालपे सोमपृष्ठाय वेधसे हृदा मतिं जनय चारुमग्नये ।।७८।।
अहाव्यग्ने हविरास्ये ते स्रुचीव घृतं चम्वीव सोमः ।
वाजसनिं रयिमस्मे सुवीरं प्रशस्तं धेहि यशसं बृहन्तम् ।।७६।।

१४८. विधृतिः – य. १७.६५–६६

क्रमध्वमग्निना नाकमुख्यं हस्तेषु बिभ्रतः ।
दिवस्पृष्ठं स्वर्गत्वा मिश्रा देवेभिराध्वम् ।।६५।।
प्राचीमनु प्रदिशं प्रेहि विद्वानग्नेरग्ने पुरोऽअग्निर्भवेह ।
विश्वाऽआशा दीद्यानो विभा ह्यूर्जं नो धेहि द्विपदे चतुष्पदे ।।६६।।
पृथिव्याऽअहमुदन्तरिक्षमारुहमन्तरिक्षाद्दिवामारुहम् ।
दिवो नाकस्य पृष्ठात् स्वर्ज्योतिरगामहम् ।।६७।।
स्वर्यन्तो नापेक्षन्तऽआ द्यां रोहन्ति रोदसी ।
यज्ञं ये विश्वतोधारं सुविद्वांसो वितेनिरे ।।६८।।
अग्ने प्रहि प्रथमो देवयतां चक्षुर्देवानामुत मर्त्यानाम् ।
इयक्षमाणा भृगुभिः सजोषाः स्वर्य्यन्तु यजमानाः स्वस्ति ।।६९।।

१४९. विमद ऐन्द्रः वसुकृद्वा वासुक्रः (साग्री. सास्वा.) विमद ऐन्द्रः वसुकृद्वा वसुक्रो वा प्राजापत्यः (ऋसर्व.) वसुकृदृषि विमदो वा (सार्षेदी.) – ऋ. १०.२०.१–१०; १०.२१. १–८; सा. ३३४

ऋ. १०.२०.१–१०

भद्रं नो अपि वातय मनः ।।१।।
अग्निमीळे भुजां यविष्ठं शासा मित्रं दुर्धरीतुम् ।
यस्य धर्मन्त्स्व१रेनीः सपर्यन्ति मातुरूधः ।।2।।
यमासा कृपनीळं भासाकेतुं वर्धयन्ति । भ्राजते श्रेणिदन् ।।३।।
अर्यो विशां गातुरेति प्र यदानड् दिवो अन्तान् । कविरभ्रं दीद्यानः ।।४।।
जुषद्धव्या मानुषस्योर्ध्वस्तस्थावृभ्वा यज्ञे। मिन्वन्त्सद्य पुर एति ।।५।।
स हि क्षेमो हविर्यज्ञः श्रुष्टीदस्य गातुरेति । अग्निं देवा वाशीमन्तम् ।।६।।
यज्ञासाहं दुव इषेऽग्निं पूर्वस्य शेवस्य । अद्रेः सूनुमायुमाहुः ।।७।।
नरो ये के चास्मदा विश्वेत्ते वाम आ स्युः। अग्निं हविषा वर्धन्तः ।।८।।
कृष्णः श्वेतोऽरुषो यामो अस्य ब्रध्न ऋज्र उत शोणो यशस्वान्।
हिरण्यरूपं जनिता जजान ।।९।।
एवा ते अग्ने विमदो मनीषमूर्जो नपादमृतेभिः सजोषाः ।
गिर आ वक्षत्सुमतीरियान इषमूर्जं सुक्षितिं विश्वमाभाः ।।१०।।

ऋ. १०.२१.१–८

अग्निं न स्ववृक्तिभिर्होतारं त्वावृणीमहे ।
यज्ञाय स्तीर्णबर्हिषे वि वो मदे शीरं पावकशोचिषं विवक्षसे ।।१।।
त्वामु ते स्वाभुवः शुम्भन्त्यश्वराधसः ।
वेति त्वामुपसेचनी वि वो मद ऋजीतिरग्न आहुतिर्विवक्षसे ।।2।।
त्वे धर्माण आसते जुहूभिः सिंचतीरिव ।
कृष्णा रूपाण्यर्जुना वि वो मदे विश्वा अधि श्रियो धिषे विवक्षसे ।।३।।
यमग्ने मन्यसे रयिं सहसावन्नमर्त्य ।
तमा नो वाजसातये वि वो मदे यज्ञेषु चित्रमा भरा विवक्षसे ।।४।।
अग्निर्जातो अथर्वणा विदद्विश्वानि काव्या ।
भुवद्दूतो विवस्वतो वि वो मदे प्रियो यमस्य काम्यो विवक्षसे ।।५।।
त्वां यज्ञेष्वीळतेऽग्ने प्रयत्यध्वरे ।
त्वं वसूनि काम्या वि वो मदे विश्वा दधासि दाशुषे विवक्षसे ।।६।।
त्वां यज्ञेष्वृत्विजं चारुमग्ने नि षेदिरे ।
धृतप्रतीकं मनुषो वि वो मदे शुक्रं चेतिष्ठमक्षभिर्विवक्षसे ।।७।।
अग्ने शुक्रेण शेचिषोरु प्रथयसे बृहत् ।

अभिक्रन्दन्वृषायसे वि वो मदे गर्भं दधासि जमिषु विवक्षसे ।।८।।

सा. ३३४

यजामह इन्द्रं वज्रदक्षिणं हरीणां रथ्यां३विव्रतानाम् ।
प्र श्मश्रुभिर्दोधुवदूर्ध्वधा भुवद्वि सेनाभिर्भयमानो वि राधसा।।३।।

१५०. विमद ऐन्द्रः (साग्री. सास्वा.) प्राजापत्यो वा वसुकृद्वा वासुक्र (ऋसर्व. १०.2१.१; १०. 2५.१) गोतमः (सार्षेदी.) – सा. ४2०

आग्निं न स्ववृक्तिभिर्होतारं त्वा वृणीमहे ।
शीरं पावकशोचिषं वि वो मदे यज्ञेषु स्तीर्णबर्हिषं विवक्षसे ।।2।।

१५१. विरुपः – ऋ. ८.७५.१–१६; अ. 20.१.३; 20.१32.१–१६; 20.१३४.१–६; 20.१३५. १–१३; 20.१३६.१–१६; य. ३.१2; ११.७१; १2.३६–३६; ११६; १३.३७–४५; १३ ४७–५१

ऋ. ८.७५.१–१६

युक्ष्वा हि देवहुतमाँ अश्वाँ अग्ने रथीरिव। नि होता पूर्व्यः सदः ।।१।।
उत नो देव देवाँ अच्छा वोचो विदुष्टरः। श्रद्विश्व वार्या कृधि ।।2।।
त्वं ह यद्यविष्ठ्य सहसः सूनवाहुत। ऋतावा यज्ञियो भुवः ।।३।।
अयमग्निः सहस्रिणो वाजस्य शतिनस्पतिः। मूर्धा कवी रयीणम् ।।४।।
तं नेमिमृभवो यथा नमस्व सहूतिभिः। नेदीयो यज्ञमंगिरः ।।५।।
तस्मै नूनमभिद्यवे वाचा विरूप नित्यया। वृष्णे चोदस्व सुष्टुतिम् ।।६।।
कमु ष्विदस्य सेनयाग्नेरपाकचक्षसः। पणिं गोषु स्तरामहे ।।७।।
मा नो देवानां विशः प्रस्नातीरिवोस्राः। कृशं न हासुरध्न्याः। ।।८।।
मा नः समस्य दूढ्य१ः परिद्वेषसो अंहतिः। ऊर्मिर्न नावमा वधीत् ।।६।।
नमस्ते अग्न ओजसे गृणन्ति देव कृष्टयः। अमैरमित्रमर्दय ।।१०।।
कुवित्सु नो गविष्टयेऽग्ने संवेषिषो रयिम्। उरुकृदुरुणस्कृधि ।।११।।
मा नो अस्मिन्महाधने परा वर्ग्भारभृद्यथा। संवर्गं सं रयिं जय ।।१2।।
अन्यमस्मद्भिया इयमग्ने सिषक्तु दुच्छुना। वर्धा नो अमवच्छवः ।।१३।।
यस्याजुषन्नमस्विनः शमीभदुर्मखसस्य वा। तं घेदग्निवृधावति ।।१४।।
परस्या अधि संवतोऽवराँ अभ्या तर। यत्राहमस्मि ताँ अव ।।१५।।
विद्या हि ते पुरा वयमग्ने पितुर्यथावसः। अधा ते सुम्नमीमहे ।।१६।।

अ. 20.१.३

उक्षान्नाय वशान्नाय सोमपृष्ठाय वेधसे। स्तोमैर्विधेमाग्नये ।।३।।

अ. 20.१32.१–१६

आदलाबुकमेककम् ।।१।।
अलाबुकं निखातकम् ।।2।।
कर्करिको निखातकः ।।३।।
तद् वात उन्मथायति ।।४।।
कुलायं कृणवादिति ।।५।।
उग्रं वनिषदाततम् ।।६।।
न वनिषदनाततम् ।।७।।
क एषां कर्करी लिखत् ।।८।।
क एषां दुन्दुभिं हनत् ।।६।।
यदीयं हनत् कथं हनत् ।।१०।।
देवी हनत् कुहनत् ।।११।।

पर्यागारं पुनःपुनः ।।१2।।
त्रीण्युष्ट्रस्य नामानि ।।१३।।
हिरण्य इत्येके अब्रवीत् ।।१४।।
द्वौ वा ये शिशवः ।।१५।।
नीलशिखण्डवाहनः ।।१६।।

अ. २०.१३४.१–६

इहेत्थ प्रागपागुदगधराग्–अरालागुदभर्त्सथ ।।१।।
इहेत्थ प्रागपागुदगधराग्–वत्साः पुरुषन्त आसते ।।2।।
इहेत्थ प्रागपागुदगधराग्–स्थालीपाको वि लीयते ।।३।।
इहेत्थ प्रागपागुदगधराग्–स वै पृथु लीयते ।।४।।
इहेत्थ प्रागपागुदगधराग्–आष्टे लाहणि लीशाथी ।।५।।
इहेत्थ प्रागपागुदगधराग्–अश्लिली पुच्छिलीयते ।।६।।

अ. २०.१३५.१–१३

भुगित्यभिगतः शलित्यपक्रान्तः फलित्यभिष्ठितः। दुन्दुभिमाहननाभ्यां जरितरोऽथामो दैव ।।१।।
कोशबिले रजनि ग्रन्थेर्धानमुपानहि पादम् । उत्तमां जनिमां जन्यानुत्तमां जनीन् वर्त्मन्यात् ।।2।।
अलाबूनि पृषाताकान्यश्वत्थपलाशम् ।
पिपीलिकावटश्वसो विद्युत्स्वापर्णशफो गोशफो जरितरोऽथामो दैव ।।३।।
वीमे देवा अक्रंसताध्वर्यो क्षिप्रं प्रचर । सुसत्यमिद् गवामस्यसि प्रखुदसि ।।४।।
पत्नी यदृश्यते पत्नी यक्ष्यमाणा जरितरोऽथामो दैव। होता विष्टीमेन जरितरोऽथामो दैव ।।५।।
आदित्या ह जरितरंगिरोभ्यो दक्षिणामनयन्।
तां ह जरितः प्रत्यायंस्तामु ह जरितः प्रत्यायन् ।।६।।
तां ह जरितर्नः प्रत्यगृभ्णंस्तामु ह जरितर्नः प्रत्यगृभ्णः ।
अजानेतरसं न वि चेतनानि यज्ञानेतरसं न पुरोगवामः ।।७।।
उत श्वेत आशुपत्वा उतो पद्याभिर्यविष्ठः। उतेमाशु मानं पिपर्ति ।।८।।
आदित्या रुद्रा वसवस्त्वेनु त इदं राधः प्रति गृभ्णीह्यंगिरः ।
इदं राधो विभु प्रभु इदं राधो बृहत् पृथु ।।९।।
देवा ददत्वासुरं तद् वो अस्तु सुचेतनम् । युष्माँ अस्तु दिवेदिवे प्रत्येव गृभायत ।।१०।।
त्वमिन्द्र शर्मरिणा हव्यं पारावतेभ्यः। विप्राय स्तुवते वसुवनिं दुरश्रवसे वह ।।११।।
त्वमिन्द्र कपोताय च्छिन्नपक्षाय वंचते। श्यामाकं पक्वं पीलु च वारस्मा अकृणोर्बहुः ।।१2।।
अरंगरो वावदीति त्रेधा बद्धो वरत्रया। इरामह प्रशंसत्यनिरामप सेधति ।१३।।

अ. २०.१३६.१–१६

यदस्या अंहुभेद्याः कृधु स्थूलमुपातसत् । मुष्काविदस्या एजतो गोशफो शकुलाविव ।।१।।
यदा स्थूलेन पससाणौ मुष्का उपावधीत्। विष्वंचा वस्या वर्धतः विकतास्वेव गर्दभौ ।।2।।
यदल्पिकास्वल्पिका कर्कन्धूकेव पद्यते । वासन्तिकमिव तेजनं यन्त्यवाताय वित्पति ।।३।।
यद् देवासो ललामगुं प्रविष्टीमिनमाविषुः। सकुला देदिश्यते नारी सत्यस्याक्षिभुवो यथा ।।४।।
महानग्न्यतृप्नद्वि मोक्रददस्थानासरन्। शक्तिकानना स्वचमशकं सक्तु पद्यम ।।५।।
महानग्न्युलूखलमतिक्रामन्त्यब्रवीत्। यथा तव वनस्पते निरघ्नन्ति तथैवेति ।।६।।
महानग्न्युप ब्रूते भ्रष्टोऽथाप्यभूभुवः। यथैव ते वनस्पते पिप्पति तथैवेति ।।७।।
महानग्न्युप ब्रूते भ्रष्टोऽथाप्यभूभुवः। यथा वयो विदाह्य स्वर्गे नमवदह्यते ।।८।।
महानग्न्युप ब्रूते स्वसावेशितं पसः। इत्थं फलस्य वृक्षस्य शूर्पे शूर्पं भजेमहि ।।९।।
महानग्नी कृकवाकं शम्यया परि धावति।
अयं न विद्य यो मृगः शीर्ष्णा हरति धाणिकाम् ।।१०।।
महानग्नी महानग्नं धावन्तमनु धावति ।

इमास्तदस्य गा रक्ष यभ मामद्ध्यौदनम् ।।११।।
सुदेवस्त्वा महानग्नीर्बबाधते महतः साधु खोदनम्। कुसं पीबरो नवत् ।।१२।।
वशा दग्धामिमाङ्गुरिं प्रसृजतोऽग्रतं परे । महान् वै भद्रो यभ मामद्ध्यौदनम् ।।१३।।
विदेवस्त्वा महानग्नीर्विबाधते महतः साधु खोदनम्।
कुमारिका पिंगलिका कार्द भस्मा कु धावति ।।१४।।
महान् वै भद्रो बिल्वो महान् भद्र उदुम्बरः। महाँ अभिक्त बाधते महतः साधु खोदनम् ।।१५।।
यः कुमारी पिंगलिका वसन्तं पीबरी लभेत्। तैलकुण्डमिमाङ्गुष्ठं रोदन्तं शुदमुद्धरेत् ।।१६।।

य. ३.१२

अग्निर्मूर्द्धा दिवः ककुत्पतिः पृथिव्याऽअयम्। अपां रेतांसि जिन्वति ।।१२।।

य. ११.७१

परस्याऽअधि संवतोऽवराँ2ऽअभ्यातर। यत्राहमस्मि ताँ2ऽअव ।।७१।।

य. १२.३६–३९

अप्स्वग्ने सधिष्टव सौषधीरनु रुध्यसे। गर्भे सन् जायसे पुनः ।।३६।।
गर्भोऽअस्योषधीनां गर्भो वनस्पतीनाम्। गर्भो विश्वस्य भूतस्याग्ने गर्भोऽअपामसि ।।३७।।
प्रसद्य भस्मना योनिमपश्च पृथिवीमग्ने। संसृज्य मातृभिष्ट्वं ज्योतिष्मान् पुनरासदः ।।३८।।
पुनरासद्य सदनमपश्च पृथिवीमग्ने। शेषे मातुर्यथोपस्थेऽनतरस्यां शिवतमः ।।३९।।

य. १२.११६

तुभ्यं ताऽअंगिरस्तम विश्वाः सुक्षितयः पृथक्। अग्ने कामाय येमिरे ।।११६।।

य. १३.३७–४५

युक्ष्वा हि देवहूतमाँ2ऽअश्वाँ2ऽअग्ने रथीरिव। नि होता पूर्व्यः सदः ।।३७।।
सम्यक् स्रवन्ति सरितो न धेनाऽअन्तर्हृदा मनसा पूयमानाः ।
घृतस्य धाराऽअभिचाकशीमि हिरण्ययो वेतसो मध्येऽअग्नेः ।।३८।।
ऋचे त्वा रुचे त्वा भासे त्वा ज्योतिषे तवा ।
अभूदिदं विश्वस्य भुवनस्य वाजिनमग्नेर्वैश्वानरस्य च ।।३९।।
अग्निर्ज्योतिषा ज्योतिष्मान् रुक्मो वर्चसा वर्चस्वान् ।
सहस्रदाऽअसि सहस्राय त्वा ।।४०।।
आदित्यं गर्भं पयसा समङ्धि सहस्रस्य प्रतिमां विश्वरूपम् ।
परिवृङ्धि हरसा माभि मंस्थाः शतायुषं कृणुहि चीयमानः ।।४१।।
वातस्य जूतिं वरुणस्य नाभिमश्वं जज्ञानं सरिरस्य मध्ये ।
शिशुं नदीनां हरिमद्रिबुध्नमग्ने मा हिंसीः परमे व्योमन् ।।४२।।
अजस्रमिन्दुमरुषं भुरण्युमग्निमीडे पूर्वचित्तिं नमोभिः ।
स पर्वभिर्ऋतुशः कल्पमानो गां मा हिंसीरदितिं विराजम् ।।४३।।
वरूत्रीं त्वष्टुर्वरुणस्य नाभिमाविं जज्ञानां रजसः परस्मात् ।
महीं साहस्रीमसुरस्य मायामग्ने मा हिंसीः परमे व्योमन् ।।४४।।
योऽअग्निनरग्नेरध्यजायत शोकात्पृथिव्याऽउत वा दिवस्परि ।
येन प्रजा विश्वकर्मा जजान तमग्ने हेडः परि ते वृणक्तु ।।४५।।

य. १३.४७–५१

इमं मा हिंसीर्द्विपादं पशुं सहस्राक्षो मेधाय चीयमानः ।
मयुं पशुं मेधमग्ने जुषस्व तेन चिन्वानस्तन्वो निषीद ।
मयुं ते शुगृच्छतु यं द्विष्मस्तं ते शुगृच्छतु ।।४७।।
इमं मो हिंसीरेकशफं पशुं कनिक्रदं वाजिनं वाजिनेषु ।
गौरमारण्यमनु ते दिशामि तेन चिन्वानस्तन्वो निषीद ।
गौरं ते शुगृच्छतु यं द्विष्मस्तं ते शुगृच्दतु ।।४८।।

इमं साहस्रं शतधारमुत्सं व्यच्यमानं सरिरस्य मध्ये ।
घृतं दुहानामदितिं जनायागने मा हिंसीः परमे व्योमन् ।
गवयमारण्यमनु ते दिशामि तेन चिन्वानस्तन्वो निषीद ।
गवयं ते शुगृच्छतु यं द्विष्मस्तं ते शुगृच्छतु ।।४६।।
इममूर्णायुं वरुणस्य नाभिं त्वचं पशूनां द्विपदां चतुष्पदाम् ।
त्वष्टुः प्रजानां प्रथमं जनित्रमग्ने मा हिंसीः परमे व्योमन् ।
उष्ट्रमारण्यमनु ते दिशामि तेन चिन्वानस्तन्वोृ निषीद ।
उष्ट्रं ते शुगृच्छतु यं द्विष्मस्तं ते शुगृच्छतु ।।५०।।
अजो ह्यग्नेरजनिष्ट शोकात्सोऽअपश्यज्जनितारमग्रे ।
तेन देवा देवतामग्रमायँस्तेन रोहमायन्नुप मेध्यासः ।
शरभमारण्यमनु ते दिशामि तेन चिन्वानस्तन्वो निषीद ।
शरभं ते शुगृच्छतु यं द्विष्मस्तं ते शुगृच्छतु ।।५१।।

१५२. विरुप आंगिरसः – ऋ. ८.४३.१–३३; ८.४४.१–३०; सा. १५३२–१५३४; १५४१–१५४३; १६४८–१६५०; १७११–१७१३

ऋ. ८.४३.१–३३

इमे विप्रस्य वेधसोऽग्नेरस्तृतयज्वनः। गिरः स्तोमास ईरते ।।१।।
अस्मै तं प्रतिर्हयते जातवेदो विचर्षणे। अग्ने जनामि सुष्टुतिम् ।।2।।
आरोकाइव घेदह तिग्मा अग्ने तव त्विषः। दद्भिर्वनानि वप्सति ।।३।।
हरयो धूमकेतवो वातजूता उप द्यवि। यतन्ते वृथगन्नयः ।।४।।
एते त्ये वृथगग्नय इद्धासः समदृक्षत। उषसामिव केतवः ।।५।।
कृष्णा रजांसि पत्सुतः प्रयाणे जातवेदसः। अग्निर्यद्रोधति क्षमि ।।६।।
धासिं कृण्वान ओषधीर्वप्सदग्निर्न वायति। पुनर्यन्तरुणीरपि ।।७।।
जिह्वाभिरह नन्नमदर्चिपा जंजणाभवन्। अग्निर्वनेषु रोचते ।।८।।
अप्स्वग्ने सधिष्टव सौपधीरनु रुध्यसे। गर्भे संजायसे पुनः ।।६।।
उदग्ने तव तद् घृतादर्ची रोचत आहुतम्। निंसानं जुह्वो३ मुखे ।।१०।।
उक्षान्नाय वशान्नाय सोमपृष्ठाय वेधसे। स्तोमैर्विधेमाग्नये ।।११।।
उत त्वा नमसा वयं होतर्वरेण्यक्रतो। अग्ने समिद्भिरीमहे ।।१2।।
उत त्वा भृगुवच्छुचे मनुष्वदग्न आहुत। अङ्गिरस्वद्धवामहे ।।१३।।
त्वं ह्यग्ने अग्निना विप्रो विप्रेण सन्त्सता। सखा सख्या समिध्यसे ।।१४।।
स त्वं विप्राय दाशुषे रयिं देहि सहस्रिणम्। अग्ने वीरवतीमिषम् ।।१५।।
अग्ने भ्रातः सहस्कृत रोहिदश्व शुचिव्रत। इमं स्तोमं जुषस्व मे ।।१६।।
उत त्वाग्ने मम स्तुतो वाश्राय प्रतिहर्यते। गोष्ठं गाव इवाशत ।।१७।।
तुभ्यं ता अंगिरस्तम विश्वाः सुक्षितयः पृथक्। अग्ने कामाय येमिरे ।।१८।।
अग्निं धीभिर्मनीषिणो मेधिरासो विपश्चितः। अद्‌यसद्याय हिन्विरे ।।१६।।
तं त्वाजम्मेषु वाजिनं तन्वाना अग्ने अध्वरम्। वह्निं होतारमीळते ।।2०।।
पुरुत्रा हि सदृङ्ङसि विशो विश्वा अनु प्रभुः। समत्सु त्वा हवामहे ।।2१।।
तं त्वा वयं हवामहे शृण्वन्तं जातवेदसम्। अग्ने घ्नन्तमप द्विषः ।।2३।।
विशां राजानमद्भुतमध्यक्षं धर्मणामिमम्। अग्निमीळे स उ श्रवत् ।।2४।।
अग्निं विश्वायुवेपसं मर्यं न वाजिनं हितम्। सप्तिं न वाजयामसि ।।2५।।
घ्नन्मृध्राण्यप द्विषो दहन् रक्षांसि विश्वहा। अग्ने तिग्मेन दीदिहि ।।2६।।
यं त्वा जनास इन्धते मनुष्वदंगिरस्तम्। अग्ने स बोधि म वचः ।।2७।।
यदग्ने दिविजा अस्यप्सुजा वा सहस्कृत। तं त्वा गीर्भिर्हवामहे ।।2८।।
तुभ्यं धेत्ते जना इमे विश्वाः सुक्षितयः पृथक्। धासिं हिन्वत्यत्तवे ।।2६।।

Vedic Concordance of Mantras as per Devatā and Ṛṣi

ते घेदग्ने स्वाध्योऽहा विश्वा नृचक्षसः। तरन्तः स्याम दुर्गहा ।।३०।।
अग्निं मन्द्रं पुरुप्रियं शीरं पावकशोचिषम्। हृद्भिर्मन्द्रेभिरीमहे ।।३१।।
स त्वमग्ने विभावसुः सृजन्त्सूर्यो न रश्मिभिः। शर्धन्तमांसि जिघ्नसे ।।३२।।
तत्ते सहस्व ईमहे दात्रं यन्नोपदस्यति। त्वदग्ने वार्यं वसु ।।३३।।

ऋ. ८.४४.१–३०

समिधाग्निं दुवस्यत घृतैर्बोधयतातिथिम्। अस्मिन् हव्या जुहोतन ।।१।।
अग्ने स्तोमं जुषस्व मे वर्धस्वानेन मन्मना। प्रति सूक्तानि हर्य नः ।।२।।
अग्निं दूतं पुरो दधे हव्यवाहमुप ब्रुवे। देवाँ आ सादयादिह ।।३।।
उत्ते बृहन्तो अर्चयः समिधानस्य दीदिवः। अग्ने शुक्रास ईरते ।।४।।
उप त्वा जुह्वो३ मम घृताचीर्यन्तु हर्यत। अग्ने हव्या जुषस्व नः ।।५।।
मन्द्रं होतारमृत्विजं चित्रभानुं विभावसुम्। अग्निमीळे स उ श्रवत् ।।६।।
प्रत्नं होतारमीड्यं जुष्टमग्निं कविक्रतुम्। अध्वराणामभिश्रियम् ।।७।।
जुषाणो अंगिरस्तमेमा हव्यान्यानुषक्। अग्ने यज्ञं नय ऋतुथा ।।८।।
समिधान उ सन्त्य शुक्रशोच इहा वह। चिकित्वान् दैव्यं जनम् ।।९।।
विप्रं होतारमद्रुहं धूमकेतुं विभावसुम्। यज्ञानां केतुमीमहे ।।१०।।
अग्ने नि पाहि नस्त्वं प्रति ष्म देव रीषतः। भिन्धि द्वेषः सहस्कृत ।।११।।
अग्निः प्रत्नेन मन्मना शुम्भानस्तन्वं१ स्वाम्। कविर्विप्रेण वावृधे ।।१२।।
ऊर्जो नपातमा हुवेऽग्निं पावकशोचिषम्। अस्मिन्यज्ञे स्वध्वरे ।।१३।।
स नो मित्रमहस्त्वमग्ने शुक्रेण शोचिषा। देवैरा सत्सि बर्हिषि ।।१४।।
यो अग्निं तन्वो३ दमे देवं मर्तः सपर्यति। तस्मा इद्दीदयद्वसु ।।१५।।
अग्निर्मूर्धा दिवः ककुत्पतिः पृथिव्या अयम्। अपां रेतांसि जिन्वति ।।१६।।
उदग्ने शुचयस्तव शुक्रा भ्राजन्त ईरते। तव ज्योतींष्यर्चयः ।।१७।।
ईशिषे वार्यस्य हि दात्रस्याग्ने स्वर्पतिः। स्तोता स्यां तव शर्मणि ।।१८।।
त्वामग्ने मनीषिणस्त्वां हिन्वन्ति चित्तिभिः। त्वां वर्धन्तु नो गिरः ।।१९।।
अदब्धस्य स्वधावतो दूतस्य रेभतः सदा। अग्नेः सख्यं वृणीमहे ।।२०।।
अग्निः शुचिव्रततमः शुचिर्विप्रः शुचिः कविः। शुची रोचत आहुतः ।।२१।।
उत त्वा धीतयो मम गिरो वर्धन्तु विश्वहा। अग्ने सख्यस्य बोधि नः ।।२२।।
यदग्ने स्यामहं त्वं त्वं वा घा स्या अहम्। स्युष्टे सत्या इहाशिषः ।।२३।।
वसुर्वसुपतिर्हि कमस्यग्ने विभावसुः। स्याम ते सुमतावपि ।।२४।।
अग्ने धृतव्रताय ते समुद्रायेव सिन्धवः। गिरो वाश्रास ईरते ।।२५।।
युवानं विश्पतिं कविं विश्वादं पुरुवेपसम्। अग्निं शुम्भामि मन्मभिः ।।२६।।
यज्ञानां रथ्ये वयं तिग्मजम्भाय वीळवे। स्तोमैरिषेमाग्नये ।।२७।।
अयमग्ने त्वे अपि जरिता भूतु सन्त्य। तस्मै पावक मृळय ।।२८।।
धीरो ह्यस्यद्मसद् विप्रो न जिगृविः सदा। अग्ने दीदयसि द्यवि ।।२९।।
पुरग्ने दुरितेभ्यः पुरा मृध्रेभ्यः कवे। प्र ण आयुर्वसो तिर ।।३०।।

सा. १५३२–१५३४

अग्निर्मूर्धा दिवः ककुत्पतिः पृथिव्या अयम्। अपां रेतांसि जिन्वति ।।१।।
ईशिषे वार्यस्य हि दात्रस्याग्ने स्वः पतिः। स्तोता स्यां तव शर्मणि ।।२।।
उदग्ने शुचयस्तव शुक्रा भ्राजन्त ईरते। तव ज्योतींष्यर्चयः ।।३।।

सा. १५४१–१५४३

उत्त बृहन्तो अर्चयः समिधानस्य दीदिवः। अग्ने शुक्रास ईरते ।।१।।
उप त्वा जुहण३ मम घृताचीर्यन्तु हर्यत। अग्ने हव्या जुषस्व नः ।।२।।

मन्द्रं होतारमृत्विजं चित्रभानुं विभावसुम्। अग्निमीळे स उ श्रवत् ।।३।।

सा. १६४८–१६५०

नमस्ते अग्न ओजसे गृणन्ति देव कृष्टयः। अमैरमित्रमर्दय ।।१।।
कुवित्सु नो गविष्टयेऽग्ने संवेषिषो रयिम्। उरुकृदुरु णस्कृधि ।।2।।
मा नो अग्ने महाधने परा वर्ग्भारभृद्यथा। संवर्गं सं रयिं जय ।।३।।

सा. १७११–१७१३

अग्निः प्रत्नेन जन्मना शुम्भानस्तन्वां३ स्वाम्। कविर्विप्रेण वावृधे ।।१।।
ऊर्जो नपातमा हुवेऽग्निं पावकशोचिषम्। अस्मिन्यज्ञे स्वध्वरे ।।2।।
स नो मित्रमहस्त्वमग्ने शुक्रेण शोचिषा। देवैरा सत्सि बर्हिषि ।।३।।

१५३. विरुप अंगिरसः (साग्री. ऋसर्व. ८.७५.१०) विश्वरुप आंगिरसः (सार्षेदी.) आयुङ्क्ष्वाही (सास्वा.) – सा. ११

नमस्ते अग्ने ओजसे गृणन्ति देव कृष्टयः। अमैरमित्रमर्दय ।।१।।

१५४. विरुपाक्षः – य. १2.३०

समिधाग्निं दुवस्यत घृतैर्बोधयतातिथिम्। आस्मिन् हव्या जुहोतन ।।३०।।

१५५. विश्वकर्मा – य. १८.५८

यदाकूतात्समसुस्रोद्धृदो वा मनसो वा संभृतं चक्षुषो वा।
तदन्तु प्रेत सुकृतामु लोकं यत्रऽऋषयो जग्मुः प्रथमजाः पुराणाः ।।५८।।

१५६. विश्वमनाः – य. ११.४१

उदुतिष्ठ स्ध्वरावा नो देव्या धिया ।
दृशे च भासा बृहता सुशुक्वनिराग्ने याहि सुशस्तिभिः ।।४१।।

१५७. विश्वमना वैयश्वः – ऋ. ८.2३.१–३०; सा. ११३; १०४; १०६; ११४

ऋ. ८.2३.१–३०

ईळिष्वा हि प्रतीव्यं१ यजस्व जातवेदसम्। चरिष्णुधूममगृभतिशोचिषम् ।।१।।
दामानं विश्वचर्षणेऽग्निं विश्वमनो गिरा। उत स्तुषे विष्पर्धसो रथानाम् ।।2।।
येषामाबाध ऋग्मिय इषः पृक्षश्च निग्रभे। उपविदा वह्निर्विन्दते सु ।।३।।
उदस्य शोचिरस्थाद्दीदियुषो वय१जरम्। तपुर्जम्भस्य सुद्युतो गणश्रियः ।।४।।
उदु तिष्ठ स्वध्वर स्तवानो देव्या कृपा। अभिख्या भासा बृहता शुशुक्वनिः।।५।।
अग्ने याहिसुशस्तिभिर्हव्या जुह्वान आनुषक्। यथा दूतो बभूथ हव्यवाहनः ।।६।।
अग्निं वः पूर्व्यं हुवे होतारं चर्षणीनाम्। तमया वाचा गृणे तमु वः स्तुषे ।।७।।
यज्ञेभिरद्भुतक्रतुं यं कृपा सूदयन्त इत्। मित्रं न जने सुधितमृतावनि ।।८।।
ऋतावानमृतायवो यज्ञस्य साधनं गिरा। उपो एनं जुजुषुर्नमसस्पदे ।।६।।
अच्छा नो अंगिरस्तमं यज्ञासो यन्तु संयतः। होता यो अस्ति विक्ष्वा यशस्तमः ।।१०।।
अग्ने तव त्ये अजरेन्धानासो बृहद्भः। अश्वा इव वृषणस्तविषीयवः ।।११।।
स त्वं न ऊर्जां पते रयिं रास्व सुवीर्यम्। प्राव नस्तोके तनये समत्स्वा ।।१2।।
यद्वा उ विश्पतिः शितः सुप्रीतो मनुषो विशि। विश्वेदग्निः प्रति रक्षांसि सेधति ।।१३।।
श्रुष्ट्यग्ने नवस्य मे स्तोमस्य वीर विश्पते। नि मायिनस्तपुषा रक्षसो दह ।।१४।।
न तस्य मायया चन रिपुरीशीत मर्त्यः। यो अग्नये ददाश हव्यदातिभिः ।।१५।।
व्यश्वस्त्वा वसुविदमुक्षण्युरप्रीणादृषिः। महो राये तमु त्वा समिधीमहि ।।१६।।
उशना काव्यस्त्वा नि होतारमसादयत्। आयजिं त्वा मनवे जातवेदसम् ।।१७।।
विश्वे हि त्वा सजोषसो देवासो दूतमक्रत। श्रुष्टी देव प्रथमो यज्ञियो भुवः ।।१८।।
इमं घा वीरो अमृतं दूतं कृण्वीत मर्त्यः। पावकं कृष्णवर्तनिं विहायसम् ।।१६।।
तं हुवेम यतस्रुचः सुभासं शुक्रशोचिषम्। विशामग्निमजरं प्रत्नमीड्यम् ।।20।।

यो अस्मै हव्यदातिभिराहुतिं मर्तोऽविधत्। भूरि पोषं स धत्ते वीरवद्यशः ।।2१।।
प्रथमं जातवेदसमग्निं यज्ञेषु पूर्व्यम्। प्रति स्रुगेति नमसा हविष्मती ।।22।।
आभिर्विधेमाग्नये ज्येष्ठाभिर्व्यश्ववत्। मंहिष्ठाभिर्मतिभिः शुक्रशोचिषे ।।2३।।
नूनमर्च विहायसे स्तोमेभिः स्थूरयूप वत्। ऋषे वैयश्व दम्यायाग्नये ।।2४।।
अतिथिं मानुषाणां सूनुं वनस्पतीनाम्। विप्रा अग्निमवसे प्रत्नमीळते ।।2५।।
महो विश्वाँ अभिषतो३भिहव्यानि मानुषा। अग्ने नि षत्सि नमसाधि बर्हिषि ।।2६।।
वंस्वा नो वार्या पुरु वंस्व रायः पुरुस्पृहः। सुवीर्यस्य प्रजावतो यशस्वतः ।।2७।।
त्वं वरो सुषाम्णेऽग्ने जनाय चोदय। सदा वसो रातिं यविष्ठ शश्वते ।।2८।।
त्वं हि सुप्रतूरसि त्वं नो गोमतीरिषः। महो रायः सातिमग्ने अपा वृधि ।।2६।।
अग्ने त्वं यशा अस्या मित्रावरुणा वह। ऋतावाना सम्राजा पूतदक्षसा ।।३०।।

सा. १०३–१०४

ईडिष्वा हि प्रतीव्यां ३ यजस्व जातवेदसम्। चरिष्णुधूममगृभीतशोचिषम् ।।७।।
न तस्य मायया च न रिपुरीशीत मर्त्यः। यो अग्नये ददाश हव्यदातये ।।८।।

सा. १०६

श्रुष्ट्यग्ने नवस्य मे स्तोमस्य वीर विश्पते। नि मायिनस्तपसा रक्षसो दह ।।१०।।

सा. ११४

यद्वा उ विश्पतिः शितः सुप्रीतो मनुषो विशे। विश्वेदग्निः प्रति रक्षांसि सेधति ।।८।।

१५८. विश्वसामा आत्रेयः – ऋ. ५.22.१–४

प्र विश्वसामन्नत्रिवदर्चा पावकशोचिषे ।
यो अध्वरेष्वीड्यो होता मन्द्रतमो विशि ।।१।।
न्य१ग्निं जातवेदसं दधाता देवमृत्विजम् ।
प्र यज्ञ एत्वानुषगद्या देवव्यचस्तमः ।।2।।
चिकित्विन्मनसं त्वा देवं मर्तास ऊतये ।
वरेण्यस्य तेऽवस इयानासो अमन्महि ।।३।।
अग्ने चिकिद्ध्य१स्य न इदं वचः सहस्य ।
तं त्वा सुशिप्र दम्पते स्तोमैर्वर्धन्त्यत्रयो गीर्भिः शुम्भन्त्यत्रयः ।।४।।

१५६. विश्वरुपः – य. 22.१७; ३३.४

य. 22.१७

अग्निं दूतं पुरो दधे हव्यवाहमुप ब्रुवे। देवाँ2ऽआ सादयादिह ।।१७।।

य. ३३.४

युक्ष्वा हि देवहूतमाँ2ऽ अश्वाँ2ऽ अग्ने रथीरिव। नि होता पूर्व्यः सदः ।।४।।

१६०. विश्ववाराः – य. ३३.१2

अग्ने शर्द्ध महते सौभगाय तव द्युम्नान्युत्तमानि सन्तु ।
सं जास्पत्यं सुयममा कृणुष्व शत्रूयतामभि तिष्ठा महांसि ।।१2।।

१६१. विश्ववारा आत्रेयी – ऋ. ५.2८.१–६

समिद्धो अग्निर्दिवि शोचिरश्रेत्प्रत्यङ्डुषसमुर्विया वि भाति ।
एति प्राची विश्ववारा नमोभिर्देवाँ ईळाना हविषा घृताची ।।१।।
समिध्यमानो अमृतस्य राजसि हविष्कृण्वन्तं सचसे स्वस्तये ।
विश्वं स धत्ते द्रविणं यमिन्वस्यातिथ्यमग्ने नि च धत्त इत्पुरः ।।2।।
अग्ने शर्ध महते सौभगाय तव द्युम्नान्युत्तमानि सन्तु ।
सं जास्पत्यं सुयममा कृणुष्व शत्रूयतामभि तिष्ठा महांसि ।।३।।
समिद्धस्य प्रमहसोऽग्ने वन्दे तव श्रियम् ।
वृषभो द्युम्नवाँ असि समध्वरेष्विध्यसे ।।४।।
समिद्धो अग्न आहुत देवान्यक्षि स्वध्वर। त्वं हि हव्यवाळसि ।।५।।

आ जुहोता दुवस्यताग्निं प्रयत्यध्वरे। व्रणीध्वं हव्यवाहनम् ।।६।।

१६2. विश्वामित्रः – ऋ. ३.१०.१–६; ३.2७.2–१५; अ. 20.१३.४; 20.१02.१–३; य. १2. ४७–५४; १८.७2

ऋ. ३.१०.१–६

त्वामग्ने मनीषिणः सम्राजं चर्षणीनाम्। देवं मर्तास इन्धते समध्वरे ।।१।।
त्वां यज्ञेष्वृत्विजमग्ने होतारमीळते। गोपा ऋतस्य दीदिहि स्वे दमे ।।2।।
स घा यस्ते ददाशति समिधा जातवेदसे। सो अग्ने धत्ते सुवीर्यं स पुष्यति ।।३।।
स केतुरध्वराणामग्निर्देवेभिरा गमत्। अंजानः सप्त होतृभिर्हविष्मते ।।४।।
प्र होत्रे पूर्व्यं वचोऽग्नये भरता बृहत्। विपां ज्योतींषि बिभ्रते न वेधसे ।।५।।
अग्निं वर्धन्तु नो गिरो यतो जायत उक्थ्यः। महे वाजाय द्रविणाय दर्शतः ।।६।।
अग्ने यजिष्ठो अध्वरे देवान्देवयते यज। होता मन्द्रो वि राजस्यति स्रिधः ।।७।।
स नः पावक दीदिहि द्युमदस्मे सीवीर्यम्। भवा स्तोतृभ्यो अन्तमः स्वस्तये ।।८।।
तं त्वा विप्रा विपन्यवो जागृवांसः समिन्धते। हव्यवाहममर्त्यं सहोवृधम् ।।९।।

ऋ. ३.2७.2–१५

ईळे अग्निं विपश्चितं गिरा यज्ञस्य साधनम्। श्रुष्टीवानं धितावानम् ।।2।।
अग्ने शकेम ते वयं यमं देवस्य वाजिनः। अति द्वेषांसि तरेम ।।३।।
समिध्यमानो अध्वरे३ऽग्निः पावक ईड्यः। शोचिष्केशस्तमीमहे ।।४।।
पृथुपाजा अमर्त्यो घृतनिर्णिक्स्वाहुतः। अग्निर्यज्ञस्य हव्यवाट् ।।५।।
तं सबाधो यतस्रुच इत्था धिया यज्ञवन्तः। आ चक्रुरग्निमूतये ।।६।।
होता देवो अमर्त्यः पुरस्तादेति मायया। विदथानि प्रचोदयन् ।।७।।
वाजी वाजेषु धीयतेऽध्वरेषु प्र णीयते। विप्रो यज्ञस्य साधनः ।।८।।
धिया चक्रे वरेण्यो भूतानां गर्भमा दधे। दक्षस्य पितरं तना ।।९।।
नि त्वा दधे वरेण्यं दक्षस्येळा सहस्कृत। अग्ने सुदीतिमृशिजम् ।।१०।।
अग्निं यन्तुरमप्तुरमृतस्य योगे वनुषः विप्रा वाजैः समिन्धते ।।११।।
ऊर्जो नपातमध्वरे दीदिवांसमुप द्यवि। अग्निमीळे कविक्रतुम् ।।१2।।
ईळेन्यो नमस्यस्तिरस्मांसि दर्शतः। समग्निरिध्यते वृषा ।।१३।।
वृषो अग्निः समिध्यतेऽश्वो न देववाहनः। तं हविष्मन्त ईळते ।।१४।।
वृषणं त्वा वयं वृषन्वृषणः समिधीमहि। अग्ने दीद्यतं बृहत् ।।१५।।

अ. 20.१३.४

ऐभिरग्ने सरथं याह्यर्वाङ् नानारथं वा विभवो ह्यश्वाः ।
पत्नीवतस्त्रिंशतं त्रींश्च देवाननुष्वधमा वह मादयस्व ।।४।।

अ. 20.१02.१–३

ईडेन्यो नमस्यस्तिरस्तमांसि दर्शतः। समग्निरिध्यते वृषा ।।१।।
वृषो अग्निः समिध्यतेऽश्वो न देववाहनः। तं हविष्मन्त ईडते ।।2।।
वृषणं त्वा वयं वृषन् वृषणः समिधीमहि। अग्ने दीद्यतं बृहत् ।।३।।

य. १2.४७–५४

अयं सोऽअग्निर्यस्मिन्त्सोममिन्द्रः सुतं दधे जठरे वावशानः ।
सहस्रियं वाजमत्यं न सप्तिं ससवान्त्सन्त्स्तूयसे जातवेदः ।।४७।।
अग्ने यत्ते दिवि वर्चः पृथिव्यां यदोषधीष्वप्स्वा यजत्र ।
येनान्तरिक्षमुर्वाततन्थ त्वेषः स भानुरर्णवो नृचक्षाः ।।४८।।
अग्ने दिवोऽअर्णमच्छा जिगास्यच्छा देवाँ2ऽऽऊजिषे धिष्ण्या ये ।
या रोचने परस्तात् सूर्यस्य याश्चावस्तादुपतिष्ठन्तऽआपः ।।४९।।
पुरीष्यासोऽअग्नयः प्रावणेभिः सजोषसः ।
जुषन्तां यज्ञमद्रुहोऽनमीवाऽइषो महीः ।।५०।।

इडामग्ने पुरुदंसं सनिं गोः शश्वत्तमं हवमानाय साध ।
स्यान्नः सूनुस्तनयो विजावाग्ने सा ते सुमतिर्भूत्वस्मे ।।५१।।
अयं ते योनिर्ऋत्वियो यतो जातोऽअरोचथाः ।
तं जानन्नग्नऽआ रोहाथा नो वर्धया रयिम् ।।५2।।
चिदसि तया देवतयांगिरस्वद् ध्रुवा सीद ।
परिचिदसि तया देवतयांगिरस्वद् ध्रुवा सीद ।।५३।।
लोकं पृण छिद्रं पृणाथो सीद ध्रुवा त्वम् ।
इन्द्राग्नी त्वा बृहस्पतिरस्मिन् योनावसीषदन् ।।५४।।

य. १८.७2

वैश्वानरो नऽऊतयऽआ प्र यातु परावतः। अग्निर्नः सुष्टुतीरुप ।।७2।।

१६३. विश्वामित्रो गाथिनः – ऋ. ३.१.१–2३; ३.५.१–११; ३.६.१–११; ३.७.१–११; ३.६.१–६; ३.११.१–६; ३.2४.१–५; ३.2५.१–३; ५; ३.2८.१–६; ३.2६.१–४; ६–१६; सा. ६2; ७६; ७६; ६८; १००; ६१४; १४७७–१४७६;१५३८–१५४०; १५५६–१५५८

ऋ. ३.१.१–2३

सोमस्य मा तवसं वक्ष्यग्ने वह्निं चकर्थ विदथे यजध्यै ।
देवाँ अच्छा दीद्यद्युज्जे अद्रिं शमाये अग्ने तन्वं जुषस्व ।।१।।
प्रांचं यज्ञं चकृम वर्धतां गीः समिद्भिरग्निं नमसा दुवस्यन् ।
दिवः शशासुर्विदथा कवीनां गृत्साय चित्तवसे गातुमीषुः ।।2।।
मयो दधे मेधिरः पूतदक्षो दिवः सुबन्धुर्जनुषा पृथिव्याः ।
अविन्दन्नु दर्शतमस्व१न्तर्देवासो अग्निमपसि स्वसृणाम् ।।३।।
अवर्धयन्त्सुभगं सप्त यह्वीः श्वेतं जज्ञानमरुषं महित्वा ।
शिशुं न जातमभ्यारुरश्वा देवासो अग्निं जनिमन्वपुष्यन् ।।४।।
शुक्रेभिरंगै रज आततन्वान् क्रतुं पुनानः कविभिः पवित्रैः ।
शोचिर्वसानः पर्यायुरपां श्रियो मिमीते बृहतीरनूनाः ।।५।।
वव्राजा सीमनदतीरब्धा दिवो यह्वीरवसाना अनग्नाः ।
सना अत्र युवतयः सयोनीरेकं गर्भं दधिरे सप्त वाणीः ।।६।।
स्तीर्णा अस्य संहतो विश्वरूपा घृतस्य योनौ स्रवथे मधूनाम् ।
अस्थुरत्र धेनवः पिन्वमाना मही दस्मस्य मातरा समीची ।।७।।
बभ्राणः सूनो सहसो व्यद्यौद्दधानः शुक्रा रभसा वपूंषि ।
श्चोतन्ति धारा मधुनो घृतस्य वृषा यत्र वावृधे काव्येन ।।८।।
पितुश्चिदूधर्जनुषा विवेद व्यस्य धारा असृजद्वि धेनाः ।
गुहा चरन्तं सखिभिः शिवेभिर्दिवो यह्वीभिर्न गुहा बभूव ।।६।।
पितुश्च गर्भं जनितुश्च बभ्रे पूर्वीरेको अधयत्पीप्यानाः ।
वृष्णे सपत्नी शुचये सबन्धू उभे अस्मै मनुष्ये३ नि पाहि ।।१०।।
उरौ महाँ अनिबाधे ववर्धापो अग्निं यशसः सं हि पूर्वीः ।
ऋतस्य योनावशयद्दमूना जामीनामग्निरपसि स्वसृणाम् ।।११।।
अक्रो न बभ्रिः समिथे महीनां दिदृक्षेयः सूनवे भाऋजीकः ।
उदुस्रिया जनिता यो जजानापां गर्भो नृतमो यह्वो अग्निः ।।१2।।
अपां गर्भं दर्शतमोषधीनां वना जजान सुभगा विरूपम् ।
देवासश्चिन्मनसा सं हि जग्मुः पनिष्ठं जातं तवसं दुवस्यन् ।।१३।।
बृहन्त इद्भानवो भाऋजीकमग्निं सचन्त विद्युतो न शुक्राः ।
गुहेव वृद्धं सदसि स्वे अन्तरपार ऊर्वे अमृतं दुहानाः ।।१४।।
ईळे च त्वा यजमानो हविर्भिरीळे सखित्वं सुमतिं निकामः ।

देवैरवो मिमीहि सं जरित्रे रक्षा च नो दम्येभिरनीकैः ।।१५।।
उपक्षेतारस्तव सुप्रणीतेऽग्ने विश्वानि धन्या दधानाः ।
सुरेतसा श्रवसा तुंजमाना अभि ष्याम पृतनायूँरदेवान् ।।१६।।
आ देवानामभवः केतुरग्ने मन्द्रो विश्वानि काव्यानि विद्वान् ।
प्रति मर्तां अवासयो दमूना अनु देवान्रथिरो यासि साधन् ।।१७।।
नि दुरोणे अमृतो मर्त्यानां राजा ससाद् विदथानि साधन् ।
घृतप्रतीक उर्विया व्यद्यौदग्निर्विश्वानि काव्यानि विद्वान् ।।१८।।
आ नो गहि सख्येभिः शिवेभिर्महान्महीभिरूतिभिः सरण्यन् ।
अस्मे रयिं बहुलं संतरुत्रं सुवाचं भागं यशसं कृधी नः ।।१९।।
एता ते अग्ने जनिमा सनानि प्र पूर्व्याय नूतनानि वोचम् ।
महान्ति वृष्णे सवना कृतेमा जन्मंजन्मन् निहितो जातवेदाः ।।20।।
जन्मंजन्मन् निहितो जातवेदा विश्वामित्रेभिरिध्यते अजस्रः ।
तस्य वयं सुमतौ यज्ञियस्यापि भद्रे सौमनसे स्याम ।।21।।
इमं यज्ञं सहसावन् त्वं नो देवत्रा धेहि सुक्रतो रराणः ।
प्र यंसि होतर्बृहतीरिषो नोऽग्ने महि द्रविणमा यजस्व ।।22।।
इळामग्ने पुरुदंसं सनिं गोः शश्वत्तमं हवमानाय साध ।
स्यान्नः सूनुस्तनयो विजावाग्ने सा ते सुमतिर्भूत्वस्मे ।।२३।।

ऋ. ३.५.१–११

प्रत्यग्निरुषसश्चेकितानोऽबोधि विप्रः पदवीः कवीनाम् ।
पृथुपाजा देवयद्भिः समिद्धोऽप द्वारा तमसो वह्निरावः ।।१।।
प्रेद्वग्निर्वावृधे स्तोमेभिर्गीर्भिः स्तोतॄणां नमस्य उक्थैः ।
पूर्वीर्ऋतस्य संदृशश्चकानः सं दूतो अद्यौदुषसो विरोके ।।2।।
अधाय्यग्निर्मानुषीषु विक्ष्व१पां गर्भो मित्र ऋतेन साधन् ।
आ हर्यतो यजतः सान्वस्थादभूदु विप्रो हव्यो मतीनाम् ।।३।।
मित्रो अग्निर्भवति यत्समिद्धो मित्रो होता वरुणो जातवेदाः ।
मित्रो अध्वर्युरिषिरो दमूना मित्रः सिन्धूनामुत पर्वतानाम् ।।४।।
पाति प्रियं रिपो अग्रं पदं वेः पाति यह्वश्चरणं सूर्यस्य ।
पाति नाभा सप्तशीर्षाणमग्निः पाति देवानामुपमादमृष्वः ।।५।।
ऋभुश्चक्र ईड्यं चारु नाम विश्वानि देवो वयुनानि विद्वान् ।
ससस्य चर्म घृतवत्पदं वेस्तदिदग्नी रक्षत्यप्रयुच्छन् ।।६।।
आ योनिमग्निर्घृतवन्तमस्थात्पृथुप्रगाणमुशन्तमुशानः ।
दीद्यानः शुचिर्ऋष्वः पावकः पुनः पुनर्मातरा नव्यसी कः ।।७।।
सद्यो जात ओषधीभिर्ववक्षे यदी वर्धन्ति प्रस्वो घृतेन ।
आप इव प्रवता शुम्भमाना उरुष्यदग्निः पित्रो रुपस्थे ।।८।।
उदु ष्टुतः समिधा यह्वो अद्यौद्वर्ष्मन्दिवो अधि नाभा पृथिव्याः ।
मित्रो अग्निरीड्यो मातरिश्वा दूतो वक्षद्यजथाय देवान् ।।९।।
उदस्तम्भीत्समिधा नाकमृष्वो३ग्निर्भवन्नुत्तमो रोचनानाम् ।
यदी भृगुभ्यः परि मातरिश्वा गुहा सन्तं हव्यवाहं समीधे ।।१०।।
इळामग्ने पुरुदंसं सनिं गोः शश्वत्तमं हवमानाय साध ।
स्यान्नः सूनुस्तनयो विजावाग्ने सा ते सुमतिर्भूत्वस्मे ।।११।।

ऋ. ३.६.१–११

प्र कारवो मनना वच्यमाना देवद्रीचीं नयत देवयन्तः ।
दक्षिणावाड्वाजिनी प्राच्येति हविर्भरन्त्यग्नये घृताची ।।१।।
आ रोदसी अपृणा जायमान उत प्र रिक्था अध नु प्रयज्यो ।

दिविश्चिदग्ने महिना पृथिव्या वच्यन्तां ते वह्नयः सप्तजिह्वाः ।।2।।
द्यौश्च त्वा पृथिवी यज्ञियासो नि होतारं सादयन्ते दभाय ।
यदी विशो मानुषीर्देवयन्तीः प्रयस्वतीरीळते शुक्रमर्चिः ।।३।।
महान्त्सधस्थे ध्रुव आ निषत्तोऽन्तर्द्यावा माहिने हर्यमाणः ।
आस्क्रे सपत्नी अजरे अमृक्ते सबर्दुघे उरुगायस्य धेनू ।।४।।
व्रता ते अग्ने महतो महानि तव क्रत्वा रोदसी आ ततन्थ ।
त्वं दूतो अभवो जायमानस्त्वं नेता वृषभ चर्षणीनाम् ।।५।।
ऋतस्य वा केशिना योग्याभिर्घृतस्नुवा रोहिता धुरि धिष्व ।
अथा वह देवान्देव विश्वान्त्स्वध्वरा कृणुहि जातवेदः ।।६।।
दिवश्चिदा ते रुचयन्त रोका उषो विभातीरनु भासि पूर्वीः ।
अपो यदग्न उशधग्वनेषु होतुर्मन्द्रस्य पनयन्त देवाः ।।७।।
उरौ वा ये अन्तरिक्षे मदन्ति दिवो वा ये रोचने सन्ति देवाः ।
ऊमा वा ये सुहवासो यजत्रा आयेमिरे रथ्यो अग्ने अश्वाः ।।८।।
ऐभिरग्ने सरथं याह्यर्वाङ् नानारथं वा विभवो ह्यश्वाः ।
पत्नीवतस्त्रिंशतं त्रींश्च देवाननुष्वधमा वह मादयस्व ।।६।।
स होता यस्य रोदसी चिदुर्वी यज्ञंयज्ञमभि वृधे गृणीतः ।
प्राची अध्वरेव तस्थतुः सुमेके ऋतावरी ऋतजातस्य सत्ये ।।१०।।
इळामग्ने पुरुदंसं सनिं गोः शश्वत्तमं हवमानाय साध ।
स्यान्नः सूनुस्तनयो विजावाग्ने सा ते सुमतिर्भूत्वस्मे ।।११।।

ऋ. ३.७.१–११

प्र य आरुः शितिपृष्ठस्य धासेरा मातरा विविशुः सप्त वाणीः ।
परिक्षिता पितरा सं चरेते प्र सर्स्राते दीर्घमायुः प्रयक्षे ।।१।।
दिवक्षसो धेनवो वृष्णो अश्वा देवीरा तस्थौ मधुमद्वहन्तीः ।
ऋतस्य त्वा सदसि क्षेमयन्तं पर्येका चरति वर्तनिं गौः ।।2।।
आ सीमरोहत्सुयमा भवन्तीः पतिश्चिकित्वान् रयिविद्रयीणाम् ।
प्र नीलपृष्ठो अतसस्य धासेस्ता अवासयत्पुरुधप्रतीकः ।।३।।
महि त्वाष्ट्रमूर्जयन्तीरजुर्यं स्तभूयमानं वहतो वहन्ति ।
व्यंगेभिर्दिद्युतानः सधस्थ एकामिव रोदसी आ विवेश ।।४।।
जानन्ति वृष्णो अरुषस्य शेवमुत ब्रध्नस्य शासने रणन्ति ।
दिवोरुचः सुरुचो रोचमाना इळा येषां गण्या महिना गीः ।।५।।
उतो पितृभ्यां प्रविदानु घोषं महो महद्भ्यामनयन्त शूषम् ।
उक्षा ह यत्र परि धनमक्तोरनु स्वं धाम जरितुर्ववक्ष ।।६।।
अध्वर्युभिः पंचभिः सप्त विप्राः प्रियं रक्षन्ते निहितं पदं वेः ।
प्रांचो मदन्त्युक्षणो अजुर्या देवा देवानामनु हि व्रता गुः ।।७।।
दैव्या होतारा प्रथमा न्यृंजे सप्त पृक्षासः स्वधया मदन्ति ।
ऋतं शंसन्त ऋतमित्त आहुरनु व्रतं व्रतपा दीध्यानाः ।।८।।
वृषायन्ते महे अत्याय पूर्वीर्वृष्णे चित्राय रश्मयः सुयामाः ।
देव होतर्मन्द्रतरश्चिकित्वान्महो देवान् रोदसी एह वक्षि ।।६।।
पृक्षप्रयजो द्रविणः सुवाचः सुकेतव उषसो रेवदूषुः ।
उतो चिदग्ने महिना पृथिव्याः कृतं चिदेनः सं महे दशस्य ।।१०।।
इळामग्ने पुरुदंसं सनिं गोः शश्वत्तमं हवमानाय साध ।
स्यान्नः सूनुस्तनयो विजावाग्ने सा ते सुमतिर्भूत्वस्मे ।।११।।

ऋ. ३.६.१–६

सखायस्त्वा ववृमहे देवं मर्तास ऊतये। अपां नपातं सुभगं सुदीदितिं सुप्रतूर्तिमनेहसम् ।।१।।

कायमानो वना त्वं यन्मातृरजगन्नपः। न तत्ते अग्ने प्रमृषे निवर्तनं यद्दूरे सन्निहाभवः ।।2।।
अति तृष्टं ववक्षिथाथैव सुमना असि। प्रप्रान्ये यन्ति पर्यन्य आसते येषां सख्ये असि श्रितः ।।३।।
ईयिवांसमति स्रिधः शश्वतीरति सश्चतः।
अन्वीमविन्दन्निचिरासो अद्रुहोऽप्सु सिंहमिव श्रितम् ।।४।।
ससृवांसमिव त्मनाग्निमित्था तिरोहितम्। ऐनं नयन्मातरिश्वा परावतो देवेभ्यो मथितं परि ।।५।।
तं त्वा मर्ता अगृभ्णत देवेभ्यो हव्यवाहन।
विश्वान्यद्यज्ञाँ अभिपासि मानुष तव ऋत्वा यविष्ठ्य ।।६।।
तद्भद्रं तव दंसना पाकाय चिच्छदयति। त्वां यदग्ने पशवः समासते समिद्धमपिशर्वरे ।।७।।
आ जुहोता स्वध्वरं शीरं पावकशोचिषम्। आशुं दूतमजिरं प्रत्नमीड्यं श्रुष्टी देवं सपर्यत ।।८।।
त्रीणि शता त्री सहस्राण्यग्निं त्रिंशच्च देवा नव चासपर्यन् ।
ओक्षन्घृतैरस्तृणन्बर्हिरस्मा आदिद्धोतारं न्यसादयन्त ।।९।।

ऋ. ३.११.१–९

अग्निर्होता पुरोहितोऽध्वरस्य विचर्षणिः। स वेद यज्ञमानुषक् ।।१।।
स हव्यवाळमर्त्य उशिग्दूतश्चनोहितः। अग्निर्धिया समृण्वति ।।2।।
अग्निर्धिया स चेतति केतुर्यज्ञस्य पूर्व्यः। अर्थं ह्यस्य तरणि ।।३।।
अग्निं सूनुं सनश्रुतं सहसो जातवेदसम्। वह्निं देवा अकृण्वत ।।४।।
अदाभ्यः पुरएता विशमग्निर्मानुषीणाम्। तूर्णी रथः सदा नवः ।।५।।
साह्वान्विश्वा अभियुजः क्रतुर्देवानाममृक्तः। अग्निस्तुविश्रवस्तमः ।।६।।
अभि प्रयांसि वाहसा दाश्वाँ अश्नोति मर्त्यः। क्षयं पावकशोचिषः ।।७।।
परि विश्वानि सुधिताग्नेरश्याम मन्मभिः। विप्रासो जातवेदसः ।।८।।
अग्ने विश्वानि वार्या वाजेषु सनिषामहे। त्वे देवास एरिरे ।।९।।

ऋ. ३.२४.१–५

अग्ने सहस्व पृतना अभिमातीरपास्य। दुष्टरस्तरन्नरातीर्वर्चो धा यज्ञवाहसे ।।१।।
अग्न इळा समिध्यसे वीतिहोत्रो अमर्त्यः। जुषस्व सू नो अध्वरम् ।।2।।
अग्ने द्युम्नेन जागृवे सहसः सूनबाहुत। एदं बर्हिः सदो मम ।।३।।
अग्ने विश्वेभिरग्निभिर्देवेभिर्महया गिरः। यज्ञेषु य उ चायवः ।।४।।
अग्ने दाशुषे रयिं वीरवन्तं परीणसम्। शिशीहि नः सूनुमतः ।।५।।

ऋ. ३.२५.१–३

अग्ने दिवः सूनुरसि प्रचेतास्तना पृथिव्या उत विश्ववेदाः। ऋधग्देवाँ इह यजा चिकित्वः ।।१।।
अग्निः सनोति वीर्याणि विद्वान्त्सनोति वाजममृताय भूषन्। स नो देवाँ एह वहा पुरुक्षो ।।2।।
अग्निर्द्यावापृथिवी विश्वजन्ये आ भाति देवी अमृते अमूरः। क्षयन्वाजैः पुरुश्चन्द्रो नमोभिः ।।३।।

ऋ. ३.२५.५

अग्ने अपां समिध्यसे दुरोणे नित्यः सूनो सहसो जातवेदः। सधस्थानि महयमान ऊती ।।५।।

ऋ. ३.२८.१–६

अग्ने जुषस्व नो हविः पुरोळाशं जातवेदः। प्रातःसावे धियावसो ।।१।।
पुरोळा अग्ने पचतस्तुभ्यं वा घा परिष्कृतः। तं जुषस्व यविष्ठ्य ।।2।।
अग्ने वीहि पुरोळाशमाहुतं तिरोअह्न्यम्। सहसः सूनुरस्यध्वरे हितः ।।३।।
माध्यन्दिने सवने जातवेदः पुरोळाशमिह कवे जुषस्व ।
अग्ने यह्वस्य तव भागधेयं न प्र मिनन्ति विदथेषु धीराः ।।४।।
अग्ने तृतीये सवने हि कानिषः पुरोळाशं सहसः सूनवाहुतम् ।
अथा देवेष्वध्वरं विपन्यया धा रत्नवन्तममृतेषु जागृविम् ।।५।।

अग्ने वृधान आहुतिं पुरोळाशं जातवेदः। जुषस्व तिरोअह्न्यम् ॥६॥

ऋ. ३.२९.१–४

अस्तीदमधिमन्थनमस्ति प्रजननं कृतम् ।
एतां विश्पत्नीमा भराग्निं मन्थाम पूर्वथा ॥१॥
अरण्योर्निहितो जातवेदा गर्भ इव सुधितो गर्भिणीषु ।
दिवेदिव ईड्यो जागृवद्भिर्हविष्मद्भिर्मनुष्येभिरग्निः ॥२॥
उत्तानायामव भरा चिकित्वान्त्सद्यः प्रवीता वृषणं जजान ।
अरुषस्तूपो रुशदस्य पाज इळायास्पुत्रो वयुनेऽजनिष्ट ॥३॥
इळायास्त्वा पदे वयं नाभा पृथिव्या अधि ।
जातवेदो नि धीमह्यग्ने हव्याय वोळ्हवे ॥४॥

ऋ. ३.२९.६–१६

यदी मन्थन्ति बाहुभिर्वि रोचतेऽश्वो न वाज्यरुषो वनेष्वा ।
चित्रो न यामन्नश्विनोरनिवृतः परि वृणक्त्यश्मनस्तृणा दहन् ॥६॥
जातो अग्नी रोचते चेकितानो वाजी विप्रः कविशस्तः सुदानुः ।
यं देवास ईड्यं विश्वविदं हव्यवाहमदधुरध्वरेषु ॥७॥
सीद होतः स्व उ लोके चिकित्वान्त्सादया यज्ञं सुकृतस्य योनौ ।
देवावीर्देवान्हविषा यजास्यग्ने बृहद्यजमाने वयो धाः ॥८॥
कृणोत धूमं वृषणं सखायोऽस्रेधन्त इतन वाजमच्छ ।
अयमग्निः पृतनाषाट् सुवीरो येन देवासो असहन्त दस्यून् ॥९॥
अयं ते योनिर्ऋत्वियो यतो जातो अरोचथाः ।
तं जानन्नग्न आ सीदाथा नो वर्धया गिरः ॥१०॥
तनूनपादुच्यते गर्भ आसुरो नराशंसो भवति यद्विजायते ।
मातरिश्वा यदमिमीत मातरि वातस्य सर्गो अभवत्सरीमणि ॥११॥
सुनिर्मथा निर्मथितः सुनिधा निहितः कविः ।
अग्ने स्वध्वरा कृणु देवान्देवयते यज ॥१२॥
अजीजनन्नमृतं मर्त्यासोऽस्रेमाणं तरणिं वीळुजम्भम् ।
दश स्वसारो अग्रुवः समीचीः पुमांसं जातमभि सं रभन्ते ॥१३॥
प्र सप्तहोता सनकादरोचत मातुरुपस्थे यदशोचदूधनि ।
न नि मिषति सुरणो दिवेदिवे यदसुरस्य जठरादजायत ॥१४॥
अमित्रायुधो मरुतामिव प्रयाः प्रथमजा ब्रह्मणो विश्वमिद्विदुः ।
द्युम्नवद्ब्रह्म कुशिकास एरिर एकएको दमे अग्निं समीधिरे ॥१५॥
यदद्य त्वा प्रयति यज्ञे अस्मिन्होतश्चिकित्वोऽवृणीमहीह ।
ध्रुवमया ध्रुवमुताशमिष्ठाः प्रजानन्विद्वाँ उप याहि सोमम् ॥१६॥

सा. ६२

सखायस्त्वा ववृमहे देवं मर्तास ऊतये। अपां नपातं सुभगं सुदं ससं सुप्रतूर्तिमनेहसम् ॥८॥

सा. ७६

इडामग्ने पुरुदं संसनिं गोः शश्वत्तमं हवमानाय साध ।
स्यान्नः सूनुस्तनयो विजावाग्ने सा ते सुमतिर्भूत्वस्मे ॥४॥

सा. ७९

अरण्योर्निहितो जातवेदा गर्भ इवेत्सुभृतो गर्भिणीभिः ।
दिवेदिव ईड्यो जागृवद्भिर्हविष्मद्भिर्मनुष्येभरग्निः ॥७॥

सा. ९८

प्र होत्रे पूर्व्यं वचोऽग्नये भरता बृहत्। विपां ज्योतींषि बिभ्रते न वेधसे ॥२॥

सा. १००

अग्ने यजिष्ठो अध्वरे देवान् देवयते यज। होता मन्द्रो वि राजस्यति स्रिधः ।।४।।

सा. ६१४

पात्यग्निर्विपो अग्रं पदं वेः पाति यह्वश्चरणं सूर्यस्य ।
पाति नाभा सप्तशीर्षाणमग्निः पाति देवानामुपमादमृष्वः ।।१३।।

सा. १४७७–१४७९

होता देवो अमर्त्यः पुरस्तादेति मायया। विदथानि प्रचोदयन् ।।१।।
वाजी वाजेषु धीयतेऽध्वरेषु प्र णीयते। विप्रो यज्ञस्य साधनः ।।2।।
धियो चक्र वरेण्यो भूतानां गर्भमा दधे। दक्षस्य पितरं तना ।।३।।

सा. १५३८–१५४०

ईडेन्यो नमस्यस्तिरस्तमांसि दर्शतः। समग्निरिध्यते वृषा ।।१।।
वृषो अग्निः समिध्यतेऽश्वो न देववाहनः। तं हविष्मन्त ईडते ।।2।।
वृषणं त्वा वयं वृषन्वृषणः समिधीमहि। अगने दीद्यतं बृहत् ।।३।।

सा. १५५६–१५५८

अदाभ्यः पुरएता विशामग्निर्मानुषीणाम्। तूर्णी रथः सदा नवः ।।१।।
अभि प्रयांसि वाहसा दाश्वाँ अश्नोति मर्त्यः। क्षयं पावकशोचिषः ।।2।।
साह्वान्विश्वा अभियुजः क्रतुर्देवानाममृक्तः। अग्निस्तुविश्रवस्तमः ।।३।।

१६४. विश्वावसुर् देवगन्धर्वः – ऋ. ५.2८.१–६

समिद्धो अग्निर्दिवि शोचिरश्रेत्प्रत्यङ्ङुषसमुर्विया वि भाति ।
एति प्राची विश्ववारा नमोभिर्देवाँ ईळाना हविषा घृताची ।।१।।
समिध्यमानो अमृतस्य राजसि हविष्कृण्वन्तं सचसे स्वस्तये ।
विश्वं स धत्ते द्रविणं यमिन्वस्यातिथ्यमग्ने नि च धत्त इत्पुरः ।।2।।
अग्ने शर्ध महते सौभगाय तव द्युम्नान्युत्तमानि सन्तु ।
सं जास्पत्यं सुयममा कृणुष्व शत्रूयतामभि तिष्ठा महांसि ।।३।।
समिद्धस्य प्रमहसोऽग्ने वन्दे तव श्रियम् ।
वृषभो द्युम्नवाँ असि समध्वरेष्विध्यसे ।।४।।
समिद्धो अग्न आहुत देवान्यक्षि स्वध्वर। त्वं हि हव्यवाळसि ।।५।।
आ जुहोता दुवस्यताग्निं प्रयत्यध्वरे। वृणीध्वं हव्यवाहनम् ।।६।।

१६५. विश्वावसुः – य. १2.६६

निवेशनः संगमानो वसूनां विश्वा रूपाऽभिचष्टे शचीभिः ।
देवऽइव सविता सत्यधर्मेन्द्रो न तस्थौ समरे पथीनाम् ।।६६।।

१६६. वृशो जारः – ऋ. ५.2.2; ६

ऋ. ५.2.2

कमेतं त्वं युवते कुमारं पेषी बिभर्षि महिषी जजान ।
पूर्वीर्हि गर्भः शरदो ववर्धापश्यं जातं यदसूत माता ।।2।।

ऋ. ५.2.६

वि ज्योतिषा बृहता भात्यग्निराविर्विश्वानि कृणुते महित्वा ।
प्रादेवीर्मायाः सहते दुरेवाः शिशीते शृंगे रक्षसे विनिक्षे ।।६।।

१६७. वृहद्दिवोऽथर्वा – अ. ५.३.१–2

ममाग्ने वर्चो विहवेष्वस्तु वयं त्वेन्धानास्तन्वं पुषेम ।
मह्यं नमन्तां प्रदिशश्चतस्रस्त्वयाध्यक्षेण पृतना जयेम ।।१।।

अग्ने मन्युं प्रतिनुदन् परेषां त्वं नो गोपाः परि पाहि विश्वतः ।
अपांचो यन्तु निवता दुरस्यवोऽमैषां चित्तं प्रबुधां वि नेशत् ।।2।।

१६८. वैखानसः – य. १६.४०; ४१; ४८; ३५.१७

य. १६.४०–४१

पवित्रेण पुनीहि मा शुक्रेण देव दीद्यत्। अग्ने क्रत्वा क्रतूँ2ऽ रनु ।।४०।।
यत्ते पवित्रमर्चिष्यग्ने विततमन्तरा। ब्रह्म तेन पुनातु मा ।।४१।।

य. १६.४८

इदं हविः प्रजननं मेऽअस्तु दशवीरं सर्वगणं स्वस्तये आत्मसनि प्रजासनि पशुसनि
लोकसन्यभ्यसनि। अग्निः प्रजां बहुलां मे करोत्वन्नं पयो रेतोऽअस्मासु धत्त ।।४८।।

य. ३५.१७

आयुष्मानग्ने हविषा वृधानो घृतप्रतीको घृतयोनिरेधि ।
घृतं पीत्वा मधु चारु गव्यं पितेव पुत्रमभि रक्षतादिमान्त्स्वाहा ।।१७।।

१६९. शङ्खः – य. १६.६४; ६६

य. १६.६४

यमग्ने कव्यवाहन त्वं चिन्मन्यसे रयिम्। तन्नो गीर्भिः श्रवाय्यं देवत्रा पनया युजम् ।।६४।।

य. १६.६६

त्वमग्नऽईडितः कव्यवाहुनावाड्ढव्यानि सुरभीणि कृत्वी ।
प्रादाः पितृभ्यः स्वधया तेऽअक्षन्नद्धि त्वं देव प्रयता हवींषि ।।६६।।

१७०. शन्तातिः – अ. ६.१०.१

पृथिव्यै श्रोत्राय वनस्पतिभ्योऽग्नयेऽधिपतये स्वाहा ।।१।।

१७१. शंयुर् बार्हस्पत्यः – ऋ. ६.४८.१–१०; सा. ३५; ३७; ४१; ७०३; ७०४; १६2३–१६2४

ऋ. ६.४८.१–१०

यज्ञायज्ञा वो अग्नेय गिरागिरा च दक्षसे ।
प्रप्र वयममृतं जातवेदसं प्रियं मित्रं न शंसिषम् ।।१।।
ऊर्जो नपातं स हिनयामस्मयुर्दाशेम हव्यदातये ।
भुवद् वाजेष्वविता भुवद्वृध उत त्राता तनूनाम् ।।2।।
वृषा ह्यग्ने अजरो महान्विभस्यर्चिषा ।
अजस्रेणा शोचिषा शोचुचच्छुचे सुदीतिभिः सु दीदिहि ।।३।।
महो देवान्यजसि यक्ष्यानुषक्तव क्रत्वोत दंसना ।
अर्वाचः सीं कृणुह्यग्नेऽवसे रास्व वाजोत वंस्व ।।४।।
यमापो अद्रयो वना गर्भमृतस्य पिप्रति ।
सहसा यो मथितो जायते नृभिः पृथिव्या अधि सानवि ।।५।।
आ यः पप्रौ भानुना रोदसी उभे धूमेन धावते दिवि ।
तिरस्तमो ददृश ऊर्म्यास्वा श्यावास्वरुषो वृषा श्यावा अरुषो वृषा ।।६।।
बृहद्भिरग्ने अर्चिभिः शुक्रेण देव शोचिषा ।
भरद्वाजे समिधानो यविष्ठ्य रेवन्नः शुक्र दीदिहि द्युमत्पावक दीदिहि ।।७।।
विश्वासां गृहपतिर्विशामसि त्वमग्ने मानुषीणाम् ।
शतं पूर्भिर्यविष्ठ पाह्यंहसः सुमेद्धारं शतं हिमाः स्तोतृभ्यो ये च ददाति ।।८।।
त्वं नश्चित्र ऊत्या वसो राधांसि चोदय ।
अस्य रायस्त्वमग्ने रथीरसि विदा गाधं तुचे तु नः ।।९।।
पर्षि तोकं तनयं पर्तृभिष्ट्वमदब्धैरप्रयुत्वभिः ।

अग्ने हेळांसि दैव्या युयोधि नोऽदेवानि ह्वरांसि च ।।१०।।

सा. ३५

यज्ञायज्ञा वो अग्नये गिरागिरा च दक्षसे। प्रप्र वयममृतं जातवेदसं प्रियं मित्रं न शंसिषम् ।।१।।

सा. ३७

बृहद्भिरग्ने अर्चिभिः शुक्रेण देव शोचिषा। भरद्वाजे समिधानो यविष्ठ्य रेवत्पावक दीदिहि ।।३।।

सा. ४१

त्व नश्चित्र ऊत्या वसो राधांसि चोदय।
अस्य रायस्त्वमग्ने रथीरसि विदा गाधं तुचे तु नः।।७।।

सा. ७०३–७०४

यज्ञायज्ञा वो अग्नये गिरागिरा च दक्षसे। प्रप्र वयममृतं जातवेदसं प्रियं मित्रं न शंसिषम् ।।१।।
ऊर्जो नपातं स हिनायमस्मयुर्दाशेम हव्यदातये।
भुवद्वाजेष्वविता भुवद्वृध उत त्राता तनूनाम्।।2।।

सा. १६2३–१६2४

त्वं नश्चित्र ऊत्या वसो राधांसि चोदय ।
अस्य रायस्त्वमग्ने रथीरसि विदा गाधं तुचे तु नः ।।१।।
पर्षि तोकं तनयं पर्तृभिष्ट्वमदब्धैरप्रयुत्वभिः ।
अग्ने हेडांसि दैव्या युयोधि नोऽदेवानि ह्वरांसि च ।।2।।

१७2. शम्युः – य. 2७.४५

संवत्सरोऽसि परिवत्सरोऽसीदावत्सरोऽसीद्वत्सरोऽसि वत्सरोऽसि।
उषसस्ते कल्पन्तामहोरात्रास्ते कल्पन्तामर्द्धमासास्ते कल्पन्तां मासास्ते कल्पन्तामृतवस्ते
कल्पन्तां संवत्सरस्ते कल्पताम्। प्रेत्याऽएत्यै सं चांच प्र च सारय। सुपर्णचिदसि तया
देवतयांगिरस्वद् ध्रुवः सीद ।।४५।।

१७३. शतं वैखानसः – ऋ. ६.६६.१६–2१

अग्न आयूंषि पवस आ सुवोर्जमिषं च नः। आरे बाधस्व दुच्छुनाम् ।।१६।।
अग्निर्ऋषिः पवमानः पांचजन्यः पुरोहितः। तमीमहे महागयम् ।।2०।।
अग्ने पवस्व स्वपा अस्मे वर्चः सुवीर्यम्। दधद्रयिं मयि पोषम् ।।2१।।

१७४. शार्ङ्गाः – ऋ. १०.१४2.१–८

अयमग्ने जरिता त्वे अभूदपि सहसः सूनो नह्य१न्यदस्त्याप्यम् ।
भद्रं हि शर्म त्रिवरूथमस्ति त आरे हिंसानामप दिद्युमा कृधि ।।१।।
प्रवत्ते अग्ने जनिमा पितृयतः साचीव विश्वा भुवना न्यृंजसे ।
प्र सप्तयः प्र सनिषन्त नो धियः पुरश्चरन्ति पशुपाइव त्मना ।।2।।
उत वा उ परि वृणक्षि बप्सद्बहोरग्न उलपस्य स्वधावः ।
उत खिल्या उर्वराणां भवन्ति मा ते हेतिं तविषीं चुक्रुधाम ।।३।।
यदुद्वतो निवतो यासि वप्सत्पृथगेषि प्रगर्धिनीव सेना ।
यदा ते वातो अनुवाति शोचिर्वप्तेव श्मश्रु वपसि प्र भूम ।।४।।
प्रत्यस्य श्रेणयो ददृश्र एकं नियानं बहवो रथासः ।
बाहू यदग्ने अनुमर्मृजानो न्यङ्ङुत्तानामन्वेषि भूमिम् ।।५।।
उत्ते शुष्मा जिहतामुत्ते अर्चिरुत्ते अगने शशमानस्य वाजाः ।
उच्छ्वंचस्व नि नम वर्धमान आ त्वाद्य विश्वे वसवः सदन्तु ।।६।।
अपामिदं न्ययनं समुद्रस्य निवेशनम् ।
अन्यं कृणुष्वेतः पन्थां तेन याहि वशाँ अनु ।।७।।
आयने ते परायणे दूर्वा रोहन्तु पुष्पिणीः ।
ह्रदाश्च पुण्डरीकाणि समुद्रस्य गृहा इमे ।।८।।

१७५. शुनः शेपः – य. १०.2६; ११.१६; १८.४६; ५१–५2

य. १०.2६

अग्निः पृथुर्धर्मणस्पतिर्जुषाणोऽअग्निः पृथुर्धर्मणस्पतिराज्यस्य वेतु स्वाहा ।
स्वाहा कृताः सूर्यस्य रश्मिभिर्यतध्वं सजातानां मध्यमेष्ठ्याय ।।2६।।

य. ११.१६

पृथिव्याः सधस्थदग्निं पुरीष्यमंगिरस्वदाभराग्निं
पुरीष्यमंगिरस्वदच्छेमोऽग्निं पुरीष्यमंगिरस्वद्भरिष्यामः ।।१६।।

य. १८.४६

यास्ते अग्ने सूर्ये रुचो दिवमातन्वन्ति रश्मिभिः।
ताभिर्नो अद्य सर्वाभी रुचे जनाय नस्कृधि ।।४६।।

य. १८.५१–५2

अग्निं युनज्मि शवसा घृतेन दिव्यं सुपर्णं वयसा बृहन्तम् ।
तेन वयं गमेम ब्रध्नस्य विष्टपं स्वो रुहाणा अधि नाकमुत्तमम् ।।५१।।
इमौ ते पक्षावजरौ पतत्रिणौ याभ्यां रक्षांस्यपहंस्यग्ने ।
ताभ्यां पतेम सुकृतामु लोकं यत्र ऋषयो जग्मुः प्रथमजाः पुराणाः।।५2।।

१७६. शुनःशेप आजीगर्तिः – ऋ. १.2६.१–१०; १.2७.१–१2; सा. १५; १७; 2८; १४१५–१४१७; १४६७–१४६६; १६१७–१६१६; १६३४–१६३६; १६६३–१६६५

ऋ. १.2६.१–१०

वसिष्वा हि मियेध्य वस्त्राण्यूर्जां पते। सेमं नो अध्वरं यज ।।१।।
नि नो होता वरेण्यः सदा यविष्ठ मन्मभिः। अग्ने दिवित्मता वचः ।।2।।
आ हि ष्मा सूनवे पितापिर्यजत्यापये। सखा सख्ये वरेण्यः ।।३।।
आ नो बर्ही रिशादसो वरुणो मित्रो अर्यमा। सीदन्तु मनुषो यथा ।।४।।
पूर्व्य होतरस्य नो मन्दस्व सख्यस्य च। इमा उ षु श्रुधी गिरः ।।५।।
यच्चिद्धि शश्वता तना देवंदेवं यजामहे। त्वे इद्धूयते हविः ।।६।।
प्रियो नो अस्तु विश्पतिर्होता मन्द्रो वरेण्यः। प्रिया स्वग्नयो वयम् ।।७।।
स्वग्नयो हि वार्यं देवासो दधिरे च नः। स्वग्नयो मनामहे ।।८।।
अथा न उभयेषाममृत मर्त्यानाम्। मिथः सन्तु प्रशस्तयः ।।६।।
विश्वेभिरग्ने अग्निभिरिमं यज्ञमिदं वचः। चनो धाः सहसो यहो ।।१०।।

ऋ. १.2७.१–१2

अश्वं न त्वा वारवन्तं वन्दध्या अग्निं नमोभिः। सम्राजन्तमध्वराणाम् ।।१।।
स घा नः सूनुः शवसा पृथुप्रगामा सुशेवः। मीढ्वाँ अस्माकं बभूयात् ।।2।।
स नो दूराच्चासाच्च नि मर्त्यादघायोः पाहि। सदमिद्विश्वायुः ।।३।।
इममू षु त्वमस्माकं सनिं गायत्रं नव्यांसम्। अग्ने देवेषु प्र वोचः ।।४।।
आ नो भज परमेष्वा वाजेषु मध्यमेषु। शिक्षा वस्वो अन्तमस्य ।।५।।
विभक्तासि चित्रभानो सिन्धोरूर्मा उपाक आ। सद्यो दाशुषे क्षरसि ।।६।।
यमग्ने पृत्सु मर्त्यमवा वाजेषु यं जुनाः। स यन्ता शश्वतीरिषः ।।७।।
नाकिरस्य सहन्त्य पर्येता कयस्य चित्। वाजो अस्ति श्रवाय्यः ।।८।।
स वाजं विश्वचर्षणिरर्वद्भिरस्तु तरुता। विप्रेभिरस्तु सनिता ।।६।।
जराबोध तद्विविड्ढि विशेविशे यज्ञियाय। स्तोमं रुद्राय दृशीकम् ।।१०।।
स नो महाँ अनिमानो धूमकेतुः पुरुश्चन्द्रः। धिये वाजाय हिन्वतु ।।११।।
स रेवाँ इव विश्पतिर्दैव्यः केतुः शृणोतु नः। उक्थैरग्निर्बृहद्भानुः ।।१2।।

सा. १५

जराबोध तद्विविड्ढ विशेविशे यज्ञियाय। स्तोमं रुद्राय दृशीकम् ।।५।।

सा. १७

अश्वं न त्वा वारवन्तं वन्दध्या अग्निं नमोभिः। सम्राजन्तमध्वराणाम्।।७।।

सा. 2८

इममू षु त्वमस्माकं सनिं गायत्रं नव्यां सम्। अग्ने देवेषु प्र वोचः ।।८।।

सा. १४१५–१४१७

यमग्ने पृतसु मर्त्यमवा वाजेषु यं जुनाः। स यन्ता शश्वतीरिषः ।।१।।
न किरस्य सहन्त्य पर्येता कयस्य चित्। वाजो अस्ति श्रवाय्यः ।।2।।
स वाजं विश्वचर्षणिरर्वद्भिरस्तु तरुता। विप्रेभिरस्तु सनिता ।।३।।

सा. १४६७–१४६६

इममू षु त्वमस्माकं सनिं गायत्रं नव्यांसम्। अग्ने देवेषु प्र वोचः ।।१।।
विभक्तासि चित्रभानो सिन्धोरूर्मा उपाक आ। सद्यो दाशुषे क्षरसि ।।2।।
आ नो भज परमेष्वा वाजेषु मध्यमेषु। शिक्षा वस्वो अन्तमस्य ।।३।।

सा. १६१७–१६१६

विश्वेभिरग्ने अग्निभिरिमं यज्ञमिदं वचः। चनो धाः सहसो यहो ।।१।।
यच्चिद्धि शश्वता तना देवं देवं यजामहे। त्वे इद्धूयते हविः ।।2।।
प्रियो नो अस्तु विश्पतिर्होता मन्द्रो वरेण्यः। प्रियाः स्वग्नयो वयम् ।।३।।

सा. १६३४–१६३६

अश्वं न त्वा वारवन्तं वन्दध्या अग्निं नमोभिः। सम्राजन्तमध्वराणाम् ।।१।।
स घा नः सूनुः शवसा पृथुप्रगामा सुशेवः। मीढ्वाँ अस्माकं बभूयात् ।।2।।
स नो दुराच्चासाच्च नि मर्त्यादघायोः। पाहि सदमिद्विश्वायुः ।।३।।

सा. १६६३–१६६५

जराबोध तद्विविड्ढि विशेविशे यज्ञियाय। स्तोमं रुद्राय दृशीकम् ।।१।।
स नो महाँ अनिमानो धूमकेतुः पुरुश्चन्द्रः। धिये वाजाय हिन्वतु ।।2।।
स रेवाँ इव विश्पतिर्दैव्यः केतुः शृणोतु नः। उक्थैरग्निर्बृहद्भानुः ।।३।।

१७७. शुनःशेप आजीगर्ति कृत्रिमो देवरातो वैश्वामित्रो वा (साग्री. सास्वा.) शुनःशेप आजगर्ति कृत्रिमो देवरातो वैश्वामित्रः (ऋसर्व.) शुनःशेपः (सार्षेदी.) – ऋ. १.२४.2

अग्नेर्वयं प्रथमस्यामृतानां मनामहे चारु देवस्य नाम ।
स नो मह्या अदितये पुनर्दात्पितरं च दृशेयं मातरं च ।।2।।

१७८. शौनकः – अ. ६.१०८.४

यामृषयो भूतकृतो मेधां मेधाविनो विदुः। तया ममद्य मेधयाग्ने मेधविनं कृणु ।।४।।

१७६. शौनकः (सम्पत्कामः) – अ. 2.६.१–५; ७.८2.१–६

अ. 2.६.१–५

समास्त्वाग्न ऋतवो वर्धयन्तु संवत्सरा ऋषयो यानि सत्या ।
सं दिव्येन दीदिहि रोचनेन विश्वा आ भाहि प्रदिशश्चतस्रः ।।१।।
सं चेध्यस्वाग्ने प्र च वर्धयेममुच्च तिष्ठ महते सौभगाय ।
मा ते रिषन्नुपसत्तारो अग्ने ब्रह्माणस्ते यशसः सन्तु मान्ये ।।2।।
त्वामग्ने वृणते ब्राह्मणा इमे शिवो अग्ने संवरणे भवा नः ।
सपत्नहाग्ने अभिमातिजिद् भव स्वे गये जागृह्यप्रयुच्छन् ।।३।।
क्षत्रेणाग्ने स्वेन सं रभस्व मित्रेणाग्ने मित्रधा यतस्व ।
सजातानां मध्यमेष्ठा राज्ञामग्ने विहव्यो दीदिहीह ।।४।।
अति निहो अति स्रिधोऽत्यचित्तीरति द्विषः ।
विश्वा द्रग्ने दुरिता तर त्वमथास्मभ्यं सहवीरं रयिं दाः ।।५।।

अ. ७.८2.१–६

अभ्यर्चत सुष्टुतिं गव्यमाजिमस्मासु भद्रा द्रविणानि धत्त ।
इमं यज्ञं नयत देवता नो घृतस्य धारा मधुमत् पवन्ताम् ।।१।।
मय्यग्रे अग्निं गृह्णामि सह क्षत्रेण वर्चसा बलेन ।
मयि प्रजां मय्यायुर्दधामि स्वाहा मय्यग्निम् ।।2।।
इहैवाग्ने अधि धारया रयिं मा त्वा नि क्रन् पूर्वचित्ता निकारिणः ।
क्षत्रेणाग्ने सुयममस्तु तुभ्यमुपसत्ता वर्धतां ते अनिष्टृतः ।।३।।
अन्वग्निरुषासमग्रमख्यदन्वहानि प्रथमो जातवेदाः ।
अनु सूर्य उषसो अनु रश्मीननु द्यावापृथिवी आ विवेश ।।४।।
प्रत्यग्निरुषसामग्रमख्यत् प्रत्यहानि प्रथमो जातवेदाः ।
प्रति सूर्यस्य पुरुधा च रश्मीन् प्रति द्यावापृथिवी आ ततान ।।५।।
घृतं ते अग्ने दिव्ये सधस्थे घृतेन त्वां मनुरद्या समिन्धे ।
घृतं ते देवीर्नप्त्य१ आ वहन्तु घृतं तुभ्यं दुह्रतां गावो अग्ने ।।६।।

१८०. श्यावाश्वो वामदेवो वा (सास्वा. साग्री.) वामदेवः (सार्षेदी.) – सा. ६३

ओ जुहोता हविषा मर्जयध्वं नि होतारं गृहपतिं दधिध्वम् ।
इडस्पदे नमसा रातहव्यं सपर्यता यजतं पस्त्यानाम् ।।१।।

१८१. श्रुतबन्धुः – य. ३.2७

इडऽएह्यदितऽएहि काम्याऽएत। मयि वः कामधरणं भूयात् ।।2७।।

१८2. संवननः – ऋ. १०.१९१.१

संसमिद्युवसे वृषन्नग्ने विश्वान्यर्य आ। इळस्पदे समिध्यसे स नो वसून्या भर ।।१।।

१८३. सप्तर्षयः – य. १७.७९; ८७

य. १७.७९

सप्त तेऽअग्ने समिधः सप्त जिह्वाः सप्तऽऋषयः सप्त धाम प्रियाणि ।
सप्त होत्राः सप्तधा त्वा यजन्ति सप्त योनीरापृणस्व घृतेन स्वाहा।।७९।।

१८४. सरस्वती – य. 2८.2४; ३४

य. 2८.2४

होता यक्षत्समिधानं महद्यशः सुसमिद्धं वरेण्यमग्निमिन्द्रं वयोधसम् ।
गायत्रीं छनदऽइन्द्रियं त्र्यविं गां वयो दधद्वेत्वाज्यस्य होतर्यज ।।2४।।

य. 2८.३४

होता यक्षत् स्वाहाकृतीरग्निं गृहपतिं पृथग्वरुणं भेषजं कविं क्षत्रमिन्द्रं वयोधसम् ।
अतिच्छन्दसं छन्दऽइन्द्रियं बृहदृषभं गां वयो दधद्व्यन्त्वाज्यस्य होतर्यज ।।३४।।

१८५. सर्पराज्ञी कद्रुः – य. ३.६–८

आयं गौः पृश्निरक्रमीदसदन् मातरं पुरः। पितरं च प्रयन्त्स्वः ।।६।।
अन्तश्चरति रोचनास्य प्राणादपानती। व्यख्यन् महिषो दिवम् ।।७।।
त्रिंशद्धाम विराजति वाक् पतंगाय धीयते। प्रति वस्तोरह द्युभिः ।।८।।

१८६. सस आत्रेयः – ऋ. ५.2१.१–४

मनुष्वत्त्वा नि धीमहि मनुष्वत्समिधीमहि ।
अग्ने मनुष्वदंगिरो देवान्देवयते यज ।।१।।
त्वं हि मानुषे जनेऽग्ने सुप्रीत इध्यसे ।
स्रुचस्त्वा यन्त्यानुषक्सुजात सर्पिरासुते ।।2।।
त्वां विश्वे सजोषसो देवासो दूतमक्रत ।

सपर्यन्तस्त्वा कवे यज्ञेषु देवमीळते ।।३।।
देवं वो देवयज्ययाग्निमीळीत मर्त्यः ।
समिद्धः शुक्र दीदिह्यृतस्य योनिमासदः ससस्य योनिमासदः ।।४।।

१८७. सारिसृक्वः – ऋ. १०.१४2.५; ६

प्रत्यस्य श्रेणयो ददृश्र एकं नियानं बहवो रथासः ।
बाहू यदग्ने अनुमर्मृजानो न्यङ्ङुत्तानामन्वेषि भूमिम् ।।५।।
उत्ते शुष्मा जिहतामुत्ते अर्चिरुत्ते अग्ने शशमानस्य वाजाः ।
अच्छ्वंचस्व नि नम वर्धमान आ त्वाद्य विश्वे वसवः सदन्तु ।।६।।

१८८. सिन्धुद्वीपः – अ. ७.८६.१–४; य. ११.४०

अ. ७.८६.१–४

अपो दिव्या अचायिषं रसेन समपृक्ष्महि। पयस्वानग्न आगमं तं मा सं सृज वर्चसा ।।१।।
सं माग्ने वर्चसा सृज सं प्रजया समायुषा। विद्युर्मे अस्य देवा इन्द्रो विद्यात् सह ऋषिभिः ।।2।।
इदमापः प्र वहतावद्यं च मलं च यत्। यच्चाभिदुद्रोहानृतं यच्च शेपे अभीरुणम् ।।३।।
एधोऽस्येधिषीय समिदसि समेधिषीय। तेजोऽसि तेजो मयि धेहि ।।४।।

य. ११.४०

सुजातो ज्योतिषा सह शर्म वरूथमास दत्स्वः। वासोऽअग्ने विश्वरूपं संव्ययस्व विभावसो।।४०।।

१८९. सिन्धुद्वीप आम्बरीष त्रित आप्त्यो वा (साग्री. सास्वा.)
सिन्धुद्वीप (सार्षेदी.) – सा. ३३

शं नो देवीरभिष्टये शं नो भवन्तु पीतये। शं योरभि स्रवन्तु नः ।।१३।।

१९०. सुतम्भरः – य. 22.१५

अग्निं स्तोमेन बोधय समिधानोऽअमर्त्यम्। हव्या देवेषु नो दधत् ।।१५।।

१९१. सुतम्भर आत्रेयः – ऋ. ५.११.१–६; ५.१2.१–६; ५.१३.१–६; ५.१४.१–६; सा. ६०७–६०९; १४०५–१४०७

ऋ. ५.११.१–६

जनस्य गोपा अजनिष्ट जागृविरग्निः सुदक्षः सुविताय नव्यसे ।
घृतप्रतीको बृहता दिविस्पृशा द्युमद्वि भाति भरतेभ्यः शुचिः ।।१।।
यज्ञस्य केतुं प्रथमं पुरोहितमग्निं नरस्त्रिषधस्थे समीधिरे ।
इन्द्रेण देवैः सरथं स बर्हिषि सीदन्नि होता यजथाय सुक्रतुः ।।2।।
असंमृष्टो जायसे मात्रोः शुचिर्मन्द्रः कविरुदतिष्ठो विवस्वतः ।
घृतेन त्वावर्धयन्नग्न आहुत धूमस्ते केतुरभवद्दिवि श्रितः ।।३।।
अग्निर्नो यज्ञमुप वेतु साधुयाग्निं नरो वि भरन्ते गृहेगृहे ।
अग्निर्दूतो अभवद्धव्यवाहनोऽग्निं वृणाना वृणते कविक्रतुम् ।।४।।
तुभ्येदमग्ने मधुमत्तमं वचस्तुभ्यं मनीषा इयमस्तु शं हृदे ।
त्वां गिरः सिन्धुमिवावनीर्महीरा पृणन्ति शवसा वर्धयन्ति च ।।५।।
त्वामग्ने अंगिरसो गुहा हितमन्वविन्दञ्छिश्रियाणं वनेवने ।
स जायसे मथ्यमानः सहो महत्त्वामाहुः सहसस्पुत्रमंगिरः ।।६।।

ऋ. ५.१2.१–६

प्राग्नये बृहते यज्ञियाय ऋतस्य वृष्णे असुराय मन्म ।
घृतं न यज्ञ आस्ये३ सुपूतं गिरं भरे वृषभाय प्रतीचीम् ।।१।।
ऋतं चिकित्व ऋतमिच्चिकिद्ध्यृतस्य धारा अनु तृन्धि पूर्वीः ।
नाहं यातुं सहसा न द्वयेन ऋतं सपाम्यरुषस्य वृष्णः ।।2।।

कया नो अग्न ऋतयन्नृतेन भुवो नवेदा उचथस्य नव्यः ।
वेदा मे देव ऋतुपा ऋतूनां नाहं पतिं सनितुरस्य रायः ।।३।।
के ते अग्ने रिपवे बन्धनासः के पायवः सनिषन्त द्युमन्तः ।
के धासिमग्ने अनृतस्य पान्ति क आसतो वचसः सन्ति गोपाः ।।४।।
सखायस्ते विषुणा अग्न एते शिवासः सन्तो अशिवा अभूवन् ।
अधेर्षत स्वयमेते वचोभिर्ऋजूयते वृजिनानि ब्रुवन्तः ।।५।।
यस्ते अग्ने नमसा यज्ञमीट्ट ऋतं स पात्यरुषस्य वृष्णः ।
तस्य क्षयः पृथुरा साधुरेतु प्रसर्स्राणस्य नहुषस्य शेषः ।।६।।

ऋ. ५.१३.१–६

अर्चन्तस्त्वा हवामहेऽर्चन्तः समिधीमहि। अग्नि अर्चन्त ऊतये ।।१।।
अग्नेः स्तोमं मनामहे सिध्रमद्य दिविस्पृशः। देवस्य द्रविणस्यवः ।।2।।
अग्निर्जुषत नो गिरो होता यो मानुषेष्वा। स यक्षद्दैव्यं जनम् ।।३।।
त्वमग्ने सप्रथा असि जुष्टो होता वरेण्यः। त्वया यज्ञं वि तन्वते ।।४।।
त्वामग्ने वाजसातमं विप्रा वर्धन्ति सुष्टुतम्। स नो रास्व सुवीर्यम् ।।५।।
अग्ने नेमिरराँ इव देवाँस्त्वं परिभूरसि। आ राधश्चित्रमृंजसे ।।६।।

ऋ. ५.१४.१–६

अग्नि स्तोमेन बोधय समिधानो अमर्त्यम्। हव्या देवेषु नो दधत् ।।१।।
तमध्वरेष्वीळते देवं मर्ता अमर्त्यम्। यजिष्ठं मानुषे जने ।।2।।
तं हि शश्वन्त ईळते स्रुचा देवं घृतश्चुता। अग्निं हव्याय वोळहवे ।।३।।
अग्निर्जातो अरोचत घ्नन्दस्यूंज्योतिषा तमः। अविन्दद् गा अपः स्वः ।।४।।
अग्निमीळेन्यं कविं घृतपृष्ठं सपर्यत। वेतु मे शृणवद्धवम् ।।५।।
अग्नि घृतेन वावृधुः स्तोमेभिर्विश्वचर्षणिम्। स्वाधीभिर्वचस्युभिः ।।६।।

सा. ६०७–६०६

जनस्य गोपा अजनिष्ट जागृविरग्निः सुदक्षः सुविताय नव्यसे ।
घृतप्रतीको बृहता दिविस्पृशा द्युमद्वि भाति भरतेभ्यः शुचिः ।।१।।
त्वामग्ने अंगिरसो गुहा हितमन्वविन्दछिश्रियाणं वनेवने ।
स जायसे मथ्यमानः सहो महत्त्वामाहुः सहसस्पुत्रमंगिरः ।।2।।
यज्ञस्य केतुं प्रथमं पुरोहितमग्निं नरस्त्रिषधस्थे समिन्धते ।
इन्द्रेण देवैः सरथं स बर्हिषि सीदन्नि होता यजथाय सुक्रतुः ।।३।।

सा. १४०५–१४०७

अग्ने स्तोमं मनामहे सिद्धमद्य दिविस्पृशः। देवस्य द्रविणस्यवः ।।१।।
अग्निर्जुषत नो गिरो होता यो मानुषेष्वा। स यक्षद्दैव्यं जनम् ।।2।।
त्वमग्ने सप्रथा असि जुष्टो होता वरेण्यः। त्वया यज्ञं वि तन्वते ।।३।।

१६2. सुदीति–पुरुमीढौ – अ. 20.१०३.१

अग्निमीडिष्वावसे गाथाभिः शीरशोचिषम्।
अग्निं राये पुरुमीळह श्रुतं नरोऽग्निं सुदीतये छर्दिः।।१।।

१६३. सुदीति–पुरुमीळ्हौ आंगिरसौ – सा १५५४–१५५५

अच्छा नः शीरशोचिषं गिरो यन्तु दर्शतम् ।
अच्छा यज्ञासो नमसा पुरूवसुं पुरुप्रशस्तमूतये ।।१।।
अग्निं सूनुं सहसो जातवेदसं दानाय वार्याणाम् ।
द्विता यो भूदमृतो मर्त्येष्वा होता मन्द्रतमो विशि ।।2।।

१६४. सुदीति पुरुमीळौ आंगिरसौ (साग्री. सास्वा.) सुदीति पुरुमीढो वा (सार्षेदी.) – सा. ४६

अग्निमीडिष्वावसे गाथाभिः शीरशोचिषम्। अग्निं राये श्रुतं नरोऽगिनः सुदीतये छर्दिः ।।५।।

१६५. सुदीति पुरुमीढौ आंगिरसौ तयोर्वान्यतरः (साग्री. सास्वा.)
सुदीतिः (सार्षेदी.)– सा. ६

त्वं नो अग्ने महोभिः पाहि विश्वस्या अरातेः। उत द्विषो मर्त्यस्य ।।६।।

१६६. सुदिति पुरुमीळहौ तयोर्वा अन्यतरः – ऋ. ८.७१.१–१५

त्वं नो अग्ने महोभिः पाहि विश्वस्या अरातेः । उत द्विषो मर्त्यस्य ।।१।।
नहि मन्युः पौरुषेय ईशे हि वः प्रियजात । त्वमिदसि क्षपावान् ।।2।।
स नो विश्वेभिर्देवेभिरूर्जो नपाद्भद्रशोचे । रयिं देहि विश्ववारम् ।।३।।
न तमग्ने अरातयो मर्तं युवन्त रायः। यं त्रायसे दाश्वांसम् ।।४।।
यं त्वं विप्र मेधसातावग्ने हिनोषि धनाय। स तवोती गोषु गन्ता ।।५।।
त्वं रयिं पुरुवीरमग्ने दाशुषे मर्ताय। प्र णो नय वस्यो अच्छ ।।६।।
अरुष्या णो मा परा दा अघायते जातवेदः। दुराध्ये३ मर्ताय ।।७।।
अग्ने माकिष्टे देवस्य रातिमदेवो युयोत। त्वमीशिषे वसूनाम् ।।८।।
स नो वस्व उप मास्यूर्जो नपान्माहिमस्य। सखे वसो जरितृभ्यः ।।६।।
अच्छा नः शीरशोचिषं गिरो यन्तु दर्शतम्।
अच्छा यज्ञासो नमसा पुरूवसुं पुरुप्रशस्तमूतये ।।१०।।
अग्नि सूनुं सहसो जातवेदसं दानाय वार्याणाम् ।
द्विता यो भूदमृतो मर्त्येष्वा होता मन्द्रतमो विशि ।।११।।
अग्नि वो देवयज्याग्नि प्रयत्यध्वरे। अग्नि धीषु प्रथममग्निमर्वत्यग्नि क्षैत्राय साधसे ।।१2।।
अग्निरिषां सख्ये ददातु न ईशे यो वार्याणाम् ।
अग्नि तोके तनये शश्वदीमहे वसुं सन्तं तनूपाम् ।।१३।।
अग्निमीळिष्वावसे गाथाभिः शीरशोचिषम् ।
अग्नि राये पुरुहीळह श्रुतं नरोऽग्नि सुदीतये छर्दिः ।।१४।।
अग्नि द्वेषो योतवै नो गृणीमस्यग्नि शं योश्च दातवे ।
विश्वासु विक्ष्ववितेव हव्यो भुवद्वस्तुर्ऋषूणाम् ।।१५।।

१६७. सुनुर् भार्गवः – ऋ. १०.१७६.2–४

प्र देवं देव्या धिया भरता जातवेदसम्। हव्या नो वक्षदानुषक् ।।2।।
अयमु ष्य प्र देवयुर्होता यज्ञाय नीयते। रथो न योरभीवृतो घृणीवांचेतति त्मना ।।३।।
अयमग्निरुरुष्यत्यमृतादिव जन्मनः। सहसश्चित्सहीयान्देवो जीवातवे कृतः ।।४।।

१६८. सुपर्णः – सा. १८४३–१८४५

अभि वाजी विश्वरूपो जनित्रं हिरण्ययं बिभ्रदत्कं सुपर्णः ।
सूर्यस्य भानुमृतुथा वसानः परि स्वयं मेधमृज्रो जजान ।।१।।
अप्सु रेतः शिश्रिये विश्वरूपं तेजः पृथिव्यामधि यत्संबभूव ।
अन्तरिक्षे स्वं महिमानं मिमानः कनिक्रन्ति वृष्णो अश्वस्य रेतः ।।2।।
अयं सहस्रा परि युक्ता वसानः सूर्यस्य भानुं यज्ञो दाधार ।
सहस्रदाः शतदा भूरिदावा धर्ता दिवो भुवनस्य विश्पतिः ।।३।।

१६६. सुबन्धुः – य. ३.2५; 2६

अग्ने त्वं नोऽअन्तमऽउत त्राता शिवो भवा वरूथ्यः ।
वसुरग्निर्वसुश्रवाऽअच्छा नक्षि द्युमत्तमं रयिं दाः ।।2५।।
तं त्वा शोचिष्ठ दीदिवः सुम्नाय नूनमीमहे सखिभ्यः ।
स नो बोधि श्रुधी हवमुरुष्या णोऽअघायतः समस्मात् ।।2६।।

2००. सुमित्रो वाध्र्यश्वः – ऋ. १०.६६.१–१2

भद्रा अग्नेर्वध्र्यश्वस्य संदृशो वामी प्रणीतिः सुरणा उपेतयः ।
यदीं सुमित्रा विशो अग्र इन्धते घृतेनाहुतो जरते दविद्युतत् ।।१।।
घृतमग्नेर्वध्र्यश्वस्य वर्धनं घृतमन्नं घृतम्वस्य मेदनम् ।
घृतेनाहुत उर्विया वि पप्रथे सूर्यइव रोचते सर्पिरासुतिः ।।2।।
यत्ते मनुर्यदनीकं सुमित्रः समीधे अग्ने तदिदं नवीयः ।
स रेवच्छोच स गिरो जुषस्व स वाजं दर्षि स इह श्रवो धाः ।।३।।
यं त्वा पूर्वमीळितो वध्र्यश्वः समीधे अग्ने स इदं जुषस्व ।
स नः स्तिपा उत भवा तनूपा दात्रं रक्षस्व यदिदं ते अस्मे ।।४।।
भवा द्युम्नी वाध्र्यश्वोत गोपा मा त्वा तारीदभिमातिर्जनानाम् ।
शूरइव धृष्णुश्च्यवनः सुमित्रः प्र नु वोचं वाध्र्यश्वस्य नाम ।।५।।
समज्र्या पर्वत्या३वसूनि दासा वृत्राण्यार्या जिगेथ ।
शूरइव धृष्णुश्च्यवनो जनानां त्वमग्ने पृतनायूँरभि ष्याः ।।६।।
दीर्घतन्तुर्बृहदुक्षायमग्निः सहस्रस्तरीः शतनीथ ऋभ्वा ।
द्युमान् द्युमत्सु नृभिर्मृज्यमानः सुमित्रेषु दीदयो देवयत्सु ।।७।।
त्वं धेनुः सुदुघा जातवेदोऽसश्चतेव समना सबर्धुक् ।
त्वं नृभिर्दक्षिणावद्भिरग्ने सुमित्रेभिरिध्यसे देवयद्भिः ।।८।।
देवाश्चित्ते अमृता जातवेदो महिमानं वाध्र्यश्व प्र वोचन् ।
यत्संपृच्छं मानुषीर्विश आयन्त्वं नृभिरजयस्त्वावृधेभिः ।।६।।
पितेव पुत्रमबिभरुपस्थे त्वामग्ने वध्र्यश्वः सपर्यन् ।
जुषाणो अस्य समिधं यविष्ठोत पूर्वां अवनोर्व्राधतश्चित् ।।१०।।
शश्वदग्निर्वध्र्यश्बस्य शत्रून्नृभिर्जिगाय सुतसोमवद्भिः ।
समनं चिददहश्चित्रभानोऽव व्राधन्तमभिनद्वृधश्चित् ।।११।।
अयमग्निर्वध्र्यश्वस्य वृत्रहा सनकात्प्रेद्धो नमसोपवाक्यः ।
स नो अजामीँरुत वा विजामीनभि तिष्ठ शर्धतो वाध्र्यश्व ।।१2।।

20१. सुश्रुतः – य. ३.2

सुसमिद्धाय शोचिषे घृतं तीव्रं जुहोतन। अग्नये जातवेदसे ।।2।।

202. सोमकः – य. ११.2५

परि वाजपतिः कविरग्निर्हव्यान्यक्रमीत्। दधद्रत्नानि दाशुषे ।।2५।।

20३. सोमाहुतिः – य. ११.७०; १2.४३; ४४; ४६

य. ११.७०

द्वन्नः सर्पिरासुतिः प्रत्नो होता वरेण्यः। सहसस्पुत्रोऽअद्भुतः ।।७०।।

य. १2.४३–४४

स बोधि सूरिर्मघवा वसुपते वसुदावन्। युयोध्यस्मद् द्वेषांसि विश्वकर्मणे स्वाहा ।।४३।।
पुनस्त्वाऽऽदित्या रुद्रा वसवः समिन्धतां पुनर्ब्रह्माणो वसुनीथ यज्ञैः ।
घृतेन त्वं तन्वं वर्धयस्व सत्याः सन्तु यजमानस्य कामाः ।।४४।।

य. १2.४६

संज्ञानमसि कामधरणं मयि ते काम धरणं भूयात् ।
अग्नेर्भस्मास्यग्नेः पुरी षमसि चित स्थ परिचितऽऊर्ध्वचितः श्रयध्वम् ।।४६।।

20४. सोमाहुतिः भार्गव – सा. ६४

दधन्वे वा यदीमनु वोचद्ब्रह्मेति वेरु तत्। परि विश्वानि काव्या नेमिश्चक्रमिवाभुवत् ।।४।।

20५. सोभरिः काण्वः – ऋ. ८.१६.१–३३; ८.१०३.१–१३

ऋ. ८.१६.१–३३

तं गूर्धया स्वर्णरं देवासो देवमरतिं दधन्विरे। देवत्रा हव्यमोहिरे ।।१।।

विभूतरातिं विप्र चित्रशोचिषमग्निमीळिष्व यन्तुरम् ।
अस्य मेधस्य सोम्यस्य सोभरे प्रेमध्वराय पूर्व्यम् ।।2।।
यजिष्ठं त्वा ववृमहे देवं देवत्रा होतारममर्त्यम्। अस्य यज्ञस्य सुक्रतुम् ।।३।।
ऊर्जो नपातं सुभगं सुदीदितिमग्निं श्रेष्ठशोचिषम् ।
स नो मित्रस्य वरुणस्य सो अपामा सुम्नं यक्षते दिवि ।।४।।
यः समिधा य आहुती यो वेदेन ददाश मर्तो अग्नये । यो नमसा स्वध्वरः ।।५।।
तस्येदर्वन्तो रंहयन्त आशवस्तस्य द्युम्नितमं यशः ।
न तमंहो देवकृतं कुतश्चन न मर्त्यकृतं नशत् ।।६।।
स्वग्नयो वो अग्निभिः स्याम सूनो सहस ऊर्जां पते । सुवीरस्त्वमस्मयुः ।।७।।
प्रशंसमानो अतिथिर्न मित्रियोऽग्नी रथो न वेद्यः ।
त्वं क्षेमासो अपि सन्ति साधवस्त्वं राजा रयीणाम् ।।८।।
सो अद्धा दाश्वध्वरोऽग्ने मर्तः सुभग स प्रशंस्यः । स धीभिरस्तु सनिता ।।६।।
यस्य त्वमूर्ध्वो अध्वराय तिष्ठसि क्षयद्वीरः स साधते ।
सो अर्वद्भिः सनिता स विषन्युभिः स शूरैः सनिता कृतम् ।।१०।।
यस्याग्निर्वपुर्गृहे स्तोमं चनो दधीत विश्ववार्यः। हव्या वा वेविषद्विषः ।।११।।
विप्रस्य वा स्तुवतः सहसो यहो मक्षूतमस्य रातिषु ।
अवोदेवमुपरिमर्त्यं कृधि वसो विविदुषो वचः ।।१2।।
यो अग्निं हव्यदातिभिर्नमोभिर्वा सुदक्षमाविवासति । गिरा वाजिरशोचिषम् ।।१३।।
समिधा या निशिती दाशददितिं धामभिरस्य मर्त्यः।
विश्वेत्स धीभिः सुभगो जनाँ अति द्युम्नैरुद्न इव तारिषत् ।।१४।।
तदग्ने द्युम्नमा भर यत्सासहत्सदने कं चिदत्रिणम्। मन्युं जनस्य दूढ्यः ।।१५।।
येन चष्टे वरुणो मित्रो अर्यमा येन नासत्या भगः ।
वयं तत्ते शवसा गातुवित्तमा इन्द्रत्वोता विधेमहि ।।१६।।
ते घेदग्ने स्वाध्यो३ ये त्वा विप्र निदधिरे नृचक्षसम्। विप्रासो देव सुक्रतुम् ।।१७।।
त इद्वेदिं सुभग त आहुतिं ते सोतुं चक्रिर दिवि ।
त इद्वाजेभिर्जिग्युर्महद्धनं ये त्वे कामं न्येरिरे ।।१८।।
भद्रो नो अग्निराहुतो भद्रा रातिः सुभग भद्रो अध्वरः। भद्रा उत प्रशस्तयः ।।१६।।
भद्रं मनः कृणुष्व वृत्रतूर्ये येना समत्सु सासहः ।
अव स्थिरा तनुहि भूरि शर्धतां वनेमा ते अभिष्टिभिः ।।2०।।
ईळे गिरा मनुर्हितं यं देवा दूतमरतिं न्येरिरे। यजिष्ठं हव्यवाहनम् ।।2१।।
तिग्मजम्भाय तरुणाय राजते प्रयो गायस्यग्नये ।
यः पिंशते सूनृताभिः सुवीर्यमग्निर्घृतोभिराहुतः ।।22।।
यदी घृतेभिराहुतो वाशीमग्निर्भरत उच्चाव च। असुर इव निर्णिजम् ।।2३।।
यो हव्यान्यैरयता मनुर्हितो देव आसा सुगन्धिना ।
विवासते वार्याणि स्वध्वरो होता देवो अमर्त्यः ।।2४।।
यदग्ने मर्त्यस्त्वं स्यामहं मित्रमहो अमर्त्यः। सहसः सूनवाहुत ।।2५।।
न त्वा रासीयाभिशस्तये वसो न पापत्वाय सन्त्य ।
न मे स्तोतामतीवा न दुर्हितः स्यादग्ने न पापया ।।2६।।
पितुर्न पुत्रः सुभृतो दुरोण आ देवाँ एतु प्र णो हविः ।।2७।।
तवाहमग्न ऊतिभिर्नेदिष्ठाभिः सचेय जाषमा वसो। सदा दे वस्य मर्त्यः ।।2८।।
तव क्रत्वा सनेयं तव रातिभिरग्ने तव प्रशस्तिभिः ।
त्वामिदाहुः प्रमतिं वसो ममाग्ने हर्षस्व दातवे ।।2६।।
प्र सो अग्ने तवातिभिः सुवीराभिस्तिरते वाजभर्मभिः। यस्य त्वं सख्यमावरः ।।३०।।
तव द्रप्सो नीलवान्वाश ऋत्विय इन्धानः सिष्णवा ददे ।

त्वं महीनामुषसामसि प्रियः क्षपो वस्तुषु राजसि ।।३१।।
तमागन्म साभरयः सहस्रमुष्कं स्वभिष्टिमवसे। सम्राजं त्रसदस्यवम् ।।३2।।
यस्य ते अग्ने अन्ये अग्नय उपक्षितो वयाइव ।
विपो न द्युम्ना नि युवे जनानां तव क्षत्राणि वर्धयन् ।।३३।।

ऋ. ८.१०३.१–१३

अदर्शि गातुवित्तमो यस्मिन्व्रतान्यादधुः ।
उपो षु जातमार्यस्य वर्धनमग्निं नक्षन्त नो गिरः ।।१।।
प्र दैवोदासो अग्निर्देवाँ अच्छा न मज्मना ।
अनु मातरं पृथिवीं वि वावृते तस्थौ नामस्य सानवि ।।2।।
यस्माद्रेजन्त कृष्टयश्चर्कृत्यानि कृण्वतः ।
सहस्रसां मेधसाताविव त्मनाग्निं धीभिः सपर्यत ।।३।।
प्र यं राये निनीषसि मर्तो यस्ते वसो दाशत् ।
स वीरं धत्ते अग्न उक्थशंसिनं त्मना सहस्रपोषिणम् ।।४।।
स दृळ्हे चिदभि तृणत्ति वाजमर्वता स धत्ते अक्षिति श्रवः ।
त्वे देवत्रा सदा पुरूवसो विश्वा वामानि धीमहि ।।५।।
यो विश्वा दयते वसु होता मन्द्रो जनानाम् ।
मधोर्न पात्रा प्रथमान्यस्मै प्र स्तोमा यन्त्यग्नये ।।६।।
अश्वं न गीर्भी रथ्यं सुदानवो मर्मृज्यन्ते देवयवः ।
उभे तोके तनये दस्म विश्पते पर्षि राधो मघोनाम् ।।७।।
प्र मंहिष्ठाय गायत ऋताव्ने बृहते शुक्रशोचिषे। उपस्तुतासो अग्नये ।।८।।
आ वंसते मघवा वीरवद्यशः समिद्धो द्युम्न्याहुतः ।
कुविन्नो अस्य सुमतिर्नवीयस्यच्छा वाजेभिरागमत् ।।९।।
प्रेष्ठमु प्रियाणां स्तुह्यासावातिथिम्। अग्निं रथानां यमम् ।।१०।।
उदिता यो निदिता वेदिता वस्वा यज्ञियो ववर्तति ।
दुष्टरा यस्य प्रवणे नोर्मयो धिया वाजं सिषासतः ।।११।।
मा नो हृणीतामतिथिर्वसुरग्निः पुरुप्रशस्त एषः। यः सुहोता स्वध्वरः ।।१2।।
मो ते रिषन्ये अच्छोक्तिभिर्वसोऽग्ने केभिश्चिदेवैः ।
कीरिश्चिद्धि त्वामीट्टे दूतयाय रातहव्यः स्वध्वरः ।।१३।।

2०६. सौभरिः काण्वः – सा. ४४; ४७; ५१; ५८; १०८; १०९; १११; ११2; ११३; ८७८–८७९; १५१५–१५१७; १५५९–१५६०; १५८३–१५८४; १६८७–१६८८; १८22–१८23

सा. ४४

यो विश्वा दयते वसु होता मन्द्रो जनानाम्।
मधोर्न पात्रा प्रथमान्यस्मै प्र स्तोमा यन्त्वग्नये ।।१०।।

सा. ४७

अदर्शि गातुवित्तमो यस्मिन्व्रतान्यादधुः। उपो षु जातमार्यस्य वर्धनमग्निं नक्षन्तु नो गिरः ।।३।।

सा. ५१

प्र दैवोदासो अग्निर्देव इन्द्रो न मज्मना।
अनु मातरं पृथिवीं वि वावृते तस्थौ नाकस्य शर्मणि ।।७।।

सा. ५८

प्र यो राये निनीषति मर्तो यस्ते वसो दाशत् ।
स वीरं धत्ते अग्न उक्थशंसिनं त्मना सहस्रपोषिणम् ।।४।।

सा. १०८–१०९

प्र सो अग्ने तवोतिभिः सुवीराभिस्तरति वाजकर्मभिः। यस्य त्वं सख्यमाविथ ।।2।।
तं गूर्धया स्वर्णरं देवासो देवमरतिं दधन्विरे। देवत्रा हव्यमूहिषे ।।३।।

सा. १११–११३

भद्रो नो अग्निराहुतो भद्रा रातिः सुभग भद्रो अध्वरः। भद्रा उत प्रशस्तयः।।५।।
यजिष्ठं त्वा ववृमहे देवं देवत्रा होतारममर्त्यम्। अस्य यज्ञस्य सुक्रतुम् ।।६।।
तदग्ने द्युम्नमा भर यत्सासाह सदने कं चिदत्रिणम्। मन्युं जनस्य दूढ्यम् ।।७।।

सा. ८७८–८७९

प्र मंहिष्ठाय गायत ऋताव्ने बृहते शुक्रशोचिषे। उपस्तुतासो अग्नये।।१।।
आ वंसते मघवा वीरवद्यशः समिद्धो द्युम्न्याहुतः ।
कुविन्नो अस्य सुमतिर्भवीयस्यच्छा वाजेभिरागमत् ।।2।।

सा. १५१५–१५१७

अदर्शि गातुवित्तमो यस्मिन्व्रतान्यादधुः। उपो षु जातमार्यस्य वर्धनमग्निं नक्षन्तु नो गिरः ।।१।।
यस्माद्रेजन्त कृष्टयश्चर्कृत्यानि कृण्वतः। सहस्रमां मेधसाताविव त्मनाग्निं धीभिर्नमस्यत ।।2।।
प्र दैवोदासो अग्निर्देव इन्द्रो न मज्मना।
अनु मातरं पृथिवीं वि वावृते तस्थौ नाकस्य शर्मणि।।३।।

सा. १५५९–१५६०

भद्रो नो अग्निराहुतो भद्रा रातिः सुभग भद्रो अध्वरः। भद्रा उत प्रशस्तयः ।।१।।
भद्रं मनः कृणुष्व वृत्रतूर्ये येना समत्सु सासहिः ।
अव स्थिरा तनुहि भूरि शर्धतां वनेमा ते अभिष्टये ।।2।।

सा. १५८३–१५८४

यो विश्वा दयते वसु होता मन्द्रो जनानाम् ।
मधोर्न पात्रा प्रथमान्यस्मै प्र स्तोमा यन्त्वग्नये ।।१।।
अश्वं न गीर्भी रथ्यं सुदानवो मर्मृज्यन्ते देवयवः ।
उभे तोके तनये दस्म विश्पते पर्षि राधो मघोनाम्।।2।।

सा. १६८७–१६८८

तं गूर्धया स्वर्णरं देवासो देवमरतिं दधन्विरे। देवत्राहव्यमूहिषे ।।१।।
विभूतरातिं विप्र चित्रशोचिषमग्निमीडिष्व यन्तुरम् ।
अस्य मेधस्य सोम्यस्य सोभरे प्रेमध्वराय पूर्व्यम् ।।2।।

सा. १८22–१८2३

प्र सो अग्ने तवोतिभिः सुवीराभिस्तरति वाजकर्मभिः। यस्य त्वं सख्यमाविथ ।।१।।
तव द्रप्सो नीलवान्वाश ऋत्विय इन्धानः सिष्णवा ददे ।
त्वं महीनामुषसामसि प्रियः क्षपो वस्तुषु राजसि ।।2।।

२०७. स्तम्बमित्रः – ऋ. १०.१४2.७; ८

अपामिदं नययनं समुद्रस्य निवेशनम्। अन्यं कृणुष्वेतः पन्थां तेन याहि वशाँ अनु ।।७।।
आयने ते परायणे दूर्वा रोहन्तु पुष्पिणीः। ह्रदाश्च पुण्डरीकाणि समुद्रस्य गृहा इमे ।।८।।

२०८. स्वस्त्यात्रेयः – य. 2१.१2

समिद्धोऽअग्निः समिधा सुसमद्धो वरेण्यः। गायत्री छन्दऽइन्द्रियं त्र्यविर्गौर्वयो दधुः ।।१2।।

२०९. हविर्धान आङगिः – ऋ. १०.११.१–९; १०.१2.१–९

ऋ. १०.११.१–९

वृषा वृष्णे दुदुहे दोहसा दिवः पयांसि यह्वो अदितेरदाभ्यः ।
विश्वं स वेद वरुणो यथा धिया स यज्ञियो यजतु यज्ञियाँ ऋतुन् ।।१।।
रपद्गन्धर्वीरप्या च योषणा नदस्य नादे परि पातु मे मनः ।
इष्टस्य मध्ये अदितिर्नि धातु नो भ्राता नो ज्येष्ठः प्रथमो वि वोचति ।।2।।
सो चिन्नु भद्रा क्षुमती यशस्वत्युषा उवास मनवे स्वर्वती ।

Vedic Concordance of Mantras as per Devatā and Ṛṣi 163

यदीमुशन्तमुशतामनु क्रतुमग्निं होतारं विदथाय जीजनन् ।।३।।
अध त्यं द्रप्सं विभ्वं विचक्षणं विराभरदिषितः श्येनो अध्वरे ।
यदी विशो वृणते दस्ममार्या अग्निं होतारमध धीरजायत ।।४।।
सदासि रण्वो यवसेव पुष्यते होत्राभिरग्ने मनुषः स्वध्वरः ।
विप्रस्य वा यच्छशमान उक्थ्यं१ वाजं ससवाँ उपयासि भूरिभिः ।।५।।
उदीरय पितरा जार आ भगमियक्षति हर्यतो हृत्त इष्यति ।
विवक्ति वह्निः स्वपस्यते मखस्तविष्यते असुरो वेपते मती ।।६।।
यस्ते अग्ने सुमतिं मर्तो अक्षत्सहसः सूनो अति स प्र शृण्वे ।
इषं दधानो वहमानो अश्वैरा स द्युमाँ अमवान्भूषति द्यून् ।।७।।
यदग्न एषा समितिर्भवाति देवी देवेषु यजमा यजत्र ।
रत्ना च यद्विभजासि स्वधावो भागं नो अत्र वसुमन्तं वीतात् ।।८।।
श्रुधी नो अग्ने सदने सधस्थे युक्ष्वा रथममृतस्य द्रवित्नुम् ।
आ नो वह रोदसी देवपुत्रे माकिर्देवानामप भूरिह स्याः ।।९।।

ऋ. १०.१२.१–९

द्यावा ह क्षामा प्रथमे ऋतेनाभिश्रावे भवतः सत्यवाचा ।
देवो यन्मर्तान्यजथाय कृण्वन्त्सीदद्धोता प्रत्यङ् स्वमसुं यन् ।।१।।
देवो देवान्परिभूर्ऋतेन वहा नो हव्यं प्रथमश्चिकित्वान् ।
धूमकेतुः समिधा भाऋजीको मन्द्रो होता नित्यो वाचा यजीयान् ।।2।।
स्वावृग्देवस्यामृतं यदी गोरतो जातासो धारयन्त उर्वी ।
विश्वे देवा अनु तत्ते यजुर्गुर्दुहे यदेनी दिव्यं घृतं वाः ।।३।।
अर्चामि वां वर्धायापो घृतस्नू द्यावाभूमी शृणुतं रोदसी मे ।
अहा यद् द्यावोऽसुनीतिमयन्मध्वा नो अत्र पितरा शिशीताम् ।।४।।
किं स्विन्नो राजा जगृहे कदस्याति व्रतं चकृमा को वि वेद ।
मित्रश्चिद्धि ष्मा जुहुराणो देवांछ्लोको न यातामपि वाजो अस्ति ।।५।।
दुर्मन्त्वत्रामृतस्य नाम सलक्ष्मा यद्विषुरूपा भवाति ।
यमस्य यो मनवते सुमन्त्वग्ने तमृष्व पाह्यप्रयुच्छन् ।।६।।
यस्मिन्देवा विदथे मादयन्ते विवस्वतः सदने धारयन्ते ।
सूर्ये ज्योतिरदधुर्मास्य१क्तून्परि द्योतनिं चरतो अजस्रा ।।७।।
यस्मिन्देवा मन्मनि संचरन्त्यपीच्ये३ न वयमस्य विद्य ।
मित्रे नो अत्रादितिरनागान्त्सविता देवो वरुणाय वोचत् ।।८।।
श्रुधी नो अग्ने सदने सधस्थे युक्ष्वा रथममृतस्य द्रवित्नुम् ।
आ नो वह रोदसी देवपुत्रे माकिर्देवानामप भूरिह स्याः ।।९।।

२१०. हिरण्यगर्भः – य. १२.१०३; १०४

अभ्यावर्त्तस्व पृथिवि यज्ञेन पयसा सह। वपां तेऽअग्निरिषितोऽअरोहत् ।।१०३।।
अग्ने यत्ते शुक्रं यच्चन्द्रं यत्पूतं यच्च यज्ञियम्। तद्देवेभ्यो भरामसि ।।१०४।।

२११. हिरण्यस्तूपः आंगिरसः – ऋ. १.३१.१–१८; य. ३४.१2; १३

ऋ. १.३१.१–१८

त्वमग्ने प्रथमो अंगिरा ऋषिर्देवो देवानामभवः शिवः सखा ।
तव व्रते कवयो विद्मनापसोऽजायन्त मरुतो भ्राजदृष्टयः ।।१।।
त्वमग्ने प्रथमो अंगिरस्तमः कविर्देवानां परि भूषसि व्रतम् ।
विभुर्विश्वस्मै भुवनाय मेधिरो द्विमाता शयुः कतिधा चिदायवे ।।2।।
त्वमग्ने प्रथमो मातरिश्वन आविर्भव सुक्रतूया विवस्वते ।
अरेजेतां रोदसी होतृवूर्येऽसघ्नोर्भारमयजो महो वसो ।।३।।

त्वमग्ने मनवे द्यामवाशयः पुरूरवसे सुकृते सुकृत्तरः ।
श्वात्रेण यत्पित्रोर्मुच्यसे पर्या त्वा पूर्वमनयन्नापरं पुनः ।।४।।
त्वमग्ने वृषभः पुष्टिवर्धन उद्यतस्रुचे भवसि श्रवाय्यः ।
य आहुतिं परि वेदा वष्ट्कृतिमेकायुरग्रे विश आविवाससि ।।५।।
त्वमग्ने वृजिनवर्तनिं नरं सक्मन्पिपर्षि विदथे विचर्षणे ।
यः शूरसाता परितक्म्ये धने दभ्रेभिश्चित्समृता हंसि भूयसः ।।६।।
त्वं तमग्ने अमृतत्व उत्तमे मर्तं दधासि श्रवसे दिवेदिवे ।
यस्तातृषाण उभयाय जन्मने मयः कृणोषि प्रय आ च सूरये ।।७।।
त्वं नो अग्ने सनये धनानां यशसं कारुं कृणुहि स्तवानः ।
ऋध्याम कर्मापसा नवेन देवैर्द्यावापृथिवी प्रावतं नः ।।८।।
त्वं नो अग्ने पित्रोरुपस्थ आ देवो देवेष्वनवद्य जागृविः ।
तनूकृद् बोधि प्रमतिश्च कारवे त्वं कल्याण वसु विश्वमोपिषे ।।६।।
त्वमग्ने प्रमतिस्त्वं पितासि नस्त्वं वयस्कृत्तव जामयो वयम् ।
सं त्वा रायः शतिनः सं सहस्रिणः सुवीरं यन्ति व्रतपामदाभ्य ।।१०।।
त्वामग्ने प्रथममायुमायवे देवा अकृण्वन्नहुषस्य विश्पतिम् ।
इळामकृण्वन्मनुषस्य शासनीं पितुर्यत्पुत्रो ममकस्य जायते ।।११।।
त्वं नो अग्ने तव देव पायुभिर्मघोनो रक्ष तन्वश्च वन्द्य ।
त्राता तोकस्य तनये गवामस्यनिमेषं रक्षमाणस्तव व्रते ।।१2।।
त्वमग्ने यज्यवे पायुरन्तरोऽनिषंगाय चतुरक्ष इध्यसे ।
यो रातहव्योऽवृकाय धायसे कीरेश्चिन्मन्त्रं मनसा वनोषि तम् ।।१३।।
त्वमग्न उरुशंसाय वाघते सपार्हं यद्रेक्णः परमं वनोषि तत् ।
आध्रस्य चित्प्रमतिरुच्यसे पिता प्र पाकं शास्सि प्र दिशो विदुष्टरः ।।१४।।
त्वमग्ने प्रयतदक्षिणं नरं वर्मेव स्यूतं परि पासि विश्वतः ।
स्वादुक्षद्या यो वसतौ स्योनकृज्जीवयाजं यजते सोमपा दिवः ।।१५।।
इमामग्ने शरणि मीमृषो न इममध्वानं यमगाम दूरात् ।
आपिः पिता प्रमतिः सोम्यानां भृमिरस्यृषिकृन्मर्त्यानाम् ।।१६।।
मनुष्वदग्ने अंगिरस्वदंगिरो ययातिवत्सदने पूर्ववच्छुचे ।
अच्छ याह्या वहा दैव्यं जनमा सादय बर्हिषि यक्षि च प्रियम् ।।१७।।
एतेनाग्ने ब्रह्मणा वावृधस्व शक्ती वा यत्ते चकृमा विदा वा ।
उत प्र णेष्यभि वस्यो अस्मान्त्सं नः सृज सुमत्या वाजवत्या ।।१८।।

य. ३४.१2–१३

त्वमग्ने प्रथमोऽअंगिराऽऋषिर्देवो देवानामभवः शिवः सखा ।
तव व्रते कवयो विद्यनापसोऽजायन्त मरुतो भ्राजदृष्टयः ।।१2।।
त्वं नोऽअग्ने तव देव पायुभिर्मघोनो रक्ष तन्वश्च वन्द्य ।
त्राता तोकस्य तनये गवामस्यनिमेषं रक्षमाणस्तव व्रते ।।१३।।

2१2. हैमवर्चिः – य. १६.११

यदापिपेष मातरं पुत्रः प्रभूदितो धयन्। एतत्तदग्नेऽअनृणो भवाम्यहतौ पितरौ मया ।
सम्पृच स्थ सं मा भद्रेण पृङ्क्त विपृच स्थ वि मा पाप्मना पृङ्क्त् ।।११।।

2१३. ऋषि – अ. 20.2.2

अग्निराग्नीध्रात् सुष्टुभः स्वर्कादृतुना सोमं पिबतु ।।2।।

६. अग्निः (साग्री. सास्वा.) ऋतवः (सार्षेदी.)

१. वामदेवो गौतमः – सा. ६१६

वसन्त इन्नु रन्त्यो ग्रीष्म इन्नु रन्त्यः। वर्षाण्यनु शरदो हेमन्तः शिशिर इन्नु रन्त्यः ।।2।।

७. अग्निः आज्यम्

१. भृगुः – अ. ४.१४.१–६

अजो ह्य१ग्नेरजनिष्ट शोकात् सो अपश्यज्जनितारमग्रे ।
तेन देवा देवतामग्र आयन् तेन रोहान् रुरुहुर्मेध्यासः ।।१।।
क्रमध्वमग्निना नाकमुख्यान् हस्तेषु बिभ्रतः। दिवस्पृष्ठं स्वर्गत्वा मिश्रा देवेभिराद्ध्वम् ।।2।।
पृष्ठात् पृथिव्या अहमन्तरिक्षमारुहमन्तरिक्षाद् दिवमारुहम् ।
दिवो नाकस्य पृष्ठात् स्व१र्ज्योतिरगामहम् ।।३।।
स्व१र्यन्तो नापोक्षन्त आ द्यां रोहन्ति रोदसी। यज्ञं ये विश्वतोधारं सुविद्वांसो वितेनिरे ।।४।।
अग्ने प्रेहि प्रथमो देवतानां चक्षुर्देवानामुत मानुषाणाम् ।
इयक्षमाणा भृगुभिः सजोषाः स्व र्यन्तु यजमानाः स्वस्ति ।।५।।
अजमनज्मि पयसा घृतेन दिव्यं सुपर्णं पयसं बृहन्तम् ।
तेन गेष्म सुकृतस्य लोकं स्वरारोहन्तो अभि नाकमुत्तमम् ।।६।।
पंचौदनं पंचभिरङ्गुलिभिर्दर्व्योद्धर पंचधैतमोदनम् ।
प्राच्यां दिशि शिरो अजस्य धेहि दक्षिणायां दिशि दक्षिणं धेहि पार्श्वम् ।।७।।
प्रतीच्यां दिशि भसदमस्य धेह्युत्तरस्यां दिश्युत्तरं धेहि पार्श्वम् ।
ऊर्ध्वायां दिश्य१जस्यानूकं धेहि दिशि ध्रुवायां धेहि पाजस्यमन्तरिक्षे मध्यतो मध्यमस्य ।।८।।
शृतमजं शृतया प्रोर्णुहि त्वचा सर्वैरंगैः सम्भृतं विश्वरूपम् ।
स उत् तिष्ठेतो अभि नाकमुत्तमं पद्भिश्चतुभिः प्रति तिष्ठ दिक्षु ।।६।।

८. अग्निः (सार्षेदी.) इन्द्रः (सास्वा. साग्री. ए ऋसर्व.)

१. बन्धुः सुबन्धुः श्रुतबन्धुः विप्रबन्धुश्च क्रमेण गौपायना लौपायना वा (साग्री. सास्वा.) बन्धुःसुबन्धुः श्रुतबन्धुः विप्रबन्धुश्च गौपायना (ऋसर्व.) वामदेव (सार्षेदी.) – सा. ४५०

विश्वस्य प्र स्तोभ पुरो वा सन्यदिवेह नूनम् ।।४।।

६. अग्निः (ऋसर्व. ६–2–४) इन्द्रः (साग्री. सास्वा. सार्षेदी.)

१. भरद्वाजो बार्हस्पत्यः – सा. ३६५

स घा यस्ते दिवो नरो धिया मर्तस्य शमतः ।
ऊती स बृहतो दिवो द्विषो अंहो न तरति ।।६।।

१०. अग्निः पवमानः

१. शतं वैखानसः – सा. ६2७; १४६४; १५१८–१५2०

सा. ६2७

अग्न अयूंषि पवस आ सुवोर्जमिषं च नः। आरे बाधस्व दुच्छुनाम् ।।१।।

सा. १४६४

अग्न आयूंषि पवसे आ सुवोर्जमिषं च नः। आरे बाधस्व दुच्छुनाम् ।।३।।

सा. १५१८–१५2०

अग्न आयूंषि पवस आ सुवोर्जमिषं च नः। आरे बाधस्व दुच्दुनाम्।।१।।
अग्निर्ऋषिः पवमानः पांचजन्यः पुरोहितः। तमीमहे महागयम् ।।2।।
अग्ने पवस्व स्वपा अस्मे वर्चः सुवीर्यम्। दधद्रयिं मयि पोषम् ।।३।।

११. अग्निः मन्त्रोक्ता

१. भृगुः – अ. १2.2.१–2०; ३४–५५

अ. १2.2.१–2०

नडमा रोह न ते अत्र लोक इदं सीसं भागधेयं त एहि ।

यो गोषु यक्ष्मः पुरुषेषु यक्ष्मस्तेन त्वं साकमधराङ् परेहि ।।१।।
अघशंसदुः शंसाभ्यां करेणानुकरेण च । यक्ष्मं च सर्वं तेनेतो मृत्युं च निरजामसि ।।2।।
निरितो मृत्युं निर्ऋतिं निरातिमजामसि ।
यो नो द्वेष्टि तमद्ध्यग्ने अक्रव्याद् यमु द्विष्मस्तमु ते प्र सुवामसि ।।३।।
यद्यग्निः क्रव्याद् यदि वा व्याघ्र इमं गोष्ठं प्रविवेशान्योकाः ।
तं माषाज्यं कृत्वा प्र हिणोमि दूरं स गच्छत्वप्सुषदोऽप्यग्नीन् ।।४।।
यत् त्वा क्रुद्धाः प्रचक्रुर्मन्युना पुरुषे मृते । सुकल्पमग्ने तत् त्वया पुनस्त्वोद्दीपयामसि ।।५।।
पुनस्त्वादित्या रुद्रा वसवः पुनर्ब्रह्मा वसुनीतिरग्ने ।
पुनस्त्वा ब्रह्मणस्पतिराधाद् दीर्घायुत्वाय शतशारदाय ।।६।।
यो अग्निः क्रव्यात् प्रविवेश नो गृहमिमं पश्यन्नितरं जातवेदसम् ।
तं हरामि पितृयज्ञाय दूरं स घर्ममिन्धां परमे सधस्थे ।।७।।
क्रव्यादमग्निं प्र हिणोमि दूरं यमराज्ञो गच्छतु रिप्रवाहः ।
इहायमितरो जातवेदा देवो देवेभ्यो हव्यं वहतु प्रजानन् ।।८।।
क्रव्यादमग्निमिषितो हरामि जनान् दृंहन्तं वज्रेण मृत्युम् ।
नि तं शास्मि गार्हपत्येन विद्वान् पितृणां लोके अपि भागो अस्तु ।।६।।
क्रव्यादमग्निं शशमानमुक्थ्यं१ प्र हिणोमि पथिभिः पितृयाणैः ।
मा देवयानैः पुनरा गा अत्रैवैधि पितृषु जागृहि त्वम् ।।१०।।
समिन्धते संकसुकं स्वस्तये शुद्धा भवन्तः शुचयः पावकाः ।
जहाति रिप्रमत्येन एति समिद्धो अग्निः सुपुना पुनाति ।।११।।
देवो अग्निः संकसुको दिवस्पृष्ठान्यारुहत्। मुच्यमानो निरेणसोऽमोगस्माँ अशस्त्याः ।।१2।।
अस्मिन् वयं संकसुके अग्नौ रिप्राणि मृज्महे।
अभूम यज्ञियाः शुद्धाः प्र ण आयूंषि तारिषत् ।।१३।।
संकसुको विकसुको निर्ऋथो यश्च निस्वरः । ते ते यक्ष्मं सवेदसो दूराद् दूरमनीनशन् ।।१४।।
यो नो अश्वेषु वीरेषु यो नो गोष्वजाविषु । क्रव्यादं निर्णुदामसि यो अग्निर्जनयोपनः ।।१५।।
अन्येभ्यस्त्वा पुरुषेभ्यो गोभ्यो अश्वेभ्यस्त्वा ।
निः क्रव्यादं नुदामसि यो अग्निर्जीवितयोपनः ।।१६।।
यस्मिन् देवा अमृजत यस्मिन् मनुष्या उत ।
तस्मिन् घृतस्तावो मृष्ट्वा त्वमग्ने दिवं रुह ।।१७।।
समिद्धो अग्न आहुत स नो माभ्यपक्रमीः । अत्रैव दीदिहि द्यवि ज्योक् च सूर्यं दृशे ।।१८।।
सीसे मृड्ढ्वं नडे मृड्ढ्वमग्नौ संकसुके च यत् ।
अथो अव्यां रामायां शीर्षक्तिमुपबर्हणे ।।१६।।
सीसे मलं सादयित्वा शीर्षक्तिमुपबर्हणे । अव्यामसिक्न्यां मृष्ट्वा शुद्धा भवत यज्ञियाः।।20।।

अ. १2.2.३४–५५

अपावृत्य गार्हपत्यात् क्रव्यादा प्रेत दक्षिणा । प्रियं पितृभ्य आत्मने ब्रह्मभ्यः कृणुता प्रियम्।।३४।।
द्विभागधनमादाय प्र क्षिणात्यवत्या । अग्निः पुत्रस्य ज्येष्ठस्य यः क्रव्यादनिराहितः ।।३५।।
यत् कृषते यद् वनुते यच्च वस्नेन विन्दते । सर्वं मर्त्यस्य तन्नास्ति क्रव्याच्चेदनिराहितः ।।३६।।
अयज्ञियो हतवर्चा भवति नैनेन हविरत्तवे। छिनत्ति कृष्या गोर्धनाद् यं क्रव्यादनुवर्त्तते ।।३७।।
मुहुर्गृध्यैः प्र वदत्यार्तिं मर्त्यो नीत्य। क्रव्याद् यानग्निरन्तिकादनुविद्वान् वितावति ।।३८।।
ग्राह्या गृहाः सं सृज्यन्ते स्त्रिया यन्म्रियते पतिः ।
ब्रह्मैव विद्वानेष्यो३ यः क्रव्यादं निरादधत् ।।३६।।
यद् रिप्रं शमलं चकृम यच्च दुष्कृतम्। आपो मा तस्माच्छुम्भन्त्वग्नेः संकसुकाच्च यत् ।।४०।।
ता अधरादुदीचीराववृत्रन् प्रजानतीः पथिभिर्देवयानैः ।
पर्वतस्य वृषभस्याधि पृष्ठे नवाश्चरन्ति सरितः पुराणीः ।।४१।।

अग्ने अक्रव्यान्निष्क्रव्यादं नुदा देवयजनं वह ।।४२।।
इमं क्रव्यादा विवेशायं क्रव्यादमन्वगात्। व्याघ्रौ कृत्वा नानानं तं हरामि शिवापरम् ।।४३।।
अन्तर्धिर्देवानां परिधिर्मनुष्याणामग्निर्गार्हपत्य उभयानन्तरा श्रितः ।।४४।।
जीवानामायुः प्र तिर त्वमग्ने पितृणां लोकमपि गच्छन्तु ये मृताः ।
सुगार्हपत्येा वितपन्नरातिमुषामुषां श्रेयसीं धेह्यस्मै ।।४५।।
सर्वानग्ने सहमानः सपत्नानैषामूर्जं रयिमस्मासु धेहि ।।४६।।
इममिन्द्रं वन्हि पप्रिमन्वारभध्वं स वो निर्वक्षद् दुरितादवद्यात् ।
तेनाप हत शरुमापतन्तं तेन रुद्रस्य परि पातास्ताम् ।।४७।।
अनड्वाहं प्लवमन्वारभध्वं स वो निर्वक्षद् दुरितादवद्यात् ।
आ रोहत सवितुर्नावमेतां षड्भिरुर्वीभिरमतिं तरेम ।।४८।।
अहोरात्रे अन्वेषि बिभ्रत् क्षेम्यस्तिष्ठन् प्रतरणः सुवीरः ।
अनातुरान्त्सुमनसस्तल्प बिभ्रज्ज्योगेव नः पुरुषगन्धिरेधि ।।४६।।
ते देवेभ्य आ वृश्चन्ते पापं जीवन्ति सर्वदा ।
क्रव्याद् यानग्निरन्तिकादश्वइवानुवपते नडम् ।।५०।।
येऽश्रद्धा धनकाम्या क्रव्यादा समासते। ते वा अन्येषां कुम्भीं पर्यादधति सर्वदा ।।५१।।
प्रेव पिपतिषति मनसा मुहरा वर्तते पुनः। क्रव्याद् यानग्निरन्तिकादनुविद्वान् वितावति ।।५२।।
अविः कृष्णा भागधेयं पशूनां सीसं क्रव्यादपि चन्द्रं त आहुः ।
माषाः पिष्टा भागधेयं ते हव्यमरण्यान्या गह्वरं सचस्व ।।५३।।
इषीकां जरतीमिष्ट्वा तिल्पिंजं दण्डनं नडम्। तमिन्द्र इध्मं कृत्वा यमस्याग्निं निरादधौ ।।५४।।
प्रत्यंचमर्कं प्रत्यर्पयित्वा प्रविद्वान् पन्थां वि ह्याविवेश ।
परामीषामसून दिदेश दीर्घेणायुषा समिमान्त्सृजामि ।।५५।।

१2. अग्नि मित्रावरुणौ रात्रिः सविता च

2. हिरण्यस्तूपः आंगिरसः – ऋ. १.३५.१

ह्वयाम्यग्निं प्रथमं स्वस्तये ह्वयामि मित्रावरुणाविहावसे ।
ह्वयामि रात्रीं जगतो निवेशनीं ह्वयामि देवं सवितारमूतये ।।१।।

१३. अग्निः (साग्री. सास्वा. ए सार्षेदी.) अग्नि सूर्यो (ऋसर्व.)

१. पृषध्रः काण्वः (साग्री. सास्वा. ए ऋसर्व. ८.५६.५) वामदेवः (सार्षेदी.) – सा. ४४७

अचेत्यग्निश्चिकितिर्हव्यवाड् न सुमद्रथः ।।१।।

१४. अग्निः (साग्री.) वैद्युतोऽग्निः (सार्षेदी.)

१. विश्वामित्रो गाथिनः – सा. ५३

कायमानो वना त्वं यन्मातृरजगन्नपः। न तत्ते अग्ने प्रमृषे निवर्तनं यद् दूरे सन्निहाभुवः ।।६।।

१५. अग्निः (साग्री. सास्वा.) वैष्वानरः (सार्षेदी.)

१. भरद्वाजो बार्हस्पत्यः – सा. ६०६

प्रक्षस्य वृष्णो अरुषस्य नू महः प्र नो वचो विदथा जातवेदसे ।
वैश्वानराय मतिर्नव्यसे शुचिः सोम इव पवते चारुरग्नये ।।८।।

१६. अग्निः शुचिश्च

१. गृत्समदः शौनकः – ऋ. 2.३६.४

आ वक्षि देवाँ हह विप्र यक्षि चोशन्होतर्नि षदा योनिषु त्रिषु ।
प्रति वीहि प्रस्थितं सोम्यं मधु पिबाग्नीध्रात्तव भागस्य तृण्णुहि ।।४।।

१७. अग्निः सूर्यो वा अप्रो वा गावो वा ऋतव वा

१. वामदेवो गौतमः – ऋ. ४.५८.१–११

समुद्रादूर्मिर्मधुमाँ उदारदुपांशुना सममृतत्वमानट् ।

घृतस्य नाम गुह्यं यदस्ति जिह्वा देवानाममृतस्य नाभिः ।।१।।
वयं नाम प्र ब्रवामा घृतस्यास्मिन्यज्ञे धारयामा नमोभिः ।
उप ब्रह्मा शृणवच्छस्यमानं चतुःशृंगोऽवमीद् गौर एतत् ।।2।।
चत्वारि शृङगा त्रयो अस्य पादा द्वे शीर्षे सप्त हस्तासो अस्य ।
त्रिधा बद्धो वृषभो रोरवीति महो देवो मर्त्यां आ विवेश ।।३।।
त्रिधा हितं पणिभिर्गुह्यमानं गवि देवासो घृतमन्वविन्दन् ।
इन्द्र एकं सूर्य एकं जजान बेनादेकं स्वधया निष्टतक्षुः ।।४।।
एता अर्षन्ति हृद्यात्समुद्राच्छातव्रजा रिपुणा नावचक्षे ।
घृतस्य धारा अभि चाकशीमि हिरण्ययो वेतसो मध्य आसाम् ।।५।।
सम्यक्स्रवन्ति सरितो न धेना अन्तर्हृदा मनसा पूयमानाः ।
एते अर्षन्त्यूर्मयो घृतस्य मृगा इव क्षिपणोरीषमाणाः ।।६।।
सिन्धोरिव प्राध्वने शूघनासो वातप्रमियः पतयन्ति यह्वाः ।
घृतस्य धारा अरुषो न वाजी काष्ठा भिन्दन्नूर्मिभिः पिन्वमानः ।।७।।
अभि प्रवन्त समनेव योषाः कल्याण्यः स्मयमानासो अग्निम् ।
घृतस्य धाराः समिधो नसन्त ता जुषाणो हर्यति जातवेदाः ।।८।।
कन्या इव वहतुमेतवा उ अंज्यंजाना अभि चाकशीमि ।
यत्र सोमः सूयते यत्र यज्ञो घृतस्य धारा अभि तत्पवन्ते ।।९।।
अभ्यर्षत सुष्टुतिं गव्यमाजिमस्मासु भद्रा द्रविणानि धत्त ।
इमं यज्ञं नयत देवता नो घृतस्य धारा मधुमत्पवन्ते ।।१०।।
धामन्ते विश्वे भुवनमधि श्रितमन्तः समुद्रे हृद्यन्तरायुषि ।
अपामनीके समिथे य आभृतस्तमश्याम मधुमन्तं त ऊर्मिम् ।।११।।

१८. अग्निः सूर्यो वायुश्च

१. दीर्घतमा औचथ्यः – ऋ. १.१६४.४४

त्रयः केशिन ऋतुथा वि चक्षते संवत्सरे वपत एक एषाम् ।
विश्वमेको अभि चष्टे शचीभिर्ध्राजिरेकस्य ददृशे न रूपम् ।।४४।।

१९. अग्निः सौचिकः

१. देवाः – ऋ. १०.५१.१; ३; ५; ७; ९; १०.५३.१–३; १०.५३.६–११

ऋ. १०.५१.१

महत्तदुल्बं स्थविरं तदासीद्येनाविष्टितः प्रविवेशिथापः ।
विश्वा अपश्यद्बहुधा ते अग्ने जातवेदस्तन्वो देव एकः ।।१।।

ऋ. १०.५१.३

ऐच्छाम त्वा बहुधा जातवेदः प्रविष्टमग्ने अप्स्वोषधीषु ।
तं त्वा यमो अचिकेच्चित्रभानो दशान्तरुष्यादतिरोचमानम् ।।३।।

ऋ. १०.५१.५

एहि मनुर्देवयुर्यज्ञकामोऽरंकृत्या तमसि क्षेष्यग्ने ।
सुगान्पथः कृणुहि देवयानान्वह हव्यानि सुमनस्यमानः ।।५।।

ऋ. १०.५१.७

कुर्मस्त आयुरजरं यदग्ने यथा युक्तो जातवेदो न रिष्याः ।
अथा वहासि सुमनस्यमानो भागं देवेभ्यो हविषः सुजात ।।७।।

ऋ. १०.५१.९

तव प्रयाजा अनुयाजाश्च केवल ऊर्जस्वन्तो हविषः सन्तु भागाः।
तवाग्ने यज्ञो३ऽयमस्तु सर्वतुभ्यं नमन्तां प्रदिशश्चतस्रः ।।९।।

ऋ. १०.५३.१–३

यमैच्छाम मनसा सो३ऽयमागाद्यज्ञस्य विद्वान्परुषश्चिकित्वान् ।
स नो यक्षद्देवताता यजीयान्नि हि षत्सदन्तरः पूर्वो अस्मत् ।।१।।
अराधि होता निषदा यजीयानभि प्रयांसि सुधितानि हि ख्यत् ।
यजामहै यज्ञियान्हन्त देवाँ ईळामहा ईड्याँ आज्येन ।।2।।
साध्वीमकर्देववीतिं नो अद्य यज्ञस्य जिह्वामविदाम गुह्याम् ।
स आयुरागत्सुरभिर्वसानो भद्रामकर्देवहूतिं नो अद्य ।।३।।

ऋ. १०.५३.६–११

तन्तुं तन्वन्नजसो भनुमन्विहि ज्योतिष्मतः पथो रक्ष धिया कृतान् ।
अनुल्बणं वयत जोगुवामपो मनुर्भव जनया दैव्यं जनम् ।।६।।
अक्षानहो नह्यतनोत सोम्या इष्कृणुध्वं रशना ओत पिंशत ।
अष्टाबन्धुरं वहताभितो रथं येन देवासो अनयन्नभि प्रियम् ।।७।।
अश्मन्वती रीयते सं रभध्वमुत्तिष्ठत प्र तरता सखायः ।
अत्रा जहाम ये असन्नशेवाः ये शिवान्वयमुत्तरेमाभि वाजान् ।।८।।
त्वष्टा माया वेदपसामष्पस्तमो बिभ्रत्पात्रा देवपानानि शंतमा ।
सतो नूनं कवयः सं शिशीत वाशीभिर्याभिरमृताय तक्षथ ।
विद्वांसः पदा गुह्यानि कर्तन येन देवासो अमृतत्वमानशुः ।।१०।।
गर्भे योषामदधुर्वत्समासन्यपीच्येन मनसोत जिह्वया ।
स विश्वाहा सुमना योग्या अभि सिषासनिर्वनते कार इज्जितिम् ।।११।।

२०. अग्निः हवींषि वा

१. हर्यतः प्रागाथः – सा. १४८०–१४८2; १६०2–१६०४

सा. १४८०–१४८2

आ सुते सिंचत श्रियं रोदस्योरभिश्रियम्। रसा दधीत वृषभम् ।।१।।
ते जानत स्वमोक्यां३ सं वत्सासो न मातृभिः। मथो नसन्त जामिभिः।।2।।
उप स्रक्वेषु बप्सतः कृण्वते धरुणं दिवि। इन्द्रे अग्ना नमः स्वः ।।३।।

सा. १६०2–१६०४

गाव उप वदावटे मही यज्ञस्य रप्सुदा। उभा कर्णा हिरण्यया ।।१।।
अभ्यारमिदद्रयो निषिक्तं पुष्करे मधु। अवटस्य विसर्जने ।।2।।
सिंचन्ति नमसावटमुच्चाचक्रं परिज्मानम्। नीचीनबारमक्षितम् ।।३।।

२१. अग्नि–अब्–वृहस्पत्यादयः

१. प्रजापतिः – य. ४.७

आकूत्यै प्रयुजेऽग्नये स्वाहा मेधायै मनसेऽग्नये स्वाहा दीक्षायै तपसेऽग्नये स्वाहा सरस्वत्यै पूष्णेऽग्नये स्वाहा। आपो देवीर्बृहतीर्विश्वशम्भुवो द्यावापृथिवी ऽ उरो ऽ अन्तरिक्ष। बृहस्पतये हविषा विधेम स्वाहा ।।७।।

22. अग्निभूत पतीन्द्रा मन्त्रोक्ता

१. चातनः – अ. 2.१४.१–६

निःसालां धृष्णुं धिष्णमेकवाद्यां जिघत्स्वम्। सर्वाश्चण्डस्य नप्त्यो नाशयामः सदान्वाः ।।१।।
निर्वो गोष्ठादजामसि निरक्षान्निरुपानसात्। निर्वो मगुन्द्या दुहितरो गृहेभ्यश्चातयामहे ।।2।।
असौ यो अधराद् गृहस्तत्र सन्त्वराय्यः। तत्र सेदिर्न्यु च्यतु सर्वाश्च यातुधान्यः ।।३।।
भूतपतिर्निरजत्विन्द्रश्चेतः सदान्वाः। गृहस्य बुध्न आसीनास्ता इन्द्रो वज्रेणाधि तिष्ठतु ।।४।।
यदि स्थ क्षेत्रियाणां यदि वा पुरुषेषिताः। यदि स्थ दस्युभ्यो जाता नश्यतेतः सदान्वाः ।।५।।
परि धामान्यासामाशुर्गाष्ठमिवासरम्। अजैषं सर्वानाजीन् वा नश्यतेतः सदान्वाः ।।६।।

२३. अग्निमरुतश्च –ऋ. १.१६.१–६

१. मेधातिथिः काण्वः – ऋ. १.१६.१–६

प्रति त्यं चारुमध्वरं गोपीथाय प्र हूयसे। मरुद्भिरग्न आ गहि ।।१।।
नहि देवो न मर्त्यो महस्तव क्रतुं परः। मरुद्भिरग्न आ गहि ।।2।।
ये महो रजसो विदुर्विश्वे देवासो अद्रुहः। मरुद्भिरग्न आ गहि ।।३।।
य उग्रा अर्कमानृचुरनाधृष्टास ओजसा। मरुद्भिरग्न आ गहि ।।४।।
ये शुभ्रा घोरवर्पसः सुक्षत्रासो रिशादसः। मरुद्भिरग्न आ गहि ।।५।।
ये नाकस्याधि रोचने दिवि देवास आसते। मरुद्भिरग्न आ गहि ।।६।।
य ईंखयन्ति पर्वतान् तिरः समुद्रमर्णवम्। मरुद्भिरग्न आ गहि ।।७।।
आ ये तन्वन्ति रश्मिभिस्तिरः समुद्रमोजसा। मरुद्भिरग्न आ गहि ।।८।।
अभि त्वा पूर्वपीतये सृजामि सोम्यं मधु। मरुद्भिरग्न आ गहि ।।६।।

२४. अग्निरक्षोहा– ऋ. १०.८७.१–१५

१. पायुः – ऋ. १०.८७.१–१५

रक्षोहणं वाजिनमा जिघर्मि मित्रं प्रथिष्ठमुप यामि शर्म ।
शिशानो अग्निः क्रतुभिः समिद्धः स नो दिवा स रिषः पातु नक्तम्।।१।।
अयोदंष्ट्रो अर्चिषा यातुधानानुप स्पृश जातवेदः समिद्धः ।
आ जिह्वया मूरदेवान्नभस्व क्रव्यादो वृक्तव्यपि धत्स्वासन् ।।2।।
उभेभयाविन्नुप धेहि दंष्ट्रा हिंस्रः शिशानोऽवरं परं च ।
उतान्तरिक्षे परि याहि राजंजम्भैः सं धेह्यभि यातुधानान् ।।३।।
यज्ञैरिषूः संनममानो अग्ने वाचा शल्याँ अशनिभिर्दिहानः ।
ताभिर्विध्य हृदये यातुधानान् प्रतीचो बाहून्प्रति भङ्ध्येषाम् ।।४।।
अग्ने त्वचं यातुधानस्य भिन्धि हिंस्राशनिर्हरसा हन्त्वेनम् ।
प्र पर्वाणि जातवेदः शृणीहि क्रव्यात्क्रविष्णुर्वि चिनोतु वृक्णम् ।।५।।
यत्रेदानीं पश्यसि जातवेदस्तिष्ठन्तमग्न उत वा चरन्तम् ।
यद्वान्तरिक्षे पथिभिः पतन्तं तमस्ता विध्य शर्वा शिशानः ।।६।।
उतालब्धं स्पृणुहि जातवेद आलेभानादृष्टिभिर्यातुधानात् ।
अग्ने पूर्वो नि जहि शोशुचान आमादः क्ष्विङ्कास्तमदन्त्वेनीः ।।७।।
इह प्र ब्रूहि यतमः सो अग्ने यो यातुधानो य इदं कृणोति ।
तमा रभस्व समिधा यविष्ठ नृचक्षसश्चक्षुषे रन्धयैनम् ।।८।।
तीक्ष्णेनाग्ने चक्षुषा रक्ष यज्ञं प्राञ्चं वसुभ्यः प्र णय प्रचेतः ।
हिंस्रं रक्षांस्यभि शोशुचानं मा त्वा दभन्यातुधाना नृचक्षः ।।६।।
नृचक्षा रक्षः परि पश्य विक्षु तस्य त्रीणि प्रति शृणीह्यग्रा ।
तस्याग्ने पृष्टीर्हरसा शृणीहि त्रेधा मूलं यातुधानस्य वृश्च ।।१०।।
त्रिर्यातुधानः प्रसितिं त एत्वृतं यो अग्ने अनृतेन हन्ति ।
तमर्चिषा स्फूर्जयज्जातवेदः समक्षमेनं गृणते नि वृङ्धि ।।११।।
तदग्ने चक्षुः प्रति धेहि रेभे शफारुजं येन पश्यसि यातुधानम् ।
अथर्ववज्ज्योतिषा दैव्येन सत्यं धूर्वन्तमचितं न्योष ।।१2।।
यदग्ने अद्य मिथुना शपातो यद्वाचस्तृष्टं जनयन्त रेभाः ।
मन्योर्मनसः शरव्या३ जायते या तया विध्य हृदय यातुधानान् ।।१३।।
परा शृणीहि तपसा यातुधानान्पराग्ने रक्षो हरसा शृणीहि ।
परार्चिषा मूरदेवांछृणीहि परासुतृपो अभि शोशुचानः ।।१४।।
पराद्य देवा वृजिनं शृणन्तु प्रतयगेनं शपथा यन्तु तृष्टाः ।
वाचस्तेनं शरव ऋच्छन्तु मर्मन्विश्वस्यैतु प्रसितिं यातुधानः ।।१५।।

२५. अग्निर्जातवेदाः

१. कश्यपो मारीचः – ऋ. १.९९.१

जातवेदसे सुनवाम् सोममरातीयतो नि दहाति वेदः ।
स नः पर्षदति दुर्गाणि विश्वा नावेव सिन्धु दुरितात्यग्निः ।।१।।

2. श्येन आग्नेयः – ऋ. १०.१८८.१–३

प्र नूनं जातवेदसमश्वं हिनोत वाजिनम्। इदं नो बर्हिरासदे ।।१।।
अस्य प्र जातवेदसो विप्रवीरस्य मीळ्हुषः। महीमियर्मि सुष्टुतिम् ।।2।।
या रुचो जातवेदसो देवत्रा हव्यवाहनीः। ताभिर्नो यज्ञमिन्वतु ।।३।।

२६. अग्नि लिंगोक्ता वा – ऋ. ४.१४.१–५

१. वामदेवो गौतमः – ऋ. ४.१४.१–५

प्रत्यग्निरुषसो जातवेदा अख्यद्देवो रोचमाना महोभिः ।
आ नासत्योरुगाया रथेनेमं यज्ञमुप नो यातमच्छ ।।१।।
ऊर्ध्वं केतुं सविता देवो अश्रेज्ज्योतिर्विश्वस्मै भुवनाय कृण्वन् ।
आप्रा द्यावापृथिवी अन्तरिक्षं वि सूर्यो रश्मिभिश्चेकितानः ।।2।।
आवहन्त्यरुणीर्ज्योतिषागान्मही चित्रा रश्मिभिश्चेकिताना ।
प्रबोधयन्ती सुविताय देव्यु१षा ईयते सुयुजा रथेन ।।३।।
आ वां वहिष्ठा इह ते वहन्तु रथा अश्वास उषसो व्युष्टौ ।
इमे हि वां मधुपेयाय सोमा अस्मिन्यज्ञे वृषणा मादयेथाम् ।।४।।
अनायतो अनिबद्धः कथायं न्यङ्ङुत्तानोऽव पद्यते न ।
कया याति स्वधया को ददर्श दिवः स्कम्भः समृतः पाति नाकम् ।।५।।

२७. अग्निवैश्वानरः

१. नोधा गौतमः – ऋ. १.५९.१–७

वया इदग्ने अग्नयस्ते अन्ये त्वे विो अमृता मादयन्ते ।
वैश्वानर नाभिरसि क्षितीनां स्थेणेव जनाँ उपमिद्ययन्थ ।।१।।
मूर्धा दिवो नाभिरग्निः पृथिव्या अथाभवदरती रोदस्योः ।
तं त्वा देवासोऽजनयन्त देवं वैश्वानर ज्योतिरिदार्याय ।।2।।
आ सूर्ये न रश्मयो ध्रुवासो वैश्वानरे दधिरेऽग्ना वसूनि ।
या पर्वतेष्वोषधीष्वप्सु या मानुषेष्वसि तस्य राजा ।।३।।
बृहती इव सूनवे रोदसी गिरो होता मनुष्यो३ न दक्षः ।
स्वर्वते सत्यशुष्माय पूर्वी वैश्वानराय नृतमाय यह्वीः ।।४।।
दिवश्चित्ते बृहतो जातवेदो वैश्वानर प्र रिरिचे महित्वम् ।
राजा कृष्टीनामसी मानुषीणां युधा देवेभ्यो वरिवश्चकर्थ ।।५।।
प्र नू महित्वं वृषभस्य वोचं यं पूरवो वृत्रहणं सचन्ते ।
वैश्वानरो दस्युमग्निर्जघन्वाँ अधूनोत्काष्ठा अव शम्बरं भेत् ।।६।।
वैश्वानरो महिम्ना विश्वकृष्टिर्भरद्वाजेषु यजतो विभावा ।
शातवनेये शतिनीभिरग्निः पुरुणीथे जरते सूनृतावान् ।।७।।

२८. अग्निवरुणौ

१. वामदेवः – य. २१.३–४

त्वं नोऽअग्ने वरुणस्य विद्वान् देवस्य हेडोऽअव यासिसीष्ठाः ।
याजिष्ठो वह्नितमः शोशुचानो विश्वा द्वेषांसि प्र मुमुग्ध्यस्मत् ।।३।।
स त्वं नोऽअग्नेऽवमो भवोती नेदिष्ठोऽअस्याऽउषसो व्युष्टौ ।

अव यक्ष्व नो वरुणं रराणो वीहि मृडीकं सुहवो नऽएधि ।।४।।

२६. अग्नि विश्वकर्मा – अ. 2.३४.३

१. अथर्वा – अ. 2.३४.३

ये वध्यमानमनु दीध्याना अन्वैक्षन्त मनसा चक्षुषा च ।
अग्निष्टानग्रे प्र मुमोक्तु देवो विश्वकर्मा प्रजया संरराणः ।।३।।

३०. अग्निर् आत्मा वा– ऋ. ३.2६.७–८

१. विश्वामित्रो गाथिनः – ऋ. ३.2६.७–८

अग्निरस्मि जन्मना जातवेदा घृतं मे चक्षुरमृतं म आसन् ।
अर्कस्त्रिधातू रजसो विमानोऽजस्रो घर्मो हविरस्मि नाम ।।७।।
त्रिभिः पवित्रैरपुपोद्ध्य१र्कं हृदा मतिं ज्योतिरनु प्रजानन् ।
वर्षिष्ठं रत्नमकृत स्वधाभिरादिद् द्यावापृथिवी पर्यपश्यत् ।।८।।

३१. अग्निर् देवाश्च – ऋ. १.४५.१–१०

१. प्रस्कण्वः काण्वः – ऋ. १.४५.१–१०

त्वमग्ने वसूँरिह रुद्राँ आदित्याँ उत। यजा स्वध्वरं जनं मनुजातं घृतप्रुषम् ।।१।।
श्रुष्टीवानो हि दाशुषे देवा अग्ने विचेतसः। तान्रोहिदश्व गिर्वणस्त्रयस्त्रिंशतमा वह ।।2।।
प्रियमेधवदत्रिवज्जातवेदो विरूपवत्। अंगिरस्वन्महिव्रत प्रस्कण्वस्य श्रुधी हवम् ।।३।।
महिकेरव ऊतये प्रियमेधा अहूषत। राजन्तमध्वराणामग्निं शुक्रेण शोचिषा ।।४।।
घृताहवन सन्त्येमा उ षु श्रुधी गिरः। याभिः कण्वस्य सूनवो हवन्तेऽवसे त्वा ।।५।।
त्वां चित्रश्रवस्तम हवन्ते विक्षु जन्तवः। शोचिष्केशं पुरुप्रियाग्ने हव्याय वोळ्हवे ।।६।।
नि त्वा होतारमृत्विजं दधिरे वसुवित्तमम्। श्रुत्कर्णं सप्रथस्तमं विप्रा अग्ने दिविष्टिषु ।।७।।
आ त्वा विप्रा अचुच्यवुः सुतसोमा अभि प्रयः। बृहद्भा बिभ्रतो हविरग्ने मर्ताय दाशुषे ।।८।।
प्रातर्यावणः सहस्कृत सोमपेयाय सन्त्व। इहाद्य दैव्यं जनं बर्हिरा सादया वसो ।।६।।
अर्वांचं दैव्यं जनमग्ने यक्ष्व सहूतिभिः। अयं सोमः सुदानवस्तं पात तिरोअह्न्यम् ।।१०।।

2. असुनीतिः (बन्धुः सुबन्धुः श्रुतबन्धुर् विप्रबन्धुश्च गौपायनाः) – ऋ. १०.५६.५–६

असुनीते मनो अस्मासु धारय जीवातवे सु प्र तिरा न आयुः ।
रारन्धि न सूर्यस्य सन्दृशि घृतेन त्वं तन्वं वर्धयस्व ।।५।।
असुनीते पुनरस्मासु चक्षुः पुनः प्राणमिह नो धेहि भोगम् ।
ज्योक् पश्येम सूर्यमुच्चरन्तमनुमते मृळया नः स्वस्ति ।।६।।

३2. अग्निर्मरुतश्च – ऋ. ८.१०३.१४

१. सोभरिः काण्वः – ऋ. ८.१०३.१४

आग्ने याहि मरुत्सखा रुद्रेभिः सोमपीतये। सोभर्या उप सुष्टुतिं मादयस्व स्वर्णरे ।।१४।।

३३. अग्निर्वा वरुणश्च – ऋ. ४.१.2–४

१. वामदेवो गौतमः – ऋ. ४.१.2–४

स भ्रातरं वरुणमग्न आ ववृत्स्व देवाँ अच्छा सुमती यज्ञवनसं ज्येष्ठं यज्ञवनसम् ।
ऋतावानमादित्यं चर्षणीधृतं राजानं चर्षणीधृतम् ।।2।।
सखे सखायमभ्यो ववृत्स्वाशुं न चक्रं रथ्येव रंह्यास्मभ्यं दस्म रंह्या ।
अग्ने मृळीकं वरुणे सचा विदो मरुत्सु विश्वभानुषु ।
तोकाय तुजे शुशुचान शं कृध्यस्मभ्यं दस्म शं कृधि ।।३।।
त्वं नो अग्ने वरुणस्य विद्वान्देवस्य होळोऽव यासिसीष्ठाः ।
यजिष्ठो वह्नितमः शोशुचानो विश्वे द्वेषांसि प्र मुमुग्ध्यस्मत् ।।४।।

३४. अग्निर् वैश्वानरः – ऋ. १.६८.१–३; ऋ. ३.2.१–१५; ३.३.१–११; ३.2६.१–३

Vedic Concordance of Mantras as per Devatā and Ṛṣi 173

१. कुत्स आंगिरसः – ऋ. १.९८.१–३

वैश्वानरस्य सुमतौ स्याम राजा हि कं भुवनानामभिश्रीः ।
इतो जातो विश्वमिदं वि चष्टे वैश्वानरो यतते सूर्येण ।।१।।
पृष्टो दि वि पृष्टो अग्निः पृथिव्यां पृष्टो विश्वा ओषधीरा विवेश ।
वैश्वानरः सहसा पृष्टो अग्निः स नो दिवा स रिषः पातु नक्तम् ।।2।।
वैश्वानर तव तत्सत्यमस्त्वस्मान्रायो मघवानः सचन्ताम् ।
तन्नो मित्रो वरुणो मामहन्तामदितिः सिन्धुः पृथिवी उत द्यौः ।।३।।

2. विश्वामित्रो गाथिनः – ऋ. ३.2.१–१५; ३.३.१–११; ३.2६.१–३

ऋ. ३.2.१–१५

वैश्वानराय धिषणामृतावृधे घृतं न पूतमग्नये जनामसि ।
द्विता होतारं मनुषश्च वाघतो धिया रथं न कुलिशः समृण्वति ।।१।।
स रोचयज्जनुषा रोदसी उभे स मात्रोरभवत्पुत्र ईड्यः ।
हव्यवाळग्निरजरश्चनोहितो दूळभो विशामतिथिर्विभावसुः ।।2।।
क्रत्वा दक्षस्य तरुषो विधर्मणि देवासो अग्निं जनयन्त चित्तिभिः ।
रुरुचानं भानुना ज्योतिषा महामत्यं न वाजं सनिष्यन्नुप ब्रुवे ।।३।।
आ मन्द्रस्य सनिष्यन्तो वरेण्यं वृणीमहे अह्रयं वाजमृग्मियम् ।
रातिं भृगूणामुशिजं कविक्रतुमग्निं राजन्तं दिव्येन शोचिषा ।।४।।
अग्निं सुम्नाय दधिरे पुरो जना वाजश्रवसमिह वृक्तबर्हिषः ।
यतस्रुचः सुरुचं विश्वदेव्यं रुद्रं यज्ञानां साधदिष्टिमपसाम् ।।५।।
पावकशोचे तव हि क्षयं परि होतर्यज्ञेषु वृक्तबर्हिषो नरः ।
अग्ने दुव इच्छमानास आप्यमुपासते द्रविणं धेहि तेभ्यः ।।६।।
आ रोदसी अपृणदा स्वर्महज्जातं यदेनमपसो अधारयन् ।
सो अध्वराय परि णीयते कविरत्यो न वाजसातये चनोहितः ।।७।।
नमस्यत हव्यदातिं स्वध्वरं दुवस्यत दम्यं जातवेदसम् ।
रथीर्ऋतस्य बृहतो विचर्षणिरग्निर्देवानामभवत्पुरोहितः ।।८।।
तिस्रो यह्वस्य समिधः परिज्मनोऽग्नेरपुनन्नुशिजो अमृत्यवः ।
तासामेकामदधुर्मर्त्ये भुजमु लोकमु द्वे उप जामिमीयतुः ।।९।।
विशां कविं विश्पतिं मानुषीरिषः सं सीमकृण्वन्त्स्वधितिं न तेजसे ।
स उद्वतो निवतो याति वेविषत्स गर्भमेषु भुवनेषु दीधरत् ।।१०।।
स जिन्वते जठरेषु प्रजज्ञिवान्वृषा चित्रेषु नानदन्न सिंहः ।
वैश्वानरः पृथुपाजा अमर्त्यो वसु रत्ना दयमानो वि दाशुषे ।।११।।
वैश्वानरः प्रत्नथा नाकमारुहद्दिवस्पृष्ठं भन्दमानः सुमन्मभिः ।
स पूर्ववज्जनयंजन्तवे धनं समानज्मं पर्येति जागृविः ।।१2।।
ऋतावानं यज्ञियं विप्रमुक्थ्य१ मा यं दधे मातरिश्वा दिवि क्षयम् ।
तं चित्रयामं हरिकेशमीमहे सुदीतिमग्निं सुविताय नव्यसे ।।१३।।
शुचिं न यामन्निषिरं स्वर्दृशं केतुं दिवो रोचनस्थामुषर्बुधम् ।
अग्निं मूर्धानं दिवो अप्रतिष्कुतं तमीमहे नमसा वाजिनं बृहत् ।।१४।।
मन्द्रं होतारं शुचिमद्वयाविनं दमूनसमुक्थ्यं विश्वचर्षणिम् ।
रथं न चित्रं वपुषाय दर्शतं मनुर्हितं सदमिद्राय ईमहे ।।१५।।

ऋ. ३.३.१–११

वैश्वानराय पृथुपाजसे विपो रत्ना विधन्त धरुणेषु गातवे ।

अग्निर्हि देवाँ अमृतो दुवस्यत्यथा धर्माणि सनता न दूदुषत् ।।१।।
अन्तर्दूतो रोदसी दस्म ईयते निषत्तो मनुषः पुरोहितः ।
क्षयं बृहन्तं परि भूषति द्युभिर्देवेभिरग्निरिषितो धियावसुः ।।2।।
केतुं यज्ञानां विदथस्य साधनं विप्रासो अग्निं महयन्त चित्तिभिः ।
अपांसि यस्मिन्नधि सन्दधुर्गिरस्तस्मिन्त्सुम्नानि यजमान आ चके ।।३।।
पिता यज्ञानामसुरो विपश्चितां विमानमग्निर्वयुनं च वाघताम् ।
आ विवेश रोदसी भुरिवर्पसा पुरुप्रियो भन्दते धमभिः कविः ।।४।।
चन्द्रमग्निं चन्द्ररथं हरिव्रतं वैश्वानरमप्सुषदं स्वर्विदम् ।
विगाहं तूर्णिं तविषीभिरावृतं भूर्णिं देवास इह सुश्रियं दधुः ।।५।।
अग्निर्देवेभिर्मनुषश्च जन्तुभिस्तन्वानो यज्ञं पुरुपेशसं धिया ।
रथीरन्तरीयते साधदिष्टिभिर्जीरो दमूना अभिशस्तिचातनः ।।६।।
अग्ने जरस्व स्वपत्य आयुन्यूर्जा पिन्वस्व समिषो दिदीहि नः ।
वयांसि जिन्व बृहतश्च जागृव उशिग्देवानामसि सुक्रतुर्विपाम् ।।७।।
विश्पतिं यह्वमतिथिं नरः सदा यन्तारं धीनामुशिजं च वाघताम् ।
अध्वराणां चेतनं जातवेदसं प्र शंसन्ति नमसा जूतिभिर्वृधे ।।८।।
विभावा देवः सुरणः परि क्षितीरग्निर्बभूव शवसा सुमद्रथः ।
तस्य व्रतानि भूरिपोषिणो वयमुप भूषेम दम आ सुवृक्तिभिः ।।९।।
वैश्वानर तव धामान्या चके येभिः स्वर्विदभवो विचक्षण ।
जात आपृणो भुवनानि रोदसी अग्ने ता विश्वा परिभूरसि त्मना ।।१०।।
वैश्वानरस्य दंसनाभ्यो बृहदरिणादेकः स्वपस्यया कविः ।
उभा पितरा महयन्नजायताग्निर्द्यावापृथिवी भूरिरेतसा ।।११।।

ऋ. ३.२६.१–३

वैश्वानरं मनसाग्निं निचाय्या हविष्मन्तो अनुषत्यं स्वर्विदम् ।
सुदानुं देवं रथिरं वसूयवो गीर्भी रण्वं कुशिकासो हवामहे ।।१।।
तं शुभ्रमग्निमवसे हवामहे वैश्वानरं मातरिश्वानमुक्थ्यम् ।
बृहस्पतिं मनुषो देवतातये विप्रं श्रोतारमतिथिं रघुष्यदम् ।।2।।
अश्वो न क्रन्दंजनिभिः समिध्यते वैश्वानरः कुशिकेभिर्युगेयुगे ।
स नो अग्निः सुवीर्यं स्वश्व्यं दधातु रत्नममृतेषु जागृविः ।।३।।

३५. अग्नि–वायु सूर्याः – य. ३.५

१. प्रजापतिः – य. ३.५

भूर्भुवः स्व द्यौरिव भूम्ना पृथिवीव वरिम्णा ।
तस्यास्ते पृथिवी देवयजनि पृष्ठेऽग्निमन्नादमन्नाद्यायादधे ।।५।।

३६. अग्नि वायू – य. 2.१६

१. परमेष्ठी प्रजापतिः – य. 2.१६

घृताची स्थो धुर्यो पातं सुम्ने स्थः सुम्ने मा धत्तम् ।
यज्ञ नमश्च तऽ उप च यज्ञस्य शिवे सन्तिष्ठस्व स्विष्टे मे सतिष्ठस्व ।।१६।।

३७. अग्निषोमौ – ऋ. १.९३.१–१२; अ. ७.११४.१–2; ऋ. १०.१९.१

१. गोतमो राहूगणः – ऋ. १.९३.१–१२

अग्नीषेमाविमं सु मे शृणुतं वृषणा हवम् ।
प्रति सूक्तानि हर्यतं भवतं दाशुषे मयः ।।१।।
अग्नीषोमा यो अद्य वामिदं बचः सपर्यति ।

तस्मै धत्तं सुवीर्यं गवां पोषं स्वश्व्यम् ।।2।।
अग्नीषोमा य आहुतिं यो वां दाशाद्धविष्कृतिम् ।
स प्रजया सुवीर्यं विश्वमायुर्व्यश्नवत् ।।३।।
अग्नीषोमा चेति तद्वीर्यं वा यदमुष्णीतमवसं पणि गाः ।
अवातिरतं बृसयस्य शेषेऽविन्दतं ज्योतिरेकं बहुभ्यः ।।४।।
युवमेतानि दिवि रोचनान्यग्निश्च सोम सक्रतू अधत्तम् ।
युवं सिन्धूँरभिशस्तेरवद्यादग्नीषोमावमुंचतं गृभीतान् ।।५।।
आन्यं दिवो मातरिश्व जभरामथ्नादन्यं परि श्येनो अद्रेः ।
अग्नीषोमा ब्रह्मणा वावृधानोरुं यज्ञाय चक्रथुरु लोकम् ।।६।।
अग्नीषोमा हविषः पंस्थितस्य वीतं हर्यतं वृषणा जुषेथाम् ।
सुशर्माणा स्ववसा हि भूतमथा धत्तं यजमानाय शं योः ।।७।।
अग्नीषोमा सवेदसा सहूती वनतं गिरः। सं देवत्रा बभूवथुः ।।६।।
अग्नीषोमावनेन वांयो वां घृतेन दाशति। तस्मै दीदयतं बृहत् ।।१०।।
अग्नीषोमाविमानि नो युवं हव्या जुजोषतम्। आ यातमुप नः सचा।।११।।
अग्नीषोमा पिपृतमर्वतो न आ प्यायन्तामुस्रिया हव्यसूदः ।
अस्मे बलानि मघवत्सु धत्तं कृणुतं नो अध्वरं श्रुष्टिमन्तम् ।।१2।।

2. **भार्गवः — अ. ७.११४.१—2**

आ ते ददे वक्षणाभ्य आ तेऽहं हृदयाद् ददे। आ ते मुखस्य संकाशात् सर्वं ते वर्च आ ददे।।१।।
प्रेतो यन्तु व्याध्यः प्रानुध्याः प्रो अशस्तयः। अग्नी रक्षस्विनीर्हन्तु सोमो हन्तु दुरस्यतीः ।।2।।

३. **मथितो यामायनो भृगुर् वा वारुणिः च्यवनो वा भार्गवः — ऋ. १०.१६.१**

नि वर्तध्वं मानु गातास्मान्त्सिषक्त रेवतीः। अग्नीषोमा पुनर्वसू अस्मे धारयतं रयिम् ।।१।।

३८. अग्निषोमौ इन्द्राग्नी

१. **परमेष्ठी प्रजापतिः — य. 2.१५**

अग्नीषोमयोरुज्जितिमनूज्जेषं वाजस्य मा प्रसवेन प्रोहामि। अग्नीषोमौ तमपनुदतां योऽस्मान् द्वेष्टि यं च वयं द्विष्मो वाजस्यैनं प्रसवेनापोहामि। इन्द्राग्न्योरुज्जितिमनूज्जेषं वाजस्य मा प्रसवेन प्रोहामि। इन्द्राग्नी तमपनुदतां योऽस्मान् द्वेष्टि यं च वयं द्विष्मो वाजस्यैनं प्रसवेनापोहामि।।१५।।

३६. अग्निः सत्यौजा

१. **चातनः — अ. ४.३६.१—१०**

तान्त्सत्यौजाः प्र दहत्वग्निर्वैश्वानरो वृषा। यो नो दुरस्याद् दिप्साच्चाथो यो नो अरातियात्।।१।।
यो नो दिप्सददिप्सतो दिप्सतो यश्च दिप्सति। वैश्वानरस्य दंष्ट्रयोरग्नेरपि दधामि तम् ।।2।।
या आगरे मृगयन्ते प्रतिक्रोशेऽमवास्ये। क्रव्यादो अन्यान् दिप्सतः सर्वाँस्तान्त्सहसा सहे ।।३।।
सहे पिशाचान्त्सहसैषां द्रविणं ददे। सर्वान् दुरस्यतो हन्मि सं म आकूतिर्ऋध्यताम् ।।४।।
ये देवास्तेन हासन्ते सूर्येण मिमते जवम्। नदीषु पर्वतेषु ये सं तैः पशुभिर्विदे ।।५।।
तपनो अस्मि पिशाचानां व्याघ्रो गोमतामिव।
श्वानः सिंहमिव दृष्ट्वा ते न विन्दन्ते न्यंचनम्।।६।।
न पिशाचैः सं शक्नोमि न स्तैनैर्न वनर्गुभिः। पिशाचास्तस्मान्नश्यन्ति यमहं ग्राममाविशे ।।७।।
यं ग्राममाविशत इदमुग्रं सहो मम। पिशाचास्तस्मान्नश्यन्ति न पापमुप जानते ।।८।।
ये मा क्रोधयन्ति लपिता हस्तिनं मशकाइव। तानंह मन्ये दुर्हितांजने अल्पशूयनिव ।।६।।
अभि तं निर्ऋतिर्धत्तामश्वमिवाश्वाभिधान्या। मल्वो यो मह्यं क्रुध्यति स उ पाशान्न मुच्यते।।१०।।

४०. अग्नि सरस्वत्यौ

१. **परमेष्ठी प्रजापतिः — य. 2.2०**

अग्नेऽदब्धायोऽशीतम पाहि मा दिद्योः पाहि प्रसित्यै पाहि दुरिष्ट्यै पाहि दुरद्मन्याऽ अविषं नः

पितुं कृणु।
सुषदा योनौ स्वाहा वाडग्नये संवेशपतये स्वाहा सरस्वत्यै यशोभगिन्यै स्वाहा ।।20।।

४१. अग्नि सूर्य बृहस्पतिः

१. अथर्वा – अ. 2.2६.१

पार्थिवस्य रसे देवा भगस्य तन्वो३ बले ।
आयुष्यमिस्मा अग्निः सूर्यो वर्च आ धाद् बृहस्पतिः ।।१।।

४2. अग्नि सूर्यानिलाः

१. इरिम्बिठिः काण्वः – ऋ. ८.१८.६

शमग्निरग्निभिः करच्छं नस्तपतु सूर्यः। शं वातो वात्वरपा अप स्रिधः ।।६।।

४३. अग्नि–सूर्यौ

१. पृषध्रः काण्वः – ऋ. ८.५६.५

अचेत्यग्निश्चिकितुर्हव्यवाट् स सुमद्रथः ।
अग्निः शुक्रेण शेचिषा बृहत्सूरो अरोचत दिवि सूर्यो अरोचत ।।५।।

2. प्रजापतिः – य. ३.६

अग्निज्र्ज्योतिज्र्ज्योतिरग्निः स्वाहा सूर्यो ज्योतिज्र्ज्योतिः सूर्य्यः स्वाहा। अग्निर्वर्च्चो ज्योतिर्वर्च्चः
स्वाहा सूर्यो वर्च्चो ज्योतिर्वर्च्चः स्वाहा। ज्योतिः सूर्य्यः सूर्य्यो ज्योतिः स्वाहा ।।६।।

४४. अग्नीन्द्रादयः

१. अथर्वा – अ. ३.१६.१

प्रातरग्निं प्रातरिन्द्रं हवामहे प्रातर्मित्रावरुणा प्रातरश्विना ।
प्रातर्भगं पूषणं ब्रह्मणस्पतिं प्रातः सोममुत रुद्रं हवामहे ।।१।।

४५. अग्नीन्द्रौ

१. त्रिशोक काण्वः – सा. १३३८

आ घा ये अग्निमिन्धते स्तृणन्ति बर्हिरानुषक्। येषामिन्द्रो युवा सखा ।।१।।

४६. अग्नीरक्षोहा

१. उरुक्षय आमहीयवः – ऋ. १०.११८.१–६

अग्ने हंसि न्य१त्रिणं दीद्यन्मर्त्येष्वा। स्वे क्षये शुचिव्रत ।।१।।
उत्तिष्ठसि स्वाहुतो घृतानि प्रति मोदसे। यत्त्वा स्रुचः समस्थिरन् ।।2।।
स आहुतो वि रोचतेऽग्निरीळेन्यो गिरा। स्रुचा प्रतीकमज्यते ।।३।।
घृतेनाग्निः समज्यते मधुप्रतीक आहुतः। रोचमानो विभावसुः ।।४।।
जरमाणः समिध्यसे देवेभ्यो हव्यवाहन। तं त्वा हवन्त मर्त्याः ।।५।।
तं मर्ता अमर्त्यं घृतेनाग्निं सपर्यत। अदाभ्यं गृहपतिम् ।।६।।
अदाभ्येन शोचिषाने रक्षस्त्वं दह। गोपा ऋतस्य दीदिहि ।।७।।
स त्वमग्ने प्रतीकेन प्रत्योष यातुधान्यः। उरुक्षयेषु दीद्यत् ।।८।।
तं त्वा गीर्भिरुरुक्षया हव्यवाहं समीधिरे। यजिष्ठं मानुषे जने ।।६।।

४७. अग्नीषोमौ (अग्नि–सोमौ)

१. प्रतिवेदनः – अ. 2.३६.३

इयमग्ने नारी पतिं विदेष्ट सोमो हि राजा सुभगां कृणोति ।
सुवाना पुत्रान् महिषी भवाति गत्वा पतिं सुभगा वि राजतु ।।३।।

2. ब्रह्म – अ. ६.५४.१–३

इदं तद् युज उत्तरमिन्द्रं शुम्भाम्यष्टये। अस्य क्षत्रं श्रियं महीं वृष्टिरिव वर्धया तृणम् ।।१।।

अस्मै क्षत्रमग्नीषोमावस्मै धारयतं रयिम्। इमं राष्ट्रस्याभीवर्गे कृणुतं युज उत्तरम् ।।2।।
सबन्धुश्चासबन्धुश्च यो अस्माँ अभिदासति। सर्वं तं रन्धयासि मे यजमानाय सुन्वते।।३।।

४८. अग्नयः

१. वत्सप्रिः – य. ३३.१

अस्याजरासो दमामरित्राऽअर्चद्धूमासोऽअग्नयः पावकाः ।
श्वितीचयः श्वात्रासो भुरण्यवो वनर्षदो वायवो न सोमाः ।।१।।

2. विश्वरुपः – य. ३३.2

हरयो धूमकेतवो वातजूताऽउप द्यवि। यतन्ते वृथगग्नयः ।।2।।

४६. अग्न्यश्वेन्द्रसरस्वत्याद्या लिंगोक्ता

१. स्वस्त्यात्रेयः – य. 2१.2६

होता यक्षत्समिधाग्निमिडस्पदेऽश्विनेन्द्रं सरस्वतीमजो धूम्रो न गोधूमैः कुवलैर्भेषजं मधु शष्पैर्न तेजऽइन्द्रियं पयः सोमः परिस्रुता घृतं मधु व्यन्त्वाज्यस्य होतर्यज ।।2६।।

५०. अग्न्यादयः

१. प्रजापतिः – य. 22.६; 2७; 2३.१७; 2४.६; ६; १2; १४; १६; 2३; ३४; 2५.४

य. 22.६

अग्नये स्वाहा सोमाय स्वाहापां मोदाय स्वहा सवित्रे स्वाहा वायवे स्वहा विष्णवे स्वाहेन्द्राय स्वाहा बृहस्पतये स्वाहा मित्राय स्वाहा वरुणाय स्वाहा ।।६।।

य. 22.2७

अग्नये स्वाहा सोमाय स्वाहेन्द्राय स्वाहा पृथिव्यै स्वाहान्तरिक्षाय स्वाहा दिवे स्वाहा दिग्भ्यः स्वहाशाभ्यः स्वाहोर्व्यै दिशे स्वाहा र्वाच्यै दिशे स्वाहा ।।2७।।

य. 2३.१७

अग्निः पशुरासीत्तेनायजन्त स ऽ एतं लोकमजयद्यस्मिन्नग्निः स ते लोको भविष्यति तं जेष्यसि पिबैता ऽ अपः। वायुः पशुरासीत्तेनायजन्त स ऽ एतं लोकमजयद्यस्मिन्वायुः स ते लोको भविष्यति तं जेष्यसि पिबैता ऽ अपः। सूर्य्यः पशुरासीत्तेनायजन्त स ऽ एतं लोकमजयद्यस्मिन्त्सूर्य्यः स ते लोको भविष्यति तं जेष्यसि पिबैता ऽ अपः ।।१७।।

य. 2४.६

कृष्णग्रीवाऽआग्नेयाः शितिभ्रवो वसूनां रोहिता रुद्राणां श्वेता ऽ अवरोकिण ऽ आदित्यानां नभोरूपाः पार्जन्याः ।।६।।

य. 2४.६

कृष्णग्रीवाऽआग्नेया बभ्रवः सौम्याः श्वेता वायव्याऽअविज्ञाताऽअदित्यै सरूपा धात्रे वत्सतर्यो देवानां पत्नीभ्यः ।।६।।

य. 2४.१2

त्र्यवयो गायत्र्यै पंचावयस्त्रिष्टुभे दित्यवाहो जगत्यै त्रिवत्सा ऽ अनुष्टुभे तुर्यवाह ऽ उष्णिहे।।१2।।

य. 2४.१४

कृष्णग्रीवा ऽ आग्नेया बभ्रवः सौम्या ऽ उपध्वस्ताः सावित्रा वत्सतर्यः सारस्वत्यः श्यामाः पौष्णाः पृश्नयो मारुता बहुरूपा वैश्वदेवा वशा द्यावापृथिवीयाः ।।१४।।

य. 2४.१६

अग्नेऽनीकवते प्रथमजानालभते मरुद्भ्यः सान्तपनेभ्यः सवात्यान् मरुद्भ्यो गृहमेधिभ्यो बष्किहान् मरुद्भ्यः क्रीडिभ्यः संसृष्टान् मरुद्भ्यः स्वतवद्भ्योऽनुसृष्टान् ।।१६।।

य. 2४.2३

अग्नये कुटरूनालभते वनस्पतिभ्य ऽ उलूकानग्नीषोमाभ्यां चाषानश्विभ्यां मयूरान् मित्रावरुणाभ्यां कपोतान् ।।2३।।

य. २४.३४

सुपर्णः पार्जन्यऽआतिर्वाहसो दर्विदा ते वायवे बृहस्पतये वाचस्पतये पैंगराजोऽलजऽआन्तरिक्षः प्लवो मद्गुर्मत्स्यस्ते नदीपतये द्यावापृथिवीयः कूर्मः ।।३४।।

य. २५.४

अग्नेः पक्षतिर्वायोर्निपक्षतिरिन्द्रस्य तृतीया सोमस्य चतुर्थ्यदित्यै पंचमीन्द्राण्यै षष्ठीमरुतां सप्तमी बृहस्पतेरष्टम्यर्यम्णो नवमी धातुर्दशमीन्द्रस्यैकादशी वरुणस्य द्वादशी यमस्य त्रयोदशी ।।४।।

2. **भरद्वाजः – य. २९.५९–६०**

अग्नयेऽनीकवते रोहिताजिरनड्वानधोरामौ सावित्रो पौष्णो रजतनाभी वैश्वदेवौ पिशंगौ तूपरौ मारुतः कल्माषऽआग्नयेः कृष्णोऽजः सारस्वती मेषी वारुणः पेत्वः ।।५९।।

अग्नये गायत्राय त्रिवृते राथन्तरायाष्टा कपालऽइन्द्राय त्रैष्टुभाय पंचदशाय बार्हतायैकादशकपालो विश्वेभ्यो देवेभ्यो जागतेभ्यः सप्तदशेभ्यो वैरूपेभ्यो द्वादशकपालो मित्रावरुणाभ्यामानुष्टुभाभ्यामेकविंशाभ्यां वैराजाभ्यां पयस्या बृहस्पतये पाङ्क्ताय त्रिणवाय शाक्वराय चरुः सवित्रऽऔष्णिहाय त्रयस्त्रिंशाय रैवताय द्वादशकपालः प्रजापत्यश्चरुरदित्यै विष्णुपत्न्यै चरुरग्नये वैश्वानराय द्वादशकपालोऽनुमत्याऽअष्टाकपालः ।।६०।।

३. **याज्ञवल्क्यः – य. २६.१**

अग्निश्च पृथिवी च सन्नते ते मे सं नमतामदो वायुश्चाऽन्तरिक्षं च सन्नते ते मे सं नमतामदऽआदित्यश्च द्यौश्च सन्नते ते मे सं नमतामदऽआपश्च वरुणश्च सन्नते ते मे सं नमतामदः सप्त संसदोऽअष्टमी भूतसाधनी सकामाँ2ऽ अध्वनस्कुरु संज्ञानमस्तु मेऽमुना ।।१।।

४. **विश्वेदेवाः – य. १४.20**

अग्निर्देवता वातो देवता सूर्यो देवता चन्द्रमा देवता वसवो देवता रुद्रा देवताऽऽदित्या देवता मरुतो देवता विश्वे देवा देवता बृहस्पतिर्देवतेन्द्रो देवात वरुणो देवता ।।20।।

५. **स्वस्त्यात्रेयः – य. २१.५९**

अग्निमद्य होतारमवृणीतायं यजमानः पचन पक्तीः पचन् पुरोडाशान् बध्नन्नश्विभ्यां छागं सरस्वत्यै मेषमिन्द्रायऽऋषभं सुन्वन्नश्विभ्यां सरस्वत्याऽइन्द्राय सुत्राम्णे सुरासोमान् ।।५९।।

५१. अग्न्यादयः पाप्महनो मन्त्रोक्ता

१. **ब्रह्म – अ. ३.३१.१–११**

वि देवा जरसावृतन् वि त्वमग्ने अरात्या । व्य१हं सर्वेण पाप्मना वि यक्ष्मेण समायुषा ।।१।।
व्यार्त्या पवमानो वि शक्रः पापकृत्यया । व्य१हं सर्वेण पाप्मना वि यक्ष्मेण समायुषा ।।2।।
वि ग्राम्याः पशव आरण्यैर्व्यापस्तृष्णयासरन्। व्य१हं सर्वेण पाप्मना वि यक्ष्मेण समायुषा ।।३।।
वी३मे द्यावापृथिवीइतो वि पन्थानो दिशंदिशम् ।
व्य१हं सर्वेण पाप्मना वि यक्ष्मेण समायुषा ।।४।।
त्वष्टा दुहित्रे वहतुं युनक्तीतीदं विश्वं भुवनं बि याति।
व्य१हं सर्वेण पाप्मना वि यक्ष्मेण समायुषा ।।५।।
अग्निः प्राणन्त्सं दधाति चन्द्रः प्राणेन संहितः। व्य१हं सर्वेण पाप्मना वि यक्ष्मेण समायुषा ।।६।।
प्राणेन विश्वतोवीर्यं देवाः सूर्यं समैरयन् । व्य१हं सर्वेण पाप्मना वि यक्ष्मेण समायुषा ।।७।।
आयुष्मतामायुष्कृतां प्राणेन जीव मा मृथाः। व्य१हं सर्वेण पाप्मना वि यक्ष्मेण समायुषा ।।८।।
प्राणेन प्राणतां प्राणेहैव भव मा मृथाः। व्य१हं सर्वेण पाप्मना वि यक्ष्मेण समायुषा ।।९।।
अदायुषा समायुषोदोषधीनां रसेन। व्य१हं सर्वेण पाप्मना वि यक्ष्मेण समायुषा ।।१०।।
आ पर्जन्यस्य वृष्ट्योदस्थामामृता वयम्।
व्य१हं सर्वेण पाप्मना वि यक्ष्मेण समायुषा ।।११।।

५2. अग्न्यादयो मन्त्रोक्ता

१. **अथर्वा : – अ. ३.३.१–६**

अचिक्रदत् स्वपा इह भुवदग्ने व्यचस्व रोदसी उरूची ।
युंजन्तु त्वा मरुतो विश्ववेदस आमुं नय नमसा रातहव्यम्।।१।।
दूरे चित् सन्तमरुषास इन्द्रमा च्यावयन्तु सख्याय विप्रम् ।
यद् गायत्रीं बृहतीमर्कमस्मै सौत्रामण्या दधृषन्त देवाः।।2।।
अद्भ्यस्त्वा राजा वरुणो ह्वयतु सोमस्त्वा ह्वयतु पर्वतेभ्यः ।
इन्द्रस्त्वा ह्वयतु विड्भ्य आभ्यः श्येनो भूत्वा विश आ पतेमाः।।३।।
श्येनो हव्यं नयत्वा परस्मादन्यक्षेत्रे अपरुद्धं चरन्तम् ।
अश्विना पन्थां कृणुतां सुगं त इमं सजाता अभिसंविशध्वम्।।४।।
ह्वयन्तु त्वा प्रतिजनाः प्रति मित्रा अवृषत । इन्द्राग्नी विश्वे देवास्ते विशि क्षेममदीधरन्।।५।।
यस्ते हवं विवदत् सजातो यश्च निष्ट्यः। अपांचमिन्द्र तं कृत्वाथेममिहाव गमय ।।६।।

2. **कौशिकः (अनृणकामः): — अ. ६.१२१.१–३**

विषाणा पाशान् विष्याध्यस्मद् य उत्तमा अधमा वारुणा ये ।
दुष्वप्न्यं दुरितं नि ष्वास्मदथ गच्छेम सुकृतस्य लोकम् ।।१।।
यद् दारुणि बध्यसे यच्च रज्ज्वां यद् भूम्यां बध्यसे यच्च वाचा ।
अयं तस्माद् गार्हपत्यो नो अग्निरुदिन्नयाति सुकृतस्य लोकम् ।।2।।
उदगातां भगवती विचृतौ नाम तारके। प्रेहामृतस्य यच्छतां प्रैतु बद्धकमोचनम् ।।३।।

३. **देववातः — य. १०.2३**

अग्नये गृहपतये स्वाहा सोमाय वनस्पतये स्वाहा मरुतामोजसे
स्वाहेन्द्रस्येन्द्रियाय स्वाहा। पृथिवि मातर्मा मा हिंसीर्मोऽअहं त्वाम् ।।2३।।

४. **बादरायणिः: — अ. ७.१०९.१–७**

इदमुग्राय बभ्रवे नमो यो अक्षेषु तनूवशी। घृतेन कलिं शिक्षामि स नो मृडातीदृशे ।।१।।
घृतमप्सराभ्यो वह त्वमग्ने पांसूनक्षेभ्यः सिकता अपश्च ।
यथाभागं हव्यदातिं जुषाणा मदन्ति देवा उभयानि हव्या ।।2।।
अप्सरसः सधमादं मदन्ति हविर्धानमन्तरार सूर्यं च ।
ता मे हस्तौ सं सृजन्तु घृतेन सपत्नं मे कितवं रन्धयन्तु ।।३।।
आदिनवं प्रतिदीव्ने घृतेनास्माँ अभि क्षर। वृक्षमिवाशन्या जहि यो अस्मान् प्रतिदीव्यति ।।४।।
यो नो द्युवे धनमिदं चकार यो अक्षाणां ग्लहनं शेषणं च ।
से नो देवो हविरिदं जुषाणो गन्धर्वेभिः सधमादं मदेम ।।५।।
संवसव इति वो नामधेयमुग्रंपश्या राष्ट्रभृतो ह्यक्षाः ।
तेभ्यो व इन्दवो हविषा विधेम वयं स्याम पतयो रयीणाम्।।६।।
देवान् यन्नाथितो हुवे ब्रह्मचर्यं यदूषिम। अक्षान् यद् बभ्रूनालभे ते नो मृडन्त्वीदृशे।।७।।

५. **ब्रह्म — अ. १३.१.३१; १९.४३.१–८**

अ. १३.१.३१

अग्ने सपत्नानधरान् पादयास्मद् व्यथया सजातमुत्पिपानं बृहस्पते ।
इन्द्राग्नी मित्रावरुणावधरे पद्यन्तामप्रतिमन्यूयमानाः ।।३१।।

अ. १९.४३.१–८

यत्र ब्रह्मविदो यान्ति दीक्षया तपसा सह।
अग्निर्मा तत्र नयत्वग्निर्मेधा दधातु मे। अग्नये स्वाहा ।।१।।
यत्र ब्रह्मविदो यान्ति दीक्षया तपसा सह ।
वायुर्मा तत्र नयतु वायुः प्राणान् दधातु मे वायवे स्वाहा ।।2।।
यत्र ब्रह्मविदो यान्ति दीक्षया तपसा सह ।
सूर्यो मा तत्र नयतु चक्षुः सूर्यो दधातु मे। सुर्याय स्वाहा ।।३।।

यत्र ब्रह्मविदो यान्ति दीक्षया तपसा सह ।
चन्द्रो मा तत्र नयतु मनश्चन्द्रो दधातु मे। चन्द्राय स्वाहा ।।४।।
यत्र ब्रह्मविदो यान्ति दीक्षया तपसा सह ।
सोमो मा तत्र नयतु पयः सोमो दधातु मे। सोमाय स्वाहा ।।५।।
यत्र ब्रह्मविदो यान्ति दीक्षया तपसा सह ।
इन्द्रो मा तत्र नयतु बलमिन्द्रा दधातु मे। इन्द्राय स्वाहा ।।६।।
यत्र ब्रह्मविदो यान्ति दीक्षया तपसा सह ।
आपो मा तत्र नयन्त्वमृतं मोप तिष्ठतु। अद्भ्यः स्वाहा ।।७।।
यत्र ब्रह्मविदो यान्ति दीक्षया तपसा सह ।
ब्रह्मा मा तत्र नयतु ब्रह्मा ब्रह्म दधातु मे। ब्रह्मणे स्वाहा ।।८।।

६. भृगुः – अ. १९.४५.६–१०

अग्निर्माग्निनावतु प्राणायापानायायुषे वर्चस ओजसे तेजसे स्वस्तये सुभूतये स्वाहा ।।६।।
इन्द्रो मेन्द्रियेणावतु प्राणायापानायायुषे वर्चस ओजसे तेजसे स्वस्तये सुभूतये स्वाहा ।।७।।
सोमो मा सौम्येनावतु प्राणायापानायायुषे वर्चस ओजसे तेजसे स्वस्तये सुभूतये स्वाहा।।८।।
भागो मा भगेनावतु प्राणायापानायायुषे वर्चस ओजसे तेजसे स्वस्तये सुभूतये स्वाहा ।।९।।
मरुतो मा गणैरवन्तु प्राणायापानायायुषे वर्चस ओजसे तेजसे स्वस्तये सुभूतये स्वाहा ।।१०।।

७. वरुणः – य. १०.५

सोमस्य त्विषिरसि तवेव मे त्विषिर्भूयात्। अग्नये स्वाहा सोमाय स्वाहा सवित्रे स्वाहा सरस्वत्यै स्वाहा पूष्णे स्वाहा बृहस्पतये स्वाहेन्द्राय स्वाहा घोषाय स्वाहा श्लोकाय स्वाहांशाय स्वाहा भगाय स्वाहार्य्यम्णे स्वाहा ।।५।।

८. विश्वामित्रः – य. ११.६६

आकूतिमग्निं प्रयुजं स्वाहा मनो मेधामग्निं प्रयुजं स्वाहा चित्तं विज्ञातमग्निं प्रयुजं स्वाहा वाचो विधृतिमग्निं प्रयुजं स्वाहा प्रजापतये मनवे स्वहांग्नये वैश्वानराय स्वाहा ।।६६।।

९. शन्तातिः – अ. ११.६.१–23

अग्निं ब्रूमो वनस्पतीनोषधीरुत वीरुधः। इन्द्रं बृहस्पतिं सूर्यं ते नो मुंचन्त्वंहसः ।।१।।
ब्रूमो राजानं वरुणं मित्रं विष्णुमथो भगम् । अंशं विवस्वन्तं ब्रूमस्ते नो मुंचन्त्वंहसः ।।2।।
ब्रूमो देवं सवितारं धातारमुत पूषणम्। त्वष्टारमग्रियं ब्रूमस्ते नो मुंचन्त्वंहसः ।।३।।
गन्धर्वाप्सरसो ब्रूमो अश्विना ब्रह्मणस्पतिम् ।
अयमा नाम यो देवस्ते नो मुंचन्त्वंहसः ।।४।।
अहोरात्रे इदं ब्रूमः सूर्याचन्द्रमसावुभा । विश्वानादित्यान् ब्रूमस्ते नो मुंचन्त्वंहसः ।।५।।
वातं ब्रूमः पर्जन्यमन्तरिक्षमथो दिशः। आशाश्च सर्वा ब्रूमस्ते नो मुंचन्त्वंहसः ।।६।।
मुंचन्तु मा शपथ्यादहोरात्रे अथो उषाः। सोमो मा देवो मुंचतु यमाहुश्चन्द्रमा इति ।।७।।
पार्थिवा दिव्याः पशव आरण्या उत ये मृगाः। शुकुन्तान् पक्षिणो ब्रूमस्ते नो मुंचन्त्वंहसः ।।८।।
भवाशर्वाविदं ब्रूमो रुद्रं पशुपतिश्च यः।इषूर्या एषां संविद्य ता नः सन्तु सदा शिवाः ।।९।।
दिवं ब्रूमो नक्षत्राणि भूमिं यक्षाणि पर्वतान्। समुद्रा नद्यो वेशन्तास्ते नो मुंचन्त्वंहसः ।।१०।।
सप्तऋषीन् वा इदं ब्रूमोऽपो देवीः प्रजापतिम्। पितृन् यमश्रेष्ठान् ब्रूमस्ते नो मुंचन्त्वंहसः ।।११।।
ये देवा दिविषदो अन्तरिक्षसदश्च ये। पृथिव्यां शक्रा ये श्रितास्ते नो मुंचन्त्वंहसः ।।१2।।
आदित्या रुद्रा वसवो दिवि देवा अथर्वाणः। अंगिरसो मनीषिणस्ते नो मुंचन्त्वंहसः ।।१३।।
यज्ञं ब्रूमो यजमानमृचः सामानि भेषजा। यजूंषि होत्रा ब्रूमस्ते नो मुंचन्त्वंहसः ।।१४।।
पंच राज्यानि वीरुधां सोमश्रेष्ठानि ब्रूमः। दर्भो भंगो यवः सहस्ते नो मुंचन्त्वंहसः ।।१५।।
अरायान् ब्रूमो रक्षांसि सर्पान् पुण्यजनान् पितृन्। मृतयूनेकशतं ब्रूमस्ते नो मुंचन्त्वंहसः ।।१६।।
ऋतून् ब्रूम ऋतुपतीर्नातवानुत हायनान्। समाः संवत्सरान् मासांस्ते नो मुंचन्त्वंहसः ।।१७।।

एत देवा दक्षिणतः पश्चात् प्रांच उदेत।
पुरस्तादुत्तराच्छक्रा विश्वे देवाः समेत्य ते नो मुंचन्त्वंहसः ।।१८।।
विश्वान्देवानिदं ब्रूमः सत्यसंधानृतावृधः। विश्वाभिः पत्नीभिः सह ते नो मुंचन्त्वंहसः ।।१६।।
सवीन् देवानिदं ब्रूमः सत्यसंधानृतावृधः। सर्वाभिः पत्नीभिः सह ते नो मुंचन्त्वंहसः ।।२०।।
भूतं ब्रूमो भूतपतिं भूतानामुत यो वशी। भूतानि सर्वा संगत्य ते नो मुंचन्त्वंहसः ।।२१।।
या देवीः पंच प्रदिशो ये देवा द्वादशर्तवः। संवत्सरस्य ये दंष्ट्रास्ते नः सन्तु सदा शिवाः ।।22।।
यन्मातली रथक्रीतममृतं वेद भेषजम्।
तदिन्द्रो अप्सु प्रावेशयत् तदापो दत्त भेषजम् ।।२३।।

५३. अग्नादयो लिंगोक्ताः

१. दीर्घतमा – य. ३६.८

अग्निं हृदयेनाशनिं हृदयाग्रेण पशुपतिं कृत्स्नहृदयेन भवं यक्ना। शर्वं मतस्नाभ्यामीशानं मन्युना
महादेवमन्तः–पर्शव्येनोग्रं देवं वनिष्ठुना वसिष्ठहनुः शिंगीनि कोश्याभ्याम् ।।८।।

2. वसिष्ठः – य. ३४.३४

प्रातरग्निं प्रातरिन्द्रं हवामहे प्रातर्मित्रावरुणा प्रातरश्विना ।
प्रातर्भगं पूषणं ब्रह्मणस्पतिं प्रातः सोममुत रुद्रं हुवेम ।।३४।।

५४. अगस्त्यः (सास्वा.) दम्पती (अजमेर)

१. लोपामुद्रा–अगस्त्यौ (सास्वा.) रति (अजमेर) – ऋ. १.१७६.३–४

न मृषा श्रान्तं यदवन्ति देवा विश्वा इत्स्पृधे अभ्यश्नवाव ।
जयोवेदत्र शतनीथमाजिं यत्सम्यंचा मिथुनावभ्यजाव ।।३।।
नदस्य मा रुधतः काम आगन्नित आजातो अमुतः कुतश्चित् ।
लोपामुद्रा वृषणं नी रिणाति धीरमधीरा धयति श्वसन्तम् ।।४।।

५५. अगस्त्य शिष्यः (सास्वा.) दम्पती (अजमेर)

१. लोपामुद्रा–अगस्त्यौ (सास्वा.) रति (अजमेर) – ऋ. १.७६.५–६

स इधानो वसुष्कविरग्निरीळेन्यो गिरा। रेवदस्मभ्यं पुर्वणीक दीदिहि ।।५।।
क्षपो राजन्नुत त्मनाग्ने वस्तोरुतोषसः। स तिग्मजम्भ रक्षसो दह प्रति ।।६।।

५६. अग्न्यादयो लिङ्गोक्ताः

१. दीर्घतमा – य. ३६.६

उग्रं लोहितेन मित्रं सौव्रत्येन रुद्रं दौर्व्रत्येनेन्द्रं प्रक्रीडेन मरुतो बलेन साध्यान् प्रमुदा ।
भवस्य कण्ठ्यं रुद्रस्यान्तः पार्श्व्यं महादेवस्य यकृच्छर्वस्य वनिष्ठुः पशुपतेः पुरीतत्।।६।।

५७. अघ्न्या

१. उपरिबभ्रवः – अ. ७.७५.१–2

प्रजावतीः सूयवसे रुशन्तीः शुद्धा अपः सुप्रपाणे पिबन्तीः ।
मा व स्तेन ईशत माघशंसः परि वो रुद्रस्य हेतिर्वृणक्तु ।।१।।
पदज्ञा स्थ रमतयः संहिता विश्वनाम्नीः ।
उप मा देवीर्देवेभिरेत। इमं गोष्ठमिदं सदो घृतेनास्मान्त्समुक्षत ।।2।।

2. काङ्कायनः – अ. ६.७०.१–३

यथा मांसं यथा सुरा यथाक्षा अधिदेवने ।
यथा पुंसो वृषण्यत स्त्रियां निहन्यते मनः ।
एवाते अघ्न्ये मनोऽधि वत्से नि हन्यताम् ।।१।।
यथा हस्ती हस्तिन्याः पदेन पदमुद्युजे ।
यथा पुंसो वृषण्यत् स्त्रिया निहन्यते मनः ।

एवा ते अघ्न्ये मनोऽधि वत्से नि हन्यताम् ।।2।।
यथा प्रधिर्यथोपधिर्यथा नभ्यं प्रधवधि ।
यथा पुंसो वृषण्यत स्त्रियां निहन्यते मनः ।
एवा ते अघ्न्ये मनोऽधि वत्से नि हन्यताम् ।।३।।

३. कुमारहारितः – य. १2.७३

वि मुच्यध्वमध्न्या देवयानाऽअगन्म तमसस्पारमस्य। ज्योतिरापाम ।।७३।।

५८. अंगिरसः

१. शङ्खः – य. १६.७३

अद्भ्यः क्षीरं व्यपिबत् क्रुङ्ङांगिरसो धिया ।
ऋतेन सत्यमिन्द्रियं विपानं शुक्रमन्धस इन्द्रस्येन्द्रियमिदं पयोऽमृतं मधु ।।७३।।

५९. अंगिराः

१. वामदेवः काश्यपः असितो देवलो वा (साग्री.) वामदेवः (सार्षेदी.) – सा. ६३

राये अग्ने महे त्वा दानाय समिधीमहि। ईडिष्वा हि महे वृषं द्यावा होत्राय पृथिवी ।।३।।

६०. अजः पंचोदनः

१. भृगुः – अ. ६.५.१–३८

आ नयैतमा रभस्व सुकृतां लोमपि गच्छतु प्रजानन् ।
तीर्त्वा तमांसि बहुधा महान्त्यजो नाकमा क्रमतां तृतीयम् ।।१।।
इन्द्राय भागं परि त्वा नयाम्यस्मिन् यज्ञे यजमानाय सूरिम् ।
ये नो द्विषन्त्यनु तान् रभस्वानागसो यजमानस्य वीराः ।।2।।
प्र पदोऽव नेनिग्धि दुश्चरितं यच्चचार शुद्धैः शफैरा क्रमतां प्रजानन् ।
तीर्त्वा तमांसि बहुधा विपश्यन्नजो नाकमा क्रमतां तृतीयम् ।।३।।
अनु च्छ्य श्यामेन त्वचमेतां विशस्तर्यथापर्व१सिना माभि मंस्थाः ।
माभि द्रुहः पुरुषः कल्पयैनं तृतीये नाके अधि वि श्रयैनम् ।।४।।
ऋचा कुम्भीमध्यग्नौ श्रयाम्या सिंचोदकमव धेह्येनम् ।
पर्याधत्ताग्निना शमितारः शृतो गच्छतु सुकृतां यत्र लोकः ।।५।।
उत्क्रामातः परि चेदतप्तस्तप्ताच्चरोरधि नाकं तृतीयम् ।
अग्नेरग्निरधि सं बभूविथ ज्योतिष्मन्तमभि लोकं जयैतम् ।।६।।
अजो अग्निरजमु ज्योतिराहुरजं जीवता ब्रह्मणे देयमाहुः ।
अजस्तमांस्यप हन्ति दूरमस्मिँल्लोके श्रद्दधानेन दत्तः ।।७।।
पंचौदनः पंचधा वि क्रमतामक्रंस्यमानस्त्रीणि ज्योतींषि ।
ईजानानां सुकृतां प्रेहि मध्यं तृतीये नाके अधि वि श्रयस्व ।।८।।
अजा रोह सुकृतां यत्र लोकः शरभो न चत्तोऽति दुर्गाण्येषः ।
पंचौदनो ब्रह्मणे दीयमानः स दातारं तृप्त्या तर्पयाति ।।९।।
अजस्त्रिनाके त्रिदिवे त्रिपृष्ठे नाकस्य पृष्ठे ददिवांसं दधाति ।
पंचौदनो ब्रह्मणे दीपमानो विश्वरूपा धेनुः कामदुघास्येका ।।१०।।
एतद् वो ज्योतिः पितरस्तृतीयं पंचौदनं ब्रह्मणेऽजं ददाति ।
अजस्तमांस्यप हन्ति दूरमस्मिँल्लोके श्रद्दधानेन दत्तः ।।११।।
ईजानानां सुकृतां लोकमीप्सन् पंचौदनं ब्रह्मणेऽजं ददाति ।
स व्याप्तिमभि लोकं जयैतं शिवा2स्मभ्यं प्रतिगृहीतो अस्तु ।।१2।।
अजो ह्य१ग्नेरजनिष्ट शोकाद् विप्रो विप्रस्य सहसो विपश्चित् ।
इष्टं पूर्तमभिपूर्तं वषट्कृतं तद् देवा ऋतुशः कलपयन्तु ।।१३।।
अमोतं वासो दद्याद्धिरण्यमपि दक्षिणाम् ।
तथा लोकास्त्समाप्नोति ये दिव्या ये च पार्थिवाः ।।१४।।

एतान्त्वाजोप यन्तु धाराः सोम्या देवीर्घृतपृष्ठा मधुश्चुतः ।
स्तभान पृथिवीमुत द्यां नाकस्य पृष्ठे अधि सप्तरश्मौ ।।१५।।
अजो३स्यज स्वर्गोऽसि त्वया लोकमंगिरसः प्रजानन् । तं लोकं पुण्यं प्र ज्ञेषम् ।।१६।।
येना सहस्रं वहसि येनाग्ने सर्ववेदसम् । तेनेमं यज्ञं नो वह स्वर्देवेषु गन्तवे ।।१७।।
अज पक्वः स्वर्गे लोके दधाति पंचौदनो निर्ऋतिं बाधमानः। तेन लोकान्त्सूर्यवतो जयेम ।।१८।।
यं ब्राह्मणे निदधे यं च विक्षु या विप्रुष ओदनानामजस्य ।
सर्वं तदग्ने सुकृतस्य लोके जानीतान्नः संगमने पथीनाम् ।।१९।।
अजो वा इदमग्रे व्यक्रमत तस्योर इयमभवद् द्यौः पृष्ठम्।
अन्तरिक्षं मध्यं दिशः पार्श्वे समुद्रौ कुक्षी ।।20।।
सत्यं च ऋतं च चक्षुषी विश्वं सत्यं श्रद्धा प्राणो विराट् शिरः।
एष वा अपरिमितो यज्ञो यदजः पंचौदनः ।।21।।
अपरिमितमेव यज्ञमाप्नोत्यपरिमितं लोकमव रुन्द्धे ।
यो३जं पंरचौदनं दक्षिणाज्योतिषं ददाति ।।22।।
नास्यास्थीनि भिन्द्यान्न मज्ज्ञो निर्धयेत् । सर्वमेनं समादायेदमिदं प्र वेशयेत् ।।2३।।
इदमिदमेवास्य रूपं भवति तेनैनं सं गमयति ।
इषं मह ऊर्जमस्मै दुहे यो३जं पंचौदनं दक्षिणाज्योतिषं ददाति ।।2४।।
पंच रुक्मा पंच नवानि वस्त्रा पंचास्मै धेनवः कामदुघा भवन्ति ।
यो३जं पंचौदनं दक्षिणाज्योतिषं ददाति ।।2५।।
पंच रुक्मा ज्योतिरस्मै भवन्ति वर्म वासांसि तन्वे भवन्ति ।
स्वर्गं लोकमश्नुते यो३जं पंचौदनं दक्षिणाज्योतिषं ददाति ।।2६।।
या पूर्वं पतिं वित्त्वाथान्यं विन्दतेऽपरम् । पंचौदनं च तावजं ददातो न वि योषतः ।।2७।।
समानलोको भवति पुनभुवापरः पतिः । यो३जं पंचौदनं दक्षिणाज्योतिषं ददाति ।।2८।।
अनुपूर्ववत्सां धेनुमनड्वाहमुपबर्हणम् । वासो हिरण्यं दत्त्वा ते यन्ति दिवमुत्तमाम् ।।2९।।
आत्मानं पितरं पुत्रं पौत्रं पितामहम् । जायां जनित्रीं मातरं ये प्रियास्तानुप ह्वये ।।३०।।
यो वै नैदाघं नाम ऋतुं वेद। एष वै नेदाघो नाम ऋतुर्यदजः पंचौदनः ।
निरेवाप्रियस्य भ्रातृव्यस्य श्रियं दहति भवत्यात्मना।
यो३जं पंचौदनं दक्षिणाज्योतिषं ददाति ।।३१।।
यो वै कुर्वन्तं नाम ऋतुं वेद ।
कुर्वतींकुर्वतीमेवाप्रियस्य भ्रातृव्यस्य श्रियमा दत्ते ।
एष वै कुर्वन्नाम ऋतुर्यदजः पंचौदनः ।
निरेवाप्रियस्य भ्रातृव्यस्य श्रियं दहति भवत्यात्मना ।
यो३जं पंचौदनं दक्षिणाज्योतिषं ददाति ।।३2।।
यो वैसंयन्तं नाम ऋतुं वेद । संयतींसयतीमेवाप्रियस्य भ्रातृव्यस्य श्रियमा दत्ते ।
एष वै संयन्नाम ऋतुर्यदजः पंचौदनः । निरेवाप्रियस्य भ्रातृव्यस्य श्रियं दहति भवत्यात्मना ।
यो३जं पंचौदनं दक्षिणाज्योतिषं ददाति ।।३३।।
यो वै पिन्वन्तं नाम ऋतुं वेद । पिन्वतीपिन्वतीमेवाप्रियस्य भ्रातृव्यस्य श्रियमा दत्ते ।
एषं वै पिन्वन्नाम ऋतुर्यदजः पंचौदनः । निरेवाप्रियस्य भ्रातृव्यस्य श्रियं दहति भवत्यात्मना ।
यो३जं पंचौदनं दक्षिणाज्योतिष ददाति ।।३४।।
यो वा उद्यतं नाम ऋतुं वेद । उद्यतीमुद्यतीमेवाप्रियस्य भ्रातृव्यस्य श्रियमा दत्ते ।
एष वा उद्यन्नाम ऋतुर्यदजः पंचौदनः । निरेवाप्रियस्य भ्रातृव्यस्य श्रियं दहति भवत्यात्मना ।
यो३जं पंचौदनं दक्षिणाज्योतिषं ददाति ।।३५।।
यो वा अभिभुवं नाम ऋतुं वेद । अभिभवन्तीमभिभवन्तीमेवाप्रियस्य भ्रातृव्यस्य श्रियमा दत्ते ।
एष वा अभिभूर्नाम ऋतुर्यदजः पंचौदनः । निरेवाप्रियस्य भ्रातृव्यस्य श्रियं दहति भवत्यात्मना ।
यो३जं पंचौदनं दक्षिणाज्योतिषं ददाति ।।३६।।

अजं च पचत पंच चौदनान् ।
सर्वा दिशः संमनसः सध्रीचीः सान्तर्देशाः प्रति गृह्णन्तु त एतम् ।।३७।।
तास्ते रक्षन्तु तव तुभ्यमेतं ताभ्य आज्यं हविरिदं जुहोमि ।।३८।।

६१. अतिथिविद्या

१. ब्रह्म – अ. ६.६(१).१–१७; ६.६(2).१–१३; ६.६(३).१–६; ६.६(४).१–१०; ६.६(५). १–१०;

६.६(६).१–१४

अ. ६.६(१).१–१७

यो विद्याद् ब्रह्म प्रत्यक्षं परूंषि यस्य संभारा ऋचो यस्यानूक्यम् ।।१।।
सामानि यस्य लोमानि यजुर्हृदयमुच्यते परिस्तरणमिद्धविः ।।2।।
यद् वा अतिथिपतिरतिथीन् प्रतिपश्यति देवयजनं प्रेक्षते ।।३।।
यदभिवदति दीक्षामुपैति यदुदकं याचत्यपः प्र णयति ।।४।।
या एव यज्ञ आपः प्रणीयन्ते ता एव ताः ।।५।।
यत् तर्पणमाहरन्ति य एवाग्नीषोमीयः पशुर्बध्यते स एव सः ।।६।।
यदावसथान् कल्पयन्ति सदोहविर्धानान्येव तत् कल्पयन्ति ।।७।।
यदुपस्तृणन्ति बर्हिरेव तत् ।।८।।
यदुपरिशयन्माहरन्ति स्वर्गमेव तेन लोकमव रुन्द्धे ।।६।।
यत् कशिपूपबर्हणमाहरन्ति परिधय एव ते ।।१०।।
यदांजनाभ्यंजनमाहरन्त्याज्यमेव तत् ।।११।।
यत् पुरा परिवेषात् खादमाहरन्ति पुरोडाशावेव तौ ।।१2।।
यदशनकृतं ह्वयन्ति हविष्कृतमेव तद्धवयन्ति ।।१३।।
ये व्रीहयो यवा निरुप्यन्तेंऽशव एव ते ।।१४।।
यान्युलूखलमुसलानि ग्रावाण एव ते ।।१५।।
शूर्पं पवित्रं तुषा ऋजीषाभिषवणीरापः ।।१६।।
स्रुग् दर्विर्नेक्षणमायवनं द्रोणकलशाः कुम्भ्यो वायव्या नि पात्राणीयमेव कृष्णाजिनम् ।।१७।।

अ. ६.६(2).१–१३

यजमानब्राह्मणं वा एतदतिथिपतिः कुरुते यदाहार्या णि प्रेक्षत इदं भूया३ इदा३मिति ।।१।।
यदाह भूय उद्धरेति प्राणमेव तेन वर्षीयांसं कुरुते ।।2।।
उप हरति हवींष्या सादयति ।।३।।
तेषामासन्नानामतिथिरात्मंजुहोति ।।४।।
स्रुचा हस्तेन प्राणे यूपे स्रुक्कारेण वषट्कारेण ।।५।।
एते वै प्रियाश्चाप्रियाश्चर्त्विजः स्वर्गं लोकं गमयन्ति यदतिथयः ।।६।।
स य एवं विद्वान् न द्विषन्नश्नीयान्न द्विषतोऽन्नमश्नीयान्न मीमांसितस्य न मीमांसमानस्य।।७।।
सर्वो वा एष जग्धपाप्मा यस्यान्नमश्नन्ति ।।८।।
सर्वो वा एषोऽजग्धपाप्मा यस्यान्नं नाश्नन्ति ।।६।।
सर्वदा वा एष युक्ताग्रावार्द्रपवित्रो विततध्वर आहृतयज्ञक्रतुर्य उपहरति ।।१०।।
प्राजापत्यो वा एतस्य यज्ञो विततो य उपहरति ।।११।।
प्रजापतेर्वा एष विक्रमाननुविक्रमते य उपहरति ।।१2।।
योऽतिथीनां स आहवनीयो यो वेश्मनि स गार्हपत्यो यस्मिन् पचन्ति स दक्षिणाग्निः।।१३।।

अ. ६.६(३).१–६

इष्टं च वा एष पूर्तं च गृहाणामश्नाति यः पूर्वोऽतिथेरश्नाति ।।१।।

Vedic Concordance of Mantras as per Devatā and Ṛṣi 185

पयश्च वा एष रसं च गृहाणामश्नाति यः पूर्वोऽतिथेरश्नाति ।।2।।
ऊर्जां च वा एष स्फातिं च गृहाणामश्नाति यः पूर्वोऽतिथेरश्नाति ।।३।।
प्रजां च वा एष पशूंश्च गृहाणामश्नाति यः पूर्वोऽतिथेरश्नाति ।।४।।
कीर्तिं च वा एष यशश्च गृहाणामश्नाति यः पूर्वोऽतिथेरश्नाति ।।५।।
श्रियं च वा एष संविदं च गृहाणामश्नाति यः पूर्वोऽतिथेरश्नाति ।।६।।
एष वा अतिथिर्यच्छ्रोत्रियस्तस्मात् पूर्वो नाश्नीयात् ।।७।।
अशितावत्यतिथावश्नीयाद् यज्ञस्य सात्मत्वाय यज्ञस्याविच्छेदाय तद् व्रतम् ।।८।।
एतद् वा उ स्वादीयो यदधिगवं क्षीरं वा मांसं वा तदेव नाश्नीयात् ।।६।।

अ. ६.६(४).१–१०

स य एवं विद्वान् क्षीरमुपसिच्योपहरति ।।१।।
यावदग्निष्टोमेनेष्ट्वा सुसमृद्धेनावरुन्द्धे तावदेनेनाव रुन्द्धे ।।2।।
स य एवं विद्वान्त्सर्पिरुपसिच्योपहरति ।।३।।
यावदतिरात्रेणेष्ट्वा सुसमृद्धेनावरुन्द्धे तावदेनेनाव रुन्द्धे ।।४।।
स य एवं विद्वान् धुपसिच्योपहरति ।।५।।
यावत् सत्त्रसद्येनेष्ट्वा सुसमृद्धेनावरुन्द्धे तावदेनेनाव रुन्द्धे ।।६।।
स य एवं विद्वान् मांसमुपसिच्योपहरति ।।७।।
यावद् द्वादशहेनेष्ट्वा सुसमृद्धेनावरुन्द्धे तावदेनेनाव रुन्द्धे ।।८।।
स य एवं विद्वानुदकमुपसिच्योपहरति ।।६।।
प्रजानां प्रजननाय गच्छति प्रतिष्ठां प्रियः प्रजानां भवति
य एवं विद्वानुदकमुपसिच्योपहरति ।।१०।।

अ. ६.६(५).१–१०

तस्मा उषा हिङ्कृणोति सविता प्र स्तौति ।।१।।
बृहस्पतिरूर्जयोद् गायति त्वष्टा पुष्ट्या प्रति हरति विश्वे देवा निधनम् ।।2।।
निधनं भूत्याः प्रजायाः पशूनां भवति य एवं वेद ।।३।।
तस्मा उद्यन्त्सूर्यो हिङ्कृणोति संगवः प्र स्तौति ।।४।।
मध्यन्दिन उद्गायत्यपराह्णः प्रति हरत्यस्तंयन् निधनम्।
निधनं भूत्याः प्रजायाः पशूनां भवति य एवं वेद ।।५।।
तस्मा अभ्रो भवन् हिङ्कृणोति स्तनयन् प्र स्तौति ।।६।।
विद्योतमानः प्रति हरति वर्षन्नुद्गायत्युद्गृह्णन् निधनम्।
निधनं भूत्याः प्रजायाः पशूनां भवति य एवं वेद ।।७।।
अतिथीन् प्रति पश्यति हिङ्कृणोत्यभि वदति प्र स्तौत्युदकं याचत्युद् गायति ।।८।।
उप हरति प्रति हरत्युच्छिष्टं निधनम् ।।६।।
निधनं भूतयाः प्रजायाः पशूनां भवति य एवं वेद ।।१०।।

अ. ६.६(६).१–१४

यत् क्षत्तारं ह्वयत्या श्रावयत्येव तत् ।।१।।
यत् प्रतिशृणोति प्रत्याश्रावयत्येव तत् ।।2।।
यत् परिवेष्टारः पात्रहस्ताः पूर्वे चापरे च प्रपद्यन्ते चमसाध्वर्यव एव ते ।।३।।
तेषां न कश्चनाहोता ।।४।।
यद् वा अतिथिपतिरतिथीन् परिविष्य गृहानुपोदैत्यवभृथमेव तदुपावैति ।।५।।
यत् सभगयति दक्षिणाः सभागयति यदनुतिष्ठत उदवस्यत्येव तत् ।।६।।
स उपहूतः पृथिव्यां भक्षयत्युपहूतस्तस्मिन् यत् पृथिव्यां विश्वरूपम् ।।७।।
स उपहूतोऽन्तरिक्षे भक्षयत्युपहूतस्तस्मिन् यदन्तरिक्षे विश्वरूपम् ।।८।।
स उपहूतो दिवि भक्षयत्युपहूतस्तस्मिन् यददिवि विश्वरूपम् ।।६।।
स उपहूतो देवेषु भक्षयत्युपहूतस्तस्मिन् यददेवैर्षे विश्वरूपम् ।।१०।।

स उपहूतो लोकेषु भक्षयत्युपहूतस्तस्मिन् यल्लोकेशु विश्वरूपम् ।।११।।
स उपहूत उपहूतः ।।१2।।
आप्नोतीमं लोकमाप्नोत्यमुम् ।।१३।।
ज्योतिष्मतो लोकांजयति य एवं वेद ।।१४।।

६2. अतिथ्यादयो लिंगोक्ताः

१. हैमवर्चिः – य. १६.१४–१५

आतिथ्यरूपं मासरं महावीरस्य नग्नहुः। रूपमुपसदामेतत्तिस्रो रात्रीः सुरासुता ।।१४।।
सोमस्य रूपं क्रीतस्य परिस्रुत्परिषिच्यते। अश्विभ्यां दुग्धं भेषजमिन्द्रायैन्द्रं सरस्वत्या ।।१५।।

६३. अतिमृत्युः

१. प्रजापतिः – अ. ४.३५.१–७

यमोदनं प्रथमजा ऋतस्य प्रजापतिस्तपसा ब्रह्मणेऽपचत् ।
यो लोकानां विधृतिर्नाभिरेषात् तेनौदनेनाति तराणि मृत्युम् ।।१।।
येनातरन् भूतकृतोऽति मुत्युं यमन्वविन्दन् तपसा श्रमेण ।
यं पपाच ब्रह्मणे ब्रह्म पूर्वं तेनौदनेनाति तराणि मृत्युम् ।।2।।
यो दाधार पृथिवीं विश्वभोजसं यो अन्तरिक्षमापृणाद् रसेन ।
यो अस्तभ्नाद् दिवमूर्ध्वो महिम्ना तेनौदनेनाति तराणि मृतयुम् ।।३।।
यस्मानमासा निर्मितास्त्रिंशदराः संवत्सरो यस्मान्निर्मितो द्वादशारः ।
अहोरात्रा यं परियन्तो नापुस्तेनौदनेनाति तराणि मृत्युम् ।।४।।
यः प्राणदः प्राणदवान् बभूव यस्मै लोका घृतवन्तः क्षरन्ति ।
ज्योतिष्मतीः प्रदिशो यस्य सर्वास्तेनौदनेनाति तराणि मृत्युम् ।।५।।
यस्मात् पक्वादमृतं सम्बभूव यो गायत्र्या अधिपतिर्बभूव ।
यस्मिन् वेदा निहिता विश्वरूपास्तेनौदनेनाति तराणि मृतयुम् ।।६।।
अव बाधे द्विषन्तं देवपीयुं सपत्ना ये मेऽप ते भवन्तु ।
ब्रह्मौदनं विश्वजितं पचामि शृण्वन्तु मे श्रद्दधानस्य देवाः ।।७।।

६४. अत्रिः

१. अत्रिर् भौमः – ऋ. ५.४०.६–९

स्वर्भानोरध यदिन्द्र माया अवो दिवो वर्त्तमाना अवाहन् ।
गूळ्हं सूर्यं तमसापव्रतेन तुरीयेण ब्रह्मणाविन्ददत्रिः ।।६।।
मा मामिमं तव सन्तमत्रा इरस्या द्रुग्धो भियसा नि गारीत् ।
त्वं मित्रो असि सत्यराधास्तौ मेहावतं वरुणश्च राजा ।।७।।
ग्राव्णो ब्रह्मा युयुजानः सपर्यन् कीरिणा देवान्नमसोपशिक्षन् ।
अत्रिः सूर्यस्य दिवि चक्षुराधात्स्वर्भानोरप माया अघुक्षत् ।।८।।
यं वै सूर्यं स्वर्भानुस्तमसाविध्यदासुर । अत्रायस्तमन्वविन्दन्नह्य१न्ये अशक्नुवन् ।।९।।

६५. अदितिः

१. अथर्वा (ब्रह्मवर्चस् कामः) – अ. ७.६.१–४; ७.७.१

अ. ७.६.१–४

पुमान् पुंसः परिजातोऽश्वत्थः खदिरादधि। स हन्तु शत्रून् मामकान् यानहं द्वेष्मि ये च माम्।।१।।
तानश्वत्थ निः शृणीाहि शत्रून् वैबाध दोधतः। इन्द्रेण वृत्रघ्ना मेदी मित्रेण वरुणेन च ।।2।।
यथाश्वत्थ निरभनोऽन्तर्महत्यर्णवे। एवा तान्त्सर्वान्निर्भङ्ग्धि यानहं द्वेष्मि ये च माम् ।।३।।
यः सहमानश्चरसि सासहान इस ऋषभः। तेनाश्वत्थ त्वया वयं सापत्नान्त्सहिषीमहि ।।४।।

अ. ७.७.१

दितेः पुत्राणामदितेरकार्षमव देवानां बृहतामनर्मणाम ।
तेषां हि धाम गभिषक् समुद्रियं नैनान् नमसा परो अस्ति कश्चन ।।१।।

2. **इरिम्बिठिः काण्वः (साग्री. ध्सास्वा. ऋसर्व. ८.१८.७); पुरुमीढ (सार्षेदी.) – सा. १०2**

उत स्या नो दिवा मतिरदितिरूत्यागमत्। सा शन्ताति मयस्करदप स्रिधः ।।६।।

३. **गयस्कानः – य. 21.६**

सुत्रामाणं पृथिवीं द्यामनेहसं सुशर्माणमदितिं सुप्रणीतिम् ।
दैवीं नावं स्वरित्रामनागसमस्रवन्तीमा रुहेमा स्वस्तये ।।६।।

४. **ब्रह्म – अ. ५.2६.६**

एयमगन् बर्हिषा प्रोक्षणीभिर्यज्ञं तन्वानादितिः स्वाहा ।।६।।

५. **सिन्धुद्वीपः – य. ११.५६–५७; ५९**

य. ११.५६–५७

सिनीवाली सुकपर्दा सुकुरीरा स्वौपशा। सा तुभ्यमदिते मह्योखां दधातु हस्तयोः ।। ५६।।
उखां कृणोतु शक्त्या बाहुभ्यामदितिर्धिया माता पुत्रं
यथोपस्थे साग्निं बिभर्त्तु गर्भऽआ । मखस्य शिरोऽसि ।।५७।।

य. ११.५९

अदित्यै रास्नास्यदितिष्टे बिलं गृभ्णातु। कृत्वाय सा महीमुखां मृन्मयीं योनिमग्नये ।
पुत्रेभ्यः प्रायच्छददितिः श्रपयानिति ।।५९।।

६६. अदिति (स्वस्त्ययनम्)

१. **सत्यधृतिर्–वरुणिः – ऋ. १०.१८५.१–३**

महि त्रीणामवोऽस्तु द्युक्षं मित्रस्यार्यम्णः। दुराधर्षं वरुणस्य ।।१।।
नाहि तेषाममा चन नाध्वसु वारणेषु। ईशे रिपुरघशंसः ।।2।।
यस्मै पुत्रासो अदितेः प्र जीवसे मर्त्याय। ज्योतिर्यच्छन्त्यजस्रम् ।।३।।

६७. अध्यात्मम्

१. **कुत्सः – अ. १०.८.१–४४**

यो भूतं च भव्यं च सर्वं यश्चाधितिष्ठति ।
स्व१र्यस्य च केवलं तस्मै ज्येष्ठाय ब्रह्मणे नमः ।।१।।
स्कम्भेनेमे विष्टभिते द्यौश्च भूमिश्च तिष्ठतः ।
स्कम्भ इदं सर्वमात्मन्वद् यत् प्राणन्निमिषच्च यत् ।।2।।
तिस्रो ह प्रजा अत्यायमायन् न्य१न्या अर्कमभितोऽविशन्त ।
बृहन् ह तस्थौ रजसो विमानो हरितो हरिणीरा विवेश ।।३।।
द्वादश प्रधयश्चक्रमेकं त्रीणि नभ्यानि क उ तचिकेत ।
तत्राहतास्त्रीणि शतानि शंकवः षष्टिश्च खीला अविचाचला ये ।।४।।
इदं सवितर्वि जानीहि षड् यमा एक एकजः ।
तस्मिन् हापित्वमिच्छन्ते य एषामेक एकजः ।।५।।
आविः सन्निहितं गुहा जरन्नाम महत् पदम् ।
तत्रेदं सर्वमार्पितमेजत् प्राणत् प्रतिष्ठितम् ।।६।।
एकचक्रं वर्तत एकनेमि सहस्राक्षरं प्र पुरो नि पश्चा ।
अर्धेन विश्वं भुवनं जजान यदस्यार्धं क्व३ तद् बभूव ।।७।।
पंचवाही वहत्यग्रमेषां प्रष्टयो युक्ता अनुसंवहन्ति ।
अयातमस्य ददृशे न यातं परं नेदीयोऽवरं दवीयः ।।८।।
तिर्यग्बिलश्चसमस ऊर्ध्वबुध्नस्तस्मिन् यशो निहितं विश्वरूपम् ।

तदासत ऋषयः सप्त साकं ये अस्य गोपा महतो बभूवुः ।।९।।
या पुरस्ताद् युज्यते या च पश्चाद् या विश्वतो युज्यते या च सर्वतः ।
यया यज्ञः प्राङ् तायते तां त्वा पृच्छामि कतमा स ऋचाम् ।।१०।।
यदेजति पतति यच्च तिष्ठति प्राणदप्राणन्निमिषच्च यद् भुवत् ।
तद् दाधार पृथिवीं विश्वरूपं तत् संभूय भवत्येकमेव ।।११।।
अनन्तं विततं पुरुत्रानन्तमन्तवच्चा समन्ते ।
ते नाकपालश्चरति विचिन्वन् विद्वान् भूतमुत भव्यमस्य ।।१2।।
प्रजापतिश्चरति गर्भे अन्तरदृश्यमानो बहुधा वि जायते ।
अर्धेन विश्वं भुवनं जजान यदस्यार्धं कतमः स केतुः ।।१३।।
ऊर्ध्वं भरन्तमुदकं कुम्भेनेवोदहार्यम् । पश्यन्ति सर्वे चक्षुषा न सर्वे मनसा विदुः ।।१४।।
दूरे पूर्णेन वसति दूर ऊनेन हीयते ।
महद् यक्षं भुवनस्य मध्ये तस्मै बलिं राष्ट्रभृतो भरन्ति ।।१५।।
यतः सूर्य उदेत्यस्तं यत्र च गच्छति ।
तदेव मन्येऽहं ज्येष्ठं तदु नात्येति किं चन ।।१६।।
ये अर्वाङ् मध्य उत वा पुराणं वेदं विद्वांसमभितो वदन्ति ।
आदित्यमेव ते परि वदन्ति सर्वे अग्निं द्वितीयं त्रिवृतं च हंसम् ।।१७।।
सहस्राह्ण्यं वियतावस्य पक्षौ हरेर्हंसस्य पततः स्वर्गम् ।
स देवान्त्सर्वानुरस्युपदद्य संपश्यन् याति भुवनानि विश्वा ।।१८।।
सत्येनोर्ध्वस्तपति ब्रह्मणार्वाङ् वि पश्यति ।
प्राणेन तिर्यङ् प्राणति यस्मिंज्येष्ठमधि श्रितम् ।।१९।।
यो वै ते विद्यादरणी याभ्यां निर्मथ्यते वसु ।
स विद्वांज्येष्ठं मन्येत स विद्याद् ब्राह्मणं महत् ।।२०।।
अपादग्रे समभवत् सो अग्रे स्व१राभरत् ।
चतुष्पाद् भूत्वा भोग्यः सर्वमादत्त भोजनम् ।।2१।।
भोग्यो भवदथो अन्नमदद् बहु । यो देवमुत्तरावन्तमुपासातै सनातनम् ।।22।।
सनातनमेनमाहुरुताद्य स्यात् पुनर्णवः ।
अहोरात्रे प्र जायेते अन्यो अन्यस्य रूपयोः ।।2३।।
शतं सहस्रमयुतं नय बुर्दमसंख्येयं स्वमस्मिन् निविष्टम् ।
तदस्य घ्नन्त्यभिपश्यत एव तस्माद् देवो रोचत एष एतत् ।।2४।।
बालादेकमाणीयस्कमुतैकं नेव दृश्यते। ततः परिष्वजीयसी देवता सा मम प्रिया ।।2५।।
इयं कल्याण्य१जरा मर्त्यस्यामृता गृहे। यस्मै कृता शये स यश्चकार जजार ।।2६।।
त्वं स्त्री त्वं पुमानसि त्वं कुमार उत वा कुमारी ।
त्वं जीर्णो दण्डेन वंचसि त्वं जातो भवसि विश्वतोमुखः ।।2७।।
उतैषां पितोत वा पुत्र एषामुतैषां ज्येष्ठ उत वा कनिष्ठः ।
एको ह देवो मनसि प्रविष्टः प्रथमो जातः स उ गर्भे अनतः ।।2८।।
पूर्णात् पूर्णमूदचति पूर्णं पूर्णेन सिच्यते । उतो तदद्य विद्याम यतस्तत् परिषिच्यते ।।2९।।
एषा सनत्नी सनमेव जातैषा पुराणी परि सर्वं बभूव ।
मही देव्यु१षसो विभाती सैकेनैकेन मिषता वि चष्टे ।।३०।।
अविर्वै नाम देवत ऋतेनास्ते परीवृता। तस्या रूपेणेमे वृक्षा हरिता हरितस्रजः ।।३१।।
अन्ति सन्तं न जहात्यन्ति सन्त न पश्यति। देवस्य पश्य काव्यं न ममार न जीर्यति ।।३2।।
अपूर्वेणेषिता वाचस्ता वदन्ति यथायथम्। वदन्तीर्यत्र गच्छन्ति तदाहुर्ब्राह्मणं महत् ।।३३।।
यत्र देवाश्च मनुष्याश्चारा नाभाविव श्रिताः।
अपां त्वा पुष्पं पृच्छामि यत्र तन्मायया हितम् ।।३४।।
येभिर्वात इषितः प्रवाति ये ददन्ते पंच दिशः सध्रीचीः ।

य आहुतिमत्यमन्यन्त देवा अपां नेतारः कतमे त आसन् ।।३५।।
इमामेषां पृथिवीं वस्त एकोऽनतरक्षिं पर्येको बभूव ।
दिवमेषां ददते यो विधर्ता विश्वा आशाः प्रति रक्षन्त्येके ।।३६।।
यो विद्यात् सूत्रं विततं यस्मिन्नोताः प्रजा इमाः ।
सूत्रं सूत्रस्य यो विद्यात् स विद्याद् ब्राह्मणं महत् ।।३७।।
वेदाहं सूत्रं विततं यस्मिन्नोताः प्रजा इमाः ।
सूत्रं सूत्रस्याहं वेदाथो यद् ब्राह्मणं महत् ।।३८।।
यदन्तरा द्यावापृथिवी अग्निरैत् प्रदहन् विश्वदाव्यः ।
यत्रातिष्ठन्नेकपत्नीः परस्तात् क्वेवासीन्मातरिश्वा तदानीम् ।।३९।।
अप्स्वासीन्मातरिश्वा प्रविष्टः प्रविष्टा देवाः सलिलान्यासन् ।
बृहन् ह तस्थौ रजसो विमानः पवमानो हरित आ विवेश ।।४०।।
उत्तरेणेव गायत्रीममृतेऽधि वि चक्रमे । साम्ना ये साम संविदुरजस्तद् ददृशे क्व ।।४१।।
निवेशनः संगमनो वसूनां देवइव सविता सत्यधर्मा। इन्द्रो न तस्थौ समरे धनानाम् ।।४2।।
पुण्डरीकं नवद्वारं त्रिभिर्गुणेभिरावृतम्। तस्मिन् यद् यक्षमात्मन्वत् तद् वै ब्रह्मविदो विदुः ।।४३।।
अकामो धीरो अमृतः स्वयंभू रसेन तृप्तो न कुतश्चनोनः ।
तमेव विद्वान् न बिभाय मृत्योरात्मानं धीरमजरं युवानम् ।।४४।।

2. **ब्रह्म – अ. १३.४(१).१–१३; १३.४(2).१४–2१; १३.४(३).22–2८; १३.४(४).2९–४५; १३.४(५).४६–५१; १३.४(६).५2–५६**

अ. १३.४(१).१–१३

स एति सविता स्वर्दिवस्पृष्ठेऽवचाकशत् ।।१।।
रशिमभिर्नभ आभृतं महेन्द्र एतयावृतः ।।2।।
स धाता स विधर्ता स वायुर्नभ उचिछ्रतम् । रशिमभिर्नभ आभृतं महेन्द्र एत्यावृतः ।।३।।
सोऽर्यमा स वरुणः स रुद्रः स महादेवः। रश्मिभिर्नभ आभृतं महेन्द्र एत्यावृतः ।।४।।
सो अग्निः स उ सूर्यः स उ एव महायमः। रश्मिभिर्नभ आभृतं महेन्द्र एत्यावृतः ।।५।।
तं वत्सा उप तिष्ठन्त्येकशीर्षाणो युता दश। रश्मिभिर्नभ आभृतं महेन्द्र एत्यावृतः ।।६।।
पश्चात् प्रांच आ तन्वन्ति यदुदेति वि भासति। रश्मिभिर्नभ आभृतं महेन्द्र एत्यावृतः ।।७।।
तस्यैष मारुतो गणः स एति शिक्याकृतः ।।८।।
रशिमभिर्नभ आभृतं महेन्द्र एत्यावृतः ।।९।।
तस्येमे नव कोशा विष्टम्भा नवधा हिताः ।।१०।।
स प्रजाभ्यो वि पश्यति यच्च प्राणति यच्च न ।।११।।
तमिदं निगतं सहः स एष एक एकवृदेक एव ।।१2।।
एते अस्मिन् देवा एकवृतो भवन्ति ।।१३।।

अ. १३.४(2).१४–2१

कीर्तिश्च यशश्चाम्भश्च नभश्च ब्राह्मणवर्चसं चान्नं चान्नाद्यं च ।।१४।।
य एतं देवमेकवृतं वेद ।।१५।।
न द्वितीयो न तृतीयश्चतुर्थो नाप्युच्यते। य एतं देवमेकवृतं वेद ।।१६।।
न पंचमो न षष्ठः सप्तमो नाप्युच्यते। य एतं देवमेकवृतं वेद ।।१७।।
नाष्टमो न नवमो दशमो नाप्युच्यते। य एतं देवमेकवृतं वेद ।।१८।।
स सर्वस्मै वि पश्यति यच्च प्राणति यच्च न। य एतं देवमेकवृतं वेद ।।१९।।
तमिदं निगतं सहः स एष एक एकवृदेक एव। य एतं देवमेकवृतं वेद ।।2०।।
सर्वे अस्मिन् देवा एकवृतो भवन्ति। य एतं देवमेकवृतं वेद ।।2१।।

अ. १३.४(३).22–2८

ब्रह्म च तपश्च कीर्तिश्च यशश्चाम्भश्च नभश्च ब्राह्मणवर्चसं चान्नं चान्नाद्यं च।

य एतं देवेमेकवृतं वेद ।।22।।
भूतं च भव्यं च श्रद्धा च रुचिश्च स्वर्गश्च स्वधा च ।।२३।।
य एतं देवमेकवृतं वेद ।।२४।।
स एव मृत्युः सोऽमृतं सोऽभ्वं१ स रक्षः ।।२५।।
स रुद्रो वसुवनिर्वसुदेये नमोवाके वषट्कारोऽनु संहितः ।।२६।।
तस्येमे सर्वे यातव उप प्रशिषमासते ।।२७।।
तस्यामू सर्वा नक्षत्रा वशे चन्द्रमसा सह ।।२८।।

अ. १३.४(४).२६–४५

स वा अह्नोऽजायत तस्मादहरजायत ।।२६।।
स वै रात्र्या अजायत तस्माद् रात्रिरजायत ।।३०।।
स वा अन्तरिक्षादजायत तस्मादन्तरिक्षमजायत ।।३१।।
स वै वायोरजायत तस्माद् वायुरजायत ।।३2।।
स वै दिवोऽजायत तस्माद् द्यौरध्यजायत ।।३३।।
स वै दिग्भ्योऽजायत तस्माद् दिशोजायन्त ।।३४।।
स वै भूमेरजायत तस्माद् भूमिरजायत ।।३५।।
स वा अग्नेरजायत तस्मादग्निरजायत ।।३६।।
स वा अद्भ्येऽजायत तस्मादापोऽजायन्त ।।३७।।
स वा ऋग्भ्योऽजायत तस्मादृचोऽजायन्त ।।३८।।
स वै यज्ञादजायत तस्माद् यज्ञोऽजायत ।।३६।।
स यज्ञस्तस्य यज्ञः स यज्ञस्य शिरस्कृतम् ।।४०।।
स स्तनयति स वि द्योतते स उ अश्मानमस्यति ।।४१।।
पापाय वा भद्राय वा पुरुषायासुराय वा ।।४2।।
यद्वा कृणोष्योषधीर्यद्वा वर्षसि भद्रया यद्वा जन्यमवीवृधः ।।४३।।
तावांस्ते मघवन् महिमोपो ते तन्वः शतम् ।।४४।।
उपो ते बद्धे बद्धानि यदि वासि न्यर्बुदम् ।।४५।।

अ. १३.४(५).४६–५१

भूयानिन्द्रो नमुराद् भूयानिन्द्रासि मृत्युभ्यः ।।४६।।
भूयानरात्याः शच्याः पतिस्त्वमिन्द्रासि विभूः प्रभूरिति त्वोपास्महे वयम् ।।४७।।
नमस्ते अस्तु पश्यत पश्य मा पश्यत ।।४८।।
अन्नाद्येन यशसा तेजसा ब्राह्मणवर्चसेन ।।४६।।
अम्भो अमो महः सह इति त्वोपास्महे वयम् ।
नमस्ते अस्तु पश्यत पश्य मा पश्यत। अन्नोद्येन यशसा तेजसा ब्राह्मणवर्चसेन ।।५०।।
अम्भो अरुणं रजतं रजः सह इति त्वोपास्महे वयम् ।
नमस्ते अस्तु पश्यत पश्य मा पश्यत। अन्नाद्येन यशसा तेजसा ब्राह्मणवर्चसेन ।।५१।।

अ. १३.४(६).५2–५६

उरुः पृथुः सुभूर्भुव इति त्वोपास्महे वयम् । नमस्ते अस्तु पश्यत पश्य मा पश्यत।
अन्नाद्येन यशसा तेजसा ब्राह्मणवर्चसेन ।।५2।।
प्रथो वरो व्यचो लोक इति त्वोपास्महे वयम् ।
नमस्ते अस्तु पश्यत पश्य मा पश्यत । अन्नाद्येन यशसा तेजसा ब्राह्मणवर्चसेन ।।५३।।
भवद्वसुरिदद्वसुः संयद्वसुरायद्वसुरिति त्वोपास्महे वयम् ।।५४।।
नमस्ते अस्तु पश्यत पश्य मा पश्यत ।।५५।।
अन्नाद्येन यशसा तेजसा ब्राह्मणवर्चसेन ।।५६।।

६८. अध्यात्मम् रोहितः आदित्यः

१. ब्रह्म – अ. १३.१.१–2; ४–२७; ३2–६०; १३.2.१–४६; १३.३.१–2६

अ. १३.१.१–2

उदेहि वाजिन् यो अप्स्व१न्तरिदं राष्ट्रं प्र विश सूनृतावत् ।
यो रोहितो विश्वमिदं जजान स त्वा राष्ट्राय सुभृतं बिभर्तु ।।१।।
उद्वाज आ गन् यो अप्स्व१न्तर्विश आ रोह त्वद्योनयो याः।
सोमं दधानोऽप ओषधीर्गाश्चतुष्पदो द्विपद आ वेशयेह ।।2।।

अ. १३.१.४–२७

रुहो रुरोह रोहित आ रुरोह गर्भो जनीनां जनुषामुपस्थम् ।
ताभिः संरब्धमन्वविन्दन् षडुर्वीर्गातुं प्रपश्यन्निह राष्ट्रमाहाः ।।४।।
आ ते राष्ट्रमिह रोहितोऽहार्षीद् व्यास्थन्मृधो अभयं ते अभूत् ।
तस्मै ते द्यावापृथिवी रेवतीभिः कामं दुहाथामिह शक्वरीभिः ।।५।।
रोहितो द्यावापृथिवी जजान तत्र तन्तुं परमेष्ठी ततान ।
तत्र शिश्रियेऽज एकपादोऽदृंहद् द्यावापृथिवी बलेन ।।६।।
रोहितो द्यावापृथिवी अदृंहत् तेन स्व स्तभितं तेन नाकः ।
तेनान्तरिक्षं विमिता रजांसि तेन देवा अमृतमन्वविन्दन् ।७।।
वि रोहितो अमृशद् विश्वरूपं समाकुर्वाणः प्ररुहो रुहश्च ।
दिवं रुढ्वा महता महिम्ना सं ते राष्ट्रमनक्तु ।।८।।
यास्ते रुहः प्ररुहो यास्त आरुहो याभिरापृणासि दिवमन्तरिक्षम् ।
तासां ब्रह्मणा पयसा वावृधानो विशि राष्ट्रे जागृहि रोहितस्य ।।९।।
यास्ते विशस्तपसः संबभूवुर्वत्सं गायत्रीमनु ता इहागुः ।
तास्त्वा विशन्तु मनसा शिवेन संमाता वत्सो अभ्येतु रोहितः ।।१०।।
ऊर्ध्वो रोहितो अधि नाके अस्थाद् विश्वा रूपाणि जनयन् युवा कविः ।
तिग्मेनाग्निर्ज्योतिषा वि भाति तृतीये चक्रे रजसि प्रियाणि ।।११।।
सहस्रशृंगो वृषभो जातवेदा घृताहुतः सोमपृष्ठः सुवीरः ।
मा मा हासीन्नाथितो नेत् त्वा जहानि गोपोषं च मे वीरपोषं च धेहि ।।१2।।
रोहितो यज्ञस्य जनिता मुखं च रोहिताय वाचा श्रोत्रेण मनसा जुहोमि ।
रोहितं देवा यन्ति सुमनस्यमानाः स मा रोहैः सामित्यै रोहयतु ।।१३।।
रोहितो यज्ञं व्यदधाद् विश्वकर्मणे तस्मात् तेजांस्युप मेमान्यागुः ।
वोचेयं ते नाभिं भुवनस्याधि मज्मनि ।।१४।।
आ त्वा रुरोह बृहत्यू३त पङ्क्तिरा ककुब् वर्चसा जातवेदः ।
आ त्वा रुरोहोष्णिहाक्षरो वषट्कार आ त्वा रुरोह रोहितो रेतसा सह ।।१५।।
अयं वस्ते गर्भं पृथिव्या दिवं वस्तेऽयमन्तरिक्षम् ।
अयं ब्रध्नस्य विष्टपि स्वर्लोकान् व्यानिशे ।।१६।।
वाचस्पते पृथिवी नः स्योना स्योना योनिस्तल्पा नः सुशेवा ।
इहैव प्राणः सख्ये नो अस्तु तं त्वा परमेष्ठिन् पर्यग्निरायुषा वर्चसा दधातु ।।१७।।
वाचस्पत ऋतवः पंच ये नो वैश्वकर्मणाः परि ये संबभूवुः ।
इहैव प्राणः सख्ये नो अस्तु तं त्वा परमेष्ठिन् परि रोहित आयुषा वर्चसा दधातु ।।१८।।
वाचस्पते सौमनसं मनश्च गोष्ठे नोगा जनय योनिषु प्रजाः ।
इहैब प्राणः सख्ये नो अस्तु तं त्वा परमेष्ठिन् पर्यहमायुषा वर्चसा दधामि ।।१९।।
इहैव त्वा धात् सविता देवो अग्निर्वर्चसा मित्रावरुणावभि त्वा ।
सर्वा अरातीरवक्रामन्नेहीदं राष्ट्रमकरः सूनृतावत् ।।2०।।
यं त्वा पृषती रथे प्रष्टिर्वहति रोहित। शुभा यासि रिणन्नपः ।।2१।।
अनुव्रता रोहिणी रोहितस्य सूरिः सुवर्णा बृहती सुवर्चाः ।
तया वाजान विश्वरूपां जयेम तया विश्वाः पृतना अभि ष्याम ।।22।।

इदं सदो रोहिणी रोहितस्यासौ पन्थाः पृषती येन याति ।
तां गन्धर्वाः कश्यपा उन्नयन्ति तां रक्षन्ति कवयोऽप्रमादम् ।।२३।।
सूर्यस्याश्वा हरयः केतुमन्तः सदा वहन्त्यमृताः सुखं रथम् ।
घृतपावा रोहितो भ्राजमानो दिवं देवः पृषतीमा विवेश ।।२४।।
यो रोहितो वृषभस्तिग्मशृंगः पर्यग्निं परि सूर्यं बभूव ।
यो विष्टभ्नाति पृथिवीं दिवं च तस्माद् देवा अधि सृष्टीः सृजन्ते ।।२५।।
रोहितो दिवमारुहन्महतः पर्यर्णवात्। सर्वा रुरोह रोहितो रुहः ।।२६।।
वि मिमीष्व पयस्वतीं घृताचीं देवानां धेनुरनपस्पृगेषा ।
इन्द्रः सोमं पिबतु क्षेमो अस्त्वग्निः प्र स्तौतु वि मृधो नुदस्व ।।२७।।

अ. १३.१.३२–६०

उद्यंस्त्वं देव सूर्य सपत्नानव मे जहि । अवैनानश्मना जहि ते यन्त्वधमं तमः ।।३२।।
वत्सो विराजो वृषभो मतीनामा रुरोह शुक्रपृष्ठोऽन्तरिक्षम् ।
घृतेनार्कमभ्य र्चन्ति वत्सं ब्रह्म सन्तं ब्रह्मणा वर्धयन्ति ।।३३।।
दिवं च रोह पृथिवीं च रोह राष्ट्रं च रोह द्रविणं च रोह ।
प्रजां च रोहामृतं च रोह रोहितेन तन्वं१ सं स्पृशस्व ।।३४।।
ये देवा राष्ट्रभृतोऽभितो यन्ति सूर्यम् ।
तैष्टे रोहितः संविदानो राष्ट्रं दधातु सुमनस्यमानः ।।३५।।
उत् त्वा यज्ञा ब्रह्मपूता वहन्त्यध्वगतो हरयस्त्वा वहन्ति ।
तिरः समुद्रमति रोचसे अर्णवम् ।।३६।।
रोहिते द्यावापृथिवी अधि श्रिते वसुजिति गोजिति संधनाजिति ।
सहस्रं यस्य जनिमानि सप्त च वोचेयं ते नाभिं भुनस्याधि मज्मनि ।।३७।।
यशा यासि प्रदिशो दिशश्च यशाः पशूनामुत चर्षणीनाम् ।
यशाः पृथिव्या अदित्या उपस्थेऽहं भूयासं सवितेव चारुः ।।३८।।
अमुत्र सन्निह वेत्थेतः संस्तानि पश्यसि। इतः पश्यन्ति रोचनं दिवे सूर्यं विपश्चितम् ।।३६।।
देवो देवान् मर्चयस्यन्तश्चरस्यर्णवे । समानमग्निमिन्धते तं विदुः कवयः परे ।।४०।।
अवः परेण पर एनावरेण पदा वत्सं बिभ्रती गौरुदस्थात् ।
सा कद्रीची कं स्विदर्धं परागात् क्व स्वित् सूते नहि यूथे अस्मिन् ।।४१।।
एकपदी द्विपदी सा चतुष्पद्यष्टापदी नवपदी बभूवुषी ।
सहस्राक्षरा भुवनस्य पङ्क्तिस्तस्याः समुद्रा अधि वि क्षरन्ति ।।४२।।
आरोहन् द्याममृतः प्राव मे वचः ।
उत् त्वा यज्ञा ब्रह्मपूता वहन्त्यध्वगतो हरयस्त्वा वहन्ति ।।४३।।
वेद तत् ते अमर्त्य यत् त आक्रमणं दिवि। यत् ते सधस्थं परमे व्योमन् ।।४४।।
सूर्यो द्यां सूर्यः पृथिवीं सूर्य आपोऽति पश्यति। सूर्यो भूतस्यैकं चक्षुरा रुरोह दिवं महीम् ।।४५।।
उर्वीरासन् परिधयो वेदिर्भूमिरकल्पत । तत्रैतानग्नी आधत्त हिमं घ्रंसं च रोहितः ।।४६।।
हिमं घ्रंसं चाधाय यूपान् कृत्वा पर्वतान्। वर्षाज्यावग्नी ईजाते रोहितस्य स्वर्विदः ।।४७।।
स्वर्विदो रोहितस्य ब्रह्मणाग्निः समिध्यते। तस्माद् घ्रंसस्तस्माद्धिमस्तस्माद् यज्ञोऽजायत ।।४८।।
ब्रह्मणाग्नी वावृधानौ ब्रह्मवृद्धौ ब्रह्माहुतौ। ब्रह्मेद्धावग्नी ईजाते रोहितस्य स्वर्विदः ।।४६।।
सत्ये अन्यः समाहितोऽप्स्व१न्यः समिध्यते। ब्रह्मेद्धावग्नी ईजाते रोहितस्य स्वर्विदः ।।५०।।
यं वातः परि शुम्भति यं वेन्द्रो ब्रह्मणस्पतिः। ब्रह्मेद्धावग्नी ईजाते रोहितस्य स्वर्विदः ।।५१।।
वेदिं भूमिं कल्पयित्वा दिवं कृत्वा दक्षिणाम्।
घ्रंसं तदग्निं कृत्वा चकार विश्वमात्मन्वद् वर्षेणाज्येन रोहितः ।।५२।।

वर्षमाज्यं घ्रंसो अग्निर्वेदिर्भूमिरकल्पत । तत्रैतान्पर्वतानग्निर्गीर्भिरूर्ध्वाँ अकल्पयत् ।।५३।।
गीर्भिरूर्ध्वान् कल्पयित्वा रोहितो भूमिमब्रवीत्।
त्वयीदं सर्वं जायतो यद् भूतं यच्च भवयम् ।।५४।।
स यज्ञः प्रथमो भूतो भव्यो अजायत ।
तस्माद्ध जज्ञ इदं सर्वं यत् किं चेदं विरोचते रोहितेन ऋषिणाभृतम् ।।५५।।
यश्च गां पदा स्फुरति प्रत्यङ् सूर्यं च मेहति ।
तस्य वृश्चामि ते मूलं न च्छायां करवोऽपरम् ।।५६।।
यो माभिच्छायमत्येषि मां चाग्निं चान्तरा ।
तस्य वृश्चामि ते मूलं न च्छायां करवोऽपरम् ।।५७।।
यो अद्य देव सूर्य त्वां च मां चान्तरायति ।
दुःष्वप्न्यं तस्मिंछमलं दुरितानि च मृज्महे ।।५८।।
मा प्र गाम पथो वयं मा यज्ञादिन्द्र सोमिनः। मान्त स्थुर्नो अरातयः ।।५९।।
यो यज्ञस्य प्रसाधनस्तन्तुर्देवेष्वाततः। तमाहुतमशीमहि ।।६०।।

अ. १३.2.१–४६

उदस्य केतवो दिवि शुक्रा भ्राजन्त ईरते ।
आदित्यस्य नृचक्षसो महिव्रतस्य मीढुषः ।।१।।
दिशां प्रज्ञानां स्वरयन्तमर्चिषा सुपक्षमाशुं पतयन्तमर्णवे ।
स्तवाम सूर्यं भुवनय गोपां यो रशिमभिर्दिश आभाति सर्वाः ।।2।।
यत् प्राङ् प्रत्यङ् स्वधया यासि शीभं नानारूपे अहनी कर्षि मायया ।
तदादित्य महि तत् ते महि श्रवो यदेको विश्वं परि भूम जायसे ।।३।।
विपश्चितं तरणिं भ्राजमानं वहन्ति यं हरतिः सप्त बह्वीः ।
स्रुताद् यमत्रिर्दिवमुन्निनाय तं त्वा पश्यन्ति परियान्माजिम् ।।४।।
मा त्वा दभन् परियान्तमाजिं स्वस्ति दुर्गाँ अति याहि शीभम् ।
दिवं च सूर्य पृथिवीं च देवीमहोरात्रे विमिमानो यदेषि ।।५।।
स्वस्ति ते सूर्य चरसे रथाय येनोभावन्तौ परियासि सद्यः ।
यं ते वहन्ति हरितो वहिष्ठाः शतमश्वा यदि वा सप्त बह्वीः ।।६।।
सुखं सूर्य रथमंशुमन्तं स्योनं सुवह्निमधि तिष्ठ वाजिनम् ।
यं ते वहन्ति हरितो वहिष्ठाः शतमश्वा यदि वा सप्त बह्वीः ।।७।।
सप्त सूर्यो हरितो यातवे रथे हिरण्यत्वचसो बृहतीरयुक्त ।
अमोचि शुक्रो रजसः परस्ताद् विधूय देवस्तमो दिवमारुहत् ।।८।।
उत् केतुना बृहता देव आगन्नपावृक् तमोऽभि ज्योतिरश्रैत् ।
दिव्यः सुपर्णः स वीरो व्यख्यददितेः पुत्रो भुवनानि विश्वा ।।९।।
उद्यन् रश्मीना तनुषे विश्वा रूपाणि पुष्यसि ।
उभा समुद्रौ क्रतुना वि भासि सर्वाल्लोँकान् परिभूभ्राजमानः ।।१०।।
पर्वापरं चरतो माययैतौ शिशू क्रीडन्तौ परि यातो अर्णवम् ।
विश्वान्यो भुवना विचष्टे हैरण्यैरन्यं हरितो वहन्ति ।।११।।
दिवि त्वात्त्रिरधारयत् सूर्या मासाय कर्तवे ।
स एषि सुधृतस्तपन् विश्वा भूतावचाकशत् ।।१2।।
उभावन्तौ समर्षसि वत्सः संमातराविव ।
नन्वे३तदितः पुरा ब्रह्म देवा अमी विदुः ।।१३।।
यत् समुद्रमनु श्रितं तत् सिषासति सूर्यः ।
अध्वास्य विततो महान् पूर्वश्चापरश्च यः ।।१४।।
तं समाप्नोति जूतिभिस्ततो नाप चिकित्सति ।

तेनामृतस्य भक्षं देवानां नाव रुन्धते ।।१५।।
उदु त्यं जातवेदसं देवं वहन्ति केतवः । दृशे विश्वाय सूर्यम् ।।१६।।
अप त्ये तायवो यथा नक्षत्रा यन्त्यक्तुभिः। सूराय विश्वचक्षसे ।।१७।।
अदृश्रन्नस्य केतवो वि रश्मयो जनाँ अनु । भ्राजन्तो अग्नयो यथा ।।१८।।
तरणिर्विश्वदर्शतो ज्योतिष्कृदसि सूर्य। विश्वमा भासि रोचन ।।१९।।
प्रत्यङ् देवानां विशः प्रतयङ्ङुदेषि मानुषीः। प्रतयङ् विश्वं स्वर्दृशे ।।२०।।
येना पावक चक्षसा भुरण्यन्तं जनाँ अनु। त्वं वरुण पश्यसि ।।२१।।
वि द्यामेषि रजस्पृथ्वहर्मिमानो अक्तुभिः। पश्यन् जन्मानि सूर्य ।।22।।
सप्त त्वा हरितो रथे वहन्ति देव सूर्य। शोचिष्केशं विचक्षणम् ।।२३।।
अयुक्त सप्त शुन्ध्युवः सूरो रथस्य नप्त्यः। ताभिर्याति स्वयुक्तिभिः ।।२४।।
रोहितो दिवमारुहत् तपसा तपस्वी।
स योनिमैति स उ जायते पुनः स देवानामधिपतिर्बभूव ।।२५।।
यो विश्वचर्षणिरुत विश्वतोमुखो यो विश्वतस्पाणिरुत विश्वतस्पृथः ।
सं बाहुभ्यां भरति सं पतत्रैर्द्यावापृथिवी जनयन् देव एकः ।।२६।।
एकपाद् द्विपदो भूयो वि चक्रमे द्विपात् त्रिपादमभ्येति पश्चात् ।
द्विपाद्ध षट्पदो भूयो वि चक्रमे त एकपदस्तन्वं१ समासते ।।२७।।
अतन्द्रो यास्यन् हरितो यदास्थाद् द्वे रूपे कृणुते रोचमानः ।
केतुमानुद्यन्त्सहमानो राजांसि विश्वा आदित्य प्रवतो वि भासि ।।२८।।
बण्महाँ असि सूर्य बडादित्य महाँ असि ।
महांस्ते महतो महिमा त्वमादित्य महाँ असि ।।२९।।
रोचसे दिवि रोचसे अन्तरिक्षे पतंग पृथिव्यां रोचसे रोचसे अप्स्व१न्तः ।
उभा समुद्रौ रुच्या व्यापिथ देवो देवासि महिषः स्वर्जित् ।।३०।।
अर्वाङ् परस्तात् प्रयतो व्यध्व आशुर्विपश्चित् पतयन् पतंगः ।
विष्णुर्विचित्तः शवसाधितिष्ठन् प्र केतुना सहते विश्वमेजत् ।।३१।।
चित्रश्चिकित्वान् महिषः सुपर्ण आरोचयन् रोदसी अन्तरिक्षम् ।
अहोरात्रे परि सूर्यं वसाने प्रास्य विश्वा तिरतो वीर्याणि ।।३2।।
तिग्मो विभ्राजन् तन्वं१ शिशानोऽरंगमासः प्रवतो रराणः ।
ज्योतिष्मान् पक्षी महिषो वयोधा विश्वा आस्थात् प्रदिशः कल्पमानः ।।३३।।
चित्रं देवानां केतुरनीकं ज्योतिष्मान् प्रदिशः सूर्य उद्यन् ।
दिवाकरोऽति द्युम्नैस्तमांसि विश्वतारीद् दुरितानि शुक्रः ।।३४।।
चित्रं देवानामुदगादनीकं चक्षुर्मित्रस्य वरुणस्याग्नेः ।
आप्राद्द्यावापृथिवी अन्तरिक्षं सूर्य आत्मा जगतस्तस्थुषश्च ।।३५।।
उच्चा पतन्तमरुणं सुपर्णं मध्ये दिवस्तरणिं भ्राजमानम् ।
पश्याम त्वा सवितारं यमाहुरजस्रं ज्योतिर्यदविन्ददत्रिः ।।३६।।
दिवस्पृष्ठे धावमानं सुपर्णमदित्याः पुत्रं नाथकाम उप यामि भीतः ।
स नः सूर्य प्र तिर दीर्घमायुर्मा रिषाम सुमतौ ते स्याम ।।३७।।
सहस्राह्ण्यं वियतावस्य पक्षौ हरेर्हंसस्य पततः स्वर्गम् ।
स देवान्त्सर्वानुरस्युपदद्य संपश्यन् याति भुवनानि विश्वा ।।३८।।
रोहितः कालो अभवद् रोहितोऽग्रे प्रजापतिः ।
रोहितो यज्ञानां मुखं रोहितः स्व१राभरत् ।।३९।।
रोहितो लोको अभवद् रोहितोऽत्यतपद् दिवम् ।
रोहितो रश्मिभिर्भूमिं समुद्रमनु सं चरत् ।।४०।।
सर्वा दिशः समचरद् रोहितोऽधिपतिर्दिवः ।
दिवं समुद्रमाद् भूमिं सर्वं भूतं वि रक्षति ।।४१।।

आरोहंछुक्रो बृहतीरतन्द्रो द्वे रूपे कृणुते रोचमानः ।
चित्रश्चिकित्वान् महिषो वातमाया यावतो लोकानभि यद् विभाति ।।४2।।
अभ्य१न्यदेति पर्यन्यदस्यतेऽहोरात्राभ्यां महिषः कल्पमानः ।
सूर्यं वयं रजसि क्षियन्तं गातुविदं हवामहे नाधमानाः ।।४३।।
पृथिवीप्रो महिषो नाधमानस्य गातुरदब्धचक्षुः परि विश्वं बभूव ।
विश्वं संपश्यन्त्सुविदत्रो यजत्र इदं शृणोतु यदहं ब्रवीमि ।।४४।।
पर्यस्य महिमा पृथिवीं समुद्रं ज्योतिषा विभ्राजन् परि द्यामन्तरिक्षम् ।
सर्वं संपश्यन्त्सुविदत्रो यजत्र इदं शृणोतु यदहं ब्रवीमि ।।४५।।
अबोध्यग्निः समिधा जनानां प्रति धेनुमिवायतीमुषासम।
यह्वाइव प्र वयामुज्जिहानाः प्र भानवः सिस्रते नाकमच्छ ।।४६।।

अ. १३.३.१–2६

य इमे द्यावापृथिवी जजान यो द्रापि कृतवा भुवनानि वस्ते ।
यस्मिन् क्षियन्ति प्रदिशः षडुर्वीर्याः पतंगो अनु विचाकशीति ।
तस्य देवस्य क्रुद्धस्यैतदागो य एवं विद्वांसं ब्राह्मणं जिनाति ।
उद् वेपय रोहित प्र क्षिणीहि ब्रह्मज्यस्य प्रति मुंच पाशान् ।।१।।
यस्माद् वाता ऋतुथा पवन्ते यस्मात् समुद्रा अधि विक्षरन्ति ।
तस्य देवस्य क्रुद्धस्यैतदागो य एवं विद्वांसं ब्राह्मणं जिनाति ।
उद् वेपय रोहित प्र क्षिणीहि ब्रह्मज्यस्य प्रति मुंच पाशान् ।।2।।
यो मारयति प्राणयति यस्मात् प्राणन्ति भुवनानि विश्वा ।
तस्य देवस्य क्रुद्धस्यैतदागो य एवं विद्वांसं ब्राह्मणं जिनाति ।
उद् वेपय रोहित प्र क्षिणीहि ब्रह्मज्यस्य प्रति मुंच पाशान् ।।३।।
यः प्राणेन द्यावापृथिवी तर्पयत्यपानेन समुद्रस्य जठरं यः पिपर्ति ।
तस्य देवस्य क्रुद्धस्यैतदागो य एवं विद्वांसं ब्राह्मणं जिनाति ।
उद् वेपय रोहित प्र क्षिणीहि ब्रह्मज्यस्य प्रति पुंच पाशान् ।।४।।
यस्मिन् विराट् परमेष्ठी प्रजापतिरग्निर्वैश्वानरः सह पङ्क्त्या श्रितः ।
यः परस्य प्राणं परमस्य तेज आददे। तस्य देवस्य क्रुद्धस्यैतदागो यएवं विद्वांसं ब्राह्मणं जिनाति।
उद् वेपय रोहित प्र क्षिणीहि ब्रह्मज्यस्य प्रति मुंच पाशान् ।।५।।
यस्मिन् षडुर्वीः पंच दिशो अधि श्रिताश्चतस्र आपो यज्ञस्य त्रयोऽक्षराः ।
यो अन्तरा रोदसी क्रुद्धश्चक्षुषैक्षत। तस्य देवस्य क्रुद्धस्यैतदागो य एवं विद्वांसं ब्राह्मणं जिनाति।
उद् वेपय रोहित प्र क्षिणीहि ब्रह्मज्यस्य प्रति मुंच पाशान् ।।६।।
यो अन्नादो अन्नपतिर्बभूव ब्रह्मणस्पतिरुत यः ।
भूतो भविष्यद् भुवनस्य यस्पतिः। तस्य देवस्य क्रुद्धस्यैतदागो य एवं विद्वांसं ब्राह्मणं जिनाति।
उद् वेपय रोहित प्र क्षिणीहि ब्रह्मज्यस्य प्रति मुंच पाशान् ।।७।।
अहोरात्रैर्विमितं त्रिंशदंगं त्रयोदशं मासं यो निर्मिमीते ।
तस्य देवस्य क्रुद्धस्यैतदागो य एवं विद्वांसं ब्राह्मणं जिनाति ।
उद् वेपय रोहित प्र क्षिणीहि ब्रह्मज्यस्य प्रति मुंच पाशान् ।।८।।
कृष्णं नियानं हरयः सुपर्णा अपो वसाना दिवमुत् पतन्ति ।
त आववृत्रन्त्सदनादृतस्य । तस्य देवस्य क्रुद्धस्यैतदागो य एवं विद्वांसं ब्राह्मणं जिनाति।
उद् वेपय रोहित प्र क्षिणीहि ब्रह्मज्यस्य प्रति मुंच पाशान् ।।६।।
यत् ते चन्द्रं कश्यप रोचनावद् यत् संहितं पुष्कलं चित्रभानु ।
यस्मिन्त्सूर्या अर्पिताः सप्त साकम्। तस्य देवस्य क्रुद्धस्यैतदागो य एवं विद्वांसं ब्राह्मणं जिनाति।
उद् वेपय रोहित प्र क्षिणीहि ब्रह्मज्यस्य प्रति मुंच पाशान् ।।१०।।
बृहदेनमनु वस्ते पुरस्ताद् रथन्तरं प्रति गृह्णाति पश्चात् ।
ज्योतिर्वसाने सदमप्रमादम्। तस्य देवस्य क्रुद्धस्यैतदागो य एवं विद्वांसं ब्राह्मणं जिनाति ।

उद् वेपय रोहित प्र क्षिणीहि ब्रह्मज्यस्य प्रति मुंच पाशान् ।।११।।
बृहदन्यतः पक्ष आसीद् रथन्तरमन्यतः सबले सध्रीची ।
यद् रोहितमजनयन्त देवाः। तस्य देवस्य क्रुद्धस्यैतदागो य एवं विद्वांसं ब्राह्मणं जिनाति ।
उद् वेपय रोहित प्र क्षिणीहि ब्रह्मज्यस्य प्रति मुंच पाशान् ।।१2।।
स वरुणः सायमग्निर्भवति स मित्रे भवति प्रातरुद्यन् ।
स सविता भूत्वान्तरिक्षेण याति स इन्द्रो भूत्वा तपति मध्यतो दिवम् ।
तस्य देवस्य क्रुद्धस्यैतदागो य एवं विद्वांसं ब्राह्मणं जिनाति ।
उद् वेपय रोहित प्र क्षिणीहि ब्रह्मज्यस्य प्रति मुंच पाशान् ।।१३।।
सहस्राह्ण्यं वियतावस्य पक्षौ हरेर्हंसस्य पततः स्वर्गम् ।
स देवान्त्सर्वानुरस्युपदद्य संपशयन् याति भुवनानि विश्वा ।
तस्य देवस्य क्रुद्धस्यैतदागो य एवं विद्वांसं ब्राह्मणं जिनाति ।
उद् वेपय रोहित प्र क्षिणीहि ब्रह्मज्यस्य प्रति मुंच पाशान् ।।१४।।
अयं स देवो अप्स्व१न्तः सहस्रमूलः पुरुशाको अत्त्रिः ।
य इदं विश्वं भुवनं जजान। तस्य देवस्य क्रुद्धस्यैतदागो य एवं विद्वांसं ब्राह्मणं जिनाति ।
उद् वेपय रोहित प्र क्षिणीहि ब्रह्मज्यस्य प्रति मुंच पाशान् ।।१५।।
शुक्रं वहन्ति हरयो रघुष्यदो देवं दिवि वर्चसा भ्राजमानम् ।
यस्योर्ध्वा दिवं तन्व१स्तपन्त्यर्वाङ् सुवर्णैः पटरैर्वि भाति ।
तस्य देवस्य क्रुद्धस्यैतदागो य एवं विद्वांसं ब्राह्मणं जिनाति ।
उद् वेपय रोहित प्र क्षिणीहि ब्रह्मज्यस्य प्रति मुंच पाशान् ।।१६।।
येनादित्यान् हरितः संवहन्ति येन यज्ञेन बहवो यन्ति प्रजानन्तः ।
यदेकं ज्योतिर्बहुधा विभाति। तस्य देवस्य क्रुद्धस्यैतदागो य एवं विद्वांसं ब्राह्मणं जिनाति ।
उद् वेपय रोहित प्र क्षिणीहि ब्रह्मज्यस्य प्रति मुंच पाशान् ।।१७।।
सप्त युंजन्ति रथमेकचक्रमेको अश्वो वहति सप्तनामा ।
त्रिनाभि चक्रमजरमनर्वं यत्रेमा विश्वा भुवनाधि तस्थुः ।
तस्य देवस्य क्रुद्धस्यैतदागो य एवं विद्वांसं ब्राह्मणं जिनाति ।
उद् वेपय रोहित प्र क्षिणीहि ब्रह्मज्यस्य प्रति मुंच पाशान् ।।१८।।
अष्टधा युक्तो वहति वह्निरुग्रः पिता देवानां जनिता मतीनाम् ।
ऋतस्य तन्तुं मनसा मिमानः सर्वा दिशः पवते मातरिश्वा ।
तस्य देवस्य क्रुद्धस्यैतदागो य एवं विद्वांसं ब्राह्मणं जिनाति ।
उद् वेपय रोहित प्र क्षिणीहि ब्रह्मज्यस्य प्रति मुंच पाशान् ।।१६।।
सम्यंचं तन्तुं प्रदिशोऽनु सर्वा अन्तर्गायत्र्याममृतस्य गर्भे ।
तस्य देवस्य क्रुद्धस्यैतदागो य एवं विद्वांसं ब्राह्मणं जिनाति ।
उद् वेपय रोहित प्र क्षिणीहि ब्रह्मज्यस्य प्रति मुंच पाशान् ।।2०।।
निम्रुचस्तिस्रो व्युषो ह तिस्रस्त्रीणि रजांसि दिवो अंग तिस्रः ।
विद्या ते अग्ने त्रेधा जनित्रं त्रेधा देवानां जनिमानि विद्य ।
तस्य देवस्य क्रुद्धस्यैतदागो य एवं विद्वांसं ब्राह्मणं जिनाति ।
उद् वेपय रोहित प्र क्षिणीहि ब्रह्मज्यस्य प्रति मुंच पाशान् ।।2१।।
वि य और्णोत् पृथिवी जायमान आ समुद्रमदधादन्तरिक्षे ।
तस्य देवस्य क्रुद्धस्यैतदागो य एवं विद्वांसं ब्राह्मणं जिनाति ।
उद् वेपय रोहित प्र क्षिणीहि ब्रह्मज्यस्य प्रति मुंच पाशान् ।।22।।
त्वमग्ने क्रतुभिः केतुभिर्हितो३र्कः समिद्ध उदरोचथा दिवि ।
किमभ्या र्चन्मरुतः पृश्निमातरो यद् रोहितमजनयन्त देवाः ।
तस्य देवस्य क्रुद्धस्यैतदागो य एवं विद्वांसं ब्राह्मणं जिनाति ।
उद् वेपय रोहित प्र क्षिणीहि ब्रह्मज्यस्य प्रति मुंच पाशान् ।।2३।।

य आत्मदा बलदा यस्य विश्व उपासते प्रशिषं यस्य देवाः ।
योऽस्येशे द्विपदो यश्चतुष्पदः। तस्य देवस्य क्रुद्धस्यैतदागो य एवं विद्वांसं ब्राह्मणं जिनाति।
उद् वेपय रोहित प्र क्षिणीहि ब्रह्मज्यस्य प्रति मुंच पाशान् ।।२४।।
एकपाद् द्विपदो भूयो वि चक्रमे द्विपात् त्रिपादमभ्ये ति पश्चात् ।
चतुष्पाचचक्रे द्विपदामभिस्वरे संपश्यन् पङ्क्तिमुपतिष्ठमानः ।
तस्य देवस्य क्रुद्धस्यैतदागो य एवं विद्वांसं ब्राह्मणं जिनाति ।
उद् वेपय रोहित प्र क्षिणीहि ब्रह्मज्यस्य प्रति मुंच पाशान् ।।२५।।
कृष्णायाः पुत्रो अर्जुनो रात्र्या वत्सोजायत। स ह द्यामधि रोहति रुहो रुरोह रोहितः।।२६।।

६६. अध्यापकः

१. प्रजापतिः – य. २३.३६; ४२; २०.१३

य. २३.३६

कस्त्वा छ्यति कस्त्वा विशास्ति कस्ते गात्राणि शम्यति। कऽउ ते शमिता कविः ।।३६।।

य. २३.४२

दैव्या ऽ अध्वर्य्यवस्त्वा च्छ्यन्तु वि च शासतु ।
गात्राणि पर्वशस्ते सिमाः कृणवन्तु शम्यन्तीः ।।४२।।

य. २०.१३

लोमानि प्रयतिर्मम त्वङ् म ऽ आनतिरागतिः ।
मांसं म ऽ उपनतिर्वस्वस्थि मज्जा म ऽ आनतिः ।।१३।।

७०. अध्यापक–उपदेशकौ

१. नाभानेदिष्टः – य. ११.८०

योऽअस्मभ्यमरातीयाद्यश्च नो द्वेषते जनः।
निन्दाद्योऽअस्मान् धिप्साच्च सर्वं तं भस्मसा कुरु।।८०।।

७१. अध्वर्युः

१. दक्षः – य. ३३.७३

दैव्यावध्वर्यू आ गतं रथेन सूर्यत्वचा । मध्वा यज्ञं समंजाथे। तं प्रत्नथा। अयं वेनः ।।७३।।

७२. अनड्वान् इन्द्ररुपः

१. भृग्वंगिरा – अ. ४.११.१–१२

अनड्वान् दाधार पृथिवीमुत द्यामनड्वान् दाधारोर्व१न्तरिक्षम् ।
अनड्वान् दाधार प्रदिशः षडुर्वीरनड्वान् विश्वं भुवनमा विवेश ।।१।।
अनड्वानिन्द्रः स पशुभ्यो वि चष्टे त्रयांछक्रो वि मिमीते अध्वनः ।
भूतं भविष्यद् भुवना दुहानः सर्वा देवानां चरति व्रतानि ।।२।।
इन्द्रो जातो मनुष्येष्वन्तर्घर्मस्तप्तश्चरति शोशुचानः ।
सुप्रजाः सन्त्स उदारे न सर्षद यो नाश्नीयादनडुहो विजानन् ।।३।।
अनड्वान् दुहे सुकृतस्य लोक एनं प्याययति पवमानः पुरस्तात् ।
पर्जन्यो धारा मरुत ऊधो अस्य यज्ञः पयो दक्षिणा दोहो अस्य ।।४।।
यस्य नेशे यज्ञपतिर्न यज्ञो नास्य दातेशे न प्रतिग्रहीता ।
यो विश्वजिद् विश्वभृद् विश्वकर्मा घर्मं नो ब्रूत यतमश्चतुष्पात् ।।५।।
येन देवाः स्वरारुरुहुर्हित्वा शरीरममृतस्य नाभिम् ।
तेन गेष्म सुकृतस्य लोकं घर्मस्य व्रतेन तपसा यशस्यवः ।।६।।
इन्द्रो रूपेणाग्निर्वहेन प्रजापतिः परमेष्ठी विराट् ।
विश्वानरे अक्रमत वैश्वानरे अक्रमतानडुह्यक्रम। सोऽदृंहयत सोऽधारयत ।।७।।
मध्यमेतदनडुहो यत्रैष वह आहितः। एतावदस्य प्राचीनं यावान् प्रत्यङ् समाहितः ।।८।।

यो वेदानडुहो दोहान्त्सप्तानुपदस्वतः। प्रजां च लोकं चाप्नोति तथा सप्तऋषयो विदुः ।।९।।
पद्भिः सेदिमवक्रामन्निरां जंघाभिरुत्खिदन्। श्रमेणानड्वान् कीलालं कीनाशश्चाभि गच्छतः।।१०।।
द्वादश वा एता रात्रीर्व्रत्या आहुः प्रजापतेः। तत्रोप ब्रह्म यो वेद तद् वा अनडुहो व्रतम् ।।११।।
दुहे सायं दुहे प्रातर्दुहे मध्यन्दिनं परि। दोहा ये अस्य संयन्ति तान् विद्यानुपदस्वतः ।।१2।।

७३. अनुमतिः

१. अगस्त्यः – य. ३४.८–९

अन्विदनुमते त्वं मन्यासै शं च नस्कृधि। क्रत्वे दक्षाय नो हिनु प्र णाऽआयूंषि तारिषः ।।८।।
अनु नोऽद्यानुमतिर्यज्ञन्देवेषु मन्यताम्। अग्निश्च हव्यवाहनो भवतं दाशुषे मय ।।

2. अथर्वा – अ. ७.20.१–६

अन्वद्य नोऽनुमतिर्यज्ञं देवेषु मन्यताम्। अग्निश्च हव्यवाहनो भवतां दाशुषे मम ।।१।।
अन्विदनुमते त्वं मंससे शं च नस्कृधि। जुषस्व हव्यमाहुतं प्रजां देवि ररास्वनः ।।2।।
अनु मन्यतामनुमन्यमानः प्रजावन्त रयिमक्षीयमाणम् ।
तस्य वयं हेडसि मापि भूम सुमृडीके अस्य सुमतौ स्याम ।।३।।
यत् ते नाम सुहवं सुप्रणीतेऽनुमते अनुमतं सुदानु ।
तेना नो यज्ञं पिपृहि विश्वारे रयिं नो धेहि सुभगे सुवीरम् ।।४।।
एमं यज्ञमनुमतिर्जगाम सुक्षेत्रतायै सुवीरतायै सुजातम् ।
भद्रा ह्यस्याः प्रमतिर्बभूव सेमं यज्ञमवतु देवगोपा ।।५।।
अनुमतिः सर्वमिदं बभूव यत् तिष्ठति चरति यदु च विश्वमेजति ।
तस्यास्ते देवि सुमतौ स्यामानुमते अनु हि मंससे नः ।।६।।

७४. अन्तरिक्षादयः

१. प्रजापतिः – य. 2४.१०

कृष्णा भौमा धम्रा ऽ आन्तरिक्षा बृहन्तो दिव्याः शबला वैद्युताः सिध्मास्तारकाः ।।१०।।

७५. अन्तरिक्षादयो मन्त्रोक्ताः

१. कौशिकः (अनृणकामः) – अ. ६.१20.१–३

यदन्तरिक्षं पृथिवीमुत द्यां यन्मातरं पितरं वा जिहिंसिम ।
अयं तस्माद् गार्हपत्यो नो अग्निरुदिन्नयाति सुकृतस्य लोकम् ।।१।।
भूमिर्मातादितिर्नो जनित्रं भ्रातान्तरिक्षममिशस्त्या नः ।
द्यौर्नः पिता पित्र्याच्छं भवाति जामिमृत्वा माव पत्सि लोकात् ।।2।।
यत्रा सुहार्दः सुकृतो मदन्ति विहाय रोगं तन्वः१ स्वायाः ।
अश्लोणा अङगैरह्रुताः स्वर्गे तत्र पश्येम पितरौ च पुत्रान् ।।३।।

७६. अन्तरिक्षम्

१. जमदग्निः – य. 2९.2९

प्राचीनं बर्हिः प्रदिशा पृथिव्या वस्तोरस्या वृज्यतेऽअग्रेऽअह्नाम् ।
व्यु प्रथते वितरं वरीयो देवेभ्योऽअदित्यै स्योनम् ।।2९।।

७७. अन्नम्

१. अगस्त्यः – य. ३४.७

पितुं नु स्तोषं महो धमारणतविंषीम्। यस्य त्रितो व्योजसा वृत्रं विपर्वमर्दयत ।।७।।

2. आत्मा – सा. ५९४

अहमस्मि प्रथमजा ऋतस्य पूर्वं देवेभ्यो अमृतस्य नाम ।
यो मा ददाति स स इदेवमावदहमन्नमन्नमदन्तमद्मि ।।४।।

७८. अन्नवान् विद्वान्

१. देवाः – य. १८.३2

वाजो नः सप्त प्रदिशश्चतस्रो वो परावतः। वाजो नो विश्वै र्देवैर्धनसाताविहावतु ।।३2।।

७९. अन्वृच यजमान–यजमानपत्नी–अहोरात्राशिषः

१. प्रजावान् प्राजापत्यः – ऋ. १०.१८३.१–३

अपश्यं त्वा मनसा चेकितानं तपसो जातं तपसो विभूतम् ।
इह प्रजामिह रयिं रराणः प्र जायस्व प्रजया पुत्रकाम ।।१।।
अपश्यं त्वा मनसा दीध्यानां स्वायां तनू ऋत्व्ये नाधमानाम् ।
उप मामुच्चा युवतिर्बभूयाः प्र जायस्व प्रजया पुत्रकामे ।।2।।
अहं गर्भमदधामोषधीष्वहं विश्वेषु भुवनेष्वन्तः ।
अहं प्रजा अजनयं पृथिव्यामहं जनिभ्यो अपरीषु पुत्रान् ।।३।।

८०. अपचिद् भैषज्यम्

१. अथर्वा – अ. ७.७६.१–2

आ सुस्रसः सुस्रसो असतीभ्यो असत्तराः। सेहोररसतरा लवणाद् विक्लेदीयसीः।।१।।
या ग्रैव्या अपचितोऽथो या उपपक्ष्याः। विजाम्नि या अपचितः स्वयंस्रसः ।।2।।

८१. अप यज्ञ सूर्याः

१. दीर्घतमा – य. ६.2३

हविष्मतीरिमाऽआपो हविष्माँ2ऽआविवासति। हविष्मान्देवोऽ अध्वरो हविष्माँ2ऽअस्तु सूर्यः ।।2३।।

८2. अपान्नपात्

१. गृत्समदः शौनकः – ऋ. 2.३५.१–१५

उपेमसृक्षि वाजयुर्वचस्यां चनो दधीत नाद्यो गिरो मे ।
अपां नपादाशुहेमा कुवित्स सुपेशसस्करति जोषिषद्धि ।।१।।
इमं स्वस्मै हृद आ सुतष्टं मन्त्रं वोचेम कुविदस्य वेदत् ।
अपां नपादसुर्यस्य मह्ना विश्वान्यर्यो भुवना जजान ।।2।।
समन्या यन्त्युप यन्त्यन्याः समानमूर्वं नद्यः पृणन्ति ।
तमू शुचिं शुचयो दीदिवांसमपां नपातं परि तस्थुरापः ।।३।।
तमस्मेरा युवतयो युवानं मर्मृज्यमानाः परि यन्त्यापः ।
स शुक्रेभिः शिक्वभी रेवदस्मे दीदायानिध्मो घृतनिर्णिगप्सु ।।४।।
अस्मै तिस्रो अव्यथ्याय नारीर्देवाय देवीर्दिधिषन्त्यन्नम् ।
कृता इवोप हि प्रसर्स्रे अप्सु स पीयूषं धयति पूर्वसूनाम् ।।५।।
अश्वस्यात्र जनिमास्य च स्वर्द्रुहो रिषः संपृचः पाहि सूरीन् ।
आमासु पूर्षु परो अप्रमृष्यं नारातयो वि नशन्नानृतानि ।।६।।
स्व आ दमे सुदुघा यस्य धेनुः स्वधां पीपाय सुभ्वन्नमत्तिः ।
सो अपां नपादूर्जयन्नप्स्व१न्तर्वसुदेयाय विधते वि भाति ।।७।।
यो अप्स्वा शुचिना दैव्येन ऋतावाजस्र उर्विया विभाति ।
वया इदन्या भुवनान्यस्य प्र जायन्ते वीरुधश्च प्रजाभिः ।।८।।
अपां नपादा ह्यस्थादुपस्थं जिह्मानामूर्ध्वो विद्युतं वसानः ।
तस्य ज्येष्ठं महिमानं वहन्तीर्हिरण्यवर्णाः परि यन्ति यह्वीः ।।९।।
हिरण्यरूपः स हिरण्यसन्दृगपां नपात्सेदु हिरण्यवर्णः ।
हिरण्ययात्परि योनेर्निषद्या हिरण्यदा ददत्यन्नमस्मै ।।१०।।
तदस्यानीकमुत चारु नामापीच्यं वर्धते नप्तुरपाम् ।
यमिन्धते युवतयः समित्था हिरण्यवर्णं घृतमन्नमस्य ।।११।।

अस्मै बहूनामवमाय सख्ये यज्ञैर्विधेम नमसा हविर्भिः ।
सं सानु मार्जिम दिधिषामि बिल्मैर्दधाम्यन्नैः परि वन्द ऋग्भिः ।।१2।।
स ईं वृषाजनयत्तासु गर्भं स ईं शिशुर्धयति तं रिहन्ति ।
सो अपां नपादनभिम्लातवर्णोऽन्यस्येवेह तन्वा विवेष ।।१३।।
अस्मिन्पदे परमे तस्थिवांसमध्वस्मभिर्विश्वहा दीदिवांसम् ।
आपो नप्त्रे घृतमन्नं वहन्तीः स्वयमत्कैः परि दीयन्ति यह्वीः ।।१४।।
अयांसमग्ने सुक्षितिं जनायायांसमु मघवद्भ्यः सुवृक्तिम् ।
विश्वं तद्भद्रं यदवन्ति देवा बृहद्वदेम विदथे सुवीराः ।।१५।।

८३. अपांनपात् (साग्री. सास्वा.) अपांनपादग्निः (सार्षेदी.)

१. गृत्समदः शौनकः – सा. ६०७

समन्या यन्त्युपयन्त्यन्याः समानमूर्वं नद्यस्पृणन्ति ।
तमू शुचिं शुचयो दीदिवांसमपान्नपातमुप यन्त्यापः ।।६।।

८४. अपांपतिः

१. वरुणः – य. १०.३

अर्थेत स्थ राष्ट्रदा राष्ट्रं मे दत्त स्वाहार्थेत स्थ राष्ट्रदा राष्ट्रममुष्मै दत्तौजस्वती स्थ राष्ट्रदा राष्ट्रं मे दत्त स्वाहौजस्वती स्थ राष्ट्रदा राष्ट्रममुष्मै दत्तापः परिवाहिणी स्थ राष्ट्रदा राष्ट्रं मे दत्त स्वाहापः परिवाहिणी स्थ राष्ट्रदा राष्ट्रममुष्मै दत्तापां पतिरसि राष्ट्रदा राष्ट्रं मे देहि स्वाहाऽपां पतिरसि राष्ट्रदा राष्ट्रममुष्मै देह्यपां गर्भोऽसि राष्ट्रदा राष्ट्रं मे देहि स्वाहाऽपां गर्भोऽसि राष्ट्रदा राष्ट्रममुष्मै देहि।।३।।

८५. अपामार्गः

१. शुक्रः – अ. ७.६५.१–३

प्रतीचीनफलो हि त्वमपामार्ग रुरोहिथ। सर्वान् मच्छपथाँ अधि वरीयो यावया इतः ।।१।।
यद् दुष्कृतं यच्छमलं यद् वा चेरिम पापया। त्वया तद् विश्वतोमुखापामार्गाप मृज्महे ।।2।।
श्यावदता कुनखिना बण्डेन यत्सहासिम। अपामार्ग त्वया वयं सर्वं तदप मृज्महे ।।३।।

८६. अपामार्गो वनस्पतिः

१. शुक्रः – अ. ४.१७.१–८; ४.१८.१–८; ४.१६.१–८

अ. ४.१७.१–८

ईशानां तवा भेषजानामुज्जेष आ रभामहे। चक्रे सहस्रवीर्यां सर्वस्मा ओषधे त्वा ।।१।।
सत्यजितं शपथयावनीं सहमानां पुनःसराम्। सर्वाः समह्व्योषधीरितो नः पारयादिति ।।2।।
या शशाप शपनेन याघं मूरमादधे। या रसस्य हरणाय जातमारेभे तोकमत्तु सा ।।३।।
यां ते चक्रुरामे पात्रे यां चक्रुर्नीललोहिते। आमे मांसे कृत्यां यां चक्रुस्तया कृत्याकृतो जहि।।४।।
दौःष्वप्न्यं दौर्जीवित्यं रक्षो अभ्वमराय्यः। दुर्णाम्नीः सर्वा दुर्वाचस्ता अस्मन्नाशयामसि ।।५।।
क्षुधामारं तृष्णामारमगोतामनपत्यताम्। अपामार्ग त्वया वयं सर्वं तदप मृज्महे ।।६।।
तृष्णामारं क्षुधामारमथो अक्षपराजयम्। अपामार्ग त्वया वयं सर्वं तदप मृज्महे ।।७।।
अपामार्ग ओषधीनां सर्वासामेक इद् वशी। तेन ते मृज्म आस्थितमथ त्वमगदश्चर ।।८।।

अ. ४.१८.१–८

समं ज्योतिः सूर्येणाहना रात्री समावती। कृणोमि सत्यमूतयेऽरसाः सन्तु कृत्वरीः ।।१।।
यो देवाः कृत्यां कृत्वा हरादविदुषो गृहम्। वत्सो धारुरिव मातरं तं प्रत्यगुप पद्यताम् ।।2।।
अमा कृत्वा पाप्मानं यस्तेनान्यं जिघांसति। अश्मानस्तस्यां दग्धायां बहुलाः फट् करिक्रति ।।३।।
सहस्रधामन् विशिखान् विग्रीवांछायया त्वम्। प्रति स्म चक्रुषे कृत्यां प्रियां प्रियावते हर ।।४।।
अनयाहमोषध्या सर्वाः कृत्या अदूदुषम्। यां क्षेत्रे चक्रुर्यां गोषु यां वा ते पुरुषेषु ।।५।।
यश्चकार न शशाक कर्तुं शश्रे पादमङ्गुरिम्। चकारभद्रमस्मभ्यमात्मने तपनं तु सः ।।६।।

अपामार्गोऽप मार्ष्टु क्षेत्रियं शपथश्च यः। अपाह यातुधानीरप सर्वा अराय्यः ।।७।।
अपमृज्य यातुधानानप सर्वा अराय्यः अपामार्ग त्वया वय सर्वं तदप मृज्महे ।।८।।

अ. ४.१९.१–८

अतो अस्यबन्धुकृदुतो असि नु जामिकृत् ।
उतो कृत्याकृतः प्रजां नडमिवा च्छिन्धि वार्षिकम् ।।१।।
ब्राह्मणेन पर्युक्तासि कण्वेन नार्षदेन ।
सेनेवैषि त्विषीमती न तत्र भयमस्ति यत्र प्राप्नोष्योषधे ।।2।।
अग्रमेष्योषधीनां जयोतिषेवाभिदीपयन् ।
उत त्रातासि पाकस्याथो हन्तासि रक्षसः ।।३।।
यददो देवा असुरांस्त्वयाग्रे निरकुर्वत ।
ततस्त्वमध्योषधेऽपामार्गो अजायथाः ।।४।।
विभिन्दती शतशाखा विभिन्दन् नाम ते पिता ।
प्रत्यग् वि भिन्धि त्वं तं यो अस्माँ अभिदासति ।।५।।
असद् भूम्याः समभवत् तद् द्यामेति महद् व्यचः ।
तद् वै ततो विधूपायत् प्रत्यक् कर्तारमृच्छतु ।।६।।
प्रत्यङ् हि सम्बभूविथ प्रतीचीहनफलस्त्वम् ।
सर्वान् मच्छपथाँ अधि वरीयो यावया वधम् ।।७।।
शतेन मा परि पाहि सहस्रेणाभि रक्ष मा ।
इन्द्रस्ते वीरुधां पत उग्र ओज्मानमा दधत् ।।८।।

८७. अप्रियः

१. अगस्त्यो मैत्रावरुणिः – ऋ .१.१८६.१–११

आ न इळाभिर्विदथे सुशस्ति विश्वानरः सविता देव एतु ।
अपि यथा युवानो मत्सथा नो विश्वं जगदभिपित्वे मनीषा ।।१।।
आ नो विश्व आस्क्रा गमन्तु देवा मित्रो अर्यमा वरुणः सजोषाः ।
भुवन्यथा नो विश्वे वृधासः करन्त्सुषाहा विथुरं न शवः ।।2।।
प्रेष्ठं वो अतिथिं गृणीषेऽग्निं शस्तिभिस्तुर्वणिः सजोषाः ।
असद्यथा नो वरुणः सुकीर्तिरिषश्च पर्षदरिगूर्तः सूरिः ।।३।।
उप व एषे नमसा जिगीषोषासानक्ता सुदुघेव धेनुः ।
समाने अहन्विमिमानो अर्कं विषुरूपे पयसि सस्मिन्नूधन् ।।४।।
उत नोऽहिर्बुध्न्यो३ मयस्कः शिशुं न पिप्युषीव वेति सिन्धुः ।
येन नपातमपां जुनाम मनोजुवो वृषणो यं वहन्ति ।।५।।
उत न ईं त्वष्टा गन्त्वच्छा स्मत्सूरिभिरभिपित्वे सजोषा ।
आ वृत्राहेन्द्रश्चर्षणिप्रास्तुविष्टमो नरां न इह गम्याः ।।६।।
उत न ईं मतयोऽश्वयोगाः शिशुं न गावस्तरुणं रिहन्ति ।
तमीं गिरो जनयो न पत्नीः सुरभिष्टमं नरां नसन्त ।।७।।
उत न ईं मरुतो वृद्धसेनाः स्मद्रोदसी समनसः सदन्तु ।
पृषदश्वासोऽवनयो न रथा रिशादसो मित्रायुजो न देवाः ।।८।।
प्र नु यदेषां महिना चिकित्रे प्र युंजते प्रयुजस्ते सुवृक्ति ।
अध यदेषां सुदिने न शरुर्विश्वमेरिणं प्रुषायन्त सेनाः ।।६।।
प्रो अश्विनाववसे कृणुध्वं प्र पूषणं स्वतवसो हि सन्ति ।
अद्वेषो विष्णुर्वात ऋभुक्षा अच्छा सुम्नाय ववृतीय देवान् ।।१०।।
इयं सा वो अस्मे दीधितिर्यजत्रा अपिप्राणी च सदनी च भूयाः ।

नि या देवेषु यतते वसूयुर्विद्यामेषं वृजनं जीरदानुम् ।।११।।

८८. अप्वा

१. अप्रतिरथ ऐन्द्रः – ऋ. १०.१०३.१२; सा. १८६१

ऋ. १०.१०३.१२

अमीषां चित्तं प्रतिलोभयन्ती गृहाणांगान्यष्वे परेहि ।
अभि प्रेहि निर्दह हृत्सु शोकैरन्धेनामित्रास्तमसा सचन्ताम् ।।१२।।

सा. १८६१

अमीषां चित्तं प्रतिलोभयन्ती गृहाणांगान्यप्वे परेहि ।
अभि प्रेहि निर्दह हृत्सु शोकैरन्धेनामित्रास्तमसा सचन्ताम् ।।१।।

८६. अप्सरसः

१. बादरायणिः – अ. ४.३७.३–५

नदीं यन्त्वप्सरसोऽपां तारमवश्वसम्। गुल्गलूः पीला नलद्यौ३क्षगन्धिः प्रमन्दनी ।
तत् परेताप्सरसः प्रतिबुद्धा अभूतन ।।३।।
यत्राश्वत्था न्यग्रोधा महावृक्षाः शिखण्डिनः । तत् परेतासप्रसः प्रतिबुद्धा अभूतन ।।४।।
यत्र वः प्रेंखा हरिता अर्जुना उत यत्राघाटाः कर्कर्यः संवदन्ति।
तत् परेताप्सरसः प्रतिबुद्धा अभूतन् ।।५।।

६०. अप्सरा

१. बादरायणिः – अ. ४.३८.१–४

उद्भिन्दतीं संजयन्तीमप्सरां साधुदेविनीम्। ग्लहे कृतानि कृण्वानामप्सरां तामिह हुवे ।।१।।
विचिन्वतीमाकिरन्तीमप्सरां साधुदेविनीम्।ग्लहे कृतानि गृह्णानामप्सरां तामिह हुवे ।।2।।
यायैः परिनृत्यत्याददाना कृतं ग्लहात् ।
सा नः कृतानि सीषती प्रहामाप्नोतु मायया। सा नः पयस्वत्यैतु मा नो जैषुरिदं धनम् ।।३।।
या अक्षेषु प्रमोदन्ते शुचं क्रोधं च बिभ्रती। आनन्दिनीं प्रमोदिनीमप्सरां तामिह हुवे ।।४।।

६१. अप्सवितारौ

१. परमेष्ठी प्रजापतिः – य. १.१2

पवित्रे स्थो वैष्णव्यौ सवितुर्वः प्रसव उत्पुनाम्यच्छिद्रेण पवित्रेण सूर्य्यस्य रश्मिभिः। देवीरापोऽ
अग्रेगुवो ऽ अग्रेपुवो ऽ ग्र ऽ इममद्य यज्ञं नयताग्रे यज्ञपतिं सुधातुं यज्ञपतिं देवयुव ।।१2।।

६2. अबोषधि सूर्याः

१. अगस्त्यो मैत्रावरुणिः – ऋ.१.१६१.१–१६

कङ्कतो न कङ्कतोऽथो सतीनकङ्कतः। द्वाविति प्लुषी इति न्य१दृष्टा अलिप्सत ।।१।।
अदृष्टान्हन्त्यायत्यथो हन्ति परायती। अथो अवघ्नती हन्त्यथो पिनष्टि पिंषती ।।2।।
शरासः कुशरासो दर्भासः सैर्या उत। मौंजा अद्दष्टा बैरिणाः सर्वे साकं न्यलिप्सत ।।३।।
नि गावो गोष्ठे असदन्निमृगासो अविक्षत। नि केतवो जनानां न्य१दृष्टा अलिप्सत ।।४।।
एत उ त्ये प्रत्येद्दश्रन्प्रदोषं तस्करा इव। अद्दष्टा विश्वद्दष्टाः प्रतिबुद्धा अभूतन ।।५।।
द्यौर्वः पिता पृथिवी माता सोमो भ्रातादितिः स्वसा।
अद्दष्टा विश्वद्दष्टास्तिष्ठतेलयता सु कम् ।।६।।
य अस्या य अङग्याः सचीका य पकङकताः। अद्दष्टाः कि चनह वः सव साक नि जस्यत ।।७।।
उत्पुरस्तात्सूर्य। एति विश्वद्दष्टो अद्दष्टहा। अद्दष्टान्त्सर्वांजम्भयन्त्सर्वाश्च यातुधान्यः ।।८।।
उदपप्तदसौ सूर्यः पुरु विश्वानि जूर्वन्। आदित्यः पर्वतेभ्यो विश्वद्दष्टो अद्दष्टहा ।।६।।
सूर्ये विषमा सजामि दृतिं सुरावतो गृहे ।
सो चिन्नु न मराति नो वयं मरामारे अस्य योजनं हरिष्ठा मधु त्वा मधुला चकार ।।१०।।

इयत्तिका शकुन्तिका सका जघास ते विषम् ।
सो चिन्नु न मराति नो वयं मरामारे अस्य योजनं हरिष्ठा मधु त्वा मधुला चकार ।।११।।
त्रिः सप्त विष्पुलिङ्गका विषस्य पुष्पमक्षन् ।
ताश्चिन्नु न मरन्ति नो वयं मरामार अस्य योजनं हरिष्ठा मधु त्वा मधुला चकार ।।१2।।
नवानां नवतीनां विषस्य रोपुषीणाम् ।
सर्वासामग्रभं नामारे अस्य योजनं हरिष्ठा मधु त्वा मघुला चकार ।।१३।।
त्रिः सप्त मयूर्यः सप्त स्वसारो अग्रुवः। तास्ते विषं वि जभ्रिर उदकं कुम्भिनीरिव ।।१४।।
इयत्तकः कुषुम्भकस्तकं भिनद्म्यश्मना। ततो विषं प्र वावृते पराचीरनु संवतः ।।१५।।
कषम्भकस्तदबवीद गिरः पवतमानकः। वश्चिकस्यारस विषमरस वश्चिक वश्चिक त विषम।।१६।।

६३. अबोषध्यौ

१. प्रजापतिः – य. ४.१

एदमगन्म देवयजनं पृथिव्या यत्र देवासो ऽ अजुषन्त विश्वे ।
ऋक्सामाभ्यां सन्तरन्तो यजुर्भी रायस्पोषेण समिषा मदेम। इमा ऽ आपः शमु मे सन्तु देवीः।
ओषधे त्रायस्व स्वधिते मैनं हिंसीः ।।१।।

६४. अभ्यावर्ति नश्चायमानस्य दानस्तुतिः

१. भरद्वाजो बार्हस्पत्यः – ऋ. ६.27.८

द्वयाँ अग्ने रथिनो विंशतिं गा वधूमतो मघवा मह्यं सम्राट् ।
अभ्यावर्ती चायमानो ददाति दूणशेयं दक्षिणा पार्थवानाम् ।।८।।

६५. अमावस्याः

१. अथर्वा – अ. ७.७६.१–४

यत् ते देवा अकृण्वन् भागधेयममावास्ये संवसन्तो महित्वा ।
तेना नो यज्ञं पिपृहि विश्वारे रयिं नो धेहि सुभगे सुवीरम् ।।१।।
अहमेवास्म्यमावास्या३ मामा वसन्ति सुकृतो मयीमे ।
मयि देवा उभये साध्याश्चेन्द्रज्येष्ठाः समगच्छन्त सर्वे ।।2।।
आगन् रात्री संगमनी वसूनामूर्जं पुष्टं वस्वावेशयन्ती ।
अमावास्या यै हविषा विधेमोर्जं दुहाना पयसा न आगन् ।।३।।
अपावस्ये न त्वदेतान्यन्यो विश्वा रूपाणि परिभूर्जजान ।
यत्कामास्ते जुहुमस्तन्नो अस्तु वयं स्याम पतयो रयीणाम् ।।४।।

६६. अरण्यानी

१. देवमुनिर् ऐम्मदः – ऋ. १०.१४६.१–६

अरण्यान्यरण्यान्यसौ या प्रेव नश्यसि। कथा ग्रामं न पृच्छसि न त्वा भीरिव विन्दतीँ३ ।।१।।
वृषारवाय वदते यदुपावति चिच्चिकः। आघाटिभिरिव धावयन्नरण्यानिर्महीयते ।।2।।
उत गावइवादन्त्युत वेश्मेव दृश्यते। उतो अरण्यानिः सायं शकटीरिव सर्जति ।।३।।
गामंगैष आ ह्वयति दार्वंगैषो अपावधीत्। वसन्नरण्यान्यां सायमक्रुक्षदिति मन्यते ।।४।।
न वा अरण्यानिर्हन्त्यन्यश्चेन्नाभिगच्छति। स्वादोः फलस्य जग्ध्वाय यथाकामं नि पद्यते ।।५।।
आंजनगन्धि सुरभिं बह्वन्नामकृषीवलाम्। प्राहं मृगाणां मातरमरण्यानिमशंसिषम् ।। ६।।

६७. अरातयः

१. अथर्वा – अ. ५.७.६–१०

मा वनिं मा वाचं नो वीर्त्सीरुभाविन्द्राग्नी आ भरतां नो वसूनि।
सर्वे नो अद्य दित्सन्तोऽरातिं प्रति हर्यत ।।६।।
परोऽपेह्यसमृद्धे वि ते हेतिं नयामसि । वेद त्वाहं निमीवन्तीं नितुदन्तीमराते ।।७।।
उत नग्ना बोभुवती स्वप्नया सचसे जनम् । अराते चित्तं वीर्त्सन्त्याकूतिं पुरुषस्य च ।।८।।

या महती महोन्माना विश्वा आशा व्यानशे । तस्यै हिरण्यकेश्यै निर्ऋत्या अकरं नमः ।।९।।
हिरण्यवर्णा सुभगा हिरण्यकशिपुर्मही । तस्यै हिरण्यद्रापयेऽरात्या अकरं नमः।।१०।।

९८. अरिनाशनम्

१. बादरायणिः – अ. ७.५९.१

यो नः शपादशपतः शपतो यश्च नः शपात्। वृक्षइव विद्युता हत आ मूलादनु शुष्यतु ।।१।।

९९. अरुन्धत्यादयोः

१. अथर्वा – अ. ६.५९.१–३

अनड्वुद्भ्यस्त्वं प्रथमं धेनुभ्यस्त्वमरुन्धति। अधेनवे वयसे शर्म यच्छ चतुष्पदे ।।१।।
शर्म यच्छत्वोषधिः सह देवीररुन्धती। करत् पयस्वन्तं गोष्ठमयक्ष्माँ उत पूरुषान् ।।2।।
विश्वरूपां सुभगामच्छावदामि जीवलाम्। सा नो रुद्रस्यास्तां हेतिं दूरं नयतु गोभ्यः ।।३।।

१००. अर्बुदिः

१. काङ्कायनः – अ. ११.९.१–26

ये बाहवो या इषवो धन्वनां वीर्याणि च। असीन् परशूनायुधं चित्ताकूतं च यद्धृदि ।
सर्वं तदर्बुदे त्वममित्रेभ्यो दृशे कुरूदारांश्च प्र दर्शय ।।१।।
उत्तिष्ठत सं नह्यध्वं मित्रा देवजना यूयम् ।
संदृष्टा गुप्ता वः सन्तु या नो मित्राण्यर्बुदे ।।2।।
उत्तिष्ठतमा रभेथामादानसंदानाभ्याम् । अमित्राणां सेना अभि धत्तमर्बुदे ।।३।।
अबुदिर्नाम यो देव ईशानश्च न्यर्बुदिः। याभ्यामन्तरिक्षमावृतमियं च पृथिवी मही ।
ताभ्यामिन्द्रमेदिभ्यामहं जितमन्वेमि सेनया ।।४।।
उत्तिष्ठ त्वं देवजनार्बुदे सेनया सह। भंजन्नमित्राणां सेनां भोगेभिः परि वारय ।।५।।
सप्त जातान् न्यर्बुद उदाराणां समीक्षयन्। तेभिष्टवमाज्ये हुते सर्वैरुत्तिष्ठ सेनया ।।६।।
प्रतिघ्नानाश्रुमुखी कृधुकर्णी च क्रोशतु। विकेशी पुरुषे हते रदिते अर्बुदे तव ।।७।।
संकर्षन्ती करूकरं मनसा पुत्रमिच्छन्ती। पति भ्रातरमात् स्वान् रदिते अर्बुदे तव ।।८।।
अलिक्लवा जाष्कमदा गृध्राः श्येनाः पतत्रिणः ।
ध्वाङ्क्षा शकुनयस्तृप्यन्त्वमित्रेषु समीक्षयन् रदिते अर्बुदे तव ।।९।।
अथो सर्वं श्वापदं मक्षिका तृप्यतु क्रिमिः। पौरुषेयेऽधि कुणपे रदिते अर्बुदे तव ।।१०।।
आ गृह्णीतं सं बृहतं प्राणापानान् न्यर्बुदे।
निवाशा घोषाः सं यन्त्वमित्रेषु समीक्षयन् रदिते अर्बुदे तव ।।११।।
उद् वेपय सं विजन्तां भियामित्रान्त्सं सृज। उरुग्राहैर्बाह्वंकैर्विध्यामित्रान् न्यर्बुदे ।।१2।।
मुह्यन्त्वेषां बाहवश्चित्ताकूतं च यद्धृदि। मैषामुच्छेषि किं चन रदिते अर्बुदे तव ।।१३।।
प्रतिघ्नानाः सं धावन्तूरः पटूरावाघ्नानाः।
अघरिणीर्विकेश्यो रुदत्य१ः पुरुषे हते रदिते अर्बुदे तव ।।१४।।
श्वन्वतीरप्सरसो रूपका उतार्बुदे ।
अन्तः पात्रे रेरिहतीं रिशां दुर्णिहितैषिणीम् ।
सर्वास्ता अर्बुदे त्वममित्रेभ्यो दृशे कुरूदारांश्च प्र दर्शय ।।१५।।
खडूरेऽधिचङ्क्रमां खर्विकां खर्ववासिनीम्। य उदारा अन्तर्हिता गन्धर्वाप्सरसश्च ये ।
सर्पा इतरजना रक्षांसि ।।१६।।
चतुर्दंष्ट्रांछ्यावदतः कुम्भमुष्काँ असृङ्मुखान्। स्वभ्यसा ये चोद्भ्यसाः ।।१७।।
उद् वेपय त्वमर्बुदेऽमित्राणाममूः सिचः। ज्यांश्च जिष्णुश्चामित्रांजयतामिन्द्रमेदिनौ।।१८।।
प्रब्लीनो मृदितः शयां हतो३मित्रो न्यर्बुदे। अग्निजिह्वा धूमशिख जयन्तीर्यन्तु सेनया ।।१९।।
तयार्बुदे प्रणुत्तानामिन्द्रो हन्तु वरंवरम्। अमित्राणां शचीपतिर्मामीषां मोचि कश्चन ।।20।।

Vedic Concordance of Mantras as per Devatā and Ṛṣi 205

उत्कसन्तु हृदयान्यूर्ध्वः प्राण उदीषतु। शौष्कास्यमनु वर्तताममित्रान् मोत मित्रिणः ।।2१।।
ये च धीरा ये चाधीराः परांचो बधिराश्च ये। तमसा ये च तूपरा अथो बस्ताभिवासिनः ।
सर्वास्ताँ अर्बुदे त्वममित्रेभ्यो दृशे कुरूदारांश्च प्र दर्शय ।।22।।
अर्बुदिश्च त्रिषन्धिश्चामित्रान् नो वि विध्यताम् ।
यथैषामिन्द्र वृत्रहन् हनाम शचीपतेऽमित्राणां सहस्रशः ।।2३।।
वनस्पतीन् वानस्पत्यानोषधीरुत वीरुधः । गन्धर्वाप्सरसः सर्पान् देवान् पुण्यजनान् पितॄन् ।
सर्वास्ताँ अर्बुदे त्वममित्रेभ्यो दृशे कुरूदारांश्च प्र दर्शय ।।2४।।
ईशां वो मरुतो देव आदित्यो ब्रह्मणस्पतिः। ईशां व इन्द्रश्चाग्निश्च धाता मित्रः प्रजापतिः ।
ईशां व ऋषयश्चक्रुरमित्रेषु समीक्षयन् रदिते अर्बुदे तव ।।2५।।
तेषां सर्वेषामीशाना उत्तिष्ठत सं नह्यध्वं मित्रा देवजना यूयम् ।
इमं संग्रामं संजित्य यथालोकं वि तिष्ठध्वम् ।।2६।।

१०१. अर्यमा

१. अथर्वा – अ. ६.६०.१–३

अयमा यात्यर्यमा पुरस्ताद् विषितस्तुपः। अस्या इच्छन्नग्रुवै पतिमुत जायमजानये ।।१।।
अश्रमदियमर्यमन्नन्यासां समनं यती। अङ्गो न्व र्यमन्नस्या अन्याः समनमायति।।2।।
धाता दाधार पृथिवीं धाता द्यामुत सूर्यम्। धातास्या अग्रुवै पतिं दधातु प्रतिकाम्यम् ।।३।।

१०2. अर्य्यमादि मन्त्रोक्ताः

१. तापसः – य. ६.2७ 2६

य. ६.2७

अर्य्यमणं बृहस्पतिमिन्द्रं दानाय चोदय ।
वाचं विष्णुं सरस्वतीं सवितारं च वाजिनं स्वाहा ।।2७।।

य. ६.2६

प्र नो यच्छत्वर्य्यमा प्र पूषा प्र बृहस्पतिः। प्र वाग्देवी ददातु नः स्वाहा ।।2६।।

१०३. अर्यमा बृहस्पतिः इन्द्रः–वातः विष्णुः सरस्वती–सविता वाजी

१. वसिष्ठः – अ. ३.2०.७

अर्यमणं बृहस्पतिमिन्द्रं दानाय चोदय। वातं विष्णुं सरस्वतीं सवितारं च वाजिनम् ।।७।।

१०४. अर्यमा भगः बृहस्पतिः देवी

१. वसिष्ठः – अ. ३.2०.३

प्र णो यच्छत्वर्यमा प्र भगः प्र बृहस्पतिः। प्र देवीः प्रोत सूनृता रयिं देवी दधातु मे ।।३।।

१०५. अलक्ष्मीघ्नम्

१. शिरिम्बिठो भारद्वाजः – ऋ. १०.१५५.१; ४

ऋ. १०.१५५.१

अरायि काणे विकटे गिरिं गच्छ सदान्ये। शिरिम्बिठस्य सत्वभिस्तेभिष्ट्वा चातयामसि ।।१।।

ऋ. १०.१५५.४

यद्ध प्राचीरगन्तोरो मण्डूरधाणिकीः। हता इन्द्रस्य शत्रवः सर्वे बुदबुदयाशवः ।।४।।

१०६. अलक्ष्मीनाशनम्

१. शिरिम्बिठिः – अ. 2०.१३७.१

यद्ध प्राचीरजगन्तोरो मण्डूरधाणिकीः। हता इन्द्रस्य शत्रवः सर्वे बुद्बुदयाशवः ।।१।।

१०७. अव्युक्ता वैराजः

१. अथर्वा – अ. ३.2६.३

येऽस्यां स्थ प्रतीच्यां दिशि वैराजा नाम देवास्तेषां व आप इषवः ।

ते नो मृडत ते नोऽधि ब्रूत तेभ्यो वो नमस्तेभ्यो वः स्वाहा ।।३।।

१०८. अश्वः

१. बृहस्पतिः – य. ६.६

अप्स्वन्तरमृतमप्सु भेषजमपामुत प्रशस्तिष्वश्वा भवत वाजिनः ।
देवीरापो यो वऽऊर्मिः प्रतूर्तिः ककुन्मान् वाजसास्तेनायं वाजं सेत् ।।६।।

१०९. अश्व्यादयः

१. प्रजापतिः – य. 2४.३; 2७.६

य. 2४.३

शुद्धबालः सर्वशुद्धवालो मणिवालस्त ऽ आश्विनाः श्येतः श्येताक्षोऽरुणास्ते रुद्राय पशुपतये कर्णा यामा ऽ अवलिप्ता रौद्रा नभोरूपाः पार्जन्याः ।।३।।

य. 2७.६

अमुत्रभूयादध यद्यमस्य बृहस्पते ऽ अभिशस्तेरमुंचः ।
प्रत्यौहतामश्विना मृत्युमस्माद्देवानामग्ने भिषजा शचीभिः ।।६।।

2. स्वस्त्यात्रेयः – य. 2१.३०; ३१; ३३–४०; ४६; ४७; ४९–५०

य. 2१.३०–३१

होता यक्षत्तनूनपात्सरस्वतीमविर्मेषो न भेषजं पथा मधुमता भरन्नश्विनेन्द्राय वीर्यं बदरैरुपवाकाभिर्भेषजं तोक्मभिः पयः सोमः परिस्रुता घृतं मधु व्यन्त्वाज्यस्य होतर्यज ।।३०।।
होतायक्षन्नराशंसं न नग्नहुं पतिं सुरया भेषजं मेषः सरस्वती भिषग्रथो न चन्द्ययश्विनोर्वपाऽइन्द्रस्य वीर्यं बदरैरुपवाकाभिर्भेषजं तोक्मभिः पयः सोमः परिस्रुता घृतं मधु व्यन्त्वाज्यस्य होतर्यज ।।३१।।

य. 2१.३३–४०

होता यक्षद् बर्हिरूर्णम्रदा भिषङ् नासत्या भिषजाश्विनाश्वा शिशुमती भिषग्धेनुः सरस्वती भिषग्दुहऽइन्द्राय भेषजं पयः सोमः परिस्रुता घृतं मधु व्यन्त्वाज्यस्य होतयर्ज ।।३३।।
होता यक्षद्दुरो दिशः कवष्यो न व्यचस्वतीरश्विभ्यां न दुरो दिशऽइन्द्रो न रोदसी दुघे दुहे धेनुः सरस्वत्यश्विनेन्द्राय भेषजं शुक्रं न ज्योतिरिन्द्रियं पयः सोमः परिस्रुता घृतं मधु व्यन्त्वाज्यस्य होतर्यज ।।३४।।
होता यक्षत्सुपेशसोषे नक्तं दिवाश्विना समंजाते सरस्वत्या त्विषिमिन्द्रे न भेषजं श्येनो न रजसा हृदा श्रिया न मासरं पयः सोमः परिस्रुता घृतं मधु व्यन्त्वाज्यस्य होतर्यज ।।३५।।
होता यक्षद्दैव्या होतारा भिषजाश्विनेन्द्रं न जागृवि दिवा नक्तं न भेषजैः शूषं सरस्वती भिषक् सीसेन दुहऽइन्द्रियं पयः सोमः परिस्रुता घृतं मधु व्यन्त्वाज्यस्य होतर्यज ।।३६।।
होता यक्षत्तिस्रो देवीर्न भेषजं त्रयस्त्रिधातवोऽपसो रूपमिन्द्रे हिरण्यमश्विनेडा न भारती वाचा सरस्वती महऽइन्द्राय दुहऽइन्द्रियं पयः सोमः परिस्रुता घृतं मधु व्यन्त्वाज्यस्य होतर्यज ।।३७।।
होता यक्षत्सुरेतसमृषभं नर्यापसं त्वष्टारमिन्द्रमश्विना भिषजं न सरस्वतीमोजो न जूतिरिन्द्रियं वृको न रभमो भिषग् यशः सुरया भेषजं श्रिया न मासरं पयः सोमः परिस्रुता घुतं मधु व्यन्त्वाज्यस्य होतर्यज ।।३८।।
होता यक्षद्वनस्पतिं शमितारं शतक्रतुं भीमं न मन्युं राजानं व्याघ्रं नमसाश्विना भामं सरस्वती भिषगिन्द्राय दुहऽइन्द्रियं पयः सोमः परिस्रुता घृतं मधु व्यन्त्वाज्यस्य होतर्यज ।।३९।।
होता यक्षदग्निं स्वाहाज्यस्य स्तोकानां स्वाहा मेदसां पृथक् स्वाहा छागमश्विभ्यां स्वाहा मेषं सरस्वत्यै स्वाहऽऋषभमिन्द्राय सिंहाय सहसऽइन्द्रियं स्वाहाग्निं न भेषजं स्वाहा सोममिन्द्रियं स्वाहेन्द्रं सुत्रामाणं सवितारं वरुणं भिषजां पतिं स्वाहा वनस्पतिं प्रियं पाथो न भेषजं स्वाहा देवाऽआज्यपा जुषाणोऽअग्निर्भेषजं पयः सोमः परिस्रुता घृतं मधु व्यन्त्वाज्यस्य होतर्यज ।।४०।।

य. २१.४६–४७

होता यक्षद्वनस्पतिमभि हि पिष्टतमया रभिष्ठया रशनयाधित। यत्राश्विनोश्छागस्य हविषः प्रिया धामानि यत्रसरस्वत्या मषस्य हविषः प्रिया धामानि यत्रेन्द्रस्यऽऋषभ्स्य हविषः प्रिया धामानि यत्राग्नेः प्रिया धामानि यत्र सोमस्य प्रिया धामानि यत्रेन्द्रस्य सुत्राम्णः प्रिया धामानि यत्र सवितुः प्रिया धामानि यत्र वरुणस्य प्रिया धामानि यत्र वनस्पतेः प्रिया पाथांसि यत्र देवाना माज्यपानां प्रिया धामानि यत्राग्नेर्होतुः प्रिया धामानि तत्रैतान् प्रस्तुत्येवोपम्तुत्येवोपावस्रक्षद्रभीयसऽइव कृत्वी करदेवं देवो वनस्पतिर्जुषतां हविर्होतर्यज ।।४६।।

हाता यक्षदग्नि सिव्ष्टकतमयाडग्निरश्विनाश्छागस्य हविषः पिया धामान्ययाट सरस्वत्या मषस्य हविषः पिया धामान्ययाडिन्दस्यऽऋषभस्य हविषः पिया धामान्ययाडग्नः पिया धामान्ययाट सामस्य पिया धामान्यायाडिन्दस्य सत्राम्णः पिया धामान्ययाट सवितः पिया धामान्ययाड वरुणस्य पिया धामान्यायाड वनस्पतः पिया पाथास्ययाड. दवानामाज्यपाना पिया धामानि यक्षदग्नहातः पिया धामानि यक्षत स्व महिमानमायजतामज्याऽइषः कणात साऽअध्वरा जातवदा जषता हविहातयज ।।४७।।

य. २१.४६–५०

देवीर्द्वारोऽअश्विना भिषजेन्द्रे सरस्वती ।

प्राणं न वीर्य्यं नसि द्वारो दधुरिन्द्रियं वसुवने वसुधेयस्य व्यन्तु यज ।।४६।।

देवीऽउषासावश्विना सुत्रामेन्द्रे सरस्वती ।

बलं न वाचमास्यऽउषाभ्यां दधुरिन्द्रियं वसुवने वसुधेयस्य व्यन्तु यज ।।५०।।

११०. अश्वत्थः

१. जगद्बीजं पुरुषः – अ. ३.६.१–८

पुमान् पुंसः परिजातोऽश्वत्थः खदिरादधि।

स हन्तु शत्रून् मामकान् यानहं द्वेष्मि ये च माम् ।।१।।

तानश्वत्थ निः शृणीहि शत्रून् वैबाध दोधतः। इन्द्रेण वृत्रघ्ना मेदी मित्रेण वरुणेन च ।

यथाश्वत्थ निरभनोऽन्तर्महत्यर्णवे । एवा तान्त्सर्वान्निर्भङ्ग्धि यानहं द्वेष्मि ये च माम् ।।३।।

यः सहमानश्चरसि सासहान इव ऋषभः। तेनाश्वत्थ त्वया वयं सपत्नानान्त्सहिषीमहि ।।४।।

सिनात्वेनान् निर्ऋतिर्मृत्योः पाशैरमोक्यैः। अश्वत्थ शत्रून् मामकान् यानहं द्वेष्मि ये च माम्।।५।।

यथाश्वत्थ वानस्पत्यानारोहन् कृणुषेऽधरान्। एवा मे शत्रेर्मूर्धानं विष्वग् भिन्धि सहस्व च ।।६।।

तेऽधरांचः प्र प्लवन्तां छिन्नाा नौरिव बन्धनात्। न वैबाधप्रणुत्तानां पुनरस्ति निवर्त्तनम् ।।७।।

प्रैणान् नुदे मनसा प्र चित्तेनोत ब्रह्मणा। प्रैणान् वृक्षस्य शाखयाश्वत्थस्य नुदामहे ।।८।।

१११. अश्विनी बृहस्पतिः

१. ब्रह्म – अ. ५.2६.१2

अश्विना ब्रह्मणा यातमर्वांचौ वषट्कारेण यज्ञं वर्धयन्तौ ।

बृहस्पते ब्रह्मणा याह्यर्वाङ् यज्ञो अयं स्वरिदं यजमानाय स्वाहा ।।१2।।

११2. अश्विनौ

१. अगस्त्यो मैत्रावरुणिः – ऋ. १.१८०.१–१०; १.१८१.१–६; १.१८2.१–८; १.१८३.१–६; १.१८४.१–६

ऋ. १.१८०.१–१०

युवो रजांसि सुयमासो अश्वा रथो यद्वा पर्यर्णांसि दीयत् ।

हिरण्यया वां पवयः प्रुषायन्मध्वः पिबन्ता उषसः सचेथे ।।१।।

युवमत्यस्याव नक्षथो यद्विपत्मनो नर्यस्य प्रयज्योः ।

स्वसा यद्वां विश्वगूर्ती भराति वाजायेट्टे मधुपाविषे च ।।2।।

युवं पय उस्रियायामधत्तं पक्वमामायामव पूर्व्यं गोः ।

अन्तर्यद्वनिनो वामृतप्सू ह्वारो न शुचिर्यजते हविष्मान् ।।३।।

युवं ह धर्मं मधुमन्तमत्रायेऽपो न क्षोदोऽवृणीतमेषे ।

तद्वां नरावश्विना पश्वइष्टी रथ्येव चक्रा प्रति यन्ति मध्वः ।।४।।
आ वा दानाय ववृतीय दस्रा गोरोहेण तौग्र्यो न जिव्रिः ।
अपः क्षोणी सचते माहिना वा जूर्णो वामक्षुरंहसो यजत्रा ।।५।।
नि यद्युवेथे नियुतः सुदान् उप स्वधाभिः सृजथः पुरधिम् ।
प्रेषद्वेषद्वातो न सूरिरा महे ददे सुव्रतो न वाजम् ।।६।।
वयं चिद्धि वां जरितारः सत्या विपन्यामहे वि पणिर्हितावान् ।।७।।
अधा चिद्धि ष्माश्विनावनु द्यून्विरुद्रस्य प्रस्रवणस्य सातौ ।
अगस्त्यो नरां नृषु प्रशस्तः काराधुनीव चितयत्सहस्रैः ।।८।।
प्र यद्वहेथे महिना रथस्य प्र स्पन्द्रा याथो मनुषो न होता ।
धत्तं सूरिभ्य उत वा स्वश्व्यं नासत्या रयिषाचः स्याम ।।९।।
तं वां रथं वयमद्या हुवेम स्तोमैरश्विना सुविताय नव्यम् ।
अरिष्टनोमिं परि द्यामियानं विद्यामेषं वृजनं जीरदानुम् ।।१०।।

ऋ. १.१८१.१–९

कदु प्रष्ठाविषां रयीणामध्वर्यन्ता यदुन्निनीथो अपाम् ।
अयं वां यज्ञो अकृत प्रशस्तिं वसुधिती अवितारा जनानाम् ।।१।।
आ वामश्वासः शुचयः पयस्पा वातरंहसो दिव्यासो अत्याः ।
मनोजुवो वृषणो वीतपृष्ठा एह स्वराजो अश्विना वहन्तु ।।2।।
आ वां रथोऽवनिर्न प्रवत्वान्त्सृप्रवन्धुरः सुविताय गम्याः ।
वृष्ण स्थातारा मनसो जवीयानहम्पूर्वो यजनो धिष्ण्या यः ।।३।।
इहेह जाता समवावशीतापरेपसा तन्वा३ नामभिः स्वैः ।
जिष्णुर्वामन्यः सुमखस्य सूरिर्दिवो अन्यः सुभगः पुत्र ऊहे ।।४।।
प्र वां निचेरुः ककुहो वशाँ अनु पिशङ्गरूपः सदनानि गम्याः ।
हरी अन्यस्य पीपयन्त वाजैर्मथ्रा रजांस्यश्विना वि घोषैः ।।५।।
प्र वां शरद्वान्वृषभो न निष्षाट् पूर्वीरिषश्चरति मध्व इष्णन् ।
एवैरन्यस्य पीपयन्त वाजैर्वेषन्तीरूर्ध्वा नद्यो न आगुः ।।६।।
असर्जि वां स्थविरा वेधसा गीर्बाळ्हे अश्विना त्रेधा क्षरन्ती ।
उपस्तुताववतं नाधमानं यामन्नयोंछृणुतं हवं मे ।।७।।
उत स्या वां रुशतो वप्ससो गीस्त्रिबर्हिषि सदसि पिन्वते नॄन् ।
वृषा वा मेघो वृषणा पीपाय गोर्न सेके मनुषो दशस्यन् ।।८।।
युवां पूषेवाश्विना पुरन्धिरग्निमुषां न जरते हविष्मान् ।
हुवे यद्वां वरिवस्या गृणानो विद्यमेषं वृजनं जीरदानुम् ।।९।।

ऋ. १.१८2.१–८

अभूदिदं वयुनमो षु भूषता रथो वृषण्वान्मदता मनीषिणः।
धियंजिन्वा धिष्ण्या विश्पलावसू दिवो नपाता सुकृते शुचिव्रता ।।१।।
इन्द्रतमा हि धिष्ण्या मरुत्तमा दस्रा दंसिष्ठा रथ्या रथीतमा ।
पूर्णं रथं वहेथे मध्व आचितं तेन दाश्वांसमुप याथो अश्विना ।।2।।
किमत्र दस्रा कृणुथः किमासाथे जनो यः कश्चिदहविर्महीयते ।
अति क्रमिष्टं जुरतं पणेरसुं ज्योतिर्विप्राय कृणुतं वचस्यवे ।।३।।
जम्भयतमभितो रायतः शुनो हतं मृधो विदथुस्तान्यश्विना ।
वाचंवाचं जरितू रत्निनीं कृतमुभा शंसं नासत्यावतं मम ।।४।।
युवमेतं चक्रथुः सिन्धुषु प्लवमात्मन्वन्तं पक्षिणं तौग्र्याय कम् ।
येन देवत्रा मनसा निरूहथुः सुपप्तनी पेतथुः क्षोदसो महः ।।५।।
अवविद्धं तौग्र्यमप्स्व१न्तरनारम्भणे तमसि प्रविद्धम् ।
चतस्रो नावो जठलस्य जुष्टा उदश्विभ्यामिषिताः पारयन्ति ।।६।।

कः स्विद्वृक्षो निष्ठितो मध्ये अर्णसो यं तौग्र्यो नाधितः पर्यषस्वजत् ।
पर्णा मृगस्य पतरोरिवारभ उदश्विना ऊहथुः श्रोमताय कम् ।।७।।
तद्वां नरा नासत्यावनबु ष्याद्यद्वां मानास उचथमवोचन् ।
अस्मादद्य सदसः सोम्यादा विद्यामेषं वृजनं जीरदानुम् ।।८।।

ऋ. १.१८३.१–६

तं युंजाथां मनसो यो जवीयान् त्रिवन्धुरो बृषणा यस्त्रिांचक्रः ।
येनोपयाथः सुकृतो दुरोणं त्रिधातुना पतथो विर्न पर्णैः ।।१।।
सुवृद्रथो वर्तते यन्नूभि क्षां यत्तिष्ठथः क्रतुमन्तानु पृक्षे ।
वपुर्वपुष्या सचतामियं गीर्दिवो दुहित्रोषसा सचेथे ।।2।।
आ तिष्ठतं सुवृतं यो रथो वामनु व्रतानि वर्तते हविष्मान् ।
येन नरा नासत्येषयध्यै वर्तिर्याथस्तनयाय त्मने च ।।३।।
मा वा वृको मा वृकीरा दधर्षीन्मा परिं वर्क्तमुत मातिं धक्तम् ।
अयं वा भागो निहितं इयं गीर्दस्राविमे वां निधयो मधूनाम् ।।४।।
युवां गोतमः पुरुमीळहो अत्रिर्दस्रा हवतेऽवसे हविष्मान् ।
दिशं न दिष्टामृजूयेव यन्ता मे हवं नासत्योप यातम् ।।५।।
अतारिष्म तमसस्पारमस्य प्रति वा स्तोमो अश्विनावधायि ।
एह यातं पथिभिर्देवयानैर्विद्यामेषं वृजनं जीरदानुम् ।।६।।

ऋ. १.१८४.१–६

ता वामद्य तावपरं हुवेमोच्छन्त्यामुषसि वह्निरुक्थैः ।
नासत्या कुह चित्सन्तावर्यो दिवो नपाता सुदास्तराय ।।१।।
अस्मे ऊ षु वृषणा मादयेथामुत्पणभँर्हतमूर्म्या मदन्ता ।
श्रुतं मे अच्छोक्तिभिर्मतीनामेष्टा नरा निचेतारा च कर्णैः ।।2।।
श्रिये पूषन्निषुकृतेव देवा नासत्या वहतुं सूर्यायाः ।
वच्यन्ते वां ककुहा अप्सु जाता युगा जूर्णेव वरुणस्य भूरेः ।।३।।
अस्मे सा वां माध्वी रातिरस्तु स्तोमं हिनोतं मान्यस्य कारोः ।
अनु यद्वां श्रवस्या सुदानू सुवीर्याय चर्षणयो मदन्ति ।।४।।
एष वा स्तोमो अश्विनावकारि मानेमिर्मघवाना सुवृक्ति ।
यातं वर्तिस्तनयाय त्मने चागस्त्ये नासत्या मदन्ता ।।५।।
अतारिष्म तमसस्पारमस्य प्रति वा स्तोमो अश्विनावधायि ।
एह यातं पथिभिर्देवयानैर्विद्यामेषं वृजनं जीरदानुम् ।।६।।

2. अत्रिर् भौमः – ऋ. ५.७६.१–५; ५.७७.१–५; १०.१४३.१–६; सा. १७५2–५४

ऋ. ५.७६.१–५

आ भात्यग्निरुषसामनीकमुद्विप्राणां देवया वाचो अस्थुः ।
अर्वांचा नूनं रथ्येह यातं पीपिवांसमश्विना घर्ममच्छ ।।१।।
न संस्कृतं प्र मिमीतो गमिष्ठान्ति नूनमश्विनोपस्तुतेह ।
दिवाभिपित्वेऽवसागमिष्ठा प्रत्यवर्ति दाशुषे शंभविष्ठा ।।2।।
उता यातं संगवे प्रातरह्नो मध्यन्दिन उदिता सूर्यस्य ।
दिवा नक्तमवसा शंतमेन नेदानीं पीतिरश्विना ततान ।।३।।
इदं हि वां प्रदिवि स्थानमोक इमे गृहा अश्विनेदं दुरोणम् ।
आ नो दिवो बृहतः पर्वतादाद्भ्यो यातमिषमूर्जं वहन्ता ।।४।।
समश्विनोरवसा नूतनेन मयोभुवा सुप्रणीति गमेम ।
आ नो रयिं वहतमोत वीराना विश्वान्यमृता सौभगानि ।।५।।

ऋ. ५.७७.१–५

प्रातर्यावाणा प्रथमा यजध्वं पुरा गृध्रादररुषः पिबातः ।

प्रातर्हि यज्ञमश्विना दधाते प्र शंसन्ति कवयः पूर्वभाजः ।।१।।
प्रातर्यजध्वमश्विना हिनोत न सायमस्ति देवया अजुष्टम् ।
उतान्यो अस्मद्यजते वि चावः पूर्वः पूर्वो यजमानो वनीयान्।।2।।
हिरण्यत्वङ् मधुवर्णो घृतस्नुः पृक्षो वहन्नारथो वर्तते वाम् ।
मनोजवा अश्विना वातरंहा येनातियाथो दुरितानि विश्वा ।।३।।
योभूयिष्ठं नासत्याभ्यां विवेष चनिष्ठं पित्वो ररते विभागे ।
स तोकमस्य पीपरच्छमीभिरनूर्ध्वभासः सदमित्तुतुर्यात् ।।४।।
समश्विनोरवसा नूतनेन मयोभुवा सुप्रणीति गमेम ।
आ नो रयिं वहतमोत वीराना विश्वान्यमृता सौभगानि ।।५।।

ऋ. १०.१४३.१–६

त्यं चिदत्रिमृतजुरमर्थमश्वं न यातवे। कक्षीवन्तं यदी पुना रथं न कृणुथो नवम् ।।१।।
त्यं चिदश्वं न वाजिनमरेणवो यमत्नत। दृळहं ग्रन्थिं न वि ष्यतमत्रिं यविष्ठमा रजः ।।2।।
नरा दंसिष्ठावत्राये शुभ्रा सिषासतं धियः। अथा हि वां दिवो नरा पुन स्तोमो न विशसे ।।३।।
चिते तद्वां सुराधसा रातिः सुमतिरश्विना। आ यन्नः सदने पृथौ समने पर्षथो नरा ।।४।।
युवं भुज्यु समुद्र आ रजसः पार ईङ्खितम्। यातमच्छा पतत्रिभिर्नासत्या सातये कृतम् ।।५।।
आ वां सुम्नैः शंयू इव मंहिष्ठा विश्ववेदसा। समस्मे भूषतं नरोत्सं न पिप्युषीरिषः ।।६।।

सा. १७५2–५४

आ भात्यग्निरुषसामनीकमुद्विप्राणां देवया वाचो अस्थुः ।
अर्वांचा नूनं रथ्येह यातं पीपिवांसमश्विना घर्मच्छ ।।१।।
न संस्कृतं प्र मिमीतो गिमष्ठान्ति नूनमश्विनोपस्तुतेह ।
दिवाभिपित्वेऽवसागमिष्ठा प्रत्यवर्ति दाशुषे शम्भविष्ठा।।2।।
उता यातं संगवे प्रातरह्नो मध्यन्दिन उदिता सूर्यस्य ।
दिवा नक्तमवसा शन्तमेन नेदानीं पीतिरश्विना ततान ।।३।।

३. अथर्वा – अ. 2.2६.६

शिवाभिष्टे हृदयं तर्पयाम्यनमीवो मोदिषीष्ठाः सुवर्चाः ।
सवासिनौ पिबतां मन्थमेतमश्विनो रूपं परिधाय मायाम्।।६।।

४. अथर्वा (अभयकामः) – अ. ६.५०.१–३

हतं तर्दं समङ्कमाखुमश्विना छिन्तं शिरो अपि पृष्टीः शृणीतम् ।
यवान्नेददानपि नह्यतं मुखमथाभयं कृणुतं धान्याय ।।१।।
तर्द है पतङ्ग है जभ्य हा उपक्वस।
ब्रह्मेवासंस्थितं हविरनदन्त इमान् यवानहिंसन्तो अपोदित ।।2।।
तर्दापते वघापते तृष्टजम्भा आ शृणोत मे ।
अ आरण्या व्यद्वरा य क च स्थ व्यद्वरास्तान्त्सवाजम्भयामसि ।।३।।

५. अवस्युर् आत्रेयः – ऋ. ५.७५.१–९; सा. ४१८; १७४३–४५

ऋ. ५.७५.१–६

प्रति प्रियतमं रथं वृष्णं वसुवाहनम् ।
स्तोता वामश्विनावृषिः स्तोमेन प्रति भूषति माध्वी मम श्रुतं हवम् ।।१।।
अत्यायातमश्विना तिरो विश्वा अहं सना ।
दस्रा हिरण्यवर्तनी सुषुम्ना सिन्धुवाहसा माध्वी मम श्रुतं हवम् ।।2।।
आ नो रत्नानि बिभ्रतावश्विना गच्छतं युवम् ।
रुद्रा हिरण्यवर्तनी जुषाणा वाजिनीवसू माध्वी मम श्रुतं हवम् ।।३।।
सुष्टुभो वां वृषण्वसू रथे वाणीच्याहिता ।
उत वां ककुहो मृगः पृक्षः कृणोति वापुषो माध्वी मम श्रुतं हवम् ।।४।।
बोधिन्मनसा रथ्येषिरा हवनश्रुता ।

विभिश्च्यवानमश्विना नि याथो अद्वयाविनं माध्वी मम श्रुतं हवम् ।।५।।
आ वां नरा मनोयुजोऽश्वासः प्रुषितप्सवः ।
वयो वहन्तु पीतये सह सुम्नेभिरश्विना माध्वी मम श्रुतं हवम् ।।६।।
अश्विनावेह गच्छतं नासत्या मा वि वेनतम् ।
तिरश्चिदर्यया परि वर्तिर्यातमदाभ्या माध्वी मम श्रुतं हवम् ।।७।।
अस्मिन्यज्ञे अदाभ्या जरितारं शुभस्पती ।
अवस्युमश्विना युवं गृणन्तमुप भूषथो माध्वी मम श्रुतं हवम् ।।८।।
अभूदुषा रुशत्पशुराग्निरधाय्यृत्वियः ।
अयोजि वां वृषण्वसू रथो दस्रावमर्त्यो माध्वी मम श्रुतं हवम् ।।९।।

सा. ४१८

प्रति प्रियतमं रथं वृष्णं वसुवाहनम् ।
स्तोता वामश्विनावृषि स्तोमेभिर्भूषति प्रति माध्वी मम श्रुतं हवम् ।।१०।।

सा. १७४३–४५

प्रति प्रियतमं रथं वृषणं वसुवाहनम् ।
स्तोता वामश्विनावृषि स्तोमेभिर्भूषति प्रति माध्वी मम श्रुतं हवम् ।।१।।
अत्यायातमश्विना तिरो विश्वा अहं सना ।
दस्रा हिरण्यवर्तनी सुषुम्णा सिन्धुवाहसा माध्वी मम श्रुतं हवम् ।।2।।
आ नो रत्नानि बिभ्रतावश्विना गच्छतं युवम् ।
रुद्रा हिरण्यवर्तनी जुषाणा वाजिनीवसू माध्वी मम श्रुतं हवम् ।।३।।

६. अश्विनौ – य. 2८.१७

देवा दैव्या होतारा देवमिन्द्रमवर्द्धताम्। हताघशंसावाभार्ष्टां वसु वार्याणि यजमानाय शिक्षितौ वसुवने वसुधेयस्य वीतां यजा ।।१७।।

७. अश्विनौ वैवस्वतौ – सा. ३०५

कुष्ठः को वामश्विना तपानो देवा मर्त्यः। घ्नता वामश्नया क्षपमाणोंऽशुनेत्थमु आद्वन्यथा ।।३।।

८. इरिम्बिठिः काण्वः – ऋ. ८.१८.८

उत त्या दैव्या भिषजा शं नः करतो अश्विना। युयुयातामितो रपो अप स्रिधः ।।८।।

९. उशना – य. १४.१–५

ध्रुवक्षितिर्ध्रुवयोनिर्ध्रुवासि ध्रुवं योनिमासीद साधुया ।
उख्यस्य केतुं प्रथमं जुषाणा अश्विनाध्वर्यू सादयतामिह त्वा ।।१।।
कुलायिनी घृतवती पुरन्धिः स्योने सीद सदने पृथिव्याः ।
अभि त्वा रुद्रा वसवो गृणान्त्विमा ब्रह्म पीपिहि सौभगायाश्विनाध्वर्यू सादयतामिह त्वा ।।2।।
स्वैर्दक्षैर्दक्षपितेह सीद देवानां सुम्ने बृहते रणाय ।
पितेवैधि सूनवऽआ सुशेवा स्वावेशा तन्वा संविशस्वाश्विनाध्वर्यू सादयतामिह त्वा ।।३।।
पृथिव्याः पुरीषमस्यप्सो नाम तां त्वा विश्वेऽअभिगृणन्तु देवाः ।
स्तोमपृष्ठा घृतवतीह सीद प्रजावदस्मे द्रविणा यजस्वा श्विनाध्वर्यू सादयतामिह त्वा ।।४।।
अदित्यास्त्वा पृष्ठे सादयाम्यन्तरिक्षस्य धर्त्री विष्टम्भनीं दिशामधिपत्नीं भुवनानाम् ।
ऊर्मिर्द्रप्सोऽअपामसि विश्वकर्मा तऽऋषिश्विनाध्वर्यू सादयतामिह त्वा ।।५।।

१०. कक्षीवान (दैर्धतमसः औशिजः) – ऋ. १.११६.१–२५; १.११७.१–२५; १.११८.१–११

ऋ. १.११६.१–२५

नासत्याभ्यां बर्हिरिव प्र वृंजे स्तोमाँ इयर्म्याभ्रियेव वातः ।
यावर्भगाय विमदाय जायां सेनाजुवा न्यूहतू रथेन ।।१।।
वीळु१पत्मभिराशुहेमभिर्वा देवानां वा जुतिभिः शाशदाना ।
तद्रासभो नासत्या सहस्रमाजा यमस्य प्रधने जिगाय ।।2।।

तुग्रो ह भुज्युमश्विनोदमेघे रयिं न कश्चिन्ममृवाँ अवाहाः ।
तमूहथुर्नौभिरात्मन्वतीभिरन्तरिक्षप्रुद्भिरपोदकाभिः ।।३।।
तिस्रः क्षपस्त्रिरहातिव्रजद्भिर्नासत्या भुजयुमूहथुः पतंगैः ।
समुद्रस्य धन्वन्नार्द्रस्य पारे त्रिभी रथैः शतपद्भिः पळश्वैः ।।४।।
अनारम्भणे तदवीरयेथामनास्थाने अग्रभणे समुद्रे ।
यदश्विना ऊहथुर्भुज्युमस्तँ शतारित्रां नावमातस्थिवांसम् ।।५।।
यमश्विना ददथुः श्वेतमश्वमघाश्वय शश्वदित्स्वस्ति ।
तद्वां दात्रं महि कीर्तेन्यं भूत्पैद्वो वाजी सदमिद्धव्यो अर्यः ।।६।।
युवं नरा स्तुवते पज्रियाय कक्षीवते अरदतं पुरंधिम् ।
कारोताच्छफादश्वस्य वृष्णः शतं कुम्भाँ असिंचतं सुरायाः ।।७।।
हिमेनाग्निं घ्रसमवारयेथां पितुमतीमूर्जमस्मा अधत्तम् ।
ऋबीसे अत्रिमश्विनावनीतमुन्निन्यथुः सर्वगणं स्वस्ति ।।८।।
परावतं नासत्यानुदेथामुच्चाबुध्नं चक्रथुर्जिह्मबारम् ।
क्षरन्नापो न पायनाय राये सहस्राय तृष्यते गोतमस्य ।।६।।
जुजुरुषो नासत्योत वव्रिं प्रामुंचतं द्रापिमिव च्यवानात् ।
प्रातिरतं जहितस्यायुर्दस्रादित्पतिमकृणुतं कनीनाम् ।।१०।।
तद्वां नरा शंस्यं राध्यं चाभिष्टिमन्नासत्या वरूथम् ।
यद्विद्वांसा निधिमिवापगूळहमुद्दर्शतादूपथुर्वन्दनाय ।।११।।
तद्वां नरा सनये दंस उग्रमाविष्कृणोमि तायतुर्न वृष्टिम् ।
दध्यङ ह यन्मध्वाथर्वणो वामश्वस्य शीर्ष्णा प्र यदीमुवाच ।।१२।।
अजोहवीन्नासत्या करा वां महे यामन्पुरुभुजा पुरंधिः ।
श्रुतं तच्छासुरिव वध्रिमत्या हिरण्यहस्तमश्विनावदत्तम् ।।१३।।
आस्नो वृकस्य वर्तिकामभीके युवं नरा नासत्यामुमुक्तम् ।
उतो कविं पुरुभुजा युवं ह कृपमाणमकृणुतं विचक्षे ।।१४।।
चरित्रं हि वेरिवाच्छेदि पर्णमाजा खेलस्य परितक्म्यायाम् ।
सद्यो जङ्घामायसीं विश्पलायै धने हिते सर्तवे प्रत्यधत्तम् ।।१५।।
शतं मेषान्वृक्ये चक्षदानमृज्राश्वं तं पितान्धं चकार ।
तस्मा अक्षी नासत्या विचक्ष आधत्तं दस्रा भिषजावनर्वन् ।।१६।।
आ वां रथं दुहिता सूर्यस्य कार्ष्मेवातिष्ठदर्वता जयन्ती ।
विश्वे देवा अन्वमन्यन्त हृद्भिः समु श्रिया नासत्या सचेथे ।।१७।।
यदयातं दिवोदासाय वर्तिर्भरद्वाजायाश्विना हयन्ता ।
रेवदुवाह सचनो रथो वां वृषभश्च शिंशुमारश्च युक्ता ।।१८।।
रयिं सुक्षत्रं स्वपत्यमायुः सु2वीर्यं नासत्या वहन्ता ।
आ जह्नावीं समनसोप वाजैस्त्रिरह्नो भागं दधतीमयातम् ।।१६।।
परिविष्टं जाहुषं विश्वतः सीं सुगेभिर्नक्तमूहथू रजोभिः ।
विभिन्दुना नासत्या रथेन वि पर्वताँ अजरयू अयातम् ।।20।।
एकस्या वस्तोरावतं रणाय वशमश्विना सनये सहस्रा ।
निरहतं दुच्छुना इन्द्रवन्ता पृथुश्रवसो वृषणावराती ।।21।।
शरस्य चिदार्चत्कस्यावतादा नीचादुच्चा चक्रथुः पातवे वाः ।
शयवे चिन्नासत्या शचीभिर्जसुरये स्तर्यं पिप्यथुर्गाम् ।।22।।
अवस्यते स्तुवते कृष्णियाय ऋजूयते नासत्या शचीभिः ।
पशुं न नष्टमिव दर्शनाय विष्णाप्वं ददथुर्विश्वकाय ।।23।।
दश रात्रीरशिवेना नव द्यूनवनद्धं श्नथितमप्स्व1न्तः ।
विप्रुतं रेभमुदनि प्रवृक्तमुन्निन्यथुः सोममिव स्रुवेण ।।24।।

प्र वां दंसास्यश्विनाववोचमस्य पातिः स्यां सुगवः सुवीरः ।
उत पश्यन्नश्नुवन्दीर्घमायुरस्तमिवेज्जरिमाणं जगम्याम् ।।२५।।

ऋ. १.११७.१–२५

मध्वः सोमस्याश्विना मदाय प्रत्नो होता विवासते वाम् ।
बर्हिष्मती रातिर्विश्रिता गीरिषा यातं नासत्योप वाजैः ।।१।।
यो वामश्विना मनसो जवीयान्नथः स्वश्वो विश आजिगति ।
येन गच्छथः सृकृतो दुरोणं तेन नरा वर्तिरस्मभ्यं यातम् ।।2।।
ऋषिं नरावंहसः पांचजन्यमृबीसादत्रिं मुंचथो गणेन ।
मिनन्ता दस्योरशिवस्य माया अनुपूर्वं वृषणा चोदयन्ता ।।३।।
अश्वं न गूळहमश्विना दुरेवैर्ऋषिं नरा वृषणा रेभमप्सु ।
सं तं रणीथो विप्रुतं दसोभिर्न वां जूर्यन्ति पूर्व्या कृतानि ।।४।।
सुषुप्वांसं न निर्ऋतेरुपस्थे सूर्यं न दस्रा तमसि क्षियन्तम् ।
शुभे रुक्मं न दर्शतं निखातमुदूपथुरश्विना वन्दनाय ।।५।।
तद्वां नरा शंस्यं पज्रियेण कक्षीवता नासत्या परिज्मन् ।
शफादश्वस्य वाजिनो जनाय शतं कुम्भाँ असिंचतं मधूनाम् ।।६।।
युवं नरा स्तुवते कृष्णियाय विष्णाप्वं ददथुर्विश्वकाय ।
घोषायै चितिपतृषदे दुरोणे पतिं जूर्यन्त्या अश्विनावदत्तम् ।।७।।
युवं श्यावाय रुशतीमदत्त महः क्षेणस्याश्विना कण्वाय ।
प्रवाच्यं तद्वृषणा कृतं वां यन्नार्षदाय श्रवो अध्यधत्तम् ।।८।।
पुरू वर्पांस्यश्विना दधाना नि पेदव ऊहथुराशुमश्वम् ।
सहस्रसां वाजिनमप्रतीतमहिहनं श्रवस्यं१ तरुत्रम् ।।९।।
एतानि वा श्रवस्या सुदानू ब्रह्माङ्ग गूषं सदनं रोदस्योः ।
यद्वां पज्रासो अश्विना हवन्ते यातमिषा च विदुषे च वाजम् ।।१०।।
सूनोर्मानेनाश्विना गृणाना वाज विप्राय भुरणा रदन्ता ।
अगस्त्ये ब्रह्मणा वावृधाना सं विपूपलां नासत्यारिणीतम् ।।११।।
कुह यान्ता सुष्टुतिं काव्यस्य दिवो नपाता वृषण शयुत्रा ।
हिरण्यस्येव कलशं निखातमुदूपथुर्दशमे अश्विनाहन् ।।१2।।
युवं च्यवानमश्विना जरन्तं पुनर्युवानं चक्रथुः शचीभिः ।
युवो रथं दुहिता सूर्यस्य सह श्रिया नासत्यावृणीत ।।१३।।
युवं तुग्राय पूर्व्येभिरेवैः पुनर्मन्यावभवतं युवाना ।
युवं भुजयुमर्णसो निः समुद्राद्विभिरूहथुर्ऋज्रेभिरश्वैः ।।१४।।
अजोहवीदश्विना तौग्र्यो वां प्रोळहः समुद्रमव्यथिर्जगन्वान् ।
निष्टमूहथुः सुयुजा रथेन मनोजवसा वृषणा स्वस्ति ।।१५।।
अजोहवीदश्विना वर्तिका वमास्नो यत्सीममुंचतं वृकस्य ।
वि जयुषा ययथुः सान्वद्रेर्जातं विष्वाचो अहतं विषेण ।।१६।।
शतं मेषान्वृक्ये मामहानं तमः प्रणीतमशिवेन पित्रा ।
आक्षी ऋज्राश्वे अश्विनावधत्तं ज्योतिरन्धाय चक्रथुर्विचक्षे ।।१७।।
शुनमन्धाय भरमह्वयत्सा वृकीरश्विना वृषणा नरेति ।
जारः कनीन इव चक्षदान ऋज्राश्वः शतमेकं च मेषान् ।।१८।।
मही वामूतिरश्विना मयोभूरुत स्रामं धिष्ण्या सं रिणीथः ।
अथा युवामिदह्वयत्पुरंधिरागच्छतं सीं वृषणाववोभिः ।।१९।।
अधेनुं दस्रा स्तर्यं१ विषक्तामपिन्वतं शयवे अश्विना गाम् ।
युवं शचीभिर्विमदाय जायां न्यूहथुः पुरुमित्रस्य योषाम् ।।2०।।
यवं वृकेणाश्विना वपन्तेषं दुहन्ता मनुषाय दस्रा ।

अभि दस्युं बकुरेणा धमन्तोरु ज्योतिश्चक्रथुरार्याय ।।21।।
आथर्वणायाश्विना दधीचेऽश्व्यं शिरः प्रतयैरयतम् ।
स वां मधु प्र वोचदृतायन्त्वाष्ट्रं यद्दस्रावपिकक्ष्यं वाम् ।।22।।
सदा कवी सुमतिमा चके वां विश्वा धियो अश्विना प्रावतं मे ।
अस्मे रयिं नासत्या बृहन्तमपत्यसाचं श्रुत्यं रराथाम् ।।2३।।
हिरण्यहस्तमश्विना रराणा पुत्रं नरा वध्रिमत्या अदत्तम् ।
त्रिधा ह श्यावमश्विना विकस्तमुज्जीवस ऐरयतं सुदानू ।।2४।।
एतानि वामश्विना वीर्याणि प्र पूर्व्याण्यायवोऽवोचन् ।
ब्रह्म कृण्वन्तो वृषणा युवभ्यां सुवीरासो विदथमा वदेम ।।2५।।

ऋ. १.११८.१–११

आ वां रथो अश्विना श्येनपत्वा सुमृळीकः स्ववाँ यात्वर्वाङ् ।
यो मर्त्यस्य मनसो जीवयान्त्रिवन्धुरो वृषणा वातरंहाः ।।१।।
त्रिवन्धुरेण त्रिवृता रथेन त्रिचक्रेण सुवृता यातमर्वाक् ।
पिन्वतं गा जिन्वतमर्वतो नो वर्धयतमश्विना वीरमस्मे ।।2।।
प्रवद्यामना सुवृता रथेन दस्राविमं शृणुतं श्लोकमद्रेः ।
किमंग वा प्रत्यवर्तिं गमिष्ठाहुर्विप्रासो अश्विना पुराजाः ।।३।।
आ वां श्येनासो अश्विना वहन्तु रथे युक्तास आशवः पतंगाः ।
ये अप्तुरो दिव्यासो न गृध्रा अभि प्रयो नासत्या वहन्ति ।।४।।
आ वां रथं युवतिस्तिष्ठदत्र जुष्ट्वी नरा दुहिता सूर्यस्य ।
परि वामश्वा वपुषः पतंगा वयो वहन्त्वरुषा अभीके ।।५।।
उद्वन्दनमैरतं दंसनाभिरुद्रेभं दस्रा वृषणा शचीभिः ।
निष्टौग्र्यं पारयथः समुद्रात्पुनश्च्यवानं चक्रथुर्युवानम् ।।६।।
युवमत्रयेऽवनीताय तप्तमूर्जमोमानमश्विनावधत्तम् ।
युवं कण्वायापिरिप्ताय चक्षुः प्रत्यधत्तं सुष्टुतिं जुजुषाणा ।।७।।
युवं धेनुं शयवे नाधितायापिन्वतमश्विना पूर्व्याय ।
अमुंचतं वर्तिकामंहसो निः प्रति जङ्घाँ विश्पलाया अधत्तम् ।।८।।
युवं श्वेतं पेदव इन्द्रजूतमहिहनमश्विनादत्तमश्वम् ।
जोहूत्रमर्यो अभिभूतिमुग्रं सहस्रसां वृषणं वीड्वंगम् ।।६।।
ता वां नरा स्ववसे सुजाता हवामहे अश्विना नाधमानाः ।
आ न उप वसुमता रथेन गिरो जुषाणा सुविताय यातम् ।।१०।।
आ श्येनस्य जवसा नूतनेनास्मे यातं नासत्या सजोषाः ।
हवे हि वामश्विना रातहव्यः शश्वत्तमाया उषसो व्युष्टौ ।।११।।

११. कक्षीवान् दैर्धतमसः औशिजः – ऋ. १.११६.१–१०; १.१20.१–१2

ऋ. १.११६.१–१०

आ वा रथं पुरुमायं मनोजुवं जीराश्वं यज्ञियं जीवसे हुवे ।
सहस्रकेतुं वनिनं शतद्वसुं श्रुष्टीवानं वरिवोधामभि प्रयः ।।१।।
ऊर्ध्वा धीतिः प्रत्यस्य प्रयामन्यधायि शस्मन्त्समयनत आ दिशः ।
स्वदामि घर्मं प्रति यन्त्यूतय आ वामूर्जानी रथमश्विनारुहत् ।।2।।
सं यन्मिथः पस्पृधनासो अग्मत शुभे मखा अमिता जायवो रणे ।
युवोरह प्रवणे चेकिते रथो यदश्विना वहथः सूरिमा वरम् ।।३।।
युवं भुजयु भुरमाणं विभिर्गतं स्वयुक्तिभिर्निवहन्ता पितृभ्य आ ।
यासिष्टं वर्तिर्वृषणा विजेन्यं१ दिवोदासाय महि चेति वामवः ।।४।।
युवोरश्विना वपुषे युवायुजं रथं वाणी येमतुरस्य शर्ध्यम् ।

आ वां पतित्वं सख्याय जग्मुषी योषावृणीत जेन्या युवां पती ।।५।।
युवं रेभं परिषूतेरुरुष्यथो हिमेन घर्मं परितप्तमत्रये ।
युवं शयोरवसं पिप्यथुर्गवि प्र दीर्घेण वन्दनस्तार्यायुषा ।।६।।
युवं वन्दनं निर्ऋतं जरण्यया रथं न दस्रा करणा समिन्वथः ।
क्षेत्रादा विप्रं जनथो विपन्यया प्र वामत्र विधते दंसना भुवत् ।।७।।
अगच्छतं कृपमाणं परावति पितुः स्वस्य त्यजसा निबाधितम् ।
स्वर्वतीरित ऊतीर्युवोरह चित्रा अभीके अभवन्नभिष्टयः ।।८।।
उत स्या वां मधुमन्मक्षिकारपन्मदे सोमस्यौशिजो हुवन्यति ।
युवं दधीचो मन आ विवासथोऽथा शिरः प्रति वामश्व्यं वदत् ।।९।।
युवं पेदवे पुरुवारमश्विना स्पृधां श्वेतं तरुतारं दुवस्यथः ।
शर्यैरभिद्युं पृतनासु दुष्टरं चर्कृत्यमिन्द्रमिव चर्षणीसहम् ।।१०।।

ऋ. १.१२०.१–१२

का राधद्धोत्राश्विना वा को वां जोष उभयोः। कथा विधात्यप्रचेताः ।।१।।
विद्वांसाविद्दुरः पृच्छेदविद्वानित्थापरो अचेताः। नू चिन्नु मर्ते अक्रौ ।।2।।
ता विद्वांसा हवामहे वां ता नो विद्वांसा मन्म वोचेतमद्य। प्रार्चद्दयमानो युवाकुः ।।३।।
विपृच्छामि पाक्या३ न देवान्वषट्कृतस्याद्भुतस्य दस्रा। पातं च सह्यसो युवं च रभ्यसो नः।।४।।
प्र या घोषे भृगवाणे न शोभे यया वाचा यजति पज्रियो वाम्। प्रैषयुर्न विद्वान् ।।५।।
श्रुतं गायत्रं तकवानस्याहं चिद्धि रिरेभाश्विना वाम्। आक्षी शुभस्पती दन् ।।६।।
युवं ह्यास्तं महो रन्युवं वा यन्निरततंसतम्। ता नो वसू सुगोपा स्यातं नो वृकादघायोः।।७।।
मा कस्मै धातमभ्यमित्रिणे नो माकुत्रा नो गृहेभ्यो धेनवो गुः। स्तनाभुजो अशिश्वीः ।।८।।
दुहीयन्मित्रधितये युवाकु राये च नो मिमीतं वाजवत्यै। इषे च नो मिमीतं धेनुमत्यै ।।९।।
अश्विनोरसनं रथमनश्वं वाजिनीवतोः। तेनाहं भूरि चाकन ।।१०।।
अयं समह मा तनूह्याते जनां अनु। सोमपेयं सुखो रथः ।।११।।
अध स्वप्नस्य निर्विदेऽभुंजतश्च रेवतः। उभा ता बस्रि नश्यतः ।।१२।।

१2. कुत्सः – य. ३४.२९–३०

अप्नस्वतीमश्विना वाचमस्मे कृतं नो दस्रा वृषणा मनीषाम् ।
अद्यूत्येऽवसे निह्वये वां वृधे च नो भवतं वाजसातौ ।।2९।।
द्युभिरक्तुभिः परिपातमस्मानरिष्टोभिरश्विना सौभगोभिः ।
तन्नो मित्रो वरुणो मामहन्तामदितिः सिन्धुः पृथिवीऽउत द्यौः ।।३०।।

१३. कुत्स आंगिरसः – ऋ. १.११2.2–2५

युवोर्दानाय सुभरा असश्चतो रथमा तस्थुर्वचसं न मन्तवे ।
याभिर्धियोऽवथः कर्मन्निष्टये ताभिरू षु ऊतिभिश्विना गतम् ।।2।।
युवं तासां दिव्यस्य प्रशासने विशां क्षयथो अमृतस्य मज्मना ।
याभिर्धेनुमस्वं१ पिन्वथो नरा ताभिरू षु ऊतिभिरश्विना गतम् ।।३।।
याभिः परिज्मा तनयस्य मज्मना द्विमाता तूर्षु तरणिर्विभूषति ।
याभिस्त्रिमन्तुरभवद्विचक्षणस्ताभिरू षु ऊतिभिरश्विना गतम् ।।४।।
याभी रेभं निवृतं सितमद्भ्य उद्वन्दन्मैरयतं स्वर्दृशे ।
याभिः कण्वं प्र सिषसन्तमावतं ताभिरू षु ऊतिभिरश्विना गतम् ।।५।।
याभिरन्तकं जस्मानमारणे भुजयु याभिरव्यथिभिर्जिजिन्वथुः ।
याभिः कर्कन्धुं वय्यं च जिन्वथस्ताभिरू षु ऊतिभिरश्विना गतम् ।।६।।
याभिः शुचन्ति धनसां सुषंसदं तप्तं घर्ममोम्यावन्तमत्रये ।
याभिः पृश्निगुं पुरुकुत्समावतं ताभिरू षु ऊतिभिरश्विना गतम् ।।७।।
याभिः शचीभिर्वृषणा परावृजं प्रान्धं श्रोणं चक्षस एतवे कृथः ।

याभिर्वर्तिकां ग्रसितामभुंचतं ताभिरू षु ऊतिभिरश्विना गतम् ।।८।।
याभिः सिन्धु मधुमन्तमसश्चतं वसिष्ठं याभिरजरावजिन्वतम् ।
याभिः कुत्सं श्रुतर्यं नर्यमावतं ताभिरू षु ऊतिभिरश्विना गतम् ।।६।।
याभिर्विश्पलां धनसामथर्व्यं सहस्रमीळ्ह आजावजिन्वतम् ।
याभिर्विशमश्व्यं प्रेणिमावतं ताभिरू षु ऊतिभिरश्विना गतम् ।।१०।।
याभिः सुदानू औशिजाय वणिजे दीघश्रवसे मधु कोशो अक्षरत् ।
कक्षीवन्तं स्तोतारं याभिरावतं ताभिरू षु ऊतिभिरश्विना गतम् ।।११।।
याभी रसां क्षोदसोद्गः पिपिन्वथुरनश्वं याभी रथमावतं जिषे ।
याभिस्त्रिशोक उस्रिया उदाजत ताभिरू षु ऊतिभिरश्विना गतम् ।।१2।।
याभिः सूर्यं परियाथः परावति मन्धातारं क्षैत्रपत्येष्वावतम् ।
याभिर्विप्रं प्र भरद्वाजमावतं ताभिरू षु ऊतिभिश्विना गतम् ।।१३।।
याभिर्महामतिथिग्वं कशोजुवं दिवोदासं शम्बरहत्य आवतम् ।
याभिः पूर्भिद्ये त्रसदस्युमावतं ताभिरू षु ऊतिभिरश्विना गतम् ।।१४।।
याभिर्वभ्रं विपिपानमुपस्तुतं कलिं याभिर्वित्तजानि दुवस्यथः ।
याभिर्व्यश्वमुत पृथिमावतं ताभिरू षु ऊतिभिरश्विना गतम् ।।१५।।
याभिर्नरा शयवे याभिरत्रये याभिः पुरा मनवे गातुमीषथुः ।
याभिः शरीराजतं स्यूमरश्मये ताभिरू षु ऊतिभिरश्विना गतम् ।।१६।।
याभिः पठर्वा जठरस्य मज्मनाग्निर्नादीदेच्चित इद्धो अज्मन्ना ।
याभिः शर्यातमवथो महाधने ताभिरू षु ऊतिभिरश्विना गतम् ।।१७।।
याभिरंगिरो मनसा नरण्यथोऽग्रं गच्छथो विवरे गोअर्णसः ।
याभिर्मनु शूरमिषा समावतं ताभिरू षु ऊतिभिरश्विना गतम् ।।१८।।
याभिः पत्नीर्विमदाय न्यूहथुरा घ वा याभिररुणीरशिक्षतम् ।
याभिः सुदास ऊहथुः सदेव्यं१ ताभिरू षु ऊतिभिरश्विना गतम् ।।१६।।
याभिः शताती भवथो ददाशुषे भुज्युं याभिरवथो याभिरध्रिगुम् ।
ओम्यावतीं सुभरामृतस्तुभं ताभिरू षु ऊतिभिरश्विना गतम् ।।20।।
याभिः कृशनुमसने दुवस्यथो जवे याभिर्यूनो अर्वन्तमावतम् ।
मधु पियं भरथो यत्सरड्भ्यस्ताभिरू षु ऊतिभिरश्विना गतम् ।।2१।।
याभिर्नरं गोषुयुधं नृषाह्ये क्षेत्रस्य साता तनयस्य जिन्वथः ।
याभी रथाँ अवथो याभिरर्वतस्ताभिरू षु ऊतिभिरश्विना गतम् ।।22।।
याभिः कुत्समार्जुनेयं शतक्रतू प्र तुर्वीतिं प्र च दभीतिमावतम् ।
याभिर्ध्वसन्ति पुरुषन्तिमावतं ताभिरू षु ऊतिभिरश्विना गतम् ।।2३।।
अप्नस्वतीमश्विना वाचमस्मे कृतं नो दस्रा वृषणा मनीषाम् ।
अद्यूत्येऽवसे नि ह्वये वां वृधे च नो भवतं वाजसातौ ।।2४।।
द्युभिरक्तुभिः परि पातमस्मानरिष्टेभिरश्विना सौभगेभिः ।
तन्नो मित्रो वरुणो मामहन्तामदितिः सिन्धुः पृथिवी उत द्यौः ।।2५।।

१४. कुमारहारितः – य. १2.७४

सजूरब्दोऽअयवोभिः सजूरुषाऽअरुणीभिः सजोषसावश्विना दंसोभिः सजूः सूरऽएतशेन
सजूर्वैश्वानरऽइडया घृतेन स्वाहा ।।७४।।

१५. कृष्णः (ऋसर्व. अ.) कृष्ण आंगिरसः (साग्री.) – ऋ. ८.८५.१–६

आ मे हवं नासत्याश्विना गच्छतं युवम्। मध्वः सोमस्य पीतये ।।१।।
इमं मे स्तोममश्विनेमं मे शृणुतं हवम्। मध्वः सोमस्य पीतये ।।2।।
अयं वां कृष्णो अश्विना हवते वाजिनीवसू। मध्वः सोमस्य पीतये ।।३।।
शुणुतं जरितुर्हवं कृष्णस्य स्तुवतो नरा। मध्वः सोमस्य पीतये ।।४।।

Vedic Concordance of Mantras as per Devatā and Ṛṣi 217

छर्दिर्यन्तमदाभ्यं विप्राय स्तुवते नरा। मध्वः सोमस्य पीतये ।।५।।
गच्छतं दाशुषो गृहमित्था स्तुवतो अश्विना। मध्वः सोमस्य पीतये ।।६।।
युंजाथां रासभं रथे वीड्वंगे वृषण्वसू। मध्वः सोमस्य पीतये ।।७।।
त्रिबन्धुरेण त्रिवृता रथेना यातमश्विना। मध्वः सोमस्य पीतये ।।८।।
नू मे गिरो नासत्याश्विना प्रावतं युवम्। मध्वः सेमस्य पीतये ।।६।।

१६. कृष्णो द्युम्नीको वा प्रियमेधो वा वासिष्ठः – ऋ. ८.८७.१–६

द्युम्नी वां स्तोमो अश्विना क्रिविर्न सेक आ गतम् ।
मध्वः सुतस्य स दिवि प्रियो नरा पातं गौराविवेरिणे ।।१।।
पिबतं घर्मं मधुमन्तमश्विना बर्हिः सीदतं नरा।
ता मन्दसाना मनुषो दुरोण आ नि पातं वेदसा वयः ।।2।।
आ वां विश्वाभिरूतिभिः प्रियमेधा अहूषत ।
ता वर्तिर्यातमुप वृक्तबर्हिषो जुष्टं यज्ञं दिविष्टिषु ।।३।।
पिबतं सोमं मधुमन्तमश्विना बर्हिः सीदतं सुमत् ।
ता वावृधाना उप सुष्टुतिं दिवो गन्तं गौराविवेरिणम् ।।४।।
आ नूनं यातमश्विनाश्वेभिः प्रुषितप्सुभिः ।
दस्रा हिरण्यवर्तनी शुभस्पती पातं सोममृतावृधा ।।५।।
वयं हि वां हवामहे विपन्यवो विप्रासो वाजसातये ।
ता वल्गू दस्रा पुरुदंससा धियाश्विना श्रुष्ट्या गतम् ।।६।।

१७. कृष्णो विश्वको वा कार्ष्णिः – ऋ. ८.८६.१–५

उभा हि दस्रा भिषजा मयोभुवोभा दक्षस्य वचसो बभूवथुः ।
ता वां विश्वको हवते तनूकृथे मा नो वि यौष्टं सख्या मुमोचतम् ।।१।।
कथा नूनं वा विमना उप स्तवद्युवं धियं ददथुर्वस्य इष्टये ।
ता वां विश्वको हवते तनूकृथे मा नो वि यौष्टं सख्या मुमोचतम् ।।2।।
युवं हि ष्मा पुरुभुजेममेधतुं विष्णाप्वे ददथुर्वस्य इष्टये ।
ता वां विश्वको हवते तनूकृथे मा नो वि यौष्टं सख्या मुमोचतम् ।।३।।
उत त्यं वीरं धनसामृजीषिणं दूरे चित्सन्तमवसे हवामहे ।
यस्य स्वादिष्ठा सुमतिः पितुर्यथा मा नो वि यौष्टं सख्या मुमोचतम्।।४।।
ऋतेन देवः सविता शमायत ऋतस्य शृंगमुर्विया वि पप्रथे ।
ऋतं सासाह महि चित्पृतन्यतो मा नो वि यौष्टं सख्या मुमोचतम् ।।५।।

१८. गृत्समदः – य. 20.८१–८३

गोमदू षु णासत्याश्वावद्यातमश्विना। वर्त्ती रुद्रा नृपाय्यम् ।।८१।।
न यत्परो नान्तरऽआदधर्षद्वृषण्वसू। दुःशंसो मर्त्यो रिपुः ।।८2।।
ता नऽआ वोढमश्विना रयिं पिशंगसन्दृशम्। धिष्ण्या वरिवोविदम्।।८३।।

१६. गृत्समदः शौनकः – ऋ. 2.३७.५; 2.३६.१–८; 2.४१.७–६

ऋ. 2.३७.५

अर्वांचमद्य यय्यं नृवाहणं रथं युंजाथामिह वां विमोचनम् ।
पृङ्क्तं हवींषि मधुना हि कं गतमथा सोमं पिबतं वाजिनीवसू ।।५।।

ऋ. 2.३६.१–८

ग्रावाणेव तदिदर्थं जरेथे गृध्रेव वृक्षं निधिमन्तमच्छ ।
ब्रह्माणेव विदथ उक्थशासा दूतेव हव्या जन्या पुरुत्रा ।।१।।
प्रातर्यावाणा रथ्येव वीराजेव यमा वरमा सचेथे ।
मेने इव तन्वा३ शुम्भमाने दम्पतीव क्रतुविदा जनेषु ।।2।।
शृंगेव नः प्रथमा गन्तमर्वाक्छफाविव जर्भुराणा तरोभिः ।

चक्रवाकेव प्रति वस्तोरुस्रार्वांचा यातं रथ्येव शक्रा ।।३।।
नावेव नः पारयतं युगेव नभ्येव न उपधीव प्रधीव ।
श्वानेव नो अरिषण्या तनूनां खृगलेव विस्रसः पातमस्मान ।।४।।
वातेवाजुर्या नद्येव रीतिरक्षी इव चक्षुषा यातमर्वाक् ।
इस्ताविव तन्वे३ शम्भविष्ठा पादेव नो नयतं वस्यो अच्छ ।।५।।
ओष्ठाविव मध्वास्ने वदन्ता स्तनाविव पिप्यतं जीवसे नः ।
नासेव नस्तन्वो रक्षितारा कर्णाविव सुश्रुता भूतमस्मे ।।६।।
हस्तेव शक्तिमभि सदंदी नः क्षमेव नः समजतं रजांसि ।
इमा गिरो अश्विना युष्मयन्तीः क्ष्योत्रेणेव स्वधितिं सं शिशीतम् ।।७।।
एतानि वामश्विना वर्धनानि ब्रह्म स्तोमं गृत्समदासो अक्रन् ।
तानि नरा जुजुषाणोप यातं बृहद्वदेम विदथे सुवीरा ।।८।।

ऋ. 2.४१.७–६

गोमदु षु नासत्याश्वावद्यातमश्विना। वर्ती रुद्रा नृपाय्यम् ।।७।।
न यत्परो नान्तर आदर्धशद्वृषण्वसू। दुःशंसो मर्त्यो रिपुः ।।८।।
ता न आ वोळहमश्विना रयिं पिशंगसंदृशम्। धिष्ण्या वरिवोविदम् ।।६।।

२०. गोतमः – य. २८.७

होता यक्षद्दैव्या होतारा भिषजा सखाया हविषेन्द्रं भिषज्यतः ।
कवी देवौ प्रचेतसाविन्द्राय धत्तऽइन्द्रियं वीतामाज्यस्य होतर्यज ।।७।।

२१. गोतमो राहूगणः – सा. १७३४–१७३६

अश्विना वर्तिरस्मदा गोमद्दस्रा हिरण्यवत्। अर्वाग्रथं समनसा नि यच्छतम् ।।१।।
एह देवा मयोभुवा दस्रा हिरण्यवर्त्तनी। उषर्बुधो वहन्तु सोमपीतये ।।2।।
यावित्था श्लोकमा दिवो ज्योतिर्जनाय चक्रथुः। आ न ऊर्जं वहतमश्विना युवम् ।।३।।

22. गोपवन आत्रेयः सप्तवध्रिर् वा – ऋ. ८.७३.१–१८

उदीराथामृतायते युञ्जाथमश्विना रथम्। अन्ति षदभूतु वामवः ।।१।।
निमिषश्चिज्जवीयसा रथेना यातमश्विना। अन्ति षदभूतु वामवः ।।2।।
उप स्तृणीतमत्रये हिमेन घर्ममश्विना। अन्ति षदभूतु वामवः ।।३।।
कुह स्थः कुह जग्मथुः कुह श्येनेव पेत्थुः। अन्ति षदभूतु वामवः ।।४।।
यदद्य कर्हि कर्हि चिच्छुश्रूयातमिमं हवम्। अन्ति षदभूतु वामवः ।।५।।
अश्विना यामहूतमा नेदिष्ठं याम्याप्यम्। अन्ति षदभूतु वामवः ।।६।।
अवन्तमत्रये गृहं कृणुतं युवमश्विना। अन्ति षदभूतु वामवः ।।७।।
वरेथे अग्निमातपो वदते वल्ग्वत्रये। अन्ति षदभूतु वामवः ।।८।।
प्र सप्तवर्धिराशसा धारामग्नेरशायत। अन्ति षदभूतु वामवः ।।६।।
इहा गतं वृषण्वसू शुणुतं म इमं हवम्। अन्ति षदभूतु वामवः ।।१०।।
किमिदं वां पुराणवज्जरतोरिव शस्यते। अन्ति षदभूतु वामवः ।।११।।
समानं वां सजात्यं समानो बन्धुरश्विना। अन्ति षदभूतु वामवः ।।१2।।
यो वां रजांस्यश्विना रथो वियाति रोदसी। अन्ति षदभूतु वामवः ।।१३।।
आ नो गव्येभिरश्व्यैः सहस्रैरुप गच्छतम्। अन्ति षदभूतु वामवः ।।१४।।
मा नो गव्येभिरश्व्यैः सहस्रेभिरति ख्यतम्। अन्ति षदभूतु वामवः ।।१५।।
रुणप्सुरुषा अभूदकर्ज्योतिर्ऋतावरी। अन्ति षदभूतु वामवः ।।१६।।
अश्विना सु विचाकशद्वृक्षं परशुमाँ इव। अन्ति षदभूतु वामवः ।।१७।।
पुरं न धृष्णवा रुज कृष्णया बाधितो विषा। अन्ति षदभूतु वामवः ।।१८।।

२३. घोषा काक्षीवती – ऋ.१०.३६.१–१४; १०.४०.१–१४

ऋ. १०.३६.१–१४

यो वां परिज्मा सुवृदश्विना रथे दोपामुषासो हव्यो हविष्मता ।
शश्वत्तमासस्तमु वामिदं वयं पितुर्न नाम सुहवं हवामहे ।।१।।
चोदयतं सूनृताः पिन्वतं धिय उत्पुरन्धीरीरयतं तदुश्मसि ।
यशसं भागं कृणुतं नो अश्विना सोमं न चारुं मघवत्सु नस्कृतम् ।।2।।
अमाजुरश्चिद्भवथो युवं भगोऽनाशोश्चिदवितारापमस्य चित् ।
अन्धस्य चिन्नासत्या कृशस्य चिद्युवामिदाहुर्भिषजा रुतस्य चित् ।।३।।
युवं च्यवानं सनयं यथा रथं पुनर्युवानं चरथाय तक्षथुः ।
निष्टौग्र्यमूहथुरद्भ्यस्परि विश्वेत्ता वां सवनेषु प्रवाच्या ।।४।।
पुराणा वां वीर्या३ प्र ब्रवा जनेऽथो हासथुर्भिषजा मयोभुवा ।
ता वां नु नव्याववसे करामहेऽयं नासत्या श्रदरिर्यथा दधत् ।।५।।
इयं वामह्वे शृणतं मे अश्विना पुत्रायेव पितरा मह्यं शिक्षतम् ।
अनापिरज्ञा असजात्यामतिः पुरा तस्या अभिशस्तेरव स्पृतम् ।।६।।
युवं रथेन विमदाय शुन्ध्युवं न्यूहथुः पुरुमित्रस्य योषाणाम् ।
युवं हवं वध्रिमत्या अगच्छतं युवं सुषुतिं चक्रथुः पुरन्धये ।।७।।
युवं विप्रस्य जरणामुपेयुषः पुनः कलेरकृणुतं युवद्वयः ।
युवं वन्दनमृश्यदादुदूपथुर्युवं सद्यो विश्पलामेतवे कृथः ।।८।।
युवं ह रेभं वृषणा गुहा हितमुदैरयतं ममृवांसमश्विना ।
युवमृबीसमुत तप्तमत्रय ओमन्वन्तं चक्रथुः सप्तवध्रये ।।६।।
युवं श्वेतं पेदवेऽश्विनाश्वं नवभिर्वाजैर्नवती च वाजिनम् ।
चर्कृत्यं ददथुर्द्रावयत्सखं भगं न नृभ्यो हव्यं मयोभुवम् ।।१०।।
न तं राजानावदिते कुतश्चन नांहो अश्नोति दुरितं नाकिर्भयम् ।
यमश्विना सुहवा रुद्रवर्तनी पुरोरथं कृणुथः पत्न्या सह ।।११।।
आ तेन यातं मनसो जवीयसा रथं यं वामृभवश्चक्रुरश्विना ।
यस्य योगे दुहिता जायते दिव उभे अहनी सुदिने विवस्वतः ।।१2।।
ता वर्तिर्यातं जयुषा वि पर्वतमपिन्वतं शयवे धेनुमश्विना ।
वृकस्य चिद्वर्तिकामन्तरास्याद्युवं शचीभिर्ग्रसिताममुंचतम् ।।१३।।
एतं वां स्तोममश्विनावकर्मातक्षाम भृगवो न रथम् ।
न्यमृक्षाम योषणां न मर्ये नित्यं न सूनुं तनयं दधानाः ।।१४।।

ऋ. १०.४०.१–१४

रथं यान्तं कुह को ह वां नरा प्रति द्युमन्तं सुविताय भूषति ।
प्रातर्यावाणं विभ्वं विशेविशे वस्तोर्वस्तोर्वहमानं धिया शमि ।।१।।
कुह स्विद्दोषा कुह वस्तोरश्विना कुहाभिपित्वं करतः कुहोषतुः ।
को वां शयुत्रा विधवेव देवरं मर्यं न योषा कृणुते सधस्थ आ ।।2।।
प्रातर्जरेथे जरणेव कापया वस्तोर्वस्तोर्यजता गच्छथो गृहम् ।
कस्य ध्वस्रा भवथः कस्य वा नरा राजपुत्रेव सवनाव गच्छथः ।।३।।
युवां मृगेव वारणा मृगण्यवो दोषा वस्तोर्हविषा नि ह्वयामहे ।
युवं होत्रामृतुथा जुह्वते नरेषं जनाय वहथः शुभस्पती ।।४।।
युवो ह घोषा पर्यश्विना यती राज्ञ ऊचे दुहिता पृच्छे वां नरा ।
भूतं मे अह्न उत भूतमक्तवेऽश्वावते रथिने शक्तमर्वते ।।५।।
युवं कवी ष्ठः पर्यश्विना रथं विशो न कुत्सो जरितुर्नशायथः ।
युवोर्ह मक्षा मर्यश्विना मध्वासा भरत निष्कृतं न योषणा ।।६।।
युवं ह भुज्युं युवमश्विना वशं युवं शिंजारमुशनामुपारथुः ।
युवो ररावा परि सख्यमासते युवोरहमवसा सुम्नमा चके ।।७।।

युवं ह कृशं युवमश्विना शयुं युवं विधन्तं विधवामुरुष्यथः ।
युवं सनिभ्यः स्तनयन्तमश्विनाप व्रजमूर्णुथः सप्तास्यम् ।।८।।
जनिष्ठ योषा पतयत्कनीनको वि चारुहन्वीरुधो दंसना अनु ।
आस्मै रीयन्ते निवनेव सिन्धवोऽस्मा अह्ने भवति तत्पतित्वन ।।६।।
जीवं रुदन्ति वि मयन्ते अध्वरे दीर्घामनु प्रसितिं दीधियुर्नरः ।
वामं पितृभ्यो य इदं समेरिरे मयः पतिभ्यो जनयः परिष्वजे ।।१०।।
न तस्य विद्य तदु षु प्र वोचत युवा ह यद्युवत्याः क्षेति योनिषु ।
प्रियोस्रियस्य वृषभस्य रेतिनो गृहं गमेमाश्विना तदुश्मसि ।।११।।
आ वामगन्त्सुमतिर्वाजिनीवसू न्यश्विना हृत्सु कामा अयंसत ।
अभूतं गोपा मिथुना शुभस्पती प्रिया अर्यम्णो दुर्याँ अशीमहि ।।१2।।
ता मन्दसाना मनुषो दुरोण आ धत्तं रयिं सहवीर वचस्यवे ।
कृतं तीर्थं सुप्रपाणं शुभस्पती स्थाणु पथेष्ठामप दुर्मतिं हतम् ।।१३।।
क्व स्विदद्य कतमास्वश्विना विक्षु दस्रा मादयेते शुभस्पती ।
क ईं नि येमे कतमस्य जग्मतुर्विप्रस्य वा यजमानस्य वा गृहम् ।।१४।।

2४. जमदग्निः (अभिसंमनस्कामः) – अ. ६.१02.१–३

यथायं वाहो अश्विना समैति सं च वर्तते। एवा मामभि ते मनः समैतु सं च वर्त्तताम् ।।१।।
आहं खिदामि ते मनो राजाश्वः पृष्ट्यामिव। रेष्मच्छिन्नं यथा तृणं मयि ते वेष्टतां मनः ।।2।।
आंजनस्य मदुघस्य कुष्ठस्य नलदस्य च। तुरो भगस्य हस्ताभ्यामनुरोधनमुद्भरे ।।३।।

2५. जमदग्निः भार्गवः – ऋ. ८.१३.७–८

प्रत्नवज्जनया गिरः शृणुधी जरितुर्हवम्। मदेमदे ववक्षिथा सुकृत्वने ।।७।।
क्रीळन्त्यस्य सूनृता आपो न प्रवता यतीः। अया धिया य उच्यते पतिर्दिवः ।।८।।

2६. दीर्घतमा – य. ३८.६; १०; १2; १३

य. ३८.६

गायत्रं छन्दोऽसि त्रैष्टुभं छन्दोऽसि द्यावापृथिवीभ्यां परि गृह्णाम्यन्तरिक्षे णोप यच्छामि
इन्द्राश्विना मधुनः सारघस्य घर्मं पात वसवो यजत वाट्।
स्वाहा सूर्य्यस्य रश्मये वृष्टिवनय ।।६।।

य. ३८.१०

विश्वाऽआशा दक्षिणसद्विश्वान्देवानयाडिह। स्वाहाकृतस्य घर्मस्य मधोः पिबतमश्विना ।।१०।।

य. ३८.१2–१३

अश्विना घर्मं पातं हार्द्वानमहर्दिवाभिरूतिभिः। तन्त्रायिणे नमो द्यावापृथिवीभ्याम् ।।१2।।
आपातामश्विना घर्ममनु द्यावापृथिवी अमंसाताम्। इहैव रातयः सन्तु ।।१३।।

2७. दीर्घतमा औचथ्यः – सा. १७५८–१७६०

अबोध्यग्निर्ज्म उदेति सूर्यो व्यू३षाश्चन्द्रा मह्यावो अर्चिषा ।
आयुक्षातामश्विना यातवे रथं प्रासावीद्देवः सविता जगत्पृथक् ।।१।।
युद्युंजाथे वृषणमश्विना रथं घृतेन नो मधुना क्षत्रमुक्षतम् ।
अस्माकं ब्रह्म पृतनासु जिन्वतं वयं धना शूरसाता भजेमहि ।।2।।
अर्वाङ् त्रिचक्रो मधुवाहनो रथे जीराश्वो अश्विनोर्यातु सुष्टुतः ।
त्रिबन्धुरो मघवा विश्वसौभगः शं न आ वक्षद्द्विपदे चतुष्पदे ।।३।।

2८. नाभाकः काण्वः अर्चनाना वा – ऋ. ८.४2.४–६

आ वा ग्रावाणो अश्विना धीभिर्विप्रा अचुच्यवुः। नासत्या सोमपीतये नभन्तामन्यके समे ।।४।।
यथा वामत्रिरश्विना गीर्भिर्विप्रो अजोहवीत। नासत्या सोमपीतये नभन्तामन्यके समे ।।५।।
एवा वामह्व ऊतये यथाहुवन्त मेधिराः। नासतया सोमपीतये नभन्तामन्यके समे ।।६।।

2९. प्रजापतिः – अ. 2.३०.2

सं चेन्नयाथो अश्विना कामिना सं च वक्षथः। सं वां भगासो अग्मत सं चित्तानि समु व्रता।।2।।

३०. प्रस्कण्वः — य. ३४.2८

उभा पिबतमाश्विनोभा नः शर्म यच्छतम्। अविद्रियाभिरूतिभिः ।।2८।।

३१. परुच्छेपो दैवोदासिः — ऋ. १.१३६.३–५

युवां स्तोमेभिर्देवयन्तो अश्विनाश्रावयन्त इव श्लोकमायवो युवां हव्याभ्या३ यवः। युवोर्विश्वा अधि श्रियः पृक्षश्च विश्ववेदसा। प्रुषायन्ते वां पवयो हिरण्यये रथे दस्रा हिरण्यये ।।३।।
अचेति द्रसा व्यु१ नाकमृण्वथो युंजते वां रथयुजो दिविष्टिष्वध्वस्मानो दिविष्टिषु।
अधि वां स्थाम वन्धुरे रथे दस्रा हिरण्यये। पथेव यन्तावनुशसता रजोऽजसा शासता रजः।।४।।
शचीभिर्नः शचीवसू दिवा नक्तं दशस्यतम्।मा वां रातिरुप दसत्कदा चनास्मद्रातिः कदाचन।।५।।

३2. पुरुमीढ–अजमीढौ — अ. 2०.१४३.१–७

तं वां रथं वयमद्या हुवेम पृथुज्रयमश्विना संगतिं गोः ।
यः सूर्यां वहति वन्धुरायुर्गिर्वाहसं पुरुतमं वसूयुम् ।।१।।
युवं श्रियमश्विना देवता तां दिवो नपाता वनथः शचीभिः ।
युवोर्वारभि पृक्षः सचन्ते वहन्ति यत् ककुहासो रथे वाम् ।।2।।
को वामद्या करते रातहव्य ऊतये वा सुतपेयाय वार्कैः ।
ऋतस्य वा वनुषे पूर्व्याय नमो येमानो अश्विना ववर्तत् ।।३।।
हिरण्ययेन पुरुभू रथेनेमं यज्ञं नासत्योप यातम ।
पिबाथ इन्मधुनः सोम्यस्य दधथो रत्नं विधते जनाय ।।४।।
आ नो यातं दिवो अच्छा पृथिव्या हिरण्ययेन सुवृता रथेन ।
मा वामन्ये नि यमन् देवयन्तः सं यद् ददे नाभिः पूर्व्या वाम् ।।५।।
नू नो रयिं पुरुवीरं बृहन्तं दस्रा मिमाथामुभयेष्वस्मे ।
नरो यद् वामश्विना स्तोममावन्त्सधस्तुतिमाजमीढासो अग्मन् ।।६।।
इहेह यद् वां समना पपृक्षे सेयमस्मे सुमतिर्वाजरत्ना ।
उरुष्यतं जरितारं युवं ह श्रितः कामो नासत्या युवद्रिक् ।।७।।

३३. पुरुमीळहौ अजमीळहौ सौहोत्रौ — ऋ. ४.४३.१–७; ४.४४.१–७

ऋ. ४.४३.१–७

क उ श्रवत्कतमो यज्ञियानां वन्दारु देवः कतमो जुषाते ।
कस्येमां देवीममृतेषु प्रेष्ठां हृदि श्रेषाम सुष्टुतिं सुहव्याम् ।।१।।
को मृळाति कतम आगमिष्ठो देवानामु कतमः शंभविष्ठः ।
रथं कमाहुर्द्रवदश्वमांशु यं सूर्यस्य दुहितावृणीत ।।2।।
मक्षू हि ष्मा गच्छथ ईवतो द्यूनिन्द्रो न शक्तिं परितक्म्यायाम् ।
दिव आजाता दिव्या सुपर्णा कया शचीनां भवथः शचिष्ठा ।।३।।
का वां भूदुपमातिः कया न आश्विना गमथो हूयमाना ।
को वां महश्चित्त्यजसो अभीक उरुष्यतं माध्वी दस्रा न ऊती ।।४।।
उरु वां रथः परि नक्षति द्यामा यत्समुद्रादभि वर्तते वाम् ।
मध्वा माध्वी मधु वा प्रुषायन्यत्सीं वां पृक्षो भुरजन्त पक्वाः ।।५।।
सिन्धुर्ह वां रसया सिंचदश्वन्घृणा वयोऽरुषासः परि ग्मन् ।
तदू षु वामजिरं चेति यानं येन पती भवथः सूर्यायाः ।।६।।
इहेह यद्वां समना पपृक्षे सेयमस्मे सुमतिर्वाजरत्ना ।
उरुष्यतं जरितारं युवं ह श्रितः कामो नासत्या युवद्रिक् ।।७।।

ऋ. ४.४४.१–७

तं वा रथं वयमद्या हुवेम पृथुज्रयमश्विना संगतिं गोः ।

यः सूर्यां वहति बन्धुरायुर्गिर्वाहंस पुरुतमं वसूयुम् ।।१।।
युवं श्रियमश्विना देवता तां दिवो नपाता वनथः शचीभिः ।
युवोर्वपुरभि पृक्षः सचन्ते वहन्ति यत्ककुहासो रथे वाम् ।।2।।
को वामद्या करते रातहव्य ऊतये वा सुतपेयाय वार्कैः ।
ऋतस्य वा वनुषे पूर्व्याय नमो येमानो अश्विना ववर्तत् ।।३।।
हिरण्ययेन पुरुभु रथेनेमं यज्ञं नासत्योप यातम् ।
पिबाथ इन्मधुनः सोम्यस्य दधथो रत्नं विधते जनाय ।।४।।
आ नो यातं दिवो अच्छा पृथिव्या हिरण्ययेन सुवृता रथेन ।
मा वामन्ये नि यमन्देवयन्तः सं यद्ददे नाभिः पूर्व्या वाम् ।।५।।
नू नो रयिं पुरुवीरं बृहन्तं दस्रा मिमाथामुभयेष्वस्मे ।
नरो यद्वामश्विना स्तोममावन्त्सधस्तुतिमाजमीळ्हासो अग्मन् ।।६।।
इहेह यद्वां समना पपृक्षे सेयमस्मे सुमतिर्वाजरत्ना ।
उरुष्यतं जरितारं युवं ह श्रितः कामो नासत्या युद्रिक् ।।७।।

३४. पौर आत्रेयः – ऋ. ५.७३.१–१०; ५.७४.१–१०

ऋ. ५.७३.१–१०

यदद्य स्थः परावति यदर्वावत्यश्विना। यद्वा पुरू पुरुभुजा यदन्तरिक्ष आ गतम् ।।१।।
इह त्या पुरुभूतमा पुरू दंसांसि बिभ्रता। वरस्या याम्यध्रिगू हुवे तुविष्टमा भुजे ।।2।।
ईर्मान्यद्वपुषे वपुश्चक्रं रथस्य येमथुः। पर्यन्या नाहुषा युगा मह्ना रजांसि दीयथः ।।३।।
तदू षु वामेना कृतं विश्वा यद्वामनु ष्टवे। नाना जातावरेपसा समस्मे बन्धुमेयथुः ।।४।।
आ यद्वां सूर्य्या रथं तिष्ठद्रघुष्यदं सदा। परि वामरुषा वयो घृणा वरन्त आतपः ।।५।।
युवोरत्रिश्चिकेतति नरा सुम्नेन चेतसा। घर्मं यद्वामरेपसं नासत्यास्ना भुरण्यति ।।६।।
उग्रो वां ककुहो ययिः शृण्वे यामेषु संतनिः। यद्वां दंसोभिरश्विनात्रिर्नरावर्वतति ।।७।।
मध्व ऊ षु मधूयुवा रुद्रा सिषक्ति पिप्युषी। यत्समुद्राति पर्षथः पक्वाः पृक्षो भरन्त वाम्।।८।।
सत्यमिद्वा उ अश्विना युवामाहुर्मयोभुवा। ता यामन्यामहूतमा यामन्ना मृळयत्तमा ।।९।।
इमा ब्रह्माणि वर्धनाश्विभ्यां सन्तु शंतमा। या तक्षाम रथाँ इवावोचाम बृहन्नमः ।।१०।।

ऋ. ५.७४.१–१०

कूष्ठो देवावश्विनाद्या दिवो मनावसू। तच्छ्रवथो वृषण्वसू अत्रिर्वामा विवासति ।।१।।
कुह त्या कुह नु श्रुता दिवि देवा नासत्या। कस्मिन्ना यतथो जने को वां नदीनां सचा ।।2।।
कं याथः कं ह गच्छथः कमच्छा युंजाथे रथम्। कस्य ब्रह्माणि रण्यथो वयं वामुश्मसीष्टये।।३।।
पौरं चिद्ध्युदप्रुतं पौर पौराय जिन्वथः। यदीं गृभीततातये सिंहमिव द्रुहस्पदे ।।४।।
प्र च्यवानाज्जुजुरुषो वव्रिमत्कं न मुंचथः। युवा यदी कृथः पुनरा काममृण्वे वध्वः ।।५।।
अस्ति हि वामिह स्तोता स्मसि वां संदृशि श्रिये। नू श्रुतं म आ गतमवोभिर्वाजिनीवसू ।।६।।
को वामद्य पुरूणामा वव्ने मर्त्यानाम्। को विप्रो विप्रवाहसा को यज्ञैर्वाजिनीवसू ।।७।।
आ वां रथो रथानां येष्ठो यात्वश्विना। पुरू चिदस्मयुस्तिर आङ्गूषो मर्त्येष्वा ।।८।।
शमू षु वां मधूयुवास्माकमस्तु चर्कृतिः। अर्वाचीना विचेतसा विभिः श्येनेव दीयतम् ।।९।।
अश्विना यद्ध कर्हि चिच्छुश्रूयातमिमं हवम्। वस्वीरू षु वां भुजः पृंचन्ति सु वां पृचः।।१०।।

३५. प्रगाथः काण्वः – ऋ. ८.१०.१–६

यत्स्थो दीर्घप्रसद्यनि यद्वादो रोचने दिवः ।
यद्वा समुद्रे अध्याकृते गृहेऽत आ यातमश्विना ।।१।।
यद्वा यज्ञं मनवे संमिमिक्षथुरेवेत्काण्वस्य बोधतम् ।
बृहस्पतिं विश्वन्देवाँ अहं हुव इन्द्राविष्णू अश्विनावाशुहेषसा ।।2।।
त्या न्व१श्विना हुवे सुदंससा गृभे कृता। ययोरस्ति प्र णः सख्यं देवेष्वध्याप्यम् ।।३।।

ययोरधि प्र यज्ञा असूरे सन्ति सूरयः ।
ता यज्ञस्याध्वरस्य प्रचेतसा स्वधाभिर्या पिबतः सोम्यं मधु ।।४।।
यदद्याश्विनावपाग्यत्प्राक्स्थो वाजिनीवसू ।
यद् द्रुह्यव्यनवि तुर्वशे यदौ हुवे वामथ मा गतम् ।।५।।
यदन्तरिक्षे पतथः पुरुभुजा यद्वेमे रोदसी अनु ।
यद्वा स्वधाभिरधितिष्ठथो रथमत आ यातमश्विना ।।६।।

३६. प्रस्कण्वः काण्वः – ऋ. १.४६.१–१५; १.४७.१–१०; सा. १७२८–१७३०

ऋ. १.४६.१–१५

एषो उषा अपूर्व्या व्युच्छति प्रिया दिवः। स्तुषे वामश्विना बृहत् ।।१।
या दस्रा सिन्धुमातरा मनोतरा रयीणाम्। धिया देवा वसुविदा ।।2।।
वच्यन्ते वां ककुहासो जूर्णायामधि विष्टपि। यद्वां रथो विभिष्पतात् ।।३।।
हविषा जारो अपां पिपर्ति पपुरिर्नरा। पिता कुटस्य चर्षणिः ।।४।।
आदारो वां मतीनां नासत्या मतवचसा। पातं सोमस्य धृष्णुया ।।५।।
या नः पीपरदश्विना ज्योतिष्मती तमस्तिरः। तामस्मे रासाथामिषम् ।।६।।
आ नो नावा मतीनां यातं पाराय गन्तवे। युंजाथामश्विना रथम् ।।७।।
अरित्रं वां दिवस्पृथु तीर्थे सिन्धूनां रथः। धिया युयुज्र इन्दवः ।।८।।
दिवस्कण्वास इन्दवो वसु सिन्धुनां पदे। स्वं वव्रिं कुह धित्सथः ।।९।।
अभूदु भा उ अंशवे हिरण्यं प्रति सूर्यः। व्यख्यज्जिह्वयासितः ।।१०।।
अभूदु पारमेतवे पन्थ ऋतस्य साधुया। अदर्शि वि स्रुतिर्दिवः ।।११।।
तत्तदिदश्विनोरवो जरिता प्रति भूषति। मदे सोमस्य पिप्रतोः ।।12।।
वावसाना विवस्वति सोमस्य पीत्या गिरा। मनष्वच्छंभू आ गतम् ।।१३।।
युवोरुषा अनु श्रियं परिज्मनोरुपाचरत्। ऋचा वनथो अक्तुभिः ।।१४।।
उभा पिबतमश्विनोभा नः शर्म यच्छतम्। अविद्रियाभिरूतिभिः ।।१५।।

ऋ. १.४७.१–१०

अयं वां मधुमत्तमः सुतः सोम ऋतावृधा ।
तमश्विना पिबतं तिरोअह्न्यं धत्तं रत्नानि दाशुषे ।।१।।
त्रिवन्धुरेण त्रिवृता सुपेशसा रथेना यातमश्विना ।
काण्वासो वां ब्रह्मकृण्वन्त्यध्वरे तेषां सु शृणुतं हवम् ।।2।।
अश्विना मधुमत्तमं पातं सोममृतावृधा ।
अथाद्य दस्रा वसु बिभ्रता रथे दाश्वांसमुप गच्छतम् ।।३।।
त्रिषधस्थे बर्हिषि विश्ववेदसा मध्वा यज्ञं मिमिक्षतम् ।
कण्वासो वां सुतसोमा अभिद्यवो युवां हवन्ते अश्विना ।।४।।
याभिः कण्वमभिष्टिभिः प्रावतं युवमश्विना ।
ताभिः ष्व१स्माँ अवतं शुभस्पती पातं सोममृतावृधा ।।५।।
सुदासो दस्रा वसु बिभ्रता रथे पृक्षो वहतमश्विना ।
रयिं समुद्रादुत वा दिवस्पर्यस्मे धत्तं पुरुस्पृहम् ।।६।।
यन्नासत्या परावति यद्वा स्थो अधि तुर्वशे ।
अतो रथेन सुवृता न आ गतं साकं सूर्यस्य रश्मिभिः ।।७।।
अर्वाञ्चा वां सप्तयोऽध्वरश्रियो वहन्तु सवनेदुप ।
इषं पृंचन्ता सुकृते सुदानव आ बर्हिः सीदतं नरा ।।८।।
तेन नासत्या गतं रथेन सूर्यत्वचा ।
येन शश्वदूहथुर्दाशुषे वसु मध्वः सोमस्य पीतये ।।९।।

उक्थेभिरर्वागवसे पुरूवसू अर्कैश्च नि ह्वयामहे ।
शश्वत्कण्वानां सदसि प्रिये हि कं सोमं पपथुरश्विना ।।१०।।

सा. १७२८–१७३०

एषो उषा अपूर्व्या व्युच्छति प्रिया दिवः। स्तुषे वामश्विना बृहत् ।।१।।
या दस्रा सिन्धुमातरा मनोतरा रयीणाम्। धिया देवा वसुविदा ।।2।।
वच्यन्ते वां ककुहासो जुर्णायामधि विष्टपि। यद्वां रथो विभिष्पतात् ।।३।।

३७. बृहदुक्थो वामदेव्यः – य. २६.७

प्रथमा वां सरथिना सुवर्णा देवौ पश्यन्तौ भुवनानि विश्वा ।
अपिप्रयं चोदना वां मिमाना होतारा ज्योतिः प्रदिशा दिशन्ता ।।७।।

३८. ब्रह्मातिथिः काण्वः – ऋ. ८.५.१–३६; ३७[१]

ऋ. ८.५.१–३६

दूरादिहेव यत्सत्यरुणप्सुरशिश्वितत्। वि भानुं विश्वधातनत् ।।१।।
नृवद्दस्रा मनोयुजा रथेन पृथुपाजसा। सचेथे अश्विनोषसम् ।।2।।
युवाभ्यां वाजिनीवसू प्रति स्तोमा अदृक्षत। वाचं दूतो यथेहिषे ।।३।।
पुरुप्रिया ण ऊतये पुरुमन्द्रा पुरूवसू। स्तुषे कण्वासो अश्विना ।।४।।
मंहिष्ठा वाजसातमेषयन्ता शुभस्पती। गन्तारा दाशुषो गृहम् ।।५।।
ता सुदेवाय दाशुषे सुमेधामवितारिणीम्। घृतैर्गव्यूतिमुक्षतम् ।।६।।
आ नः स्तोममुप द्रवत्तूयं श्येनोभिराशुभिः। यातमश्वेभिरश्विना ।।७।।
येभिस्तिस्रः परावतो दिवो विश्वानि रोचना। त्रींरक्तून्परिदीयथः ।।८।।
उत नो गोमतीरिष उत सातीरहर्विदा। वि पथः सातये सितम् ।।६।।
आ नो गोमन्तमश्विना सुवीरं सुरथं रयिम्। वोळहमश्वावतीरिषः ।।१०।।
वावृधाना शुभस्पती दस्रा हिरण्यवर्तनी। पिबतं सोम्यं मधु ।।११।।
अस्मभ्यं वाजिनीवसू मघवद्भ्यश्च सप्रथः। छर्दिर्यन्तमदाभ्यम् ।।१2।।
नि षु ब्रह्म जनानां याविष्टं तूयमा गतम्। मोष्व१न्याँ उपारतम् ।।१३।।
अस्य पिबतमश्विना युवं मदस्य चारुणः। मध्वो रातस्य धिष्ण्या ।।१४।।
अस्मे आ वहतं रयिं शतवन्तं सहस्रिणम्। पुरुक्षुं विश्वधायसम् ।।१५।।
पुरुत्रा चिद्धि वां नरा विह्वयन्ते मनीषिणः। वाघद्भिरश्विना गतम् ।।१६।।
जनासो वृत्तबर्हिषो हविष्मन्तो अरंकृतः। युवां हवन्ते अश्विना ।।१७।।
अस्माकमद्य वामयं स्तोमो वाहिष्ठो अन्तमः। युवाभ्यां भूत्वश्विना ।।१८।।
यो ह वां मधुनो दृतिराहितो रथचर्षणे। ततः पिबतमश्विना ।।१६।।
तेन नो वाजिनीवसू पश्वे तोकाय शं गवे। वहतं पीवरीरिषः ।।2०।।
उत नो दिव्या इष उत सिन्धूँरहर्विदा। अप द्वारेव वर्षथः ।।2१।।
कदा वां तौग्र्यो विधत्समुद्रे जहितो नरा। यद्वां रथो विभिष्पतात् ।।22।।
युवं कण्वाय नासत्यापिरिप्ताय हर्म्ये। शश्वदूतीर्दशस्यथः ।।2३।।
ताभिरा यातमूतिभिर्नव्यसीभिः सुशस्तिभिः। यद्वां वृषण्वसू हुवे ।।2४।।
यथा चित्कण्वमावतं प्रियमेध्मुपस्तुतम्। अत्रिं शिंजारमश्विना ।।2५।।
यथोत कृत्व्ये धनेऽशुं गोष्वगस्त्यम्। यथा वाजेषु सोभरिम् ।।2६।।
एतावद्वां वृषण्वसू अतो वा भूयो अश्विना। गृणन्तः सुम्नमीमहे ।।2७।।
रथं हिरण्यवन्धुरं हिरण्याभीषुमश्विना। आ हि स्थाथो दिविस्पृशम् ।।2८।।
हिरण्ययी वां रभिरीषा अक्षो हिरण्ययः। उभा चक्रा हिरण्यया। ।।2६।।
तेन नो वाजिनीवसू परावतश्चिदा गतम्। उपेमां सुष्टुतिं मम ।।३०।।
आ वहेथे पराकात्पूर्वीरश्नन्तावश्विना। इषो दासीरमर्त्या ।।३१।।
आ नो द्युम्नैरा श्रवोभिरा राया यातमश्विना। पुरुश्चन्द्रा नासत्या ।।३2।।

एह वां प्रुषितप्सवो वयो वहन्तु पर्णिनः। अच्छा स्वध्वरं जनम् ।।३३।।
रथं वामनुगायसं य इषा वर्तते सह। न चक्रमभि बाधते ।।३४।।
हिरण्ययेन रथेन द्रवत्पाणिभिरश्वैः। धीजवना नासत्या ।।३५।।
युवं मृगं जागृवांसं स्वदथो वा वृषण्वसू। ता नः पृङ्क्तमिषा रयिम् ।।३६।।

ऋ. ८.५.३७[1]

ता मे अश्विना सनीनां विद्यातं नवानाम् ।
यथा चिच्चैद्यः कशुः शतमुष्ट्रानां ददत्सहस्रा दश गोनाम्।।३७।।

३६. भरद्वाजो बार्हस्पत्यः – ऋ. ६.६2.१–११; ६.६३.१–११

ऋ. ६.६2.१–११

स्तुषे नरा दिवो अस्य प्रसन्ताश्विना हुवे जुरमाणो अर्कैः ।
या सद्य उस्रा व्युषि ज्मो अन्तान्युयूषतः पर्युरु वरांसि ।।१।।
ता यज्ञमा शुचिभिश्चक्रमाणा रथस्य भानुं रुरुचू रजोभिः ।
पुरू वरांस्यमिता मिमानापो धन्वान्यति याथो अज्रान् ।।2।।
ता ह त्यद्वर्तिर्यदरध्रमुग्रेत्था धिय ऊहथुः शश्वदश्वैः ।
मनोजवेभिरिषरैः शयध्यै परि व्यथिर्दाशुषो मर्त्यस्य ।।३।।
ता नव्यसो जरमाणस्य मन्मोप भूषतो युयुजानसप्ती ।
शुभं पृक्षमिषमूर्जं वहन्ता होता यक्षत्प्रत्नो अध्रुग् युवाना ।।४।।
ता वल्गू दस्रा पुरुषाकतमा प्रत्ना नव्यसा वचसा विवासे ।
या शंसते स्तुवते शंभविष्ठा बभूवतुर्गृणते चित्रराती ।।५।।
ता भुजयुं विभिदद्भ्यः समुद्रात्तुग्रस्य सूनुमूहथू रजोभिः ।
अरेणुभिर्योजनोभिर्भुजन्ता पतत्रिभिरर्णसो निरुपस्थात् ।।६।।
वि जयुषा रथ्या यातमद्रिं श्रुतं हवं वृषणा वध्रिमत्याः ।
दशस्यन्ता शयवे पिप्यथुर्गामिति च्यवाना सुमतिं भुरण्यू ।।७।।
यद्रोदसी प्रदिवो अस्ति भूमा हेळो देवानामुत मर्त्यत्रा ।
तदादित्या वसवो रुद्रियासो रक्षोयुजे तपुरघं दधात ।।८।।
य ईं राजानावृतुथा विदधद्रजसो मित्रो वरुणश्चिकेतत् ।
गम्भीराय रक्षसे हेतिमस्यद्रोघाय चिद्वचस आनवाय ।।९।।
अन्तरैश्चक्रैस्तनयाय वर्तिर्द्युमता यातं नृवता रथेन ।
सनुत्येन त्यजसा मर्त्यस्य वनुष्यतामपि शीर्षा ववृक्तम् ।।१०।।
आ परमाभिरुत मध्यमाभिर्नियुद्भिर्यातमवमाभिरर्वाक् ।
दृळहस्य चिद् गामतो वि व्रजस्य दुरो वर्तं गृणते चित्रराती ।।११।।

ऋ. ६.६३.१–११

क्व१त्या वल्गू पुरुहूताद्य दूतो न स्तोमोऽविदन्नमस्वान् ।
आ यो अर्वाङ् नासत्या ववर्त प्रेष्ठा ह्यसथो अस्य मनम् ।।१।।
अरं मे गन्तं हवनायास्मै गृणाना यथा पिबाथो बन्धः ।
परि ह त्यद्वतिर्याथो रिषो न यत्परो नान्तरस्तुतुर्यात् ।।2।।
अकारि वामन्धसो वरीमन्नस्तारि बर्हिः सुप्रायणतमम् ।
उत्तानहस्तो युवयुर्ववन्दा वां नक्षन्तो अद्रय आंजन् ।।३।।
ऊर्ध्वो वामग्निरध्वरेष्वस्थात्प्र रातिरेति जूर्णिनी घृताची ।
प्र होता गूर्तमना उराणोऽयुक्त यो नासत्या हवीमन् ।।४।।
अधि श्रियै दुहिता सूर्यस्य रथं तस्थौ पुरुभुजा शतोतिम् ।
प्र मायाभिर्मायिना भूतमत्र नरा नृतू जनिमन्यज्ञियानाम् ।।५।।
युवं श्रीभिर्दर्शताभिराभिः शुभे पुष्टिमूहथुः सूर्यायाः ।
प्र वां वयो वपुषेऽनु पप्तन्नक्षद्वाणी सुष्टुता धिष्ण्या वाम् ।।६।।

आ वां वयोऽश्वासो वहिष्ठा अभि प्रयो नासत्या वहन्तु ।
प्र वां रथो मनोजवा असर्जीषः पृक्ष इषिधो अनु पूर्वीः ।।७।।
पुरु हि वां पुरुभुजा देष्णं धेनुं न इषं पिन्वतमसक्राम् ।
स्तुतश्च वां माध्वी सुष्टुतिश्च रसाश्च ये वामनु रातिमग्मन् ।।८।।
उत म ऋज्रे पुरयस्य रध्वी सुमीळहे शतं पेरुके च पक्वा ।
शाण्डो दाद्धिरणिनः स्मद्दिष्टीन् दश वशासो अभिषाच ऋष्वान् ।।९।।
सं वां शता नासत्या सहस्राश्वानां पुरुपन्था गिरे दात् ।
भरद्वाजाय वीर नू गिरे दाद्धता रक्षांसि पुरुदंससा स्युः ।।१०।।
आ वां सुम्ने वरिमन्त्सूरिभिः ष्याम् ।।११।।

४०. भूतांशः काश्यपः – ऋ. १०.१०६.१–११

उभा उ नूनं तदिदर्थयेथे वि तन्वाथे धियो वस्त्रापसेव ।
सध्रीचीना यातवे प्रेमजीगः सुदिनेव पृक्ष आ तंसयेथे ।।१।।
उष्टारेव फर्वरेषु श्रयेथे प्रायोगेव श्वात्र्या शसुरेथः ।
दूतेव हि ष्ठो यशसा जनेषु माप स्थातं महिषेवावपानात् ।।2।।
साकंयुजा शकुनस्येव पक्षा पश्वेव चित्रा यजुरा गमिष्टम् ।
अग्निरिव देवयोर्दीदिवांसा परिज्मानेव यजथः पुरुत्रा ।।३।।
आपी वो अस्मे पितरेव पुत्रोग्रेव रुचा नृपतीव तुर्यै ।
इर्येव पुष्ट्यै किरणेव भुज्यै श्रुष्टीवानेव हवमा गमिष्टम् ।।४।।
वंसगेव पूषर्या शिम्बाता मित्रेव ऋता शतरा शातपन्ता ।
वाजेवोच्चा वयसा घर्म्येष्ठा मेषेवेषा सपर्या३ पुरीषा ।।५।।
सृण्येव जर्भरी तुर्फरीतू नैतोशेव तुर्फरी पर्फरीका ।
उदन्यजेव जेमना मदेरू ता मे जराय्वजरं मरायु ।।६।।
पज्रेव चर्चरं जारं मरायु क्षद्येवार्थेषु तर्तरीथ उग्रा ।
ऋभू नापत्खरमज्रा खरज्रुर्वायुर्न पर्फरत्क्षयद्रयीणाम् ।।७।।
घर्मेव मधु जठरे सनेरू भगेविता तुर्फरी फारिवारम् ।
पतरेव चचरा चन्द्रनिर्णिङ्मनऋंगा मनन्या३ न जग्मी ।।८।।
बृहन्तेव गम्भरेषु प्रतिष्ठां पादेव गाधं तरते विदाथः ।
कर्णेव शासुरनु हि स्मराथोंऽशेव नो भजतं चित्रमप्नः ।।९।।
आरंगरेव मध्वेरयेथे सारघेव गवि नीचीनबारे ।
कीनारेव स्वेदमासिष्विदाना क्षामेवोर्जा सूयवसात्सचेथे ।।१०।।
ऋध्याम स्तोमं सनुयाम वाजमा नो मन्त्रं सरथेहोप यातम् ।
यशो न पक्वं मधु गोष्वन्तरा भूतांशो अश्विनोः काममप्राः ।।११।।

४१. मधुच्छन्दाः – य. ३३.५८

दस्रा युवाकवः सुता नासत्या वृक्तबर्हिषः। आ यातं रुद्रवर्त्तनी। तं प्रनथा अयं वेनः ।।५८।।

४२. मधुच्छन्दा वैश्वामित्रः – ऋ. १.३.१–३

अश्विना यज्वरीरिषो द्रवत्पाणी शुभस्पती। पुरुभुजा चनस्यतम् ।।१।।
अश्विना पुरुदंससा नरा शवीरया धिया। धिष्ण्या वनतं गिरः ।।2।।
दस्रा युवाकवः सुता नासत्या वृक्तबर्हिषः। आ यातं रुद्रवर्तनी ।।३।।

४३. मेधातिथिः – य. ७.११

या वां कशा मधुमत्यश्विना सूनृतावती। तया यज्ञं मिमिक्षतम् ।
उपयामगृहीतोऽस्यश्विभ्यां त्वैष ते योनिर्माध्वीभ्यां त्वा ।।११।।

४४. मेधातिथिः काण्वः – ऋ. १.१५.११; १.22.१–४

Vedic Concordance of Mantras as per Devatā and Ṛṣi 227

ऋ. १.१५.११

अश्विना पिबतं मधु दीद्यग्नी शुचिव्रता। ऋतुना यज्ञवाहसा ।।११।।

ऋ. १.22.१–४

प्रातर्युजा वि बोधयाश्विनावेह गच्छताम्। अस्य सोमस्य पीतये ।।१।।
या सुरथा रथीतमोभा देवा दिविस्पृशा। अश्विना ता हवामहे ।।2।।
या वां कशा मधुमत्याश्विना सूनृतावती। तया यज्ञं मिमिक्षतम् ।।३।।
नहि वामस्ति द्वरके यत्रा रथेन गच्छथः। अश्विना सोमिनो गृहम् ।।४।।

४५. मेध्यः काण्वः – ऋ. ८.५७.१–४

युवं देवा क्रतुना पूर्व्येण युक्ता रथेन तविषं यजत्रा ।
आगच्छतं नासत्या शचीभिरिदं तृतीयं सवनं पिबाथः ।।१।।
युवां देवास्त्रय एकादशासः सत्याः सत्यस्य ददृशे पुरस्तात् ।
अस्माकं यज्ञं सवनं जुषाणा पातं सोममश्विना दीद्यग्नी ।।2।।
पनाय्यं तदश्विना कृतं वां वृषभो दिवो रजसः पृथिव्याः ।
सहस्रं शंसा उत ये गविष्टौ सर्वाँ इत्ताँ उप याता पिबध्यै ।।३।।
अयं वां भागो निहितो यजत्रेमा गिरो नासत्योप यातम् ।
पिबतं सोमं मधुमन्तमस्मे प्र दाश्वांसमवतं शचीभिः ।।४।।

४६. मेध्यातिथिः – अ. २०.१४३.६

पनाय्यं तदश्विना कृतं वां वृषभो दिवो रजसः पृथिव्याः ।
सहस्रं शंसा उत ये गविष्टौ सर्वाँ इत् ताँ उप याता पिबध्यै ।।६।।

४७. वसिष्ठः – ऋ. ७.६७.१–१०; ७.६८.१–९; ७.६९.१–८; ७.७०.१–७; ७.७१.१–६; ७.७2.१–५; ७.७३.१–५; ७.७४.१–६; य. ३३.८८

ऋ. ७.६७.१–१०

प्रति वां रथं नृपती जरध्यै हविष्मता मनसा यज्ञियेन ।
यो वां दूतो न धिष्ण्यावजीगरच्छा सूनुर्न पितरा विवक्मि ।।१।।
अशोच्यग्निः समिधानो अस्मे उपो अदृश्रन्तमसश्चिदन्ताः ।
अचेति केतुरुषसः पुरस्ताच्छ्रिये दिवो दुहितुर्जायमानः ।।2।।
अभि वां नूनमश्विना सुहोता स्तोमैः सिषक्ति नासत्या विवक्वान् ।
पूर्वीभिर्यातं पथ्याभिरर्वाक्स्वर्विदा वसुमता रथेन ।।३।।
अवोर्वां नुनमश्विना युवाकुर्हुवे यद्वां सुते माध्वी वसूयुः ।
आ वां वहन्तु स्थविरासो अश्वाः पिबाथो अस्मे सुषुता मधूनि ।।४।।
प्राचीमु देवाश्विना धियं मेऽमृध्रां सातये कृतं वसूयुम् ।
विश्वा अवष्टिं वाज आ पुरन्धीस्ता नः शक्तं शचीपती शचीभिः ।।५।।
अविष्टं धीष्वश्विना न आसु प्रजावद्रेतो अह्रयं नो अस्तु ।
आ वां तोके तनये तूतुजानाः सुरत्नासो देववीतिं गमेम ।।६।।
एष स्य वां पूर्वगत्वेव सख्ये निधिर्हितो माध्वी रातो अस्मे ।
अहेळता मनसा यातमर्वागश्नन्ता हव्यं मानुषीषु विक्षु ।।७।।
एकस्मिन्योगे भुरणा समाने परि वां सप्त स्रवतो रथो गात् ।
न वायन्ति सुभ्वो देवयुक्ता ये वां धूर्षु तरणयो वहन्ति ।।८।।
असश्चता मघवद्भ्यो हि भूतं ये राया मघदेयं जुनन्ति ।
प्र ये बन्धुं सूनृताभिस्तिरन्ते गव्या पृंचन्तो अश्व्या मघानि ।।९।।
नू मे हवमा शृणुतं युवाना यासिष्टं वर्तिरश्विनाविरावत् ।
धत्तं रत्नानि जरतं च सूरीन् यूयं पात स्वस्तिभिः सदा नः ।।१०।।

ऋ. ७.६८.१–९

आ शुभ्रा यातमश्विना स्वश्वा गिरो दस्रा जुजुषाणा युवाकोः ।
हव्यानि च प्रतिभृता वीतं नः ।।१।।
प्र वामन्धांसि मद्यान्यस्थुररं गन्तं हविषो वीतये मे। तिरो अर्यो हवनानि श्रुतं नः ।।2।।
प्र वां रथो मनोजवा इयर्ति तिरो रजांस्यश्विना शतोतिः। अस्मभ्यं सूर्यावसू इयानः ।।३।।
अयं ह यद्वां देवया उ अद्रिरूर्ध्वो विवक्ति सोमसुद्युवभ्याम्। आ वल्गू विप्रो ववृतीत हव्यैः ।।४।।
चित्रं ह यद्वां भोजनं न्वस्ति न्यत्रये महिष्वन्तं युयोतम्। यो वामोमानं दधते प्रियः सन् ।।५।।
उत त्यद्वां जुरते अश्विना भूच्च्यवानाय प्रतीत्यं हविर्दे। अधि यद्वर्प इतऊति धत्थः ।।६।।
उत त्यं भुज्युमश्विना सखायो मध्ये जहुर्दुरेवासः समुद्रे। निरी पर्षदरावा यो युवाकुः ।।७।।
वृकाय चिज्जसमानाय शक्तमुत श्रुतं शयवे हूयमाना ।
यावघ्न्यामपिन्वतमपो न स्तर्यं चिच्छक्त्यश्विना शचीभिः ।।८।।
एष स्य कारुर्जरते सूक्तैरग्रे बुधान उषसां सुमन्मा ।
इषा तं वर्धदघ्न्या पयोभिर्यूयं पात स्वस्तिभिः सदा न ।।६।।

ऋ. ७.६६.१–८

आ वां रथो रोदसी बद्बधानो हिरण्ययो वृषभिर्यात्वश्वैः ।
घृतवर्तनिः पविभी रुचान इषां वोळहा नृपतिर्वाजिनीवान् ।।१।।
स पप्रथानो अभि पंच भूमा त्रिवन्धुरो मनसा यातु युक्तः ।
विशो येन गच्छथो देवयन्तीः कुत्रा चिद्याममश्विना दधाना ।।2।।
स्वश्वा यशसा यातमर्वाग्दस्रा निधिं मधुमन्तं पिबाथः ।
वि वां रथो वध्वा३ यादमानोऽन्तान्दिवो बाधते वर्तनिभ्याम् ।।३।।
युवोः श्रियं परि योषावृणीत सूरो दुहिता परितक्म्यायाम् ।
यद्देवयन्तमवथः शचीभिः परि घ्रंसमोमना वां वयो गात् ।।४।।
यो ह स्य वां रथिरा वस्त उस्रा रथो युजानः परियाति वर्तिः ।
तेन नः शं योरुषसो व्युष्टौ न्यश्विना वहतं यज्ञे अस्मिन् ।।५।।
नरा गौरेव विद्युतं तृषाणास्माकमद्य सवनोप यातम् ।
पुरुत्रा हि वां मतिभिर्हवन्ते मा वामन्ये नि यमन्देवयन्तः ।।६।।
युवं भुज्युमवविद्धं समुद्र उदूहथुरर्णसो अस्रिधानैः ।
पतत्रिभिरश्रमैरव्यथिभिर्दंसनाभिरश्विना पारयन्ता ।।७।।
नू मे हवमा शुणुतं युवाना यासिष्टं वर्तिरश्विनाविरावत् ।
धत्तं रत्नानि जरतं च सूरीन् यूयं पात स्वस्तिभिः सदा नः ।।८।।

ऋ. ७.७०.१–७

आ विश्ववाराश्विना गतं नः प्र तत्स्थानमवाचि वां पृथिव्याम् ।
अश्वो न वाजी शुनपृष्ठो अस्थादा यत्सेदथुर्ध्रुवसे न योनिम् ।।१।।
सिषक्ति सा वां सुमतिश्चनिष्ठातापि घर्मो मनुषो दुरोणे ।
ये वां समुद्रान्त्सरितः पिपर्त्येतग्वा चिन्न सुयुजा युजानः ।।2।।
यानि स्थानान्यश्विना दधाथे दिवो यह्वीष्वोषधीषु विक्षु ।
नि पर्वतस्य मूर्धनि सदन्तेषं जनाय दाशुषे वहन्ता ।।३।।
चनिष्टं देवा ओषधीष्वप्सु यद्योग्या अश्नवैथे ऋषीणाम् ।
पुरूणि रत्ना दधतौ न्य१स्मे अनु पूर्वाणि चख्यथुर्युगानि ।।४।।
शुश्रुवांसा चिदश्विना पुरूण्यभि ब्रह्माणि चक्षाथे ऋषीणाम् ।
प्रति प्र यातं वरमा जनायास्मे वामस्तु सुमतिश्चनिष्ठा ।।५।।
यो वां यज्ञो नासत्या हविष्मान् कृतब्रह्मा समर्यो३ भवाति ।
उप प्र यातं वरमा वसिष्ठमिमा ब्रह्माण्यृच्यन्ते युवभ्याम् ।।६।।
इयं मनीषा इयमश्विना गीरिमां सुवृक्तिं वृषणा जुषेथाम् ।
इमा ब्रह्माणि युवयून्यग्मन्यूयं पात स्वस्तिभिः सदा नः ।।७।।

ऋ. ७.७१.१–६
अप स्वसुरुषसो नग्जिहीते रिणक्ति कृष्णीररुषाय पन्थाम् ।
अश्वामघा गोमघा वां हुवेम दिवा नक्तं शरुमस्मद्युयोतम् ।।१।।
उपायातं दाशुषे मर्त्याय रथेन वाममश्विना वहन्ता ।
युयुतमस्मदनिराममीवां दिवा नक्तं माध्वी त्रासीथां नः ।।2।।
आ वां रथमवमस्यां व्युष्टौ सुम्नायवो वृषणो वर्तयन्तु ।
स्यूमगभस्तिमृतयुग्भिरश्वैराश्विना वसुमन्तं वहेथाम् ।।३।।
यो वां रथो नृपती अस्ति वोळहा त्रिबन्धुरो वसुमाँ उस्रयामा ।
आ न एना नासत्योप यातमभि यद्वां विश्वप्स्न्यो जिगाति ।।४।।
युवं च्यवानं जरसोऽमुमुक्तं नि पेदव ऊहथुराशुमश्वम् ।
निरंहसस्तमसः स्पर्तमत्रिं नि जाहुषं शिथिरे धातमन्तः ।।५।।
इयं मनीषा इयमश्विना गीरिमां सुवृक्तिं वृषणा जुषेथाम् ।
इमा ब्रह्माणि युवयून्यग्मन् यूयं पात स्वस्तिभिः सदा नः ।।६।।
ऋ. ७.७2.१–५
आ गोमता नासत्या रथेनाश्वावता पुरुश्चन्द्रेण यातम् ।
अभि वां विश्वा नियुतः सचन्ते स्पार्हया श्रिया तन्वा शुभाना ।।१।।
आ नो देवेभिरुप यातमर्वाक् सजोषसा नासत्या रथेन ।
युवोर्हि नः सख्या पित्र्याणि समानो बन्धुरुत तस्य वित्तम् ।।2।।
उदु स्तोमासो अश्विनोरबुध्रंजामि ब्रह्माण्युषसश्च देवीः ।
आविवासन्नोदसी धिष्ण्येमे अच्छा विप्रो नासत्या विवक्ति ।।३।।
वि चेदुच्छन्त्यश्विना उषासः प्र वां ब्रह्माणि कारवो भरन्ते ।
ऊर्ध्वं भानुं सविता देवो अश्रेद् बृहदग्नयः समिधा जरन्ते ।।४।।
आ पश्चातान्नासत्या पुरस्तादाश्विना यातमधरादुदक्तात् ।
आ विश्वतः पांचजन्येन राया यूयं पात स्वस्तिभिः सदा नः ।।५।।
ऋ. ७.७३.१–५
अतारिष्म तमसस्पारमस्य प्रति स्तोमं देवयन्तो दधानाः ।
पुरुदंसा पुरुतमा पुराजामर्त्या हवते अश्विना गीः ।।१।।
न्यु प्रियो मनुषः सादि होता नासत्या यो यजते वन्दते च ।
अश्नीतं मध्वो अश्विना उपाक आ वां वोचे विदथेषु प्रयस्वान् ।।2।।
अहेम यज्ञं पथामुराणा इमां सुवृक्तिं वृषणा जुषेथाम् ।
श्रुष्टीवेव प्रेषितो वामबोधि प्रति स्तोमैर्जरमाणो वसिष्ठः ।।३।।
उप त्या वह्नी गमतो विशं नो रक्षोहणा संभृता वीळुपाणी ।
समन्धांस्यग्मत मत्सराणि मा नो मर्धिष्टमा गतं शिवेन ।।४।।
आ पश्चातान्नासत्या पुरस्तादाश्विना यातमधरादुदक्तात् ।
आ विश्वतः पांचजन्येन राया यूयं पात स्वस्तिभिः सदा नः ।।५।।
ऋ. ७.७४.१–६
इमा उ वां दिविष्टय उस्रा हवन्ते अश्विना ।
अयं वामह्वेऽवसे शचीवसू विशंविशं हि गच्छथः ।।१।।
युवं चित्रं ददथुर्भोजनं नरा चोदेथां सूनृतावते ।
अर्वाग्रथं समनसा नि यच्छतं पिबतं सोम्यं मधु ।।2।।
आ यातमुपभूषतं मध्वः पिबतमश्विना ।
दुग्धं पयो वृषणा जेन्यावसू मा नो मर्धिष्टमा गतम् ।।३।।
अश्वासो ये वामुप दाशुषो गृहं युवां दीयन्ति बिभ्रतः ।
मक्षूयुभिर्नरा हयेभिरश्विना देवा यातमस्मयू ।।४।।

अधा ह यन्तो अश्विना पृक्षः सचन्त सूरयः ।
ता यंसतो मघवद्भ्यो ध्रुवं यशश्छर्दिरस्मभ्यं नासत्या ।।५।।
प्र ये ययुरवृकासो रथा इव नृपातारो जनानाम् ।
उत स्वेन शवसा शूशुवुर्नर उत क्षियन्ति सुक्षितिम् ।।६।।

य. ३३.८८

आ यातमुप भूषतं मध्वः पिबतमश्विना।
दुग्धं पयो वृषणा जेन्यावसू मा नो मर्धिष्टमा गतम्।।८८।।

४८. वामदेवः – अ. २०.१४३.८

मधुमतीरोषधीर्द्याव आपो मधुमन्नो भवत्वन्तरिक्षम् ।
क्षेत्रस्य पतिर्मधुमान्नो अस्त्वरिष्यन्तो अन्वेनं चरेम ।।८।।

४९. वामदेवो गौतमः – ऋ. ४.१५.९–१०; ४.४५.१–७

ऋ. ४.१५.९–१०

एष वां देवावश्विना कुमारः साहदेव्यः। दीर्घायुरस्तु सोमकः ।।९।।
तं युवं देवावश्विना कुमारं साहदेव्यम्। दीर्घायुषं कृणोतन ।।१०।।

ऋ. ४.४५.१–७

एष स्य भानुरुदियर्ति युज्यते रथः परिज्मा दिवो अस्य सानवि ।
पृक्षासो अस्मिन्मिथुना अधि त्रयो दृतिस्तुरीयो मधुनो वि रप्शते ।।१।।
उद्वां पृक्षासो मधुमन्त ईरते रथा अश्वास उषसो व्युष्टिषु ।
अपोर्णुवन्तस्तम आ परीवृतं स्व१र्ण शुक्रं तन्वन्त आ रजः ।।2।।
मध्वः पिबतं मधुपेभिरासभिरुत प्रियं मधुने युंजाथां रथम् ।
आ वर्तनिं मधुना जिन्वथस्पथो दृतिं वहेथे मधुमन्तमश्विना ।।३।।
हंसासो ये वां मधुमन्तो अस्रिधो हिरण्यपर्णा उहुव उषर्बुधः ।
उदप्रुतो मन्दिनो मन्दिनिस्पृशो मध्वो न मक्षः सवनानि गच्छथः ।।४।।
स्वध्वरासो मधुमन्तो अग्नय उस्रा जरन्ते प्रति वस्तोरश्विना ।
यन्नित्त्हस्तस्तरणिर्विचक्षणः सोमं सुषाव मधुमन्तमद्रिभिः ।।५।।
आकेनिपासो अहभिर्दविध्वतः स्व१र्ण शुक्रं तन्वन्त आ रजः ।
सूरश्चिदश्वान्युयुजान ईयते विश्वाँ अनु स्वधया चेतथस्पथिः ।।६।।
प्र वामवोचमश्विना धियन्धा रथः स्वश्वो अजरो यो अस्ति ।
येन सद्यः परि रजांसि याथो हविष्मन्तं तरणिं भोजमच्छ ।।७।।

५०. वासिष्ठो मैत्रावरुणिः – सा. ३०४; ७५३–७५४

सा. ३०४

इमा उ वां दिविष्टय उस्रा हवन्ते अश्विना ।
अयं वामह्वेऽवसे शचीवसू विशं विशं हि गच्छथः ।।2।।

सा. ७५३–७५४

इमा उ वां दिविष्टय उस्रा हवन्ते अश्विना ।
अयं वामह्वेऽवसे शचीवसू विशंविशं हि गच्छथः ।।१।।
युवं चित्रं ददथुर्भोजनं नरा चोदेथां सूनृतावते ।
अर्वाग्रथं समनसा नि यच्छतं पिबतं सोम्य मधु ।।2।।

५१. विमद ऐन्द्रः वसुकृद्वा वासुक्रः (साग्री. सास्वा.) विमद ऐन्द्रः वसुकृद्वा वसुक्रो वा प्राजापत्यः (ऋसर्व.) वसुकृदृषि विमदो वा (सार्षेदी.) – ऋ. १०.२४.४–६

युवं शक्रा मायाविना समीची निरमन्थतम् ।
विमदेन यदीळिता नासत्या निरमन्थतम् ।।४।।
विश्वे देवा अकृपन्त समीच्योर्निष्पतन्त्योः ।

नासत्यावब्रुवन्देवाः पुनरा वहतादिति ।।५।।
मधुमन्मे परायणं मधुमत्पुनरायनम् ।
ता नो देवा देवतया युवं मधुमतस्कृतम् ।।६।।

५2. विश्वमना वैयश्व व्यश्वो वा आंगिरसः – ऋ. ८.2६.१–१६

युवोरु षू रथं हुव सधस्तुत्याय सूरिषु। अतूर्तदक्षा वृषणा वृषण्वसू ।।१।।
युवं वरो सुषाम्णे महे तने नासत्या। अवोभिर्याथो वृषणा वृषण्वसू ।।2।।
ता वामद्य हवामहे हव्येभिर्वाजिनीवसू। पूर्वीरिष इषयन्तावति क्षपः ।।३।।
आ वां वाहिष्ठो अश्विना रथो यातु श्रुतो नरा। उप स्तोमान्तुरस्य दर्शथः श्रिये ।।४।।
जुहुराणा चिदश्विना मन्येथां वृषण्वसू। युवं हि रुद्रा पर्षथो अति द्विषः ।।५।।
दस्रा हि विश्वमानुषङ्मक्षूभिः परिदीयथः। धियंजिन्वा मधुवर्णा शुभस्पती ।।६।।
उप नो यातमश्विना राया विश्वपुषा सह। मघवाना सुवीरावनपच्युता ।।७।।
आ मे अस्य प्रतीव्य१मिन्द्रनासत्या गतम्। देवा देवेभिरद्य सचनस्तमा ।।८।।
वयं हि वां हवामह उक्षण्यन्तो व्यश्ववत्। सुमतिभिरुप विप्राविहा गतम् ।।६।।
अश्विना स्वृषे स्तुहि कुवित्ते श्रवतो हवम्। नेदीयसः कूळयातः पणीँरुत ।।१०।।
वैयश्वस्य श्रुतं नरोतो मे अस्य वेदथः। सजोषसा वरुणो मित्रो अर्यमा ।।११।।
युवादत्तस्य धिष्ण्या युवानीतस्य सुरिभिः। अहरहर्वृषणा मह्यं शिक्षतम् ।।१2।।
यो वां यज्ञेभिरावृतोऽधिवस्त्रा वधूरिव। सपर्यन्ता शुभे चक्राते अश्विना ।।१३।।
यो वामुरुव्यचस्तमं चिकेतति नृपाय्यम्। वर्तिरश्विना परि यातमस्मयू ।।१४।।
अस्मभ्यं सु वृषण्वसू यातं वर्तिर्नृपाय्यम्। विषुद्रुहेव यज्ञमूहथुर्गिरा ।।१५।।
वाहिष्ठो वां हवानां स्तोमो दूतो हुवन्नरा। युवाभ्यां भूत्वश्विना ।।१६।।
यददो दिवो अर्णव इषो वा मदथो गृहे। श्रुतमिन्मे अमर्त्या ।।१७।।
उत स्या श्वेतयावरी वाहिष्ठा वां नदीनाम्। सिन्धुर्हिरण्यवर्तनिः ।।१८।।
स्मदेतया सुकीर्त्याश्विना श्वेतया धिया। वहेथे शुभ्रयावाना ।।१६।।

५३. विश्वामित्रः – अ. ६.१४१.१–३

वायुरेनाः समाकरत् त्वष्टा पोषाय धियताम्। इन्द्र आभ्यो अधि ब्रवद् रुद्रो भूम्ने चिकित्सतु।।१।।
लोहितेन स्वधितिना मिथुनं कर्णयोः कृधि। अकर्तामश्विना लक्ष्म तदस्तु प्रजया बहु ।।2।।
यथा चक्रुर्देवासुरा यथा मनष्या उत। एवा सहस्रपोषाय कृणुतं लक्ष्माश्विना ।।३।।

५४. विश्वामित्रो गाथिनः – ऋ. ३.५८.१–६

धेनुः प्रत्नस्य काम्यं दुहानान्तः पुत्रश्चरति दक्षिणायाः ।
आ द्योतनिं वहति शुभ्रयामोषसः स्तोमो अश्विनावजीगः ।।१।।
सुयुग्वहन्ति प्रति वामृतेनोर्ध्वा भवन्ति पितरेव मेधाः ।
जरेथामस्मद्वि पणेर्मनीषां युवोरवश्चकृमा यातमर्वाक् ।।2।।
सुयुग्भिरश्वैः सुवृता रथेन दस्राविमं शृणुतं श्लोकमद्रेः ।
किमंग वां पत्यवर्तिं गमिष्ठाहुर्विप्रासो अश्विना पुराजाः ।।३।।
आ मन्येथामा गतं कच्चिदेवैर्विश्वे जनासो अश्विना हवन्ते ।
इमा हि वां गोऋजीका मधूनि प्र मित्रासो न ददुरुस्रो अग्रे ।।४।।
तिरः पुरू चिदश्विना रजांस्याङ्गूषो वां मघवाना जनेषु ।
एह यातं पथिभिर्देवयानैर्दस्राविमे वां निधयो मधूनाम् ।।५।।
पुराणमोकः सख्यं शिवं वां युवोर्नरा द्रविणं जह्नाव्याम् ।
पुनः कृण्वानाः सख्या शिवानि मध्वा मदेम सह नू समानाः ।।६।।
अश्विना वायुना युवं सुदक्षा नियुद्भिश्च सजोषसा युवाना ।
नासत्या तिरोअह्न्यं जुषाणा सोमं पिबतमस्रिधा सुदानू ।।७।।
अश्विना परि वामिषः पुरूचीरीयुर्गीर्भिर्यतमाना अमृध्राः ।

रथो ह वामृतजा अद्रिजूतः परि द्यावापृथिवी याति सद्यः ।।८।।
अश्विना मधुषुत्तमो युवाकुः सोमस्तं पातमा गतं दुरोणे ।
रथो ह वां भूरि वर्पः करिक्रत्सुतावतो निष्कृतमागमिष्ठः ।।६।।

५५. शंखः – य. १६.८2

तदश्विना भिषजा रुद्रवर्तनी सरस्वती वयति पेशोऽअन्तरम् ।
अस्थि मज्जानं मासरैः कारोतरेण दधतो गवां त्वचि ।।८2।।

५६. शशकर्णः – अ. 20.१३६.१–५; 20.१४०.१–५; 20.१४१.१–५; 20.१४2.१–६

अ. 20.१३६.१–५

आ नूनमश्विना युवं वत्सस्य गन्तमवसे ।
प्रास्मै यच्छतमवृकं पृथु च्छर्दिर्युयुतं या अरातयः ।।१।।
यदन्तरिक्षे यद् दिवि यत् पंच मानुषाँ अनु । नृम्णं तद् धत्तमश्विना ।।2।।
ये वां दंसांस्यश्विना विप्रासः परिमामृशुः। एवेत् काण्वस्य बोधतम् ।।३।।
अयं वां घर्मो अश्विना स्तोमेन परि षिच्यते ।
अयं सोमो मधुमान् वाजिनीवसू येन वृत्रं चिकेतथः ।।४।।
यदप्सु यद् वनस्पतौ यदोषधीषु पुरुदंससा कृतम्। तेन माविष्टमश्विना ।।५।।

अ. 20.१४०.१–५

यन्नासत्या भुरण्यथो यद् वा देव भिषज्यथः ।
अयं वां वत्सो मतिभिर्न विन्धते हविष्मन्तं हि गच्छथः ।।१।।
आ नूनमश्विनोर्ऋषि स्तोमं चिकेत वामया । आ सोमं मधुमत्तमं घर्मं सिंचादथर्वणि ।।2।।
आ नूनं रघुवर्तनिं रथं तिष्ठाथो अश्विना । आ वां स्तोमा इमे मम नभो न चुच्यवीरत ।।३।।
यदद्य वां नासत्योक्थैराचुच्युवीमहि । यद् वा वाणीभिरश्विनेवेत् काण्वस्य बोधतम् ।।४।।
यद् वां कक्षीवाँ उत यद् व्यश्व ऋषिर्यद् वां दीर्घतमा जुहाव ।
पृथी यद् वां वैन्यः सादनेष्वेवेदतो अश्विना चेतयेथाम् ।।५।।

अ. 20.१४१.१–५

यातं छर्दिष्पा उत नः परस्पा भूतं जगतपा उत नस्तनूपा। वर्तिस्तोकाय तनयाय यातम् ।।१।।
यदिन्द्रेण सरथं याथो अश्विना यद् वा वायुना भवथः समोकसा ।
यदादित्येभिर्ऋभुभिः सजोषसा यद् वा विष्णोर्विक्रमणेषु तिष्ठथः ।।2।।
यदद्याश्विनावहं हुवेय वाजसातये । यत् पृत्सु तुर्वणे सहस्तच्छ्रेष्ठमश्विनोरवः ।।३।।
आ नूनं यातमश्विनेमा हव्यानि वां हिता। इमे सोमासो अधि तुर्वशे यदाविमे कण्वेषु वामथ।।४।।
यन्नासत्या पराके अर्वाके अस्ति भेषजम्। तेन नूनं विमदाय प्रचेतसा छर्दिर्वत्साय यच्छतम्।।५।।

अ. 20.१४2.१–६

अभुत्स्यु प्र देव्या सकं वाचाहमश्विनोः। व्यावर्देव्या मतिं वि रातिं मर्त्येभ्यः ।।१।।
प्र बोधयोषो अश्विना प्र देवि सूनृते महि । प्र यज्ञहोतरानुषक् प्र मदाय श्रवो बृहत् ।।2।।
यदुषो यासि भानुना सं सूर्येण रोचसे। आ हायमश्विनो रथो वर्तिर्याति नृपाय्यम् ।।३।।
यदापीतासो अंशवो गावो न दुह्र ऊधभिः। यद्वा वाणीरनूषत प्र देवयन्तो अश्विना ।।४।।
प्र द्युम्नाय प्र शवसे प्र नृषाह्याय शर्मणे । प्र रक्षाय प्रचेतसा ।।५।।
यन्नूनं धीभिरश्विना पितुर्योना निषीदथः यद्वा सुम्नेभिरुक्थ्या ।।६।।

५७. शशकर्णः काण्वः – ऋ. ८.६.१–21

आ नूनमश्विना युवं वत्सस्य गन्तमवसे ।
प्रास्मै यच्छतमवृकं पृथु छर्दिर्युयुतं या अरातयः ।।१।।
यदन्तरिक्षे यद्दिवि यत्पंच मानुषाँ अनु। नृम्णं तद्धत्तमश्विना ।।2।।
ये वां दंसांस्यश्विना विप्रासः परिमामृशुः। एवेत्काण्वस्य बोधतम् ।।३।।
अयं वां घर्मो अश्विना स्तोमेन परि षिच्यते ।

अयं सोमो मधुमानवाजिनीवसू येन वृत्रं चिकेतथः ।।४।।
यदप्सु यद्वनस्पतौ यदोषधीषु पुरुदंससा कृतम्। तेन माविष्टमश्विना ।।५।।
यन्नासत्या भुरण्यथो यद्वा देव भिषज्यथः ।
अयं वां वत्सो मतिभिर्न विन्धते हविष्मन्तं हि गच्छथः ।।६।।
आ नूनमश्विनोर्ऋषिः स्तोमं चिकेत वामया । आ सोमं मधुमत्तमं घर्मं सिंचादथर्वणि ।।७।।
आ नूनं रघुवर्तानिं रथं तिष्ठाथो अश्विना । आ वां तोमा इमे मम नभो न चुच्यवीरत ।।८।।
यदद्य वां नासत्योकथैराचुच्युवीमहि। यद्वा वाणीभिरश्विनेवेत्काण्वस्य बोधतम् ।।९।।
यद्वां कक्षीवाँ उत यद्व्यश्व ऋषिर्यद्वां दीर्घतमा जुहाव ।
पृथी यद्वां वैन्सः सादनेष्वेवदतो अश्विना चेतयेथाम् ।।१०।।
यातं छर्दिष्पा उत नः परस्पा भूतं जगत्पा उत नस्तनूपा। वर्तिस्तोकाय तनयाय यातम् ।।११।।
यदिन्द्रेण सरथं याथो अश्विना यद्वा वायुना भवथः समोकसा ।
यदादित्येभिर्ऋभुभिः सजोषसा यद्वा विष्णोर्विक्रमणेषु तिष्ठथः ।।१2।।
यदद्याश्विनावहं हुवेय वाजसातये । यत्पृत्सु तुर्वणे सहस्तच्छ्रेष्ठमश्विनोरवः ।।१३।।
आ नूनं यातमश्विनेमा हव्यानि वां हिता।
इमे सोमासो अधि तुर्वशे यदाविमे कण्वेषु वामथ ।।१४।।
यन्नासत्या पराके अर्वाके अस्ति भेषजम् ।
तेन नूनं विमदाय प्रचेतसा छर्दिर्वत्साय यच्छतम् ।।१५।।
अभुत्स्यु प्र देव्या साकं वाचाहमश्विनोः। व्यावर्देव्या मतिं वि रातिं मर्त्येभ्यः ।।१६।।
प्र बोधयोषो अश्विना प्र देवि सूनृते महि। प्र यज्ञहोतरानुषक्प्र मदाय श्रवो बृहत् ।।१७।।
यदुषो यासि भानुना सं सूर्येण रोचसे। आ हायमश्विनो रथो वार्तिर्याति नृपाय्यम् ।।१८।।
यदापीतासो अंशवो गावो न दुह्र ऊधभिः। यद्वा वाणीरनूषत प्र देवयन्तो अश्विना ।।१९।।
प्र द्युम्नाय प्र शवसे प्र नृषाह्याय शर्मणे। प्र दक्षाय प्र चेतसा ।।20।।
यन्नूनं धीभिरश्विना पितुर्योना निषीदथः। यद्वा सुम्नेभिरुक्थ्या ।।2१।।

५८. शुनः शेपः – य. १०.३३; ३४

युवं सुराममश्विना नमुचावासुरे सचा। विपिपाना शुभस्पतीऽ इन्द्रं कर्मस्वावतम् ।।३३।।
पुत्रमिव पितरावश्विनोभेन्द्रावथुः काव्यैर्दसनाभिः ।
यत्सुरामं व्यपिबः शचीभिः सरस्वती त्वा मघवन्नभिष्णक।।३४।।

५९. शुनःशेप आजीगर्तिः – ऋ. १.३०.१७–१९

आश्विनावश्ववात्येषा यातं शवीरया। गोमद्दस्रा हिरण्यवत् ।।१७।।
समानयोजनो हि वां रथो दस्रावमर्त्यः। समुद्रे अश्विनेयते ।।१८।।
न्यघ्न्यस्य मूर्धनि चक्रं रथस्य येमथुः। परि द्यामन्यदीयते ।।१९।।

६०. श्यावाश्वः – ऋ. ८.३५.१–24

अग्निनेन्द्रेण वरुणेन विष्णुनादित्यै रुद्रैर्वसुभिः सचाभुवा ।
सजोषसा उषसा सूर्येण च सोमं पितबमश्विना ।।१।।
विश्वाभिर्धीभिर्भुवनेन वाजिना दिवा पृथिव्याद्रिभिः सचाभुवा ।
सजोषसा उषसा सूर्येण च सोमं पिबतमश्विना ।।2।।
विश्वेदेवैस्त्रिभिरेकादशैरिहाद्भिर्मरुद्भिर्भुगुभिः सचाभुवा ।
सजोषसा उषसा सूर्येण च सोमं पितबमश्विना ।।३।।
जुषेथां यज्ञं बोधतं हवस्य मे विश्वेह देवा सवनाव गच्छतम् ।
सजोषसा उषसा सूर्येण चेषं नो वोळहमश्विना ।।४।।
स्तोमं जुषेथां युवशेव कन्यनां विश्वेह देवौ सवनाव गच्छतम् ।
सजोषसा उषसा सूर्येण चेषं नो वोळहमश्विना ।।५।।
गिरो जुषेथामध्वरं जुषेथां विश्वेह देवौ सवनाव गच्छतम् ।

सजोषसा उषसा सूर्येण चेषं नो वोळहमश्विना ।।६।।
हारिद्रवेव पतथो वनेदुष सोमं सुतं महिपेवाव गच्छथः ।
सजोषसा उषसा सूर्येण च त्रिर्वर्तिर्यातमश्विना ।।७।।
हंसाविव पतथो अध्वगाविव सोमं सुतं महिपेवाव गच्छथः ।
सजोषसा उषसा सूर्येण च त्रिर्वर्तिर्यातमश्विना ।।८।।
श्येनाविव पतथो हव्यदातये सोमं सुतं महिषेवाव गच्छथः ।
सजोषसा उषसा सूर्येण च त्रिर्वर्तिर्यातमश्विना ।।६।।
पिबतं च तृप्णुतं चा च गच्छतं प्रजां च धत्तं द्रविणं च धत्तम्।
सजोषसा उषसा सूर्येण चोर्जं नो धतमश्विना ।।१०।।
जयतं च प्र स्तुतं च प्र चावतं प्रजां च धत्तं द्रविणं च धत्तम्।
सजोषसा उषसा सूर्येण चोर्जं नो धतमश्विना ।।११।।
हतं च शत्रून्यततं च मित्रिणः प्रजां च धत्तं द्रविणं च धत्तम्।
सजोषसा उषसा सूर्येण चोर्जं नो धतमश्विना ।।12।।
मित्रावरुणवन्ता उत धर्मवन्ता मरुत्वन्ता जरितुर्गच्छथो हवम् ।
सजोषसा उष सूर्येण चादित्यैर्यातमश्विना ।।१३।।
अंगिरस्वन्ता उत विष्णुवन्ता मरुत्वन्ता जरितुर्गच्छथो हवम् ।
सजोषसा उषसा सूर्येण चादित्यैर्यातमश्विना ।।१४।।
ऋभुमन्ता वृषणा वाजवन्ता मरुत्वन्ता जरितुर्गच्छथो हवम् ।
सजोषसा उष सूर्येण चादित्यैर्यातमश्विना ।।१५।।
ब्रह्म जिन्वतमुत जिन्वतं धियो हतं रक्षांसि सेधतमभीवाः ।
सजोषसा सूर्येण च सोमं सुन्वतो अश्विना ।।१६।।
क्षत्रं जिन्वतमुत जिन्वतं नृन्हतं रक्षांसि सेधतमभीवाः ।
सजोषसा उषसा सूर्येण च सोमं सुन्वतो अश्विना ।।१७।।
धेनूर्जिन्वतमुत जिन्वतं विशो हतं रक्षांसि सेधतमभीवाः ।
सजोषसा उषसा सूर्येण च सोमं सुन्वतो अश्विना ।।१८।।
अत्रेरिव शुणुतं पूर्व्यस्तुतिं श्यावाश्वस्य सुन्वतो मदच्युता ।
सजोषसा उषसा सूर्येण चाश्विना तिरोअह्न्यम् ।।१६।।
सँर्गा इव सृजतं सुष्टुतीरुप श्यावाश्वस्य सुन्वतो मदच्युता ।
सजोषसा उषसा सूर्येण चाश्विना तिरोअह्न्यम् ।।20।।
रश्मीँरिव यच्छतमध्वराँ उप श्यावाश्वस्य सुन्वतो मदच्युता ।
सजोषसा उषसा सूर्येण चाश्विना तिरोअह्न्यम् ।।21।।
अर्वाग्रथं नि यच्छतं पिबतं सोम्यं मधु ।
आ यातमश्विना गतमवस्युर्वामहं हुवे धत्तं रत्नानि दाशुषे ।।22।।
नमोवाके प्रस्थिते अध्वरे नरा विवक्षणस्य पीतये ।
आ यातमश्विना गतमवस्युर्वामहं हुवे धत्तं रत्नानि दाशुषे ।।2३।।
स्वाहाकृतस्य तृम्पतं सुतस्य दोवान्धसः ।
आ यातमश्विना गतमवस्युर्वामहं हुवे धत्तं रत्नानि दाशुषे ।।2४।।

६१. सप्तवध्रिर् आत्रेयः – ऋ. ५.७८.१–६

अश्विनावेह गच्दतं नासत्या मा वि वेनतम्। हंसाविव पततमा सुताँ उप ।।१।।
अश्विना हरिणाविव गौराविवानु यवसम्। हंसाविव पततमा सुताँ उप ।।2।।
अश्विना वाजिनीवसू जुषेथां यज्ञमिष्टये। हंसाविव पततमा सुताँ उप ।।३।।
अत्रिर्यद्वामवरोहन्नृबीसमजोहवीन्नाधमानेव योषा ।
श्येनस्य चिज्जवसा नूतनेनागच्छतमश्विना शंतमेन ।।४।।

वि जिहीष्व वनस्पते योनिः सूष्यन्त्या इव। श्रुतं मे अश्विना हवं सप्तवध्रिं च मुंचतम् ।।५।।
भीताय नाधमानाय ऋषये सप्तवध्रये। मायाभिरश्विना युवं वृक्षं सं च वि चाचथः ।।६।।
यथा वातः पुष्करिणीं समिंगयति सर्वतः। एवा ते गर्भ एजतु निरैतु दशमास्यः ।।७।।
यथा वातो यथा वनं यथा समुद्र एजति। एवा त्वं दशमास्य सहावेहि जरायुणा ।।८।।
दश मासांछशयानः कुमारो अधि मातरि। निरैतु जीवो अक्षतो जीवो जीवन्त्या अधि ।।६।।

६2. सध्वंसः काण्वः – ऋ. ८.८.१–2३

आ नो विश्वभिरूतिभिरश्विना गच्छतं युवम्। दस्रा हिरण्यवर्तनी पिबतं सोम्यं मधु ।।१।।
आ नूनं यातमश्विना रथेन सूर्यत्वचा। भुजी हिरण्यपेशसा कवी गम्भीरचेतसा ।।2।।
आ यातं नहुषस्पर्यान्तरिक्षात् सुवृक्तिभिः। पिबाथो अश्विना मधु कण्वानां सवने सुतम् ।।३।।
आ नो यातं दिवस्पर्यान्तरिक्षादधप्रिया। पुत्रः कण्वस्य वामिह सुषाव सोम्यं मधु ।।४।।
आ नो यातमुपश्रुत्यश्विना सोमपीतये। स्वाहा स्तोमस्य वर्धना प्र कवी धीतिभिर्नरा ।।५।।
यच्चिद्धि वां पुर ऋषयो जुहूरेऽवसे नरा। आ यातमश्विना गतमुपेमां सुष्टुतिं मम ।।६।।
दिवश्चिद्रोचनादध्या नो गन्तं स्वर्विदा। धीभिर्वत्सप्रचेतसा स्तोमेभिर्हवनश्रुता ।।७।।
किमन्ये पर्यासतेऽस्मत्स्तोमेभिरश्विना। पुत्रः कण्वस्य वामृषिर्गीर्भिर्वत्सो अवीवृधत् ।।८।।
आ वां विप्र इहावसेऽह्वत्स्तोमेभिरश्विना। अरिप्रा वृत्रहन्तमा ता नो भूतं मयोभुवा ।।६।।
आ यद्वां योषणा रथमतिष्ठद्वाजिनीवसू। विश्वन्यश्विना युवं प्र धीतान्यगच्छतम् ।।१०।।
अतः सहस्रनिर्णिजा रथेना यातमश्विना। वत्सो वां मधुमद्वचोऽशंसीत्काव्यः कविः ।।११।।
पुरुमन्द्रा पुरूवसू मनोतरा रयीणाम्। स्तोमं मे अश्विनाविममभि वह्नी अनूषाताम् ।।१2।।
आ नो विश्वन्यश्विना धत्तं राधांस्यह्रया। कृतं न ऋत्वियावतो मा नो रीरधतं निदे ।।१३।।
यन्नासत्या परावति यद्वा स्थो अध्यम्बरे। अतः सहस्रनिर्णिजा रथेना यातमश्विना ।।१४।।
यो वां नसत्यावृषिर्गीर्भिर्वत्सो अवीवृधत्। तस्मै सहस्रनिर्णिजमिषं धत्तं घृतश्चुतम् ।।१५।।
प्रास्मा ऊर्जं घृतश्चुतमश्विना यच्छतं युवम्। यो वां सुम्नाय तुष्टवद्वसूयाद्दानुनस्पती ।।१६।।
आ नो गन्तं रिशादसेमं स्तोमं पुरुभुजा। कृतं नः सुश्रियो नरेमा दातमभिष्टये ।।१७।।
आ वं विश्वाभिरूतिभिः प्रियमेधा अहूषत। राजन्तावध्वराणामश्विना यामहूतिषु ।।१८।।
आ नो गन्तं मयोभुवाश्विना शम्भुवा युवम्। यो वां विपन्यू धीतिभिर्गीर्भिर्वत्सो अवीवृधत् ।।१६।।
याभिः कण्वं मेधातिथिं याभिर्वशं दशव्रजम्। याभिर्गोशर्यमावतं ताभिर्नोऽवतं नरा ।।2०।।
याभिर्नरा त्रसदस्युमावतं कृत्व्ये धने। ताभिः ष्व१स्माँ अश्विना प्रावतं वाजसातये ।।2१।।
प्र वां स्तोमाः सुवृक्तयो गिरो वर्धन्त्वश्विना। पुरुत्रा वृत्रहन्तमा ता नो भूतं पुरुस्पृहा ।।22।।
त्रीणि पदान्यश्विनोराविः सान्ति गुहा परः। कवी ऋतस्य पत्मभिरर्वाग्जीवेभ्यस्परि ।।2३।।

६३. सरस्वती – य. 2८.३०

होता यक्षत्प्रचेतसा देवानामुत्तमं यशो होतारा दैव्या कवी सयुजेन्द्रं वयोधसम् ।
जगतीं छन्दऽइन्द्रियमनड्वाहं गां वयो दधद्वीतामाज्यस्य होतर्यज ।।३०।।

६४. सुकीर्तिः – अ. 2०.१2५.४–५

युवं सुराममश्विना नमुचावासुरे सचा ।
विपिपाना शुभस्पती इन्द्रं कर्मस्वावतम् ।।४।।
पुत्रमिव पितरावश्विनोभेन्द्रावथुः काव्यैर्दंसनाभिः ।
यत् सुरामं व्यपिबः शचीभिः सरस्वती त्वा मघवन्नभिष्णक् ।।५।।

६५. सुकीर्ति काक्षीवतः – ऋ. १०.१३१.४; ५

युवं सुराममश्विना नमुचावासुरे सचा ।
विपिपाना शुभस्पती इन्द्रं कर्मस्वावतम् ।।४।।
पुत्रमिव पितरावश्विनोभेन्द्रावथुः काव्यैर्दंसनाभिः ।

यत्सुरामं व्यपिबः शचीभिः सरस्वती त्वा मघवन्नभिष्णक् ।।५।।

६६. सुहस्त्यो घौषेयः – ऋ. १०.४१.१–३

समानमु त्यं पुरुहूतमुक्थ्यं१ रथं त्रिचक्रं सवना गनिग्मतम् ।
परिज्मानं विदथ्यं सुवृक्तिभिर्वयं व्युष्टा उषसो हवामहे ।।१।।
प्रातर्युजं नासत्याधि तिष्ठथः प्रातर्यावाणं मधुवाहनं रथम् ।
विशो येन गच्छथो यज्वरीर्नरा कीरेश्चिद्यज्ञं होतृमन्तमश्विना ।।2।।
अध्वर्युं व मधुपाणिं सुहस्त्यमग्निधं वा धृतदक्षं दमूनसम् ।
विप्रस्य वा यत्सवनानि गच्छथोऽत आ यातं मधुपेयमश्विना ।।३।।

६७. सोभरिः काण्वः – ऋ. ८.22.१–१८

ओ तयमह्व आ रथमद्या दंसिष्ठमूतये । यमश्विना सुहवा रुद्रवर्तनी आ सूर्यायै तस्थथुः ।।१।।
पूर्वापुषं सुहवं पुरुस्पृहं ज्युं वाजेषु पूर्व्यम् । सचनावन्तं सुमतिभिः सोभरे विद्वेषसमनेहसम् ।।2।।
इह त्या पुरुभूतमा देवा नमोभिरश्विना । अर्वाचीना स्ववसे करामहे गन्तारा दाशुषो गृहम् ।।३।।
युवो रथस्य परि चक्रमीयत ईर्मान्यद्वामिषण्यति ।
अस्माँ अच्छा सुमतिर्वां शुभस्पती आ धेनुरिव धावतु ।।४।।
रथो यो वां त्रिबन्धुरो हिरण्याभीशुरश्विना ।
परि द्यावापृथिवी भूषति श्रुतस्तेन नासत्या गतम् ।।५।।
दशस्यन्ता मनवे पूर्व्यं दिवि यवं वृकेण कर्षथः ।
ता वामद्य सुमतिभिः शुभस्पती अश्विना प्र स्तुवीमहि ।।६।।
उप नो वाजिनीवसू यातमृतस्य पथिभिः ।
येभिस्तृक्षिं वृषणा त्रासदस्यवं महे क्षत्राय जिन्वथः ।।७।।
अयं वामद्रिभिः सुतः सोमो नरा वृषण्वसू । आ यातं सोमपीतये पिबतं दाशुषो गृहे ।।८।।
आ हि रुहतमश्विना रथे कोशे हिरण्यये वृषण्वसू। युंजाथां पीवरीरिषः ।।६।।
याभिः पक्थमवथो याभिरध्रिगुं याभिर्बभ्रुं विजोषसम् ।
ताभिर्नो मक्षू तूयमश्विना गतं भिषज्यतं यदातुरम् ।।१०।।
यदध्रिगावो अध्रिगू इदा चिदह्नो अश्विना हवामहे। वयं गीर्भिर्विषन्यवः ।।११।।
ताभिरा यातं वृषणोप मे हवं विश्वप्सुं विश्ववार्यम् ।
इषा मंहिष्ठा पुरुभूतमा नरा याभिः क्रिविं वावृधुस्ताभिरा गतम् ।।१2।।
ताविदा चिदहानां तावश्विना वन्दमान उप ब्रुवे। ता ऊ नमोभिरीमहे ।।१३।।
ताविद्दोषा ता उषसि शुभस्पती ता यामन् रुद्रवर्तनी ।
मा नो मर्ताय रिपवे वाजिनीवसू परो रुद्रावति ख्यतम् ।।१४।।
आ सुग्म्याय सुग्म्यं प्राता रथेनाश्विना वा सक्षणी। हुवे पितेव सोभरी ।।१५।।
मनोजवसा वृषणा मदच्युता मक्षुंगमाभिरूतिभिः ।
आरात्ताच्चिद्भूतमस्मे अवसे पूर्वीभिः पुरुभोजसा ।।१६।।
आ नो अश्वावदश्विना वर्तिर्यासिष्टं मधुपातमा नरा। गोमद्दस्रा हिरण्यवत् ।।१७।।
सुप्रावर्गं सुवीर्यं सुष्ठु वार्यमनाधृष्टं रक्षस्विना ।
अस्मिन्ना वामायाने वाजिनीवसू वि वामानि धीमहि ।।१८।।

६८. हिरण्यस्तूपः – य. ३४.४७

आ नासत्या त्रिभिरेकादशैरिह देवेभिर्यातं मधुपेयमश्विना ।
प्रायुस्तारिष्टं नी रपांसि मृक्षतंसेधतं द्वेषो भवतं सचाभुवा ।।४७।।

६६. हिरण्यस्तूपः आंगिरसः – ऋ. १.३४.१–१2

त्रिश्चिन्नो अद्या भवतं नवेदसा विभुर्वां याम उत रातिरश्विना ।
युवोर्हि यन्त्रं हिम्येव वाससोऽभ्यायंसेन्या भवतं मनीषिभिः ।।१।।

त्रयः पवयो मधुवाहने रथे सोमस्य वेनामनु विश्व इद्विदुः ।
त्रयः स्कम्भासः स्कभितास आरभे त्रिर्नक्तं याथस्त्रिर्वश्विना दिवा ।।2।।
समाने अहन्त्रिरवद्यगोहना त्रिरद्य यज्ञं मधुना मिमिक्षतम् ।
त्रिर्वाजवतीरिषो अश्विना युवं दोषा अस्मभ्यमुषसश्च पिन्वतम् ।।३।।
त्रिर्वर्तिर्यातं त्रिरनुव्रते जने त्रिः सुप्राव्ये त्रेधेव शिक्षतम् ।
त्रिर्नान्द्यं वहतमश्विना युवं त्रिः पृक्षो अस्मे अक्षरेव पिन्वतम् ।।४।।
त्रिर्नो रयिं वहतमश्विना युवं त्रिर्देवताता त्रिरुतावतं धियः ।
त्रिः सौभगत्वं त्रिरुत श्रवांसि नस्त्रिष्ठं वां सूरे दुहितारुहद्रथम् ।।५।।
त्रिर्नो अश्विना दिव्यानि भेषजा त्रिः पार्थिवानि त्रिरु दत्तमद्भ्यः ।
ओमानं रशंयोर्ममकाय सूनवे त्रिधातु शर्म वहतं शुभस्पती ।।६।।
त्रिर्नो अश्विना यजता दिवेदिवे परि त्रिधातु पृथिवीमशायतम् ।
तिस्रो नासत्या रथ्या परावत आत्मेव वातः स्वसराणि गच्छतम् ।।७।।
त्रिरश्विना सिन्धुभिः सप्तमातृभिस्त्रय आहावास्त्रेधा हविष्कृतम् ।
तिस्रः पृथिवीरुपरि प्रवा दिवो नाकं रक्षेथे द्युभिरक्तुभिर्हितम् ।।८।।
क्व१त्री चक्रा त्रिवृतो रथस्य क्व१त्रयो वन्धुरो ये सनीळाः ।
कदा योगो वाजिनो रासभस्य येन यज्ञं नासतेपयाथः ।।९।।
आ नासत्या गच्छतं हूयते हविर्मध्वः पिबतं मधुपेभिरासभिः ।
युवोर्हि पूर्वं सवितोषसो रथमृताय चित्रं घृतवन्तमिष्यति ।।१०।।
आ नासत्या त्रिभिरेकादशैरिह देवेभिर्यातं मधुपेयमश्विना ।
प्रायुस्तारिष्टं नी रपांसि मृक्षतं सेधतं द्वेषो भवतं सचाभुवा ।।११।।
आ नो अश्विना त्रिवृता रथेनार्वांचं रयिं वहतं सुवीरम् ।
शृण्वन्ता वामवसे जोहवीमि वृधे च नो भवतं वाजसातौ ।।१2।।

११३. अश्विनौ मित्रावरुणौ

१. ब्रह्मातिथि काण्वः (सास्वा. साग्री.) ब्रह्मातिथिः (सार्षेदी.) – सा. 2१६

दूरादिहेव यत्सतोऽरुणप्सुरशिश्वितत्। वि भानुं विश्वथातनत् ।।६।।

११४. अश्विसरस्वतीन्द्राः

१. मधुच्छन्दाः – य. 20.९०

अश्विना पिबतां मधु सरस्वत्या सजोषसा। इन्द्रः सुत्रामा वृत्रहा जुषन्तां सोम्यं मधु ।।९०।।

2. विदर्भिः – य. 20.५५–६९; ७३–७७; ८०

य. 20.५५–६९

समिद्धोऽअग्निरश्विना तप्तो घर्मो विराट् सुतः। दुहे धेनुः सरस्वती सोमं शुक्रमि हेन्द्रियम्।।५५।।
तनूपा भिषजा सुतेऽश्विनोभा सरस्वती। मध्वा रजांसीन्द्रियमिन्द्राय पथिभिर्वहान् ।।५६।।
इन्द्रायेन्दुं सरस्वती नराशंसेन नग्नहुम्। अधातामश्विना मधु भेषजं भिषजा सुते ।।५७।।
आजुह्वाना सरस्वतीन्द्रायेन्द्राणि वीर्यम्। इडाभिरश्विनाविषं समूर्जं सं रयिं दधुः ।।५८।।
अश्विना नमुचेः सुतं सोमं शुक्रं परिस्रुता। सरस्वती तमा भरद् बर्हिषेन्द्राय पातवे ।।५९।।
कवष्यो न व्यचस्वतीरश्विभ्यां न दुरो दिशः। इन्द्रो न रोदसीऽउभे दुहे कामान्त्सरस्वती ।।६०।।
उषासानक्तमाश्विना दिवेन्द्रं सायमिन्द्रियैः। संजानाने सुपेशसा समंजाते सरस्वत्या ।।६१।।
पातं नोऽअश्विना दिवा पाहि नक्तं सरस्वति। दैव्या होतारा भिषजा पातमिन्द्रं सचा सुते।।६2।।
तिस्रस्त्रेधा सरस्वत्यश्विना भारतीडा। तीव्रं परिस्रुता सोममिन्द्राय सुषुवुर्मदम् ।।६३।।
अश्विना भेषजं मधु भेषजं नः सरस्वती। इन्द्रे त्वष्टा यशः श्रियं रूपं रूपमधुः सुते ।।६४।।
ऋतुथेन्द्रो वनस्पतिः शशमानः परिस्रुता। कीलालमश्विभ्यां मधु दुहे धेनुः सरस्वती ।।६५।।
गोभिर्न सोममश्विना मासरेण परिस्रुता। समधातं सरस्वत्या स्वाहेन्द्रे सुतं मधु ।।६६।।
अश्विना हविरिन्द्रियं नमुचेर्धिया सरस्वती। आ शुक्रमासुराद्वसु मघमिन्द्राय जभ्रिरे ।।६७।।
यमश्विना सरस्वती हविषेन्द्रमवर्द्धयन्। स बिभेद बलं मघं न मुचावासुरे सचा ।।६८।।

तमिन्द्रं पशवः सचाश्विनोभा सरस्वती। दधानाऽअभ्यनूषत हविषा यज्ञऽइन्द्रियैः ।।६६।।

य. २०.७३–७७

अश्विना गोभिरिन्द्रियमश्वेभिर्वीर्यं बलम्। हविषेन्द्रं सरस्वती यजमानमवर्द्धयन् ।।७३।।
ता नासत्या सुपेशसा हिरण्यवर्त्तनी नरा। सरस्वती हविष्मतीन्द्र कर्मसु नोऽवत ।।७४।।
ता भिषजा सुकर्मणा सा सुदुघा सरस्वती। स वृत्रहा शतक्रतुरिन्द्राय दधुरिन्द्रियम् ।।७५।।
युवं सुराममश्विना नमुचावासुरे सचा। विपिपानाः सरस्वतीन्द्रं कर्मस्वावत ।।७६।।
पुत्रमिव पितरावश्विनोभेन्द्रावथुः काव्यैर्दंसनाभिः।
यत्सुरामं व्यपिबः शचीभिः सरस्वती त्वा मघवन्नभिष्णक् ।।७७।।

य. २०.८०

अश्विना तेजसा चक्षुः प्राणेन सरस्वती वीर्यम्। वाचेन्द्रो बलेनेन्द्राय दधुरिन्द्रियम् ।।८०।।

११५. अश्वोऽग्निः

१. दीर्घतमा औचथ्यः – ऋ. १.१६३.१–१३

यदक्रन्दः प्रथमं जायमान उद्यन्त्समुद्रादुत वां पुरीषात् ।
श्येनस्य पक्षा हरिणस्य वाहू उपस्तुत्यं महि जातं ते अर्वन् ।।१।।
यमन दत्तं त्रित एनमायुनगिन्द्र एणं प्रथमो अध्यतिष्ठत् ।
गन्धर्वो अस्य रशनामगृभ्णात्सूरादश्वं वसवो निरतष्ट ।।2।।
असि यमो अस्यादित्यो अर्वन्नसि त्रितो गुह्येन व्रतेन ।
असि सोमेन समया विपृक्त आहुस्ते त्रीणि दिवि बन्धनानि ।।३।।
त्रीणि त आहुर्दिवि बन्धनानि त्रीण्यप्सु त्रीण्यन्तः समुद्रे ।
उतेव मे वरुणश्छन्त्स्यर्वन्यत्रा त आहुः परमं जनित्रम् ।।४।।
इमा ते वाजिन्नवमार्जनानीमा शफानां सनितुर्निधाना ।
अत्रा ते भद्रा रशना अपश्यमृतस्य या अभिरक्षन्ति गोपाः ।।५।।
आत्मानं ते मनसारादजानामवो दिवा पतयन्तं पतंगम् ।
शिरो अपश्यं पथिभिः सुगेभिररेणुभिर्जेहमानं पतत्रि ।।६।।
अत्रा ते रूपमुत्तममपश्यं जिगीषमाणमिष आ पदे गोः ।
यदा ते मर्तो अनु भोगमानळादिद्ग्रसिष्ठ ओषधीरजीगः ।।७।।
अनु त्वा रथो अनु मर्यो अर्वन्ननु गावोऽनु भगः कनीनाम् ।
अनु व्रातासस्तव सख्यमीयुरनु देवा ममिरे वीर्यं ते ।।८।।
हिरण्यशृंगोऽयो अस्य पादा मनोजवा अवर इन्द्र आसीत् ।
देवा इदस्य हविरद्यमायन्यो अर्वन्तं प्रथमो अध्यतिष्ठत् ।।९।।
ईर्मान्तासः सिलिकमध्यमासः सं शूरणासो दिव्यासो अत्याः ।
हंसाइव श्रेणिशो यतन्ते यदाक्षिषुर्दिव्यमज्ममश्वाः ।।१०।।
तव शरीरं पतयिष्ण्वर्वन्तव चित्तं वातइव ध्रजीमान ।
तव शृंगाणि विष्ठिता पुरुत्रारण्येषु जर्भुराणा चरन्ति ।।११।।
उप प्रागाच्छसनं वाज्यर्वा देवद्रीचा मनसा दीध्यानः ।
अजः पुरो नीयते नाभिरस्यानु पश्चात्कवयो यन्ति रेभाः ।१2।।
उप प्रागात्परमं यत्सधस्थमर्वाँ अच्छा पितरं मातरं च ।
अद्या देवांजुष्टतमो हि गम्या अथा शास्ते दाशुषे वार्याणि ।।१३।।

११६. अष्टका

१. अथर्वा – अ. ३.१०.१–१३

प्रथमा ह व्युवास सा धेनुरभवद् यमे। सा नः पयस्वती दुहामुत्तरामुत्तरां समाम् ।।१।।
यां देवाः प्रति नन्दन्ति रात्रिं धेनुमुपायतीम् ।
संवत्सरस्य या पत्नी सा नो अस्तु सुमङ्गली।।2।।

संवत्सरस्य प्रतिमां यां त्वा रात्र्युपास्महे ।
सा न आयुष्मतीं प्रजां रायस्पोषेण सं सृज ।।३।।
इयमेव सा या प्रथमा वयौच्छदास्वितरासु चरति प्रविष्टा ।
महान्तो अस्यां महिमानो अन्तर्वधूर्जिगाय नवगज्जनित्री ।।४।।
वानस्पत्या ग्रावाणो घोषमक्रत हविष्कृण्वन्तः परिवत्सरीणम् ।
एकाष्टके सुप्रजसः सुवीरा वयं स्याम पतयो रयीणाम् ।।५।।
इडायास्पदं घृतवत् सरीसृपं जातवेदः प्रति हव्या गृभाय ।
ये ग्राम्याः पशवो विश्वरूपास्तेषां सप्तानां मयि रन्तिरस्तु ।।६।।
आ मा पुष्टे च पोषे च रात्रि देवानां सुमतौ स्याम् ।
पूर्णा दर्वे परा पत सुपूर्णा पुनरापत। सर्वान् यज्ञान्त्संभुंजतीषमूर्जं न आ भर ।।७।।
आयमगन्त्संवत्सरः पतिरेकाष्टके तव । सा न आयुष्मतीं प्रजां रायस्पोषेण सं सृज ।।८।।
ऋतून् यज ऋतुपतीनार्तवानुत हायनान् । समाः संवत्सरान् मासान् भूतस्य पतये यजे ।।९।।
ऋतुभ्यष्ट्वार्तवेभ्यो माद्भ्यः संवत्सरेभ्यः । धात्रे विधात्रे समृधे भूतस्य पतये यजे ।।१०।।
इडया जुह्वतो वयं देवान् घृतवता यजे। गृहानलुभ्यतो वयं सं विशेमोप गोमतः ।।११।।
एकाष्टका तपसा तप्यमाना जजान गर्भंमहिमानमिन्द्रम् ।
तेन देवा व्यसहन्त शत्रून् हन्ता दस्यूनामभवच्छचीपतिः ।।12।।
इन्द्रपुत्रे सोमपुत्रे दुहितासि प्रजापतेः। कामानस्माकं पूरय प्रति गृह्णाहि नो हविः ।।१३।।

११७. असंगस्य दानस्तुतिः

१. आसंगः प्लायोगिः – ऋ. ८.१.३०–३३

स्तुहि स्तुहीदेते घा ते मंहिष्ठासो मघोनाम्।
निन्दताश्वः प्रपथी परमज्या मघस्य मेध्यातिथे।।३०।।
आ यदश्वान्वनन्वतः श्रद्धयाहं रथे रुहम् ।
उत वामस्य वसुनश्चिकेतति यो अस्ति याद्वः पशुः ।।३१।।
य ऋज्रा मह्यं मामहे सह त्वचा हिरण्यया ।
एष विश्वान्यभ्यस्तु सौभगासंगस्य स्वनद्रथः ।।३2।।
अध प्लायोगिरति दासदन्यानासंगो अग्ने दशभिः सहस्रैः ।
अधोक्षणो दश मह्यं रुशन्तो नळाईव सरसो निरतिष्ठन् ।।३३।।

११८. असमाती राजा

१. अगस्त्यस्य स्वसा एषां माता – ऋ. १०.६०.६

अगस्त्यस्य नद्भ्यः सप्ती युनक्षि रोहिता। पणीन्न्यक्रमीरभि विश्वान्राजन्नराधसः ।।६।।

2. बन्धुः सुबन्धुः श्रुतबन्धुर् विप्रबन्धुश्च गौपायनाः – ऋ. १०.६०.१–४

आ जनं त्वेषंदृशं माहीनानामुपस्तुतम्। अगन्म बिभ्रतो नमः ।।१।।
अस्माति निताशन त्वष नियियिन रथम। भजरथस्य सत्पतिम ।।2।।
यो जनान्महिषाँ इवातितस्थौ पवीरवान्। उतापवीरवान्युधा ।।३।।
यस्येक्ष्वाकुरुप व्रते रेवान्मराय्येधते। दिवीव पंच कृष्टयः ।।४।।
इन्द्र क्षत्रासमातिषु रथप्रोष्ठेषु धारय। दिवीव सूर्यं दृशे ।।५।।

११९. असुरः

१. अथर्वा – अ. १.१०.१

अयं देवानामसुरो वि राजति वशा हि सत्या वरुणस्य राज्ञः ।
ततस्परि ब्रह्मणा शाशदान उग्रस्य मन्योरुदिमं नयामि ।।१।।

१2०. अस्तुतमणिः

१. प्रजापतिः – अ. १६.४६.१–७

प्रजापतिष्ट्वा बध्नात् प्रथममस्तृतं वीर्याय कम् ।
तत् ते बध्नाम्यायुषे वर्चस ओजसे च बलाय चास्तृतस्त्वाभि रक्षतु ।।१।।
ऊर्ध्वस्तिष्ठतु रक्षन्नप्रमादमस्तृतेमं मा त्वा दभन् पणयो यातुधानाः ।
इन्द्रइव दस्यूनव धूनुष्व पृतन्यतः सर्वांछत्रून् वि षहस्वास्तृतस्त्वाभि रक्षतु ।।2।।
शतं च न प्रहरन्तो निघ्नन्तो न तस्तिरे ।
तस्मिन्निन्द्रः पर्यदत्त चक्षुः प्राणमथो बलमस्तृतस्त्वाभि रक्षतु ।।३।।
इन्द्रस्य त्वा वर्मणा परि धापयामो यो देवानामधिराजो बभूव ।
पुनस्त्वा देवाः प्र णयन्तु सर्वेऽस्तृतस्त्वाभि रक्षतु ।।४।।
अस्मिन् मणावेकशतं वीर्याणि सहस्रं प्राणा अस्मिन्नस्तृते ।
व्याघ्रः शत्रूनभि तिष्ठ सर्वान् यस्त्वा पृतन्यादधरः सो अस्त्वस्तृतस्त्वाभि रक्षतु ।।५।।
घृतादुल्लुप्तो मधुमान् पयस्वान्त्सहस्रप्राणः शतयोनिर्वयोधाः ।
शंभूश्च मयोभूश्चेर्जस्वांश्च पयस्वांश्चास्तृतस्त्वाभि रक्षतु ।।६।।
यथा त्वमुत्तरोऽसो असपत्नः सपत्नहा ।
सजातानामसद् वशी तथा त्वा सविता करदस्तृतस्त्वाभि रक्षतु ।।७।।

१२१. अहिः

१. वसिष्ठः – ऋ. ७.३४.१६

अब्जामुक्थैरहिं गृणीषे बुध्ने नदीनां रजःसु षीदन् ।।१६।।

१22. अहिर्बुध्न्यः

१. वसिष्ठः – ऋ. ७.३४.१७

मा नोऽहिर्बुध्न्यो रिषे धान्मा यज्ञो अस्य स्रिधदृतायोः ।।१७।।

१२३. अहोरात्रे

१. अश्विनौ – य. 2८.१४

देवी उषासानक्तेन्द्रं यज्ञे प्रयत्यह्वेताम् ।
दैवीर्विशः प्रायासिष्टाँसुप्रीते सुधिते वसुवने वसुधेयस्य वीतां य।।१४।।

2. सरस्वती – य. 2८.2६

होता यक्षत्सुपेषसा सुशिल्पे बृहतीऽउभे नक्तोषासा न दर्शते विश्वमिन्द्रं वयोधसम् ।
त्रिष्टुभं छन्दऽइहन्द्रियं पष्ठवाहं गां वयो दधद्वीतामाज्यस्य होतर्यज ।।2६।।

१२४. अहोरात्रौ

१. प्रजापतिर् वैश्वामित्रो वाच्यो वा – ऋ. ३.५५.११

नाना चक्राते यम्या३ वपूंषि तयोरन्यद्रोचते कृष्णमन्यत् ।
श्यावी च यदरुषी च स्वसारौ महद्देवानामसुरत्वमेकम् ।।११।।

१२५. आंजनम्

१. भृगुः – अ. १६.४४.१–७; १०; १६.४५.१–५

अ. १६.४४.१–७

आयुषोऽसि प्रतरणं विप्रं भेषजमुच्यसे। तदांजन त्वं शंताते शमापो अभयं कृतम् ।।१।।
यो हरिमा जायान्योऽंगभेदो विसल्पकः। सर्वं ते यक्ष्ममंगेभ्यो बहिर्निर्हन्त्वांजनम् ।।2।।
आंजनं पृथिव्यां जातं भद्रं पुरुषजीवनम्। कृणोत्वप्रमायुकं रथजूतिमनागसम् ।।३।।
प्राण प्राणं त्रयस्वासो असवे मृड। निर्ऋते निर्ऋत्या नः पाशेभ्यो मुंच ।।४।।
सिन्धोर्गर्भोऽसि विद्युतां पुष्पम्। वातः प्राणः सूर्यश्चक्षुर्दिवस्पयः ।।५।।
देवांजन त्रैककुदं परि मा पाहि विश्वतः। न त्वा तरन्त्योषधयो बाह्याः पर्वतीया उत ।।६।।
वी३दं मध्यमवासृपद् रक्षोहामीवचातनः। अभीवाः सर्वाश्चातयन् नाशयदभिभा इतः ।।७।।

अ. १६.४४.१०

मित्रश्च त्वा वरुणश्चानुप्रेयतुरांजन। तौ त्वानुगत्य दूरं भोगाय पुनरोहतुः।।१०।।

अ. १६.४५.१–५

ऋणादृणमिव संनयन् कृत्यां कृत्याकृतो गृहम्। चक्षुर्मन्त्रस्य दुर्हार्दः पृष्टीरपि शुणंजन ।।१।।
यदस्मासु दुःष्वप्न्यं यद् गोषु यच्च नो गृहे। अनामगस्तं च दुर्हार्दः प्रियः प्रति मुंचताम् ।।2।।
अपामूर्ज ओजसो वावृधनमग्नेर्जातमधि जातवेदसः।
चतुर्वीरं पर्वीतयं यदांजनं दिशः प्रदिशः करदिच्छिवास्ते ।।३।।
चतुर्वीरं बध्यत आंजनं ते सर्वा दिशो अभयास्ते भवन्तु ।
ध्रुवस्तिष्ठासि सवितेव चार्य इमा विशो अभि हरन्तु ते बलिम् ।।४।।
आक्ष्वैकं मणिमेकं कृणष्व स्नाह्येकेना पिबैकमेषाम् ।
चतुर्वीरं नैर्ऋतेभ्यश्चतुर्भ्यो ग्राह्या बन्धेभ्यः परि पात्वस्मान् ।।५।।

१२६. आर्त्नी

१. पायुर् भरद्वाजः – ऋ. ६.७५.४

ते आचरन्ती समनेव योषा मातेव पुत्रं बिभृतामुपस्थे।
अप शत्रून् विध्यतां संविदाने आर्त्नी इमे विष्फुरन्ती अमित्रान् ।।४।।

१२७. आत्मस्तुतिः

१. लब ऐन्द्रः – ऋ. १०.११६.१–१३

इति वा इति मे मनो गामश्वं सनुयामिति। कुवित्सोमस्यापामिति ।।१।।
प्र वाताइव दोधत उन्मा पीता अयंसत। कुवित्सोमस्यापामिति ।।2।।
उन्मा पीता अयंसत रथमश्वा इवाशवः। कुवित्सोमस्यापामिति ।।३।।
उप मा मतिरस्थित वाश्रा पुत्रमिव प्रियम्। कुवित्सोमस्यापामिति ।।४।।
अहं तष्टेव बन्धुरं पर्यचामि हृदा मतिम्। कुवित्सोमस्यापामिति ।।५।।
नहि मे अक्षिपच्चनाच्छान्त्सुः पंच कृष्टयः। कुवित्सोमस्यापामिति ।।६।।
नहि मे रोदसी उभे अन्यं पक्षं चन प्रति। कुवित्सोमस्यापामिति ।।७।।
अभि द्यां महिना भुवमभी३मां पृथिवीं महीम्। कुवित्सोमस्यापामिति।।८।।
हन्ताहं पृथिवीमिमां नि दधानीह वेह वा। कुवित्सोमस्यापामिति ।।६।।
ओषमित्पृथिवीमहं जंघनानीह वेह वा। कुवित्सोमस्यापामिति ।।१०।।
दिवि मे अन्यः पक्षो३धो अन्यमचीकृषम्। कुवित्सोमस्यापामिति ।।११।।
अहमस्मि महामहोऽभिनभ्यमुदीषितः। कुवित्सोमस्यापामिति ।।१2।।
गृहो याम्यरंकृतो देवेभ्यो हव्यवाहनः। कृवित्सोमस्यापामिति ।।१३।।

१२८. आत्मा

१. अथर्वा (ब्रह्मवर्चस् कामः) – अ. ७.१.१–2; ७.2.१; ७.३.१; ७.५.१–५; ७.६.१–४

अ. ७.१.१–2

धीती वा ये अनयन् वाचो अग्रं मनसा वा येऽवदन्नृतानि ।
तृतीयेन ब्रह्मणा वावृधनास्तुरीयेणामन्वत नाम धेनोः ।।१।।
स वेद पुत्रः पितरं स मातरं स सूनुर्भुवत् स भुवत् पुनर्मघः ।
स द्यामौर्णोदन्तरिक्षं स्व१ः स इदं विश्वमभवत् स आभवत्।।2।।

अ. ७.2.१

अथर्वाणं पितरं देवबन्धुं मातुर्गर्भं पितुरसुं युवानम् ।
य इमं यज्ञं मनसा चिकेत प्र णो वोचस्तमिहेह ब्रवः ।।१।।

अ. ७.३.१

अया विष्ठा जनयन् कर्वराणि स हि घृणिरुरुर्वराय गातुः ।
स प्रत्युदैद धरुणं मध्वो अग्रं स्वया तन्वा तन्व मैरयत ।।१।।

अ. ७.५.१–५

यज्ञेन यज्ञमयजन्त देवास्तानि धर्माणि प्रथमान्यासन् ।
ते ह नाकं महिमानः सचन्त यत्र पूर्वे साध्याः सन्ति देवाः ।।१।।
यज्ञो बभूव स आ बभूव स प्र जज्ञे स उ वावृधे पुनः ।
स देवानामधिपतिर्बभूव सो अस्मासु द्रविणमा दधातु ।।2।।
यद् देवा देवान् हविषायजन्तामर्त्यान् मनसामर्त्येन ।
मदेम तत्र परमे व्योमन् पश्येम तदुदितौ सूर्यस्य ।।३।।
यत् पुरुषेण हविषा यज्ञं देवा अतन्वत ।
अस्तु नु तस्मादोजीयो यद् विहव्येनोजिरे ।।४।।
मुग्धा देवा उत् शुनायजन्तोत गोरंगैः पुरुधायजन्त।
य इमं यज्ञं मनसा चिकेत प्र णो वोचस्तमिहेह ब्रवः ।।५।।

अ. ७.६.१–४

अदितिर्द्यौरदितिरन्तरिक्षमदितिर्माता स पिता स पुत्रः ।
विश्वे देवा अदितिः पंच जना अदितिर्जातमदितिर्जनित्वम् ।।१।।
महीमू षु मातरं सुव्रतानामृतस्य पत्नीमवसे हवामहे ।
तुविक्षत्रामजरन्तीमुरूचीं सुशर्माणमदितिं सुप्रणीतिम् ।।2।।
सुत्रामाणं पृथिवीं द्यामनेहसं सुशर्माणमदितिं सुप्रणीतिम् ।
दैवीं नावं स्वरित्रामनागसो अस्रवन्तीमा रुहेमा स्वस्तये ।।३।।
वाजस्य नु प्रसवे मातरं महीमदितिं नाम वचसा करामहे ।
यस्या उपस्थ उर्व१न्तरिक्षं सा नः शर्म त्रिवरूथं नि यच्छात् ।।४।।

2. **गोतमः – य. 2५.४३–४४**

मा त्वा तपत् प्रियऽआत्मापियन्तं मा स्वधितिस्तन्वऽआ तिष्ठिपत्ते ।
मा ते गृध्नुरविशस्तातिहाय छिद्रा गात्राण्यसिना मिथू कः ।।४३।।
न वाऽउऽएतन म्रियसे न रिष्यसि देवां 2ऽइदेषि पथिभिः सुगेभिः ।
हरी ते युंजा पृषतीऽअभूतामुपास्थाद्वाजी धुरि रासभस्य ।।४४।।

३. **त्रसदस्युः पौरुकुत्सः – ऋ. ४.४2.१–६**

मम द्विता राष्ट्रं क्षत्रियस्य विश्वायोर्विश्वे अमृता यथा नः ।
क्रतुं सचन्ते वरुणस्य देवा राजामि कृष्टेरुपमस्य वव्रेः ।।१।।
अहं राजा वरुणो मह्यं तान्यसुर्याणि प्रथमा धारयन्त ।
क्रतुं सचन्ते वरुणस्य देवा राजामि कृष्टेरुपमस्य वव्रेः ।।2।।
अहमिन्द्रो वरुणस्ते महित्वोर्वी गभीरे रजसी सुमेके ।
त्वष्टेव विश्वा भुवनानि विद्वान्त्समैरयं रोदसी धारयं च ।।३।।
अहमपो अपिन्वमुक्षमाणा धारयं दिवं सदन ऋतस्य ।
ऋतेन पुत्रो अदितेर्ऋतावोत त्रिधातु प्रथयद्वि भूम ।।४।।
मां नरः स्वश्वा वाजयन्तो मां वृताः समरणे हवन्ते ।
कृणोम्याजिं मघवाहमिन्द्र इयर्मि रेणुमभिभूत्योजाः ।।५।।
अहं ता विश्वा चकरं नकिर्मा दैव्यं सहो वरते अप्रतीतम् ।
यन्मा सोमासो ममदन्यदुक्थोभे भयेते रजसी अपारे ।।६।।

४. **दीर्घतमा – य. ४०. १–३; ५–१७**

य. ४०. १–३

ईशा वास्यमिदं सर्व यत्किंच जगत्यां जगत् ।

Vedic Concordance of Mantras as per Devatā and Ṛṣi 243

तेन त्यक्तेन भुंजीथा मा गृधः कस्य स्विद्धनम् ।।१।।
कुर्वन्नेवेह कर्माणि जिजीविषेच्छतं समाः ।
एवं त्वयि नान्यथेतोऽस्ति न कर्म लिप्यते नरे ।।2।।
असुर्या नाम ते लोका अन्धेन तमसावृताः ।
ताँस्ते प्रेत्यापि गच्छन्ति ये के चात्महनो जनाः ।।३।।

य. ४०. ५–१७

तदेजति तन्नेजति तद्दूरे तद्वन्तिके। तदन्तरस्य सर्वस्य तदु सर्वस्यास्य बाह्यतः ।।५।।
यस्तु सर्वाणि भूतान्यात्मन्नेवानुपश्यति। सर्वभूतेषु चात्मानं ततो न वि चिकित्सति ।।६।।
यस्मिन्त्सर्वाणि भूतान्यात्मैवाभूद्विजानतः। तत्र को मोहः कः शोक एकत्वमनुपश्यतः ।।७।।
स पर्यगाच्छुक्रमकायमव्रणमस्नाविरं शुद्धमपापविद्धम् ।
कविर्मनीषी परिभूः स्वयम्भूर्याथातथ्यतोऽर्थान् व्यदधाच्छाश्वतीभ्यः समाभ्यः ।।८।।
अन्धं तमः प्रविशन्ति येऽसंभूतिमुपासते। ततो भूय इव ते तमो य उ सम्भूत्यां रताः ।।६।।
अन्यदेवाहुः सम्भवादन्यदाहुरसम्भवात्। इति शुश्रुम धीराणां ये नस्तद्विचचक्षिरे ।।१०।।
सम्भूतिं च विनाशं च यस्तद्वेदोभयं सह। विनाशेन मृत्युं तीर्त्वा सम्भूत्यामृतमश्नुते ।।११।।
अन्धं तमः प्र विशन्ति येऽविद्यामुपासते। ततो भूय इव ते तमो य उ विद्यायां रताः ।।१2।।
अन्यदेवाहुर्विद्याया अन्यदाहुरविद्यायाः। इति शुश्रुम धीराणां ये नस्तद्विचचक्षिरे ।।१३।।
विद्यां चाविद्यां च यस्तद्वेदोभयं सह। अविद्यया मृत्युं तीर्त्वा विद्ययाऽमृतमश्नुते ।।१४।।
वायुरनिलममृतमथेदं भस्मान्तं शरीरम्। ओ३म् क्रतो स्मर। क्लिबे स्मर। कृतं स्मर ।।१५।।
अग्ने नय सुपथा राये अस्मान्विश्वानि देव वयुनानि विद्वान ।
युयोध्यस्मज्जुहुराणमेनो भूयिष्ठां ते नम उक्तिं विधेम ।।१६।।
हिरण्मयन पात्रण सत्यस्यापिहित मखम। याऽसावादित्य परुषः साऽसावहम।
आ३म ख ब्रह्म ।।१७।।

५. ब्रह्म – अ. ७.2१.१; ७.६७.१; ७.१०३.१; ७.१०४.१; १६.५१.१

अ. ७.2१.१

समेत विश्वे वचसा पति दिव एको विभूरतिथिर्जनानाम् ।
स पूर्व्यो नूतनमाविवासत् तं वर्तनिरनु वावृत एकमित् पुरु ।।१।।

अ. ७.६७.१

पुनर्मैत्विन्द्रियं पुनरात्मा द्रविणं ब्राह्मणं च। पुनरग्नयो धिष्ण्या यथास्थाम कल्पयन्तामिहैव ।।१।।

अ. ७.१०३.१

को अस्या नो द्रुहोऽवद्यवत्या उन्नेष्यति क्षत्रियो वस्य इच्छन् ।
को यज्ञकामः क उ पूर्तिकामः को देवेषु वनुते दीर्घमायुः ।।१।।

अ. ७.१०४.१

कः पृश्नि धेनुं वरुणेन दत्तामथर्वणे सुदुघां नित्यवत्साम् ।
बृहस्पतिना सख्यं जुषाणो यथावशं तन्वः कल्पयाति ।।१।।

अ. १६.५१.१

अयुतोऽहमयुतो म आत्मायुतं मे चक्षुरयुतं मे श्रोत्रमयुतो मे प्राणोऽयुतो मेऽपानोऽयुतो मे व्यानोऽयुतोऽहं सर्वः ।।१।।

६. वेनः – अ. ४.2.१–८

य आत्मदा बलदा यस्य विश्व उपासते प्रशिषं यस्य देवाः ।
योऽ३स्येशे द्विपदो यश्चतुष्पदः कस्मै देवाय हविषा विधेम ।।१।।
यः प्राणतो निमिषतो महित्वैको राजा जगतो बभूव ।
यस्य च्छायामृतं यस्य मृत्युः कस्मै देवाय हविषा विधेम ।।2।।
यं क्रन्दसी अवतश्चस्कभाने भियसाने रोदसी अह्वयेताम् ।

यस्यासौ पन्था रजसो विमानः कस्मै देवाय हविषा विधेम ।।३।।
यस्य द्यौरुर्वी पृथिवी च मही यस्याद् उर्व१न्तरिक्षम् ।
यस्यासौ सूरो विततो महित्वा कस्मै देवाय हविषा विधेम ।।४।।
यस्य विश्वे हिमवन्तो महित्वा समुद्रे यस्य रसामिदाहुः ।
इमाश्च प्रदिशो यस्य बाहू कस्मै देवाय हविषा विधेम ।।५।।
आपो अग्रे विश्वमावन् गर्भं दधाना अमृता ऋतृज्ञाः ।
यासु देवीष्वधि देव आसीत् कस्मै देवाय हविषा विधेम ।।६।।
हिरण्यगर्भः समवर्तताग्रे भूतस्य जातः पतिरेक आसीत् ।
स दाधार पृथिवीमुत द्यां कस्मै देवाय हविषा विधेम ।।७।।
आपो वत्सं जनयन्तीर्गर्भमग्रे समैरयन् ।
तस्योत जायमानस्योल्ब आसीद्धिरण्ययः कस्मै देवाय हविषा विधेम ।।८।।

७. शङ्खः – य. १६.६2

आत्मन्नुपस्थे न वृकस्य लोम मुखे श्मश्रूणि न व्याघ्रलोम ।
केशा न शीर्षन्यशसे श्रियै शिखा सिंहस्य लोम त्विषिरिन्द्रियाणि ।।६2।।

८. सावित्री सूर्या – अ. १४.2.१–६; १2–३५; ३७–७५

अ. १४.2.१–६

तुभ्यमग्रे पर्यवहन्त्सूर्यां वहतुना सह । स नः पतिभ्यो जायां दा अग्ने प्रजया सह ।।१।।
पुनः पत्नीमग्निरदादायुषा सह वर्चसा । दीर्घायुरस्या यः पतिर्जीवाति शरदः शतम् ।।2।।
सोमस्य जाया प्रथमं गन्धर्वस्तेऽपरः पतिः । तृतीयो अग्निष्टे पतिस्तुरीयस्ते मनुष्यजाः ।।३।।
सोमो ददद् गन्धर्वाय गन्धर्वो ददद्ग्नये । रयिं च पुत्रांश्चादादग्निर्मह्यमथो इमाम् ।।४।।
आ वामगन्त्सुमतिर्वाजिनीवसू न्यश्विना हृत्सु कामा अरंसत ।
अभूतं गोपा मिथुना शुभस्पती प्रिया अर्यम्णो दुर्यां अशीमहि ।।५।।
सा मन्दसाना मनसा शिवेन रयिं धेहि सर्ववीरं वचस्यम् ।
सुगं तीर्थं सुप्रपाणं शुभस्पती स्थाणुं पथिष्ठामप दुर्मतिं हतम् ।।६।।
या ओषधयो या नद्यो३ यानि क्षेत्राणि या वना ।
तास्त्वा वधु प्रजावतीं पत्ये रक्षन्तु रक्षसः ।।७।।
एमं पन्थामरुक्षाम सुगं स्वस्तिवाहनम् । यस्मिन् वीरो न रिष्यत्यन्येषां विन्दते वसु ।।८।।
इदं सु मे नरः शृणुत ययाशिषा दम्पती वाममश्नुतः।
ये गन्धर्वा अप्सरसश्च देवीरेषु वानस्पत्येषु येऽधि तस्थुः ।
स्योनास्ते अस्यै वध्वै भवन्तु मा हिंसिषुर्वहतुमुह्यमानम् ।।६।।

अ. १४.2.१2–३५

सं काशयामि वहतुं ब्रह्मणा गृहैरघोरेण चक्षुषा मित्रियेण ।
पर्याणद्धं विश्वरूपं यदस्ति स्योनं पतिभ्यः सविता तत् कृणोतु ।।१2।।
शिवा नारीयमस्तमागन्निमं धाता लोकमस्यै दिदेश ।
तामर्यमा भगो अश्विनोभा प्रजापतिः प्रजया वर्धयन्तु ।।१३।।
आत्मन्वत्युर्वरा नारीयमागन् तस्यां नरो वपत बीजमस्याम् ।
सा वः प्रजां जनयद् वक्षणाभ्यो बिभ्रती दुग्धमृषभस्य रेतः ।।१४।।
प्रति तिष्ठ विराडसि विष्णुरिवेह सरस्वति ।
सिनीवालि प्र जायतां भगस्य सुमतावसत् ।।१५।।
उद् व ऊर्मिः शम्या हन्तवापो योक्त्राणि मुंचत ।
मादुष्कृतौ व्येनसावघ्न्यावशुनमारताम् ।।१६।।
अघोरचक्षुरपतिघ्नी स्योना शग्मा सुशेवा सुयमा गृहेभ्यः ।
वीरसूर्देवृकामा सं त्वयैधिषीमहि सुमनस्यमाना ।।१७।।

अदेवृघ्न्यपतिघ्नीहैधि शिवा पशुभ्यः सुयमा सुवर्चाः ।
प्रजावती वीरसूर्देवृकामा स्योनेममग्निं गार्हपत्यं सपर्य ।।१८।।
उत्तिष्ठेतः किमिच्छन्तीदमागा अहं त्वेडे अभिभूः स्वाद् गृहात् ।
शून्यैषी निर्ऋते याजगन्धोत्तिष्ठाराते प्र पत मेह रंस्थाः ।।१९।।
यदा गार्हपत्यमसपर्यैत् पूर्वमग्निं वधूरियम् । अधा सरस्वत्यै नारि पितृभ्यश्च नमस्कुरु ।।20।।
शर्म वर्मैतदा हरास्यै नार्या उपस्तरे । सिनीवालि प्र जायतां भगस्य सुमतावसत् ।।२१।।
यं बल्बजं न्यस्यथ चर्म चोपस्तृणीथन । तदा रोहतु सुप्रजा या कन्या विन्दते पतिम् ।।22।।
उप स्तृणीहि बल्बजमधि चर्मणि रोहते । तत्रोपविश्य सुप्रजा इममग्निं सपर्यतु ।।२३।।
आ रोह चर्मोप सीदाग्निमेष देवो हन्ति रक्षांसि सर्वा ।
इह प्रजां जनय पत्ये अस्मै सुज्यैष्ठ्यो भवत् पुत्रस्त एषः ।।२४।।
वि तिष्ठन्तां मातुरस्या उपस्थान्नानारूपाः पशवो जायमानाः ।
सुमङ्गल्युप सीदेममग्निं संपत्नी प्रति भूषेह देवान् ।।२५।।
सुमङ्गली प्रतरणी गृहाणां सुशेवा पत्ये श्वशुराय शंभूः ।
स्योना श्वश्र्वे प्र गृहान् विशेमान् ।।२६।।
स्योना भव श्वशुरेभ्यः स्योना पत्ये गृहेभ्यः। स्योनास्यै सर्वस्यै विशे स्योना पुष्टायैषां भव ।।२७।।
सुमङ्गलीरियं वधूरिमां समेत पश्यत । सौभाग्यमस्यै दत्त्वा दौर्भाग्यैर्विपरेतन ।।२८।।
या दुर्हार्दो युवतयो याश्चेह जरतीरपि । वर्चो न्व१स्यै सं दत्ताथास्तं विपरेतन ।।२९।।
रुक्मप्रस्तरणं वह्यं विश्वा रूपाणि बिभ्रतम्। आरोहत् सूर्या सावित्री बृहते सौभगाय कम्।।३०।।
आ रोह तल्पं सुमनस्यमानेह प्रजां जनय पत्ये अस्मै ।
इन्द्राणीव सुबुधा बुध्यमाना ज्योतिरग्रा उषसः प्रति जागरासि ।।३१।।
देवा अग्रे न्यपद्यन्त पत्नीः समस्पृशन्त तन्वस्तनूभिः ।
सूर्येव नारि विश्वरूपा महित्वा प्रजावती पत्या सं भवेह ।।३2।।
उत्तिष्ठेतो विश्वावसो नमसेडामहे त्वा।
जामिमिच्छ पितृषदं न्यक्तां स ते भागो जनुषा तस्य विद्धि ।।३३।।
अप्सरसः सधमादं मदन्ति हविर्धानमन्तरा सूर्यं च ।
तास्ते जनित्रमभि ताः परेहि नमस्ते गन्धर्वर्तुना कृणोमि ।।३४।।
नमो गन्धर्वस्य नमसे नमो भामाय चक्षुषे च कृण्मः ।
विश्वावसो ब्रह्मणा ते नमोऽभि जाया अप्सरसः परेहि ।।३५।।

अ. १४.2.३७–७५

सं पितरावृत्विये सृजेथां माता पिता च रेतसो भवाथः ।
मर्य इव योषामधि रोहयैनां प्रजां कृण्वाथमिह पुष्यतं रयिम् ।।३७।।
तां पूषञ्छिवतमामेरयस्व यस्यां बीजं मनुष्या३ वपन्ति ।
या न ऊरू उशती विश्रयाति यस्यामुशन्तः प्रहरेम शेपः ।।३८।।
आ रोहोरुमुप धत्स्व हस्तं परि ष्वजस्व जायां सुमनस्यमानः ।
प्रजां कृण्वाथामिह मोदमानौ दीर्घं वामायुः सविता कृणोतु ।।३९।।
आ वां प्रजां जनयतु प्रजापतिरहोरात्राभ्यां समनक्त्वर्यमा ।
अदुर्मंगली पतिलोकमा विशेमं शं नो भव द्विपदे शं चतुष्पदे ।।४०।।
देवैर्दत्तं मनुना साकमेतद् वाधूयं वासो वध्वश्च वस्त्रम् ।
यो ब्रह्मणे चिकितुषे ददाति स इद् रक्षांसि तल्पानि हन्ति ।।४१।।
यं मे दत्तो ब्रह्मभागं वधूयोर्वाधूयं वासो वध्वश्च वस्त्रम् ।
युवं ब्रह्मणेऽनुमन्यमानौ बृहस्पते साकमिन्द्रश्च दत्तम् ।।४2।।
स्योनाद्योनेरधि बुध्यमानौ हसामुदौ महसा मोदमानौ ।
सुगू सुपुत्रौ सुगृहौ तराथो जीवावुषसो विभातीः ।।४३।।

नवं वसानः सुरभिः सुवासा उदागां जीव उषसो विभातीः ।
आण्डात् पतत्रीवामुक्षि विश्वस्मादेनसस्परि ।।४४।।
शुम्भनी द्यावापृथिवी अन्तिसुम्ने महिव्रते ।
आपः सप्त सुस्रुवुर्देवीस्ता नो मुंचन्त्वंहसः ।।४५।।
सूर्यायै देवेभ्यो मित्राय वरुणाय च। ये भूतस्य प्रचेतसस्तेभ्य इदमकरं नमः ।।४६।।
य ऋते चिदभिश्रिषः पुरा जत्रुभ्य आतृदः।
संधाता संधिं मघवा पुरूवसुर्निष्कर्ता विह्रुतं पुनः।।४७।।
अपास्मत् तम उच्छतु नीलं पिशंगमुत लोहितं यत् ।
निर्दहनी या पृषातक्य१स्मिन् तां स्थाणावध्या सजामि ।।४८।।
यावतीः कृत्या उपवासने यावन्तो राज्ञो वरुणस्य पाशाः ।
व्यृद्धयो या असमृद्धयो या अस्मिन् ता स्थाणावधि सादयामि ।।४६।।
या मे प्रियतमा तनूः सा मे बिभाय वाससः ।
तस्याग्रे त्वं वनस्पते नीविं कृणुष्व मा वयं रिषाम ।।५०।।
ये अन्ता यावतीः सिचो य ओतवो ये च तन्तवः।
वासो यत् पत्नीभिरुतं तन्नः स्योनमुप स्पृशात् ।।५१।।
उशतीः कन्यला इमाः पितृलोकात् पतिं यतीः । अव दीक्षामसृक्षत स्वाहा ।।५2।।
बृहस्पतिनावसृष्टां विश्वे देवा अधारयन्। वर्चो गोषु प्रविष्टं यत् तेनेमां सं सृजामसि ।।५३।।
बृहस्पतिनावसृष्टां विश्वे देवा अधारयन्। तेजो गोषु प्रविष्टं यत् तेनेमां स सृजामसि ।।५४।।
बृहस्पतिनावसृष्टां विश्वे देवा अधारयन्। भगो गोषु प्रविष्टो यस्तेनेमां सं सृजामसि ।।५५।।
बृहस्पतिनावसृष्टां विश्वे देवा अधारयन्। यशो गोषु पविष्टं यस्तेनेमां सं सृजामसि ।।५६।।
बृहस्पतिनावसृष्टां विश्वे देवा अधारयन्। पयो गोषु प्रविष्टं यत् तेनेमां सं सृजामसि ।।५७।।
बृहस्पतिनावसृष्टां विश्वे देवा अधारयन्। रसो गोषु प्रविष्टो यस्तेनेमां सं सृजामसि ।।५८।।
यदीमे केशिनो जना गृहेते समनर्तिषू रोदेन कृण्वन्तो३घम् ।
अग्निष्ट्वा तस्मादेनसः सविता च प्र मुंचताम् ।।५६।।
यदीयं दुहिता तव विकेश्यरुदद् गृहे रोदेन कृण्वत्य१घम् ।
अग्निष्ट्वा तस्मादेनसः सविता च प्र मुंचताम् ।।६०।।
यज्जामयो यद्युवतयो गृहे ते समनर्तिषू रोदेन कृण्वतीरघम् ।
अग्निष्ट्वा तस्मादेनसः सविता च प्र मुंचताम् ।।६१।।
यत् ते प्रजायां पशुषु यद्वा गृहेषु निष्ठितमघकृद्भिरघं कृतम् ।
अग्निष्ट्वा तस्मादेनसः सविता च प्र मुंचताम् ।।६2।।
इयं नार्युप ब्रूते पूल्यान्यावपन्तिका । दीर्घायुरस्तु मे पतिर्जीवाति शरदः शतम् ।।६३।।
इहेमाविन्द्र सं नुद चक्रवाकेव दम्पती। प्रजयैनौ स्वस्तकौ विश्वमायुर्व्यश्नुताम् ।।६४।।
यदा सन्द्यामुपधाने यद् वोपवासने कृतम् ।
विवाहे कृत्या यां चक्रुरास्नाने तां नि दध्मसि ।।६५।।
यद् दुष्कृतं यच्छमलं विवाहे वहतौ च यत्।
तत् संभलस्य कम्बले मृज्महे दुरितं वयम्।।६६।।
संभले मलं सादयित्वा कम्बले दुरितं वयम्।
अभूम यज्ञियाः शुद्धाः प्र ण आयूंषि तारिषत् ।।६७।।
कृत्रिम कण्टकः शतदन् य एषः। अपास्याः केश्यं मलमप शीर्षण्यं लिखात् ।।६८।।
अंगादंगाद् वयमस्या अप यक्ष्मं नि दध्मसि ।
तन्मा प्रापत् पृथिवीं मोत देवान् दिवं मा प्रापदुर्व१न्तरिक्षम् ।
अपो मा प्रापन्मलमेतदग्ने यमं मा प्रापत् पितृंश्च सर्वान् ।।६६।।
सं त्वा नह्यामि पयसा पृथिव्याः सं त्वा नह्यामि पयसौषधीनाम् ।
सं त्वा नह्यामि प्रजया धनेन सा संनद्धा सनुहि वाजमेमम् ।।७०।।

अमोऽहमस्मि सा त्वं सामाहमस्म्यृक् त्वं द्यौरहं पृथिवी त्वम् ।
ताविह सं भवाव प्रजामा जनयावहै ।।७१।।
जनियन्ति नावग्रवः पुत्रियन्ति सुदानवः ।
अरिष्टासू सचेवहि बृहते वाजसातये ।।७२।।
ये पितरो वधूदर्शा इमं वहतुमागमन् ।
ते अस्यै वध्वै संपत्न्यै प्रजावच्छर्म यच्छन्तु ।।७३।।
येदं पूर्वागन् रशनायमाना प्रजामस्यै द्रविणं चेह दत्त्वा ।
तां वहन्त्वगतस्यानु पन्थां विराडियं सुप्रजा अत्यजैषीत् ।।७४।।
प्र बुध्यस्व सुबुधा बुध्यमाना दीर्घायुत्वाय शतशारदाय ।
गृहान् गच्छ गृहपत्नी यथासो दीर्घं त आयुः सविता कृणोतु ।।७५।।

६. स्वयम्भुर् ब्रह्म – य. ३2.४

एषो ह देवः प्रदिशोऽनु सर्वाः पूर्वो ह जातः सऽउ गर्भेऽअन्तः ।
सऽएव जातः स जनिष्यमाणः प्रत्यङ् जनास्तिष्ठति सर्वतोमुखः ।।४।।

१2६. आत्मा अग्निर् वा

१. विश्वामित्रो गाथिनः – सा. ६१३

अग्निरस्मि जन्मना जातवेदा घृतं मे चक्षुरमृतं म आसन् ।
त्रिधातुरर्को रजसो विमानोऽजस्रं ज्योतिर्हविरस्मि सर्वम् ।।१2।।

१३०. आत्मानः

१. देवाः – य. १८.८–३०

शं च मे मयश्च मे प्रियं च मेऽनुकामश्च मे कामश्च मे सौमनसश्च मे भगश्च मे द्रविणं च मे भद्रं च मे श्रयश्च मे वसीयश्च मे यशश्च मे यज्ञेन कल्पन्ताम् ।।८।।
ऊर्क् च मे सूनृता च मे पयश्च मे रसश्च मे घृतं च मे मधु च मे सग्धिश्च मे सपीतिश्च मे कृषिश्च मे वृष्टिश्च मे जैत्रं च मऽऔद्भिद्यं च मे यज्ञेन कल्पन्ताम् ।।९।।
रयिश्च मे रायश्च मे पुष्टं च मे पुष्टिश्च मे विभु च मे प्रभु च मे पूर्णं च मे पुर्णतरं च मे कुयवं च मेऽक्षितं च मेऽन्नं च मेऽक्षुच्च मे यज्ञेन कल्पन्ताम् ।।१०।।
वित्तं च मे वेद्यं च मे भूतं च मे भविष्यच्च मे सुगं च मे सुपथ्यं च मऽऋद्धं च मऽऋद्धिश्च मे क्लृप्तं च मे क्लृप्तिश्च मे मतिश्च मे सुमतिश्च मे यज्ञेन कल्पन्ताम् ।।११।।
व्रीहयश्च मे यवाश्च मे माषाश्च मे तिलाश्च मे मुद्गाश्च मे खल्वाश्च मे प्रियंगवश्च मेऽणवश्च मे श्यामाकाश्च मे नीवाराश्च मे गोधूमाश्च मे मसूराश्च मे यज्ञेन कल्पन्ताम् ।।१2।।
अश्मा च मे मृत्तिका च मे गिरयश्च मे पर्वताश्च मे सिकताश्च मे वनस्पतयश्च मे हिरण्यं च मेऽयश्च मे श्यामं च मे लोहंच मे सीसं च मे त्रपु च मे यज्ञेन कल्पन्ताम् ।।१३।।
अग्निश्च मऽआपश्च मे वीरुधश्च मऽओषधयश्च मे कृष्टपच्याश्च मेऽकृष्टपच्याश्च मे ग्राम्याश्च मे पशवऽआरण्याश्च मे वित्तंच मे वित्तिश्च मे भूतंच मे भूतिश्च मे यज्ञेन कल्पन्ताम् ।।१४।।
वसु च मे वसतिश्च मे कर्म च मे शक्तिश्च मेऽर्थश्च मऽएमश्च मऽइत्या च मे गतिश्च मे यज्ञेन कल्पन्ताम् ।।१५।।

अग्निश्च मऽइन्द्रश्च मे सोमश्च मऽइन्द्रश्च मे सविता च मऽइन्द्रश्च मे सरस्वती च मऽइन्द्रश्च मे पूषा च मऽइन्द्रश्च मे बृहस्पतिश्च मऽइन्द्रश्च मे यज्ञेन कल्पन्ताम् ।।१६।।

मित्रश्च मऽइन्द्रश्च मे वरुणश्च मऽइन्द्रश्च मे धाता च मऽइन्द्रश्च मे त्वष्टा च मऽइन्द्रश्च मे मरुतश्च म इन्द्रश्च मे विश्वे च मे देवाऽइन्द्रश्च मे यज्ञेन कल्पन्ताम् ।।१७।।

पृथिवी च मऽइन्द्रश्च मे ऽन्तरिक्षं च मऽइन्द्रश्च मे द्यौश्च मऽइन्द्रश्च मे समाश्च मऽइन्द्रश्च मे नक्षत्राणि च मऽइन्द्रश्च मे दिशश्च मऽइन्द्रश्च मे यज्ञेन कल्पल्ताम् ।।१८।।

अशश्च म रश्मिश्च मऽदाभ्यश्च मऽधिपतिश्च मऽउपाशश्च मऽन्तयामश्च मऽएन्दवायवश्च म मत्रावरुणश्च मऽआश्विनश्च म पतिपस्थनश्च म शक्रश्च म मन्थी च म यज्ञन कल्पन्ताम ।।१६।।

आग्रयणश्च मे वैश्वदेवश्च मे ध्रुवश्च मे वैश्वानरश्च मऽऐन्द्राग्नश्च मे महावैश्वदेवश्च मे मरुत्वतीयाश्च मे निष्केवल्यश्च मे सावित्रश्च मे सारस्वतश्च मे पात्नीवतश्च मे हारियोजनश्च मे यज्ञेन कल्पन्ताम् ।।20।।

स्रुचश्च मे चमसाश्च मे वायव्यानि च मे द्रोणकलशश्च मे ग्रावाणश्च मेऽधिषवणे च मे पूतभृच्च मऽआधवनीयश्च म वदिश्च म बहिश्च मऽवभथश्च म स्वगाकारश्च म यज्ञन कल्पन्ताम ।।21।।

अग्निश्च मे घर्मश्च मेऽर्कश्च मे सूर्यश्च मे प्राणश्च मेऽश्वमेधश्च मे पृथिवी च मेऽदितिश्च मे दितिश्च मे द्यौश्च मेऽङ्गुलयः शक्वरयो दिशश्च मे यज्ञेन कल्पन्ताम् ।।22।।

वत च मऽऋतवश्च म तपश्च म सवत्सरश्च मऽहारात्रऽऊवीष्ठीव बहदथन्तर च म यज्ञन कल्पन्ताम।।23।।

एका च मे तिस्रश्च मे तिस्रश्च मे पंच च मे पंच च मे सप्त च मे सप्त च मे नव च मे नव च मऽएकादश च मऽएकादश च मे त्रयोदश च मे त्रयोदश च मे पंचदश च मे पंचदश च मे सप्तदश च मे सप्तदश च मे नवदश च मे नवदश च मऽएकविंशतिश्च मऽएकविंशतिश्च मे त्रयोविशँतिश्च मे पंचविंशतिश्च मे पंचविंशतिश्च मे सप्तविंशतिश्च मे सप्तविंशतिश्च मे नवविंशतिश्च मेऽएकत्रिंशच्च मऽएकत्रिंशच्च मे त्रयस्रिंशच्च मे यज्ञेन कल्पन्ताम् ।।२४।।

चतस्रश्च मेऽष्टौ च मेऽष्टौ च मे द्वादश च मे द्वादश च मे षोडश च मे षोडश च मे विंशतिश्च मे विंशतिश्च मे चतुर्विंशतिश्च मे चतुर्विंशतिश्च मेऽष्टाविंशतिश्च मेऽष्टाविंशतिश्च मे द्वात्रिंशच्च मे द्वात्रिंशच्च मे षट्त्रिंशच्च मे षट्त्रिंशच्च मे चत्वारिंशच्च मे चत्वारिंशच्च मे चतुश्चत्वारिंशच्च मे चतुश्चत्वारिंशच्च मेऽष्टाचत्वारिंशच्च मे यज्ञेन कल्पन्ताम् ।।2५।।

त्र्यविश्च मे त्र्यवी च मे दित्यवाट् च मे दित्यौही च मे पंचाविश्च मे पंचावी च मे त्रिवत्सश्च मे त्रिवत्सा च मे तुर्यवाट् च मे तुर्यौही च मे यज्ञेन कल्पन्ताम् ।।2६।।

पष्ठवाट् च मे षष्ठौही च मऽउक्षा च मे वशा च मऽऋषभश्च मे वेहश्च मेऽनड्वाँश्च मे धेनुश्च मे यज्ञेन कल्पन्ताम् ।।27।।

वाजाय स्वाहा प्रसवाय स्वाहापिजाय स्वहा क्रतवे स्वाहा वसवे स्वाहाऽहर्पतये स्वाहाह्ने मुग्धाय स्वाहा मुग्धाय वैनंशिनाय स्वाहा विनंशिनऽआन्त्यायनाय स्वाहान्त्याय भौवनाय स्वाहा भुवनस्य पतये स्वाहाधिपतये स्वाहा प्रजापतये स्वाहा ।
इयं ते राणिमत्राय यन्तासि यमनऽऊर्जे त्वा वृष्ट्यै त्वा प्रजानां त्वाधिपत्याय ।।2८।।

आयुर्यज्ञेन कल्पतां प्राणो यज्ञेन कल्पतां चक्षुयीन कल्पतां श्रोत्रं यज्ञेन कल्पतां वाग्यज्ञेन कल्पतां मनो यज्ञेन कल्पतामात्मा यज्ञेन कल्पतां ब्रह्मा यज्ञेन कल्पतां ज्योतिर्यज्ञेन कल्पतां स्वर्यज्ञेन कल्पतां पृष्ठं यज्ञेन कल्पतां यज्ञो यज्ञेन कल्पताम्। स्तोमश्च यजुश्चऽऋक् च साम च बृहच्च रथन्तरंच। स्वर्देवाऽअगन्मामृताऽअभूम प्रजापतेः प्रजाऽअभूम वेट् स्वाहा ।।2६।।

वाजस्य नु प्रसवे मातरं महीमदिति नाम वचसा करामहे ।
यस्यामिदं विश्वं भुवनमाविवेश तस्यां नो देवः सविता धर्म्मं साविषत् ।।३०।।

१३१. आदित्यः

१. अथर्वा – अ. ६.८१.१–३

यन्तासि यच्छसे हस्तावप रक्षांसि सेधसि। प्रजां धनं च गृह्णानः परिहस्तो अभूदयम्।।१।।
परिहस्त वि धारय योनिं गर्भाय धातवे। मर्यादे पुत्रमा धेहि तं त्वमा गमयागमे ।।2।।
यं परिहस्तमबिभरदितिः पुत्रकाम्या। त्वष्टा तमस्या आ बध्नाद् यथा पुत्रं जनादिति ।।३।।

2. अप्रतिरथः – य. १७.५७

वीतं हविः शमितं शमिता यजध्यै तुरीयो यज्ञो यत्र हव्यमेति ।
ततो वाकाऽआशिषो नो जुषन्ताम् ।।५७।।

३. उत्तरनारायणः – य. ३१.१७–१६; 22

य. ३१.१७–१६

अदभ्यः सम्भृतः पृथिव्यै रसाच्च विश्वकर्मणः समवर्त्तताग्रे ।
तस्य त्वष्टा विदधद्रूपमेति तन्मर्त्यस्य देवत्वमाजानमग्रे ।।१७।।
वेदाहमेतं पुरुषं महान्तमादित्यवर्णं तमसः परस्तात् ।
तमेव विदित्वाति मृत्युमेति नान्यः पन्था विद्यतेऽयनाय ।।१८।।
प्रजापतिश्चरति गर्भे ऽअन्तरजायमानो बहुधा वि जायते ।
तस्य योनिं परि पश्यन्ति धीरास्तस्मिन्ह तस्थुर्भुवनानि विश्वा ।।१६।।

य. ३१.22

श्रीश्च ते लक्ष्मीश्च पत्न्यावहोरात्रे पार्श्वे नक्षत्राणि रूपमश्विनौ व्यात्तम् ।
इष्णान्निषणमु मऽइषाण सर्वलोकं मऽइषाण ।।22।।

४. काण्वः – अ. 2.३2.१–६

उद्यन्नादित्यः क्रिमीन् हन्तु निम्रोचन् हन्तु रश्मिभिः। ये अन्तः क्रिमयो गवि ।।१।।
विश्वरूपं चतुरक्षं क्रिमिं सारङ्गमर्जुनम्। शृणाम्यस्य पृष्टीरपि वृश्चामि यच्छिरः ।।2।।
अत्रिवद् वः क्रिमयो हन्मि कण्ववज्जमदग्निवत्। अगस्त्यस्य ब्रह्मणा सं पिनष्म्यहं क्रिमीन्।।३।।
हतो राजा क्रिमीणामुतैषां स्थपतिर्हतः। हतो हतमाता क्रिमिर्हतभ्राता हतस्वसा ।।४।।
हतासो अस्य वेशसो हतासः परिवेशसः। अथो ये क्षुल्लकाइव सर्वे ते क्रिमयो हताः ।।५।।
प्र ते शृणामि शृंगे याभ्यां वितुदायसि। भिनद्मि ते कुषुम्भं यस्ते विषधानः ।।६।।

५. परमेष्ठी – य. १५.१2

सम्राडसि प्रतीची दिगादित्यास्ते देवाऽअधिपतयो वरुणो हेतीनां प्रतिधर्त्ता सप्तदशस्त्वा स्तोमः पृथिव्यां श्रयतु मरुत्वतीयमुक्थमव्यथायै स्तभ्नातु वैरूपं साम प्रतिष्ठित्याऽअन्तरिक्ष ऽ ऋषयस्त्वा प्रथमजा देवेषु दिवो मात्र्या वरिम्णा प्रथन्तु विधर्त्ता चायमधिपतिश्च ते त्वा सर्वे संविदाना नाकस्य पृष्ठे स्वर्गे लोके यजमानं च सादयन्तु ।।१2।।

६. ब्रह्म – अ. १७.१.१–३०

विषामहिं सहमानं सासहानं सहीयांसम् ।
सहमानं सहोजितं स्वर्जितं गोजितं संधनाजितम्। ईड्यं नाम ह्व इन्द्रमायुष्मान् भूयासम् ।।१।।
विषासहिं सहमानं सासहानं सहीयांसम् ।
सहमानं सहोजितं स्वर्जितं गोजितं संधनाजितम्।
ईड्यं नाम ह्व इन्द्रं प्रियो देवानां भूयासम् ।।2।।
विषासहिं सहमानं सासहानं सहीयांसम् । सहमानं सहोजितं स्वर्जितं गोजितं संधनाजितम्।
ईड्यं नाम ह्व इन्द्रं प्रियः प्रजानां भूयासम् ।।३।।
विषासहिं सहमानं सासहानं सहीयांसम् । सहमानं सहोजितं स्वर्जितं गोजितं संधनाजितम्।
ईड्यं नाम ह्व इन्द्रं प्रियः पशूनां भूयासम् ।।४।।
विषासहिं सहमानं सासहानं सहीयांसम् । सहमानं सहोजितं स्वर्जितं गोजितं संधनाजितम्।
ईड्यं नाम ह्व इन्द्रं प्रियः समानानां भूयासम् ।।५।।
उदिह्युदिहि सूर्य वर्चसा माभ्युदिहि ।
द्विषंश्चमह्यं रध्यतु मा चाहं द्विषते रधं त्वेद् विष्णो बहुधा वीर्याणि ।
त्वं नः पृणीहि पशुभिर्विश्वरूपैः सुधायां मा धेहि परमे व्योमन् ।।६।।
उदिह्युदिहि सूर्य वर्चसा माभ्युदिहि ।
यांश्च पश्यामि यांश्च न तेषु मा सुमतिं कृधि त्वेद् विष्णो बहुधा वीर्याणि ।

त्वं नः पृणीहि पशुभिर्विश्वरूपैः सुधायां मा धेहि परमे व्योमन् ।।७।।
मा त्वा दभन्त्सलिले अप्स्व१न्तर्ये पाशिन उपतिष्ठन्त्यत्र ।
हित्वाशस्तिं दिवमारुक्ष एतां स नो मृड सुमतौ ते स्याम तवेद् विष्णो बहुधा वीर्याणि ।
त्वं नः पृणीहि पशुभिर्विश्वरूपैः सुधायां मा धेहि परमे व्योमन् ।।८।।
त्वं न इन्द्र महते सौभगायादब्धेभिः परि पाह्यक्तुभिस्तवेद विष्णो बहुधा वीर्याणि ।
त्वं नः पृणीहि पशुभिर्विश्वरूपैः सुधायां मा धेहि परमे व्योमन् ।।९।।
त्वं न इन्द्रोतिभिः शिवाभिः शंतमो भव ।
आरोहंस्त्रिदिवं दिवो गृणानः सोमपीतये प्रियधामा स्वस्तये तवेद् विष्णो बहुधा वीर्याणि ।
त्वं नः पृणीहि पशुभिर्विश्वरूपैः सुधायां मा धेहि परमे व्योमन् ।।१०।।
त्वमिन्द्रासि विश्वजित् सर्ववित् पुरुहूतस्त्वमिन्द्र ।
त्वमिन्द्रेमं सुहवं स्तोममेरयस्व स नो मृड सुमतौ ते स्याम तवेद् विष्णो बहुधा वीर्याणि ।
त्वं नः पृणीहि पशुभिर्विश्वरूपैः सुधायां मा धेहि परमे व्योमन् ।।११।।
अदब्धो दिवि पृथिव्यामुतासि न त आपुर्महिमानमन्तरिक्षे ।
अदब्धेन ब्रह्मणा वावृधानः स त्वं न इन्द्र दिवि षंछर्म यच्छ तवेद् विष्णो बहुधा वीर्याणि ।
त्वं नः पृणीहि पशुभिर्विश्वरूपैः सुधायां मा धेहि परमे व्योमन् ।।१2।।
या त इन्द्र तनूरप्सु या पृथिव्यां यान्तरग्नौ या त इन्द्र पवमाने स्वर्विदि ।
ययेन्द्र तन्वा३न्तरिक्षं व्यापिथ तया न इन्द्र तन्वा३ शर्म यच्छ त्वेद् विष्णो बहुधा वीर्याणि ।
त्वं नः पृणीहि पशुभिर्विश्वरूपैः सुधायां मा धेहि परमे व्योमन् ।।१३।।
त्वामिन्द्र ब्रह्मणा वर्धयन्तः सत्रं नि षेदुर्ऋषयो नाधमानास्तवेद् विष्णो बहुधा वीर्याणि ।
त्वं नः पृणीहि पशुभिर्विश्वरूपैः सुधायां मा धेहि परमे व्योमन् ।।१४।।
त्वं तृतं त्वं पर्येष्युत्सं सहस्रधारं विदथं स्वर्विदं त्वेद् विष्णो बहुधा वीर्याणि ।
त्वं नः पृणीहि पशुभिर्विश्वरूपैः सुधायां मा धेहि परमे व्योमन् ।।१५।।
त्वं रक्षसे प्रदिशश्चतस्रस्त्वं शोचिषा नभसी वि भासि ।
त्वमिमा विश्वा भुवनानु तिष्ठस ऋतस्य पन्थामन्वेषि विद्वांस्तवेद् विष्णो बहुधा वीर्याणि ।
त्वं नः पृणीहि पशुभिर्विश्वरूपैः सुधायां मा धेहि परमे व्योमन् ।।१६।।
पंचभिः पराङ् तपस्येकयार्वाङशस्तिमेषि सुदिने बाधमानस्तवेद् विष्णो बहुधा वीर्याणि ।
त्वं नः पृणीहि पशुभिर्विश्वरूपैः सुधायां मा धेहि परमे व्योमन् ।।१७।।
त्वमिन्द्रस्त्वं महेन्द्रस्त्वं लोकस्त्वं प्रजापतिः ।
तुभ्यं यज्ञो वि तायते तुभ्यं जुह्वति जुह्वतस्तवेद् विष्णो बहुधा वीर्याणि ।
त्वं नः पृणीहि पशुभिर्विश्वरूपैः सुधायां मा धेहि परमे व्योमन् ।।१८।।
असति सत् प्रतिष्ठितं सति भूतं प्रतिष्ठितम् ।
भूतं ह भव्य आहितं भव्यं भूते प्रतिष्ठितं तवेद् विष्णो बहुधा वीर्याणि ।
त्वं नः पृणीहि पशुभिर्विश्वरूपैः सुधायां मा धेहि परमे व्योमन् ।।१९।।
शुक्रोऽसि भ्राजोऽसि। स यथा त्वं भ्राजता भ्राजोऽस्येवाहं भ्राजता भ्राज्यासम् ।।2०।।
रुचिरसि रोचोऽसि। स यथा त्वं रुच्या रोचोऽस्येवाहं पशुभिश्च ब्रह्मणवर्चसेन च रुचिषीय।।2१।।
उद्यते नम उदायते नम उदिताय नमः। विराजे नमः स्वराजे नमः सम्राजे नमः ।।22।।
अस्तंयते नमोऽस्तमेष्यते नमोऽस्तमिताय नमः। विराजे नमः स्वराजे नमः ।।2३।।
उदगादयमादित्यो विश्वेन तपसा सह ।
सपत्नान् मह्यं रन्धयन् मा चाहं द्विषते रधं तवेद् विष्णो बहुधा वीर्याणि ।
त्वं नः पृणीहि पशुभिर्विश्वरूपैः सुधायां मा धेहि परमे व्योमन् ।।2४।।
आदित्य नावमारुक्षः शतारित्रां स्वस्तये। अहर्मात्यपीपरो रात्रिं सत्राति पारय ।।2५।।
सूर्य नावमारुक्षः शतारित्रां स्वस्तये। रात्रिं मात्यपीपरोऽहः सत्राति पारय ।।2६।।
प्रजापतेरावृतो ब्रह्मणा वर्मणाहं कश्यपस्य ज्योतिषा वर्चसा च ।
जरदष्टिः कृतवीर्यो विहायाः सहस्रायुः सुकृतश्चरेयम् ।।2७।।

परीवृतो ब्रह्मणा वर्मणाहं कश्यपस्य ज्योतिषा वर्चसा च ।
मा मा प्रापन्निषवो दैव्या या मा मानुषीरवसृष्टा वधाय ।।2८।।
ऋतेन गुप्त ऋतुभिश्च सर्वैर्भूतेन गुप्तो भव्येन चाहम् ।
मा मा प्रापत् पाप्मा मोत मृत्युरन्तर्दधेऽहं सलिलेन वाचः ।।2६।।
अग्निनर्मा गोप्ता परि पातु विश्वत उद्यन्त्सूर्यो नुदतां मृत्युपाशान् ।
व्युच्छन्तीरुषसः पर्वता ध्रुवाः सहस्रं प्राणा मय्या यतन्ताम् ।।३०।।

७. वत्सारः – य. १३.३

ब्रह्म जज्ञानं प्रथमं पुरस्ताद्वि सीमतः सुरुचो वेनऽआवः ।
स बुध्न्याऽउपमाऽअस्य विष्ठाः सतश्च योनिमसतश्च विवः ।।३।।

८. वसिष्ठः – ऋ. ७.६६.४–१३

यदद्य सूर उदितेनागा मित्रो अर्यमा। सुवाति सविता भगः ।।४।।
सुप्रावीरस्तु स क्षयः प्र नु यामन्त्सुदानवः। ये नो अंहोऽतिपिप्रति ।।५।।
उत स्वराजो अदितिरदब्धस्य व्रतस्य ये। महो राजान ईशते ।।६।।
प्रति वां सूर उदिते मित्रं गृणीषे वरुणम्। अर्यमणं रिशादसम् ।।७।।
राया हिरण्यया मतिरियमवृकाय शवसे। इयं विप्रा मेधसातये ।।८।।
ते स्याम देव वरुण ते मित्र सूरिभिः सह। इषं स्वश्च धीमहि ।।६।।
बहवः सूरचक्षसोऽग्निजिह्वा ऋतावृधः ।
त्रीणि ये येमुर्विदथानि धीतिभिर्विश्वानि परिभूतिभिः ।।१०।।
वि ये दधुः शरदं मासमादहर्यज्ञमक्तुं चादृचम् ।
अनाप्यं वरुणो मित्रो अर्यमा क्षत्रं राजान आशत ।।११।।
तद्वो अद्य मनामहे सूक्तैः सूर उदिते ।
यदोहते वरुणो मित्रो अर्यमा यूयमृतस्य रथ्यः ।।१2।।
ऋतावान् ऋतजाता ऋतावृधो घोरासो अनृतद्विषः ।
तेषां वः सुम्ने सुच्छर्दिष्टमे नरः स्याम ये च सूरयः ।।१३।।

६. वामदेवः – य. 2१.५

महीम् षु मातरं सुव्रतानामृतस्य पत्नीमवसे हुवेम ।
तुविक्षत्रामजरन्तीमुरूचीं सुशर्माणमदितिं सुप्रणीतिम् ।।५।।

१०. वासिष्ठो मैत्रावरुणिः – सा. १३५१–५३; १०६७–१०६६

सा. १३५१–५३

यदद्य सूर उदितेऽनागा मित्रो अर्यमा। सुवाति सविता भगः ।।१।।
सुप्रावीरस्तु स क्षयः प्र नु यामन्त्सुदानवः। ये नो अंहोऽतिपिप्रति ।।2।।
उत स्वराजो अदितिरदब्धस्य व्रतस्य ये। महो राजान ईशते ।।३।।

सा. १०६७–१०६६

प्रति वां सूर उदिते मित्रं गृणीषे वरुणम्। अर्यमणं रिशादसम् ।।१।।
राया हिरण्यया मतिरियमवृकाय शवसे। इयं विप्रा मेधसातये ।।2।।
ते स्याम देव वरुण ते मित्र सूरिभिः सह। इषं स्वश्च धीमहि ।।३।।

११. सत्यधृतिर्–वरुणिः – य. ३.३१–३३.

महि त्रीणामवोऽस्तु द्युक्षं मित्रस्या र्यम्णः। दुराधर्षं वरुणस्य ।।३१।।
नहि तेषाममा चन नाध्वसु वारणेषु। ईशे रिपुरघशंसः ।।३2।।
ते हि पुत्रासोऽअदितेः प्र जीवसे मर्त्याय। जयोतिर्यच्छन्त्यजस्रम् ।।३३।।

१३2. आदित्यः अध्यात्मम्

१. ब्रह्म – अ. ६.६.१–22

अस्य वामस्य पलितस्य होतुस्तस्य भ्राता मध्यमो अस्त्यश्नः ।

तृतीयो भ्राता घतपृष्ठो अस्यात्रापश्यं विश्पतिं सप्तपुत्रम् ।।१।।
सप्त युंजन्ति रथमेकचक्रमेको अश्वो वहति सप्तनामा ।
त्रिनाभि चक्रमजरमनर्वं यत्रेमा विश्वा भुवनाधि तस्थुः ।।2।।
इमं रथमधि ये सप्त तस्थुः सप्तचक्रं सप्त वहन्त्यश्वाः ।
सप्त स्वसारो अभि सं नवन्त यत्र गवां निहिता सप्त नामा ।।३।।
को ददर्श प्रथमं जायमानमस्थन्वन्तं यदनस्था बिभर्ति ।
भूमया असुरसृगात्मा क्वस्वित् को विद्वांसमुप गात् प्रष्टुमेतत् ।।४।।
इह ब्रवीतु य ईमंग वेदास्य वामस्य निहितं पदं वेः ।
शीर्ष्णः क्षीरं दुह्रत गावो अस्य वव्रिं वसाना उदकं पदापुः ।।५।।
पाकः पृच्छामि मनसाविजानन् देवानाभेना निहिता पदानि ।
वत्से बष्कयेऽधि सप्त तन्तून् वि तत्निरे कवय ओतवा उ ।।६।।
अचिकित्वांश्चिकितुषश्चिदत्र कवीन् पृच्छामि विद्वनो न विद्वान् ।
वि यस्तस्तम्भ षडिमा रजांस्यजस्य रूपे किमपि स्विदेकम् ।।७।।
माता पितरमृत आ बभाज धीत्यग्रे मनसा सं हि जग्मे ।
सा बीभत्सुर्गर्भरसा निविद्धा नमस्वन्त इदुपवाकमीयुः ।।८।।
युक्ता मातासीद् धुरि दक्षिणाया अतिष्ठद् गर्भो वृजनीष्वन्तः ।
अमीमेद् वत्सो अनु गामपश्यद् विश्वरूप्यं त्रिषु योजनेषु ।।६।।
तिस्रो मातृस्त्रीन् पितृन् बिभ्रदेक ऊर्ध्वस्तस्थौ नेमव ग्लापयन्त ।
मन्त्रयन्ते दिवो अमुष्य पृष्ठे विश्वविदो वाचमविश्वविन्नाम् ।।१०।।
पंचारे चक्रे परिवर्तमाने यस्मिन्नातस्थुर्भुवनानि विश्वा ।
तस्य नाक्षस्तप्यते भूरिभारः सनादेव न च्छिद्यते सनाभिः ।।११।।
पंचपादं पितरं द्वादशाकृतिं दिव आहुः परे अर्धे पुरीषिणम् ।
अथेमे अन्य उपरे विचक्षणे सप्तचक्रे षडर आहुरर्पितम् ।।१2।।
द्वादशारं नहि तज्जराय वर्वर्ति चक्रं परि द्यामृतस्य ।
आ पुत्रा अग्ने मिथुनासो अत्र सप्त शतानि विंशतिश्च तस्थुः ।।१३।।
सनेमि चक्रमजरं वि वावृत उत्तानायां दश युक्ता वहन्ति ।
सूर्यस्य चक्षू रजसैत्यावृतं यस्मिन्नातस्थुर्भवनानि विश्वा ।।१४।।
स्त्रियः सतीस्ताँ उ मे पुंस आहुः पश्यदक्षण्वान् न वि चेतदन्धः ।
कविर्यः पुत्रः स ईमा चिकेत यस्ता विजानात् स पितुष्पितासत् ।।१५।।
साकंजानां सप्तथमाहुरेकजं षडिद्यमा ऋषयो देवजा इति ।
तेषमिष्टानि विहितानि धामश स्थात्रे रेजन्ते विकृतानि रूपशः ।।१६।।
अवः परेण पर एनावरेण पदा वत्सं बिभ्रती गौरुदस्थात् ।
सा कद्रीची कं स्विदर्धं परागात् क्व स्वित् सूते नहि यूथे अस्मिन् ।।१७।।
अवः परेण पितरं यो अस्य वेदावः परेण पर एनावरेण ।
कवीयमानः क इह प्र वोचद् देवं मनः कुतो अधि प्रजातम् ।।१८।।
ये अर्वांचस्ताँ उ पराच आहुर्ये परांचस्ताँ उ अर्वाच आहुः ।
इन्द्रश्च या चक्रथुः सोम तानि धुरा न युक्ता रजसो वहन्ति ।।१६।।
द्वा सुपर्णा सयुजा सखाया समानं वृक्षं परि षस्वजाते ।
तयोरन्यः पिप्पलं स्वाद्वत्त्यनश्नन्नन्यो अभि चाकशीति ।।2०।।
यस्मिन् वृक्षे मध्वदः सुपर्णा निविशन्ते सुवते चाधि विश्वे ।
तस्य यदाहुः पिप्लं स्वाद्वग्रे तन्नोन्नशद्यः पितरं न वेद ।।2१।।
यत्रा सुपर्णा अमृतस्य भक्षमनिमेषं विदथाभिस्वरन्ति ।
एना विश्वस्य भुवनस्य गोपाः स मा धीरः पाकमत्रा विवेश ।।22।।

१३३. आदित्यरश्मिः

१. शन्तातिः – अ. ६.22.१

कृष्णं नियानं हरयः सुपर्णा अपो वसाना दिवमुत पतन्ति।

त आववृत्रन्त्सदनादृतस्यादिद् घृतेन पृथिवीं व्यूदः ।।१।।

१३४. आदित्यवस्वंगिरसः

१. भरद्वाजः – अ. 2.१2.४

अशीतिभिस्तिसृभिः सामगेभिरादित्ये भिर्वसुभिरंगिरोभिः ।
इष्टापूर्तमवतु नः पितृणामामुं ददे हरसा दैव्येन ।।४।।

१३५. आदित्यवस्वंगिरसः पितरः – उपरि द्र.

१३६. आदित्याः

१. इरिम्बिठिः काण्वः – ऋ. ८.१८.१–७; ८.१८.१०–22; सा. ३६५ ३६७

ऋ. ८.१८.१–७

इदं ह नूनमेषां सुम्नं भिक्षेत मर्त्यः। आदित्यानामपूर्व्यं सवीमनि ।।१।।
अन्वाणौ ह्येषां पन्था आदित्यानाम्। अदब्धाः सन्ति पायवः सुगेवृधः ।।2।।
तत्सु नः सविता भगो वरुणो मित्रो अर्यमा। शर्म यच्छन्तु सप्रथो यदीमहे।।३।।
देवेभिर्देव्यदितेऽरिष्टभर्मन्ना गहि। स्मत्सूरिभिः पुरुप्रिये सुशर्मभिः ।।४।।
ते हि पुत्रासो अदितेर्विदुर्द्वेषंसि योतवे। अंहोश्चिदुरुचक्रयोऽनेहसः ।।५।।
अदितिर्नो दिवा पशुमदितिर्नक्तमद्वयाः। अदितिः पात्वंहसः सदावृधा ।।६।।
उत स्या नो दिवा मतिरदितिरूत्या गमत्। सा शंताति मयस्करदप स्रिधः ।।७।।

ऋ. ८.१८.१०–22

अपामीवामप स्रिधमप सेधत दुर्मतिम्। आदित्यासो युयोतना नो अंहसः ।।१०।।
युयोता शरुमस्मदाँ आदित्यास उतामतिम्। ऋधग द्वेषः कृणुत विश्ववेदसः ।।११।।
तत्सु नः शर्म यच्छतादित्या यन्मुमोचति। एनस्वन्तं चिदेनसः सुदानवः ।।१2।।
यो नः कश्चिद्रिरिक्षति रक्षस्त्वेन मर्त्यः। स्वैः ष एवै रिरिषीष्ट युर्जनः ।।१३।।
समित्तमघमश्नवद्दुः शंसं मर्त्यं रिपुम्। यो अस्मत्रा दुर्हणावाँ उप द्वयुः ।।१४।।
पाकत्रा स्थन देवा हृत्सु जानीथ मर्त्यम्। उप द्वयुं चाद्वयुं च वसवः ।।१५।।
आ शर्म पर्वतानामोतापां वृणीमहे। द्यावाक्षामारे अस्मद्रपस्कृतम् ।।१६।।
ते नो भद्रेण शर्मणा श्रुरुमाकं नावा वसवः। अति विश्वानि दुरिता पिपर्तन ।।१७।।
तुचे तनाय तत्सु नो द्राघीय आयुर्जीवसे। आदित्यासः सुमहसः कृणोतन ।।१८।।
यज्ञो हीळो वो अन्तर आदित्या अस्ति मृळत। युष्मे इद्वो अपि ष्मसि सजात्ये ।।१९।।
बृहद्वरूथं मरुतां देवं त्रतारमश्विना। मित्रमीमहे वरुणं स्वस्तये ।।20।।
अनेहो मित्रार्यमन्नृवद्वरुण शंस्यम्। त्रिवरूथं मरुतो यन्त नश्छदिः ।।2१।।
ये चिद्धि मृतयुबन्धव आदित्या मनवः स्मसि। प्र सून आयुर्जीव से तिरेतन ।।22।।

सा. ३६५

तुचे तुनाय तत्सु ना द्राघीय आयुर्जीवसे। आदित्यासः सुमहसः कृणोतन ।।५।।

सा. ३६७

अपामीवामप स्रिधमप सेधत दुर्मतिम्। आदित्यासो युयोतना नो अंहसः ।।७।।

2. कण्वो घौरः – ऋ. १.४१.४–६

सुगः पन्था अनृक्षर आदित्यास ऋतं यते। नात्रावखादो अस्ति वः ।।४।।
यं यज्ञं नयथा नर आदित्या ऋजुना पथा। प्र वः स धीतये नशत् ।।५।।
स रत्नं मर्त्यो वसु विश्वं तोकमुत त्मना। अच्छा गच्छत्यस्तृतः ।।६।।

३. कुत्सः – य. ३३.६८

यज्ञो देवानां प्रत्येतिं सुम्नमादित्यासो भवता मृडयन्तः।
आ वोऽ र्वाची सुमतिर्ववृत्यादंहोश्चिद्या वरिवोवित्तरासत ।।६८।।

४. कूर्मः गार्त्समदः – य. ३३.५४

देवेभ्यो हि प्रथमं यज्ञियेभ्योऽमृतत्वंसुवसि सभगमुत्तमम् ।

आदिद्दामानं सवितर्व्यूर्णुषेऽनूचीना जीविता मानुषेभ्यः ।।५४।।

५. कूर्मः गार्त्समदः गृत्समदो वा – ऋ. 2.2७.१–१७

इमा गिर आदित्येभ्यो घृतस्नूः सनाद्राजभ्यो जुह्वा जहोमि ।
शृणोतु मित्रो अर्यमा भगो नस्तुविजातो वरुणो दक्षो अंशः ।।१।।
इमं स्तोमं सक्रतवो मे अद्य मित्रो अर्यमा वरुणे जुषन्त ।
आदित्यासः शुचयो ध्याारपूता अवृजिना अनवद्या अरिष्टाः ।।2।।
त आदित्यास उरवो गभीरा अदब्धासो दिप्सन्तो भूर्यक्षाः ।
अन्तः पश्यन्ति वृजिनोत साधु सर्वं राजभ्यः परमा चिदन्ति ।।३।।
धारयन्त आदित्यासो जगत्स्था देवा विश्वस्य भुवनस्य गोपाः ।
दीर्घाधियो रक्षमाणा असुर्यमृतावानश्चयमाना ऋणानि ।।४।।
विद्यमादित्या अवसो वो अस्य यदर्यन्मभय आ चिन्मयोभु ।
युष्माकं मित्रावरुणा प्रणीतौ परि श्वभ्रेव दुरितानि वृज्याम् ।।५।।
सुगो हि वो अर्यमन्मित्र पन्था अनृक्षरो वरुण साधुरस्ति ।
तेनादित्या अधिवोचता नो यच्छता नो दुष्परिहन्तु शर्म ।।६।।
पिपर्तु नो अदिति राजपुत्राति द्वेषांस्यर्यमा सुगेभिः ।
बृहन्मित्रस्य वरुणस्य शर्मोप स्याम पुरुवीरा अरिष्टाः ।।७।।
तिस्रो भूमीर्धारयन् त्रीरुँत द्यून्त्रीणि व्रता विदथे अन्तरेषाम् ।
ऋतेनादित्या महि वो महित्वं तदर्यमन्वरुण मित्र चारु ।।८।।
त्री रोचना दिव्या धारयन्त हिरण्ययाः शुचयो धारपूताः ।
अस्वप्नजो अनिमिषा अदब्धा उरुषंसा ऋजवे मर्त्याय ।।६।।
त्वं विश्वेषां वरुणासि राजा ये च देवा असुर ये च मर्ताः ।
शतं नो रास्व शरदो विचक्षेऽश्यामायूंषि सुधितानि पूर्वा ।।१०।।
न दक्षिणा वि चिकिते न सव्या न प्राचीनमादित्या नोत पश्चा ।
पाक्या चिद्वसवो धीर्या चिद्युष्मानीतो अभयं ज्योतिरश्याम् ।।११।।
यो राजभ्य ऋतनिभ्यो ददाश यं वर्धयन्ति पुष्टयश्च नित्याः ।
स रेवान्याति प्रथमो रथेन वसुदावा विदथेषु प्रशस्तः ।।१2।।
शुचिरपः सूयवसा अदब्ध उप क्षेति वृद्धवयाः सुवीरः ।
नकिष्टं ध्नन्त्यन्तितो न दूराद्य आदित्यानां भवति प्राणीतौ ।।१३।।
अदिते मित्र वरुणोत मृळ यद्वो वयं चकृमा कच्चिदागः ।
उर्वश्यामभयं ज्योतिरिन्द्र मा नो दीर्घा अभि नशन्तमिस्राः ।।१४।।
उभे अस्मै पीपयतः समीची दिवो वृष्टिं सुभगो नाम पुश्यन् ।
उभा क्षयावाजयन्याति पृत्सूभावर्धौ भवतः साधू अस्मै ।।१५।।
या वो माया अभिद्रुहे यजत्राः पाशा आदित्या रिपवे विचृताः ।
अश्वीव ताँ अति येषं रथेनारिष्टा उरावा शर्मन्त्सयाम ।।१६।।
माहं मघोनो वरुण प्रियस्य भूरिदाव्न आ विदं शूनमापेः ।
मा रायो राजन्त्सुयमादव स्थां बृहद्वदेम विदथे सुवीराः ।।१७।।

६. जमदग्निः भार्गवः – ऋ. ८.१३.६

स्तोता यत्ते विचर्षणिरतिप्रशर्धयद् गिरः। वया इवानु रोहते जुषन्त त् ।।६।।

७. त्रित आप्त्यः – ऋ. ८.४७.१–१३

महि वो महतामवो वरुण मित्र दाशुषे ।
यमादित्या अभि द्रुहो रक्षथा नेमघं नशदनेहसो व ऊतयः सुऊतयो व ऊतयः ।।१।।

Vedic Concordance of Mantras as per Devatā and Ṛṣi 255

विदा देवा अघानामादित्यासो अपाकृतिम् ।
पक्षा वयो यथोपरि व्य१स्मे शर्म यच्छतानेहसो व ऊतयः सुऊतयो व ऊतयः ।।2।।
व्य१स्मे शर्म तत्पक्षा बयो न यन्तन ।
विश्वानि विश्ववेदसो वरूथ्या मनामहेऽनेहसो व ऊतयः सुऊतयो व ऊतयः ।।३।।
यस्मा अरासत क्षयं जीवातुं च प्रचेतसः ।
मनोर्विश्वस्य घेदिम आदित्या राय ईशतेऽनेहसो व ऊतयः सुऊतयो व ऊतयः ।।४।।
परि णो वृणजन्नघा दुर्गाणि रथ्यो यथा ।
स्यामेन्द्रिस्य शर्मण्यादित्यानामुतावस्यनेहसो व ऊतयः सुऊतयो व ऊतयः ।।५।।
परिह्वतेदना जनो युष्मादत्तस्य वायति ।
देवा अदभ्रमाश वो यमादित्या अहेतनानेहसो व ऊतयः सुऊतयो व ऊतयः ।।६।।
न तं तिग्मं चन त्यजो न द्रासदभि तं गुरु ।
यस्मा उ शर्म सप्रथ आदित्यासो अराध्वमनेहसो व ऊतयः सुऊतयो व ऊतयः ।।७।।
युष्मे देवा अपि ष्मसि युध्यन्तइव वर्मसु ।
यूयं महो न एनसो यूयमर्भादुरुष्यतानेहसो व ऊतयः सुऊतयो व ऊतयः ।।८।।
अदितिर्न उरुष्यत्वदितिः शर्म यच्छतु ।
माता मित्रस्य रेवतोऽर्यम्णो वरुणस्य चानेहसो व ऊतयः सुऊतयो व ऊतयः ।।९।।
यद्देवाः शर्म शरणं यद्भद्रं यदनातुरम् ।
त्रिधातु यद्वरूथ्यं१ तदस्मासु वि यन्तनानेहसो व ऊतयः सुऊतयो व ऊतयः ।।१०।।
आदित्या अव हि ख्यताधि कूलादिव स्पशः ।
सुतीर्थमर्वतो यथानु नो नेषथा सुगमनेहसो व ऊतयः सुऊतयो व ऊतयः ।।११।।
नेह भद्रं रक्षस्विने नावयै नोपया उत ।
गवे च भद्रं धेनवे वीराय च श्रवस्यतेऽनेहसो व ऊतयः सुऊतयो व ऊतयः ।।१2।।
यदाविर्यदपीच्यं१ देवासो अस्ति दुष्कृतम् ।
त्रितेतद्विश्वमाप्त्य आरे अस्मद्दधातनानेहसो व ऊतयः सुऊतयो व ऊतयः ।।१३।।

८. मत्स्यः सांमदो मान्यो वा मैत्रावरुणिर्बाहवो वा मत्स्या जालनद्धाः – ऋ. ८.६७.१–21

त्यान्नु क्षत्रियाँ अव आदित्यान्याचिषामहे। सुमृळीकाँ अभिष्टये ।।१।।
मित्रो नो अत्यंहतिं वरुणः पर्षदर्यमा। आदित्यासो यथा विदुः ।।2।।
तेषां हि चित्रमुक्थ्यं१ वरूथमस्ति दाशुषे। आदित्यानामरंकृते ।।३।।
महि वो महतामवो वरुण मित्रार्यमन्। अवांस्या वृणीमहे ।।४।।
जीवान्नो अभि धेतनादित्यासः पुरा हथात्। कद्ध स्थ हवनश्रुतः ।।५।।
यद्वः श्रान्ताय सुन्वते वरूथमस्ति यच्छर्दिः। तेना नो अधि वोचत ।।६।।
अस्ति देवा अंहोरुर्वास्ति रत्नमनागसः। आदित्या उद्भुतैनसः ।।७।।
मा नः सेतु सिषेदयं महे वृणक्तु नस्परि। इन्द्र इद्धि श्रुतो वशी ।।८।।
मा नो मृचा निपूर्णा वृजिनानामविष्यवः। देवा अभि प्र मृक्षत ।।९।।
उत त्वामदिते मह्यहं देव्युप ब्रुवे। सुमृळीकामभिष्टये ।।१०।।
पर्षि दीने गभीर आँ उग्रपुत्रे जिघांसतः। माकिस्तोकस्य नो रिषत् ।।११।।
अनेहो न उरुव्रज उरूचि वि प्रसर्तवे। कृधि तोकाय जीवसे ।।१2।।
ये मूर्धानः क्षितीनामदब्धासः स्वयशसः। व्रता रक्षन्ते अद्रुहः ।।१३।।
ते न आस्नो वृकाणमादित्यासो मुमोचत। स्तेनं बद्धमिवादिते ।।१४।।
अपो षु ण इयं शरुरादित्या अप दुर्मतिः। अस्मदेत्वजघ्नुषी ।।१५।।
शश्वद्धि वः सुदानव आदित्या ऊतिभिर्वयम्। पुरा नूनं बुभुज्महे ।।१६।।
शश्वन्तं हि प्रचेतसः प्रतियन्तं चिदेनसः। देवाः कृणुथ जीवसे ।।१७।।

तत्सु नो नव्यं सन्यस आदित्या यन्मुमोचति। बन्धाद् बद्धमिवादिते ।।१८।।
नास्माकमस्ति तत्तर आदित्यासो अतिष्कदे। यूयमस्मभ्यं मृळत ।।१६।।
मा नो हेतिर्विवस्वत आदित्याः कृत्रिमा शरुः। पुरा नु जरसो वधीत् ।।20।।
वि षु द्वेषे व्यंहतिमादित्यासो वि संहितम्। विष्वग्वि बृहता रपः ।।21।।

६. वसिष्ठः – ऋ. ७.५१.१–३; ७.५२.१–३

ऋ. ७.५१.१–३

आदित्यानामवसा नूनतने सक्षीमहि शर्मणा शंतमेन ।
अनागास्त्वे अदितित्वे तुरास इमं यज्ञं दधतु श्रोषमाणः ।।1।।
आदित्यासो अदितिर्मादयन्तां मित्रो अर्यमा वरुणो रजिष्ठाः ।
अस्माकं सन्तु भुवनस्य गोपाः पिबन्तु सोममवसे नो अद्य ।।2।।
आदित्या विश्वे मरुतश्च विश्वे देवाश्च विश्व ऋभवश्च विश्वे ।
इन्द्रो अग्निरश्विना तुष्टुवाना यूयं पात स्वस्तिभिः सदा नः ।।३।।

ऋ. ७.५२.१–३

आदित्यासो अदित्यः स्याम पूर्देवत्रा वसवो मर्त्यत्रा ।
सनेम मित्रावरुणा सनन्तो भवेम द्यावापृथिवी भवन्तः ।।1।।
मित्रस्तन्नो वरुणो मामहन्त शर्म तोकाय तनयाय गोपाः ।
मा वो भुजेमान्यजातमेनो मा तत्कर्म बसवो यच्चयध्वे ।।2।।
तुरण्यवोऽङ्गिरसो नक्षन्त रत्नं देवस्य सवितुरियानाः ।
पिता च तन्नो महान्यजत्रो विश्वे देवाः समनसो जुषन्त ।।३।।

१०. विश्वावसुः – य. १७.५६

विमानऽएष दिवो मध्यऽआस्तऽआप प्रिवान्नोदसीऽअन्तरिक्षम् ।
स विश्वाचीरभिचष्टे घृताचीरन्तरा पूर्वमपरं च केतुम् ।।५६।।

११. सोभरिः काण्वः – ऋ. ८.१६.३४–३५

यमादित्यासो अद्रुहः पारं नयथ मर्त्यम् ।
मघोनां विश्वेषां सुदानवः ।।३४।।
यूयं राजानः कं चिच्चर्षणीसहः क्षयन्तं मानुषाँ अनु ।
वयं ते वो वरुण मित्रार्यमन्त्स्यामेदृतस्य रथ्यः ।।३५।।

१३७. आदित्या उषा च

१. त्रित आप्त्यः – ऋ. ८.४७.१४–१८

यच्च गोषु दुःष्वप्न्यं यच्चास्मे दुहितर्दिवः ।
त्रिताय तद्विभावर्याप्त्याय परा वहानेहसो व ऊतयः सुऊतयो व ऊतयः ।।१४।।
निष्कं वा घा कृणवते स्रजं वा दुहितर्दिवः ।
त्रिते दुःष्वप्न्यं सर्वमाप्त्ये परि दद्यस्यनेहसो व ऊतयः सुऊतयो व ऊतयः ।।१५।।
तदन्नाय तदपसे तं भागमुपसेदुषे ।
त्रिताय च द्विताय चोषो दुःष्वप्न्यं वहानेहसो व ऊतयः सुऊतयो व ऊतयः ।।१६।।
यथा कलां यथा शफं यथ ऋणं संनयामसि ।
एवा दुःष्वप्न्यं सर्वमाप्त्ये सं नयामस्यनेहसो व ऊतयः सुऊतयो व ऊतयः ।।१७।।
अजैष्माद्यासनाम चाभूमानागसो वयम् ।
उषो यस्माद्दुःष्वप्न्यादभैष्माप तदुच्छत्वनेहसो व ऊतयः सुऊतयो व ऊतयः ।।१८।।

१३८. आदित्यादयः

१. ब्रह्म – अ. ५.२१.१०–१२

आदित्य चक्षुरा दत्स्व मरीचयोऽनु धावत। पत्संगिनीरा सजन्तु विगते बाहुवीर्ये ।।१०।।

यूयमुग्रा मरुतः पृश्निमातर इन्द्रेण युजा प्र मृणीत शत्रून् ।
सोमो राजा वरुणो राजा महादेव उत मृत्युरिन्द्रः ।।११।।
एता देवसेनाः सूर्यकेतवः सचेतसः। अमित्रान् नो जयन्तु स्वाहा ।।१2।।

१३६. आदित्यादयो लिंगोक्ताः

१. सिन्धुद्वीपः – य. ११.६१

अदितिष्ट्वा देवी विश्वदेवयावती पृथिव्याः सधस्थेऽअस्रिरस्वत् खनत्ववट् देवानां त्वा पत्नीर्देवीर्विश्वदेव्यावतीः पृथिव्याः सधस्थेऽअंगिरस्वद्दधतूखे धिषणास्त्वा देवीर्विश्वदेव्यावतीः पृथिव्याः सधस्थेऽअंगिरस्वदभीन्धताम् उखे वरूत्रीष्ट्वा देवीर्विश्वदेव्यावतीः पृथिव्याः सधस्थेऽअंगिरस्वच्छ्रपयन्तूखे ग्रास्त्वा देवीर्विश्वदेव्यावतीः पृथिव्याः सधस्थेऽअंगिरस्वत्पचन्तूखे जनयस्त्वाऽछिन्नपत्रा देवीर्विश्वदेव्यावतीः पृथिव्याः सधस्थेऽअंगिरस्वत्पचन्तूखे ।।६१।।

१४०. आदित्यो गृहपतिः

१. कुत्सः – य. ८.४

यज्ञो देवानां प्रत्येतिं सुम्नमादित्यासो भवता मृडयन्तः ।
आ वोऽ र्वाची सुमतिर्ववृत्यादंहोश्चिद्या वरिवोवित्तरासदादित्येभयस्त्वा ।।४।।

१४१. आपः

१. अथर्वा – अ. 2.2३.१–५; १८.३.५६

अ. 2.2३.१–५

आपो यद् वस्तपस्तेन तं प्रति तपत् यो३स्मान द्वेष्टि यं वयं द्विष्मः ।।१।।
आपो यद वो हरस्तेन तं प्रति हरत् यो३स्मान् द्वेष्टि यं वयं द्विष्मः ।।2।।
आपो यद् वोऽर्चिस्तेन तं प्रत्यर्चत यो३स्मान् द्वेष्टि यं वयं द्विष्मः ।।३।।
आपो यद् वः शोचिस्तेन तं प्रति शोचत यो३स्मान् द्वेष्टि यं वयं द्विष्मः ।।४।।
आपो यद् वस्तेजस्तेन तमतेजसं कृणुत यो३स्मान् द्वेष्टि यं वयं द्विष्मः ।।५।।

अ. १८.३.५६

पयस्वतीरोषध्यः पयस्वन्मामकं पयः। अपां पयसो यत् पयस्तेन मा सह शुम्भतु ।।५६।।

2. अथर्वा कृतिर्वा – अ १.६.१–४.

शं नो देवीरभिष्टय आपो भवन्तु पीतये। शं योरभि स्रवन्तु नः ।।१।।
अप्सु मे सोमो अब्रवीदन्तर्विश्वानि भेषजा। अग्निं च विश्वशम्भुवम् ।।2।।
आपः पृणीत भेषजं वरूथं तन्वे३ मम। ज्योक् च सूर्यं दृशे ।।३।।
शं न आपो धन्वन्या३ः शमु सन्त्वनूप्याः ।
शं नः खनित्रिमा आपः शमु याः कुम्भ आभृताः शिवा नः सन्तु वार्षिकीः ।।४।।

३. आथर्वणः दध्यङ् – य. ३६.१2

शन्नो देवीरभिष्टयऽ आपो भवन्तु पीतये। शंयोरभि स्रवन्तु नः ।।१2।।

४. आदित्या देवाः – य. ३५.१2

समित्रिया नऽआपऽआषधयः सन्त दमित्रियास्तस्म सन्त याऽस्मान द्वष्टि य च वय द्विषमः ।।१2।।

५. उशना – य. १३.५३

अपां त्वेमन्त्सादयाम्यपा त्वोद्यन्त्सादयाम्यपां त्वा भस्मन्त्सादयाम्यपां त्वा ज्योतिषि सादयाम्यपां त्वायने सादयाम्यर्णवे त्वा सदने सादयामि समुद्रे त्वा सदने सादयामि। सरिरे त्वा सदने सादयाम्यपां त्वा क्षये सादयाम्यपां त्वा सधिषि सादयाम्यपां त्वा सदने सादयाम्यपां त्वा सधस्थे सादयाम्यपां त्वा योनौ सादयाम्यपां त्वा पुरीषे सादयाम्यपां त्वा पाथसि सादयामि गायत्रेण त्वा छन्दसा सादयामि त्रैष्टुभेन त्वा छन्दसा सादयामि जागतेन त्वा छन्दसा सादयाम्यानष्टभन त्वा

छन्दसा सादयामि पाङ्क्तन त्वा छन्दसा सादयामि ।।५३।।

६. त्रिशिरास् त्वाष्ट्रः सिन्धुद्वीपो वा अम्बरीषः – ऋ. १०.६.१–६; सा. १८३७–३६

ऋ. १०.६.१–६

आपो हि ष्ठा मयोभुवस्ता न ऊर्जे दधातन। महे रणाय चक्षसे ।।१।।
यो वः शिवतमो रसस्तस्य भजयतेह नः। उशतीरिव मातरः ।।2।
तस्मा अरंगमाम वो यस्य क्षयाय जिन्वथ। आपो जनयथा च नः ।।३।।
शं नो देवीरभिष्टय आपो भवन्तु पीतये। शं योरभि स्रवन्तु नः ।।४।।
ईशाना वार्याणां क्षयन्तीश्चर्षणीनाम्। अपो याचामि भेषजम् ।।५।।
अप्सु मे सोमो अब्रवीदन्तर्विश्वानि भेषजा। अग्निं च विश्वशम्भुवम् ।।६।।
आपः पृणीत भेषजं वरूथं तन्वे३ मम। ज्योक्च सूर्यं दृशे ।।७।।
इदमापः प्र वहत यत्कि च दुरितं मयि। यद्वाहमभिदुद्रोह यद्वा शेप उतानृतम् ।।८।।
आपो अद्यान्वचारिषं रसेन समगस्महि। पयस्वानग्न आ गहि तं मा सं सृज वर्चसा ।।६।।

सा. १८३७–३६

आपो हि ष्ठा मयोभुवस्ता न ऊर्जे दधातन। महे रणाय चक्षसे ।।१।।
यो वः शिवतमो रसस्तस्य भाजयतेह नः। उशतीरिव मातरः ।।2।।
तस्मा अरं गमाम वो यस्य क्षयाय जिन्वथ। आपो जनयथा च नः ।।३।।

७. दध्यङ् आथर्वणः – य. ३६.१२

शन्नो देवीरभिष्टयऽ आपो भवन्तु पीतये। शंयोरभि स्रवन्तु नः ।।१२।।

८. दीर्घतमा – य. ६.१७; ३८.2३

य. ६.१७

इदमापः प्रवहतावद्यं च मलं च यत्। यच्चाभिदुद्रोहानृतं यच्च शेपेऽअभीरुणम्। आपो मा तस्मादेनसः पवमानश्च मुंचतु ।।१७।।

य. ३८.2३

सुमित्रिया नऽआपऽओषधयः सन्तु दुर्मित्रियास्तस्मै सन्तु योस्मान् द्वेष्टि यं च वयं द्विष्मः ।।2३।।

६. दीर्घतमा औचथ्यः – ऋ. १.१६४.४2

तस्याः समुद्रा अधि वि क्षरन्ति तेन जीवन्ति प्रदिशश्चतस्रः।
ततः क्षरत्यक्षरं तद्विश्वमुप जीवति ।।४2।।

१०. देवश्रवा यामायनः – ऋ. १०.१७.१०–१४

आपो अस्मान्मातरः शुन्धयन्तु घृतेन नो घृतप्वः पुनन्तु ।
विश्वं हि रिप्रं प्रवहन्ति देवीरुदिदाभ्यः शुचिरा पूत एमि ।।१०।।
द्रप्सश्चस्कन्द प्रथमाँ अनु द्यूनिमं च योनिमनु यश्च पूर्वः ।
समानं योनिमनु संचरन्तं द्रप्सं जुहोम्यनु सप्त होत्राः ।।११।।
यस्ते द्रप्सः सकन्दति यस्ते अंशुर्बाहुच्युतो धिषणाया उपस्थात् ।
अध्वर्योर्वा परि वा यः पवित्रात्तं ते जुहोमि मनसा वषट्कृतम् ।।१2।।
यस्ते द्रप्सः स्कन्नो यस्ते अंशुरवश्च यः परः स्रुचा ।
अयं देवो बृहस्पतिः सं तं सिंचतु राधसे ।१३।।
पयस्वतीरोषधयः पयस्वन्मामकं वचः ।
अपां पयस्वदित्पयस्तेन मा सह शुन्धत ।।१४।।

११. प्रजापतिः – य. ४.2; 20.१६–20

य. ४.2

आपो अस्मान्मातरः शुन्धयन्तु घृतेन नो घृतप्वः पुनन्तु। विश्वं हि रिप्रं प्रवहन्ति देवीरुदिदिभ्यः

शुचिरा पूत एमि। दीक्षात्पसोस्तनूरसि तां त्वा शिवां शग्मां परि दधे भद्रं वर्णं पुष्यन् ।।2।।

य. २०.१९–२०

समुद्रे ते हृदयमप्स्वन्तः सं त्वा शिन्त्वोषधीरुतापः ।
सुमित्रिया न आप ओषधयः सन्तु दुर्मित्रियास्तस्मै सन्तु योऽस्मान्द्वेष्टि यं च वयं द्विष्मः ।।१९।।
द्रुपदादिव मुमुचानः स्विन्नः स्नातो मलादिव। पूतं पवित्रेणेवाज्यमापः शुन्धन्तु मैनसः ।।20।।

१2. प्रियमेधाः – य. १2.५५; १५.६०

य. १2.५५

ताऽअस्य सूददोहसः सोमं श्रीणन्ति पृश्नयः। जन्मन्देवानां विशस्त्रिष्वा रोचने दिवः ।।५५।।

य. १५.६०

ताऽअस्य सूददोहसः सोमं श्रीणन्ति पृश्नयः। जन्मन्देवानां विशस्त्रिष्वा रोचने दिवः ।।६०।।

१३. बृहस्पतिः – अ. १०.६.३

यत् त्वा शिक्वः परावधीत् तक्षा हस्तेन वास्या।
आपस्त्वा तस्माज्जीवलाः पुनन्तु शुचयः शुचिम् ।।३।।

१४. ब्रह्म – अ. ७.११2.१–2; १९.६९.१–४

अ. ७.११2.१–2

शुम्भनी द्यावापृथिवी अन्तिसुम्ने महिव्रते। आपः सप्त सुस्रुवुर्देवीस्ता नो मुच्चन्त्वंहसः ।।१।।
मुंचन्तु मा शपथ्या३दथो वरुण्यादुत। अथो यमस्य पड्बीशाद् विश्वस्माद् देवकिल्बिषात् ।।2।।

अ. १९.६९.१–४

जीवा स्थ जीव्यासं सर्वमायुर्जीव्यासम् ।।१।।
उपजीवा स्थोप जीव्यासं सर्वमायुर्जीव्यासम् ।।2।।
संजीवा स्थ सं जीव्यासं सर्वमायुर्जीव्यासम् ।।३।।
जीवला स्थ जीव्यासं सर्वमायुर्जीव्यासम् ।।४।।

१५. भृग्वंगिरा – अ. ३.७.५; ६.९१.३

अ. ३.७.५

आप इद् वा उ भेषजीरापो अमीवचातनीः। आपो विश्वस्य भेषजीस्तास्त्वा मुंचन्तु क्षेत्रियात्।।५।।

अ. ६.९१.३

आप इद् वा उ भेषजीरापो अमीवचातनीः। आपो विश्वस्य भेषजीस्तास्ते कृण्वन्तु भेषजम् ।।३।।

१६. मेधातिथिः – य. ६.१०; १३

य. ६.१०

अपां पेरुरस्यापो देवीः स्वदन्तु स्वात्तं चित्सद्देवहविः ।
सं ते प्राणो वातेन गच्छतां समंगाानि यजत्रैः सं यज्ञपतिराशिषा ।।१०।।

य. ६.१०

देवीरापः शुद्धा वोड्ढ्वं सुपरिविष्टा देवेषु सुपरिविष्टावयं परिवेष्टारो भूयास्म ।।१३।।

१७. मेधातिथिः काण्वः – ऋ. १.2३.१६–22

अम्बयो यन्त्यध्वभिर्जामयो अध्वरीयताम्। पृंचतीर्मधुना पयः ।।१६।।
अमूर्या उप सूर्ये याभिर्वा सूर्यः सह। ता नो हिन्वन्त्वध्वरम् ।।१७।।
अपो देवीरुप ह्वये यत्र गावः पिबन्तिनः। सिन्धुभ्यः कर्त्वं हविः ।।१८।।
अप्स्वऽन्तरमृत्मप्सु भेषजमपामुत प्रशस्तये। देवा भवत वाजिनः ।।१९।।
अप्सु मे सोमो अब्रवीदन्तर्विश्वानि भेषजा। अग्निं च विश्वशंभुवमापश्च विश्वभेषजीः ।।2०।।
आपः पृणीत भेषजं वरूथं तन्वे३ मम। ज्योक् च सूर्यं दृशे ।।2१।।

१८. यमः – अ. ७.६४.१

इदं यत् कृष्णः शकुनिरभिनिष्पतन्नपीपतत्।

आपो मा तस्मात् सर्वस्माद् दुरितात् पान्त्वंहसः ।।१।।

१९. याज्ञवल्क्यः – य. ३.20

अन्ध स्थान्धो वो भक्षीय मह स्थ महो वो भक्षीयोर्ज्ज स्थोर्ज्जं वो भक्षीय रायस्पोष स्थ रायस्पोषं वो भक्षीय ।।20।।

20. वरुणः – य. १0.१; ६

य. १0.१

अपो देवा मधुमतीरगृभ्णन्नूर्जस्वती राजस्वश्चितानाः ।
याभिर्मित्रावरुणावभ्यषिंचन् याभिरिन्द्रमनयन्नत्यरातीः ।।१।।

य. १0.६

पवित्रे स्थो वैष्णव्यौ सवितुर्वः प्रसवऽउत्पुनाम्यच्छिद्रेण पवित्रेण सूर्यस्य रश्मिभिः ।
अनिभृष्टमसि वाचो बन्धुस्त षोजाः सोमस्य दात्रमसि स्वहा राजस्वः ।।६।।

2१. वसिष्ठः – ऋ. ७.४७.१–४; ७.४९.१–४; य. १2.३५

ऋ. ७.४७.१–४

आपो यं वः प्रथमं देवयन्त इन्द्रपानमूर्मिमकृण्वतेळः ।
तं वो वयं शुचिमरिप्रमद्य घृतप्रुषं मधुमन्तं वनेम ।।१।।
तमुर्मिमापो मधुमत्तमं वोऽपां नपादवत्वाशुहेमा ।
यस्मिन्निन्द्रो वसुभिर्मादयाते तमश्याम देवयन्तो वो अद्य ।।2।।
शतपवित्राः स्वधया मदन्तीर्देवीर्देवानामपि यन्ति पाथः ।
ता इन्द्रस्य न मिनन्ति व्रतानि सिन्धुभ्यो हव्यं घृतवज्जुहोत ।।३।।
याः सूर्यो रश्मिभिराततान याभ्य इन्द्रो अरदद् गातुमूर्मिम् ।
ते सिन्धवो वरिवो धातना नो यूयं पात स्वस्तिभिः सदा नः ।।४।।

ऋ. ७.४९.१–४

समुद्रज्येष्ठाः सलिलस्य मध्यात्पुनाना यन्त्यनिविशमानाः ।
इन्द्रो या वज्री वृषभो रराद ता आपो देवीरिह म मवन्तु ।।१।।
या आपो दिव्या उत वा स्रवन्ति खनित्रिमा उत वा याः स्वयंजाः ।
समुद्रार्था याः शुचयः पावकास्ता आपो देवीरिह मामवन्तु ।।2।।
यासां राजा वरुणो याति मध्ये सत्यानृते अवपश्यज्जनानाम् ।
मधुश्चुतः शुचयो याः पावकास्ता आपो देवीरिह मामवन्तु ।।३।।
यासु राजा वरुणो यासु सोमो विश्वे देवा यासूर्जं मदान्त ।
वैश्वानरो यास्वग्निः प्रविष्टस्ता आपो देवीरिह मामवन्तु ।।४।।

य. १2.३५

आपो देवीः प्रतिगृभ्णीत भस्मैतत्स्योने कृणुध्वं सुरभाऽउ लोकं ।
तस्मै नमन्तां जनयः सुपत्नीर्मातेव पुत्रं बिभृताप्स्वेनत् ।।३५।।

22. वामदेवः – य. 2.३४

ऊर्जं वहन्तीरमृतं घृतं पयः कीलालं परिस्रुतम्। स्वधा स्थ तर्पयत मे पितॄन् ।।३४।।

2३. शन्तातिः – अ. १.३३.१–४; ६.2३.१–३; ६.५१.१

अ. १.३३.१–४

हिरण्यवर्णाः शुचयः पावका यासु जातः सविता यास्वग्निः ।
या अग्नि गर्भं दधिरे सुवर्णास्ता न आपः शं स्योना भवन्तु ।।१।।
यासां राजा वरुणो याति मध्ये सत्यानृते अवपश्यंजनानाम् ।
या अग्नि गर्भं दधिरे सुवर्णास्ता न आपः शं स्योना भवन्तु ।।2।।

यासां देवा दिवि कृण्वन्ति भक्षं या अन्तरिक्षं बहुधा भवन्ति ।
या अग्निं गर्भं दधिरे सुवर्णास्ता न आपः शं स्योना भवन्तु ।।३।।
शिवेन मा चक्षुषा पश्यतापः शिवया तन्वोप स्पृशत त्वचं मे ।
घृतश्चुतः शुचयो याः पावकास्ता न आपः शं स्योना भवन्तु ।।४।।

अ. ६.23.१–३

सस्रुषीस्तदपसो दिवा नक्तं च सस्रुषीः। वरेण्यक्रतुरहमपो देवी रुप ह्वये ।।१।।
ओता आपः कर्मण्यामुंचन्त्वितः प्रणीतये। सद्यः कृण्वन्त्वेतवे ।।2।।
देवस्य सवितुः सवे कर्म कृण्वन्तु मानुषाः। शं नो भवन्त्वप ओषधीः शिवाः ।।३।।

अ. ६.५१.१–2

वायोः पूतः पवित्रेण प्रत्यङ् सोमो अति द्रुतः। इन्द्रस्य युज्यः सखा ।।१।।
आपो अस्मान् मातरः सूदयन्तु घृतेन नो घृतप्वः पुनन्तु ।
विश्वं हि रिप्रं प्रवहन्ति देवीरुदिदाभ्यः शुचिरा पूत एमि ।।2।।

2४. शुनः शेपः – य. ३५.११

अपाघमप किल्बिषमप कृत्यामपो रपः। अपामार्ग त्वमस्मदप दुःष्वप्न्यं सुव ।।११।।

2५. सिन्धुद्वीपः – अ. १०.५.१–2४; १६.2.१–५; य. ११.३८; ५०–५2; ३६.१४–१६

अ. १०.५.१–2४

इन्द्रस्यौज रथेन्द्रस्य सह स्थेन्द्रस्य बलं स्थेन्द्रस्य वीर्यं१ स्थेन्द्रस्य नृम्णं स्थ ।
जिष्णवे योगाय ब्रह्मयोगैर्वो युनज्मि ।।१।।
इन्द्रस्यौज रथेन्द्रस्य सह स्थेन्द्रस्य बलं स्थेन्द्रस्य वीर्यं१ स्थेन्द्रस्य नृम्णं स्थ ।
जिष्णवे योगाय क्षत्रयोगैर्वो युनज्मि ।।2।।
इन्द्रस्यौज रथेन्द्रस्य सह स्थेन्द्रस्य बलं स्थेन्द्रस्य वीर्यं१ स्थेन्द्रस्य नृम्णं स्थ ।
जिष्णवे योगायन्द्रयोगैर्वो युनज्मि ।।३।।
इन्द्रस्यौज स्थेन्द्रस्य सह स्थेन्द्रस्य बलं स्थेन्द्रस्य वीर्यं१ स्थेन्द्रस्य नृम्णं स्थ ।
जिष्णवे योगाय सोमयोगैर्वो युनज्मि ।।४।।
इन्द्रस्यौज स्थेन्द्रस्य सह स्थेन्द्रस्य बलं स्थेन्द्रस्य वीर्यं१ स्थेन्द्रस्य नृम्णं स्थ ।
जिष्णवे योगायाप्सुयोगैर्वो युनज्मि ।।५।।
इन्द्रस्यौज रथेन्द्रस्य सह स्थेन्द्रस्य बलं स्थेन्द्रस्य वीर्यं१ स्थेन्द्रस्य नृम्णं स्थ ।
जिष्णवे योगाय विश्वानि मा भूतान्युप तिष्ठन्तु युक्ता म आप स्थ ।।६।।
अग्नेर्भाग स्थ। अपां शुक्रमापो देवीर्वर्चो अस्मासु धत्त ।
प्रजापतेर्वो धाम्नास्मै लोकाय सादये ।।७।।
इन्द्रस्य भाग स्थ। अपां शुक्रमापो देवीर्वर्चो अस्मासु धत्त ।
प्रजापतेर्वो धाम्नास्मै लोकाय सादये ।।८।।
सोमस्य भाग स्थ। अपां शुक्रमापो देवीर्वर्चो अस्मासु धत्त ।
प्रजापतेर्वो धाम्नास्मै लोकाय सादये ।।९।।
वरुणस्य भाग स्थ। अपां शुक्रमापो देवीर्वर्चो अस्मासु धत्त ।
प्रजापतेर्वो धाम्नास्मै लोकाय सादये ।।१०।।
मित्रावरुण्योर्भाग स्थ। अपां शुक्रमापो देवीर्वर्चो अस्मासु धत्त ।
प्रजापतेर्वो धाम्नास्मै लोकाय सादये ।।११।।
यमस्य भाग स्थ। अपां शुक्रमापो देवीर्वर्चो अस्मासु धत्त ।
प्रजापतेर्वो धाम्नास्मै लोकाय सादये ।।१2।।
पितृणा भाग स्थ। अपां शुक्रमापो देवीर्वर्चो अस्मासु धत्त ।
प्रजापतेर्वो धाम्नास्मै लोकाय सादये ।।१३।।

देवस्य सवितुर्भाग स्थ। अपां शुक्रमापो देवीर्वर्चो अस्मासु धत्त ।
प्रजापतेर्वो धाम्नास्मै लोकाय सादये ।।१४।।
यो व आपोऽपां भागो३प्स्व१न्तर्यजुष्यो देवयजनः। इदं तमति सृजामि तं माभ्यवनिक्षि ।
तेन तमभ्यतिसृजामो यो३स्मान् द्वेष्टि यं वयं द्विष्मः ।
तं वधेयं तं स्तृषीयानेन ब्रह्मणानेन कर्मणानया मेन्या ।।१५।।
यो व आपोऽपामूर्मिरप्स्व१न्तर्यजुष्यो देवयजनः। इदं तमति सृजामि तं माभ्यवनिक्षि ।
तेन तमभ्यतिसृजामो यो३स्मान् द्वेष्टि यं वयं द्विष्मः ।
तं वधेयं तं स्तृषीयानेन ब्रह्मणानेन कर्मणानया मेन्या ।।१६।।
यो व आपोऽपां वत्सो३प्स्व१न्तर्यजुष्यो देवयजनः। इदं तमति सृजामि तं माभ्यवनिक्षि ।
तेन तमभ्यतिसृजामो यो३स्मान् द्वेष्टि यं वयं द्विष्मः ।
तं वधेयं तं स्तृषीयानेन ब्रह्मणानेन कर्मणानया मेन्या ।।१७।।
यो व आपोऽपां वृषभो३प्स्व१न्तर्यजुष्यो देवयजनः। इदं तमति सृजामि तं माभ्यवनिक्षि ।
तेन तमभ्यतिसृजामो यो३स्मान् द्वेष्टि यं वयं द्विष्मः ।
तं वधेयं तं स्तृषीयानेन ब्रह्मणानेन कर्मणानया मेन्या ।।१८।।
यो व आपोऽपां हिरण्यगर्भो३प्स्व१न्तर्यजुष्यो देवयजनः। इदं तमति सृजामि तं माभ्यवनिक्षि ।
तेन तमभ्यतिसृजामो यो३स्मान् द्वेष्टि यं वयं द्विष्मः ।
तं वधेयं तं स्तृषीयानेन ब्रह्मणानेन कर्मणानया मेन्या ।।१६।।
यो व आपोऽपामश्मा पृश्निर्दिव्यो३प्स्व१न्तर्यजुष्यो देवयजनः ।
इदं तमति सृजामि तं माभ्यवनिक्षि। तेन तमभ्यतिसृजामो यो३स्मान् द्वेष्टि यं वयं द्विष्मः ।
तं वधेयं तं स्तृषीयानेन ब्रह्मणानेन कर्मणानया मेन्या ।।20।।
ये व आपोऽपामग्नयोऽप्स्व१न्तर्यजुष्यो देवयजनाः। इदं तानति सृजामि तान् माभ्यवनिक्षि ।
तेन तमभ्यतिसृजामो यो३स्मान् द्वेष्टि यं वयं द्विष्मः ।
तं वधेयं तं स्तृषीयानेन ब्रह्मणानेन कर्मणानया मेन्या ।।2१।।
यदर्वाचीनं त्रैहायणादनृतं किं चोदिम। आपो मा तस्मात् सर्वस्माद् दुरितात् पान्त्वंहसः ।।22।।
समुद्रं वः प्र हिणोमि स्वां योनिमपीतन। अरिष्टाः सर्वहायसो मा च नः किं चनाममत् ।।2३।।
अरिप्रा आपो अप रिप्रमस्मत्। प्रास्मदेनो दुरितं सुप्रतीकाः प्र दुःष्वप्न्यं प्र मलं वहन्तु ।।2४।।

अ. १६.2.१–५

शं त आपो हैमवतीः शमु ते सन्तूत्स्याः। शं ते सनिष्यदा आपः शमु ते सन्तु वर्ष्याः ।।१।।
शं त आपो धन्वन्या३ः शं ते सन्त्वनूप्याः। शं ते खनित्रिमा आपः शं याः कुम्भेभिराभृताः ।।2।।
अनभ्रयः खनमाना विप्रा गम्भीरे अपसः। भिषग्भ्यो भिषक्तरा आपो अच्छा वदामसि ।।३।।
अपामह दिव्यानामपां स्रोतस्यानाम्। अपामह प्रणेजनेऽश्वा भवथ वाजिनः ।।४।।
ता अपः शिवा अपोऽयक्ष्मंकरणीरपः। यथैव तृप्यते मयस्तास्त आ दत्त भेषजीः ।।५।।

य. ११.३८

अपो देवीरुपसृज मधुमतीरयक्ष्माय प्रजाभ्यः। तासामास्थानादुज्जिहतामोषधयः सुपिप्पलाः ।।३८।।

य. ११.५०–५2

आपो हि ष्ठा मयोभुवस्ता नऽऊर्जे दधातन। महे रणाय चक्षसे ।।५०।।
यो वः शिवतमो रसस्तस्य भाजयतेह नः। उशतीरिव मातरः ।।५१।।
तस्माऽअरं गमाम वो यस्य क्षयाय जिन्वथ। आपो जनयथा च नः ।।५2।।

य. ३६.१४–१६

आपो हि ष्ठा मयोभुवस्ता नऽऊर्जे दधातन। महे रणाय चक्षसे ।।१४।।
यो वः शिवतमो रसस्तस्य भाजयतेहनः। उशतीरिव मातरः ।।१५।।
तस्माऽअरं गमामा वो यस्य क्षयाय जिन्वथ। आपो जनयथा च नः ।।१६।।

२६. सिन्धुद्वीपः कृतिर वा – अ. १.४.१–४; १.५.१–४

अ. १.४.१–४

अम्बयो यन्त्यध्वभिर्जामयो अध्वरीयताम्। पृंचतीर्मधुना पयः ।।१।।
अमूर्या उप सूर्ये याभिर्वा सूर्यः सह। ता नो हिन्वन्त्वध्वरम् ।।2।।
अपो देवीरुप ह्वये यत्र गावः पिबन्ति नः। सिन्धुभ्यः कर्त्वं हविः ।।३।।
अप्स्व१न्तरमृतमप्सु भेषजम्। अपामुत प्रशस्तिभिरश्वा भवथ वाजिनो गावो भवथ वाजिनीः ।।४।।

अ. १.५.१–४

आपो हि ष्ठा मयोभुवस्ता न ऊर्जे दधातन। महे रणाय चक्षसे ।।१।।
यो वः शिवतमो भाजयतेह नः। उशतीरिव मातरः ।।2।।
तस्मा अरं गमाम वो यस्य क्षयाय जिन्वथ। आपो जनयथा च नः ।।३।।
ईशाना वार्याणां क्षयन्तीश्चर्षणीनाम्। अपो याचामि भेषजम् ।।४।।

१४२. आप अपान्नपाद् वा

१. कवष ऐलूषः – ऋ. १०.३०.१–१५

प्र देवत्रा ब्रह्मणे गातुरेत्वपो अच्छा मनसो न प्रयुक्ति ।
महीं मित्रस्य वरुणस्य धासिं पृथुज्रयसे रीरधा सुवृक्तिम् ।।१।।
अध्वर्यवो हविष्मन्तो हि भूताच्छाप इतोशतीरुशन्तः ।
अव याश्चष्टे अरुणः सुपर्णस्तमास्य ध्वमूर्मिमद्या सुहस्ताः ।।2।।
अध्वर्यवोऽप इता समुद्रमपां नपातं हविषा यजध्वम् ।
स वो दददूर्मिमद्या सुपूतं तस्मै सोमं मधुमन्तं सुनोत ।।३।।
यो अनिध्मो दीदयदप्स्व१ न्तर्यं विप्रास ईळते अध्वरेषु ।
अपां नपान्मधुमतीरपो दा याभिरिन्द्रो वावृधे वीर्याय ।।४।।
याभिः सोमो मोदते हर्षते च कल्याणीभियुवतिभिर्न मर्यः ।
ता अध्वर्यो अपो अच्छा परेहि यदासिंचा ओषधीभिः पुनीतात् ।।५।।
एवेद्यूने युवतयो नमन्त यदीमुशन्नुशतीरेत्यच्छ ।
सं जानते मनसा सं चिकित्रेऽध्वर्यवो धिष्णापश्च देवीः ।।६।।
यो वो वृताभ्यो अकृणोदु लोकं यो वो मह्या अभिशस्तेरमुंचत् ।
तस्मा इन्द्राय मधुमन्तमूर्मिं देवमादनं प्र हिणोतनापः ।।७।।
प्रास्मै हिनोत मधुमन्तमूर्मिं गर्भो यो वः सिन्धवो मध्व उत्सः ।
घृतपृष्ठमीड्यमध्वरेष्वापो रेवतीः शृणुता हवं मे ।।८।।
तं सिन्धवो मत्सरमिन्द्रपानमूर्मिं प्र हेत य उभे इयार्ति ।
मदच्युतमौशानं नभोजां परि त्रितन्तुं विचरन्तमुत्सम् ।।९।।
आवर्वृततीरध नु द्विधारा गोषुयुधो न नियवं चरन्तीः ।
ऋषे जनित्रीर्भुवनस्य पत्नीरपो वन्दस्व सवृधः सयोनीः ।।१०।।
हिनोता नो अध्वरं देवयज्या हिनोत ब्रह्म सनये धनानाम् ।
ऋतस्य योगे वि ष्यध्वमूधः श्रुष्टीवरीर्भूतनास्मभ्यमापः ।।११।।
आपो रेवतीः क्षयथा हि वस्वः क्रतुं च भद्रं विभृथामृतं च ।
रायश्च स्थ स्वपत्यस्य पत्नीः सरस्वती तद्गृणते वयो धात् ।।१2।।
प्रति यदापो अदृश्रमायतीर्घृतं पयांसि बिभ्रतीर्मधूनि ।
अध्वर्युभिर्मनसा संविदाना इन्द्राय सोमं सुषुतं भरन्तीः ।।१३।।
एमा अग्मन् रेवतीर्जीवधन्या अध्वर्यवः सादयता सखायः ।
नि बर्हिषि धत्तन सोम्यासोऽपां नप्त्रा संविदानास एनाः ।।१४।।
आग्मन्नाप उशतीर्बर्हिरेदं न्यध्वरे असदन्देवयन्तीः।
अध्वयर्वः सुनुतेन्द्राय सोममभूदु वः सुशका देवयजया ।।१५।।

१४३. आपः सोमो वा

१. देवश्रवा यामायनः – ऋ. १०.१७.११–१३

द्रप्सश्चस्कन्द प्रथमाँ अनु द्यूनिमं च योनिमनु यश्च पूर्वः ।
समानं योनिमनु संचरन्तं द्रप्सं जुहोम्यनु सप्त होत्राः ।।११।।
यस्ते द्रप्सः सकन्दति यस्ते अंशुर्बाहुच्युतो धिषणाया उपस्थात् ।
अध्वर्योर्वा परि वा यः पवित्रात्तं ते जुहोमि मनसा वषट्कृतम् ।।१2।।
यस्ते द्रप्सः स्कन्नो यस्ते अंशुरवश्च यः परः स्रुचा ।
अयं देवो बृहस्पतिः सं तं सिंचतु राधसे ।।१३।।

१४४. आप्रम्

१. वसिष्ठः – ऋ. ७.2.१–११

जुषस्व नः समिधमग्ने अद्य शोचा बृहद्यजतं धूममृण्वन् ।
उप स्पृश दिव्यं सानु स्तू पैः सं रश्मिभिस्ततनः सूर्यस्य ।।१।।
नराशंसस्य महिमानमेषामुप स्तोषाम यजतस्य यज्ञैः ।
ये सुक्रतवः शुचयो धियं धाः स्वदन्ति देवा उभयानि हव्या ।।2।।
ईळेन्यं वो असुरं रसुदक्षमन्तर्दूतं रोदसी सत्यवाचम् ।
मनुष्वदग्निं मनुना समिद्धं समध्वराय सदमिन्महेम ।।३।।
सपर्यवो भरमाणां अभिज्ञु प्र वृंजते नमसा बर्हिरग्नौ ।
आजुह्वाना घृतपृष्ठं पृषद्वदध्वर्यवो हविषा मर्जयध्वम् ।।४।।
स्वाध्यो३ वि दुरो देवयन्तोऽशिश्रयू रथयुर्देवताता ।
पूर्वी शिशुं न मातरा रिहाणे समग्रुवो न समनेष्वंजन् ।।५।।
उत योषणे दिव्ये मही न उषासानक्ता सुदुघेव धेनुः ।
बर्हिषदा पुरहूते मघोनी आ यज्ञिये सुविताय श्रयेताम् ।।६।।
विप्रा यज्ञेषु मानुषेषु कारू मन्ये वां जातवेदसा यजध्यै ।
ऊर्ध्वं नो अध्वरं कृतं हवेषु ता देवेषु वनथो वार्याणि ।।७।।
आ भारती भारतीभिः सजोषा इळा देवैर्मनुष्येभिरग्निः ।
सरस्वती सारस्वतेभिरर्वाक् तिस्रो देवीर्बर्हिरेदं सदन्तु ।।८।।
तन्नस्तुरीपमध पोषयिन्नु देव त्वष्टर्वि रराणः स्यस्व ।
यतो वीरः कर्मण्यः सुदक्षो यक्तग्रावा जायते देवकामः ।।६।।
वनस्पतेऽव सुजोप देवानग्निर्हविः शमिता सूदयाति ।
सेदु होता सत्यतरो यजाति यथा देवानां जनिमानि वेद ।।१०।।
आ याह्यग्नपे समिधानो अर्वाङ् इन्द्रेण देवैः सरथं तुरेभिः ।
बर्हिर्न आस्तामदितिः सुपुत्रा स्वाहा देवा अमृता मादयन्ताम् ।।११।।

2. सुमित्रो वाध्रयश्वः – ऋ. १०.७०.१–११

इमां मे अग्ने समिधं जुषस्वेळस्पदे प्रति हर्या घृताचीम् ।
वर्ष्मन्पृथिव्याः सुदिनत्वे अह्नामूर्ध्वो भव सुक्रतो देवयज्या ।।१।।
आ देवानामग्रयावेह यातु नराशंसो विश्वरूपेभिरश्वैः ।
ऋतस्य पथा नमसा मियेधो देवेभ्यो देवतमः सूषूदत् ।।2।।
शश्वत्तममीळते दूत्याय हविष्मन्तो मनुष्यासो अग्निम् ।
वहिष्ठैरश्वैः सुवृता रथेना देवान्वक्षि नि षदेह होता ।।३।।
वि प्रथतां देवजुष्टं तिरश्चा दीर्घं द्राध्मा सुरभि भूत्वस्म ।
अहेळता मनसा देव बर्हिरिन्द्रज्येष्ठाँ उशतो यक्षि देवान् ।।४।।
दिवो वा सानु स्पृशता वरीयः पृथिव्या वा मात्र्या वि श्रयध्वम् ।

उशतीर्द्वारो महिना महद्भिर्देवं रथं रथयुर्धारयध्वम् ।।५।।
देवी दिवो दुहितरा सुशिल्पे उषासानक्ता सदतां नि योनौ ।
आ वां देवास उशती उशन्त उरौ सीदन्तु सुभगे उपस्थे ।।६।।
ऊर्ध्वो ग्रावा बृहदग्निः समिद्धः प्रिया धामान्यदितेरुपस्थे ।
पुरोहितावृत्विजां यज्ञे अस्मिन् विदुष्टरा द्रविणमा यजेथाम् ।।७।।
तिस्रो देवीर्बर्हिरिदं वरीय आ सीदत चकृमा वः स्योनम् ।
मनुष्वद्यज्ञं सुधिता हवींषीळा देवी घृतपदी जुषन्त ।।८।।
देव त्वष्टर्यद्ध चारुत्वमानड्यदंगिरसामभवः सचाभूः ।
स देवानां पाथ उप प्र विद्वानुशन्यक्षि द्रविणोदः सुरत्नः ।।६।।
वनस्पते रशनया नियुया देवानां पाथ उप वक्षि विद्वान् ।
स्वदाति देवः कृणवद्धवींष्यवतां द्यावापृथिवी हवं मे ।।१०।।
आग्ने वह वरुणमिष्टये न इन्द्रं दिवो मरुतो अन्तरिक्षात् ।
सीदन्तु बर्हिर्विश्व आ यजत्राः स्वाहा देवा अमृता मादयन्ताम् ।।११।।

१४५. आप्रियः

१. असितः काश्यपो देवलो वा (ऋसर्व. साग्री.) असितः काश्यपः (सार्षेदी. ४७५; ७६; ८५; ८६) – ऋ. ६.५.१–११

समिद्धो विश्वतस्पतिः पवमानो वि राजति। प्रीणन् वृषा कनिक्रदत् ।।१।।
तनूनपात पवमानः शृङ्गे शिशानो अर्षति। अन्तरिक्षेण रारजत ।।2।।
ईळेन्यः पवमानो रयिर्वि राजति द्युमान्। मधोर्धाराभिरोजसा ।।३।।
बर्हिः प्राचीनमोजसा पवमान स्तृणन् हरिः। देवेषु देव ईयते ।।४।।
उदातैर्जिहते बृहद् द्वारो देवीर्हिरण्ययीः। पवमानेन सुष्टुताः ।।५।।
सुशिल्पे बृहती मही पवमानो वृषण्यती। नक्तोषासा न दर्शते ।।६।।
उभा देवा नृचक्षसा होतारा दैव्या हुवे। पवमान इन्द्रो वृषा ।।७।।
भारती पवमानस्य सरस्वतीळा मही। इमं नो यज्ञमा गमन्तिस्रो देवीः सुपेशसः ।।८।।
त्वष्टारमग्रजां गोपां पुरोयावानमा हुवे। इन्दुरिन्द्रो वृषा हरिः पवमानः प्रजापतिः ।।६।।
वनस्पतिं पवमान मध्वा समङ्ग्धि धारया। सहस्रवल्शं हरितं भ्राजमानं हिरण्ययम् ।।१०।।
विश्वे देवाः स्वाहाकृतिं पवमानस्या गत। वायुर्बृहस्पतिः सूर्योऽग्निरिन्द्रः सजोषसः ।।११।।

2. जमदग्नी रामो वा – ऋ. १०.११०.१–११

समिद्धो अद्य मनुषो दुरोणे देवो देवान्यजसि जातवेदः ।
आ च वह मित्रमहश्चिकित्वान्त्वं दूतः कविरसि प्रचेताः ।।१।।
तनूनपात्पथ ऋतस्य यानान्मध्वा समंजन्त्स्वदया सुजिह्व ।
मन्मानि धीभिरुत यज्ञमृन्धन्देवत्रा च कृणुह्यध्वरं नः ।।2।।
आजुह्वान ईड्यो वन्द्यश्चा याह्यग्ने वसुभिः सजोषाः ।
त्वं देवानामसि यह्व होता स एनान्यक्षीषितो यजीयान् ।।३।।
प्राचीनं बर्हिः प्रदिशा पृथिव्या वस्तोरस्या वृज्यते अग्रे अह्नाम ।
व्यु प्रथते वितरं वरीयो देवेभ्यो अदित्ये स्योनम् ।।४।।
व्यचस्वतीरुर्विया वि श्रयन्तां पतिभ्यो न जनयः शुम्भमानाः ।
देवीर्द्वारो बृहतीर्विश्वमिन्वा देवेभ्यो भवत सुप्रायणाः ।।५।।
आ सुष्वयन्ती यजते उपाके उषासानक्ता सदतां नि योनौ ।
दिव्ये योषणे बृहती सुरुक्मे अधि श्रियं शुक्रपिशं दधाने ।।६।।
दैव्या होतारा प्रथमा सुवाचा मिमाना यज्ञं मनुषो यजध्यै ।
प्रचोदयन्ता विदथेषु कारू प्राचीनं ज्योतिः प्रदिशा दिशन्ता ।।७।।

आ नो यज्ञं भारती तूयमेत्विळा मनुष्वदिह चेतयन्ती ।
तिस्रो देवीर्बर्हिरेदं स्योनं सरस्वती स्वपसः सदन्तु ।।८।।
य इमे द्यावापृथिवी जनित्री रूपैरपिंशद्भुवनानि विश्वा ।
तमद्य होतरिषितो यजीयान्देवं त्वष्टारमिह यक्षि विद्वान् ।।९।।
उपावसृज त्मन्या समंजन्देवानां पाथ ऋतुथा हवींषि ।
वनस्पतिः शमिता देवो अग्निः खदन्तु हव्यं मधुना घृतेन ।।१०।।
सद्यो जातो व्यमिमीत यज्ञमग्निर्देवानामभवत्पुरोगाः ।
अस्य होतुः प्रदिश्यृतस्य वाचि स्वाहाकृतं हविरदन्तु देवाः ।११।।

३. विश्वामित्रो गाथिनः – ऋ. ३.४.१–११

समित्समित्सुमना बोध्यस्मे शुचाशुचा सुमतिं रासि वस्वः ।
आ देव देवान्यजथाय वक्षि सखा सचीन्त्सुमना यक्ष्यग्ने ।।१।।
यं देवासस्त्रिरहन्नायजन्ते दिवेदिवे वरुणो मित्रो अग्निः ।
सेमं यज्ञं मधुमन्तं कृधी नस्तनूनपाद्घृतयोनिं विधन्तम् ।।2।।
प्र दीधितिर्विश्ववारा जिगाति होतारमिळः प्रथमं यजध्यै ।
अच्छा नमोभिर्वृषभं वन्दध्यै स देवान्यक्षदिषितो यजीयान् ।।३।।
ऊर्ध्वो वां गातुरध्वरे अकार्यूर्ध्वा शोचींषि प्रस्थिता रजांसि ।
दिवो वा नाभा न्यसादि होता स्तृणीमहि देवव्यचा वि बर्हिः ।।४।।
सप्त होत्राणि मनसा वृणाना इन्वन्तो विश्वं प्रति यन्नृतेन ।
नृपेशसो विदथेषु प्र जाता अभी३मं यज्ञं वि चरन्त पूर्वीः ।।५।।
आ भन्दमाने उषसा उपाके उत स्मयेते तन्वा३ विरूपे ।
यथा नो मित्रो वरुणो जुजोषदिन्द्रो मरुत्वाँ उत वा महोभिः ।।६।।
दैव्या होतारा प्रथमा न्यृंजे सप्त पृक्षासः स्वधया मदन्ति ।
ऋतं शंसन्त ऋतमित्त आहुरनु व्रतं व्रतपा दीध्यानाः ।।७।।
आ भारती भारतीभिः सजोषा इळा देवैर्मनुष्येभिरग्निः ।
सरस्वती सारस्वतेभिरर्वाक् तिस्रो देवीर्बर्हिरेदं सदन्तु ।।८।।
तन्नस्तुरीपमध पोषयित्नु देव त्वष्टर्वि रराणः स्यस्व ।
यतो वीरः कर्मण्यः सुदक्षो युक्तग्रावा जायते देवकामः ।।९।।
वनस्पतेऽव सृजोप देवानग्निर्हविः शमिता सूदयाति ।
सेदु होता सत्यतरो यजाति यथा देवानां जनिमानि वेद ।।१०।।
आ याह्यग्ने समिधानो अर्वाङिन्द्रेण देवैः सरथं तुरेभिः।
बर्हिर्न आस्तामदितिः सुपुत्रा स्वाहा देवा अमृता मादयन्ताम् ।।११।।

१४६. आप्री (१. इध्म अथवा समिद्ध अग्निः ; 2. नाराशंस ३. इळ ४. बर्हि ५. देवीद्वार ६. उषासानक्ता ७. दिव्य होता प्रचेतस ८. सरस्वती इळा भारती ९. त्वष्टा १०. वनस्पति ११. स्वाहाकृतिः)

१. वसुश्रुत आत्रेयः – ऋ. ५.५.१–११

ऋ. ५.५.१–११

सुसमिद्धाय शोचिषे घृतं तीव्रं जुहोतन। अग्नये जातवेदसे ।।१।।
नराशंसः सुषूदतीमं यज्ञमदाभ्यः कविर्हि मधुहस्त्यः ।।2।।
ईळितो अग्न आ वहेन्द्रं चित्रमिह प्रियम्। सुखै रथेभिरूतये ।।३।।
ऊर्णम्रदा वि प्रथस्वाभ्य१र्का अनूषत। भवा नः शुभ्र सातये ।।४।।
देवीर्द्वारो वि श्रयध्वं सुप्रायणा न ऊतये। प्रप्र यज्ञं प्रणीतन ।।५।।
सुप्रतीके वयोवृधा यह्वी ऋतस्य मातरा। दोषामुषासमीमहे ।।६।।
वातस्य पत्मन्नीळिता दैव्या होतारा मनुषः। इमं नो यज्ञमा गतम् ।।७।।

इळा सरस्वती मही तिस्रो देवीर्मयोभुवः। बर्हिः सीदन्त्वस्रिधः ।।८।।
शिवस्त्वष्टरिहा गहि विभुः पोष उत त्मना। यज्ञे यज्ञे न उदव ।।९।।
यत्र वेत्थ वनस्पते देवानां गुह्या नामानि। तत्र हव्यानि गामय ।।१०।।
स्वाहाग्नये वरुणाय स्वाहेन्द्राय मरुद्भ्यः। स्वाहा देवेभ्यो हविः ।।११।।

१४७. आयुः

१. ब्रह्म – अ. 2.24.१–८; ७.३2.१; ८.१.१–2१; ८.2.१–2८

अ. 2.24.१–८

शेरभक शेरभ पुनर्वो यन्तु यातवः पुनर्हेतिः किमीदिनः ।
यस्य स्थ तमत्त यो वः प्राहैत् तमत्त स्वा मांसान्यत्त ।।१।।
शेरभक शेवृध पुनर्वो यन्तु यातवः पुनर्हेतिः किमीदिनः ।
यस्य स्थ तमत्त यो वः प्राहैत् तमत्त स्वा मांसान्यत्त ।।2।।
म्रोकानुम्रोक पुनर्वो यन्तु यातवः पुनर्हेतिः किमीदिनः ।
यस्य स्थ तमत्त यो वः प्राहैत् तमत्त स्वा मांसान्यत्त ।।३।।
सर्पानुसर्प पुनर्वो यन्तु यातवः पुनर्हेतिः किमीदिनः ।
यस्य स्थ तमत्त यो वः प्राहैत् तमत्त स्वा मांसान्यत्त ।।४।।
जूर्णि पुनर्वो यन्तु यातवः पुनर्हेतिः किमीदिनः।
यस्य स्थ तमत्त यो वः प्राहैत् तमत्त स्वा मांसान्यत्त ।।५।।
उपब्दे पुनर्वो यन्तु यातवः पुनर्हेतिः किमीदिनः।
यस्य स्थ तमत्त यो वः प्राहैत् तमत्त स्वा मांसान्यत्त ।।६।।
अर्जुनि पुनर्वो यन्तु यातवः पुनर्हेतिः किमीदिनीः।
यस्य स्थ तमत्त यो वः प्राहैत् तमत्त स्वा मांसान्यत्त ।।७।।
भरूजि पुनर्वो यन्तु यातवः पुनर्हेतिः किमीदिनः।
यस्य स्थ तमत्त यो वः प्राहैत् तमत्त स्वा मांसान्यत्त ।।८।।

अ. ७.३2.१

उप प्रिय पानप्नतं युवानमाहुतीवृधम्। अगन्म बिभ्रतो नमो दीर्घमायुः कृणोतु मे ।।१।।

अ. ८.१.१–2१

अन्तकाय मृत्यवे नमः प्राणा अपाना इह ते रमन्ताम् ।
इहायमस्तु पुरुषः सहासुना सूर्यस्य भागे अमृतस्य लोके ।।१।।
उदेनं भगो अग्रभीदुदेनं सोमो अंशुमान् ।
उदेनं मरुतो देवा उदिन्द्राग्नी स्वस्तये ।।2।।
इह तेऽसुरिह प्राण इहायुरिह ते मनः ।
उत् त्वा निर्ऋत्याः पाशेभ्यो दैव्या वाचा भरामसि ।।३।।
उत् क्रामातः पुरुष माव पत्था मृत्योः पड्बीशमवमुंचमानः ।
मा च्छित्था अस्माल्लोकादग्नेः सूर्यस्य संदृशः ।।४।।
तुभ्यं वातः पवतां मातरिश्वा तुभ्यं वर्षन्त्वमृतान्यापः ।
सूर्यस्ते तन्वे३ शं तपाति त्वां मृत्युर्दयतां मा प्र मेष्ठाः ।।५।।
उद्यानं ते पुरुष नावयानं जीवातुं ते दक्षतातिं कृणोमि ।
आ हि रोहेमममृतं सुखं रथमथ जिर्विर्विदथमा वदासि ।।६।।
मा ते मनस्तत्र गान्मा तिरो भून्मा जीवेभ्यः प्र मदो मानु गाः पितॄन् ।
विश्वे देवा अभि रक्षन्तु त्वेह ।।७।।
मा गतानामा दीधीथा ये नयन्ति परावतम् ।
आ रोह तमसो ज्योतिरेह्या ते हस्तौ रभामहे ।।८।।
श्यामश्च त्वा मा शबलश्च प्रेषितौ यमस्य यौ पथिरक्षी श्वानौ ।

अर्वाङेहि मा वि दीध्यो मात्र तिष्ठः पराङ्मनाः ।।६।।
मैतं पन्थामनु गा भीम एष येन पूर्वं नेयथ तं ब्रवीमि ।
तम एतत् पुरुष मा प्र पत्था भयं परस्तादभयं ते अर्वाक् ।।१०।।
रक्षन्तु त्वाग्नयो ये अप्स्व१न्ता रक्षतु त्वा मनुष्या३ यमिन्धते ।
वैश्वानरो रक्षतु जातवेदा दिव्यस्त्वा मा प्र धाग् विद्युता सह ।।११।।
मा त्वा क्रव्यादभि मंस्तारात् संकसुकाच्चर ।
रक्षतु त्वा द्यौ रक्षतु पृथिवी सूर्यश्च त्वा रक्षतां चन्द्रमाश्च ।
अन्तरिक्षं रक्षतु देवहेत्याः ।।१2।।
बोधश्च त्वा प्रतीबोधश्च रक्षतामस्वप्नश्च त्वानवद्राणश्च रक्षताम् ।
गोपायंश्च त्वा जागृविश्च रक्षताम् ।।१३।।
ते त्वा रक्षन्तु ते त्वा गोपायन्तु तेभ्यो नमस्तेभ्यः स्वाहा ।।१४।।
जीवेभ्यस्त्वा समुदे वायुरिन्द्रो धाता दधातु सविता त्रायमाणः ।
मा त्वा प्राणो बलं हासीदसुं तेऽनु ह्वयामसि ।।१५।।
मा त्वा जम्भः संहनुर्मा तमो विदन्मा जिह्वा बर्हिः प्रमयुः कथा स्याः ।
उत् त्वादित्या वसवो भरन्तूदिन्द्राग्नी स्वस्तये ।।१६।।
उत् त्वा द्यौरुत् पृथिव्युत् प्रजापतिरग्रभीत् । उत् त्वा मृत्योरोषधयः सोमराज्ञीरपीपरन् ।।१७।।
अयं देवा इहैवास्त्वयं मामुत्र गादितः । इमं सहस्रवीर्येण मृत्योरुत् पारयामसि ।।१८।।
उत् त्वा मृत्योरपीपरं सं धमन्तु वयोधसः । मा त्वा व्यस्तकेश्यो३ मा त्वा वरुदो रुदन् ।।१६।।
आहार्षमविदं त्वा पुनरागाः पुनर्णवः । सर्वाङ्ग सर्वं ते चक्षुः सर्वमायुश्च तेऽविदम् ।।2०।।
व्यवात् ते ज्योतिरभूदप त्वत् तमो अक्रमीत्। अप त्वन्मृत्युं निर्ऋतिमप यक्ष्मं नि दध्मसि ।।2१।।

अ. ८.2.१–2८

आ रभस्वेमाममृतस्य श्नुष्टिमच्छिद्यमाना जरदष्टिरस्तु ते ।
असुं त आयुः पुनरा भरामि रजस्तमो मोप गा मा प्र मेष्ठाः ।।१।।
जीवतां ज्योतिरभ्येह्यर्वाङा त्वा हरामि शतशारदाय ।
अवमुंचन् मृत्युपाशानशानशास्तिं द्राघीय आयुः प्रतरं ते दधामि ।।2।।
वातात् ते प्राणमविदं सूर्याच्चक्षुरहं तव।
यत् ते मनस्त्वयि तद् धारयामि सं वित्सवाङ्गैर्वद जिह्वयालपन् ।।३।।
प्राणेन त्वा द्विपदां चतुष्पदामग्निमिव जातमभि सं धमामि ।
नमस्ते मृत्यो चक्षुषे नमः प्राणाय तेऽकरम् ।।४।।
अयं जीवतु मा मृतेमं समीरयामसि । कृणोम्यस्मै भेषजं मृत्यो मा पुरुषं वधीः ।।५।।
जीवलां नघारिषां जीवन्तीमोषधीमहम्।
त्रयमाणां सहमानां सहस्वतीमिह हुवेऽस्मा अरिष्टतातये ।।६।।
अधि ब्रूहि मा रभथाः सृजेमं तवैव सन्त्सर्वहाया इहास्तु ।
भवाशर्वौ मृडतं शर्म यच्छतमपसिध्य दुरितं धत्तमायुः ।।७।।
अस्मै मृत्यो अधि ब्रूहीमं दयस्वोदितो३यमेतु ।
अरिष्टः सर्वांगः सुश्रुज्जरसा शतहायन आत्मना भुजमश्नुताम् ।।८।।
देवानां हेतिः परि त्वा वृणक्तु पारयामि त्वा रजस उत् त्वा मृत्योरपीपरम् ।
आरादग्निं क्रव्यादं निरूहं जीवातवे ते परिधिं दधामि ।।६।।
यत् ते नियानं रजसं मृत्यो अनवधर्ष्यम्। पथ इमं तस्माद् रक्षन्तो ब्रह्मास्मै वर्म कृण्मसि ।।१०।।
कृणोमि ते प्राणपानौ जरां मृत्युं दीर्घमायुः स्वस्ति ।
वैवस्वतेन प्रहितान् यमदूतांश्चरतोऽप सेधामि सर्वान् ।।११।।
आरादरातिं निर्ऋतिं परो ग्राहिं क्रव्यादः पिशाचान् ।
रक्षो यत् सर्वं दुर्भूतं तत् तमइवाप हन्मसि ।।१2।।
अग्नेष्टे प्राणममृतादायुष्मतो वन्वे जातवेदसः ।

Vedic Concordance of Mantras as per Devatā and Ṛṣi 269

यथा न रिष्या अमृतः सजूरसस्तत् ते कृणोमि तदु ते समृध्यताम् ।।१३।।
शिवे ते स्तां द्यावापृथिवी असंतापे अभिश्रियौ ।
शं ते सूर्य आ तपतु शं वातो वातु ते हृदे। शिवा अभि क्षरन्तु त्वापो दिव्याः पयस्वतीः ।।१४।।
शिवास्ते सन्त्वोषधय उत् त्वाहार्षमधरस्या उत्तरां पृथिवीमभि ।
त्र त्वादित्यौ रक्षतां सूर्याचन्द्रमसावुभा ।।१५।।
यत् ते वासः परिधानं यां नीविं कृणुषे त्वम् ।
शिवं ते तन्वे३ तत् कृण्मः संस्पर्शेऽद्रूक्ष्णमस्तु ते ।।१६।।
यत् क्षुरेण मर्चयता सुतेजसा वप्ता वपसि केशश्मश्रु ।
मुखं मा न आयुः प्र मोषीः ।।१७।।
शिवौ ते स्तां व्रीहियवावबलासावदोमधौ । एतौ यक्ष्मं वि बाधेते एतौ मुंचतो अंहसः ।।१८।।
यदश्नासि यत्पिबसि धान्यं कृष्याः पयः । यदाद्यं१ यदनाद्यं सर्वं ते अन्नमविषं कृणोमि ।।१६।।
अह्ने च त्वा रात्रये चोभाभ्यां परि दद्यसि । अरायेभ्यो जिघत्सुभ्य इमं मे परि रक्षत ।।2०।।
शतं तेऽयुतं हायनान् द्वे युगे त्रीणि चत्वारि कृण्मः।
इन्द्राग्नी विश्वे देवास्तेऽनु मन्यन्तामहृणीयमानाः ।।21।।
शरदे त्वा हेमन्ताय वसन्ताय ग्रीष्माय परि दद्यसि ।
वर्षाणि तुभ्यं स्योनानि येषु वर्धन्त ओषधीः ।।22।।
मृत्युरीशे द्विपदां मृत्युरीशे चतुष्पदाम् । तस्मात् त्वां मृत्योर्गोपतेरुद्भरामि स मा बिभेः ।।2३।।
सोऽरिष्ट न मरिष्यसि न मरिष्यसि मा बिभेः। न वै तत्र म्रियन्ते नो यन्त्यधमं तमः ।।2४।।
सर्वो वै तत्र जीवति गौरश्वः पुरुषः पशुः। यत्रेदं ब्रह्म क्रियते परिधिर्जीवनाय कम् ।।2५।।
परि त्वा पातु समानेभ्योऽभिचारात् सबन्धुभ्यः ।
अमम्रिर्भवामृतोऽतिजीवो मा ते हासिषुरसवः शरीरम् ।।2६।।
ये मृत्यव एकशतं या नाष्ट्रा अतितार्याः ।
मुंचन्तु तस्मात् त्वां देवा अग्नेर्वैश्वानरादधि ।।2७।।
अग्नेः शरीरमसि पारयिष्णु रक्षोहासि सपत्नहा ।
अथो अमीवचातनः पूतुद्रुर्नाम भेषजम् ।।2८।।

2. ब्रह्म – (अ. बृहस्पतिः अश्विनौ च) – अ. ७.५३.१–७

अमुत्रभूयादधि यद् यमस्य बृहस्पते अभिशस्तेरमुंचः ।
प्रत्यौहतामश्विना मृत्युमस्मद् देवानामग्ने भिषजा शचीभिः ।।१।।
सं क्रामतं मा जहीतं शरीरं प्राणापानौ ते सयुजाविह स्ताम् ।
शतं जीव शरदो वर्धमानोऽग्निष्टे गोपा अधिपा वसिष्ठः ।।2।।
आयुर्यत् ते अतिहितं पराचैरपानः प्राणः पुनरा तावितान् ।
अग्निष्टदाहार्निर्ऋतेरुपस्थात् तदात्मनि पुनरा वेशयामि ते ।।३।।
मेमं प्राणो हासीन्मो अपानोऽवहाय परा गात् ।
सप्तऋषिभ्य एनं परि ददामि त एनं स्वस्ति जरसे वहन्तु।।४।।
प्र विशतं प्राणापानावनड्वाहाविव व्रजम् । अयं जरिम्णः शेवधिररिष्ट इह वर्धताम् ।।५।।
आ ते प्राणं सुवामसि परा यक्ष्मं सुवामि ते। आयुर्नो विश्वतो दधदयमग्निर्वरेण्यः ।।६।।
उद् वयं तमसस्परि रोहन्तो नाकमुत्तमम्। देवं देवत्रा सूर्यमगन्म ज्योतिरुत्तमम् ।।७।।

१४८. आयुः (मन्त्रोक्ता)

१. उन्मोचनः (आयुष्कामः) – अ. ५.३०.१–१७

आवतस्त आवतः परावतस्त आवतः ।
इहैव भव मा नु गा मा पूर्वाननु गाः पितॄनसुं बध्नामि ते दृढम् ।।१।।
यत् त्वाभिचेरुः पुरुषः खो यदरणो जनः । उन्मोचनप्रमोचने उभे वाचा वदामि ते ।।2।।
यद् दुद्रोहिथ शेपिषे स्त्रियै पुंसे अचित्त्या। उन्मोचनप्रमोचने उभे वाच वदामि ते ।।३।।

यदेनसो मातृकृताच्छेषे पितृकृताच्च यत्। उन्मोचनप्रमोचने उभे वाचा वदामि ते ।।४।।
यत् ते माता यत् ते पिता जामिर्भ्राता च सर्जतः।
प्रत्यक् सेवख भेषजं जरदष्टिं कृणोमि त्वा ।।५।।
इहैधि पुरुष सर्वेण मनसा सह । दूतौ यमस्य मानु गा अधि जीवपुरा इहि ।।६।।
अनुहूतः पनरेहि विद्वानुदयनं पथः। आरोहणमाक्रमणं जीवतोजीवतोऽयनम् ।।७।।
मा बिभेर्न मरिष्यसि जरदष्टिं कृणोमि त्वा। निरवोचमहं यक्ष्ममंगेभ्यो अंगज्वरं तव ।।८।।
अङ्गभेदो अंगज्वरो यश्च ते हृदयामयः।
यक्ष्मः श्येनइव प्रापप्तद् वाचा साढः परस्तराम् ।।६।।
ऋषी बोधप्रतीबोधावस्वप्नो यश्च जागृविः।
तौ ते प्राणस्य गोप्तारौ दिवा नक्त च जागृताम् ।।१०।।
अयमग्निरुपसद्य इह सूर्य उदेतु ते। उदेहि मृत्योर्गम्भीरात् कृष्णाच्चित् तमसस्परि ।।११।।
नमो यमाय नमो अस्तु मृत्यवे नमः पितृभ्य उत ये नयन्ति ।
उत्पारणस्य यो वेद तमग्निं पुरो दधेऽस्मा अरिष्टतातये ।।12।।
ऐतु प्राण ऐतु मन ऐतु चक्षुरथो बलम्। शरीरमस्य सं विदां तत् पद्भ्यां प्रति तिष्ठतु ।।१३।।
प्राणेनाग्ने चक्षुषा सं सृजेमं समीरय तन्वा३ सं बलेन ।
वेत्थामृतस्य मा नु गान्मा नु भूमिगृहो भुवत् ।।१४।।
मा ते प्राण दसन्मो अपानोऽपि धायि ते। सूर्यस्त्वाधिपतिर्मृत्योरुदायच्छतु रश्मिभिः ।।१५।।
इयमन्तर्वदति जिह्वा बद्धा पनिष्पदा। त्वया यक्ष्मं निरवोचं शतं रोपीश्च तक्मनः ।।१६।।
अयं लोकः प्रियतमो देवानामपराजितः। यस्मै त्वमिह मृत्यवे दिष्टः पुरुष जज्ञिषे।
स च त्वानु ह्वयामसि मा पुरा जरसो मृथाः ।।१७।।

१४६. आयुरादयः

१. प्रजापतिः – य. 22.३३

आयुर्यज्ञेन कल्पतां स्वाहा प्राणो यज्ञेन कल्पतां स्वाहाऽपानो यज्ञेन कल्तां स्वाहा व्यानो यज्ञेन कल्पतांस्वाहो दानो यज्ञेन कल्पतां स्वाहा समानो यज्ञेन कल्पतां स्वाहा चक्षुर्यज्ञेन कल्पतां स्वाहा श्रोत्रं यज्ञेन कल्पतां स्वाहा वाग्यज्ञेन कल्पतां स्वाहा मनो यज्ञेन कल्पतां स्वाहाऽऽत्मा यज्ञेन कल्तां स्वाहा ब्रह्मा यज्ञेन कल्पतां स्वाहा ज्योतिर्यज्ञेन कल्पतां स्वाहा स्वर्यज्ञेन कल्पतां स्वाहा पृष्ठे यज्ञेन कल्पतां स्वाहा यज्ञो यज्ञेन कल्पतां स्वाहा ।।३३।।

१५०. आशापालाः वास्तोष्पतयः

१. ब्रह्म – अ. १.३१.१–४

आशानामाशापालेभ्यश्चतुर्भ्यो अमृतेभ्यः। इदं भूतस्याध्यक्षेभ्यो विधेम हविषा वयम् ।।१।।
य आशानामाशापालाश्चत्वार स्थन देवाः। ते नो निर्ऋत्याः पाशेभ्यो मुंचतांहसोअंहसः ।।2।।
अस्रामस्त्वा हविषा यजाम्यश्लोणस्त्वा घृतेन जुहोमि ।
य आशानामाशापालस्तुरीयो देवः स नः सुभूतमेह वक्षत् ।।३।।
स्वस्ति मात्र उत पित्रे नो अस्तु स्वस्ति गोभ्यो जगते पुरुषेभ्यः।
विश्वं सुभूतं सुविदत्रं नो अस्तु ज्योगेव दृशेम सूर्यम् ।।४।।

१५१. आशीः

१. अथर्वा – अ. 2.३४.५

प्रजानन्तः प्रति गृहणन्तु पूर्वे प्राणमङ्गेभ्यः पर्याचरन्तम् ।
दिवं गच्छ प्रति तिष्ठा शरीरैः स्वर्गं याहि पथिभिर्देवयानैः।।५।।

१५2. अश्वाः

१. पायुर् भरद्वाजः – ऋ. ६.७५.७

तीव्रान् घोषान् कृण्वते वृषपाणयोऽश्वा रथेभिः सह वाजयन्तः।
अवक्रामन्तः प्रपदैरमित्रान् क्षिणन्ति शत्रूँरनपव्ययन्तः ।।७।।

Vedic Concordance of Mantras as per Devatā and Ṛṣi 271

१५३. आसंगः

१. शश्वती अङ्गीरसस्य पत्नी – ऋ. ८.१.३४

अन्वस्य स्थूरं ददृशे पुरस्तादनस्थ ऊरुरवरम्बमाणः ।
शश्वती नार्यभिचक्ष्याह सुभद्रमर्य भोजनं बिभर्षि ॥३४॥

१५३. आसन्दी राजपत्नी

१. वामदेवः – य. १०.2६

स्योनासि सुषदासि क्षत्रस्य योनिरसि ।
स्योनामासीद सुषदामासीद क्षत्रस्य योनिमासीद ॥2६॥

१५४. आसुरी वनस्पतिः

१. ब्रह्म – अ. १.2४.१–४

सुपर्णो जातः प्रथमस्तस्य त्वं पित्तमासिथ ।
तदासुरी युधा जिता रूपं चक्रे वनस्पतीन् ॥१॥
आसुरी चक्रे प्रथमेदं किलासभेषजमिदं किलासनाशनम् ।
अनीनशत् किलासं सरूपामकरत् त्वचम् ॥2॥
सरूपा नाम ते माता सरूपो नाम ते पिता ।
सरूपकृत् त्वमोषधे सा सरूपमिदं कृधि ॥३॥
श्यामा सरूपंकरणी पृथिव्या अध्युद्भृता ।
इदमू षु प्र साधय पुना रूपाणि कल्पय ॥४॥

१५५. आस्रावः (भेषज्यम्)

१. अंगिराः – अ. 2.३.१–६

अदो यदवधावत्यवत्कमधि पर्वतात्। तत्ते कृणोमि भेषजं सुभेषजं यथाससि ॥१॥
आदङ्गा कुविदङ्गा शतं या भेषजानि ते। तेषामसि त्वमुत्तममनास्रावमरोगणम् ॥2॥
नीचैः खनन्त्यसुरा अरुःस्राणमिदं महत्। तदास्रावस्य भेषजं तदु रोगमनीनशत् ॥३॥
उपजीका उद्धरन्ति समुद्रादधि भेषजम्। तदास्रावस्य भेषजं तदु रोगमशीशमत् ॥४॥
अरुःस्राणमिदं महत् पृथिव्या अध्युदभृतम्। तदास्रावस्य भेषजं तदु रोगमनीनशत् ॥५॥
शं नो भवन्त्वप ओषध्यः शिवाः ।
इन्द्रस्य वज्रो अप हन्तु रक्षस आराद् विसृष्टा इषवः पतन्तु रक्षसाम् ॥६॥

१५६. इळः

१. मेधातिथिः काण्वः – ऋ. १.१३.४

अग्ने सुखतमे रथे देवाँ ईळित आ वह। असि होता मनुर्हितः ॥४॥

१५७. इळा

१. मेधातिथिः काण्वः – सा. १३५०

अग्ने सुखतमे रथे देवाँ ईडित आ वह। असि होता मनुर्हितः ॥४॥

१५८. इडा

१. मेधातिथिः – अ. ७.2७.१

इडैवास्माँ अनु वस्तां व्रतेन यस्याः पदे पुनते देवयन्तः ।
घृतपदी शक्वरी सोमपृष्ठोप यज्ञमस्थित वैश्वदेवी ॥१॥

2. हैमवर्चिः – य. १९.2९

इडाभिर्भक्षानाप्नोति सूक्तवाकेनाशिषः ।
शंयुना पत्नीसंयाजान्त्समिष्टयजुषा संस्थम् ॥2९॥

१५९. इज्यास्तवः यजमान प्रशंसा च

१. मनुर् वैवस्वतः – ऋ. ८.३१.१–४

यो यजाति यजात इत्सुनवच्च पचाति च। ब्रह्मेदिन्द्रस्य चाकनत् ।।१।।
पुरोळाशं यो अस्मै सोमं ररत आशिरम्। पादित्तं शक्रो अंहसः ।।2।।
तस्य द्युमाँ असद्रथो देवजूतः स शूशुवत्। विश्वा वन्वन्नमित्रिया ।।३।।
अस्य प्रजावती गृहेऽसश्चन्ती दिवेदिवे। इळा धेनुमती दुहे ।।४।।

१६०. इद् समिद् अग्निर् वा

१. मेधातिथिः काण्वः – सा. १३४७

सुषमिद्धो न आ वह देवाँ अग्ने हविष्मते। होतः पावक यक्षि च ।।१।।

१६१. इध्मः समिद्धोऽग्निर् वा

१. मेधातिथिः काण्वः – ऋ. १.१३.१

सुसमिद्धो न आ वह देवाँ अग्ने हविष्मते। होतः पावकः यक्षि च ।।१।।

१६2. इन्दुः

१. शुनः शेपः – य. १८.५३

इन्दुर्दक्षः श्येनऽऋतावा हिरण्यपक्षः शकुनो भुरण्युः ।
महान्त्सधस्थे ध्रुवऽआ निषत्तो नमस्तेऽअस्तु मा मा हिंसीः ।।५३।।

१६३. इन्द्र अग्निः यज्ञः

१. परमेष्ठी प्रजापतिः – य. १.१३

युष्मा ऽ इन्द्रोऽवृणीत वृत्रतूर्ये यूयमिन्द्रमवृणीध्वं वृत्रतूर्ये प्रोक्षिता स्थ ।
अग्नये त्वा जुष्टं प्रोक्षाम्यग्नीषोमाभ्यां त्वा जुष्टं प्रोक्षामि ।
दैव्याय कर्मणे शुन्धध्वं देवयज्यायै यद्वोऽशुद्धाः पराजघ्नुरिदं वस्तच्छुन्धामि ।।१३।।

१६४. इन्द्र उषा च

१. वामदेवो गौतमः – ऋ. ४.३०.९–११

दिवश्चिद्‌धा दुहितरं महान्महीयमानाम्। उषासमिन्द्र सं पिणक् ।।९।।
अपोषा अनसः सरत्संपिष्टादह बिभ्युषी। नि यत्सीं शिश्नथद्‌वृषा ।।१०।।
एतदस्या अनः शये सुसंपिष्टं विपाश्या। ससार सीं परावतः ।।११।।

१६५. इन्द्र ऋत देवो वा

१. वामदेवो गौतमः – ऋ. ४.2३.८–१०

ऋतस्य हि शुरुधः सन्ति पूर्वीर्ऋतस्य धीतिर्वृजिनानि हन्ति ।
ऋतस्य श्लोको बधिरा ततर्द कर्णा बुधानः शुचमान आयोः ।।८।।
ऋतस्य दृळहा धरुणानि सन्ति पुरूणि चन्द्रा वपुषे वपूंषि ।
ऋतेन दीर्घमिषणन्त पृक्ष ऋतेन गाव ऋतमा विवेशुः ।।९।।
ऋतं येमान ऋतमिद्वनोत्यृतस्य शुष्मस्तुरया उ गव्युः ।
ऋताय पृथ्वी बहुले गभीरे ऋताय धेनू परमे दुहाते ।।१०।।

१६६. इन्द्रपूषादयः

१. अथर्वा (स्वस्त्ययनकामः) – अ. ६.३.१–३

पातं न इन्द्रापूषणादितिः पान्तु मरुतः ।
अपां नपात् सिन्धवः सप्त पातन पातु नो विष्णुरुत द्यौः ।।१।।
पातां नो द्यावापृथिवी अभिष्टये पातु ग्रावा पातु सोमो नो अंहसः ।
पातु नो देवी सुभगा सरस्वती पात्वग्निः शिवा ये अस्य पायवः ।।2।।

पातां नो देवाश्विनां शुभस्पतीं उषसानक्तोत न उरुष्यताम् ।
अपां नपादभिह्रुती गयस्य चिद् देव त्वष्टर्वर्धय सर्वतातये ।।३।।

१६७. इन्द्र बृहस्पत्यादयः

१. अप्रतिरथः – य. १७.४८

यत्र बाणाः सम्पतन्ति कुमारा विशिखा ऽइव ।
तन्नऽइन्द्रो बृहस्पतिरदितिः शर्म्म यच्छतु विश्वहा शर्म्म यच्छतु ।।४८।।

१६८. इन्द्र मरुतो वा

१. अप्रतिरथ ऐन्द्रः – ऋ. १०.१०३.१३; सा. १८६2

ऋ. १०.१०३.१३

प्रेता जयता नर इन्द्रो वः शर्म यच्छतु। उग्रा वः सन्तु बाहवोऽनाधृष्या यथासथ ।।१३।।

सा. १८६2

प्रेता जयता नर इन्द्रो वः शर्म यच्छतु। उग्रा वः सन्तु बाहवोऽनाधृष्या यथासथ।।2।।

१६९. इन्द्र–यज्ञ–सोमाः

१. शुनःशेप आजीगर्तिः – ऋ. १.2८.१–६

यत्र ग्रावा पृथुबुध्न ऊर्ध्वो भवति सोतवे। उलूखलसुतानामवेद्विन्द्र जल्गुलः ।।१।।
यत्र द्वाविव जघनाधिषवण्या कृता। उलूखलसुतानामवेद्विन्द्र जल्गुलः ।।2।।
यत्र नार्यपच्यवमुपच्यवं च शिक्षते। उलूखलसुतानामवेद्विन्द्र जल्गुलः ।।३।।
यत्र मन्थां विबध्नते रशमीन्यमितवा इव। उलूखलसुतानामवेद्विन्द्र जल्गुलः ।।४।।
यच्चिद्धि त्वं गृहेगृह उलूखलक युज्यसे। इह द्युमत्तमं वद जयतामिव दुन्दुभिः ।।५।।
उते स्म ते वनस्पते वातो वि वात्यग्रमित्। अथो इन्द्राय पातवे सुनु सोममुलुखल ।।६।।
आयजी वाजसातमा ता ह्यु१च्चा विजर्भृतः। हरी इवान्धांसि बप्सता ।।७।।
ता नो अद्य वनस्पती ऋष्वावृष्वेभिः सोतृभिः। इन्द्राय मधुमत् सुतम् ।।८।।
उच्छिष्टं चम्वोर्भर सोमं पवित्र आ सृज। नि धेहि गोरधि त्वचि ।।९।।

१७०. इन्द्र वायुः

१. गृत्समदः शौनकः – ऋ. 2.४१.३

शुक्रस्याद्य गवाशिर इन्द्रवायू नियुत्वतः। आ यातं पिबतं नरा ।।३।।

१७१. इन्द्र वायू

१. पुरुमीढ–अजमीढौ – य. ३३.१६

गाव ऽ उपावतावतं मही यज्ञस्य रप्सुदा। उभा कर्णा हिरण्यया ।।१६।।

2. मधुच्छन्दाः – य. ७.८; ३३.५६; अ. 20.७०.१–2

य. ७.८

इन्द्रवायूऽइमे सुताऽउप प्रयोभिरागतम्। इन्दवो वामुशन्ति हि ।
उपयामगृहीतोऽसि वायवऽइन्द्रवायुभ्यां त्वैष ते योनिः सजाषोभ्यां त्वा ।।८।।

य. ३३.५६

इन्द्रवायूऽइमे सुताऽउप प्रयोभिरा गतम्। इन्दवो वामुशन्ति हि ।।५६।।

अ. 20.७०.१–2

वीलु चिदारुजत्नुभिर्गुहा चिदिन्द्र वह्निभिः। अविन्द उस्रिया अनु ।।१।।
देवयन्तो यथा मतिमच्छा विदद्वसुं गिरः। महामनूषत श्रुतम् ।।2।।

३. मधुच्छन्दा वैश्वामित्रः – ऋ. १.2.४–६

इन्द्रवायू इमे सुता उप प्रयोभिरा गतम्। इन्दवो वामुशन्ति हि ।।४।।
वायविन्द्रश्च चेतथः सुतानां वाजिनीवसू। तावा यातमुप द्रवत् ।।५।।

वायविन्द्रश्च सुन्वत आ यातमुप निष्कृतम्। मक्ष्वि१त्था धिया नरा ।।६।।

४. **मेधातिथिः – य. ३३.४५**

इन्द्रवायू बृहस्पतिं मित्राग्नि पूषणं भगम्। आदित्यान्मारुतं गणम् ।।४५।।

५. **मेधातिथिः काण्वः – ऋ. १.2३.2–३**

उभा देवा दिविस्पृशेन्द्रवायू हवामहे। अस्य सोमस्य पीतये ।।2।।

इन्द्रवायु देवा मनोजुवा विप्रा हवन्त ऊतये। सहस्राक्षा धियस्पती ।।३।।

६. **वसिष्ठः – ऋ. ७.६०.५–७; ७.६१.2; ४–७; ७.६2.2; ४; अ. ३.20.६**

ऋ. ७.६०.५–७

ते सत्येन मनसा दीध्यानाः स्वेन युक्तासः क्रतुना वहन्ति ।
इन्द्रवायू वीरवाहं रथं वामीशानयोरभि पृक्षः सचन्ते ।।५।।
ईशानासो ये दधते स्वर्णो गोभिरश्वेभिर्वसुभिर्हिरण्यैः ।
इन्द्रवायू सूरयो विश्वमायुरर्वद्भिर्वीरैः पृतनासु सह्युः ।।६।।
अर्वन्तो न श्रवसो भिक्षमाणा इन्द्रवायू सुष्टुतिभिर्वसिष्ठाः ।
वाजयन्तः स्ववसे हुवेम यूयं पात स्वस्तिभिः सदा नः ।।७।।

ऋ. ७.६१.2

उशन्ता दृता न दभाय गोपा मासश्च पाथः शरदश्च पूर्वीः ।
इन्द्रवायू सुष्टुतिर्वामियाना मार्डीकमीट्टे सुवितं च नव्यम् ।।2।।

ऋ. ७.६१.४–७

यावत्तरस्तन्वो३ यावदोजो यावन्नरश्चक्षसा दीध्यानाः ।
शुचिं सोमं शुचिपा पातमस्मे इन्द्रवायू सदतं बर्हिरेदम् ।।४।।
नियुवाना नियुतः सपार्हवीरा इन्द्रवायू सरथं यातमर्वाक् ।
इदं हि वां प्रभृतं मध्वो अग्रमध प्रीणाना वि मुमुक्तमस्मे ।।५।।
या वां शतं नियुतो याः सहस्रमिन्द्रवायू विश्ववाराः सचन्ते ।
आभिर्यातं सुविदत्राभिरर्वाक्पातं नरा प्रतिभृतस्य मध्वः ।।६।।
अर्वन्तो न श्रवसो भिक्षमाणा इन्द्रवायू सुष्टुतिभिर्वसिष्ठाः ।
वाजयन्तः स्ववसे हुवेम यूयं पात स्वस्तिभिः सदा नः ।।७।।

ऋ. ७.६2.2

प्र सोता जीरो अध्वरेष्वस्थात् सोममिन्द्राय वायवे पिबध्यै ।
प्र यद्वां मध्वो अग्रियं भरन्त्यध्वर्यवो देवयन्तः शचीभिः ।।2।।

ऋ. ७.६2.४

ये वायव इन्द्रमादनास आदेवासो नितोशनासो अर्यः ।
घ्नन्तो वृत्राणि सूरिभिः ष्याम सासह्वांसो युधा नृभिरमित्रान् ।।४।।

अ. ३.20.६

इन्द्रवायू उभाविह सुहवेह हवामहे ।
यथा नः सर्व इज्जनः संगत्यां सुमना असद् दानकामाश्च नो भुवत् ।।६।।

७. **वामदेवो गौतमः – ऋ. ४.४६.१–७; ४.४७.2–४; सा. १६2६–१६३०**

ऋ. ४.४६.१–७

अग्रं पिबा मधूनां सुतं वायो दिविष्टषु। त्वं हि पूर्वपा असि ।।१।।
शतेना नो अभिष्टिभिर्नियुत्वाँ इन्द्रसारथिः। वायो सुतस्य तृम्पतम् ।।2।।
आ वां सहस्रं हरय इन्द्रवायू अभि प्रयः। वहन्तु सोमपीतये ।।३।।
रथं हिरण्यवन्धुरमिन्द्रवायू स्वध्वरम्। आ हि स्थाथो दिविस्पृशम् ।।४।।

रथेन पृथुपाजसा दाश्वांसमुप गच्छतम्। इन्द्रवायू इहा गतम् ।।५।।
इन्द्रवायू अयं सुतस्तं देवेभिः सजोषसा। पिबतं दाशुषो गृहे ।।६।।
इह प्रयाणमस्तु वमिन्द्रवायू विमोचनम्। इह वां सोमपीतये ।।७।।

ऋ. ४.४७.2–४

इन्द्रश्च वायवेषां सोमानां पीतिमर्हथः। युवां हि यन्तीन्दवो निम्नमापो न सध्र्यक् ।।2।।
वायविन्द्रश्च शुष्मिणा सरथं शवसस्पती। नियुत्वन्ता न ऊतय आ यातं सोमपीतये ।।३।।
या वां सन्ति पुरुस्पृहो नियुतो दाशुषे नरा। अस्मे ता यज्ञवाहसेन्द्रवायू नि यच्छतम् ।।४।।

सा. १६2६–१६३०

इन्द्रश्च वायवेषां सोमानां पीतिमर्हथः। युवां हि यन्तीन्दवो निम्नमापो न सध्र्यक् ।।2।।
वायविन्द्रश्च शुष्मिणा सरथं शवसस्पती। नियुत्वन्ता न ऊतय आ यातं सोमपीतये ।।३।।

१७2. इन्द्रः वैकुण्ठः द्र. ४४६ पृष्ठे

१७३. इन्द्र–सवितृ–वरुणः

१. विदर्भिः – य. 20.७०–७2

यऽइन्द्रऽइन्द्रियं दधुः सविता वरुणो भगः। स सुत्रामा हविष्पतिर्यजमानाय सश्चत ।।७०।।
सविता वरुणो दधद्यजमानाय दाशुषे। आदत्त नमुचेर्वसु सुत्रामा बलमिन्द्रियम् ।।७१।।
वरुणः क्षत्रमिन्द्रियं भगेन सविता श्रियम्। सुत्रामा यशसा बलं दधाना यज्ञमाशत ।।७2।।

१७४. इन्द्रः

१. अंग औरवः – ऋ. १०.१३८.१–६

तव त्य इन्द्र सख्येषु वह्नय ऋतं मन्वाना व्यदर्दिरुर्वलम् ।
यत्रा दशस्यन्नुषसो रिणन्नपः कुत्साय मन्मन्नह्यश्च दंसयः।।१।।
अवासृजः प्रस्वः श्वंचयो गिरीनुदाज उस्रा अपिबो मधु प्रियम् ।
अवर्धयो वनिनो अस्य दंससा शुशोच सूर्य ऋतजातया गिरा।।2।।
वि सूर्यो मध्ये अमुचद्रथं दिवो विदद्दासाय प्रतिमानमार्यः ।
हळ्हानि पिप्रोरसुरस्य मायिन इन्द्रो व्यास्यच्चकृवाँ ऋजिश्वना।।३।।
अनाधृष्टानि धृषितो व्यास्यन्निधीरदेवाँ अमृणदयास्यः ।
मासेव सूर्यो वसु पुर्यमा ददे गृणानः शत्रूँरशृणाद्विरुक्मता ।।४।।
अयुद्धसेनो विभ्वा विभिन्दता दाशद्वृत्राहा तुज्यानि तेजते ।
इन्द्रस्य वज्रादबिभेदभिश्नथः प्राक्रामच्छुन्ध्यूरजहादुपा अनः।।५।।
एता तया ते श्रुत्यानि केवला यदेक एकमकृणोरयज्ञम् ।
मासां विधानमदधा अधि द्यवि त्वया विभिन्नं भरति प्रधिं पिता ।।६।।

2. अंगिराः – अ. ७.५०.१–६

यथा वृक्षमशनिर्विश्वाहा हन्त्यप्रति । एवाहमद्य कितवानक्षैर्बध्यासमप्रति।।१।।
तरुणामतुराणां विशामवर्जुषीणम् । समैतु विश्वतो भगो अन्तर्हस्तं कृतं मम।।2।।
ईडे अग्निं स्वावसुं नमोभिरिह प्रसक्तो वि चयत् कृतं नः ।
रथैरिव प्र भरे वाजयद्भिः प्रदक्षिणं मरुतां स्तोममृध्याम्।।३।।
वयं जयेम त्वया युजा वृतमस्माकमंशमुदवा भरेभरे ।
अस्मभ्यमिन्द्र वरीयः सुगं कृधि प्र शत्रूणां मघवन् वृष्ण्या रुज।।४।।
अजैषं त्वा संलिखितमजैषमुत संरुधम् । अविं वृको यथा मथदेवा मथ्नामि ते कृतम्।।५।।
उत प्रहामतिदीवा जयति कृतमिव श्वघ्नी वि चिनोति काले ।
यो देवकामो न धनं रुणदधि समित् तं रायः सृजति स्वधाभिः।।६।।
गोभिष्टरेमामतिं दुरेवां यवेन वा क्षुधं पुरुहूत विश्वे ।
वयं राजसु प्रथमा धानान्यरिष्टासो वृजनीभिर्जयेम।।७।।

कृतं मे दक्षिणे हस्ते जयो मे सव्य आहितः ।
गोजिद् भूयासमश्वजिद् धनंजयो हिरण्यजित्।।८।।
अक्षाः फलवीतीं द्युवं दत्त गां क्षीरिणीमिव ।
सं मा कृतस्य धारया धनुः स्नाव्नेव नह्यत।।६।।

३. अगस्त्यः – ऋ. १.१६५.१–१५; य. ३३.२७; ७६

ऋ. १.१६५.१–१५

तन्नु वोचाम रभसाय जन्मने पूर्वं महित्वं वृषभस्य केतवे ।
ऐधेव यामन्मरुतस्तुविष्वणो युधेव शक्रास्तविषाणि कर्तन ।।१।।
नित्यं न सूनुं मधु बिभ्रत उप क्रीळन्ति क्रीळा विदथेषु घृष्वयः ।
नक्षन्ति रुद्रा अवसा नमस्विनं न मर्धन्ति स्वतवसो हविष्कृतम् ।।2।।
यस्मा ऊमासो अमृता अरासत रायस्पोषं च हविषा ददाशुषे ।
उक्षन्त्यस्मै मरुतो हिता इव पुरू रजांसि पयसा मयोभुवः ।।३।।
आ ये रजांसि तविषीभिरवयत प्र व एवासः स्वयतासो अध्रजन् ।
भयन्ते विश्वा भुवनानि हर्म्या चित्रो वो यामः प्रयतास्वृष्टिषु ।।४।।
यत्त्वेषयामा नदयन्त पर्वतान्दिवो वा पृष्ठं नर्या अचुच्यवुः ।
विश्वो वो अज्मन्भयते वनस्पति रथीयन्तीव प्र जिहीत ओषधिः ।।५।।
यूयं न अग्रा मरुतः सुचेतुनारिष्टग्रामाः सुमतिं पिपर्तन ।
यत्रा वो दिद्युद्रदति क्रिविर्दती रिणाति पश्वः सुधितेव बर्हणा ।।६।।
प्र स्कम्भदेष्णा अनवभ्रराधसोऽलातृणासो विदथेषु सुष्टुताः ।
अर्चन्त्यर्कं मदिररस्य पीतये विदुर्वीरस्य प्रथमानि पौंसया ।।७।।
शतभुजिभिस्तमभिह्रुतेरधात्पूर्भी रक्षता मरुतो यमावत ।
जनं यमुग्रास्तवसो विरप्शिनः पाथना शंसात्तनयस्य पुष्टिषु ।।८।।
विश्वानि भद्रा मरुतो रथेषु वो मिथस्पृध्येव तविषाण्याहिता ।
अंसेष्वा वः प्रपथेषु खादयोऽक्षो वश्चक्रा समया वि वावृते ।।६।।
भूरीणि भद्रा नर्येषु बाहुषु वक्षःसु रुक्मा रभसासो अंजयः ।
अंसेध्वेताः पविषु क्षुरा अधि व्यो न पक्षान्व्यनु श्रियो धिरे ।।१०।।
महान्तो मह्ना विभ्वो३ विभूतयो दूरेदृशो ये दिव्याइव स्तृभिः ।
मन्द्राः सुजिह्वाः स्वरितार आसभिः संपिश्ला इन्द्रे मरुतः परिष्टुभः ।।११।।
तद्वः सुजाता मरुतो महित्वनं दीर्घं वो दात्रमदितेरिव व्रतम् ।
इन्द्रश्चन त्यजसा वि ह्रुणाति तज्जनाय यस्मै सुकृते अराध्वम् ।।१2।।
तद्वो जामित्वं मरुतः परे युगे पुरू यच्छंसममृतास आवत ।
अया धिया मनवे श्रुष्टिमाव्या साकं नरो दंसनैरा चिकित्रिरे ।।१३।।
येन दीर्घं मरुतः शूशवाम युष्माकेन परीणसा तुरासः ।
आ यत्ततनन्वृजने जनास एभिर्यज्ञेभिस्तदभीष्टिमश्याम् ।।१४।।
एष वः स्तोमो मरुत इयंगीर्मान्दार्यस्य मान्यस्य कारोः ।
एषा यासीष्ट तन्वे वया विद्यामेषं वृजनं जीरदानुम् ।।१५।।

य. ३३.२७

कुतस्त्वमिन्द्र माहिनः सन्नेको यासि सत्पते किं तऽइत्था।
सं पृच्छसे समराणः शुभानैर्वोचेस्तन्नो हरिवो यत्तेऽअस्मे।
महाँ2ऽइन्द्रो यऽओजसा। कदा चन स्तरीरसि। कदा चन प्रयुच्छसि।।2७।।

य. ३३.७६

अनुत्तमा ते मघवन्नकिर्नु न त्वावाँ2ऽअस्ति देवता विदानः ।
न जायमानो नशते न जातो यानि करिष्या कृणुहि प्रवृद्ध।।७६।।

४. अगस्त्यो मैत्रावरुणिः – ऋ. १.१६५.१–१५; १.१६६.१–८; १.१७०.१–५; १.१७३.१–१३;

१.१७४१–१०; १.१७५.१–६; १.१७७.१–५; १.१७८.१–५; सा. १४३२–३४

ऋ. १.१६५.१–१५

कया शुभा सवयसः सनीळाः समान्या मरुतः सं मिमिक्षुः ।
कया मती कुत एतास एतेऽर्चन्ति शुष्मं वृषणो वसूया ।।१।।
कस्य ब्रह्माणि जजुषुर्युवानः को अध्वरे मरुत आ ववर्त ।
श्येनाँ इव ध्रजतो अन्तरिक्षे केन महा मनसा रीरमाम ।।2।।
कुतस्त्वमिन्द्र माहिनः सन्नेको यासि सत्पते किं त इत्था ।
सं पृच्छसे समराणः शुभानैर्वेचेस्तन्नो हरिवो यत्ते अस्मे ।।३।।
ब्रह्माणि मे मतयः शं सुतासः शुष्म इयर्ति प्रभृतो मे अद्रिः ।
आ शास्ते प्रति हर्यन्त्युक्थेमा हरी वहतस्ता नो अच्छ ।।४।।
अतो वयमन्तमेभिर्युजानाः स्वक्षत्रेभिस्तन्वः१ शुम्भमानाः ।
महोभिरेताँ उप युज्महे न्विन्द्र स्वधामनु हि नो बभूथ ।।५।।
क्व१ स्या वो मरुतः स्वधासीद्यन्मामेकं समधत्ताहिहत्ये ।
अहं ह्यु१ग्रस्तविषस्तुविंष्मान्विश्वस्य शत्रोरनमं वधस्नैः ।।६।।
भूरिं चकर्थ युज्योभिरस्मे समानेभिर्वृषभ पौंस्येभिः ।
भूरीणि हि कृणवामा शविष्ठेन्द्र क्रत्वा मरुतो यद्वशाम ।।७।।
वधीं वृत्रं मरुत इन्द्रियेण स्वेन भामेन तविषो बभूवान् ।
अहमेता मनवे विश्वश्चन्दाः सुगा अपश्चकर वज्रबाहुः ।।८।।
अनुत्तमा ते मघवन्नकिर्नु न त्वावाँ अस्ति देवता विदानः ।
न जायमान□नशते न जातो यानि करिष्या कृणुहि प्रवृद्ध ।।६।।
एकस्य चिन्मे विभ्व१ स्त्वोजो या नु दधृष्वान्कृणवै मनीषा ।
अहं ह्यु३ग्रो मरुतो विदानो यानि च्यवमिन्द्र इदीश एषाम्।।१०।।
अमन्दन्मा मरुतः स्तोमो अत्र यन्मे नरः श्रुत्यं ब्रह्म चक्र ।
इन्द्राय वृष्णे सुमखाय मह्यं सख्ये सखायस्तन्वे तनूभिः ।।११।।
एवेदेते प्रति मा रोचमाना अनेद्यः श्रव एषो दधानाः ।
संचक्ष्या मरुतश्चन्द्रवर्णा अच्छान्त मे छदयाथा च नूनम्।।१2।।
को न्वत्रा मरुतो मामहे वः प्र यातन सखीँरच्छा सखायः ।
मन्मानि चित्रा अपिवातयन्त एषां भूत नवेदा म ऋतानाम्।।१३।।
आ यद्दुवस्याद्दुवसे न कारुरस्मांचक्रे मान्यस्य मेधा ।
ओ षु वर्त्त मरुतो विप्रमच्छेमा ब्रह्माणि जरिता वो अर्चत्।।१४।।
एष वः स्तोमो मरुत इयं गीर्मान्दार्यस्य मान्यस्कय कारोः ।
एषा यासीष्ट तन्वे वयां विद्यामेषं वृजनं जीरदानुम् ।।१५।।

ऋ. १.१६६.१–८

महश्चित्त्वमिन्द्र यत एतान्महश्चिदसि त्यजसो वरूता ।
स नो वेधो मरुतां चिकित्वान्त्सुम्ना वनुष्व तव हि प्रेष्ठा ।।१।।
अयुज्रन्त इन्द्र विश्वकृष्टीर्विदानासो निष्षिधो मर्त्यत्रा ।
मरुतां पृत्सुतिर्हासमाना स्वर्मीळहस्य प्रधनस्य सातौ ।।2।।
अम्यक्सा त इन्द्र ऋष्टिरस्मे सनेम्यभ्वं मरुतो जुनन्ति ।
अग्निश्चिद्धि ष्मातसे शुशुक्वानापो न द्वीपं दधति। प्रयांसि ।।३।।
त्वं तू न इन्द्र तं रयिं दा ओजिष्ठया दक्षिणयेव रातिम् ।
स्तुतश्च यास्ते चकनन्त वायोः स्तनं न मध्वः पपियन्त वाजैः ।।४।।
त्वे राय इन्द्र तोशतमाः प्रणेतारः कस्य चिद्दतायोः ।
ते षु णो मरुतो मृळयन्तु ये स्मा पुरा गातूयन्तीव देवाः ।।५।।
प्रति प्र याहीन्द्र मीळहुषो नृन्महः पार्थिवे सदने यतस्व ।

अध यदेषां मृथुबुध्नास एतास्तीर्थे नायः पौंस्यानि तस्थुः ।।६।।
प्रतिं घोराणामेतानामयासां मरुतां शृण्व आयतामुपब्दिः ।
ये मर्त्यं पृतनायन्तमूमैर्ऋणावानं न पतयन्त सर्गैः ।।७।।
त्वं मानेभ्य इन्द्र विश्वजन्या रदा मरुद्भिः शुरुधो गोअग्राः ।
स्तवानेभि स्तवसे देव देवैर्विद्यामेषं वृजनं जीरदानुम् ।।८।।

ऋ. १.१७०.१–५

न नूनमस्ति नो श्वः कस्तद्वेद यदद्भुतम्। अन्यस्य चित्तमभि संचरेण्यमुताधीतं वि नश्यति ।।१।।
किं न इन्द्र जिघांससि भ्रातरो मरुतस्तव। तेभिः कल्पस्व साधुया मा नः सपरणे वधीः।।2।।
किं नो भ्रातरगस्त्य सखासवति मन्यसे । विद्या हि ते यथा मनोऽस्मभ्यमिन्नदित्ससि ।।३।।
अरं कृण्वन्तु वेदिं समग्निमिन्धतां पुरः । तत्रामृतस्य चेतनं यज्ञं ते तनवावहै ।।४।।
त्वमीशिषे वसुपते वसूनां त्वं मित्राणां मित्रापते धेष्ठः ।
इन्द्र त्वं मरुद्भिः सं वदस्वाध प्राशान ऋतुथा हवींषि ।।५।।

ऋ. १.१७३.१–१३

गायत्साम नभन्यं१ यथा वेरर्चाम तद्वावृधानं स्वर्वत् ।
गावो धेनवो बर्हिष्यदब्धा आ यत्सद्मानं दिव्यं विवासान् ।।१।।
अर्चद्वृषा वृषभिः स्वेदुहव्यैर्मृगो नाश्नो अति यज्जुगुर्यात् ।
प्र मन्दयुर्मनां गूर्त होता भरते मर्यो मिथुना यजत्राः ।।2।।
नक्षद्धोता परि सद्म मिता यन्भरद्गर्भमा शरदः पृथिव्याः ।
क्रन्ददश्वो नयमानो रुवद्गौरन्तर्दूतो न रोदसी चरद्वाक् ।।३।।
ता कर्माषतरास्मै प्र च्यौत्नानि देवयन्तो भरन्ते ।
जुजोषदिन्द्रो दस्मवर्चा नासत्येव सुग्म्यो रथेष्ठाः ।।४।।
तमु ष्टुहीन्द्रं यो ह सत्वा यः शूरो मघवा यो रथेष्ठाः ।
प्रतीचाश्चिद्योधीयान्वृषण्वान् ववव्रुषश्चित्तमसो विहन्ता ।।५।।
प्र यदित्था महिना नृभ्यो अस्त्यरं रोदसी कक्ष्ये३ नास्मै ।
सं विव्य इन्द्रो वृजनं न भूमा भर्ति स्वधावाँ ओपशमिव द्याम् ।।६।।
समत्सु त्वा शूर सतामुराणं प्रपथिन्तमं परितंसयध्यै ।
सजोषस इन्द्र मदे क्षोणीः सूरिं चिद्ये अनुमदन्ति वाजैः ।।७।।
एवा हि ते शं सवना समुद्र आपो यत्त आसु मदन्ति देवीः ।
विश्वा ते अनु जोष्या भूद गौः सूरींश्चिद्यदि धिषा वेषि जनान् ।।८।।
असाम यथा सुषखय एन स्वभिष्टयो नरां न शसैः ।
असद्यथा न इन्द्रो वन्दनेष्ठास्तुरो न कर्म नयमान उक्था ।।९।।
विष्पर्धसो नरां न शंसैरस्माकासदिन्द्रो वज्रहस्तः ।
मित्रायुवो न पूर्पतिं सुशिष्टौ मध्यायुव उप शिक्षन्ति यज्ञैः ।।१०।।
यज्ञो हि ष्मन्द्र कश्चिदृन्धंजुहुराणाश्चिन्मनसा परियन् ।
तीर्थे नाच्छा तातृषाणमोको दीर्घो न सिध्रमा कृणोत्यध्वा ।।११।।
मो षू ण इन्द्रात्रा पृत्सु देवैरस्ति हिं ष्मा ते शुष्मिन्नवयाः ।
महश्चिद्यस्य मीळ्हुषो यव्या हविष्मतो मरुतो वन्दते गीः ।।१2।।
एष स्तोम इन्द्र तुभ्यमस्मे एतेन गातुं हरिवो विदो नः ।
आ नो ववृत्याः सुविताय देव विद्यामेषं वृजनं जीरदानुम् ।।१३।।

ऋ. १.१७४.१–१०

त्वं राजेन्द्र ये च देवा रक्षा नृन्पाह्यसुर त्वमस्मान् ।
त्वं सत्पतिर्मघवा नस्तरुत्रास्त्वं सत्यो वसवानः सहोदाः ।।१।।
दनो विश इन्द्र मृध्रवाचः सुप्त यत्पुरः शर्म शारदीर्दत् ।

Vedic Concordance of Mantras as per Devatā and Ṛṣi 279

ऋणोरपो अनवद्यार्णा यूने वृत्रं पुरुकुत्साय रन्धीः ।।2।।
अजा वृत इन्द्र शूरपत्नीर्द्यां च येभिः पुरुहूत नूनम् ।
रक्षो अग्निमशुषं तूर्वयाणं सिंहो न दमे अपांसि वस्तोः ।।३।।
शेषन्नु त इन्द्र सस्मिन्योनौ प्रशस्तये पवीरवस्य मह्ना ।
सृजदर्णांस्यव यद्युधा गास्तिष्ठद्धरी धृषता मृष्ट वाजान्।।४।।
वह कृत्समिन्द्र यस्मिंचाकन्त्स्यूमन्यू ऋज्रा वातस्याश्वा ।
प्र सूरश्चक्रं वृहतादभीकेऽभि स्पृधो यासिषद्वज्रबाहुः।।५।।
जघन्वाँ इन्द्र मित्रोरूंचोदप्रवृद्धो हरिवो अदाशून् ।
प्र ये पश्यन्नर्यमणं सचायोस्त्वया शूर्ता वहमाना अपत्यम्।।६।।
रपत्कविरिन्द्रार्कसातौ क्षां दासायोपबर्हणीं कः ।
करत्तिस्रो मघवा दानुचित्रा नि दूर्योणे कुयवाचं मृधि श्रेत् ।।७।।
सना ता त इन्द्र नव्या आगुः सहो नभोऽविरणाय पूर्वीः ।
भिनत्पुरो न भिदो अदेवीर्ननमो वधरदेवस्य पीयोः।।८।।
त्वं धुनिरिन्द्र धुनिमतीर्ऋणोरपः सीरा न स्रवन्तीः ।
प्र यत्समुद्रमतिं शूर पर्षि पारया तुर्वशं यदुं स्वस्ति ।।९।।
त्वमस्माकमिन्द्र विश्वध स्या अवृकतमो नरां नृपाता ।
सा नो विश्वासां स्मृधां सहोदा विद्यामेषं वृजनं जीरदानुम्।।१०।।

ऋ. १.१७५.१–६

मत्स्यपायि ते मह–पात्रस्येव हरिवो मत्सरो मदः। वृषा ते वृष्ण इन्दुर्वाजी सहस्रसातमः।।१।।
आ नस्ते गन्तु मत्सरो वृषा मदो वरेण्यः। सहावाँ इन्द्र सानसिः पृतनाषाळमर्त्यः।।2।।
त्वं हि शूरः सनिता चोदयो मनुषो रथम्। सहावान्दस्युमव्रतमोषः पात्रं न शोचिषा।।३।।
मुषाय सूर्यं कवे चक्रमीशान ओजसा। वह शुष्णाय वधं कुत्सं वातस्याश्वैः।।४।।
शुष्मिन्तमो हि ते मदो द्युम्निन्तम उत क्रतुः। वृत्रघ्ना वारिवोविदा मंसीष्ठा अश्वसातमः।।५।।
यथा पूर्वेभ्यो जरितृभ्य इन्द्र मयइवापो न तृष्यते बभूथ।
तामनु त्वा निविदं जोहवीमि विद्यामेषं वृजनं जीरदानुम्।।६।।

ऋ. १.१७७.१–५

आ चर्षणिप्रा वृषभो जनानां राजा कृष्टीनां पुरुहूत इन्द्रः ।
स्तुतः श्रवस्यन्नवसोप मद्रिग्युक्त्वा हरी वृषणा याह्यर्वाङ्।।१।।
ये ते वृषणो वृषभास इन्द्र ब्रह्मयुजो वृषरथासो अत्याः ।
ताँ आ तिष्ठ तेभिरा याह्यर्वाङ् हवामहे त्वा सुत इन्द्र सोमे।।2।।
आ तिष्ठ रथं वृषणं वृषा ते सुतः सोमः परिषिक्ता मधूनि ।
युक्त्वा वृषभ्यां वृषभ क्षितीनां हरिभ्यां याहि प्रवतोप मद्रिक्।।३।।
अयं यज्ञो देवया अयं मियेध इमा ब्रह्मण्यमिन्द्र सोमः ।
स्तीर्णं बर्हिरा तु शक्र प्र याहि पिबा निषद्य वि मुचा हरी इह।।४।।
ओ सुष्टुत इन्द्र याह्यर्वाङ्प ब्रह्माणि मान्यस्य कारोः ।
विद्याम वस्तोरवसा गृणन्तो विद्यामेषं वृजनं जीरदानुम् ।।५।।

ऋ. १.१७८.१–५

यद्ध स्या त इन्द्र श्रुष्टिरस्ति यया बभूथ जरितृभ्य ऊती ।
मा नः कामं महयन्तमा धग्विश्वा ते अश्यां पर्याप आयोः।।१।।
न घा राजेन्द्र आ दभन्नो या नु स्वासारा कृणवन्त योनौ ।
आपश्चिदस्मै सुतुका अवेषन्गमन्न इन्द्रः सख्या वयश्च।।2।।
जेता नृभिरिन्द्रः पृत्सु शूरः श्रोता हवं नाधमानस्य कारोः ।
प्रभर्ता रथं दाशुष उपाक उद्यनता गिरो यदि च त्मना भूत्।।३।।
एवा नृभिरिन्द्रः सुश्रवस्या प्रखादः पृक्षो अभि मित्राणो भूत् ।

समर्य इषः स्तवते विवाचि सत्राकरो यजमानस्य शंसः।।४।।
त्वया वयं मघवन्निन्द्र शत्रूनभि ष्याम महतो मन्यमानान् ।
त्वं त्राता त्वमु नो वृधे भूर्विद्यामेषं वृजनं जीरदानुम् ।।५।।

सा. १४३२–३४

मत्स्यपायि ते महः पात्रास्येव हरिवो मत्सरो मदः। वृषा ते वृष्ण इन्दुर्वाजी महस्रसातमः।।१।।
आ नस्ते गन्तु मत्सरो वृषा मदो वरेण्यः। सहावाँ इन्द्र सानसिः पृतनाषाडमत्यः।।2।।
त्वं हि शूरः सनिता चोदयो मनुषो रथम्। सहावान्दस्युमव्रतमोषः पात्रां न शोचिषा ।।३।।

५. अग्नियुतः स्थौरोऽग्नि यूपो वा स्थौर – ऋ. १०.११६.१–६

पिबा सोमं महत इन्द्रियाय पिबा वृत्राय हन्तवे शविष्ठ ।
पिब राये शसवे हूयमानः पिब मध्यवस्तृपदिन्द्रा वृषस्व।।१।।
अस्य पिब क्षुमतः प्रस्थितस्येन्द्र सोमस्य वरमा सुतस्य ।
स्वस्तिदा मनसा मादयस्वार्वाचीनो रेवते सौभगाय।।2।।
ममत्तु त्वा दिव्यः सोम इन्द्र ममत्तु यः सूयते पार्थिवेषु ।
ममत्तु येन वरिवश्चकर्थ ममत्तु येन निरिणासि शत्रून्।।३।।
आ द्विबर्हा अमिनो यात्विन्द्रो वृषा हरिभ्यां परिषिक्तमन्धः ।
गव्या सुतस्य प्रभृतस्य मध्वः सत्रा खेदामरुशहा वृषस्व।।४।।
नि तिग्मानि भ्राशयन्भ्राश्यान्यव स्थिरा तनुहि यातुजूनाम् ।
उग्राय ते सहो बलं ददामि प्रतीत्या शत्रून्विगदेषु वृश्च।।५।।
व्य१र्य इन्द्र तनुहि श्रवांस्योजः स्थिरेव धन्वनोऽभिमातीः ।
अस्मद्र्यग्वावृधानः सहोभिरनिभृष्टस्तन्वं वावृधस्व।।६।।
इदं हविर्मघवन्तुभ्यं रातं प्रति सम्राळह्रणानो गृभाय ।
तुभ्यं सुतो मघवन्तुभ्यं पक्वोऽद्धीन्द्र पिब च प्रस्थितस्य।।७।।
उद्धीदिन्द्र प्रस्थितेमा हवींषि चनो दधिष्व पचतोत सोमम ।
प्रयस्वन्तः प्रति हर्यामसि त्वा सत्याः सन्तु यजमानस्य कामाः।।८।।
प्रेन्द्राग्निभ्यां सुवचस्यामियर्मि सिन्धाविव प्रेरयं नावमर्कैः ।
अयाइव परि चरन्ति देवा ये अस्मभ्यं घनदा उद्भिदश्च ।।६।।

६. अग्निवरुणसोमानां निहवः – ऋ. १०.१२४.६

बीभत्सूनां सयुजं हंसाहुरपां दिव्यानां सख्ये चरन्तम् ।
अनुष्टुभमनु चर्चूर्यमाणमिन्द्र नि चिक्युः कवयो मनीषा ।।६।।

७. अत्रिः – अ. २०.१२.७

ऋजीषी वज्री वृषभस्तुराषाट्छुष्मी राजा वृत्रहा सोमपावा ।
युक्त्वा हरिभ्यामुप यासदर्वाङ् माध्यंदिने सवने मत्सदिन्द्रः।।७।।

८. अत्रिर् भौमः – ऋ. ५.३७.१–५; ५.३८.१–५; ५.३९.१–५;५.४०.१–४ सा. ३४५; ३६६; ११७२–७४

ऋ. ५.३७.१–५

सं भानुना यतते सूर्यस्याजुह्वानो घृतपृष्ठः स्वंचाः ।
तस्मा अमृध्रा उषसो व्युच्छान्य इन्द्राय सुनवामेत्याह।।१।।
समिद्धाग्निर्वनवत्स्तीर्णबर्हियुक्तग्रावा सुतसोमो जराते ।
ग्रावाणो यस्येषिरं वदन्त्ययदध्वर्युर्हविषाव सिन्धुम्।।2।।
वधूरियं पतिमिच्छन्त्येति य ईं वहाते महिषीमिषिराम् ।
आस्य श्रवस्याद्रथ आ च घोषात्पुरू सहस्रा परि वर्तयाते।।३।।
न स राजा व्यथते यस्मिन्निन्द्रस्तीव्रं सोमं पिबति गोसखायम् ।

आ सत्वनैरजति हन्ति वृत्रां क्षेति क्षितीः सुभागो नाम पुश्यन्।।४।।
पुष्यात्क्षेमे अभि योगे भवात्युभे वृतौ संयती सं जयाति ।
प्रियः सूर्ये प्रियो अग्ना भवाति य इन्द्राय सुतसोमो ददाशत् ।।५।।

ऋ. ५.३८.१–५

उरोष्ट इन्द्र राधसो विभवी रातिः शतक्रतो। अधा नो विश्वचर्षणे द्युम्ना सुक्षत्रा मंहय।।१।।
यदीमिन्द्र श्रवाय्यमिषं शविष्ठ दधिषे। पप्रथे दीर्घश्रुत्तमं हिरण्यवर्ण दुष्टरम्।।2।।
शुष्मासो ये ते अद्रिवो मेहना केतसापः। उभा देवावभिष्टये दिवश्च ग्मश्च राजथः।।३।।
उतो नो अस्य कस्य चिद्दक्षस्य तव वृत्राहन्। अस्मभ्यं नृम्णमा भरास्मभ्यं नृमणस्यसे।।४।।
नू त आभिरिभिष्टिभिस्त्व शर्मंछतक्रतो। इन्द्र स्याम सुगोपाः शूर स्याम सुगोपाः ।।५।।

ऋ. ५.३९.१–५

यदिन्द्र चित्र मेहनास्ति त्वादातमद्रिवः। राधस्तन्नो विदद्वस उभयाहस्त्या भर ।।१।।
यन्मन्यसे वरेण्यमिन्द्र द्युक्षं तदा भर । विद्याम तस्य ते वयमकूपारस्य दावने।।2।।
यत्ते दित्सु प्रराध्यं मनो अस्ति श्रुतं बृहत्। तेन दृळहा चिदद्रिव आ वाजं दर्षि सातये।।३।।
मंहिष्ठं वो मघोनां राजानं चर्षणीनाम्। इन्द्रमुप प्रशस्तये पूर्वीभिर्जुजुषे गिरः।।४।।
अस्मा इत्काव्यं वच उक्थमिन्द्राय शंस्यम्।
तस्मा उ ब्रह्मवाहसे गिरो वर्धन्त्यत्रायो गिरः शुम्भन्त्यत्रायः।।५।।

ऋ. ५.४०.१–४

आ याह्यद्रिभिः सुतं सोमं सोमपते पिब। वृषन्निन्द्र वृषभिर्वृत्राहन्तम्।।१।।
वृषा ग्रावा वृषा मदो वृषा सोमो अयं सुतः। वृषन्निन्द्र वृषभिर्वृत्राहन्तम्।।2।।
वृषा त्वा वृषणं हुवे वज्रिचित्राभिरूतिभिः। वृषन्निन्द्र वृषभिर्वृत्राहन्तम।।३।।
ऋजीषी वज्री वृषभस्तुराषाट्छुष्मी राजा वृत्रहा सोमपावा ।
युक्त्वा हरिभ्यामुप यासदर्वाङ्माध्यन्दिने सवने मत्सदिन्द्रः ।।४।।

सा. ३४५

यदिन्द्र चित्रा म इह नास्ति त्वादातमद्रिवः। राधस्तन्नो विदद्वस उभयाहस्त्या भर।।४।।

सा. ३६६

विभोष्ट इन्द्र राधसो विभ्वी रातिः शतक्रतो। अथा नो विश्वचर्षणे द्युम्नं सुदत्रा मंहय।।७।।

सा. ११७2–७४

यदिन्द्र चित्र म इह नास्ति त्वादातमद्रिवः। राधस्तन्नो विदद्वस उभयाहस्त्या भर ।।४।।
यन्मन्यसे वरेण्यमिन्द्र द्युक्षं तदा भर। विद्याम तस्य ते वयमकूपारस्य दावनः ।।५।।
यत्ते दिक्षु प्रराध्यं मनो अस्ति श्रुतं बृहत्। तेन दृढा चिदद्रिव आ वाजं दर्षि सातये ।।६।।

९. अथर्वा – सा. १८७१ अ. १.20.४; १.2१.१–४; 2.2९.३; ७; ३.१.३–६; ३.2.३; ४; ३.४.१–७; ५.24.११; ५.८.४–६; ६.६६.१–३; ६.६७.१–३; ६.६८.१–३; ६.९९.१–2; ३; ७.७2.१–३; ७.७६.६; ९.१५.१–४; १८.३.५४

सा. १८७१

अन्धा अमित्रा भवताशीर्षाणोऽहय इव। तेषां वो अग्निुन्नानामिन्द्रो हन्तु वरंवरम्।।2।।

अ. १.20.४

शास इत्था महाँ अस्यमित्रसाहो अस्तृतः। न यस्य हन्यते सखा न जीयते कदा चन।।४।।

अ. १.2१.१–४

स्वस्तिदा विशां पतिर्वृत्रहा विमृधो वशी। वृषेन्द्रः पुर एतु नः सोमपा अभयकङ्रः।।१।।
वि न इन्द्र मृधो जहि नीचा यच्छ पृतन्यतः। अधमं गमया तमो यो अस्माँ अभिदासति।।2।।
वि रक्षो वि मृधो जहि वि वृत्रस्य हनू रुज। वि मन्युमिन्द्र वृत्रहन्नमित्रस्याभिदासतः।।३।।
अपेन्द्र द्विषतो मनोऽप जिज्यासतो वधम्। वि महच्छर्म यच्छ वरीयो यावया वधम् ।।४।।

अ. 2.2९.३

आशीर्ण ऊर्जमुत सौप्रजास्त्वं दक्षं धत्तं द्रविणं सचेतसौ ।
जयं क्षेत्राणि सहसायमिन्द्र कृण्वानो अन्यानधरान्त्सपत्नान् ।।३।।

अ. 2.2६.७

इन्द्र एतां ससृजे विद्धो अग्र ऊर्जां स्वधामजरां सा त एषा ।
तया त्वं जीव शरदः सुवर्चा मा त आ सुस्रोद् भिषजस्ते अक्रन् ।।७।।

अ. ३.१.३–६

अमित्रसेनां मघवन्नस्मांछत्रूयतीमभि । युवं तानिन्द्र वृत्रहन्नग्निश्च दहतं प्रति।।३।।
प्रसूत इन्द्र प्रवता हरिभ्यां प्र ते वज्रः प्रमृणन्नेतु शत्रून् ।
जहि प्रतीचो अनूचः पराचो विष्वक् सत्यं कृणुहि चित्तमेषाम्।।४।।
इन्द्र सेनां मोहयामित्राणाम् । अग्नेर्वातस्य ध्राज्या तान् विषूचो वि नाशय।।५।।
इन्द्रः सेनां मोहयतु मरुतो घ्नन्त्वोजसा ।
चक्षूष्यग्निरा दत्तां पुनरेतु पराजिता ।।६।।

अ. ३.2.३–४

इन्द्र चित्तानि मोहयन्नर्वाङाकूत्या चर। अग्नेर्वातस्य ध्राज्या तान् विषूचो वि नाशय।।३।।
व्याकूतय एषामिताथो चित्तानि मुह्यत। अथो यदद्यैषा हृदि तदेषां परि निर्जहि ।।४।।

अ. ३.४.१–७

आ त्वा गन् राष्ट्रं सह वर्चसोदिहि प्राङ् विशां पतिरेकराट् त्वं वि राज।
सर्वास्त्वा राजन् प्रदिशो ह्वयन्तूपसद्यो नमस्यो भवेह।।१।।
त्वां विशो वृणतां राज्याय त्वामिमाः प्रदिशः पंच देवीः ।
वर्ष्मन् राष्ट्रस्य ककुदि श्रयस्व ततो न उग्रो वि भजा वसूनि।।2।।
अच्छ त्वा यन्तु हविनः सजाता अग्निर्दूतो अजिरः सं चरातै ।
जायाः पुत्राः सुमनसो भवन्तु बहुं बलिं प्रति पश्यासा उग्रः।।३।।
अश्विना त्वाग्रे मित्रावरुणोभा विश्वे देवा मरुतस्त्वा ह्वयन्तु ।
अधा मनो वसुदेयाय कृणुष्व ततो न उग्रो वि भजा वसूनि।।४।।
आ प्र द्रव परमस्याः परावतः शिवे ते द्यावापृथिवी उभे स्ताम् ।
तदयं राजा वरुणस्तथाह स त्वायमह्वत् स उपेदमेहि।।५।।
इन्द्रेन्द्र मनुष्या३ः परेहि सं ह्यज्ञास्था वरुणैः संविदानः ।
स त्वायमह्वत् स्वे सधस्थे स देवान् यक्षत् स उ कल्पयाद् विशः।।६।।
पथ्या रेवतीर्बहुधा विरूपाः सर्वाः सङ्गत्य वरीयस्ते अक्रन् ।
तास्त्वा सर्वाः संविदाना ह्वयन्तु दशमीमुग्रः सुमना वशेह ।।७।।

अ. ५.2४.११

इन्द्रो दिवोऽधिपतिः स मावतु। अस्मिन् ब्रह्मण्यस्मिन् कर्मण्यस्यां पुरोधायामस्यां प्रतिष्ठायामस्यां
चित्त्यामस्यामाकूत्यामस्यामाशिष्यस्यां देवहूत्यां स्वाहा ।।११।।

अ. ५.८.४–६

अति धावतातिसरा इन्द्रस्य वचसा इत ।
अविं वृकइव मथ्नीत स वो जीवन् मा मोचि प्राणमस्यापि नह्यत।।४।।
यममी पुरोदधिरे ब्रह्माणमपभूतये । इन्द्र स ते अध्स्पदं तं प्रत्यस्यामि मृत्यवे।।५।।
यदि प्रेयुर्देवपुरा ब्रह्म वर्माणि चक्रिरे।
तनूपानं परिपाणं कृण्वाना यदुपोचिरे सर्वं तदरसं कृधि।।६।।
यानसावतिसरांश्चकार कृणवच्च यान् ।
त्वं तानिन्द्र वृत्रहन् प्रतीचः पुनरा कृधि यथामुं तणहां जनम्।।७।।
यथेन्द्र उद्वाचनं लब्ध्वा चक्रे अधस्पदम् । कृत्वे३हमधरांस्तथामुंशश्वतीभ्यः समाभ्यः।।८।।
अत्रैनानिन्द्र वृत्रहन्नुग्रो मर्मणि विध्य ।
अत्रैवैनानभि तिष्ठेन्द्र मेद्य१ हं तव अनु त्वेन्द्रा रभामहे स्याम सुमतौ तव।।६।।

अ. ६.६६.१–३

निर्हस्तः शत्रुरभिदासन्नस्तु ये सेनाभिर्युधमायन्त्यस्मान् ।
समर्पयेन्द्र महता वधेन द्रात्वेषामघहारो विविंद्धः।।१।।
आतन्वाना आयच्छन्तोऽस्यन्तो ये च धावथ । निर्हस्ताः शत्रवः स्थनेन्द्रो वोऽद्य पराशरीत्।।2।।
निर्हस्ताः सन्तु शत्रवोऽङ्गैषां म्लापयामसि। अथैषामिन्द्र वेदांसि शतशो वि भजामहै।।३।।

अ. ६.६७.१–३

परि वर्त्मानि सर्वत इन्द्रः पूषा च सस्रतुः। मुह्यन्त्वद्यामः सेना अमित्राणां परस्तराम् ।।१।।
मूढा अमित्राश्चरताशीर्षाणइवाहयः। तेषां वो अग्निमूढानामिन्द्रो हन्तु वरंवरम् ।।2।।
ऐषु नह्य वृषाजिनं हरिणस्या भियं कृधि। पराङमित्र एषत्वर्वाची गौरुपेषतु ।।३।।

अ. ६.६८.१–३

इन्द्रो जयाति न परा जयाता अधिराजो राजसु राजयातै ।
चर्कृत्य ईड्यो वन्द्यश्चोपसद्यो नमस्यो भवेह।।१।।
त्वमिन्द्राधिराजः श्रवस्युस्त्वं भूरभिभूतिर्जनानाम्।
त्वं दैवीर्विश इमा वि राजायुष्मत् क्षत्रमजरं ते अस्तु।।2।।
प्रच्या दिशस्त्वमिन्द्रासि राजोतोदीच्या दिशो वृत्रहंछत्रुहोसि ।
यत्र यन्ति स्रोत्यास्तज्जितं ते दक्षिणतो वृषभ एषि हव्यः ।।३।।

अ. ६.९९.१–३

अभि त्वेन्द्र वरिमतः पुरा त्वांहूरणाद्धुवे। ह्वयाम्युग्रं चेत्तारं पुरुणामानमेकजम् ।।१।।
यो अद्य सेन्यो वधो जिघांसन् न उदीरते। इन्द्रस्य तत्र बाहू समन्तं परि दध्मः ।।2।।
परि दध्म इन्द्रस्य समन्तं त्रातुस्त्रायतां नः।
देव सवितः सोम राजन्त्सुमनसं मा कृणु स्वस्तये ।।३।।

अ. ७.७2.१–३

उत तिष्ठताव पश्यतेन्द्रस्य भागमृत्वियम् । यदि श्रातं जुहोतन यद्यश्रातं ममत्तन ।।१।।
श्रातं हविरो ष्विन्द्र प्र याहि जगाम सूरो अध्वनो वि मध्यम् ।
परि त्वासते निधिभिः सखायः कुलपा न व्राजपतिं चरन्तम् ।।2।।
श्रातं मन्य ऊधनि श्रातमग्नौ सुशृतं मन्ये तदृतं नवीयः ।
माध्यन्दिनस्य सवनस्य दध्नः पिबेन्द्र वज्रिन् पुरुकृज्जुषाणः ।।३।।

अ. ७.७६.६

धृषत् पिब कलशे सोममिन्द्र वृत्रहा शूर समरे वसूनाम् ।
माध्यन्दिने सवन आ वृषस्व आ रयिष्ठानो रयिमस्मासु धेहि ।।६।।

अ. ६.१५.१–४

यद् गायत्रे अधि गायत्रमाहितं त्रैष्टुभं वा त्रैष्टुभान्निरतक्षत ।
यद्वा जगज्जगत्याहितं पदं य इत् तद् विदुस्ते अमृतत्वमानशुः ।।१।।
गायत्रेण प्रति मिमीते अर्कमर्केण साम त्रैष्टुभेन वाकम् ।
वाकेन वाकं द्विपदा चतुष्पदाक्षरेण मिमते सप्त वाणीः ।।2।।
जगता सिन्धुं दिव्यस्कभायद् रथंतरे सूर्यं पर्यपश्यत् ।
गायत्रस्य समिधस्तिस्र आहुस्ततो मह्ना प्र रिरिचे महित्वा ।।३।।
उप ह्वये सुदुघां धेनुमेतां सुहस्तो गोधुगुत दोहदेनाम् ।
श्रेष्ठं सवं सविता साविषन्नोऽभीद्धो घर्मस्तदु षु प्र वोचत् ।।४।।

अ. १८.३.५४

अथर्वा पूर्णं चमसं यमिन्द्रायाबिभर्वाजिनीवते ।
तस्मिन् कृणोति सुकृतस्य भक्षं तस्मिन्निन्दुः पवते विश्वदानीम् ।।५४।।

१०. अथर्वा (पण्यकामः) – अ. ३.१५.१

इन्द्रमहं वणिजं चोदयामि सन ऐतु पुरएता नो अस्तु ।
नुदन्न रातिं परिपन्थिनं मृगं स ईशानो धनदा अस्तु मह्यम् ।।2।।

११. अथर्वा (स्वस्त्ययनकामः) – अ. ६.५.2; ६.४०.३; ७.८६.१

अ. ६.५.2

इन्द्रेमं प्रतरं कृधि सजातानमसद् वशी। रायस्पोषेण सं सृज जीवातवे जरसे नय।।2।।

अ. ६.४०.३

अनमित्रं नो अधरादनमित्रं न उत्तरात्। इन्द्रानमित्रं नः पश्चादनमित्रं पुरस्कृधि ।।३।।

अ. ७.८६.१

त्रतारमिन्द्रमवितारमिन्द्रं हवेहवे सुहवं शूरमिन्द्रम् ।
हुवे न शुक्रं पुरुहूतमिन्द्रं स्वस्ति न इन्द्रो मघवान् कृणोतु।।१।।

१2. अथर्वांगिरा – अ. ७.११७.१; १६.५.१

अ. ७.११७.१

आ मन्द्रैरिन्द्र हरिभिर्याहि मयूररोमभिः ।
मा त्वा के चिद् वि यमन् विं न पाशिनोऽति धन्वेव ताँ इहि ।।१।।

अ. १६.५.१

इन्द्रो राजा जगतश्चर्षणीनामधि क्षमि विषुरूपं यदस्ति ।
ततो ददाति दाशुषे वसूनि चोदद राध उपस्तुतश्चिदर्वाक् ।।१।।

१३. अपाला आत्रेयी – ऋ. ८.९१.१–७

कन्या३ वारवायती सोममपि स्रुताविदत् ।
अस्तं भरन्त्यब्रवीदिन्द्राय सुनवै त्वा शक्राय सुनवै त्वा ।।१।।
असौ य एषि वीरको गृहंगृहं विचाकशत्।
इमं जम्भसुतं पिब धानावन्तं करम्भिणमपूपवन्तमुक्थिनम् ।।2।।
आ चन त्वा चिकित्सामोऽधि चन त्वा नेमसि। शनैरिव शनकैरिवेन्द्रायेन्दो परि स्रव ।।३।।
कुविच्छकत्कुवित्करत्कुविन्नो वस्यसस्करत्। कुवित्पतिद्विषो यतीरिन्द्रेण संगमामहै ।।४।।
इमानि त्रीणि विष्टपा तानीन्द्र वि रोहय। शिरस्ततस्योर्वरामादिदं म उपोदरे ।।५।।
असौ च या न उर्वरादिमां तन्वं१ मम। अथो ततस्य यच्छिरः सर्वा ता रोमशा कृधि ।।६।।
खे रथस्य खेऽनसः खे युगस्य शतक्रतो। अपालामिन्द्र त्रिष्पूत्व्यकृणोः सूर्यत्वचम्।।७।।

१४. अप्रतिरथः – य. १७.३३–४४; ५१

य. १७.३३–४४

आशुः शिशानो वृषभो न भीमो घनाघनः क्षोभणश्चर्षणीनाम् ।
संक्रन्दनोऽनिमिषऽएकवीरः शतं सेनाऽअजयत्साकमिन्द्रः ।।३३।।
संक्रन्दनेनानिमिषेण जिष्णुना युत्कारेण दुश्च्यवनेन धृष्णुना ।
तदिन्देण जयत तत्सहध्वं युधो नर इषुहस्तेन वृष्णा ।।३४।।
स इषुहस्तैः स निषंगिभिर्वशी संस्रष्टा स युध इन्द्रो गणेन ।
संसृष्टजित्सोमपा बाहुशर्ध्युग्रधन्वा प्रतिहिताभिरस्ता ।।३५।।
बृहस्पते परि दीया रथेन रक्षोहाऽमित्राँ2 अपबाधमानः ।
प्रभंजन्त्सेनाः प्रमृणो युधा जयन्नस्माकमेध्यविता रथानाम् ।।३६।।
बलविज्ञाय स्थविरः प्रवीरः सहस्वान् वाजी सहमान उग्रः ।
अभिवीरो अभिसत्वा सहोजा जैत्रमिन्द्र रथमा तिष्ठ गोवित् ।।३७।।
गोत्रभिदं गोविदं वज्रबाहुं जयन्तमज्म प्रमृणन्तमोजसा ।
इमं सजाता अनु वीरयध्वमिन्द्रं सखायो अनु सं रभध्वम् ।।३८।।
अभि गोत्राणि सहसा गाहमानोऽदयो वीरः शतमन्युरिन्द्रः ।
दुश्च्यवनः पृतनाषाडयुध्योऽस्माकं सेना अवतु प्र युत्सु ।।३६।।

इन्द्र आसां नेता बृहस्पतिर्दक्षिणा यज्ञः पुर एतु सोमः ।
देवसेनानामभिभंजतीनां जयन्तीनां मरुतो यन्त्वग्रम् ।।४०।।
इन्द्रस्य वृष्णो वरुणस्य राज्ञ आदित्यानां मरुतां शर्ध उग्रम् ।
महामनसां भुवनच्यवानां घोषो देवानां जयतामुदस्थात् ।।४१।।
उद्धर्षय मघवन्नायुधान्युत्सत्वनां मामकानां मनांसि ।
उद्वृत्रहन् वाजिनां वाजिनान्युद्रथानां जयतां यन्तु घोषाः ।।४2।।
अस्माकमिन्द्रः समृतेषु ध्वजेष्वस्माकं या इषवस्ता जयन्तु ।
अस्माकं वीरा उत्तरे भवन्त्वस्माँ2 उ देवा अवता हवेषु ।।४३।।
अमीषां चित्तं प्रतिलोभयन्ती गृहाणांगान्यप्वे परेहि ।
अभि प्रेहि निर्दह हृत्सु शोकैरन्धेनामित्रास्तमसा सचन्ताम् ।।४४।।

य. १७.५१

इन्द्रेमं प्रतरां नय सजातानामसद्वशी। समेनं वर्चसा सृज देवानां भागदाऽअसत् ।।५१।।

१५. अप्रतिरथ ऐन्द्रः – ऋ. १०.१०३.१–३; ५–११; सा. १८५०; ५३; ५५–५६; ५८–५९

ऋ. १०.१०३.१–३

आशुः शिशानो वृषभो न भीमो घनाघनः क्षेमणश्चर्षणीनाम् ।
संक्रन्दनोऽनिमिष एकवीरः शतं सेना अजयत्साकमिन्द्रः ।।१।।
संक्रन्दनेनानिमिषेण जिष्णुना युत्कारेण दुश्चयवनेन धृष्णुना ।
तदिन्द्रेण जयत तत्सहध्वं युधो नर इषुहस्तेन वृष्णा ।।2।।
स इषुहस्तैः स निषंगिभिर्वशी संस्रष्टा स युध इन्द्रो गणेन संसृष्टजित्सोमपा
बाहुशर्ध्यु१ग्रधन्वा प्रतिहिताभिरस्ता ।।३।।

ऋ. १०.१०३.५–११

बलविज्ञायः स्थविरः प्रवीरः सहस्वान्वाजी सहमान उग्रः ।
अभिवीरो अभिसत्वा सहोजा जैत्रमिन्द्र रथमा तिष्ठ गोवित् ।।५।।
गोत्रभिदं गोविदं वज्रबाहुं जयन्तमज्म प्रमृणन्तमोजसा ।
इमं सजाता अनु वीरयध्वमिन्द्रं सखायो अनु सं रभध्वम् ।।६।।
अभि गोत्राणि सहसा गाहमानोऽदयो वीरः शतमन्युरिन्द्रः ।
दुश्च्यवनः पृतनाशाळयुध्यो३ऽस्माकं सेना अवतु प्र युत्सु ।।७।।
इन्द्र आसां नेता बृहस्पतिर्दक्षिणा यज्ञः पुर एतु सोमः ।
देवसेनानामभिभंजतीनां जयन्तीनां मरुतो यन्त्वग्रम् ।।८।।
इन्द्रस्य वृष्णो वरुणस्य राज्ञ आदित्यानां मरुतां शर्ध उग्रम् ।
महामनसां भुवनच्यवानां घोषो देवानां जयतामुदस्थात् ।।९।।
उद्धर्षय मघवन्नायुधान्युत्सत्वनां मामकानां मनांसि ।
उद्वृत्रहन्वाजिनां वाजिनान्युद्रथानां जयतां यन्तु घोषाः ।।१०।।
अस्माकमिन्द्रः समृतेषु ध्वजेष्वस्माकं या इषवस्ता जयन्तु ।
अस्माकं वीरा उत्तरे भवन्त्वस्माँ उ देवा अवता हवेषु ।।११।।

सा. १८५०

सङ्क्रन्दनेनानिमिषेण जिष्णुना युत्कारेण दुश्चयवनेन धृष्णुना ।
तदिन्द्रेण जयत तत्सहध्वं युधो नर इषुहस्तेन वृष्णा ।।2।।

सा. १८५३

बलविज्ञायः स्थविरः प्रवीरः सहस्वान्वाजी सहमान उग्रः ।
अभिवीरो अभिसत्वा सहोजा जैत्रमिन्द्र रथमा तिष्ठ गोवित् ।।2।।

सा. १८५५–५६

अभि गोत्राणि सहसा गाहमानोऽदयो वीरः शतमन्युरिन्द्रः ।

दुश्च्यवनः पृतनाषाडयुध्यो३स्माकं सेना अवतु प्र युत्सु ।।१।।
इन्द्र आसां नोता बृहस्पतिर्दक्षिणा यज्ञः पुर एतु सोमः ।
देवसेनानामभिभंजतीनां जयन्तीना मरुतो यन्त्वग्रम् ।।2।।

सा. १८५८–५६

उद्वृर्षय मघवन्नायुधन्युत्सत्वनां मामकानां मनांसि ।
उद्वृत्रहन्वाजिनां वाजिनान्युद्रथानां जयतो यन्तु घोषाः ।।१।।
अस्माकमिन्द्रः समृतेषु ध्वजेष्वस्माकं या इषवस्ता जयन्तु ।
अस्माकं वीरा उत्तरे भवन्त्वस्माँ उ देवा अवता हवेषु ।।2।।

१६. अरिष्टनेमिस् तार्क्ष्यः – सा. ३३2

सा. ३३2

त्यमू षु वाजिनं देवजूतं सहोवानं तरुतारं रथनाम् ।
अरिष्टनेमिं पृतनाजमाशुं स्वस्तये नाक्ष्यमिहा हुवेम ।।१।।

१७. अवस्युर् आत्रेयः – ऋ. ५.३१.१–७; ८^{2}

ऋ. ५.३१.१–७

इन्द्रो रथाय प्रवतं कृणोति यमध्यस्थान्मघवा वाजयन्तम् ।
यूथेव पश्वो व्युनोति गापो अरिष्टो याति प्रथमः सिषासन् ।।१।।
आ प्र द्रव हरिवो मा वि वेनः पिशंगराते अभि नः सचस्व ।
नहि त्वदिन्द्र वस्यो अन्यदस्त्यमेनाँश्चिज्जनिवतश्चकर्थ ।।2।।
उद्यत्सहः सहस आजनिष्ट देदिष्ट इन्द्र इन्द्रियाणि विश्वा ।
प्राचोदयत्सुदुघा वव्रे अन्तर्वि ज्योतिषा संववृत्वत्तमोऽवः ।।३।।
अनवस्ते रथमश्वाय तक्षन्त्वष्टा वज्रं पुरुहूत द्युमन्तम् ।
ब्रह्माण इन्द्रं महयन्तो अर्कैरवर्धयन्नहये हन्त्वा उ ।।४।।
वृष्णे यत्ते वृष्णो अर्कमर्चानिन्दं ग्रावाणे अदितिः सजोषाः ।
अनश्वासो ये पवयोऽरथा इन्द्रेषिता अभ्यवर्तन्त दस्यून् ।।५।।
प्र ते पूर्वाणि करणानि वोचं प्र नूतना मघवन्या चकर्थ ।
शक्तीवो यद्विभरा रोदसी उभे जयन्नपो मनवे दानुचित्राः ।।६।।
तदिन्नु ते करणं दस्म विप्राहिं यद् घ्नन्नोजो अत्रामिमीथाः ।
शुष्णस्य चित्परि माया अगृभ्णाः प्रपित्वं यन्नप दस्यूँरसेधः ।।७।।

ऋ. ५.३१.८^{2}

त्वमपो यदवे तुर्वशायारमयः सुदुघाः पार इन्द्र ।
उग्रमयातमवहो ह कुत्सं सं ह यद्वामुशनारन्त देवाः ।।८।।

१८. अश्विनौ – य. 2८.१2–१३; १५–१६

य. 2८.१2–१३

देवं बर्हिरिन्द्रं सुदेवं देवैर्वीरवत् स्तीर्णं वेद्यामवर्द्धयत् ।
वस्तोर्वृतं प्राक्तोर्भृतं राया बर्हिष्मतोऽत्यगाद्वसुवने वसुधेयस्य वेतु यज ।।१2।।
देवीर्द्वार ऽइन्द्रं सङ्घाते वीड्वीर्यामन्न वर्द्धयन्। आ वत्सेन तरुणेन कुमारेण च मीवतापार्वाणं रेणुककाटं नुदन्तां वसुवने वसुधेयस्य व्यन्तु यज ।।१३।।

य. 2८.१५–१६

देवी जोष्टीवसुधिति देवमिन्द्रमवर्द्धताम्। अयाव्यन्याघा द्वेषांस्यान्या वक्षद्वसु वार्याणि यजमानाय शिक्षिते वसुवने वसुधेयस्य वीतां यज ।।१५।।
देवीऽऊर्जाहुती दुघे सुदुघे पयसेन्द्रमवर्द्धताम्। इषमूर्जमन्या वक्षत्सग्धिं सपीतिमन्या नवेन पूर्वं दयामाने पुराणेन नवमधातामूर्जमूर्जाहुतीऽऊर्जयमाने वसु वार्याणि यजमानाय शिक्षिते वसुवने वसुधेयस्य वीतां यज ।।१६।।

१६. अष्टकः – अ. 20.2५.७; 20.३३.१–३

अ. 20.2५.७

प्रोग्रां पीतिं वृष्णं इयर्मि सतयां प्रयै सुतस्य हर्यश्व तुभ्यम् ।
इन्द्र धेनाभिरिह मादयस्व धीभिर्विश्वभिः शच्या गृणानः ।।७।।

अ. 20.३३.१–३

अप्सु धूतस्य हरिवः पिबेह नृभिः सुतस्य जठरं पृणस्व ।
मिमिक्षुर्यमद्रय इन्द्र तुभ्यं तेभिर्वर्धस्व मदमुक्थवाहः ।।१।।
प्रोग्रां पीतिं वृष्ण इयर्मि सत्यां प्रयै सुतस्य हर्यश्व तुभ्यम् ।
इन्द्र धेनाभिरिह मादयस्व धीभिर्विश्वाभिः शच्या गृणानः ।।2।।
ऊती शचीवस्तव वीर्येण वयो दधाना उशिज ऋतज्ञाः ।
प्रजावदिन्द्र मनुषो दुरोणे तस्थुर्गृणन्तः सधमाद्यासः ।।३।।

20. अष्टको वैश्वामित्रः – १०.१०४.१–११

असावि सोमः पुरुहूत तुभ्यं हरिभ्यां यज्ञमुप याहि तूयम् ।
तुभ्यं गिरो विप्रवीरा इयाना दधन्विर इन्द्र पिबा सुतस्य ।।१।।
अप्सु धूतस्य हरिवः पिबेह नृभिः सुतस्य जठरं पृणस्व ।
मिमिक्षुर्यमद्रय इन्द्र तुभ्यं तेभिर्वर्धस्व मदमुक्थवाहः ।।2।।
प्रोग्रां पीतिं वृष्ण इयर्मि सत्यां प्रयै सुतस्य हर्यश्व तुभ्यम् ।
इन्द्र धेनाभिरिहि मादयस्व धीभिर्विश्वाभिः शच्या गृणानः ।।३।।
ऊती शचीवस्तव वीर्यण वयो दधाना उशिज ऋतज्ञाः ।
प्रजावदिन्द्र मनुषो दुरोणे तस्थुर्गृणन्तः सधमाद्यासः ।।४।।
प्रणीतिभिष्टे हर्यश्व सुष्टोः सुषुम्नस्य पुरुरुचो जनासः ।
मंहिष्ठामूतिं वितिरे दधानाः स्तोतार इन्द्र तव सूनृताभिः ।।५।।
उप ब्रह्माणि हरिवो हरिभ्यां सोमस्य याहि पीतये सुतस्य ।
इन्द्र त्वा यज्ञः क्षममाणमानड् दाश्वाँ अस्यध्वरस्य प्रकेतः ।।६।।
सहस्रवाजमभिमातिषाहं सुतेरणं मघवानं सुवृक्तिम् ।
उप भूषन्ति गिरो अप्रतीतमिन्द्रं नमस्या जरितुः पनन्त ।।७।।
सप्तापो देवीः सुरणा अमृक्ता याभिः सिन्धुमतर इन्द्र पूर्भित् ।
नवतिं स्रोत्या नव च स्रवन्तीर्देवेभ्यो गातुं मनुषे च विन्दः।।८।।
अपो महीरभिशस्तेरमुंचोऽजागरास्वधि देव एकः ।
इन्द्र यास्त्वं वृत्रतूर्ये चकर्थ ताभिर्विश्वयुस्तन्वं पुपुष्याः ।।६।।
वीरेण्यः क्रतुरिन्द्रः सुशस्तिरुतापि धेना पुरुहूतमी□ ।
आर्दयद्वृत्रमकृणोदु लोकं ससाहे शक्रः पृतना अभिष्टिः ।।१०।।
शुनं हुवेम मघवानमिन्द्रमस्मिन्भरे नृतमं वाजसातौ ।
शृण्वन्तमुग्रमूतये समत्सु घ्नन्तं वृत्राणि संजितं धनानाम् ।।११।।

2१. अष्टादंष्ट्रो वैरूपः – ऋ. १०.१११.१–१०

मनीषिणः प्र भरध्वं मनीषां यथायथा मतयः सन्ति नृणाम् ।
इन्द्रं सत्यैरेरयामा कृतेभिः स हि वीरो गिर्वणस्युर्विदानः ।।१।।
ऋतस्य हि सदसो धीतिरद्यौत्सं गार्ष्टेयो वृषभो गोभिरानट् ।
उदतिष्ठत्तविषेणा रवेण महान्ति चित्सं विव्याचा रजांसि ।।2।।
इन्द्रः किल श्रुत्या अस्य वेद स हि जिष्णुः पथिकृत्सूर्याय ।
अन्मेनां कृण्वन्नच्युतो भुवदगोः पतिर्दिवः सनजा अप्रतीतः ।।३।।
इन्द्रो मह्ना महतो अर्णवस्य व्रतामिनादंगिरोभिर्गृणानः ।
पुरूणि चिन्नि तताना रजांसि दाधार यो धरुणं सत्यताता।।४।।

इन्द्रो दिवः प्रतिमानं पृथिव्या विश्वा वेद सवना हन्ति शुष्णम् ।
महीं चिद् द्यामातनोत्सूर्येण चास्कम्भ चित्कम्भनेन स्कभीयान् ।।५।।
वज्रेण हि वृत्रहा वृत्रमस्तरदेवस्य शूशुवानस्य मायाः ।
वि धृष्णो अत्र धृषता जघन्थाथाभवो मघवन्बाह्वोजाः ।।६।।
सचन्त यदुषसः सूर्येण चित्रामस्य केतवो रामविन्दन् ।
आ यन्नक्षत्रं ददृशे दिवो न पुनर्यतो नाकिरद्धा नु वेद ।।७।।
दूरं किल प्रथमा जग्मुरासामिन्द्रस्य याः प्रसवे सस्रुरापः ।
क्व स्विदग्रं क्व बुध्न आसामापो मध्यं क्व वो नूनमन्तः ।।८।।
सुजः सिन्धूँरहिना जग्रसानाँ आदिदेताः प्र विविज्रे जवेन ।
मुमुक्षमाणा उत या मुमुच्रेऽधेदेता न रमन्ते नितिक्ताः ।।१।।
सध्राचीः सिन्धुमुशतीरिवायन्त्सनाज्जार आरितः पूर्भिदासाम् ।
अस्तमा ते पार्थिवा वसून्यस्मे जग्मुः सूनृता इन्द्र पूर्वीः ।।१०।।

22. आथर्वणः दध्यङ् – य. ३६.७–८

कया त्वं नऽऊत्याभि प्र मन्दसे वृषन्। क्या स्तोतृभ्यऽआ भर ।।७।।
इन्द्रो विश्वस्य राजति। शन्नोऽअस्तु द्विपदे शं चतुष्पदे ।।८।।

2३. आभूतिः – य. १६.६–७

कुविदंग यवमन्तो यवं चिद्यथा दान्त्यनुपूर्वं वियुय। इहेहैषां कृणुहि भेजनानि ये बर्हिषो नामऽउक्तिं यजन्ति। उपयामगृहीतोऽस्यश्विभ्यां त्वा सरस्वत्यै त्वेन्द्राय त्वा सुत्राम्णाऽएष ते योनिस्तेजसे त्वा वीर्याय त्वा बलाय त्वा ।।६।।
नाना हि वां देवहितं सदस्कृतं मा सं सृक्षाथां परमे व्योमन् ।
सुरा त्वमसि शुष्मिणी सोमऽएष मा मा हिंसीः स्वां योनिमाविशन्ती ।।७।।

2४. आयुः –अ. 20.११६.१

अस्तावि मन्म पूर्व्यं ब्रह्मोन्द्राय वोचत। पूर्वीर्ऋतस्य बृहतीरनूषत स्तोतुर्मेधा असृक्षत ।।१।।

2५. आयुः काण्वः (वालखिल्यम्) – सा. १६७७–१६७८

अस्तावि मन्म पूवर्यं ब्रह्मेन्द्राय वोचत ।
पूर्वीर्ऋतस्य बृहीतरनूषत स्तोतुर्मेधा असृक्षत ।।१।।
समिन्द्रो रायो बृहतीरधूनुत सं क्षोणी समु सूर्यम् ।
सं शुक्रासः शुचयः सं गवाशिरः सोमा इन्द्रममन्दिषुः ।।2।।

2६. आयुः काण्वः – ऋ. ८.५2.१–१०

यथ मनौ विवस्वति सोमं शक्रापिबः सुतम् ।
यथा त्रिते छन्द इन्द्र जुजोषस्यायौ मादयसे सचा ।।१।।
पृषध्रे मेध्ये मातरिश्वनीन्द्र सुवाने अमन्दथाः ।
यथा सोमं दशशिप्रे दशोण्ये स्यूमरश्मावृजूनसि ।।2।।
य उक्था केवला दधे यः सोमं धृषितापिबत् ।
यस्मै विष्णुस्त्रीणि पदा विचक्रम उप मित्रस्य धर्मभिः ।।३।।
यस्य त्वमिन्द्र स्तोमेषु चाकनो वाजे वाजिंछतक्रतो ।
तं त्वा वयं सुदुघामिव गोदुहो जुहूमसि श्रवस्यवः ।।४।।
यो नो दाता स नः पिता महाँ उग्र ईशानकृत् ।
अयामन्नुग्रो मघवा पुरुवसुर्गोरश्वस्य प्र दातु नः ।।५।।
यस्मै त्वं वसो दानाय मंहसे स रायस्पोषमिन्वति ।
वसूयवो वसुपतिं शतक्रतुं स्तोमैरिन्द्रं हवामहे ।।६।।
कदा चन प्र युच्छस्युभे नि पासि जन्मनी ।

तुनीयादित्य हवनं त इन्द्रियमा तस्थावमृतं दिवि ।।७।।
यस्मै त्वं मघवन्निन्द्र गिर्वणः शिक्षो शिक्षसि दाशुषे ।
अस्माकं गिर उत सुष्टुतिं वसो कण्ववच्छृणुधी हवम् ।।८।।
अस्तावि मन्म पूर्व्यं ब्रह्मेन्द्राय वोचत ।
पूर्वीर्ऋतस्य बृहतीरनूषत स्तोतुर्मेधा असृक्षत ।।६।।
समिन्द्रो रायो बृहतीरधूनुत सं क्षोणी समु सूर्यम् ।
सं शुक्रासः शुचयः सं गवाशिरः सोमा इन्द्रममन्दिशुः ।।१०।।

२७. इटो भार्गवः – ऋ. १०.१७१.१–४

त्वं त्यमिटतो रथमिन्द्र प्रावः सुतावतः। अशृणोः सोमिनो हवम् ।।१।।
त्वं मखस्य दोधतः शिरोऽव त्वचो भरः। अगच्छः सोमिनो गृहम् ।।2।।
त्वं त्यमिन्द्र मर्त्यमास्त्राबुध्नाय वेन्यम्। मुहुः श्रथ्ना मनस्यवे ।।३।।
त्वं तयमिन्द्र सूर्यं पश्चा सन्तं पुरस्कृधि। देवानां चित्तिरो वशम् ।।४।।

२८. इन्द्रः – ऋ. ८.१००.४–५; य. १८.६८

ऋ. ८.१००.४–५

अयमस्मि जरितः पश्य मेह विश्वा जातान्यभ्यस्मि मह्ना ।
ऋतस्य मा प्रदिशो वर्धयन्त्यादर्दिरो भुवना दर्दरीमि ।।४।।
आ यन्मा वेना अरुहन्नृतस्यँ एकमासीनं हर्यतस्य पृष्ठे ।
मनश्चिन्मे हृद आ प्रत्यवोचदचिक्रदंछिशुमन्तः सखायः ।।५।।

य. १८.६८

वार्त्रहत्याय शवसे पृतनषाह्याय च। इन्द्र त्वावर्तयामसि ।।६८।।

२६. इन्द्र मातरो देवजामयः – ऋ. १०.१५३.१–५

ईङ्खयन्तीरपस्युव इन्द्रं जातमुपासते। भूजानासः सुवीर्यम् ।।१।।
तवमिन्द्र बलादधि सहसो जात ओजसः। त्वं वृषन्वृषेदसि ।।2।।
त्वमिन्द्रासि वृत्रहा व्य१न्तरिक्षमतिरः। उद् द्यामस्तभ्ना ओजसा ।।३।।
त्वमिन्द्र सजोषसमर्कं विभर्षि बाह्वोः। वज्रं शिशान ओजसा ।।४।।
त्वमिन्द्राभिभूरसि विश्वा जातान्योजसा। स विश्वा भुव आभवः ।।५।।

३०. इन्द्रो मुष्कवान् – ऋ. १०.३८.१–५

अस्मिन्न इन्द्र पुत्सुतौ यशस्वति शिमीवति क्रन्दसि प्राव सातये ।
यत्र गोषाता धृषितेषु खदिषु विष्वक्पतन्ति दिद्यवो नृषाह्ये ।।१।।
स नः क्षुमन्तं सदने व्यूर्णुहि गोअर्णसं रयिमिन्द्र श्रवाय्यम् ।
स्याम ते जयतः शक्र मेदिनो यथा वयमुश्मसि तद्वसो कृधि ।।2।।
यो नो दास आर्यो वा पुरुष्टुतादेव इन्द्र युधये चिकेतति ।
अस्माभिष्टे सुषहाः सन्तु शत्रवस्त्वया वयं तान्वनुयाम संगमे ।।३।।
यो दभ्रेभिर्हव्यो यश्च भूरिभिर्यो अभीके वरिवोविन्नृषाह्ये ।
तं विखादे सस्निमद्य श्रुतं नरमर्वांचमिन्दमवसे करामहे ।।४।।
स्ववृजं हि त्वामहमिन्द्र शुश्रवानानुदं वृषभ रध्रचोदनम् ।
प्र मुंचस्व परि कुत्सादिहा गहि किमु त्वावान्मुष्कर्योबद्ध आसते ।।५।।

३१. इन्द्र वसुक्रयोः संवादः ऐन्द्रः – ऋ. १०.2८.१–12

विश्वो ह्य१न्यो अरिराजगाम ममेदह श्वशुरो न जगाम ।
जक्षीयाद्धाना उत सोमं पपीयात्स्वाशितः पुनरस्तं जगायात् ।।१।।
स रोरुवद्वृषभस्तिग्मशृंगो वर्ष्मन्तस्थौ वरिमन्ना पृथिव्याः ।
विश्वेष्वेनं वृजनेषु पामि यो मे कुक्षी सुतसोमः पृणाति ।।2।।
अद्रिणा ते मन्दिन इन्द्र तूयान्त्सुन्वन्ति सोमान्पिबसि त्वमेषाम् ।
पचन्ति ते वृषभाँ अत्सि तेषां पृक्षेण यन्मघवन्हूयमानः ।।३।।

इदं सु मे जरितरा चिकिद्धि प्रतीपं शापं नद्यो वहन्ति ।
लोपाशः सिंहं प्रत्यंचमत्साः क्रोष्टा वराहं निरतक्त कक्षात् ।।४।।
कथा त एतदहमा चिकेतं गृत्सस्य पाकस्तवसो मनीषम् ।
त्वं नो विद्वाँ ऋतुथ वि वोचो यमर्धं ते मघवन्क्षेम्या धूः ।।५।।
एवा हि मां तवसं वर्धयन्ति दिवश्चिन्मे बृहत उत्तरा धूः ।
पुरू सहस्रा नि शिशामि सकमशत्रुं हि मा जनिता जजान ।।६।।
एवा हि मां तवसं जुज्ञुरुग्रं कर्मन्कर्मन्वृषणामिन्द्रं देवाः ।
वधु वृत्रं वज्रेण मन्दसानोऽप व्रजं महिना दाशुषे वम् ।।७।।
देवास आयन्परशूँरबिभ्रन्वना वृश्चन्तो अभि विड्भिरायन् ।
नि सुद्रवं१ दधतो वक्षणासु यत्रा कृपीटमनु तद्दहन्ति।।८।।
शशः क्षुरं प्रत्यंचं जगारादिं लोगेन व्यभेदमारात् ।
बृहन्तं चिदृहते रन्धयानि वयद्वत्सो वृषभं शूशुवानः ।।९।।
सुपर्ण इत्था नखमा सिषायावरुद्धः परिपदं न सिंहः ।
निरुद्धश्चिन्महिषस्तर्ष्यावान्गोधा तस्मा अयथं कर्षदेतत् ।।१०।।
तेभ्यो गोधा अयथं कर्षदेतद्ये ब्रह्मणः प्रतिपीयन्त्यन्नैः ।।
सिम उक्षणोऽवसृष्टाँ अदन्ति स्वयं बलानि तन्वः शृणानाः ।।११।।
एते शमीभीः सुशमी अभूवन्ये हिन्विरे तन्वः सोम उक्थैः ।
नृवद्वदन्नुप नो माहि वाजान्दिवि श्रवो दधिषे नाम वीरः ।।१2।।

३2. इन्द्रविश्वामित्रौ – य. १८.६६

सहदानु पुरुहूत क्षियन्तमहस्तमिन्द्र सं पिणक् कुणारुम् ।
अभि वृत्रं वर्तमानं पियारुमपादमिन्द्र तवसा जघन्थ ।।६६।।

३३. इरिम्बिठिः – अ. 2.३.१–३; 2.४.१–३; 2.५.१–७; 20.३८.१–३; 20.४४.१–३; 20.४६.१–३; 20.४७.७–९

अ. 2.३.१–३

अदो यदवधावत्यवत्कमधि पर्वतात्। तत्ते कृणोमि भेषजं सुभेषजं यथाससि ।।१।।
आदंगां कुविदंगा शतं या भेषजानि ते। तेषामसि त्वमुत्तममनास्रावमरोगणम् ।।2।।
नीचैः खन्त्यसुरा अरुः स्राणमिदं महत्। तदास्रावस्य भेषजं तदु रोगमनीनशत् ।।३।।

अ. 2.४.१–३

दीर्घायुत्वाय बृहते रणायारिष्यन्तो दक्षमाणाः सदैव ।
मणिं विष्कन्धदूषणं जङ्गिडो विभृमो वयम् ।।१।।
जङ्गिडो जम्भाद् विशराद् विष्कन्धादभिशोचनात् ।
मणिः सहस्रवीर्यः परि णः पातु विश्वतः ।।2।।
अयं विष्कन्धं सहते ऽयं बाधते अत्त्रिणः। अयं नो विश्वभेषजो जङ्गिडः पात्वंसहसः।।३।।

अ. 2.५.१–७

इन्द्र जुषस्व प्र वहा याहि शूर हरिभ्याम् ।
पिबा सुतस्य मतेरिह मधोश्चकानश्चरुर्मदाय ।।१।।
इन्द्र जठरं नव्यो न पृणस्व मधोर्दिवो न ।
अस्य सुतस्य स्व१र्णोप त्वा मदाः सुवाचो अगुः ।।2।।
इन्द्रस्तुराषणिमत्रो वृत्रं यो जघान यतीर्न ।
बिभेद बलं भृगुर्न ससहे शत्रून् मदे सोमस्य ।।३।।
आ त्वा विशन्तु सुतास इन्द्र पृणस्व कुक्षी विड्ढि शक्र धियेह्या नः ।
श्रुधी हव गिरो मे जुषस्वेन्द्र स्वयुग्भिर्मत्स्वेह महे रणाय ।।४।।
इन्द्रस्य नु प्रा वोचं वीर्याणि यानि चकार प्रथमानि वज्री ।

अहन्नहिमन्वपस्ततर्द प्र वक्षणा अभिनत् पर्वतानाम् ।।५।।
अहन्नहिं पर्वते शिश्रियाणं त्वष्टास्मै वज्रं स्वर्यं ततक्ष ।
वाश्राइव धेनवः स्यन्दमाना अंजः समुद्रमव जग्मुरापः ।।६।।
वृषायमाणो अवृणीत सोमं त्रिकद्रुकेष्वपिबत् सुतस्य ।
आ सायकं मघवादत्त वज्रमहन्नेनं प्रथमजामहीनाम् ।।७।।

अ. २०.३८.१–३

आ याहि सुषुमा हि त इन्द्र सोमं पिबा इमम्। एदं बर्हिः सदो मम।।१।।
आ त्वा ब्रह्मयुजा हरी वहतामिन्द्र केशिना। उप ब्रह्माणि नः शृणु ।।2।।
ब्रह्माणस्त्वा वयं युजा सोमपामिन्द्र सोमिनः। सुतावन्तो हवामहे ।।३।।

अ. २०.४४.१–३

प्र सम्राजं चर्षणीनामिन्द्रं स्तोता नव्यं गीर्भिः। नरं नृषाहं मंहिष्ठम् ।।१।।
यस्मिन्नुक्थानि रण्यन्ति विश्वानि च श्रवस्या। अपामवो न समुद्रे ।।2।।
तं सुष्टुत्या विवासे ज्येष्ठराजं भरे कृत्नुम्। महो वाजिनं सनिभ्यः ।।३।।

अ. २०.४६.१–३

प्रणेतारं वस्यो अच्छा कर्त्तारं ज्योतिः समत्सु। सासह्वांसं युधामित्रान् ।।१।।
स नः पप्रिः पारयाति स्वस्ति नावा पुरुहूतः। इन्द्रो विश्वा अति द्विषः ।।2।।
स त्वं न इन्द्र वाजेभिर्दशस्या च गातुया च। अच्छा च नः सुम्नं नेषि ।।३।।

अ. २०.४७.७–९

आ याहि सुषुमा हि त इन्द्र सोमं पिबा इमम्। एदं बर्हिः सदो मम।।७।।
आ त्वा ब्रह्मयुजा हरी वहतामिन्द्र केशिना। उप ब्रह्माणि नः शृणु ।।८।।
ब्रह्माणस्त्वा वयं युजा सोमपामिन्द्र सोमिनः। सुतावन्तो हवामहे ।।९।।

३४. इरिम्बिठिः काण्वः – ऋ. ८.१६.१–१2; ८.१७.१–१५; सा. ६६६–६६८; ७2५–७2७

ऋ. ८.१६.१–१2

प्र सम्राजं चर्षणीनामिन्द्रं स्तोता नव्यं गीर्भिः। नरं नृषाहं मंहिष्ठम् ।।१।।
यस्मिन्नुक्थानि रण्यन्ति विश्वनि च श्रवस्या। उपामवो न समुद्रे ।।2।।
तं सुष्टुत्या विवासे ज्येष्ठराजं भरे कृत्नुम्। महो वाजिनं सनिभ्यः ।।३।।
यस्यानूना गभीरा मदा उरवस्तरुत्राः। हर्षुमन्तः शूरसातौ ।।४।।
तमिद्धनेषु हितेष्वधिवाकाय हवन्ते। येषामिन्द्रस्ते जयन्ति ।।५।।
तमिच्च्यौत्नैरार्यन्ति तं कृतेभिश्चर्षणयः। एष इन्द्रो वरिवस्कृत् ।।६।।
इन्द्रो ब्रह्मेन्द्र ऋषिरिन्द्रः पुरू पुरुहूतः। महान्महीभिः शचीभिः ।।७।।
स स्तोम्यः स हव्यः सत्य सत्वा तुविकूर्मिः। एकश्चित्सन्नभिभूतिः ।।८।।
तमर्केभिस्तं सामभिस्तं गायत्रैश्चर्षणयः। इन्द्रं वर्धन्ति क्षितयः ।।९।।
प्रणेतारं वस्यो अच्छा कर्तारं ज्योतिः समत्सु। सासह्वांसं युधामित्रान् ।।१०।।
स नः पप्रिः पारयाति स्वस्ति नावा पुरुहूतः। इन्द्रो विश्वा अति द्विषः ।।११।।
स त्वं न इन्द्र वाजेभिर्दशस्या च गातुया च। अच्छा च नः सुम्नं नेष्ि ।।१2।।

ऋ. ८.१७.१–१५

आ याहि सुषुमा हि त इन्द्र सोमं पिबा इमम्। एदं बर्हिः सदो मम ।।१।।
आ त्वाब्रह्मयुजा हरी वहतामिन्द्र केशिना। उप ब्रह्माणि नः शृणु ।।2।।
ब्रह्माणस्त्वा वयं युजा सोमपामिन्द्र सोमिनः। सुतावन्तो हवामहे ।।३।।
आ नो याहि सुतावतोऽस्माकं सुष्टुतीरुप। पिबा सु शिप्रिन्नन्धसः ।।४।।
आ ते सिंचामि कुक्ष्योरनु गात्रा वि धावतु। गृभाय जिह्वया मधु ।।५।।
स्वादुष्टे अस्तु संसुदे मधुमान्तन्वे३तव। सोमः शमस्तु ते हृदे ।।६।।

अयमु त्वा विचर्षणे जनीरिवाभि संवृतः। प्र सोम इन्द्र सर्पतु ।।७।।
तविग्रीवो वपोदरः सुबाहुरन्धसो मदे। इन्द्रो वृत्राणि जिघ्नते ।।८।।
इन्द्र प्रेहि पुरस्त्वं विश्वस्येशान ओजसा। वृत्राणि वृत्रहंजहि ।।९।।
दीर्घस्ते अस्तवङ्कुशो येना वसु प्रयच्छसि। यजमानाय सुन्वते ।।१०।।
अयं त इन्द्र सोमो निपूतो अधि बर्हिषि। एहीमस्य द्रवा पिब ।।११।।
शाचिंगो शाचिंपूजनायं रणाय ते सुतः। आखण्डल प्र हूयसे ।।12।।
यस्ते शृंगवृषो नपात् प्रणपात्कुण्डपाय्यः। न्यस्मिन्दध्र आ मनः ।।१३।।
वास्तोष्पते ध्रुवा स्थणांसत्रं सोम्यानाम्। द्रप्सो भेत्ता पुरां शश्वतीनामिन्द्रो मुनीनां सखा ।।१४।।
पदाकसानयजता गवषण एकः सन्नभि भयसः। भणिमश्व नयत्तजा परा गभन्द सामस्य पीतय।।१५।।

सा. ६६६–६६८

आ याहि सुषुमा हि त इन्द्र सोमं पिबा इमम्। इदं बर्हिः सदो मम ।।१।।
आ त्वाब्रह्मयुजा हरी वहतामिन्द्र केशिना। उप ब्रह्माणि नः शृणु ।।2।।
ब्रह्माणस्त्वा युजा वयं सोमपामिन्द्र सोमिनः। सुतावन्तो हवामहे ।।३।।

सा. ७२५–७२७

अयं त इन्द्र सोमो निपूतो अधि बर्हिषि। एहीमस्य द्रवा पिब ।।१।।
शाचिगो शाचिपूजनायं रणाय ते सुतः। आखण्डल प्र हूयसे ।।2।।
यस्ते शृंगवृषो णापात् प्राणापात् कुण्डपाय्यः। नयस्मिन् दध्र आ मनः ।।३।।

३५. इरिम्बिठिः काण्वः (साग्री. सास्वा. ऋसर्व. ८.१६.१य ८.१७.११(८.१७.१) इरिमीढः (सार्षेदी.) – सा. १४४ १५९ १६१

सा. १४४

प्र संम्राजं चर्षणीनामिन्द्रं स्तोता नव्यं गीर्भिः। नरं नृषाहं मंहिष्ठम् ।।१०।।

सा. १५९

अयं त इन्द्र सोमो निपूतो अधि बर्हिषि। एहीमस्य द्रवा पिब ।।५।।

सा. १६१

आ याहि सुषुमा हि त इन्द्र सोमं पिबा इमम्। एदं बर्हिः सदो मम ।।७।।

३६. एवद्यूर् नौधसः – ऋ. ८.८०.१–९

नह्य१ न्यं बळाकरं मर्डितारं शतक्रतो। त्वं न इन्द्र मृळय ।।१।।
यो नः शश्वत्पुराविथामृध्रो वाजसातये। स त्वं न इन्द्र मृळय ।।2।।
किमंग रध्रचोदनः सुन्वानस्याविंतेदसि। कुवित्स्विन्द्र णः शकः ।।३।।
इन्द्र प्र णो रथमव पश्चाच्चित्सन्तमद्रिवः। पुरस्तादेनं मे कृधि ।।४।।
हन्तो नु किमास्से प्रथम नो रथं कृधि। उपमं वाजयु श्रवः ।।५।।
अवा नो वाजयुं रथं सुकरं ते किमित्परि। अस्मान्त्सु जिग्युषस्कृधि ।।६।।
इन्द्र दृह्यस्व पूरसि भद्रा त एति निष्कृतम्। इयं धीर्ऋत्वियावती ।।७।।
मा सीमवद्य आ भागुर्वी काष्ठा हितं धनम्। अपावृक्ता अरत्नयः ।।८।।
तुरीयं नाम यज्ञियं यदा करस्तदुश्मसि। आदित्पतिर्न ओहसे ।।९।।

३७. और्णवाभः – य. ३.५०

देहि मे ददामि ते नि मे धेहि नि ते दधे। निहारं च हरासि मे निहारं निहराणि ते स्वाहा।।५०।।

३८. कपिंजलः – अ. 2.27.7

तस्य प्राशं त्वं जहि यो न इन्द्राभिदासति। अधि नो ब्रूहि शक्तिभिः प्राशि मामुत्तरं कृधि ।।७।।

३९. कबन्धः – अ. ६.७५.१–३

निरमुं नुद ओकसः सपत्नो यः पृतन्यति। नैर्बाध्येन हविषेन्द्र एनं पराशरीत् ।।१।।

परमां तं परावतमिन्द्रो नुदतु वृत्रहा। यतो न पुनरायति शश्वतीभ्यः समाभ्यः ।।2।।
एतु तिस्रः परावत एतु पंच जनाँ अति। एतु तिस्रोति रोचना यतो न पुनरायति ।
शश्वतीभ्यः समाभ्यो यावत् सूर्यो असद् दिवि ।।३।।

४०. कलिः – अ. 20.६७.१–३

वयमेनमिदा ह्योऽपीपेमेह वज्रिणम् । तस्मा उ अद्य समना सुतं भरा नूनं भूषत श्रुते ।।१।।
वृकश्चिदस्य वारण उरामथिरा वयुनेषु भूषति ।
सेमं न स्तोमं जुजुषाण आ गहीन्द्र प्र चित्रया धिया ।।2।।
कदू न्व१स्याकृतमिन्द्रस्यास्ति पौंस्यम् । केनो नु कं श्रोमतेन न शुश्रुवे जनुषः परि वृत्रहा ।।३।।

४१. कलिः प्रागाथः – ऋ. ८.६६.१–१५; सा. 2३७; 2७2; ६८७–६८८; १६६१–१६६2

ऋ. ८.६६.१–१५

तरोभिर्वो विदद्वसुमिन्द्र सबाध ऊतये। बृहद् गायन्तः सुतसोमे अध्वरे हुवे भरं न कारिणम् ।।१।।
न यं दुध्रा वरन्ते न स्थिरा मुरो मदे सुशिप्रमन्धसः ।
य आदृत्या शशमानाय सुन्वते दाता जरित्र उक्थ्यम् ।।2।।
यः शक्रो मृक्षो अश्व्यो यो वा कीजो हिरण्ययः ।
स ऊर्वस्य रेजयत्यपावृतिमिन्द्रो गव्यस्य वृत्रहा ।।३।।
निखातं चिद्यः पुरुसंभृतं वसूदिद्वपति दाशुषे ।
वज्री सुशिप्रो हर्यश्व इत् करदिन्द्रः क्रत्वा यथा वशत् ।।४।।
यद्वावन्थ पुरुष्टुत पुरा चिच्छूर नृणाम्। वयं तत्त इन्द्र सं भरामसि यज्ञमुक्थं तुरं वचः ।।५।।
सचा सोमेषु पुरुहूत वज्रिवो मदाय द्युक्ष सोमपाः ।
त्वमिद्धि ब्रह्मकृते काम्यं वसु देष्ठः सुन्वते भुवः ।।६।।
वयमेनमिदा ह्योऽपीपेमेह वज्रिणम्। तस्मा उ अद्य समना सुतं भरा नूनं भूषत श्रुते ।।७।।
वृकश्चिदस्य वारण उरामथिरा वयुनेषु भूषति ।
सेमं नः स्तोमं जुजुषाण आ गहोन्द्र प्र चित्रया धिया ।।८।।
कदू न्व१स्याकृतमिन्द्रस्यास्ति पौंस्यम् । केनो नु कं श्रोमतेन न शुश्रुवे जनुषः परि वृत्रहा ।।९।।
कदू महीरधृष्टा अस्य तविषीः कदु वृत्रघ्नो अस्तृतम् ।
इन्द्रो विश्वान् वेकनाटाँ अहर्दृश उत क्रत्वा पणीँरभि ।।१०।।
वयं घा ते अपूर्व्येन्द्र ब्रह्माणि वृत्रहन्। पुरूतमासः पुरुहूत वज्रिवो भृतिं न प्र भरामसि ।।११।।
पूर्वीश्चिद्धि त्वे तुविकूर्मिन्नाशसो हवन्त इन्द्रोतयः ।
तिरश्चिदर्यः सवना वसो गहि शविष्ठ श्रुधि मे हवम् ।।१2।।
वयं घा ते त्वे इद्विन्द्र विप्रा अपि ष्मसि।
नहि त्वदन्यः पुरुहूत कश्चन मघवन्नस्ति मर्डिता ।।१३।।
त्वं नो अस्या अमतेरुत क्षुधो३ भिशस्तेरव स्पृधि ।
त्वं न ऊती तव चित्रया धिया शिक्षा शचिष्ठ गातुवित् ।।१४।।
सोम इद्वः सुतो अस्तु कलयो मा बिभीतन । अपेदेष ध्वस्मायति स्वयं धैषो अपायति ।।१५।।

सा. 2३७

तरोभिर्वो विदद्वसुमिन्द्रं सबाध ऊतये। बृहद्गायन्तः सुतसोमे अध्वरे हुवे भरं न कारिणम् ।।५।।

सा. 2७2

वयमेनमिदा ह्योपीपेमेह वज्रिणम्। तस्मा उ अद्य सवने सुतं भरा नूनं भूषत श्रुते ।।१०।।

सा. ६८७–८८

तरोभिर्वो विदद्वसुमिन्द्रं सबाध ऊतये। बृहद्गायन्तः सुतसोमे अध्वरे हुवे भरं न कारिणम् ।।१।।
न य दधा वरन्त न स्थिरा मरा मदष शिपमन्धसः ।
आदत्या शशमानाय सन्वत दाता जरित्र उक्थ्यम ।।2।।

सा. १६६१–१६६2

वयमेनमिदा ह्योऽपीपेमेह वज्रिणम् । तस्मा उ अद्य सवने सुतं भरा नूनं भूषत श्रुते ।।१।।
वृकश्चिदस्य वारण उरामथिरा वयुनेषु भूषति।
सेमं न स्तोमं जुजुषाण आ गहीन्द्र प्र चित्रया धिया।।2।।

४2. कवष ऐलूषः – ऋ. १०.३३.2–३

सं मा तपन्त्यभितः सपत्नीरिव पर्शवः ।
नि बाधते अमतिर्नग्नता जसुर्वेर्न वेवीयते मतिः ।।2।।
मूषो न शिश्ना व्यदन्ति माध्यः स्तोतारं ते शतक्रतो ।
सकृत्सु नो मघवन्निन्द्र मृळयाधा पितेव नो भव ।।३।।

४३. कुत्सः – अ. 20.८.2; य. ३३.2६

अ. 20.८.2

अर्वाङेहि सोमकामं त्वाहुरयं सुतस्तस्य पिबा मदाय ।
उरुव्यचा जठर आ वृषस्व पितेव नः शृणुहि हूयमानः ।।2।।

य. ३३.2६

इमां ते धियं प्र भरे महो महीमस्य स्तोत्रे धिषणा यत्तऽआनजे ।
तमुत्सवे च प्रसवे च सासहिमिन्द्रं देवासः शवसामदन्ननु ।।2६।।

४४. कुत्स आंगिरसः – ऋ. १.१३.१–११; १.१०2.१–११; १.१०३.१–८; १.१०४.१–६; सा. ३८०

ऋ. १.१०१.१–११

प्र मन्दिने पितुमदर्चता वचो यः कृष्णगर्भा निरहन्नृजिश्वना ।
अवस्यवो वृषणं वज्रदक्षिणं मरुत्वन्तं सख्याय हवामहे ।।१।।
यो व्यंसं जाहृषाणेन मन्युना यः शम्बरं यो अहन्पिप्रुमव्रतम् ।
इन्द्रो यः शुष्णमशुषं न्यावृणङ्मरुत्वन्तं सख्याय हवामहे ।।2।।
यस्य द्यावपृथिवी पौंस्यं महद्यस्य व्रते वरुणो यस्य सूर्यः ।
यस्येन्द्रस्य सिन्धवः सश्चति व्रतं मरुत्वन्तं सख्याय हवामहे ।।३।।
यो अश्वानां यो गवां गोपतिर्वशी य आरितः कर्मणिकर्मणि स्थिरः ।
वीळोश्चिदिन्द्रो यो असुन्वतो वधो मरुत्वन्तं सख्याय हवामहे ।।४।।
यो विश्वस्य जगतः प्राणतस्पतिर्यो ब्रह्मणे प्रथमो गा अविन्दत् ।
इन्द्रो यो दस्यूँरधराँ अवातिरन्मरुत्वन्तं सख्याय हवामहे ।।५।।
यः शूरेभिर्हव्यो यश्च भीरुभिर्यो धावद्भिर्हूयते यश्च जिग्युभिः ।
इन्द्रं यं विश्वा भुवनाभि संदधुर्मरुत्वन्तं सख्याय हवामहे ।।६।।
रुद्राणामेति प्रदिशा विचक्षणो रुद्रेभिर्योषा तनुते पृथु ज्रयः ।
इन्द्रं मनीषा अभ्यर्चति श्रुतं मरुत्वन्तं सख्याय हवामहे ।।७।।
यद्वा मरुत्वः परमे सधस्थे यद्वावमे वृजने मादयासे ।
अत आ याह्यध्वरं नो अच्छा त्वाया हविश्चकृमा सत्यराधः ।।८।।
त्वायेन्द्र सोमं सुषुमा सुदक्ष त्वाया हविश्चकृमा ब्रह्मवाहः ।
अधा नियुत्वः सगणो मरुद्भिरस्मिन्यज्ञे बर्हिषि मादयस्व ।।६।।
मादयस्व हरिभिर्ये त इन्द्र वि ष्यस्व शिप्रे वि सृजस्व धेने ।
आ त्वा सुशिप्र हरयो वहन्तूशन्हव्यानि प्रति नो जुषस्व ।।१०।।
मरुत्स्तोत्रस्य वृजनस्य गोपा वयमिन्द्रेण सनुयाम वाजम् ।
तन्नो मित्रो वरुणो मामहन्तामदितिः सिन्धुः पृथिवी उत द्यौः।।११।।

ऋ. १.१०2.१–११

इमां ते धियं प्र भरे महो महीमस्य स्तोत्रे धिषणा यत्त आनजे ।
तमुत्सवे च प्रसवे च सासहिमिन्द्रं देवासः शवसामदन्ननु ।।१।।
अस्य श्रवो नद्यः सप्त बिभ्रति द्यावाक्षामा पृथिवी दर्शतं वपुः ।

अस्मै सूर्याचन्द्रमसाभिचक्षे श्रद्धे कमिन्द्र चरतो वितर्तुरम् ।।2।।
तं स्मा रथं मघवन्प्राव सातये जैत्रं यं ते अनुमदाम संगमे ।
आजा न इन्द्र मनसा पुरुष्टुत त्वायद्भ्यो मघवंछर्म यच्छ नः ।।३।।
वयं जयेम त्वया युजा वृतमस्माकमंशमुदवा भरेभरे ।
अस्मभ्यमिन्द्र वरिवः सुगं कृधि प्र शत्रूणां मघवन्वृष्ण्या रुज ।।४।।
नाना हि त्वा हवमाना जना इमे धनानां धर्तरवसा विपन्यवः ।
अस्माकं स्मा रथमा तिष्ठ सातये जैत्रं हीन्द्र निभृतं मनस्तव ।।५।।
गोजिता बाहू अमितक्रतुः सिमः कर्मन्कर्मंछतमूतिः खजङ्करः ।
अकल्प इन्द्रः प्रतिमानमोजसाथा जना वि ह्वयन्ते सिषासवः ।।६।।
उत्ते शतान्मघवन्नुच्च भूयस उत्सहस्राद्रिरिचे कृष्टिषु श्रवः ।
अमात्रं त्वा धिषणा तित्विषे मह्यधा वृत्राणि जिघ्नसे पुरन्दर ।।७।।
त्रिविष्टधातु प्रतिमानमोजसस्तिस्रो भूमीर्नृपते त्रीणि रोचना ।
अतीदं विश्वं भुवनं ववक्षिथशत्रुरिन्द्र जनुषा सनादसि ।।८।।
त्वां देवेषु प्रथमं हवामहे त्वं बभूथ पृतनासु सासहिः ।
सेमं नः कारुमुपमन्युमुद्भिदमिन्द्रः कृणोतु प्रसवे रथं पुरः ।।९।।
त्वं जिगेथ न धना रुरोधिथार्भेष्वाजा मघवन्महत्सु च ।
त्वामुग्रमवसे सं शिशीमस्यथा न इन्द्र हवनेषु चोदय ।।१०।।
विश्वाहेन्द्रो अधिवक्ता नो अस्तवपरिह्वृताः सनुयाम वाजम् ।
तन्नो मित्रो वरुणो मामहन्तामदितिः सिन्धुः पृथिवी उत द्यौः ।।११।।

ऋ. १.१०३.१–८

तत्त इन्द्रियं परमं पराचैरधारयन्त कवयः पुरेदम् ।
क्षमेदमन्यद्दिव्य१न्यदस्य समी पृच्यते समनेव केतुः ।।१।।
स धारयत्पृथिवीं पप्रथच्च वज्रेण हत्वा निरपः ससर्ज ।
अहन्नहिमभिनद्रौहिणं व्यहन्व्यंसं मघवा शचीभिः ।।2।।
स जातूभर्मा श्रद्दधान ओजः पुरो विभिन्दन्नचरद्वि दासीः ।
विद्वान्वज्रिन्दस्यवे हेतिमस्यार्यं सहो वर्धया द्युम्नमिन्द्र ।।३।।
तदूचुषे मानुषेमा युगानि कीर्तेन्यं मघवा नाम बिभ्रत् ।
उपप्रयन्दस्युहत्याय वज्री यद्ध सूनुः श्रवसे नाम दधे ।।४।।
तदस्येदं पश्यता भूरि पुष्टं श्रदिन्द्रस्य धत्तन वीर्याय ।
स गा अविन्दत्सो अविन्ददश्वान्त्स ओषधीः सो अपः स वनानि ।।५।।
भूरिकर्मणे वृषभाय वृष्णे सत्यशुष्माय सुनवाम सोमम् ।
य आदृत्या परिपन्थीव शूरोऽयज्वनो विभजन्नेति वेदः ।।६।।
तदिन्द्र प्रेव वीर्यं चकर्थ यत्ससन्तं वज्रेणाबोधयोऽहिम् ।
अनु त्वा पत्नीर्हृषितं वयश्च विश्वे देवासो अमदन्ननु त्वा ।।७।।
शुष्णं पिप्रुं कुयवं वृत्रमिन्द्र यदावधीर्वि पुरः शम्बरस्य ।
तन्नो मित्रो वरुणो मामहन्तामदितिः सिन्धु पृथिवी उत द्यौः ।।८।।

ऋ. १.१०४.१–९

योनिष्ट इन्द्र निषदे अकारि तमा नि षीद स्वानो नार्वा ।
विमुच्या वयोऽवसायाश्वन्दोषा वस्तोर्वहीयसः प्रपित्वे ।।१।।
ओ त्ये नर इन्द्रमूतये गुर्नू चित्तान्त्सद्यो अध्वनो जगम्यात् ।
देवासो मन्युं दासस्य श्चम्नन्ते न आ वक्षन्त्सुविताय वर्णम् ।।2।।
अव त्मना भरते केतवेदा अव त्मना भरते फेनमुदन् ।
क्षीरेण स्नातः कुयवस्य योषे हते ते स्यातां प्रवणे शिफायाः ।।३।।

युयोप नाभिरुपरस्यायोः प्र पूर्वाभिस्तिरते राष्टि शूरः ।
अंजसी कुलिशी वीरपत्नी पयो हिन्वाना उदभिर्भरन्ते ।।४।।
प्रति यत्स्या नीथादर्शि दस्योरोको नाच्छा सदनं जानती गात् ।
अध स्मा नो मघवंचर्कृतादिन्मा नो मघेव निष्षपी परा दाः ।।५।।
स त्वं न इन्द्र सूर्ये सो अप्स्वनागास्त्व आ भज जीवशंसे ।
मान्तरां भुजमा रीरिषो नः श्रद्धितं ते महत इन्द्रियाय ।।६।।
अधा मन्ये श्रत्ते अस्मा अधायि वृषा चोदस्व महते धनाय ।
मा नो अकृते पुरुहूत योनाविन्द्र क्षुध्यद्भ्यो वय आसुतिं दाः ।।७।।
मा नो वधीरिन्द्र मा परा दा मा नः प्रिया भेजनानि प्र मोषीः ।
आण्डा मा नो मघवंछक्र निर्भेन्मा नः पात्रा भेत्सहजानुषाणि ।।८।।
अर्वाङेहि सोमकामं त्वाहुरयं सुतस्तस्य पिबा मदाय ।
उरुव्यचा जठर आ वृषस्व पितेव नः शृणुहि हूयमानः ।।९।।

सा. ३८०

प्र मन्दिने पितुपदर्चता वचो यः कृष्णगर्भा निरहन्नृजिश्वना ।
अवस्यवो वृषणं वज्रदक्षिणं मरुत्वन्तं सख्याय हुवेमहि ।।११।।

४५. कुरुस्तुतिः कुरुसुतिर्वा – अ. 20.४2.१–३

वाचमष्टापदीमहं नवस्रक्तिमृत्सपृशम्। इन्द्रात् परि तन्वं ममे ।।१।।
अनु त्वा रोदसी उभे क्रक्षमाणमकृपेताम्। इन्द्र यद् दस्युहाभवः ।।2।।
उत्तिष्ठन्नोजसा सह पीत्वी शिप्रे अवेपयः सोममिन्द्र चमू सुतम् ।।३।।

४६. कुरुसुतिः काण्वः – ऋ. ८.७६.१–१2; ८.७७.१–११; ८.७८.१–१०; सा. ६८८–६९०

ऋ. ८.७६.१–१2

इमं नु मायिनं हुव इन्द्रमीशानमोजसा। मरुत्वन्तं न वृंजसे ।।१।।
अयमिन्द्रो मरुत्सखा वि वृत्रस्याभिनच्छिरः। वज्रेण शतपर्वणा ।।2।।
वावृधानो मरुत्सखेन्द्रो वि वृत्रमैरयत्। सृजन्त्समुद्रिया अपः ।।३।।
अयं ह येन वा इदं स्वर्मरुत्वता जितम्। इन्द्रेण सोमपीतये ।।४।।
मरुत्वन्तमृजीषिणमोजस्वन्तं विरप्शिनम्। इन्द्रं गीभिर्हवामहे ।।५।।
इन्द्रं प्रत्नने मन्मना मरुत्वन्तं हवामहे। अस्य सोमस्य पीतये ।।६।।
मरुत्वाँ इन्द्र मीढ्वः पिबा सोमं शतक्रतो। अस्मिन्यज्ञे पुरुषटुत ।।७।।
तुभ्येदिन्द्र मरुत्वते सुताः सोमासो अद्रिवः। हृदा हूयन्त उक्थिनः ।।८।।
पिबेदिन्द्र मरुत्वते सुताः सोमासो अद्रिवः। हृदा हूयन्त उक्थिनः ।।८।।
पिबेदिन्द्र मरुत्सखा सुतं सोमं दिविष्टषु। वज्रं शिशान ओजसा ।।९।।
उत्तिष्ठन्नोजसा सह पीत्वी शिप्रे अवेपयः। सोममिन्द्रचमू सुतम् ।।१०।।
अनु त्वा रोदसी उभे ऋक्षमाणमकृपेताम्। इन्द्र यद्दस्युहाभवः ।।११।।
वाचमष्टापदीमहं नवस्रक्तिमृतस्पृशम्। इन्द्रात् परि तन्वं ममे ।।१2।।

ऋ. ८.७७.१–११

जज्ञानो नु शतक्रतुर्वि पृच्छदिति मातरम्। क उग्राः के ह शृण्विरे ।।१।।
आदीं शवस्यब्रवीदौर्णवाभमहीशुवम्। ते पुत्र सन्तु निष्टुरः ।।2।।
समित्तान्वृत्रहाखिदत्खे अराँ इव खेदया। प्रवृद्धो दस्युहाभवत् ।।३।।
एकया प्रतिधापिबत्साकं सरांसि त्रिंशतम्। इन्द्रः सोमस्य काणुका ।।४।।
अभि गन्धर्वमतृणदबुध्नेषु रजः खा। इन्द्रो बृह्मभ्य इदवृधे ।।५।।
निराबिध्यद् गिरिभ्य आ धारयत्पक्वमोदनम्। इन्द्रो बुदं स्वाततम् ।।६।।
शतब्रध्न इषुस्तव सहस्रपर्ण एक इत्। यमिन्द्र चकृषे युजम् ।।७।।

तेन स्तोतृभ्य आ भर नृभ्यो नारिभ्यो अत्तवे। सद्यो जात ऋभुष्ठिर ।।८।।
एता च्यौत्नानि ते कृता वर्षिष्ठानि परिणसा। हृदा वीड्वधारयः ।।९।।
विश्वेत्ता विष्णुराभरदुरुक्रमस्त्वेषितः ।
शतं महिषान्खीरपाकमोदनं वराहमिन्द्र एमुषम् ।।१०।।
तुविक्षं ते सुकृतं सूमयं धनुः साधुर्बुन्दो हिरण्ययः ।
उभा ते बाहू रण्या सुसंस्कृत ऋदूपे चिदृदूवृधा ।।११।।

ऋ. ८.७८.१–१०

पुरोळाशं नो अन्धस इन्द्र सहस्रमा भर। शता च शुर गोनाम् ।।१।।
आ नो भर व्यंजनं गामश्वमभ्यंजनम्। सचा मना हिरण्यया ।।2।।
उत नः कर्णशोभना पुरूणि धृष्णवा भर। त्वं हि शृण्विषे वसो ।।३।।
नकीं वृधीक इन्द्र ते न सुषा न सुदा उत। नान्यस्त्वच्छूर वाघतः ।।४।।
नकीमिन्द्रो निकर्तवे न शक्रः परिशक्तवे। विश्वं शृणोति पश्यति ।।५।।
स मन्युं मतर्यानामदब्धो नि चिकीषते। पुरा निदश्चिकीषते ।।६।।
क्रत्व इत्पूर्णमुदरं तुरस्यास्ति विधतः। वृत्रघ्नः सोमापाव्नः ।।७।।
त्वे वसूनि संगता विश्व च सोम सौभगा। सुदात्वपरिह्वृता ।।८।।
त्वामिद्यवयुर्मम कामो गव्युर्हिरण्ययुः। त्वामश्वयुरेषते ।।९।।
तवेद्रिन्दांहमाशसा हस्ते दात्रं चना ददे ।
दिनस्य वा मघवन्त्संभृतस्य वा पूर्धि यवस्य काशिना ।।१०।।

सा. ९८८–९९०

उत्तिष्ठन्नोजसा सह पीत्वा शिप्रे अवेपयः। सोममिन्द्र चमू सुतम् ।।१।।
अनु त्वा रोदसी उभे स्पर्धमान् मददेताम्। इन्द्र यद्दस्युहाभवः ।।2।।
वाचमष्टापदीमहं नवस्रक्तिमृतावृधम्। इन्द्रात्परितन्वं ममे ।।३।।

४७. कुशिकः – य. ३३.५९

विदद्यदी सरमा रुग्णमद्रेर्महि पाथः पूर्व्यं सध्यक्कः ।
अग्रं नयत्सुपद्यक्षराणामच्छा रवं प्रथमा जानती गात् ।।५९।।

४८. कुसीदी काण्वः – ऋ.८.८१.१–९; ८.८2.१–९; सा. १९2; १९७; ७2८–७३०

ऋ. ८.८१.१–९

आ तु न इन्द्र क्षुमन्तं चित्रं ग्राभं सं गृभाय। महाहस्ती दक्षिणेन ।।१।।
विद्या हि त्वा तुविकूर्मिं तुविदेष्णं तुवीमघम्। तुवीमात्रमवोभिः ।।2।।
नहि त्वा शूर देवा न मर्तासो दित्सन्तम्। भीमं न गां वारयन्ते ।।३।।
एतो न्विन्द्रं स्तवामेशानं वस्वः स्वराजम्। न राधसा मर्धिषन्नः ।।४।।
प्र स्तोषदुप गासिषच्छ्रवत्साम गीयमानम्। अभि राधसा जुगुरत् ।।५।।
आ नो भर दक्षिणेनाभि सव्येन प्र मृश। इन्द्र मा नो वसोर्निर्भाक् ।।६।।
उप क्रमस्वा भर धृषता धृष्णो जनानाम्। उदाशूष्टरस्य वेदः ।।७।।
इन्द्र य उ नु ते अस्ति वाजो विप्रेभिः सनित्वः। अस्माभिः सु तं सनुहि ।।८।।
सद्योजुवस्ते वाजा अस्मभ्यं विश्वश्चन्द्राः। वशैश्च मक्षू जरन्ते ।।९।।

ऋ. ८.८2.१–९

आ प्र द्रव परावतोऽर्वावतश्च बृत्रहन्। मध्वः प्रति प्रभर्मणि ।।१।।
तीव्राः सोमास आ गहि सुतासो मादयिष्णवः। पिबा दधृग्यथोचिषे ।।2।।
इषा मन्दस्वादु तेऽरं वराय मन्यवे। भुवत्त इन्द्र शं हृदे ।।३।।
आ त्वशत्रवा गहि न्यु१क्थानि च हूयसे। उपमे रोचने दिवः ।।४।।
तुभ्यायमद्रिभिः सुतो गोभिः श्रीतो मदाय कम्। प्र सोम इन्द्र हूयते ।।५।।
इन्द्र श्रुधि सु मे हवमस्मे सुतस्य गोमतः। वि पीतिं तृप्तिमश्नुहि ।।६।।

य इन्द्र चमसेष्वा सोमश्चमूषु ते सुतः। पिबेदस्य त्वमीशिषे ।।७।।
यो अप्सु चन्द्रमा इव सोमश्चमूषु ददृशे। पिबेदस्य त्वमीशिषे ।।८।।
यं ते श्येनः पदाभरत्तिरो रजांस्वस्पृतम्। पिबेदस्य त्वमीशिषे ।।९।।

सा. १६2

य इन्द्र चमसेष्वा सोमश्चमूषु ते सुतः। पिबेदस्य त्वमीशिषे ।।८।।

सा. १६७

आ तू न इन्द्र क्षुमन्तं चित्रं ग्राभं सं गृभाय। महाहस्ती दक्षिणेन ।।३।।

सा. ७2८–७३०

आ तू न इन्द्र क्षमन्तं चित्रं ग्राभं सं भृभाय । महाहस्ती दक्षिणेन ।।१।।
विद्या हि त्वा तुविकूर्मिं तुविदेष्णं तुवीमघम्। तुविमात्रमवोभिः ।।2।।
न हि त्वा शूर देवा न मर्तासो दित्सन्तम्। भीमं न गां वारयन्ते ।।३।।

४६. कृष्णः (ऋसर्व. अ.) कृष्ण आंगिरसः (साग्री.) – ऋ. १०.४2.१–११; १०.४३.१–११; १०. ४४.१–११; सा. ३७५; अ. 2०.१७.१–१2; 2०.८६.१–११; 2०.९४.१–११

ऋ. १०.४2.१–११

अस्तेव सु प्रतरं लायमस्यन्भूषन्निव प्र भरा स्तोममस्मै ।
वाचा विप्रास्तरत वाचमर्यो नि रामय जरितः सोम इन्द्रम् ।।१।।
दोहेन गामुप शिक्षा सखायं प्र बोधय जरितर्जारमिन्द्रम् ।
कोशं न पूर्णं वसुना न्यृष्टमा च्यावय मघदेयाय शूरम् ।।2।।
किमंग त्वा मघवन्भोजमाहुः शिशीहि मा शिशयं त्वा शृणोमि ।
अप्नस्वती मम धीरस्तु शक्र वसुविदं भगमिन्द्रा भरा नः ।।३।।
त्वां जना ममसत्येष्विन्द्र सन्तस्थाना वि ह्वयन्ते समीके ।
अत्रा युजं कृणुते यो हविष्मान्नासुन्वता सख्यं वष्टि शूरः ।।४।।
धनं न स्पन्द्रं बहुलं यो अस्मै तीव्रान्त्सोमाँ आसुनोति प्रयस्वान् ।
तस्मै शत्रून्त्सुतुकान्प्रातरह्नो नि स्वष्ट्रान्युवति हन्ति वृत्रम् ।।५।।
यस्मिन्वयं दधिमा शंसमिन्द्रं यः शिश्राय मघवा काममस्मे ।
आराच्चित्सन्भयतामस्य शत्रुर्न्यस्मै द्युम्ना जन्या नमन्ताम् ।।६।।
आराच्छत्रुमप बाधस्व दूरमुग्रो यः शम्बः पुरुहूत तेन ।
अस्मे धेहि यवमद्गोमदिन्द्र कृधी धियं जरित्रे वाजरत्नाम् ।।७।।
प्र यमन्तर्वृषसवासो अग्मन्तीव्राः सोमा बहुलान्तास इन्द्रम् ।
नाह दामानं मघवा नि यंसन्नि सुन्वते वहति भूरि वामम् ।।८।।
उत प्रहामतिदीव्या जयाति कृतं यच्छ्वघ्नी विचिनोति काले ।
यो देवकामो न धना रुणद्धि समित्तं राया सृजति स्वधावान् ।।९।।
गोभिष्टरेमामतिं दुरेवां यवेन क्षुधं पुरुहूत विश्वाम् ।
वयं राजभिः प्रथमा धनान्यस्माकेन वृजनेना जयेम ।।१०।।
बृहस्पतिर्नः परि पातु पश्चादुतोत्तरस्मादधरादघायोः ।
इन्द्रः पुरस्तादुत मध्यतो नः सखा सखिभ्यो वरिवः कृणोतु ।।११।।

ऋ. १०.४2.१–११

अस्तेव सु प्रतरं लायमस्यन्भूषन्निव प्र भरा स्तोममस्मै ।
वाचा विप्रास्तरत वाचमर्यो नि रामय जरितः सोम इन्द्रम् ।।१।।
दोहेन गामुप शिक्षा सखायं प्र बोधय जरितर्जारमिन्द्रम् ।
कोशं न पूर्णं वसुना न्यृष्टमा च्यावय मघदेयाय शूरम् ।।2।।
किमंग त्वा मघवन्भोजमाहुः शिशीहि मा शिशयं त्वा शृणोमि ।
अप्नस्वती मम धीरस्तु शक्र वसुविदं भगमिन्द्रा भरा नः ।।३।।

त्वां जना ममसत्येष्विन्द्र सन्तस्थाना वि ह्वयन्ते समीके ।
अत्रा युजं कृणुते यो हविष्मान्नासुन्वता सख्यं वष्टि शूरः ।।४।।
धनं न स्पन्द्रं बहुलं यो अस्मै तीव्रान्त्सोमाँ आसुनोति प्रयस्वान् ।
तस्मै शत्रून्त्सुतुकान्प्रातरह्नो नि स्वष्ट्रान्युवति हन्ति वृत्रम् ।।५।।
यस्मिन्वयं दधिमा शंसमिन्द्रं यः शिश्राय मघवा काममस्मे ।
आराच्चित्सन्भयतामस्य शत्रुर्न्यस्मै द्युम्ना जन्या नमन्ताम् ।।६।।
आराच्छत्रुमप बाधस्व दूरमुग्रो यः शम्बः पुरुहूत तेन ।
अस्मे धेहि यवमद्गोमदिन्द्र कृधी धियं जरित्रे वाजरत्नाम् ।।७।।
प्र यमन्तर्वृषसवासो अग्मन्तीव्राः सोमा बहुलान्तास इन्द्रम् ।
नाह दामानं मघवा नि यंसन्नि सुन्वते वहति भूरि वामम् ।।८।।
उत प्रहामतिदीव्या जयाति कृतं यच्छ्वघ्नी विचिनोति काले ।
यो देवकामो न धना रुणद्धि समित्तं राया सृजति स्वधावान् ।।६।।
गोभिष्टरेमामतिं दुरेवां यवेन क्षुधं पुरुहूत विश्वाम् ।
वयं राजभिः प्रथमा धनान्यस्माकेन वृजनेना जयेम ।।१०।।
बृहस्पतिर्नः परि पातु पश्चादुतोत्तरस्मादधरादघायोः ।
इन्द्रः पुरस्तादुत मध्यतो नः सखा सखिभ्यो वरिवः कृणोतु ।।११।।

ऋ. १०.४४.१–११

आ यात्विन्द्रः स्वपतिर्मदाय यो धर्मणा तूतुजानस्तुविष्मान् ।
प्रत्वक्षाणो अति विश्वा सहांस्यपारेण महता वृष्ण्येन ।।१।।
सुष्ठामा रथः सुयमा हरी ते मिम्यक्ष वज्रो नृपते गभस्तौ ।
शीभं राजन्त्सुपथा याह्यर्वाङ् वर्धाम ते पपुषो वृष्ण्यानि ।।2।।
एन्द्रवाहो नृपतिं वज्रबाहुमुग्रमुग्रासस्तविषास एनम् ।
प्रत्वक्षसं वृषभं सत्यशुष्ममेमस्मत्रा सधमादो वहन्तु ।।३।।
एवा पतिं द्रोणसाचं सचेतसमूर्जः स्कम्भं धरुण आ वृषायसे ।
ओजः कृष्व सं गृभाय त्वे अप्यसो यथा कोनिपानामिनो वृधे ।।४।।
गमन्नस्मे वसून्या हि शंसिषं स्वाशिषं भरमा याहि सोमिनः ।
त्वमीशिषे सास्मिन्ना सत्सि बर्हिष्यनाधृष्या तव पात्राणि धर्मणा ।।५।।
पृथक् प्रायन्प्रथमा देवहूतयोऽकृण्वत श्रवस्यानि दुष्टरा ।
न ये शेकुर्यज्ञियां नावमारुहमीर्मैव ते न्यविशन्त केपयः ।।६।।
एवैवापागपरे सन्तु दूढ्योऽश्वा येषां दुर्युज आयुयुज्रे ।
इत्था ये प्रागुपरे सन्ति दावने पुरूणि यत्र वयुनानि भोजना ।।७।।
गिरीँरज्रानेजमानाँ अधारयद् द्यौः क्रन्ददन्तरिक्षाणि कोपयत् ।
समीचीने धिषणे वि ष्कभायति वृष्णः पीत्वा मद उक्थानि शंसति ।।८।।
इमं बिभर्मि सुकृतं ते अङ्कुशं येनारुजासि मघवंछफारुजः ।
अस्मिन्त्सु ते सवने अस्त्वोक्यं सुत इष्टौ मघवन्बोध्याभगः ।।६।।
गोभिष्टरेमामतिं दुरेवां यवेन क्षुधं पुरुहूत विश्वाम् ।
वयं राजभिः प्रथमा धनान्यस्माकेन वृजनेना जयेम ।।१०।।
बृहस्पतिर्नः परि पातु पश्चादुतोत्तरस्मादधरादघायोः ।
इन्द्रः पुरस्तादुत मध्यतो नः सखा सखिभ्यो वरिवः कृणोतु ।।११।।

सा. ३७५

अच्छा व इन्द्रं मतयः स्वर्युवः सध्रीचीर्विश्वा उशतीरनूषत ।
परिष्वजन्त जनयो यथा पतिं मर्यं न शुन्ध्युं मघवानमूतये ।।६।।

अ. २०.१७.१–१२

अच्छा म इन्द्रं मतयः स्वर्विदः सध्रीचीर्विश्वा उशतीरनूषत ।

परि ष्वजन्ते जनयो यथा पतिं मर्यं न शुन्ध्युं मघवानमूतये ।।१।।
न घा त्वद्रिगप वेति मे मनस्त्वे इत् कामं पुरुहूत शिश्रय ।
राजेव दस्म नि षदोऽधि बर्हिष्यस्मिन्त्सु सोमेऽवपानमस्तु ते ।।2।।
विषूवृदिन्द्रो अमतेरुत क्षुधः स इद्रायो मघवा वस्व ईशते ।
तस्येदिमे प्रवणे सप्त सिन्धवो वयो वर्धन्ति वृषभस्य शुष्मिणः ।।३।।
वयो न वृक्षं सुपलाशमासदन्त्सोमास इन्द्र मन्दिनश्चमूषदः ।
प्रेषामनीकं शवसा दविद्युतद् विदत् स्व१ र्मनवे ज्योतिरार्यम् ।।४।।
कृतं न श्वघ्नी वि चिनोति देवने संवर्गं यन्मघवा सूर्यं जयत् ।
न तत् ते अन्यो अनु वीर्यं शकन्न पुराणो मघवन् नोत नूतनः ।।५।।
विशंविशं मघवा पर्यशायत जनानां धेना अवचाकशद् वृषा ।
यस्याह शक्रः सवनेषु रण्यति स तीव्रैः सोमैः सहते पृतन्यतः ।।६।।
आपो न सिन्धुमभि यत् समक्षरन्त्सोमास इन्द्रं कुल्याइव ह्रदम् ।
वर्धन्ति विप्रा महो अस्य सादने यवं न वृष्टिर्दिव्येन दानुना ।।७।।
वृषा न क्रुद्धः पतयद् रजःस्वा यो अर्यपत्नीरकृणोदिमा अपः ।
स सुन्वते मघवा जीरदानवेऽविन्दज्जोतिर्मनवे हविष्मते ।।८।।
उज्जायतां परशुर्ज्योतिषा सह भूया ऋतस्य सुदुघा पुराणवत् ।
वि रोचतामरुषो भानुना शुचिः स्व१र्ण शुक्रं शुशुचीत सत्पतिः ।।६।।
गोभिष्टरेमामतिं दुरेवां यवेन क्षुधं पुरुहूत विश्वाम् ।
वयं राजभिः प्रथमा धनान्यस्माकेन वृजनेना जयेम ।।१०।।
बृहस्पतिर्नः परि पातु पश्चादुतोत्तरस्माद धरादघायोः ।
इन्द्रः पुरस्तादुत मध्यतो नः सखा सखिभ्यो वरिवः कृणोतु ।।११।।
बृहस्पते युवमिन्द्रश्च वस्वो दिव्यस्येशाथे उत पार्थिवस्य ।
धत्तं रयिं स्तुवते कीरये चिद्यूयं पात स्वस्तिभिः सदा नः ।।१2।।

अ. 20.८६.१–११

अस्तेव सु प्रतरं लायमस्यन् भूषन्निव प्र भरा स्तोममस्मै ।
वाचा विप्रास्तरत वाचमर्यो नि रामय जरितः सोम इन्द्रय ।।१।।
दोहेन गामुप शिक्षा सखायं प्र बोधय जरितर्जारमिन्द्रम् ।
कोशं न पूर्णं वसुना न्यृष्टमा च्यावय मघदेयाय शूरम् ।।2।।
किमंग त्वा मघवन् भोजमाहुः शिशीहि मा शिशयं त्वा शृणोमि ।
अप्नस्वती मम धीरस्तु शक्र वसुविदं भगमिन्द्रा भरा नः ।।३।।
त्वां जना ममसत्येष्विन्द्रं संतस्थाना वि ह्वयन्ते समीके ।
अत्रा युजं कृणुते यो हविष्मान्नासुन्वता सख्यं वष्टि शूरः ।।४।।
धनं न स्पन्द्रं बहुलं यो अस्मै तीव्रान्त्सोमाँ आसुनोति प्रयस्वान् ।
तस्मै शत्रून्त्सुतुकान् प्रातरहूनो नि स्वष्ट्रान् युवति हन्ति वृत्रम् ।।५।।
यस्मिन् वयं दधिमा शंसमिन्द्रे यः शिश्राय मघवा काममस्मे ।
आराच्चित् सन् भयतामस्य शत्रुर्न्यस्मै द्युम्ना जन्या नमन्ताम् ।।६।।
आराच्छत्रुमप बाधस्व दुरमुग्रो यः शम्बः पुरुहूत् तेन ।
अस्मे धेहि यवमद् गोमदिन्द्र कृधी धियं जरित्रे वाजरत्नाम् ।।७।।
प्र यमन्तर्वृषसवासो अग्मन् तीव्राः सोमा बहुलान्तास इन्द्रम् ।
नाह दामानं मघवा नि यंसन् नि सुन्वते वहति भूरि वामम् ।।८।।
उत प्रहामतिदीवा जयति कृतमिव श्वघ्नी वि चिनोति काले ।
यो देवकामो न धनं रुणदधि समित् तं रायः सृजति स्वधाभिः।।६।।
वयं राजसु प्रथमा धनान्यरिष्टासो वृजनीभिर्जयेम ।।१०।।
बृहस्पतिर्नः परि पातु पश्चादुतोत्तरस्मादधरादघायोः ।

इन्द्रः पुरस्तादुत मध्यतो नः सखा सखिभ्यो वरिवः कृणोतु ।।११।।

अ. २०.६४.१–११

आ यात्विन्द्रः स्वपतिर्मदाय यो धर्मणा तूतुजानस्तुविष्मान् ।
प्रत्वक्षाणो अति विश्वा सहांस्यपारेण महता वृष्ण्येन ।।१।।
सुष्ठामा रथः सुयमा हरी ते मिम्यक्ष वज्रो नृपते गभस्तौ ।
शीभं राजन्त्सुपथा याह्यर्वाङ् वर्धाम् ते पपुषो वृष्ण्यानि ।।2।।
एन्द्रवाहो नृपतिं वज्रबाहुमुग्रमुग्रासस्तविषास एनम् ।
प्रत्वक्षसं वृषभं सत्यशुष्ममेमस्मत्रा सधमादो वहन्तु ।।३।।
एवा पतिं दोणसाचंसचेतसमूर्ज स्कम्भं धरुण आ वृषायसे ।
ओजः कृष्व सं गृभाय त्वे अप्यसो यथा केनिपानामिनो वृधे ।।४।।
गमन्नस्मे वसून्या हि शंसिषं स्वाशिषं भरमा याहि सोमिनः ।
त्वमीशिषे सास्मिन्ना सत्सि बर्हिष्यनाधृष्या तव पात्राणि धर्मणा ।।५।।
पृथक् प्रायन् प्रथमा देवहूतयोऽकृण्वत् श्रवस्यानि दुष्टरा ।
न ये शेकुर्यज्ञियां नावमारुहमीर्मैव ते न्यविशन्त केपयः ।।६।।
एवैवापागपरे सन्तु दूढ्यंोश्वा येषां दुर्युज आयुयुज्रे ।
इत्था ये प्रागुपरे सन्ति दावने पुरुणि यत्र वयुनानि भोजना ।।७।।
गिरींरज्रान् रेजमानाँ अधारयद् द्यौः क्रन्ददन्तरिक्षाणि कोपयत् ।
समीचीने धिषणे वि ष्कभायति वृष्णः पीत्वामद उक्थानि शंसति ।।८।।
इमं बिभर्मि सृकृतं ते अङकुशं येनारुजासि मघवंछफारुजः ।
अस्मिन्त्सु ते सवने अस्त्वोक्यं सुत इष्टौ मघवन् बोध्याभगः ।।९।।
गोभिष्टरेमामतिं दुरेवां यवेन क्षुधं पुरुहूत विश्वाम् ।
वयं राजभिः प्रथमा धनान्यस्माकेन वृजनेना जयेम ।।१०।।
बृहस्पतिर्नः परि पातु पश्चादुतोत्तरस्मादधरादघायोः ।
इन्द्रः पुरस्तादुत मध्यतो नः सखा सखिभ्यो वरिवः कृणोतु ।।११।।

५०. गर्गः – ऋ. ६.४७.६–१९; २१; य. २०.५०–५२

ऋ. ६.४७.६–१९

धृषत्पिब कलशे सोममिन्द्र वृत्रहा शूर समरे वसूनाम् ।
माध्यन्दिने सवन आ वृषस्व रयिस्थानो रयिमस्मासु धेहि ।।६।।
इन्द्र प्र णः पुरएतेव पश्य प्र नो नय प्रतरं वस्यो अच्छ ।
भवा सुपारो अतिपारयो नो भवा सुनीतिरुत वामनीतिः ।।७।।
उरुं नो लोकमनु नेषि विद्वान्त्स्वर्वज्ज्योतिरभयं स्वस्ति ।
ऋष्वा त इन्द्र स्थविरस्य बाहू उप स्थेयाम शरणा बृहन्ता ।।८।।
वरिष्ठे न इन्द्र वन्धुरे धा वहिष्ठयोः शतावन्नश्वयोरा ।
इषमा वक्षीषां वर्षिष्ठां मा नस्तारीन्मघवन्नायो अर्यः ।।९।।
इन्द मृळ मह्यं जीवातुमिच्छ चोदय धियमयसो न धाराम् ।
यत्किंचाहं त्वायुरिदं वदामि तज्जुषस्व कृधि मा देववन्तम् ।।१०।।
त्रातारमिन्द्रमवितारमिन्द्रं हवेहवे सुहवं शूरमिन्द्रम् ।
हवयामि शक्रं पुरुहूतमिन्द्रं स्वस्ति नो मघवा धात्विन्द्रः ।।१९।।
इन्द्रः सुत्रामा स्ववाँ अवोभिः सुमळीको भवतु विश्ववेदाः ।
बाधतां द्वेषो अमयं कृणोतु सुवीर्यस्य पतयः स्याम ।।१2।।
तस्य वयं सुमतौ यज्ञियस्यापि भद्रे सौमनसे स्याम ।
स सुत्रामा स्ववाँ इन्द्रो अस्मे अराच्चिद् द्वेषः सनुतर्युयोतु ।।१३।।
अव त्वे इन्द्र प्रवतो नोर्मिर्गिरो ब्रह्माणि नियुतो धवन्ते ।
उरू न राधः सवना पुरूण्यपो गा वज्रिन्युवसे समिन्दून् ।।१४।।

क ईं स्तवत्कः पृणात्को यजाते यदुग्रमिन्मघवा विश्वहावेत् ।
पादाविव प्रहरन्नन्यमन्यं कृणोति पूर्वमपरं शचीभिः ।।१५।।
शृण्वे वीर उग्रमुग्रं दमायन्नन्यमन्यमतिनेनीयमानः ।
एधमानद् विळुभयस्य राजा चोष्कूयते विश इन्द्रो मनुष्यान् ।।१६।।
परा पूर्वेषां सख्या वृणक्ति वितर्तुराणो अपरेभिरेति ।
अनानुभूतीरवधून्वानः पूर्वीरिन्द्रः शरदस्तर्तरीति ।।१७।।
रूपंरूपं प्रतिरूपो बभूव तदस्य रूपं प्रतिचक्षणाय ।
इन्द्रो मायाभिः पुरुरूप ईयते युक्ता ह्यस्य हरयः शता दश ।।१८।।
युजानो हरिता रथे भूरि त्वष्टेह राजति ।
को विश्वाहा द्विषतः पक्ष आसत उतासीनेषु सूरिषु ।।१९।।

ऋ. ६.४७.२१

दिवे दिवे सदृशीरन्यमर्द्धं कृष्णा असेधदप सद्यनो जाः ।
अहन्दासा वृषभो वस्नयन्तोदव्रजे वर्चिनं शम्बरं च ।।२१।।

य. २०.५०–५२

त्रातारमिन्द्रमवितार मिन्द्रं हवेहवे सुहवं शूरमिन्द्रम् ।
ह्वयामि शक्रं पुरुहूतमिन्द्रं स्वस्ति नो मघवा धातिन्द्रः ।।५०।।
इन्द्रः सुत्रामा स्ववाँ२ऽ अवोभिः सुमृडीको भवतु विश्ववेदाः बाधतां द्वेषोऽअभयं कृणोतु सुवीर्यस्य पतयः स्याम ।।५१।।
तस्य वयं सुमतौ यज्ञियस्यापि भद्रे सौमनसे स्याम ।
स सुत्रामा स्ववाँ२ऽ इन्द्रोऽअस्मेऽआराच्चिद् द्वेषः सनुतर्युयोतु ।।५२।।

५१. गातुर् आत्रेयः – ऋ. ५.३२.१–१२; सा. ३१५

ऋ. ५.३२.१–१२

अदर्दरुत्समसृजो वि खानि त्वमर्णवान्वद्बधानाँ अरम्णाः ।
महान्तमिन्द्र पर्वतं वि यद्वः सृजो वि धारा अव दानवं हन् ।।१।।
त्वमुत्साँ ऋतुभिर्बद्बधानाँ अरंह ऊधः पर्वतस्य वज्रिन् ।
अहिं चिदुग्र प्रयुतं शयानं जघन्वाँ इन्द्र तविषीमधत्थाः ।।२।।
त्यस्य चिन्महतो निर्मृगस्य वधर्जघान् तविषीभिरिन्द्रः ।
य एक इदप्रतिर्मन्यमान आदस्मादन्यो अजनिष्ट तव्यान् ।।३।।
त्यं चिदेषां स्वधया मदन्तं मिहो नपातं सुवृधं तमोगाम् ।
वृषप्रभर्मा दानवस्य भामं वज्रेण वज्री नि जघान् शुष्णम् ।।४।।
त्यं चिदस्य क्रतुभिर्निषत्तममर्मणो विददिदस्य मर्म ।
यदीं सुक्षत्र प्रभृता मदस्य युयुत्सन्तं तमसि हर्म्ये धाः ।।५।।
त्यं चिदित्था कत्पयं शयानमसूर्ये तमसि वावृधानम् ।
तं चिन्मन्दानो वृषभः सुतस्योच्चैरिन्द्रो अपगूर्या जघान ।।६।।
उद्यदिन्द्रो महते दानवाय वधर्यमिष्ट सहो अप्रतीतम् ।
यदीं वज्रस्य प्रभृतौ ददाभ विश्वस्य जन्तोरधमं चकार ।।७।।
त्यं चिदर्णं मधुपं शयानमसिन्वं वव्रं मह्याददुग्रः ।
अपादमत्रं महता वधेन नि दुर्योण आवृणङ् मृध्रवाचम् ।।८।।
को अस्य शुष्मं तविषीं वरात एको धना भरते अप्रतीतः ।
इमे चिदस्य ज्रयसो नु देवी इन्द्रस्यौजसो भियसा जिहाते ।।९।।
न्यस्मै देवी स्वधितिर्जिहीत इन्द्राय गातुरुशतीव येमे ।
सं यदोजो युवते विश्वमाभिरनु स्वधाव्ने क्षितयो नमन्त ।।१०।।
एकं नु त्वा सत्पतिं पांचजन्यं जातं शृणोमि यशसं जनेषु ।

तं मे जगृभ्र आशसो नविष्ठं दोषा वस्तोर्हवमानास इन्द्रम् ।।११।।
एवा हि त्वामृतुथा यातयन्तं मघा विप्रेभ्यो ददतं शृणोमि ।
किं ते ब्रह्माणो गृहते सखायो ये त्वाया निदधुः काममिन्द्र ।।१२।।

सा. ३१५

आदर्दरुत्समसृजो वि खानि त्वमर्णवान्बद्वधानाँ अरम्णाः ।
महान्तमिन्द्र पर्वतं वि यद्वः सृजद्धारा अव यद्दानवान्हन् ।।३।।

५२. गालवः – य. १८.५४–५५

दिवो मूर्द्धासि पृथिव्या नाभिरूर्गपामोषधीनाम् ।
विश्वायुः शर्म सप्रथा नमस्पथे ।।५४।।
विश्वस्य मूर्द्धन्नधि तिष्ठसि श्रितः समुद्रे ते हृदयमप्स्वायुरपो दत्तोदधि भिन्त।
दिवस्पर्जन्यादन्तरिक्षात्पृथिव्यास्ततो नो वृरष्ट्यव ।।५५।।

५३. गृत्समदः –अ.20.20.५–७; 20.३४.१–१८; 20.५७.८–१०; 20.६७.६; 20.६५.१

अ. 20.20.५–७

इन्द्रो अंग महद् भयमभी षदप चुच्यवत्। स हि स्थिरो विचर्षणिः ।।५।।
इन्द्रश्च मृडयाति नो न नः पश्चादघं नशत्। भद्रं भवाति नः पुरः ।।६।।
इन्द्र आशाभ्यस्परि सर्वाभ्यो अभयं करत्। तेजा शत्रून् विचर्षणिः ।।७।।

अ. 20.३४.१–१८

यो जात एव प्रथमो मनस्वान् देवो देवान् क्रतुना पर्यभूषत् ।
यस्य शुष्माद् रोदसी अभ्यसेतां नृम्णस्य मह्ना स जनास इन्द्रः ।।१।।
यः पृथिवीं व्यथमानामदृंहद् यः पर्वतान् प्रकुपिताँ अरम्णात् ।
येा अन्तरिक्षं विममे वरीयो यो द्यामस्तभ्नात् स जनास इन्द्रः ।।2।।
यो हत्वाहिमरिणात् सप्त सिन्धून् यो गा उदाजदपधा वलस्य ।
यो अश्मनोरन्तरग्निं जजान संवृक् समत्सु स जनास इन्द्रः ।।३।।
येनेमा विश्वा च्यवना कृतानि यो दासं वर्णमधरं गुहाकः ।
श्वघ्नीव यो जिगीवाँल्लक्षमाददर्यः पुष्टानि स जनास इन्द्रः ।।४।।
यं स्मा पृच्छन्ति कुह सेति घोरमुतेमाहुर्नैषो अस्तीत्येनम् ।
सो अर्यः पुष्टीर्विजइवा मिनाति श्रदस्मै धत्त स जनास इन्द्रः ।।५।।
यो रध्रस्य चोदिता यः कृशस्य यो ब्रह्मणो नाधमानस्य कीरेः ।
युक्तग्रावणो योविता सुशिप्रः सुतसोमस्य स जनास इन्द्रः ।।६।।
यस्याश्वासः प्रदिशि यस्य गावो यस्य ग्रामा यस्य विश्व रथासः ।
यः सूर्यं आ उषसं जजान यो अपां नेता स जनास इन्द्रः ।।७।।
यं क्रन्दसी संयती विह्वयेते परेऽवर उभया अमित्राः ।
समानं चिद्रथमातस्थिवांसा नाना हवेते स जनास इन्द्रः ।।८।।
यस्मान्न ऋते विज्यन्ते जनासो यं युध्यमाना अवसे हवन्ते ।
यो विश्वस्य प्रतिमानं बभूव येा अच्युतच्युत् स जनास इन्द्र ।।९।।
यः शश्वतो मह्येनो दधानानमन्यमानांछर्वा जघान ।
यः शर्धते नानुददाति शृध्यां यो दस्योर्हन्ता स जनास इन्द्रः ।।१०।।
यः शम्बरं पर्वतेषु क्षियन्तं चत्वारिंश्यां शरद्यन्वविन्दत् ।
ओजायमानं यो अहिं जघान दानुं शयानं स जनास इन्द्रः ।।११।।
यः शम्बरं पर्यतरत् कसीभिर्योऽचारुकास्नापिबत् सुतस्य ।
अन्तर्गिरौ यजमानं बहुं जनं यस्मिन्नामूर्छत् स जनास इन्द्रः ।।१२।।
यः सप्तरश्मिर्वृषभस्तुविष्मानवासृजत् सर्तवे सप्त सिन्धून् ।
यो रौहिणमस्फुरद् वज्रबाहुर्द्यामारोहन्तं स जनास इन्द्रः ।।१३।।

द्यावा चिदस्मै पृथिवी नमेते शुष्माच्चिदस्य पर्वता भयन्ते ।
यः सोमपा निचितो वज्रबाहुर्यो वज्रहस्तः स जनास इन्द्रः ।।१४।।
यः सुन्वन्तमवति यः पचन्तं यः शंसन्तं यः शशमानमूती ।
यस्य ब्रह्म वर्धनं यस्य सोमो यस्येदं राधः स जनास इन्द्रः ।।१५।।
जातो व्यख्यत् पित्रोरुपस्थे भुवो न वेद जनितुः परस्य ।
स्तविष्यमाणो नो यो अस्मद् व्रता देवानां स जनास इनद्रः ।।१६।।
यः सोमकामो हर्यश्वः सूरिर्यस्माद् रेजन्ते भुवनानि विश्वः ।
यो जघान शम्वरं यश्च शुष्णं य एकवीरः स जनास इन्द्रः ।।१७।।
यः सुन्वते पचते दुध्र आ चिद् वाजं दर्दर्षि स किलासि सत्यः ।
वयं त इन्द्र विश्वह प्रियासः सुवीरासो विदथमा वदेम ।।१८।।

अ. २०.५७.८–१०

इन्द्रो अंग महद् भयमभी षदप चुच्यवत्। स हि स्थिरो विचर्षणिः।।८।।
इन्द्रश्च मृळयाति नो न नः पश्चादघं नशत्। भद्रं भवाति नः पुरः ।।९।।
इन्द्र आशभ्यस्परि सर्वाभ्यो अभयं करत्। जेता शत्रून् विचर्षणिः ।।१०।।

अ. २०.६७.६

एष स्य ते तन्वो नृम्णवर्धनः सह ओजः प्रदिवि बाह्वोर्हितः ।
तुभ्यं सुतो मघवन् तुभ्यमाभृतस्त्वमस्य ब्राह्मणादा तृप्त् पिब ।।६।।

अ. २०.९५.१

त्रिकद्रुकेषु महिषो यवाशिरं तुविशुष्मस्तृपत् सोममपिबद् विष्णुना सुतं यथावशत् ।
स ईं ममाद् महि कर्म कर्तवे महामुरुं सैनं सश्चद् देवो देवं सत्यमिन्द्रं सत्य इन्दुः ।।१।।

५४. गृत्समदः शौनकः – ऋ. 2.११.१–२१; 2.१2.१–१५; 2.१३.१–१३; 2.१४.१–१2; 2.१५.१–१०; 2.१६.१–९; 2.१७.१–९; 2.१८.१–९; 2.१९१–९; 2.2०.१–९; 2.2१.१–६; 2.22.१–४; 2.३० .१–५; ७; ८; १०; 2.४१.१०.–१2; सा. 2००; ४५७; ४६६; १४८६–८८

ऋ. 2.११.१–२१

श्रुधी हवमिन्द्र मा रिषण्यः स्याम ते दावने वसूनाम् ।
इमा हि त्वामूर्जो वर्धयन्ति वसूयवः सिन्धवो न क्षरन्तः ।।१।।
सृजो महीरिन्द्र या अपिन्वः परिष्ठता अहिना शूर पूर्वीः ।
अमर्त्यं चिद्दासं मन्यमानमवाभिनदुक्थैर्वावृधानः ।।2।।
उक्थेष्विन्नु शूर येषु चाकन्त्स्तोमेष्विन्द्र रुद्रियेषु च ।
तुभ्येदेता यासु मन्दसानः प्र वायवे सिस्रते न शुभ्राः ।।३।।
शुभ्रं नु ते शुष्मं वर्धयन्तः शुभ्रं वज्रं बाह्वो र्दधानाः ।
शुभ्रस्त्वमिन्द्र वावृधानो अस्मे दासीर्विशः सूर्येण सह्याः ।।४।।
गुहा हितं गुह्यं गूळहमप्स्वपीवृतं मायिनं क्षियन्तम् ।
उतो अपो द्यां तस्तभ्वांसमहन्नहिं शूर वीर्येण ।।५।।
स्तवा नु त इन्द्र पूर्व्या महान्युत स्तवाम नूतना कृतानि ।
स्तवा वज्रं बाह्वोरुशन्तं स्तवा हरी सूर्यस्य केतू ।।६।।
हरी नु त इन्द्र वाजयन्ता घृतश्चुतं स्वारमस्वार्ष्टाम् ।
वि समना भूमिरप्रथिष्टारंस्त पर्वतश्चित्सरिष्यन् ।।७।।
नि पर्वतः साद्यप्रयुच्छन्त्सं मातृभिर्वावशानो अक्रान् ।
दूरे पारे वाणी वर्धयन्त इन्द्रेषितां धमनि पप्रथन्नि ।।८।।
इन्द्रो महां सिन्धुमाशयानं मायाविनं वृत्रमस्फुर न्निः ।
अरेजेतां रोदसी भियाने कनिक्रदतो वृष्णो अस्य वज्रात् ।।९।।
अरोरवीद्वृष्णो अस्य वज्रोऽमानुषं यन्मानुषो निजूर्वात् ।

नि मायिनो दानवस्य माया अपादयत्पपिवान्त्सुतस्य ।।१०।।
पिबापिबेदिन्द्र शूर सोमं मन्दन्तु त्वा मन्दिनः सुतासः ।
पृणन्तस्ते कुक्षी वर्धयन्त्वित्था सुतः पौर इन्द्रमाव ।।११।।
त्वं इन्द्राप्यभूम विप्रा धियं वनेम ऋतया सपन्तः ।
अवस्यवो धीमहि प्रशस्तिं सद्यस्ते रायो दावने स्याम ।।१2।।
स्याम ते त इन्द्र ये त ऊती अवस्यव ऊर्जं वर्धयन्तः ।
शुष्मिन्तमं यं चाकनाम देवास्मे रयिं रासि वीरवन्तम् ।।१३।।
रासि क्षयं रासि मित्रमस्मे रासि शर्ध इन्द्र मारुतं नः ।
सजोषसो ये च मन्दसानाः प्र वायवः पान्त्यग्रणीतिम् ।।१४।।
व्यन्त्विन्नु येषु मन्दसानस्तृपत्सोमं पाहि द्रह्यदिन्द्र ।
अस्मान्त्सु पृतस्वा तरुत्रावर्धयो द्यां बृहद्भिरर्कैः ।।१५।।
बृहन्त इन्नु ये ते तरुत्रोक्थेभिर्वा सुम्नमाविवासान् ।
स्तृणानासो बर्हिः पस्त्यावत्त्वोता इदिन्द्र वाजमग्मन् ।।१६।।
उग्रेष्विन्नु शूर मन्दसानस्त्रिकद्रुकेषु पाहि सोममिन्द्र ।
प्रदोधुवच्छ्मश्रुषु प्रीणानो याहि हरिभ्यां सुतस्य पीतिम् ।।१७।।
धिष्वा शवः शूर येन वृत्रमवाभिनद्दानुमौर्णवाभम् ।
अपावृणोर्ज्योतिरार्याय नि सव्यतः सादि दस्युरिन्द्र ।।१८।।
सनेम ये त ऊतिभिस्तरन्तो विश्वाः स्पृध आर्येण दस्यून् ।
अस्मभ्यं तत्त्वाष्ट्रं विश्वरूपमरन्धयः साख्यस्य त्रिताय ।।१९।।
अस्य सुवानस्य मन्दिनस्त्रितस्य न्यर्बुदं वावृधानो अस्तः ।
अवर्तयत्सूर्यो न चक्रं भिनद्वलमिन्द्रो अंगिरस्वान् ।।2०।।
नूनं सा ते प्रति वरं जरित्रे दुहीयदिन्द्र दक्षिणा मघोनी ।
शिक्षा स्तोतृभ्यो माति धग्भगो नो बृहद्वदेम विदथे सुवीराः ।।2१।।

ऋ. 2.१2.१–१५

यो जात एव प्रथमो मनस्वान्देवो देवान्क्रतुना पर्यभूषत् ।
यस्य शुष्माद्रोदसी अभ्यसेतां नृम्णस्य मह्ना स जनास इन्द्रः ।।१।।
यः पृथिवीं व्यथमानामदृंहद्यः पर्वतान्प्रकुपिताँ अरम्णात् ।
यो अन्तरिक्षं विममे वरीयो यो द्यामस्तभ्नात्स जनास इन्द्रः ।।2।।
यो हत्वाहिमरिणात्सप्त सिन्धून्यो गा उदाजदपधा वलस्य ।
यो अश्मनोरन्तरग्निं जजान संवृक्स मत्सु स जनास इन्द्रः ।।३।।
येनेमा विश्वा च्यवना कृतानि यो दासं वर्णमधरं गुहाकः ।
श्वध्नीव यो जिगीवाँ लक्षमाददर्यः पुष्टानि स जनास इन्द्रः ।।४।।
यं स्मा पृच्छन्ति कुह सेति घोरमुतेमाहुर्नैषो अस्तीत्येनम् ।
सो अर्यः पुष्टीर्विज इवा मिनाति श्रदस्मै धत्त स जनास इन्द्रः ।।५।।
यो रध्रस्य चोदिता यः कृशस्य यो ब्रह्मणो नाधमानस्य कीरेः ।
युक्तग्रावणो योऽविता सुशिप्रः सुतसोमस्य स जनास इन्द्रः ।।६।।
यस्याश्वसः प्रदिशि यस्य गावो यस्य ग्रामा यस्य विश्वे रथासः ।
यः सूर्यं य उषसं जजान यो अपां नेता स जनास इन्द्रः ।।७।।
यं क्रन्दसी संयति विह्वयेते परेऽवर उभया अमित्राः ।
समानं चिद्रथमातस्थिवांसा नाना हवेते स जनास इन्द्रः ।।८।।
यस्मान्न ऋते विजयन्ते जनासो यं युध्यमाना अवसे हवन्ते ।
यो विश्वस्य प्रतिमानं बभूव यो अच्युतच्युत् स जनास इन्द्रः ।।९।।
यः शश्वतो मह्येनो दधानानमन्यमानांछर्वा जघान् ।
यः शर्धते नानुददाति शृध्यां यो दस्योर्हन्ता स जनास इन्द्रः ।।१०।।

यः शम्बरं पर्वतेषु क्षियन्तं चत्वारिंश्यां शरद्यन्वविन्दत् ।
ओजायमानं यो अहिं जघान दानुं शयानं स जनास इन्द्रः ।।११।।
यः सप्तरश्मिर्वृषभस्तुविष्मानवासृजत्सर्तवे सप्त सिन्धून् ।
यो रौहिणमस्फुरद्वज्रबाहुर्द्यामारोहन्तं स जनास इन्द्र ।।१2।।
द्यावा चिदस्मै पृथिवी नमेते शुष्माच्चिदस्य पर्वता भयन्ते ।
सोमपा निचितो वज्रबाहुर्यो वज्रहस्त स जनास इन्द्रः ।।१३।।
यः सुन्वन्तमवति यः पचन्तं यः शंसन्तं यः शशमानमूती ।
यस्य ब्रह्म वर्धनं यस्य सोमो यस्येदं राधः स जनास इन्द्रः ।।१४।।
यः सुन्वते पचते दुध्र आ चिद्वाजं दर्दर्षि स किलासि सत्यः ।
वयं त इन्द्र विश्वह प्रियासः सुवीरासो विदथमा वदेम ।।१५।।

ऋ. 2.१३.१–१३

ऋतुर्जनित्री तस्य अपस्परि मक्षू जात आविशद्यासु वर्धते ।
तदाहना अभवत् पिप्युषी पर्योऽशोः पीयूषं प्रथमं तदुक्थ्यम् ।।१।।
सध्रीमा यन्ति परि बिभ्रतीः पयो विश्वप्स्न्याय प्र भरन्त भोजनम् ।
समानो अध्वा प्रवतामनुष्यदे यस्ताकृणोः प्रथमं सास्युक्थ्यः ।।2।।
अन्वेको वदति यद्ददाति तद्रूपा मिनन्तदपा एक ईयते ।
विश्वा एकस्य विनुदस्तितिक्षते यस्ताकृणोः प्रथमं सास्युक्थ्यः ।।३।।
प्रजाभ्यः पुष्टिं विभजन्त आसते रयिमिव पृष्ठं प्रभवन्तमायते ।
असिन्दवन्दंष्ट्रैः पितुरत्ति भोजनं यस्ताकृणोः प्रथमं सास्युक्थ्यः ।।४।।
अधाकृणो पृथिवीं संदृशे दिवे ये धौतीनामहिहन्नारिणक्पथः ।
तं त्वा स्तोमेभिरुदभिर्न बाजिनं देवं देवा अजनन्त्सास्युक्थ्यः ।।५।।
यो भोजनं च दयसे च वर्धनमार्द्रादा शुष्कं मधुमद्दुदोहिथ ।
स शेवधिं नि दधिषे विवस्वति विश्वस्यैक ईशिषे सास्युक्थ्यः ।।६।।
यः पुष्पिणीश्च प्रस्वश्च धर्मणाधि दाने व्य१वनीरधारयः ।
यश्चासमा अजनो दिद्युतो दिव उरुरूर्वाँ अभितः सास्युक्थ्यः ।।७।।
यो नार्मरं सहवसुं निहन्त्वे पृक्षाय च दासवेशाय चावहः ।
ऊर्जयन्त्या अपरिविष्टमास्यमुतैवाद्य पुरुकृत्सास्युक्थ्यः ।।८।।
शतं वा यस्य दश साकमाद्य एकस्य श्रुष्टौ यद्ध चोदमाविथ ।
अरज्जौ दस्यून्त्समुनब्दभीतये सुप्राव्यो अभवः सास्युक्थ्यः ।।९।।
विश्वेदनु रोधना अस्य पौंस्यं ददुरस्मै दधिरे कृत्नवे धनम् ।
षळस्तभना विष्टिरः पंच संदृशः परि परो अभवः सास्युक्थ्यः ।।१०।।
सुप्रवाचनं तव वीर वीर्य१ यदेकेन क्रतुना विन्दसे वसु ।
जातूष्ठिरस्य प्र वयः सहस्वतो या चकर्थ सेन्द्र विश्वास्युक्थ्यः ।।११।।
अरमयः सरपसस्तराय कं तुर्वीतये च वय्याय च स्रुतिम् ।
नीचा सन्तमुदनयः परावृजं प्रान्धं श्रोणं श्रवयन्त्सास्युक्थ्यः ।।१2।।
अस्मभ्यं तद्वसो दानाय राधः समर्थयस्व बहु ते वसव्यम् ।
इन्द्र यच्चित्रं श्रवस्या अनु द्यून्बृहद्वदेम विदथे सुवीराः ।।१३।।

ऋ. 2.१४.१–१2

अध्वर्यवो भरतेन्द्राय सोममामत्रेभिः सिंचता मद्यमन्धः ।
कामी हि वीरः सदमस्य पीतिं जुहोत वृष्णे तदिदेष वष्टि ।।१।।
अध्वर्यवो यो अपो वव्रिवांसं वृत्रं जघानाशन्येव वृक्षम् ।
तस्मा एतं भरत तद्वशायँ एष इन्द्रो अर्हति पीतिमस्य ।।2।।
अध्वर्यवो यो दृभीकं जघान यो गा उदाजदप हि वलं वः ।
तस्मा एतमन्तरिक्षे न वातमिन्द्रं सोमैरोर्णुत जूर्न वस्त्रैः ।।३।।

Vedic Concordance of Mantras as per Devatā and Ṛṣi 307

अध्वर्यवो य उरणं जघान नव चख्वांसं नवतिं च बाहून् ।
यो अर्बुदमव नीचा बबाधे तमिन्द्रं सोमस्य भृथे हिनोत ।।४।।
अध्वर्यवो यः स्वश्नं जघान यः शुष्णमशुषं यो व्यंसम् ।
यः पिप्रुं नमुचिं यो रुधिक्रां तस्मा इन्द्रायान्धसो जुहोत ।।५।।
अध्वर्यवो यः शतं शम्बरस्य पुरो बिभेदाश्मनेव पूर्वीः ।
यो वर्चिनः शतमिन्द्रः सहस्रमपावपद्भरता सोममस्मै ।।६।।
अध्वर्यवो यः शतमा सहस्रं भूम्या उपस्थेऽवपज्जघन्वान् ।
कुत्सस्यायोरतिथिग्वस्य वीरान्न्यावृणग्भरता सोमस्मै ।।७।।
अध्वर्यवो यन्नरः कामयाध्वे श्रुष्टी वहन्तो नशथा तदिन्द्रे ।
गभस्तिपूतं भरत श्रुतायेन्द्राय सोमं यज्यवो जुहोत ।।८।।
अध्वर्यवः कर्तना श्रुष्टिमस्मै वने निपूतं वन उन्नयध्वम् ।
जुषाणो हस्त्यमभि वावशे व इन्द्राय सोमं मदिरं जुहोत ।।६।।
अध्वर्यवः पयसोधर्यथा गोः सोमेभिरीं पृणता भोजमिन्द्रम् ।
वेदाहमस्य निभृतं म एतद्दित्सन्तं भूयो यजतिश्चिकेत ।।१०।।
अध्वर्यवो यो दिव्यस्य वस्वो यः पार्थिवस्य क्षम्यस्य राजा ।
तमूर्दरं न पृणता येवेनेन्द्रं सोमेभिस्तदपो वो अस्तु ।।११।।
अस्मभ्यं तद्वसो दानाय राधः समर्थयस्व बहु ते वसव्यम् ।
इन्द्र यच्चित्रं श्रवस्या अनु द्यून्बृहद्वदेम विदथे सुवीराः ।।12।।

ऋ. 2.१५.१–१०

प्र घा नवस्य महतो महानि सत्या सत्यस्य करणानि वोचम् ।
त्रकद्रुकेष्वपिबत्सुतस्यास्य मदे अहिमिन्द्रो जघान ।।१।।
अवंशे द्यामस्तभयद् बृहन्तमा रोदसी अपृणदन्तरिक्षम् ।
स धारयत्पृथिवीं पप्रथच्च सोमस्य ता मद इन्द्रश्चकार ।।2।।
सद्येव प्राचो वि मिमाय मानैर्वज्रेण खान्यतृणन्नदीनाम् ।
वृथासृजत्पथिभिर्दीर्घयाथैः सोमस्य ता मद इन्द्रश्चकार ।।३।।
स प्रवोळहॄन्परिगत्या दभीतेर्विश्वमधागायुधमिद्धे अग्नौ ।
सं गोभिरश्वैरसृजद्रथेभिः सोमस्य ता मद इन्द्रश्चकार ।।४।।
स ईं महीं धुनिमेतोररम्णात्सो अस्नातॄनपारयत्स्वस्ति ।
त उत्स्नाय रयिमभि प्र तस्थुः सोमस्य ता मद इन्द्रश्चकार ।।५।।
सोदंचं सिन्धुमरिणान्महित्वा वज्रेणान उषसः सं पिपेष ।
अजवसो जविनीभिर्विवृश्चन्त्सोमस्य ता मद इन्द्रश्चकार ।।६।।
स विद्वाँ अपगोहं कनीनामविर्भवन्नुदतिष्ठत्परावृक् ।
प्रति श्रोणः स्थाद्वय१नगचष्ट सोमस्य ता मद इन्द्रश्चकार ।।७।।
भिनद्वलमंगिरोभिगृणानो वि पर्वतस्य दृंहितान्यैरत् ।
रिणग्रोधांसि कृत्रिमाण्येषां सोमस्य ता मद इन्द्रश्चकार ।।८।।
स्वप्नेनाभ्युप्या चुमुरिं धुनिं च जघन्थ दस्युं प्र दभीतिमावः ।
रम्भी चिदत्र विविदे हिरण्यं सोमस्य ता मद इन्द्रश्चकार ।।६।।
नूनं सा ते प्रति वरं जरित्रे दुहीयदिन्द्र दक्षिणा मघोनी ।
शिक्षा स्तोतृभ्यो माति धग्भगो नो बृहद्वदेम विदथे सुवीराः ।।१०।।

ऋ. 2.१६.१–६

प्र वः सतां ज्येष्ठतमाय सुष्टुतिमग्नाविव समिधाने हविर्भरे ।
इन्द्रमजुर्यं जरयन्तमुक्षितं सनाद्युवानमवसे हवामहे ।।१।।
यस्मादिन्द्राद् बृहतः किं चनेमृते विश्वान्यस्मिन्त्सम्भृताधि वीर्या ।
जठरे सोमं तन्वी३ सहो महो हस्ते वज्रं भरति शीर्षणि क्रतुम् ।।2।।

न क्षेणीभ्यां परिभ्वे त इन्द्रियं न समुद्रैः पर्वतैरिन्द्र ते रथः ।
न ते वज्रमन्वश्नोति कश्चन यदाशुभिः पतसि योजना पुरु ।।३।।
विश्वे ह्यस्मै यजताय धृष्णवे क्रतुं भरन्ति वृषभाय सश्चते ।
वृषा यजस्व हविषा विदुष्टरः पिबेन्द्र सोमं वृषभेण भानुना ।।४।।
वृष्णः कोशः पवते मध्व ऊर्मिर्वृषभान्नाय वृषभाय पातवे ।
वृषणध्वर्यू वृषभासो अद्रयो वृषणं सोमं वृषभाय सुष्वति ।।५।।
वृषा ते वज्र उत ते वृषा रथो वृषणा हरी वृषभाण्यायुधा ।
वृष्णो मदस्य वृषभ त्वमीशिष इन्द्र सोमस्य वृषभस्य तृण्णुहि ।।६।।
प्र ते नावं न समने वचस्युवं ब्रह्माणा यामि सवनेषु दाधृषिः ।
कुविन्नो अस्य वचसो निबोधिषदिन्द्रमुत्सं न वसुनः सिचामहे ।।७।।
पुरा संबाधादभ्यां ववृत्स्व नो धेनुर्न वत्सं यवसस्य पिप्युषी ।
सकृत्सु ते सुमतिभिः शतक्रतो सं पत्नीभिर्न वृषणो नसीमहि ।।८।।
नूनं सा ते प्रति वरं जरित्रे दुहीयदिन्द्र दक्षिणा मघोनी ।
शिक्षा स्तोतृभ्यो माति धग्भगो नो बृहद्वदेम विदथे सुवीराः ।।९।।

ऋ. 2.१७.१–९

तदस्मै नव्यमंगिरस्वदर्चत शुष्मा यदस्य प्रत्नथोदीरते ।
विश्वा यद्गोत्रा सहसा परीवृता मदे सोमस्य दृंहितान्यैरयत् ।।१।।
स भूतु यो ह प्रथमाय धायस ओजो मिमानो महिमानमातिरत् ।
शूरो यो युत्सु तन्वं परिव्यत शीर्षणिद्यां महिना प्रत्यमुंचत ।।2।।
अधाकृणोः प्रथमं वीर्यं महद्यदस्याग्रे ब्रह्मणा शुष्ममैरयः ।
रथेष्ठेन हर्यश्वेन विच्युताः प्र जीरयः सिस्रते सध्य्र१क् पृथक् ।।३।।
अधा यो विश्वा भुवनाभि मज्मनेशानकृत्प्रवया अभ्यवर्धत ।
आद्रोदसी ज्योतिषा वह्निरातनोत्सीव्यन्तमांसि दुधिता समव्ययत् ।।४।।
स प्राचीनान्पर्वतान्दृंहदोजसाधराचीनमकृणोदपामपः ।
अधारयत्पृथिवीं विश्वधायसमस्तभ्नान्मायया द्यामवस्रसः ।।५।।
सास्मा अरं बाहुभ्यां यं पिताकृणोद्विश्वस्मादा जनुषो वेदसस्परि ।
येना पृथिव्यां नि क्रिविं शयध्यै वज्रेण हत्व्यवृणक्तुविष्वणिः ।।६।।
अमाजूरिव पित्रोः संचा सती समानादा सदसस्त्वामिये भगम् ।
कृधि प्रकेतमुप मास्या भर दद्धि भागं तन्वो३ येन मामहः ।।७।।
भोजं त्वामिन्द्रं वयं हुवेम ददिष्ट्वमिन्द्रापांसि वाजान् ।
अविड्ढीन्द्र चित्रया न ऊती कृधि वृषन्निन्द्र वस्यसो नः ।।८।।
नूनं सा ते प्रति वरं जरित्रे दुहीयदिन्द्र दक्षिणा मघोनी ।
शिक्षा स्तोतृभ्यो माति धग्भगो नो बृहद्वदेम विदथे सुवीराः ।।९।।

ऋ. 2.१८.१–९

प्राता रथो नवो योजि सस्निश्चतुर्युगास्त्रिकशः सप्तरश्मिः ।
दशारित्रो मनुष्यः स्वर्षाः स इष्टिभिर्मतिभी रंह्यो भूत् ।।१।।
सास्मा अरं प्रथमं स द्वितीयमुतो तृतीयं मनुषः स होता ।
अन्यस्या गर्भमन्य ऊ जनन्त सो अन्येभिः सचते जेन्यो वृषा ।।2।।
हरी नु कं रथ इन्द्रस्य योजमायै सूक्तेन वचसा नवेन ।
मो षु त्वामत्र बहवो हि विप्रा नि रीरमन्यजमानासो अन्ये ।।३।।
आ द्वाभ्यां हरिभ्यामिन्द्र याह्या चतुर्भिरा षड्भिर्हूयमानः ।
आष्टाभिर्दशभिः सोमपेयमयं सुतः सुमख मा मृधस्कः ।।४।।

आ विंशत्या त्रिंशता याह्यर्वाङा चत्वारिंशता हरिभिर्युजानः ।
आ पंचाशता सुरथेभिरिन्द्रा षष्ट्या सप्तत्या सोमपेयम् ।।५।।
आशीत्या नवत्या याह्यर्वाङा शतेन हरिभिरुह्यमानः ।
अयं हि तेशुनहोत्रेषु सोम इन्द्र त्वाया परिषिक्तो मदाय ।।६।।
मम ब्रह्मेन्द्र याह्यच्छा विश्वा हरी धुरि धिष्वा रथस्य ।
पुरुत्रा हि विहव्यो बभूथस्मिंछूर सवने मादयस्व ।।७।।
न म इन्द्रेण सख्यं वि योषदस्मभ्यमस्य दक्षिणा दुहीत ।
उप ज्येष्ठे वरूथे गभस्तौ प्रायेप्राये जिगीवांसः स्याम ।।८।।
नूनं सा ते प्रति वरं जरित्रे दुहीयदिन्द्र दक्षिणा मघोनी ।
शिक्षा स्तोतृभ्यो माति धग्भगो नो बृहद्वदेम विदथे सुवीराः ।।६।।

ऋ. 2.1६.१–६;

अपाय्यस्यान्धसो मदाय मनीषिणः सुवानस्य प्रयसः ।
यस्मिन्निन्द्रः प्रदिवि वावृधान ओको दधे ब्रह्मण्यन्तश्च नरः ।।१।।
अस्य मन्दानो मध्वो वज्रहस्तोऽहिमिन्द्रो अर्णोवृतं वि वृश्चत् ।
प्र यद्वयो न स्वसराण्यच्छा प्रयांसि च नदीनां चक्रमन्त ।।2।।
स माहिन इन्द्रो अर्णो अपां प्रैरयदहिहाच्छा समुद्रम् ।
अजनयत्सूर्यं विददगा अक्तुनाह्नां वयुनानि साधत् ।।३।।
सो अप्रतीनि मनवे पुरूणीन्द्रो दाशद्दाशुषे हन्ति वृत्रम् ।
सद्यो यो नृभ्यो अतसाय्यो भूत्पस्पृधानेभ्यः सूर्यस्य सातौ ।।४।।
स सुन्वत इन्द्रः सूर्यमा देवो रिणङ्मर्त्याय स्तवान् ।
आ यद्रयिं गुहदवद्यमस्मै भरदंशं नैतशो दशस्यन् ।।५।।
स रन्धयत्सदिवः सारथये शुष्णमशुषं कुयवं कुत्साय ।
दिवोदासाय नवतिं च नवेन्द्रः पुरो व्यैरच्छम्बरस्य ।।६।।
एवा त इन्द्रोचथमहेम श्रवस्या न त्मना वाजयन्तः ।
अश्याम तत्साप्तमाशुषाणा ननमो वधरदेवस्य पीयोः ।।७।।
एवा ते गृत्समदाः शूर मन्मावस्यवो न वायुनानि तक्षुः ।
ब्रह्मण्यन्त इन्द्र ते नवीय इषमूर्जं सुक्षितिं सुम्नमश्युः ।।८।।
नूनं सा ते प्रति वरं जरित्रे दुहीयदिन्द्र दक्षिणा मघोनी ।
शिक्षा स्तोतृभ्यो माति धग्भगो नो बृहद्वदेम विदथे सुवीराः ।।६।।

ऋ. 2.2०.१–६

वयं ते वय इन्द्र विद्धि षु णः प्र भरामहे वाजयुर्न रथम् ।
विपन्यवो दीध्यतो मनीषा सुम्नमियक्षन्तस्त्वावतो नॄन् ।।१।।
त्वं न इन्द्र त्वाभिरूती त्वायतो अभिष्टिपासि जनान् ।
त्वमिनो दाशुषो बरूतेत्थाधीरभि यो नक्षति त्वा ।।2।।
स नो युवेन्द्रो जोहूत्रः सखा शिवो नरामस्तु पाता ।
यः शंसन्तं यः शशमानमूती पचन्तं च स्तुवन्तं च प्रणेषत् ।।३।।
तमु स्तुष इन्द्रं तं गृणीषे यस्मिन्पुरा वावृधुः शाशदुश्च ।
स वस्वः कामं पीपरदियानो ब्रह्मण्यतो नूतनस्यायोः ।।४।।
सो अंगिरसामुचथा जुजुष्वान्ब्रह्मा तूतोदिन्द्रो गातुमिष्णन् ।
मुष्णन्नुषसः सूर्येण स्तवानश्नंस्य चिच्छिश्नथत्पूर्व्याणि ।।५।।
स ह श्रुत इन्द्रो नाम देव ऊर्ध्वो भुवन्मनुषे दस्मतमः ।
अव प्रियमर्शसानस्य साह्वाछिरो भरद्दासस्य स्वधावान् ।।६।।
स वृत्रहेन्द्रः कृष्णयोनिः पुरन्दरो दासीरैरयद्वि ।
अजनयन्मनवे क्षामपश्च सत्रा शंसं यजमानस्य तूतोत् ।।७।।

तस्मै तवस्य१मनु दायि सत्रेन्द्राय देवेभिरर्णसातौ ।
प्रति यदस्य वज्रं बाह्वोर्धुर्हत्वी दस्यूनपुर आयसीर्नि तारीत् ।।८।।
नूनं सा ते प्रति वरं जरित्रे दुहीयदिन्द्र दक्षिणा मघोनी ।
शिक्षा स्तोतृभ्यो माति धग्भगो नो बृहद्वदेम विदथे सुवीराः ।।९।।

ऋ. 2.21.१–६

विश्वजिते धनजिते स्वर्जिते सत्राजिते नृजित उर्वराजिते ।
अश्वजिते गोजिते अब्जिते भरेन्द्राय सोमं यजमाय हर्यतम् ।।१।।
अभिभुवेऽभिभंगाय वन्वतेऽषाळ्हाय सहमानाय वेधसे ।
तुविग्रये वह्नये दुष्टरीतवे सत्रासाहे नम इन्द्राय वोचत ।।2।।
सत्रासाहो जनभक्षो जनंसहश्च्यवनो युध्मो अनु जोषमुक्षितः ।
वृतंचयः सहुरिर्विक्ष्वारित इन्द्रस्य वोचं प्र कृतानि वीर्या ।।३।।
अनानुदो वृषभो दोधतो वधो गम्भीर ऋष्वो असमष्टकाव्यः ।
रध्रचोदः श्नथनो वीळितस्पृथुरिन्द्रः सुयज्ञ उषसः स्वर्जनत् ।।४।।
यज्ञेन गातुमप्तुरो विविद्रिरे धियो हिन्वाना उशिजो मनीषिणः ।
अभिस्वरा निषदा गा अवस्यव इन्द्रे हिन्वाना द्रविणान्याशत ।।५।।
इन्द्र श्रेष्ठानि द्रविणानि धेहि चित्तिं दक्षस्य सुभगत्वमस्मे ।
पोषं रयीणामरिष्टिं तनूनां स्वाद्यानं वाचः सुदिनत्वमह्नाम् ।।६।।

ऋ. 2.22.१–४

त्रिकद्रुकेषु महिषो यवाशिरं तुविशुष्मस्तृपत्सोममपिबद्विष्णुना सुतं यथावशत् ।
स ईं ममाद् महि कर्म कर्तवे महामुरुं सैनं सश्चद्देवो देव सत्यमिन्द्रं सत्य इन्दुः ।।१।।
अध त्विषीमाँ अभ्योजसा क्रिविं युधाभवदा रोदसी अपृणदस्य मज्मना प्र वावृधे ।
अधत्तान्यं जठरे प्रेमरिच्यत सैनं सश्चद्देवो देवं सत्यमिन्द्रं सत्य इन्दुः ।।2।।
साकं जातः क्रतुना साकमोजसा ववक्षिथ साकं वृद्धो वीर्यैः सामहिर्मृधो विचर्षणिः ।
दाता राधः स्तुवते काम्यं वसु सैनं सश्चद्देवो देवं सत्यमिन्द्रं सत्यं इन्दुः ।।३।।
तव त्यन्नर्यं नृतोऽप इन्द्र प्रथमं पूर्व्यं दिवि प्रवाच्यं कृतम् ।
यद्दवस्य शवसा पारिणा अस रिणन्नपः। भवद्विश्वमभ्यादवमाजसा विदादज शतक्रतविदादिषम ।।४।।

ऋ. 2.३०.१–५

ऋतं देवाय कृण्वते सवित्र इन्द्रायाहिघ्ने न रमन्त आपः ।
अहरहर्यात्यक्तुरपां कियात्या प्रथमः सर्ग आसाम् ।।१।।
यो वृत्राय सिनमत्राभरिष्यत्प्र तं जनित्री विदुष उवाच ।
पथो रदन्तीरनु जोषमस्मै दिवेदिवे धुनयो यन्त्यर्थम् ।।2।।
ऊर्ध्वो ह्यस्थादध्यन्तरिक्षेधा वृत्राय प्र वधं जभार ।
मिहं वसान उप हीमदुद्रोत्तिग्मायुधो अजयच्छत्रुमिन्द्रः ।।३।।
बृहस्पते तपुषाश्नेव विध्य वृकद्वरसो असुरस्य वीरान् ।
यथा जघन्थ धृषता पुरा चिदेवा जहि शत्रुमस्माकमिन्द्र ।।४।।
अव क्षिप दिवो अश्मानमुच्चा येन शत्रुं मन्दसानो निजूर्वाः ।
तोकस्य सातौ तनयस्य भूरेरस्माँ अर्धं कृणुतादिन्द्र गोनाम् ।।५।।

ऋ. 2.३०.७–८

न मा तमन्न श्रमन्नोत तन्द्रन्न वोचाम मा सुनोतेति सोमम् ।
यो मे पृणाद्यो ददद्यो निवोधाद्यो मा सुन्वन्तमुप गोभिरायत् ।।७।।
सरस्वति त्वमस्माँ अविड्ढि मरुत्वती धृषती जेषि शत्रून् ।
त्यं चिच्छर्धन्तं तविषीयमाणमिन्द्रो हन्ति वृषभं शण्डिकानाम् ।।८।।

ऋ. 2.३०.१०

अस्माकेभिः सत्वभिः शूर शूरैर्वीर्या कृधि यानि ते कर्त्वानि ।

ज्योगभूवन्ननुधूपितासो हत्वी तेषामा भरा नो वसूनि ।।१०।।

ऋ. 2.४१.१०–१2

इन्द्रो अंग महद्भयमभी षदप चुच्यवत्। स हि स्थिरो विचर्षणिः।।१०।।

इन्द्रश्च मृळयाति नो न नः पश्चदघं नशत्। भद्रं भवाति नः पुरः ।।११।।

इन्द्र आशाभ्यस्परि सर्वाभ्यो अभयं करत्। जेता शत्रून्विचर्षणिः ।।१2।।

सा. 2००

इन्द्रो अंग महद्भयमभी षदप चुच्यत्। स हि स्थिरो विचर्षणिः ।।७।।

सा. ४५७

त्रिकद्रुकेषु महिषो यवाशिरं तुविशुष्मस्तृम्पत्सोममपिबद्विष्णुनां सुतं यथावशम् ।

स ईं ममाद महि कर्म कर्तवे महामरु सैनं सश्चद्देवो देवं सत्य इन्दुः सत्यमिन्द्रम् ।।१।।

सा. ४६६

तव त्यन्नर्यं नृतोऽप इन्द्र प्रथमं पूर्व्यं दिवि प्रवाच्यं कृतम् ।

यो देवस्य शवसा प्रारिणा असु रिणन्नपः ।

भुवो विश्वमभ्यदेवमोजसा विदेदूर्जं शतक्रतुर्विदेदिषम् ।।१०।।

सा. १४८६–८८

त्रिकद्रुकेषु महिषो यवाशिरं तुविशुष्मस्तृम्पत् सोममपिबद्विष्णुना सुतं यथावशम् ।।१।।

स ईं ममाद महि कर्म कर्तवे महामुरुं सैनं सश्चद्देवो देवं सत्यं इदुः सत्यमिन्द्रम् ।।2।।

अध त्विषीमाँ अभ्योजसा कृविं युधाभवदा रोदसी अपृणदस्य मज्मना प्र वावृधे ।

अधत्तान्यं जठरे प्रेमरिच्यत प्र चेतय सैनं सश्चद्देवो देवं सत्य इन्दुः सत्यमिन्द्रम् ।।३।।

५५. गोतमः – अ. 2०.१५.१–६; 2०.2५.१–६; 2०.४१.१–३; 2०.५६.१–६; 2०.६३.५–६; 2०. १०६.१–३; य. ३.५१–५2

अ. 2०.१५.१–६

प्र मंहिष्ठाय बृहते बृहद्रये सत्यशुष्माय तवसे मतिं भरे ।

अपामिव प्रवणे यस्य दुर्धरं राधो विश्वायु शवसे अपावृतम् ।।१।।

अध ते विश्वमनु हासदिष्टय आपो निम्नेव सवना हविष्मतः ।

यत् पर्वते न समशीत हर्यत इन्द्रस्य वज्रः श्नथिता हिरण्ययः ।।2।।

अस्मै भीमाय नमसा समध्वर उषो न शुभ्र आ भरा पनीयसे ।

यस्य धाम श्रवसे नामेन्द्रिय ज्योतिरकारि हरितो नायसे ।।३।।

इमे त इन्द्र ते वयं पुरुष्टुत ये त्वारभ्य चरामसि प्रभूवसो ।

नहि त्वदन्यो गिर्वणो गिरः सघत् क्षोणीरिव प्रति नो हर्य तद् वचः ।।४।।

भूरि त इन्द्र वीर्यं१ तव स्मस्य स्तोतुर्मघवन् काममा पृण ।

अनु ते द्यौर्बृहती वीर्यं मम इयं च ते पृथिवी नेम ओजसे ।।५।।

त्वं तमिन्द्र पर्वतं महामुरुं वज्रेण वज्रिन् पर्वशश्चकर्तिथ ।

अवासृजो निवृताः सर्तवा अपः सत्रा विश्वं दधिषे केवलं सहः ।।६।।

अ. 2०.2५.१–६

अश्वावति प्रथमो गोषु गच्छति सुप्रावीरिन्द्र मर्त्यस्वोतिभिः ।

तमित् पृणक्षि वसुना भवीयसा सिन्धुमापो यथाभितो विचेतसः ।।१।।

आपो न देवीरुप यन्ति होत्रियमवः पश्यन्ति विततं यथा रजः ।

पार्चैर्देवासः प्र णयन्ति देवयुं ब्रह्मप्रियं जोषन्ते वराइव ।।2।।

अधि द्वयोरदधा उक्थ्यं१ वचो यतस्रुचा मिथुना या सपर्यतः ।

असंयत्तो व्रते ते क्षेति पुष्यति भद्रा शक्तिर्यजमानाय सुन्वते ।।३।।

आदंगिराः प्रथमं दधिरे वय इद्धाग्नयः शम्या ये सुकृत्यया ।

सर्वं पणेः समविन्दन्त भोजनमश्वावन्तं गोमन्तमा पशुं नरः ।।४।।

यज्ञैरथर्वा प्रथमः पथस्तते ततः सूर्यो व्रतपा वेन आजनि ।
आ गा आजदुशना काव्यः सचा यमस्य जातममृतं यजामहे ।।५।।
बर्हिर्वा यत् स्वपत्याय वृज्यतेऽर्को वा श्लोकमाघोषते दिवि ।
ग्रावा यत्र वदति कारुरुक्थ्य१ स्तस्येदिन्द्रो अभिपित्वेषु रण्यति ।।६।।

अ. २०.४१.१–३

इन्द्रो दधीचो अस्थभिर्वृत्राण्यप्रतिष्कुतः। जघान नवतीर्नव ।।१।।
इच्छन्नश्वस्य यच्छिरः पर्वतेष्वपश्रितम्। तद् विदच्छर्यणावति ।।2।।
अत्राह गोरमन्वत नाम त्वष्टुरपीच्यम्। इत्था चन्द्रमसो गृहे ।।३।।

अ. २०.५६.१–६

इन्द्रो मदाय वावृधे शवसे वृत्रहा नृभिः ।
तमिन्महत्स्वाजिषूतेमर्भे हवामहे स वाजेषु प्र नोऽविषत् ।।१।।
असि हि वीर सेन्योऽसि भूरि पराददिः ।
असि दभ्रस्य चिद् वृधो यजमानाय शिक्षसि सुन्वते भूरि ते वसु ।।2।।
यदुदीरत आजयो धृष्णवे धीयते धना ।
यक्ष्वा मदच्युता हरी कं हनः कं वसौ दधोऽस्माँ इन्द्र वसौ दधः ।।३।।
मदे मदे हि नो ददिर्यूथा गवामृजुक्रतुः ।
सं गृभाय पुरू शतोभयाहस्त्या वसु शिशीहि राय आ भर ।।४।।
मादयस्व सुते सचा शवसे शूर राधसे ।
विद्या हि त्वा पुरूवसुमुप कामान्त्ससृज्महेऽथा नोऽविता भव ।।५।।
एते त इन्द्र जन्तवो विश्वं पुष्यन्ति वार्यम् ।
अन्तर्हि ख्यो जनानामर्यो वेदो अदाशुषां तेषां नो वेद आ भर ।।६।।

अ. २०.६३.५–६

कदा मर्तमराधसं पदा क्षुम्पमिव स्फुरत्। कदा नः शुश्रवद् गिर इन्द्रो अंग ।।५।।
यश्चिद्धि त्वा बहुभ्य आ सुतावाँ आविवासति। उग्रं तत् पत्यते शव इन्द्रो अंग ।।६।।

अ. २०.१०६.१–३

स्वादोरित्था विषूवतो मध्वः पिबन्ति गौर्यः ।
या इन्द्रेण सयावरीर्वृष्णा मदन्ति शोभसे वस्वीरनु स्वराज्यम् ।।१।।
ता अस्य पृशनायुवः सोमं श्रीणन्ति पृश्नयः ।
प्रिया इन्द्रस्य धेनवो वज्रं हिन्वन्ति सायकं वस्वीरनु स्वराज्यम् ।।2।।
ता अस्य नमसा सहः सपर्यन्ति प्रचेतसः ।
व्रतान्यस्य सश्चिरे पुरूणि पूर्वचित्तये वस्वीरनु स्वराज्यम् ।।३।।

य. ३.५१–५2

अक्षन्नमीमदन्त ह्यव प्रियाऽअधूषत ।
अस्तोषत स्वभानवो विप्रा नविष्ठया मती योजा न्विन्द्र ते हरी ।।५१।।
सुसन्दृशं त्वा वयं मघवन् वन्दिषीमहि ।
प्र नूनं पूर्णबन्धुर स्तुतो यासि वशाँ2ऽअनु योजा न्विन्द्र ते हरी ।।५2।।

५६. गोतमो राहूगणः – ऋ. १.८०.१–१६; १.८१.१–६; १.८2.१–६; १.८३.१–६; १.८४.१–20; सा. १७६; 2४७; ३४४; ३४७; ४०६; ४१६; ४2३; ४2४; ६१३–६१५; ६४६–६५१; १००2–१००७; १०2८–१०३०; १३४१–१३४३; १७2३–१७2४

ऋ. १.८०.१–१६

इत्था हि सोम इन्मदे ब्रह्म चकार वर्धनम् ।
शविष्ठ वज्रिन्नोजसा पृथिव्या निः शशा अहिमर्चन्ननु स्वराज्यम् ।।१।।

स त्वामदद्वृषा मदः सोमः श्येनाभृतः सुतः ।
येना वृत्रं निदद्भ्यो जघन्थ वज्रिन्नोजसार्चन्ननु स्वराज्यम् ।।2।।
प्रेह्यभीहि धृष्णुहि न ते वज्रो नि यंसते ।
इन्द्र नृम्णं हि ते शवो हनो वृत्रं जया अपोऽर्चन्ननु स्वराज्यम् ।।३।।
निरिन्द्र भूम्या अधि वृत्रं जघन्थ निर्दिवः ।
सृजा मरुत्वतीरव जीवधन्या इमा अपोऽर्चन्ननु स्वराज्यम् ।।४।।
इन्द्रो वृत्रस्य दोधतः सानु वज्रेण हीळितः ।
अभिक्रम्याव जिघ्नतेऽपः सर्माय चोदयन्नर्चन्ननु स्वराज्यम् ।।५।।
अधि सानौ नि जिघ्नते वज्रेण शतपर्वणा ।
मन्दान इन्द्रो अन्धसः सखिभ्यो गातुमिच्छत्यर्चन्ननु स्वराज्यम् ।।६।।
इन्द्र तुभ्यमिदद्रिवोऽनुत्तं वज्रिन्वीर्यम् ।
यद्ध त्यं मायिनं मृगं तमु त्वं माययावधीरर्चन्ननु स्वराज्यम् ।।७।।
वि ते वज्रासो अस्थिरन्नवतिं नाव्या३अनु ।
महत्त इन्द्र वीर्यं बाह्वोस्ते बलं हितमर्चन्ननु स्वराज्यम् ।।८।।
सहस्रं साकमर्चत परि ष्टोभत विंशतिः ।
शतैनमन्वनोनवुरिन्द्राय ब्रह्मोद्यतमर्चन्ननु स्वराज्यम् ।।९।।
इन्द्रो वृत्रस्य तविषीं निहन्त्सहसा सहः ।
महत्तदस्य पौंस्यं वृत्रं जघन्वाँ असृजदर्चन्ननु स्वराज्यम् ।।१०।।
इमे चित्तव मन्यवे वेपेते भियसा मही ।
यदिन्द्र वज्रिन्नोजसा वृत्रं मरुत्वाँ अवधीरर्चन्ननु स्वराज्यम् ।।११।।
न वेपसा न तन्यतेन्द्रं वृत्रो वि बीभयत् ।
अभ्येनं वज्र आयसः सहस्रभृष्टिरायतार्चन्ननु स्वराज्यम् ।।१2।।
यद्वृत्रं तव चाशनिं वज्रेण समयोधयः ।
अहिमिन्द्र जिघांसतो दिवि ते बद्बधे शवोऽर्चन्ननु स्वराज्यम् ।।१३।।
अभिष्टने ते अद्रिवो यत्स्था जगच्च रेजते ।
त्वष्टा चित्तव मन्यव इन्द्र वेविज्यते भियार्चन्ननु स्वराज्यम् ।।१४।।
नहि नु यादधीमसीन्द्रं को वीर्या परः ।
तस्मिन्नृम्णमुत क्रतुं देवा ओजांसि सं दधुरर्चन्ननु स्वराज्यम् ।।१५।।
यामथर्वा मनुष्पिता दध्यङ् धियमत्नत ।
तस्मिन्ब्रह्माणि पूर्वथेन्द्र उक्था समग्मतार्चन्ननु स्वराज्यम् ।।१६।।

ऋ. १.८१.१–६

इन्द्रो मदाय वावृधे शवसे वृत्रहा नृभिः ।
तमिन्महत्स्वाजिषूतेमर्भे हवामहे स वाजेषु प्र नोऽविषत् ।।१।।
असि हि वीर सेन्योऽसि भूरि परादुदिः ।
असि दभ्रस्य चिद्वृधो यजमानाय शिक्षसि सुन्वते भूरि ते वसु ।।2।।
यदुदीरत आजयो धृष्णवे धीयते धना ।
युक्ष्वा मदच्युता हरी कं हनः कं वसौ दधेऽस्माँ इन्द्र वसौ दधः ।।३।।
क्रत्वा महाँ अनुष्वधं भीम आ वावृधे शवः ।
श्रिय ऋष्व उपाकयोर्नि शिप्री हरिवान्दधे हस्तयोर्वज्रमायसम् ।।४।।
आ पप्रौ पार्थिवं रजो बद्बधे रोचना दिवि ।
न त्वावाँ इन्द्र कश्चन न जातो न जनिष्यतेऽति विश्वं ववक्षिथ ।।५।।
यो अर्यो मर्तभोजनं परादुदाति दाशुषे ।
इन्द्रो अस्मभ्यं शिक्षतु वि भजा भूरि ते वसु भक्षीय तव राधसः ।।६।।
मदेमदे हि नो ददिर्यूथा गवामृजुक्रतुः

सं गृभाय पुरू शतोभयाहस्त्या वसु शिशीहि राय आ भर ।।७।।
मादयस्व सुते सचा शवसे शूर राधसे ।
विद्या हि त्वा पुरूवसुमुप कामान्त्ससृज्महेऽथा नोऽविता भव ।।८।।
एते त इन्द्र जन्तवो विश्वं पुष्यन्ति वार्यम् ।
अन्तर्हि खयो जनानामर्यो वेदो अदाशुषां तेषों नो वेद आ भर ।।९।।

ऋ. १.८2.१–६

उपो शु शृणुहि गिरो मघवन्मातथा इव ।
यदा नः सूनृतावतः कर आदर्थयास इद्योजा न्विन्दं ते हरी ।।१।।
अक्षन्नमीमदन्त ह्यव प्रिया अधूषत ।
अस्तोषत स्वभानवो विप्रा नविष्ठया मती योजा न्विन्द्र ते हरी ।।2।।
सुसंदृशं त्वा वयं मघवन्वन्दिशीमहि ।
प्र नूनं पूर्णवन्धुरः स्तुतो याहि वशाँ अनु योजा न्विन्द्र ते हरी ।।३।।
स घा तं वृषणं रथमधि तिष्ठाति गोविदम् ।
यः पात्रं हरियोजनं पूर्णमिन्द्र चिकेतति योजा न्विन्द्र ते हरी ।।४।।
युक्तस्ते अस्तु दक्षिण उत सव्यः शतक्रतो ।
तेन जायामुप प्रियां मन्दानो याह्यन्धसो योजा न्विन्द्र ते हरी ।।५।।
युनज्मि ते ब्रह्मणा केशिना हरी उप प्र याहि दधिषे गभस्त्योः ।
उत्त्वा सुतासो रभसा अमन्दिषुः पूषण्वान्वज्रिन्समु पत्न्यामदः ।।६।।

ऋ. १.८३.१–६

अश्वावति प्रथमो गोषु गच्छति सुप्रावीरिन्द्र मर्त्यस्त्वोतिभिः ।
तमित्पृणक्षि वसुना भवीयसा सिन्धुमापो यथाभितो विचेतसः ।।१।।
आपो न देवीरुप यन्ति होत्रियमवः पश्यन्ति विततं यथा रजः ।
प्राचैर्देवासः प्र णयन्ति देवयुं ब्रह्मप्रियं जोषयन्ते वरा इव ।।2।।
अधि द्वयोरदधा उक्थ्यं१वचो यतस्रुचा मिथुना या सपर्यतः ।
असंयत्तो व्रते ते क्षेति पुष्यति भद्रा शक्तिर्यजमानाय सुन्वते ।।३।।
आदंगिराः प्रथमं दधिरे वय इद्धाग्नयः शम्या ये सुकृत्यया ।
सर्वं पणेः समविन्दन्त भोजनमश्वावन्तं गोमन्तमा पशुं नरः ।।४।।
यज्ञैरथर्वा प्रथमः पथस्तते ततः सूर्यो व्रतपा वेन आजनि ।
आ गा आजदुशना काव्यः सचा यमस्य जातममृतं यजामहे ।।५।।
बर्हिर्वा यत्स्वपत्याय वृज्यतेऽर्को वा श्लोकमाघोषते दिवि ।
ग्रावा यत्र वदति कारुरुक्थ्य१स्तस्येदिन्द्रो अभिपित्वेषु रण्यति ।।६।।

ऋ. १.८४.१–20

असावि सोम इन्द्र ते शविष्ठ धृष्णवा गहि। आ त्वा पृणक्तिवन्द्रियं रजः सूर्यो न रश्मिभिः ।।१।।
इन्द्रमिद्धरी वहतोऽप्रतिधृष्टशवसम्। ऋषीणां च स्तुतीरुप यज्ञं च मानुषाणाम् ।।2।।
आ तिष्ठ वृत्रहन्नथं युक्ता ते ब्रह्मणा हरी। अर्वाचीनं सु ते मनो ग्रावा कृणोतु वग्नुना ।।३।।
इममिन्द्र सुतं पिब ज्येष्ठममर्त्यं मदम्। शुक्रस्य त्वाभ्यक्षरन्धारा ऋतस्य सादने ।।४।।
इन्द्राय नूनमर्चतोक्थानि च ब्रवीतन्। सुता अमत्सुरिन्दवो ज्येष्ठं नमस्यता सहः ।।५।।
नकिष्ट्वद्रथीतरो हरी यदिन्द्र यच्छसे। नकिष्ट्वानु मज्मना नाकिः स्वश्व आनशे ।।६।।
य एक इद्विदयते वसु मर्ताय दाशुषे। ईशानो अप्रतिष्कुत इन्द्रो अंग ।।७।।
कदा मर्तमराधसं पदा क्षुम्पमिव स्फुरत्। कदा नः शुश्रवद् गिर इन्द्रो अंग ।।८।।
यश्चिद्धि त्वा बहुभ्य आ सुतावाँ आविवासति। उग्रं तत्पत्यते शव इन्द्रो अंग ।।९।।
सवदोरित्था विषूवतो मध्वः पिबन्ति गौर्यः।

या इन्द्रेण सयावरीवृषणा मदन्ति शोभसे वस्वीरनु स्वराज्यम् ।।१०।।
ता अस्य पृशनायुवः सोमं श्रीणन्ति पृश्नयः ।
प्रिया इन्द्रस्य धेनवो वज्रं हिन्वन्ति सायकं वस्वीरनु स्वराज्यम् ।।११।।
ता अस्य नमसा सहः सपर्यन्ति प्रचेतसः ।
व्रतान्यस्य सश्चिरे पुरूणि पूर्वचित्तये वस्वीरनु स्वराज्यम् ।।१2।।
इन्द्रो दधीचो अस्थभिवृत्राण्यप्रतिष्कुतः। जघान नवतीर्नव ।।१३।।
इच्छन्नश्वस्य यच्छिरः पर्वतेष्वपश्रितम्। तद्विदच्छर्यणावति ।।१४।।
अत्राह गोरमन्वत नाम त्वष्टुरपीच्यम्। इत्था चन्द्रमसो गृहे ।।१५।।
को अद्य युङक्ते धुरि गा ऋतस्य शिमीवतो भामिनो दुर्हृणायून् ।
आसन्निषून्हृत्स्वसो मयोभून्य एषां भृत्यामृणधत्स जीवात् ।।१६।।
क ईषते तुजयते को बिभाय को मंसते सन्तमिन्द्रं को अन्ति ।
कस्तोकाय क इभायोत रायेऽधि ब्रवत्तन्वे३ को जनाय ।।१७।।
को अग्निमीळे हविषा घृतेन स्रुचा यजाता ऋतुभिर्ध्रुवेभिः ।
कस्मै देवा आ वहानाशु होम को मंसते वीतिहोत्रः सुदेवः ।।१८।।
त्वमंग प्र शंसिषो देवः शविष्ठ मर्त्यम्। न त्वदन्यो मधवन्नस्ति मर्डितेन्द्र ब्रवीमि ते वचः ।।१६।।
मा ते राधांसि मा त ऊतयो वसोऽस्मान्कदा चना दभन् ।
विश्वा च न उपमिमीहि मानुष वसूनि चर्षणिभ्य आ ।।2०।।

सा. १७६

इन्द्रो दधीचो अस्थभिर्वृत्राण्यप्रतिष्कुतः। जघान नवतीर्नव ।।५।।

सा. 2४७

त्वमंग प्र शंसिषो देवः शविष्ठ मर्त्यम्। न त्वदन्यो मघवन्नस्ति मर्डितेन्द्र ब्रवीमि ते वचः ।।५।।

सा. ३४४

इममिन्द्र सुतं पिब ज्येष्ठममर्त्यं मदम्। शुक्रस्य त्वाभ्यक्षरन्धारा ऋतस्य सादने ।।३।।

सा. ३४७

असावि सोम इन्द्र ते शविष्ठ धृष्णवा गहि। आ त्वा पृणक्त्विन्द्रियं रजः सूर्यो न रश्मिभिः ।।६।।

सा. ४०६

स्वादोरित्था विषूवतो मधोः पिबन्ति गौर्यः।
या इन्द्रेण सयावरीर्वृष्णा मदन्ति शोभथा वस्वीरनु स्वराज्यम् ।।१।।

सा. ४१६

उपो षु शृणुही गिरो मघवन्मातथा इव।
कदा नः सूनृतावतः कर इदर्थयास इद्योजा न्विन्द्र ते हरी ।।८।।

सा. ४2३–2४

क्रतवा महाँ अनुष्वधं भीम आ वावृते शवः ।
श्रिय ऋष्व उपाकयोर्नि शिप्री हरिवान् दधे हस्त्योर्वज्रमायसम् ।।५।।
स घा तं वृषण रथमधि तिष्ठाति गोविदम् ।
यः पात्रं हारियोजनं पूर्णमिन्द्र चिकेतति योजा न्विन्द्र ते हरी ।।६।।

सा. ६१३–६१५

इन्द्रो दधीचो अस्थभिर्वृत्राण्यप्रतिष्कुतः। जघान नवतीर्नव ।।१।।
इच्छन्नश्वस्य यच्छिरः पर्वतेष्वपश्रितम्। तद्विदच्छर्यणावति ।।2।।
अत्राह गोरमन्वत नाम त्वष्टुरपीच्यम्। इत्था चन्द्रमसो गृहे ।।३।।

सा. ६४६–६५१

इममिन्द्र सुतं पिब ज्येष्ठममर्त्यं मदम्। शुक्रस्य त्वाभ्यक्षरन्धारा ऋतस्य सादने ।।१।।
न किष्ट्वद्रथीतरो हरी यदिन्द्र यच्छसे। न मिष्ट्वानु मज्मना न किः स्वश्व आनशे ।।2।।

इन्द्राय नूनमर्चतोक्थानि च ब्रवीतन। सुता अमत्सुरिन्दवो ज्येष्ठं नमस्यता सहः ।।३।।

सा. १००2–१००७

इन्द्रो मदाय वावृधे शवसे वृत्रहा नृभिः।
तामिन्महत्स्वाजिषूतिमर्भे हवामहे स वाजेषु प्र नोऽविषत् ।।१।।
असि हि वीर सेन्योऽसि भूरि परादादिः ।
असि दभ्रस्य चिद्वृधो यजमानाय शिक्षसि सुन्वते भूरि ते वसु ।।2।।
यदुदीरत आजयो धृष्णवे धीयते धनम् ।
युङ्क्ष्वा मदच्युता हरी कं हनः कं वसौ दधोऽस्माँ इन्द्र वसौ दधः ।।३।।
स्वादोरित्था विषूवतो मधोः पिबन्ति गौर्यः ।
या इन्द्रेण सयावरीर्वृष्णा मदन्ति शोभथा वस्वीरनु स्वराज्यम् ।।१।।
ता अस्य पृशनायुवः सोमं श्रीणन्ति पृश्नयः ।
प्रिया इन्द्रस्य धेनवो वज्रं हिन्वन्ति सायकं वस्वीरनु स्वराज्यम् ।।2।।
ता अस्य नमसा सहः सपर्यन्ति प्रचेतसः ।
व्रतान्यस्य सश्चिरे पुरूणि पूर्वचित्तये वस्वीरनु स्वराज्यम् ।।३।।

सा. १०2८–१०३०

असावि सोम इन्द्र ते शविष्ठ धृष्णवा गहि। आत्वा पृणक्त्विन्द्रियं रजः सूर्यो न रश्मिभिः ।।१।।
आ तिष्ठ वृत्रहन्रथं युक्ता ते ब्रह्मणा हरी। अर्वाचीनं सु ते मनो ग्रावा कृणोतु वग्नुना ।।2।।
इन्द्रमिद्धरी वहतोऽप्रतिधृष्टशवसम्। ऋषीणां सुष्टुतीरुप यज्ञं च मानुषाणाम्।।३।।

सा. १३४१–१३४३

य एक इद्विदयते वसु मर्ताय दाशुषे। ईशानो अप्रतिष्कुत इन्द्रो अंगः ।।१।।
यश्चिद्धि त्वा बहुभ्य आ सुतावाँ आविवासति। उग्र तत्पत्यते शव इन्द्रो अंगः ।।2।।
कदा मर्तमराधसं पदा क्षुम्पमिव सफुरत्। कदा नः शुश्रवद्गिर इन्द्रो अंग ।।३।।

सा. १७2३–१७2४

त्वमंग प्र शंसिषो देवः शविष्ठ मर्त्यम्। न त्वदन्यो मघवन्नस्ति मर्डितेन्द्र ब्रवीमि ते वचः ।।१।।
मा ते राधांसि मा त ऊतयो वसोऽस्माकन्कदा चना दभन्।
विश्वा च न उपमिमीहि मानुष वसूनि चर्षणिभ्य आ।।2।।

५७. गोधा – ऋ. १०.१३४.६–७; सा १७६

ऋ. १०.१३४.६–७

पूर्वेण मघवन्पदाजो वयां यथा यमो। देवी जनित्र्यजीजनद् भद्रा जनित्र्यजीजनत् ।।६।।
नाकिर्देवा मिनीमसि नकिरा योपयामसि मन्त्रश्रुत्यं चरामसि ।
पक्षेभिरपिकक्षेभिरत्राभि सं रभामहे ।।७।।

सा. १७६

न कि देवा इनीमसि न क्या योपयामसि। मन्त्रश्रुत्यं चरामसि ।।2।।

५८. गोरवीति शाक्त्यः – सा. ३१६ ३३१

सा. ३१६

वयः सुपर्णा उप सेदुरिन्द्रं प्रियमेधा ऋषयो नाधमानाः ।
अप ध्वान्तमूर्णुहि पूर्धि चक्षुर्मुमुग्ध्या ३ स्मान्निधयेव बद्धान् ।।७।।

सा. ३३१

चक्रं यदस्याप्स्वा निषत्तमुतो तमदस्मै मध्विच्चच्छद्यात् ।
पृथिव्यामतिषितं यदूधः पयो गोष्वदधा ओषधीषु ।।९।।

५९. गोषूक्त्यश्वसूक्तिनौ – अ. 20.2७.१–६; 20.2८.१–४; 20.2९.१–५; 20.३९.2–५; 20.६१.१–६; 20.६2.८–१०; 20.१०९.१–३

अ. 20.2७.१–६

यदिन्द्राहं यथा त्वमीशीय वस्व एक इत्। स्तोता मे गोषखा स्यात् ।।१।।
शिक्षेयमस्मै दित्सेयं शचीपते मनीषिणे। यदहं गोपतिः स्याम् ।।2।।
धेनुष्ट इन्द्र सूनृता यजामनाय सुन्वते। गामश्वं पिप्युषी दुहे ।।३।।
न ते वर्तास्ति राधस इन्द्र देवो न मर्त्यः। यद् दित्ससि स्तुतो मघम् ।।४।।
यज्ञ इन्द्रमवर्धयद् यद् भूमिं व्यवर्तयत्। चक्राण ओपशं दिवि ।।५।।
वावृधानस्य ते वयं विश्वा धनानि जिग्युषः। ऊतिमिन्द्रा वृणीमहे ।।६।।

अ. २०.२८.१–४

व्य१न्तरिक्षमतिरन्मदे सोमस्य रोचना। इन्द्रो यदभिनद् वलम् ।।१।।
उद्गा आदजंगिरोभ्य आविष्कृण्वन् गुहा सतीः। अर्वांचं नुनुदे वलम् ।।2।।
इन्द्रेण रोचना दिवो दृढानि दृंहितानि च। स्थिराणि न पराणुदे ।।३।।
अपामूर्मिर्मदन्निव स्तोम इन्द्राजिरायते। वि ते मदा अराजिषुः ।।४।।

अ. २०.२९.१–५

त्वं हि स्तोमवर्धन इन्द्रास्युक्थवर्धनः। स्तोतृणामुत भद्रकृत् ।।१।।
इन्द्रमित् केशिना हरी सोमपेयाया वक्षतः। उप यज्ञं सुराधसम् ।।2।।
अपां फेनेन नमुचेः शिर इन्द्रोदवर्तयः। विश्वा यदजय स्पृधः ।।३।।
मायाभिरुत्सिसृप्सत इन्द्र द्यामारुरुक्षतः। अव दस्यूँरधूनुथाः ।।४।।
असुन्वामिन्द्र संसदं विषूचीं व्यनाशयः। सोमपा उत्तरो भवन् ।।५।।

अ. २०.३९.2–५

व्य१न्तरिक्षमतिरन्मदे सोमस्य रोचना। इन्द्रो यदभिनद् वलम् ।।2।।
उद् गा आजदंगिरोभ्य आविष्कृण्वन् गुहा सतीः। अर्वांचं नुनुदे वलम् ।।३।।
इन्द्रेण रोचना दिवो दृढानि दृंहितानि च। स्थिराणि न पुराणुदे ।।४।।
अपामूर्मिर्मदन्निव स्तोम इन्द्राजिरायते। वि ते मदा अराजिषुः ।।५।।

अ. २०.६१.१–६

तं ते मदं गृणीमसि वृषणं पृत्सु सासहिम्। उ लोककृत्नुमद्रिवो हरिश्रियम् ।।१।।
येन ज्योतींष्यायवे मनवे च विवेदिथ। मन्दानो अस्य बर्हिषो वि राजसि ।।2।।
तदद्या चित्त उक्थिनोऽनु ष्टुवन्ति पूर्वथा। वृषपत्नीरपो जया दिवेदिवे ।।३।।
तम्वभि प्र गायत पुरुहूतं पुरुष्टुतम्। इन्द्रं गीर्भिस्तविषमा विवासत ।।४।।
यस्य द्विबर्हसो बृहत् सहो दाधार रोदसी। गिरीँरज्राँ अपः स्वर्वृषत्वना ।।५।।
स राजसि पुरुष्टुतँ एको वृत्राणि जिघ्नसे। इन्द्र जैत्रा श्रवस्या च यन्तवे ।।६।।

अ. २०.६2.८–१०

तम्वभि प्र गायत पुरुहूतं पुरुष्टुतम्। इन्द्रं गीर्भिस्तविषमा विवासत ।।८।।
यस्य द्विवर्हसो बृहत् सहो दाधार रोदसी। गिरीँरज्राँ अपः स्व वृषत्वना ।।९।।
स राजसि पुरुष्टुतँ एको वृत्राणि जिघ्नसे। इन्द्र जैत्रा श्रवस्या च यन्तवे ।।१०।।

अ. २०.१०९.१–३

तव त्यदिन्द्रियं बृहत् तव शुष्ममुत क्रतुम। वज्रं शिशाति धिषणा वरेण्यम् ।।१।।
तव द्यौरिन्द्र पौंस्यं पृथिवी वर्धति श्रवः। तवामापः पर्वतासश्च हिन्विरे ।।2।।
त्वां विष्णुर्बृहन् क्षयेा मित्रो गृणाति वरुणः। त्वां शर्धो मदत्यनु मारुतम् ।।३।।

९०. गोषूक्त्यश्वसूक्तिनौ काण्वायनौ – ऋ. ८.१४.१–१५; ८.१५.१–१३; सा. १2१; १22; 2११; ३८2; ३८३; ८८०–८८2; १६३९–१६४१; १८३४–१८३६

ऋ. ८.१४.१–१५

यदिन्द्राहं यथा त्वमीशीय वस्व एक इत्। स्तोता मे गोषखा स्यात् ।।३४।।
शिक्षेयमस्मै दित्सेयं शचीपते पनीषिणे। यदहं गोपतिः स्याम् ।।2।।
धेनुष्ट इन्द्र सूनृता यजमानाय सुन्वते। गामश्वं पिप्युषी दुहे ।।३।।

न ते वर्तास्ति राधस इन्द्र देवो न मर्त्यः। यद्दित्ससि स्तुतो मघम् ।।४।।
यज्ञ इन्द्रमवर्धयद्यद्भूमि व्यवर्तयत्। चक्राण ओपशं दिवि ।।५।।
वावृधानस्य ते वयं विश्वा धनानि जिग्युषः। ऊतिमिन्द्रा वृणीमहे ।।६।।
व्य१न्तरिक्षमतिरन्मदे सोमस्य रोचना। इन्द्रो यदभिनद्वलम् ।।७।।
उद्‌गा आजदंगिरोभ्य आविष्कृण्वन्गुहा सतीः। अर्वांचं ननुदे वलम्। ।।८।।
इन्द्रेण रोचना दिवो दृळ्हानि दृंहितानि च। स्थिराणि न पराणुदे ।।६।।
अपामूर्मिर्मदन्निव स्तोम इन्द्राजिरायते। वि ते मदा अराजिषुः ।।१०।।
त्वं हि स्तोमवर्धन इन्द्रास्युक्थवर्धनः। स्तोतॄणमुत भद्रकृत। ।।११।।
इन्द्रमित्केशिना हरी सोमपेयाय वक्षतः। उप यज्ञं सुराधसम् ।।१2।।
अपां फेनेन नमुचेः शिर इन्द्रोदवर्तयः। विश्वा यदजयः स्पृधः ।।१३।।
मायाभिरुत्सिसृप्सत इन्द्र द्यामारुरुक्षतः। अव दस्यूँरधूनुथाः ।।१४।।
असुन्वामिन्द्र संसदं विषूचीं व्यनाशयः। सोमपा उत्तरो भवन् ।।१५।।

ऋ. ८.१५.१–१३

तम्वभि प्र गायत पुरुहूतं पुरुष्टुतम्। इन्द्र गीर्भिस्तविषमा विवासत ।।१।।
यस्य द्विबर्हसो बृहत्सहो दाधार रोदसी। गिरीँरज्राँ अपः स्वर्वृषत्वना ।।2।।
स राजसि पुरुष्टुतँ एको वृत्राणि जिघ्नसे। इन्द्र जैत्रा श्रवस्या च यन्तवे ।।३।।
तं ते मदं गृणीमसि वृषणं पृत्सु सासहिम्। उ लोककृत्नुमद्रिवो हरिश्रियम् ।।४।।
येन ज्योतीष्यायवे मनवे च विवेदिथ। मन्दानो अस्य बर्हिषो वि राजसि ।।५।।
तदद्या चित्त उक्थिनोऽनु ष्टुवन्ति पूर्वथा। वृषपत्नीरपो जया दिवेदिवे ।।६।।
तव त्यदिन्द्रियं बृहत्तव शुष्ममुत क्रतुम्। वज्रं शिशाति धिषणा वरेण्यम् ।।७।।
तव द्यौरिन्द्र पौंस्यं पृथिवी वर्धति श्रवः। त्वामापः पर्वतासश्च हिन्विरे।।८।।
त्वां विष्णुर्बृहन् क्षयो मित्रो गृणाति वरुणः। त्वां शर्धो मदत्यनु मारुतम् ।।६।।
त्वं वृषा जनानां मंहिष्ठ इन्द्र जज्ञिषे। सत्रा विश्वा स्वपत्यानि दधिषे ।।१०।।
सत्रात्वं पुरुष्टुतँ एको वृत्राणि तोशसे। नान्य इन्द्रात् करणं भूय इन्वति ।।११।।
यदिन्द्र मन्मशस्त्वा नाना हवन्त ऊतये। अस्माकेभिर्नृभिरत्रा स्वर्जय ।।१2।।
अरं क्षयाय नो महे विश्वा रूपाण्याविशन्। इन्द्रं जैत्राय हर्षया शचीपतिम् ।।१३।।

सा. १2१–22

यज्ञ इन्द्रमवर्धयद्यद्भूमिं व्यवर्तयत्। चक्राण ओपशं दिवि ।।७।।
यदिन्द्राहं यथा त्वमीशीय वस्व एक इत्। स्तोता मे गोसखा स्यात्।।८।।

सा. 2११

अपां फेनेन नमुचेः शिर इन्द्रोदवर्तयः। विश्वा यदजय स्पृधः ।।८।।

सा. ३८2–८३

तमु अभि प्र गायत पुरुहूतं पुरुष्टुतम्। इन्द्र गीर्भिस्तविषमा विवासत ।।2।।
तं ते मदं गृणीमसि वृषणं पृक्षु सासहिम्। उ लोलकृत्नुमद्रिवो हरिश्रियम् ।।३।।

सा. ८८०–८८2

तं ते मदं गृणीमसि वृषणं पृक्षु सासहिम्। उ लोककृत्नुमद्रिवो हरिश्रियम् ।।१।।
येन ज्योतिष्यायवे मनवे च विवेदिथ। मन्दानो अस्य बर्हिषो वि राजसि ।।2।।
तदद्या चित्त उक्थिनोऽनु ष्टुवन्ति पूर्वथा। वृषपत्नीरपो जया दिवे दिवे ।।३।।

सा. १६३६–१६४१

यज्ञ इन्द्रमवर्धयद्यद्भूमिं व्यवर्तयत्। चक्राण ओपशं दिवि ।।१।।
व्या३न्तरिक्षमतिरन्मदे सोमस्य रोचना। इन्द्रो यदभिनद्वलम् ।।2।।
उद्‌गा आजदंगिरोभ्य आविष्कृण्वन्गुहा सतीः। अर्वांचं नुनुदे वलम् ।।३।।

सा. १८३४–१८३६

यदिन्द्राहं यथा त्वमीशीय वस्व एक इत्। स्तोता मे गोसखा स्यात्।।१।।

शिक्षेयमस्मै दित्सेयं शचीपते मनीषिणे। यदहं गोपतिः स्याम् ।।2।।
धेनुष्ट इन्द्र सूनृता यजमानाय सुन्वते। गामश्वं पिप्युषी दुहे ।।३।।

६१. गौतमः – य. ६.३७

त्वमंग प्रशंसिषो देवः शविष्ठ मर्त्यम्। न त्वदन्यो मघवन्नस्ति मर्डितेन्द्र ब्रवीमि ते वचः।।३७।।

६2. गौरिवीतिः – ऋ. १०.७३.१–११; १०.७४.१–६; य. ३३.2८; ६४

ऋ. १०.७३.१–११

जनिष्ठा उग्रः सहसे तुराय मन्द्र ओजिष्ठो वहुलाभिमानः ।
अवर्धन्निन्द्रं मरुतश्चिदत्र माता यद्वीरं दध्नद्धनिष्ठा ।।१।।
द्रुहो निषत्ता पृशनी चिदेवैः पुरू शंसेन वावुधुष्ट इन्द्रम् ।
अभीवृतेव ता महापदेन ध्वान्तात्प्रपित्वादुदरन्त गर्भाः ।।2।।
ऋष्वा ते पादा प्र यज्जिगास्यवर्धन्वाजा उत ये चिदत्र ।
त्वमिन्द्र सालावृकान्त्सहस्रमासन्दधिषे अश्विना ववृत्याः ।।३।।
समना तूर्णिरुप यासि यज्ञमा नासत्या सख्याय वक्षि ।
वसाव्यामिन्द्र धारयः सहस्राश्विना ददतुर्मघानिं ।।४।।
मन्दमान ऋतादधि प्रजायै सखिभिरिन्द्र इषिरेभिरर्थम् ।
अभिर्हि माया उप दस्युमागान्मिहः प्र तम्रा अवपत्तमांसि ।।५।।
सनामाना चिद् ध्वसयो न्यस्मा अवाहन्निन्द्र उषसो यथा नः ।
ऋष्वैरगच्छः सखिभिर्निकामैः साकं प्रतिष्ठा हृद्या जघ्न्थ ।।६।।
त्वं जघन्थ नमुचिं मखस्युं दासं कृण्वान् ऋषये विमायम् ।
त्वं चकर्थ मनवे स्योनान्पथो देवत्रांजसेव यानान् ।।७।।
त्वमेतानि पप्रिषे वि नामेशान इन्द्र दधिषे गभस्तौ ।
अनु त्वा देवाः शवसा मदन्त्युपरिबुध्नान्वनिनश्चकर्थ ।।८।।
चक्रं यदस्याप्स्वा निषत्तमुतो तदस्मै मध्विच्चच्छद्यात् ।
पृथिव्यामतिषितं यदूधः पयो गोष्वदधा ओषधीषु ।।६।।
अश्वदियायेति यद्वदन्त्योजसो जातमुत मन्य एनम् ।
मन्योरियाय हर्म्येषु तस्थौ यतः प्रजज्ञ इन्द्रो अस्य वेद ।।१०।।
वयः सुपर्णा उप सेदुरिन्द्रं प्रियमेधा ऋषयो नाधमानाः ।
अप ध्वान्तमूर्णुहि पूर्धि चक्षुर्मुमुग्ध्य१ स्मान्निधयेव बद्धान् ।।११।।

ऋ. १०.७४.१–६

वसूनां वा चर्कृष इयक्षन्धिया वा यज्ञैर्वा रोदस्योः ।
अर्वन्तो वा ये रयिमन्तः सातौ वनुं वा ये सुश्रुणं सुश्रुतो धुः ।।१।।
हव एषामसुरो नक्षत द्यां श्रवस्यता मनसा निंसत क्षाम् ।
चक्षाणा यत्र सुविताय देवा द्यौर्न वारेभिः कृणवन्त स्वैः ।।2।।
इयमेषाममृतानां गीः सर्वताता ये कृपणन्त रत्नम् ।
धियं च यज्ञं च साधन्तस्ते नो धान्तु वसव्य१ मसामि ।।३।।
आ तत्त इन्द्रायवः पनन्ताभि य ऊर्वं गोमन्तं तितृत्सान् ।
सकृत्स्वं१ ये पुरुपुत्रां महीं स्रहस्रधारां बृहतीं दुदुक्षन् ।।४।।
शचीव इन्द्रमवसे कृणुध्वमनानतं दमयन्तं पृतन्यून् ।
ऋभुक्षणं मघवानं सुवृक्तिं भर्ता यो वज्रं नर्यं पुरुक्षुः ।।५।।
यद्वावान पुरुतमं पुराषाळा वृत्रहेन्द्रो नामान्यप्राः ।
अचेति प्रासहस्पतिस्तुविष्मान्यदीमुश्मसि कर्तवे करत्तत् ।।६।।

य. ३३.2८

आ तत्तऽइन्द्रायवः पनन्ताभि यऽऊर्वं गासेमन्तं तितृत्सान् ।
सकृत्स्वं ये पुरुपुत्रां महीं सहस्रधारां बृहतीं दुदुक्षन् ।।2८।।

य. ३३.६४
जनिष्ठाऽउग्रः सहसे तुराय मन्द्रऽओजिष्ठो बहुलाभिमानः।
अवर्द्धन्निन्द्रं मरुतश्चिदत्र माता यद्वीरं दधनद्धनिष्ठा ।।६४।।

६३. गौरिवीतिः शाक्त्यः – ऋ. ५.२६.१–१५

त्र्यर्यमा मनुषो देवताता त्री रोचना दिव्या धारयन्त।
अर्चन्ति त्वा मरुतः पूतदक्षास्त्वमेषामृषिरिन्द्रासि धीरः ।।१।।
अनु यदीं मरुतो मन्दसानमार्चन्निन्द्रं पपिवांसं सुतस्य।
आदत्त वज्रमभि यदहिं हन्नपो यह्वीरसृजत्सर्तवा उ ।।2।।
उत ब्रह्माणो मरुतो मे अस्येन्द्रः सोमस्य सुषुतस्य पेयाः।
तद्धि हव्यं मनुषे गा अविन्ददहन्नहिं पपिवाँ इन्द्रो अस्य ।।३।।
आद्रोदसी वितरं विष्कभायत्संविव्यानश्चद्भियसे मृगं कः।
जिगर्तिमिन्द्रो अपजर्गुराणः प्रति श्वसन्तमव दानवं हन् ।।४।।
अध क्रत्वा मघवन्तुभ्यं देवा अनु विश्वे अददुः सोमपेयम्।
यत्सूर्यस्य हरितः पतन्तीः पुरः सतीरुपरा एतशे कः ।।५।।
नव यदस्य नवतिं च भोगान्त्साकं वज्रेण मघवा विवृश्चत्।
अर्चन्तीन्द्रं मरुतः सधस्थे त्रैष्टुभेन वचसा बाधत द्याम् ।।६।।
सखा सख्ये अपचत्तूयमग्निरस्य क्रत्वा महिषा त्री शतानि।
त्री साकमिन्द्रो मनुषः सरांसि सुतं पिबद्वृत्रहत्याय सोमम् ।।७।।
त्री यच्छता महिषाणामधो मास्त्री सरांसि मघवा सोम्यापाः।
कारं न विश्वे अह्वन्त देवा भरमिन्द्राय यदहिं जघान ।।८।।
उशना यत्सहस्यै३रयातं गृहमिन्द्र जूजुवानेभिश्वैः।
वन्वानो अत्र सरथं ययाथा कुत्सेन देवैरवनोर्ह शुष्णम् ।।९।।
प्रान्यच्चक्रमवृहः सूर्यस्य कुत्सायान्यद्वरिवो यातवेऽकः।
अनासो दस्यूँरमृणो वधेन नि दुर्योण आवृणङ् मृध्रवाचः ।।१०।।
स्तोमासस्त्वा गौरिवीतेव र्धन्नरन्धयो वैदथिनाय पिप्रुम्।
आ त्वामृजिश्वा सख्याय चक्रे पचन्पक्तीरपिबः सोममस्य ।।११।।
नवग्वासः सुतसोमास इन्द्रं दशग्वासो अभ्यर्चन्त्यर्कैः।
गव्यं चिदूर्वमपिधानवन्तं तं चिन्नरः शशमाना अप व्रन् ।।१2।।
कथो नु ते परि चराणि विद्वान्वीर्या मघवन्या चकर्थ।
या चो नुनव्या कृणवः शविष्ठ प्रेदु ता ते विदथेषु ब्रवाम् ।।१३।।
एता विश्वा चकृवाँ इन्द्र भूर्यपरीतो जनुषा वीर्येण।
या चिन्नु वज्रिन्कृणवो दधृष्वान्न ते वर्ता तविष्या अस्ति तस्याः ।।१४।।
इन्द्र ब्रह्म क्रियमाणा जुषस्व या ते शविष्ठ नव्या अकर्म।
वस्त्रेव भद्रा सुकृता वसूयू रथं न धीरः स्वपा अतक्षम् ।।१५।।

६४. गर्गो भारद्वाजः (ऋसर्व.६.४७.११) भारद्वाजः (साग्री.सास्वा. सार्षेदी.) – सा. ३३३

त्रातारमिन्द्रमवितारमिन्द्रं हवेहवे सुहवं शूरमिन्द्रम्।
हुवे नु शक्रं पुरुहूतमिन्द्रमिदं हविर्मघवा वेत्विन्द्रः ।।2।।

६५. घोर आंगिरसः – ऋ. ३.३६.१०

अस्मे प्र यन्धि मघवन्नृजीषिन्निन्द्र रायो विश्ववारस्य भूरेः ।
अस्मे शतं शरदो जीवसे धा अस्मे वीरांछश्वत इन्द्र शिप्रिन् ।।१०।।

६६. चातनः – अ. १.७.३

वि लपन्तु यातुधाना अत्रिणो ये किमीदिनः। अथेदमग्ने नो हविरिन्द्रश्च प्रति हर्यतम् ।।३।।

Vedic Concordance of Mantras as per Devatā and Ṛṣi 321

६७. जमदग्निः भार्गवः – सा. २५५

प्र मित्राय प्रार्यम्णे सचथ्यमृतावसो। वरूथ्ये३वरुणे छन्द्यं वचः स्तोत्रं राजसु गायत ।।३।।

६८. जयः – ऋ. १०.१८०.१–३; य. १८७१

ऋ. १०.१८०.१–३

प्र ससाहिषे पुरुहूत शत्रूंज्येष्ठस्ते शुष्म इह रातिरस्तु।
इन्द्रा भर दक्षिणेना वसूनि पतिः सिन्धूनामसि रेवतीनाम् ।।१।।
मृगो न भीमः कुचरो गिरिष्ठाः परावत आ जगन्था परस्याः।
सृकं संशाय पविमिन्द्र तिग्मं वि शत्रून्ताळिह वि मृधो नुदख ।।2।।
इन्द्र क्षत्रमभि वाममोजोऽजायथा वृषभ चर्षणीनाम्।
आपानुदो जनममित्रयन्तमुरुं देवेभ्यो अकृणोरु लोकम् ।।३।।

य. १८.७१

मृगो न भीमः कुचरो गिरिष्ठाः परावतऽआजगन्था परस्याः।
सृकं संशाय पविमिन्द्र तिग्मं वि शत्रून्ताढि वि मृधो नुदस्व ।।७१।।

६९. जय ऐन्द्रः – सा. १८७३

मृगो न भीमः कृचरो गिरिष्ठाः परावत आ जगन्था परस्याः।
सृकं सं शाय पविमिन्द्र तिग्मं वि शत्रूं ताढि विमृधो नुदस्व ।।१।।

७०. जाटिकायनः – अ. ६.३३.१–३

यस्येदमा रजो युजस्तुजे जना वनं स्वः। इन्द्रस्य रन्त्यं बृहत् ।।१।।
नाधृष आ दधृषते धृषाणो धृषितः शवः। पुरा यथा व्यथिः श्रव इन्द्रस्य नाधृषे शवः ।।2।।
स नो ददातु तां रयिमुरुं पिशंगसंदृशम्। इन्द्रः पतिस्तुविष्टमो जनेष्वा ।।३।।

७१. जेता माधुच्छन्दसः – ऋ. १.११.१–८; सा. ३४३; ३५६; १२५०–१२५२

ऋ. १.११.१–८

इन्द्रं विश्वा अवीवृधन्त्समुद्रव्यचसं गिरः। रथीतमं रथीनां वाजानां सत्पतिं पतिम् ।।१।।
सख्ये त इन्द्र वाजिनो मा भेम शवसस्पते। त्वामभि प्र णोनुमो जेतारमपराजितम् ।।2।।
पूर्वीरिन्द्रसय रातयो न वि दस्यन्त्यूतयः। यदी वाजस्य गोमतः स्तोतृभ्यो मंहते मघम् ।।३।।
पुरां भिन्दुर्युवा कविरमितौजा अजायत। इन्द्रो विश्वस्य कर्मणो धर्ता वज्री पुरुष्टुतः ।।४।।
त्वं वलस्य गोमतोऽपावरद्रिवो बिलम्। त्वां देवा अबिभ्युषस्तुज्यमानास आविषुः ।।५।।
त्वाहं शूर रातिभिः प्रत्यायं सिन्धुमावदन्। उपातिष्ठन्त गिर्वणो विदुष्टे तस्य कारवः ।।६।।
मायाभिरिन्द्र मायिनं त्वं शुष्णमवातिरः। विदुष्टे तस्य मेधिरास्तेषां श्रवांस्युत्तिर ।।७।।
इन्द्रमीशानमोजसाभि स्तोमा अनूषत। सहस्रं यस्य रातय उत वा सन्ति भूयसीः ।।८।।

सा. ३४३

इन्द्र विश्वा अवीवृधन्त्समुद्रव्यचसं गिरः। रथीतमं रथीनां वाजानां सत्पतिं पतिम् ।।2।।

सा. ३५६

पुरां भिन्दुर्युवा कविरमितौजा अजायत। इन्द्रो विश्वस्य कर्मणो धर्ता वज्री पुरुष्टुतः ।।८।।

सा. १२५०–१२५२

पुरां भिन्दुर्युवा कविरमितौजा अजायत। इन्द्रो विश्वस्य कर्मणो धर्ता वज्री पुरुष्टुतः ।।१।।
त्वं वलस्य गोमतोऽपावरद्रिवो बिलम्। त्वां देवा अबिभ्युषस्तुज्यमानास आविषुः ।।2।।
इन्द्रमीशानमोजसाभि स्तोमैरनूषत। सहस्रं यस्य रातय उत वा सन्ति भूयसीः ।।३।।

७2. तिरश्चीर् आंगिरसः – ऋ. ८.६५.१–६; सा. ३४६; ३४६; ८८३–८८५; १४02–१४0४

ऋ. ८.६५.१–६

आ त्वा गिरो रथीरिवास्थुः सुतेषु गिर्वणः। अभि त्वा समनू षतेन्द्र वत्सं न मातरः ।।१।।
आ त्वा शुक्रा अचुच्यवुः सुतास इन्द्र गिर्वणः। पिबा त्व१ स्यान्धस इन्द्र विश्वासु ते हितम्।।2।।
पिबा सोमं मदाय कमिन्द्र श्येनाभृतं सुतम्। त्वं हि शश्वतीनां पती राजा विशामसि ।।३।।

श्रुधी हवं तिरश्च्या इन्द्र यस्त्वा सपर्यति। सुवीर्यस्य गोमतो रायस्पूर्धि महाँ असि ।।४।।
इन्द्र यस्ते नवीयसीं गिरं मन्द्रामजीजनत्। चिकित्विन्मनसं धियं प्रत्नामृतस्य पिप्युषीम् ।।५।।
तमु ष्टवाम यं गिर इन्द्रमुक्थानि वावृधुः। पुरूण्यस्य पौंस्या सिषासन्तो वनामहे ।।६।।
एतो न्विन्द्रं स्तवाम शुद्ध शुद्धेन साम्ना। शुद्धैरुक्थेर्वावृध्वांसं शुद्ध आशीर्वान्ममत्तु ।।७।।
इन्द्र शुद्धो न आ गहि शुद्धः शुद्धाभिरूतिभिः। शुद्धो रयिं नि धारय शुद्धो ममद्धि सोम्यः ।।८।।
इन्द्र शुद्धो हि नो रयिं शुद्धो रत्नानि दाशुषे।
शुद्धो वृत्राणि जिघ्नसे शुद्धो वाजं सिषाससि।।६।।

सा. ३४६

श्रुधी हवं तिरश्च्या इन्द्र यस्त्वा सपर्यति। सुवीर्यस्य गोमतो रायस्पूर्धि महाँ असि ।।५।।

सा. ३४६

आ त्वा गिरो रथीरिवास्थुः सुतेषु गिर्वणः। अभि त्वा समनूषत गावो वत्सं न धेनवः ।।८।।

सा. ८८३–८८५

श्रुधी हवं तिरश्च्या इन्द्र यस्त्वा सपर्यति। सुवीर्यस्य गोमतो रायस्पूर्धि महाँ असि ।।१।।
यस्य इन्द्र नवीयसीं गिर मन्द्रामजीजनत्। चिकित्विमनसं धियं प्रत्नामृतस्य पिप्युषीम् ।।2।।
तमु ष्टवाम य गिर इन्द्र मुक्थ्यानि वावृधुः। पुरूण्यस्य पौंस्या सिषासन्तो वनामहे ।।३।।

सा. १४02–१४०४

एतो न्विन्द्रं स्तवाम शुद्धं शुद्धेन साम्ना। शुद्धैरुक्थैर्वावृध्वांसं शुद्धैराशीर्वान्ममत्तु ।।१।।
इन्द्र शुद्धो न आ गहि शुद्धः शुद्धाभिरूतिभिः। शुद्धो रयिं नि धारय शुद्धो ममद्धि सोम्य ।।2।।
इन्द्र शुद्धा हि नो रयिं शुद्धो रत्नानि दाशुषे।
शुद्धो वृत्राणि जिघ्नसे शुद्धो वाजं सिषाससि ।।३।।

७३. तिरश्चीर् आंगिरसो द्युतानो वा – अ. 20.१३७.७–८; १०–१४

अ. 20.१३७.७–८

अव द्रप्सो अंशुमतीमतिष्ठदियानः कृष्णो दशभिः सहस्रैः ।
आवत् तमिन्द्रः शच्या धमन्तमपस्नेहितीर्नृमणा अधत्त ।।७।।
द्रप्समपश्यं विषुणे चरन्तमुपह्वरे नद्यो अंशुमत्याः ।
नभो न कृष्णमवतस्थिवांस मिष्यामि वो वृषणो युध्यताजौ ।।८।।

अ. 20.१३७.१०–१४

त्वं ह त्यत् सप्तभ्यो जायमानोऽशत्रुभ्यो अभवः शत्रुरिन्द ।
गूढे द्यावापृथिवी अन्वविन्दो विभुमद्भ्यो भुवनेभ्यो रणं धाः ।।१०।।
त्वं ह त्यदप्रतिमानमोजो वज्रेण वज्रिन् धृषितो जघन्थ ।
त्वं शुष्णस्यावातिरो वधत्रैस्त्वं गा इन्द्र शच्येदविन्दः ।।११।।
तमिन्द्रं वाजयामसि महे वृत्राय हन्तवे। स वृषा वृषभो भुवत् ।।१2।।
इन्द्र : स दामने कृत ओजिष्ठः स मदे हितः। द्युम्नी श्लोकी स सोम्यः ।।१३।।
गिरा वज्रो न संभृतः सबलो अन्पच्युतः। ववक्ष ऋष्वो अस्तृतः ।।१४।।

७४. त्रसदस्युः पौरुकुत्सः – सा. ४३७–४४०

विश्वतोदावन्विश्वतो न आ भर यं त्वा शविष्ठमीमहे ।।१।।
एष ब्रह्मा य ऋत्विय इन्द्रो नाम श्रुतो गृणे ।।2।।
ब्रह्माण इन्द्रं महयन्तो अर्कैरवर्धयन्नहये हन्तवा उ ।।३।।
अनवस्ते रथमश्वाय तक्षुस्त्वष्टा वज्रं पुरुहूत द्युमन्तम् ।।४।।

७५. त्रसदस्युः पौरुकुत्सः (साग्री.सास्वा.) वामदेवः (सार्षेदी.) – सा. ४४१ ४४४ ४४६

सा. ४४१

शं पदं मघं रयीषिणे न काममव्रतो हिनोति न स्पृशद्रयिम् ।।५।।

सा. ४४४

उप प्रक्षे मधुमति क्षियन्तः पुष्येम रयिं धीमहे त इन्द्र ।।८।।

सा. ४४६

प्र व इन्द्राय वृत्रहन्तमाय विप्राय गाथं गायत यं जुजोषते ।।१०।।

७६. त्रितः – य. ३३.६०

चन्द्रमाऽअप्स्वन्तरा सुपर्णो धावते दिवि। रयिं पिशंग बहुलं पुरुस्पृहं हरिरेति कनिक्रदत् ।।६०।।

७७. त्रिशिराः त्वाष्ट्रः – ऋ. १०.८.७–६

अस्य त्रितः क्रतुना वव्रे अन्तरिच्छन्धीतिं पितुरेवैः परस्य।
सचस्यमानः पित्रोरुपस्थे जामि ब्रुवाण आयुधानि वेति ।।७।।
स पित्र्याण्यायुधानि विद्वानिन्द्रेषित आप्त्यो अभ्युध्यत्।
त्रिशीर्षाणं सप्तरश्मिं जघन्वान्त्वाष्ट्रस्य चिन्निः ससृजे त्रितो गाः ।।८।।
भूरीदिन्द्र उदिन्क्षन्तमोजोऽवाभिनत्सत्पतिर्मन्यमानम्।
त्वाष्ट्रस्य चिद्विश्वरूपस्य गोनामाचक्राणस्त्रीणि शीर्षा परा वर्क् ।।६।।

७८. त्रिशोकः – अ. २०.22.१–३; २०.४३.१–३; य. ३३.२४

अ. २०.22.१–३

अभि त्वा वृषभा सुते सुतं सृजामि पीतये। तृम्पा व्यश्नुही मदम् ।।१।।
मा त्वा मूरा अविष्यवो मोपहस्वान् आ दभन्। माकीं ब्रह्माद्विषो वनः ।।2।।
इह त्वा गोपरीणसा महे मन्दन्तु राधसे। सरो गौरो यथा पिब ।।३।।

अ. २०.४३.१–३

भिन्धि विश्व अप द्विषः परि बाधो जही मृधः। वसु स्पार्हं तदा भर ।।१।।
यद् वीळाविन्द्र यत् स्थिरे यत् पर्शाने पराभृतम्। वसु सपार्हं तदा भर ।।2।।
यस्य ते विश्वमानुषो भूरेर्दत्तस्य वेदति। वसु स्पार्हं तदा भर ।।३।।

य. ३३.२४

बृहन्निदिध्मऽएषां भूरि शस्तं पृथुः स्वरुः। यषामिन्द्रो युवा सखा ।।२४।।

७६. त्रिशोक काण्वः – ऋ. ८.४५.2–४2; सा. १३१; १३३; १३४; १६१; २०४; २०७; २१६; ७३१–७३३; १०७०–१०७2; १३३६–१३४०

ऋ. ८.४५.2–४2

बृहन्निदिध्म एषां भूरि शस्तं पृथुः स्वरुः। येषामिन्द्रो युवा सखा ।।2।।
अयुद्ध इद्युधा वृतं शूर आजति सत्वभिः। येषामिन्द्रो युवा सखा ।।३।।
आ बुन्दं वृत्रहा ददे जातः पृच्छद्वि मातरम्। क उग्राः के ह शृण्विरे ।।४।।
प्रति त्वा शवसी वदद् गिरावप्सो न योधिषत्। यस्ते शत्रुत्वमाचके ।।५।।
उत त्वं मघवंछृणु यस्ते वष्टि ववक्षि तत्। यद्वीळयासि वीळु तत् ।।६।।
यदाजिं यात्याजिकृदिन्द्रः स्वश्वयुरुप। रथीतमो रथीनाम् ।।७।।
वि षु विश्वा अभियुजो वज्रिन्विष्वग्यथा वृह। भवा नः सुश्रवस्तमः ।।८।।
अस्माकं सु रथं पुर इन्द्रः कृणोतु सातये। न यं धूर्वन्ति धूर्तयः ।।६।।
वृज्याम ते परि द्विषोऽरं ते शक्र दावने। गमेमेदिन्द्र गोमतः ।।१०।।
शनैश्चेद्यन्तो अद्रिवोऽश्ववन्तः शतग्विनः। विवक्षणा अनेहसः ।।११।।
ऊर्ध्वा हि ते दिवेदिवे सहस्रा सूनृता शता। जरितृभ्यो विमंहते ।।१2।।
विद्या हि त्वा धनंजयमिन्द्र दृळहा चिदारुजम्। आदारिणं यथा गयम् ।।१३।।
ककुहं चित्त्वा कवे मन्दन्तु धृष्णविन्दवः। आ त्वा पणिं यदीमहे ।।१४।।
यस्ते रेवाँ अदाशुरिः प्रममर्ष मघत्तये। तस्य नो वेद आ भर ।।१५।।
इम उ तवा वि चक्षते सखाय इन्द्र सोमिनः। पुष्टावन्तो यथा पशुम् ।।१६।।
उत त्वाबधिरं वयं श्रुत्कर्णं सन्तमूतये। दूरादिह हवामहे ।।१७।।
यच्छुश्रूया इमं हवं दुर्मर्षं चक्रिया उत। भवेरापिर्नो अन्तमः ।।१८।।

यच्चिद्धि ते अपि व्यथिर्जगन्वांसो अमन्महि। गोदा इदिन्द्र बोधि नः ।।१६।।
आ त्वा रम्भं न जिव्रयो ररभ्मा शवसस्पते। उश्मसि त्वा सधस्थ आ ।।20।।
स्तोत्रमिन्द्राय गायत पुरुनृम्णाय सत्वने। नकिर्यं वृण्वते युधि ।।21।।
अभि त्वा वृषभा सुते सुतं सृजामि पीतये। तृम्पा व्यश्नुही मदम् ।।22।।
मा त्वा मूरा अविष्यवो मोपहस्वान् आ दभन्। मकीं ब्रह्मद्विषो वनः ।।23।।
इह त्वा गोपरीणसा महे मन्दन्तु राधसे। सरो गौरो यथा पिब ।।2४।।
यो वृत्रहा परावति सना नवा च चुच्युवे। ता संसत्सु प्र वोचत ।।2५।।
अपिबत् कद्रुवः सुतमिन्द्रः सहस्राबाह्वे। अत्रादेदिष्ट पौंस्यम् ।।2६।।
सत्यं तत्तुव्रशे यदौ विदानो अह्नवाय्यम्। वयानट् तुर्वणे शमि ।।2७।।
तरणिं वो जनानां त्रदं वाजस्य गोमतः। समानमु प्र शंसिषम् ।।2८।।
ऋभुक्षणं न वर्तव उक्थेषु तुग्र्यावृधम्। इन्द्र सोम सचा सुते ।।2६।।
यः कृतदिद्धि योन्यं त्रिशोकाय गिरिं पृथुम्। गोभ्यो गातुं निरेतवे ।।३०।।
यद्दधिषे मनस्यसि मन्दानः प्रेदियक्षसि। मा तत्करिन्द्र मृळय ।।३1।।
दभ्रं चिद्धि त्वावतः कृतं शृण्वे अधि क्षमि। जिगात्विन्द्र ते मनः ।।३2।।
तवेदु ताः सुकीर्तयोऽसन्नुत प्रशस्तयः। यदिन्द्र मृळयासि नः ।।३३।।
मा न एकस्मिन्नागसि मा द्वयोरुत त्रिषु। वधीर्मा शूर भूरिषु ।।३४।।
बिभया हि त्वावत उग्रादभिप्रभंगिणः। दस्मादहमृतीषहः ।।३५।।
मा सख्युः शूनमा विदे मा पुत्रस्य प्रभूवसो। आवृत्वद्भूत ते मनः ।।३६।।
को नु मर्या अमिथितः सखासखायमब्रवीत्। जहा को अस्मदीषते ।।३७।।
एवारे वृषभा सुतेऽसिन्वन्भूर्यावयः। श्वघ्नीव निवता चरन् ।।३८।।
आ त एता वचोयुजा हरी गृभ्णे सुमद्रथा। यदीं ब्रह्मभ्य इद्ददः ।।३६।।
भिन्धि विश्व अप द्विषः परि बाधो जही मृधः। वसु स्पार्हं तदा भर ।।४०।।
यद्वीळाविन्द्र यत्स्थिरे यत्पर्शाने पराभृतम्। वसु स्पार्हं तदा भर ।।४1।।
यस्य ते विश्वमानुषो भूरेर्दत्तस्य वेदति। वसु स्पार्हं तदा भर ।।४2।।

सा. १३१

अपिबत्कद्रुवः सुतमिन्द्रः सहस्रबाह्वे । तत्राददिष्ट पौंस्यम् ।।७।।

सा. १३३–३४

आ घा ये अग्निमिन्धते स्तृणन्ति बर्हिरानुषक्। येषमिन्द्रो युवा सखा ।।६।।
भिन्धि विश्वा अप द्विषः परि बाधो जही मृधः। वसु स्पार्हं तदा भर ।।१०।।

सा. १६१

अभि त्वा वृषभा सुते सुतं सृजामि पीतये। तृम्पा व्यश्नुही मदम् ।।७।।

सा. 2०४

तरणिं वो जनानां त्रदं वाजस्य गोमतः। समानमु प्र शं सिषम् ।।१।।

सा. 2०७

यद्वीडाविन्द्र यत्स्थिरे यत्पर्शाने पराभृतम्। वसु स्पार्हं तदा भर ।।४।।

सा. 21६

आ बुन्दं वृत्रहा ददे जातः पृच्छाद्विमातरम्। क उग्राः के ह शृण्विरे ।।३।।

सा. ७३१–७३३

अभि त्वा वृषभा सुते सुतं सृजामि पीतये। तृप्पा व्यश्नुहि मदम् ।।१।।
मा त्वा मूरा अविष्यवो मोपहस्वान आ दभन्। मा कीं ब्रह्माद्विषं वनः ।।2।।
इह त्वा गोपरीणसं महे मन्दन्तु राधसे। सरो गौरो यथा पिब ।।३।।

सा. १०७०–१०७2

भिन्धि विश्वा अप द्विषः परि बाधो जही मृधः। वसु स्पार्हं तदा भर ।।१।।
यस्य ते विश्वमानुषग्भूरेर्दत्तस्य वेदति। वसु स्पार्हं तदा भर ।।2।।

Vedic Concordance of Mantras as per Devatā and Ṛṣi 325

यद्वीडाविन्द्र यत्स्थिरे यत्पर्शाने पराभृतम्। वसु स्पार्हं तदा भर ।।३।।

सा. १३३९–१३४०

बृहन्निदिध्म एषां भूरि शस्त्रं पृथुः स्वरुः। येषामिन्द्रो युवा सखा ।।2।।

अयुद्ध इद्युधा वृतं शूर आजति सत्वभिः। येषामिन्द्रो युवा सखा ।।३।।

८०. दध्यङ् आथर्वणः – सा. १७७; य. ३६.७ ८

सा. १७७

दोषो आगाद् बृहद्गाय द्युमद्गामन्नाथर्वण। स्तुहि देवं सवितारम् ।।३।।

य. ३६.७–८

कया त्वं नऽऊत्याभि प्र मन्दसे। कया स्तोतृभ्यऽआ भर ।।७।।

इन्द्रो विश्वस्य राजति। शन्नोऽअस्तु द्विपदे शं चतुष्पदे ।।८।।

८१. दीर्घतमा – य. ३८.८; 2६

य. ३८.८

इन्द्राय त्वा वसुमते रुद्रवते स्वाहेन्द्राय त्वादित्यवते स्वाहेन्द्राय त्वाभिमातिघ्ने स्वाहा । सवित्रे त्वऽऋभुमते विभुमते वाजवते स्वाहा बृहस्पतये त्वा विश्वदेव्यावते स्वाहा ।।८।।

य. ३८.2६

यावती द्यावापृथिवी यावच्च सप्त सिन्धवो वितस्थिरे ।

तावन्तमिन्द्र ते ग्रहमूर्जा गृह्णाम्यक्षितं मयि गृह्णाम्यक्षितम् ।।2६।।

८2. दीर्घतमा औचथ्यः – ऋ. १.१४2.१३

स्वाहाकृतान्या गह्युप हव्यानि वीतये। इन्द्रा गहि श्रुधी हवं त्वां हवन्ते अध्वरे ।।१३।।

८३. दुर्मित्रः (सूमित्रो वा) कौत्सः – सा. 22८

कदा वसो स्तोत्रं हर्यत आ अव श्मशा रुधद्वाः। दीर्घं सुतं वाताप्याय ।।६।।

८४. देवजामयः इन्द्रमातरः – सा. १2०

त्वमिन्द्र बलादधि सहसो जात ओजसः। त्वं सन्वृषन्वृषेदसि ।।६।।

८५. देववातः – य. १०.22

मा तऽइन्द्र ते वयं तुराषाडयुक्तासोऽअब्रह्मता विदसाम ।

तिष्ठा रथमधि यं वज्रहस्ता रश्मीन्देव यमसे स्वश्वान् ।।22।।

८६. देवातिथिः – अ. 2०.१2०.१–2; 2०.१2१.१–2

अ. 2०.१2०.१–2

यदिन्द्र प्रागपागुदङ्न्यग्वा हूयसे नृभिः ।

सिमा पुरू नृषूतो अस्यानवेऽसि प्रशर्ध तुर्वशे ।।१।।

यद्वा रुमे रुशमे श्यावके कृप इन्द्र मादयसे सचा ।

कण्वासस्त्वा ब्रह्माभि स्तोमवाहस इन्द्रा यच्छन्त्या गहि ।।2।।

अ. 2०.१2१.१–2

अभि त्वा शूर नोनुमोऽदुग्धाइव धेनवः ।

ईशानमस्य जगतः स्वर्दृशमीशानमिन्द्र तस्थुषः ।।१।।

न त्वावाँ अन्यो दिव्यो न पार्थिवो न जातो न जनिष्यते ।

अश्वायन्तो मघवन्निन्द्र वाजिनो गव्यन्तस्त्वा हवामहे ।।2।।

८७. देवातिथिः काण्वः – सा. 2५2; 2७७; 2७६; ३०८; १2३१–३2; १६०५–१६०६; १७2१–22

सा. 2५2

यथा गौरो अपा कृतं तृष्यन्नेत्यवेरिणम्।

आपित्वे नः प्रपित्वे तूयमा गहि कण्वेषु सु सचा पिब ।।१०।।

सा. २७७

अश्वी रथी सुरूप इद्गोमान् यदिन्द्र ते सखा ।
श्वत्रभाजा वयसा सचते सदा चन्द्रैर्याति सभामुप ॥५॥

सा. २७९

यदिन्द्र प्रागपागुदङ्न्यग्वा हूयसे नृभिः। सिमा पुरू नृषूतो अस्यानवेऽसि प्रशर्ध तुर्वशे।॥७॥

सा. ३०८

अध्वर्यो द्रावया तवं सोममिन्द्रः पिपासति ।
उपो नूनं युयुजे वृषणा हरी आ च जगाम वृत्रहा ॥६॥

सा. १२३१–३२

यदिन्द्र प्रागपागुदङ्न्यग्वा हूयसे नृभिः। सिमा पुरू नृषूतो अस्यानवेऽसि प्रशर्ध तुर्वशे ॥१॥
यद्वा रुमे रुशमे श्यावके कृप इन्द्र मादयसे सचा ।
कण्वासस्तवा स्तोमेभिर्ब्रह्मावाहस इन्द्रा यच्छन्त्या गहि ॥2॥

सा. १६०५–१६०६

मा भेम मा श्रमिष्मोग्रस्य सख्ये तव। महत्ते वृष्णो अभिचक्ष्यं कृतं पश्येम तुर्वशं यदुम् ॥१॥
सव्यामनु स्फिग्यं वावसे वृषा न दानो अस्य रोषति ।
मध्वा संपृक्ताः सारघेण धेनवस्तूयमेहि द्रवा पिब ॥2॥

सा. १७२१–22

यथा गौरो अपा कृतं तृष्यन्नेत्यवेरिणम् ।
आपित्वे नः प्रपित्वे तूयमा गहि कण्वेषु सु सचा पिब ॥१॥
मन्दन्तु त्वा मघवन्निन्द्रेन्दवो राधोदेयाय सुन्वते ।
आमुष्या सोममपिबश्चमू सुतं ज्येष्ठं तद्दधिषे सहः ॥2॥

८८. देवातिथिः काण्वः – ऋ. ८.४.१–१४

यदिन्द्र प्रागपागुदङ् न्यग्वा हूयसे नृभिः ।
सिमा पुरू नृषूतो अस्यानवेऽसि प्रशर्ध तृर्वशे ॥१॥
यद्वा रुमे रुशमे श्यावके कृप इन्द्र मादयसे सचा ।
कण्वासस्त्वा बृह्मभिः स्तोमवाहस इन्द्रा यच्छन्त्या गहि ॥2॥
यथा गौरो अपा कृतं तृष्यन्नेत्यवेरिणम् ।
आपित्वे नः प्रपित्वे तूयमा गहि कण्वेषु सु सचा पिब ॥३॥
मन्दन्तु त्वं मघवन्निन्द्रेन्दवो राधोदेयाय सुन्वते ।
आमुष्या सोममपिबश्चमू सुतं ज्येष्ठं तद्दधिषे सहः ॥४॥
प्र चक्रे सहसा सहो बभंज मन्युमोजसा ।
विश्वे त इन्द्र पृतनायवो यहो नि वृक्षाइव येमिरे ॥५॥
सहस्रेणेव सचते यवीयुधा यस्त आनळुपस्तुतिम् ।
पुत्रं प्रावर्गं कृणुते सुवीर्ये दाश्नोति नम उक्तिभिः ॥६॥
मा भेम मा श्रमिष्मोग्रस्य सख्ये तव ।
महत्ते वृष्णो अभिचक्ष्यं कृतं पश्येम तुर्वशं यदुम् ॥७॥
सव्यामनु स्फिग्यं वावसे वृषा न दानो अस्य रोषति ।
मध्वा सम्पृक्ताः सारघेण धेनवस्तृयमेहि द्रवा पिब ॥८॥
अश्वी रथी सुरूप इद् गोमाँ इदिन्द्र ते सखा ।
श्वत्रभाजा वयसा सचते सदा चन्द्रो याति सभामुप ॥९॥
ऋश्यो न तृष्यन्नवपानमा गहि पिबा सोमं वशाँ अनु ।
निमेघमानो मघवन्दिवेदिव ओजिष्ठं दधिषे सहः ॥१०॥
अध्वर्यो द्रावया त्वं सोममिन्द्रः पिपासति ।

उप नूनं युयुजे वृषणा हरी आ च जगाम वृत्रहा ।।११।।
स्वयं चित्स मन्यते दाशुरिर्जनो यत्रा सोमस्य तृम्पसि ।
इदं ते अन्न युज्यं समुक्षितं तस्येहि प्र द्रवा पिब ।।12।।
रथेष्ठायाध्वर्यवः सोममिन्द्राय सोतन ।
अधि बृध्नस्याद्रयो वि चक्षते सुन्वन्तो दाश्वध्वरम् ।।१३।।
उप ब्रध्नं वावाता वृषणा हरी इन्द्रमपसु वक्षतः ।
अर्वांचं त्वा सप्तयोऽध्वरश्रियो वहन्तु सवनेदुप ।।१४।।

८६. द्युतानो मारुतः (साग्री.सास्वा. सार्षेदी.) तिरश्चीर आंगिरसः (ऋसर्व. ८.६६.७; १३; १६) — सा. ३२३; ३२४; ३२६

सा. ३२३–२४

अव द्रप्सो अंशुमतीमतिष्ठदियानः कृष्णो दशभिः सहस्रैः ।
आवत्तमिन्द्रः शच्या धमन्तमप स्नीहितिं नृमणा अधद्राः ।।१।।
वृत्रस्य त्वा श्वसथादीषमाणा विश्वे देवा अजहुर्ये सखायः ।
मरुद्भिरिन्द्र सख्यं ते अस्त्वथेमा विश्वाः पृतना जयासि ।।2।।

सा. ३२६

त्वं ह त्यत्सप्तभ्यो जायमानोऽशत्रुभ्यो अभवः शत्रुरिन्द्र ।
गूढे द्यावापृथिवी अन्वविन्दो विभुमद्भ्यो भुवनेभ्यो रणं धाः ।।४।।

९०. द्युतानो मारुतः (साग्री. सार्षेदी.) तिरश्चीर्द्युतानो वा मारुतः (ऋसर्व.) — ऋ. ८.६६. १–१३; ८.६६.१६–२१

ऋ. ८.६६.१–१३

अस्मा उषास आतिरन्त याममिन्द्राय नक्तमूर्म्याः सुवाचः ।
अस्मा आपो मातरः सप्त तस्थुर्नृभ्यस्तराय सिन्धवः सुपाराः ।।१।।
अतिविद्धा विथुरेणा चिदस्त्रा त्रिः सप्त सानु संहिता गिरीणाम् ।
न तद्देवो न मर्त्यस्तुतुर्याद्यानि प्रवृद्धो वृषभश्चकार ।।2।।
इन्द्रस्य वज्र आयसो निमिश्ल इन्द्रस्य बाह्वोर्भूयिष्ठमोजः ।
शीर्षन्निन्द्रस्य क्रतवो निरेक आसन्नेषन्त श्रुत्या उपाके ।।३।।
मन्ये त्वा यज्ञियं यज्ञियानां मन्ये त्वा च्यवनमच्युतानाम् ।
मन्ये त्वा सत्वनामिन्द्र केतुं मन्ये त्वा वृषभं चर्षणीनाम् ।।४।।
आ यद्वज्रं बाह्वोरिन्द्र धत्से मदच्युतमहये हन्त्वा उ ।
प्र पर्वता अनवन्त प्र गावः प्र ब्रह्माणो अभिनक्षन्त इन्द्रम् ।।५।।
तमु ष्टवाम य इमा जजान विश्वा जातान्यवराण्यस्मात् ।
इन्द्रेण मित्रं दिधिषेम गीर्भिरुपो नमोभिर्वृषभं विशेम ।।६।।
वृत्रस्य त्वा श्वसथादीषमाणा विश्वे देवा अजहुर्ये सखायः ।
मरुद्भिरिन्द्र सख्यं ते अस्त्वथेमा विश्वाः पृतना जयासि ।।७।।
त्रिः षष्टिस्त्वा मरुतो वावृधाना उस्रा इव राशयो यज्ञियासः ।
उप त्वेमः कृधि नो भागधेयं शुष्मं त एना हविषा विधेम ।।८।।
तिग्ममायुधं मरुतामनीकं कस्त इन्द्र प्रति वज्रं दधर्ष ।
अनायुधासो असुरा अदेवाश्चक्रेण ताँ अप वप ऋजीषिन् ।।९।।
मह उग्राय तवसे सुवृक्तिं प्रेरय शिवतमाय पश्वः ।
गिर्वाहसे गिर इन्द्राय पूर्वीर्धेहि तन्वे कुविदंग वेदत् ।।१०।।
उक्थवाहसे विभ्वे मनीषां द्रुणा न पारमीरया नदीनाम् ।
नि स्पृश धिया तन्वि श्रुतस्य जुष्टतरस्य कुविदंग वेदत् ।।११।।

तद्विविड्ढि यत्त इन्द्रो जुजोषत्स्तुहि सुष्टुतिं नमसा विवास ।
उप भूष जरितर्मा रुवण्यः श्रावया वाचं कुविदंग वेदत् ।।१२।।
अव द्रप्सो अंशुमतीमतिष्ठदियानः कृष्णो दशभिः सहस्रैः ।
जावत्तमिन्द्रः शच्या धमन्तमप स्नेहितीर्नृमणा अधत्त ।।१३।।

ऋ. ८.९६.१६–२१

त्वं ह त्यत्सप्तभ्यो जायमानोऽशत्रुभ्यो अभवः शत्रुरिन्द्र ।
गूळहे द्यावापृथिवी अन्वविन्दो विभुमद्भ्यो भुवनेभ्यो रणं धाः ।।१६।।
त्वं ह त्यदप्रतिमानमोजो वज्रेण वज्रिन्धृषितो जघन्थ ।
त्वं शुष्णस्यावातिरो वधत्रैस्त्वं गा इन्द्र शच्येदविन्दः ।।१७।।
त्वं ह त्यद्वृषभ चर्षणीनां घनो वृत्राणां तविषो बभूथ ।
त्वं सिन्धूँरसृजस्तस्तभानान् त्वमपो अजयो दासपत्नीः ।।१८।।
स सुक्रतू रणिता यः सुतेष्वनुत्तमन्युर्यो अहेव रेवान् ।
य एक इन्नर्यपांसि कर्ता स वृत्रहा प्रतीदन्यमाहुः ।।१९।।
स वृत्रहेन्द्रश्चर्षणीधृत्तं सुष्टुत्या हव्यं हुवेम ।
स प्राविता मघवा नोऽधिवक्ता स वाजस्य श्रवस्यस्य दाता ।।२०।।
स वृत्रहेन्द्र ऋभुक्षाः सद्यो जज्ञानो हव्यो बभूव ।
कृण्वन्नपांसि नर्या पुरूणि सोमो न पीतो हव्यः सखिभ्यः ।।२१।।

६१. नभः प्रभेदनो वैरूपः – ऋ. १०.११२.१–१०

इन्द्र पिब प्रतिकामं सुतस्यप्रातःसावस्तव हि पूर्वपीतिः ।
हर्षस्व हन्तवे शूर शत्रूनुक्थेभिष्टे वीर्या प्र ब्रवाम ।।१।।
यस्ते रथो मनसो जवीयानेन्द्र तेन सोमपेयाय याहि ।
तूयमा ते हरयः प्र द्रवन्तु येभिर्यासि वृषभिर्मन्दमानः ।।२।।
हरित्वता वर्चसा सूर्यस्य श्रेष्ठै रूपैस्तन्वं स्पर्शयस्व ।
अस्माभिरिन्द्र सखिभिर्हुवानः सध्रीचीनो मादयस्वा निषद्य ।।३।।
यस्य त्यत्ते महिमानं मदेष्विमे मही रोदसी नाविवित्ताम् ।
तदोक आ हरिभिरिन्द्र युक्तैः प्रियेभिर्याहि प्रियमन्नमच्छ ।।४।।
यस्य शश्वत्पपिवाँ इन्द्र शत्रूननानुकृत्या रण्या चकर्थ ।
स ते पुरन्धिं तविषीमियर्ति स ते मदाय सुत इन्द्र सोमः ।।५।।
इदं ते पात्रं सनवित्तमिन्द्र पिबा सोममेना शतक्रतो ।
पूर्ण आहावो मदिरस्य मध्वो यं विश्व इदभिहर्यन्ति देवाः ।।६।।
वि हि त्वामिन्द्र पुरुधा जनासो हितप्रयसो वृषभ ह्वयन्ते ।
अस्माकं ते मधुमत्तमानीमा भुवन्त्सवना तेषु हर्य ।।७।।
प्र त इन्द्र पूर्व्याणि प्र नूनं वीर्या वोचं प्रथमा कृतानि ।
सतीनमन्युरश्रथायो अद्रिं सुवेदनामकृणोर्ब्रह्मणे गाम् ।।८।।
नि षु सीद गणपते गणेषु त्वामाहुर्विप्रतमं कवीनाम् ।
न ऋते त्वत्क्रियते किंचनारे महामर्कं मघवच्चित्रमर्च ।।९।।
अभिख्या नो मघवन्नाधमानान्त्सखे बोधि वसुपते सखीनाम् ।
रणं कृधि रणकृत्सत्यशुष्माभक्ते चिदा भजा राये अस्मान् ।।१०।।

६२. नरः – ऋ. ६.३५.१–५; ६.३६.१–५

ऋ. ६.३५.१–५

कदा भुवन्नथक्षयाणि ब्रह्म कदा स्तोत्रे सहस्रपोष्यं दाः ।
कदा स्तोमं वासयोऽस्य राया कदा धियः करसि वाजरत्नाः ।।१।।
कर्हि स्वित्तदिन्द्र यन्नृभिर्नॄन्वीरैर्वीरान्नीळयासेजयाजीन् ।

त्रिधातु गा अधि जयासि गोष्विन्द्र द्युम्नं स्वर्वद्धेह्यस्मे ।।2।।
कर्हि स्वित्तदिन्द्र यज्जरित्रे विश्वप्सु ब्रह्म कृणवः शविष्ठ ।
कदा धियो न नियुतो युवासे कदा गोमघा हवनानि गच्छाः ।।३।।
स गोमघा जरित्रे अश्वश्चन्द्राः वाजश्रवसो अधि धेहि पृक्षः ।
पीपिहीषः सुदुघामिन्द्र धेनुं भरद्वाजेषु सुरुचो रुरुच्याः ।।४।।
तमा नूनं वृजनमन्यथा चिच्छूरो यच्छक्र वि दुरो गृणीषे ।
मा निररं शुक्रदुघस्य धेनोरांगिरसान्ब्रह्मणा विप्र जिन्व ।।५।।

ऋ. ६.३६.१–५

सत्रा मदासस्त्व विश्वजन्याः सत्रा रायोऽध ये पार्थिवासः ।
सत्रा वाजानामभवो विभक्ता यद्देवेषु धारयथा असुर्यम् ।।१।।
अनु प्र येजे जन ओजो अस्य सत्रा दधिरे अनु वीर्याय ।
स्यूमगृभे दुधयेऽर्वते च क्रतुं वृंजन्त्यपि वृत्रहत्ये ।।2।।
तं सध्रीचरूतयो वृष्ण्यानि पौंस्यानि नियुतः सश्चुरिन्द्रम् ।
समुद्रं न सिन्धव उक्थशुष्मा उरुव्यचसं गिर आ विशन्ति ।।३।।
स रायस्खामुप सृजा गृणानः पुरुश्चन्द्रस्य त्वमिन्द्र वस्वः ।
पतिर्बभूथासमो जनानामेको विश्वस्य भुवनस्य राजा ।।४।।
स सतु श्रुधि श्रुत्या यो दुवोयुर्द्यौर्न भूमामि रायो अर्यः ।
असो यथा नः शवसा चकानो युगेयुगे वयसा चेकितानः ।।५।।

६३. नारदः काण्वः – ऋ. ८.१३.१–३३; सा. ३८१; ७४६–४८

ऋ. ८.१३.१–३३

इन्द्रः सुतेषु सोमेषु क्रतुं पुनीत उक्थ्यम्। विदे वृधस्य दक्षसो महान्हि षः ।।१।।
स प्रथमे व्योमनि देवानां सदने वृधः। सुपारः सुश्रवस्तमः समप्सुजित् ।।2।।
तमह्वे वाजसातय इन्द्रं भराय शुष्मिणम्। भवा नः सुम्ने अन्तमः सखा वृधे ।।३।।
इयं त इन्द्र गिर्वणो रातिः क्षरति सुन्वतः। मन्दानो अस्य बर्हिषो वि राजसि ।।४।।
नूनं तदिन्द्र दद्धि नेा यत्त्वा सुन्वन्त ईमहे। रयिं नश्चित्रमा भरा स्वर्विदम् ।।५।।
स्तोता यत्ते विचर्षणिरतिप्रशर्धयद् गिरः। वया इवानु रोहते जुषन्त यत् ।।६।।
प्रत्नवज्जनया गिरः शृणुधी जरितुर्हवम्। मदेमदे ववक्षिथा सुकृत्वने ।।७।।
क्रीळन्त्यस्य सूनृता आपो न प्रवता यतीः। अया धिया य उच्यते पतिर्दिवः ।।८।।
उतो पतिर्य उच्यते कृष्टीनामेक इद्वशी। नमोवृधैरवस्युभिः सुते रण ।।६।।
सतुहि श्रुतं विपश्चितं हरी यस्य प्रसक्षिणा। गन्तारा दाशुषो गृहं नमस्विनः ।।१०।।
तूतुजानो महेमतेऽश्वेभिः प्रुषितप्सुभिः। आ याहि यज्ञमाशुभिः शमिद्धि ते ।।११।।
इन्द्र शविष्ठ सत्पते रयिं गृणत्सु धारय। श्रवः सूरिभ्यो अमृतं वसुत्वनम् ।।१2।।
हवे त्वा सूर उदिते हवे मध्यन्दिने दिवः। जुषाण इन्द्र सप्तिभिर्न आ गहि ।।१३।।
आ तू गहि प्र तु द्रव मत्स्वा सुतस्य गोमतः। तन्तुं तनुष्व पूर्व्यं यथा विदे ।।१४।।
यच्छक्रासि परावति यदर्वावति वृत्रहन्। यद्वा समुद्रे अन्धसोऽवितेदसि ।।१५।।
इन्द्रं वर्धन्तु नो गिर इन्द्रं सुतास इन्दवः। इन्द्रे हविष्मतीर्विशो अराणिषुः ।।१६।।
तमिद्विप्रा अवस्यवः प्रवत्वतीभिरूतिभिः। इन्द्र क्षेणीरवर्धयन्वया इव ।।१७।।
त्रिकद्रुकेषु चेतनं देवासो यज्ञमत्नत। तमिद्वर्धन्तु नो गिरः सदावृधम् ।।१८।।
स्तोता यत्ते अनुव्रत उक्थान्यृतुथा दधे। शुचिः पावक उच्यते सो अद्भुतः ।।१६।।
तदिद्रुद्रस्य चेतति यह्वं प्रत्नेषु धामसु। मनो यत्रा वि तद्दधुर्विचेतसः ।।2०।।
यदि मे सख्यमावर इमस्य पाह्यन्धसः। येन विश्वा अति द्विषो अतारिम ।।2१।।
कदा त इन्द्र गिर्वणः स्तोता भवाति शंतमः। कदा नो गव्ये अश्व्ये वसौ दधः ।।22।।

उत ते सुष्टुता हरी वृषणा वहतो रथम्। अजुर्यस्य मदिन्तमं यमीमहे ।।2३।।
तमीमहे पुरुष्टुतं यह्वं प्रत्नाभिरूतिभिः। नि बर्हिषि प्रिये सददध द्विता ।।2४।।
वर्धस्वा सु पुरुष्टुत ऋषिष्टुताभिरूतिभिः। धुक्षस्व पिप्युषीमिषमवा च नः ।।2५।।
इन्द्र त्वमवितेदसीत्था स्तुवतो अद्रिवः। ऋतादियर्मि ते धियं मनोयुजम् ।।2६।।
इह त्या सधमाद्या युजानः सोमपीतये। हरी इन्द्र प्रतद्वसू अभि स्वर ।।2७।।
अभि स्वरन्तु ये तव रुद्रासः सक्षत श्रियम्। उतो मरुत्वतीर्विशो अभि प्रयः ।।2८।।
इमा अस्य प्रमतूर्तयः पदं जुषन्त यद्दिवि। नाभा यज्ञस्य सं दधुर्यथा विदे ।।2९।।
अयं दीर्घाय चक्षसे प्राचि प्रयत्यध्वरे। मिमीते यज्ञमानुषग्विचक्ष्य ।।३०।।
वृषायमिन्द्र ते रथ उतो ते वृषणा हरी। वृषा त्वं शतक्रतो वृषा हवः ।।३१।।
वृषा ग्रावा वृषा मदो वृषा सोमो अयं सुतः। वृषा यज्ञे यमिन्वसि वृषा हवः ।।३2।।
वृषा त्वा वृषण हुवे वज्रिचित्राभिरूतिभिः। वावन्थ हि प्रतिष्टुतिं वृषा हवः ।।३३।।

सा. ३८१

इन्द्र सुतेषु सोमेषु क्रतुं पुनीष उक्थ्यम्। विदे वृधस्य दक्षस्य महां हि षः ।।१।।

सा. ७४६–७४८

इन्द्र सुतेषु क्रतुं पुनीष उक्थ्यम्। विदे वृधस्य दक्षस्य महाँ हि षः ।।१।।
स प्रथमे व्योमनि देवानां सदने वृधः। सुपारः सुश्रवस्तमः समप्सुजित् ।।2।।
तमु हुवे वाजसातय इन्द्रं भराय शुष्मिणम्। भवा नः सुम्न अन्तम सखा वृधे।।३।।

६४. निपातिथिः काण्वः – ऋ. ८.३४.१–१५; सा. ३४८; १८०७–१८०९

ऋ. ८.३४.१–१५

एन्द्र याहि हरिभिरुप कण्वस्य सुष्टुतिम्। दिवो अमुष्य शासतो दिवं यय दिवावसो ।।१।।
आ त्वा ग्रावा वदन्निह सोमी घोषेण यच्छतु। दिवो अमुष्य शासतो दिवं यय दिवावसो ।।2।।
अत्रा वि नेमिरेषामुरां न धूनुते वृकः। दिवो अमुष्य शासतो दिवं यय दिवावसो ।।३।।
आ त्वा कण्वा इहावसे हवन्ते वाजसातये। दिवो अमुष्य शासतो दिवं यय दिवावसो ।।४।।
दधामि ते सुतानां वृष्णे न पूर्वपाय्यम्। दिवो अमुष्य शासतो दिवं यय दिवावसो ।।५।।
स्मत्पुरन्धिर्न आ गहि विश्वतोधीर्न ऊतये। दिवो अमुष्य शासतो दिवं यय दिवावसो ।।६।।
आ नो याहि महेमते सहस्रोते शतामघ। दिवो अमुष्य शासतो दिवं यय दिवावसो ।।७।।
आ त्वा होता मनुर्हितो देवत्रा वक्षदीड्यः। दिवो अमुष्य शासतो दिवं यय दिवावसो ।।८।।
आ त्वा मदच्युता हरी श्येनं पोव वक्षतः। दिवो अमुष्य शासतो दिवं यय दिवावसो ।।९।।
आ याह्यर्य आ परि स्वाहा सोमस्य पीतये। दिवो अमुष्य शासतो दिवं यय दिवावसो ।।१०।।
आ नो याह्युपश्रुत्युक्थेषु रणया इह । दिवो अमुष्य शासतो दिवं यय दिवावसो ।।११।।
सरूपैरा सु नो गहि संभृतैः सम्भृताश्वः। दिवो अमुष्य शासतो दिवं यय दिवावसो ।।१2।।
आ याहि पर्वतेभ्यः समुद्रस्याधि विष्टपः। दिवो अमुष्य शासतो दिवं यय दिवावसो ।।१३।।
आ नो गव्यान्यश्व्या सहस्रा शूर दर्दृहि। दिवो अमुष्य शासतो दिवं यय दिवावसो ।।१४।।
आ नः सहस्रशो भरायुतानि शतानि च।
दिवो अमुष्य शासतो दिवं यय दिवावसो ।।१५।।

सा. ३४८

एन्द्र याहि हरिभिरुप कण्वस्य सुष्टुतिम् । दिवो अमुष्य शासतो दिवं यय दिवावसो।।७।।

सा. १८०७–१८०९

एन्द्र याहि हरिभिरुप कण्वस्य सुष्टुतिम्। दिवो अमुष्य शासतो दिवं यय दिवावसो ।।१।।
अत्रा वि नेमिरेषामुरां न धूनुते वृकः। दिवो अमुष्य शासतो दिवं यय दिवावसो ।।2।।
आ त्वा ग्रावा वदन्निह सोमी घोषेण वक्षतु। दिवो अमुष्य शासतो दिवं यय दिवावसो।।३।।

६५. नृमेधः – ऋ. ८.९८.१–१2; अ. 20.५८.१–2; 20.६2.५–७; 20.६४.१–३; 20.१00.१–३; 20.१0४.३–४; 20.१0५.१–३; 20.१0८.१–३; य. ३३.६६; ६७; ६५; ६६

ऋ. ८.९८.१–१२

इन्द्राय साम गायत विप्राय बृहते बृहत्। धर्मकृते विपश्चिते पनस्यवे ।।१।।
त्वमिन्द्राभिभूरसि त्वं सूर्यमरोचयः। विश्वकर्मा विश्वदेवो महाँ असि ।।2।।
विभ्राजंज्योतिषा स्व१रगच्छो रोचनं दिवः। देवास्त इन्द्र सख्याय येमिरे ।।३।।
एन्द्र नो गधि प्रियः सत्राजिदगोह्यः। गिरिर्न विश्वतस्पृथुः पतिर्दिवः ।।४।।
अभि हि सत्य सोमपा उभे बभूथ रोदसी। इन्द्रासि सुन्वतो वृधः पतिर्दिवः ।।५।।
त्वं हि शश्वतीनामिन्द्र दर्ता पुरामसि। हन्ता दस्योर्मनोर्वृधः पतिर्दिवः ।।६।।
अधा हीन्द्र गिर्वण उप त्वा कामान्महः समृज्महे। उदेव यन्त उदभिः ।।७।।
वार्ण त्वा यव्याभिर्वर्धन्ति शूर ब्रह्माणि। वावृध्वांसं चिदद्रिवो दिवेदिवे ।।८।।
युंजन्ति हरी इषिरस्य गाथयोरौ रथ उरुयुगे। इन्द्रवाहा वचोयुजा ।।९।।
त्वं न इन्द्रा भरँ ओजो नृम्णं शतक्रतो विचर्षणे। आ वीरं पृतनाषहम् ।।१०।।
त्वं हि नः पिता वसो त्वं माता शतक्रतो बभूविथ। अधा ते सुम्नमीमहे ।।११।।
त्वां शुष्मिन् पुरुहूत वाजयन्तमुप ब्रुवे शतक्रतो। स नो रास्व सुवीर्यम् ।।१2।।

अ. 20.५८.१–2

श्रायन्तइव सूर्यं विश्वेदिन्द्रस्य भक्षत ।
वसूनि जाते जनमान ओजसा प्रति भागं न दीधिम ।।१।।
अनर्शरातिं वसुदामुप स्तुहि भद्रा इन्द्रस्य रातयः ।
सो अस्य कामं विधतो न रोषति मनो दानाय चोदयन् ।।2।।

अ. 20.६2.५–७

इन्द्राय साम गायत विप्राय बृहते बृहत्। धर्म कृते विपश्चिते पनस्यवे ।।५।।
त्वमिन्द्राभिभूरसि त्वं सूर्यमरोचयः। विश्वकर्मा विश्वदेवो महाँ असि ।।६।।
विभ्राजं ज्योतिषा स्व१रगच्छो रोचनं दिवः। देवास्त इन्द्र सख्याय येमिरे ।।७।।

अ. 20.६४.१–३

एन्द्र नो गधि प्रियः सत्राजिदगोह्यः। गिरिर्न विश्वतस्पृथुः पर्तिर्दिवः ।।१।।
अभि हि सत्य सोमपा उभे बभूथ रोदसी। इन्द्रासि सुन्वतो वृधः पतिर्दिवः ।।2।।
त्वं हि शश्वतीनामिन्द्र दर्ता पुरामसि। हन्ता दस्योर्मनोर्वृधः पतिर्दिवः ।।३।।

अ. 20.१००.१–३

अधा हीन्द्र गिर्वण उप त्वा कामान्महः ससृज्महे। उदेव यन्त उदभिः ।।१।।
वार्ण त्वा यव्याभिर्वर्धन्ति शूर ब्रह्माणि। वावृध्वांसं चिदद्रिवो दिवेदिवे ।।2।।
युंजन्ति हरी इषिरस्य गाथयोरौ रथ उरुयुगे। इन्द्रवाहा वचोयुजा ।।३।।

अ. 20.१०४.३–४

आ नो विश्वासु हव्य इन्द्रः समत्सु भूषतु।
उप ब्रह्माणि सवनानि वृत्रहा परमज्या ऋचीषमः ।।३।।
त्वं दाता प्रथमो राधसामस्यसि सत्य ईशानकृत् ।
तुविद्युम्नस्य युज्या वृणीमहे पुत्रस्य शवसो महः ।।४।।

अ. 20.१०५.१–३

त्वमिन्द्र प्रतूर्तिष्वभि विश्वा असि स्पृधः। अशस्तिहा जनिता विश्वतूरसि त्वं तूर्य तरुष्यतः।।१।।
अनु ते शुष्मं तुरयन्तमीयतुः क्षोणी शिशुं न मातरा ।
विश्वास्ते स्पृधः श्नथयन्त मन्यवे वृत्रं यदिन्द्र तूर्वसि ।।2।।
इत ऊती वो अजरं प्रहेतारमप्रहितम् । आशुं जेतारं हेतारं रथीतममतूर्तं तुग्र्यावृधम्।।३।।

अ. 20.१०८.१–३

त्वं न इन्द्रा भरँ ओजो नृम्णं शतक्रतो विचर्षणे। आ वीरं पृतनाषहम् ।।१।।
त्वं हि नः पिता वसो त्वं माता शतक्रतो बभूविथ। अधा ते सुम्नमीमहे ।।2।।
त्वां शुष्मिन् पुरुहूत वाजयन्तमुप ब्रुवे शतक्रतो। स नो रास्व सुवीर्यम् ।।३।।

य. ३३.६६–६७
त्वमिन्द्र प्रतूर्त्तिष्वभि विश्वाऽअसि स्पृधः।
अशस्तिहा जनिता विश्वतूरसि त्वं तूर्य्य तरुष्यतः ।।६६।।
अनु ते शुष्मं तुरयन्तमीयतुः क्षोणी शिशुं न मातरा ।
विश्वास्ते स्पृधः श्नथयन्त मन्यवे वृत्रं यदिन्द्र तूर्वसि ।।६७।।
य. ३३.६५–६६
अपाधमदभिशस्तीरशस्तिहाथेन्द्रो द्युमन्याभवत् ।
देवास्तऽइन्द्र सख्याय येमिरे बृहाद्भानो मरुद्गण ।।६५।।
प्र बऽइन्द्राय बृहते मरुतो ब्रह्मार्चत। वृत्रं हनति वृत्रहा शतक्रतुर्वज्रेण शत पर्वणा ।।६६।।

६६. नृमेधः आंगिरसः – सा. २६७; २८३; ३02; ३११; ३६३; ४०५–४०६; ७१०–१2; ८१३–१४; १०२५–२७; ११६६–७१; १२४७–४६; १३१६–२०; १६३७–३८

सा. २६७
श्रायन्त इव सूर्यं विश्वेदिन्द्रस्य भक्षत। वसूनि जातो जनिमान्योजसा प्रति भागं न दीधिम।।५।।
सा. २८३
इत ऊती वो अजरं प्रहेतारमप्रहितम्। आशुं जेतारं होतारं रथीतममतूर्तं तुग्रियावृधम् ।।१।।
सा. ३02
त्वामिदा ह्यो नरोऽपीप्यन्वज्रिन्भूर्णयः। स इन्द्र स्तोमवाहस इह श्रुध्युप स्वसरमा गहि ।।१०।।
सा. ३११
त्वमिन्द्र प्रतूर्तिष्वभि विश्वा असि स्पृधः। अशस्तिहा जनिता वृत्रतूरसि त्वं तूर्य तरुष्यतः ।।६।।
सा. ३६३
एन्द्र नो गधि प्रिय सत्राजिदगोह्या। गिरिर्न विश्वतः पृथुः पतिर्दिवः ।।३।।
सा. ४०५–४०६
त्वं न इन्द्रा भर ओजो नृम्णं शतक्रतो विचर्षणे। आ वीरं पृतनासहम् ।।७।।
अधा हीन्द्र गिर्वण उप त्वा काम ईमहे ससृग्महे। उदेव ग्मन्त उदभिः ।।८।।
सा. ७१०–१2
अधा हीन्द्र गिर्वण उप त्वा काम ईमहे ससृग्महे। उदेव ग्मन्त उदभिः ।।१।।
वार्ण त्वा यव्याभिर्वर्धन्ति शूर ब्रह्माणि। वावृध्वांसं चिदद्रिवो दिवेदिवे ।।2।।
युंजन्ति हरी इषिरस्य गाथयोरौ रथ उरुयुगे वचोयुजा।इन्द्रवाहा स्वर्विदा ।।३।।
सा. ८१३–१४
त्वामिदा ह्यो नरोऽपीप्यन्वज्रिन् भूर्णयः। स इन्द्र स्तोमवाहस इह श्रुध्युप स्वसरमा गहि ।।१।।
मत्स्वा सुशिप्रिन्हरिवस्तमीमहे त्वया भूषन्ति वेधसः।
तव श्रवांस्युपमान्युक्थ्य सुतेष्विन्द्र गिर्वणः।।2।।
सा. १०२५–२७
इन्द्राय साम गायत विप्राय बृहते बृहत्। ब्रह्मकृते विपश्चिते पनस्यवे ।।१।।
त्वमिन्द्राभिभूरसि त्वं सूर्यमरोचयः। विश्वकर्मा विश्वदेवो महाँ असि ।।2।।
विभ्राजं ज्योतिषा स्वा३रग्च्छो रोचनं दिवः। देवास्त इन्द्र सख्याय येमिरे ।।३।।
सा. ११६६–७१
त्वं न इन्द्रा भर ओजो नृम्णं शतक्रतो विचर्षणे। आ वीरं पृतनासहम् ।।१।।
त्वं हि नः पिता वसो त्वं माता शतक्रतो बभूविथ। अथा ते सुम्नमीमहे ।।2।।
त्वा शुष्मिन्पुरुहूत वाजयन्तमुप ब्रुवे सहस्कृत। स नो रास्व सुवीर्यम् ।।३।।
सा. १२४७–४६
एन्द्र नो गधि प्रिय सत्राजिदगोह्या। गिरिर्न विश्वतः पृथुः पतिर्दिवः ।।१।।
अभि हि सत्य सोमपा उभे बभूथ रोदसी। इन्द्रासि सुन्वतो वृधः पतिर्दिवः ।।2।।

त्वं हिशश्वतीनामिन्द्र धर्ता पुरामसि। हन्ता दस्योर्मनोवृधः पतिर्दिवः ।।३।।

सा. १३१६–२०

श्रायन्त इव सूर्यं विश्वेदिन्द्रस्य भक्षत। वसूनि जातो जनिमान्योजसा प्रति भागं न दीधिमः।।१।।
अलर्षिरातिं वसुदामुप स्तुहि भद्रा इन्द्रस्य रातयः ।
यो अस्य कामं विधतो न रोषति मनो दानाय चोदयन्।।2।।

सा. १६३७–३८

त्वमिन्द्र प्रतूर्तिष्वभि विश्वा असि स्पृधः। अशस्तिहा जनिता वृत्रतूरसि त्वं तूर्य तरुष्यतः ।।१।।
अनु ते शुष्मं तुरयन्तमीयतुः क्षोणी शिशुं न मातरा ।
विश्वास्ते स्पृधः शनथयन्त मन्यवे वृत्रं यदिन्द्र तूर्वसि ।।2।।

६७. नृमेध पुरुमेधौ – ऋ. ८.८६.१-७; ८.६०.१–६; य. 20.३०

ऋ. ८.८६.१–७

बृहदिन्द्राय गायत मरुतो वृत्रहन्तमम् । येन ज्योतिरजनयन्नृतावृधो देवं देवाय जागृवि ।।१।।
अपाधमदभिशस्तीरशस्तिहाथेन्द्रो द्युम्न्याभवत्।
देवास्त इन्द्र सख्याय येमिरे बृहद्भानो मरुद्गण ।।2।।
प्र व इन्द्राय बृहते मरुतो ब्रह्मार्चत । वृत्रं हनति वृत्रहा शतक्रतुर्वज्रेण शतपर्वणा ।।३।।
अभि प्र भर धृषता धृषन्मनः श्रवश्चित्ते असद् बृहत् ।
अर्षन्त्वापो जवसा वि मातरो हनो वृत्रं जया स्वः ।।४।।
यज्जायथा अपूर्व्य मघवन्वृत्रहत्याय । तत्पृथिवीमप्रथयस्तदस्तभ्ना उत द्याम् ।।५।।
तत्ते यज्ञो अजायत तदर्क उत हस्कृतिः। तद्विश्वमभिभूरसि यज्जातं यच्च जन्त्वम् ।।६।।
अमासु पक्वमैरय आ सूर्यं रोहयो दिवि। घर्मं न सामान्तपता सुवृक्तिभिर्जुष्टं गिर्वणसे
बृहत्।।७।।

ऋ. ८.६०.१–६

आ नो विश्वासु हव्य इन्द्रः समतसु भूषतु।
उप ब्रह्माणि सवनानि वृत्रहा परमज्या ऋचीषमः ।।१।।
त्वं दाता प्रथमो राधसामस्यसि सत्य ईशानकृत् ।
तुविद्युम्नस्य युज्या वृणीमहे पुत्रस्य शवसो महः ।।2।।
ब्रह्मा त इन्द्र गिर्वणः क्रियन्ते अनतिद्भुता ।
इमा जुषस्व हर्यश्व योजनेन्द्र या ते अमन्महि ।।३।।
त्वं हि सत्यो मघवन्ननानतो वृत्राभूरि न्यृंजसे ।
स त्वं शविष्ठ वज्रहस्त दाशुषेऽर्वाचं रयिमा कृधि ।।४।।
त्वमिन्द्र यशा अस्यृजीषी शवसस्पते । त्वं वृत्रणि हंस्यप्रतीन्येक इदनुत्ता चर्षणीधृता ।।५।।
तमु त्वा नूनमसुर प्रचेतसं राधो भागमिवेमहे ।
महीव कृत्तिः शरणा त इन्द्र प्र ते सुम्ना नो अश्नवन् ।।६।।

य. 20.३०

बृहदिन्द्राय गायत मरुतो वृत्रहन्तमम्। येन ज्योतिरजनयन्नृतावृधो देवं देवाय जागृवि ।।३०।।

६८. नृमेध–पुरुमेधौ आंगिरसौ – सा. 2४८; 2५७–५८; 2६६; ६०१; १४११–12; १४2६–३१; १४६2–६३

सा. 2४८

त्वमिन्द्र यशा अस्यृजीषी शवसस्पतिः। त्वं वृत्राणि हंस्यप्रतीन्येक इत्पुर्वनुत्तश्चर्षणीधृतिः ।।६।।

सा. 2५७–५८

प्र व इन्द्राय बृहते मरुतो ब्रह्मार्चत। वृत्रं हनति वृत्रहा शतक्रतुर्वज्रेण शतपर्वणा ।।५।।
बृहदिन्द्राय गायत मरुतो वृत्रहन्तमम्। येन ज्योतिरजनयन्नृतावृधो देवं देवाय जागृवि ।।६।।

सा. 2६६

आ नो विश्वासु हव्यमिन्द्र समत्सु भूषत। उप ब्रह्माणि सवनानि वृत्रहन्परमज्या ऋचीषम ।।७।।

सा. ६०१

यज्जायथा अपूर्व्य मघवन्वृत्रहयाय। तत्पृथिवीमप्रथयस्तदस्तभ्ना उतो दिवम् ।।७।।

सा. १४११–१२

त्वमिन्द्र यशा अस्यृजीषी शवसस्पतिः ।
त्वं वृत्राणि हं स्यप्रतीन्येक इत्पुर्वनुत्तश्चर्षणीधृतिः ।।१।।
तमुत्वा नूनमसुर प्रचेतसं राधो भागमिवेमहे ।
महीव कृत्तिः शरणा त इन्द्र प्र ते सुम्ना नो अश्नवन् ।।2।।

सा. १४२९–३१

यज्जायथा अपूर्व्य मघवन्वृत्रहत्याय। तत्पृथिवीमप्रथयस्तदस्तभ्ना उतो दिवम् ।।१।।
तत्ते यज्ञो अजायत तदर्क उत हस्कृतिः। तद्विश्वमभिभूरसि यज्जातं यच्च जन्त्वम् ।।2।।
आमासु पक्वमैरय आ सूर्यं रोहयो दिवि।
घर्मं न सामन्तपता सुवृक्तिभिर्जुष्टं गिर्वणसे बृहत्।।३।।

सा. १४६2–६३

आ नो विश्वासु हव्यमिन्द्रं समत्सु भूषत। उप ब्रह्माणि सवनानि वृत्रहन् परमज्या ऋचीषम।।१।।
त्वं दाता प्रथमो राधसामस्यसि सत्य ईशानकृत् ।
तुविद्युम्नस्य युजया वृणीमहे पुत्रस्य शवसो महः ।।2।।

९९. नृमेधः वामदेवो वा – सा. १७६८–१७७०

एष ब्रह्मा य ऋत्विय इन्द्रो नाम श्रुतो गुणे ।।१।। त्वामिच्छवसस्पते यन्ति गिरो न संयतः।।2।।

१००. नेमो भार्गवः – ऋ. ८.१००.१–९; ८.१००.१2

ऋ. ८.१००.१–९

अयं त एमि तन्वा पुरस्ताद्विश्वे देवा अभि मा यन्ति पश्चात् ।
यदा मह्यं दीधरो भागमिन्द्रादिन्मया कृणवो वीर्याणि ।।१।।
दधामि ते मधुनो भक्षमग्रे हितस्ते भागः सुतो अस्तु सोमः ।
असश्च त्वं दक्षिणतः सखा मेऽधा वृत्राणि जङ्घनाव भूरि ।।2।।
प्र सु स्तोमं भरत वाजयन्त इन्द्राय सत्यं यदि सत्यमस्ति ।
नेन्द्रो अस्तीति नेम उ त्व आह क ईं ददर्श कमभि ष्टवाम ।।३।।
अयमस्मि जरितः पश्य मेह विश्वा जातान्यभ्यस्मि मह्ना ।
ऋतस्य मा प्रदिशो वर्धयन्त्यादर्दिरो भुवना दर्दरीमि ।।४।।
आ यन्मा वेना अरुहन्नृतस्यँ एकमासीनं हर्यतस्य पृष्ठे ।
मनश्चिन्मे हृद आ प्रत्यवोचदिक्रदंछिशुमन्तः सखायः ।।५।।
विश्वेत्ता ते सवनेषु या चकर्थ मघवन्निन्द्र सुन्वते ।
पारावतं यत्पुरुसंभृतं वस्वपावृणोः शरभाय ऋषिबन्धवे ।।६।।
प्र नूनं धावता पृथङ्नेह यो वो अवावरीत्। नि षीं वृत्रस्य मर्मणि वज्रमिन्द्रो अपीपतत् ।।७।।
मनोजवा अयमान आयसीमतरत्पुरम्। दिवं सुपर्णो गत्वाय सोमं वज्रिण आभरत् ।।८।।
समुद्रे अन्तः शयत उदना वज्रो अभीवृतः। भरन्त्यस्मै संयतः पुरः प्रस्रवणा बलिम्।।९।।

ऋ. ८.१००.१2

सखे विष्णो वितरं वि क्रमस्व द्यौर्देहि लोकं वज्राय विष्कभे ।
हनाव वृत्रं रिणचाव सिन्धूनिन्द्रस्य यन्तु प्रसवे विसृष्टाः ।।१2।।

१०१. नोधा – ऋ. ८.८८.१–६; अ. 20.९.१–2; 20.३५.१–१६; 20.४९.४; ५; य. ३४.१६; १७

ऋ. ८.८८.१–६

तं वो दस्ममृतीषहं वसोर्मन्दानमन्धसः। अभि वत्सं न स्वसरेषु धेनव इन्द्रं गीर्भिर्नवामहे ।।१।।
द्युक्षं सुदानुं तविषीभिरावृतं गिरिं न पुरुभोजसम्।
क्षुमन्तं वाजं शतिनं सहस्रिणं मक्षू गोमन्तमीमहे ।।2।।

न त्वा बृहन्तो अद्रयो वरन्त इन्द्र वीळवः ।
यद्दित्ससि स्तुवते मावते वसु नकिष्टदा मिनाति ते ।।३।।
योद्धासि क्रत्वा शवसोत दंसना विश्वा जाताभि मज्मना ।
आ त्वायमर्क ऊतये ववर्तति यं गोतमा अजीजनन् ।।४।।
प्र हि रिरिक्ष ओजसा दिवो अन्तेभ्यस्परि।
न त्वा विव्याच रज इन्द्र पार्थिवमनु स्वधां ववक्षिथ ।।५।।
नकिः परिष्टिर्मघवन्मघस्य ते यद्दाशुषे दशस्यसि ।
अस्माकं बोध्युचथस्य चोदिता मंहिष्ठो वाजसातये ।।६।।

अ. २०.६.१–2

तं वो दस्ममृतीषहं वसोर्मन्दानमन्धसः। अभि वत्सं न स्वसरेषु धेनव इन्द्रं गीर्भिर्नवामहे ।।१।।
द्युक्षं सुदानु तविषीभिरावृतं गिरिं न पुरुभोजसम्।
क्षुमन्तं वाजं शतिनं सहस्रिणं मक्षू गोमन्तमीमहे।।2।।

अ. २०.३५.१–१६

अस्मा इदु प्र तवसे तुराय प्रयो न हर्मि स्तोमं महिनाय ।
ऋचीषमायाध्रिगव ओहमिन्द्राय ब्रह्माणि राततमा ।।१।।
अस्मा इदु प्रयइव प्र यंसि भराम्याङ्गूषं बाधे सुवृक्ति ।
इन्द्राय हृदा मनसा मनीषा प्रत्नाय पत्ये धियो मर्जयन्त ।।2।।
अस्मा इदु त्यमुपमं स्वर्षां भराम्याङ्गूषमास्येन ।
म।।हिष्ठमच्छोक्तिभिर्मतीनां सुवृक्तिभिः सरिं वावधध्यै ।।३।।
अस्मा इदु स्तोमं स हिनोमि रथं न तष्टेव तत्सिनाय ।
गितरश्च गिर्वाहसे सुवृक्तीन्द्राय विश्वमिन्वं मेधिराय ।।४।।
अस्मा इदु सप्तिमिव श्रवस्येन्द्रायार्कं जुह्वा३ समंजे ।
वीरं दानौकसं वन्दध्यै पुरां गूर्तश्रवसं दर्माणम् ।।५।।
अस्मा इदु त्वष्टा तक्षद् वज्रं स्वपस्तमं स्वर्यं१ रणाय ।
वृत्रस्य चिद् विदद् येन मर्म तुजन्नीशानस्तुजता कियेधाः ।।६।।
अस्येदु मातुः सवनेषु सद्यो महः पितुं पपिवांचार्वन्ना ।
मुषायद् विष्णुः पचतं सहीयान् विध्यद् वराहं तिरो अद्रिमस्ता ।।७।।
अस्मा इदु गनाश्चिद् देवपत्नीरिन्द्रायार्कमहिहत्या ऊवुः ।
परि द्यावापृथिवी जभ्र उर्वी नास्य ते महिमानं परि ष्टः ।।८।।
अस्येदेव प्र रिरिचे महित्वं दिवस्पृथिव्याः पर्यन्तरिक्षात् ।
स्वराळिन्द्रो दम आ विश्वगूर्तः स्वरिरमत्रो ववक्षे रणाय ।।९।।
अस्येदेव शवसा शुषन्तं वि वृश्चद् वज्रेण वृत्रमिन्द्रः ।
गा न व्राणा अवनीरमुंचदभि श्रवो दावने सचेताः ।।१०।।
अस्येदु त्वेषसा रन्त सिन्धवः परि यद् वज्रेण सीमयच्छत् ।
ईशानकृद् दाशुषे दशस्यन् तुर्वीतये गाधं तुर्वणिः कः ।।११।।
अस्मा इदु प्र भरा तूतुजानो वृत्राय वज्रमीशानः कियेधाः ।
गोर्न पर्व वि रदा तिरश्चेष्यन्नर्णांस्यपां चरध्यै ।।१2।।
अस्येदु प्र ब्रूहि पूर्व्याणि तुरस्य कर्माणि नव्य उक्थैः ।
युधे यदिष्णान आयुधान्यृघायमाणो निरिणाति शत्रून् ।।१३।।
अस्येदु भिया गिरयश्च दृढा द्यावा च भूमा जनुषस्तुजेते ।
उपो वेनस्य जोगुवान् ओणिं सद्यो भुवद् वीर्याय नोधाः ।।१४।।
अस्मा इदु त्यदनु दाय्येषामेको यद् वव्ने भूरेरीशानः ।
प्रैतशं सूर्ये पस्पृधानं सौवश्व्ये सुष्विमावदिन्द्रः ।।१५।।

एवा ते हारियोजना सुवृक्तीन्द्र ब्रह्माणि गोतमासो अक्रन् ।
ऐषु विश्वपेशसं धियं धाः प्रातर्मक्षू धियावसुर्जगम्यात् ।।१६।।

अ. २०.४६.४–५

तं वो दस्ममृतीषहं वसोर्मन्दानमन्धसः ।
अभि वत्सं न स्वसरेषु धेनव इन्द्रं गीर्भिर्नवामहे ।।४।।
द्युक्षं सुदानुं तविषीभिरावृतं गिरिं न पुरुभोजसम् ।
क्षुमन्तं वाजं शतिनं सहस्रिणं मक्षू गोमन्तमीमहे ।।५।।

य. ३४.१६–१७

प्र मन्महे शवसानाय शूषमाङ्गूषं गिर्वणसेऽअंगिरस्वत् ।
सुवृक्तिभिः स्तुवतऽऋग्मियायार्चामार्कं नरे विश्रुताय ।।१६।।
प्र वो महे महि नमो भरध्वमाङ्गूष्यं शवसानाय साम ।
येना नः पूर्वे पितरः पदज्ञाऽअर्चन्तोऽअंगिरसो गाऽअविन्दन् ।।१७।।

१०२. नोधा गौतमः – ऋ. १.६१.१–१६; १.६2.१–१३; १.६३.१–६; १.६४.१–१५; सा. 2३६; 2६६; ३१2; ६८५–६८६; य. ३४.१६–१७

ऋ. १.६१.१–१६

अस्मा इदु प्र तवसे तुराय प्रयो न हर्मि स्तोमं महिनाय ।
ऋचीषमायाध्रिगव ओहमिन्द्राय ब्रह्माणि राततमा ।।१।।
अस्मा इदु प्रय इव प्र यंसि भराम्याङ्गूषं बाधे सुवृक्ति ।
इन्द्राय हृदा मनसा मनीषा प्रत्नाय पत्ये धियो मर्जयन्त ।।2।।
अस्मा इदु त्यमुपमं स्वर्षां भराम्याङ्गूषमास्येन ।
मंहिष्ठमच्छोक्तिभिर्मतीनां सुवृक्तिभिः सूरिं वावृधध्यै ।।३।।
अस्मा इदु स्तोमं सं हिनोमि रथं न तष्टेव तत्सिनाय ।
गिरश्च गिर्वाहसे सुवृक्तीन्द्राय विश्वमिन्वं मेधिराय ।।४।।
अस्मा इदु सप्तिमिव श्रवस्येन्द्रायार्कं जुह्वा३ समंजे ।
वीरं दानौकसं वन्दध्यै पुरां गूर्तश्रवसं दर्माणम् ।।५।।
अस्मा इदु त्वष्टा तक्षद्वज्रं स्वपस्तमं स्वर्यं१रणाय ।
वृत्रस्य चिद्विदद्येन मर्म तुजन्नीशानस्तुजता कियेधाः ।।६।।
अस्येदु मातुः सवनेषु सद्यो महः पितुं पपिवांचार्वन्ना ।
मुषायद्विष्णुः५ पचतं सहीयान्विध्यद्वराहं तिरो अद्रिमस्ता ।।७।।
अस्मा इदु ग्नाश्चिद् देवपत्नीरिन्द्रायार्कमहिहत्य ऊवुः ।
परि द्यावापृथिवी जभ्र उर्वी नास्य ते महिमानं परि ष्टः ।।८।।
अस्येदेव प्र रिरिचे महित्वं दिवस्पृथिव्याः पर्यन्तरिक्षात् ।
स्वराळिन्द्रो दम आ विश्वगूर्तः स्वरिरमत्रो ववक्षे रणाय ।।९।।
अस्येदेव शवसा शुषन्तं वि वृश्चद्वज्रेण वृत्रमिन्द्रः ।
गा न व्राणा अवनीरमुंचदभि श्रवो दावने सचेताः ।।१०।।
अस्येदु त्वेषसा रन्त सिन्धवः परि यद्वज्रेण सीमयच्छत् ।
ईशानकृद्दाशुषे दशस्यन्तुर्वीतये गाधं तुर्वणिः कः ।।११।।
अस्मा इदु प्र भरा तूतुजानो वृत्राय वज्रमीशानः कियेधाः ।
गोर्न पर्व वि रदा तिरश्चेष्यन्नर्णांस्यपां चरध्यै ।।१2।।
अस्येदु प्र ब्रूहि पूर्व्याणि तुरस्य कर्माणि नव्य उक्थैः ।
युधे यदिष्णान आयुधान्यृघयमाणो निरिणाति शत्रून् ।।१३।।
अस्येदु भिया गिरयश्च दृळहा द्यावा च भूमा जनुषस्तुजेते ।
उपो वेनस्य जोगुवान ओणिं सद्यो भुवद्वीर्याय नोधाः ।।१४।।

Vedic Concordance of Mantras as per Devatā and Ṛṣi 337

अस्मा इदु त्यदनु दाय्येषामेको यद्वव्ने भूरेरीशानः ।
प्रैतशं सूर्ये पस्पृधानं सौवश्व्ये सुष्विमावदिन्द्रः ।।१५।।
एवा ते हारियोजना सुवृक्तीन्द्र ब्रह्माणि गोतमासो अक्रन्।
ऐषु विश्वपेशसं धियं धाः प्रातर्मक्षू धियावसुर्जगम्यात् ।।१६।।

ऋ. १.६2.१–१३

प्र मन्महे शवसानाय शूषमाङ्गूषं गिर्वणसे अंगिरस्वत् ।
सुवृक्तिभिः स्तुवत ऋग्मियायार्चामार्कं नरे विश्रुताय ।।१।।
प्र वो महे महि नमो भरध्वमाङ्गूष्यं शवसानाय साम ।
येना नः पूर्वे पितरः पदज्ञा अर्चन्तो अंगिरसो गा अविन्दन् ।।2।।
इन्द्रस्यांगिरसां चेष्टौ विदत्सरमा तनयाय धासिम् ।
बृहस्पतिर्भिनदद्रिं विदद्गाः समुस्रियाभिर्वावशन्त नरः ।।३।।
स सुष्टुभा स स्तुभा सप्त विप्रैः स्वरेणाद्रिं स्वर्यो३ नवग्वैः ।
सरण्युभिः फलिगमिन्द्र शक्र वलं रवेण दरयो दशग्वैः ।।४।।
गृणानो अंगिरोभिर्दस्म वि वरुषसा सूर्येण गोभिरन्धः ।
वि भूम्या अप्रथय इन्द्र सानु दिवो रज उपरमस्तभायः ।।५।।
तदु प्रयक्षतममस्य कर्म दस्मस्य चारुतममस्ति दंसः ।
उपह्वरे यदुपरा अपिन्वन्मध्वर्णसो नद्य१श्चतस्रः ।।६।।
द्विता वि वव्रे सनजा सनीळे अयास्यः स्तवमानेभिरर्कैः ।
भगो न मेने परमे व्योमन्नधरयद्रोदसी सुदंसाः ।।७।।
सनाद्दिवं परि भूमा विरूपे पुनर्भुवा युवती स्वेभिरेवैः ।
कृष्णेभिरक्तोषा रुशद्भिर्वपुर्भिरा चरतो अन्यान्या ।।८।।
सनेमि सख्यं स्वपस्यमानः सूनुर्दाधार शवसा सुदंसाः ।
आमासु चिद्दधिषे पक्वमन्तः पयः कृष्णासु रुशद्रोहिणीषु ।।९।।
सनात्सनीळा अवनीरवाता व्रता रक्षन्ते अमृताः सहोभिः ।
पुरू सहस्रा जनयो न पत्नीर्दुवस्यन्ति स्वसारो अह्रयाणम् ।।१०।।
सनायुवो नमसा नव्यो अर्कैर्वसूयवो मतयो दस्म दद्रुः।
पतिं न पत्नीरुशतीरुशन्तं स्पृशन्ति त्वा शवसावन्मनीषाः ।।११।।
सनादेव तव रायो गभस्तौ न क्षीयन्ते नोप दस्यन्ति दस्म ।
द्युमाँ असि क्रतुमाँ इन्द्र धीरः शिक्षा शचीवस्तव नः शचीभिः ।।१2।।
सनायते गोतम इन्द्र नव्यमतक्षद् ब्रह्म हरियोजनाय ।
सुनीथाय नः शवसान नोधाः प्रातर्मक्षू धियावसुर्जगम्यात् ।।१३।।

ऋ. १.६३.१–९

त्वं महाँ इन्द्र यो ह शुष्मैर्द्यावा जज्ञानः पृथिवी अमे धाः ।
यद्ध ते विश्वा गिरयश्चिदभ्वा भिया दृळहासः किरणा नैजन् ।।१।।
आ यद्धरी इन्द्र विव्रता वेरा ते वज्रं जरिता बाह्वोर्धात् ।
येनाविहर्यतक्रतो अमित्रान्पुर इष्णासि पुरुहूत पूर्वीः ।।2।।
त्वं सत्य इन्द्र धृष्णुरेतान्त्वमृभुक्षा नर्यस्त्वं षाट् ।
त्वं शुष्णं वृजने पृक्ष आणौ यूने कुत्साय द्युमते सचाहन् ।।३।।
त्वं ह त्यदिन्द्र चोदीः सखा वृत्रं यद्वज्रिन्वृषकर्मन्नुभ्नाः ।
यद्ध शूर वृषमणः पराचैर्वि दस्यूँर्योनावकृतो वृथाषाट् ।।४।।
त्वं ह त्यदिन्द्रारिषण्यन्दृळहस्य चिन्मर्तानामजुष्टौ ।
व्य१स्मदा काष्ठा अर्वते वर्घनेव वज्रिंछ्नथिह्यमित्रान् ।।५।।
त्वां ह त्यदिन्द्रार्णसातौ स्वर्मीळहे नर आजा हवन्ते ।
तव स्वसधाव इयमा समर्य ऊतिर्वाजेष्वतसाय्या भूत् ।।६।।

त्वं ह त्यदिन्द्र सप्त युध्यन्पुरो वज्रिन्पुरुकुत्साय दर्दः ।
बर्हिर्न घत्सुदासे वृथा वर्गंहो राजन्वरिवः पूरवे कः ।।७।।
तवं त्यां न इन्द्र देव चित्रामिषमापो न पीपयः परिजन्म् ।
यया शूर प्रत्यस्मभ्यं यंसि त्मनमूर्जं न विश्वध क्षरध्यै ।।८।।
अकारि त इन्द्र गोतमेभिर्ब्रह्माण्योक्ता नमसा हरिभ्याम् ।
सुपेशसं वाजमा भरा नः प्रातर्मक्षू धियावसुर्जगम्यात् ।।६।।

ऋ. १.६४.१–१५

वृष्णे शर्धाय सुमखाय वेधसे नोधः सुवृक्तिं प्र भरा मरुद्भ्यः ।
अपो न धीरो मनसा सुहस्त्यो गिरः समंजे विदथेष्वाभुवः ।।१।।
ते जज्ञिरे दिव ऋष्वास उक्षणो रुद्रस्य मर्या असुरा अरेपसः ।
पावकासः शुचयः सूर्या इव सत्वानो न द्रप्सिनो घोरवर्पसः ।।2।।
युवानो रुद्रा अजरा अभोग्घनो ववक्षुरध्रिगावः पर्वता इव ।
दृळहा चिद्विश्वा भुवनानि पार्थिवा प्र च्यावयन्ति दिव्यानि मज्मना ।।३।।
चित्रैरंजिभिर्वपुषे व्यंजते वक्षःसु रुक्माँ अधि येतिरे शुभे ।
अंसेष्वेषां नि मिमृक्षुर्ऋष्टयः साकं जज्ञिरे स्वधया दिवो नरः ।।४।।
ईशानकृतो धुनयो रिशादसो वातान्विद्युतस्तविषीभिरक्रत ।
दुहन्त्यूधर्दिव्यानि धूतयो भूमिं पिन्वन्ति पयसा परिज्रयः ।।५।।
पिन्वन्त्यपो मरुतः सुदानवः पयो घृतवद्विदथेष्वाभुवः ।
अत्यं न मिहे वि नयन्ति वाजिनमुत्सं दुहन्ति स्तनयन्तमक्षितम् ।।६।।
महिषासो मायिनश्चित्रभानवो गिरयो न स्वतवसो रघुष्यदः ।
मृगा इव हस्तिनः खादथा वना यदारुणीषु तविषीरयुग्ध्वम् ।।७।।
सिंहा इव नानदति प्रचेतसः पिशा इव सुपिशो विश्ववेदसः ।
क्षपो जिन्वन्तः पृषतीभिर्ऋष्टिभिः समित्सबाधः शवसाहिमन्यवः ।।८।।
रोदसी आ वदता गणश्रियो नृषाचः शूराः शबसाहिमन्यवः ।
आ वन्धुरेष्वमतिर्न दर्शता विद्युन्न तस्थो मरुतो रथेषु वः ।।६।।
विश्ववेदसो रयिभिः समोकसः संमिश्लासस्तविषीभिर्विरप्शिनः ।
अस्तार इशुं दधिरे गभस्त्योरनन्तशुष्मा वृषखादयो नरः ।।१०।।
हिरण्ययेभिः पविभिः पयोवृध उज्जिघ्नन्त आपथ्यो३ न पर्वतान् ।
मखा अयासः स्वसृतो ध्रुवच्युतो दुध्रकृतो मरुतो भ्राजदृष्टयः ।।११।।
घृषुं पावकं वनिनं विचर्षणिं रुद्रस्य सूनुं हवसा गृणीमसि ।
रजस्तुरं तवसं मारुतं गणमृजीषिणं वृषणं सश्चत श्रिये ।।१2।।
प्र नू स मर्तः शवसा जनाँ अति तस्थौ व ऊती मरुतो यमावत ।
अर्वद्भिर्वाजं भरते धना नृभिरापृच्छ्यं क्रतुमा क्षेति पुष्यति ।।१३।।
चर्कृत्यं मरुतः पृत्सु दुष्टरं द्युमन्तं शुष्मं मघवत्सु धत्तन ।
धनस्पृतमुक्थ्यं विश्वचर्षणिं तोकं पुष्येम तनयं शतं हिमाः ।।१४।।
नू ष्ठिरं मरुतो वीरवन्तमृतीषाहं रयिमस्मासु धत्त ।
सहस्रिणं शतिनं शूशुवांसं प्रातर्मक्षू धियावसुर्जगम्यात् ।।१५।।

सा. 2३६

तं वो दस्ममृतीषहं वसोर्मन्दानमन्धसः। अभि वत्सं न स्वसरेषु धेनव इन्द्रं गीर्भिर्नवामहे ।।४।।

सा. 2६६

न त्वा बृहन्तो अद्रयो वरन्त इन्द्र वीडवः।
यच्छिक्षसि स्तुवते मावते वसु न किष्टदा मिनाति ते ।।४।।

सा. ३१2

प्र यो रिरिक्ष ओजसा दिवः सदोभ्यस्परि ।

न त्वा विव्याच रज इन्द्र पार्थिवमति विश्वं ववक्षिथ ।।१०।।

सा. ६८५–८६

त वो दस्ममृतीषहं वसोर्मन्दानमन्धसः ।
अभि वत्सं न स्वसरेषु धेनव इन्द्रं गीर्भिर्नवामहे ।।१।।
द्युक्षं सुदानुं तविषीभिरावृतं गिरिं न पुरुभोजसम् ।
क्षुमन्तं वाजं शतिं शतिनं सहस्रिणं मक्षू गोमनतमीमहे ।।2।।

य. ३४.१६–१७

प्र मन्महे शवसानाय शूषमाङ्गूषं गिर्वणसेऽअंगिरस्वत् ।
सुवृक्तिभिः स्तुवतऽऋग्मियायार्चामार्कं नरे विश्रुताय ।।१६।।
प्र वो महे महि नमो भरध्वमाङ्गूष्यं शवसानाय साम ।
येना नः पूर्वे पितरः पदज्ञाऽअर्चन्तोऽअंगिरसो गाऽअविन्दन् ।।१७।।

१०३. परमेष्ठी प्रजापतिः – य. 2.१०

मयीदमिन्द्र ऽ इन्द्रियं दधात्वस्मान् रायो मघवानः सचन्ताम् ।
अस्माकं सन्त्वाशिषः सत्या नः सन्त्वाशिष ऽ उपहूता पृथिवी मातोप मां पृथिवी माता
ह्वयतामग्निराग्नीध्रात् स्वाहा ।।१०।।

१०४. परुच्छेपः – अ. 20.६७.१–३; 20.७2.१–३; 20.७५.१–३

अ. 20.६७.१–३

वनोति हि सुन्वन् क्षयं परीणसः सुन्वानो हि ष्मा यजत्यव द्विषो देवानामव द्विषः ।
सुन्वान इत् सिषासति सहस्रा वाज्यवृतः। सुन्वानायेन्द्रो ददात्याभुवं रयिं ददात्याभुवम् ।।१।।
मो षु वो अस्मदभि तानि पौंस्या सना भूवन् द्युम्नानि मोत जारिषुरस्मत् पुरोत जारिषुः ।
यद् वश्चित्रं युगे युगे नव्यं घोषादमर्त्यम्।
अस्मासु तन्मरुतो यच्च दुष्टरं दिधृता यच्च दुष्टरम्।।2।।
अग्निं होतारं मन्ये दास्वन्तं वसुं सूनुं सहसो जातवेदसं विप्रं न जातवेदसम् ।
य ऊर्ध्वया स्वध्वरो देवो देवाच्या कृपा।
घृतस्य विभ्राष्टिमनु वष्टि शोचिषाजुह्वानस्य सर्पिषः।।३।।

अ. 20.७2.१–३

विश्वेषु हि त्वा सवनेषु तुंजते समानमेकं वृषमण्यवः पृथक् स्वः सनिष्यवः पृथक् ।
तं त्वा नावं न पर्षणिं शूषस्य धुरि धीमहि।
इन्द्रं न यज्ञैश्चितयन्त आयव स्तोमेभिरिन्द्रमायवः।।१।।
वि त्वा ततस्रो मिथुना अवस्यवो व्रजस्य साता गव्यस्य निः सृजः सक्षन्त इन्द्र निः सृजः।
यद् गव्यन्ता द्वा जना स्व१र्यन्ता समूहसि।
आविष्करिक्रद् वृषणं सचाभुवं वज्रमिन्द्र सचाभुवम्।।2।।
उतो नो अस्या उषसो जुषेत ह्य१र्कस्य बोधि हवीमभिः स्वर्षाता हविषो हवीमभिः।
यदिन्द्र हन्तवे मृधो वृषा वज्रिंचिकेतसि। आ मे अस्य वेधसो नवीयसो मन्म श्रुधि नवीयसः।।३।।

अ. 20.७५.१–३

वि त्वा ततस्रे मिथुना अवस्यवो व्रजस्य साता गव्यस्य निः सृजः सक्षन्त इन्द्र निः सृजः ।
यद् गव्यन्ता द्वा जना स्व१र्यन्ता समूहसि ।
आविष्करिक्रद् वृषणं सचाभुवं वज्रमिन्द्र सचाभुवम् ।।१।।
विदुष्टे अस्य वीर्यस्य पूरवः पुरो यदिन्द्र शारदीरवातिरः सासहानो अवातिरः ।
शासस्तमिन्द्र मर्त्यमयज्युं शवसस्पते। महीममुष्णाः पृथिवीमिमा अपो मन्दसान इमा अपः ।।2।।
आदित् ते अस्य वीर्यस्य चर्किरन्मदेषु वृषन्नुशिजो यदाविथ सखीयतो यदाविथ ।
चकर्थ कारमेभ्यः पृतनासु प्रवन्तवे। ते अन्यामन्यां नद्यं सनिष्णत श्रवस्यन्तः सनिष्णत ।।३।।

१०५. परुच्छेपो दैवोदासिः – ऋ. १.१2६.१–११; १.१३०.१–१०; १.१३१.१–७; १.१३2.१–६; १.

१३३.१–७; १.१३६.६; सा. ४५६

ऋ. १.१२६.१–११

यं त्वं रथमिन्द्र मेधसातयेऽपाका सन्तमिषिर प्रणयसि प्रानवद्य नयसि।
सद्यश्चित्तमभिष्टये करो वशश्च वाजिनम्।
सास्माकमनवद्य तूतुजान वेधसामिमां वाचं न वेधसाम्।।१।।
स श्रुधि यः स्मा पृतनासु कासु चिद्दक्षाय्य इन्द्र भरहूतये नृभिरसि प्रतूर्तये नृभिः ।
यः शूरैः स्वः१ः सनिता यो विप्रैर्वाजं तरुता।
तमीशानास इरधन्त वाजिनं पृक्षमत्यं न वाजिनम्।।2।।
दस्मो हि ष्मा वृषणं पिन्वसि त्वचं कं चिद्यावीररुं शूर मर्त्यं परिवृणक्षि मर्त्यम्।
इन्द्रोत तुभ्यं तद्दिवे तद्रुद्राय स्वयशसे। मित्राय वोचं वरुणाय सप्रथः सुमृळीकाय सप्रथः ।।३।।
अस्माकं व इन्द्रमुशमसीष्टये सखायं विश्वायुं प्रासहं युजं वाजेषु प्रासहं युजम् ।
अस्माकं ब्रह्मोतयेऽवा पृत्सुषु कासु चित् ।
नहि त्वा शत्रुः स्तरते स्तृणोषि यं विश्वं शत्रुं स्तृणोषि यम् ।।४।।
नि षू नमातिमतिं कयस्य चित्तेजिष्ठाभिररणिभिर्नोतिभिरुग्राभिरुग्रो तिभिः ।
नेषि णो यथा पुरानेनाः शूर मन्यसे। विश्वानि पूरोरप पर्षि वह्निरासा वह्निर्नो अच्छ ।।५।।
प्र तद्वोचेयं भव्यायेन्दवे हव्यो न य इषवान्मन्म रेजति रक्षोहा मन्म रेजति ।
स्वयं सो अस्मदा निदो वधैरजेत दुर्मतिम्। अव स्रवेदघशंसोऽवतरमव क्षुद्रमिव स्रवेत् ।।६।।
वनेम तद्धोत्रया चितन्त्या वनेम रयिं रयिवः सुवीर्यं रण्वं सन्तं सुवीर्यम् ।
दुर्मन्मानं सुमन्तुभिरेमिषा पृचीमहि। आ सत्याभिरिन्द्रं द्युम्नहूतिभिर्यजत्रं द्युम्नहूतिभिः ।।७।।
प्रप्रा वो अस्मे स्वयशो भिरूती परिवर्ग इन्द्रो दुर्मतीनां दरीमन्दुर्मतीनाम् ।
स्वयं सा रिषयध्यै या न उपेषे अत्रैः। हतेमसन्न वक्षति क्षिप्ता जूर्णिर्न वक्षति ।।८।।
त्वं न इन्द्र राया परीणसा याहि पथाँ अनेहसा पुरो याह्यरक्षसा ।
सचस्व नः पराक आ सचस्वास्तमीक आ।
पाहि नो दूरादारादभिष्टिभिः सदा पाह्यभिष्टिभिः।।९।।
त्वं न इन्द्र राया तरूषसोग्रं चित्त्वा महिमा सक्षदवसे महे मित्रं नावसे ।
ओजिष्ठ त्रातरविता रथं कं चिदमर्त्य। अन्यमस्मद्रिरिषेः कं चिदद्रिवो रिरिक्षन्तं चिदद्रिवः ।।१०।।
पाहि न इन्द्र सुष्टुत स्रिधोऽवयाता सदमिद्दुर्मतीनां देवः सन्धुर्मतीनाम् ।
हन्ता पापस्य रक्षसस्त्राता विपस्य मावतः।
अधा हि त्वा जनिता जीजनद्वसा रक्षाहण त्वा जीजनद्वसा।।११।।

ऋ. १.१३०.१–१०

एन्द्र याह्युप नः परावतो नायमच्छा विदथानीव सत्पतिरस्तं राजेव सत्पतिः ।
हवामहे त्वा वयं प्रयस्वन्तः सुते सचा ।
पुत्रासो न पितरं वाजसातये महिष्ठं वाजसातये ।।१।।
पिबा सोममिन्द्र सुवानमद्रिभिः कोशेन सिक्तमवतं न वंसगस्तातृषाणो न वंसगः ।
मदाय हर्यताय ते तुविष्टमाय धायसे। आ त्वा यच्छन्तु हरितो न सूर्यमहा विश्वेव सूर्यम् ।।2।।
अविन्ददद्दिवो निहितं गुहा निधिं वेर्न गर्भं परिवीतमश्मन्यनन्ते अन्तरश्मनि ।
व्रजं वज्री गवामिव सिषासन्नंगिरस्तमः। अपावृणोदिष इन्द्रः परीवृता द्वार इषः परीवृताः ।।३।।
दादृहाणो वज्रमिन्द्रो गभस्त्योः क्षद्येव तिग्ममसनाय सं श्यदहिहत्याय सं श्यत् । संविव्यान
ओजसा शवोभिरिन्द्र मज्मना । तष्टेव वृक्षं वनिनो नि वृश्चसि परश्वेव नि वृश्चसि ।।४।।
त्वं वृथा नद्य इन्द्र सर्तवेऽच्छा समुद्रमसृजो रथाँ इव वाजयतो रथाँ इव ।
इत ऊतीरयुंजत समानमर्थमक्षितम्। धेनूरिव मनवे विश्वदोहसो जनाय विश्वदोहसः ।।५।।
इमां ते वाचं वसूयन्त आयवो रथं न धीरः स्वपा अतक्षिषुः सुम्नाय त्वामतक्षिषः ।
शुम्भन्तो जेन्यं यथा वाजेषु विप्र वाजिनम्।

अत्यमिव शवसे सातये धना विश्वा धनानि सातये।।६।।
भिन्त्पुरो नवतिमिन्द्र पूरवे दिवो दासाय महि दाशुषे नृतो वज्रेण दाशुषे नृतो ।
अतिथिग्वाय शम्बरं गिरेरुग्रो अवाभरत् ।
महो धनानि दयमान ओजसा विश्वा धनान्योजसा ।।७।।
इन्द्रः समत्सु यजमानमार्यं प्रावद्विश्वेषु शतमूतिराजिषु स्वर्मीळहेष्वाजिषु ।
मनवे शासदव्रातान्त्वचं कृष्णामरन्धयत् । दक्षन्न विश्वं ततृषाणमोषति न्यर्शसानमोषति ।।८।।
सूरश्चक्रं प्र वृहज्जात ओजसा प्रपित्वे वाचमरुणो मुषायतीशान आ मुषायति । उशना
यत्परावतोऽजगन्नूतये कवे । सुम्नानि विश्वा मनुषेव तुर्वणिरहा विश्वेव तुर्वणिः ।।९।।
स नो नव्येभिर्वृषकर्मन्नुक्थैः पुरां दर्तः पायुभिः पाहि शग्मैः ।
दिवोदासेभिरिन्द्र स्तवानो वावृधीथा अहोभिरिव द्यौः ।।१०।।

ऋ. १.१३१.१–७

इन्द्राय हि द्यौरसुरो अनम्नतेन्द्राय मही पृथिवी वरीमभिर्द्युम्नसाता वरीमभिः ।
इन्द्र विश्वे सजोषसो देवासो दधिरे पुरः ।
इन्द्राय विश्वा सवनानि मानुषा रातानि सन्तु मानुषा ।।१।।
विश्वेषु हि त्वा सवनेषु तुंजते समानमेकं वृषमण्यवः पृथक् स्वः सनिष्यवः पृथक्।
तं त्वा नावं न पर्षणि शूषस्य धुरि धीमहि ।
इन्द्र न यज्ञैश्चितयन्त आयवः स्तोमेभिरिन्द्रमायवः ।।2।।
वि त्वा ततस्रे मिथुना अवस्यवो व्रजस्य साता गव्यस्य निः सृजः सक्षन्त इन्द्र निःसृजः ।
यद्गव्यन्ता द्वा जना स्व१र्यन्ता समूहसि।
आविष्करिक्रद्वृषणं सचाभुवं वज्रमिन्द्र सचाभुवम् ।।३।।
विदुष्टे अस्य वीर्यस्य पूरवः पुरो यदिन्द्र शारदीरवातिरः सासहानो अवातिरः ।
शासस्तमिन्द्र मर्त्यमयज्युं शवसस्पते । महीममुष्णाः पृथिवीमिमा अपो मन्दसान इमा अपः ।।४।।
आदित्ते अस्य वीर्यस्य चर्किरन्मदेषु वृषन्नुशिजो यदाविथ सखीयतो यदाविथ ।
चकर्थ कारमेभ्यः पृतनासु प्रवन्तवे । ते अन्यामन्यां नद्यं सनिष्णत श्रवस्यन्तः सनिष्णत ।।५।।
उतो नो अस्या उषसो जुषेत ह्य१र्कस्य बोधि हवीमभिः स्वर्षाता हवीमभिः ।
यदिन्द्र हन्तवे मृधो वृषा वज्रिंचिकेतसि। आ मे अस्य वेधसो नवीयसो मन्म श्रुधि नवीयसः।।६।।
त्वं तमिन्द्र वावृधानो अस्मयुरमित्रयन्तं तुविजात मर्त्यं वज्रेण शूर मर्त्यम् ।
जहि यो नो अघायति शृणुष्व सुश्रवस्तमः।
रिष्टं न यामन्नप भूतु दुर्मतिर्विश्वाप भूतु दुर्मति।।७।।

ऋ. १.१३2.१–६

त्वया वयं मघवन्पूर्व्ये धन इन्द्रत्वोताः सासह्याम पृतन्यतो वनुयाम वनुष्यतः ।
नेदिष्ठे अस्मिन्नहन्यधि वोचा नु सुन्वते ।
अस्मिन्यज्ञे वि चयेमा भरे कृतं वाजयन्तो भरे कृतम् ।।१।।
स्वर्जेषे भर आप्रस्य वक्मन्युषर्बुधः स्वस्मिन्नंजसि क्राणस्य स्वस्मिन्नंजसि ।
अहन्निन्द्रो यथा विदे शीर्ष्णाशीर्ष्णोपवाच्यः ।
अस्मत्रा ते सध्र्यक् सन्तु रातयो भद्रा भद्रस्य रातयः ।।2।।
तत्तु प्रयः प्रत्नथा ते शशुक्वनं यस्मिन्यज्ञे वारमकृण्वत क्षयमृतस्य वारसि क्षयम्।
वि तद्वोचेरध द्वितान्तः पश्यन्ति रश्मिभिः ।
स घा विदे अन्विन्द्रो गवेषणे बन्धुक्षिद्भ्यो गवेषणः ।।३।।
नू इत्था ते पूर्वथा च प्रवाच्यं यदंगिरोभ्योऽवृणोरप व्रजमिन्द्र शिक्षन्नप व्रजम्।
ऐभ्यः समान्या दिशस्मभ्यं जेषि योत्सि च ।
सुन्वद्भ्यो रन्धया कं चिदव्रतं हृणायन्तं चिदव्रतम् ।।४।।
सं यज्जनान् क्रतुभिः शूर ईक्षयद्धने हिते तरुषन्त श्रवस्यवः प्र यक्षन्त श्रवस्यवः।
तस्मा आयुः प्रजावदिद्बाधे अर्चन्त्योजसा ।

इन्द्र ओक्यं दिधिषन्त धीतयो देवाँ अच्छा न धीतयः ।।५।।
युवं तमिन्द्रापर्वता पुरोयुधा यो नः पृतन्यादप तंतमिद्धतं वज्रेण तंतमिद्धतम् ।
दूरे चत्ताय छन्त्सद्गहनं यदिनक्षत् । अस्माकं शत्रून्परि शूर विश्वतो दर्मा दर्षीष्ट विश्वत।।६।।

ऋ. १.१३३.१–७

उभे पुनामि रोदसी ऋतेन द्रुहो दहामि सं महीरन्द्रिाः ।
अभिव्लग्य यत्र हता अमित्रा वैलस्थानं परि तृळहा अशेरन् ।।१।।
अभिव्लग्या चिदद्रिवः शीर्षा यातुमतीनाम्। धिन्धि वटूरिणा पदा महावटूरिणा पदा ।।2।।
अवासां मघवंजहि शर्धो यातुमतीनाम्। वैलस्थानके अर्मके महावैलस्थे अर्मके ।।३।।
यासां तिस्रः पच्चाशतोऽभिव्लंगैरपावपः। तत्सु ते मनायति तकत्सु ते मनायति ।।४।।
पिशंगभृष्टिमम्भृण पिशाचिमिन्द्र सं मृण। सर्वं रक्षो नि बर्हय ।।५।।
अवर्मह इन्द्र दादृहि श्रुधी नः शुशोच हि द्यौः न भीषाँ अद्रिवो घृणान्न भीषाँ अद्रिवः ।
शुष्मिन्तमो हि शुष्मिभिर्वधैरुग्रेभिरीयसे।
अपूरुषध्नो अप्रतीत शूर सत्वभिस्त्रिसप्तैः शूर सत्वभिः।।६।।
वनोति हि सुन्वन्क्षयं परीणसः सुन्वानो हि ष्मा यजत्यव द्विषो देवानामव द्विषः ।
सुन्वान इत्सिषासति सहस्रा वाज्यवृतः। सुन्वानायेन्द्रो ददात्याभुवं रयिं ददात्याभुवम् ।।७।।

ऋ. १.१३६.६

वृषन्निन्द्र वृषपाणास इन्दव इमे सुता अद्रिषुतास उद्भिदस्तुभ्यं सुतास उद्भिदः ।
ते त्वा मन्दन्तु दावने महे चित्राय राधसे ।
गीर्भिर्गिर्वाहः स्तवमान आ गहि सुमृळीको न आ गहि ।।६।।

सा. ४५६

एन्द्र याह्युप नः परावतो नायमच्छा विदथानीव सत्पतिरस्ता राजेव सत्पतिः ।
हवामहे त्वा प्रयस्वन्तः सुतेष्वा पुत्रासो न पितरं वाजसातये मंहिष्ठं वाजसातये ।।३।।

१०६. पर्वतः काण्वः – ऋ. ८.12.१–३३; सा. ३८४; ३६४

ऋ. ८.12.१–३३

य इन्द्र सोमपातमो मदः शविष्ठ चेतति। येना हंसि न्य१त्रिणं तमीमहे ।।१।।
येना दशग्वमध्रिगुं वेपयन्तं स्वर्णरम्। येना समुद्रमाविथा तमीमहे ।।2।।
येन सिन्धुं महीरपो रथाँ इव प्रचोदयः। पन्थमृतस्य यातवे तमीमहे ।।३।।
इमं स्तोममभिष्टये घृतं न पूतमद्रिवः। येना नु सद्य ओजसा ववक्षिथ ।।४।।
इमं जुषस्व गिर्वणः समुद्र इव पिन्वते। इन्द्र विश्वाभिरूतिभिर्ववक्षिथ ।।५।।
यो नो देवः परावतः सखित्वनाय मामहे। दिवो न वृष्टिं प्रथयन्ववक्षिथ ।।६।।
ववक्षुरस्य केतव उत वज्रो गभस्त्योः। यत्सूर्यो न रोदसी अवर्धयत् ।।७।।
यदि प्रवृद्ध सत्पते सहस्रं महिषाँ अघः। आदित्त इन्द्रियं महि प्र वावृधे ।।८।।
इन्द्रः सूर्यस्य रश्मिभिर्न्यर्शसानमोषति। अग्निर्वनेव सासहिः प्र वावृधे ।।६।।
इयं त ऋत्वियावती धीतिरेति नवीयसी। सपर्यन्ती पुरुप्रिया मिमीत इत् ।।१०।।
गर्भो यज्ञस्य देवयुः क्रतुं पुनीत आनुषक्। स्तोमैरिन्द्रस्य वावृधे मिमीत इत् ।।११।।
सनिर्मित्रस्य पप्रथ इन्द्रः सोमस्य पीतये। प्राची वाशीव सुन्वते मिमीत इत् ।।12।।
यं विप्रा उक्थवाहसोऽभिप्रमन्दुरायवः। घृतं न पिप्य आसन्यृतस्य यत् ।।१३।।
उत स्वराजे अदितिः स्तोममिन्द्राय जीजनत्। पुरुप्रशस्तमूतय ऋतस्य यत् ।।१४।।
अभि वह्नय ऊतयेऽनूषत प्रशस्तये। न देव विव्रता हरी ऋतस्य यत् ।।१५।।
यत्सोममिन्द्र विष्णवि यद्वा घ त्रित आप्त्ये। यद्वा मरुत्सु मन्दसे समिन्दुभिः ।।१६।।
यद्वा शक्र परावति समुद्रे अधि मन्दसे। अस्माकमित्सुते रणा समिन्दुभिः ।।१७।।
यद्वासि सुन्वतो वृधो यजमानस्य सत्पते। उक्थे वा यस्य रण्यसि समिन्दुभिः ।।१८।।

देवं देवं वोऽवस इन्द्रमिन्द्रं गृणीषणि। अध यज्ञाय तुर्वणे व्यानशुः ।।१६।।
यज्ञेभिर्यज्ञवाहसं सोमेभिः सोमपातमम्। होत्राभिरिन्द्रं वावुधुर्व्यानशुः ।।२०।।
महीरस्य प्रणीतयः पूर्वीरुत प्रशस्तयः। विश्व वसूनि दाशुषे व्यानशु५ ।।२१।।
इन्द्रं वृत्राय हन्तवे देवासो दधिरे पुरः। इन्द्रं वाणीरनूषता समोजसे ।।22।।
महान्तं महिना वयं स्तोमेभिर्हवनश्रुतम्। अर्कैरभि प्र णोनुमः समोजसे ।।२३।।
न यं विविक्तो रोदसी नान्तरिक्षाणि वज्रिणम्। अमादिदस्य तित्विषे समोजसः।।२४।।
यद्रिन्द्र पृतनाज्ये देवास्त्वा दधिरे पुरः। आदित्ते हर्यता हरी ववक्षतुः ।।२५।।
यदा वृत्रं नदीवृतं शवसा वज्रिन्नवधीः। आदित्ते हर्यता हरी ववक्षतुः ।।२६।।
यदा ते विष्णुरोजसा त्रीणि पदा विचक्रमे। आदित्ते हर्यता हरी ववक्षतुः ।।२७।।
यदा ते हर्यता हरी वावृधाते दिवेदिवे। आदित्ते विश्वा भुवनानि येमिरे ।।२८।।
यदा ते मारुतीर्विशस्तुभ्यमिन्द्र नियेमिरे। आदित्ते विश्वा भुवनानि येमिरे ।।२९।।
यदा सूर्यममुं दिवि शुक्रं ज्योतिरधारयः। आदित्ते विश्वा भुवनानि येमिरे ।।३०।।
इमां त इन्द्र सुष्टुतिं विप्र इयर्ति धीतिभिः। जामिं पदेव पिप्रतीं प्राध्वरे ।।३१।।
यदस्य धामनि प्रिये समीचीनासो अस्वरन्। नाभा यज्ञस्य दोहना प्राध्वरे ।।३2।।
सुवीर्यं स्वश्व्यं सुगव्यमिन्द्र दद्धि नः। होतेव पूर्वचित्तये प्राध्वरे ।।३३।।

सा. ३८४

यत्सोममिन्द्र विष्णवि यद्वा घ त्रित आप्त्ये। यद्वा मरुत्सु मन्दसे समिन्दुभिः ।।४।।

सा. ३९४

य इन्द्र सोमपातमो मदः शविष्ठ चेतति। येना हंसि न्या३त्रिणं तमीमहे ।।४।।

१०७. पावकोऽग्निर् बार्हस्पत्यो वा गृहपतियविष्ठौ सहसः पुत्र–अन्यतरो वा – सा. ९५2–९५४

इन्द्र जुषस्व प्र वहा याहि शूर हरिह । पिबा सुतस्य मतिर्न मधोश्चकानश्चरुर्मदाय ।।१।।
इन्द्र जठरं नव्यं न पृणस्व मधोर्दिवो न। अस्य सुतस्य स्वा३र्णोप त्वा मदाः सुवाचो अस्थुः।।2।।
इन्द्रस्तुराषण्मित्रो न जघान वृत्रं यतिर्न । बिभेद वल्नं भृगुर्न ससाहे शत्रून्मदे सोमस्य।।३।।

१०८. पुरुहन्मा – ऋ. ८.७०.१–१५; अ. २०.८१.१–2; २०.९2.१६–२१; २०.१०५.४–५

ऋ. ८.७०.१–१५

यो राजा चर्षणीनां याता रथेभिरध्रिगुः। विश्वासां तरुता पृतनानां ज्येष्ठो यो वृत्रहा गृणे ।।१।।
इन्द्रं तं शुम्भ पुरुहन्मन्नवसे यस्य द्विता विधर्तरि ।
हस्ताय वज्रः प्रति धायि दर्शतो महो दिवे न सूर्यः ।।2।।
नकिष्टं कर्मणा नशद्यश्चकार सदावृधम्। इन्द्र न यज्ञैर्विश्वगूर्तमृभ्वसमधृष्टं धृष्ण्वोजसम् ।।३।।
अषाळहमुग्रं पृतनासु सासहि यस्मिन्महीरुरुज्रयः ।
सं धेनवो जायमाने अनोनवुर्द्यावः क्षामो अनोनवुः ।।४।।
यद् द्याव इन्द्र ते शतं शतं भूमीरुत स्युः।
न त्वा वज्रिन्त्सहस्रं सूर्या अनु न जातमष्ट रोदसी।।५।।
आ पपाथ महिना वृष्ण्या वृषन्विश्वा शविष्ठ शवसा ।
अस्माँ अव मघवन्गोमति व्रजे वज्रिचित्राभिरूतिभिः ।।६।।
न सीमदेव आपदिषं दीर्घायो मर्त्यः। एतग्वा चिद्य एतशा युयोजते हरी इन्द्रो युयोजते ।।७।।
तं वो महो महाय्यमिन्द्रं दानाय सक्षणिम्। यो गाधेषु य आरणेषु हव्यो वाजेष्वस्ति हव्यः ।।८।।
उदू षु णो वसो महे मृशस्व शूर राधसे। उदू षु मह्यै मघवन्मघत्तय उदिन्द्र श्रवसे महे ।।९।।
त्वं न इन्द्र ऋतयुस्त्वानिदो नि तृम्पसि। मध्ये वसिष्व तुविनृम्णोर्वोर्नि दासं शिश्नथो हथैः।।१०।।
अन्यव्रतममानुषमयज्वानमदेवयुम् । अव स्वः सखा दधुवीत पर्वतः सुघ्नाय दस्युं पर्वतः ।।११।।
त्वं न इन्द्रासां हस्ते शविष्ठ दावने। धानानां न सं गृभायास्मयुर्द्विः सं गृभायास्मयुः ।।१2।।

सखायः क्रतुमिच्छत कथा राधाम शरस्य। उपस्तुतिं भोजः सूरिर्यो अह्रयः ।।१३।।
भूरिभिः समह ऋषिभिर्बर्हिष्मद्भिः स्तविष्यसे। यदित्थमेकमेकमिच्छर वत्सान्पराददः ।।१४।।
कर्णगृह्या मघवा शौरदेव्यो वत्सं नास्त्रिभ्य आनयत्। अजां सूरिर्न धातवे ।।१५।।

अ. २०.९१.१–2

यद् द्याव इन्द्र ते शतं शतं भूमीरुत स्युः।
न त्वा वज्रिन्त्सहस्रं सूर्या अनु न जातमष्ट रोदसी ।।१।।
आ पप्राथ महिना वृष्ण्या वृषन् विश्वा शविष्ठ शवसा ।
अस्माँ अव मघवन् गोमति व्रजे वज्रिंचित्राभिरूतिभिः ।।2।।

अ. २०.९2.१६–2१

यो राजा चर्षणीनां याता रथेभिरध्रिगुः ।
विश्वासां तरुता पृतनानां ज्येष्ठो यो वृत्रहा गृणे ।।१६।।
इन्द्रं तं शुम्भ पुरुहन्मन्नवसे यस्य द्विता विधर्तरि ।
ह्स्ताय वज्रः प्रति धायि दर्शता महो दिवे न सूर्यः ।१७।।
नकिष्टं कर्मणा नशद् यश्चकार सदावृधम् ।
इन्द्रं न यज्ञैर्विश्वगूर्तमृभ्वसमधृष्टं धृष्ण्वोजसम् ।।१८।।
अषाळ्हमुग्रं पृतनासु सासहिं यस्मिन् महीरुरुज्रयः ।
सं धेनवो जायमाने अनोनवुर्द्यावः क्षामो अनोनवुः ।।१९।।
यद् द्याव इन्द्र ते शतं शतं भूमीरुत स्युः ।
न त्वा वज्रिन्त्सहस्रं सूर्या अनु न जातमष्ट रोदसी ।।2०।।
आ पप्राथ महिना वृष्ण्या वृषन् विश्वा शविष्ठ शवसा ।
अस्माँ अव मघवन् गोमति व्रजे वज्रिंचित्राभिरूतिभिः ।।2१।।

अ. २०.१०५.४–५

यो राजा चर्षणीनां याता रथेभिरध्रिगुः। विश्वासां तरुता पृतनानां ज्येष्ठो यो वृत्रहा गृणे ।।४।।
इन्द्रं तं शुम्भ पुरुहन्मन्नवसे यस्य द्विता विधर्तरि ।
ह्स्ताय वज्रः प्रति धायि दर्शतो महो दिवो न सूर्यः ।।५।।

१०६. पुरुहन्मा आंगिरसः – सा. २४३; २६८; २७३; २७८; ८६2–८६३; ६३३–६३४; ११५५–११५६

सा. २४३

नकिष्टं कर्मणा नशद्यश्चकार सदावृधम्। इन्द्रं न यज्ञैर्विश्वगूर्तमृभ्वसमधृष्टं धृष्णुमोजसा ।।१।।

सा. २६८

न सीमदेव आप तदिषं दीर्घायो मर्त्यः। एतग्वा चिद्य एतशो युयोजत इन्द्रो हरी युयोजते ।।६।।

सा. २७३

यो राजा चर्षणीनां याता रथेभिरध्रिगुः। विश्वासां तरुता पृतनानं ज्येष्ठं यो वृत्रहा गृणे ।।१।।

सा. २७८

यद्द्याव इन्द्र ते शतं शतं भूमीरुत स्युः।
न त्वा वज्रिन्त्सहस्रं सूर्या अनु न जातमष्ट रोदसी ।।६।।

सा. ८६2–८६३

यद्द्याव इन्द्र ते शतं शतं भूमीरुत स्युः ।
न त्वा वज्रिन्त्सहस्रं सूर्या अनु न जातमष्ट रोदसी ।।१।।
आ पप्राथ महिना वृष्ण्या वृषन्विश्वा शविष्ठ शवसा ।
अस्माँ अव मघवन् गोमति व्रजे वज्रिं चित्राभिरूतिभिः ।।2।।

सा. ६३३–६३४

यो राजा चर्षणीनां याता रथेभिरध्रिगुः ।

विश्वासां तरुता पृतनानां ज्येष्ठं यो वृत्रहा गृणे ।।१।।
इन्द्रं तं शुम्भ पुरुहन्मन्नवसे यस्य द्विता विधर्त्तरि ।
हस्तेन वज्रः प्रति धायि दर्शतो महाँ देवो न सूर्यः ।।2।।

सा. ११५५–११५६

न किष्टं कर्मणा नशद्यश्चकार सदावृधम् ।
इन्द्रं न यज्ञैर्विश्वगूर्तमृभ्वसमधृष्टं धृष्णुमोजसा ।।१।।
अषाढमुग्रं पृतनासु सासहिं यस्मिन्महीरुरुज्रयः ।
सं धेनवो जायमाने अनोनवुर्द्यावः क्षामीरनोनवुः ।।2।।

११०. पुष्टिगुः – अ. 20.५१.३–४

प्र सु श्रुतं सुराधसमर्चा शक्रमभिष्टये ।
यः सुन्वते स्तुवते काम्यं वसु सहस्रेणेव मंहते ।।३।।
शतानीका हेतयो अस्य दुष्टरा इन्द्रस्य समिषो महीः ।
गिरिर्न भुज्मा मघवत्सु पिन्वते यदीं सुता अमन्दिषुः ।।४।।

१११. पुष्टिगुः काण्वः – ऋ. ८.५०.१–१०

प्र सु श्रुतं सुराधसमर्चा शक्रमभिष्टये ।
यः सुन्वते स्तुवते काम्यं वसु सहस्रेणेव मंहते ।।१।।
शतानीका हेतयो अस्य दुष्टरा इन्द्रस्य समिषो महीः ।
गिरिर्न भुज्मा मघवत्सु पिन्वते यदीं सुता अमन्दिषुः ।।2।।
यदीं सतास इन्दवोऽभि प्रियममन्दिषुः ।
आपो न धायि सवनं म आ वसो दुघाइवोप दाशुषे ।।३।।
अनेहसं वो हवमानमूतये मध्वः क्षरन्ति धीतयः ।
आ त्वा वसो हवमानास इन्दव उप स्तोत्रेषु दधिरे ।।४।।
आ नः सोमे स्वध्वर इयानो अत्यो न तोशते ।
यं ते स्वदावन्त्स्वदन्ति गूर्तयः पौरे छन्दयसे हवम् ।।५।।
प्र वीरमुग्रं विविचिं धनस्पृतं विभूतिं राधसो महः ।
उद्रीव वज्रिन्नवतो वसुत्वना सदा पीपेथ दाशुषे ।।६।।
यद्ध नूनं परावति यद्वा पृथिव्यां दिवि ।
युजान इन्द्र हरिभिर्महेमत ऋष्व ऋष्वेभिरा गहि ।।७।।
रथिरासो हरयो ये ते अस्रिध ओजो वातस्य पिप्रति ।
येभिर्नि दस्युं मनुषो निघोषयो येभिः स्वः परीयसे ।।८।।
एतावतस्ते वसो विद्याम शूर नव्यसः ।
यथा प्राव एतशं कृत्व्ये धने यथा वशं दशव्रजे ।।९।।
यथा कण्वे मघवन् मेधे अध्वरे दीर्घनीथे दमूनसि ।
यथा गोशर्ये असिषासो अद्रिवो मयि गोत्रं हरिश्रियम् ।।१०।।

११2. पूरणः – अ. 20.६६.१–५

तीव्रस्याभिवयसो अस्य पाहि सर्वरथा वि हरी इह मुंच ।
इन्द्र मा त्वा यजमानासो अन्ये नि रीरमन् तुभ्यमिमे सुतासः ।।१।।
तुभ्यं सुतास्तुभ्यमु सोत्वासस्त्वां गिरः श्वात्र्या आ ह्वयन्ति ।
इन्द्रेदमद्य सवनं जुषाणो विश्वस्य विद्वाँ इह पाहि सोमम् ।।2।।
य उशता मनसा सोमस्मै सर्वहृदा देवकामः सुनोति ।
न गा इन्द्रस्तस्य परा ददाति प्रशस्तमिच्चारुमस्मै कृणोति ।।३।।
अनुस्पष्टो भवत्येषो अस्य यो अस्मै रेवान् न सुनोति सोमम् ।
निररत्नौ मघवा तं दधाति ब्रह्मद्विषो हन्त्यनानुदिष्टः ।।४।।

अश्वायन्तो गव्यन्तो वाजयन्तो हवामहे त्वोपगन्तवा उ ।
आभूषन्तस्ते सुमतौ नवायां वयमिन्द्र त्वा शुनं हुवेम ।।५।।

११३. पूरणो वैश्वामित्रः – ऋ. १०.१६०.१–५

तीव्रास्याभिवयसो अस्य पाहि सर्वरथा वि हरी इह मुंच ।
इन्द्र मा त्वा यजमानासो अन्ये नि रीरमन्तुभ्यमिमे सुतासः ।।१।।
तुभ्यं सुतास्तुभ्यमु सोत्वासस्त्वां गिरः श्वात्र्या आ ह्वयन्ति ।
इन्द्रेदमद्य सवनं जुषाणो विश्वस्य विद्वाँ इह पाहि सोमम् ।।2।।
य उशता मनसा सोमस्मै सर्वहृदा देवकामः सुनोति ।
न गा इन्द्रस्तस्य परा ददाति प्रशस्तमिच्चारुमस्मै कृणोति ।।३।।
अनुस्पष्टो भवत्येषो अस्य यो अस्मै रेवान्न सुनोति सोमम् ।
निररत्नौ मघवा तं दधाति ब्रह्मद्विषो हन्त्यनानुदिष्टः ।।४।।
अश्वायन्तो गव्यन्तो वाजयन्तो हवामहे त्वोपगन्तवा उ ।
आभूषन्तस्ते सुमतौ नवायां वयमिन्द्र त्वा शुनं हुवेम ।।५।।

११४. पृथुर् वैन्यः – ऋ. १०.१४८.१–५; सा. ३१६

ऋ. १०.१४८.१–५

सुष्वाणास इन्द्र स्तुमसि त्वा ससवांसश्च तुविनृम्ण वाजम् ।
आ नो भर सुवितं यस्य चाकन्त्मना तना सनुयाम त्वोताः ।।१।।
ऋष्वस्त्वमिन्द्र शूर जातो दासीर्विशः सूर्येण सह्याः ।
गुहा हितं गुह्यं गूळहमप्सु बिभृमसि प्रस्रवणे न सोमम् ।।2।।
अर्यो वा गिरो अभ्यर्च विद्वानृषीणां विप्रः सुमतिं चकानः ।
ते स्याम ये रणयन्त सोमैरेनोत तुभ्यं रथेळह भक्षैः ।।३।।
इमा ब्रह्मेन्द्र तुभ्यं शंसि दा नृभ्यो नृणां शूर शवः ।
तेभिर्भव सक्रतुर्येषु चाकन्नुत त्रायस्व गृणत उत स्तीन् ।।४।।
श्रुधी हवमिन्द्र शूर पृथ्या उत स्तवसे वेन्यस्यार्कैः ।
आ यस्ते योनि घृतवन्तमस्वारूर्मिर्न निम्नैर्द्रवयन्त वक्वाः ।।५।।

सा. ३१६

सुष्वाणास इन्द्र स्तुमसि त्वा सनिष्यन्तश्चित्तुविनृम्ण वाजम् ।
आ नो भर सुवितं यस्य कोना तना त्मना सह्याम त्वोताः ।।४।।

११५. प्रगाथः – अ. 20.८५.१–2

मा चिदन्यद् वि शंसत सखायो मा रिषण्यत ।
इन्द्रमित् स्तोता वृषणं सचा सुते मुहुरुक्था च शंसत ।।१।।
अवक्रक्षिणं वृषभं यथाजुरं गां न चर्षणीसहम् ।
विद्वेषणं संवननोऽभयंकरं मंहिष्ठमुभयाविनम् ।।2।।

११६. प्रगाथः काण्वः – ऋ. ८.६2.१–१2; ८.६३.१–११; ८.६४.१–१2; ८.६५.१–१2; सा. १४2; १३५४–१३५६

ऋ. ८.६2.१–१2

प्रो अस्मा उपस्तुतिं भरता यज्जुजोषति ।
उक्थैरिन्द्रस्य माहिनं वयो वर्धन्ति सोमिनो भद्रा इन्द्रस्य रातयः ।।१।।
अयुजो अस्मो नृभिरेकः कृष्टीरयास्यः ।
पूर्वीरति प्र वावृधे विश्व जातान्योजसा भद्रा इन्द्रस्य रातयः ।।2।।
अहितेन चिदर्वता जीरदानुः सिपासति ।
प्रवाच्यमिन्द्र तत्त्व वीर्याणि करिष्यतो भद्रा इन्द्रस्य रातयः ।।३।।

आ याहि कृणवाम त इन्द्र ब्रह्माणि वर्धना ।
येभिः शविष्ठ चाकनो भद्रमिह श्रवस्यते भद्रा इन्द्रस्य रातयः ।।४।।
धृषतश्चिद्धृषन्मनः कृणोषीन्द्र यत्तवम् ।
तीव्रैः सोमैः सपर्यतो नमोभिः प्रतिभूषतो भद्रा इन्द्रस्य रातयः ।।५।।
अव चष्ट ऋचीषमोऽवताँ इव मानुषः ।
जुष्ट्वी दक्षस्य सोमिनः सखायं कुणुते युजं भद्रा इन्द्रस्य रातयः ।।६।।
विश्वे त इन्द्र वीर्यं देवा अनु क्रतुं ददुः ।
भुवो विश्वस्य गोपतिः पुरुष्टुत भद्रा इन्द्रस्य रातयः ।।७।।
गृणे तदिन्द्र ते शव उपमं देवतातये । यद्धंसि वृत्रमोजसा शचीपते भद्रा इन्द्रस्य रातयः ।।८।।
समनेव वपुष्यतः कृणवन्मानुषा युगा । विदे तदिन्द्रश्चेतनमध श्रुतो भद्रा इन्द्रस्य रातयः ।।६।।
उज्जातमिन्द्र ते शव उत्त्वामुत्त्व क्रतुम् ।
भूरिगो भूरि वावृधुर्मघवन्तव शर्मणि भद्रा इन्द्रस्य रातयः ।।१०।।
अहं च त्वं च वृत्रहन्त्सं युज्याव सनिभ्य आ ।
अरातीवा चिदद्रिवोऽनु नौ शूर मंसते भद्रा इन्द्रस्य रातयः ।।११।।
सत्यमिद्वा उ तं वयमिन्द्रं स्तवाम नानृतम् ।
महाँ असुन्वतो वधो भूरि ज्योतींषि सुन्वतो भद्रा इन्द्रस्य रातयः ।।१2।।

ऋ. ८.६३.१–११

स पूर्व्यो महानां वेनः क्रतुभिरानजे। यस्य द्वारा मनुष्पिता देवेषु धिय आनजे ।।१।।
दिवो मानं नोत्सदन्त्सोमपृष्ठासो अद्रयः। उक्था ब्रह्म च शंस्या ।।2।।
स विद्वाँ अंगिरोभ्य इन्द्रो गा अवृणोदप। स्तुषे तदस्य पौंस्यम् ।।३।।
स प्रत्नथा कविवृध इन्द्रो वाकस्य वक्षणिः। शिवो अर्कस्य होमन्यस्मत्रा गन्त्ववसे ।।४।।
आदू नु ते अनु क्रतुं स्वाहा वरस्य यज्यवः। श्वत्रकर्मा अनूषतेन्द्र गोत्रस्य दावने ।।५।।
इन्द्रे विश्वानि वीर्या कृतानि कर्त्वानि च। यमर्का अध्वरं विदुः ।।६।।
यत्पांचजन्यया विशेन्द्रे घोषा असृक्षत। अस्तृणाद् बर्हणा विपो३ र्यो मानस्य स क्षयः।।७।।
इयमु ते अनुष्टुतिश्चकृषे तानि पौंस्या। प्रावश्चक्रस्य वर्तनिम् ।।८।।
अस्य वृष्णो व्योदन उरु क्रमिष्ट जीवसे। यवं न पश्व आ ददे ।।६।।
तद्दधाना अवस्यवो युष्माभिर्दक्षपितरः। स्याम मरुत्वतो वृधे ।।१०।।
वळृत्वियाय धाम्न ऋक्वभिः शूर नोनुमः। जेषमेन्द्र त्वया युजा ।।११।।

ऋ. ८.६४.१–१2

उत्त्वा मन्दन्तु स्तोमाः कृणुष्व राधो आद्रिवः। अव ब्रह्मद्विषो जहि ।।१।।
पदा पर्णीँ रराधसो नि बाधस्व महाँ असि। नहि त्वा कश्चन प्रति ।।2।।
त्वमीशिषे सुतानामिन्द्र त्वमसुतानाम्। त्वं राजा जनानाम् ।।३।।
एहि प्रेहि क्षयो दिव्या३ घेषंचर्षणीनाम्। ओभे पृणासि रोदसी ।।४।।
त्यं चित्पर्वतं गिरिं शतवन्तं सहस्रिणम्। वि स्तोतृभ्यो रुरोजिथ ।।५।।
वयमु त्वा दिवा सुते वयं नक्तं हवामहे। अस्माकं काममा पृण ।।६।।
क्व१ स्य वृषभो युवा तुविग्रीवो अनानतः। ब्रह्मा कस्तं सपर्यति ।।७।।
कस्य स्वित्सवनं वृषा जुजुष्वाँ अव गच्छति। इन्द्र क उ स्विदा चके ।।८।।
कं ते दाना असक्षत वृत्रहन्कं सुवीर्या। उक्थे क उ स्विदन्तमः ।।६।।
अयं ते मानुषे जने सोमः पुरुषु सूयते। तस्येहि प्र द्रवा पिब ।।१०।।
अयं ते शर्यणावति सुषोमायामधि प्रियः। आर्जीकीये मदिन्तमः ।।११।।
तमद्य राधसे महे चारुं मदाय घृष्वये। एहीमिन्द्र द्रवा पिब ।।१2।।

ऋ. ८.६५.१–१2

यदिन्द्र प्रागपागुदङ्न्यग्वा हूयसे नृभिः। आ याहि तूयमाशुभिः ।।१।।
यद्वा प्रस्रवणे दिवो मादयासे स्वर्णरे। यद्वा समुद्रे अन्धसः ।।2।।

आ त्वा गीर्भिर्महामुरुं हुवे गामिव भोजसे। इन्द्र सोमस्य पीतये ।।३।।
आ त इन्द्र महिमानं हरयो देव ते महः। रथे वहन्तु बिभ्रतः ।।४।।
इन्द्र गृणीष उ स्तुषे महाँ उग्र ईशानकृत्। एहि नः सुतं पिब ।।५।।
सुतावन्तस्त्वा वयं प्रयस्वन्तो हवामहे। इदं नो बर्हिरासदे ।।६।।
यच्चिद्धि शश्वतामसीन्द्र साधारणस्त्वम्। तं त्वा वयं हवामहे ।।७।।
इदं ते सोम्यं मध्वधुक्षन्नद्रिभिर्नरः। जुषाण इन्द्र तत्पिब ।।८।।
विश्वाँ अर्यो विपश्चितोऽति ख्यस्तूयमा गहि। अस्मे धेहि श्रवो बृहत् ।।६।।
दाता मे पृषतीनां राजा हिरण्यवीनाम्। मा देवा मघवा रिषत् ।।१०।।
सहस्रे पृषतीनामधिश्चन्द्रं बृहत्पृथु। शुक्रं हिरण्यमा ददे ।।११।।
नपातो दुर्गस्य मे सहस्रेण सुराधसः। श्रवो देवेष्वक्रत ।।१2।।

सा. १४2;

क्व ३स्य वृषभो युवा तुविग्रीवो अनानतः। ब्रह्मा कस्तं सपर्यति ।।८।।

सा. १३५४–१३५६

उ त्वा मदन्तु सोमाः कृणुष्व राधो अद्रिवः। अव ब्रह्मद्विषो जहि ।।१।।
पदा पणीनराधसो नि बाधस्व महाँ असि। न हि त्वा कश्च न प्रति ।।2।।
त्वमीशिषे सुतानामिन्द्र त्वमसुतानाम्। त्वं राजा जनानाम् ।।३।।

११७. प्रगाथः काण्वः (साग्री. सास्वा. ऋसर्व.८.६४.१) गाधः (सार्षेदी.) – सा. १६४

उत्त्वा मन्दन्तु सोमाः कृणुष्व राधो अद्रिवः। अव ब्रह्मद्विषो जहि ।।१।।

११८. प्रगाथो घौरः काण्वः – सा. 2४2; ३६१; १३६०–१३६१

सा. 2४2

मा चिदन्यद्वि शंसत सखायो मा रिषण्यत ।
इन्द्रमित्स्तोता वृषणं सचा सुते मुहुरुक्था च शंसत ।।१०।।

सा. ३६१

गृणे तदिन्द्र ते शव उपमां देवतातये। यद्धंसि वृत्रमोजसा शचीपते ।।१।।

सा. १३६०–१३६१

मा चिदन्यद्वि शंसत सखायो मा रिषण्यत ।
इन्द्रमित्स्तोता वृषणं सचा सुते मुहुरुक्था च शंसत ।।१।।
अवक्रक्षिण वृषभं यथा जुवं गां न चर्षणीसहम् ।
विद्वेषणं संवननमुभयंकरं मंहिष्ठमुभयाविनम् ।।2।।

११६. प्रगाथो घौरः काण्वो वा – ऋ. ८.१.१–2६

मा चिदन्यद्वि शंसत सखायो मा रिषण्यत ।
इन्द्रमित्स्तोता वृषणं सचा सुते मुहुरुक्था च शंसत ।।१।।
अवक्रक्षिणं वृषभं यथाजुरं गां न चर्षणीसहम् ।
विद्वेषणं संवननोभयंकरं मंहिष्ठमुभयाविनम् ।।2।।
यच्चिद्धि त्वा जना इमे नाना हवन्त ऊतये ।
अस्माकं ब्रह्मेदमिन्द्र भूतु तेऽहा विश्वा च वर्धनम् ।।३।।
वि तर्तूर्यन्ते मघवन् विपश्चितोऽर्यो विपो जनानाम् ।
उप क्रमस्व पुरुरूपमा भर वाजं नेदिष्ठमूतये ।।४।।
महे चन त्वामद्रिवः परा शुल्काय देयाम् ।
न सहस्राय नायुताय वज्रिवो न शताय शतामघ ।।५।।
वस्याँ इन्द्रासि मे पितुरुत भ्रातुरभुंजतः ।
माता च मे छदयथः समा वसो वसुत्वनाय राधसे ।।६।।
क्वेयथ कवेदासि पुरुत्रा चिद्धि ते मनः ।

मलर्षि युध्म खजकृत पुरन्दर प्र गायत्रा अगासिषुः ।।७।।
प्रास्मै गायत्रमर्जत वावातुर्यः पुरन्दरः ।
याभिः काण्वस्योप बर्हिरासदं यास्द्वज्री भिनत्पुरः ।।८।।
ये ते सन्ति दशग्विनः शतिनो ये सहस्रिणः ।
अश्वासो ये ते वृषणो रघुद्रुवस्तेभिर्नस्तूयमा गहि ।।९।।
आ त्व१द्य सबर्दुघां हुवे गायत्रवेपसम् ।
इन्द्रं धेनुं सुदुघामन्यामिषमुरुधारामरंकृतम् ।।१०।।
यत्तुदत् सूर एतशं वङ्कू वातस्य पर्णिना ।
वहत् कुत्समार्जुनेयं शतक्रतुः त्सरद् गन्धर्वमस्तृतम् ।।११।।
य ऋते चिदभिश्रिषः पुरा जत्रुभ्य आतृदः ।
संधाता सन्धिं मघवा पुरूवसुरिष्कर्ता विह्रुतंपुनः ।।१२।।
मा भूम निष्ट्याइवेन्द्र त्वदरणा इव । वनानि न प्रजहितान्यद्रिवो दुरोषासो अमन्महि ।।१३।।
अमन्महीदनाशवोऽनुग्रासश्च वृत्रहन् ।
सकृत्सु ते महता शूर राधसानु स्तोमं मुदीमहि ।।१४।।
यदि स्तोमं मम श्रवदस्माकमिन्द्रमिन्दवः ।
तिरः पवित्रं ससृवांस आशवो मन्दन्तु तुग्र्यवृधः ।।१५।।
आ त्व१द्य सधस्तुतिं वावातुः सख्युरा गहि ।
उपस्तुतिर्मघोनां प्र त्वावत्वधा ते वश्मि सुष्टुतिम् ।।१६।।
सोता हि सोममद्रिभिरेमेनमप्सु धावत ।
गव्या वस्त्रेव वासयन्त इन्नरो निर्धुक्षन्वक्षणाभ्यः ।।१७।।
अध ज्मो अध वा दिवो बृहतो राचनादधि ।
अया वर्धस्व तन्वा गिरा ममा जाता सुक्रतो पृण ।।१८।।
इन्द्राय सु मदिन्तमं सोमं सोता वरेण्यम् ।
शक्र एणं पीपयद्विश्वया धिया हिन्वानं न वाजयुम् ।।१९।।
मा त्वा सोमस्य गल्दया सदा याचन्नहं गिरा ।
भूर्णिं मृग्रं न सवनेषु चुक्रुधं क ईशानं न याचिषत् ।।20।।
मदेनेषितं मदमुग्रमुग्रेण शवसा ।
विश्वेषां तरुतारं मदच्युतं मदे हि ष्मा ददाति नः ।।21।।
शेवारे वार्या पुरु देवो मर्ताय दाशुषे ।
स सुन्वते च स्तुवते च रासते विश्वगूर्तो अरिष्टुतः ।।22।।
एन्द्र याहि मत्स्व चित्रेण देव राधसा ।
सरा न प्रास्युदरं सपीतिभिरा सोमेभिरुरु स्फिरम् ।।2३।।
आ त्वा सहस्रमा शतं शुक्ता रथे हिरण्यये ।
ब्रह्मयुजो हरय इन्द्र केशिनो वहन्तु सोमपीतये ।।2४।।
आ त्वा रथे हिरण्यये हरी मयूरशेप्या ।
शितिपृष्ठा वहतां मध्वो अन्धसो विवक्षणस्य पीतये ।।2५।।
पिबा त्व१स्य गिर्वणः सुतस्य पूर्वपा इव ।
परिष्कृतस्य रसिन इयमासुतिश्चरुर्मदाय पत्यते ।।2६।।
य एको अस्ति दंसना महाँ उग्रो अभि व्रतैः ।
गमत्स शिप्री न स योषदा गमद्धवं न परि वर्जति ।।2७।।
त्वं पुरं चरिष्ण्वं वधैः शुष्णस्य सं पिणक् ।
त्वं भा अनु चरो अध द्विता यदिन्द्र हव्यो भुवः ।।2८।।
मम त्वा सूर उदिते मम मध्यन्दिने दिवः ।
मम प्रपित्वे अपिशर्वरे वसवा स्तोमासो अवृत्सत ।।2९।।

१२०. प्रजापतिः – ऋ. ३.३८.१–१०; य. 20.२८; ३१; 2३.७; 2७.22; 2८.६; ११

ऋ. ३.३८.१–१०

अभि तष्टेव दीधया मनीषामत्यो न वाजी सुधुरो जिहानः ।
अभि प्रियाणि मर्मृशत्पराणि कवीँरिच्छामि संदृशे सुमेधाः ।।१।।
इनोत पृच्छ जनिमा कवीनां मनोधृतः सुकृतस्तक्षत द्याम् ।
इमा उ ते प्रण्यो३ वर्धमानामनोवाता अध नु धर्मणि ग्मन् ।।2।।
नि षीमिदत्र गुह्या दधाना उत क्षत्राय रोदसी समंजन् ।
सं मात्राभिर्ममिरे येमुरुर्वी अन्तर्मही समृते धायसे धुः ।।३।।
आतिष्ठन्तं परि विश्वे अभूषञ्छ्रियो वसानश्चरति स्वरोचिः ।
महत्तद्वृष्णो असुरस्य नामा विश्वरूपो अमृतानि तस्थो ।।४।।
असूत पूर्वो वृषभो ज्यायानिमा अस्य शुरुधः सन्ति पूर्वीः ।
दिवो नपाता विदथस्य धीभिः क्षत्रं राजाना प्रदिवो दधाथे ।।५।।
त्रीणि राजाना विदथे पुरूणि परि विश्वानि भूषथः सदांसि ।
अपश्यमत्र मनसा जगन्वान्व्रते गन्धर्वाँ अपि वायुकेशान् ।।६।।
तदिन्वस्य वृषभस्य धेनोरा नामभिर्ममिरे सक्म्यं गोः ।
अन्यदन्यदसुर्यं१ वसाना नि मायिनो ममिरे रूपमस्मिन् ।।७।।
तदिन्वस्य सवितुर्नकिर्मे हिरण्ययीममतिं यामशिश्रेत् ।
आ सुष्टुती रोदसी विश्वमिन्वे अपीव योषा जनिमानि वव्रे ।।८।।
युवं प्रत्नस्य साधथो महो यद्दैवी स्वस्तिः परि णः स्यातम् ।
गोपाजिह्वस्य तस्थुषो विरूपा विश्वे पश्यन्ति मायिनः कृतानि ।।६।।
शुनं हुवेम मघवानमिन्द्रमस्मिन्भरे नृतमं वाजसातौ ।
शृण्वन्तमुग्रमूतये समत्सु घ्नन्तं वृत्राणि संजितं धनानाम् ।।१०।।

य. 20.२८

सिंचन्ति परि षिंचन्त्युत्सिंचन्ति पुनन्ति च। सुरायै बभ्र्वै मदे किन्त्वो वदति किन्त्वः ।।2८।।

य. 20.३१

अध्वर्यो ऽ अद्रिभिः सुतं सोमं पवित्र ऽ आ नय। पुनीहीन्द्राय पातवे ।।३१।।

य. 2३.७

यद्वातो ऽ अपो ऽ अगनीगन्प्रियामिन्द्रस्य तन्वम्।
एतं स्तोतरनेन पथा पुनरश्वमावर्त्तयासि नः।।७।।

य. 2७.22

अग्ने स्वाहा कृणुहि जातवेद ऽ इन्द्राय हव्यम्। विश्वे देवा हविरिदं जुषन्ताम् ।।22।।

य. 2८.६

होता यक्षत्त्वष्टारमिन्द्रं देवं भिषजं सुयजं घृताश्रियम् ।
पुरुरूपं सुरेतसं मघोनमिन्द्राय त्वष्टा दधदिन्द्रियाणि वेत्ववाज्यस्य होतर्यज ।।६।।

य. 2८.११

होता यक्षदिन्द्रं स्वाहाज्यस्य स्वाहा मेदसः स्वाहा स्तोकानां स्वाहा स्वाहाकृतीनां स्वाहा
हव्यसूक्तीनाम्। स्वाहा देवा ऽ आज्यपा जुषाणा ऽ इन्द्र ऽ आज्यस्य व्यन्तु होतर्यज ।।११।।

१2१. प्रतर्दनः काशिराजः – ऋ. १०.१७६.2

श्रातं हविरो ष्विन्द्र प्र याहि जगाम सूरो अध्वनो विमध्यम् ।
परि त्वासते निधिभिः सखायः कुलपा न व्राजपतिं चरन्तम् ।।2।।

१22. प्रतिवेदनः – अ. 2.३६.४

यथाखरो मघवंश्चारुरेष प्रियो मृगाणां सुषदा बभूव ।
एवा भगस्य जुष्टेयमस्तु नारी सम्प्रिया पत्याविराधयन्ती ।।४।।

१2३. प्रभूवसुर् आंगिरसः – ऋ. ५.३५.१–८; ५.३६.१–६

ऋ. ५.३५.१–८

यस्ते साधिष्ठोऽवस इन्द्र क्रतुष्टमा भर। अस्मभ्यं चर्षणीसहं सस्निं वाजेषु दुष्टरम् ।।१।।
यदिन्द्र ते चतस्रो यच्छूर सन्ति तिस्रः। यद्वा पंच क्षितीनायवस्तत्सु न आ भर ।।2।।
आ तेऽवो वरेण्यं वृषन्तमस्य हूमहे। वृषजूतिर्हि जज्ञिष अभूभिरिन्द्र तुर्वणिः ।।३।।
वृषा ह्यसि राधसे जज्ञिषे वृष्णि ते शवः। स्वक्षत्रं ते धृषन्मनः सत्राहमिन्द्र पौंस्यम् ।।४।।
त्वं तमिन्द्र मर्त्यममित्रयन्तमद्रिवः। सर्वरथा शतक्रतो नि याहि शवसस्पते ।।५।।
त्वामिद्वृत्रहन्तम् जनासो वृक्तबर्हिषः। उग्रं पूर्वीषु पूर्व्यं हवन्ते वाजसातये ।।६।।
अस्माकमिन्द्र दुष्टरं पुरोयावानमाजिषु। सयावानं धनेधने वाजयन्तमवा रथम् ।।७।।
अस्माकमिन्दहि ना रथमवा परध्या।
वय शविष्ठ वाय दिवि श्रवा दधीमहि दिवि स्ताम मनामह ।।८।।

ऋ. ५.३६.१–६

स आ गमदिन्द्रो यो वसूनां चिकेतद्दातुं दामनो रयीणाम् ।
धन्वचरो न वंसगस्तृषाणश्चकमानः पिबतु दुग्धमंशुम् ।।१।।
आ ते हनू हरिवः शुर शिप्रे रुहत्सोमो न पर्वतस्य पृष्ठे ।
अनु त्वा राजन्नर्वतो न हिन्वन् गीर्भिर्मदेम पुरुहूत विश्वे ।।2।।
चक्रं न वृत्तं पुरुहूत वेपते मनो भिया मे अमतेरिदद्रिवः ।
रथादधि त्वा जरिता सदावृध कुविन्नु स्तोषन्मघन्पुरूवसुः ।।३।।
एष ग्रावेव जरिता त इन्द्रेयर्ति वाचं बृहदाशुषणः ।
प्र सव्येन मघवन् यंसि रायः प्र दक्षिणिद्धरिवो मा वि वेनः ।।४।।
वृषा त्वा वृषणं वर्धतु द्यौर्वृषा वृषभ्यां वहसे हरिभ्याम् ।
स नो वृषा वृषरथः सुशिप्र वृषक्रतो वृषा वज्रिन्भरे धाः ।।५।।
यो रोहितौ वाजिनौ वाजिनीवान्त्रिभिः शतैः सचमानावदिष्ट ।
यूने समस्मै क्षितयो नमन्तां श्रुतरथाय मरुतो दुवोया ।।६।।

१2४. प्रस्कण्वः – अ. ७.४४.१; 20.५१.१–2

अ. ७.४४.१

उभा जिग्यथुर्न परा जयेथे न परा जिग्ये कतरश्चनैनयोः ।
इन्द्रश्च विष्णो यदपस्पृधेथां त्रेधा सहस्रं वि तदैरयेथाम् ।।१।।

अ. 20.५१.१–2

अभि प्र वः सुराधसमिन्द्रमर्च यथा विदे। यो जरितृभ्यो मघवा पुरूवसुः सहस्रेणेव शिक्षति ।।१।।
शतानीकेव प्र जिगाति धृष्णुया हन्ति वृत्राणि दाशुषे ।
गिरेरिव प्र रसा अस्य पिन्विरे दत्राणि पुरुभोजसः ।।2।।

१2५. प्रस्कण्वः काण्वः – ऋ. ८.४६.१–१०; सा. ८११–८१2

ऋ. ८.४६.१–१०

अभि प्र वः सुराधसमिन्द्रमर्च यथा विदे। यो जरितृभ्यो मघवा पुरूवसुः सहस्रेणेव शिक्षति ।।१।।
शतानीकेव प्र जिगाति धृष्णुया हन्ति वृत्राणि दाशुषे ।
गिरेरिव प्ररसा अस्य पिन्विरे दत्राणि पुरुभोजसः ।।2।।
आ त्वा सुतास इन्दवो मदा य इन्द्र गिर्वणः ।
आपो न वज्रिन्नन्वोक्यं१ सरः पृणन्ति शूर राधसे ।।३।।
अनेहसं प्रतरणं विवक्षणं मध्वः स्वादिष्ठमीं पिब ।
आ यथा मन्दसानः किरासि नः प्र क्षुद्रेव त्मना धृषत् ।।४।।
आ नः स्तोममुप द्रवद्धियानो अश्वो न सोतृभिः ।
यं ते स्वधावन्त्स्वदयन्ति धेनव इन्द्र कण्वेषु रातयः ।।५।।
उग्रं न वीरं नमसोप सोदिम विभूतिमक्षितावसुम् ।

उद्रीव वज्रिन्नवतो न सिंचते क्षरन्तीन्द्र धीतयः ।।६।।
यद्ध नूनं यद्वा यज्ञे यद्वा पृथिव्यामधि ।
अतो नो यज्ञमाशुभिर्महेमत उग्र उग्रेभिरा गहि ।।७।।
अजिरासो हरयो ये त आशवो वाताइव प्रसक्षिणः ।
येभिरपत्यं मनुषः परीयसे येभिर्विश्वं स्वर्दृशे ।।८।।
एतावतस्त ईमह इन्द्र सुम्नस्य गोमतः ।
यथा प्रावो मघवन् मेध्यातिथिं यथा नीपातिथिं धने ।।९।।
यथा कण्वे मघवन्त्रसदस्यवि यथा पक्थे दशव्रजे ।
यथा गोशर्ये असनोर्ऋजिश्वनीन्द्र गोमद्धिरण्यवत् ।।१०।।

सा. ८११–८१2

अभि प्र वः सुराधसमिन्द्रमर्च यथा विदे ।
यो जरितृभ्यो मघवा पुरूवसुः सहस्रेणेव शिक्षति ।।१।।
शतानीकेव प्र जिगाति धृष्णुया हन्ति वृत्राणि दाशुषे ।
गिरेरिव प्र रसा अस्य पिन्विरे दत्राणि पुरुभेजसः ।।2।।

१2६. प्रस्कण्वः काण्वः (साग्री. सास्वा. ऋसर्व. ८.४६.१) वालखिल्याः (सार्षेदी.) – सा. 2३५

अभि प्र वः सुराधसमिन्द्रमर्च यथा विदे। यो जरितृभ्यो मघवा पुरूवसुः सहस्रेणेव शिक्षति ।।३।।

१2७. प्रियमेधः – अ. 20.22.४–६; 20.६2.१–१2

अ. 20.22.४–६

अभि प्र गोपतिं गिरेन्द्रमर्च यथा विदे। सूनुं सत्यस्य सत्पतिम् ।।४।।
आ हरयः ससृज्रिरेऽरुषीरधि बर्हिषि। यत्राभि संनवामहे ।।५।।
इन्द्राय गाव आशिरं दुदुह्रे वज्रिणे मधु। यत् सीमुपह्वरे विदत् ।।६।।

अ. 20.६2.१–१2

अभि प्र गोपतिं गिरेन्द्रमर्च यथा विदे। सूनुं सत्यस्य सत्पतिम् ।।१।।
आ हरयः ससृज्रिरेऽरुषीरधि बर्हिषि। यत्राभि संनवामहे ।।2।।
इन्द्राय गाव आशिरं दुदुह्रे वज्रिणे मधु। यत् सीमुपह्वरे विदत् ।।३।।
उद् यद् ब्रध्नस्य विष्टपं गृहमिन्द्रश्च गन्वहि ।
मध्वः पीत्वा सचेवहि त्रिः सप्त सख्युः पदे ।।४।।
अर्चत प्रार्चत प्रियमेधासो अर्चत। अर्चन्तु पुत्रका उत पुरं न धृष्ण्वर्चत ।।५।।
अव स्वराति गर्गरो गोधा परि सनिष्वणत्। पिंगा परि चनिष्कददिन्द्राय ब्रह्मोद्यतम् ।।६।।
आ यत् पतन्त्येन्यः सुदुघा अनपस्फुरः। अपस्फुरं गृभायत सोममिन्द्राय पातवे ।।७।।
अपादिन्द्रो अपादग्निर्विश्वे देवा अमत्सत ।
वरुण इदिह क्षयत् तमापो अभ्यनूषत वत्सं संशिश्वरीरिव ।।८।।
सुदेवो असि वरुण यस्य ते सप्त सिन्धवः। अनुक्षरन्ति काकुदं सूर्म्यं सुशिरामिव ।।९।।
यो व्यतींरफाणयत् सुयुक्ताँ उप दाशुषे। तक्वो नेता तदिद् वपुरुपमा यो अमुच्यत ।।१०।।
अतीदु शक्र ओहत इन्द्रो विश्वा अति द्विषः। भिनत् कनीन ओदनं पच्यमानं परो गिरा ।।११।।
अर्भको न कुमारकोऽधि तिष्ठन्नवं रथम्। स पक्षन्महिषं मृगं पित्रे मात्रे विभुक्रतुम् ।।१2।।

१2८. प्रियमेध आंगिरसः – सा. ३५४; ३६0; ३६2; ३६४; १४८९–१४९१; १५१2; १७७१–१७७३

सा. ३५४

आ त्वा रथं यथोतये सुम्नाय वर्तयामसि। तुविकूर्मिमृतीषहमिन्द्रंशविष्ठ सत्पतिम् ।।३।।

सा. ३६0

प्रप्र वस्त्रिष्टुभमिषं वन्दद्वीरायेन्दवे। धिया वो मेधसातय पुरन्ध्या विवासति ।।१।।

सा. ३६2

अर्चत प्रार्चता नरः प्रियमेधासो अर्चत। अर्चन्तु पुत्रका उत पुरमिद् धृष्ण्वर्चत ।।३।।

सा. ३६४

विश्वानरस्य वस्पतिमनानतस्य शवसः। एवैश्च चर्षणीनामूती हुवे रथानाम् ।।५।।

सा. १४८६–१४६१

अभि प्र गोपतिं गिरेन्द्रमर्च यथा विदे। सूनुं सत्यस्य सत्पतिम् ।।१।।
आ हरयः ससृज्रिरेऽरुषीरधि बर्हिषि। यत्राभि संनवामहे ।।2।।
इन्द्राय गाव आशिरं दुदुह्रे वज्रिणे मधु। यत्सीमुपह्वरे विदत् ।।३।।

सा. १५१2

नदं व ओदतीनां नदं योयुवतीनाम्। पतिं वो अघ्न्यानां धेनूनामिषुध्यसि ।।१।।

सा. १७७१–१७७३

आ त्वा रथं यथोतये सुम्नाय वर्तयामसि। तुविकूर्मिमृतीषहमिन्द्रं शविष्ठं सत्पतिम् ।।१।।
तुविशुष्म तुविक्रतो शचीवो विश्वया मते। आ पप्राथ महित्वना ।।2।।
यस्य ते महिना महः परि ज्मायन्तमीयतुः। हस्ता वज्रं हिरण्ययम् ।।१३।।

१2६. प्रियमेध आंगिरसः (साग्री. –३५४य३६०) प्रियमेधः (ऋसर्व.) –ऋ. ८.६८.१–१३; ८.६६. १–१०; १३–१८

ऋ. ८.६८.१–१३

आ त्वा रथं यथोतये सुम्नाय वर्तयामसि। तुविकूर्मिमृतीषहमिन्द्र शविष्ठ सत्पते ।।१।।
तुविशुष्म तुविक्रतो शचीवो विश्वया मते। आ पप्राथ महित्वना ।।2।।
यस्य ते महिना महः परि ज्मायन्तमीयतुः। हस्ता वज्रं हिरण्ययम् ।।३।।
विश्वानरस्य वस्पतिमनानस्य शवसः। एवैश्च चर्षणीनामूती हुवे रथानाम् ।।४।।
अभिष्टये सदावृधं स्वर्मीळ्हेषु यं नरः। नाना हवन्त ऊतये ।।५।।
परोमात्रमृचीष ममिन्द्रमुग्रं सुराधसम्। ईशानं चिद्वसूनाम् ।।६।।
तं तमिद्राधसे मह इन्द्रं चोदामि पीतये। यः पूर्व्यामनुष्टुतिमीशे कृष्टीनां नृतुः ।।७।।
न यस्य ते शवसान सख्यमानंश मर्त्यः। नकिः शवांसि ते नशत् ।।८।।
त्वोतासस्त्वा युजाप्सु सूर्ये महद्धनम्। ज्येम पृत्सु वज्रिवः ।।६।।
तं त्वा यज्ञेभिरीमहे तं गीर्भिर्गिर्वणस्तम्। इन्द यथा चिदाविथ वाजष परुमाय्यम ।।१०।।
यस्यते स्वादु सख्यं स्वाद्वी प्रणीतिरद्रिवः। यज्ञो वितन्तसाय्यः ।।११।।
उरु णस्तन्वे३ तन उरु क्षयाय नस्कृधि। उरु णो यन्धि जीवसे ।।१2।।
उरुं नृभ्य उरुं गव उरुं रथाय पन्थाम्। देववीतिं मनामहे ।।१३।।

ऋ. ८.६६.१–१०

पप्र वस्त्रिष्टुभमिषं मन्दद्वीरायेन्दवे। धियो वो मेधसातये पुरन्ध्या विवासति ।।१।।
नदं व ओदतीनां नदं योयुवतीनाम्। पतिं वो अध्न्यानां धेनूनामिषुध्यसि ।।2।।
ता अस्य सूददोहसः सोमं श्रीणन्ति पृश्नयः। जन्मन्देवानां विशस्त्रिष्वा रोचने दिवः ।।३।।
अभि प्र गोपतिं गिरेन्द्रमर्च यथा विदे। सूनुं सत्यस्य सत्पतिम् ।।४।।
आ हरयः ससृज्रिरेऽरुषीरधि बर्हिषि। यत्राभि संनवामहे ।।५।।
इन्द्राय गाव आशिरं दुदुह्रे वज्रिणे मधु। यत्सीमुपह्वरे विदत् ।।६।।
उद्यद् ब्रध्नस्य विष्टपं गृहमिन्द्रश्च गन्वहि। मध्वः पीत्वा सचेवहि त्रिः सप्त सख्युः पदे ।।७।।
अर्चत प्रार्चत प्रियमेधासो अर्चत। अर्चन्तु पुत्रका उत पुरं न धृष्ण्वर्चत ।।८।।
अव स्वराति गर्गरो गोधा परि सनिष्वणत्। पिङ्गा परि चनिष्कददिन्द्राय ब्रह्मोद्यतम् ।।६।।
आ यत्पतन्त्येन्यः सुदुधा अनपस्फुरः। अपस्फुरं गृभायत सोममिन्द्राय पातवे ।।१०।।

ऋ. ८.६६.१३–१८

यो व्यतींरफाणयत् सुयुक्ताँ उप दाशुषे । तक्वो नेता तदिद्वपुरुपमा यो अमुच्यत ।।१३।।
अतीदु शक्र ओहत इन्द्रो विश्वा अति द्विषः।
भिनत्कनीन ओदनं पच्यमानं परो गिरा ।।१४।।
अर्भको न कुमारकोऽधि तिष्ठन्नवं रथम्। स पक्षन्महिषं मृगं पित्रे मात्रे विभुक्रतुम् ।।१५।।

आ तू सुशिप्र दंपते रथं तिष्ठा हिरण्ययम्।
अध द्युक्षं सचेवहि सहस्रपादमरुषं स्वस्तिगामनेहसम् ।।१६।।
तं घेमित्था नमस्विन उप स्वराजमासते ।
अर्थं चिदस्य सुधितं यदेतव आवर्तयन्ति दावने ।।१७।।
अनु प्रत्नस्योकसः प्रियमेधाम एषाम्। पूर्वामनु प्रयतिं वृक्तबर्हिषो हितप्रयस आशत ।।१८।।

१३०. प्रियमेध आंगिरसः (साग्री. सास्वा. सार्षेदी.) प्रियमेध अभिप्रपाच्यः – सा. १६८

अभि प्र गोपतिं गिरेन्द्रमर्च यथा विदे। सूनुं सत्यस्य सत्पतिम् ।।४।।

१३१. बन्धुः सुबन्धुः श्रुतबन्धुर् विप्रबन्धुश्च गौपायनाः – ऋ. १०.६०.५

इन्द्र क्षत्रासमातिषु रथप्रोष्ठेषु धारय। दिवीव सूर्यं दृशे ।।५।।

१३२. बरुः सर्वहरिर् वा – अ. २०.३०.१–५; २०.३१.१–५; २०.३२.१–३

अ. २०.३०.१–५

प्र ते महे विदथे शंसिषं हरी प्र ते वन्वे वनुषो हर्यतं मदम् ।
घृतं न यो हरिभिश्चारु सेचत आ त्वा विशन्तु हरिवर्पसं गिरः ।।१।।
हरिं हि योनिमभि ये समस्वरन् हिन्वन्तो हरी दिव्यं यथा सदः ।
आ यं पणन्ति हरिभिर्न धेनव इन्द्राय शषं हरिवन्तमर्चत ।।2।।
सो अस्य वज्रो हरितो य आयसो हरिर्निकामो हरिरा गभस्त्योः ।
द्युम्नी सुशिप्रो हरिमन्युसायक इन्द्रे नि रूपा हरिता मिमिक्षिरे ।।३।।
दिवि न केतुरधि धायि हर्यतो विव्यचद् वज्रो हरितो न रंह्या ।
तुददहिं हरिशिप्रो य आयसः सहस्रशोका अभवद्धरिंभरः ।।४।।
त्वंत्वमहर्यथा उपस्तुतः पूर्वेभिरिन्द्र हरिकेश यज्वभिः ।
त्वं हर्यसि तव विश्वमुक्थ्य१ मसामि राधो हरिजात हर्यतम् ।।५।।

अ. २०.३१.१–५

ता वज्रिणं मन्दिनं स्तोम्यं मद इन्द्रंरथे वहतो हर्यता हरी ।
पुरूण्यस्मै सवनानि हर्यत इन्द्राय सोमा हरयो दधन्विरे ।।१।।
अरं कामाय हरयो दधन्विरे स्थिराय हिन्वन् हरयो हरी तुरा ।
अर्वद्भिर्यो हरिभिर्जोषमीयते सो अस्य कामं हरिवन्तमानशे ।।2।।
हरिश्मशारुर्हरिकेश आरसस्तुरस्पेये यो हरिपा अवर्धत ।
अर्वद्भिर्यो हरिभिर्वाजिनीवसुरति विश्वा दुरिता पारिषद्धरी ।।३।।
स्रुवेव यस्य हरिणी विपेततुः शिप्रे वाजाय हरिणी दविध्वतः ।
प्र यत् कृते चमसे मर्मृजद्धरी पीत्वा मदस्य हर्यतस्यान्धसः ।।४।।
उत स्म सद्य हर्यतस्य पस्त्यो३रत्यो न वाजं हरिवाँ अचिक्रदत् ।
मही चिद्धि धिषणाहर्यदोजसा बृहद् वयो दधिषे हर्यतश्चिदा ।।५।।

अ. २०.३2.१–३

आ रोदसी हर्यमाणो महित्वा नव्यंनव्यं हर्यसि मनम नु प्रियम् ।
प्र पस्त्यमसुर हर्यतं गोराविष्कृधि हरये सूर्याय ।।१।।
आ त्वा हर्यन्तं प्रयुजो जनानां रथे वहन्तु हरिशिप्रमिन्द्र ।
पिबा यथा प्रतिभृतस्य मध्वो हर्यन् यज्ञं सधमादे दशोणिम् ।।2।।
अपाः पूर्वेषां हरिवः सुतानामथो इदं सवनं केवलं ते ।
ममद्धि सोमं मधुमन्तमिन्द्र सत्रा वृषंजठर आ वृषस्व ।।३।।

१३३. बृहद्दिवोऽथर्वा – अ. २०.१०७.४–१२

तदिदास भुवनेषु ज्येष्ठं यतो जज्ञ उग्रस्त्वेषनृम्णः ।
सद्यो जज्ञानो नि रिणाति शत्रूननु यदेनं मदन्ति विश्व ऊमाः ।।४।।
वावृधानः शवसा भूर्योजाः शत्रुर्दासाय भियसं दधाति ।

अव्यनच्च व्यनच्च सस्नि सं ते नवन्त प्रभृता मदेषु ।।:।।
त्वे क्रतुमपि पृंचन्ति भूरि द्विर्यदेते त्रिर्भवन्त्यूमाः ।
स्वादोः स्वादीयः स्वादुना सृजा समदः सु मधु मधुनाभि योधीः ।।६।।
यदि चिन्नु त्वा धना जयन्तं रणेरणे अनुमदन्ति विप्राः ।
ओजीयः शुष्मिन्त्स्थिरमा तनुष्व मा त्वा दभन् दुरेवासः कशोकाः ।।७।।
त्वया वयं शाशद्यहे रणेषु प्रपश्यन्तो युधेन्यानि भूरि ।
चोदयामि त आयुधा वचोभिः सं ते शिशामि ब्रह्मणा वयांसि ।।८।।
नि तद् दधिषेऽवरे परे च यस्मिन्नाविथावसा दुरोणे ।
आ स्थापयत मातरं जिगत्नुमत इन्वत कर्वराणि भूरि ।।९।।
स्तुष्व वर्ष्मन् पुरुवर्त्मानं समृभ्वाणमिनतममाप्त्यमाप्त्यानाम् ।
आ दर्शति शवसा भूर्योजाः प्र सक्षति प्रतिमानं पृथिव्याः ।।१०।।
इमा ब्रह्म बृहद्दिवः कृणवदिन्द्राय शूषमग्रियः स्वर्षाः ।
महो गोत्रस्य क्षयति स्वराजा तुरश्चिद् विश्वमर्णवत् तपस्वान् ।।११।।
एवा महान् बृहद्दिवो अथर्वावोचत् स्वां तन्व१मिन्द्रमेव ।
स्वसारौ मातरिभ्वरी अरिप्रे हिन्वन्ति चैने शवसा वर्धयन्ति च ।।१२।।

१३४. बृहद्दिव आथर्वणः – ऋ. १०.१२०.१–९; सा. १४८३–१४८५

ऋ. १०.१२०.१–९

तदिदास भुवनेषु ज्येष्ठं यतो जज्ञ उग्रस्त्वेषनृम्णः ।
सद्यो जज्ञानो नि रिणाति शत्रूननु यं विश्वे मदन्त्यूमाः ।।१।।
वावृधानः शवसा भूर्योजाः शत्रुर्दासाय भियसं दधाति ।
अव्यनच्च व्यनच्च सस्नि सं ते नवन्त प्रभृता मदेषु ।।२।।
त्वे क्रतुमपि वृंजन्ति विश्वे द्विर्यदेते त्रिर्भवन्त्यूमाः ।
स्वादोः स्वादीयः स्वादुना सृजा समदः सु मधु मधुनाभि योधीः ।।३।।
इति चिद्धि त्वा धना जयन्तं मदेमदे अनुमदन्ति विप्राः ।
ओजीयो धृष्णो स्थिरमा तनुष्व मा त्वा दभन्यातुधाना दुरेवाः ।।४।।
त्वया वयं शाशद्यहे रणेषु प्रपश्यन्तो युधेन्यानि भूरि ।
चोदयामि त आयुधा वचोभिः सं ते शिशामि ब्रह्मणा वयांसि ।।५।।
स्तुषेय्यं पुरुर्वपसमृभ्वमिनतममाप्त्यमाप्त्यानाम् ।
आ दर्शते शवसा सप्त दानून्प्र साक्षते प्रतिमानानि भूरि ।।६।।
नि तद्दधिषेऽवरं परं च यस्मिन्नाविथावसा दुरोणे ।
आ मातरा स्थापयसे जिगत्नू अत इनोषि कर्वरा पुरूणि ।।७।।
इमा ब्रह्म बृहद्दिवो विवक्तीन्द्राय शूषमग्रियः स्वर्षाः ।
महो गोत्रस्य क्षयति स्वराजो दुरश्च विश्वा अवृणोदप स्वाः ।।८।।
एवा महान्बृहद्दिवो अथर्वावोचत्स्वां तन्व१मिन्द्रमेव ।
स्वसारो मातरिभ्वरीररिप्रा हिन्वन्ति च शवसा वर्धयन्ति च ।।९।।

सा. १४८३–१४८५

तदिदास भुवनेषु ज्येष्ठं यतो जज्ञ उग्रस्त्वेषनृम्णः ।
सद्यो जज्ञानो नि रिणाति शत्रूननु यं विश्वे मदन्त्यूमाः ।।१।।
वावृधानः शवसा भूर्योजाः शत्रुर्दासाय भियसं दधाति ।
अव्यनच्च व्यनच्च सस्नि सं ते नवन्त प्रभृता मदेषु ।।२।।
त्वे क्रतुमपि वृंजन्ति विश्वे द्विर्यदेते त्रिर्भवन्त्यूमाः ।
स्वादोः स्वादीयः स्वादुना सृजा समदः सु मधु मधुनाभि योधीः ।।३।।

१३५. बृहदुक्थो वामदेवः – य. २८.१–३; ५–६

य. २८.१–३

होता यक्षत्समिधेन्द्रमिडस्पदे नाभा पृथिव्याऽअधि ।
दिवो वषमन्त्समिध्यतऽओजिष्ठश्चर्षणीसहां वेत्वाज्यस्य होतर्यज ।।१।।
होता यक्षत्तनूनपातमूतिभिर्जेतारमपराजितम् ।
इन्द्र देवं स्वर्विदं पथिभिर्मधुमत्तमैर्नराशंसेन तेजसा वेत्वाज्यस्य होतर्यज ।।2।।
होता यक्षदिडाभिरिन्द्रमीडितमाजुह्वानममर्त्यम् ।
देवो देवैः सवीर्यो वज्रहस्तः पुरन्दरो वेत्वाज्यस्य होतर्यज ।।३।।

य. 2८.५–६

होता यक्षदोजो न वीर्यं सहो द्वारऽइन्द्रमवर्द्धयन् ।
सुप्रायणाऽअस्मिन् यज्ञे वि श्रयन्तामृतावृधो द्वारऽइन्द्राय मीढुषे व्यन्त्वाज्यस्य होतर्यज ।।५।।
होता यक्षदुषेऽइन्द्रस्य धेनू सुदुघे मातरा मही ।
स्वातरौ न तेजसा वत्समिन्द्रमवर्द्धतां वीतामाज्यस्य होतर्यज ।।६।।

१३६. बृहदुक्थो वामदेव्यः – सा. ३2५; १७८2–१७८४; य. 2८.८

सा. ३2५

विधुं दद्राणं समने बहूनां युवानं सन्तं पलितो जगार ।
देवस्य पश्य काव्यं महित्वाद्या ममार स ह्यः समान ।।३।।

सा. १७८2–१७८४

विधुं दद्राणं समने बहूनां युवानं सन्तं पलितो जगार ।
देवस्य पश्य काव्यं महित्वाद्या ममार स ह्यः समान ।।१।।
शाक्मना शाको अरुणः सुपर्ण आ यो महः शूरः सनादनीडः ।
यच्चिकेत सत्यमित्तन्न मोघं वसु स्पार्हमुत जेतोत दाता ।।2।।
ऐभिर्ददे वृष्ण्या पौंस्यानि येभिरौक्षद्वृत्रहत्याय वज्री ।
ये कर्मणः क्रियमाणस्य मह्न ऋते कर्ममुदजायन्त देवाः ।।३।।

य. 2८.८

होता यक्षत्तिस्रो देवीर्न भेषजं त्रयस्त्रिधातवोऽपसऽइडा सरस्वती भारती महीः ।
इन्द्रपत्नीर्हविष्मतीर्व्यन्त्वाज्यस्य होतर्यज ।।८।।

१३७. बृहस्पतिः – य. ६.2–३

ध्रुवसदं त्वा नृषदं मनःसदमुपयामगृहीतोऽसीन्द्राय त्वा जुष्टं गृह्णाम्येष ते योनिरिन्द्राय त्वा जुष्टतमम्। अप्सुषदं त्वा घृतसदं व्योमसदमुपयामगृहीतोऽसीन्द्राय त्वा जुष्टं गृह्णाम्येष ते योनिरिन्द्राय त्वा जुष्टमम्। पृथिविसदं त्वाऽन्तरिक्षसदं दिविसदं देवसदं
नाकसदमुपयामगृहीतोऽसीन्द्राय त्वा जुष्टं गृह्णाम्येष ते योनिरिन्द्राय त्वा जुष्तमम् ।।2।।
अपां रसमुद्वयसं सूर्य्ये सन्तं समाहितम्। अपां रसस्य यो रसस्तं वो
गृह्णाम्युत्तममुपयामगृहीतोऽसीन्द्राय त्वा जुष्टं गृह्णाम्येष ते योनिरिन्द्राय वा जुष्टतमम् ।।३।।

१३८. बृहस्पतिर् नकुला वा (साग्री. सास्वा.) वामदेवः (सार्षेदी.) – सा. ३2१

ब्रह्म जज्ञानं प्रथमं पुरस्ताद्वि सीमतः सुरुचो वेन आवः ।
स बुध्न्या उपमा अस्य विष्ठाः सतश्च योनिमसतश्च विवः ।।६।।

१३६. ब्रह्म – अ. १.१६.१–४; ५.2६.३; ११

अ. १.१६.१–४

मा नो विदन् विव्याधिनो मो अभिव्याधिनो विदन् ।
आराच्छरव्या अस्मद् विषूचीरिन्द्र पातय ।।१।।
विष्वंचो अस्मच्छरवः पतन्तु ये अस्ता ये चास्याः ।
दैवीर्मनुष्येषवो ममामित्रान् वि विध्यत ।।2।।
यो नः स्वो यो अरणः सजात उत निष्ट्यो यो अस्माँ अभिदासति ।
रुद्रः शरव्य यैतान् ममामित्रान् वि विध्यतु ।।३।।

Vedic Concordance of Mantras as per Devatā and Ṛṣi 357

यः सपत्नो योऽसपत्नो यश्च द्विषंछपाति नः। देवास्तं सर्वे धूर्वन्तु ब्रह्म वर्म ममान्तरम्।।४।।

अ. ५.2६.३

इन्द्र उक्थामदान्यस्मिन् यज्ञे प्रविद्वान् युनक्तु सुयुजः स्वाहा ।।३।।

अ. ५.2६.११

इन्द्रो युनक्तु बहुधा वीर्याण्यस्मिन् यज्ञे सुयुजः स्वाहा ।।११।।

१४०. भगः – अ. ६.८2.१–३

आगच्छत आगतस्य नाम गृह्णाभ्यायतः। इन्द्रस्य वृत्रघ्नो व वे वासवस्य शतक्रतोः ।।१।।
येन सूर्यं सावित्रीमश्विनोहतुः पथा। तेन मामब्रवीद् भगो जायामा वहतादिति ।।2।।
यस्तेऽङ्कुशो वसुदानो बृहन्निन्द्र हिरण्ययः। तेना जनीयते जायां मह्यं धेहि शचीपते ।।३।।

१४१. भरद्वाजः – अ. 2.१2.३; 2०.८.१; 2०.३६.१–११

अ. 2.१2.३

इदमिन्द्र शृणुहि सोमप यत् त्वाहृदा शोचता जोहवीमि ।
वृश्चामि तं कुलिशेनेव वृक्षं यो अस्माकं मन इदं हिनस्ति।।३।।

अ. 2०.८.१

एवा पाहि प्रत्नथा मन्दतु त्वा श्रुधि ब्रह्म वावृधस्वोत गीर्भिः ।
आविः सूर्यं कृणुहि पीपिहीषो जहि शत्रूँरभि गा इन्द्र तृन्धि ।।१।।

अ. 2०.३६.१–११

य एक इद्धव्यश्चर्षणीनामिन्द्रं तं गीर्भिरभ्यर्च आभिः ।
यः पत्यते वृषभो वृष्ण्यावान्त्सत्यः सत्वा पुरुमायः सहस्वान् ।।१।।
तमु नः पूर्वे पितरो नवग्वाः सप्त विप्रासो अभि वाजयन्तः ।
नक्षद्दाभं ततुरिं पर्वतेष्ठामद्रोघवाचं मतिभिः शविष्ठम् ।।2।।
तमीमह इन्द्रमस्य रायः पुरुवीरस्य नृवतः पुरुक्षोः ।
यो अस्कृधोयुरजरः स्वर्वान् तमा भर हरिवो मादयध्यै ।।३।।
तन्नो वि वोचो यदि ते पुरा चिज्जरितार आनशुः सुम्नमिन्द्र ।
कस्ते भागः किं वयो दुध्र खिद्वः पुरुहूत पुरूवसोऽसुरघ्नः ।।४।।
तं पृच्छन्ती वज्रहस्तं रथेष्ठामिन्द्रं वेपी वक्वरी यस्य नू गीः ।
तुविग्राभं तुविकूर्मिं रभोदां गातुमिषे नक्षते तुम्रमच्छ ।।५।।
अया ह त्यं मायया वावृधानं मनोजुवा स्वतवः पर्वतेन ।
अच्युता चिद् वीडिता स्वोजो रुजो वि दृढा धृषता विरप्शिन् ।।६।।
तं वो धिया नव्यस्या शविष्ठं प्रत्नं प्रत्नवत् परितंसयध्यै ।
स नो वक्षदनिमानः सुवह्मेन्द्रो विश्वान्यति दुर्गहाणि ।।७।।
आ जनाय द्रुह्वणे पार्थिवानि दिव्यानि दीपयोऽनतरिक्षा ।
तपा वृषन् विश्वतः शोचिषा तान् ब्रह्मद्विषे शोचय क्षामपश्च ।।८।।
भुवो जनस्य दिव्यस्य राजा पार्थिवस्य जगतस्त्वेषसंदृक् ।
धिष्व वज्रं दक्षिण इन्द्र हस्ते विश्वा अजुर्य दयसे वि मायाः ।।६।।
आ संयतमिन्द्र णः स्वस्तिं शत्रुतूर्याय बृहतीममृध्राम् ।
यया दासान्यार्याणि वृत्रा करो वज्रिन्त्सुतुका नाहुषाणि ।।१०।।
स नो नियुद्भिः पुरुहूत वेधो विश्ववाराभिरा गहि प्रयज्यो ।
न या अदेवो वरते न देव आभिर्याहि तूयमा मद्र्यद्रिक् ।।११।।

१४2. भरद्वाजो बार्हस्पत्यः – ऋ. ६.१७.१–१५; ६.१८.१–१५; ६.१६.१–१३; ६.2०.१–१३; ६.2१ १–१2; ६.22.१–११; ६.2३.१–१०; ६.2४.१–१०; ६.2५.१–६; ६.2६.१–८; ६.2७.१–७; ६.2६.१–६; ६.३०.१–५; ६.३७.१–५; ६.३८.१–५; ६.३६.१–५;

६.४०.१–५; ६.४१.१–५ ; ६.४२.१–४; ६.४३.१–४; सा. ३५2; ३६2; ११४०–११४2; ११४६–११५१; १४४०–१४४३

ऋ. ६.१७.१–१५

पिबा सोममभि यमुग्र तर्द ऊर्वं गव्यं महि गृणान इन्द्र ।
वि यो धृष्णो वधिषो वज्रहस्त विश्वा वृत्रमित्रिया शवोभिः ।।१।।
स ईं पाहि य ऋजीषी तरुत्रो यः शिप्रवान् वृषभो यो मतीनाम् ।
यो गोत्रभिद्वज्रभृद्यो हरिष्ठाः स इन्द्र चित्राँ अभि तृन्धि वाजान् ।।2।।
एवा पाहि प्रत्नथा मन्दतु त्वा श्रुधि ब्रह्म वावृधस्वोत गीर्भिः ।
आविः सूर्यं कृणुहि पीपिहीषो जहि शत्रूँरभि गा इन्द्र तृन्धि ।।३।।
ते त्वा मदा बृहदिन्द्र स्वधाव इमे पीता उक्षयन्त द्युमन्तम् ।
महामनूनं तवसं विभूतिं मत्सरासो जर्हृषन्त प्रसाहम् ।।४।।
येभिः सूर्यमुषसं मन्दसानोऽवासयोऽप हळहानि दर्द्रत् ।
महामद्रिं परि गा इन्द्र सन्तं नुत्था अच्युतं सदसस्परि स्वात् ।।५।।
तव क्रत्वा तव तद्दंसनाभिरामासु पक्वं शच्या नि दीधः ।
और्णोर्दुर उस्रियाभ्यो वि दृळहोदूर्वाद् गा असृजो अंगिरस्वान् ।।६।।
पप्राथ क्षां महि दंसो व्यु१र्वीमुप द्यामृष्वो बृहदिन्द्र स्तभायः ।
अधारयो रोदसी देवपुत्रे प्रत्ने मातरा यह्वी ऋतस्य ।।७।।
अध त्वा विश्वे पुर इन्द्र देवा एकं तवसं दधिरे भराय ।
अदेवो यदभ्यौहिष्ट देवान्त्स्वर्षाता वृणत इन्द्रमत्र ।।८।।
अध द्यौश्चित्ते अप सा नु वज्राद् द्वितानमद्भियसास्वस्य मन्योः ।
अहिं यदिन्द्रो अभ्योहसानं नि चिद्विश्वायुः शयथे जघान ।।६।।
अध त्वष्टा ते मह उग्र वज्रं सहस्रभृष्टिं ववृतच्छताश्रिम् ।
निकाममरमणसं येन नवन्तमहिं सं पिणगृजीषिन् ।।१०।।
वर्धान्यं विश्वे मरुतः सजोषाः पचच्छतं महिषाँ इन्द्र तुभ्यम् ।
पूषा विष्णुस्त्रीणि सरांसि धावन्वृत्रहणं मदिरमंशुमस्मै ।।११।।
आ क्षोदो महि वृतं नदीनां परिष्ठितमसृज ऊर्मिमपाम् ।
तासामनु प्रवत इन्द्र पन्थां प्रार्दयो नीचीरपसः समुद्रम् ।।१2।।
एवा ता विश्वा चकृवांसमिन्द्रं महामुग्रमजुर्यं सहोदाम् ।
सुवीरं त्वा स्वायुधं सुवज्रमा ब्रह्म नव्यमवसे ववृत्यात् ।।१३।।
स नो वाजाय श्रवस इषे च राये धेहि द्युमत इन्द्र विप्रान् ।
भरद्वाजे नृवत इन्द्र सूरीन्दिवि च स्मैधि पार्ये न इन्द्र ।।१४।।
अया वाजं देवहितं सनेम मदेम शतहिमाः सुवीराः ।।१५।।

ऋ. ६.१८.१–१५

तमु ष्टुहि यो अभिभूत्योजा वन्वन्नवातः पुरुहूत इन्द्रः ।
अषाळहमुग्रं सहमानमाभिर्गीर्भिर्वर्ध वृषभं चर्षणीनाम् ।।१।।
स युध्मः सत्वा खजकृत्समद्वा तुविम्रक्षो नदनुमाँ ऋजीषी ।
बृहद्रेणुश्च्यवनो मानुषीणामेकः कृष्टीनामभवत्सहावा ।।2।।
त्वं ह नु त्यददमायो दस्यूँरेकः कृष्टीरवनोरार्याय ।
अस्ति स्विन्नु वीर्यं१ तत्त इन्द्र न स्विदस्ति तदृतुथा वि वोचः ।।३।।
सदिद्धि ते तुविजातस्य मन्ये सहः सहिष्ठ तुरतस्तुरस्य ।
उग्रमुग्रस्य तवसस्तवीयोऽरध्रस्य रध्रतुरो बभूव ।।४।।
तन्नः प्रत्नं सख्यमस्तु युष्मे इत्था वदद्भिर्वलमंगिरोभिः ।
हन्नच्युतच्युद्दस्मेषयन्तमृणोः पुरो वि दुरो अस्य विश्वाः ।।५।।
स हि धीभिर्हव्यो अस्त्युग्र ईशानकृन्महति वृत्रतूर्ये ।

स तोकसाता तनये स वज्री वितन्तसाय्यो अभवत्समत्सु ।।६।।
स मज्मना जनिम मानुषाणाममर्त्येन नाम्नाति प्र सर्स्रे ।
स द्युम्नेन स शवसोत राया स वीर्येण नृतमः समोकाः ।।७।।
स यो न मुहे न मिथू जनो भूत्सूमन्तुनामा चुमुरिं धुनिं च ।
वृणक्पिप्रुं शम्बरं शुष्णमिन्द्रः पुरां च्यौत्नाय शयथाय नू चित् ।।८।।
उदावता त्वक्षसा पन्यसा च वृत्रहत्याय रथमिन्द्र तिष्ठ ।
धिष्व वज्रं हस्त आ दक्षिणत्राभि प्र मन्द पुरुदत्र मायाः ।।६।।
अग्निर्न शुष्कं वनमिन्द्र हेती रक्षो नि धक्ष्यशनिर्न भीमा ।
गम्भीरय ऋष्वया यो रुरोजाध्वानयद् दुरिता दम्भयच्च ।।१०।।
आ सहस्रं पथिभिरिन्द्र राया तुविद्युम्न तुविवाजेभिरर्वाक् ।
याहि सूनो सहसो यस्य नू चिददेव ईशे पुरुहूत योतोः ।।११।।
प्र तुविद्युम्नस्य स्थविरस्य घृष्वेर्दिवो ररप्शे महिमा पृथिव्याः ।
नास्य शत्रुर्न प्रतिमानमस्ति न प्रतिष्ठिः पुरुमायस्य सह्योः ।।१2।।
प्र तत्ते अद्या करणं कृतं भूत्कुत्सं यदायुमतिथिग्वमस्मै ।
पुरू सहस्रा नि शिशा अभि क्षामुत्तूर्वयाणं धृषता निनेथ ।।१३।।
अनु त्वाहिघ्ने अध देव देवा मदन्विश्वे कवितमं कवीनाम् ।
करो यत्र वरिवो बाधिताय दिवे जनाय तन्वे गृणानः ।।१४।।
अनु द्यावापृथिवी तत्त ओजोऽमर्त्या जिहत इन्द्र देवाः ।
कृष्वा कृत्नो अकृतं यत्ते अस्त्युक्थं नवीयो जनयस्व यज्ञैः ।।१५।।

ऋ. ६.१६.१–१३

महाँ इन्द्रो नृवदा चर्षणिप्रा उत द्विबर्हा अमिनः सहोभिः ।
अस्मद्र्यग्वावृधे वीर्यायोरुः पृथुः सुकृतः कर्तृभिर्भूत् ।।१।।
इन्द्रमेव धिषणा सातये धाद् बृहन्तमृष्वमजरं युवानाम् ।
अषाळहेन शवसा शूशुवासं सद्यश्चिद्यो वावृधे असामि ।।2।।
पृथू करस्ना बहुला गभस्ती अस्मद्र्१क्सं मिमीहि श्रवांसि ।
यूथेव पश्वः पशुपा दमूना अस्माँ इन्द्राभ्या ववृत्स्वाजौ ।।३।।
तं व इन्द्रं चतिनमस्य शाकैरिह नूनं वाजयन्तो हुवेम ।
यथा चित्पूर्व जरितार आसुरनेद्या अनवद्या अरिष्टाः ।।४।।
धृतव्रतो धनदाः सोमवृद्धः स हि वामस्य वसुनः पुरुक्षुः ।
स जग्मिरे पथ्या१ रायो अस्मिन्त्समुद्रे न सिन्धवो यादमानाः ।।५।।
शविष्ठं न आ भर शूर शव ओजिष्ठमोजो अभिभूत उग्रम् ।
विश्व द्युम्ना वृष्ण्या मानुषाणामस्मभ्यं दा हरिवो मादयध्यै ।।६।।
यस्ते मदः पृतनाषाळमृध्र इन्द्र तं न आ भर शूशुवांसम् ।
येन तोकस्य तनयस्य सातौ मंसीमहि जिगीवांसस्त्वोताः ।।७।।
आ नो भर वृषणं शुष्ममिन्द्र धनस्पृतं शूशुवांसं सुदक्षम् ।
येन वंसाम पृतनासु शत्रून्तवोतिभिरुत जामीँरजामीन् ।।८।।
आ ते शुष्मो वृषभ एतु पश्चादोत्तरादधरादा पुरस्तात् ।
आ विश्वतो अभि समेत्वर्वाङिन्द्र द्युम्नं स्वर्वद्धेह्यस्मे ।।६।।
नृवत्त इन्द्र नृतमाभिरूती वंसीमहि वामं श्रोमतेभिः ।
ईक्षे हि वस्व उभयस्य राजन्धा रत्नं महि स्थूरं बृहन्तम् ।।१०।।
मरुत्वन्तं वृषभं वावृधानमकवारिं दिव्यं शासमिन्द्रम् ।
विश्वासाहमवसे नूतनायोग्रं सहोदामिह तं हुवेम ।।११।।
जनं वज्रिन्महि चिन्मन्यमानमेभ्यो नृभ्यो रन्धया येष्वस्मि ।
अधा हि त्वा पृथिव्यां शूरसातौ हवामहे तनये गोष्वप्सु ।।१2।।

वयं त एभिः पुरुहूत सख्यैः शत्रोः शत्रेरुत्तर इत्स्याम ।
घ्नन्तो वृत्राण्युभयानि शूर राया मदेम बृहता त्वोताः ।।१३।।

ऋ. ६.२०.१–१३

द्यौर्न य इन्द्राभि भूमार्यस्तस्थौ रयिः शवसा पृत्सु जनान् ।
तं नः सहस्रभरमुर्वरासां दद्धि सूनो सहसो वृत्रतुरम् ।।१।।
दिवो न तुभ्यमन्विन्द्र सत्रासुर्यं देवेभिर्धायि विश्वम् ।
अहिं यद्वृत्रमपो वव्रिवांसं हन्नृजीषिन्विष्णुना सचानः ।।2।।
तु र्वन्नोजीयान्तवसस्तवीयान्कृतब्रह्मेन्द्रो वृद्धमहाः ।
राजाभवन्मधुनः सोम्यस्य विश्वासां यत्पुरां दर्त्नुमावत् ।।३।।
शतैरपद्रन्पणय इन्द्राय दशोणये कवयेऽर्कसातौ ।
वधैः शुष्णस्याशुषस्य मायाः पित्वो नारिरेचीत्कि चन प्र ।।४।।
महो द्रुहो अप विश्वायु धायि वज्रस्य यत्पतने पादि शुष्णः ।
उरु ष सरथं सारथये करिन्द्रः कुत्साय सूर्यस्य सातौ ।।५।।
प्र श्येनो न मदिरमंशुमस्मै शिरो दासस्य नमुचेर्मथायन् ।
प्रावन्नमीं साप्यं ससन्तं पृणग्राया समिषा सं स्वस्ति ।।६।।
वि पिप्रोरहिमायस्य दृळहाः पुरो वज्रिंछवसा न दर्दः ।
सुदामन्द्रेक्णो अप्रमृष्यमृजिश्वने दात्रं दाशुषे दाः ।।७।।
स वेतसुं दशमायं दशोणिं तृतुजिमिन्द्रः स्वभिष्टिसुम्नः ।
आ तुग्रं शश्वदिभं द्योतनाय मातुर्न सीमुप सृजा इयध्यै ।।८।।
स ईं स्पृधो वनते अप्रतीतो बिभ्रद्वज्रं वृत्रहणं गभस्तौ ।
तिष्ठद्धरी अध्यस्तेव गर्ते वचोयुजा वहत इन्द्रमृष्वम् ।।६।।
सनेम तेऽवसा नव्य इन्द्र प्र पूरवः स्तवन्त एना यज्ञैः ।
सप्त यत्पुरः शर्म शारदीर्दर्द्धन्दासीः पुरुकुत्साय शिक्षन् ।।१०।।
त्वं वृध इन्द्र पूर्व्यो भूर्वरिवस्यन्नुशने काव्याय ।
परा नववास्त्वमनुदेयं महे पित्रे ददाथ स्वं नपातम् ।।११।।
त्वं धुनिरिन्द्र धुनिमतीर्ऋणोरपः सीरा न स्रवन्तीः ।
प्र यत्समुद्रमति शूर पर्षि पारया तुर्वशं यदुं स्वस्ति ।।१2।।
तव ह त्यदिन्द विश्वमाजौ सस्तो धुनीचुमुरी या ह सिष्वप् ।
दीदयदित्तुभ्यं सोमेभिः सुन्वन्दभीतिरिध्मभृतिः पक्थ्य१ र्कैः ।।१३।।

ऋ. ६.२१.१–१2

इमा उ त्वा पुरुतमस्य कारोर्हव्यं वीर हव्या हवन्ते ।
धियो रथेष्ठामजरं नवीयो रयिर्विभूतिरीयते वचस्या ।।१।।
तमु स्तुष इन्द्रं यो विदानो गिर्वाहसं गीर्भिर्यज्ञवृद्धम् ।
यस्य दिवमति मह्ना पृथिव्याः पुरुमायस्य रिरिचे महित्वम् ।।2।।
स इत्तमोऽवयुनं ततन्वत्सूर्येण वयुनवच्चकार ।
कदा ते मर्ता अमृतस्य धामेयक्षन्तो न मिनन्ति स्वधावः ।।३।।
यस्ता चकार स कुह स्विदिन्द्रः कमा जनं चरति कासु विक्षु ।
कस्ते यज्ञो मनसे शं वराय को अर्क इन्द्र कतमः स होता ।।४।।
इदा हि ते वेविषतः पुराजाः प्रत्नास आसुः पुरुकृत्सखायः ।
ये मध्यमास उत नूतनास उतावमस्य पुरुहूत बोधि ।।५।।
तं पृच्छन्तोऽवरासः पराणि प्रत्ना त इन्द्र श्रुत्यानु येमुः ।
अर्चामसि वीर ब्रह्मवाहो यादेव विद्य तात्त्वा महान्तम् ।।६।।
अभि त्वा पाजो रक्षसो वि तस्थे महि जज्ञानमभि तत्सु तिष्ठ ।
तव प्रत्नेन युज्येन सख्या वज्रेण धृष्णो अप ता नुदस्व ।।७।।

स तु श्रुधीन्द्र नूतनस्य ब्रह्मण्यतो वीर कारुधायः ।
त्वं ह्या३ पिः प्रदिवि पितृणां शश्वद् बभूथ सुहव एष्टौ ।।८।।
प्रोतये वरुणं मित्रमिन्द्रं मरुतः कृष्वावसे नो अद्य ।
प्र पूषणं विष्णुमग्निं पुरन्धिं सवितारमोषधीः पर्वतांश्च ।।९।।
इम उ तवा पुरुशाक प्रयज्यो जरितारो अभ्यर्चन्त्यर्कैः ।
श्रुधी हवमा हुवतो हुवानो न त्वावाँ अन्यो अमृत त्वदस्ति ।।१०।।
नू म आ वाचमुप याहि विद्वान् विश्वेभिः सूनो सहसो यजत्रैः ।
ये अग्निजिह्वा ऋतसाप आसुर्ये मनुं चक्रुरुपरं दसाय ।।११।।
स नो बोधि पुर एता सुगेषूत दुर्गेषु पथिकृद्विदानः ।
ये अश्रमास उरवो वहिष्ठास्तेभिर्न इन्द्राभि वक्षि वाजम् ।।१2।।

ऋ. ६.22.१–११

य एक इद्धव्यश्चर्षणीनामिन्द्रं तं गीर्भिरभ्यर्च आभिः ।
यः पत्यते वृषभो वृष्ण्यान्त्सत्यः सत्वा पुरुमायः सहस्वान् ।।१।।
तमु नः पूर्वे पितरो नवग्वाः सप्त विप्रासो अभि वाजयन्तः ।
नक्षद्दाभं ततुरिं पर्वतेष्ठामद्रोघवाचं मतिभिः शविष्ठम् ।।2।।
तमीमह इन्द्रमस्य रायः पुरुवीरस्य नृवतः पुरुक्षोः ।
यो अस्कृधोयुरजरः स्वर्वान्तमा भर हरिवो मादयध्यै ।।३।।
तन्नो वि वोचो यदि ते पुरा चिज्जरितार आनुशः सुम्नमिन्द्र ।
कस्ते भागः किं वयो दुध्र खिद्वः पुरुहूत पुरूवसोऽसुरघ्नः ।।४।।
तं पृच्छन्ती वज्रहस्तं रथेष्ठामिन्द्रं वेपी वक्वरी यस्य नू गीः ।
तुविग्राभं तुविकूर्मिं रभोदां गातुमिषे नक्षते तुम्रमच्छ ।।५।।
अया ह त्यं मायया वावृधानं मनोजुवा स्वतवः पर्वतेन ।
अच्युता चिद्वीळिता स्वोजो रुजो वि दृळहा धृषता विरप्शिन् ।।६।।
तं वो धिया नव्यस्या शविष्ठं प्रत्नं प्रत्नवत्परितंसयध्यै ।
स नो वक्षदनिमानः सुवह्मेन्द्रो विश्वान्यति दुर्गहाणि ।।७।।
आ जनाय द्रुह्वणे पार्थिवानि दिव्यानि दीपयोऽन्तरिक्षा ।
तपा वृषन्विश्वतः शोचिषा तान्ब्रह्मद्विषे शोचय क्षामपश्च ।।८।।
भुवो जनस्य दिव्यस्य राजा पार्थिवस्य जगतस्त्वेषसंदृक् ।
धिष्व वज्रं दक्षिण इन्द्र हस्ते विश्वा अजुर्य दयसे वि मायाः ।।९।।
आ सयंतमिन्द्र णः स्वस्तिं शत्रुतूर्याय बृहतीममृध्राम् ।
यया दासान्यार्याणि वृत्रा करो वज्रिन्त्सुतुका नाहुषाणि ।।१०।।
स नो नियुद्भिः पुरुहूत वेधो विश्ववाराभिरा गाहि प्रयज्यो ।
न या अदेवो वरते न देव आभिर्याहि तूयमा मद्र्यद्रिक् ।।११।।

ऋ. ६.2३.१–१०

सुत इत्त्वं निमिश्ल इन्द्र सोमे ब्रह्माणि शस्यमान उक्थे ।
यद्वा युक्ताभ्यां मघवन्हरिभ्यां बिभ्रद्वज्रं बाह्वोरिन्द्र यासि ।।१।।
यद्वा दिवि पार्ये सुष्विमिन्द्र वृत्रहत्येऽवसि शूरसातौ ।
यद्वा दक्षस्य बिभ्युषो अबिभ्यदरन्धयः शर्धत इन्द्र दस्यून् ।।2।।
पाता सुतमिन्द्रो अस्तु सोमं प्रणेनीरुग्रो जरितारमूती ।
कर्ता वीराय सुष्वय उ लोकं दाता वसु स्तुवते कीरये चित् ।।३।।
गन्तेयान्ति सवना हरिभ्यां बभ्रिर्वज्रं पपिः सोमं ददिर्गाः ।
कर्ता वीरं नर्यं सर्ववीरं श्रोता हवं गृणतः स्तोमवाहाः ।।४।।
अस्मै वयं यद्वावान् तद्विविष्म इन्द्राय यो नः प्रदिवो अपस्कः ।
सुते सोमे स्तुमसि शंसदुक्थेन्द्राय ब्रह्म वर्धनं यथासत् ।।५।।

ब्रह्माणि हि चकृषे वर्धनानि तावत्त इन्द्र मतिभिर्विविष्मः ।
सुते सोमे सुतपाः शंतमानि रान्द्र्या क्रियास्म वक्षणानि यज्ञैः ।।६।।
स नो बोधि पुरोळाशं रराणः पिबा तु सोमं गोऋजीकमिन्द्र ।
एदं बर्हिर्यजमानस्य सीदोरुं कृधि त्वायत उ लोकम् ।।७।।
स मन्दस्वा ह्यनु जोषमुग्र प्र त्वा यज्ञास इमे अश्नुवन्तु ।
प्रेमे हवासः पुरुहूतमस्मे आ त्वेयं धीरवस इन्द्र यम्याः ।।८।।
तं वः सखायः सं यथा सुतेषु सोमेभिरीं पृणता भोजमिन्द्रम् ।
कुवित्तस्मा असति नो भराय न सुष्विमिन्द्रोऽवसे मृधाति ।।९।।
एवेदिन्द्रः सुते अस्तावि सोमे भरद्वाजेषु क्षयदिन्मघोनः ।
असद्यथा जरित्र अत सूरिरिन्द्रो रायो विश्ववारस्य दाता ।।१०।।

ऋ. ६.२४.१–१०

वृषा मद इन्द्रे श्लोक उक्था सचा सोमेषु सुतपा ऋजीषी ।
अर्चत्र्यो मघवा नृभ्य उक्थैर्द्युक्षो राजा गिरामक्षितोतिः ।।१।।
ततुरिर्वीरो नर्यो विचेताः श्रोता हवं गृणत उर्व्यूतिः ।
वसुः शंसो नरां कारुधाया वाजी स्तुतो विदथे दाति वाजम् ।।2।।
अक्षो न चक्र्योः शूर बृहन्प्र ते मह्ना रिरिचे रोदस्योः ।
वृक्षस्य नु ते पुरुहूत वया व्यू३तयो रुरुहुरिन्द्र पूर्वीः ।।३।।
शचीवतस्ते पुरुशाक शाका गवामिव स्रुतयः संचरणीः ।
वत्सानां न तन्तयस्त इन्द्र दामन्वन्तो अदामानः सुदामन् ।।४।।
अन्यदद्य कर्वरमन्यदु श्वोऽसच्च सन्मुहुराचक्रिरिन्द्रः ।
मित्रो नो अत्र वरुणश्च पूषार्यो वशस्य पर्येतास्ति ।।५।।
वि त्वदापो न पर्वतस्य पृष्ठादुक्थेभिरिन्द्रानयन्त यज्ञैः ।
तं त्वाभिः सुष्टुतिभिर्वाजयन्त आजिं न जग्मुर्गिर्वाहो अश्वाः ।।६।।
न यं जरन्ति शरदो न मासा न द्याव इन्द्रमवकर्शयन्ति ।
वृद्धस्य चिद्वर्धतामस्य तनूः स्तोमेभिरुक्थैश्च शस्यमाना ।।७।।
न वीळवे नमते न स्थिराय न शर्धते दस्युजूताय स्तवान् ।
अज्रा इन्द्रस्य गिरयश्चिदृष्वा गम्भीरे चिद्भवति गाधमस्मै ।।८।।
गम्भीरेण न उरुणमत्रिन्प्रेषो यन्धि सुतपावन्वाजान् ।
स्था ऊ षु ऊर्ध्व ऊती अरिषण्यन्नक्तोर्व्युष्टौ परितकम्यायाम् ।।९।।
सचस्व नायमवसे अभीक इतो वा तमिन्द्र पाहि रिषः ।
अमा चैनमरण्ये पाहि रिषो मदेम शतहिमाः सुवीराः ।।१०।।

ऋ. ६.२५.१–९

या त ऊतिरवमा या परमा या मध्यमेन्द्र शुष्मिन्नस्ति ।
ताभिरू षु वृत्रहत्येऽवीर्न एभिश्च वाजैर्महान्न उग्र ।।१।।
आभिः स्पृधो मिथतीररिषण्यन्नमित्रस्य व्यथया मन्युमिन्द्र ।
आभिर्विश्वा अभियुजो विषूचीरार्याय विशोऽव तारीर्दासीः ।।2।।
इन्द्र जामय उत येऽजामयोऽर्वाचीनासो वनुषो युयुज्रे ।
त्वमेषां विथुरा शवांसि जहि वृष्ण्यानि कृणुही पराचः ।।३।।
शूरो वा शूरं वनते शरीरैस्तनूरुचा तरुषि यत्कृण्वैते ।
तोके वा गोषु तनये यदप्सु वि क्रन्दसी उर्वरासु ब्रवैते ।।४।।
नहि त्वा शूरो न तुरो न धृष्णुर्न त्वा योधो मन्यमानो युयोध ।
इन्द्र नकिष्ट्वा प्रत्यस्त्येषां विश्वा जातान्यभ्यसि तानि ।।५।।
स पत्यत उभयोर्नृम्णमयोर्यदी वेधसः समिथे हवन्ते ।
वृत्रे वा महो नृवति क्षये वा व्यचस्वन्ता यदि वितन्तसैते ।।६।।

अध स्मा ते चर्षणयो यदेजानिन्द्र त्रातोत भवा वरूता ।
अस्माकासो ये नृतमासो अर्य इन्द्र सूरयो दधिरे पुरो नः ।।७।।
अनु ते दायि मह इन्द्रियाय सत्रा ते विश्वामनु वृत्रहत्ये ।
अनु क्षत्रमनु सहो यजत्रेन्द्र देवेभिरनु ते नृषह्ये ।।८।।
एवा नः स्पृधः समजा समत्स्विन्द्र रारन्धि मिथतीरदेवीः ।
विद्याम वस्तोरवसा गृणन्तो भरद्वाजा उत त इन्द्र नूनम् ।।९।।

ऋ. ६.2६.१–८

श्रुधी न इन्द्र ह्वयामसि त्वा महो वाजस्य सातौ वावृषाणाः ।
सं यद्विशोऽयन्त शूरसाता उग्रं नोऽवः पार्ये अहन्दाः ।।१।।
त्वां वाजी हवते वाजिनेयो महो वाजस्य गध्यस्य सातौ ।
त्वां वृत्रेष्विन्द्र सत्पतिं तरुत्रं त्वां चष्टे मुष्टिहा गोषु युध्यन् ।।2।।
त्वं कविं चोदयोऽर्कसातौ त्वं कुत्साय शुष्णं दाशुषे वर्क् ।
त्वं शिरो अमर्मणः पराहन्नतिथिग्वाय शंस्यं करिष्यन् ।।३।।
त्वं रथं प्र भरो योधमृष्वमावो युध्यन्तं वृषभं दशद्युम् ।
त्वं तुग्रं वेतसवे सचाहन्त्वं तुजिं गृणन्तमिन्द्र तूतोः ।।४।।
त्वं तदुक्थमिन्द्र बर्हणा कः प्र यच्छता सहस्रा शूर दर्षि ।
अव गिरेर्दासं शम्बरं हन्प्रावो दिवोदासं चित्राभिरूती ।।५।।
त्वं श्रद्धाभिर्मन्दसानः सोमैर्दभीतये चुमुरिमिन्द्र सिष्वप् ।
त्वं रजिं पिठीनसे दशस्यन्षष्टिं सहस्रा शच्या सचाहन् ।।६।।
अहं चन तत्सूरिभिरानश्यां तव ज्याय इन्द्र सुम्नमोजः ।
त्वया यत्सतवन्ते सधवीर वीरास्त्रिवरूथेन नहुषा शविष्ठ ।।७।।
वयं ते अस्यामिन्द्र द्युम्नहूतौ सखायः स्याम महिन प्रेष्ठाः ।
प्रातर्दनिः क्षत्र श्रीरस्तु श्रेष्ठो घने वृत्राणां सनये धनानाम् ।।८।।

ऋ. ६.2७.१–७

किमस्य मदे किम्वस्य पीताविन्द्रः किमस्य सख्ये चकार ।
रणा वा ये निषदि किं ते अस्य पुरा विविद्रे किमु नूतनासः ।।१।।
सदस्य मदे सद्वस्य पीताविन्द्रः सदस्य सख्ये चकार ।
रणा वा ये निषदि सत्ते अस्य पुरा विविद्रे सदु नूतनासः ।।2।।
नहि नु ते महिमनः समस्य न मघवन् मघवत्त्वस्य विद्‌य ।
न राधसो राधसो नूतनस्येन्द्र नकिर्ददृश इन्द्रियं ते ।।३।।
एतत्त्यत्त इन्द्रियमचेति येनावधीर्वरशिखस्य शेषः ।
वज्रस्य यत्ते निहतस्य शुष्मात्स्वनाच्चिदिन्द्र परमो ददार ।।४।।
वधीदिन्द्रो वरशिखस्य शेषोऽभ्यावर्तिने चायमानाय शिक्षन् ।
वृचीवतो यद्धरियूपीयायां हन्पूर्वे अर्धे भियसापरो दर्त् ।।५।।
त्रिंशच्छतं वर्मिण इन्द्र साकं यव्यावत्यां पुरुहूत श्रवस्या ।
वृचीवन्तः शरवे पत्यमानाः पात्रा भिन्दाना न्यर्थान्यायन् ।।६।।
यस्य गावावरुषा सूयवस्यू अन्तरू षु चरतो रेरिहाणा ।
स सृंजयाय तुर्वशं परादाद्वृचीवतो दैववाताय शिक्षन् ।।७।।

ऋ. ६.2९.१–६

इन्द्रं वो नरः सख्याय सेपुर्महो यन्तः सुमतये चकानाः ।
महो हि दाता वज्रहस्तो अस्ति महामु रण्वमवसे यजध्वम् ।।१।।
आ यस्मिन्हस्ते नर्या मिमिक्षुरा रथे हिरण्यये रथेष्ठः ।
आ रश्मयो गभस्त्योः स्थूरयोराध्वन्नश्वासो वृषणो युजानाः ।।2।।
श्रिये ते पादा दुव आ मिमिक्षुर्धृष्णुर्वज्री शवसा दक्षिणावान् ।

वसानो अतकं सुरभिं दृशे कं स्व१र्ण नृतविषिरो बभूथ ।।३।।
स सोम आमिश्लतमः सुतो भूद्यस्मिन्पक्तिः पच्यते सन्ति धानाः ।
इन्द्रं नरः स्तुवन्तो ब्रह्मकारा उक्था शंसन्तो देवाततमाः ।।४।।
न ते अन्तः शवसो धाय्यस्य वि तु बाबधे रोदसी महित्वा ।
आ ता सूरिः पृणति तूतुजानो युथेवाप्सु समीजमान ऊती ।।५।।
एवेदिन्द्रः सुहव ऋष्वो अस्तूति अनूती हिरिशिप्रः सत्वा ।
एवा हि जातो असमात्योजाः पुरू च वृत्रा हनति नि दस्यून् ।।६।।

ऋ. ६.३०.१–५

भूय इद्वावृधे वीर्यायँ एको अजुर्यो दयते वसूनि ।
प्र रिरिचे दिव इन्द्रः प्रथिव्या अर्धमिदस्य प्रति रोदसी उभे ।।१।।
अधा मन्ये बृहदसूर्यमस्य यानि दाधार नकिरा मिनाति ।
दिवेदिवे सूर्यो दर्शतो भूद्वि सद्यान्युर्विया सुक्रतुर्धात् ।।2।।
अद्या चिन्नू चित्तदपो नदीनां यदाभ्यो अरदो गातुमिन्द्र ।
नि पर्वता अद्यसदो न सेदुस्त्वया दृळ्हानि सुक्रतो रजांसि ।।३।।
सत्यमित्तन्न त्वावाँ अन्यो अस्तीन्द्र देवो न मर्त्यो ज्यायान् ।
अहन्नहिं परिशयानमर्णोऽवासृजो अपो अच्छा समुद्रम् ।।४।।
त्वमपो वि दुरो विषूचीरिन्द्र दृळ्हमरुजः पर्वतस्य ।
राजाभवो जगतश्चर्षणीनां साकं सूर्यं जनयन् द्यामुषासम् ।।५।।

ऋ. ६.३७.१–५

अर्वाग्रथं विश्ववारं त उग्रेन्द्र युक्तासो हरयो वहन्तु ।
कीरिश्चिद्धि त्वा हवते स्वर्वानृधीमहि सधमादस्ते अद्य ।।१।।
प्रो द्रोणे हरयः कर्माग्मन्पुनानास ऋज्यन्तो अभूवन् ।
इन्द्रो नो अस्य पूर्व्यः पपीयाद् द्युक्षो मदस्य सोम्यस्य राजा ।।2।।
आससाणासः शवसानमच्छेन्द्रं सुचक्रे रथ्यासो अश्वाः ।
अभि श्रव ऋज्यन्तो वहेयुर्नू चिन्नु वायोरमृतं वि दस्येत् ।।३।।
वरिष्ठो अस्य दक्षिणामियर्तीन्दो मघोनां तुविकूर्मितमः ।
यया वज्रिवः पारयास्यंहो मघा च धृष्णो दयसे वि सूरीन् ।।४।।
इन्द्रो वाजस्य स्थविरस्य दातेन्द्रो गीर्भिर्वर्धतां वृद्धमहाः ।
इन्द्रो वृत्रं हनिष्ठो अस्तु सत्वा ता सूरिः पृणति तृतुजानः ।।५।।

ऋ. ६.३८.१–५

अपादित उदु नश्चित्रतमो महीं भर्षद् द्युमतीमिन्द्रहूतिम् ।
पन्यसीं धीतिं दैव्यस्य यामज्जनस्य रातिं वनते सुदानुः ।।१।।
दूराच्चिदा वसतो अस्य कर्णा घोषादिन्द्रस्य तन्यति ब्रुवाणः ।
एयमेनं देवहूतिर्ववृत्यान्मद्र्य१ गिन्दमियमृच्यमाना ।।2।।
तं वो धिया परमया पुराजामजरमिन्द्रमभ्यनूष्यर्कैः ।
ब्रह्मा च गिरो दधिरे समस्मिन्महाँश्च स्तोमो अधि वर्धदिन्द्रे ।।३।।
वर्धाद्यं यज्ञ उत सोम इन्द्र वर्धाद् ब्रह्म गिर उक्था च मन्म ।
वर्धाहैनमुषसो यामन्नक्तोर्वर्धान्मासाः शरदो द्याव इन्द्रम् ।।४।।
एवा जज्ञानं सहसे असामि वावृधानं राधसे च श्रुताय ।
महामुग्रमवसे विप्र नूनमा विवासेम वृत्रतूर्येषु ।।५।।

ऋ. ६.३९.१–५

मन्द्रस्य कवेर्दिव्यस्य वह्नेर्विप्रमन्मनो वचनस्य मध्वः ।

अपा नस्तस्य सचनस्य देवेषो युवस्व गृणते गोअग्राः ।।१।।
अयमुशानः पर्यद्रिमुस्रा ऋतधीतिभिर्ऋतयुग्युजानः ।
रुजदरुग्णं वि वलस्य सानुं पणीँर्वचोभिरभि योधदिन्द्रः ।।2।।
अयं द्योतयदद्युतो व्य१क्तून्दोषा वस्तोः शरद इन्दुरिन्द्र ।
इमं केतुमदधुर्नू चिदह्नां शुचिजन्मन उषसश्चकार ।।३।।
अयं रोचयदरुचो रुचानो३यं वासयद् व्यृ१तेन पूर्वीः ।
अयमीयत ऋतयुग्भिरश्वैः स्वर्विदा नाभिना चर्षणिप्राः ।।४।।
न गृणानो गृणते प्रत्न राजन्निषः पिन्व वसुदेयाय पूर्वीः ।
अप ओषधीरविषा वनानि गा अर्वतो नृनृचसे रिरीहि ।।५।।

ऋ. ६.४०.१–५

इन्द्र पिब तुभ्यं सुतो मदायाव स्य हरी वि मुचा सखाया ।
उत प्र गाय गण आ निषद्याथा यज्ञाय गृणते वयो धाः ।।१।।
अस्य पिब यस्य जज्ञान इन्द्र मदाय क्रत्वे अपिबो विरप्शिन् ।
तमु ते गावो नर आपो अद्रिरिन्दुं समह्यन्पीतये समस्मै ।।2।।
समिद्धे अग्नौ सुत इन्द्र सोम आ त्वा वहन्तु हरयो वहिष्ठाः ।
त्वायता मनसा जोवीमीन्द्रा याहि सुविताय महे नः ।।३।।
आ याहि शश्वादुशता ययाथेन्द्र महा मनसा सोमपेयम् ।
उप ब्रह्माणि शृणव इमा नोऽथा ते यज्ञस्तन्वे३ वयो धात् ।।४।।
यदिन्द्र दिवि पार्ये यदृधग्यद्वा स्वे सदने यत्र वासि ।
अतो नो यज्ञमवसे नियुत्वान्त्सजोषाः पाहि गिर्वणो मरुद्भिः ।।५।।

ऋ. ६.४१.१–५

अहेळमान उप याहि यज्ञं तुभ्यं पवन्त इन्दवः सुतासः ।
गावो न वज्रिन्त्स्वमोको अच्छेन्द्रा गहि प्रथमो यज्ञियानाम् ।।१।।
या ते काकुत्सुकृता या वरिष्ठा यया शश्वत्पिबसि मध्व ऊर्मिम् ।
तया पाहि प्र ते अध्वर्युरस्थात्सं ते वज्रो वर्ततामिन्द्र गव्युः ।।2।।
एष द्रप्सो वृषभो विश्वरूप इन्द्राय वृष्णे समकारि सोमः ।
एतं पिब हरिवः स्थातरुग्र यस्येशिषे प्रदिवि यस्ते अन्नम् ।।३।।
सुतः सोमो असुतादिन्द्र वस्यानयं श्रेयाचिकितुषे रणाय ।
एतं तितिर्व उप याहि यज्ञं तेन विश्वास्तविषीरा पृणस्व ।।४।।
ह्वयामसि त्वेन्द्र याह्यर्वाङरं ते सोमस्तन्वे भवाति ।
शतक्रतो मादयस्वा सुतेषु प्रास्माँ अव पृतनासु प्र विक्षु ।।५।।

ऋ. ६.42.१–४

प्रत्यस्मै पिपीषते विश्वानि विदुषे भर। अरंगमाय जग्मयेऽपश्चाद् दध्वने नरे ।।१।।
एमेनं प्रत्येतन सोमेभिः सोमपातमम्। अमत्रेभिर्ऋजीषिणमिन्द्रं सुतेभिरिन्दुभिः ।।2।।
यदी सुतेभिरिन्दुभिः सोमेभिः प्रतिभूषथ। वेदा विश्वस्य मेधिरो धृषत्तंतमिदेषते ।।३।।
अस्माअस्मा इदन्धसोऽध्वर्यो प्र भरा सुतम् ।
कुवित्समस्य जेन्यस्य शर्धतोऽभिशस्तेरवस्परत् ।।४।।

ऋ. ६.४३.१–४

यस्य त्यच्छम्बरं मदे दिवोदासाय रन्धयः। अयं स सोम इन्द्र ते सुतः पिब ।।१।।
यस्य तीव्रसुतं मदं मध्यमन्तं च रक्षसे। अयं स सोम इन्द्र ते सुतः पिब ।।2।।
यस्य गा अन्तरश्मनो मदे दृळ्हा अवासृजः। अयं स सोम इन्द्र ते सुतः पिब।।३।।
यस्य मन्दानो अन्धसो माघोनं दधिषे शवः। अयं स सोम इन्द्र ते सुतः पिब ।।४।।

सा. ३५2

प्रत्यस्मै पिपीषते विश्वानि विदुषे भर। अरंगमाय जग्मयेऽपश्चादध्वने नरः ।।१।।

सा. ३६2

यस्य त्यच्छम्बरं मदे दिवोदासाय रन्धयन्। अयं स सोम इन्द्र ते सुतः पिब ।।2।।

सा. ११४०–११४2

मूर्धनं दिवो अरति पृथिव्या वैश्वानरमृत आ जातमग्निम् ।
कविं सम्राजमतिथिं जनानामासन्नः पात्रं जनयन्त देवाः ।।१।।
त्वां विश्वे अमृतं जायमानं शिशुं न देवा अभि सं नवन्ते ।
तव क्रतुभिरमृतत्वमायन् वैश्वानर यत्पित्रोरदीदेः ।।2।।
नाभि यज्ञानां सदनं रयीणां महामाहावमभि सं नवन्त ।
वैश्वानरं रथ्यमध्वराणां यज्ञस्य केतुं जनयन्त देवाः ।।३।।

सा. ११४६–११५१

तमीडिष्व यो अर्चिषा वना विश्वा परिष्वजत्। कृष्णा कृणोति जिह्वया ।।१।।
य इद्ध आविवासति सुम्नमिन्द्रस्य मर्त्यः। द्युम्नाय सुतरा अपः ।।2।।
ता नो वाजवतीरिष आशून् पिपृतमर्वतः। एन्द्रमग्निं च वोढवे ।।३।।

सा. १४४०–१४४३

प्रत्यस्मै पिपीषते विश्वानि विदुषे भर । अरंगमाय जग्मयेऽपश्चदध्वने नरः ।।१।।
एमेनं प्रत्येतन सोमेभिः सोमपातमम् । अमत्रेभिर्ऋजीषिणमिन्द्रं सुतेभिरिन्दुभिः ।।2।।
यदी सुतेभिरिन्दुभिः सोमेभिः प्रतिभूषथ। वेदा विश्वस्य मेधिरो धृषत्तंतमिदेषते ।।३।।
अस्माअस्मा इदन्धसोऽध्वर्यो प्र भरा सुतम्। कुवित्समस्य जेन्यस्य शर्धतोऽभिशस्तेरवस्वरत् ।।४।।

१४३. भरद्वाजो बार्हस्पत्यः – सा. ३५2;३६2;११४०–११४2; ११४६–११५१; १४४०–१४४३

सा. ३५2

प्रत्यस्मै पिपीषते विश्वानि विदुषे भर। अरंगमाय जग्मयेऽपश्चादध्वने नरः ।।१।।

सा. ३६2

यस्य त्यच्छम्बरं मदे दिवोदासाय रन्धयन्। अयं स सोम इन्द्र ते सुतः पिब ।।2।।

सा. ११४०–११४2

मूर्धानं दिवो अरतिं पृथिव्या वैश्वानरमृत आ जातमग्निम् ।
कविं सम्राजमतिथिं जनानामासन्नः पात्रं जनयन्त देवाः ।।१। ।
त्वां विश्वे अमृत जायमानं शिशुं न देवा अभि सं नवन्ते ।
तव क्रतुभिरमृतत्वमायन् वैश्वानर यत्पित्रोरदीदेः ।।2।।
नाभिं यज्ञानां सदनं रयीणां महामहावमभि सं नवन्त।
वैश्वानरं रथ्यमध्वराणां यज्ञस्य केतुं जनयन्त देवाः ।।३।।

सा. ११४६–११५१

तमीडिष्व यो अर्चिषा वना विश्वा परिष्वजत्। कृष्णा कृणोति जिह्वया ।।१।।
य इद्ध आविवासति सुम्नमिन्द्रस्य मर्त्यः। द्युम्नाय सुतरा अपः ।।2।।
ता नो वाजवतीरिष आशून् पिपृतमर्वतः। एन्द्रमग्निं च वोढवे ।।३।।

सा. १४४०–१४४३

प्रत्यस्मै पिपीषते विश्वानि विदुषे भर। अरंगमाय जग्मयेऽपश्चादध्वने नरः ।।१।।
एमेनं प्रत्येतन सोमेभिः सोमपातमम्। अमत्रेभिर्ऋजीषिणमिन्द्रं सुतेभिरिन्दुभिः ।।2।।
यदी सुतेभिरिन्दुभिः सोमेभिः प्रतिभूषथ। वेदा विश्वस्य मेधिरो धृषत्ततमिदेषते ।।३।।
अस्माअस्मा इदन्धसोऽध्वर्यो प्र भरा सुतम्। कुवित्समस्य जेन्यस्य शर्धतोऽभिशस्तेरवस्वरत्।।४।।

१४४. भरद्वाज (सार्षेदी.) भारद्वाजः (सार्षेदी.ध्सास्वा.) – सा. १2७

य आनयत्परावतः सुनीती तुर्वशं यदुम्। इन्द्रः स नो युवा सखा ।।३।।

१४५. भरद्वाजो बार्हस्पत्यः (साग्री. सास्वा.) शंयुबार्हस्पत्यः (ऋसर्व. ६.४६.७.७.४६.६य ६.४६.३) भारद्वाजः (सार्षेदी.) – सा. 2६2; 2६६; 2८६

सा. 2६2

यदिन्द्र नाहुषीष्वा ओजो नृम्णं च कृष्टिषु ।

यद्वा पंचक्षितीनां द्युम्नमा भर सत्रा विश्वानि पौंस्या ।।१०।।

सा. 2६६

इन्द्र त्रिधातु शरणं त्रिवरूथं स्वस्तये। छर्दिर्यच्छ मघवद्भ्यश्च मह्यं च यावया दिद्युमेभ्यः ।।४।।

सा. 2८६

यः सत्राहा विचर्षणिरिन्द्रं तं हूमहे वयम्। सहस्रमन्यो तुविनृम्ण सत्पते भवा समत्सु नो वृधे।।४।।

१४६. भरद्वाजः शिरम्बिठः – य. ३५.१८

परीमे गामनेषत पर्य्यग्निमहृषत। देवेष्व क्रत श्रवः कऽइमाँऽ आ दधर्षति ।।८।।

१४७. भर्गः – अ. 20.११३.१–2; 20.११८.१–2

अ. 20.११३.१–2

उभयं शृणवच्च न इन्द्रो अर्वागिदं वचः ।

सत्राच्या मघवा सोमपीतये धिया शविष्ठ आ गमत् ।।१।।

तं हि स्वराजं वृषभं तमोजसे धिषणे निष्टतक्षतुः ।

उतोपमानां प्रथमो नि षीदसि सोमकामं हि ते मनः ।।2।।

अ. 20.११८.१–2

शग्ध्यू३ षु शचीपत इन्द्र विश्वाभिरूतिभिः ।

भगं न हि त्वा यशसं वसुविदमनु शूर चरामसि ।।१।।

पौरो अश्वस्य पुरुकृद गवामस्युत्सो देव हिरण्ययः ।

नकिर्हि दानं परिमर्धिषत् त्वे यद्यद्यामि तदा भर ।।2।।

१४८. भर्गः प्रागाथः – ऋ. ८.६१.१–१८; सा. 2४०; 2५३; 2७४; 2६०; १2३३–१2३४; १३2१–१३22; १४५८–१४५६; १५८०–१५८2

ऋ. ८.६१.१–१८

उभयं शृणवच्च न इन्द्रो अर्वागिदं वचः ।

सत्राच्या मघवा सोमपीतये धिया शविष्ठ आ गमत् ।।१।।

तं हि स्वराजं वृषभं तमोजसे धिषणे निष्टतक्षतुः ।

उतोपमानां प्रथमो नि षीदसि सोमकामं हि ते मनः ।।2।।

आ वृषस्व पुरूवसो सुतस्येन्द्रान्धसः ।

विद्या हि त्वा हरिवः पृत्सु सासहिमधृष्टं चिद्दधृष्वणिम् ।।३।।

अप्रामिसत्य मघवन्तथेदसदिन्द्र क्रत्वा यथा वशः ।

सनेम वाजं तव शिप्रिन्नवसा मक्षू चिद्यन्तो अद्रिवः ।।४।।

शग्ध्यू३ षु शचीपत इन्द्र विश्वाभिरूतिभिः ।

भगं न हि त्वा यशसं वसुविदमनु शूर चरामसि ।।५।।

पौरो अश्वस्य पुरुकृद् गवामस्युत्सो देव हिरण्ययः ।

नकिर्हि दानं परिमर्धिषत्त्वे यद्यद्यामि तदा भर ।।६।।

त्वं ह्येहि चेरवे विदा भगं वसुत्तये । उद्वावृषस्व मघवन् गविष्टय उदिन्द्राश्वमिष्टये ।।७।।

त्वं पुरू सहस्राणि शतानि य यूथा दानाय मंहसे ।

आ पुरन्दरं चकृम विप्रवचस इन्द्रं गायन्तोऽवसे ।।८।।

अविप्रो वा यदविधद् विप्रो वेन्द्र ते वचः।

स प्र ममन्दत्त्वाया शतक्रतो प्राचामन्यो अहंसन ।।६।।

उग्रबाहुर्म्रक्षकृत्वा पुरन्दरो यदि मे शृणवद्धवम् ।

वसूयवो वसुपतिं शतक्रतुं स्तोमैरिन्द्रं हवामहे ।।१०।।

न पापासो मनामहे नारायासो न जळ्हवः ।

यदिन्विन्द्रं वृषणं सचा सुते सखायं कृणवामहै ।।११।।
उग्रं युयुज्म पृतनासु सासहिमृणकातिमदाभ्यम् ।
वेदाभृमं चित्सनिता रथीतमो वाजिनं यमिदू नशत् ।।१2।।
यत इन्द्र भयामहे ततो नो अभयं कृधि ।
मधवंछग्निध तव तन्न ऊतिभिर्वि द्विषो वि मृधो जहि ।।१३।।
त्वं हि राधस्पते राधसो महः क्षयस्यासि विधतः ।
तं त्वा वयं मघवन्निन्द्र गिर्वणः सुतावन्तो हवामहे ।।१४।।
इन्द्र स्पळुत वृत्रहा परस्पा नो वरेण्यः ।
स नो रक्षिषच्चरमं स मध्यमं स पश्चात्पातु नः पुरः ।।१५।।
त्वं नः पश्चादधरादुत्तरात्पुर इन्द्र नि पाहि विश्वतः ।
आरे अस्मत्कृणुहि दैव्यं भयमारे हेतीरदेवीः ।।१६।।
अद्याद्या श्वः श्व इन्द्र त्रस्व परे च नः ।
विश्व चनो जरितॄन्त्सत्पते अहा दिवा नक्तं च रक्षिषः ।।१७।।
प्रभंगी शूरो मघवा तुवीमघः सम्मिशलो वीर्याय कम् ।
उभा ते बाहू वृषणा शतक्रतो नि या वज्रं मिमिक्षतुः ।।१८।।

सा. २४०

त्वं ह्येहि चेरवे विदा भगं वसुत्तये। उद्वावृषस्व मघवन् गविष्टय उदिन्द्राश्वमिष्टये ।।८।।

सा. २५३

शग्ध्यूइषु शचीपत इन्द्र विश्वाभिरूतिभिः। भगं न हि त्वा यशसं वसुविदमनु शूर चरामसि ।।१।।

सा. २७४

यत इन्द्र भयामहे ततो नो अभयं कृधि।
मघवंछग्धि तव तन्न ऊतये वि द्विषो वि मृधो जहि।।2।।

सा. २६०

उभयं शृणवच्च न इन्द्रो अर्वागिदं वचः ।
सत्राच्या मघवान्त्सोमपीतये धिया शविष्ठ आ गमत् ।।८।।

सा. १2३३–१2३४

उभयं शृणवच्च न इन्द्रो अर्वागिदं वचः ।
सत्राच्या मघवान्त्सोमपीतये धिया शविष्ठ आ गमत् ।।१।।
तं हि स्वराजं वृषभं तमोजसा धिषणे निष्टतक्षतुः ।
उतोपमानां प्रथमो निषीदसि सोमकामं हि ते मनः ।।2।।

सा. १३2१–१३22

यत इन्द्र भयामहे ततो नो अभयं कृधि ।
मघवंछग्धि तव तन्न ऊतये वि द्विषो वि मृधो जहि ।।१।।
त्वं हि राधसस्पते राधसो महः क्षयस्यासि विधर्ता ।
तं त्वा वयं मघवन्निन्द्र गिर्वणः सुतावन्तो हवामहे ।।2।।

सा. १४५८–१४५६

अद्याद्या श्वःश्व इन्द्र त्रास्व परे च नः ।
विश्वा च नो जरितृन्सत्पते अहा दिवा नक्तं च रक्षिषः ।।१।।
प्रभंगी शूरो मघवा तुवीमघः सम्मिश्लो वीर्याय कम् ।
उभा ते बाहु वृषणा शतक्रतो नि या वज्रं मिमिक्षतुः ।।2।।

सा. १५८०–१५८2

पौरो अश्वस्य पुरुकृद्गवामस्युत्सो देव हिरण्ययः ।
न किर्हि दानं परि मर्धिषत्त्वे यद्यद्यामि तदा भर ।।2।।
त्वं ह्येहि चेरवे विदा भगं वसुत्तये। उद्वावृषस्व मघवन्गविष्टय उदिन्द्राश्वमिष्टये ।।१।।

१४६. भुवनः – अ. 20.१24.४–६

इमा नु कं भुवना सीषधामेन्द्रश्च विश्वे च देवाः ।
यज्ञं च नस्तन्वं च प्रजां चादित्यैरिन्द्रः सह चीक्लृपाति ।।४।।
आदित्येरिन्द्रः सगणो मरुद्भिरस्माकं भूत्वविता तनूनाम् ।
हत्वाय देवा असुरान् यदायन् देवा देवत्वमभिरक्षमाणाः ।।५।।
प्रत्यंचमर्कमनयंछचीभिरादित् स्वधामिषिरां पर्यपश्यन् ।
अया वाजं देवहितं सनेम मदेम शतहिमाः सुवीराः ।।६।।

१५०. भुवनः साधनो वा – अ. 20.६३.१–३

इमा नु कं भुवना सीषधामेन्द्रश्च विश्वे च देवाः ।
यज्ञं च नस्तन्वं च प्रजां चादित्यैरिन्द्रः सह चीक्लृपाति ।।१।।
आदित्यैरिन्द्रः सगणो मरुद्भिरस्माकं भूत्वविता तनूनाम् ।
हत्वाय देवा असुरान यदायन् देवा देवत्वमभिरक्षमाणाः ।।2।।
प्रत्यंचमर्कमनयंछचीभिरादित् स्वधामिषिरां पर्यपश्यन् ।
अया वाजं देवहितं सनेम मदेम शतहिमाः सुवीराः ।।३।।

१५१. भृगुः – अ. ७.५४.2; ७.५५.१; ७.८४.2–३

अ. ७.५४.2

ऋचं साम यदप्राक्षं हविरोजो यजुर्बलम्। एष मा तस्मान्मा हिंसीद् वेदः पृष्टः शचीपते ।।2।।

अ. ७.५५.१

ये ते पन्थानोऽव दिवो येभिर्विश्वमैरयः। तेभिः सुम्नया धेहि नो वसो ।।१।।

अ. ७.८४.2–३

इन्द्र क्षत्रमभि वाममोजोऽजायथा वृषभ चर्षणीनाम् ।
अपानुदो जनममित्रायन्तमुरुं देवेभ्यो अकृणोरु लोकम् ।।2।।
मृगो न भीमः कुचरो गिरिष्ठाः परावत आ जगम्यात् परस्याः ।
सृकं संशाय पविमिन्द्र तिग्मं वि शत्रून् ताढि वि मृधो नुदस्व ।।३।।

१५2. भृग्वंगिरा – अ. ७.३१.१; ७.६३.१

अ. ७.३१.१

इन्द्रोतिभिर्बहुलभिर्नो अद्य यावच्छ्रेष्ठाभिर्मघवंछूर जिन्वा ।
यो नो द्वेष्ट्यधरः सस्पदीष्ट यमु द्विष्मस्तमु प्राणो जहातु ।।१।।

अ. ७.६३.१

इन्द्रेण मन्युना वयमभि ष्याम पृतन्यतः। घ्नन्तो वृत्राण्यप्रति ।।१।।

१५३. भृगुर् आथर्वणः – अ. 2.५.१–७

इन्द्र जुषस्व प्र वहा याहि शूर हरिभ्याम् ।
पिबा सुतस्य मतेरिह मधोश्चकानश्चरुर्मदाय ।।१।।
इन्द्र जठरं नव्यो न पृणस्व मधोर्दिवो न । अस्य सुतस्य स्व१र्णोप त्वा मदाः सुवाचो अगुः।।2।।
इन्द्रस्तुराषाण्मित्रो वृत्रं यो जघान यतीर्न ।
बिभेद बलं भृगुर्न ससहे शत्रून् मदे सोमस्य ।।३।।
आ त्वा विशन्तु सुतास इन्द्र पृणस्व कुक्षी विड्ढि शक्र धियेह्या नः ।
श्रुधी हवं गिरो मे जुषस्वेन्द्र स्वयुग्भिर्मत्स्वेह महे रणाय ।।४।।
इन्द्रस्य नु प्रा वोचं वीर्याणि यानि चकार प्रथमानि वज्री ।
अहन्नहिमन्वपस्ततर्द प्र वक्षणा अभिनत् पर्वतानाम् ।।५।।
अहन्नहिं पर्वते शिश्रियाणं त्वष्टास्मै वज्रं स्वर्यं ततक्ष ।
वाश्राइव धेनवः स्यन्दमाना अंजः समुद्रमव जग्मुरापः ।।६।।
वृषायमाणो अवृणीत सोमं त्रिकद्रुकेष्वपिबत् सुतस्य ।

आ सायकं मघवादत्त वज्रमहन्नेनं प्रथमजामहीनाम् ।।७।।

१५४. मधुच्छन्दाः – अ. 20.2६.४–६; 20.३८.४–६; 20.३६.१; 20.४0.१–2; 20.४७.४–६; १0–१2; 20.५७.१–३; 20.६0.४–६; 20.६८.१–१2; 20.६६.१–११; 20.७0.६–20; 20 .७१.१–१६; 20.८४.१–३; य. ३.३४; १५.६१; 20.८७–८६; ३३.2५

अ. 20.2६.४–६

युंजन्ति ब्रध्नमरुषं चरन्तं परि तस्थुषः। रोचन्ते रोचना दिवि ।।४।।
युंजन्त्यस्य कामया हरी विपक्षसा रथे। शोणा धृष्णू नृवाहसा ।।५।।
केतुं कृण्वन्नकेतवे पेशो मर्या अपेशसे। समुषद्भिरजायथाः ।।६।।

अ. 20.३८.४–६

इन्द्रमिद् गाथिनो बृहदिन्द्रमर्केभिरर्किणः। इन्द्रं वाणीरनूषत ।।४।।
इन्द्र इद्धर्योः सचा संमिश्ल आ वचोयुजा। इन्द्रो वज्री हिरण्ययः ।।५।।
इन्द्रो दीर्घाय चक्षस आ सूर्यं रोहयद् दिवि। वि गोभिरद्रिमैरयत् ।।६।।

अ. 20.३६.१

इन्द्र वो विश्वतस्परि हवामहे जनेभ्यः। अस्माकमस्तु केवलः ।।१।।

अ. 20.४0.१–2

इन्द्रेण सं हि दृक्षसे संजग्मानो अबिभ्युषा। मन्दू समानवर्चसा ।।१।।
अनवद्यैरभिद्युभिर्मखः सहस्वदर्चति। गणैरिन्द्रस्य काम्यैः ।।2।।

अ. 20.४७.४–६

इन्द्रमिद् गाथिनो बृहदिन्द्रमर्केभिरर्किणः। इन्द्र वाणीरनूषत ।।४।।
इन्द्र इद्धर्योः सचा संमिश्ल आ वचोयुजा। इन्द्रो वज्री हिरण्ययः ।।५।।
इन्द्रो दीर्घाय चक्षस आ सूर्यं रोहयद् दिवि। वि गोभिरद्रिमैरयत् ।।६।।

अ. 20.४७.१0–१2

युंजन्ति ब्रध्नमरुषं चरन्तं परि तस्थुषः। रोचन्ते रोचना दिवि ।।१0।।
युंजन्त्यस्य काम्या हरी विपक्षसा रथे। शोणा धृष्णू नृवाहसा ।।११।।
केतुं कृण्वन्नकेतवे पेशो मर्या अपेशसे। समुषद्भिरजायथाः ।।१2।।

अ. 20.५७.१–३

सुरूपकृत्नुमूतये सुदुघामिव गोदुहे। जुहूमसि द्यविद्यवि ।।१।।
उप नः सवना गहि सोमस्य सोमपाः पिब। गोदा इद् रेवतो मदः ।।2।।
अथा ते अन्तमानां विद्याम सुमतीनाम्। मा नो अति ख्य आ गहि ।।३।।

अ. 20.६0.४–६

एवा ह्यस्य सूनृता विरप्शी गोमती मही। पक्वा शाखा न दाशुषे ।।४।।
एवा हि ते विभूतय ऊतय इन्द्र मावते। सद्यश्चित् सन्ति दाशुषे ।।५।।
एवा ह्यस्य कामया स्तोम उक्थं च शंस्या। इन्द्राय सोमपीतये ।।६।।

अ. 20.६८.१–१2

सुरूपकृत्नुमूतये सुदुघामिव गोदुहे। जुहूमसि द्यविद्यवि ।।१।।
उप नः सवना गहि सोमस्य सोमपाः पिब। गोदा इद् रेवतो मदः ।।2।।
अथा ते अन्तमानां विद्याम सुमतीनाम्। मा नो अति ख्य आ गहि ।।३।।
परेहि विग्रमस्तृतमिन्द्रं पृच्छा विपश्चितम्। यस्ते सखिभ्य आ वरम् ।।४।।
उत ब्रुवन्तु नो निदो निरंयतश्चिदारत। दधाना इन्द्र इद् दुवः ।।५।।
उत नः सुभगाँ अरिर्वोचेयुर्दस्म कृष्टयः। स्यामेदिन्द्रस्य शर्मणि ।।६।।
एमाशुमाशवे भर यज्ञश्रियं नृमादनम्। पतयन्मन्दयत् सखम् ।।७।।
अस्य पीत्वा शतक्रतो घनो वृत्राणामभवः। प्रावो वाजेषु वाजिनम् ।।८।।
तं त्वा वाजेषु वाजिनं वाजयामः शतक्रतो। धनानामिन्द्र सातये ।।६।।

Vedic Concordance of Mantras as per Devatā and Ṛṣi 371

योरायो३वनिर्महान्त्सुपारः सुन्वतः सखा। तस्मा इन्द्राय गायत ।।१०।।
आ त्वेता नि षीढतेन्द्रमभि प्र गायत। सखाय स्तोमवाहसः ।।११।।
पुरूतमं पुरूणामीशानं वार्याणाम्। इन्द्रं सोमे सचा सुते ।।१2।।

अ. 20.६६.१–११

स घा नो योग आ भुवत् स राये स पुरंध्याम्। गमद् वाजेभिरा स नः ।।१।।
यस्य संस्थे न वृण्वते हरी समत्सु शत्रवः। तस्मा इन्द्राय गायत ।।2।।
सुतपाव्ने इमे शुचयो यन्ति वीतये। सोमासो दध्याशिरः ।।३।।
त्वं सुतस्य पीतये सद्यो वृद्धो अजायथाः। इन्द्र ज्यैष्ठ्याय सुक्रतो ।।४।।
आ त्वा विशन्त्वाशवः सोमास इन्द्र गिर्वणः। शं ते सन्तु प्रचेतसे ।।५।।
त्वां स्तोमा अवीवृधन् त्वामुक्था शतक्रतो। त्वां वर्धन्तु नो गिरः ।।६।।
अक्षितोतिः सनेदिमं वाजमिन्द्रः सहस्रिणम्। यस्मिन् विश्वानि पौंस्या ।।७।।
मा नो मर्ता अभि द्रुहन् तनूनामिन्द्र गिर्वणः। ईशानो यवया वधम् ।।८।।
युंजन्ति ब्रध्नमरुषं चरन्तं परि तस्थुषः रोचन्ते रोचना दिवि ।।९।।
युंजन्त्यस्य काम्या हरी विपक्षसा रथे। शोणा धृष्णू नृवाहसा ।।१०।।
केतुं कृण्वन्नकेतवे पेशो मर्या अपेशसे। समुषद्भिरजायथाः ।।११।।

अ. 20.७०.६–20

इतो वा सातिमीमहे दिवो वा पार्थिवादधि। इन्द्रं महो वा रजसः ।।६।।
इन्द्रमिद् गाथिनो बृहदिन्द्रमर्केभिरर्किणः। इन्द्र वाणीरनूषत ।।७।।
इन्द्र इद्धर्यो सचा संमिश्ल आ वचोयुजा। इन्द्रो वज्री हिरण्यः ।।८।।
इन्द्रो दीर्घाय चक्षस आ सूर्यं रोहयद् दिवि। वि गोभिरद्रिमैरयत् ।।९।।
इन्द्र वाजेषु नोऽव सहस्रप्रधनेषु च। उग्र उग्राभिरूतिभिः ।।१०।।
इन्द्रं वयं महाधन इन्द्रमर्भे हवामहे। युजं वृत्रेषु वज्रिणम् ।।११।।
स नो वृषन्नमुं चरुं सत्रादावन्नपा वृधि। असमभ्यमप्रतिष्कुतः ।।१2।।
तुंजेतुंजे य उत्तरे स्तोमा इन्द्रस्य वज्रिणः। न विन्धे अस्य सुष्टुतिम् ।।१३।।
वृषा यूथेव वंसगः कृष्टीरियर्त्योजसा। ईशानो अप्रतिष्कुतः ।।१४।।
य एकश्चर्षणीनां वसूनामिरज्यति। इन्द्रः पंच क्षितीनाम् ।।१५।।
इन्द्रं वो विश्वतस्परि हवामहे जनेभ्यः। अस्माकमस्तु केवलः ।।१६।।
एन्द्र सानसिं रयिं सजित्वानं सदासहम्। वर्षिष्ठमूतये भर ।।१७।।
नि येन मुष्टिहत्यया नि वृत्रा रुणधामहै। त्वोतासो न्यर्वता ।।१८।।
इन्द्र त्वोतास आ वयं वज्रं घना ददीमहि। जयेम सं युधि स्पृधः ।।१९।।
वयं शूरेभिरस्तृभिरिन्द्र त्वया युजा वयम्। सासह्याम पृतन्यतः ।।20।।

अ. 20.७१.१–१६

महाँ इन्द्रः परश्च नु महित्वमस्तु वज्रिणे। द्यौर्न प्रथिना शवः ।।१।।
समोहे वा य आशत नरस्तोकस्य सनितौ। विप्रासो वा धियायवः ।।2।।
यः कुक्षिः सोमपातमः समुद्रइव पिन्वते। उर्वीरापो न काकुदः ।।३।।
एवा ह्यस्य सूनृता विरप्शी गोमती मही। पक्वा शाखा न दाशुषे ।।४।।
एवा हि ते विभूतय ऊतय इन्द्र मावते। सद्यश्चित् सन्ति दाशुषे ।।५।।
एवा ह्यस्य काम्या स्तोम उक्थं च शंस्या। इन्द्राय सोमपीतये ।।६।।
इन्द्रेहि मत्स्यन्धसो विश्वेभिः सोमपर्वभिः महाँ अभिष्टिरोजसा ।।७।।
एमेनं सृजता सुते मन्दिमिन्द्राय मन्दिने। चक्रिं विश्वानि चक्रये ।।८।।
मत्स्वा सुशिप्र मन्दिभि स्तोमेभिर्विश्वचर्षणे। सचैषु सवनेष्वा ।।९।।
असृग्रमिन्द्र ते गिरः प्रतित्वामुदहासत। अजोषा वृषभं पतिम् ।।१०।।
सं चोदय चित्रमर्वाग् राध इन्द्र वरेण्यम्। असदित् ते विभु प्रभु ।।११।।
अस्मान्त्सु तत्र चोदयेन्द्र राये रभस्वतः। तुविद्युम्न यशस्वतः ।।१2।।

सं गोमदिन्द्र वाजवदस्मे पृथु श्रवो बृहत्। विश्वायुर्धेह्यक्षितम् ।।१३।।
अस्मे धेहि श्रवो बृहद् द्युम्नं सहस्रसातमम्। इन्द्र ता रथिनीरिषः ।।१४।।
वसोरिन्द्रं वसुपतिं गीर्भिर्गृणन्त ऋग्मियम्। होम गन्तारमूतये ।।१५।।
सुतेसुते न्योकसे बृहद् बृहत एदरिः। इन्द्राय शूषमर्चति ।।१६।।

अ. २०.८४.१–३

इन्द्रा याहि चित्रभानो सुता इमे त्वायवः। अण्वीभिस्तना पूतासः ।।१।।
इन्द्रा याहि धियेषितो विप्रजूतः सुतावतः। उप ब्रह्माणि वाघतः ।।2।।
इन्द्रा याहि तूतुजान उप ब्रह्माणि हरिवः। सुते दधिष्व नश्चनः ।।३।।

य. ३.३४

कदा चन स्तरीरसि नेन्द्र सश्चसि दाशुषे।
उपोपेन्नु मघवन् भूयऽइन्नु ते दानं देवस्य पृच्यते।।३४।।

य. १५.६१

इन्द्रं विश्वा अवीवृधन्त्समुद्रव्यचसं गिरः। रथीतमं रथीनां वाजानां सत्पतिं पतिम् ।।६१।।

य. २०.८७–८९

इन्द्रा याहि चित्रभानो सुताऽइमे त्वा यवः। अण्वीभिस्तना पूतासः ।।८७।।
इन्द्रा याहि धियेषितो विप्रजूतः सुतावतः। उप ब्रह्माणि वाघतः ।।८८।।
इन्द्रा याहि तूतुजानऽउप ब्रह्माणि हरिवः। सुते दधिष्व नश्चनः ।।८९।।

य. ३३.२५

इन्द्रेहि मत्स्यन्धसो विश्वेभिः सोमपर्वभिः। महाँ२ऽ अभिष्टिरोजसा ।।२५।।

१५५. मधुच्छन्दा वैश्वामित्रः – ऋ. १.३.४–६; १.४.१–१०; १.५.१–१०; १.६.१–३; १०; १.७ १–१०; १.८.१–१०; १.९.१–१०; सा. १२९; १३० ; १६०; १६४; १६६; १८०; १९८; २०५; ३४२; ५९७; ५९८; ७४०–७४२; ७९६–७९९; ८५०–८५२; १०८७–१०८९; १३४४–१३४६; १४६८–१४७०; १६२०–१६२२

ऋ. १.३.४–६

इन्द्रा याहि चित्रभानो सुता इमे त्वायवः। अण्वीभिस्तना पूतासः ।।४।।
इन्द्रा याहि धियेषितो विप्रजूतः सुतावतः। उप ब्रह्माणि वाघतः ।।५।।
इन्द्रा याहि तूतुजान उप ब्रह्माणि हरिवः। सुते दधिष्व नश्चनः ।।६।।

ऋ. १.४.१–१०

सुरूपकृत्नुमूतये सुदुघामिव गोदुहे। जुहूमसि द्यविद्यवि ।।१।।
उप नः सवना गहि सोमस्य सोमपाः पिब। गोदा इद्रेवतो मदः ।।2।।
अथा ते अन्तमानां विद्याम सुमतीनाम्। मा नो अति ख्य आ गहि ।।३।।
परेहि विग्रमस्तृतमिन्द्रं पृच्छा विपश्चितम्। यस्ते सखिभ्य आ वरम् ।।४।।
उत ब्रुवन्तु नो निदो निरन्यतश्चिदारत। दधाना इन्द्र इद्दुवः ।।५।।
उत नः सुभगाँ अरिर्वोचेयुर्दस्म कृष्टयः। स्यामेदिन्द्रस्य शर्मणि ।।६।।
एमाशुमाशवे भर यज्ञश्रियं नृमादनम्। पतयन्मन्दयत्सखम् ।।७।।
अस्य पीत्वा शतक्रतो घनो वृत्राणामभवः। प्रावो वाजेषु वाजिनम् ।।८।।
तं त्वा वाजेषु वाजिनं वाजयामः शतक्रतो। धनानामिन्द्र सातये ।।९।।
यो रायो३वनिर्महान्त्सुपारः सुन्वतः सखा। तस्मा इन्द्राय गायत ।।१०।।

ऋ. १.५.१–१०

आ त्वेता नि षीदतेन्द्रमभि प्र गायत। सखायः स्तोमवाहसः ।।१।।
पुरूतमं पुरूणामीशानं वार्याणाम्। इन्द्रं सोमे सचा सुते ।।2।।
स घा नो योग आ भुवत् स राये स पुरंध्याम्। गमद् वाजेभिरा स नः ।।३।।
यस्य संस्थे न वृण्वते हरी समत्सु शत्रवः। तस्मा इन्द्राय गायत ।।४।।

सुतपाव्ने सुता इमे शुचयो यन्ति वीतये। सोमासो दध्याशिरः ।।५।।
त्वं सुतस्य पीतये सद्यो वृद्धो अजायथाः। इन्द्र ज्यैष्ठ्याय सुक्रतो ।।६।।
आ त्वा विशन्त्वाशवः सोमास इन्द्र गिर्वणः। शं ते सन्तु प्रचेतसे ।।७।।
त्वां स्तोमा अवीवृधन् त्वामुक्था शतक्रतो। त्वां वर्धन्तु नो गिरः ।।८।।
अक्षितोतिः सनेदिमं वाजमिन्द्रः सहस्रिणम्। यस्मिन् विश्वानि पौंस्या ।।६।।
मा नो मर्ता अभि द्रुहन् तनूनामिन्द्र गिर्वणः। ईशानो यवया वधम् ।।१०।।

ऋ. १.६.१—३

युंजन्ति ब्रध्नमरुषं चरन्तं परि तस्थुषः। रोचन्ते रोचना दिवि ।।१।।
युंजन्त्यस्य काम्या हरी विपक्षसा रथे। शोणा धृष्णू नृवाहसा ।।2।।
केतुं कृण्वन्नकेतवे पेशो मर्या अपेशसे। समुषद्भिरजायथाः ।।३।।

ऋ. १.६.१०

इतो वा सातिमीमहे दिवो वा पार्थिवादधि। इन्द्रं महो वा रजसः ।।१०।।

ऋ. १.७.१—१०

इन्द्रमिद् गाथिनो बृहदिन्द्रमर्केभिरर्किणः। इन्द्रं वाणीरनूषत ।।१।।
इन्द्र इद्धर्योः सचा संमिश्ल आ वचोयुजा। इन्द्रो वज्री हिरण्ययः ।।2।।
इन्द्रो दीर्घाय चक्षस आ सूर्यं रोहयद् दिवि। वि गोभिरद्रिमैरयत् ।।३।।
इन्द्र वाजेषु नोऽव सहस्रप्रधनेषु च। उग्र उग्राभिरूतिभिः ।।४।।
इन्द्रं वयं महाधन इन्द्रमर्भे हवामहे। युजं वृत्रेषु वज्रिणम् ।।५।।
स नो वृषन्नमुं चरुं सत्रादावन्नपा वृधि। अस्मभ्यमप्रतिष्कुतः ।।६।।
तुंजेतुंजे य उत्तरे स्तोमा इन्द्रस्य वज्रिणः। न विन्धे अस्य सुष्टुतिम् ।।७।।
वृषा यूथेव वंसगः कृष्टीरियर्त्योजसा। ईशानो अप्रतिष्कुतः ।।८।।
य एकश्चर्षणीनां वसूनामिरज्यति। इन्द्रः पंच क्षितीनाम् ।।६।।
इन्द्रं वो विश्वतस्परि हवामहे जनेभ्यः। अस्माकमस्तु केवलः ।।१०।।

ऋ. १.८.१—१०

एन्द्र सानसिं रयिं सजित्वानं सदासहम्। वर्षिष्ठमूतये भर ।।१।।
नि येन मुष्टिहत्यया नि वृत्रा रुणधामहै। त्वोतासो न्यर्वता ।।2।।
इन्द्र त्वोतास आ वयं वज्रं घना ददीमहि। जयेम सं युधि स्पृधः ।।३।।
वयं शूरेभिरस्तृभिरिन्द्र त्वया युजा वयम्। सासह्याम पृतन्यतः ।।४।।
महाँ इन्द्रः परश्च नु महित्वमस्तु वज्रिणे। द्यौर्न प्रथिना शवः ।।५।।
समोहे वा य आशत नरस्तोकस्य सनितौ। विप्रासो वा धियायवः ।।६।।
यः कुक्षिः सोमपातमः समुद्रइव पिन्वते। उर्वीरापो न काकुदः ।।७।।
एवा ह्यस्य सूनृता विरप्शी गोमती मही। पक्वा शाखा न दाशुषे ।।८।।
एवा हि ते विभूतय ऊतय इन्द्र मावते। सद्यश्चित् सन्ति दाशुषे ।।६।।
एवा ह्यस्य काम्या स्तोम उक्थं च शंस्या। इन्द्राय सोमपीतये ।।१०।।

ऋ. १.६.१—१०

इन्द्रेहि मत्स्यन्धसो विश्वेभिः सोमपर्वभिः। महाँ अभिष्टिरोजसा ।।१।।
एमेनं सृजता सुते मन्दिमिन्द्राय मन्दिने। चक्रिं विश्वानि चक्रये ।।2।।
मत्स्वा सुशिप्र मन्दिभिः स्तोमेभिर्विश्वचर्षणे। सचैषु सवनेष्वा ।।३।।
असृग्रमिन्द्र ते गिरः प्रति त्वामुदहासत। अजोषा वृषभं पतिम् ।।४।।
सं चोदय चित्रमर्वाग् राध इन्द्र वरेण्यम्। असदित्ते विभु प्रभु ।।५।।
अस्मान्त्सु तत्र चोदयेन्द्र राये रभस्वतः। तुविद्युम्न यशस्वतः ।।६।।
सं गोमदिन्द्र वाजवदस्मे पृथु श्रवो बृहत्। विश्वायुर्धेह्यक्षितम् ।।७।।
अस्मे धेहि श्रवो बृहद् द्युम्नं सहस्रसातमम्। इन्द्र ता रथिनीरिषः ।।८।।

वसोरिन्द्रं वसुपतिं गीर्भिर्गृणन्त ऋग्मियम्। होम गन्तारमूतये ।।६।।
सुतेसुते न्योकसे बृहद् बृहत एदरिः। इन्द्राय शूषमर्चति ।।१०।।

सा. १२६–१३०

एन्द्र सानसिं रयिं सजित्वानं सदासहम्। वर्षिष्ठमूतये भर ।।५।।
इन्द्र वयं महाधन इन्द्रमर्भे हवामहे। युजं वृत्रेषु वज्रिणम् ।।६।।

सा. १६०

सुरूपकृत्नुमूतये सुदुधामिव गोदुहे। जुहूमसि द्यविद्यवि ।।६।।

सा. १६४

आ त्वेता नि षीदतेन्द्रमभि प्र गायत। सखायः स्तोमवाहसः ।।१०।।

सा. १६६

महाँ इन्द्रः पुरश्च नो महित्वमस्तु वज्रिणे। द्यौर्न प्रथिना शवः ।।2।।

सा. १८०

इन्द्रेहि मत्स्यन्धसो विश्वेभिः सोमपर्वभिः। महाँ अभिष्टिरोजसा ।।६।।

सा. १६८

इन्द्रमिद्गथिनो बृहदिन्द्रमर्केभिरर्किणः। इन्द्रं वाणीरनूषत ।।५।।

सा. 20५

असृग्रमिन्द्र ते गिरः प्रति त्वामुदहासत। सजोषा वृषभं पतिम् ।।2।।

सा. ३४2

गयन्ति त्वा गायत्रिणोऽर्चन्त्यर्कमर्किणः। ब्रह्मणस्त्वा शतक्रत उद्वंशमिव येमिरे ।।१।।

सा. ५६७

इन्द्र इद्धर्योः सचा सम्मिश्ल आ वचोयुजा। इन्द्रो वज्री हिरण्ययः ।।३।।

सा. ५६८

इन्द्र वाजेषु नोऽव सहस्रप्रधनेषु च। उग्र उग्राभिरूतिभिः ।।४।।

सा. ७४०–७४2

आ त्वेता नि षीदतेन्द्रमभि प्र गायत। सखाय स्तोमवाहसः ।।१।।
पुरूतमं पुरूणामीशानं वार्याणाम्। इन्द्रं सोमे सचा सुते ।।2।।
स घा नो योग आ भुवत्स राये स पुरन्ध्या। गमद्वाजेभिरा स नः ।।३।।

सा. ७६६–७६६

इन्द्रमिद्गाथिनो बृहदिन्द्रमर्केभिरर्किणः। इन्द्र वाणीरनूषत ।।१।।
इन्द्र इद्धर्योः सचा सम्मिश्ल आ वचोयुजा। इन्द्रो वज्री हिरण्ययः ।।2।।
इन्द्र वाजेषु नोऽव सहस्रप्रधनेषु च। उग्र उग्राभिरूतिभिः ।।३।।
इन्द्रो दीर्घाय चक्षस आ सूर्यं रोहयद्दिवि। वि गोभिरद्रिमैरयत् ।।४।।

सा. ८५०–८५2

इन्द्रेण सं हि दृक्षसे संजग्मानो अबिभ्युषा। मन्दू समानवर्चसा ।।१।।
आदह स्वधामनु पुनर्गर्भत्वमेरिरे। दधाना नाम यज्ञियम् ।।2।।
वीडु चिदारुजत्नुभिर्गुहा चिदिन्द्र बह्निभिः। अविन्द उस्रिया अनु ।।३।।

सा. १०८७–१०८६

सुरूपकृत्नुमूतये सुदुघामिव गोदुहे। जुहूमसि द्यविद्यवि ।।१।।
उप नः सवना गहि सोमस्य सोमपाः पिब। गोदा इद्रेवतो मदः ।।2।।
अथा ते अन्तमानां विद्याम सुमतीनाम्। मा नो अति ख्य आ गहि ।।३।।

सा. १३४४–१३४६

गायन्ति त्वा गायत्रिणोऽर्चत्यर्कमर्किणः। ब्रह्माणस्त्वा शतक्रत उद्वंशमिव योमिरे ।।१।।
यत्सानोः सान्वारुहो भूर्यस्पष्ट कर्त्वम्। तदिन्द्रो अर्थं चेतति यूथेन वृष्णिरेजति ।।2।।

युंक्ष्वा हि केशिना हरी वृषणा कक्ष्यप्रा। अथा न इन्द्र सोमपा गिरामुपश्रुतिं चर ।।३।।

सा. १४६८–१४७०

युंजन्ति ब्रध्नमरुषं चरन्तं परि तस्थुषः। रोचन्ते रोचना दिवि ।।१।।
युंजन्त्यस्य काम्या हरी विपक्षसा रथे। शोणा धृष्णू नृवाहसा ।।2।।
केतुं कृण्वन्नकेतवे पेशो मर्या अपेशसे। समुषद्भिरजायथाः ।।३।।

सा. १६2०–१६22

इन्द्रं वो विश्वतस्परि हवामहे जनेभ्यः। अस्माकमस्तु केवलः ।।१।।
स नो वृषन्नमुं चरुं सत्रादावन्नपा वृधि। अस्मभ्यमप्रतिष्कुतः ।।2।।
वृषा यूथेव वं सगः कृष्टीरियर्त्योजसा। ईशानो अप्रतिष्कुतः ।।३।।

१५६. मधुच्छन्दा सुतजेता – य. १2.५६; १७.६१

य. १2.५६

इन्द्रं विश्वाऽअवीवृधन्त्समुद्रव्यचसं गिरः। रथीतमं रथीनां वाजानां सत्पतिं पतिम् ।।५६।।

य. १७.६१

इन्द्रं विश्वाऽअवीवृधन्त्समुद्रव्यचसं गिरः। रथीतमं रथीनां वाजानां सत्पतिं पतिम् ।।६१।।

१५७. महीयवः – य. 2६.१७

स नऽइन्द्राय यज्यवे वरुणाय मरुद्भ्यः। वरिवोवित्परि स्रव ।।१७।।

१५८. मातरिश्वा काण्वः – ऋ. ८.५४.१; 2; ५–८

ऋ. ८.५४.१–2

एतत्त इन्द्र वीर्यं गीर्भिर्गृणन्ति कारव।
ते स्तोभन्त ऊर्जमावन् घृतश्चुतं पौरासो नक्षन्धीतिभिः।।१।।
नक्षन्त इन्द्रमवसे सुकृत्यया येषां सुतेषु मन्दसे ।
यथा संवर्ते अमदो यथा कृश एवास्मे इन्द्र मत्सव ।।2।।

ऋ. ८.५४.५–८

यदिन्द्र राधो अस्ति ते माघोनं मघवत्तम ।
तेन नो बोधि सधमाद्यो वृधे भगो दानाय वृत्रहन् ।।५।।
आजिपते नृपते त्वमिद्धि नो वाज आ वक्षि सुक्रतो ।
वीती होत्राभिरुत देववीतिभिः ससवांसो वि शृण्विरे ।।६।।
सन्ति ह्यर्य आशिष इन्द्र आयुर्जनानाम् ।
अस्मान्नक्षस्व मघवन्नुपावसे धुक्षस्व पिप्युषीमिषम् ।।७।।
वयं त इन्द्र स्तोमेभिर्विधेम त्वमस्माकं शतक्रतो ।
महि स्थूरं शशयं राधो अह्रयं **प्रस्क**ण्वाय नि तोशय ।।८।।

१५९. मान्धाता यौवनाश्वः – ऋ. १०.१३४.१–६; सा. १०६०–१०६2

ऋ. १०.१३४.१–६

उभे यदिन्द्र रोदसी आपप्राथेषाइव ।
महान्तं त्वा महीनां सम्राजं चर्षणीनां। देवी जनित्र्यजीजनद् भद्रा जनित्र्यजीजनत् ।।१।।
अव स्म दुर्हणायतो मर्तस्य तनुहि स्थिरम् ।
अधस्पदं तमीं कृधि यो अस्माँ आदिदेशति देवी जनित्रयजीजनदभद्रा जनित्र्यजीजनत् ।।2।।
अव त्या बृहतीरिषो विश्वश्चन्द्रा अमित्रहन् ।
शचीभिः शक्र धूनुहीन्द्र विश्वाभिरूतिभिर्देवी जनित्र्यजीजनद् भद्रा जनित्र्यजीजनत् ।।३।।
अव यत्त्वं शतक्रतविन्द्र विश्वानि धूनुषे ।
रयिं न सुन्वते सचा सहस्रिणीभिरूतिभिर्देवी जनित्र्यजीजनद् भद्रा जनित्र्यजीजनत् ।।४।।
अव स्वेदा इवाभितो विष्वक्पतन्तु दिद्यवः ।
दूर्वायाइव तन्तवो व्य१स्मदेतु दुर्मतिर्देवी जनित्र्यजीजनद् भद्रा जनित्र्यजीजनत् ।।५।।

दीर्घं ह्यङ्कुशं यथा शक्तिं बिभर्षि मन्तुमः ।
पूर्वेण मघवन्पदाजो वयां यथा यमो देवी जनित्र्यजीजनद् भद्रा जनित्र्यजीजनत् ।।६।।

सा. १०६०–१०६२

उभे यदिन्द्र रोदसी आपप्राथोषा इव ।
महान्तं त्वा महीनां सप्राजं चर्षणीनाम्। देवी जनित्र्यजीजनद्भद्रा जनित्र्यजीजनत् ।।१।।
दीर्घं ह्यङ्कुशं यथा शक्तिं बिभर्षि मन्तुमः ।
पूर्वेण मघवन्पदा वयामजो यथा यमः। देवी जनित्र्यजीजनद्भद्रा जनित्र्यजीजनत् ।।2।।
अव स्म दुर्हणायतो मर्त्तस्य तनुहि स्थिरम् ।
अधस्पदं तमीं कृधि यो अस्माँ अभिदासति। देवी जनित्र्यजीजनद्भद्रा जनित्र्यजीजनत् ।।३।।

१६०. मान्धाता यौवनाश्वः (पूर्वार्द्ध) गोधा ऋषिका (उत्तरार्द्ध) – सा. १०६१

दीर्घं ह्यङ्कुशं यथा शक्तिं बिभर्षि मन्तुमः ।
पूर्वेण मघवन्पदा वयामजो यथा यमः ।
देवी जनित्र्यजीजनद्भद्रा जनित्र्यजीजनत।।2।।

१६१. मान्धाता यौवनाश्वः (ऋसर्व. १०.१३४.१) मेधातिथिः काण्वः (साग्री. सास्वा.) मरुतो यौवनाश्वः (सार्षेदी.) – सा. ३७६

उभे यदिन्द्र रोदसी आपप्राथोषा इव ।
महान्तं त्वा महीनां सम्राजं चर्षणीनाम् देवी जनित्र्यजीजनद्भद्रा जनित्रयजीजनत् ।।१०।।

१६2. मृगारः – अ. ४.2४.१–७

इन्द्रस्य मन्महे शश्वदिदस्य मन्महे वृत्रघ्न स्तोमा उप मेम आगुः ।
यो दाशुषः सुकृतो हवमति स नो मुंचत्वंहसः ।।१।।
य उग्रीणमुग्रबाहुर्युयुर्यो दानवानां बलमारुरोज ।
येन जिताः सिन्धवो येन गावः स नो मुंचत्वंहसः ।।2।।
यश्चर्षणिप्रो वृषभः स्वर्विद् यस्मै ग्रावाणः प्रवदन्ति नृम्णम् ।
यस्याध्वरः सप्तहोता मदिष्ठः स नो मुंचत्वंहसः ।।३।।
यस्य वशास ऋषभास उक्षणो यस्मै मीयन्ते स्वरवः स्वर्विदे ।
यस्मै शुक्रः पवते ब्रह्मशुम्भितः स नो मुंचत्वंहसः ।।४।।
यस्य जुष्टिं सोमिनः कामयन्ते यं हवन्त इषुमन्तं गविष्टौ ।
यस्मिन्नर्कः शिश्रिये यस्मिन्नोजः स नो मुंचत्वहसः ।।५।।
यः प्रथमः कर्मकृत्याय जज्ञे यस्य वीर्यं प्रथमस्यानुबद्धम् ।
येनोद्यतो वज्रोऽभ्यायताहिं स नो मुंचत्वंहसः ।।६।।
यः सङ्ग्रामान् नयति सं युधे वशी यः पुष्टानि संसृजति द्वयानि ।
स्तौमीन्द्रं नाथितो जोवीमि स नो मुंचत्वंहसः ।।७।।

१६३. मेधाकामः – य. ३2.१३

सदसस्पतिमद्भुतं प्रियमिन्द्रस्य काम्यम्। सनिं मेधामयासिषं स्वहा ।।१३।।

१६४. मेधातिथिः काण्वः – ऋ. १.१५.५; १.१६.१–६; ८.3२.१–३०; ८.३३.१–१६; सा. १३६; १४६; 2१७; 222; 22३; 22६; 2३०; 2३६; १८०४–१८०६

ऋ. १.१५.५

ब्राह्मणदिन्द्र राधसः पिबा सोममृतूँरनु। तवेद्धि सख्यमस्तृतम् ।।५।।

ऋ. १.१६.१–६

आ त्वा वहन्तु हरयो वृषणं सोमपीतये। इन्द्र त्वा सूरचक्षसः ।।१।।
इमा धाना घृतस्नुवो हरी इहोप वक्षतः। इन्द्रं सुखतमे रथे ।।2।।
इन्द्र प्रातर्हवामह इन्द्रं प्रयत्ध्वरे। इन्द्रं सोमस्य पीतये ।।३।।

उप नः सुतमा गहि हरिभिरिन्द्र केशिभिः। सुते हि त्वा हवामहे ।।४।।
सेमं नः स्तोममा गह्युपेदं सवनं सुतम्। गौरो न तृषितः पिब ।।५।।
इमे सोमास इन्दवः सुतासो अधि बर्हिषि। ताँ इन्द्र सहसे पिब ।।६।।
अयं ते स्तोमो अग्रियो हृदिस्पृगस्तु शंतमः। अथा सोमं सुतं पिब ।।७।।
विश्वमित्सवनं सुतमिन्द्रो मदाय गच्छति। वृत्रहा सोमपीतये ।।८।।
सेमं नः काममा पृण गोभिरश्वैः शतक्रतो। स्तवाम त्वा स्वाध्यः ।।९।।

ऋ. ८.३२.१–३०

प्र कृतान्यृजीषिणः कण्वा इन्द्रस्य गाथया। मदे सोमस्य वोचत ।।१।।
यः सृबिन्दमनर्शनिं पिप्रुं दासमहीशुवम्। वधीदुग्रो रिणन्नपः ।।2।।
न्यर्बुदस्य विष्टपं वर्ष्माणं बृहतस्तिर। कृषे तदिन्द्रं पौंस्यम् ।।३।।
प्रति श्रुताय वो धृषत्तूर्णाशं न गिरेरधि। हुवे सुशिप्रमूतये ।।४।।
स गोरश्वस्य वि व्रजं मन्दानः सोम्येभ्यः। पुरं न शूर दर्षसि ।।५।।
यदि मे रारणः सुत उक्थे वा दधसे चनः। आरादुप स्वधा गहि ।।६।।
वयं घा ते अपि ष्मसि स्तोतार इन्द्र गिर्वणः। त्वं नो जिन्व सोमपाः ।।७।।
उत नः पितुमा भर संरराणो अविक्षितम्। मघवन्भूरि ते वसु ।।८।।
उत नो गोमतस्कृधि हिरण्यवतो अश्विनः। इळाभिः सं रभेमहि ।।९।।
बृबदुक्थं हवामहे सृप्रकरस्नमूतये। साधु कृण्वन्तमवसे ।।१०।।
यः संस्थे चिच्छतक्रतुरादीं कृणोति वृत्रहा। जरितृभ्यः पुरूवसुः ।।११।।
स नः शक्रश्चिदा शकद्दानवाँ अन्तराभरः। इन्द्रो विश्वाभिरूतिभिः ।।१2।।
यो रायो३ वनिर्महान्त्सुपारः सुन्वतः सखा। तमिन्द्रमभि गायत ।।१३।।
आयन्तारं महि स्थिरं पृतनासु श्रवोजितम्। भूरेरीशानमोजसा ।।१४।।
नकिरस्य शचीनां नियन्ता सूनृतानाम्। नकिर्वक्ता न दादिति ।।१५।।
न नूनं ब्रह्मणमृणं प्राशूनामस्ति सुन्वताम्। न सोमो अप्रता पपे ।।१६।।
पन्य इदुप गायत पन्य उक्थानि शंसत। ब्रह्मा कृणोत पन्य इत् ।।१७।।
पन्य आ दर्दिरच्छता सहस्रा वाज्यवृतः। इन्द्रो यो यज्वनो वृधः ।।१८।।
वि षू चर स्वधा अनु कृष्टीनामन्वाहुवः। इन्द्र पिब सुतानाम् ।।१९।।
पिब स्वधैनवानामुत यस्तुग्र्ये सचा। उतायमिन्द्र यस्तव ।।2०।।
अतीहि मन्युषाविणं सुषुवांसमुपारणे। इमं रातं सुतं पिब ।।2१।।
इहि तिस्रः परावत इहि पंच जनाँ अति। धेना इन्द्रावचाकशत ।।22।।
सूर्यो रश्मिं यथा सृजा त्वा यच्छन्तु म गिरः। निम्माषो न सध्र्यक् ।।2३।।
अध्वर्यवा तु हि षिंच सोमं वीराय शिप्रिणे। भरा सुतस्य पीतये ।।2५।।
य उद्नः फलिगं भिन्य१ क्सिन्धूँरवासृजत्। यो गोषु पक्वं धारयत् ।।2५।।
अहन्वृत्रमृचीषम औणबाभमहीशुवम्। हिमेनाविध्यदर्बुदम् ।।2६।।
प्र व उग्राय निष्टुरेऽषाळहाय प्रसक्षिणे। देवत्तं ब्रह्म गायत ।।2७।।
यो विश्वान्यभि व्रता सोमस्य मदे अन्धसः। इन्द्रो देवेषु चेतति ।।2८।।
इह त्या सधमाद्या हरी हिरण्यकेश्या। वोळहामभि प्रयो हितम् ।।2९।।
अर्वांचं त्वा पुरुष्टुत प्रियमेधस्तुता हरी। सोमपेयाय वक्षतः ।।३०।।

ऋ. ८.३३.१–१९

वयं घ त्वा सुतावन्त आपो न वृक्तबर्हिषः। पवित्रस्य प्रस्रवणेषु वृत्रहन् परि स्तोतार आसते।।१।।
स्वरन्ति त्वा सुते नरो वसो निरेक उक्थिनः ।
कदा सुतं तृषाण ओक आ गम इन्द्र स्वब्दीव वंसगः ।।2।।
कण्वेभिर्धृष्णवा धृषद्वाजं दर्षि सहस्रिणम्। पिशंगरूपं मघवन् विचर्षणे मक्षू गोमन्तमीमहे ।।३।।
पाहि गायान्धसो मद इन्द्राय मेध्यातिथे ।
यः संमिश्लो हर्योर्यः सुते सचा वज्री रथो हिरण्ययः।।४।।

यः सुषव्यः सुदक्षिण इनो यः सुक्रतुर्गृणे।
य आकरः सहस्रा यः शतामघ इन्द्रो यः पूर्भिदारितः।।५।।
यो धृषितो योऽवृतो यो अस्ति श्मश्रुषु श्रितः ।
विभूतद्युम्नश्च्यवनः पुरुष्टुतः क्रत्वा गौरिव शाकिनः ।।६।।
क ईं वेद सुते सचा पिबन्तं कद्वयो दधे ।
अयं यः पुरो विभिनत्त्योजसा मन्दानः शिप्र्यन्धसः ।।७।।
दाना मृगो न वारणः पुरुत्रा चरथं दधे ।
नकिष्ट्वा नि यमदा सुते गमो महाँश्चरस्योजसा ।।८।।
य उग्रः सन्ननिष्टृतः स्थिरो रणाय संस्कृतः ।
यदि स्तोतुर्मघवा शृणवद्धवं नेन्द्रो योषत्या गमत् ।।९।।
सत्यमित्था वृषेदसि वृषजूतिर्नोऽवृतः। वृषा ह्युग्र शुण्विषे परावति वृषो अर्वावति श्रुतः ।।१०।।
वृषणस्ते अभीशवो वृषा कशा हिरण्ययी ।
वृषा रथो मघवन्वृषणा हरी वृषा त्वं शतक्रतो ।।११।।
वृषा सोता सुनोतु ते वृषन्नृजीषिन्ना भर ।
वृषा दधन्वे वृषणं नदीष्वा तुभ्यं स्थातर्हरीणाम् ।।१2।।
एन्द्र याहि पीतये मधु शविष्ठ सोम्यम्।
नायमच्छा मघवा शृणवद् गिरो ब्रह्मोक्था च सुक्रतुः ।।१३।।
वहन्तु त्वा रथेष्ठामा हरयो रथयुजः ।
तिरश्चिदर्यं सवनानि वृत्रहन्नन्येषां या शतक्रतो ।।१४।।
अस्माकमद्यान्तमं स्तोमं धिष्व महामह ।
अस्माकं ते सवना सन्तु शंतमा मदाय द्युक्ष सोमपाः ।।१५।।
नहि षस्तव नो मम शास्त्रे अन्यस्य रण्यति। यो अस्मान्वीर आनयत् ।।१६।।
इन्द्रश्चिद् घा तदब्रवीत्स्त्रिया अशास्यं मनः। उतो अह क्रतुं रघुम् ।।१७।।
सप्ती चिद् घा मदच्युता मिथुना वहतो रथम्। एवेद्धूर्वृष्ण उत्तरा ।।१८।।
अधः पश्यस्व मोपरि संतरां पादकौ हर ।
मा ते कशप्लकौ दृशन् स्त्री हि ब्रह्मा बभूविथ ।।१९।।

सा. १३६

सोमानां स्वरणं कृणुहि ब्रह्मणस्पते। कक्षीवन्तं य औशिजः ।।५।।

सा. १४६

इमा उ त्वा पुरूवसोऽभि प्र नो नोनुवुर्गिरः। गावो वत्सं न धेनवः ।।2।।

सा. 2१७

बृबदुक्थं हवामहे सृप्रकरस्नमूतये। साधः कृण्वन्तमवसे ।।४।।

सा. 222–22३

इदं विष्णुर्वि चक्रमे त्रेधा नि दधे पदम्। समूढमस्य पांसुले ।।६।।
अतीहि मन्युषाविणं सुषुवां समुपेरय। अस्य रातौ सुतं पिब ।।१०।।

सा. 22९–2३०

ब्राह्मणादिन्द्र राधसः पिबा सोममृतूँ रनु। तवेदं सख्यमस्तृतम् ।।७।।
वयं घा ते अपि स्मसि स्तोतार इन्द्र गिर्वणः। त्वं नो जिन्व सोमपाः ।।८।।

सा. 2३९

पिबा सुतस्य रसिनो मत्स्वा न इन्द्र गोमतः ।
आपिर्नो बोधि सधमाद्ये वृधे३ऽस्माँ अवन्तु ते धियः ।।७।।

सा. १८०४–१८०६

रेवाँ इद्रेवत स्तोता स्यात्त्वावतो मघोनः। प्रेदु हरिवः सुतस्य ।।१।।
उक्थं च न शस्यमानं नागो रयिरा चिकेत। न गायत्रं गीयमानम् ।।2।।

मा न इन्द्र पीयत्नवे मा शर्धते परा दाः। शिक्षा शचीवः शचीभिः ।।३।।

१६५. मेधातिथिः काण्वः प्रियमेधश्च आंगिरसः – ऋ. ८.2.१–४०; सा. १२३; १२४; १५७; 22५; 22७; ७१६–७21; १६५७–१६५६; अ. 20.१८.१–३

ऋ. ८.2.१–४०

इदं वसो सुतमन्धः पिबा सुपूर्णमुदरम्। अनाभयिन्नरिमा ते ।।१।।
नृभिर्धूतः सुतो अश्नैरव्यो वारैः परिपूतः। अश्वो न निक्तो नदीषु ।।2।।
तं ते यवं यथा गोभिः स्वादुमकर्म श्रीणन्तः। इन्द्र त्वास्मिन्त्सधमादे ।।३।।
इन्द्र इत्सोमपा एक इन्द्रः सुतपा विश्वायुः। अन्तर्देवान् मर्त्यांश्च ।।४।।
न यं शुक्रो न दुराशीर्न तृप्रा उरुव्यचसम्। अपस्पृण्वते सुहार्दम् ।।५।।
गोभिर्यदीमन्ये अस्मन्मृगं न व्रा मृगयन्ते। अभित्सरन्ति धेनुभिः ।।६।।
त्रयः कोशासः श्चोतन्ति तिस्रश्चम्व१ः सुपूर्णाः। समाने अधि भार्मन् ।।८।।
शुचिरसि पुरुनिष्ठाः क्षीरैर्मध्यत आशीर्तः। दध्ना मन्दिष्ठः शूरस्य ।।६।।
इमे त इन्द्र सोमास्तीव्रा अस्मे सुतासः। शुक्रा आशिरं याचन्ते ।।१०।।
ताँ आशिरं पुरोळाशमिन्द्रेमं सोमं श्रीणीहि। रेवन्तं हि त्वा शृणोमि ।।११।।
हृत्सु पीतासो युध्यन्ते दुर्मदासो न सुरायाम्। ऊधर्न नग्ना जरन्ते ।।१2।।
रेवाँ इद्रेवतः स्तोता स्यात्त्वावतो मघोनः। प्रेदु हरिवः श्रुतस्य ।।१३।।
उक्थं चन शस्यमानमगोररिरा चिकेत। न गायत्रं गीयमानम् ।।१४।।
मा न इन्द्र पीयत्नवे मा शर्धते परा दाः। शिक्षा शचीवः शचीभिः ।।१५।।
वयमु त्वा तदिदर्था इन्द्र त्वायन्तः सखायः। कण्वा उक्थेभिर्जरन्ते ।।१६।।
न घेमन्यदा पपन वज्रिन्नपसो नविष्टौ। तवेदु स्तोमं चिकेत ।।१७।।
इच्छन्ति देवाः सुन्वन्तं न स्वप्नाय स्पृहयन्ति। यन्ति प्रमादमतन्द्राः ।।१८।।
ओ षु प्र याहि वाजेभिर्मा अभ्य१स्मान। महाँ इव युवजानिः ।।१६।।
मो ष्व१द्य दुर्हणावान्त्सायं करदारे अस्मत्। अश्रीरइव जामाता ।।2०।।
विद्या ह्यस्य वीरस्य भूरिदावरीं सुमतिम्। त्रिषु जातस्य मनांसि ।।2१।।
आ तू षिंच कण्वमन्तं न घा विद्य शवसानात्। यशस्तरं शतमूतेः ।।22।।
ज्येष्ठेन सोतरिन्द्राय सोमं वीराय शक्राय। भरा पिबन्नर्याय ।।2३।।
यो वेदिष्ठो अव्यथिष्वश्वावन्तं जरितृभ्यः। वाजं स्तोतृभ्यो गोमन्तम् ।।2४।।
पन्यंपन्यमित्सोतार आ धावत मद्याय। सोमं वीराय शूराय ।।2५।।
पाता वृत्रहा सुतमा घा गमन्नारे अस्मत्। नि यमते शतमूतिः ।।2६।।
एह हरी ब्रह्मयुजा शग्मा वक्षतः सखायम्। गीर्भिः श्रुतं गिर्वणसम् ।।2७।।
स्वादवः सोमा आ याहि श्रीताः सोमा आ याहि।
शिप्रिन्नृषीवः शचीवो नायमच्छा सधमादम् ।।2८।।
स्तुतश्च यास्त्वा वर्धन्ति महे राधसे नृम्णाय। इन्द्र कारिणं वृधन्तः ।।2६।।
गिरश्च यास्ते गिर्वाह उक्था च तुभ्यं तानि। सत्रा दधिरे शवांसि ।।३०।।
एवेदेष तुविकूर्मिवाजाँ एको वज्रहस्तः। सनादमृक्तो दयते ।।३१।।
हन्ता वृत्रं दक्षिणेनेन्द्रः पुरू पुरुहूतः। महान्महीभिः शचीभिः ।।३2।।
यस्मिन् विश्वाश्चर्षणय उत च्यौत्ना ज्रयांसि च। अनु घेन्मन्दी मघोनः ।।३३।।
एष एतानि चकारेन्द्रो विश्वा योऽति शृण्वे। वाजदावा मघोनाम् ।।३४।।
प्रभर्ता रथं गव्यन्तमपाकाच्चिद्यमवति। इनो वसु स हि वोळहा ।।३५।।
सनिता विप्रो अर्वद्भिर्हन्ता वृत्रं नृभिः शूरः। सत्योऽविता विधन्तम् ।।३६।।
यजध्वैनं प्रियमेधा इन्द्रं सत्राचा मनसा। यो भूत्सोमैः सत्यमद्वा ।।३७।।
गाथश्रवसं सतपतिं श्रवस्कामं पुरुत्मानम्। कण्वासो गात वाजिनम् ।।३८।।

य ऋते चिद्गास्पदेभ्यो दात् सखा नृभ्यः शचीवान्। ये अस्मिन्काममश्रियन् ।।३६।।
इत्था धीवन्तमद्रिवः काण्वं मेध्यातिथिम्। मेषो भूतो३ऽभि यन्नयः ।।४०।।

सा. १२३–१२४

पन्यंपन्यमित्सोतार आ धावत मद्याय। सोमं वीराय शूराय ।।६।।
इदं वसो सुतमन्धः पिबा सुपूर्णमुदरम्। अनाभयिन्नरिमा ते ।।१०।।

सा. १५७

वयमु त्वा तदिदर्था इन्द्र त्वायन्तः सखायः। कण्वा उक्थेभिर्जरन्ते ।।३।।

सा. 22५

उक्थं च न शस्यमानं नागो रयिरा चिकेत। न गायत्रं गीयमानम् ।।३।।

सा. 22७

आ याह्युपः नः सुतं वाजेभिर्मा हृणीयथाः। महाँ इव युवजानिः ।।५।।

सा. ७१६–७२१

वयमु त्वा तदिदर्था इन्द्र त्वायन्तः सखायः। कण्वा उक्थेभिर्जरन्ते ।।१।।
न घेमन्यदा पपन वजिन्नपसो नविष्टौ। तवेदु स्तोमैश्चिकेत ।।2।।
इच्छन्ति देवाः सुन्वन्तं न स्वप्नाय स्पृहयन्ति। यन्ति प्रमादमतन्द्राः ।।३।।

सा. १६५७–१६५६

पन्यंपन्यमित्सोतार आ धावत मद्याय। सोमं वीराय शूराय ।।१।।
एह हरी ब्रह्मयुजा शग्मा वक्षतः सखायम्। इन्द्रं गीर्भिर्गिर्वणसम् ।।2।।
पाता वृत्रहा सुतमा घा गमन्नारे अस्मत्। नि यमते शतमूतिः ।।३।।

अ. २०.१८.१–३

वयमु त्वा तदिदर्था इन्द्र त्वायन्तः सखायः। कण्वा उक्थेभिर्जरन्ते ।।१।।
न घेमन्यदा पपन वज्रिन्नपसो नविष्टौ। त्वेदु स्तोमं चिकेत ।।2।।
इच्छन्ति देवाः सुन्वन्तं न स्वप्नाय स्पृहयन्ति। यन्ति प्रमादमतन्द्राः ।।३।।

१६६. मेधातिथि–मेध्यातिथी काण्वौ – ऋ. ८.१३.२६; सा. ५2; २४४; २४५; २७१; २६१; २६२; ३०७; १३६१–१३६३

ऋ. ८.१.३–२६

यच्चिद्धित्वा जना इमे नाना हवन्त ऊतये ।
अस्माकं ब्रह्मेदमिन्द्र भूतु तेऽहा विश्वा च वर्धनम् ।।३।।
वि तर्तूर्यन्ते मघवन् विपश्चितोऽर्यो विपो जनानाम् ।
उप क्रमस्व पुरुरूपमा भर वाजं नेदिष्ठमूतये ।।४।।
महे चन त्वामद्रिवः परा शुल्काय देयाम् ।
न सहस्राय नायुताय वज्रिवो न शताय शतामघ ।।५।।
वस्याँ इन्द्रासि मे पितुरुत भ्रातुरभुंजतः।
माता च मे छदयथः समा वसो वसुत्वनाय राधसे ।।६।।
क्वेयथ क्वेदसि पुरुत्रा चिद्धि ते मनः ।
अलर्षि युध्म खजकृत पुरन्दर प्र गायत्रा अगासिषुः ।।७।।
प्रास्मै गायत्रमर्चत वावातुर्यः पुरन्दरः ।
याभिः काण्वस्योप बर्हिरासदं यासद्वज्री भिनत्पुरः ।।८।।
ये ते सन्ति दशग्विनः शतिनो ये सहस्रिणः ।
अश्वासो ये ते वृषणो रघुद्रुवस्तेभिर्नस्तूयमा गहि ।।६।।
आ त्व१द्य सबर्दुघां हुवे गायत्रवेपसम् ।
इन्द्रं धेनुं सुदुघामन्यामिषमुरुधारामरङ्कृतम् ।।१०।।

यत्तुदत् सूर एतशं वङ्कू वातस्य पर्णिना ।
वहत् कुत्समार्जुनेयं शतक्रतुस्त्सरद् गन्धर्वमस्तृतम् ।।११।।
य ऋते चिदभिश्रिषः पुरा जत्रुभ्यः आतृदः ।
सन्धाता सन्धि मघवा पुरूवसुरिष्कर्ता विह्रुतंपुनः ।।१2।।
मा भूम निष्ट्याइवेन्द्र त्वदरणा इव । वनानि न प्रजहितान्यद्रिवो दुरोषासो अमन्महि ।।१३।।
अमन्महीदनाशवोऽनुग्रासश्च वृत्रहन्। सकृत्सु ते महता शूर राधसानु स्तोमं मुदीमहि ।।१४।।
यदि स्तोमं मम श्रवदस्माकमिन्द्रमिन्दवः।
तिरः पवित्रं ससृवांस आशवो मन्दनतु तुग्र्याावृधः ।।१५।।
आ त्व१द्य सधस्तुतिं वावातुः सख्युरा गहि ।
उपस्तुतिर्मघोनां प्र त्वावत्वधा ते वश्मि सुष्टुतिम् ।।१६।।
सोता हि सोममाद्रिभिरेमेनमप्सु धावत ।
गव्या वस्त्रेव वासयन्त इन्नरो निर्धुक्षन्वक्षणाभ्यः ।।१७।।
अध ज्मो अध वा दिवो बृहतो रोचनादधि ।
अया वर्धस्व त्नवा गिरा ममा जाता सुकृतो पृण ।।१८।।
इन्द्राय सु मदिन्तमं सोमं सोता वरेण्यम् ।
शक्र एणं पीपयद्विश्वया धिया हिन्वानं न वाजयुम् ।।१६।।
मा त्वा सोमस्य गल्दया सदा याचन्नहं गिरा ।
भूर्णिं मृगं न सवनेषु चुक्रुधं क इशानं न याचिषत् ।।2०।।
मदेनेषितं मदमुग्रमुग्रेण शवसा । विश्वेषां तरुतारं मदच्युतं मदे हि ष्मा ददाति नः ।।2१।।
शेवारे वार्या पुरु देवो मर्ताय दाशुषे ।
स सुन्वते च स्तुवते च रासते विश्वगूर्तो अरिष्टुतः ।।22।।
एन्द्र याहि मत्स्व चित्रेण देव राधसा ।
सरो न प्रास्युदरं सपीतिभिरा सोमेभिरुरु स्फिरम् ।।2३।।
आ त्वा सहस्रमा शतं युक्ता रथे हिरण्यये ।
ब्रह्मयुजो हरय इन्द्र केशिनो वहन्तु सोमपीतये ।।2४।।
आ त्वा रथे हिरण्यये हरी मयूरशेप्या ।
शितिपृष्ठा वहतां मध्वो अन्धसो विवक्षणस्य पीतये ।।2५।।
पिबा त्व१स्य गिर्वणः सुतस्य पूर्वपा इव ।
परिष्कृतस्य रसिन इयमासुतिश्चारुर्मदाय पत्यते ।।2६।।
य एको अस्ति दंसना महाँ उग्रो अभि व्रतैः ।
गमत्स शिप्री न स योषदा गमद्धवं न परि वर्जति ।।2७।।
त्वं पुरं चरिष्ण्वं वधैः शुष्णस्य सं पिणक् ।
त्वं भा अनु चरो अध द्विता यदिन्द्र हव्यो भुवः ।।2८।।
मम त्वा सूर उदिते मम मध्यन्दिने दिवः ।
मम प्रपित्वे अपिशर्वरे वसवा स्तोमासो अवृत्सत ।।2६।।

सा. ५2

अध ज्मो अध वा दिवो बृहतो रोचनादधि।
अया वर्धस्व तन्वा गिरा ममा जाता सुक्रतो पृण ।।८।।

सा. 2४४–2४५

य ऋते चिदभिश्रिषः पुरा जत्रुभ्य आतृदः।
सन्धाता सन्धिं मघवा पुरूवसुर्निष्कर्ता विह्वतं पुनः।।2।।

आ त्वा सहस्रमा शतं युक्ता रथे हिरण्यये।
ब्रह्मयुजो हरय इन्द्र केशिनो वहन्तु सोमपीतये ।।३।।

सा. २७१

क्वेयथ क्वेदसि पुरुत्रा चिद्धि ते मनः। अलर्षि युध्म खजकृत्पुरंदर प्र गायत्रा अगासिषुः ।।६।।

सा. २६१–२६२

महे च न त्वाद्रिवः परा शुल्काय दीयसे।
न सहस्राय नायुताय वज्रिवो न शताय शतामघ ।।६।।
वस्याँ इन्द्रासि मे पितुरुत भ्रातुरभुंजतः।
माता च मे छदयथः समा वसो वसुत्वनाय राधसे।।१०।।

सा. ३०७

आ त्वा सोमस्य गल्दया सदा याचन्नहं ज्या ।
भूर्णिं मृगं न सवनेषु चुक्रुधं क ईशानं न याचिषत् ।।५।।

सा. १३६१–१३६३

आ त्वा सहस्रमा शतं युक्ता रथे हिरण्यये।
ब्रह्मयुजो हरय इन्द्र केशिनो वहन्तु सोमपीतये ।।१।।
आ त्वा रथे हिरण्यये हरी मयूरशेप्या। शितिपृष्ठा वहतां मध्वो अन्धसो विवक्षणस्य पीतये ।।2।।
पिबा त्व३स्य गिर्वणः सुतस्य पूर्वपा इव।
परिष्कृतस्य रसिन इयमासुतिश्चारुर्मदाय पत्यते ।।३।।

१६७. मेधातिथि–मेध्यातिथी काण्वौ (ऋसर्व.) मेधातिथि–मेध्यातिथी काण्वौ; विश्वामित्र इत्येके (साग्री. सास्वा. सार्षेदी.) – सा. २६५

आ त्वा३द्य सबर्दुघां हुवे गायत्रवेपसम्। इन्द्रं धेनुं सुदुघामन्यामिषमुरुधारामरङ्कृतम् ।।३।।

१६८. मेध्यः काण्वः – ऋ. ८.५३.१–८

उपमं त्वा मघोनांज्येष्ठंच वृषभाणाम् ।
पूर्भित्तमं मघवन्निन्द्र गोविदमीशानं राय ईमहे ।।१।।
य आयुं कुत्समतिथिग्वमर्दयो वावृधानो दिवेदिवे ।
तं त्वा वयं हर्यश्वं शतक्रतुं वाजयन्तो हवामहे ।।2।।
आ नो विश्वेषां रसं मध्वः सिंचन्त्वद्रयः ।
ये परावति पुन्विरे जनेष्वा ये अर्वावतीन्दवः ।।३।।
विश्वा द्वेषांसि जहि चाव चा कृधि विश्वे सन्वन्त्वा वसु ।
शीष्टेषु चित्ते मदिरासो अंशवो यत्रा सोमस्य तृम्पसि ।।४।।
इन्द्र नेदीय एदिहि मितमेधाभिरूतिभिः ।
आ शंतम शंतमाभिरभिष्टिभिरा स्वापे स्वपिभिः ।।५।।
अजितुरं सत्पतिं विश्वचर्षणिं कृधि प्रजास्वाभगम् ।
प्र सू तिरा शचीभिर्ये त उक्थिनः क्रतुं पुनत आनुषक् ।।६।।
यस्ते साधिष्ठोऽवसे ते स्याम भरेषु ते ।
वयं होत्राभिरुत देवहूतिभिः ससवांसो मनामहे ।।७।।
अहं हि ते हरिवो ब्रह्म वाजयुराजिं यामि सदोतिभिः ।
त्वामिदेव तममे समश्वयुर्गव्युरग्रे मथीनाम् ।।८।।

१६९. मेध्यः काण्वः (साग्री. ध्सास्वा. ऋसर्व.) बालखिल्याः (सार्षेदी.) – सा. २८2

इन्द्र नेदीय एदिहि मितमेधाभिरूतिभिः। आ शंतम शंतमाभिरभिष्टिभिरा स्वापे स्वापिभिः ।।१०।।

१७०. मेध्यातिथिः – अ. 20.६.३–४; 20.१०.१–2; 20.४६.६–७; 20.५०.१–2;

२०.५२.१–३; २०.५३.१–३; २०.५७.११–१६; २०.५६.१–२; २०.८५.३–४; २०.६६.१–२; २०.१०४.१–२; २०.११६.१–२; २०.११८.३–४

अ. २०.६.३–४

तत् त्वा यामि सुवीर्यं तद् ब्रह्म पूर्वचित्तये ।
येना यतिभ्यो भृगवे धने हिते येन प्रस्कण्वमाविथ ।।३।।
येना समुद्रमसृजो महीरपस्तदिन्द्र वृष्णि ते शवः ।
सद्यः सो अस्य महिमा न संनशे यं क्षोणीरनुचक्रदे ।।४।।

अ. २०.१०.१–२

उदु त्ये मधुमत्तमा गिर स्तोमास ईरते ।
सत्राजितो धनसा अक्षितोतयो वाजयन्तो रथाइव ।।१।।
कण्वाइव भृगवः सूर्याइव विश्वमिद् धीतमानुशः ।
इन्द्रं स्तोमेभिर्महयन्त आयवः प्रियमेधासो अस्वरन् ।।२।।

अ. २०.४६.६–७

तत् त्वा यामि सुवीर्यं तद् ब्रह्म पूर्वचित्तये ।
येना यतिभ्यो भृगवे धने हिते येन प्रस्कण्वमाविथ ।।६।।
येना समुद्रमसृजो महीरपस्तदिन्द्र वृष्णि ते शवः ।
सद्यः सो अस्य महिमा न संनशे यं क्षोणीरनुचक्रदे ।।७।।

अ. २०.५०.१–२

कन्नव्यो अतसीनां तुरो गृणीत मर्त्यः ।
नही न्वस्य महिमानमिन्द्रियं स्वर्गृणन्त आनशुः ।।१।।
कदु स्तुवन्त ऋतयन्त देवत ऋषिः को विप्र ओहते ।
कदा हवं मघवन्निन्द्र सुन्वतः कदु स्तुवत आ गमः ।।२।।

अ. २०.५२.१–३

वयं घ त्वा सुतावन्त आपो न वृक्तबर्हिषः ।
पवित्रस्य प्रस्रवणेषु वृत्रहन् परि स्तोतार आसते ।।१।।
स्वरन्ति त्वा सुते नरो वसो निरेक उक्थिनः ।
कदा सुतं तृषाण ओक आ गम इन्द्र स्वब्दीव वंसगः ।।२।।
कण्वेभिधृष्णवा धृषद् वाजं दर्षि सहस्रिणम् ।
पिशंगरूपं मघवन् विचर्षणे मक्षू गोमन्तमीमहे ।।३।।

अ. २०.५३.१–३

क ईं वेद सुते सचा पिबन्तं कद् वयो दधे ।
अयं यः पुरो विभिनत्त्योजसा मन्दानः शिप्र्यन्धसः ।।१।।
दाना मृगो न वारणः पुरुत्रा चरथं दधे ।
नकिष्ट्वा नि यमदा सुते गमो महांश्चरस्योजसा ।।२।।
य उग्रः सन्ननिष्टृतः स्थिरो रणाय संस्कृतः ।
यदि स्तोतुर्मघवा शृणवद्धवं नेन्द्रो योषत्या गमत् ।।३।।

अ. २०.५७.११–१६

क ईं वेद सुते सचा पिबन्तं कद् वयो दधे ।
अयं यः पुरो विभिनत्त्योजसा मन्दानः शिप्र्यन्धसः ।।११।।
दाना मृगो न वारणः पुरुत्रा चरथं दधे ।
नकिष्ट्वा नि यमदा सुते गमो महांश्चरस्योजसा ।।१२।।
य उग्रः सन्ननिष्टृत स्थिरो रणाय संस्कृतः ।
यदि स्तोतुर्मघवा शृणवद्धवं नेन्द्रो योषत्या गमत् ।।१३।।

वयं घ त्वा सुतावन्त आपो न वृक्तबर्हिषः ।
पवित्रस्य प्रस्रवणेषु वृत्रहन् परि स्तोतार आसते ।।१४।।
स्वरन्ति त्वा सुते नरो वसो निरेक उक्थिनः ।
कदा सुतं तृषाण ओक आ गम इन्द्र स्वब्दीव वंसगः ।।१५।।
कण्वेभिधृष्णवा धृषद् वाजं दर्षि सहस्रिणम् ।
पिशंगरूपं मघवन् विचर्षणे मक्षू गोमन्तमीमहे ।।१६।।

अ. २०.५६.१–२

उदु त्ये मधुमत्तमा गिर स्तोमास ईरते। सत्राजितो धनसा अक्षितोतयो वाजयन्तो रथाइव ।।१।।
कण्वाइव भृगवः सूर्याइव विश्वमिद्धीतमानशुः ।
इन्द्रं स्तोमेभिर्महयन्त आयवः प्रियमेधासो अस्वरन् ।।2।।

अ. २०.८५.३–४

यच्चिद्धि त्वा जना इमे नाना हवन्त ऊतये ।
अस्माकं ब्रह्मेदमिन्द्र भूतु तेऽहा विश्वा च वर्धनम् ।।३।।
वि तर्तूर्यन्ते मघवन् विपश्चितोऽर्यो विपो जनानाम् ।
उप क्रमस्व पुरुरूपमा भर वाजं नेदिष्ठमूतये ।।४।।

अ. २०.६६.१–२

अभि त्वा पूर्वपीतय इन्द्र स्तोमेभिरायवः।
समीचीनास ऋभवः समस्वरन् रुद्रा गृणन्त पूर्व्यम् ।।१।।
अस्येदिन्द्रो वावृधे वृष्ण्यं शवो मदे सुतस्य विष्णवि ।
अद्या तमस्य महिमानमायवोऽनु ष्टुवन्ति पूर्वथा ।।2।।

अ. २०.१०४.१–२

इमा उ त्वा पुरूवसो गिरो वर्धन्तु या मम ।
पावकवर्णाः शुचयो विपश्चितोऽभि स्तोमैरनूषत ।।१।।
अयं सहस्रमृषिभिः सहस्कृतः समुद्रइव पप्रथे ।
सत्यः सो अस्य महिमा गृणे शवो यज्ञेषु विप्रराज्ये ।।2।।

अ. २०.११६.१–२

मा भूम निष्ट्याइवेन्द्र त्वदरणाइव। वनानि न प्रजहितान्यद्रिवो दुरोषासो अमन्महि ।।१।।
अमन्महीदनाशवोऽनुग्रासश्च वृत्रहन्। सुकृत् सु ते महता शूर राधसानु स्तोमं मुदीमहि ।।2।।

अ. २०.११८.३–४

इन्द्रमिद् देवतातय इन्द्रं प्रयत्यध्वरे। इन्द्रं समीके वनिनो हवामह इन्द्रं धनस्य सातये ।।३।।
इन्द्रो मह्ना रोदसी पप्रथच्छव इन्द्रः सूर्यमरोचयत् ।
इन्द्रे ह विश्वा भुवनानि येमिरे इन्द्रे सुवानास इन्दवः ।।४।।

१७१. मेध्यातिथिः काण्वः – ऋ. ८.३.१–२०; सा. २८६; ८६४–८६६; १३६2–१३६३; १४२१–१४22; १५७३–१५७४; १५८७–१५८८; १६०७–१६०८; १६६६–१६६८

ऋ. ८.३.१–20

पिबा सुतस्य रसिनो मत्स्वा न इन्द्र गोमतः ।
आपिर्नो बोधि सधमाद्यो वृधे३स्माँ अवन्तु ते धियः ।।१।।
भूयाम ते सुमतौ वाजिनो वयं मा नः स्तरभिमातये ।
अस्माचित्राभिरवतादभिष्टिभिरा नः सुम्नेषु यामय ।।2।।
इमा उ त्वा पुरूवसो गिरो वर्धन्तु या मम ।
पावकवर्णाः शुचयो विपश्चितोऽभि स्तोमैरनूषत ।।३।।
अयं सहस्रमृषिभिः सहस्कृतः समुद्र इव पप्रथे ।
सत्यः सो अस्य महिमा गृणे शवो यज्ञेषु विप्रराज्ये ।।४।।

इन्द्रमिद्देवतातय इन्द्रं प्रयत्यध्वरे ।
इन्द्रं समीके वनिनो हवामह इन्द्रं धनस्य सातये ।।५।।
इन्द्रो मह्ना रोदसी पप्रथच्छव इन्द्रः सूर्यमरोचयत् ।
इन्द्रे ह विश्वा भुवनानि येमिर इन्द्रे सुवानास इन्दवः ।।६।।
अभि त्वा पूर्वपीतय इन्द्र स्तोमेभिरायवः ।
समीचीनास ऋभवः समस्वरन् रुद्रा गृणन्त पूर्व्यम् ।।७।।
अस्येदिन्द्रो वावृधे वृष्ण्यं शवो मदे सुतस्य विष्णवि ।
अद्या तमस्य महिमानमायवोऽनु ष्टुवन्ति पूर्वथा ।।८।।
तत्त्वा यामि सुवीर्यं तद् ब्रह्म पूर्वचित्तये ।
येना यतिभ्यो भृगवे धने हिते येन प्रस्कण्वमाविथ ।।६।।
येना समुद्रमसृजो महीरपस्तदिन्द्र वृष्णि ते शवः ।
सद्यः सा अस्य महिमा न संनशे यं क्षोणीरनुचक्रदे ।।१०।।
शग्धी न इन्द्र यत्त्वा रयिं यामि सुवीर्यम् ।
शग्धि वाजाय प्रथमं सिषासते शग्धि स्तोमाय पूर्व्य ।।११।।
शग्धी नो अस्य यद्ध पौरमाविथ धिय इन्द्र सिषासतः ।
शग्धि यथा रुशमं श्यावकं कृपमिन्द्र प्रावः स्वर्णरम् ।।१2।।
कन्नव्यो अतसीनां तुरो गृणीत मर्त्यः ।
नही न्वस्य महिमानमिन्द्रियं स्वर्गृणन्त आनशुः ।।१३।।
कदु स्तुवन्त ऋतयन्त देवत ऋषिः को विप्र ओहते ।
कदा हवं मघवन्निन्द्र सुन्वतः कदु स्तुवत आ गमः ।।१४।।
उदु त्ये मधुमत्तमा गिरः स्तोमास ईरते ।
सत्राजितो धनसा अक्षितोतयो वाजयन्तो रथा इव ।।१५।।
कण्वाइव भृगवः सूर्या इव विश्वमिद्धीतमानशुः ।
इन्द्रं स्तोमेभिर्महयन्त आयवः प्रियमेधासो अस्वरन् ।।१६।।
युक्ष्वा हि वृत्रहन्तम हरी इन्द्र परावतः ।
अर्वाचीनो मघवन्त्सोमपतिय उग्र ऋष्वेभिरा गर्हि ।।१७।।
इमे हि ते कारवो वावशुर्धिया विप्रासो मेधसातये ।
स त्वं नो मघवन्निन्द्र गिर्वणो वेनो न शृणुधी हवम् ।।१८।।
निरिन्द्र बृहतीभ्यो वृत्रं धनुभ्यो अस्फुरः ।
निरर्बुदस्य मृगयस्य मायिनो निः पर्वतस्य गा आजः ।।१६।।
निरग्नयो रुरुचुर्निरु सूर्यो निः सोम इन्द्रियो रसः ।
निरन्तरिक्षादधमो महामहिं कृषे तदिन्द्र पौंस्यम् ।।20।।

सा. 2८६

पाहि गा अन्धसो मद इन्द्राय मेध्यातिथे।
यः संमिश्लो हर्योर्यो हिरण्यय इन्द्रो वज्री हिरण्ययः।।७।।

सा. ८६४–८६६

वयं घ त्वा सुतावन्त आपो न वृक्तबर्हिषः। पवित्रस्य प्रस्रवणेषु वृत्रहन्परि स्तोतार आसते ।।१।।
स्वरन्ति त्वा सुते नरो वसो निरेक उक्थिनः ।
कदा सुतं तृषाण ओक आ गमदिन्द्र स्वब्दीव वंसगः ।।2।।
कण्वेभिर्धृष्णवा धृषद्वाजं दर्षि सहस्त्रिणम्। पिशंगरूपं मघवन्विचर्षणे मक्षू गोमन्तमीमहे।।३।।

सा. १३६2–१३६३

उदु त्ये मधुमत्तमा गिरः स्तोमास ईरते ।
सत्राजितो धनसा अक्षितोतयो वाजयन्तो रथा इव ।।१।।
कण्वा इव भृगवः सूर्या इव विश्वमिद्धीतमाशत ।

इन्द्रं स्तोमेभिर्महयन्त आयवः प्रियमेधासो अस्वरन् ।।2।।

सा. १४२१–१४22

पिबा सुतस्य रसिनो मत्स्वा न इन्द्र गोमतः ।
आपिर्नो बोधि सधमाद्ये वृधे३ऽस्माँ अवन्तु ते धियः ।।१।।
भूयाम ते सुमतौ वाजिनो वयं मा न स्तरभिमातये ।
अस्माचित्राभिरवतादभिष्टिभिरा नः सुम्नेषु यामय ।।2।।

सा. १५७३–१५७४

अभि त्वा पूर्वपीतये इन्द्र स्तोमेभिरायवः। समीचीनास ऋभवः समस्वरन्रुद्रा गृणन्त पूर्व्यम् ।।१।।
अस्येदिन्द्रो वावृधे वृष्ण्यं शवो मदे सुतस्य विष्णवि ।
अद्या तमस्य महिमानमायवोऽनु ष्टुवन्ति पूर्वथा ।।2।।

सा. १५८७–१५८८

इन्द्रमिद्देवतातय इन्द्रं प्रयत्यध्वरे । इन्द्रं समीके वनिनो हवामह इन्द्रं धनस्य सातये ।।१।।
इन्द्रो मह्ना रोदसी पप्रथच्छव इन्द्रः सूर्य मरोचयत् ।
इन्द्रे ह विश्वा भुवनानि येमिरे इन्द्रे स्वानास इन्दवः ।।2।।

सा. १६०७–१६०८

इमा उत्वा पुरूवसो गिरो वर्धन्तु या मम ।
पावकवर्णाः शुचयो विपश्चितोऽभि स्तोमैरनूषत ।।१।।
अयं सहस्रमृषिभिः सहस्कृतः समुद्र इव पप्रथे ।
सत्यः सो अस्य महिमा गृणे शवो यज्ञेषु विप्राराज्ये ।।2।।

सा. १६६६–१६६८

क ई वेद सुते सचा पिबन्तं कद् वयो दधे ।
अयं यः पुरो विभिनत्त्योजसा मन्दानः शिप्र्यन्धसः ।।१।।
दाना मृगो न वारणः पुरुत्रा च रथं दधे ।
न किष्ट्वा नि यमदा सुते गमो महा श्चरस्योजसा ।।2।।
य उग्रः सन्ननिष्ट्टतः स्थिरो रणाय संस्कृतः ।
यदि स्तोमुर्मघवा शृणवद्धवं नेन्द्रो योषत्या गमत् ।।३।।

१७2. मेध्यातिथिः काण्वः (ऋसर्व. ८.३.७ ८.३३.१ ८.३.१७ सार्षेदी.) मेधातिथिः काण्वः (साग्री. सास्वा.) – सा. 2५६; 2६१; ३०१

सा. 2५६

अभि त्वा पूर्वपीतय इन्द्र स्तोमेभिरायवः। समीचीनास ऋभवः समस्वरन्रुद्रा गृणनतपूर्व्यम् ।।४।।

सा. 2६१

वयं घ त्वा सुतावन्त आपो न वृक्तबर्हिषः। पवित्रस्य प्रस्रवणेषु वृत्रहन्परि स्तोतार आसते ।।६।।

सा. ३०१

युङ्क्ष्वा हि वृत्रहन्तम हरी इन्द्र परावतः। अर्वाचीनो मघवन्त्सोमपीतये उग्र ऋष्वेभिरा गहि।।६।।

१७३. मेध्यातिथिः काण्वः (ऋसर्व. ८.३३.७ य ८.३३.१०) मेधातिथिः काण्वः (साग्री. सास्वा. सार्षेदी.) – सा. 2६३; 2६७

सा. 2६३

सत्यमित्था वृषेदसि वृषजूतिर्नोऽविता। वृषा ह्युग्र शृणिवषे परावति वृषो अर्वावति श्रुतः ।।१।।

सा. 2६७

क ईं वेद सचा पिबन्तं कद्वयो दधे। अयं यः पुरो विभिनत्त्योजसा मन्दानः शिप्र्यन्धसः ।।५।।

१७४. मेध्यातिथिः काण्वः (ऋसर्व. ८.३.५य ८.३.३) मेधातिथिर् मेध्यातिथिर् वा काण्वः

(साग्री. सास्वा.) मेधातिथिः (सार्षेदी.) – सा. २४६–२५०

इन्द्रमिद्देवतातय इन्द्रं प्रयत्यध्वरे। इन्द्रं समीके वनिनो हवामह इन्द्रं धनस्य सातये ।।७।।
इमा उ त्वा पुरूवसो गिरो वर्धन्तु या मम। पावकवर्णाः शुचयो विपश्चितोऽभिस्तोमैरनूषत ।।८।।

१७५. मेध्यातिथिर् वा काण्वः (ऋसर्व. ८.३.१५ सार्षेदी.) मेधातिथिर् मेध्यातिथिर् वा काण्वः (साग्री. सास्वा.) – सा. २५१

उदु त्ये मधुमत्तसा गिर स्तोमास ईरते। सत्राजितो धनसा अक्षितोतयो वाजयन्तो रथा इव।।९।।

१७६. रम्याक्षी – य. २६.४

इन्द्र गोमन्निहा याहि पिबा सोमं शतक्रतो। विद्यद्भिर्ग्रावभिः सुतम्।
उपयामगृहीतोऽसीन्द्राय त्वा गोमतऽएष ते योनि रिन्द्राय त्वा गोमते ।।४।।

१७७. रेणुः – ऋ. १०.८९.१–४; ६–१८

ऋ. १०.८९.१–४

इन्द्रं स्तवा नृतमं यस्य मह्ना विबबाधे रोचना वि ज्मो अन्तान् ।
आ यः पप्रौ चर्षणीधृद्वरोभिः प्र सिन्धुभ्यो रिरिचानो महित्वा ।।१।।
स सूर्यः पर्युरू वरांस्येन्द्रो ववृत्याद्रथ्येव चक्रा ।
अतिष्ठन्तमपस्यं१ न सर्गं कृष्णा तमांसि त्विष्या जघान ।।2।।
समानमस्मा अनपावृदर्च क्ष्मया दिवो असमं ब्रह्म नव्यम् ।
वि यः पृष्ठेव जनिमान्यर्य इन्द्रश्चिकाय न सखायमीषे ।।३।।
इन्द्राय गिरो अनिशितसर्गा अपः प्रेरयं सगरस्य बुध्नात् ।
यो अक्षेणेव चक्रिया शचीभिर्विष्वक्तस्तम्भ पृथिवीमुत द्याम् ।।४।।

ऋ. १०.८९.६–१८

न यस्य द्यावापृथिवी न धन्व नान्तरिक्षं नाद्रयः सोमो अक्षाः ।
यदस्य मन्युरधिनीयमानः शृणाति वीळु रुजति स्थिराणि ।।६।।
जघान वृत्रं स्वधितिर्वनेव रुरोज पुरो अरदन्न सिन्धून् ।
बिभेद गिरिं नवमिन्न कुम्भमा गा इन्द्रो अकृणुत स्वयुग्भिः ।।७।।
त्वं ह त्यदृणाया इन्द्र धीरोऽसिर्न पर्व वृजिना शृणासि ।
प्र ये मित्रस्य वरुणस्य धाम युजं न जना मिनन्ति मित्रम् ।।८।।
प्र ये मित्रं प्रार्यमणं दुरेवाः प्र संगिरः प्र वरुणं मिनन्ति ।
न्य१मित्रेषु वधमिन्द्र तुम्रं वृषन्वृषाणमरुषं शिशीहि ।।९।।
इन्द्रो दिव इन्द्र ईशे पृथिव्या इन्द्रो अपामिन्द्र इत्पर्वतानाम् ।
इन्द्रो वृधामिन्द्र इन्मेधिराणामिन्द्रः क्षेमे योगे हव्य इन्द्रः ।।१०।।
प्राक्तुभ्य इन्द्रः प्र वृधो अहभ्यः प्रान्तरिक्षात्प्र समुद्रस्य धासेः ।
प्र वातस्य प्रथसः प्र ज्मो अन्तात्प्र सिन्धुभ्यो रिरिचे प्र क्षितिभ्यः ।।११।।
प्र शोशुचत्या उषसो न केतुरसिन्वा ते वर्ततामिन्द्र हेतिः ।
अश्मेव विध्य दिव आ सृजानस्तपिष्ठेन हेषसा द्रोघमित्रान् ।।12।।
अन्वह मासा अन्विद्वनान्यन्वोषधीरनु पर्वतासः ।
अन्विन्द्रं रोदसी वावशाने अन्वापो अजिहत जायमानम् ।।१३।।
कर्हि स्वित्सा त इन्द्र चत्यासदघस्य यद्भिनदो रक्ष एषत् ।
मित्रक्रुवो यच्छसने न गावः पृथिव्या आपृगमुया शयन्ते ।।१४।।
शत्रूयन्तो अभि ये नस्ततस्रे महि व्राधन्त ओगणास इन्द्र ।
अन्धेनामित्रास्तमसा सचन्तां सुज्योतिषो अक्तवस्ताँ अभि ष्युः ।।१५।।
पुरूणि हि त्वा सवना जनानां ब्रह्माणि मन्दन्गृणतामृषीणाम् ।
इमामाघोषन्नवसा सहूतिं तिरो विश्वाँ अर्चतो याह्यर्वाङ् ।।१६।।
एवा ते वयमिन्द्रं भुंजतीनां विद्याम सुमतीनां नवानाम् ।

विद्याम वस्तोरवसा गृणन्तो विश्वामित्रा उत त इन्द्र नूनम् ।।१७।।
शुनं हुवेम मघवानमिन्द्रमस्मिन्भरे नृतमं वाजसातौ ।
शृण्वन्तमुग्रमूतये समत्सु घ्नन्तं वृत्राणि संजितं धनानाम् ।।१८।।

१७८. रेणुर् वैश्वामित्रः – सा. ३३६

इन्द्राय गिरो अनिशितसर्गा अपः प्रैरयत्सगरस्य बुध्नात् ।
यो अक्षेणेव चक्रियौ शचीभिर्विष्वक्तस्तम्भ पृथिवीमुत द्याम् ।।८।।

१७६. रेभः – अ. 20.५४.१–३; 20.५५.१–३

अ. 20.५४.१–३

विश्वाः पृतना अभिभूतरं नरं सजूस्ततक्षुरिन्द्रं जजनुश्च राजसे ।
क्रत्वा वरिष्ठं वर आमुरिमुतोग्रमोजिष्ठं तवसं तरस्विनम् ।।1।।
समीं रेभासो अस्वरन्निन्द्रं सोमस्य पीतये। स्वर्पतिं यदीं वृधे धृतव्रतो ह्योजसा समूतिभिः ।।2।।
नोम नमन्ति चक्षसा मेषं विप्रा अभिस्वरा।
सुदीतयो वो अद्रुहोऽपि कर्णे तरस्विनः समृक्वभिः।।३।।

अ. 20.५५.१–३

तमिन्द्रं जोहवीमि मघवानमुग्रं सत्रा दधानमप्रतिष्कुतं शवांसि ।
मंहिष्ठो गीर्भिरा च यज्ञियो ववर्तद् राये नो विश्वा सुपथा कृणोतु वज्री ।।1।।
या इन्द्र भुज आभरः स्वर्वाँ असुरेभ्यः ।
स्तोतारमिन्मघवन्नस्य वर्धय ये च त्वे वृक्तबर्हिषः ।।2।।
यमिन्द्र दधिषे त्वमश्वं गां भागमव्ययम् ।
यजमाने सुन्वति दक्षिणावति तस्मिन् तं धेहि मा पणौ ।।३।।

१८०. रेभः काश्यपः – ऋ. ८.६७.१–१५; सा. 2५४; 2६०; 2६४; ३७०; ४६०; ६३०–६३2

ऋ. ८.६७.१–१५

या इन्द्र भुज आभरः स्वर्वाँ असुरेभ्यः। स्तोतारमिन्मघवन्नस्य वर्धय ये च त्वे वृक्तबर्हिरषः ।।1।।
यमिन्द्र दधिषे त्वमश्वं गां भगमव्ययम्।
यजमाने सुन्वति दक्षिणावति तस्मिन् तं धेहि मा पणौ।।2।।
य इन्द्र सस्त्यव्रतोऽनुष्वापमदेवयुः। स्वैः ष एवैर्मुमुरत्पोष्यं रयिं सनुतर्धेहि तं ततः ।।३।।
यच्छ्क्रासि परावति यदर्वावति वृत्रहन्।
अतस्त्वा गीर्भिर्द्युगदन्द्र केशिभिः सुतावाँ आ विवासति।।४।।
यद्वासि रोचने दिवः समुद्रस्याधि विष्टपि। यत्पार्थिवे सदने वृत्रहन्तम यदन्तरिक्ष आ गहि ।।५।।
स नः सोमेषु सोमपाः सुतेषु शवसस्पते। मादयस्व राधसा सुनृतावतेन्द्र राया परीणसा ।।६।।
मा न इन्द्र परा वृणग्भवा नः सधमाद्यः।
त्वं न ऊती त्वमिन्न आप्यं मा न इन्द्र परा वृणक् ।।७।।
अस्मे इन्द्र सचा सुते नि षदा पीतये मधु।
कृधी जरित्रे मघवन्नवो महदस्मे इन्द्र सचा सुते ।।८।।
न त्वा देवास आशत न मर्त्यासो अद्रिवः ।
विश्वा जातानि शवसाभिभूरसि न त्वा देवास आशत ।।६।।
विश्वः पृतना अभिभूतरं नरं सजूस्ततक्षुरिन्द्रं जजनुश्च राजसे ।
क्रत्वा वरिष्ठं वर आमुरिमुतोग्रमोजिष्ठं तवसं तरस्विनम् ।।१०।।
समीं रेभासो अस्वरन्निन्द्रं सोमस्य पीतये। स्वर्पतिं यदीं वृधे धृव्रतो ह्योजसा समूतिभिः ।।११।।
नेमिं नमन्ति चक्षसा मेषं विप्रा अभिस्वरा ।
सुदीतयो वो अद्रुहोऽपि कर्णे तरस्विनः समृक्वभिः ।।१2।।
तमिन्द्रं जोहवीमि मघवानमुग्रं सत्रा दधानमप्रतिष्कुतं शवांसि ।

Vedic Concordance of Mantras as per Devatā and Ṛṣi 389

मंहिष्ठो गीर्भिरा च यज्ञियो ववर्तद्राये नो विश्वा सुपथा कृणोतु वज्री ।।१३।।
त्वं पुर इन्द्र चिकिदेना व्योजसा शविष्ठ शक्र नाशयध्यै ।
त्वद्विश्वानि भुवनानि वज्रिन् द्यावा रेजेते पृथिवी च भीषा ।।१४।।
तप्म ऋतमिन्द्र शूर चित्र न वज्रिन्दुरितातिं पर्षि भूरि ।
कदा न इन्द्र राय आ दशस्येर्विश्वप्स्न्यस्य स्पृहयाय्यस्य राजन् ।।१५।।

सा. २५४

या इन्द्र भुज आभरः स्वर्वाँ असुरेभ्यः। स्तोतारमिन्मघवन्नस्य वर्धय ये च त्वे वृक्तबर्हिषः।।2।।

सा. २६०

मा न इन्द्र परा वृणग्भवाः नः सधमाद्ये। त्वं न ऊती त्वमिन्न आप्यं मा न इन्द्र परावृणक्।।८।।

सा. २६४

यच्छक्रासि परावति यदर्वावति वृत्रहन् ।
अतस्त्वा गीर्भिर्द्युगदिन्द्र केशिभिः सुतावाँ आ विवासति ।।2।।

सा. ३७०

विश्वाः पृतना अभिभूतरं नरः सजूस्ततक्षुरिन्द्रं जजनुश्च राजसे ।
क्रत्वे वरे स्थेमन्यामुरीमुतोग्रमोजिष्ठं तेरस तरस्विनम् ।।१।।

सा. ४६०

तमिन्द्रं जोहवीमि मघवानमुग्रं सत्रा दधानमप्रतिष्कुतं श्रवांसि भूरि ।
मंहिष्ठो गीर्भिरा च यज्ञियो ववर्त राये नो विश्वा सुपथा कृणोतु वज्री ।।४।।

सा. ६३०–६३२

विश्वाः पृतना अभिभूतरं नरः सजूस्ततक्षुरिन्द्रं जजनुश्च राजसे ।
क्रत्वे वरे स्थेमन्यामुरीमुतोग्रमोजिष्ठं तरसं तरस्विनम् ।।१।।
नेमिं नमन्ति चक्षसा मेषं विप्रा अभिस्वरे।
सुदीतयो वो अद्रुहोऽपि कर्णे तरस्विनः समृक्वभिः ।।2।।
समु रेभासो अस्वरन्निन्द्रं सोमस्य पीतये ।
स्वः पतिर्यदी वृधे धृतव्रतो ह्योजसा समूतिभिः ।।३।।

१८१. वत्सः – अ. २०.१०७.१–३; २०.११५.१–३; २०.१३८.१–३

अ. २०.१०७.१–३

समस्य मन्यवे विशो विश्वा नमन्त कृष्टयः। समुद्रायेव सिन्धवः ।।१।।
ओजस्तदस्य तित्विष उभे यत् समवर्तयत्। इन्द्रश्चर्मेव रोदसी ।।2।।
वि चिद् वृत्रस्य दोधतो वज्रेण शतपर्वणा। शिरो बिभेद वृष्णिना ।।३।।

अ. २०.११५.१–३

अहमिद्धि पितुष्परि मेधामृतस्य जग्रभ। अहं सूर्यइवाजनि ।।१।।
अहं प्रत्नेन मन्मना गिरः शुम्भामि कण्ववत्। येनेन्द्रः शुष्ममिद् दधे ।।2।।
ये त्वामिन्द्र न तुष्टुवुर्ऋषयो ये च तुष्टुवुः। ममेद् वर्धस्व सुष्टुतः ।।३।।

अ. २०.१३८.१–३

महाँ इन्द्रो य ओजसा पर्जन्यो वृष्टिमाँइव। स्तोमैर्वत्सस्य वावृधे ।।१।।
प्रजामृतस्य पिप्रतः प्र यद् भरन्त वह्नयः। विप्रा ऋतस्य वाहसा ।।2।।
कण्वा इन्द्रं यदक्रत स्तोमैर्यज्ञस्य साधनम्। जामि ब्रुवत आयुधम् ।।३।।

१८2. वत्सः काण्वः – ऋ. ८.६.१–४५; सा. १३७; १४३; १५2; १८2; १८७; १३०७; १३०८; १३०९; १५००–१५02; १६५१–१६५३

ऋ. ८.६.१–४५

महाँ इन्द्रो य ओजसा पर्जन्यो वृष्टिमाँ इव। स्तोमैर्वत्सस्य वावृधे ।।१।।
प्रजामृतस्य पिप्रतः प्र यद्भरन्त वह्नयः। विप्रा ऋतस्य वाहसा ।।2।।

कण्वा इन्द्रं यदक्रत स्तोमैर्यज्ञस्य साधनम्। जामि ब्रुवत आयुधम् ।।३।।
समस्य मन्यवे विशो विश्वा नमन्त कृष्टयः। समुद्रायेव सिन्धवः ।।४।।
ओजस्तदस्य तित्विष उभे यत्समवर्तयत्। इन्द्रश्चर्मेव रोदसी ।।५।।
वि चिद्वृत्रस्य दोधतो वज्रेण शतपर्वणा। शिरो बिभेद वृष्णिना ।।६।।
इमा अभि प्र णोनुमो विपामग्रेषु धीतयः। अग्नेः शोचिर्न दिद्युतः ।।७।।
गुहा सतीरुप त्मना प्र यच्छोचन्त धीतयः। कण्वा ऋतस्य धारया ।।८।।
प्र तमिन्द्र नशीमहि रयिं गोमन्तमश्विनम्। प्र ब्रह्म पूर्वचित्तये ।।९।।
अहमिद्धि पितुष्परि मेधामृतस्य जग्रभ। अहं सूर्य इवाजनि ।।१०।।
अहं प्रत्नेन मन्मना गिरः शुम्भामि कण्ववत्। येनेन्द्रः शुष्ममिद्दधे ।।११।।
ये त्वामिन्द्र न तुष्टुवुर्ऋषयो ये च तुष्टुवुः। ममेद्वर्धस्व सुष्टुतः ।।१2।।
यदस्य मन्युरध्वनीद्वि वृत्रं पर्वशो रुजन्। अपः समुद्रमैरयत् ।।१३।।
नि शुष्ण इन्द्र धर्णसिं वज्रं जघन्थ दस्यवि। वृषा ह्युग्र शृण्विषे ।।१४।।
न द्याव इन्द्रमोजसा नान्तरिक्षाणि वज्रिणम्। न विव्यचन्त भूमयः ।।१५।।
यस्त इन्द्र महीरपः स्तभूयमान आशयत्। नि तं पद्यासु शिश्नथः ।।१६।।
य इमे रोदसी मही समीची समजग्रभीत्। तमोभिरिन्द्र तं गुहः ।।१७।।
य इन्द्र यतयस्त्वा भृगवो ये च तुष्टुवुः। ममेदुग्र श्रुधी हवम् ।।१८।।
इमास्त इन्द्र पृश्नयो घृतं दुहत आशिरम्। एनामृतस्य पिप्युषीः ।।१९।।
या इन्द्र प्रस्वस्त्वासा गर्भमचक्रिरन्। परि धर्मेव सूर्यम् ।।2०।।
त्वामिच्छवसस्पते कण्वा उक्थेन वावृधुः। त्वां सुतास इन्दवः ।।2१।।
तवेदिन्द्र प्रणीतिषूत प्रशस्तिरद्रिवः। यज्ञो वितन्तसाय्यः ।।22।।
आ न इन्द्र महीमिषं पुरं न दर्षि गोमतीम्। उत प्रजां सुबीर्यम् ।।2३।।
उत त्यदाश्वश्व्यं यदिन्द्र नाहुषीष्वा। उग्रे विक्षु प्रदीदयत् ।।2४।।
अभि व्रजं न तत्निषे सूर उपाकचक्षसम्। यदिन्द्र मृळयासि नः ।।2५।।
यदंग तविषीयस इन्द्र प्राजसि क्षितीः। महाँ अपार ओजसा ।।2६।।
तं त्वा हविष्मतीर्विश उप ब्रुवत ऊतये। उरुज्रयसमिन्दुभिः ।।2७।।
उपह्वरे गिरीणां संगथे च नदीनाम्। धिया विप्रो अजायत ।।2८।।
अतः समुद्रमुद्वतश्चिकित्वाँ अव पश्यति। यतो विपान एजति ।।2९।।
आदित्प्रत्नस्य रेतसो ज्योतिष्पश्यन्ति वासरम्। परो यदिध्यते दिवा ।।३०।।
कण्वास इन्द्र ते मतिं विश्वे वर्धन्ति पौंस्यम्। उतो शविष्ठ वृष्ण्यम् ।।३१।।
इमां म इन्द्र सुष्टुतिं जुषस्व प्र सु मामव। उत प्र वर्धया मतिम् ।।३2।।
उत ब्रह्मण्या वयं तुभ्यं प्रवृद्ध वज्रिवः। विप्रा अतक्ष्म जीवसे ।।३३।।
अभि कण्वा अनूषतापो न प्रवता यतीः। इन्द्रं वनन्वती मतिः ।।३४।।
इन्द्रमुक्थानि वावृधुः समुद्रमिव सिन्धवः। अनुत्तमन्युमजरम् ।।३५।।
आ नो याहि परावतो हरिभ्यां हर्यताभ्याम्। इममिन्द्र सुतं पिब ।।३६।।
त्वामिद्वृत्रहन्तम जनासो वृक्तबर्हिषः। हवन्ते वाजसातये ।।३७।।
अनु त्वा रोदसी उभे चक्रं न वर्त्येतशम्। अनु सुवानास इन्दवः ।।३८।।
मन्दस्वा सु स्वर्णर उतेन्द्र शर्यणावति। मत्स्वा विवस्वतो मती ।।३९।।
वावृधान उप द्यवि वृषा वज्र्यरोरवीत्। वृत्रहा सोमपातमः ।।४०।।
ऋषिर्हि पूर्वजा अस्येक ईशान ओजसा। इन्द्र चोष्कूयसे वसु ।।४१।।
अस्माकं त्वा सुताँ उप वीतपृष्ठा अभि प्रयः। शतं वहन्तु हरयः ।।४2।।
हमां सु पूर्व्यां धियं मधार्घृतस्य पिप्युषीम्। कण्वा उक्थेन वावृधुः ।।४३।।
इन्द्रमिद्विमहीनां मेधे वृणीत मर्त्यः। इन्द्रं सनिष्युरूतये ।।४४।।
अर्वाँचं त्वा पुरुष्टुत प्रियेमेधस्तुता हरी। सोमपेयाय वक्षतः ।।४५।।

सा. १३७

समस्य मन्यवे विशो विश्वा नमन्त कृष्टयः। समुद्रायेव सिन्धवः ।।३।।

सा. १४३

उपह्वरे गिरीणां संगमे च नदीनाम्। धिया विप्रो अजायत ।।६।।

सा. १५२

अहमिद्धि पितुष्परि मेधामृतस्य जग्रह। अहं सूर्य इवाजनि ।।८।।

सा. १८२

ओजस्तदस्य तित्विष उभे यत्समवर्तयत्। इन्द्रश्चर्मेव रोदसी ।।८।।

सा. १८७

इमास्त इन्द्र पृश्नयो घृतं दुहत आशिरम्। एनामृतस्य पिप्युषीः ।।३।।

सा. १३०७–१३०९

महाँ इन्द्रो य ओजसा पर्जन्यो वृष्टिमाँ इव। स्तोमैर्वत्सस्य वावृधे ।।४।।
कण्वा इन्द्रं यदक्रत स्तोमैर्यज्ञस्य साधनम्। जामि ब्रुवत आयुधा ।।५।।
प्रजामृतस्य पिप्रतः प्र यद्भरन्त वह्नयः। विप्रा ऋतस्य वाहसा ।।६।।

सा. १५००–१५०२

अहमिद्धि पितुष्परि मेधामृतस्य जग्रह। अहं सूर्य इवाजनि ।।१।।
अहं प्रत्नेन जन्मना गिरः शुम्भामि कण्ववत्। येनेन्द्रः शुष्ममिद्दधे ।।२।।
ये त्वामिन्द्र न तुष्टुवुर्ऋषयो ये च तुष्टुवुः। ममेद्वर्धस्व सुष्टुतः ।।३।।

सा. १६५१–१६५३

समस्य मन्यवे विशो विश्वा नमन्त कृष्टयः। समुद्रायेव सिन्धवः ।।१।।
वि चिद्वृत्रस्य दोधतः शिरो बिभेद वृष्णिना। वज्रेण शतपर्वणा ।।२।।
ओजस्तदस्य तित्विष उभे यत्समवर्तयत्। इन्द्रश्चर्मेव रोदसी ।।३।।

१८३. वम्रो वैखानसः – ऋ. १०.९९.१–१२

कं नश्चित्रमिषण्यसि चिकित्वान्पृथुग्मानं वाश्रं वावृधध्यै ।
कत्तस्य दातु शवसो व्युष्टौ तक्षद्वज्रं वृत्रतुरमपिन्वत् ।।१।।
स हि द्युता विद्युता वेति साम पृथुं योनिमसुरत्वा ससाद ।
स सनीळेभिः प्रसहानो अस्य भ्रातुर्न ऋते सप्तथस्य मायाः ।।२।।
स वाजं यातापदुष्पदा यन्त्स्वर्षाता परि षदत्सनिष्यन् ।
अनर्वा यच्छतदुरस्य वेदो घ्नञ्छिश्नदेवाँ अभि वर्पसा भूत् ।।३।।
स यह्व्यो३ वनीर्गोष्वर्वा जुहोति प्रधन्यासु सस्रिः ।
अपादो यत्र युजयासोऽरथा द्रोण्यश्वास ईरते घृतं वाः ।।४।।
स रुद्रेभिरशस्तवार ऋभ्वा हित्वी गयमारेअवद्य आगात् ।
वम्रस्य मन्ये मिथुना विवव्री अन्नमभीत्यारोदयन्मुषायन् ।।५।।
स इद्दासं तुवीरवं पतिर्दन्षळक्षं त्रिशीर्षाणं दमन्यत् ।
अस्य त्रितो न्वोजसा वृधानो विपा वराहमयोअग्रया हन् ।।६।।
स द्रुह्वणे मनुष ऊर्ध्वसान आ साविषदर्शसानाय शरुम् ।
स नृतमो नहुषोऽस्मत्सुजातः पुरोऽभिनदर्हन्दस्युहत्ये ।।७।।
सो अभ्रियो न यवस उदन्यन्क्षयाय गातुं विदन्नो अस्मे ।
उप यत्सीददिन्दुं शरीरैः श्येनोऽयोपाष्टिर्हन्ति दस्यून् ।।८।।
स व्राधतः शवसानेभिरस्य कुत्साय शुष्णं कृपणे परादात् ।
अयं कविमनयच्छस्यमानमत्कं यो अस्य सनितोत नृणाम् ।।९।।
अयं दशस्यन्नर्येभिरस्य दस्मो देवेभिर्वरुणो न मायी ।
अयं कनीन ऋतुपा अवेद्यमिमीतारहं यश्चतुष्पात् ।।१०।।

अस्य स्तोमेभिरौशिज ऋजिश्वा व्रजं दरयद्वृषभेण पिप्राः ।
सुत्वा यद्यजतो दीदयद्गीः पुर इयानो अभि वर्पसा भूत् ।।११।।
एवा महो असुर वक्षथाय वम्रकः षड्भिरुप सर्पदिन्द्रम् ।
स इयानः करति स्वस्तिमस्मा इषमूर्जं सुक्षितिं विश्वमाभाः ।।१2।।

१८४. वशोऽश्व्यः – ऋ. ८.४६.१–20; 2६–३१; ३३

ऋ. ८.४६.१–20

त्वावतः पुरूवसो वयमिन्द्र प्रणेतः। स्मसि स्थातर्हरीणाम् ।।१।।
त्वां हि सत्यमद्रिवो विद्य दातारभिषाम्। विद्य दातारं रयीणाम् ।।2।।
आ यस्य ते महिमानं शतमूते शतक्रतो। गीर्भिर्गृणन्ति कारवः ।।३।।
सुनीथो घा स मर्त्यो यं मरुतो यमर्यमा। मित्रः पान्त्यद्रुहः ।।४।।
दधानो गोमदश्ववत्सुवीर्यमादित्यजूत एधते। सदा राया पुरुस्पृहा ।।५।।
तमिन्द्रं दानमीमहे शवसानमभीर्वम्। ईशानं राय ईमहे ।।६।।
तस्मिन्हि सन्त्यूतयो विश्वा अभीरवः सचा।
तमा वहन्तु सप्तयः पुरूवसुं मदाय हरयः सुतम्।।७।।
यस्ते मदो वरेण्यो य इन्द्र वृत्रहन्तमः। य आददिः स्व१र्नृभिर्यः पृतनासु दुष्टरः ।।८।।
यो दुष्टरो विश्ववार श्रवाय्यो वाजेष्वस्ति तरुता ।
स नः शविष्ठ सवना वसो गहि गमेम गोमति व्रजे ।।६।।
गव्यो षु णो यथा पुराश्वयोत रथया। वरिवस्य महामह ।।१०।।
नहि ते शूर राधसोऽन्तं विन्दामि सत्रा।
दशस्या नो मघवन्नू चिदद्रिवो धियो वाजेभिराविथ ।।११।।
य ऋष्वः श्रावयत्सखा विश्वेत्स वेद जनिमा पुरुष्टुतः ।
तं विश्वे मानुषा युगेन्द्रं हवन्ते तविषं यतस्रुचः ।।१2।।
स नो वाजेष्वविता पुरूवसुः पुरः स्थाता। मघवा वृत्रहा भुवत् ।।१३।।
अभि वो वीरमन्धसो मदेषु गाय गिरा महा विचेतसम्।
इन्द्रं नाम श्रुत्यं शाकिनं वचो यथा ।।१४।।
ददी रेक्णस्तन्वे ददिर्वसु ददिर्वाजेषु पुरुहूत वाजिनम्। नूनमथ ।।१५।।
विश्वेषामिरज्यन्तं वसूनां सासह्वांसं चिदस्य वर्पसः। कृपयतो नूनमत्यथ ।।१६।।
महः सु वो अरमिषे स्तवामहे मीळहुषे अरंगमाय जग्मये ।
यज्ञेभिर्गीर्भिर्विश्वमनुषां मरुतामियक्षसि गाये त्वा नमसा गिरा ।।१७।।
ये पातयन्ते अज्मभिर्गिरीणां स्नुभिरेषाम्। यज्ञं महिष्वणीनां सुम्नं तुविष्वणीनां प्राध्वरे ।।१८।।
प्रभंगं दुर्मतीनामिन्द्र शविष्ठा भर। रयिमस्मभ्यं युज्यं चोदयन्मते ज्येष्ठं चोदयन्मते ।।१६।।
सनितः सुसनितरुग्र चित्र चेतिष्ठ सूनृत।
प्रासहा सम्राट् सहुरिं सहन्तं भुजयुं वाजेषु पूर्व्यम् ।।2०।।

ऋ. ८.४६.2६–३१

अध प्रियमिषिराय षष्टिं सूहस्रासनम्। अश्वानामिन्न वृषणाम् ।।2६।।
गावो न यूथमुप यन्ति वध्रय उप मा यन्ति वध्रयः ।।३०।।
अध यच्चारथे गणे शतमुष्ट्राँ अचिक्रदत्। अध श्वित्नेषु विंशतिं शता ।।३१।।

ऋ. ८.४६.३३

अध स्या योषणा मही प्रतीची वशमश्व्यम्। अधिरुक्मा वि नीयते ।।३३।।

१८५. वशः अश्व्यः (ऋसर्व. ८.४६.१०; ८.४६.१; ८.४६.४; ८.४६.१४) वत्सः काण्वः (साग्री. सास्वा.) वंशः (सार्षेदी.) – सा. १८६; १६३; 20६; 2६५

सा. १८६

गव्यो षु णो यथा पुराश्वयोत रथया। वरिवस्या महोनाम् ।।2।।

सा. १६३
त्वावतः पुरूवसो वयमिन्द्र प्रणेतः। स्मसि स्थातर्हरीणाम् ।।६।।
सा. २०६
सुनीथो घा स मर्त्यो यं मरुतो यमर्यमा। मित्रास्पान्त्यद्रुहः ।।३।।
सा. २६५
अभि वो वीरमन्धसो मदेषु गाय गिरा महा विचेतसम्। इन्द्रं नाम श्रुत्यं शाकिनं वचो यथा ।।३।।

१८६. वसिष्ठः – ऋ. ७.१८.१–२१; ७.१६.१–११; ७.२०.१–१०; ७.२१.१–१०; ७.२२.१–६; ७. २३. १–६; ७.२४.१–६; ७.२५.१–६; ७.२६.१–५; ७.२७.१–५; ७.२८.१–५; ७.२६.१–५; ७. ३०.१–५; ७.३१.१–१२; ७.३२.१–२७; ७.५५.२–८; ७.६७.१; ७.६८.१–६; ७.१०४.८; १६; १६–२२; २४; य. १२.३४; २०.५४; २६.१०; ३३.१८; अ. २०.१२.१–६; २०.१८.४–६; २०.१७.१२; २०.५६.३–४; २०.७३.१–३; २०.८२.१–२; २०.८७.१–६; २०.११७.१–३

ऋ. ७.१८.१–२१
त्वे ह यत्पिरश्चिन्न इन्द्र विश्वा वामा जरितारो असन्वन् ।
त्वे गावः सुदुघास्त्वे ह्यश्वास्त्वं वसु देवयते वनिष्ठः ।।१।।
राजेव हि जनिभिः क्षेष्येवाव द्युभिरभि विदुष्कविः सन् ।
पिशा गिरो मघवन् गोभिरश्वैस्त्वायतः शिशीहि राये अस्मान् ।।२।।
इमा उ त्वा पस्पृधानासो अत्र मन्द्रा गिरो देवयन्तीरुप स्थुः ।
अर्वाची ते पथ्या राय एतु स्याम ते सुमताविन्द्र शर्मन् ।।३।।
धेनुं न त्वा सूयवसे दुदुक्षन्नुप ब्रह्माणि ससृजे वसिष्ठः ।
त्वामिन्मे गोपतिं विश्व आहा न इन्द्रः सुमतिं गन्त्वच्छ ।।४।।
अर्णांसि चित्पप्रथाना सुदास इन्द्रो गाधान्यकृणोत्सुपारा ।
शर्धन्तं शिम्युमुचथस्य नव्यः शापं सिन्धूनामकृणोदशस्तीः ।।५।।
पुरोळा इत्तुर्वशो यक्षुरासीद्राये मत्स्यासो निशिता अपीव ।
श्रुष्टिं चक्रुर्भृगवो द्रुह्यवश्च सखा सखायमतरद्विषूचोः ।।६।।
आ पक्थासो भलानसो भनन्तालिनासो विषाणिनः शिवासः ।
आ योऽनयत्सधमा आर्यस्य गव्या तृत्सुभ्यो अजगन्युधा नृन् ।।७।।
दुराध्यो३ अदितिं स्रेवयन्तोऽचेतसो वि जगृभ्रे परुष्णीम् ।
मह्नाविव्यक् पृथिववीं पत्यमानः पशुष्कविरशयच्चायमानः ।।८।।
ईयुरर्थं न न्यर्थं परुष्णीमाशुश्चनेदभिपित्वं जगाम ।
सुदास इन्द्रः सुतुकाँ अमित्रानरन्धयन्मानुषे वध्रिवाचः ।।६।।
ईयुर्गावो न यवसादगोपा यथाकृतमभि मित्रं चितासः ।
पृश्निगावः पृश्निनिप्रेषितासः श्रुष्टिं चक्रुर्नियुतो रन्तयश्च ।।१०।।
एकं च यो विंशतिं च श्रवस्या वैकर्णयोर्जनान्नाजा न्यस्तः ।
दस्मो न सद्यन्नि शिशाति बर्हिः शूरः सर्गमकृणोदिन्द्र एषाम् ।।११।।
अध श्रुतं कवषं वृद्धमप्स्वनु द्रुह्युं नि वृणग्वज्रबाहुः ।
वृणाना अत्र सख्याय सख्यं त्वायन्तो ये अमदन्ननु त्वा ।।१२।।
वि सद्यो विश्वा दृंहितान्येषामिन्द्रः पुरः सहसा सप्त दर्दः ।
व्यानवस्य तृत्सवे गयं भाग्जेष्म पूरुं विदथे मृध्रवाचम् ।।१३।।
नि गव्यवोऽनवो द्रुह्यवश्च षष्टिः शता सुषुपुः षट् सहस्रा ।
षष्टिर्वीरासो अधि षड् दुवोयु विश्वेदिन्द्रस्य वीर्या कृतानि ।।१४।।
इन्द्रणैते तृत्सवो वेविषाणा आपो न सृष्टा अधवन्त नीचीः ।
दुर्मित्रसः प्रकलविन् मिमाना जहुर्विश्वानि भोजना सुदासे ।।१५।।

अर्धं वीरस्य शृतपामनिन्द्रं पराश र्धन्तं ननुदे अभि क्षाम् ।
इन्द्रो मन्युं मन्युम्यो मिमाय भेजे पथो वर्तनिं पत्यमानः ।।१६।।
आध्रेण चित्तद्वेकं चकार सिंह्यं चित्पेत्वेना जघान ।
अव स्रक्तीर्वेश्यावृश्चदिन्द्रः प्रायच्छद्विश्वा भोजना सुदासे ।।१७।।
शश्वन्तो हि शत्रवो रारधुष्टे भेदस्य चिच्छर्धतो विन्द रन्धिम् ।
मर्ताँ एनः स्तुवतो यः कृणोति तिग्मं तस्मिन्नि जहि वज्रमिन्द्र ।।१८।।
आवदिन्द्रं यमुना तृत्सवश्च प्रात्र भेदं सर्वताता मुषायत् ।
अजासश्च शिग्रवो यक्षवश्च बलिं शीर्षाणि जभ्रुरश्व्यानि ।।१६।।
न त इन्द्र सुमतयो न रायः संचक्षे पूर्वा उषसो न नूत्नाः ।
देवकं चिन्मान्यमानं जघन्थाव त्मना बृहतः शम्बरं भेत् ।।20।।
प्र ये गृहादममदुस्त्वाया पराशरः शतयातुर्वसिष्ठः ।
न ते भोजस्य सख्यं मृषन्ताधा सुरिभ्यः सुदिना व्युच्छान् ।।21।।

ऋ. ७.१६.१–११

यस्तिग्मशृंगो वृषभो न भीम एकः कृष्टीश्च्यावयति प्र विश्वाः ।
यः शश्वतो अदाशुषो गयस्य प्रयन्तासि सुष्वितराय वेदः ।।१।।
त्वं ह त्यदिन्द्र कुत्समावः शुश्रूषमाणस्तन्वा समर्ये ।
दासं यच्छुष्णं कुयवं न्यस्मा अरन्धय आर्जुनेयाय शिक्षन् ।।2।।
त्वं धृष्णो धृषता वीतहव्यं प्रावो विश्वाभिरूतिभिः सुदासम् ।
प्र पौरुकुत्सिं त्रसदस्युमावः क्षेत्रसाता वृत्रत्येषु पुरुम् ।।३।।
त्वं नृभिर्नृमणो देववीतौ भूरीणि वृत्रा हर्यश्व हंसि ।
त्वं नि दस्युं चुमुरिं धुनिं चास्वापयो दभीतये सुहन्तु ।।४।।
तव च्यौत्नानि वज्रहस्त तानि नव यत्पुरो नवतिं च सद्यः ।
निवेशने शततमाविवेषीरहंच वृत्रं नमुचिमुताहन् ।।५।।
सना ता त इन्द्र भोजनानि रातहव्याय दाशुषे सुदासे ।
वृष्णे ते हरी वृषणा युनज्मि व्यन्तु ब्रह्माणि पुरुशाक वाजम् ।।६।।
मा ते अस्यां सहसावन्परिष्टावघाय भूम हरिवः परादै ।
त्रायस्व नोऽवृकेभिर्वरूथैस्तव प्रियासः सूरिषु स्याम ।।७।।
प्रियास इत्ते मघवन्नभिष्टौ नरो मदेम शरणे सखायः ।
नि तुर्वशं नि याद्वं शिशीह्यतिथिग्वाय शंस्यं करिष्यन् ।।८।।
सद्यश्चिन्नु ते मघवन्नभिष्टौ नरः शंसन्त्युक्थशाम उक्था ।
ये ते हवेभिर्वि पणींरदाशन्नस्मान्वृणीष्व युज्याय तस्मै ।।६।।
एते स्तोमा नरां नृतम तुभ्यस्मद्र्यंचो ददतो मघानि ।
तेषामिन्द्र वृत्रहत्ये शिवो भूः सखा च शूरोऽविता च नृणाम् ।।१०।।
नू इन्द्र शूर स्तवमान ऊती ब्रह्मजूतस्तन्वा वावृधस्व ।
उप नो वाजान्मिमीह्युप स्तीन्यूयं पात स्वस्तिभिः सदा नः ।।११।।

ऋ. ७.2०.१–१०

उग्रो जज्ञे वीर्याय स्वधावांचक्रिरपो नर्यो यत्करिष्यन् ।
जग्मिर्युवा नृषदनमवोभिस्त्राता न इन्द्र एनसो महश्चित् ।।१।।
हन्ता वृत्रमिन्द्रः शूशुवानः प्रावीन्नु वीरो जरितारमूती ।
कर्ता सुदासे अह वा उ लोकं दाता वसु मुहुरा दाशुषे भूत् ।।2।।
युध्मो अनर्वा खजकृत्समद्वा शूरः सत्राषाड् जनुषेमषाळहः ।
व्यास इन्द्रः पृतनाः स्वोजा अधा विश्वं शत्रूयन्तं जघान ।।३।।
उभे चिदिन्द्र रोदसी महित्वा पप्राथ तविषीभिस्तुविष्मः ।
नि वज्रमिन्द्रो हरिवान्मिमिक्षन्त्समन्धसा मदेषु वा उवोच ।।४।।

वृषा जजान वृषणं रणाय तमु चिन्नारी नर्यं ससूव ।
प्र यः सेनानीरध नृभ्यो अस्तीनः सत्वा गवेष्णः स धृष्णुः ।।५।।
नू चित्स भ्रेषते जनो न रेषन्मनो यो अस्य घोरमाविवासात् ।
यज्ञैर्य इन्द्रे दधते दुवांसि क्षयत्स राय ऋतपा ऋतेजाः ।।६।।
यदिन्द्र पूर्वो अपराय शिक्षन्नयज्ज्यायान् कनीयसो देष्णम् ।
अमृत इत्पर्यासीत दूरमा चित्र चित्र्यं भरा रयिं नः ।।७।।
यस्त इन्द्र प्रियो जनो ददाशदसन्निरेके अद्रिवः सखा ते ।
वयं ते अस्यां सुमतौ चनिष्ठाः स्याम वरूथे अघ्नतो नृपीतौ ।।८।।
एष स्तोमो अचिक्रदद्वृषा त उत स्तामुर्मघवन्नक्रपिष्ट ।
रायस्कामो जरितारं त आगन्त्वमंग शक्र वस्व आ शको नः ।।९।।
स न इन्द्र त्वयताया इषे धास्त्मना च ये मघवानो जुनन्ति ।
वस्वी षु ते जरित्रे अस्तु शक्तिर्यूयं पात स्वस्तिभिः सदा न ।।१०।।

ऋ. ७.21.१–१०

असावि देवं गोऋजीकमन्धो न्यस्मिन्निन्द्रो जनुषेमुवोच ।
बोधामसि त्वा हर्यश्व यज्ञैर्बोधा नः स्तोममन्धसो मदेषु ।।१।।
प्र यन्ति यज्ञं विपयन्ति बर्हिः सोममादो विदथे दुध्रवाचः ।
न्यु भ्रियन्ते यशसो गृभादा दूरउपब्दो वृषणो नृषाचः ।।2।।
त्वमिन्द्र स्रवितवा अपस्फः परिष्ठिता अहिना शूर पूर्वीः ।
त्वद्वाक्रे रथ्यो३ न धेना रेजन्ते विश्वा कृत्रिमाणि भीषा ।।३।।
भीमो विवेषायुधेभिरेषामपांसि विश्वा नर्याणि विद्वान् ।
इन्द्रः पुरो जर्हृषाणो वि दूधोद्विवज्रहस्तो महिना जघान ।।४।।
न यातव इन्द्र जूजुवुर्नो न वन्दना शविष्ठ वेद्यभिः ।
स शर्धदर्यो विषुणस्य जन्तोर्मा शिश्नदेवा अपि गुर्ऋतं नः ।।५।।
अभि क्रत्वेन्द्र भूरध ज्मन्न ते विव्यङ्महिमानं रजांसि ।
स्वेना हि वृत्रं शवसा जघन्थ न शत्रुरन्तं विविदद्युधा ते ।।६।।
देवाश्चित्ते असुर्याय पूर्वेऽनु क्षत्राय ममिरे सहांसि ।
इन्द्रो मघानि दयते विषह्येन्द्रं वाजस्य जोहुवन्त सातौ ।।७।।
कीरिश्चिद्धि त्वामवसे जुहावेशानमिन्द्र सौभगस्य भूरेः ।
अवो बभूथ शतमूते अस्मे अभिक्षत्तुस्त्वावतो वरूता ।।८।।
सखायस्त इन्द्र विश्वह स्याम नमोवृधासो महिना तरुत्र ।
वन्वन्तु स्मा तेऽवसा समीके३ भीतिमर्यो वनुषां शवांसि ।।९।।
स न इन्द्र त्वयताया इषे धास्त्मना च ये मघवानो जुनन्ति ।
वस्वी षु ते जरित्रे अस्तु शक्तियूयं पात स्वस्तिभिः सदा नः ।।१०।।

ऋ. ७.22.१–९

पिबा सोममिन्द्र मन्दतु त्वा यं ते सुषाव हर्यश्वद्रिः। सोतुर्बाहुभ्यां सुयतो नार्वा ।।१।।
यस्ते मदो युज्यश्चारुरस्ति येन वृत्राणि हर्यश्व हंसि। स त्वामिन्द्र प्रभूवसो ममत्तु ।।2।।
बोधा सु मे मघवन्वाचमेमां या ते वसिष्ठो अर्चति प्रशस्तिम्। इमा ब्रह्म सधमादे जुषस्व ।।३।।
श्रुधी हवं विपिपानस्याद्रेर्बोधा विप्रस्यार्चतो मनीषाम्। कृष्वा दुवांस्यन्तमा सचेमा ।।४।।
न ते गिरो अपि मृष्ये तुरस्य न सुष्टुतिमसुर्यस्य विद्वान्। सदा ते नाम स्वयशो विवक्मि ।।५।।
भूरि हि ते सवना मानुषेषु भुरि मनीषी हवते त्वामित्। मारे अस्मन्मघवंज्योक्कः ।।६।।
तुभ्येदिमा सवना शूर विश्वा तुभ्यं ब्रह्माणि वर्धना कृणोमि। त्वं नुभिर्हव्यो विश्वधासि ।।७।।
नू चिन्नु ते मन्यमानस्य दस्मोदश्नुवन्ति महिमानमुग्र। न वीर्यमिन्द्र ते न राधः ।।८।।
ये च पूर्व ऋषयो ये च नूत्ना इन्द्र ब्रह्माणि जनयन्त विप्राः ।
अस्मे ते सन्त् सख्या शिवानि यूयं पात स्वस्तिभिः सदा नः ।।९।।

ऋ. ७.2३.१–६
उदु ब्रह्माण्यैरत श्रवस्येन्द्रं समर्ये महया वसिष्ठ ।
आ यो विश्वानि शवसा ततानोपश्रोता म ईवतो वचांसि ।।१।।
अयामि घोष इन्द्र देवजामिरिरज्यन्त यच्छुरुधो विवाचि ।
नहि स्वमायुश्चिकिते जनेषु तानीदंहांस्यति पर्ष्यस्मान् ।।2।।
युजे रथं गवेषणं हरिभ्यामुप ब्रह्माणि जुजुषाणमस्थुः ।
वि बाधिष्ट स्य रोदसी महित्वेन्द्रो वृत्राण्यप्रती जघन्वान् ।।३।।
आपश्चित्पिप्युः स्तर्यो३ न गावो नक्षन्नृतं जरितारस्त इन्द्र ।
याहि वायुर्न नियुतो नो अच्छा त्वं हि धीभिर्दयसे वि वाजान् ।।४।।
ते त्वा मदा इन्द्र मादयन्तु शुष्मिणं तुविराधसं जरित्रे ।
एको देवत्रा दयसे हि मर्तानस्मिंछूर सवने मादयस्व ।।५।।
एवेदिन्द्रं वृषणं वज्रबाहुं वसिष्ठासो अभ्यर्चन्त्यर्कैः ।
स नः स्तुतो वीरवद्धातु गोमद्यूयं पात स्वस्तिभिः सदा नः ।।६।।

ऋ. ७.2४.१–६
योनिष्ट इन्द्र सदने अकारि तमा नृभिः पुरुहूत प्र याहि ।
असो यथा नोऽविता वृधे च ददो वसूनि ममदश्च सोमैः ।।१।।
गृभीतं ते मन इन्द्र द्विबर्हाः सुतः सोमः परिषिक्ता मधूनि ।
विसृष्टधेना भरते सुवृक्तिरियमिन्द्रं जोहुवती मनीषा ।।2।।
आ नो दिव आ पृथिव्या ऋजीषिन्निदं बर्हिः सोमपेयाय याहि ।
वहन्तु त्वा हरयो मद्र्यंचमाङ्गूषमच्छा तवसं मदाय ।।३।।
आ नो विश्वाभिरूतिभिः सजोषा ब्रह्म जुषाणो हर्यश्वयाहि ।
वरीवृजत् स्थविरेभिः सुशिप्रास्मे दधद्वृषणं शुष्ममिन्द्र ।।४।।
एष स्तोमो मह उग्राय वाहे धुरी३ वात्यो न वाजयन्नधायि ।
इन्द्र त्वायमर्क ईट्टे वसूनां दिवीव द्यामधि नः श्रोमतं धाः ।।५।।
एवा न इन्द्र वार्यस्य पूर्धि प्र ते महीं सुमतिं वेविदाम ।
इषं पिन्व मघवद्भ्यः सुवीरां यूयं पात स्वस्तिभिः सदा नः ।।६।।

ऋ. ७.2५.१–६
आ ते मह इन्द्रोत्युग्र समन्यवो यत्समरन्त सेनाः ।
पताति दिद्युन्नर्यस्य बाह्वोर्मा ते मनो विष्वद्र्य१ ग्वि चारीत् ।।१।।
नि दुर्ग इन्द्र श्नथिह्यमित्रानभि ये नो मर्तासो अमन्ति ।
आरे तं शंस कृणुहि निनित्सोरा नो भर संभरणं वसूनाम् ।।2।।
शतं ते शिप्रिन्नूतयः सुदासे सहस्रं शंसा उत रातिरस्तु ।
जहि वधर्वनुषो मर्त्यस्यास्मे द्युम्नमधि रत्नं च धेहि ।।३।।
त्वावतो हीन्द्र क्रत्वे अस्मि त्वावतोऽवितुः शूर रातौ ।
विश्वेदहानि तविषीव उग्रँ ओकः कृणुष्व हरिवो न मर्धीः ।।४।।
कुत्सा एते हर्यश्वाय शूषमिन्द्रे सहो देवजूतमियानाः ।
सत्रा कृधि सुहना शूर वृत्रा वयं तरुत्राः सनुयाम वाजम् ।।५।।
एवा न इन्द्र वार्यस्य पूर्धि प्र ते महीं सुमतिं वेविदाम ।
इषं पिन्व मघवद्भ्यः सुवीरां यूयं पात स्वस्तिभिः सदा नः ।।६।।

ऋ. ७.2६.१–५
न सोम इन्द्रमसुतो ममाद नाब्रह्माणो मघवानं सुतासः ।
तस्मा उक्थं जनये यज्जुजोषन्नृवन्नवीयः शृणवद्यथा नः ।।१।।
उक्थउक्थे सोम इन्द्रं ममाद नीथेनीथे मघवानं सुतासः ।

यदी सबाधः पितरं न पुत्राः समानदक्षा अवसे हवन्ते ।।2।।
चकार ता कृणवन्नूनमन्या यानि ब्रुवन्ति वेधसः सुतेषु ।
जनीरिव पतिरेकः समानो नि मामृजे पुर इन्द्रः सु सर्वाः ।।३।।
एवा तमाहुरुत शृण्व इन्द्र एको विभक्ता तरणिर्मघानाम् ।
मिथस्तुर ऊतयो यस्य पूर्वीरस्मे भद्राणि सश्चत प्रियाणि ।।४।।
एवा वसिष्ठ इन्द्रमूतये नॄन्कृष्टीनां वृषभं सुते गृणाति ।
सहस्रिण उप नो माहि वाजान् यूयं पात स्वस्तिभिः सदा नः ।।५।।

ऋ. ७.2७.१–५

इन्द्रं नरो नेमधिता हवन्ते यत्पार्या युनजते धियस्ताः ।
शूरो नृषाता शवसश्चकान आ गोमती व्रजे भजा त्वं नः ।।१।।
य इन्द्र शुष्मो मघवन्ते अस्ति शिक्षा सखिभ्यः पुरुहूत नुभ्यः ।
त्वं हि दृळहा मघवन्विचेता अपा वृधि परिवृतं न राधः ।।2।।
इन्द्रो राजा जगतश्चर्षणीनामधि क्षमि विषुरूपं यदस्ति ।
तता ददाति दाशुषे वसूनि चोदद्राध उपस्तुतश्चिदर्वाक् ।।३।।
नू चिन्न इन्द्रो मघवा सहूती दानो वाजं नि यमते न ऊती ।
अनूना यस्य दक्षिणा पीपाय वामं नृभ्यो अभिवीता सखिभ्यः ।।४।।
नू इन्द्र राये वरिवस्कृधी न आ ते मनो ववृत्याम मघाय ।
गोमदश्वावद्रथवद्व्यन्तो यूयं पात स्वस्तिभिः सदा नः ।।५।।

ऋ. ७.2८.१–५

ब्रह्मा ण इन्द्रोप याहि विद्वानर्वांचस्ते हरयः सन्तु युक्ताः ।
विश्वे चिद्धि त्वा विहवन्त मर्ता अस्माकमिच्छृणुहि विश्वमिन्व ।।१।।
हवं त इन्द्र महिमा व्यानड् ब्रह्म यत्पासि शवसिन्नृषीणाम् ।
आ यद्वज्रं दधिषे हस्त उग्र घोरः सन्क्रत्वा जनिष्ठा उषाळहः ।।2।।
तव प्रणीतीन्द्र जोहुवानान्त्सं यन्नृन्न रोदसी निनेथ ।
महे क्षत्राय शवसे हि जज्ञेऽतूतुजिं चित्तूतुजिरशिश्नत् ।।३।।
एभिर्न इन्द्राहभिर्दशस्य दुर्मित्रासो हि क्षितयः पवन्ते ।
प्रति यच्चष्टे अनृतमनेना अव द्विता वरुणो मायी नः सात् ।।४।।
वोचेमेदिन्द्रं मघवानमेनं महो रायो राधसो यद्ददन्नः ।
यो अर्चतो ब्रह्मकृतिमविष्ठो यूयं पात स्वस्तिभिः सदा नः ।।५।।

ऋ. ७.2९.१–५

अयं सोम इन्द्र तुभ्यं सुन्व आ तु प्र याहि हरिवस्तदोकाः ।
पिबा त्व१स्य सुषुतस्य चारोर्ददो मघानि मघवन्नियानः ।।१।।
ब्रह्मन्वीर ब्रह्मकृतिं जुषाणोऽर्वाचीनो हरिमिर्याहि तूयम् ।
अस्मिन्नू षु सवने मादयस्वोप ब्रह्माणि शृणव इमा नः ।।2।।
का ते अस्त्यरंकृतिः सूक्तैः कदा नूनं ते मघवन् दाशेम ।
विश्वा मतीरा ततने त्वायाधा म इन्द्र शृणवो हवेमा ।।३।।
उतो घा ते पुरुष्या३ इदासन्येषां पूर्वेषामशृणोर्ऋषीणाम् ।
अधाहं त्वा मघवंजोहवीमि त्वं न इन्द्रासि प्रमतिः पितेव ।।४।।
वोचेमेदिन्द्रं मघवानमेनं महो रायो राधसो यद्ददन्नः ।
यो अर्चतो ब्रह्मकृतिमविष्ठो यूयं पात स्वस्तिभिः सदा नः ।।५।।

ऋ. ७.३०.१–५

आ नो देव शवसा याहि शुष्मिन्भवा वृध इन्द्र रायो अस्य ।
महे नृम्णाय नृपते सुवज्र महि क्षत्राय पौंस्याय शूर ।।१।।
हवन्त उ त्वा हव्यं विवाचि तनूषु शूराः सूर्यस्य सातौ ।

त्वं विश्वेषु सेन्यो जनेषु त्वं वृत्राणि रन्धया सुहन्तु ।।2।।
अहा यदिन्द्र सुदिना व्युच्छान्दधो यत्केतुमुपमं समत्सु ।
न्यृग्निः सीददसुरो न होता हुवानो अत्र सुभगाय देवान् ।।३।।
वयं ते त इन्द्र ये च देव स्तवन्त शूर ददतो मघानि ।
यच्छा सूरिभ्य उपमा वरूथं स्वाभुवो जरणामश्नवन्त ।।४।।
वोचेमेदिन्द्रं मघवानमेनं महो रायो राधसो यद्ददन्नः ।
यो अर्चतो ब्रह्मकृतिमविष्ठो यूयं पात स्वस्तिभिः सदा नः ।।५।।

ऋ. ७.३१.१–१२

प्र व इन्द्राय मादनं हर्यश्वाय गायत। सखायः सोमपाव्ने ।।१।।
शंसेदुक्थं सुदानव उत द्युक्षं यथा नरः। चकृमा सत्यराधसे ।।2।।
त्वं न इन्द्र वाजयुस्त्वं गव्युः शतक्रतो। त्वं हिरण्युर्वसो ।।३।।
वयमिन्द्र त्वायवोऽभि प्र णोनुमो वृषन्। विद्धी त्व१स्य नो वसो ।।४।।
मा नो निदे च वक्तवेऽर्यो रन्धीरराव्णे। त्वे अपि क्रतुर्मम ।।५।।
त्वं वर्मासि सप्रथः पुरोयोधश्च वृत्रहन्। त्वया प्रति ब्रुवे युजा ।।६।।
महाँ उतासि यस्य तेऽनु स्वधावरी सहः। मम्नाते इन्द्र रोदसी ।।७।।
तं त्वा मरुत्वती परि भुवद्वाणि सयावरी। नक्षमाणा सह द्युभिः ।।८।।
ऊर्ध्वासस्त्वानिवन्दवो भुवन्दस्ममुप द्यवि। सं ते नमन्त कृष्टयः ।।६।।
प्र वो महे महिवृधे भरध्वं प्रचेतसे प्र सुमतिं कृणुध्वम्। विशः पूर्वीः प्र चरा चर्षणिप्राः ।।१०।।
ऊरुव्यचसे महिने सुवृक्तिमिन्द्राय ब्रह्म जनयन्त विप्राः। तस्य व्रतानि न मिनन्ति धीराः ।।११।।
इन्द्र वाणीरनुत्तमन्युमेव सत्रा राजानं दधिरे सहध्यै। हर्यश्वाय बर्हया समापीन् ।।१2।।

ऋ. ७.३2.१–2७

मो षु त्वा वाघतश्चनारे अस्मन्नि रीरमन् ।
आरात्तच्चित् सधमादं न आ गहीह वा सन्नुप श्रुधि ।।१।।
इमे हि ते ब्रह्मकृतः सुते सचा मधौ न मक्ष आसते ।
इन्द्रे कामं जरितारो वसूयवो रथे न पादमा दधुः ।।2।।
रायस्कामो वज्रहस्तं सुदक्षिणं पुत्रो न पितरं हुवे ।।३।।
इम इन्द्राय सुन्विरे सोमासो दध्याशिरः ।
ताँ आ मदाय वज्रहस्त पीतये हरिभ्यां याह्योक आ ।।४।।
श्रवच्छुत्कर्ण ईयते वसूनां नू चिन्नो मर्धिषद् गिरः ।
सद्यश्चिद्यः सहस्राणि शता ददन्नकिर्दित्सन्तमा मिनत् ।।५।।
स वीरो अप्रतिष्कुत इन्द्रेण शूशुवे नृभिः ।
यस्ते गभीरा सवनानि वृत्रहन्त्सुनोत्या च धावति ।।६।।
भवा वरूथं मघवन्मघोनां यत्समजासि शर्धतः ।
वि त्वाहतस्य वेदनं भजेमह्या दूणाशो भरा गयम् ।।७।।
सुनोता सोमपाव्ने सोममिन्द्राय वज्रिणे ।
पचता पक्तीरवसे कृणुध्वमित्पृणन्नित्पृणते मयः ।।८।।
मा स्रेधत सोमिनो दक्षता महे कृणुध्वं राय आतुजे ।
तरणिरिज्जयति क्षेति पुष्यति न देवासः कवत्नवे ।।६।।
नकिः सुदासो रथं पर्यास न रीरमत् ।
इन्द्रो यस्याविता यस्य मरुतो गमत्स गोमति व्रजे ।।१०।।
गमद्वाजं वाजयन्निन्द्र मर्त्यो यस्य त्वमविता भुवः ।
अस्माकं बोध्यविता रथानामस्माकं शूर नृणाम् ।।११।।
उदिन्न्वस्य रिच्यतेंऽशो धनं न जिग्युषः ।
य इन्द्रो हरिवान्न दभन्ति तं रिपो दक्षं दधाति सोमिनि ।।१2।।

मन्त्रमखर्वं सुधितं सुपेशसं दधात यज्ञियेष्वा ।
पूर्वीश्चन प्रसितयस्तरन्ति तं य इन्द्रे कर्मणा भुवत् ।।१३।।
कस्तमिन्द्र त्वावसुमा मर्त्यो दधर्षति ।
श्रद्धा इत्ते मघवन्पार्ये दिवि वाजी वाजं सिषासति ।।१४।।
मघोनः स्म वृत्रहत्येषु चोदय ये ददति प्रिया वसु ।
तव प्रणीती हर्यश्व सुरिभिर्विश्वा तरेम दुरिता ।।१५।।
तवेदिन्द्रावमं वसु त्वं पुष्यसि मध्यमम् ।
सत्रा विश्वस्य परमस्य राजसि नकिष्ट्वा गोषु वृण्वते ।।१६।।
त्वं बिश्वस्य धनदा असि श्रुतो य ईं भवन्त्याजयः ।
त्वायं विश्वः पुरुहूत पार्थिवोऽवस्युर्नाम भिक्षते ।।१७।।
यदिन्द्र यावतस्त्वमेतावदहमीशीय ।
स्तोतारमिद्दिधिषेय रदावसो न पापत्वाय रासीय ।।१८।।
शिक्षेयमिन्महयते दिवेदिवे राय आ कुहचिद्विदे ।
नहि त्वदन्यमन्घवन्न आप्यं वस्यो अस्ति पिता चन ।।१९।।
तरणिरित्सिषासति वाजं पुरन्ध्या युजा ।
आ व इन्द्रं पुरुहूतं नमे गिरा नेमिं तष्टेव सुद्रवम् ।।20।।
न दुष्टुती मर्त्यो विन्दते वसु न स्रेधन्तं रयिर्नशत् ।
सुशक्तिरिन्मघवन्तुभ्यं मावते देष्णं यत्पार्ये दिवि ।।2१।।
अभि त्वा शूर नोनुमोऽदुग्धा इव धेनवः ।
ईशानमस्य जगतः स्वर्दृशमीशानमिन्द्र तस्थुषः ।।22।।
न त्वावाँ अन्यो दिव्यो न पार्थिवो न जातो न जनिष्यते ।
अश्वायन्तो मघवन्निन्द्र वाजिनो गव्यन्तस्त्वा हवामहे ।।2३।।
अभी षतस्तदा भरेन्द्र ज्यायः कनीयसः ।
पुरूवसुर्हि मघवन्त्सनादसि भरेभरे च हव्यः ।।2४।।
परा णुदस्व मघवन्नमित्रान्त्सुवेदा नो वसू कृधि ।
अस्माकं बोध्यविता महाधने भवा वृधः सखीनाम् ।।2५।।
इन्द्र क्रतुं न आ भर पिता पुत्रेभ्यो यथा ।
शिक्षा णो अस्मिन्पुरुहूत यामनि जीवा ज्योतिरशीमहि ।।2६।।
मा नो अज्ञाता वृजना दुराध्यो३ माशिवासो अव क्रमुः ।
त्वया वयं प्रवतः शश्वतीरपोऽति शूर तरामसि ।।2७।।

ऋ. ७.५५.2–८

यदर्जुन सारमेय दतः पिशंग यच्छसे ।
वीव भ्राजन्त ऋष्टय उप स्रक्वेषु बप्सतो नि षु स्वप ।।2।।
स्तेनं राय सारमेय तस्करं वा पुनः सर।
स्तोतृनिन्द्रस्य रायसि किमस्मान्दुच्छुनायसे नि षु स्वप ।।३।।
त्वं सुकरस्य दर्दृहि तव दर्दर्तु सूकरः ।
स्तोतृनिन्द्रस्य रायसि किमस्मान्दुच्छुनायसे नि षु स्वप ।।४।।
सस्तु माता सस्तु पिता सस्तु श्वा सन्तु विश्पतिः ।
ससन्तु सर्वे ज्ञातयः सस्त्वयमभितो जनः ।।५।।
य आस्ते यश्च चरति यश्च पश्यति नो जनः ।
तेषां सं हन्मो अक्षाणि यथेदं हर्म्यं तथा ।।६।।
सहस्रशृंगो वृषभो यः समुद्रादुदाचरत्। तेना सहस्येना वयं नि जनान्त्स्वापयामसि ।।७।।
प्रोष्ठेशया वह्येशया नारीर्यास्तल्पशीवरीः ।
स्त्रियो याः पुण्यगन्धास्ताः सर्वाः स्वापयामसि ।।८।।

ऋ. ७.६७.१

यज्ञे दिवो नृषदने पृथिव्या नरो यत्र देवयवो मदन्ति ।
इन्द्राय यत्र सवनानि सुन्वे गमन्मदाय प्रथमं वयश्च ।।१।।

ऋ. ७.६८.१–६

अध्वर्यवोऽरुणं दुग्धमंशुं जुहोतन वृषभाय क्षितीनाम् ।
गौराद्वेदीयाँ अवपानमिन्द्रो विश्वाहेद्याति सुतसोममिच्छन् ।।१।।
यद्दधिषे प्रदिवि चार्वन्नं दिवेदिवे पीतिमिदस्य वक्षि ।
उत हृदोत मनसा जुषाण उशन्निन्द्र प्रस्थितान् पाहि सोमान् ।।2।।
जज्ञानः सोमं सहसे पपाथ प्र ते माता महिमानमुवाच ।
एन्द्र पप्राथोर्व१ न्तरिक्षं युधा देवेभ्यो वरिवश्चकर्थ ।।३।।
यद्योधया महतो मन्यमानान्त्साक्षाम तान् बाहुभिः शाशदानान् ।
यद्वा नृभिर्वृत इन्द्राभियुध्यास्तं त्वयाजिं सौश्रवसं जयेम ।।४।।
प्रेन्द्रस्य वोचं प्रथमा कृतानि प्र नूतना मघवा या चकार ।
यदेददेवीरसहिष्ट माया अथाभवत्केवलः सोमो अस्य ।।५।।
तवेदं विश्वमभितः पशव्यं१ यत्पश्यसि चक्षसा सूर्यस्य ।
गवामसि गोपतिरेक इन्द्र भक्षीमहि ते प्रयतस्य वस्वः ।।६।।

ऋ. ७.१०४.८

यो मा पाकेन मनसा चरन्तमभिचष्टे अनृतेभिर्वचोभिः ।
आपइव काशिना संगृभीता असन्नस्त्वासत इन्द्र वक्ता ।।८।।

ऋ. ७.१०४.१६

यो मायातुं यातुधानेत्याह यो वा रक्षाः शुचिरस्मीत्याह ।
इन्द्रस्तं हन्तु महता वधेन विश्वस्य जन्तोरधमस्पदीष्ट ।।१६।।

ऋ. ७.१०४.१६

प्र वर्तय दिवो अश्मानमिन्द्र सोमशितं मघवन्त्सं शिशाधि ।
प्राक्तादपाक्तादधरादुदक्तादभि जहि रक्षसः पर्वतेन ।।१६।।

ऋ. ७.१०४.१६–22

एत उ त्ये पतयन्ति श्वयातव इन्द्रं दिप्सन्ति दिप्सवोऽदाभ्यम् ।
शिशीते शक्रः पिशुनेभ्यो वधं नूनं सृजदशनिं यातुमद्भ्यः ।।20।।
इन्द्रो यातूनामभवत् पराशरो हविर्मथीनामभ्या३ विवासताम् ।
अभीदु शक्रः परशुर्यथा वनं पात्रेव भिन्दन्त्सत एति रक्षसः ।।21।।
उलूकयातुं शुशुलूकयातुं जहि श्वयातुमुत कोकयातुम् ।
सुपर्णयातुमुत गृध्रयातुं दृषदेव प्र मृण रक्ष इन्द्र ।।22।।

ऋ. ७.१०४.2४

इन्द्र जहि पुमांसं यातुधानमुत स्त्रियं यया शाशदानाम् ।
विग्रीवासो मूरदेवा ऋदन्तु मा ते दृशन्त्सूर्यमुच्चरन्तम् ।।2४।।

य. १2.३४

प्रप्रायमग्निर्भरतस्य शृण्वे वि यत्सूर्यो न रोचते बृहद्भाः ।
अभि यः पूरुं पृतनासु तस्थौ दीदाय दैव्योऽअतिथिः शिवो नः ।।३४।।

य. 2०.५४

एवेदिन्द्रं वृष्णं वज्रबाहुं बसिष्ठासोऽ अभ्यर्चन्त्यर्कैः ।
स न स्तुतो वीरवद्धातु गोमद्यूयं पात स्वस्तिभिः सदा नः ।।५४।।

य. 2६.१०

महाँ2ऽ इन्द्रो वज्रहस्तः षोडशी शर्म यच्छतु। हन्तु पाप्मानं योऽसमान द्वेष्टि ।

ऽपयामगृहीतोऽसि महेन्द्राय त्वैष ते योनिर्महेन्द्राय त्वा ।।१०।।

य. ३३.१८

आपश्चित्पिप्यु स्तर्यो न गावो नक्षन्नृतं जरितारस्तऽइन्द्र ।
याहि वायुर्न नियुतो नोऽअच्छा त्वं हि धीभिर्दयसे वि वाजान् ।।१८।।

अ. २०.१2.१–६

उदु ब्रह्माण्यैरत श्रवस्येन्द्रं समर्ये महया वसिष्ठ ।
आ यो विश्वानि शवसा ततानोपश्रोता म ईवतो वचांसि ।।१।।
अयामि घोष इन्द्र देवजामिरिरज्यन्त यच्छुरुधो विवाचि ।
नहि स्वमायुश्चिकिते जनेषु तानीदंहांस्यति पर्ष्यस्मान् ।।2।।
युजे रथं गवेषणं हरिभ्यामुप ब्रह्माणि जुजुषाणमस्थुः ।
वि बाधिष्ट स्य रोदसी महित्वेन्द्रो वृत्रण्यप्रती जघन्वान् ।।३।।
आपश्चित् पिप्यु स्तर्यो३ न गावो नक्षन्नृतं जरितारस्त इन्द्र ।
याहि वायुर्न नियुतो नो अच्छा त्वं हि धीभिर्दयसे वि वाजान् ।।४।।
ते त्वा मदा इन्द्र मादयन्तु शुष्मिणं तुविराधसं जरित्रे ।
एको देवत्रा दयसे हि मार्तानस्मिंच्छूर सवने मादयस्व ।।५।।
एवेदिन्द्रं वृषणं वज्रबाहुं वसिष्ठासो अभ्यर्चन्त्यर्कैः ।
स न स्तुतो वीरवद् धातु गोमद् यूयं पात स्वस्तिभिः सदा नः ।।६।।

अ. २०.१८.४–६

वयमिन्द्र त्वायवोऽभि प्र णोनुमो वृषन्। विद्धी त्व१स्य नो वसो ।।४।।
मा नो निदे च वक्तवेऽर्यो रन्धीरराव्णे। त्वे अपि क्रतुर्मम ।।५।।
त्वं वर्मासि सप्रथः पुरोयोधश्च वृत्रहन्। त्वया प्रति ब्रुवे युजा ।।६।।

अ. २०.१७.१2

बृहस्पते युवमिन्द्रश्च वस्वो दिव्यस्येशाथे उत पार्थिवस्य ।
धत्तं रयिं स्तुवते कीरये चिद्यूयं पात स्वस्तिभिः सदा नः ।।१2।।

अ. २०.५६.३–४

उदिन्नवस्य रिच्यतेंऽशो धनं न जिग्युषः ।
य इन्द्रो हरिवान्न दभन्ति तं रिपो दक्षं दधाति सोमिनि ।।३।।
मन्त्रमखर्वं सुधितं सुपेशसं दधात यज्ञियेष्वा ।
पूर्वीश्चन प्रसितयस्तरन्ति तं य इन्द्रे कर्मणा भुवत् ।।४।।

अ. २०.७३.१–३

तुभ्येदिमा सवना शूर विश्वा तुभ्यं ब्रह्माणि वर्धना कृणेमि। त्वं नृभिर्हव्यो विश्वधासि ।।१।।
नू चिन्नु ते मन्यमानस्य दस्मोदश्नुवन्ति महिमानमुग्र। न वीर्यमिन्द्र ते न राधः ।।2।।
प्र वो महे महिवृधे भरध्वं प्रचेतसे प्र सुमतिं कृणुध्वम्। विशः पूर्वीः प्र चरा चर्षणिप्राः ।।३।।

अ. २०.८2.१–2

यदिन्द्र यावतस्त्वमेतावदहमीशीय ।
स्तोतारमिद् दिधिषेय रदावसो न पापत्वाय रासीय ।।१।।
शिक्षेयमिन्महयते दिवेदिवे राय आ कुहचिद्विदे ।
नहि त्वदन्यन्मघवन् न आप्यं वस्यो अस्ति पिता चन ।।2।।

अ. २०.८७.१–६

अध्वर्यवोऽरुणं दुग्धमंशुं जुहोतन वृषभाय क्षितीनाम् ।
गौराद् वेदीयाँ अवपानमिन्द्रो विश्वाहेद्याति सुतसोममिच्छन् ।।१।।
यद् दधिषे प्रदिवि चार्वन्नं दिवेदिवे पीतिमिदस्य वक्षि ।
उत हृदोत मनसा जुषाण उशन्निन्द्र प्रस्थितान् पाहि सोमान् ।।2।।
जज्ञानः सोमं सहसे पपाथ प्र ते माता महिमानमुवाच ।

एन्द्र पप्राथोर्व१न्तरिक्षं युधा देवेभ्यो वरिवश्चकर्थ ।।३।।
यद् योधया महतो मन्यमानान् साक्षाम तान् बाहुभिः शाशदानान् ।
यद्वा नृभिर्वृत इन्द्राभियुध्यायस्तं त्वपायाजिं सौश्रवसं जयेम ।।४।।
प्रेन्द्रस्य वोचं प्रथमा कृतानि प्र नूतना मघवा या चकार ।
यदेददेवीरसहिष्ट माया अथाभवत् केवलः सोमो अस्य ।।५।।
तवेदं विश्वमभितः पशव्यं१ यत् पश्यसि चक्षसा सूर्यस्य ।
गवामसि गोपतिरेक इन्द्र भक्षीमहि ते प्रयतस्य वस्वः ।।६।।

अ. २०.११७.१–३

पिबा सोममिन्द्र मन्दतु त्वा यं ते सुषाव हर्यश्वाद्रिः। सोतुर्बाहुभ्यां सुयतो नार्वा ।।१।।
यस्ते मदो युज्यश्चरुरस्ति येन वृत्राणि हर्यश्व हंसि। त्वामिन्द्र प्रभूवसो ममत्तु ।।2।।
बोधा सु मे मघवन् वाचमेमां यां ते वसिष्ठो अर्चति प्रशस्तिम्। इमा ब्रह्म सधमादे जुषस्व ।।३।।

१८७. वासिष्ठो मैत्रावरुणिः – सा. १३2; १५६; 2३३; 2३८; 2५६; 2७०; 2८०; 2८४; 2८५; 2६३; ३०६; ३१०; ३१३; ३१४; ३१८; ३2८; ३३०; ३६८; ५८७; ७१६–७१८; ७३४–७३६; ८६७–८६८; ६८०–६८१; १४५६–१४५७; १६७५–१६७६; १६८2–१६८३; १७६३–१८००

सा. १३2

वयमिन्द्र त्वायवोऽभि प्र नोनुमो वृषन्। विद्धी त्वा ३ स्य नो वसो ।।८।।

सा. १५६

प्र व इन्द्राय मादनं हर्यश्वाय गायत। सखायः सोमपाव ने ।।2।।

सा. 2३३

अभि त्वा शूर नोनुमोऽदुग्धा इव धेनवः। ईशानमस्य जगतः स्वर्दृशमीशानमिन्द्र तस्थुषः ।।१।।

सा. 2३८

तरणिरित्सिषासति वाजं पुरन्ध्या युजा। आ व इन्द्रं पुरुहूतं नमे गिरा नेमिं तष्टेव सुद्रुवम्।।६।।

सा. 2५६

इन्द्र क्रतुं न आ भर पिता पुत्रेभ्यो यथा ।
शिक्षा णो अस्मिन्पुरुहूत यामनि जीवा ज्योतिरशीमहि ।।७।।

सा. 2७०

तवेदिन्द्रावमं वसु त्वं पुष्यसि मध्यमम् ।
सत्रा विश्वस्य परमस्य राजसि न किष्ट्वा गोषु वृण्वते ।।८।।

सा. 2८०

कस्मिन्द्र त्वा वसवा मर्त्यो दधर्षति ।
श्रद्धा हि ते मघवन्पार्ये दिवि वाजी वाजं सिषासति ।।८।।

सा. 2८४2८५

मो षु त्वा वाघतश्च नारे अस्मन्नि रीरमन् ।
आरात्ताद्वा सधमादं न आ गहीह वा सन्नुप श्रुधि ।।2।।
सुनोता सोमपाव्ने सोममिन्द्राय वज्रिणे ।
पचता पक्तीरवसे कृणुध्वमित्पृणन्नित्पृणते मयः ।।३।।

सा. 2६३

इम इन्द्राय सुन्विरे सोमासो दध्याशिरः ।
ताँ आ मदाय वज्रहस्त पीतये हरिभ्यां याह्योक आ ।।१।।

सा. ३०६–३१०

अभीषतस्तदा भरेन्द्र ज्यायः कनीयसः। पुरूवसुर्हि मघवन्बभूविथ भरेभरे च हव्यः ।।७।।

यदिन्द्र यावतस्त्वमेतावदहमीशीय। स्तोतारमिद्दधिषे रदावसो न पापत्वाय रंसिषम् ।।८।।

सा. ३१३–३१४

असावि देवं गोऋजीकमन्धो न्यस्मिन्निन्द्रो जनुषेमुवोच ।
बोधमसि त्वा हर्यश्व यज्ञैर्बोधा न स्तोममन्धसो मदेषु ।।१।।
योनिष्ट इन्द्र सदने अकारि तमा नृभिः पुरुहूत प्र याहि ।
असो यथा नोऽविता वृधश्चिद्ददो वसूनि ममदश्च सोमैः ।।2।।

सा. ३१८

इन्द्रं नरो नेमधिता हवन्ते यत्पार्या युनजते धियस्ताः ।
शूरो नृषाता श्रवसश्च काम आ गोमति व्रजे भजा त्वं नः ।।६।।

सा. ३2८

प्र वो महे महे वृधे भरध्वं प्रचेतसे प्र सुमतिं कृणुध्वम्। विशः पूर्वी प्र चर चर्षणिप्राः ।।६।।

सा. ३३०

उदु ब्रह्माण्यैरत श्रवस्येन्द्रं समर्ये महया वसिष्ठ ।
आ यो विश्वानि श्रवसा ततानोपश्रोता म ईवतो वचांसि ।।८।।

सा. ३६८

पिबा सोममिन्द्र मन्दतु त्वा यं ते सुषाव हर्यश्वाद्रिः। सोतुर्बाहुभ्यां सुयतो नार्वा ।।८।।

सा. ५८७

इन्द्रो राजा जगतश्चर्षणीनामधि क्षमा विश्वरूपं यदस्य।
ततो ददाति दाशुषे वसूनि चोदद्राध उपस्तुतं चिदर्वाक् ।।2।।

सा. ७१६–७१८

प्र व इन्द्राय मादनं हर्यश्वाय गायत। सखायः सोमपाव्ने ।।१।।
शंसेदुक्थं सुदानव उत द्युक्षं यथा नरः। यकृमा सत्यराध।।2।।
त्वं न इन्द्र वाजयुस्त्वं गव्युः शतक्रतो। त्वं हिरण्ययुर्वसो ।।३।।

सा. ७३४–७३६

इदं वसो सुतमन्धः पिबा सुपूर्णमुदरम्। अनाभयिन्नरिमा ते ।।१।।
नृभिर्धौतः सुतो अश्नैरव्या वारैः परिपूतः। अश्वो न निक्तो नदीषु ।।2।।
तं ते यवं यथा गोभिः स्वादुमकर्म श्रीणन्तः। इन्द्र त्वास्मिन्त्सधमादे ।।३।।

सा. ८६७–८६८

तरणिरित्सिषासति वाजं पुरंध्या युजा ।
आ व इन्द्रं पुरुहूतं नमे गिरा नेमिं तष्टेव सुद्रुवम् ।।१।।
न दुष्टुतिर्द्रविणोदेषु शस्यते न स्रेधन्तं रयिर्नशत् ।
सुशक्तिरिन्मघवन् तुभ्यं मावते देष्णं यत्पार्ये दिवि ।।2।।

सा. ६८०–६८१

अभि त्वा शूर नोनुमोऽदुग्धा इव धेनवः ।
ईशानमस्य जगतः स्वर्दृशमीशानमिन्द्र तस्थुषः ।।१।।
न त्वावाँ अन्यो दिव्यो न पार्थिवो न जातो न जनिष्यते ।
अश्वायन्तो मघवन्निन्द्र वाजिनो गव्यन्तस्त्वा हवामहे ।।2।।

सा. १४५६–१४५७

इन्द्र क्रतुं न आ भर पिता पुत्रेभ्यो यथा ।
शिक्षा णो अस्मिन्पुरुहूत यामनि जीवा ज्योतिरशीमहि ।।१।।
मा नो अज्ञाता वृजना दुराध्यो३ माशिवासोऽव क्रमुः ।
त्वया वयं प्रवतः शश्वतीरपोऽति शूर तरामसि ।।2।।

१८८. वासिष्ठो मैत्रावैरुणिः (साग्री. सास्वा.) वामदेव (सार्षेदी.) – सा. ४५६

इन्द्रो विश्वस्य राजति ।।१०।।

१८६. वसिष्ठः शक्तिर्वा – ऋ. ७.३2.2६[2]

इन्द्र क्रतुं न आ भर पिता पुत्रेभ्यो यथा ।
शिक्षा णो अस्मिन्पुरुहूत यामनि जीवा ज्योतिरशीमहि ।।2६।।

१६०. वसुक्रः – ऋ. १०.2६.१–८; अ. 20.७३.४–६; 20.७६.१–८

ऋ. १०.2६.१–८

वने न वा यो न्यधायि चाकंछुचिर्वां स्तोमो भुरणावजीगः ।
यस्येदिन्द्रः पुरुदिनेषु होता नृणां नर्यो नृतमः क्षपावान् ।।१।।
प्र ते अस्या उषसः प्रापरस्या नृतौ स्याम नृतमस्य नृणाम् ।
अनु त्रिशोकः शतमावहन्नृन्कुत्सेन रथो यो असत्ससवान् ।।2।।
कस्ते मद इन्द्र रन्त्यो भूद्दुरो गिरो अभ्यु१ग्रो वि धाव ।
कद्वाहो अर्वागुप मा मनीषा आ त्वा शक्यामुपसं राधे अन्नैः ।।३।।
कदु द्युम्नमिन्द्र त्वावतो नृन्कया धिया करसे कन्न आगन् ।
मित्राो न सत्य उरुगाय भृत्या अन्ने समस्य यदसन्मनीषाः ।।४।।
प्रेरय सूरो अर्थं न पारं ये अस्य कामं जानिधाइव ग्मन् ।
गिरश्चर ये ते तुविजात पूर्वीर्नर इन्द्र प्रतिशिक्षन्त्यन्नैः ।।५।।
मात्रे नु ते सुमिते इन्द्र पूर्वी द्यौर्मज्मना पृथिवी काव्येन ।
वराय ते घृतवन्तः सुतासः स्वाद्यन्भवन्तु पीतये मधूनि ।।६।।
आ मध्वो अस्मा असिचन्नमत्रमिन्द्राय पूर्णं स हि सत्यराधाः ।
स वावृधे वरिमन्ना पृथिव्या अभि क्रत्वा नर्यः पौंस्यैश्च ।।७।।
व्यानळिन्द्रः पृतनाः खोजा आस्मै यतन्ते सख्याय पूर्वीः ।
आ स्मा रथं न पृतनासु तिष्ठ यं भद्रया सुमत्या चोदयासे ।।८।।

अ. 20.७३.४–६

यदा वज्रं हिरण्यमिदथा रथं हरी यमस्य वहतो वि सूरिभिः ।
आ तिष्ठति मघवा सनश्रुत इन्द्रो वाजस्य दीर्घश्रवसस्पतिः ।।४।।
सो चिन्नु वृष्टिर्यूथ्या३ स्वा सचाँ इन्द्रः श्मश्रूणि हरिताभि प्रुष्णुते ।
अव वेति सुक्षयं सुते मधूदिद्धूनोति वातो यथा वनम् ।।५।।
यो वाचा विवाचो मृध्रवाचः पुरू सहस्राशिवा जघान ।
तत्तदिदस्य पौंस्यं गृणीमसि पितेव यस्तविषीं वावृधे शवः ।।६।।

अ. 20.७६.१–८

वने न वायो न्यधायि चाकंछुचिर्वां स्तोमो भुरणावजीगः ।
यस्येदिन्द्रः पुरुदिनेषु होता नृणां नर्यो नृतमः क्षपावान् ।।१।।
प्र ते अस्या उषसः प्रापरस्या नृतौ स्याम नृतमस्य नृणाम् ।
अनु त्रिशोकः शतमावहन्नृन् कुत्सेन रथो यो असत् ससवान् ।।2।।
कस्ते मद इन्द्र रन्त्यो भूद् दुरो गिरो अभ्यु१ग्रो वि धाव ।
कद् वाहो अर्वागुप मा मनीषा आ त्वा शक्यामुपमं राधो अन्नैः ।।३।।
कदु द्युम्नमिन्द्र त्वावतो नृन कया धिया करसे कन्न आगन् ।
मित्रो न सत्य उरुगाय भृत्या अन्ने समस्य यदसन्मनीषाः ।।४।।
प्रेरय सूरो अर्थं न पारं ये अस्य कामं जनिधा इव ग्मन् ।
गिरश्च ये ते तुविजात पूर्वीर्नर इन्द्र प्रतिशिक्षन्त्यन्नैः ।।५।।
मात्रे नु ते सुमिते इन्द्र पूर्वी द्यौर्मज्मना पृथिवी काव्येन ।
वराय ते घृतवन्तः सुतासः स्वाद्यन् भवन्तु पीतये मधूनि ।।६।।
आ मध्वो अस्मा असिचन्नमत्रमिन्द्राय पूर्णं स हि सत्यराधाः ।

स वावृधे वरिमन्ना पृथिव्या अभि क्रत्वा नर्यः पौंस्यैश्च ।।७।।
व्यानळिन्द्रः पृतनाः स्वोजा आस्मै यतन्ते सख्याय पूर्वीः ।
आ स्मा रथं न पृतनासु तिष्ठ यं भद्रया सुमत्या चोदयासे ।।८।।

१६१. वसुक्र ऐन्द्रः – ऋ. १०.२७.१–२४

असत्सु मे जरितः सभिवेगो यत्सुन्वते यजमानाय शिक्षम् ।
अनाशीर्दामहमस्मि प्रहन्ता सत्यध्वृतं वृजिनायन्तमाभुम् ।।१।।
यदीदहं युधये संनयान्यदेवयून्तन्वा३ शूशुजानान् ।
अमा ते तुम्रं वृषभं पचानि तीव्रं सुतं पंचदशं नि षिंचम् ।।2।।
नाहं तं वेद य इति ब्रवीत्यदेवयून्त्समरणे जघन्वान् ।
यदावाख्यत्समरणमृघावदादिद्ध मे वृषभा प्र ब्रुवन्ति ।।३।।
यदज्ञातेषु वृजनेष्वासं विश्वे सतो मघवानो म आसन् ।
जिनामि वेत्क्षेम आ सन्तमाभुं प्र तं क्षिणां पर्वते पादगृह्य ।।४।।
न वा उ मां वृजने वारयन्ते न पर्वतासो यदहं मनस्ये ।
मम स्वनात्कृधुकर्णो भयात एवेदनु द्यून्किरणः समेजात ।।५।।
दर्शन्न्वत्र शृतपाँ अनिन्द्रान्बाहुक्षदः शरवे पत्यमानान् ।
घृषुं वा ये निनिदुः सखायमध्यू न्वेषु पवयो ववृत्युः ।।६।।
अभूर्वौक्षीर्व्यु१ आयुरानड् दर्षन्नु पूर्वो अपरो नु दर्शत् ।
द्वे पवस्ते परि तं न भूतो यो अस्य पारे रजसो विवेष ।।७।।
गावो यवं प्रयुता अर्यो अक्षन्ता अपश्यं सहगोपाश्चरन्तीः ।
हवा इदर्यो अभितः समायन्कियदासु स्वपतिश्छन्दयाते ।।८।।
सं यद्वयं यवसादो जनानामहं यवाद उर्वज्रे अन्तः ।
अत्रा युक्तोऽवसातारमिच्छादथो अयुक्तं युनजद्ववन्वान् ।।६।।
अत्रेदु मे मंससे सत्यमुक्तं द्विपाच्च यच्चतुष्पात्संसृजानि ।
स्त्रीभिर्यो अत्र वृषणं पृतन्यादयुद्धो अस्य वि भजानि वेदः ।।१०।।
यस्यानक्षा दुहिता जात्वास कस्तां विद्वाँ अभि मन्याते अन्धाम् ।
कतरो मेनिं प्रति तं मुचाते य ईं वहाते य ईं वा वरेयात् ।।११।।
कियती योषा मर्यतो वधूयोः परिप्रीता पन्यसा वार्येण ।
भद्रा वधूर्भवति यत्सुपेशाः स्वयं सा मित्रं वनुते जने चित् ।।१2।।
पत्तो जगार प्रत्यंचमत्ति शीर्ष्णा शिरः प्रति दधौ वरूथम् ।
आसीन ऊर्ध्वामुपसि क्षिणाति न्यङ्ङुत्तानामन्वेति भूमिम् ।।१३।।
बृहन्नच्छायो अपलाशो अर्वा तस्थौ माता विषितो अत्ति गर्भः ।
अन्यस्या वत्सं रिहती मिमाय कया भुवा नि दधे धूनुरूधः ।।१४।।
सप्त वीरासो अधरादुदायन्नष्टोत्तरात्तात्समजग्मिरन्ते ।
नव पश्चातात्स्थिविमन्त आयन्दश प्राक्सानु वि तिरन्त्यशनः ।।१५।।
दशानामेकं कपिलं समानं तं हिन्वन्ति क्रतवे पार्याय ।
गर्भं माता सुधितं वक्षणास्ववेनन्तं तुषयन्ती बिभर्ति ।।१६।।
पीवानं मेषमपचन्त वीरा न्युप्ता अक्षा अनु दीव आसन् ।
द्वा धनुं बृहतीमप्स्व१न्तः पवित्रवन्ता चरतः पुनन्ता ।।१७।।
वि क्रोशनासो विष्वंच आयन्पचाति नेमो नहि पक्षदर्धः ।
अयं मे देवः सविता तदाह द्रवन्न इद्वनवत्सर्पिरन्नः ।।१८।।
अपश्यं ग्रामं वहमानमारादचक्रया स्वधया वर्तमानम् ।
सिषक्तयर्यः प्र युगा जनानां सद्यः शिश्ना प्रमिनानो नवीयान् ।।१६।।
एतौ मे गावौ प्रमरस्य युक्तौ मो षु प्र सेधीर्मुहुरिन्ममन्धि ।
आपश्चिदस्य वि नशन्त्यर्थं सूरश्च मर्क उपरो बभूवान् ।।20।।

अयं यो वज्रः पुरुघा विवृत्तोऽवः सूर्यस्य बृहतः पुरीषात् ।
श्रव इदेना परो अन्यदस्ति तदव्यथी जरिमाणस्तरन्ति ।।21।।
वृक्षेवृक्षे नियता मीमयद्गौस्ततो वयः प्र पतान् पुरुषादः ।
अथेदं विश्वं भुवनं भयात इन्द्राय सुन्वदृषये च शिक्षत् ।।22।।
देवानां माने प्रथमा अतिष्ठन्कृन्तत्रादेषामुपरा उदायन् ।
त्रयस्तपन्ति पृथिवीमनूपा द्वा बृबूकं वहतः पुरीषम् ।।2३।।
सा ते जीवातुरुत तस्य विद्धि मा स्मैतादृगप गूहः समर्ये ।
आविः स्वः कृणुते गूहते बुसं स पादुरस्य निर्णिजो न मुच्यते ।।2४।।

१६2. वसुमना रौहिदश्वः – ऋ. १०.१७६.३

श्रातं मन्य ऊधनि श्रातमग्नौ सुश्रातं मन्ये तदृतं नवीयः ।
माध्यन्दिनस्य सवनस्य दध्नः पिबेन्द्र वज्रिन्पुरुकृज्जुषाणः ।।३।।

१६३. वामदेवः – सा. १११३–१११५; अ. 20.७७.१–८; 20.१२४.१–३; य. 2.22; 20.४७–४६; 2७.४०; ४१; ३३.६५; ३६.४; ६

सा. १११३–१११५

प्र व इन्द्राय वृत्रहन्तमाय विप्राय गाथं गायत यं जुजोषते ।।१।।
अर्चन्त्यर्कं मरुतः स्वर्का आ स्तोभति श्रुतो युवा स इन्द्रः।।2।।
उप प्रक्षे मधुमति क्षियन्तः पुष्येम रयिं धीमहे त इन्द्र ।।३।।

अ. 20.७७.१–८

आ सत्यो यातु मघवाँ ऋजीषी द्रवन्त्वस्य हरय उप नः ।
तस्मा इदन्धः सुषुमा सुदक्षमिहाभिपित्वं करते गृणानः ।।१।।
अव स्य शूराध्वनो नान्तेऽस्मिन् नो अद्य सवने मन्दध्यै ।
शंसात्युक्थमुशनेव वेधाश्चिकितुषे असुर्याय मन्म ।।2।।
कविर्न निण्यं विदथानि साधन् वृषा यत् सेकं विपिपानो अर्चात् ।
दिव इत्था जीजनत् सप्त कारूनह्ना चिच्चक्रुर्वयुना गृणन्तः ।।३।।
स्व१र्यद् वेदि सुदृशीकमर्कैर्महि ज्योती रुरुचुर्यद्ध वस्तोः ।
अन्धा तमांसि दुधिता विचक्षे नृभ्यश्चकार नृतमो अभिष्टौ ।।४।।
ववक्ष इन्द्रो अमितमृजीष्यु१भे आ पप्रौ रोदसी महित्वा ।
अतश्चिदस्य महिमा वि रेचयभि यो विश्वा भुवना बभूव ।।५।।
विश्वानि शक्रो नर्याणि विद्वानपो रिरेच सखिभिर्निकामैः ।
अश्मानं चिद् ये बिभिदुर्वचोभिर्व्रजं गोमन्तमुशिजो वि वव्रुः ।।६।।
अपो वृत्रं वव्रिवांसं पराहन् प्रावत् ते वज्रं पृथिवी सचेताः ।
प्रार्णांसि समुद्रियाण्यैनोः पतिर्भवेंछवसा शूर धृष्णो ।।७।।
अपो यदद्रिं पुरुहूत दर्दराविर्भुवत् सरमा पूर्व्यं ते ।
स नो नेता वाजमा दर्षि भूरिं गोत्रा रुजन्नंगिरोभिर्गृणानः ।।८।।

अ. 20.१२४.१–३

कया नश्चित्र आ भुवदूती सदावृधः सखा। कया शचिष्ठया वृता ।।१।।
कस्त्वा सत्यो मदानां मंहिष्ठो मत्सदन्धसः। दृळहा चिदारुजे वसु ।।2।।
अभी षु णः सखीनामविता जरितृणाम्। शतं भवास्यूतिभिः ।।३।।

य. 2.22

सं बर्हिरङ्क्तां हविषा घृतेन समादित्यैर्वसुभिः सम्मरुद्भिः ।
समिन्द्रो विश्वदेवेभिरङ्क्तां दिव्यं नभो गच्छतु यत् स्वाहा ।।22।।

य. 20.४७–४६

आ यत्विन्द्रोऽवसऽउप नऽइह स्तुतः सधमादस्तु शूरः ।

Vedic Concordance of Mantras as per Devatā and Ṛṣi 407

वावृधानस्तविपीर्यस्य पूर्वीर्द्यौर्न क्षत्रमभिभूति पुष्यात् ।।४७।।
आ नऽइन्द्रो दूरादा नऽआसादभिष्टि कृदवसे यासदुग्रः ।
ओजिष्ठेभिर्नृपतिर्वज्रबाहुः संगेः समत्सु तुर्वणिः पृतन्यून् ।।४८।।
आ न इन्द्रो हरिभिर्यात्वच्छार्वाचीनोऽवसे राधसे च ।
तिष्ठति वज्री मघवा विरप्शीमं यज्ञमनु नो वाजसातौ ।।४६।।

य. २७.४०—४१

कस्त्वा सत्यो मदानां मंहिष्ठो मत्सदन्धसः। दृढा चिदारुजे वसु ।।४०।।
अभी षु णः सखीनामविता जरितृणाम्। शतं भवास्यूतये ।।४१।।

य. ३३.६५

आ तू नऽइन्द्र वृत्रहन्नस्माकमर्द्धमा गहि। महान्महीभिरूतिभिः ।।६५।।

य. ३६.४

कया नश्चित्रऽआ भुवदूती सदावृधः सखा। कया शचिष्ठया वृता ।।४।।

य. ३६.६

अभी षु णः सखीनामविता जरितृणाम्। शतं भवास्यूतिभिः ।।६।।

१६४. वामदेवो गौतमः — ऋ. ४.१६.१—२१; ४.१७.१—२१; ४.१६.१—११; ४.20.१—११; ४.२१.१—११; ४.22.१—११; ४.2३.१—७; ११; ४.2५.१—८; ४.2६.१—७; ४.2७.१—५; ४.2८.१—५; ४.३०.१—८; १2—2४; ४.३१.१—१५; ४.३2.१—22; सा. १६६; १७2; १८१; १६०; १६६; 20३; 20६; 2१2; 22४; 2८८; 2६८; 2६६; ३2७; ३३५; ३३६; ३३७; ३६६; ३७०; ३७2; ५८८; ६2३; ६८2—६८४

ऋ. ४.१६.१—2१

आ सत्यो यातु मघवाँ ऋजीषी द्रवन्त्वस्य हरय उप नः ।
तस्मा इदन्धः सुषुमा सुदक्षमिहाभिपित्वं करते गृणानः ।।१।।
अव स्य शुराध्वनो नान्तेऽस्मिन्नो अद्य सवने मन्दध्यै ।
शंसात्युक्थमुशनेव वेधाश्चिकितुषे असुर्याय मन्म ।।2।।
कविर्न निण्यं विदथानि साधन्वृषा यत्सेकं विपिपानो अर्चात् ।
दिव इत्था जीजनत्सप्त कारूनह्ना चिच्चक्रुर्वयुना गृणन्तः ।।३।।
स्व१र्यद्वेदि सुदृशीकमर्कैर्महि ज्योति रुरुचुर्यद्ध वस्तोः ।
अन्धा तमांसि दुधिता विचक्षे नृभ्यश्चकार नृतमो अभिष्टौ ।।४।।
ववक्ष इन्द्रो अमितमृजीष्यु१भे आ पप्रौ रोदसी महित्वा ।
अतश्चिदस्य महिमा वि रेच्यभि यो विश्वा भुवना बभूव ।।५।।
विश्वानि शक्रो नर्याणि विद्वानपो रिरेच सखिभिर्निकामैः ।
अश्मानं चिद्य बिभिदुर्वचोभिर्व्रजं गोमन्तमुशिजो वि वव्रुः ।।६।।
अपो बृत्रं वव्रिवांसं पराहन्प्रावत्ते वज्रं पृथिवी सचेताः ।
प्रार्णांसि समुद्रियाण्यैनोः पतिर्भवंछवसा शूर धृष्णो ।।७।।
अपो यदद्रिं पुरुहूत दर्दराविर्भुवत्सरमा पूर्व्यं ते ।
स नो नेता वाजमा दर्षि भूरिं गोत्रा रुजन्नंगिरोभिर्गृणानः ।।८।।
अच्छा कविं नृमणो गा अभिष्टौ स्वर्षाता मघवन्नाधमानम् ।
ऊतिभिस्तमिषणो द्युम्नहूतौ न मायावानब्रह्मा दस्युरर्त ।।६।।
आ दस्युघ्ना मनसा याह्यस्तं भुवत्ते कुत्सः सख्ये निकामः ।
स्वे योनौ नि षदतं सरूपा वि वां चिकित्सदृतचिद्ध नारी ।।१०।।
यासि कुत्सेन सरथमवस्युस्तोदो वातस्य हर्योरीशानः ।
ऋज्रा वाजं न गध्यं युयूषन्कविर्यदहन्पार्याय भूषात् ।।११।।
कुत्साय शुष्णमशुषं नि बर्हीः प्रपित्वे अह्नः कुयवं सहस्रा ।

सद्यो दस्यून्प्र मृण कुत्स्येन प्र सूरश्चक्रं बृहतादभीके ।।१२।।
त्वं पिप्रुं मृगयं शूशुवांसमृजिश्वने वैदथिनाय रन्धीः ।
पंचाशत्कृष्णा नि वपः सहस्रात्कं न पुरो जरिमा वि दर्दः ।।१३।।
सूर उपाके तन्वं१ दधानो वि यत्ते चेत्यमृतस्य वर्पः ।
मृगो न हस्ती तविषीमुषाणः सिंहो न भीम आयुधानि बिभ्रत् ।।१४।।
इन्द्रं कामा वसूयन्तो अग्मन्त्स्वर्मीळहे न सवने चकानाः ।
श्रवस्यवः शशमानास उक्थैरोको न रण्वा सुदृशीव पुष्टिः ।।१५।।
तमिद्व इन्द्रं सुहवं हुवेम यस्ता चकार नर्या पुरूणि ।
यो मावते जरित्रे गध्यं चिन्मक्षू वाजं भरति स्पार्हराधाः ।।१६।।
तिग्मा यदन्तरशनिः पताति कस्मिश्चिच्छूर मुहुके जनानाम् ।
घोरा यदर्य समृतिर्भवात्यध स्मा नस्तन्वो बोधि गोपाः ।।१७।।
भुवोऽविता वामदेवस्य धीनां भुवः सखावृको वाजसातौ ।
त्वामनु प्रमतिमा जगन्मोरुशंसो जरित्रे विश्वध स्याः ।।१८।।
एभिर्नृभिरिन्द्र त्वायुभिष्ट्वा मघवद्भिर्मघवन्विश्व आजौ ।
द्यावा न द्युम्नेरभि सन्तो अर्यः क्षपो मदेम शरदश्च पूर्वीः ।।१९।।
एवेदिन्द्राय वृषभाय वृष्णे ब्रह्माकर्म भृगवो न रथम् ।
नू चिद्यथा नः सख्या वियोषदसन्न उग्रोऽविता तनूपाः ।।२०।।
नू ष्टुत इन्द्र नू गृणान इषं जरित्रे नद्यो३ न पीपेः ।
अकारि ते हरिवो ब्रह्म नव्यं धिया स्याम रथ्यः सदासाः ।।२१।।

ऋ. ४.१७.१–२१

त्वं महाँ इन्द्र तुभ्यं ह क्षा अनु क्षत्रं मंहना मन्यत द्यौः ।
त्वं वृत्रं शवसा जघन्वान्त्सृजः सिन्धूँरहिना जग्रसानान् ।।१।।
तव त्विषो जनिमन्रेजत द्यौ रेजद्भूमिर्भियसा स्वस्य मन्योः ।
ऋघायन्त सुभ्व१ः पर्वतास आर्दन्धन्वानि सरयन्त आपः ।।२।।
भिनद्गिरिं शवसा वज्रमिष्णन्नाविष्कृण्वानः सहसान ओजः ।
वधीद्वृत्रं वज्रेण मन्दसानः सरन्नापो जवसा हतवृष्णीः ।।३।।
सुवीरस्ते जनिता मन्यत द्यौरिन्द्रस्य कर्ता स्वपस्तमो भूत् ।
य ईं जजान स्वर्यं सुवज्रमनपच्युतं सदसो न भूम ।।४।।
य एक इच्च्यावयति प्र भूमा राजा कृष्टीनां पुरुहूत इन्द्रः ।
सत्यमेनमनु विश्वे मदन्ति रातिं देवस्य गृणतो मघोनः ।।५।।
सत्रा सोमा अभवन्नस्य विश्वे सत्रा मदासो बृहतो मदिष्ठाः ।
सत्राभवो वसुपतिर्वसूनां दत्रे विश्वा अधिथा इन्द्र कृष्टीः ।।६।।
त्वमध प्रथमं जायमानोऽमे विश्वा अधिथा इन्द्र कृष्टीः ।
त्वं प्रति प्रवत आशयानमहिं वज्रेण मघवन्वि वृश्चः ।।७।।
सत्राहणं दाधृषिं तुम्रमिन्द्रं महामपारं वृषभं सुवज्रम् ।
हन्ता यो वृत्रं सनितोत वाजं दाता मघानि मघवा सुराधाः ।।८।।
अयं वृतश्चातयते समीचीर्य आजिषु मघवा शृण्व एकः ।
अयं वाजं भरति यं सनोत्यस्य प्रियासः सख्ये स्याम ।।९।।
अयं शृण्वे अध जयन्नुत घ्नन्नयमुत प्र कृणुते युधा गाः ।
यदा सत्यं कृणुते मन्युमिन्द्रो विश्वं दृळहं भयत एजदस्मात् ।।१०।।
समिन्द्रो गा अजयत्सं हिरण्या समश्विया मघवा यो ह पूर्वीः ।
एभिर्नृभिर्नृतमो अस्य शाकै रायो विभक्ता संभरश्च वस्वः ।।११।।
कियत्स्विदिन्द्रो अध्येति मातुः कियत्पितुर्जनितुर्यो जजान ।
यो अस्य शुष्मं मुहुकैरियर्ति वातो न जूतः स्तनयद्भिरभ्रैः ।।१२।।

क्षियन्तं त्वमक्षियन्तं कृणोतीयर्ति रेणुं मघवा समोहम् ।
विभंजनुरशनिमाँ इव द्यौरुत स्तोतारं मघवा वसौ धात् ।।१३।।
अयं चक्रमिषणत्सूर्यस्य न्येतशं रीरमत्ससृमाणम् ।
आ कृष्ण ईं जुहुराणो जिघर्ति त्वचो बुध्ने रजसो अस्य योनौ ।।१४।।
असिक्न्यां यजमानो न होता ।।१५।।
गवयन्त इन्द्रं सख्याय विप्रा अश्वायन्तो वृषणं वाजयन्तः ।
जनीयन्तो जनिदामक्षितोतिमा च्यावयामोऽवते न कोशम् ।।१६।।
त्राता नो बोधि ददृशान आपिरभिख्याता मर्डिता सोम्यानाम् ।
सखा पिता पितृतमः पितृणां कर्तेमु लोकमुशते वयोधाः ।।१७।।
सखीयतामविता बोधि सखा गृणान इन्द्र स्तुवते वयो धाः ।
वयं ह्या ते चकृमा सबाध आभिः शमीभिर्महयन्त इन्द्र ।।१८।।
स्तुत इन्द्रो मघवा यद्ध वृत्रा भुरीण्येको अप्रतीनि हन्ति ।
अस्य प्रियो जरिता यस्य शर्मन्नकिर्देवा वारयन्ते न मर्ताः ।।१६।।
एवा न इन्द्रो मघवा विरप्शी करत्सत्या चर्षणीधृदनर्वा ।
त्वं राजा जनुषां धेह्यस्मे अधि श्रवो माहिनं यज्जरित्रे ।।20।।
नू ष्टुत इन्द्र नू गृणान इषं जरित्रे नद्यो३ न पीपेः ।
अकारि ते हरिवो ब्रह्म नव्यं धिया स्याम रथ्यः सदासाः ।।2१।।

ऋ. ४.१६.१–११

एवा त्वामिन्द्र वज्रिन्नत्र विश्वे देवासः सुहवास ऊमाः ।
महामुभे रोदसी वृद्धमृष्वं निरेकमिद्वृणते वृत्रहत्ये ।।१।।
अवासृजन्त जिव्रयो न देवा भुवः सम्राळिन्द्र सत्ययोनिः ।
अहन्नहिं परिशयानमर्णः प्र वर्तनीररदो विश्वधेनाः ।।2।।
अतृप्णुवन्तं वियतमबुध्यमबुध्यमानं सुषुपाणमिन्द्र ।
सप्त प्रति प्रवत आशयानमहिं वज्रेण वि रिणा अपर्वन् ।।३।।
अक्षोदयच्छवसा क्षाम बुध्नं वार्ण वातस्तविषीभिरिन्द्रः ।
दृळहान्यौभ्नादुशमान ओजोऽवाभिनत्ककुभः पर्वतानाम् ।।४।।
अभि प्र दद्रुर्जनयो न गर्भं रथाइव प्र ययुः साकमद्रयः ।
अतर्पयो विसृत उब्ज ऊर्मीन्त्वं वृताँ अरिणा इन्द्र सिन्धून् ।।५।।
त्वं महीमवनिं विश्वधेनां तुर्वीतयं वय्याय क्षरन्तीम् ।
अरमयो नमसैजदर्णः सुतरणाँ अकृणोरिन्द्र सिन्धून् ।।६।।
प्राग्रुवो नभन्वो३ न वक्वा ध्वस्रा अपिन्वद्युवतीर्ऋतज्ञाः ।
धन्वान्यज्राँ अपृणक्तुषाणाँ अधेगिन्द्रः स्तर्यो३ दंसुपत्नीः ।।७।।
पूर्वीरुषसः शरदश्च गूर्ता वृत्रं जघन्वाँ असृजद्वि सिन्धून् ।
परिष्ठिता अतृणद्बद्बधानाः सीरा इन्द्रः स्रवितवे पृथिव्या ।।८।।
वम्रीभिः पुत्रमग्रुवो अदानं निवेशनाद्धरिव आ जभर्थ ।
व्य१न्धो अख्यदहिमाददानो निर्भूदुखच्छित्समरन्त पर्व ।।६।।
प्र ते पूर्वाणि करणानि विप्राविद्वाँ आह विदुषे करांसि ।
यथायथा वृष्ण्यानि स्वगूर्ताऽपांसि राजन्नर्याविवेषीः ।।१०।।
नू ष्टुत इन्द्र नू गृणान इषं जरित्रे नद्यो३ न पीपेः ।
अकारि ते हरिवो ब्रह्म नव्यं धिया स्याम रथ्यः सदासाः ।।११।।

ऋ. ४.2०.१–११

आ न इन्द्रो दूरादा न आसादभिष्टिकृदवसे यासदुग्रः ।
ओजिष्ठेभिर्नृपतिर्वज्रबाहुः संगे समत्सु तुर्वणिः पृतन्यून् ।।१।।
आ न इन्द्रो हरिभिर्यात्वच्छार्वाचीनोऽवसे राधसे च ।

तिष्ठाति वज्री मघवा विरप्शीमं यज्ञमनु नो वाजसातौ ।।2।।
इमं यज्ञं त्वमस्माकमिन्द्र पुरो दधत्सनिष्यसि क्रतुं नः ।
श्वघ्नीव वज्रिन्त्सनये धनानां त्वया वयमर्य आजिं जयेम ।।३।।
उशन्नु षु णः सुमना उपाके सोमस्य नु सुषुतस्य स्वधावः ।
पा इन्द्र प्रतिभृतस्य मधवः समन्धसा ममदः पृष्ठ्येन ।।४।।
वि यो ररप्श ऋषिभिर्नवेभिवृक्षो न पक्वः सृण्यो न जेता ।
मर्यो न योषामभिमन्यमानोऽच्छा विवक्मि पुरुहूतमिन्द्रम् ।।५।।
गिरिर्न यः स्बतवाँ ऋष्व इन्द्रः सनादेव सहसे जात उग्रः ।
आदर्ता वज्रं स्थविरं न भीम उद्नेव कोशं वसुना न्यृष्टम् ।।६।।
न यस्य वर्ता जनुषा न्वस्ति न राधस आमरीता मघस्य ।
उद्वावृषाणस्तविषीव उग्रास्मभ्यं दद्धि पुरुहूत रायः ।।७।।
ईक्षे रायः क्षयस्य चर्षणीनामुत व्रजमपवर्तासि गोनाम् ।
शिक्षानरः समिथेषु प्रहावान्वस्वो राशिमभिनेतासि भूरिम् ।।८।।
कया तच्छृण्वे शच्या शचिष्ठो यया कृणोति मुहु का चिदृष्वः ।
पुरु दाशुषे विचयिष्ठो अंहोऽथा दधाति द्रविणं जरित्रे ।।६।।
मा नो मर्धीरा भरा दद्धि तन्नः प्र दाशुषे दातवे भूरि यत्ते ।
नव्ये देष्णे शस्ते अस्मिन्त उक्थे प्र ब्रवाम वयमिन्द्र स्तुवन्तः ।।१०।।
नू ष्टुत इन्द्र नू गृणान इषं जरित्रे नद्यो३ न पीपेः ।
अकारि ते हरिवो ब्रह्म नव्यं धिया स्याम रथ्यः सदासाः ।।११।।

ऋ. ४.21.१–११

आ यात्विन्द्रोऽवस उप न इह स्तुतः सधमादस्तु शूरः ।
वावृधनस्तविषीर्यस्य पूर्वीर्द्यार्न क्षत्रमभिभूति पुष्यात् ।।१।।
तस्येदिह स्तवथ वृष्ण्यानि तुविद्युम्नस्य तुविराधसो नृन् ।
यस्य क्रतुर्विदथ्यो३ न सम्राट् साह्वान्तरुत्रो अभ्यस्ति कृष्टीः ।।2।।
आ यात्विन्द्रो दिव आ पृथिव्या मक्षू समुद्रादुत वा पुरीषात् ।
स्वर्णरादवसे नो मरुत्वान् परावतो वा सदनादृतस्य ।।३।।
स्थूरस्य रायो बृहतो य ईशे तमु ष्टवाम विदथेष्विन्द्रम् ।
यो वायुना जयति गोमतीषु प्र धृष्णुया नयति वस्यो अच्छ ।।४।।
उप यो नमो नमसि स्तभायन्नियर्ति वाचं जनयन्यजध्यै ।
ऋंजसानः पुरुवार उक्थैरेन्द्रं कृण्वीत सदनेषु होता ।।५।।
धिषा यदि धिषण्यन्तः सरण्यान्त्सदन्तो अद्रिमौशिजस्य गोहे ।
आ दुरोषाः पास्त्यस्य होता यो नो महान्त्संवरणेषु वह्निः ।।६।।
सत्रा यदीं भार्वरस्य वृष्णः सिषक्ति शुष्मः स्तुवते भराय ।
गुहा यदीमौशिजस्य गोहे प्र यद्धिये प्रायसे मदाय ।।७।।
वि यद्वरांसि पर्वतस्य वृण्वे पयोभिर्जिन्वे अपां जवांसि ।
विदद्गौरस्य गवयस्य गोहे यदी वाजाय सुध्यो३ वहन्ति ।।८।।
भद्रा ते हस्ता सुकृतोत पाणी प्रयन्तारा स्तुवते राध इन्द्र ।
का ते निषत्तिः किमु नो ममत्सि किं नोदुदु हर्षसे दातवा उ ।।६।।
एवा वस्व इन्द्रः सत्यः सम्राड्ढन्ता वृत्रं वरिवः पूरवे कः ।
पुरुष्टुत क्रत्वा नः शग्धि रायो भक्षीय तेऽवसो दैवयस्य ।।१०।।
नू ष्टुत इन्द्र नू गृणान इषं जरित्रे नद्यो३ न पीपेः ।
अकारि ते हरिवो ब्रह्म नव्यं धिया स्याम रथ्यः सदासाः ।।११।।

ऋ. ४.22.१–११

यन्न इन्द्रो जुजुषे यच्च वष्टि तन्नो महान्करति शुष्म्या चित् ।

ब्रह्म स्तोमं मघवा सोममुक्था यो अश्मानं शवसा बिभ्रदेति ।।१।।
वृषा वृषन्धि चतुरश्रिमस्यन्नुग्रो बाहुभ्यां नृतमः शचीवान् ।
श्रिये परुष्णीमुषमाण ऊर्णां यस्याः पर्वाणि सख्याय विव्ये ।
यो देवो देवतमो जायमानो महो वाजेभिर्महद्भिश्च शुष्मैः ।
दधानो वज्रं बाह्वोरुशन्तं द्याममेन रेजयत्प्र भूम ।।३।।
विश्वा रोधांसि प्रवतश्च पर्वीर्द्यौर्ऋष्वाज्जनिमन्रेजत क्षाः ।
आ मातरा भरति शुष्म्या गोर्नृवत्परिज्मन्नोनुवन्त वाताः ।।४।।
ता तू त इन्द्र महतो महानि विश्वेष्वित्सवनेषु प्रवाच्या ।
यच्छूर धृष्णो धृषता दधृष्वानहिं वज्रेण शवसाविवेषीः ।।५।।
ता तू ते सत्या तुविनृम्ण विश्वा प्र धेनवः सिस्रते वृष्ण ऊध्नः ।
अधा ह त्वद्वृषमणो भियानाः प्र सिन्धवो जवसा चक्रमन्तः ।।६।।
अत्राह ते हरिवस्ता उ देवीरवोभिरिन्द्र स्तवन्त स्वसारः ।
यत्सीमनु प्र मुचो बद्बधाना दीर्घामनु प्रसितिं स्यन्दयैध्य ।।७।।
पिपीळे अंशुर्मद्यो न सिन्धुरा त्वा शमी शशमानस्य शक्तिः ।
अस्मद्र्यक्शुशुचानस्य यम्या आशुर्न रश्मिं तुव्योजसं गोः ।।८।।
अस्मे वर्षिष्ठा कृणुहि ज्येष्ठा नृम्णानि सत्रा सहुरे सहांसि ।
अस्मभ्यं वृत्रा सुहनानि रन्धि जहि वधर्वनुषो मर्त्यस्य ।।९।।
अस्माकमित्सु शृणुहि त्वमिन्द्रास्मभ्यं चित्राँ उप माहि वाजान् ।
अस्मभ्यं विश्वा इषणः पुरंधीरस्माकं सु मघवन्बोधि गोदाः ।।१०।।
नू ष्टुत इन्द्र नू गृणान इषं जरित्रे नद्यो३ न पीपेः ।
अकारि ते हरिवो ब्रह्म नव्यं धिया स्याम रथ्यः सदासाः ।।११।।

ऋ. ४.2३.१–७

कथा महामवृधत्कस्य होतुर्यज्ञं जुषाणो अभि सोममूधः ।
पिबन्नुशानो जुषमाणो अन्धो ववक्ष ऋष्वः शुचते धनाय ।।१।।
को अस्य वीरः सधमादमाप समानंश सुमतिभिः को अस्य ।
कदस्य चित्रं चिकिते कदूती वृधे भुवच्छशमानस्य यज्योः ।।2।।
कथा शृणोति हूयमानमिन्द्रः कथा शृण्वन्नवसामस्य वेद ।
का अस्य पूर्वीरुपमातयो ह कथैनमाहुः पपुरिं जरित्रे ।।३।।
कथा सबाधः शशमानो अस्य नशदभि द्रविणं दीध्यानः ।
देवो भुवन्नवेदा म ऋतानां नमो जगृभ्वाँ अभि यज्जुजोषत् ।।४।।
कथा कदस्या उषसो व्युष्टौ देवो मर्तस्य सख्यं जुजोष ।
कथा कदस्य सख्यं सखिभ्यो ये अस्मिन्कामं सुयुजं ततस्रे ।।५।।
किमादमत्रं सख्यं सखिभ्यः कदा नु ते भ्रात्रं प्र ब्रवाम ।
श्रिये सुदृशो वपुरस्य सर्गाः स्व१र्ण चित्रतममिष आ गोः ।।६।।
द्रुहं जिघांसन्ध्वरसमनिन्द्रां तेतिक्ते तिग्मा तुजसे अनीका ।
ऋणा चिद्यत्र ऋणया न उग्रो दूरे अज्ञाता उषसो बबाधे ।।७।।

ऋ. ४.2३.११

नू ष्टुत इन्द्र नू गृणान इषं जरित्रे नद्यो३ न पीपेः ।
अकारि ते हरिवो ब्रह्म नव्यं धिया स्याम रथ्यः सदासाः ।।११।।

ऋ. ४.2५.१–८

को अद्य नर्यो देवकाम उशन्निन्द्रस्य सख्यं जुजोष ।
को वा महेऽवसे पार्याय समिद्धे अग्नौ सुतसोम ईट्टे ।।१।।
को नानाम वचसा सोम्याय मनायुर्वा भवति वस्त उस्राः ।
क इन्द्रस्य युज्यं कः सखित्वं को भ्रात्रं वष्टि कवये क ऊती ।।2।।

को देवानामवो अद्या वृणीते क आदित्याँ अदितिं ज्योतिरीट्टे ।
कस्याश्विनाविन्द्रो अग्निः सुतस्यांशोः पिबन्ति मनसाविवेनम् ।।३।।
तस्मा अग्निर्भारतः शर्म यंसज्ज्योक्पश्यात्सूर्यमुच्चरन्तम् ।
य इन्द्राय सुनवामेत्याह नरे नर्याय नृतमाय नृणाम् ।।४।।
न तं जिनन्ति बहवो न दभ्रा उर्वस्मा अदितिः शर्म यंसत ।
प्रियः सुकृत्प्रिय इन्द्रे मनायुः प्रियः सुप्रावीः प्रियो अस्य सोमी ।।५।।
सुप्राव्यः प्राशुषाळेष वीरः सुष्वेः पक्तिं कृणुते केवलेन्द्रः ।
नासुष्वेरापिर्न सखा न जामिर्दुष्प्राव्योऽवहन्तेदवाचः ।।६।।
न रेवता पणिना सख्यमिन्द्रोऽसुन्वता सुतपाः सं गृणीते ।
आस्य वेदः खिदति हन्ति नग्नं वि सुष्वये पक्तये केवलो भूत् ।।७।।
इन्द्रं परेऽवरे मध्यमास इन्द्रं यान्तोऽवसितास इन्द्रम् ।
इन्द्रं क्षियन्त उत युध्यमाना इन्द्रं नरो वाजयन्तो हवन्ते ।।८।।

ऋ. ४.2६.१–७

अहं मनुरभवं सूर्यश्चाहं कक्षीवाँ ऋषिरस्मि विप्रः ।
अहं कुत्समार्जुनेयं न्यृंजेऽहं कविरुशना पश्यता मा ।।१।।
अहं भूमिमददामार्यायाहं वृष्टिं दाशुषे मर्त्याय ।
अहमपो अनयं वावशाना मम देवासो अनु केतमायन् ।।2।।
अहं पुरो मन्दसानो व्यैरं नव साकं नवतीः शम्बरस्य ।
शततमं वेश्यं सर्वताता दिवोदासमतिथिग्वं यदावम् ।।३।।
प्र सु ष विभ्यो मरुतो विरस्तु प्र श्येनः श्येनेभ्य आशुपत्वा ।
अचक्रया यत्स्वधया सुपर्णो हव्यं भरन्मनवे देवजुष्टम् ।।४।।
भरद्यदि विरतो वेविजानः पथोरुणा मनोजवा असर्जि ।
तूयं ययौ मधुना सोम्येनोत श्रवो विविदे श्येनो अत्र ।।५।।
ऋजीपी श्येनो ददमानो अंशुं परावतः शकुनो मन्द्रं मदम् ।
सोमं भरद्दादृहाणो देवावान्दिवो अमुष्मादुत्तरादादाय ।।६।।
आदाय श्येनो अभरत्सोमं सहस्रं सवाँ अयुतं च साकम् ।
अत्रा पुरन्धिरजहादरातीर्मदे सोमस्य मूरा अमूरः ।।७।।

ऋ. ४.2७.१–५

गर्भे नु सन्नन्वेषमवेदमहं देवानां जानिमानि विश्वा ।
शतं मा पुर रआयसीररक्षन्नध श्येनौ जवसा निरदीयम् ।।१।।
न घा स मामप जोषं जभाराभीमास त्वक्षसा वीर्येण ।
ईर्मा षुरन्धिरजहादरातीरुत वाताँ अतरच्छूशुवानः ।।2।।
अव यच्छ्येनो अस्वनीदध द्योर्वि यद्यदि वात ऊहुः पुरंधिम ।
सृजद्यदस्मा अव ह क्षिपज्ज्यां कृशानुरस्ता मनसा भुरण्यन् ।।३।।
ऋजिप्य ईमिन्द्रावतो न भुज्युं श्येनो जभार बृहतो अधि ष्णोः ।
अन्तः पतत्पतत्र्यस्य पर्णमध यामनि प्रसितस्य तद्वेः ।।४।।
अध श्वेतं कलशं गोभिरक्तमापिप्यानं मघवा शुक्रमन्धः ।
अध्वर्युभिः प्रयतं मध्वो अग्रमिन्द्रो मदाय प्रति धतिपबध्यै शूरो मदाय प्रति धत्पिबध्यै।।५।।

ऋ. ४.2६.१–५

आ नः स्तुत उप वाजेभिरूती इन्द्र याहि हरिभिर्मन्दसानः ।
तिरश्चिदर्यः सवना पुरूण्याङ्गूषेभिर्गृणानः सत्यराधाः ।।१।।
आ हि ष्मा याति नर्यश्चिकित्वान्हूयमानः सोतृभिरुप यज्ञम् ।
स्वश्वे यो अभीरुर्मन्यमानः सुष्वाणेभिर्मदति सं ह वीरैः ।।2।।

श्रावयेदस्य कर्णा वाजयध्यै जुष्टामनु प्र दिशं मन्दयध्यै ।
उद्वावृषाणो राधसे तुविष्मान्करन्न इन्द्रः सुतीर्थाभ्यं च ।।३।।
अच्छा यो गन्ता नाधमानमूती इत्था विप्रं हवमानं गृणन्तम् ।
उप त्मनि दधानो धुर्या३ शून्त्सहस्राणि शतानि वज्रबाहुः ।।४।।
त्वोतासो मघवन्निन्द्र विप्रा वयं ते स्याम सूरयो गृणन्तःद ।
भेजानासो बृहद्दिवस्य राय आकाय्यस्य दावने पुरुक्षोः ।।५।।

ऋ. ४.३०.१–८

नकिरिन्द्र त्वदुत्तरो न ज्यायाँ अस्ति वृत्रहन्। नकिरेवा यथा त्वम् ।।१।।
सत्रा ते अनु कृष्टयो विश्व चक्रेव वावृतुः। सत्रा महाँ असि श्रुतः ।।2।।
विश्वे चनेदना त्वा देवास इन्द्र युयुधुः। यदहा नक्तमातिरः ।।३।।
यत्रोत बाधितेभ्यश्चक्रं कुत्साय युध्यते। मुषाय इन्द्र सुर्यम् ।।४।।
यत्र देवाँ ऋघायतो विश्वाँ अयुध्य एक इत्। त्वमिन्द्र वनूँरहन् ।।५।।
यत्रोत मर्त्याय कमरिणा इन्द्र सूर्यम्। प्रावः शचीभिरेतशम् ।।६।।
किमादुतासि वृत्रहन्मघवन्मन्युमत्तमः। अत्राह दानुमातिरः ।।७।।
एतद्वेदुत वीर्य१मिन्द्र चकर्थ पौंस्यम्। स्त्रियं यद्दुर्हणायुवं वधीर्दुहितरं दिवः।।८।।

ऋ. ४.३०.१२–२४

उत सिन्धुं विबाल्यं वितस्थानामधि क्षमि। परि ष्ठा इन्द्र मायया ।।१2।।
उत शुष्णस्य धृष्णुया प्र मृक्षो अभि वेदनम्। पुरो यदस्य संपिणक् ।।१३।।
उत दासं कौलितरं बृहतः पर्वतादधि। अवाहन्निन्द्र शम्बरम् ।।१४।।
उत दासस्य वर्चिनः सहस्राणि शतावधीः। अधि पंच प्रधीँरिव ।।१५।।
उत त्यं पुत्रमग्रुवः परावृक्तं शतक्रतुः। उक्थेष्विन्द्र आभजत ।।१६।।
उत त्या तुर्वशायदू अस्नातारा शचीपतिः। इन्द्रो विद्वाँ अपारयत् ।।१७।।
उत त्या सद्य आर्या सरयोरिन्द्र पारतः। अर्णाचित्ररथावधीः ।।१८।।
अनु द्वा जहिता नयोऽन्धं श्रोणं च वृत्रहन्। न तत्ते सुम्नमष्टवे ।।१९।।
शतमश्मन्मयीनां पुरामिन्द्रो व्यास्यत्। दिवो दासाय दाशुषे ।।2०।।
अस्वापयद्दभीतये सहस्रा त्रिंशतं हथैः। दासानामिन्द्रो मायया ।।2१।।
स घेदुतासि वृत्रहन्त्समान इन्द्र गोपतिः। यस्ता विश्वानि चिच्युषे ।।22।।
उत नूनं यदिन्द्रियं करिष्या इन्द्र पौंस्यम्। अद्या नकिष्टदा मिनत् ।।2३।।
वामंवामं त आदुरे देवो ददात्वर्यमा। वामं पूषा वामं भगो वामं देवः करूळती ।।2४।।

ऋ. ४.३१.१–१५

कया नश्चित्र आ भुवदूती सदावृधः सखा। कया शचिष्ठया वृता ।।१।।
कस्त्वा सत्यो मदानां मंहिष्ठो मत्सदन्धसः। दृळहा चिदारुजे वसु ।।2।।
अभी षु णः सखीनामविता जरितृणाम्। शतं भवास्यूतिभिः ।।३।।
अभी न आ ववृत्स्व चक्रं न वृत्तमर्वतः। नियुद्भिश्चर्षणीनाम् ।।४।।
प्रवता हि ऋतूनामा हा पदेव गच्छसि। अभक्षि सूर्ये सचा ।।५।।
सं यत्त इन्द्र मन्यवः सं चक्राणि दधन्विरे। अध त्वे अध सूर्ये ।।६।।
उत स्मा हि त्वामाहुरिन्मघवानं शचीपते। दातारमविदीधयुम् ।।७।।
उत स्मा सद्य इत्परि शशमानाय सुन्वते। पुरू चिन्मंहसे वसु ।।८।।
नहि ष्मा ते शतं चन राधो वरन्त आमुरः। न च्यौत्नानि करिष्यतः ।।९।।
अस्माँ अवन्तु ते शतमस्मान्त्सहस्रमूतयः। अस्मान्विश्वा अभिष्टयः ।।१०।।
अस्माँ इहा वृणीहष्व सख्याय स्वस्तये। महो राये दिवित्मते ।।११।।
अस्माँ अविड्ढि विश्वहेन्द्र राया परीणसा। अस्मान्विश्वाभिरूतिभिः।।१2।।
अस्मभ्यं ताँ अपा वृधि व्रजाँ अस्तेव गोमतः। नवाभिरिन्द्रोतिभिः ।।१३।।

अस्माकं धृष्णुया रथो द्युमाँ इन्द्रानपच्युतः। गव्युरश्वयुरीयते ।।१४।।
अस्माकमुत्तमं कृधि श्रवो देवेषु सूर्य। वर्षिष्ठं द्यामिवोपरि ।।१५।।

ऋ. ४.३2.१–22

आ तू न इन्द्र वृत्रहस्माकमर्धमा गहि। महान्महीभिरूतिभिः ।।१।।
भृमिश्चिद्घासि तूतुजिरा चित्र चित्रिणीष्वा चित्रं कृणोष्यूतये ।।2।।
दभ्रेभिश्चिच्छशीयांसं हंसि व्राधन्तमोजसा। सखिभिर्ये त्वे सचा ।।३।।
वयमिन्द्र त्वे सचा वयं त्वाभि नोनुमः। अस्माँ अस्माँ इदुदव ।।४।।
स नश्चित्राभिरद्रिवोऽनवद्याभिरूतिभिः। अनाधृष्टाभिरा गहि ।।५।।
भूयासो षु त्वावतः सखाय इन्द्र गोमतः। युजो वाजाय घृष्वये ।।६।।
त्वं ह्येक ईशिष इन्द्र वाजस्य गोमतः। स नो यन्धि महीमिषम् ।।७।।
न त्वा वरन्ते अन्यथा यद्दित्ससि स्तुतो मघम्। स्तोतृभ्य इन्द्र गिर्वणः ।।८।।
अभि त्वा गोतमा गिरानूषत प्र दावने। इन्द्र वाजाय घृष्वये ।।६।।
प्र ते वोचाम वीर्या३ या मन्दसान अरुजः। पुरो दासीरभीत्य ।।१०।।
ता ते गृणन्ति वेधसो यानि चकर्थ पौंस्या। सुतेष्विन्द्र गिर्वणः ।।११।।
अवीवृधन्त गोतमा इन्द्र त्वे स्तोमवाहसः। ऐषु धा वीरवद्यशः ।।१2।।
यच्चिद्धि शश्वतामसीन्द्र साधारणस्त्वम्। तं त्वा वयं हवामहे ।।१३।।
अर्वाचीनो वसो भवास्मे सु मत्स्वान्धसः। सोमानामिन्द्र सोमपाः ।।१४।।
अस्माकं त्वा मतीनामा स्तोम इन्द्र यच्छतु। अर्वागा वर्तया हरी ।।१५।।
पुरोळाशं च नो घसो जोषयासे गिरश्च नः। वधूयुरिव योषणाम् ।।१६।।
सहस्रं व्यतीनां युक्तानामिन्द्रमीमहे। शतं सोमस्य खार्यः ।।१७।।
सहस्रा ते शता वयं गवामा च्यावयामसि। अस्मत्रा राध एतु ते ।।१८।।
दश ते कलशानां हिरण्यानामधीमहि। भूरिदा असि वृत्रहन् ।।१६।।
भूरिदा भूरि देहि नो मा दभ्रं भूर्या भर। भूरि घेदिन्द्र दित्ससि ।।2०।।
भूरिदा ह्यसि श्रुतः पुरुत्रा शूर वृत्रहन्। आ नो भजस्व राधसि ।।2१।।
प्र ते बभ्रू विचक्षण शंसामि गोषणो नपात्। माभ्यां गा अनु शिश्रथः ।।22।।

सा. १६६

कया नश्चित्र आ भुवदूती सदावृधः सखा। कया शचिष्ठया वृता ।।५।।

सा. १७2

ये ते पन्था अधो दिवो येभिर्व्यश्वमैरयः। उत श्रोषन्तु नो भुवः ।।८।।

सा. १८१

आ तू न इन्द्र वृत्रहन्नस्माकमर्धमा गहि। महान्महीभिरूतिभिः ।।७।।

सा. १६०

क इमं नाहुवीष्वा इन्द्रं सोमस्य तर्पयात्। स नो वसून्या भरात् ।।६।।

सा. १६६

सदा व इन्द्रश्चर्कृषदा उपो नु स सपर्यन्। न देवो वृतः शूर इन्द्रः ।।३।।

सा. 2०३

न कि इन्द्र त्वदुत्तरं न ज्यायो अस्ति वृत्रहन्। न क्येवं यथा त्वम् ।।१०।।

सा. 2०६

अरं त इन्द्र श्रवसे गमेम शूर त्वावतः। अरं शक्र परेमणि ।।६।।

सा. 2१2

इमे त इन्द्र सोमाः सुतासो ये च सोत्वाः। तेषां मत्स्व प्रभूवसो ।।६।।

सा. 22४

कदु प्रचेतसे महे वचो देवाय शस्यते। तदिद्ध्यस्य वर्धनम् ।।2।।

Vedic Concordance of Mantras as per Devatā and Ṛṣi 415

सा. 2८८

यदा कदा च मीढुषे स्तोता जरेत मर्त्यः। आदिद्वन्देत वरुणं विपा गिरा धर्त्तारं विव्रतानाम्।।६।।

सा. 2६८–2६६

यदिन्द्र शासो अव्रतं च्यवया सदसस्परि। अस्माकमंशुं मघवन्पुरुस्पृहं वसव्ये अधि बर्हय ।।६।।

त्वष्टा नो दैव्यं वचः पर्जन्यो ब्रह्मणस्पतिः। पुत्रैर्भ्रातृभिरदितिर्नु पातु नो दुष्टरं त्रामणं वचः ।।७।।

सा. ३2७

मेडिं न त्वा वज्रिणं भृष्टिमन्तं पुरुधस्मानं वृषभं स्थिरप्स्नुम् ।

करोष्यर्यस्तरुषीर्दुवस्युरिन्द्र द्युक्षं वृत्रहणं गृणीषे ।।५।।

सा. ३३५–३३७

सत्राहणं दाधृषिं तुम्रमिन्द्रं महामपारं वृषभं सुवज्रम् ।

हन्ता यो वृत्र सनितोत वाजं दाता मघानि मघवा सुराधाः ।।४।।

यो नो वनुष्यन्नभिदाति मर्त उगणा वा मन्यमानस्तुरो वा ।

क्षिधी युधा शवसा वा तमिन्द्राभी ष्याम वृषमणस्त्वोताः ।।५।।

यं वृत्रेषु क्षितयः स्पर्धमाना यं युक्तेषु तुरयन्तो हवन्ते ।

यं शूरसातौ यमपामुपज्मन्यं विप्रासो वाजयन्ते स इन्द्रः ।।६।।

सा. ३६६–३७०

इन्द्राय गिरो अनिशितसर्गा अपः प्रैरयत्सगरस्य बुध्नात् ।

यो अक्षेणेव चक्रियौ शचीभिर्विष्वक्तस्तम्भ पृथिवीमुत द्याम् ।।८।।

विश्वाः पृतना अभिभूतरं नरः सजूस्ततक्षुरिन्द्रं जजनुश्च राजसे ।

क्रत्वे वरे स्थेमन्यामुरीमुतोग्रमोजिष्ठं तरसं तरस्विनम् ।।१।।

सा. ३७2

समेत विश्वा ओजसा पतिं दिवो य एक इद्भूरतिथिर्जनानाम् ।

स पूर्व्यो नूतनमाजिगीषन् तं वर्तनीरनु वावृत एक इत् ।।३।।

सा. ५८८

यस्येदमा रजोयुजस्तुजे जने वनं स्वः। इन्द्रस्य रन्त्यं बृहत् ।।३।।

सा. ६2३

हरी त इन्द्र श्मश्रूण्युतो ते हरितौ हरी। तं त्वा स्तुवन्ति कवयः पुरुषासो वनर्गवः ।।६।।

सा. ६८2–६८४

कया नश्चित्र आ भुवदूती सदावृधः सखा। कया शचिष्ठया वृता ।।१।।

कस्त्वा सत्यो मदानां मंहिष्ठो मत्सदन्धसः। दृढा चिदारुजे वसु ।।2।।

अभी षु णः सखीनामविता जरितॄणाम्। शतं भवास्यूतये ।।३।।

१६५. वामदेवो गौतमः (साग्री. सास्वा.) वामदेवः विश्वामित्र इत्येके (सार्षेदी.) – सा. 2६४

इम इन्द्र मदाय ते सोमाश्चिकित्र उक्थिनः ।

मधोः पपान उप नो गिरः शृणु रास्व स्तोत्राय गिर्वणः ।।2।।

१६६. वामदेवो गौतमः (साग्री. सास्वा.) इन्द्राणी (सार्षेदी.) – सा. ३६१

कश्यपस्य स्वर्विदो यावाहुः सयुजाविति। ययोर्विश्वमपि व्रतं यज्ञं धीरा निचाय्य ।।2।।

१६७. वामदेवो गौतमः शाकपूतो वा (साग्री. सास्वा.) वामदेवो गौतमः (सार्षेदी.) – सा. ३५३

आ नो वयो वयःशयं महान्तं गह्वरेष्ठाम्। महान्तं पूर्विणेष्ठामुग्रं वचो अपावधीः ।।2।।

१६८. विधृतिः – य. १७.६३

वाजस्य मा प्रसवऽउद्ग्राभेणोदग्रभीत्। अधा सपत्नानिन्द्रो मे निग्राभेणाधराँ2ऽ अकः ।।६३।।

१६६. विमद ऐन्द्रः वसुकृद्वा वासुक्रः (साग्री. सास्वा.) विमद ऐन्द्रः वसुकृद्वा वसुक्रो वा प्राजापत्यः (ऋसर्व.) वसुकृदृषि विमदो वा (सार्षेदी.) – ऋ. १0.22.१–१५; १0.2३.१–७;

१०.२४.१–३

ऋ. १०.22.१–१५

कुह श्रुत इन्द्रः कस्मिन्नद्य जने मित्रो न श्रूयते ।
ऋषीणां वा यः क्षये गुहा वा चर्कृषे गिरा ।।१।।
इह श्रुत इन्द्रो अस्मे अद्य स्तवे वज्र्यृचीषमः ।
मित्रो न यो जनेष्वा यशश्चक्रे असाम्या ।।2।।
महो यस्पतिः शवसो असाम्या महो नृम्णस्य तूतुजिः ।
भर्ता वज्रस्य धृष्णोः पिता पुत्रमिव प्रियम् ।।३।।
युजानो अश्वा वातस्य धुनी देवो देवस्य वज्रिवः ।
स्यन्ता पथा विरुक्मता सृजानः स्तोष्यध्वनः ।।४।।
त्वं त्या चिद्वातस्याश्वागा ऋज्रा त्मना वहध्यै ।
ययोर्देवो न मर्त्यो यन्ता नकिर्विदाय्यः ।।५।।
अध ग्मन्तोशना पृच्छते वां कदर्था न आ गृहम् ।
आ जग्मथुः पराकाद्दिवश्च ग्मश्च मर्त्यम् ।।६।।
आ न इन्द्र पृक्षसेऽस्माकं ब्रह्मोद्यतम् ।
तत्त्वा याचामहेऽवः शुष्णं यद्धन्नमानुषम् ।।७।।
अकर्मा दस्युरभि नो अमन्तुरन्यव्रतो अमानुषः ।
त्वं तस्या मित्रहन्वधर्दासस्य दम्भय ।।८।।
त्वं न इन्द्र शूर शूरैरुत त्वोतासो बर्हणा ।
पुरुत्रा ते वि पूर्तयो नवन्त क्षोणयो यथा ।।९।।
त्वं तान्वृत्रहत्ये चोदयो नृन्कार्पाणे शूर वज्रिवः ।
गुहा यदी कवीनां विशां नक्षत्रशवसाम् ।।१०।।
मक्षू ता त इन्द्र दानाप्नस आक्षाणे शूर वज्रिवः ।
यद्ध शुष्णस्य दम्भयो जातं विश्वं सयावभिः ।।११।।
माकुध्र्यगिन्द्र शूर वस्वीरस्मे भूवन्नभिष्टयः ।
वयंवयं त आसां सुम्ने स्याम वज्रिवः ।।१2।।
अस्मे ता त इन्द्र सन्तु सत्याहिंसन्तीरुपस्पृशः ।
विद्याम यासां भुजो धेनूनां न वज्रिवः ।।१३।।
अहस्ता यदपदी वर्धत क्षाः शचीभिर्वेद्यानाभ् ।
शुष्णं परि प्रदक्षिणिद्विश्वायवे नि शिश्नथः ।।१४।।
पिबापिबेदिन्द्र शूर सोमं मा रिषण्यो वसवान वसुः सन् ।
उत त्रायस्व गृणतो मघोनो महश्च रायो रेवतस्कृधी नः ।।१५।।

ऋ. १०.2३.१–७

यजामह इन्द्रं वज्रदक्षिणं हरीणां रथ्यं१ विव्रतानाम् ।
प्र श्मश्रु दोधुवदूर्ध्वथा भूद्वि सेनाभिर्दयमानो वि राधसा ।।१।।
हरी न्वस्य या वने विदे वस्विन्द्रो मघैर्मघवा वृत्रहा भुवत् ।
ऋभुर्वाज ऋभुक्षाः पत्यते शवोऽव क्ष्णौमि दासस्य नाम चित् ।।2।।
यदा वज्रं हिरण्यमिदथा रथं हरी यमस्य वहतो वि सूरिभिः ।
आ तिष्ठति मघवा सनश्रुत इन्द्रो वाजस्य दीर्घश्रवसस्पतिः ।।३।।
सो चिन्नु वृष्टिर्यूथ्या३ स्वा सचाँ इन्द्रः श्मश्रूणि हरिताभि प्रुष्णुते ।
अव वेति सुक्ष्यं सुते मधुदिद् धूनोति वातो यथा वनम् ।।४।।
यो वाचा विवाचो मृध्रवाचः पुरू सहस्राशिवा जघान ।
तत्तदिदस्य पौंस्यं गृणीमसि पितेव यस्तविषीं वावृधे शवः ।।५।।

स्तोमं त इन्द्र विमदा अजीजनन्नपूर्व्यं पुरुत्मं सुदानवे ।
विद्या ह्यस्य भेजनमिनस्य यदा पशुं न गोपाः करामहे ।।६।।
माकिर्न एना सख्या वि यौषुस्तव चेन्द्र विमदस्य च ऋषेः ।
विद्या हि ते प्रमतिं देव जामिवदस्मे ते सन्तु सख्या शिवानि ।।७।।

ऋ. १०.२४.१–३

इन्द्र सोममिमं पिब मधुमन्तं चमू सुतम् ।
अस्मे रयिं नि धारय वि वो मदे सहस्रिणं पुरूवसो विवक्षसे ।।१।।
त्वां यज्ञेभिरुक्थैरुप हव्येभिरीमहे ।
शचीपते शचीनां वि वो मदे श्रेष्ठं नो धेहि वार्यं विवक्षसे ।।2।।
यस्पतिर्वार्याणामसि रध्रस्य चोदिता ।
इन्द्र स्तोतृणामविता वि वो मदे द्विषो नः पाह्यंहसो विवक्षसे ।।३।।

२००. विरुप आंगिरसः – सा. १६४५–१६४७

तव त्यदिन्द्रियं बृहत्तव दक्षमुत क्रतुम्। वज्रं शिशाति धिषणा वरेण्यम् ।।४।।
तव द्यौरिन्द्र पौंस्यं पृथिवी वर्धति श्रवः। त्वामापः पर्वतासश्च हिन्विरे ।।५।।
त्वां विष्णुर्बृहन्क्षयो मित्रो गृणाति वरुणः। त्वां शुर्द्धो मदत्यनु मारुतम् ।।६।।

२०१. विश्वमनाः – अ. २०.६४.४–६; २०.६५.१–३

अ. २०.६४.४–६

एदु मध्वो मदिन्तरं सिंच वाध्वर्यो अन्धसः। एवा हि वीर स्तवते सदावृधः ।।४।।
इन्द्र स्थातर्हरीणां नकिष्टे पूर्व्यस्तुतिम्। उदानंश शवसा न भन्दना ।।५।।
तं वो वाजानां पतिमहूमहि श्रवस्यवः। अप्रायुभिर्यज्ञेभिर्वावृधेन्यम् ।।६।।

अ. २०.६५.१–३

स्तुहीन्द्रं व्यश्ववद्नूर्मिं वाजिनं वाजिनं यमम्। अर्यो गयं मंहमानं वि दाशुषे ।।१।।
एवा नूनमुप स्तुहि वैयश्व दशमं नवम्। सुविद्वांसं चर्कृत्यं चरणीनाम् ।।2।।
वेत्था हि निर्ऋतीनां वज्रहस्त परिवृजम्। अहरहः शुन्ध्युः परिपदामिव ।।३।।

२०२. विश्वमना वैयश्वः – ऋ. ८.२४.१–२७; सा. ३८५–३८७; ३९०; ३९६; १५०९–१५११; १६८४–१६८६

ऋ. ८.२४.१–२७

सखाय आ शिषामहि ब्रह्मेन्द्राय वज्रिणे । स्तुष ऊ षु वो नृतमाय धृष्णवे ।।१।।
शवसा ह्यसि श्रुतो वृत्रहत्येन वृत्रहा । मघैर्मघोनो अति शूर दाशसि ।।2।।
स नः स्तवान आ भर रयिं चित्रश्रवस्तमम्। निरेके चिद्यो हरिवो वसुर्ददिः ।।३।।
आ निरेकमुत प्रियमिन्द्र दर्षि जनानाम्। धृषता धृष्णो स्तवमान आ भर ।।४।।
न ते सव्यं न दक्षिणं हस्तं वरन्त आमुरः। न परिबाधो हरिवो गविष्टिषु ।।५।।
आ त्वा गोभिरिव व्रजं गीर्भिर्ऋणोम्यद्रिवः। आ स्मा कामं जरितुरा मनः पृण ।।६।।
विश्वानि विश्वमनसो धिया नो वृत्रहन्तम। उग्र प्रणेतरधि षू वसो गहि ।।७।।
वयं ते अस्य वृत्रहन्विद्याम शूर नव्यसः। वसोः स्पार्हस्य पुरुहूत राधसः ।।८।।
इन्द्र यथा ह्यस्ति तेऽपरीतं नृतो शवः। अमृक्ता रातिः पुरुहूत दाशुषे ।।९।।
आ वृषस्व महामह महे नृतम राधसे। दृळहश्चिद् दृह्य मघवन्मघत्तये ।।१०।।
नू अन्यत्रा चिदद्रिवस्त्वन्नो अग्मुराशसः। मघवच्छग्धि तव तन्न ऊतिभिः ।।११।।
नह्य१ंग नृतो त्वदन्यं विन्दामि राधसे। राये द्युम्नाय शवसे च गिर्वणः ।।१2।।
एन्दुमिन्द्राय सिंचत पिबाति सोम्यं मधु। प्र राधसा चोदयाते महित्वना ।।१३।।
उपो हरीणां पतिं दक्षं पृंचन्तमब्रवम्। नूनं श्रुधि स्तुवतो अश्व्यस्य ।।१४।।
नह्यं१ग पुरा चन जज्ञे वीरतरस्त्वत्। नकी राया नैवथा न भ ।।१५।।
एदु मध्वो मदिन्तरं सिंच वाध्वर्यो अन्धसः। एवा हि वीरः स्तवते सदावृधः ।।१६।।

इन्द्र स्थातर्हरीणां नकिष्टे पूर्व्यस्तुतिम्। उदानंश शवसा न भन्दना ।।१७।।
तं वो वाजानां पतिमहूमहि श्रवस्यवः। अप्रायुभिर्यज्ञेभिर्वावृधेन्यम् ।।१८।।
एतोन्विन्द्रं स्तवाम सखायः स्तोम्यं नरम्। कृष्टीर्योविश्वा अभ्यस्त्येक इत् ।।१६।।
अगोरुधाय गविषे द्युक्षाय दस्म्यं वचः। घृतात्स्वादीयो मधुनश्च वोचत ।।20।।
यस्यामितानि वीर्या३ न राधः पर्येतवे। ज्योतिर्न विश्वमभ्यस्ति दक्षिणा ।।21।।
स्तुहीन्द्रं व्यश्ववदनूर्मिं वाजिनं यमम्। अर्यो गयं मंहमानं वि दाशुषे ।।22।।
एवा नूनमुप स्तुहि वैयश्व दशमं नवम्। सुविद्वांसं चर्कृत्यं चरणीनाम् ।।23।।
वेत्था हि निर्ऋतीनां वज्रहस्त परिवृजम्। अहरहः शुन्ध्युः परिपदामिव ।।2४।।
तदिन्द्राव आ भर येना दंसिष्ठ कृत्वने। द्विता कुत्साय शिश्नथो नि चोदय ।।2५।।
तमु त्वा नूनमीमहे नव्यं दंसिष्ठ सन्यसे। स त्वं नो विश्वा अभिमातीः सक्षणिः ।।2६।।
य ऋक्षादंहसो मुचद्यो वार्यात्सप्त सिन्धुषु। वधर्दासस्य तुविनृम्ण नीनमः ।।2७।।

सा. ३८५–३८७

एदु मधोर्मदिन्तरं सिंचाध्वर्यो अन्धसः। एवा हि वीरस्तवते सदावृधः ।।५।।
एन्दुमिन्द्राय सिंचत पिबाति सोम्यं मधु। प्र राधांसि चोदयते महित्वना ।।६।।
एतो न्विन्द्रं स्तवाम सखायः स्तोम्यं नरम्। कृष्टीर्यो विश्वा अभ्यस्त्येक इत् ।।७।।

सा. ३६०

सखाय आ शिषामहे ब्रह्मेन्द्राय वज्रिणो। स्तुष ऊ षु वो नृतमाय धृष्णवे ।।१०।।

सा. ३६६

वेत्था हि निर्ऋतीनां वज्रहस्त परिवृजम्। अहरहः शुन्ध्युः परिपदामिव ।।६।।

सा. १५०६–१५११

एन्दुमिन्द्राय सिंचत पिबाति सोम्यं मधु। प्र राधांसि चोदयते महित्वना ।।१।।
उपो हरीणं पतिं राधः पृंचन्तमब्रवम्। नूनं श्रुधि स्तुवतो अश्व्यस्य ।।2।।
न ह्यां ३ंग पुरा च न जज्ञे वीरतरस्त्वत्। न की राया नैवथा न भन्दना ।।३।।

सा. १६८४–१६८६

एदु मधोर्मदिन्तरं सिंचाध्वर्यो अन्धसः। एवा हि वीर स्तवते सदावृधः ।।१।।
इन्द्र स्थातर्हरीणां न किष्टे पूर्व्यस्तुतिम्। उदानंश शवसा न भन्दना ।।2।।
तं वो वाजानां पतिमहूमहि श्रवस्यवः। अप्रायुभिर्यज्ञेभिर्वावृधेन्यम् ।।३।।

२०३. विश्वामित्रः – अ. 20.१.१; 20.६.१–६; 20.७.४; 20.८.३; 20.११.१–११; 20.१६.१–७; 20.20.१–४; 20.23.१–६; 20.2४.१–६; 20.५७.४–७; 20.८६.१; य. 20.2६; ५३; 22; 2६.६३

अ. 20.१.१

इन्द्र त्वा वृषभं वयं सुते सोमे हवामहे। स पाहि मध्वो अन्धसः ।।१।।

अ. 20.६.१–६

इन्द्र त्वा वृषभं वयं सुते सोमे हवामहे। स पाहि मध्वो अन्धसः ।।१।।
इन्द्र क्रतुविदं सुतं सोमं हर्य पुरुष्टुत। पिबा वृषस्व तातृपिम् ।।2।।
इन्द्र प्र णो धितावानं यज्ञं विश्वेभिर्देवेभिः। तिर स्तवान् विश्पते ।।३।।
इन्द्र सोमाः सुता इमे तव प्र यन्ति सत्पते। क्षयं चन्द्रास इन्दवः ।।४।।
दधिष्वा जठरे सुतं सोममिन्द्र वरेण्यम्। तव द्युक्षास इन्दवः ।।५।।
गिर्वणः पाहि नः सुतं मधोर्धाराभिरज्यसे। इन्द्र त्वादातमिद् यशः ।।६।।
अभि द्युम्नानि वनिन इन्द्रं सचन्ते अक्षिता। पीत्वी सोमस्य वावृधे ।।७।।
अर्वावतो न आ गहि परावतश्च वृत्रहन्। इमा जुषस्व नो गिरः ।।८।।
यदन्तरा परावतमर्वावतं च हूयसे। इन्द्रेह तत आ गहि ।।६।।

अ. २०.७.४

इन्द्र क्रतुविदं सुतं सोमं हर्य पुरुष्टुत। पिबा वृषस्य तातृपिम् ।।४।।

अ. २०.८.३

अपूर्णो अस्यकलशः स्वाहा सेक्तेव कोशं सिसिचे पिबध्यै ।
समु प्रिया आववृत्रन् मदाय प्रदक्षिणिदभि सोमाय इन्द्रम् ।।३।।

अ. २०.११.१–११

इन्द्रः पूर्भिदातिरद् दासमर्कैर्विदद्वसुर्दयमानो वि शत्रून् ।
ब्रह्मजूतस्तन्वा वावृधानो भूरिदात्र आपृणद् रोदसी उभे ।।१।।
मखस्य ते तविषस्य प्र जूतिमियर्मि वाचममृताय भूषन् ।
इन्द्र क्षितीनामसि मानुषीणां विशां दैवीनामुत पूर्वयावा ।।2।।
इन्द्रो वृत्रमवृणोच्छर्धनीतिः प्र मायिनाममिनाद् वर्पणीतिः ।
अहन् व्यंसमुशधग् वनेष्वाविर्धेना अकृणोद् राम्याणाम् ।।३।।
इन्द्रः स्वर्षा जनयन्नहानि जिगायोशिग्भिः पृतना अभिष्टिः ।
प्रारोचयन्मनवे केतुमह्नामविन्दज्ज्योतिर्बृहते रणाय ।।४।।
इन्द्रस्तुजो बर्हणा आ विवेश नृवद् दधानो नयी पुरूणि ।
अचेतयद् धिय इमा जरित्रे प्रेमं वर्णमतिरच्छुक्रमासाम् ।।५।।
मही महानि पनयन्त्यस्येन्द्रस्य कर्म सुकृता पुरूणि ।
वृजनेन वृजिनान्त्सं पिपेष मायाभिर्दस्यूँरभिभूत्योजाः ।।६।।
युधेन्द्रो मह्ना वरिवश्चकार देवेभ्यः सत्पतिश्चर्षणिप्राः ।
विवस्वतः सदने अस्य तानि विप्रा उक्थेभिः कवयो गृणन्ति ।।७।।
सत्रासाहं वरेण्यं सहोदां ससवांसं स्वरपश्च देवीः ।
ससान यः पृथिवीं द्यामुतेमामिन्द्रं मदन्त्यनु धीरणासः ।।८।।
ससानात्याँ उत सूर्यं ससानेन्द्रः ससान पुरुभोजसं गाम् ।
हिरण्ययमुतभोगं ससान हत्वी दस्यून् प्रार्यं वर्णमावत् ।।९।।
इन्द्र ओषधीरसनोदहानि वनस्पतीँ रसनोदन्तरिक्षम् ।
बिभेद वलं नुनुदे विवाचोऽथाभवद् दमिताभिक्रतूनाम् ।।१०।।
शुनं हुवेम मघवानमिन्द्रमस्मिन् भरे नृतमं वाजसातौ ।
शुण्वन्तमुग्रमूतये समत्सु घ्नन्तं वृत्राणि संजितं धनानाम् ।।११।।

अ. २०.१९.१–७

वार्त्रहत्याय शवसे पृतनाषाह्याय च। इन्द्र त्वा वर्तयामसि ।।१।।
अर्वाचीनं सु ते मन उत चक्षुः शतक्रतो। इन्द्र कृण्वन्तु वाघतः ।।2।।
नामानि ते शतक्रतो विश्वाभिर्गीर्भिरीमहे। इन्द्राभिमातिषाह्ये ।।३।।
पुरुष्टुतस्य धामभिः शतेन महयामसि। इन्द्रस्य चर्षणीधृतः ।।४।।
इन्द्रं वृत्राय हन्तवे पुरुहूतमुप ब्रुवे। भरेषु वाजसातये ।।५।।
वाजेषु सासहिर्भव त्वामीमहे शतक्रतो। इन्द्र वृत्राय हन्तवे ।।६।।
द्युम्नेषु पृतनाज्ये पृत्सुतूर्षु श्रवःसु च। इन्द्र साक्ष्वाभिमातिषु ।।७।।

अ. २०.२०.१–४

शुष्मिन्तमं न ऊतये द्युम्निनं पाहि जागृविम्। इन्द्र सोमं शतक्रतो ।।१।।
इन्द्रियाणि शतक्रतो या ते जनेषु पंचसु। इन्द्र तानि त आ वृणे ।।2।।
अगन्निन्द्र श्रवो बृहद् दधिष्व दुष्टरम्। उत् ते शुष्मं तिरामसि ।।३।।
अर्वावतो न आ गह्यथो शक्र परावतः। उ लोको यस्ते अद्रिव इन्द्रेह तत आ गहि ।।४।।

अ. २०.२३.१–६

आ तू न इन्द्र मद्र्यग्घुवानः सोमपीतये। हरिभ्यां याह्यद्रिवः ।।१।।
सत्तो होता न ऋत्वियस्तिस्तिरे बर्हिरानुषक्। अयुज्रन् प्रातरद्रयः ।।2।।
इमा ब्रह्म ब्रह्मवाहः क्रियन्त आ बर्हिः सीद। वीहि शूर पुरोडाशम् ।।३।।

रारन्धि सवनेषु ण एषु स्तोमेषु वृत्रहन्। उक्थेष्विन्द्र गिर्वणः ।।४।।
मतयः सोमपामुरुं रिहन्ति शवसस्पतिम्। इन्द्रं वत्सं न मातरः ।।५।।
स मन्दस्वा ह्यन्धसो राधसे तन्वा महे। न स्तोतारं निदे करः ।।६।।
वयमिन्द्र त्वायवो हविष्मन्तो जरामहे। उत त्वमस्मयुर्वसो ।।७।।
मारे अस्मद् वि मुमुचो हरिप्रियार्वाङ् याहि। इन्द्र स्वधावो मत्स्वेह ।।८।।
अर्वांचं त्वा सुखे रथे वहतामिन्द्र केशिना। घृतस्नू बर्हिरासदे ।।६।।

अ. २०.२४.१–६

उप नः सुतमा गहि सोममिन्द्र गवाशिरम्। हरिभ्यां यस्ते अस्मयुः ।।१।।
तमिन्द्र मदमा गहि बर्हिष्ठां ग्रावभिः सुतम। कुविन्न्वस्य तृण्वः ।।2।।
इन्द्रमित्था गिरो ममाच्छागुरिषिता इतः। आवृते सोमपीतये ।।३।।
इन्द्र सोमस्य पीतये स्तोमैरिह हवामहे। उक्थेभिः कुविदागमत् ।।४।।
इन्द्र सोमाः सुता इमे तान् दधिष्व शतक्रतो। जठरे वाजिनीवसो ।।५।।
विद्या हि त्वा धनंजयं वाजेषु दधृषं कवे। अधा ते सुम्नमीमहे ।।६।।
इममिन्द्र गवाशिरं यवाशिरं च नः पिब। आगत्या वृषभिः सुतम् ।।७।।
तुभ्येदिन्द्र स्व ओक्ये३ सोमं चोदामि पीतये। एष रारन्तु ते हृदि ।।८।।
त्वां सुतस्य पीतये प्रत्नमिन्द्र हवामहे। कुशिकासो अवस्यवः ।।६।।

अ. २०.५७.४–७

शुष्मिन्तमं न ऊतये द्युम्निनं पाहि जागृविम्। इन्द्र सोमं शतक्रतो ।।४।।
इन्द्रियाणि शतक्रतो या ते जनेषु पंचसु। इन्द्र तानि त आ वृणे ।।५।।
अगन्निन्द्र श्रवो बृहद् द्युम्नं दधिष्व दुष्टरम्। उत् ते शुष्मं तिरामसि ।।६।।
अर्वावतो न आ गह्यथो शक्र परावतः। उ लोको यस्ते अद्रिव इन्द्रेह तत आ गहि ।।७।।

अ. २०.८६.१

ब्रह्मणा ते ब्रह्मयुजा युनज्मि हरी सखाया सधमाद आशू ।
स्थिरं रथं सुखमिन्द्राधितिष्ठन् प्रजानान् विद्वाँ उप याहि सोमम् ।।१।।

य. २०.२६

धानावन्तं करम्भिणमपूपवन्तमुक्थिनम्। इन्द्र प्रातर्जुषस्व नः ।।२६।।

य. २०.५३

आ मन्द्रैरिन्द्रं हरिभिर्याहि मयूररोमभिः ।
मा त्वा के चिन्नि यमन्वि न पाशिनोऽति धन्वेव ताँ2ऽ इहि ।।५३।।

य. ३३.22

आतिष्ठन्तं परि विश्वेऽअभूषञ्छ्रियो वसानश्चरति स्वरोचिः ।
महत्तद्वृष्णोऽअसुरस्य नामा विश्वरूपोऽअमृतानि तस्थौ ।।22।।

य. ३३.२६

इन्द्रो वृत्रमवृणोच्छर्द्धनीतिः प्र मायिनाममिनाद्वर्पणीतिः ।
अहन् व्यंसमुशधग्वनेष्वाविर्धेनाऽअकृणोद्राम्याणाम् ।।२६।।

य. ३३.६३

ये त्वाहिहत्ये मघवन्नवर्द्धन्ये शाम्बरे हरिवो ये गविष्टौ ।
ये त्वा नूनमनुमदन्ति विप्राः पिबेन्द्र सोमं सगणो मरुद्भिः ।।६३।।

२०४. विश्वामित्रो गाथिनः – ऋ. ३.३०.१–22; ३.३2.१–१७; ३.३४.१–११; ३.३५. १–११; ३.३६. १–११; ३.३७.१–११; ३.३६.१–६; ३.४०.१–६; ३.४१.१–६; ३.42.१–६; ३.४३.१–६; ३.४४. १–५; ३.४५.१–५; ३.४६.१–५; ३.४७.१–५; ३.४८.१–५; ३.४६.१–५; ३.५०.१–५; ३.५१. १–12; ३.५2.१–८; ३.५३.2–१४; 2१–2४; सा. १६५; १६५; 2१०; 22६; 2४६; ३2६; ३७४; ७३७–७३६; १७१८–१७20

ऋ. ३.३०.१–22

इच्छन्ति त्वा सोम्यासः सखायः सुन्वन्ति सोमं दधति प्रयांसि ।
तितिक्षन्ते अभिशस्तिं जनानामिन्द्र त्वदा कश्चन हि प्रकेतः ।।१।।
न ते दूरे परमा चिद्रजांस्या तु प्र याहि हरिवो हरिभ्याम् ।
स्थिराय वृष्णे सवना कृतेमा युक्ता ग्रावाणः समिधाने अग्नौ ।।2।।
इन्द्रः सुशिप्रो मघवा तरुत्रो महाव्रातस्तुविकूर्मिऋघावान् ।
यदुग्रो धा बाधितो मर्त्येषु क्व१ त्या ते वृषभ वीर्याणि ।।३।।
त्वं हि ष्मा च्यावयन्नच्युतान्येको वृत्रा चरसि जिघ्नमानः ।
तव द्यावापृथिवी पर्वतासोऽनु व्रताय निमितेव तस्थुः ।।४।।
उताभये पुरुहूत श्रवोभिरेको दृळहमवदो वृत्रहा सन् ।
इमे चिदिन्द्र रोदसी अपारे यत्संगृभ्णा मघवन्काशिरित्ते ।।५।।
प्र सू त इन्द्र प्रवता हरिभ्यां प्र ते वज्रः प्रमृणन्नेतु शत्रून् ।
जहि प्रतीचो अनूचः षराचो विश्वं सत्यं कृणुहि विष्टमस्तु ।।६।।
यस्मै धायुरदधा मर्त्यायाभक्तं चिद्भजते गेह्यं१ सः ।
भद्रा त इन्द्र सुमतिर्घृताची सहस्रदाना पुरुहूत रातिः ।।७।।
सहदानु पुरुहूत क्षियन्महस्तमिन्द्र सं पिणक्कुणारुम् ।
अभि वृत्रं वर्धमानं पियारुमपादमिन्द्र तवसा जघन्थ ।।८।।
नि सामनामिषिरामिन्द्र भूमिं महीमपारां सदने ससत्थ ।
अस्तभ्नाद् द्यां वृषभो अन्तरिक्षमर्षन्त्वापस्त्वयेह प्रसूताः ।।६।।
अलातृणो वल इन्द्र व्रजो गोः पुरा हन्तोर्भयमानो व्यार ।
सुगान्पथो अकृणोन्निरजे गाः प्रावन्वाणीः पुरुहूतं धमन्तीः ।।१०।।
एको द्वे वसुमती समीची इन्द्र आ पप्रौ पृथिवीमुत द्याम् ।
उतान्तरिक्षादभि नः समीक इषो रथीः सयुजः शूर वाजान् ।।११।।
दिशः सूर्यो न मिनाति प्रदिष्टा दिवेदिवे हर्यश्वप्रसूताः ।
सं यदानळध्वन आदिदश्वैर्विमोचनं कृणुते तत्त्वस्य ।।१2।।
दिदृक्षन्त उषसो यामन्नक्तोर्विवस्वत्या महि चित्रमनीकम् ।
विश्वे जानन्ति महिना यदागादिन्द्रस्य कर्म सुकृता पुरूणि ।।१३।।
महि ज्योतिर्निहितं वक्षणास्वामा पक्वं चरति बिभ्रती गौः ।
विश्वं स्वाद्य सम्भृतमुस्रियायां यत्सीमिन्द्रो अदधाद्भोजनाय ।।१४।।
इन्द्र दृह्य यामकोशा अभूवन्यज्ञाय शिक्ष गृणते सखिभ्यः ।
दुर्मायवो दुरेवा मर्त्यासो निषंगिणो रिपवो हन्त्वासः ।।१५।।
सं घोषः शृण्वेऽवमैरमित्रैर्जही न्येष्वशनिं तपिष्ठाम् ।
वृश्चेमधस्ताद्वि रुजा सहस्व जहि रक्षो मघवन् रन्धयस्व ।।१६।।
उद्वृह रक्षः सहमूलमिन्द्र वृश्च मध्यं प्रत्यग्रं शृणीहि ।
आ कीवतः सललूकं चकर्थ ब्रह्मद्विषे तपुषिं हेतिमस्य ।।१७।।
स्वस्तये वाजिभिश्च प्रणेतः सं यन्महीरिष आसत्सि पूर्वीः ।
रायो वन्तारो बृहतः स्यामास्मे अस्तु भग इन्द्र प्रजावान् ।।१८।।
आ नो भर भगमिन्द्र द्युमन्तं नि ते देष्णस्य धीमहि प्ररेके ।
ऊर्व इव पप्रथे कामो अस्मे तमा पृण वसुपते वसूनाम् ।।१६।।
इमं कामं मन्दया गोभिरश्वैश्चन्द्रवता राधसा पप्रथश्च ।
स्वर्यवो मतिभिस्तुभ्यं विप्रा इन्द्राय वाहः कुशिकासो अक्रन् ।।20।।
आ नो गोत्रा दर्दृहि गोपते गाः समस्मभ्यं सनयो यन्तु वाजाः ।
दिवक्षा असि वृषभ सत्यशुष्मोऽस्मभ्यं सु मघवन्बोधि गोदाः ।।2१।।
शुनं हुवेम मघवानमिन्द्रमस्मिन्भरे नृतमं वाजसातौ ।

शृण्वन्तमुग्रमूतये समत्सु घ्नन्तं वृत्राणि संजितं धनानाम् ।।22।।

ऋ. ३.३२.१–१७

इन्द्र सोमं सोमपते पिबेमं माध्यंदिनं सवनं चारु यत्ते ।
प्रप्रुथ्या शिप्रे मघवन्नृजीषिन्विमुच्या हरी इह मादयस्व ।।१।।
गवाशिरं मन्थिनमिन्द्र शुक्रं पिबा सोमं ररिमा ते मदाय ।
ब्रह्मकृता मारुतेना गणेन सजोषा रुद्रैस्तृपदा वृषस्व ।।2।।
ये ते शुष्मं ये तविषीमवर्धन्नर्चन्त इन्द्र मरुतस्त ओजः ।
माध्यंदिने सवने वज्रहस्त पिबा रुद्रेभिः सगणः सुशिप्र ।।३।।
त इन्वस्य मधुमद्विविप्र इन्द्रस्य शर्धो मरुतो य आसन् ।
येभिर्वृत्रस्येषितो विवेदामर्मणो मन्यमानस्य मर्म ।।४।।
मनुष्वदिन्द्र सवनं जुषाणः पिबा सोमं शश्वते वीर्याय ।
स आ ववृत्स्व हर्यश्व यज्ञैः सरण्युभिरपो अर्णा सिसर्षि ।।५।।
त्वमपो यद्ध वृत्रं जघन्वाँ अत्याँ इव प्रासजः सर्तवाजौ ।
शयानमिन्द्र चरता वधेन वव्रिवांसं परि देवीरदेवम् ।।६।।
यजाम इन्नमसा वृद्धमिन्द्रं बृहन्तमृष्वमजरं युवानम् ।
यस्य प्रिये ममतुर्यज्ञियस्य न रोदसी महिमानं ममाते ।।७।।
इन्द्रस्य कर्म सुकृता पुरूणि व्रतानि देवा न मिनन्ति विश्वे ।
दाधार यः पृथिवीं द्यामुतेमां जजान सूर्यमुषसं सुदंसाः ।।८।।
अद्रोघ सत्यं तव तन्महित्वं सद्यो यज्जातो अपिबो ह सोमम् ।
न द्याव इन्द्र तवसस्त ओजो नाहा न मासाः शरदो वरन्त ।।६।।
त्वं सद्यो अपिवो जात इन्द्र मदाय सोमं परमे व्योमन् ।
यद्ध द्यावापृथिवी आविवेशीरथाभवः पूर्व्यः कारुधायाः ।।१०।।
अहन्नहि परिशयानमर्ण ओजायमानं तुविजात तव्यान् ।
न ते महित्वमनु भूदध द्यौर्यदन्यया स्फिग्या३ क्षामवस्थाः ।।११।।
यज्ञो हि त इनद्र वर्धनो भूदुत प्रियः सुतसोमो मियेधः ।
यज्ञेन यज्ञमव यज्ञियः सन्यज्ञस्ते वज्रमहिहत्य आवत् ।।१2।।
यज्ञेनेन्द्रमवसा चक्रे अर्वागैनं सुम्नाय नव्यसे ववृत्याम् ।
यः स्तोमेभिर्वावृधे पूर्व्येभिर्यो मध्यमोभिरुत नूतनेभिः ।।१३।।
विवेष यन्मा धिषणा जजान स्तवै पुरा पार्यादिन्द्रमह्नः ।
अंहसो यत्र पीपरद्यथा नो नावेव यान्तमुभ्ये हवन्ते ।।१४।।
आपूर्णो अस्य कलशः स्वाहा सेक्तेव कोशं सिसिचे पिबध्यै ।
समु प्रिया आववृत्रन्मदाय प्रदक्षिणिदभि सोमास इन्द्रम् ।।१५।।
न त्वा गभीरः पुरुहूत सिन्धुर्नाद्रयः परि षन्तो वरन्त ।
इत्था सखिभ्य इषितो यदिन्द्रा दृळहं चिदरुजो गव्यमूर्वम् ।।१६।।
शुनं हुवेम मघवानमिन्द्रमस्मिन्भरे नृतमं वाजसातौ ।
शृण्वन्तमुग्रमूतये समत्सु घ्नन्तं वृत्राणि संजितं धनानाम् ।।१७।।

ऋ. ३.३४.१–११

इन्द्रः पूर्भिदातिरद्दासमर्कैर्विदद्वसुर्दयमानो वि शत्रून् ।
ब्रह्मजूतस्तन्वा वावृधानो भूरिदात्र आपृणद्रोदसी उभे ।।१।।
मखस्य ते तविषस्य प्र जूतिमियर्मि वाचममृताय भूषन् ।
इन्द्र क्षितीनामसि मानुषीणां विशां दैवीनामुत पूर्वयावा ।।2।।
इन्द्रो वृत्रमवृणोच्छर्धनीतिः प्र मायिनाममिनाद्वर्पणीतिः ।

अहन्व्यंसमुशधग्वनेष्वाविर्धेना अकृणोद्राम्याणाम् ।।३।।
इन्द्रः स्वर्षा जनयन्नहानि जिगायोशिग्भिः पृतना अभिष्टिः ।
प्रारोचयन्मनवे केतुमह्नामविन्दज्ज्योतिर्बृहते रणाय ।।४।।
इन्द्रस्तुजो बर्हणा आ विवेश नृवद्दधानो नर्या पुरूणि ।
अचेतयद्धिय इमा जरित्रे प्रेमं वर्णमतिरच्छुक्रमासाम् ।।५।।
महो महानि पनयन्त्यस्येन्द्रस्य कर्म सुकृता पुरूणि ।
वृजनेन वृजिनान्त्सं पिपेष मायाभिर्दस्यूँरभिभूत्योजाः ।।६।।
युधेन्द्रो मह्ना वरिवश्चकार देवेभ्यः सत्पतिश्चर्षणिप्राः ।
विवस्वतः सदने अस्य तानि विप्रा उक्थेभिः कवयो गृणन्ति ।।७।।
सत्रासाहं वरेण्यं सहोदां ससवांसं स्वरपश्च देवीः ।
ससान यः पृथिवीं द्यामुतेमामिन्द्रं मदन्त्यनु धीरणासः ।।८।।
ससानात्याँ उत सूर्यं ससानेन्द्रः ससान पुरुभोजसं गाम् ।
हिरण्ययमुत भोगं ससान हत्वी दस्यून्प्रार्यं वर्णमावत् ।।६।।
इन्द्र ओषधीरसनोदहानि वनस्पतीँरसनोदन्तरिक्षम् ।
बिभेद वलं नुनुदे विवाचोऽथाभवद्दमिताभिक्रतूनाम् ।।१०।।
शुनं हुवेम मघवानमिन्द्रमस्मिन्भरे नृतमं वाजसातौ ।
शृण्वन्तमुग्रमूतये समत्सु घ्नन्तं वृत्राणि संजितं धनानाम् ।।११।।

ऋ. ३.३५.१–११

तिष्ठा हरी रथ आ युज्यमाना याहि वायुर्न नियुतो नो अच्छ ।
पिबास्यन्धो अभिसृष्टो अस्मे इन्द्र स्वाहा ररिमा ते मदाय ।।१।।
उपाजिरा पुरुहूताय सप्ती हरी रथस्य धूर्षा युनज्मि ।
द्रवद्यथा संभृतं विश्वतश्चिदुपेमं यज्ञमा वहात इन्द्रम् ।।2।।
उपो नयस्व वृषणा तपुष्पोतेमव त्वं वृषभ स्वधावः ।
ग्रसेतामश्वा वि मुचेह शोणा दिवेदिवे सदृशीरद्धि धानाः ।।३।।
ब्रह्मणा ते ब्रह्मयुजा युनज्मि हरी सखाया सधमाद आशू ।
स्थिरं रथं सुखमिन्द्राधितिष्ठन्प्रजानन्विद्वाँ उप याहि सोमम् ।।४।।
मा ते हरी वृषणा वीतपृष्ठा नि रीरमन्यजमानासो अन्ये ।
अत्यायाहि शश्वतो वयं तेऽरं सुतेभिः कृणवाम सोमैः ।।५।।
तवायं सोमस्त्वमेह्यर्वाङ् शश्वत्तमं सुमना अस्य पाहि ।
अस्मिन्यज्ञे बर्हिष्या निषद्या दधिष्वेमं जठर इन्दुमिन्द्र ।।६।।
स्तीर्णं ते बर्हिः सुत इन्द्र सोमः कृता धाना अत्तवे ते हरिभ्याम् ।
तदोकसे पुरुषाकाय वृष्णे मरुत्वते तुभ्यं राता हवींषि ।।७।।
इमं नरः पर्वतास्तुभ्यमापः समिन्द्र गोभिर्मधुमन्तमक्रन् ।
तस्यागत्या सुमना ऋष्व पाहि प्रजानन्विद्वान्पथ्या३ अनु स्वाः ।।८।।
याँ आभजो मरुत इन्द्र सोमे ये त्वामवर्धन्नभवन्गणस्ते ।
तेभिरेतं सजोषा वावशानो३ग्नेः पिब जिह्वया सोममिन्द्र ।।६।।
इन्द्र पिब स्वधया चित्सुतस्याग्नेर्वा पाहि जिह्वया यजत्र ।
अध्वर्योर्वा प्रयतं शक्र हस्ताद्धोतुर्वा यज्ञं हविषो जुषस्व ।।१०।।
शुनं हुवेम मघवानमिन्द्रमस्मिन्भरे नृतमं वाजसातौ।
शृण्वन्तमुग्रमूतये समत्सु घ्नन्तं वृत्राणि संजितं धनानाम् ।।११।।

ऋ. ३.३६.१–११

इमामू षु प्रभृतिं सातये धाः शश्वच्छश्वदूतिभिर्यादमानः ।
सतेसुते वावृधे वर्धनेभिर्यः कर्मभिर्महाद्भिः सुश्रुतो भूत् ।।१।।
इन्द्राय सोमाः प्रदिवो विदाना ऋभुर्येभिर्वृषपर्वा विहायाः ।

प्रयम्यमानान्प्रति षू गृभायेन्द्र पिब वृषधूतस्य वृष्णः ।।2।।
पिबा वर्धस्व तव घा सुतास इन्द्र सोमासः प्रथमा उत्तेमे ।
यथापिबः पूर्व्याँ इन्द्र सोमाँ एवा पाहि पन्यो अद्या नवीयान् ।।३।।
महाँ अमत्रो वृजने विरप्श्युग्रं शवः पत्यते धृष्ण्वोजः ।
नाह विव्याच पृथिवी चनैनं यत्सोमासो हर्यश्वममन्दन् ।।४।।
महाँ उग्रो वाजदा अस्य गावः प्र जायन्ते दक्षिणा अस्य पूर्वीः ।।५।।
प्र यत्सिन्धवः प्रसवं यथायन्नापः समुद्रं रथ्येव जग्मुः ।
अतश्चिदिन्द्रः सदसो वीरयान्यदीं सोमः पृणति दुग्धो अंशुः ।।६।।
समुद्रेण सिन्धवो यादमाना इन्द्राय सोमं सुषुतं भरन्तः ।
अंशुं दुहन्ति हस्तिनो भरित्रैर्मध्वः पुनन्ति धारया पवित्रैः ।।७।।
ह्रदा इव कुक्षयः सोमधानाः समी विव्याच सवना पुरूणि ।
अन्नायदिन्द्रः प्रथमा व्याश वृत्रं जघन्वाँ अवृणीत सोमम् ।।८।।
आ तू भर माकिरेतत्परि ष्ठाद्विद्मा हि त्वा वसुपतिं वसूनाम् ।
इन्द्र यत्ते माहिनं दत्रमस्त्यस्मभ्यं तद्धर्यश्व प्र यन्धि ।।९।।
अस्मे प्र यन्धि मघवन्नृजीषिन्निन्द्र रायो विश्ववारस्य भूरेः ।
अस्मे शतं शरदो जीवसे धा अस्मे वीरांछश्वत इन्द्र शिप्रिन् ।।१०।।
शुनं हुवेम मघवानमिन्द्रमस्मिन्भरे नृतमं वाजसातौ ।
शृण्वन्तमुग्रमूतये समत्सु घ्नन्तं वृत्राणि संजितं धनानाम् ।।११।।

ऋ. ३.३७.१–११

वार्त्रहत्याय शवसे पृतनाषाह्याय च। इन्द्र त्वा वर्तयामसि ।।१।।
अर्वाचीनं सु ते मन उत चक्षुः शतक्रतो। इन्द्र कृण्वन्तु वाघतः ।।2।।
नामानि ते शतक्रतो विश्वाभिर्गीर्भिरीमहे। इन्द्राभिमातिषाह्ये ।।३।।
पुरुष्टुतस्य धामभिः शतेन महयामसि। इन्द्रस्य चर्षणीधृतः ।।४।।
इन्द्रं वृत्राय हन्तवे पुरुहूतमुप ब्रुवे। भरेषु वाजसातये ।।५।।
वाजेषु सासहिर्भव त्वामीमहे शतक्रतो। इन्द्र वृत्राय हन्तवे ।।६।।
द्युम्नेषु पृतनाज्ये पृत्सुतूर्षु श्रवः सु च। इन्द्र साक्ष्वाभिमातिषु ।।७।।
शुष्मिन्तमं न ऊतये द्युम्निनं पाहि जागृविम्। इन्द्र सोमं शतक्रतो ।।८।।
इन्द्रियाणि शतक्रतो या ते जनेषु पंचसु। इन्द्र तानि त आ वृणे ।।९।।
अगन्निन्द्र श्रवो बृहद् द्युम्नं दधिष्व दुष्टरम्। उत्ते शुष्मं तिरामसि ।।१०।।
अर्वावतो न आ गह्यथो शक्र परावतः। उ लोको यस्ते अद्रिव इन्द्रेह तत आ गहि ।।११।।

ऋ. ३.३९.१–९

इन्द्र मतिर्हृद आ वच्यमानाच्छा पतिं स्तोमतष्टा जिगाति ।
या जागृविर्विदथे शस्यमानेन्द्र यत्ते जायते विद्धि तस्य ।।१।।
दिविश्चिदा पूर्व्या जायमाना वि जागृविर्विदथे शस्यमाना ।
भद्रा वस्त्राण्यर्जुना वसाना सेयमस्मे सनजा पित्र्या धीः ।।2।।
यमा चिदत्र यमसूरसूत जिह्वाया अग्रं पतदा ह्यस्थात् ।
वपूंषि जाता मिथुना सचेते तमोहना तपुषो बुध्न एता ।।३।।
नकिरेषां निन्दिता मर्त्येषु ये अस्माकं पितरो गोषु योधाः ।
इन्द्र एषां दृंहिता माहिनावानुद्गोत्राणि ससृजे दंसनावान् ।।४।।
सखा ह यत्र सखिभिर्नवग्वैरभिज्ञ्वा सत्वभिर्गा अनुग्मन् ।
सत्यं तदिन्द्रो दशभिर्दशग्वैः सूर्यं विवेद तमसि क्षियन्तम् ।।५।।
इन्द्रो मधु सम्भृतमुस्रियायां पद्वद्विवेद शफवन्नमे गोः ।
गुहा हितं गुह्यं गूळहमप्सु हस्ते दधे दक्षिणे दक्षिणावान् ।।६।।
ज्योतिर्वृणीत तमसो विजानन्नारे स्याम दुरितादभीके ।

इमा गिरः सोमपाः सोमवृद्ध जुषस्वेन्द्र पुरुतमस्य कारोः ।।७।।
ज्योतिर्यज्ञाय रोदसी अनु ष्यादारे स्याम दुरितस्य भूरेः ।
भूरि चिद्धि तुजतो मर्त्यस्य सुपारासो वसवो बर्हणावत् ।।८।।
शुनं हुवेम मघवानमिन्द्रमस्मिन्भरे नृतमं वाजसातौ ।
शृण्वन्तमुग्रमूतये समत्सु घ्नन्तं वृत्राणि संजितं धनानाम् ।।९।।

ऋ. ३.४०.१–९

इन्द्र त्वा वृषभं वयं सुते सोमे हवामहे। स पाहि मध्वो अन्धसः ।।१।।
इन्द्र क्रतुविदं सुतं सोमं हर्य पुरुष्टुत। पिबा वृषस्व तातृपिम् ।।2।।
इन्द्र प्र णे धितावानं यज्ञं विश्वेभिर्देवेभिः। तिर स्तवान विश्पते ।।३।।
इन्द्र सोमाः सुता इमे तव प्र यन्ति सत्पते। क्षयं चन्द्रास इन्द्रवः ।।४।।
दधिष्वा जठरे सुतं सोममिन्द्र वरेण्यम्। तव द्युक्षास इन्दवः ।।५।।
गिर्वणः पाहि नः सुतं मधोर्धाराभिरज्यसे। इन्द्र त्वादातमिद्यशः ।।६।।
अभि द्युम्नानि वनिन इन्द्रं सचन्ते अक्षिता। पीत्वी सोमस्य वावृधे ।।७।।
अर्वावतो न आ गहि परावतश्च वृत्रहन। इमा जुषस्व नो गिरः ।।८।।
यदन्तरा परावतमर्वावतं च हूयसे। इन्द्रेह तत आ गहि ।।९।।

ऋ. ३.४१.१–९

आ तू न इन्द्र मद्र्यग्घुवानः सोमपीतये। हरिभ्यां याह्यद्रिः ।।१।।
सत्तो होता न ऋत्वियस्तिस्तिरे बर्हिरानुषक्। अयुज्रन्प्रातरद्रयः ।।2।।
इमा ब्रह्म ब्रह्मवाहः क्रियन्त आ बर्हिः सीद। वीहि शूर पुरोळाशम् ।।३।।
रारन्धि सवनेषु ण एषु स्तोमेषु वृत्रहन्। उक्थेष्विन्द्र गिर्वणः ।।४।।
मतयः सोमपामुरुं रिहन्ति शवसस्पतिम्। इन्द्रं वत्सं न मातरः ।।५।।
स मन्दस्वा ह्यन्धसो राधसे तन्वा महे। न स्तोतारं निदे करः ।।६।।
वयमिन्द्र त्वायवो हविष्मन्तो जरामहे। उत त्वमस्मयुर्वसो ।।७।।
मारे अस्मद्वि मुमुचो हरिप्रियार्वाङ् याहि। इन्द्र स्वधावो मत्स्वेह ।।८।।
अर्वांचं त्वा सुखे रथे वहतामिन्द्र केशिना। घृतस्नू बर्हिरासदे ।।९।।

ऋ. ३.४2.१–९

उप नः सुतामा गहि सोममिन्द्र गवाशिरम्। हरिभ्यां यस्ते अस्मयुः ।।१।।
तमिन्द्र मदमा गहि बर्हिः ष्ठां ग्रावभिः सुतम्। कुविन्न्वस्य तृण्णवः।।2।।
इन्द्रमित्था गिरो समाच्छागुरिषिता इतः। आवृते सोमपीतये ।।३।।
इन्द्र सोमस्य पीतये स्तोमैरिह हवामहे। उक्थेभिः कुविदागमत् ।।४।।
इन्द्र सोमाः सुता इमे तान्दधिष्व शतक्रतो। जठरे वाजिनीवसो ।।५।।
विद्या हि त्वा धनंज्यं वाजेषु दधृषं कवे। अधा ते सुम्नमीमहे ।।६।।
इममिन्द्र गवाशिरं यवाशिरं च नः पिब। आगत्या वृषभिः सुतम् ।।७।।
तुभ्येदिन्द्र स्व ओक्ये३ सोमं चोदामि पीतये। एष रारन्तु ते हृदि ।।८।
त्वां सुतस्य पीतये प्रत्नमिन्द्र हवामहे। कुशिकासो अवस्यवः ।।९।।

ऋ. ३.४३.१–९

आ याह्यर्वाङुप वन्धुरेष्ठास्तवेदनु प्रदिवः सोमपेयम् ।
प्रिया सखाया वि मुचोप बर्हिस्त्वामिमे हव्यवाहो हवन्ते ।।१।।
आ याहि पूर्वीरति चर्षणीराँ अर्य आशिष उप नो हरिभ्याम् ।
इमा हि त्वा मतयः स्तोमतष्टा इन्द्र हवन्ते सख्यं जुषाणाः ।।2।।
आ नो यज्ञं नमोवृधं सजोषा इन्द्र देव हरिभिर्याहि तूयम् ।
अहं हि त्वा मतिभिर्जोहवीमि घृतप्रयाः सधमादे मधूनाम् ।।३।।
आ च त्वामेता वृषणा वहातो हरी सखाया सुधुरा स्वंगा ।
धानावदिन्द्रः सवनं जुषाणः सखा सख्युः शृणवद्वन्दनानि ।।४।।

कुविन्म गोपां करसे जनस्य कुविद्राजानं मघवन्नृजीषिन् ।
कुविन्म ऋषिं पपिवांसं सुतस्य कुविन्मे वस्वो अमृतस्य शिक्षाः ।।५।।
आ त्वा बृहन्तो हरयो युजाना अर्वागिन्द्र सधमादो वहन्तु ।
प्र ये द्विता दिव ऋंजन्त्याताः सुसंमृष्टासो वृषभस्य मूराः ।।६।।
इन्द्र पिब वृषधूतस्य वृष्ण आ यं ते श्येन उशते जभार ।
यस्य मदे च्यावयसि प्र कृष्टीर्यस्य मदे अप गोत्रा ववर्थ ।।७।।
शुनं हुवेम मघवानमिन्द्रमस्मिन्भरे नृतमं वाजसातौ ।
शृण्वन्तमुग्रमूतये समत्सु घ्नन्तं वृत्राणि धनानाम् ।।८।।

ऋ. ३.४४.१–५

अयं ते अस्तु हर्यतः सोम आ हरिभिः सुतः।
जुषाण इन्द्र हरिभिर्न आ गह्या तिष्ठ हरितं रथम् ।।१।।
हर्यन्नुषसमर्चयः सूर्यं हर्यन्नरोचयः। विद्वांश्चिकित्वान्हर्यश्व वर्धस इन्द्र विश्वा अभि श्रियः ।।2।।
द्यामिन्द्रो हरिधायसं पृथिवीं हरिवर्पसम्। अधारयद्धरितोर्भूरि भोजनं ययोरन्तर्हरिश्चरत् ।।३।।
जज्ञानो हरितो वृषा विश्वमा भाति रोचनम्।
हर्यश्वो हरितं धत्त आयुधमा वज्रं बाह्वोर्हरिम् ।।४।।
इन्द्रो हर्यन्तमर्जुनं वज्रं शुक्रैरभीवृतम्। अपावृणोद्धरिभिरद्रिभिः सुतमुद्गा हरिभिराजत।।५।।

ऋ. ३.४५.१–५

आ मन्द्रैरिन्द्र हरिभिर्याहि मयूररोमभिः।
मा त्वा के चिन्नि यमन्वि न पाशिनोऽति धन्वेव ताँ इहि ।।१।।
वृत्रखादो वलंरुजः पुरां दर्मो अपामजः ।
स्थाता रथस्य हर्योरभिस्वर इन्द्रो दृळहा चिदारुजः ।।2।।
गम्भीराँ उदधीँरिव क्रतुं पुष्यसि गा इव ।
प्र सुगोपा यवसं धेनवो यथा ह्रदं कुल्या इवाशत ।।३।।
आ नस्तुजं रयिं भरांशं न प्रतिजानते ।
वृक्षं पक्वं फलमंकीव धूनुहीन्द्र सम्पारणं वसु ।।४।।
स्वयुरिन्द्र स्वराळसि स्मद्दिष्टिः स्वयशस्तरः ।
स वावृधान ओजसा पुरुष्टत भवा नः सुश्रवस्तमः ।।५।।

ऋ. ३.४६.१–५

युध्मस्य ते वृषभस्य स्वराज उग्रस्य यूनः स्थविरस्य घृष्वेः ।
अजूर्यतो वज्रिणो वर्या३णीन्द्र श्रुतस्य महतो महानि ।।१।।
महाँ असि महिष वृष्ण्येभिर्धनस्पृदुग्र सहमानो अन्यान् ।
एको विश्वस्य भुवनस्य राजा स योधया च क्षयया च जनान् ।।2।।
प्र मात्राभी रिरिचे रोचमानः प्र देवेभिर्विश्वतो अप्रतीतः ।
प्र मज्मना दिव इन्द्रः पृथिव्याः प्रोरोर्महो अन्तरिक्षादृजीषी ।।३।।
उरुं गभीरं जनुषाभ्यु१ग्रं विश्वव्यचसमवतं मतीनाम् ।
इन्द्रं सोमासः प्रदिवि सुतासः समुद्रं न स्रवत आ विशन्ति ।।४।।
यं सोममिन्द्र पृथिवीद्यावा गर्भं न माता बिभृतस्त्वाया ।
तं ते हिन्वन्ति तमु ते मृजन्त्यध्वर्यवो वृषभ पातवा उ ।।५।।

ऋ. ३.४७.१–५

मरुत्वाँ इन्द्र वृषभो रणाय पिबा सोममनुष्वधं मदाय ।
आ सिंचस्व जठरे मध्व ऊर्मिं त्वं राजासि प्रदिवः सुतानाम् ।।१।।
सजोषा इन्द्र सगणो मरुद्भिः सोमं पिब वृत्रहा शूर विद्वान् ।
जहि शत्रूँरप मृधो नुदस्वाथाभयं कृणुहि विश्वतो नः ।।2।।

उत ऋतुभिर्ऋतुपाः पाहि सोममिन्द्र देवेभिः सखिभिः सुतं नः ।
याँ आभजो मरुतो ये त्वान्वहन्वृत्रमदधुस्तुभ्यमोजः ।।३।।
ये त्वाहिहत्ये मघवन्नवर्धन्ये शाम्बरे हरिवो ये गविष्टौ ।
ये त्वा नूनमनुमदन्ति विप्राः पिबेन्द्र सोमं सगणो मरुद्भिः ।।४।।
मरुत्वन्तं वृषभं वावृधानमकवारिं दिव्यं शासमिन्द्रम् ।
विश्वासाहमवसे नूतनायोग्रं सहोदामिह तं हुवेम ।।५।।

ऋ. ३.४८.१–५

सद्यो ह जातो वृषभः कनीनः प्रभर्तुमावदन्धसः सुतस्य ।
साधोः पिब प्रतिकामं यथा ते रसाशिरः प्रथमं सोम्यस्य ।।१।।
यज्जायथास्तदहरस्य कामेंशोः पीयूषमपिबो गिरिष्ठाम् ।
तं ते माता परि योषा जनित्रा महः पितुर्दम् असिंचदग्रे ।।2।।
उपस्थाय मातरमन्नमैट्ट तिग्ममपश्यदभि सोममूधः ।
प्रयावयन्नचरद् गृतसो अन्यान्महानि चक्रे पुरुधप्रतीकः ।।३।।
उग्रस्तुराषाळभिभूत्योजा यथावशं तन्वं चक्र एषः ।
त्वष्टारमिन्द्रो जनुषाभिभूयामुष्या सोममपिबच्चमूषु ।।४।।
शुनं हुवेम मघवानमिन्द्रमस्मिन्भरे नृतमं वाजसातौ ।
शृण्वन्तमुग्रगमूतये समत्सु घ्नन्तं वृत्राणि संजितं धनानाम् ।।५।।

ऋ. ३.४९.१–५

शंसा महामिन्द्रं यस्मिन्विश्वा आ कृष्टयः सोमपाः काममव्यन् ।
यं सुक्रतुं धिषणे विभ्वतष्टं घनं वृत्राणां जनयन्त देवाः ।।१।।
यं नु नकिः पृतनासु स्वराजं द्विता तरति नृतमं हरिष्ठाम् ।
इनतमः सत्वभिर्यो ह शूषैः पृथुज्रया अमिनादायुर्दस्योः ।।2।।
सहावा पृत्सु तरणिर्नार्वा व्यानशी रोदसी मेहनावान् ।
भगो न कारे हवयो मतीनां पितेव चारुः सुहवो वयोधाः ।।३।।
धर्ता दिवो रजसस्पृष्ट ऊर्ध्वो रथो न वायुर्वसुभिर्नियुत्वान् ।
क्षपां वस्ता जनिता सूर्यस्य विभक्ता भागं धिषणेव वाजम्।।४।।
शुनं हुवेम मघवानमिन्द्रमस्मिन्भरे नृतमं वाजसातौ ।
शृण्वन्तमुग्रमूतये समत्सु घ्नन्तं वृत्राणि संजितं धनानाम् ।।५।।

ऋ. ३.५०.१–५

इन्द्रः स्वाहा पिबतु यस्य सोम आगत्या तुम्रो वृषभो मरुत्वान् ।
ओरुव्यचाः पृणतामेभिरन्नैरास्य हविस्तन्व१ः काममृध्याः ।।१।।
आ ते सपर्यू जवसे युनज्मि ययोरनु प्रदिवः श्रुष्टिमावः ।
इह त्वा धेयुर्हरयः सुशिप्र पिबा त्व१स्य सुषुतस्य चारोः ।।2।।
गोभिर्मिमिक्षु दधिरे सुपारमिन्द्रं ज्यैष्ठ्याय धायसे गृणानाः ।
मन्दानः सोमं पपिवाँ ऋजीषिन्त्समस्मभ्यं पुरुधा गा इषण्य ।।३।।
इमं कामं मन्दया गोभिरश्वैश्चन्द्रवता राधसा पप्रथश्च ।
स्वर्यवो मतिभिस्तुभ्यं विप्रा इन्द्राय वाहः कुशिकासो अक्रन् ।।४।।
शुनं हुवेम मघवानमिन्द्रमस्मिन्भरे नृतमं वाजसातौ ।
शृण्वन्तमुग्रमूतये समत्सु घ्नन्तं वृत्राणि संजितं धनानाम् ।।५।।

ऋ. ३.५१.१–१2

चर्षणीधृतं मघवानमुक्थ्य१मिन्द्रं गिरो बृहतीरभ्यनूषत ।
वावृधानं पुरुहूतं सुवृक्तिभिरमर्त्यं जरमाणं दिवेदिवे ।।१।।
शतक्रतुमर्णवं शाकिनं नरं गिरो म इन्द्रमुप यन्ति विश्वतः ।

वाजसनि पूर्भिदं तूर्णिमप्तुरं धामसाचमभिषाचं स्वर्विदम् ।।2।।
आकरे वसोर्जरिता पनस्यतेऽनेहसः स्तुभ इन्द्रो दुवस्यति ।
विवस्वतः सदन आ हि पिप्रिये सत्रासाहमभिमातिहनं स्तुहि ।।३।।
नृणामु त्वा नृतमं गीर्भिरुक्थैरभि प्र वीरमर्चता सबाधः ।
सं सहसे पुरुमायो जिहीते नमो अस्य प्रदिव एक ईशे ।।४।।
पूर्वीरस्य निष्षिधो मर्त्येषु पुरू वसूनि पृथिवी बिभर्ति ।
इन्द्राय द्याव ओषधीरुतापो रयिं रक्षन्ति जीरयो वनानि ।।५।।
तुभ्यं ब्रह्माणि गिर इन्द्र तुभ्यं सत्रा दधिरे हरिवो जुषस्व ।
बोध्या३पिरवसो नूतनस्य सखे वसो जरितृभ्यो वयो धाः ।।६।।
इन्द्र मरुत्व इह पाहि सोमं यथा शार्याते अपिबः सुतस्य ।
तव प्रणीती तव शूर शर्मन्ना विवासन्ति कवयः सुयज्ञाः ।।७।।
स वावशान इह पाहि सोमं मरुद्भिरिन्द्र सखिभिः सुतं नः ।
जातं यत्त्वा परि देवा अभूषन्महे भराय पुरुहूत विश्वे ।।८।।
अप्तूर्ये मरुत आपिरेषोऽमन्दन्निन्द्रमनु दातिवाराः ।
तेभिः साकं पिबतु वृत्रखादः सुतं सोमं दाशुषः स्वे सधस्थे ।।६।।
इदं ह्यन्वोजसा सुतं राधानां पते। पिबा त्व१स्य गिर्वणः ।।१०।।
यस्ते अनु स्वधामसत्सुते नि यच्छ तन्वम्। स त्वा ममत्तु सोम्यम्।।११।।
प्र ते अश्नोतु कुक्ष्योः प्रेन्द्र ब्रह्मणा शिरः। प्र बाहू शूर राधसे ।।12।।

ऋ. ३.५2.१–८

धनावन्तं करम्भिणमपूपवन्तमुक्थिनम्। इन्द्र प्रातर्जुषस्व नः ।।१।।
पुरोळाशं पचत्यं जुषस्वेन्द्रा गुरस्व च। तुभ्यं हवयानि सिस्रते ।।2।।
पुरोळाशं च नो घसो जोषयासे गिरश्चनः। वधूयुरिव योषणाम् ।।३।।
पुरोळाशं सनश्रुत प्रातःसावे जुषस्व नः। इन्द्र क्रतुर्हि ते बृहन् ।।४।।
माध्यन्दिनस्य सवनस्य धानाः पुरोळाशमिन्द्र कृष्वेह चारुम् ।
प्र यत्स्तोता जरिता तूर्ण्यर्थो वृषायमाण उप गीर्भिरीट्टे ।।५।।
तृतीये धानाः सवने पुरुष्टुत पुरोळाशमाहुतं मामहस्व नः ।
ऋभुमन्तं वाजवन्तं त्वा कवे प्रयस्वन्त उप शिक्षेम धीतिभिः ।।६।।
पूषण्वते ते चकृमा करम्भं हरिवते हर्यश्वाय धानाः ।
अपूपमद्धि सगणो मरुद्भिः सोमं पिब वृत्रहा शूर विद्वान् ।।७।।
प्रति धाना भरत तूयमस्मै पुरोळाशं वीरतमाय नृणाम् ।
दिवेदिवे सदृशीरिन्द्र तुभ्यं वर्धन्तु त्वा सोमपेयाय धृष्णो ।।८।।

ऋ. ३.५३.2–१४

तिष्ठा सु कं मघवन्मा परा गाः सोमस्य नु त्वा सुषुतस्य यक्षि ।
पितुर्न पुत्रः सिचमा रभे त इन्द्र स्वादिष्ठया गिरा शचीवः ।।2।।
शंसावाध्वर्यो प्रति मे गृणीहीन्द्राय वाहः कृणवाव जुष्टम् ।
एदं बर्हिर्यजमानस्य सीदाथा च भूदुक्थमिन्द्राय शस्तम् ।।३।।
जायेदस्तं मघवन्त्सेदु योनिस्तदित्त्वा युक्ता हरयो वहन्तु ।
यदा कदा च सुनवाम सोममग्निष्ट्वा दूतो धन्वात्यच्छ ।।४।।
परा याहि मघवन्ना च याहीन्द्र भ्रातरुभयत्रा ते अर्थम् ।
यत्रा रथस्य बृहतो निधानं विमोचनं वाजिनो रासभस्य ।।५।।
अपाः सोममस्तमिन्द्र प्र याहि कल्याणीर्जाया सुरणं गृहे ते ।
यत्रा रथस्य बृहतो निधानं विमोचनं वाजिनो दक्षिणावत् ।।६।।
इमे भोजा अंगिरसो विरूपा दिवस्पुत्रासो असुरस्य वीराः ।
विश्वामित्राय ददतो मघानि सहस्रसावे प्र तिरन्त आयुः ।।७।।

रूपंरूपं मघवा बोभवीति मायाः कृण्वानस्तन्वं१ परि स्वाम् ।
त्रिर्यद्दिवः परि मुहूर्तमागात्स्वैर्मन्त्रैरनृतुपा ऋतावा ।।८।।
महाँ ऋषिर्देवजा देवजूतोऽस्तभ्नात्सिन्धुमर्णवं नृचक्षाः ।
विश्वामित्रो यदवहत्सुदासमप्रियायत कुशिकेभिरिन्द्रः ।।९।।
हंसा इव कृणुथ श्लोकमद्रिभिर्मदन्तो गीर्भिरध्वरे सुते सचा ।
देवेभिर्विप्रा ऋषयो नृचक्षसो वि पिबध्वं कुशिकाः सोम्यं मधु ।।१०।।
उप प्रेत कुशिकाश्चेतयध्वमश्वं राये प्र मुंचता सुदासः ।
राजा वृत्रं जंघनत्प्रागपागुदगथा यजाते वर आ पृथिव्याः ।।११।।
य इमे रोदसी उभे अहमिन्द्रमतुष्टवम् ।
विश्वामित्रस्य रक्षति ब्रह्मेदं भारतं जनम् ।।१2।।
विश्वामित्रा अरासत ब्रह्मेन्द्राय वज्रिणे। करदिन्नः सुराधसः ।।१३।।
किं ते कृण्वन्ति कीकटेषु गावो नाशिरं दुह्रे न तपन्ति घर्मम् ।
आ नो भर प्रमगन्दस्य वेदो नैचाशाखं मघवन्रन्धया नः ।।१४।।

ऋ. ३.५३.2१–2४

इन्द्रोतिभिर्बहुलाभिर्नो अद्य याच्छ्रेष्ठाभिर्मघवंछूर जिन्व ।
यो नो द्वेष्ट्यधरः सस्पदीष्ट यमु द्विष्मस्तमु प्राणो जहातु।।2१।।
परशुं चिद्वि तपति शिम्बलं चिद्वि वृश्चति । उखा चिदिन्द्र येषन्ती प्रयस्ता फेनमस्यति ।।22।।
न सायकस्य चिकिते जनासो लोधं नयन्ति पशु मन्यमानाः ।
नावाजिनं वाजिना हासयन्ति न गर्दभं पुरो अश्वान्नयन्ति ।।2३।।
इम इन्द्र भरतस्य पुत्रा अपपित्वं चिकितुर्न प्रपित्वम् ।
हिन्वन्त्यश्वमरणं न नित्यं ज्यावाजं परि णयन्त्याजौ ।।2४।।

सा. १६५

इदं ह्यन्वोजसा सुतं राधानां पते। पिबा त्वा३स्य गिर्वणः ।।१।।

सा. १६५

गिर्वणः पाहि नः सुतं मधोर्धाराभिरज्यसे। इन्द्र त्वादातमिद्यशः ।।2।।

सा. 2१०

धानावन्तं करम्भिणमपूपवन्तमुक्थिनम्। इन्द्र प्रातर्जुषस्व नः ।।७।।

सा. 22६

इन्द्र उक्थेभिर्मन्दिष्ठो वाजानां च वाजपतिः। हरिवान्त्सुतानां सखा ।।४।।

सा. 2४६

आ मन्द्रैरिन्द्र हरिभिर्याहि मयूररोमभिः।
मा त्वा के चिन्नि येमुरिन्न पाशिनोऽति धन्वेव ताँ इहि ।।४।।

सा. ३2६

शुनं हुवेम मघवानमिन्द्रमस्मिन्भरे नृतमं वाजसातौ ।
शृण्वन्तमुग्रमूतये समत्सु घ्नन्तं वृत्राणि संजितं धनानि ।।७।।

सा. ३७४

चर्षणीधृतं मघवानमुक्थ्या३मिन्द्रं गिरो बृहतीरभ्यनूषत ।
वावृधानं पुरुहूतं सुवृक्तिभिरमर्त्यं जरमाणं दिवेदिवे ।।५।।

सा. ७३७–७३९

इदं ह्यन्वोजसा सुतं राधानां पते। पिबा त्वा३स्य गिर्वणः ।।१।।
यस्ते अनु स्वधामसत्सुते नि यच्छ तन्वम्। स त्वा ममत्तु सोम्य ।।2।।
प्र ते अश्नोतु कुक्ष्योः प्रेन्द्र ब्रह्मणा शिरः। प्र बाहू शूर राधसा ।।३।।

सा. १७१८–१७20

आ मन्द्रैरिन्द्र हरिभिर्याहि मयूररोमभिः।

मा त्वा के चिन्नि येमुरिन्न पाशिनोऽति धन्वेव ताँ इहि ।।१।।
वृत्रखादो वलं रुजः पुरां दर्मो अपामजः।
स्थाता रथस्य हर्योरभिस्वर इन्द्रो दृढा चिदारुजः ।।2।।
गम्भीराँ उदधीं रिव क्रतुं पुष्यसि गा इव ।
प्र सुगोपा यवसं धेनवो यथा ह्रदं कुल्या इवाशत ।।३।।

२०४. विश्वामित्रो गाथिनः अभिपाद उदलो वा – सा. 2३१

एन्द्र पृक्षु कासु चिन्नृम्णं तनूषु धेहि नः। सत्राजिदुग्र पौंस्यम् ।।६।।

२०५. विश्वामित्रो गाथिनः कुशिको ऐषीरथी वा – ऋ. ३.३१.१–22

शासद्वह्निर्दुहितुर्नप्त्यं गाद्विद्वाँ ऋतस्य दीधितिं सपर्यन् ।
पिता यत्र दुहितुः सेकमृंजन्त्सं शग्म्येन मनसा दधन्वे ।।१।।
न जामये तान्वो रिक्थमारैक्चकार गर्भं सनितुर्निधानम् ।
यदी मातरो जनयन्त वह्निमन्यः कर्ता सुकृतोरन्य ऋन्धन् ।।2।।
अग्निर्जज्ञे जुह्वा३ रेजमानो महस्पुत्राँ अरुषस्य प्रयक्षे ।
महान्गर्भो मह्या जातमेषां मही प्रवृद्धर्यश्वस्य यज्ञैः ।।३।।
अभि जैत्रीरसचन्त स्पृधानं महि ज्योतिस्तमसो निरजानन् ।
तं जानतीः प्रत्युदायन्नुषासः पतिर्गवामभवदेक इन्द्रः ।।४।।
वीळौ सतीरभि धीरा अतृन्दन्प्राचाहिन्वन्मनसा सप्त विप्राः ।
विश्वामविन्दन्पथ्यामृतस्य प्रजानन्नित्ता नमसा विवेश ।।५।।
विदद्यदी सरमा रुग्णमद्रेर्महि पाथः पूर्व्यं सध्र्यक्कः ।
अग्रं नयत्सुपद्यक्षराणामच्छा रवं प्रथमा जानती गात् ।।६।।
अगच्छदु विप्रतमः सखीयन्नसूदयत्सुकृते गर्भमद्रिः ।
ससान मर्यो युवभिर्मखस्यन्नथाभवदंगिराः सद्यो अर्चन् ।।७।।
सतः सतः प्रतिमानं पुरोभूर्विश्वा वेद जनिमा हन्ति शुष्णम् ।
प्र णो दिवः पदवीर्गव्युरर्चन्त्सखा सखीरँमुंचन्निरवद्यात् ।।८।।
नि गव्यता मनसा सेदुरर्कैः कृण्वनासो अमृतत्वाय गातुम् ।
इदं चिन्नु सदनं भूर्येषां येन मासाँ असिषासन्नृतेन ।।९।।
संपश्यमाना अमदन्नभि स्वं पयः प्रत्नस्य रेतसो दुघानाः ।
वि रोदसी अतपद्घोषं एषां जाते निःष्ठामदधुर्गोषु वीरान् ।।१०।।
स जातेभिर्वृत्रहा सेदु हव्यैरुदुस्रिया असृजदिन्द्रो अर्कैः ।
उरूच्यस्मै घृतवद्भरन्ती मधु स्वाद्य दुदुहे जेन्या गौः ।।११।।
पित्रे चिच्चक्रुः सदनं समस्मै महि त्विषीमत्सुकृतो वि हि ख्यन् ।
विष्कभ्नन्तः स्कम्भनेना जनित्री आसीना ऊर्ध्वं रभसं वि मिन्वन् ।।१2।।
मही यदि धिषणा शिश्नथे धात्सद्योवृधं विभ्व१ रोदस्योः ।
गिरो यस्मिन्ननवद्याः समीचीर्विश्वा इन्द्राय तविषीरनुत्ताः ।।१३।।
मह्या ते सख्यं वश्मि शक्तीरा वृत्रघ्ने नियुतो यन्ति पूर्वीः ।
महि स्तोत्रमव आग्नम सुरेरस्माकं सु मघवन्बोधि गोपाः ।।१४।।
महि क्षेत्रं पुरु श्चन्द्रं विविद्वानादित्सखिभ्यश्चरथं समैरत् ।
इन्द्रो नृभिरजनद्दीद्यानः साकं सूर्यमुषसं गातुमग्निम् ।।१५।।
अपश्चिदेष विभ्वो३ दमूनाः प्र सध्रीचीरसृजद्विश्वश्चन्द्राः ।
मध्वः पुनानाः कविभिः पवित्रैर्द्युभिर्हिन्वन्त्यक्तुभिर्धनुत्रीः ।।१६।।
अनु कृष्णे वसुधिती जिहाते उभे सूर्यस्य मंहना यजत्रे ।
परि यत्ते महिमानं वृजध्यै सखाय इन्द्र काम्या ऋजिप्याः ।।१७।।
पतिर्भव वृत्रहन्त्सूनृतानां गिरां विश्वायुर्वृषभो वयोधाः ।

आ नो गहि सख्येभिः शिवेभिर्महान्महीभिरूतिभिः सरण्यन् ।।१८।।
तमंगिरस्वन्नमसा सपर्यन्नव्यं कृणोमि सन्यसे पुराजाम् ।
द्रुहो वि याहि बहुला अदेवीः स्वश्च नो मघवन्त्सातये धाः ।।१६।।
मिहः पावकाः प्रतता अभूवन्त्स्वस्ति नः पिपृहि पारमासाम् ।
इन्द्र त्वं रथिरः पाहि नो रिषो मक्षूमक्षू कृणुहि गोजितो नः ।।20।।
अदेदिष्ट वृत्रहा गोपतिर्गा अन्तः कृष्णाँ अरुषैर्धामभिर्गात् ।
प्र सूनृता दिशमान ऋतेन दुरश्च विश्वा अवृणोदप स्वाः ।।2१।।
शुनं हुवेम मघवानमिन्द्रमस्मिन्भरे नृतमं वाजसातौ ।
शृण्वन्तमुग्रमूतये समत्सु घ्नन्तं वृत्राणि संजितं धनानाम् ।।22।।

२०६. विश्वामित्रो जमदग्नी – ऋ. १०.१६७.१–2; ४

ऋ. १०.१६७.१–2

तुभ्येदमिन्द्र परि षिच्यते मधु त्वं सुतस्य कलशस्य राजसि ।
त्वं रयिं पुरुवीरामु नस्कृधि त्वं तपः परिप्याजयः स्वः ।।१।।
स्वर्जितं महि मन्दानमन्धसो हवामहे परि शक्रं सुताँ उप ।
इमं नो यज्ञमिह बोध्या गहि स्पृधो जयन्तं मघवानमीमहे ।।2।।

ऋ. १०.१६७.४

प्रसूतो भक्षमकरं चरावपि स्तोमं चेमं प्रथमः सूरिरुन्मृजे ।
सुते सातेन यद्यागमं वां प्रति विश्वमित्रजमदग्नी दमे ।।४।।

२०७. विश्वामित्रो गाथिनो जमदग्नि र्वा – सा. 220

आ नो मित्रावरुणा घृतैर्गव्यूतिमुक्षतम्। मध्वा रजां सि सुक्रतू ।।७।।

२०८. विश्वामित्रो गाथिनः (साग्री. सास्वा.) तिरश्ची (सार्षेदी.) – सा. ३५०

एतो न्विन्द्रं स्तवाम शुद्धं साम्ना। शुद्धैरुक्थैर्वावृध्वांसं शुद्धैराशीर्वान्ममत्तु ।।६।।

२०६. वृषाकपिर् इन्द्राणी च – अ. 20.१2६.१–2३

वि हि सोतोरसृक्षत नेन्द्रं देवममंसत ।
यत्रामदद् वृषाकपिरर्यः पुष्टेषु मत्सखा विश्वस्मादिन्द्र उत्तरः ।।१।।
परा हीन्द्र धावसि वृषाकपेरति व्यथिः ।
नो अह प्र विन्दस्यन्यत्र सोमपीतये विश्वस्मादिन्द्र उत्तरः ।।2।।
किमयं त्वां वृषाकपिश्चकार हरितो मृगः ।
यस्मा इरस्यसीदु न्वर्यो वा पुष्टिमद् वसु विश्वस्मादिन्द्र उत्तरः ।।३।।
यमिमं त्वं वृषाकपिं प्रियमिन्द्राभिरक्षसि ।
श्वा न्वस्य जम्भिषदपि कर्णे वराहयुर्विश्वस्मादिन्द्र उत्तरः ।।४।।
प्रिया तष्टानि मे कपिर्व्यक्ता व्यदूदुषत् ।
शिरो न्वस्य राविषं न सुगं दुष्कृते भुवं विश्वस्मादिन्द्र उत्तरः ।।५।।
न मत्स्त्री सुभसत्तरा न सुयाशुतरा भुवत् ।
न मत् प्रतिच्यवीयसी न सक्थ्युद्यमीयसी विश्वस्मादिन्द्र उत्तरः ।।६।।
उवे अम्ब सुलाभिके यथेवांग भविष्यति ।
भसन्मे अम्ब सक्थि मे शिरो मे वीव हृष्यति विश्वस्मादिन्द्र उत्तरः ।।७।।
किं सुबाहो स्वङ्गुरे पृथुष्टो पृथुजाघने ।
किं शूरपत्नि नस्त्वमभ्यमीषि वृषाकपिं विश्वस्मादिन्द्र उत्तरः ।।८।।
अवीरामिव मामयं शरारुरभि मन्यते ।
उताहमस्मि वीरिणीन्द्रपत्नी मरुत्सखा विश्वस्मादिन्द्र उत्तरः ।।६।।
संहोत्रं स्म पुरा नारी समनं वाव गच्छति ।
वेधा ऋतस्य वीरिणीन्द्रपत्नी महीयते विश्वस्मादिन्द्र उत्तरः ।।१०।।

इन्द्राणीमासु नारिषु सुभगामहमश्रवम् ।
नह्यस्या अपरं चन जरसा मरते पतिर्विश्वस्मादिन्द्र उत्तरः ।।११।।
नाहमिन्द्राणि रारण सख्युर्वृषाकपेर्ऋते ।
यस्येदमप्यं हविः प्रियं देवेषु गच्छति विश्वस्मादिन्द्र उत्तरः ।।१2।।
वृषाकपायि रेवति सुपुत्र आदु सुस्नुषे ।
घसत् त इन्द्र उक्षणः प्रियं काचित्करं हविर्विश्वस्मादिन्द्र उत्तरः ।।१३।।
उक्ष्णो हि मे पंचदश साकं पचन्ति विंशतिम् ।
उताहमद्मि पीव इदुभा कुक्षी पृणन्ति मे विश्वस्मादिन्द्र उत्तरः ।।१४।।
वृषभो न तिग्मशृंगोऽन्तर्यूथेषु रोरुवत् ।
मन्थस्त इन्द्र शं हृदे यं ते सुनोति भावयुर्विश्वस्मादिन्द्र उत्तरः ।।१५।।
न सेशे यस्य रम्बतेऽन्तरा सक्थ्या३ कपृत् ।
सेदीशे यस्य रोमशं निषेदुषो विजृम्भते विश्वस्मादिन्द्र उत्तरः ।।१६।।
न सेशे यस्य रोमशं निषेदुषो विजृम्भते ।
सेदीशे यस्य रम्ब तेऽनतरा सक्थ्या३ कपृद् विश्वस्मादिन्द्र उत्तरः ।।१७।।
अयमिन्द्र वृषाकपिः परस्वन्तं हतं विदत् ।
असिं सूनां नवं चरुमादेधस्यान आचितं विश्वस्मादिन्द्र उत्तरः ।।१८।।
अयामेमि विचाकशद् विचिन्वन् दासमार्यम् ।
पिबामि पाकसुत्वनोऽभि धीरमचाकशं विश्वस्मादिन्द्र उत्तरः ।।१६।।
धन्व च यत् कृन्तत्रं च कति स्वित् ता वि योजना ।
नेदीयसो वृषाकपेऽसतमेहिं गृहाँ उप विश्वस्मादिन्द्र उत्तरः ।।2०।।
पुनरेहि वृषाकपे सुविता कल्पयावहै ।
य एष स्वप्ननंशनोऽस्तमेषि पथा पुनर्विश्वस्मादिन्द्र उत्तरः ।।2१।।
यदुदंचो वृषाकपे गृहमिन्द्राजगन्तन ।
क्व१स्य पुल्वघो मृगः कमगं जनयोपनो विश्वस्मादिन्द्र उत्तरः ।।22।।
पर्शुर्ह नाम मानवी साकं ससूव विंशतिम् ।
भद्रं भल त्यस्या अभूद् यस्या उदरमामयद् विश्वस्मादिन्द्र उत्तरः ।।2३।।

2१०. वृषाकपिर् ऐन्द्र इन्द्राणीन्द्रश्च – ऋ. १०.८६.१–2३

वि हि सोतोरसृक्षत नेन्द्रं देवममंसत ।
यत्रामदद्वृषाकपिरर्यः पुष्टेषु मत्सखा विश्वस्मादिन्द्र उत्तरः ।।१।।
परा हीन्द्र धावसि वृषाकपेरति व्यथिः ।
नो अह प्र विन्दस्यन्यत्र सोमपीतये विश्वस्मादिन्द्र उत्तरः ।।2।।
किमयं त्वां वृषाकपिश्चकार हरितो मृगः ।
यस्मा इरस्यसीदु न्व१र्यो वा पुष्टिमद्वसु विश्वस्मादिन्द्र उत्तरः ।।३।।
यमिमं त्वं वृषाकपिं प्रियमिन्द्राभिरक्षसि ।
श्वा न्वस्य जम्भिषदपि कर्णे वराहयुर्विश्वस्मादिन्द्र उत्तरः ।।४।।
प्रिया तष्टानि मे कपिर्व्यक्ता व्यदूदुषत् ।
शिरो न्वस्य राविषं न सुगं दुष्कृते भुवं विश्वस्मादिन्द्र उत्तरः ।।५।।
न मत्स्त्री सुभसत्तरा न सुयाशुतारा भुवत् ।
न मत्प्रतिच्यवीयसी न सक्थ्युद्यमीयसी विश्वस्मादिन्द्र उत्तरः ।।६।।
उवे अम्ब सुलाभिके यथेवांग भविष्यति ।
भसन्मे अम्ब सक्थि मे शिरो मे वीव हृष्यति विश्वस्मादिन्द्र उत्तरः ।।७।।
किं सुबाहो स्वङ्गुरे पृथुष्टो पृथुजाघने ।
किं शूरपत्नि नस्त्वमभ्यमीषि वृषाकपिं विश्वस्मादिन्द्र उत्तरः ।।८।।

अवीरामिव मामयं शरारुरभि मन्यते ।
उताहमस्मि वीरिणीन्द्रपत्नी मरुत्सखा विश्वस्मादिन्द्र उत्तरः ।।६।।
संहोत्रं स्म पुरा नारी समनं वाव गच्छति ।
वेधा ऋतस्य वीरिणीन्द्रपत्नी महीयते विश्वस्मादिन्द्र उत्तरः ।।१०।।
इन्द्राणीमासु नारिषु सुभगामहमश्रवम् ।
नह्यस्या अपरं चन जरसा मरते पतिर्विश्वस्मादिन्द्र उत्तरः ।।११।।
नाहमिन्द्राणि रारण सख्युर्वृषाकपेर्ऋते ।
यस्येदमप्यं हविः प्रियं देवेषु गच्छति विश्वस्मिादिन्द्र उत्तरः ।।12।।
वृषाकपायि रेवति सुपुत्रं आदु सुस्नुषे ।
घसत्त इन्द्र उक्षणः प्रियं काचित्करं हविर्विश्वस्मादिन्द्र उत्तरः ।।१४।।
वृषभो न तिग्मशृंगोऽन्तर्यूथेषु रोरुवत् ।
मन्थस्त इन्द्र शं हृदे यं ते सुनोति भावयुर्विश्वस्मादिन्द्र उत्तरः ।।१५।।
न सेशे यस्य रम्बतेऽन्तरा सक्थ्या३ कपृत् ।
सेदीशे यस्य रोमशं निषेदुषो विजृम्भते विश्वस्मादिन्द्र उत्तरः ।।१६।।
न सेशे यस्य रोमशं निषेदुषो विजृम्भते ।
सेदीशे यस्य रम्बतेऽन्तरा सक्थ्या३ कपृद्विश्वस्मादिन्द्र उत्तरः ।।१७।।
अयमिन्द्र वृषाकपिः परस्वन्तं हतं विदत् ।
असिं सूनां नवं चरुमादेधस्यान आचितं विश्वस्मादिन्द्र उत्तरः ।।१८।।
अयमेमि विचाकशद्विचिन्वन्दासमार्यम् ।
पिबामि पाकसुत्वनोऽभि धीरमचाकशं विश्वस्मादिन्द्र उत्तरः ।।१६।।
धन्व च यत्कृन्तत्रं च कति स्वित्ता वि योजना ।
नेदीयसो वृषाकपेऽस्तमेहि गृहाँ उप विश्वस्मादिन्द्र उत्तरः ।।20।।
पुनरेहि वृषाकपे सुविता कल्पयावहै ।
य एष स्वप्ननंशनोऽस्तमेषि पथा पुनर्विश्वस्मादिन्द्र उत्तरः ।।21।।
यदुदंचो वृषाकपे गृहमिन्द्राजगन्तन ।
क्व१स्य पुल्वघो मृगः कमगंजनयोपनो विश्वस्मादिन्द्र उत्तरः ।।22।।
पर्शुर्ह नाम मानवी साकं ससूव विंशतिम् ।
भद्रं भल त्यस्या अभूद्यस्या उदरमामयद्विश्वस्मादिन्द्र उत्तरः ।।2३।।

2११. वृषागिरो महाराजस्य पुत्रभूता वार्षागिरा – ऋज्राश्व–अम्बरीष–सहदेव भयमान सुराधसः – ऋ. १.१००.१–१६

स यो वृषा वृष्ण्येभिः समोका महो दिवः पृथिव्याश्च सम्राट् ।
सतीनसत्वा हव्यो भरेषु मरुत्वान्नो भवत्विन्द्र ऊती ।।१।।
यस्यानाप्तः सूर्यस्येव यामो भरेभरे वृत्रहा शुष्मो अस्ति ।
वृषन्तमः सखिभिः स्वेभिरेवैर्मरुत्वान्नो भवत्विन्द्र ऊती ।।2।।
दिवो न यस्य रेतसो दुघानाः पन्थासो यन्ति शवसापरीताः ।
तरद्द्वेषाः सासहिः पौंस्येभिर्मरुत्वान्नो भवत्विन्द्र ऊती ।।३।।
सो अंगिरोभिरंगिरस्तमो भूद्वृषा वृषभिः सखिभिः सखा सन् ।
ऋग्मिभिर्ऋग्मी गातुभिर्ज्येष्ठो मरुत्वान्नो भवत्विन्द्र ऊती ।।४।।
स सूनुभिर्न रुद्रेभिर्ऋभ्वा नृषाह्यो सासह्वाँ अमित्रान् ।
सनीळेभिः श्रवस्यानि तूर्वन्मरुत्वान्नो भवत्विन्द्र ऊती ।।५।।
स मन्युमीः समदनस्य कर्तास्माकेभिर्नृभिः सूर्यं सनत् ।
अस्मिन्नहन्त्सत्पतिः पुरुहूतो मरुत्वान्नो भवत्विन्द्र ऊती ।।६।।
तमूतयो रणयंछूरसातौ तं क्षेमस्य क्षितयः कृण्वत त्राम् ।

स विश्वस्य करुणस्येश एको मरुत्वान्नो भवत्विन्द्र ऊती ।।७।।
तमप्सन्त शवस उत्सवेषु नरो नरमवसे तं धनाय ।
सो अन्धे चित्तमसि ज्योतिर्विदन्मरुत्वान्नो भवत्विन्द्र ऊती ।।८।।
स सव्येन यमति व्राधतश्चित्स दक्षिणे संगृभीता कृतानि ।
स कीरिणा चित्सनिता धनानि मरुत्वान्नो भवत्विन्द्र ऊती ।।६।।
स ग्रामेभिः सनिता स रथेभिर्विदे विश्वाभिः कृष्टिभिर्न्व१द्य ।
स पौंस्येभिरभिभूरशस्तीर्मरुत्वान्नो भवत्विन्द्र ऊती ।।१०।।
स जामिभिर्यत्समजाति मीळ्हेऽजामिभिर्वा पुरुहूत एवैः ।
अपां तोकस्य तनयस्य जेषे मरुत्वान्नो भवत्विन्द्र ऊती ।।११।।
स वज्रभृद्दस्युहा भीम उग्रः सहस्रचेताः शतनीथ ऋभ्वा ।
चम्रीषो न शवसा पांचजन्यो मरुत्वान्नो भवत्विन्द्र ऊती ।।१2।।
तस्य वज्रः क्रन्दति स्मत्स्वर्षा दिवो न त्वेषो रवथः शिमीवान् ।
तं सचन्ते सनयस्तं धनानि मरुत्वान्नो भवत्विन्द्र ऊती ।।१३।।
यस्याजस्रं शवसा मानमुक्थं परिभुजद्रोदसी विश्वतः सीम् ।
स परिषत्क्रतुभिर्मन्दसानो मरुत्वान्नो भवत्विन्द्र ऊती ।।१४।।
न यस्य देवा देवता न मर्ता आपश्चन शवसो अन्तमापुः ।
स प्ररिक्वा त्वक्षसा क्ष्मो दिवश्च मरुत्वान्नो भवत्विन्द्र ऊती ।।१५।।
रोहिच्छ्यावा सुमदंशुर्ललामीर्द्युक्षा राय ऋज्राश्वस्य ।
वृषण्वन्तं बिभ्रती धूर्षु रथं मन्द्रा चिकेत नाहुषीषु विक्षु ।।१६।।
एतत्यत्त इन्द्र वृष्ण उक्थं वार्षागिरा अभि गृणन्ति राधः ।
ऋज्राश्वः प्रष्टिभिरम्बरीषः सहदेवो भयमानः सुराधाः ।।१७।।
दस्यूछिँम्यूश्च पुरुहूत एवैर्हत्वा पृथिव्यां शर्वा नि बर्हीत् ।
सनत्क्षेत्रं सखिभिः श्वित्न्येभिः सनत्सूर्यं सनदपः सुवज्रः ।।१८।।
विश्वाहेन्द्रो अधिवक्ता नो अस्त्वपरिह्वृताः सनुयाम वाजम् ।
तन्नो मित्रो वरुणो मामहन्तामदितिः सिन्धुः पृथिवी उत द्यौः ।।१६।।

2१2. वृहदुक्थो वामदेव्यः – ऋ. १०.५५.१–८

दूरे तन्नाम गुह्यं पराचैर्यत्त्वा भीते अह्वयेतां वयोधै ।
उदस्तभनाः पृथिवीं द्यामभीके भ्रातुः पुत्रान्मघवन्तित्विषाणः ।।१।।
महत्तन्नाम गुह्यं पुरुस्पृग्येन भूतं जनयो येन भव्यम् ।
प्रत्नं जातं ज्योतिर्यदस्य प्रियं प्रियाः समविशन्त पंच ।।2।।
आ रोदसी अपृणादोत मध्यं पंच देवाँ ऋतुशः सप्तसप्त ।
चतुस्त्रिंशता पुरुधा वि चष्टे सरूपेण ज्योतिषा विव्रतेन ।।३।।
यदुष औच्छः प्रथमा विभानामजनयो येन पुष्टस्य पुष्टम् ।
यत्ते जामित्वमवरं परस्या महन्महत्या असुरत्वमेकम् ।।४।।
विधुं दद्राणं समने बहूनां युवानं सन्तं पलितो जगार ।
देवस्य पश्य काव्यं महित्वाद्या ममार स ह्यः समान ।।५।।
शाक्मना शाको अरुणः सुपर्ण आ यो महः शूरः सनादनीळः ।
यच्चिकेत सत्यमित्तन्न मोघं वसु स्पार्हमुत जेतोत दाता ।।६।।
ऐभिर्ददे वृष्ण्या पौंस्यानि येभिरौक्षद्वृत्रहत्याय वज्री ।
ये कर्मणः क्रियमाणस्य मह्न ऋतेकर्ममुदजायन्त देवाः ।।७।।
युजा कर्माणि जनयन्विश्वौजा अशस्तिहा विश्वमनास्तुराषाट् ।
पीत्वी सोमस्य दिव आ वृधानः शूरो निर्युधाधमद्दस्यून् ।।८।।

2१३. वृहद्दिवोऽथर्वा – अ. ५.३.८; ११

अ. ५.३.८
उरुव्यचा नो महिषः शर्म यच्छत्वस्मिन् हवे पुरुहूतः पुरुक्षु ।
स नः प्रजायै हर्यश्व मृडेन्द्र मा नो रीरिषो मा परा दाः ।।८।।
अ. ५.३.११
अर्वांचमिन्द्रममुतो हवामहे यो गोजिद् धनजिदश्वजिद् यः ।
इमं नो यज्ञं विहवे शृणोत्वस्माकमभूर्हर्यश्व मेदी ।।११।।

2१४. वैखानसः – य. १६.३८
अग्नऽआयूंषि पवसऽआ सुवोर्जमिषं च नः। आरे बाधस्व दुच्छुनाम् ।।३८।।

2१५. शक्तिः – अ. 20.७६.१
इन्द्र क्रतुं न आ भर पिता पुत्रेभ्यो यथा ।
शिक्षा णो अस्मिन् पुरुहूत यामनि जीवा ज्योतिरशीमहि ।।१।।

2१६. शतप्रभेदनो वैरुपः – ऋ. १०.११३.१–१०
तमस्य द्यावापृथिवी सचेतसा विश्वेभिर्देवैरनु शुष्ममावताम् ।
यदैत्कृण्वानो महिमानमिन्द्रयं पीत्वी सोमस्य क्रतुमाँ अवर्धत ।।१।।
तमस्य विष्णुर्महिमानमोजसांशुं दधन्वान्मधुनो वि रप्शते ।
देवेभिरिन्द्रो मघवा सयावभिवृत्रं जघन्वाँ अभवद्वरेण्यः ।।2।।
वृत्रेण यदहिना बिभ्रदायुधा समस्थिथा युधये शंसमाविदे ।
विश्वे ते अत्र मरुतः सह त्मनावर्धन्नुग्र महिमानमिन्द्रियम् ।।३।।
जज्ञान एव व्यबाधत स्पृधः प्रापश्यद्वीरो अभि पौंस्यं रणम् ।
अवृश्चदद्रिमव सस्यदः सृजदस्तभ्नानाकं स्वपस्यया पृथुम् ।।४।।
आदिन्द्रः सत्रा तविषीरपत्यत वरीयो द्यावापृथिवी अबाधत ।
अवाभरद्धृषितो वज्रमायसं शेवं मित्राय वरुणाय दाशुषे ।।५।।
इन्द्रस्यात्र तविषीभ्यो विरप्शिन ऋघायतो अरंहयन्त मन्यवे ।
वृत्रं यदुग्रो व्यवृश्चरदोजसापो बिभ्रतं तमसा परीवृतम् ।।६।।
या वीर्याणि प्रथमानि कर्त्वा महित्वेभिर्यतमानौ समीयतुः ।
ध्वान्तं तमोऽव दध्वसे हत इन्द्रो मह्ना पूर्वहूतावपत्यत ।।७।।
विश्वे देवासो अध वृष्ण्यानि तेऽवर्धयन्त्सोमवत्या वचस्यया ।
रद्धं वृत्रमहिमिन्द्रस्य हन्मनाग्निर्न जम्भैस्तृष्वन्नमावयत् ।।८।।
भूरि दक्षेभिर्वचनेभिर्ऋक्वभिः सख्येभिः सख्यानि प्र वोचत ।
इन्द्रो धुनिं च चुमुरिं च दम्भयंछ्रद्धामनस्या शृणुते दभीतये ।।९।।
त्वं पुरूण्या भरा स्वश्व्या येभिर्मंसै निवचनानि शंसन्।
सुगेभिर्विश्वा दुरिता तरेम विदो षु ण उर्विया गाधमद्य ।।१०।।

2१७. शाषः – य. ८.४४; १८.७०
य. ८.४४
वि नऽइन्द्र मृधो जहि नीचा यच्छ पृतन्यतः। योऽअस्माँ2ऽअभिदासत्यधरं गमया तमः।
उपयामगृहीतोऽसीन्द्राय त्वा विमृधऽएष ते यानिरिन्द्राय त्वा विमृधे ।।४४।।
य. १८.७०
वि नऽइन्द्र मृधो नीचा यच्छ पृतन्यतः। योऽअस्माँ2ऽअभिदासत्यधरं गमया तमः ।।७०।।

2१८. शासो भारद्वाजः – ऋ. १०.१५2.१–५
शास इत्था महाँ अस्यमित्रखादो अद्भुतः ।
न यस्य हन्यते सखा न जीयते कदा चन ।।१।।
स्वस्तिदा विशस्पतिर्वृत्रहा विमृधो वशी ।

वृषेन्द्रः पुर एतु नः सोमपा अभयङ्करः ।।2।।
वि रक्षो वि मृधो जहि वि वृत्रस्य हनू रुज ।
वि मन्युमिन्द्र वृत्रहन्नमित्रस्याभिदासतः ।।३।।
वि न इन्द्र मृधो जहि नीचा यच्छ पृतन्यतः ।
यो अस्माँ अभिदासत्यधरं गमया तमः ।।४।।
अपेन्द्र द्विषतो मनोऽपि जिज्यासतो वधम् ।
वि मन्योः शर्म यच्छ वरीयो यवया वधम् ।।५।।

२१६. शिविर् औशीनरः – ऋ. १०.१७६.१

उत्तिष्ठताव पश्यतेन्द्रस्य भागमृत्वियम्। यदि श्रातो जुहोतन यद्यश्रातो ममत्तन ।।१।।

२२०. शुनः शेपः – अ. २०.२६.१–३; २०.७४.१–७; २०.१२२.१–३

अ. २०.२६.१–३

योगेयोगे तवस्तरं वाजेवाजे हवामहे। सखाय इन्द्रमूतये ।।१।।
आ घा गमद् यदि श्रवत् सहस्रिणीभिरूतिभिः। वाजेभिरुप नो हवम् ।।2।।
अनु प्रत्नस्यौकसो हुवे तुविप्रतिं नरम्। यं ते पूर्वं पिता हुवे ।।३।।

अ. २०.७४.१–७

यच्चिद्धि सत्य सोमपा अनाशस्ताइव स्मसि ।
आ तू न इन्द्र शंसय गोष्वश्वेषु शुभ्रिषु सहस्रेषु तुवीमघ ।।१।।
शिप्रिन् वाजानां पते शचीवस्तव दंसना ।
आ तू न इन्द्र शंसय गोष्वश्वेषु शुभ्रिषु सहस्रेषु तुवीमघ ।।2।।
नि ष्वापया मिथूदृशा सस्तामबुध्यमाने ।
आ तू न इन्द्र शंसय गोष्वश्वेषु शुभ्रिषु सहस्रेषु तुवीमघ ।।३।।
ससन्तु त्या अरातयो बोधन्तु शूर रातयः ।
आ तू न इन्द्र शंसय गोष्वश्वेषु शुभ्रिषु सहस्रेषु तुवीमघ ।।४।।
समिन्द्र गर्दभं मृए नुवन्तं पापयामुया ।
आ तू न इन्द्र शंसय गोष्वश्वेषु शुभ्रिषु सहस्रेषु तुवीमघ ।।५।।
पताति कुण्डृणाच्या दूरं वातो वनादधि ।
आ तू न इन्द्र शंसय गोष्वश्वेषु शुभ्रिषु सहस्रेषु तुवीमघ ।।६।।
सर्वं परिक्रोशं जहि जम्भ्या कृकदाश्वम्।
आ तू न इन्द्र शंसय गोष्वश्वेषु शुभ्रिषु सहस्रेषु तुवीमघ ।।७।।

अ. २०.१२२.१–३

रेवतीर्नः सधमाद इन्द्रे सन्तु तुविवाजाः। क्षुमन्तो याभिर्मदेम ।।१।।
आ घत्वावान् त्मनाप्त स्तोतृभ्यो धृष्णवियानः। ऋणोरक्षं न चक्र्योः ।।2।।
आ यद् दुवः शतक्रतवा कामं जरितृणाम्। ऋणोरक्षं न शचीभिः ।।३।।

२२१. शुनःशेप आजीगर्तिः – ऋ. १.२६.१–७; १.३०.१–१६; सा. १६३; १८३; २१४; ७४३–७४५; १०८४–१०८६; १५९९–१६०१; १६५४–१६५६

ऋ. १.२६.१–७

यच्चिद्धि सत्य सोमपा अनाशस्ता इव स्मसि ।
आ तू न इन्द्र शंसय गोष्वश्वेषु शुभ्रिषु सहस्रेषु तुवीमघ ।।१।।
शिप्रिन्वाजाना पते शचीवस्तव दंसना ।
आ तू न इन्द्र शंसय गोष्वश्वेषु शुभ्रिषु सहस्रेषु तुवीमघ ।।2।।
नि ष्वापया मिथूदृशा सस्तामबुध्यमाने ।
आ तू न इन्द्र शंसय गोष्वश्वेषु शुभ्रिषु सहस्रेषु तुवीमघ ।।३।।
ससन्तु त्या अरातयो बोधन्तु शूर रातयः ।

आ तू न इन्द्र शंसय गोष्वश्वेषु शुभ्रिषु सहस्रेषु तुवीमघ ।।४।।
समिन्द्र गर्दभं मृण नुवन्तं पापयामुया ।
आ तू न इन्द्र शंसय गोष्वश्वेषु शुभ्रिषु सहस्रेषु तुवीमघ ।।५।।
पताति कुण्डृणाच्या दूरं वातो वनादधि ।
आ तू न इन्द्र शंसय गोष्वश्वेषु शुभ्रिषु सहस्रेषु तुवीमघ ।।६।।
सर्वं परिक्रोशं जहि जम्भया कृकदाश्वम् ।
आ तू न इन्द्र शंसय गोष्वश्वेषु शुभ्रिषु सहस्रेषु तुवीमघ ।।७।।

ऋ. १.३०.१–१६

आ व इन्द्रं क्रिविं यथा वाजयन्तः शतक्रतुम्। मंहिष्ठं सिंच इन्दुभिः ।।१।।
शतं वा यः शुचीनां सहस्रं वा समाशिराम्। एदु निम्नं न रीयते ।।2।।
सं यन्मदाय शुष्मिण एना ह्यस्योदरे। समुद्रो न व्यचो दधे ।।३।।
अयमु ते समतसि कपोत इव गर्भधिम्। वचस्तच्चिन्न ओहसे ।।४।।
स्तोत्रं राधानां पते गिर्वाहो वीर यस्य ते। विभूतिरस्तु सूनृता ।।५।।
ऊर्ध्वस्तिष्ठा न ऊतयेऽस्मिन्वाजे शतक्रतो। समन्येषु ब्रवावहै ।।६।।
योगेयोगे तवस्तरं वाजेवाजे हवामहे। सखाय इन्द्रमूतये ।।७।।
आ घा गमद्यदि श्रवत् सहस्रिणीभिरूतिभिः।वाजेभिरुप नो हवम् ।।८।।
अनु प्रत्नस्यौकसो हुवे तुविप्रतिं नरम्। यं ते पूर्वं पिता हुवे ।।६।।
तं त्वा वयं विश्ववारा शास्महे पुरुहूत। सखे वसो जरितृभ्यः ।।१०।।
अस्माकं शिप्रिणीनां सोमपाः सोमपाव्नाम्। सखे वज्रिन्त्सखीनाम् ।।११।।
तथा तदस्तु सोमपाः सखे वज्रिन्तथा कृणु। यथा त उश्मसीष्टये ।।१2।।
रेवतीर्नः सधमाद इन्द्रे सन्तु तुविवाजाः। क्षुमन्तो याभिर्मदेम ।।१३।।
आ घ त्वा वान्मनाप्तः स्तोतृभ्यो धृष्णवियानः। ऋणोरक्षं न चक्र्योः ।।१४।।
आ यद्दुवः शतक्रतवा कामं जरितृणाम्। ऋणोरक्षं न शचीभिः ।।१५।।
शश्वदिन्द्रः पोप्रुथद्भिर्जिगाय नानदद्भिः शाश्वसद्भिर्धनानि ।
स नो हिरण्यरथं दंसनावान्त्स नः सनिता सनये स नोऽदात् ।।१६।।

सा. १६३

योगेयोगे तवस्तरं वाजेवाजे हवामहे। सखाय इन्द्रमूतये ।।६।।

सा. १८३

अयमु ते समतसि कपोत इव गर्भधिम्। वचस्तच्चिन्न ओहसे ।।६।।

सा. 2१४

आ व इन्द्रं कृविं यथा वाजयन्तः शतक्रतुम्। मं हिष्ठं सिंच इन्दुभिः ।।१।।

सा. ७४३–७४५

योगेयोगे तवस्तरं वाजेवाजे हवामहे। सखाय इन्द्रमूतये ।।१।।
अनु प्रत्नस्यौकसो हुवे तुविप्रतिं नरम्। यं ते पूर्वं पिता हुवे ।।2।।
आ घा गमद्यदि श्रवत्सहस्रिणीभिरूतिभिः। वाजेभिरुप नो हवम् ।।३।।

सा. १०८४–१०८६

रेवतीर्नः सधमाद इन्द्रे सन्तु तुविवाजाः। क्षुमन्तो याभिर्मदेम ।।१।।
आ घ त्वावान् त्मना युक्तः स्तोतृभ्यो धृष्णवीयानः। ऋणोरक्षं न चक्र्यो ।।2।।
आ यद् दुवः शतक्रतवा कामं जरितृणाम्। ऋणोरक्षं न शचीभिः ।।३।।

सा. १५६६–१६०१

अयमु ते समतसि कपोत इव गर्भधिम्। वचस्तच्चिन्न ओहसे ।।१।।
स्तोत्रं राधानां पते गिर्वाहो वीर यस्य ते। विभूतिरस्तु सूनृता ।।2।।
ऊर्ध्वस्तिष्ठा न ऊतयेऽस्मिन् वाजे शतक्रतो। समन्येषु ब्रवावहै ।।३।।

सा. १६५४–१६५६

सुमन्मा वस्वी रन्ती सूनरी ।।१।।
सरूप वृषन्ना गहीमौ भद्रौ धुर्यावभि। ताविमा उप सर्पतः ।।2।।
नीव शीर्षाणि मृढ्वं मध्य आपस्य तिष्ठति। शृंगेभिर्दशभिर्दिशन् ।।३।।

222. शनुःशेपो देवरात अपरनामा – अ. 20.४५.१–३

अयमु ते समतसि कपोतइव गर्भधिम्। वचस्तच्चिन्न ओहसे ।।१।।
स्तोत्रं राधानां पते गिर्वाहो वीर यस्य ते। विभूतिरस्तु सूनृता ।।2।।
ऊर्ध्वस्तिष्ठा न ऊतयेऽस्मिन् वाजे शतक्रतो। समन्येषु ब्रवावहे ।।३।।

22३. शुनूहोत्रः – ऋ. ६.३३.१–५; ६.३४.१–५

ऋ. ६.३३.१–५

य ओजिष्ठ इन्द्र तं सु नो दा मदो वृषन्त्स्वभिष्टिर्दास्वान् ।
सौवश्व्यं यो वनवत्स्वश्वो वृत्रा समत्सु सासहदमित्रान् ।।१।।
त्वां हीऽइन्द्रावसे विवाचो हवन्ते चर्षणयः शूरसातौ ।
त्वं विप्रेभिर्वि पणींरशायस्त्वोत इत्सनिता वाजमर्वा। ।।2।।
त्वं ताँ इन्द्रोभयाँ अमित्रान्दासा वृत्राण्यार्या च शूर ।
वधीर्वनेव सुधितेभिरत्कैरा पृत्सु दर्षि नृणां नृतम ।।३।।
स त्वं न इन्द्राकवाभिरूती सखा विश्वायुरविता वृधे भूः ।
स्वर्षाता यद्ध्वयामसि त्वा युध्यन्तो नेमधिता पृत्सु शूर ।।४।।
नूनं न इन्द्रापराय च स्या भवा मृळीक उत नो अभिष्टौ ।
इत्था गृणन्तो महिनस्य शर्मन्दिवि ष्याम पार्ये गोषतमाः ।।५।।

ऋ. ६.३४.१–५

सं च त्वे जग्मुर्गिर इन्द्र पूर्वीर्वि च त्वद्यन्ति विभ्वो मनीषाः ।
पुरा नूनं च स्तुतय ऋषीणां पस्पृध्र इन्द्रे अध्युक्थार्का ।।१।।
पुरुहूतो यः पुरुगूर्त ऋभ्वाँ एकः पुरुप्रशस्तो अस्ति यज्ञैः ।
रथो न महे शवसे युजानो३ स्माभिरिन्द्रो अनुमाद्यो भूत् ।।2।।
न यं हिंसन्ति धीतयो न वाणीरिन्द्रं नक्षन्तीदभि वर्धयन्तीः ।
यदि स्तोतारः शतं यत्सहस्रं गृणन्ति गिर्वणसं शं तदस्मै ।।३।।
अस्मा एतद्दिव्य१ र्चेव मासा मिमिक्ष इन्द्रे न्ययामि सोमः ।
जनं न धन्वन्नभि सं यदापः सत्रा वावृधुर्हवनानि यज्ञैः ।।४।।
अस्मा एतन्मह्याङ्गूषमस्मा इन्द्राय स्तोत्रं मतिभिरवाचि ।
असद्यथा महति वृत्रतूर्य इन्द्रो विश्वायुरविता वृधश्च ।।५।।

22४. शौनकः – अ. ७.१2.३

एषामहं समासीनानां वर्चो विज्ञानमा ददे। अस्याः सर्वस्याः संसदो मामिन्द्र भगिनं कृणु ।।३।।

22५. शङ्खः – य. १६.७१; ७६; ६१

य. १६.७१

अपां फेनेन नमुचेः शिरऽइन्द्रोदवर्तयः। विश्वा यदजय स्पृधः ।।७१।।

य. १६.७६

रेतो मूत्रं वि जहाति योनिं प्रविशदिन्द्रियम्। गर्भो जरायुणावृतऽउल्वं जहाति जन्मना ।
ऋतेन सत्यमिन्द्रियं विपानं शुक्रमन्धसऽइन्द्रस्येन्द्रियमिदं पयोऽमृतं मधु ।।७६।।

य. १६.६१

इन्द्रस्य रूपमृषभो बलाय कर्णभ्यां श्रेत्रममृतं ग्रहाभ्याम् ।
यवा न बर्हिर्भ्रुवि केसराणि कर्कन्धु यज्ञे मधु सारघं मुखात् ।।६१।।

22६. शंयुर् बार्हस्पत्यः – ऋ. ६.४४.१–2४; ६.४५.१–३०; सा. ११५; ३५७; ८०६; ८१०; १६६६–१६६८; अ. 20.७८.१–३; 20.८०.१–2; 20.८३.१–2; 20.६८.१–2; य. 2७.

३७–३८

ऋ. ६.४४.१–२४

यो रयिवो रयिन्तमो यो द्युम्नैर्द्युम्नवत्तमः ।
सोमः सुतः स इन्द्र तेऽस्ति स्वधापते मदः ।।१।।
यः शुग्मस्तुविशग्म ते रायो दामा मतीनाम् ।
सोमः सुतः स इन्द्र तेऽस्ति स्वधापते मदः ।।2।।
येन वृद्धो न शवसा तुरो न स्वाभिरूतिभिः ।
सोमः सुतः स इन्द्र तेऽस्ति स्वधापते मदः ।।३।।
त्यमु वो अप्रहणं गृणीषे शवसस्पतिम् ।
इन्द्रं विश्वासाहं नरं मंहिष्ठं विश्वचर्षणिम् ।।४।।
यं वर्धयन्तीद्गिरः पतिं तुरस्य राधसः ।
तमिन्न्वस्य रोदसी देवी शुष्मं सपर्यतः ।।५।।
तद्व उक्थस्य बर्हणेन्द्रायोपस्तृणीषणि ।
विपो न यस्योतयो वि यद्रोहन्ति सक्षितः ।।६।।
अविदद् दक्षं मित्रो नवीयान्पपानो देवेभ्यो वस्यो अचैत् ।
ससवान्त्स्तौलाभिर्धौतरीभिरुरुष्या पायुरभवत्सखिभ्यः ।।७।।
ऋतस्य पथि वेधा अपायि श्रिये मनांसि देवासो अक्रन् ।
दधानो नाम महो वचोभिर्वपुर्दृशये वेन्यो व्यावः ।।८।।
द्युमत्तमं दक्षं धेह्यस्मे सेधा जनानां पूर्वीररातीः ।
वर्षीयो वयः कृणुहि शचीभिर्धनस्य सातावस्माँ अविड्ढि ।।९।।
इन्द्र तुभ्यमिन्मघवन्नभूम वयं दात्रे हरिवो मा वि वेनः ।
नकिरापिर्ददृशे मर्त्यत्रा किमंग रध्रचोदनं त्वाहुः ।।१०।।
मा जस्वने वृषभ नो ररीथा मा ते रेवतः सख्ये रिषाम ।
पूर्वीष्ट इन्द्र निष्षिधो जनेषु जह्यसुष्वीन्प्र वृहापृणतः ।।११।।
उदभ्राणीव स्तनयन्नियर्तीन्द्रो राधांस्यश्वयानि गव्या ।
त्वमसि प्रदिवः कारुधाया मा त्वादामान आ दभन्मघोनः ।।१2।।
अध्वर्यो वीर प्र महे सुतानामिन्द्राय भर स ह्यस्य राजा ।
यः पूर्व्याभिरुत नूतनाभिर्गीर्भिर्वावृधे गृणतामृषीणाम् ।।१३।।
अस्य मदे पुरु होषि मधुमन्तमस्मै सोमं वीराय शिप्रिणे पिबध्यै ।।१४।।
पाता सुतमिन्द्रो अस्तु सोमं हन्ता वृत्रं वज्रेण मन्दसानः ।
गन्ता यज्ञं परावतश्चिदच्छा वसुर्धीनामविता कारुधायाः ।।१५।।
इदं त्यत्पात्रमिन्द्रपानमिन्द्रस्य प्रियममृतमपायि ।
मत्सद्यथा सौमनसाय देवं व्य१स्मद् द्वेषां युयवद्व्यंहः ।।१६।।
एना मन्दानो जहि शूर शत्रुंजामिमजामिं मघवन्नमित्रान् ।
अभिषेणाँ अभ्या३ देदिशानान्पराच इन्द्र प्र मृणा जही च ।।१७।।
आसु ष्मा णो मघवन्निन्द्र पृत्स्व१ स्मभ्यं महि वरिवः सुगं कः ।
अपां तोकस्य तनयस्य जेष इन्द्र सूरीन्कृणुहि समा नो अर्धम् ।।१८।।
आ तवा हरयो वृषणो युजाना वृषरथासो वृषरश्मयोऽत्याः ।
अस्मत्रांचो वृषणो वज्रवाहो वृष्णे मदाय सुयुजो वहन्तु ।।१९।।
आ ते वृषन्वृषणो द्रोणमस्थुर्घृतप्रुषो नोर्मयो मदन्तः ।
इन्द्र प्र तुभ्यं वृषभिः सुतानां वृष्णे भरन्ति वृषभाय सोमम् ।।2०।।
वृषासि दिवो वृषभः पृथिव्या वृषा सिन्धूनां वृषभः स्तियानाम् ।
वृष्णे त इन्दुर्वृषभ पीपाय स्वादू रसो मधुपेयो वराय ।।2१।।
अयं देवः सहसा जायमान इन्द्रेण युजा पणिमस्तभायत् ।

अयं स्वस्य पितुरायुधानीन्दुरमुष्णादशिवस्य मायाः ।।22।।
अयमकृणोदुषसः सुपत्नीरयं सूर्ये अदधाज्ज्योतिरन्तः ।
अयं त्रिधातु दिवि रोचनेषु त्रितेषु विन्ददमृतं निगूळहम् ।।2३।।
अयं द्यावापृथिवी वि ष्कभायदयं रथमयुन्नक्सप्तरश्मिभ् ।
अयं गोषु शच्या पक्वमन्तः सोमो दाधार दशयन्त्रमुत्सम् ।।2४।।

ऋ. ६.४५.१–३०

य आनयत्परावतः सुनीती तुर्वशं यदुम्। इन्द्रः स नो युवा सखा ।।१।।
अविप्रे चिद्वयो दधदनाशुना चिदर्वता। इन्द्रो जेता हितं धनम् ।।2।।
महीरस्य प्रणीतयः पूर्वीरुत प्रशस्तयः। नास्य क्षीयन्त ऊतयः ।।३।।
सखायो ब्रह्मवाहसेऽर्चत प्र च गायत। स हि नः प्रमतिर्मही ।।४।।
त्वमेकस्य वृत्रन्नविता द्वयोरसि। उतेदृशे यथा वयम् ।।५।।
नयसीद्वति द्विषः कृणोष्युक्थशंसिनः। नृभिः सुवीर उच्यसे ।।६।।
ब्रह्माणं ब्रह्मवाहसं गीर्भिः सखायमृग्मियम्। गां न दोहसे हुवे ।।७।।
यस्य विश्वानि हस्तयोरूचुर्वसूनि निद्विता। वीरस्य पृतनाषहः ।।८।।
वि दृळहानि चिदद्रिवो जनानां शचीपते। वृह माया अनानत ।।६।।
तमु त्वा सत्ये सोमपा इन्द्र वजानां पते। अहूमहि श्रवस्यवः ।।१०।।
तमु त्वा यः पुरासिथ यो वा नूनं हिते धने। हव्यः स श्रुधी हवम्।।११।।
धीभिरर्वद्भिरर्वतो वाजाँ इन्द्र श्रवाय्यान्। त्वया जेष्म हितं धनम् ।।१2।।
अभूरु वीर गिर्वणो महाँ इन्द्र धने हिते। भरे वितन्तसाय्यः ।।१३।।
या त ऊतिरमित्रहन्मक्षूजवस्तमासति। तया नो हिनुही रथम् ।।१४।।
स रथेन रथीतमोऽस्माकेनाभियुग्वना। जेषि जिष्णो हितं धनम् ।।१५।।
य एक इत्तमु ष्टुहि कृष्टीनां विचर्षणिः। पतिर्जज्ञे वृषक्रतुः ।।१६।।
यो गृणतामिदासिथापिरूती शिवः सखा। स त्वं न इन्द्र मृळय ।।१७।।
धिष्व वज्रं गभस्त्यो रक्षोहत्याय वज्रिवः। सासहीष्ठा अभि स्पधः ।।१८।।
प्रत्नं रयीणां युजं सखायं कीरिचोदनम्। ब्रह्मवाहस्तमं हुवे ।।१६।।
स हि विश्वानि पार्थिवाँ एको वसूनि पत्यते। गिर्वणस्तमो अध्रिगुः ।।2०।।
स नो नियुद्भिरा पृण कामं वाजेभिरश्विभिः। गोमद्भिर्गोपते धृषत् ।।2१।।
तद्वो गाय सुते सचा पुरुहूताय सत्वने। शं यद् गवे न शाकिने ।।22।।
न घा वसूर्नि यमते दानं वाजस्य गोमतः। यत्सीमुप श्रवद् गिरः ।।2३।।
कुवित्सस्य प्र हि व्रजं गोमन्तं दस्युहा गमत्। शचीभिरप नो वरत्।।2४।।
इमा उ त्वा शतक्रतोऽभि प्र णोनुवुर्गिरः। इन्द्र वत्सं न मातरः ।।2५।।
दूणाशं सख्यं तव गौरसि वीर गव्यते। अश्वो अश्वायते भव ।।2६।।
स मन्दस्वा ह्यन्धसो राधसे तन्वा महे। न स्तोतारं निदे करः ।।2७।।
इमा उ त्वा सुतेसुते नक्षन्ते गिर्वणो गिरः। वत्सं गावो न धेनवः ।।2८।।
पुरूतमं पुरूणां स्तोतृणां विवाचि। वाजेभिर्वाचयताम् ।।2६।।
अस्माकमिन्द्र भूतु ते स्तोमो वाहिष्ठो अन्तमः। अस्मान् राये महे हिनु ।।३०।।

सा. ११५

तद्वो गाय सुतं सचा पुरुहूताय सत्वने। शं यद्गवे न शाकिने ।।१।।

सा. ३५७

त्यमु वो अप्रहणं गृणीषे शवसस्पतिम्। इन्द्रं विश्वासाहं नरं शचिष्ठं विश्ववेदसम् ।।६।।

सा. ८०६–८१०

त्वामिद्धि हवामहे सातौ वाजस्य कारवः ।
त्वा वृत्रेष्विन्द्र सत्पतिं नरस्त्वां काष्ठास्वर्वतः ।।१।।

स त्वं नश्चित्र वज्रहस्त धृष्णुया मह स्तवानो अद्रिवः ।
गामश्वं रथ्यमिन्द्र सं किर सत्रा वाजं न जिग्युषे ।।2।।

सा. १६६६–१६६८

तद्वो गाय सुते सचा पुरुहूताय सत्वने। शं यद्गवे न शाकिने ।।१।।
न घा वसुर्नि यमते दानं वाजस्य गोमतः। यत्सीमुपश्रवद्गिरः ।।2।।
कुवित्सस्य प्र हि व्रजं गोमन्तं दस्युहा गमत्। शचीभिरप नो वरत् ।।३।।

अ. 20.७८.१–३

तद् वो गाय सुते सचा पुरुहूताय सत्वने। शं यद् गवे न शाकिने ।।१।।
न घा वसुर्नि यमते दानं वाजस्य गोमतः। यत् सीमुप श्रवद् गिरः ।।2।।
कुवित्सस्य प्र हि व्रजं गोमन्तं दस्युहा गमत्। शचीभिरप नो वरत् ।।३।।

अ. 20.८०.१–2

इन्द्र ज्येष्ठं न आ भरँ ओजिष्ठं पपुरि श्रवः ।
येनेमे चित्र वज्रहस्त रोदसी ओभे सुशिप्र प्राः ।।१।।
त्वामुग्रमवसे चर्षणीसहं राजन् देवेषु हूमहे ।
विश्वा सु नो विथुरा पिब्दना वसोऽमित्रान् सुषहान् कृधि ।।2।।

अ. 20.८३.१–2

इन्द्र त्रिधातु शरणं त्रिवरूथं स्वस्तिमत् ।
छर्दिर्यच्छ मघवद्भ्यश्च मह्यं च यावया दिद्युमेभ्यः ।।१।।
ये गव्यता मनसा शत्रुमादभुरभिप्रघ्नन्ति धृष्णुया ।
अध स्मा नो मघवन्निन्द्र गिर्वणस्तनूपा अन्तमो भव ।।2।।

अ. 20.६८.१–2

त्वामिद्धि हवामहे साता वाजस्य कारवः ।
त्वां वृत्रेष्विन्द्र सत्पतिं नरस्त्वां काष्ठास्वर्वतः ।।१।।
स त्वं नश्चित्र वज्रहस्त धृष्णुया मह स्तवानो अद्रिवः ।
गामश्वं रथ्यमिन्द्र सं किर सत्रा वाजं न जिग्युषे ।।2।।

य. 2७.३७–३८

त्वामिद्धि हवामहे सातौ वाजस्य कारवः ।
त्वां वृत्रेष्विन्द्रं सतपतिं नरस्त्वां काष्ठास्वर्वतः ।।३७।।
स त्वं नश्चित्र वज्रहस्त धृष्णुया मह स्तवानोऽअद्रिवः ।
गामश्वं रथ्यमिन्द्र सं किर सत्रा वाजं न जिग्युषे ।।३८।।

22७. शंयुर् बार्हस्पत्यः (ऋसर्व. ६.४५.2८य ६.४६.१); भरद्वाजो बार्हस्पत्यः (साग्री. सास्वा. सार्षेदी.) – सा. 20१; 2३४; ५८६

सा. 20१

इमा उ त्वा सुतेसुते नक्षन्ते गिर्वणो गिरः। गावो वत्सं न धेनवः ।।८।।

सा. 2३४

त्वामिद्धि हवामहे सातौ वाजस्य कारवः। त्वां वृत्रेष्विन्द्र सत्पतिं नरस्त्वां काष्ठास्वर्वतः ।।2।।

सा. ५८६

इन्द्र ज्येष्ठं न आ भर ओजिष्ठं पुपुरि श्रवः। यद्दिधृक्षेम वज्रहस्त रोदसी उभे सुशिप्र पप्राः ।।१।।

22८. श्यावाश्वः – ऋ. ८.३६.१–७; ८.३७.१–७

ऋ. ८.३६.१–७

अवितासि सुन्वतो वृक्तबर्हिषः पिबा सोमं मदाय कं शतक्रतो ।
यं ते भागमधारयन्विश्वाः सेहानः पृतना उरु ज्रयः समप्सुजिन्मरुत्वाँ इन्द्र सत्पते ।।१।।
प्राव स्तोतारं मघवन्नव त्वां पिबा सोमं मदाय कं शतक्रतो ।

यं ते भागमधारयन् विश्वाः सेहानः पृतना उरु ज्रयः समप्सुजिन्मरुत्वाँ इन्द्र सत्पते ।।2।।
ऊर्जा देवाँ अवस्योजसा त्वां पिबा सोमं मदाय कं शतक्रतो ।
यं ते भागमधारयन् विश्वाः सेहानः पृतना उरु ज्रयः समप्सुजिन्मरुत्वाँ इन्द्र सत्पते ।।३।।
जनिता दिवो जनिता पृथिव्याः पिबा सोमं मदाय कं शतक्रतो ।
यं ते भागमधारयन् विश्वाः सेहानः पृतना उरु ज्रयः समप्सुजिन्मरुत्वाँ इन्द्र सत्पते ।।४।।
जनिताश्वानां जनिता गवामसि पिबा सोमं मदाय कं शतक्रतो ।
यं ते भागमधारयन् विश्वाः सेहानः पृतना उरु ज्रयः समप्सुजिन्मरुत्वाँ इन्द्र सत्पते ।।५।।
अत्रीणां स्तोमंमद्रिवो महस्कृधि पिबा सोमं मदाय कं शतक्रतो ।
यं ते भागमधारयन् विश्वाः सेहानः पृतना उरु ज्रयः समप्सुजिन्मरुत्वाँ इन्द्र सत्पते ।।६।।
श्यावाश्वस्य सुन्वतस्तथा शृणु यथाशृणोरत्रेः कर्माणि कृण्वतः ।
प्र त्रसदस्युमाविथ त्वमेक इन्नृषाह्य इन्द्र ब्रह्माणि वर्धयन् ।।७।।

ऋ. ८.३७.१–७

प्रेदं ब्रह्म वृत्रतूर्येष्वाविथ प्र सुन्वतः शचीपत इन्द्र विश्वाभिरूतिभिः ।
माध्यन्दिनस्य सवनस्य वृत्रहन्ननेद्य पिबा सोमस्य वज्रिवः ।।१।।
सेहान उग्र पृतना अभि द्रुहः शचीपत इन्द्र विश्वभिरूतिभिः ।
माध्यन्दिनस्य सवनस्य वृत्रहन्ननेद्य पिबा सोमस्य वज्रिवः ।।2।।
एकराळस्य भुवनस्य राजसि शचीपत इन्द्र विश्वाभिरूतिभिः ।
माध्यन्दिनस्य सवनस्य वृत्रहन्ननेद्य पिबा सोमस्य वज्रिवः ।।३।।
सस्थावाना यवयसि त्वमेक इच्छचीपत इन्द्र विश्वाभिरूतिभ्ङ्गिः ।
माध्यन्दिनस्य सवनस्य वृत्रहन्ननेद्य पिबा सोमस्य वज्रिवः ।।४।।
क्षेमस्य च प्रयुजश्च त्वमीशिषे शचीपत इन्द्र विश्वाभिरूतिभिः ।
माध्यन्दिनस्य सवनस्य वृत्रहन्ननेद्य पिबा सोमस्य वज्रिवः ।।५।।
क्षत्राय त्वमविस न त्वमाविथ शचीपत इन्द्र विश्वाभिरूतिभिः ।
माध्यन्दिनस्य सवनस्य वृत्रहन्ननेद्य पिबा सोमस्य वज्रिवः ।।६।।
श्यावाश्वस्य रेभतस्तथा शृणु यथाशृणोरत्रेः कर्माणि कृण्वतः ।
प्र त्रसदस्युमाविथ त्वमेक इन्नृषाह्य इन्द्र क्षत्राणि वर्धयन् ।।७।।

22६. श्रुष्टिगुः – अ. 20.११६.2

तुरण्यवो मधुमन्तं घृतश्चुतं विप्रासो अर्कमानृचुः ।
अस्मे रयिः पप्रथे वृष्ण्यं शवोऽस्मे सुवानास इन्दवः ।।2।।

2३०. श्रुष्टिगुः काण्वः (साग्री. सास्वा.ऋसर्व.) बालखिल्यः (सार्षेदी.) – ऋ. ८.५१.१–१०; सा. ३००; १६०६–१६१०

ऋ. ८.५१.१–१०

यथा मनौ सांवरणौ सोममिन्द्रापिबः सुतम् ।
नीपातिथौ मघवन् मेध्यातिथौ पुष्टिगौ श्रुष्टिगौ सचा ।।१।।
पार्षद्वाणः प्रस्कण्वं समसादयच्छयानं जिव्रिमुद्धितम् ।
सहस्राण्यसिषासद् गवामृषिस्त्वोतो दस्यवे वृकः ।।2।।
य उक्थेभिर्न विन्धते चिकिद्य ऋषिचोदनः ।
इन्द्रं तमच्छा वद नव्यस्या मत्यरिष्यन्तं न भोजसे ।।३।।
यस्मा अर्कं सप्तशीर्षाणमानृचुस्त्रिधातुमुत्तमे पदे ।
स त्विभ्मा विश्वा भुवनानि चिक्रददादिज्जनिष्ट पौंस्यम् ।।४।।
यो नो दाता वसूनामिन्द्रं तं हूमहे वयम् ।
विद्या ह्यस्य सुमतिं नवीयसीं गमेम गोमति व्रजे ।।५।।

Vedic Concordance of Mantras as per Devatā and Ṛṣi 443

यस्मै त्वं वसो दानाय शिक्षसि स रायस्पोषमश्नुते ।
तं त्वा वयं मघवन्निन्द्र गिर्वणः सुतावन्तो हवामहे ।।६।।
कदा चन स्तरीरसि नेन्द्र सश्चसि दाशुषे ।
उपोषेन्नु मघवन् भूय इन्नु ते दानं देवस्य पृच्यते ।।७।।
प्र यो ननक्षे अभ्योजसा क्रिविं वधैः शुष्णं निघोषयन् ।
यदेदस्तम्भीत्प्रथयन्नमूं दिवमादिज्जनिष्ट पार्थिवः ।।८।।
यस्यायं विश्व आर्यो दासः शेवधिपा अरिः ।
तिरश्चिदर्ये रुशमे पवीरवि तुभ्येत् सो अज्यते रयिः ।।६।।
तुरण्यवो मधुमन्तं घृतश्चुतं विप्रासो अर्कमानृचुः ।
अस्मे रयिः पप्रथे वृष्ण्यं शवोऽस्मे सुवानास इन्दवः ।।१०।।

सा. ३००

कदा चन स्तरीरसि नेन्द्र सश्चसि दाशुषे ।
अपोपेन्नु मघवन्भूय इन्नु ते दानं देवस्य पृच्यते ।।८।।

सा. १६०६–१६१०

यस्यायं विश्व आर्यो दासः शेवाधिपा अरिः ।
तिरश्चिदर्ये रुशमे पवीरवि तुभ्येत्सो अज्यते रयिः ।।१।।
तुरण्यवो मधुमन्तं घृतश्चुतं विप्रासो अर्कमानृचुः ।
अस्मे रयिः पप्रथे वृष्ण्यंशवोऽस्मे स्वानास इन्दवः ।।2।।

2३१. श्रुतकक्षः – सा. १2८

मा न इन्द्राभ्या३ दिशः सूरो अक्तुष्वा यमत्। त्वा युजा वनेम तत् ।।४।।

2३2. श्रुतकक्ष आंगिरसः – सा. १६६; ५६५

सा. १६६

इन्द्र इषे ददातु न ऋभुक्षणमृभु रयिम्। वाजी ददातु वाजिनम् ।।६।।

सा. ५६५

त्वमेतदधारयः कृष्णासु रोहिणीषु च। परुष्णीषु रुशत्पयः ।।१।।

2३३. श्रुतकक्ष आंगिरसः (साग्री. सार्षेदी.) श्रुतकक्ष सुकक्षो वा (ऋसर्व.) – ऋ. ८.६2.१–३३

पान्तमा वो अन्धस इन्द्रमभि प्र गायत। विश्वासाहं शतक्रतुं मंहिष्ठं चर्षणीनाम्।।१।।
पुरुहूतं पुरुष्टुतं गाथान्यं१ सनश्रुतम्। इन्द्र इति ब्रवीतन ।।2।।
इन्द्र इन्नो महानां दाता वाजानां नृतुः। महाँ अभि□वा यमत् ।।३।।
अपादु शिप्र्यन्धसः सुदक्षस्य प्रहोषिणः। इन्द्रोरिन्द्रो यवाशिरः ।।४।।
तम्वभि प्रार्चतेन्द्रं सोमस्य पीतये। तदिद्ध्यस्य वर्धनम् ।।५।।
अस्य पीत्वा मदानां देवो देवस्यौजसा। विश्वाभि भुवना भुवत् ।।६।।
त्यमु वः सत्रासाहं विश्वासु गीर्ष्वायतम्। आ च्यावयस्यूतये ।।७।।
युध्मं सन्तमनर्वाणं सोमपामनपच्युतम्। नरमवार्यक्रतुम् ।।८।।
शिक्षा ण इन्द्र राय आ पुरु विद्वाँ ऋचीषम। अवा नः पार्ये धने ।।६।।
अतश्चिदिन्द्र णा उपा याहि शतवाजया। इषा सहस्रवाजया ।।१०।।
अयाम धीवतो धियोऽर्वद्भिः शक्र गोदरे। जयेम पृत्सु वज्रिवः ।।११।।
वयमु त्वा शतक्रतो गावो न यवसेष्वा। उक्थेषु रणयामसि ।।१2।।
विश्वा हि मर्त्यत्वनानुकामा शतक्रतो। अगन्म वज्रिन्नाशसः ।।१३।।
त्वे सु पुत्र शवसोऽवृत्रन् कामकातयः। न त्वामिन्द्राति रिच्यते ।।१४।।
स नो वृषन्त्सनिष्ठया सं घोरया द्रवित्न्वा। धियाविड्ढि पुरन्ध्या ।।१५।।
यस्ते नूनं शतक्रतविन्द्र द्युम्नितमो मदः। तेन नूनं मदे मदेः ।।१६।।
यस्ते चित्रश्रवस्तमो य इन्द्र वृत्रहन्तमः। य ओजोदातमो मदः ।।१७।।

विद्या हि यस्ते अद्रिवस्त्वादत्तः सत्य सोमपाः। विश्वासु दस्म कृष्टिषु ।।१८।।
इन्द्राय मद्वने सुतं परि ष्टोभन्तु नो गिरः। अर्कमर्चन्तु कारवः ।।१६।।
यस्मिन् विश्वा अधि श्रियो रणन्ति सप्त संसदः। इन्द्रं सुते हवामहे ।।20।।
त्रिकद्रुकेषु चेतनं देवासो यज्ञमतनत। तमिद्वर्धन्तु नो गिरः ।।2१।।
आ त्वा विशन्त्विन्दवः समुद्रमिव सिन्धवः। न त्वामिन्द्राति रिच्यते ।।22।।
विव्यक्थ महिना वृषन्भक्षं सोमस्य जागृवे। य इन्द्र जठरेषु ते ।।2३।।
अरं त इन्द्र कुक्षये सोमो भवतु वृत्रहन्। अरं धामभ्य इन्दवः ।।2४।।
अरमश्वाय गायति श्रुतकक्षो अरं गवे। अरमिन्द्रस्य धाम्ने ।।2५।।
अरं हि ष्मा सुतेषु णः सोमेष्विन्द्र भूषसि। अरं ते शक्र दावने ।।2६।।
पराकात्ताच्चिदद्रिवस्त्वां नक्षन्त नो गिरः। अरं गमाम ते वयम् ।।2७।।
एवा ह्यसि वीरयुरेवा शूर उत स्थिरः। एवा ते राध्यं मनः ।।2८।।
एवा रातिस्तुवीमघ विश्वेभिर्धायि धातृभिः। अधा चिदिन्द्र मे सचा ।।2६।।
मो षु ब्रह्मेव तन्द्रयुर्भुवो वजानां पते। मत्स्वा सुतस्य गोमतः ।।३०।।
मा न इन्द्राभ्या३ दिशः सूरो अक्तुष्वा यमन्। त्वा युजा वनेम तत् ।।३१।।
त्वयेदिन्द्र युजा वयं प्रति ब्रवीमहि स्पृधः। त्वमस्माकं तव स्मसि ।।३2।।
त्वामिद्धि त्वायवोऽनुनोनुवतश्चरान्। सखाय इन्द्र कारवः ।।३३।।

2३४. श्रुतकक्ष आंगिरसः (साग्री. सास्वा.) श्रुतकक्ष (सार्षेदी.) श्रुतकक्ष सुकक्षो वा (ऋसर्व. ८.६2.१०; 22; 2५) – सा. ११८; १६७; 2१५

सा. ११८
अरमश्वाय गायत श्रुतकक्षारं गवे। अरमिन्द्रस्य धाम्ने ।।४।।

सा. १६७
आ त्वा विशन्त्विन्दवः समुद्रमिव सिन्धवः। न त्वामिन्द्राति रिच्यते ।।४।।

सा. 2१५
अतश्चिदिन्द्र न उपा याहि शतवाजया। इषा सहस्रवाजया ।।2।।

2३५. श्रुतकक्ष आंगिरसः (साग्री. सास्वा.)य श्रुतकक्षः (सार्षेदी.) सुकक्षः आंगिरसः (ऋसर्व. ८. ६३.७य ८) – सा. ११६; १४०

सा. ११६
तमिन्द्रं वाजयामसि महे वृत्राय हन्तवे। स वृषा वृषभो भुवत् ।।५।।

सा. १४०
बोधन्मना इदस्तु नो वृत्रहा भूर्यासुतिः। शृणोत शक्र आशिषम् ।।६।।

2३६. श्रुतकक्ष आंगिरसः (साग्री. सास्वा.) श्रुतकक्षः (सार्षेदी.) सुकक्षः (ऋसर्व. ८.६2.४; ८.६३.३४) – सा. १६६
इन्द्र इषे ददातु न ऋभुक्षणमृभु रयिम्। वाजी ददातु वाजिनम् ।।६।।

2३७. श्रुतकक्षः आंगिरसः (साग्री. सास्वा.) श्रुतकक्षः सुकक्षौ वा आंगिरसः (ऋसर्व. ८.६2.2८) मधुच्छन्दा (सार्षेदी.) – सा. 2३2
एवा ह्यसि वीरयुरेवा शूर उत स्थिरः। एवा ते राध्यं मनः ।।१०।।

2३८. श्रुतकक्षः (सार्षेदी.) श्रुतकक्षः सुकक्षो वा आंगिरसः (साग्री. सास्वा.) – सा. ११६; १५८; १७०; १७३; १८८; 2१३

सा. ११६
यस्ते नूनं शतक्रतविन्द्र द्युनितमो मदः। तेन नूनं मदेमदेः ।।2।।

सा. १५८
इन्द्राय मद्वने सुतं परि ष्टोभन्तु नो गिरः। अर्कमर्चन्तु कारवः ।।४।।

सा. १७०

त्यमु वः सत्रासाहं विश्वासु गीर्ष्वायतम्। आ च्यावयस्यूतये ।।६।।

सा. १७३

भद्रंभद्रं न आ भरेषमूर्जं शतक्रतो। यदिन्द्र मृडयासि ।।६।।

सा. १८८

अया धिया च गव्यया पुरुणामन्पुरुष्टुत। यत्सोमेसोम आभुवः ।।४।।

सा. 2१३

तुभ्यं सुतासः सोमाः स्तीर्णं बर्हिर्विभावसो। स्तोतृभ्य इन्द्र मृडय ।।१०।।

२३९. श्रुतकक्षः सुकक्षो वा – अ. 20.११0.१–३

इन्द्राय मद्वने सुतं परि ष्टोभन्तु नो गिरः। अर्कमर्चन्तु कारवः ।।१।।
यस्मिन् विश्वा अधि श्रियो रणन्ति सप्त संसदः। इन्द्रं सुते हवामहे ।।2।।
त्रिकद्रुकेषु चेतनं देवासो यज्ञमत्नत। तमिद् वर्धन्तु नो गिरः ।।३।।

२४०. श्रुतकक्षः सुकक्षो वा आंगिरसः – सा. १५५; ७१३–७१५; ७22–७2४; १६४2–१६४४; १६६०–१६६2

सा. १५५

पान्तमा वो अन्धस इन्द्रमभि प्र गायत। विश्वासाहं शतक्रतुं मं हिष्ठं चर्षणीनाम् ।।१।।

सा. ७१३–७१५

पान्तमा वो अन्धस इन्द्रमभि प्र गायत। विश्वासाहं शतक्रतुं मंहिष्ठं चर्षणीनाम् ।।१।।
पुरुहूतं पुरुष्टुतं गाथान्यां३ सनश्रुतम्। इन्द्र इति ब्रवीतन ।।2।।
इन्द्र इन्नो महोनां दाता वाजानां नृतुः। महाँ अभिज्ञ्वा यमत् ।।३।।

सा. ७22–७2४

इन्द्राय मद्वने सुतं परि ष्टोभन्तु नो गिरः। अर्कमर्चन्तु कारवः ।।१।।
यस्मिन्विश्वा अधि श्रियो रणन्ति सप्त संसदः। इन्द्रं सुते हवामहे ।।2।।
त्रिकद्रुकेषु चेतनं देवासो यज्ञमत्नत। तमिद्वर्धन्तु नो गिरः ।।३।।

सा. १६४2–१६४४

त्यमु वः सत्रासाहं विश्वासु गीर्ष्वायतम्। आ च्यावयस्यूतये ।।१।।
युध्मं सन्तमनर्वाणं सोमपामनपच्युतम्। नरमवार्यक्रतुम् ।।2।।
शिक्षा ण इन्द्र राय आ पुरु विद्वाँ ऋचीषम्। अवा नः पार्ये धने ।।३।।

सा. १६६०–१६६2

आ त्वा विशन्त्विन्दवः समुद्रमिव सिन्धवः। न त्वमिन्द्राति रिच्यते ।।१।।
विव्यक्थ महिना वृषन्भक्षं सोमस्य जागृवे। य इन्द्र जठरेषु ते ।।2।।
अरं त इन्द्र कुक्षये सोमो भवतु वृत्रहन्। अरं धामभ्य इन्दवः ।।३।।

२४१. सप्तगुरांगिरसः – सा. ३१७

जगृह्मा ते दक्षिणमिन्द्र हस्तं वसूयवो वसुपते वसूनाम् ।
विद्या हि त्वा गोपतिं शूर गोनामस्मभ्यं चित्रं वृषणं रयिं दाः ।।५।।

२४2. सरस्वती – य. 2८.2५–2८; ३2; ३३; ३५–४६

य. 2८.2५–2८

होता यक्षत्तनूनपातमुद्भिदं यं गर्भमदितिर्दधे शुचिमिन्द्रं वयोधसम् ।
उष्णिहं छन्दऽइन्द्रियं दित्यवाहं गां वयो दधद्वेत्ववाज्यस्य होतर्यज ।।2५।।
होता यक्षदीडेन्यमीडितं वृत्रहन्तममिडाभिरीड्यं सहः सोममिन्द्रं वयोधसम् ।
अनुष्टुभं छन्दऽइन्द्रियं पंचाविं गां वयो दधद्वेत्वाज्यस्य होतर्यज ।।2६।।
होता यक्षत्सुबीर्हषं पूषण्वन्तममर्त्यं सीदन्तं बर्हिषि प्रियेऽमृतेन्द्रं वयोधसम् ।
बृहतीं छन्दऽइन्द्रियं त्रिवत्सं गां वयो दधद्वेत्वाज्यस्य होतर्यज ।।2७।।

होता यक्षद्व्यचस्वतीः सुप्रायणाऽऋतावृधो द्वारो देवीर्हिरण्ययीर्ब्रह्मणमिन्द्रं वयोधसम् । पङ्क्ति छन्दऽइहेन्द्रियं तुर्यवाहं गां वयो दधद्व्यन्त्वाज्यस्य होतर्यज ।।2८।।

य. 2८.३2–३३

होता यक्षत्सुरेतसं त्वष्टारं पुष्टिवर्द्धनं रूपाणि बिभ्रतं पृथक् पुष्टिमिन्द्रं वयोधसम् ।
द्विपदं छन्दऽइन्द्रियमुक्षाणं गां न वयो दधद्वेत्वाज्यस्य होतर्यज ।।३2।।
होता यक्षद्वनस्पतिं शमितारं शतक्रतुं हिरण्यपर्णमुक्थिनं रशनां बिभ्रतं वशिं भगमिन्द्रं वयोधसम्।
ककुभं छन्दऽइहेन्द्रियं वशां वेहतं गां वयो दधद्वेत्वाज्यस्य होतर्यज ।।३३।।

य. 2८.३५–४६

देवं बर्हिर्वयोधसं देवमिन्द्रमवर्द्धयत्।
गायत्र्या छन्दसेन्द्रियं चक्षुरिन्द्रे वयो दधद्वसुवने वसुधेयस्य वेतु यज ।।३५।।
देवीर्द्वारो वयोधसं शुचिमिन्द्रमवर्द्धयन्।
उष्णिहा छन्दसेन्द्रियं प्राणमिन्द्रे वयो दधद्वसुवने वसुधेयस्य व्यन्तु यज ।।३६।।
देवीऽउषासानक्त देवमिन्द्रं वयोधसं देवीदेवमवर्द्धताम्।
अनुष्टुभा छन्दसेन्द्रियं बलमिन्द्रे वयो दधद्वसुवने वसुधेयस्य वीतां यज ।।३७।।
देवी जोष्ट्री वसुधिती देवमिन्द्रं वयोधसं देवी दवमवर्द्धताम्।
बृहत्या छन्दसेन्द्रियं श्रोत्रमिन्द्रे वयो दधद्वसुवने वसुधेयस्य वीतां यज ।।३८।।
देवीऽऊर्जाहुती दुघे सुदुघे पयसेन्द्रं वयोधसं देवी देवमवर्द्धताम्।
पङ्क्त्या छनदसेन्द्रियं शुक्रमिन्द्रे वयो दधद्वसुवने। वसुधेयस्य वीतां यज ।।३६।।
देवा दैव्या होतारा देवमिन्द्रं वयोधसं देवौ देवमवर्द्धताम्।
त्रिष्टुभा छन्दसेन्द्रियं त्विषिमिन्द्रे वयो दधद्वसुवने वसुधेयस्य वीतां यज ।।४०।।
देवीस्तिस्रस्तिस्रो देवीर्वयोधसं पतिमिन्द्रमवर्द्धयन्।
जगत्या छन्दसेन्द्रियं शूषमिन्द्रे वयो दधद्वसुवने वसुधेयस्य व्यन्तु यज ।।४१।।
देवो नराशंसो देवमिन्द्रं वयोधसं देवो देवमवर्द्धयत्।
विराजा छन्दसेन्द्रियं रूपमिन्द्रे वयो दधद्वसुवने वसुधेयस्य वेतु यज ।।४2।।
देवो वनस्पतिर्देवमिन्द्रं वयोधसं देवो देवमवर्द्धयत्।
द्विपदा छन्दसेन्द्रियं भगमिन्द्रे वयो दधद्वसुवने वसुधेयस्य वेतु यज ।।४३।।
देवं बर्हिर्वारितीनां देवमिन्द्रं वयोधसं देवं देवमवर्द्धयत्।
ककुभा छन्दसेन्द्रियं यशऽइन्द्रे वयो दधद्वसुवने वसुधेयस्य वेतु यज ।।४४।।
देवोऽअग्निः स्विष्टकृद्देवमिन्द्रं वयोधसं देवो देवमवर्द्धयत्।
अतिच्छन्दसा छन्दसेन्द्रियं क्षत्रमिन्द्रे वयो दधद्वसुवने वसुधेयस्य वेतु यज ।।४५।।
अग्निमद्य होतारमवृणीतायं यजमानः पचन् पक्तीः पचन् पुरोडाशं बध्नन्निन्द्राय वयोधसे छागम्।
सूपस्थाऽअद्य देवो वनस्पतिरभवदिन्द्राय वयोधसे छागेन।
अघत्तं मेदस्तः प्रतिपचताग्रभीदवीवृधत्पुरोडाशेन त्वामद्यऽऋषे ।।४६।।

2४३. सव्यः – अ. 20.21.1–11

न्यू३षु वाचं प्र महे भरामहे गिर इन्द्राय सदने विवस्वतः ।
नू चिद्धि रत्नं ससमतामिवाविदन्न दुष्टुतिर्द्रविणोदेषु शस्यते ।।1।।
दुरो अश्वस्य दुर इन्द्र गोरसि दुरो यवस्य वसुन इनस्पतिः ।
शिक्षानरः प्रदिवो अकामकर्शनः सखा सखिभ्यस्तमिदं गृणीमसि ।।2।।
शचीव इन्द्र पुरुकृद्द्युमत्तम तवेदिदमभितश्चेकिते वसु ।
अतः संगृभ्याभिभूत आ भर मा त्वायतो जरितुः काममूनयीः ।।३।।
एभिर्द्युभिः सुमना एभिरिन्दुभिर्निरुन्धानो अमतिं गोभिरश्विना ।
इन्द्रेण दस्युं दरयन्त इन्दुभिर्युतद्वेषसः समिषा रभेमहि ।।४।।
समिन्द्र राया समिषा रभेमहि सं वाजेभिः पुरुश्चन्द्रैरभिद्युभिः ।

सं देव्या प्रमत्या वीरशुष्मया गोअग्रयाश्वावत्या रभेमहि ।।५।।
ते त्वा मदा अमदन्तानि वृष्ण्या ते सोमासो वृत्रहत्येषु सत्पते ।
यत्कारवे दश वृत्राण्यप्रति बर्हिष्मते नि सहस्राणि बर्हयः ।।६।।
युधा युधमुप घेदेषि धृष्णुया पुरा पुरं समिदं हंस्योजसा ।
नम्या यदिन्द्र सख्या परावति निबर्हयो नमुचिं नाम मायिनम् ।।७।।
त्वं करंजमुत पर्णयं वधीस्तेजिष्ठयातिथिग्वस्य वर्तनी ।
त्वं शता वङ्गृदस्याभिनत्पुरोऽनानुदः परिषूता ऋजिश्वना ।।८।।
त्वमेतां जनरज्ञो द्विर्दशाबन्धुना सुश्रवसोपजग्मुषः ।
षष्टिं सहस्रा नवतिं नव श्रुतो नि चक्रेण रथ्या दुष्पदावृणक् ।।६।।
त्वमाविथ सुश्रवसं तवोतिभिस्तव त्रामभिरिन्द्र तूर्वयाणम् ।
त्वमस्मै कुत्समतिथिग्वमायुं महे राज्ञे यूने अरन्धनायः ।।१०।।
य उदृचीन्द्र देवगोपाः सखायस्ते शिवतमा असाम ।
त्वां स्तोषाम त्वया सुवीरा द्राघीय आयुः प्रतरं दधानाः ।।११।।

२४४. सव्य आंगिरसः – ऋ. १.५१.१–१५; १.५2.१–१५; १.५३.१–११; १.५४ १–११; १.५५. १–८; १.५६.१–६; १.५७.१–६; सा. ३७३; ३७६–३७७

ऋ. १.५१.१–१५

अभि त्यं मेषं पुरुहूतमृग्मियमिन्द्रं गीर्भिर्मदता वस्वो अर्णवम् ।
यस्य द्यावो न विचरन्ति मानुषा भुजे मंहिष्ठमभि विप्रमर्चत ।।१।।
अभीमवन्वन्त्स्वभिष्टिमूतयोऽनतरिक्षप्रां तविषीभिरावृतम् ।
इन्द्रं दक्षास ऋभवो मदच्युतं शतक्रतुं जवनी सूनृतारुहत् ।।2।।
त्वं गोत्रमङ्गिरोभ्योऽवृणोरपोतात्रये शतदुरेषु गातुवित् ।
ससेन चिद्विमदायावहो वस्वाजावद्रिं वावसानस्य नर्तयन् ।।३।।
त्वमपामपिधानावृणोरपाधारयः पर्वते दानुमद्वसु ।
वृत्रं यदिन्द्र शवसावधीरहिमादित्सूर्यं दिव्यारोहयो दृशे ।।४।।
त्वं मायाभिरप मायिनोऽधमः स्वधाभिर्ये अधि शुप्तावजुह्वत ।
त्वं पिप्रोर्नृमणः प्रारुजः पुरः प्र ऋजिश्वानं दस्युहत्येष्वाविथ ।।५।।
त्वं कुत्सं शुष्णहत्येष्वाविथारन्धयोऽतिथिग्वाय शम्बरम् ।
महान्तं चिदर्बुदं नि क्रमीः पदा सनादेव दस्युहत्याय जज्ञिषे ।।६।।
त्वे विश्वा तविषी सध्र्यग्घिता तव राधः सोमपीथाय हर्षते ।
तव वज्रश्चिकिते बाह्वोर्हितो वृश्चा शत्रोरव विश्वानि वृष्ण्या ।।७।।
वि जानीह्यार्यान्ये च दस्यवो बर्हिष्मते रन्धया शासदव्रतान् ।
शाकी भव यजमानस्य चोदिता विश्वेत्ता ते सधमादेषु चाकन ।।८।।
अनुव्रताय रन्धयन्नपव्रतानाभूभिरिन्द्रः श्नथयन्ननाभुवः ।
वृद्धस्य चिद्वर्धतो द्यामिनक्षतः स्तवानो वम्रो वि जघान संदिहः ।।६।।
तक्षद्यत्त उशना सहसा सहो वि रोदसी मज्मना बाधते शवः ।
आ त्वा वातस्य नृमणो मनोयुज आ पूर्यमाणमवहन्नभि श्रवः ।।१०।।
मन्दिष्ट यदुशने काव्ये सचाँ इन्द्रो वङ्कू वङ्कुतराधि तिष्ठति ।
उग्रो ययिं निरपः स्रोतसासृजद्वि शुष्णस्य दृंहिता ऐरयत्पुरः ।।११।।
आ स्मा रथं वृषपाणेषु तिष्ठसि शार्यातस्य प्रभृता येषु मन्दसे ।
इन्द्र यथा सुतसोमेषु चाकनोऽनर्वाणं श्लोकमा रोहसे दिवि ।।१2।।
अददा अर्भां महते वचस्यवे कक्षीवते वृचयामिन्द्र सुन्वते ।
मेनाभवो वृषणश्वस्य सुक्रतो विश्वेत्ता ते सवनेषु प्रवाच्या ।।१३।।
इन्द्रो अश्रायि सुध्यो निरेके पज्रेषु स्तोमो दुर्यो न यूपः ।

अश्वयुर्गव्यु रथयुर्वसूयुरिन्द्र इद्रायः क्षयति प्रयन्ता ।।१४।।
इदं नमो वृषभाय स्वराजे सत्यशुष्माय तवसेऽवाचि ।
अस्मिन्निन्द्र वृजने सर्ववीराः स्मत्सूरिभिस्तव शर्मन्त्स्याम ।।१५।।

ऋ. १.५2.१–१५

त्यं सु मेषं महया स्वर्विदं शतं यस्य सुभवः साकमीरते ।
अत्यं न वाजं हवनस्यदं रथमेन्द्रं ववृतयामवसे सुवृक्तिभिः ।।१।।
स पर्वतो न धरुणेष्वच्युतः सहस्रमूतिस्तविषीषु वावृधे ।
इन्द्रो यद्वृत्रमवधीन्नदीवृतमुब्जन्नर्णांसि जर्हृषाणो अन्धसा ।।2।।
स हि द्वरो द्वरिषु वव्र ऊधनि चन्द्रबुध्नो मदवृद्धो मनीषिभिः ।
इन्द्र तमह्वे स्वपस्यया धिया मंहिष्ठरातिं स हि पप्रिरन्धसः ।।३।।
आ यं पृणन्ति दिवि सद्यबर्हिषः समुद्रं न सुभ्व१ः स्वा अभिष्टयः ।
तं वृत्रहत्ये अनु तस्थुरूतयः शुष्मा इन्द्रमवाता अह्रुतप्सवः ।।४।।
अभि स्ववृष्टिँ मदे अस्य युध्यतो रघ्वीरिव प्रवणे सस्रुरूतयः ।
इन्द्रा यद्वज्री धृषमाणे अन्धसा भिनद्वलस्य परिधीँरिव त्रितः ।।५।।
परीं घृणा चरति तित्विषे शवोऽपो वृत्वी रजसो बुध्नमाशयत् ।
वृत्रस्य यत्प्रवणे दुर्गृभिश्वनो निजघन्थ हन्वोरिन्द्र तन्यतुम् ।।६।।
ह्रदं न हि त्वा न्यृषन्त्यूर्मयो ब्रह्माणीन्द्र तव यानि वर्धना ।
त्वष्टा चित्ते युज्यं शवस्ततक्ष वज्रमभिभूत्योजसम् ।।७।।
जघन्वाँ उ हरिभिः संभृतक्रतविन्द्र वृत्रं मनुषे गातुयन्नपः ।
अयच्छथा बाह्वोर्वज्रमायसमधारयो दिव्या सूर्यं दृशे ।।८।।
बृहत्स्वश्चन्द्रममवद्यदुक्थ्य१मकृण्वत भियसा रोहणं दिवः ।
यन्मानुषप्रधना इन्द्रभूतयः स्वर्नृषाचो मरुतोऽमदन्ननु ।।९।।
द्यौश्चिदस्यामवाँ अहेः स्वनादयोयवीद्भियसा वज्र इन्द्र ते ।
वृत्रस्य यद्बद्बधानस्य रोदसी मदे सुतस्य शवसाभिनच्छिरः ।।१०।।
यदिन्विन्द्र पृथिवी दशभुजिरहानि विश्वा ततनन्त कृष्टयः ।
अत्राह ते मघवन्विश्रुतं सहो द्यामनु शवसा बर्हणा भुवत् ।।११।।
त्वमस्य पारे रजसो व्योमनः स्वभूतयोजा अवसे धृषन्मनः ।
चकृषे भूमिं प्रतिमानमोजसोऽपः स्वः परिभूरेष्या दिवम् ।।१2।।
त्वं भुवः प्रतिमानं पृथिव्या ऋष्ववीरस्य बृहतः पतिर्भूः ।
विश्वमाप्रा अन्तरिक्षं महित्वा सत्यमद्धा नकिरन्यस्त्वावान् ।।१३।।
न यस्य द्यावापृथिवी अनु व्यचो न सिन्धवो रजसो अन्तमानशुः ।
नोत स्ववृष्टिं मदे अस्य युध्यत एको अन्यच्चकृषे विश्वमानुषक् ।।१४।।
आर्चन्नत्र मरुतः सस्मिन्नाजौ विश्वे देवासो अमदन्ननु त्वा ।
वृत्रस्य यद् भृष्टिमता वेधन नि त्वमिन्द्र प्रत्यानं जघन्थ ।।१५।।

ऋ. १.५३.१–११

न्यू१षु वाचं प्र महे भरामहे गिर इन्द्राय सदने विवस्वतः ।
नू चिद्धि रत्नं ससतामिवाविदन्न दुष्टुतिर्द्रविणोदेषु शस्यते ।।१।।
दुरो अश्वस्य दुर इन्द्र गोरसि दुरो यवस्य वसुन इनस्पतिः ।
शिक्षानरः प्रदिवो अकामकर्शनः सखा सखिभ्यस्तमिदं गृणीमसि ।।2।।
शचीव इन्द्र पुरुकृद्द्युमत्तम तवेदिदमभितश्चेकिते वसु ।
अतः संगृभ्याभिभूत आ भर मा त्वायतो जरितुः काममूनयीः ।।३।।
एभिर्द्युभिः सुमना एभिरिन्दुभिर्निरुन्धानो अमतिं गोभिरश्विना ।
इन्द्रेण दस्युं दरयन्त इन्दुभिर्युतद्वेषसः समिषा रभेमहि ।।४।।

समिन्द्र राया समिषा रभेमहि सं वाजेभिः पुरुश्चन्द्रैरभिद्युभिः ।
सं देव्या प्रमत्या वीरशुष्मया गोअग्रयाश्वावत्या रभेमहि ।।५।।
ते त्वा मदा अमदन्तानि वृष्ण्या ते सोमासो वृत्रहत्येषु सत्पते ।
यत्कारवे दश वृत्राण्यप्रति बर्हिष्मते नि सहस्राणि बर्हयः ।।६।।
युधा युधमुप घेदेषि धृष्णुया पुरा पुरं समिदं हंस्योजसा ।
नम्या यदिन्द्र सख्या परावति निबर्हयो नमुचिं नाम मायिनम् ।।७।।
त्वं करंजमुत पर्णयं वधीस्तेजिष्ठयातिथिग्वस्य वर्तनी ।
त्वं शता वङ्गृदस्याभिनत्पुरोऽनानुदः परिषूता ऋजिश्वना ।।८।।
त्वमेतांजनराज्ञो द्विर्दशबान्धुना सुश्रवसोपजग्मुषः ।
षष्टिं सहस्रा नवतिं नव श्रुतो नि चक्रेण रथ्या दुष्पदावृणक् ।।९।।
त्वमाविथ सुश्रवसं तवोतिभिस्तव त्रामभिरिन्द्र तूर्वयाणम् ।
त्वमस्मै कुत्समतिथिग्वमायुं महे राज्ञे यूने अरन्धनायः ।।१०।।
य उदृचीन्द्र देवगोपाः सखायस्ते शिवतमा असाम ।
त्वां स्तोषाम त्वया सुवीरा द्राघीय आयुः प्रतरं दधानाः ।।११।।

ऋ. १.५४.१—११

मा नो अस्मिन्मघवन्पृत्स्वंहसि नाहि ते अन्तः शवसः परीणशे ।
अक्रन्दयो नद्यो३रोरुवद्वना कथा न क्षोणीर्भियसा समारत ।।१।।
अर्चा शक्राय शाकिने शचीवते शृण्वन्तमिन्द्रं महयन्नभि ष्टुहि ।
यो धृष्णुना शवसा रोदसी उभे वृषा वृषत्वा वृषभो न्यृंजते ।।2।।
अर्चा दिवे बृहते शुष्यृंवचः स्वक्षत्रं यस्य धृषतो धृषन्मनः ।
बृहच्छ्रवा असुरो बर्हणा कृतः पुरो हरिभ्यां वृषभो रथो हि षः ।।३।।
त्वं दिवो बृहतः सानु कोपयोऽव त्मना धृषता शम्बरं भिनत् ।
यन्मायिनो व्रन्दिनो मन्दिना धृषच्छितां गभस्तिमशनिं पृत्यसि ।।४।।
नि यद्वृणक्षि श्वसनस्य मूर्धनि शुष्णय चिद् व्रन्दिनो रोरुवद्वना ।
प्राचीनेन मनसा बर्हणावता यदृद्या चित्कणवः कस्त्वा परि ।।५।।
त्वमाविथ नर्यं तुर्वशं यदुं त्वं तुर्वीतिं वय्यं शतक्रतो ।
त्वं रथमेतशं कृत्व्ये धने त्वं पुरो नवतिं दम्भयो नव ।।६।।
स घा राजा सत्पतिः शूशुवज्जनो रातहव्यः प्रति यः शासमिन्वति ।
उक्था वा यो अभिगृणाति राधसा दानुरस्मा उपरा पिन्वते दिवः ।।७।।
असमं क्षत्रमसमा मनीषा प्रसोमपा अपसा सन्तु नेमे ।
ये त इन्द्र ददुषो वर्धयन्ति महि क्षत्रं स्थविरं वृष्ण्यं च ।।८।।
तुभ्येदेते बहुला अद्रिदुग्धाश्चमूषदश्चमसा इन्द्रपानाः ।
व्यश्नुहि तर्पया काममेषामथा मनो वसुदेयाय कृष्व ।।९।।
अपामतिष्ठद्धरुणह्वरं तमोऽन्तर्वृत्रस्य जठरेषु पर्वतः ।
अभीमिन्द्रो नद्यो वव्रिणा हिता विश्वा अनुष्ठाः प्रवणेषु जिघ्नते ।।१०।।
स शेवृधमधि धा द्युम्नमस्मे महि क्षत्रं जनाषाळिन्द्र तव्यम् ।
रक्षा च नो मघोनः पाहि सूरीन् राये च नः स्वपत्या इषे धाः ।।११।।

ऋ. १.५५.१—८

दिवश्चिदस्य वरिमा वि पप्रथ इन्द्रं न मह्ना पृथिवी चन प्रति ।
भीमस्तुविष्मांचर्षणिभ्य आतपः शिशीते वज्रं तेजसे न वंसगः ।।१।।
सो अर्णवो न नद्यः समुद्रियः प्रति गृभ्णाति विश्रिता वरीमभिः ।
इन्द्रः सोमस्य पीतये वृषायते सनात्स युध्म ओजसा पनस्यते ।।2।।
त्वं तमिन्द्र पर्वतं न भोजसे महो नृम्णस्य धर्मणामिरज्यसि ।

प्र वीर्येण देवताति चेकिते विश्वस्मा उग्रः कर्मणे पुरोहितः ।।३।।
स इद्वने नमस्युभिर्वचस्यते चारु जनेषु प्रब्रुवाण इन्द्रियम् ।
वृषा छन्दुर्भवति हर्यतो वृषा क्षेमेण धेनां मघवा यदिन्वति ।।४।।
स इन्महानि समिथानि मज्मना कृणोति युध्म ओजसा जनेभ्यः ।
अधा चन श्रद्दधति त्विषीमत इन्द्राय वज्रं निघन्घ्निते वधम् ।।५।।
स हि श्रवस्युः सदनानि कृत्रिमा क्ष्मया वृधान ओजसा विनाशयन् ।
ज्योतींषि कृण्वन्नवृकाणि यज्यवेऽव सुक्रतुः सर्तवा अपः सृजत् ।।६।।
दानाय मनः सोमपावन्नस्तु तेऽर्वांचा हरी वन्दनश्रुदा कृधि ।
यमिष्ठासः सारथयो य इन्द्र ते न त्वा केता आ द भ्नुवन्ति भूर्णयः ।।७।।
अप्रक्षितं वसु बिभर्षि हस्तयोरषळहं सहस्तन्वि श्रुतो दधे ।
आवृतासोऽवतासो न कर्तृभिस्तनूषु ते क्रतव इन्द्र भूरयः ।।८।।

ऋ. १.५६.१–६

एष प्र पूर्वीरव तस्य चम्रिषोऽत्यो न योषामुदयंस्त भुर्वणिः ।
दक्षं महे पाययते हिरण्ययं रथमावृत्या हरियोगमृभ्वसम् ।।१।।
तं गूर्तवो नेमन्निषः परीणसः समुद्रं न संचरणे सनिष्यवः ।
पतिं दक्षय विदथस्य नू सहा गिरिं न वेना अधि रोह तेजसा ।।2।।
स तुर्वणिर्महाँ अरेणु पौंस्यो गिरेर्भृष्टिर्न भ्राजते तुजा शवः ।
येन शुष्णं मयिनमायसो मदे दुध्र आभूषु रामयन्नि दामनि ।।३।।
देवी यदि तविषी त्वावृधोतय इन्द्रं सिषक्त्युषसं न सूर्यः ।
यो धृष्णुना शवसा बाधते तम इयर्ति रेणुं बृहदर्हरिष्वणिः ।।४।।
वि यतिरो धरुणमच्युतं रजोऽतिष्ठिपो दिव आतासु बर्हणा ।
स्वर्मीळहे यन्मद इन्द्र हर्ष्याहन्वृत्रं निरपामौब्जो अर्णवम् ।।५।।
त्वं दिवो धरुणं धिष ओजसा पृथिव्या इन्द्र सदनेषु माहिनः ।
त्वं सुतस्य मदे अरिणा अपो वि वृत्रस्य समया पाष्यारुजः ।।६।।

ऋ. १.५७.१–६

प्र मंहिष्ठाय बृहते बृहद्रये सत्यशुष्माय तवसे मतिं भरे ।
अपाभिव प्रवणे यस्य दुर्धरं राधो विश्वायु शवसे अपावृतम् ।।१।।
अध ते विश्वमनु हासदिष्टय आपो निम्नेव सवना हविष्मतः ।
यत्पर्वते न समशीत हर्यत इन्द्रस्य वज्रः श्नथिता हिरण्ययः ।।2।।
अस्मै भीमाय नमसा समध्वर उषो न शुभ्र आ भरा पनीयसे ।
यस्य धाम श्रवसे नामेन्द्रियं ज्योतिरकारि हरितो नायसे ।।३।।
इमे त इन्द्र ते वयं पुरुष्टुत ये त्वारभ्य चरामसि प्रभूवसो ।
नहि त्वदन्यो गिर्वणो गिरः सघत्क्षोणीरिव प्रति नो हर्य तद्वचः ।।४।।
भूरि त इन्द्र वीर्य१ तव समस्यस्य स्तोतुर्मघवन्काममा पृण ।
अनु ते द्यौर्बृहती वीर्यं मम इयं च ते पृथिवी नेम ओजसे ।।५।।
त्वं तमिन्द्र पर्वतं महामुरुं वज्रेण वज्रिन्पर्वशश्चकर्तिथ ।
अवासृजो निवृताः सर्तवा अपः सत्रा विश्वं दधिषे केवलं सहः ।।६।।

सा. ३७३

इमे त इन्द्र ते वयं पुरुष्टुत ये त्वारभ्य चरामसि प्रभूवसो ।
न हि त्वदन्यो गिर्वणो गिरः सघत्क्षोणीरिव प्रति तद्धर्य नो वचः ।।४।।

सा. ३७६–३७७

अभि त्यं मेषं पुरुहूतमृग्मियमिन्द्रं गीर्भिर्मदता वस्वो अर्णवम् ।
यस्य द्यावो न विचरन्ति मानुषं भुजे मंहिष्ठमभि विप्रमर्चत ।।७।।

त्यंसु मेषं महया स्वर्विदं शतं यस्य सुभुवः साकमीरते ।
अत्यं न वाजं हवनस्यदं रथमिन्द्रं ववृत्यामवसे सुवृक्तिभिः ।।८।।

२४५. सुकक्षः – अ. 20.७.१–३; 20.४७.१–३; 20.११2.१–३; 20.१३७.१2–१४

अ. 20.७.१–३

उद् घेदभि श्रुतामघं वृषभं नर्यापसम्। अस्तारमेषि सूर्य ।।१।।
नव यो नवतिं पुरो बिभेद वाह्वोजसा। अहिं च वृत्रहावधीत् ।।2।।
स न इन्द्रः शिवः सखाश्वावद् गोमद् यवमत्। उरुधारेव दोहते ।।३।।

अ. 20.४७.१–३

तमिन्द्रं वाजयामसि महे वृत्राय हन्तवे। स वृषा वृषभो भुवत् ।।१।।
इन्द्रः स दामने कृत ओजिष्ठः स मदे हितः। द्युम्नी श्लोकी स सोम्यः ।।2।।
गिरा वज्रो न संभृतः सबलो अनपच्युतः। ववक्ष ऋष्वो अस्तृतः ।।३।।

अ. 20.११2.१–३

यदद्य कच्च वृत्रहन्नुदगा अभि सूर्य। सर्वं तदिन्द्र ते वशे ।।१।।
यद्वा प्रवृद्ध सत्पते न मरा इति मन्यसे। उतो तत् सत्यमित् तव ।।2।।
ये सोमासः परावति ये अर्वावति सुन्विरे। सर्वांस्ताँ इन्द्र गच्छसि ।।३।।

अ. 20.१३७.१2–१४

तमिन्द्रं वाजयामसि महे वृत्राय हन्तवे। स वृषा वृषभो भृवत् ।।१2।।
इन्द्रः स दामने कृत ओजिष्ठः स मदे हितः। द्युम्नी श्लोकी स सोम्यः ।।१३।।
गिरा वज्रो न संभृतः सबलो अनपच्युतः। ववक्ष ऋष्वो अस्तृतः ।।१४।।

२४६. सुकक्ष आंगिरसः – सा. १222–१22४; १४५०–१४५2; १५८६; १७१०–१७१2

सा. १222–१22४

तमिन्द्रं वाजयामसि महे वृत्राय हन्तवे। स वृषा वृषभो भुवत् ।।१।।
इन्द्रः स दामने कृत ओजिष्ठः स बले हितः। द्युम्नी श्लोकी स सोम्यः ।।2।।
गिरा वज्रो न सम्भृतः सबलो अनपच्युतः। ववक्ष उग्रो अस्तृतः ।।३।।

सा. १४५०–१४५2

उद्घेदभि श्रुतामघं वृषभं नर्यापसम्। अस्तारमेषि सूर्य ।।१।।
नव यो नवतिं पुरो बिभेद बाह्वोजसा। अहिं च वृत्रहावधीत् ।।2।।
स न इन्द्रः शिवः सखाश्वावद्गोमद्यवमत्। उरुधारेव दोहते ।।३।।

सा. १५८६

यो विश्वा दयते वसु होता मन्द्रो जनानाम्। मधोर्न पात्रा प्रथमान्यस्मै प्र स्तोमा यन्त्वग्नये।।१।।

सा. १७१०–१७१2

अग्निः प्रियेषु धामसु कामो भूतस्य भव्यस्य। सम्राडेको विराजति ।।३।।
अग्नि प्रत्नेन जन्मना शुम्भानस्तन्व2 स्वाम्। कविर्विप्रेण वावृधे ।।१।।
ऊर्ज्जो नपातमा हुवेऽग्निं पावकशोचिषम्। अस्मिन्यज्ञे स्वध्वरे ।।2।।

२४७. सुकक्ष आंगिरसः (साग्री. सास्वा.) श्रुतकक्षः (ऋसर्व. ८.६३.१६ सार्षेदी.) – ऋ. ८.६३. १; ४; सा. 20८

ऋ. ८.६३.१

उद्घेदभि श्रुतामघं वृषभं नर्यापसम्। अस्तारमेषि सूर्य ।।१।।

ऋ. ८.६३.४

यदद्य कच्च वृत्रहन्नुदगा अभि सूर्य। सर्वं तदिन्द्र ते वशे ।।४।।

सा. 20८

श्रुतं वो वृत्रहन्तमं प्र शर्धं चर्षणीनाम्। आशिषे राधसे महे ।।५।।

452 वैदिक–देवता–ऋष्यनुसारी मन्त्रानुक्रमकोषः

२४८. सुकक्षः (ऋसर्व.) सुकक्षः (साग्री.) श्रुतकक्षः (सार्षेदी.) – ऋ. ८.६३.१६

श्रुतं वो वृत्रहन्तमं प्र शर्धं चर्षणीनाम्। आ शुषे राधसे महे ।।१६।।

२४९. सुकक्षः (ऋसर्व.) श्रुतकक्ष सुकक्षो वा आंगिरसः (साग्री.) श्रुतकक्षः(सार्षेदी.–१५०) – ऋ. ८.६३.2३

इष्टा होत्रा असृक्षतेन्द्रं वृधासो अध्वरे। अच्छावभृथमोजसा ।।2३।।

२५०. सुकक्षः (ऋसर्व.) श्रुतकक्ष सुकक्षो वा आंगिरसः (साग्री.) – ऋ. ८.६३.2; ५–22; २४–३३

ऋ. ८.६३.2

नव यो नवतिं पुरो बिभेद बाह्वोजसा। अहिं च वृत्रहावधीत् ।।2।।

ऋ. ८.६३. ५–22

यद्वा प्रवृद्ध सत्पते न मरा इति मन्यसे। उतो तत्सत्यमित्तव ।।५।।
ये सोमासः परावति ये अर्वावति सुन्विरे। सर्वांस्तां इन्द्र गच्छसि ।।६।।
तमिन्द्रं वाजयामसि महे वृत्राय हन्तवे। स वृषा वृषभो भुवत् ।।७।।
इन्द्र५ स दामने कृत ओजिष्ठः स मदे हितः। द्युम्नी श्लोकी स सोम्यः ।।८।।
गिरा वज्रो न सम्भृतः सबलो अनपच्युतः। ववक्ष ऋष्वो अस्तृतः ।।९।।
दुर्गे चिन्नः सुगं कृधि गृणान इन्द्र गिर्वणः। त्वं च मघवन् वशः ।।१०।।
यस्य ते नू चिदादिशं न मिनन्ति स्वराज्यम्। न देवो नाध्रिगुर्जनः ।।११।।
अधा ते अप्रतिष्कुतं देवी शुष्मं सपर्यतः। उभे सुशिप्र रोदसी ।।१2।।
त्वमेतदधारयः कृष्णासु रोहिणीषु च। परुष्णीषु रुशत् पयः ।।१३।।
वि यदहेरध त्विषो विश्वे देवासो अक्रमुः। विदन्मृगस्य ताँ अमः ।।१४।।
आदु मे निवरो भुवद्वृत्रहादिष्ट पौंस्यम्। अजातशत्रुरस्तृतः ।।१५।।
श्रुतं वो वृत्रहन्तमं प्र शर्धं चर्षणीनाम्। आ शुषे राधसे महे ।।१६।।
अया धिया च गव्यया पुरुणामन्पुरुष्टुत। यत्सोमेसोम आभवः ।।१७।।
बोधिन्मना इदस्तु नो वृत्रहा भूर्यासुतिः। शृणोतु शक्र आशिषम् ।।१८।।
कया त्वन्न ऊत्याभि प्र मन्दसे वृषन्। कया स्तोतृभ्य आ भर ।।१९।।
कस्य वृषा सुते सचा नियुत्वान्वृषभो रणत्। वृत्रहा सोमपीतये ।।2०।।
अभी षु णस्त्वं रयिं मन्दसानः सहस्रिणम्। प्रयन्ता बोधि दाशुषे ।।2१।।
पत्नीवन्तः सुता इम उशन्तो यन्ति वीतये। अपां जग्मिर्निचुम्पुणः ।।22।।

ऋ. ८.६३.२४–३३

इह त्या सधमाद्या हरी हिरण्यकेश्या। वोळ्हामभि प्रयो हितम् ।।2४।।
तुभ्यं सोमाः सुता इमे स्तीर्णं बर्हिर्विभावसो। स्तोतृभ्य इन्द्रमा वह ।।2५।।
आ ते दक्षं वि रोचना दधद्रत्ना वि दाशुषे। स्तोतृभ्य इन्द्रमर्चत ।।2६।।
आ ते दधामीन्द्रियमुक्था विश्वा शतक्रतो। स्तोतृभ्य इन्द्र मृळय ।।2७।।
भद्रम्भद्रं न आ भरेषमूर्जं शतक्रतो। यदिन्द्र मृळयासि नः ।।2८।।
स नो विश्वान्या भर सुवितानि शतक्रतो। यदिन्द्र मृळयासि नः ।।2९।।
त्वामिद्वृत्रहन्तम सुतावन्तो हवामहे। यदिन्द्र मृळयामि नः ।।३०।।
उप नो हरिभिः सुतं याहि मदानां पते। उप नो हरिभिः सुतम् ।।३१।।
द्विता यो वृत्रहन्तमो विद इन्द्रः शतक्रतुः। उप नो हरिभिः सुतम् ।।३2।।
त्वं हि वृत्रहन्नेषां पाता सोमानामसि। उप नो हरिभिः सुतम् ।।३३।।

२५१. सुकक्ष श्रुतकक्षौ (साग्री. सास्वा.) श्रुतकक्षः (सार्षेदी.) – सा. १२५–१२६

उदघेदभि श्रुतामघं वृषभं नर्यापसम्। अस्तारमेषि सूर्य ।।१।।
यदद्य कच्च वृत्रहन्नुदगा अभि सूर्य। सर्वं तदिन्द्र ते वशे ।।2।।

२५२. सुकीर्तिः – अ. 20.१२५.१–३; ६–७

अ. 20.१२५.१–३

अपेन्द्र प्राचो मघन्नमित्रानपापाचो अभिभूते नुदस्व ।
अपोदीचो अप शूराधराच उरौ यथा तवं शर्मन् मदेम ।।१।।
कुविदंग यवमन्तो यवं चिद् यथा दान्त्यनुपूर्वं वियूय ।
इहेहैषां कृणुहि भोजनानि ये बर्हिषो नमोवृक्तिं न जग्मुः ।।2।।
नहि स्थूर्यृतुथा यातमस्ति नोत श्रवो विविदे संगमेष।
गव्यन्त इन्द्रं सख्याय विप्रा अश्वायन्तो वृषणं वाजयन्तः ।।३।।

अ. 20.१२५.६–७

इन्द्रः सुत्रामा स्ववाँ अवोभिः सुमृडीको भवतु विश्ववेदाः ।
बाधतां द्वेषो अभयं नः कृणोतु सुवीर्यस्य पतयः स्याम् ।।६।।
स सुत्रामा स्ववाँ इन्द्रो अस्मदाराच्चिद् द्वेषः सनुतर्युयोतु ।
तस्य वयं सुमतौ यज्ञियस्यापि भद्रे सौमनसे स्याम ।।७।।

२५३. सुकीर्ति काक्षीवतः – ऋ. १०.१३१.१–३; ६; ७

ऋ. १०.१३१.१–३

अप प्राच इन्द्र विश्वाँ अमित्रानपापाचो अभिभूते नुदस्व ।
अपोदीचो अप शूराधराच उरौ यथा तव शर्मन्मदेम ।।१।।
कुविदंग यवमन्तो यवं चिद्यथा दान्त्यनुपूर्वं वियूय ।
इहेहैषां कृणुहि भोजनानि ये बर्हिषो नमोवृत्तिं□ न जग्मुः ।।2।।
नाहि स्थूर्यृतुथा यातमस्ति नोत श्रवो विविदे संगमेषु ।
गव्यन्त इन्द्रं सख्याय विप्रा अश्वायन्तो वृषणं वाजयन्तः ।।३।।

ऋ. १०.१३१.६–७

इन्द्रः सुत्रामा स्ववाँ अवोभिः सुमृळीको भवतु विश्ववेदाः ।
बाधतां द्वेषो अभयं कृणोतु सुवीर्यस्य पतयः स्याम ।।६।।
तस्य वयं सुमतौ यज्ञियस्यापि भद्रे सौमनसे स्याम ।
स सुत्रासा स्ववाँ इन्द्रो अस्मे आराच्चिद् द्वेषः सनुतर्युयोतु ।।७।।

२५४. सुचीकः – य. ३३.2३

प्र वो महे मन्दमानायान्धसोऽर्चाविश्वानराय विश्वाभुवे ।
इन्द्रस्य यस्य सुमखं सहो महि श्रवो नृम्णं च रोदसी सपर्य्यतः ।।2३।।

२५५. सुतकक्षः सुकक्षो वा – अ. 20–६०.१–३

एवा ह्यसि वीरयुरेवा शूर उत स्थिरः। एवा ते राध्यं मनः ।।१।।
एवा रातिस्तुवीमघ विश्वेभिर्धायि धातृभिः। अधा चिदिन्द्र मे सचा ।।2।।
मो षु ब्रह्मेव तन्दुयुर्भुवो वाजानां पते। मत्स्वा सुतस्य गोमतः ।।३।।

२५६. सुदा – अ. 20.६५.2–४

पां ष्वस्मै पुरोरथमिन्द्राय शूषमर्चत । अभीके चिदु लोककृत् संगे समत्सु वृत्रहास्माकं
बोधि चोदिता नभन्तामन्यकेषां ज्याका अधि धन्वसु ।।2।।
त्वं सिन्धूँरवासृजोऽधराचो अहन्नहिम् । अशत्रुरिन्द्र जज्ञिषे विश्वं पुष्यसि वार्यं तं त्वा परि
ष्वजामहे नभन्तामन्यकेषां ज्योा अधि धन्वसु ।।३।।
वि षु विश्वा अरातयोऽर्यो नशन्त नो धियः । अस्तासि शत्रवे वधं यो न इन्द्र
जिघांसति या ते रातिर्ददिर्वसु नभन्तामन्यकेषां ज्योा अधि धन्वसु ।।४।।

२५७. सुदा पैजवनः – ऋ. १०.१३३.१–७

प्रो ष्वस्मै पुरोरथमिन्द्राय शूषमर्चत । अभीके चिदु लोककृत्संगे समत्सु वृत्रहास्माकं

बोधि चोदिता नभन्तामन्यकेषां ज्याका अधि धन्वसु ।।१।।
त्वं सिन्धूँरवासृजोऽधराचो अहन्नहिम् । अशत्रुरिन्द्र जज्ञिषे विश्वं पुष्यसि वार्यं तं त्वा परि ष्वजामहे नभन्तामन्यकेषां ज्याका अधि धन्वसु ।।2।।
वि षु विश्वा अरातयोऽर्यो नशन्त नो धियः । अस्तासि शत्रवे वधं यो न इन्द्र जिघांसति या ते रातिर्ददिर्वसु नभन्तामन्यकेषां ज्याका अधि धन्वसु ।।३।।
येा न इन्द्राभितो जनो वृकायुरादिदेशति।
अधस्पदं तमीँकृधि विबाधो असि सासहिर्नभन्तामन्यकेषां ज्याका अधि धन्वसु ।।४।।
यो न इन्द्राभिदासति सनाभिर्यश्च निष्ट्यः। अव तस्य बलं तिर महीव द्यौरध त्मना नभन्तामन्यकेषां ज्याका अधि धन्वसु ।।५।।
वयमिन्द्र त्वायवः सखित्वमा रभामहे। ऋतस्य नः पथा नयाति विश्वानि दुरिता नभन्तामन्यकेषां ज्याका अधि धन्वसु ।।६।।
अस्मभ्यं सु त्वमिन्द्र तां शिक्ष या दोहते प्रति वरं जरित्रे ।
अच्छिद्रोध्नी पीपयद्यथा नः सहस्रधारा पयसा मही गौः ।।७।।

२५८. सुदासः पैजवनः – सा. १८०१–१८०३

प्रो ष्वस्मै पुरोरथमिन्द्राय शूषमर्चत। अभीके चिदु लोककृत्संगे समत्सु वृत्रहा ।
अस्माक बोधि चोदिता नभन्तामन्यकेषां ज्याका अधि धन्वसु ।।१।।
त्वं सिंधूं रवासृजोऽधराचो अहन्नहिम्। अशत्रुरिन्द्र जज्ञिषे विश्वं पुष्यसि वार्यम् ।
तं त्वा परि ष्वजामहे नभन्तामन्यकेषां ज्याका अधि धन्वसु ।।2।।
वि षु विश्वा अरातयोऽर्या नशन्त नो धियः ।
अस्तासि शत्रवे वधं यो न इन्द्र जिघांसति ।
या ते रातिर्ददिर्वसु नभन्तामन्यकेषां ज्याका अधि धन्वसु ।।३।।

२५९. सुपर्णः तार्क्ष्यपुत्र ऊर्ध्व कृशनो वा यामायनः – ऋ. १०.१४४.१–६

अयं हि ते अमर्त्य इन्दुरत्यो न पत्यते। दक्षो विश्वायुर्वेधसे ।।१।।
अयमस्मासु काव्य ऋभुर्वज्रो दास्वते । अयं बिभर्त्यूर्ध्वकृशनं मदमृभुर्न कृत्व्यं मदम् ।।2।।
घृषुः श्येनाय कृत्वन आसु स्वासु वंसगः। अव दीधेदहीशुवः ।।३।।
यं सुपर्णः परावतः श्यनेस्य पुत्र आभरत्। शतचक्रं योऽह्यो वर्तनिः ।।४।।
यं ते श्येनश्चरुमवृकं पदाभरदरुणं मानमन्धसः।
एना वयो वि तार्यायुर्जीवस एना जागार बन्धुता ।।५।।
एवा तदिन्द्र इन्दुना देवेषु चिद्धारयाते महि त्यजः ।
क्रत्वा वयो वि तार्यायुः सुक्रतो क्रत्वायमस्मदा सुतः।।६।।

२६०. सुमित्रो दुर्मित्रो वा कौत्सः – ऋ. १०.१०५.१–११

कदा वसो स्तोत्रं हर्यत आव शमशा रुधद्वाः। दीर्घं सुतं वाताप्याय ।।१।।
हरी यस्य सुयुजा विव्रता वेरर्वन्तानु शेषा। उभा रजी न केशिना पतिर्दन् ।।2।।
अप योरिन्द्रः पापज आ मर्तो न शश्रमाणो बिभीवान्। शुभे यद्युयुजे तविषीवान् ।।३।।
सचायोरिन्द्रश्चर्कृष आँ उपानसः सपर्यन्। नदयोर्विव्रतयोः शूर इन्द्रः ।।४।।
अधि यस्तस्थौ केशवन्ता व्यचस्वन्ता न पुष्ट्यै। वनोति शिप्राभ्यां शिप्रिणीवान् ।।५।।
प्रास्तौदृष्वौजा ऋष्वेभिस्ततक्ष शूरः शवसा। ऋभुर्न क्रतुभिर्मातरिश्व ।।६।।
वज्रं यश्चक्रे सुहनाय दस्यवे हिरीमशो हिरीमान्। अरुतहनुरद् भुतं न रजः ।।७।।
अव नो वृजिना शिशीह्यृचा वनेमानृचः। नाब्रह्मा यज्ञ ऋधग्जोषति त्वे ।।८।।
ऊर्ध्वा यत्ते त्रेतिनी भूद्यज्ञस्य धूर्षु सद्यन्। सजूर्नावं स्वयशसं सचायोः ।।९।।
श्रिये ते पृश्निरुपसेचनी भूच्छ्रिये दर्विररेपाः। यया स्वे पात्रे सिंचस उत् ।।१०।।

शतं वा यदसुर्य प्रति त्वा सुमित्र इत्थास्तौद्दुर्मित्र इत्थास्तौत् ।
आवो यद्दस्युहत्यै कुत्सपुत्रं प्रावो यद्दस्युहत्ये कुत्सवत्सम् ।।११।।

२६१. सुवेदाः शैरीषिः – ऋ. १०.१४७.१–५

श्रत्ते दधामि प्रथमाय मन्यवेऽहन्यद्वृत्रं नर्यं विवेरपः ।
उभे यत्त्वा भवतो रोदसी अनु रेजते शुष्मात्पृथिवी चिदद्रिवः ।।१।।
त्वं मायाभिरनवद्य मायिनं श्रवस्यता मनसा वृत्रमर्दयः ।
त्वामिन्नरो वृणते गविष्टषु त्वां विश्वासु हव्यास्विष्टिषु ।।2।।
ऐषु चाकन्धि पुरुहूत सूरिषु वृधासो ये मघवन्नानशुर्मघम् ।
अर्चन्ति तोके तनये परिष्टिषु मेधसाता वाजिनमह्रये धने ।।३।।
स इन्नु रायः सुभृतस्य चाकनन्मदं यो अस्य रंह्यं चिकेतति ।
त्वावृधो मघवन्दाश्वध्वरो मक्षू स वाजं भरते धना नृभिः ।।४।।
त्वं शर्धाय महिना गृणान उरु कृधि मघवंछग्धि रायः ।
त्वं नो मित्रे वरुणो न मायी पित्वो न दस्म दयसे विभक्ताः ।।५।।

२६2. सुवेदा शैलूषि – सा. ३७१

श्रत्ते दधामि प्रथमाय मन्यवेऽहन्यद्स्युं नर्यं विवेरपः ।
उभे यत्वा रोदसी धावतामनु भ्यसाते शुष्मात्पृथिवी चिदद्रिवः ।।2।।

२६३. सुहोत्रः – ऋ. ६.३१.१–५; ६.३2.१०५

ऋ. ६.३१.१–५

अभूरेको रयिपते रयीणामा हस्तयोरधिथा इन्द्र कृष्टीः ।
वि तोके अप्सु तनये च सूरेऽवोचन्त चर्षणयो विवाचः ।।१।।
त्वद्भियेन्द्र पार्थिवानि विश्वाच्युता चिच्च्यावयन्ते रजांसि ।
द्यावाक्षामा पर्वतासो वनानि विश्वं दृळहं भयते अज्मन्ना ते ।।2।।
त्वं कुत्सेनाभि शुष्णमिन्द्राशुषं युध्य कुयवं गविष्टौ ।
दश प्रपित्वे अध सूर्यस्य मुषायश्चक्रमविवे रपांसि ।।३।।
त्वं शतान्यव शम्बरस्य पुरो अघन्थाप्रतीनि दस्योः ।
अशिक्षो यत्र शच्या शचीवो दिवोदासाय सुन्वते सुतक्रे भरद्वाजाय गृणते वसूनि ।।४।।
स सत्यसत्वन्महते रणाय रथमा तिष्ठ तुविनृम्ण भीमम् ।
याहि प्रपथिन्नवसोप मद्रिक्प्र च श्रुत श्रावय चर्षणिभ्यः ।।५।।

ऋ. ६.३2.१–५

अपूर्व्या पुरुतमान्यस्मै महे वीराय तवसे तुराय ।
विरप्शिने वज्रिणे शन्तमानि वचांस्यासा स्थविराय तक्षम् ।।१।।
स मातरा सूर्येण कवीनामवासयद्रुजदद्रिं गृणानः ।
स्वाधीभिर्ऋक्वभिर्वावशान उदुस्रिणामसृजन्निदानम् ।।2।।
स वह्निभिर्ऋक्वभिर्गोषु शश्वन्मितज्ञुभिः पुरुकृत्वा जिगाय ।
पुरः पुरोहा सखिभिः सखीयन्दृळ्हा रुरोज कविभिः कविः सन् ।।३।।
स नीव्याभिर्जरितारमच्छा महो वाजेभिर्महद्भिश्च शुष्मैः ।
पुरुवीराभिर्वृषभ क्षितीनामा गिर्वणः सुविताय प्र याहि ।।४।।
स सर्गेण शवसा तक्तो अत्यैरप इन्द्रो दक्षिणतस्तुराषाट् ।
इत्था सृजाना अनपावृदर्थं दिवेदिवे विविषुरप्रमृष्यम् ।।५।।

२६४. सुहोत्रो भरद्वाजः – सा. ३22

अपूर्व्या पुरुतमान्यस्मै महे वीराय तवसे तुराय ।
विरप्शिने वज्रिणे शन्तमानि वचांस्यस्मे स्थविराय तक्षुः ।।१०।।

२६५. सोभरिः – अ. 20.६2.१–४

वयमु त्वामपूर्व्य स्थूरं न कच्चिद् भरन्तोऽवस्यवः। वाजे चित्रं हवामहे ।।१।।
उप त्वा कर्मन्नूतये स नो युवोग्रश्च काम यो धृषत् ।
त्वामिद्ध्यवितारं ववृमहे सखाय इन्द्र सानसिम् ।।2।।
यो न इदमिदं पुरा प्र वस्य आनिनाय तमु व स्तुषे। सखाय इन्द्रमूतये ।।३।।
हर्यश्वं सत्पतिं चर्षणीसहं स हि ष्मा यो अमन्दत ।
आ तु नः स वयति गव्यमश्व्यं स्तोतृभ्यो मघवा शतम् ।।४।।

२६६. सोभरिः काण्वः – ऋ. ८.21.१–१६

वयमु त्वामपूर्व्य स्थूरं न कच्चिद्भरन्तोऽवस्यवः। वाजे चित्रं हवामहे ।।१।।
उप त्वा कर्मन्नूतये स नो युवोग्रश्चक्राम यो धृषत् ।
त्वामिद्ध्यावतारं ववृमहे सखाय इन्द्र सानसिम् ।।2।।
आ याहीम इन्दवोऽश्वपते गोपत उर्वरापते। सोमं सोमपते पिब ।।३।।
वयं हि त्वा बन्धुमन्तमबन्धवो विप्रास इन्द्र येमिम ।
या ते धामानि वृषभ तेभिरा गहि विश्वेभिः सोमपीतये ।।४।।
सीदन्तस्ते वयो यथा गोश्रीते मधौ मदिरे विवक्षणे। अभि त्वामिन्द्रं नोनुमः ।।५।।
अच्छा च त्वैना नमसा वदामसि किं मुहुश्चिद्वि दीधयः ।
सन्ति कामासो हरिवो ददिष्ट्वं रमो वयं सन्ति नो धियः ।।६।।
नूत्ना इदिन्द्र ते वयमूती अभूम नहि नू ते अद्रिवः। विद्या पुरा परीणसः ।।७।।
विद्या सखित्वमुत शूर भोज्य१ मा ते ता वज्रिन्नीमहे ।
उतो समस्मिन्ना शिशीहि नो वसो वाजे सुशिप्र गोमति ।।८।।
यो न इदमिदं पुरा प्र वस्य आनिनाय तमु वः स्तुषे । सखाय इन्द्रमूतये ।।६।।
हर्यश्वं सत्पतिं चर्षणीसहं स हि ष्मा यो अमन्दत ।
आ तु नः स वयति गव्यमश्व्यं स्तोतृभ्यो मघवा शतम् ।।१०।।
त्वया ह स्विद्युजा वयं प्रति श्वसन्तं वृषभ ब्रुवीमहि। संस्थे जनस्य गोमतः ।।११।।
जयेम कारे पुरुहूत कारिणोऽभि तिष्ठेम दूढ्यः ।
नृभिर्वृत्रं हन्याम शूशुयाम चावेरिन्द्र प्र णो धियः ।।१2।।
अभ्रातृव्यो अना त्वमनापिरिन्द्र जनुषा सनादसि। युधेदापित्वमिच्छसे ।।१३।।
नकी रेवन्तं सख्याय विन्दसे पीयन्ति ते सुराश्वः।
यदा कृणोषि नदनुं समूहस्यादित्पितेव हूयसे ।।१४।।
मा ते अमाजुरो यथा मूरास इन्द्र सख्ये त्वावतः । नि षदाम सचा सुते ।।१५।।
मा ते गोदत्र निरराम राधस इन्द्र मा ते गृहामहि ।
दृळहा चिदर्यः प्र मृशाभ्या भर न ते दामान आदभे ।।१६।।

२६७. सौभरिः – अ. २०.१४.१–४; २०.११४.१–2

अ. २०.१४.१–४

वयमु त्वामपूर्व्य स्थूरं न कच्चिद् भरन्तोऽवस्यवः। वाजे चित्रं हवामहे ।।१।।
उप त्वा कर्मन्नूतयेस नो युवोग्रश्चक्राम यो धृषत् ।
त्वामिद्ध्यवितारं ववृमहे सखाय इन्द्र सानसिम् ।।2।।
यो न इदमिदं पुरा प्र वस्य आनिनाय तमु व स्तुषे। सखाय इन्द्रमूतये ।।३।।
हर्यश्वं सत्पतिं चर्षणीसहं स हि ष्मा यो अमन्दत ।
आ तु नः स वयति गव्यमश्व्यं स्तोतृभ्यो मघवा शतम् ।।४।।

अ. २०.११४.१–2

अभ्रातृव्यो अना त्वमनापिरिन्द्र जनुषा सनादसि ।
युधेदापित्वमिच्छसे ।।१।।
नकी रेवन्तं सख्याय विन्दसे पीयन्ति ते सुराश्वः ।

यदा कृणोषि नदनुं समूहस्यादित् पितेव हूयसे ।।2।।

२६८. सौभरिः काण्वः – सा. ३६६; ४००; ४02; ४०३; ४०७; ४०८; ७०८–७०६; १३८६–१३६०; १४१३–१४१४

सा. ३६६–४००

अभ्रातृव्यो अना त्वमनापिरिन्द्र जनुषा सनादसि। युधेदापित्वमिच्छसे ।।१।।
यो न इदमिदं पुरा प्र वस्य आनिनाय तमु व स्तुषे। सखाय इन्द्रमूतये ।।2।।

सा. ४02–४०३

आ याह्ययमिन्दवेऽश्वपते गोपत उर्वरापते। सोमं सोमपते पिब ।।४।।
त्वया ह स्विद्युजा वयं प्रति श्वसन्तं वृषभ ब्रुवीमहि। संस्थे जनस्य गोमतः ।।५।।

सा. ४०७–४०८

सीदन्तस्ते वयो यथा गोश्रीते मधौ मदिरे विवक्षणे। अभि त्वामिन्द्र नोनुमः ।।६।।
वयमु त्वामपूर्व्य स्थूरं न कच्चिद्भरन्तोऽवस्यवः। वज्रिं चित्रं हवामहे ।।१०।।

सा. ७०८–७०६

वयमु त्वामपूर्व्य स्थूरं न कच्चिद्भरन्तोऽवस्यवः ।
वज्रिं चित्र हवामहे ।।१।।
उप त्वा कर्मन्नूतये स नो युवोग्रश्चक्राम यो धृषत् ।
त्वामिध्यवितारं ववृमहे सखाय इन्द्र सानसिम् ।।2।।

सा. १३८६–१३६०

अभ्रातृव्यो अना त्वमनापिरिन्द्र जनुषा सनादसि। युधेदापित्वमिच्छसे ।।१।।
न की रेवन्तं सख्याय विन्दसे पीयन्ति ते सुराश्वः ।
यदा कृणोषि नदनुं समूहस्यादित्पितेव हूयसे ।।2।।

सा. १४१३–१४१४

यजिष्ठं त्वा ववृमहे देवं देवत्रा होतारममर्त्यम्। अस्य यज्ञस्य सुक्रतुम् ।।१।।
अपांनपातं सुभगं सुदीदितिमग्निमु श्रेष्ठशोचिषम् ।
स नो मित्रस्य वरुणस्य सो अपामा सुम्नं यक्षते दिवि ।।2।।

२६६. संवरणः प्राजापत्यः – ऋ. ५.३३.१–१०; ५.३४.१–६

ऋ. ५.३३.१–१०

महि महे तवसे दीध्ये नृनिन्द्रायेत्था तवसे अतव्यान् ।
यो अस्मै सुमतिं वाजसातौ स्तुतो जने समर्यश्चिकेत ।।१।।
स त्वं न इन्द्र धियसानो अर्कैर्हरीणां वृषयोक्त्रमश्रेः ।
या इत्था मघवन्नु जोषं वक्षो अभि प्रार्यः सक्षि जनान् ।।2।।
न ते त इन्द्राभ्य३स्मदृष्वायुक्तासो अब्रह्मता यदसन् ।
तिष्ठा रथमधि तं वज्रहस्ता रश्मिं देव यमसे स्वश्वः ।।३।।
पुरू यत्त इन्द्र सन्त्युक्था गवे चकर्थोर्वरासु युध्यन् ।
ततक्षे सूर्याय चिदोकसि स्वे वृषा समत्सु दासस्य नाम चित् ।।४।।
वयं ते त इन्द्र ये च नरः शर्धो जज्ञाना याताश्च रथाः ।
आस्मांजगम्यादहिशुष्म सत्वा भगो न हव्यः प्रभृथेषु चारुः ।।५।।
पपृक्षेण्यमिन्द्र त्वे ह्योजो नृम्णानि च नृतमानो अमर्तः ।
स न एनीं वसवानां रयिं दाः प्रायः स्तुषे तुविमघस्य दानम् ।।६।।
एवा न इन्द्रोतिभिरव पाहि गृणतः शूर कारून् ।
उत त्वचं ददतो वाजसातौ पिप्रीहि मध्वः सुषुतस्य चारोः ।।७।।
उत त्ये मा पौरुकुत्स्यस्य सुरेस्त्रसदस्योर्हिरणिनो रराणाः ।

वहन्तु मा दश श्येतासो अस्य गौरिक्षितस्य क्रतुभिर्नु सश्चे ।।८।।
उत त्ये मा मारुताश्वस्य शोणाः क्रत्वामघासो विदथस्य रातौ ।
सहस्रा मे च्यवतानो ददान आनूकमर्यो वपुषे नार्चत् ।।९।।
उत त्ये मा ध्वन्यस्य जुष्टा लक्ष्मण्यस्य सुरुचो यतानाः ।
मह्ना रायः संवरणस्य ऋषेर्व्रजं न गावः प्रयता अपि ग्मन् ।।१०।।

ऋ. ५.३४.१–९

अजातशत्रुमजरा स्वर्वत्यनु स्वधामिता दस्ममीयते ।
सुनोतन पचत ब्रह्मवाहसे पुरुष्टुताय प्रतरं दधातन ।।१।।
आ यः सोमेन जठरमपिप्रतामन्दत मघवा मध्वो अन्धसः ।
यदीं मृगाय हन्तवे महावधः सहस्रभृष्टिमुशना वधं यमत् ।।2।।
यो अस्मै घ्रंस उत वा य ऊधनि सोमं सुनोति भवति द्युमाँ अह ।
अपाप शुक्रस्ततनुष्टिमूहति तनूशुभ्रं मघवा यः कवासखः ।।३।।
यस्यावधीत्पितरं यस्य मातरं यस्य शक्रो भ्रातरं नात ईषते ।
वेतीद्वस्य प्रयता यतंकरो न किल्विषादीषते वस्व आकरः ।।४।।
न पंचभिर्दशभिर्वष्ट्यारभं नासुन्वता सचते पुष्यता चन ।
जिनाति वेदमुया हन्ति वा धुनिरा देवयुं भजति गोमति व्रजे ।।५।।
वित्वक्षणः समृतौ चक्रमासजोऽसुन्वतो विषुणः सुन्वतो वृधः ।
इन्द्रो विश्वस्य दमिता बिभीषणो यथावशं नयति दासमार्यः ।।६।।
समीं पणेरजति भोजनं मुषे वि दाशुषे भजति सूनरं वसु ।
दुर्गे चन ध्रियते विश्व आ पुरु जनो यो अस्य तविषीमचुक्रुधत् ।।७।।
सं यज्जनौ सुधनौ विश्वशर्धसाववेदिन्द्रो मघवा गोषु शुभ्रिषु ।
युजं ह्य१न्यमकृत प्रवेपन्युदीं गव्यं सृजते सत्वभिर्धुनिः ।।८।।
सहस्रसामाग्निवेशिं गृणीषे शत्रिमग्न उपमां केतमर्यः ।
तस्मा आपः संयतः पीपयन्त तस्मिन्क्षत्रममवत्त्वेषमस्तु ।।९।।

२७०. स्वस्त्यात्रेयः – य. 21.2५

वर्षाभिर्ऋतुनादित्या स्तोमे सप्तदशे स्तुताः। वैरूपेण विशौजसा हविरिन्द्रे वयो दधुः ।।2५।।

२७१. हिरण्यस्तूपः आंगिरसः – ऋ. १.३2.१–१५; १.३३.१–१५; सा. ६१2

ऋ. १.३2.१–१५

इन्द्रस्य नु वीर्याणि प्र वोचं यानि चकार प्रथमानि वज्री ।
अहन्नहिमन्वपस्ततर्द प्र वक्षणा अभिनत्पर्वतानाम् ।।१।।
अहन्नहिं पर्वते शिश्रियाणं त्वष्टास्मै वज्रं स्वर्यं ततक्ष ।
वाश्रा इव धेनवः स्यन्दमाना अंजः समुद्रमव जग्मुरापः ।।2।।
वृषायमाणोऽवृणीत सोमं त्रिकद्रुकेष्वपिबत्सुतस्य ।
आ सायकं मघवादत्त वज्रमहन्नेनं प्रथमजामहीनाम् ।।३।।
यदिन्द्राहन्प्रथमजामहीनामान्मायिनाममिनाः प्रोत मायाः ।
आत्सूर्यं जनयन्द्यामुषासं तादीत्ना शत्रुं न किला विवित्से ।।४।।
आहन्वृत्रं वृत्रतरं व्यंसमिन्द्रो वज्रेण महता वधेन ।
स्कन्धांसीव कुलिशेना विवृक्णाहिः शयत उपपृक्पृथिव्याः ।।५।।
अयोद्धेव दुर्मद आ हि जुह्वे महावीरं तुविबाधमृजीषम् ।
नातारीदस्य समृतिं वधानां सं रुजानाः पिपिष इन्द्रशत्रुः ।।६।।
अपादहस्तो अपृतन्यदिन्द्रमास्य वज्रमधि सानौ जघान ।
वृष्णो वध्रिः प्रतिमानं बुभूषन्पुरुत्रा वृत्रो अशयद्व्यस्तः ।।७।।
नदं न भिन्नममुया शयानं मनो रुहाणा अति यन्त्यापः ।

याश्चिद्वृत्रो महिना पर्यतिष्ठत्तासामहिः पत्सुतः शीर्बभूव ।।८।।
नीचावया अभवद् वृत्रपुत्रेन्द्रो अस्या अव वर्धर्जभार ।
उत्तरा सूरधरः पुत्र आसीद्दानुः शये सहवत्सा न धेनुः ।।९।।
अतिष्ठन्तीनामनिवेशनानां काष्ठानां मध्ये निहितं शरीरम् ।
वृत्रस्य निण्यं वि चरन्त्यापो दीर्घं तम आशयदिन्द्रशत्रुः ।।१०।।
दासपत्नीरहिगोपा अतिष्ठन्निरुद्धा आपः पणिनेव गावः ।
अपां बिलमपिहितं यदासीद् वृत्रं जघन्वाँ अप तद्ववार ।।११।।
अश्व्यो वारो अभवस्तदिन्द्र सृके यत्त्वा प्रत्यहन्देव एकः ।
अजयो गा अजयः शूर सोममवासृजः सर्तवे सप्त सिन्धून् ।।१2।।
नास्मै विद्युन्न तन्यतुः सिषेध न यां मिहमकिरद् ध्रादुनिं च ।
इन्द्रश्च यद्युयुधाते अहिश्चोतापरीभ्यो मघवा वि जिग्ये ।।१३।।
अहेर्यातारं कमपश्य इन्द्र हृदि यत्ते जघ्नुषो भीरगच्छत् ।
नव च यन्नवतिं च स्रवन्तीः श्येनो न भीतो अतरो रजांसि ।।१४।।
इन्द्रो यातोऽवसितस्य राजा शमस्य च शृंगिणो वज्रबाहुः ।
सेदु राजा क्षयति चर्षणीनामरान्न नेमिः परि ता बभूव ।।१५।।

ऋ. १.३३.१–१५

एतायामोप गव्यन्त इन्द्रमस्माकं सु प्रमतिं वावृधाति ।
अनामृणः कुविदादस्य रायो गवां केतं परमावर्जते नः ।।१।।
उपेदहं धनदामप्रतीतं जुष्टां न श्येनो वसतिं पतामि ।
इन्द्रं नमस्यन्नुपमेभिरर्कैर्यः स्तोतृभ्यो हव्यो अस्ति यामन् ।।2।।
नि सर्वसेन इषुधींरसक्त समर्यो गा अजति यस्य वष्टि ।
चोष्कूयमाण इन्द्र भूरि वामं मा पाणिर्भूरस्मदधि प्रवृद्ध ।।३।।
वधीर्हि दस्युं धनिनं घनेनँ एकश्चरन्नुपशकेभिरिन्द्र ।
धनोरधि विषुणक्ते व्यायन्नयज्वानः सनकाः प्रेतिमीयुः ।।४।।
परा चिच्छीर्षा ववृजुस्त इन्द्रायज्वानो यज्वभिः स्पर्धमानाः ।
प्र यद्दिवो हरिवः स्थातरुग्र निरव्रताँ अधमो रोदस्योः ।।५।।
अयुयुत्सन्ननवद्यस्य सेनामयातयन्त क्षितयो नवग्वाः ।
वृषायुधो न वध्रयो निरष्टाः प्रवद्भिरिन्द्राच्चितयन्त आयन् ।।६।।
त्वमेतान् रुदतो जक्षतश्चायोधयो रजस इन्द्र पारे ।
अवादहो दिव आ दस्युमुच्चा प्र सुन्वतः स्तुवतः शंसमावः ।।७।।
चक्राणासः परीणहं पृथिव्या हिरण्येन मणिना शुम्भमानाः ।
न हिन्वानासस्तितिरुस्त इन्द्रं परि स्पशो अदधात्सूर्येण ।।८।।
परि यदिन्द्र रोदसी उभे अबुभोजीर्महिना विश्वतः सीम् ।
अमन्यमानाँ अभि मन्यमानैर्निर्ब्रह्मभिरधमो दस्युमिन्द्र ।।९।।
न ये दिवः पृथिव्या अन्तमापुर्न मायाभिर्धनदां पर्यभूवन् ।
युजं वज्रं वृषभश्चक्र इन्द्रो निर्ज्योतिषा तमसो गा अदुक्षत् ।।१०।।
अनु स्वधामक्षरन्नापो अस्यावर्धत मध्य आ नाव्यानाम् ।
सध्रीचीनेन मनसा तमिन्द्र ओजिष्ठेन हन्मनाहन्नभि द्यून् ।।११।।
न्याविध्यदिलीबिशस्य दृळहा वि शृंगिणमभिनच्छुष्णमिन्द्रः ।
यावत्तरो मघवन्यावदोजो वज्रेण शत्रुमवधीः पृतन्युम् ।।१2।।
अभि सिध्मो अजिगादस्य शत्रून्वि तिग्मेन वृषभेणा पुरोऽभेत् ।
सं वज्रेणासृजद् वृत्रमिन्द्रः प्र स्वां मतिमतिरच्छाशदानः ।।१३।।
आवः कुत्समिन्द्र यस्मिंचाकन्प्रावो युध्यन्तं वृषभं दशद्युम् ।

शफच्युतो रेणुर्नक्षत द्यामुच्छ्वैत्रेयो नृषाह्याय तस्थौ ।।१४।।
आवः शमं वृषभं तुग्र्यासु क्षेत्रजेषे मघवछ्वित्र्यं गाम् ।
ज्योक् चिदत्र तस्थिवांसो अक्रंछत्रूयतामधरा वेदनाकः ।।१५।।

सा. ६१२

इन्द्रस्य नु वीर्याणि प्रवोचं यानि चकार प्रथमानि वज्री ।
अहन्नहिमन्वपस्ततर्द प्र वक्षणा अभिनत्पर्वतानाम् ।।११।।

२७२. हैमवर्चिः – य. १६.३२; ३३

सुरावन्तं बर्हिषदं सुवीरं यज्ञं हिन्वन्ति महिषा नमोभिः ।
दधानाः सोमं दिवि देवतासु मदेमेन्द्रं यजमानाः स्वर्काः ।।३2।।
यस्ते रसः सम्भृतऽओषधीषु सोमस्य शुष्मः सुरया सुतस्य ।
तेन जिन्व यजमानं मदेन सरस्वतीमश्विनाविन्द्रमग्निम् ।।३३।।

२७३. ऋषि ?□ – सा. १८६४; १८६५; १८६६

सा. १८६४

कंकाः सुपर्णा अनु यन्त्वेनान् गृध्राणामन्नमसावस्तु सेना ।
मैषां मोच्यघहारश्च नेन्द्र वयांस्येनाननुसंयन्तु सर्वान् ।।१।।

सा. १८६५

अमित्रसेनां मघवन्नस्मां छत्रुयतीमभि। उभौ तामिन्द्र वृत्रहन्नग्निश्च दहतं प्रति ।।2।।

सा. १८६६

इन्द्रस्य बाहू स्थविरौ युवानावनाधृष्यौ सुप्रतीकावसह्यौ ।
तौ युंजीत प्रथमौ योग आगते याभ्यां जितमसुराणां सहो महत् ।।३।।

२७४. ऋषि? – अ. 20.2.३; 20.४६.१–३

अ. 20.2.३

इन्द्रो ब्रह्मा ब्राह्मणात् सुष्टुभः स्वर्कादृतुना सोमं पिबतु ।।३।।

अ. 20.४६.१–३

यच्छक्रा वाचमारुहन्नन्तरिक्षं सिषासथः। सं देवा अमदन् वृषा ।।१।।
शक्रो वाचमधृष्टायोरुवाचो अधृष्णुहि। मंहिष्ठ आ मदर्दिवि ।।2।।
शक्रो वाचमधृष्णुहि धामधर्मन् वि राजति। विमदन् बर्हिरासरन् ।।३।।

१७५. इन्द्रः (सास्वा. साग्री.) अग्निः (सार्षेदी.)

१. बन्धुः सुबन्धुः श्रुतबन्धुः विप्रबन्धुश्च क्रमेण गौपायना लौपायना वा (साग्री. सास्वा.) बन्धुःसुबन्धुः श्रुतबन्धुः विप्रबन्धुश्च गौपायना (ऋसर्व.) वामदेव (सार्षेदी.) – सा. ४४६

भगो न चित्रो अग्निर्महोनां दधाति रत्नम् ।।३।।

१७६. इन्द्रः (सास्वा. साग्री.) अश्विनौ (सार्षेदी. ऋसर्व. १.१३६.५)

१. परुच्छेपो दैवोदासिः – सा. 2८७

शचीभिर्नः शचीवसू दिवा नवतं दिशस्यतम्। मा वां रातिरुपदसत्कदाचनास्मद्रातिः कदाचन ।।५।।

१७७. इन्द्रः (साग्री. सास्वा. सार्षेदी.) अश्विनौ (ऋसर्व. १.४७.१)

१. प्रस्कण्वः काण्वः – सा. ३०६

अयं वां मधुमत्तमः सुतः सोमो दिविष्टिषु। तमश्विना पिबतं तिरोअह्न्यं धत्तं रत्नानि दाशुषे ।।४।।

१७८. इन्द्रः (साग्री. सास्वा.) आत्मा (सार्षेदी. पृ. ११६)

१. वामदेवो गौतमः – सा. ६2४; ६2५

यद्वर्चो हिरण्यस्य यद्वा वर्चो गवामुत ।

सत्यस्य ब्रह्मणो वर्चस्तेन मा संसृजामसि ।।१०।।
सहस्तन्न इन्द्र दद्ध्योज ईशे ह्यस्य महतो विरप्शिन् ।
क्रतुं न नृम्णं स्थविरं च वाजं वृत्रेषु शत्रून्त्सहना कृधी नः ।।११।।

१७६. इन्द्रः (सास्वा. साग्री.) आदित्यः (ऋसर्व. १०–१८५–१) मित्रावरुणौ (सार्षेदी.)

१. सत्यधृतिर्–वरुणिः – सा. १६2

महि त्रीणामवरस्तु द्युक्षं मित्रस्यार्यम्णः। दुराधर्षं वरुणस्य ।।८।।

१८०. इन्द्रः (साग्री. सास्वा.) इन्द्राग्नी (सार्षेदी. ऋसर्व.)

१. भरद्वाजो बार्हस्पत्यः – सा. 2८१

इन्द्राग्नी अपादियं पूर्वागात्पद्वतीभ्यः।
हित्वा शिरो जिह्वया रारपच्चरत् त्रिंशत्पदा न्यक्रमीत्।।६।।

१८१. इन्द्रः (साग्री. सास्वा. सार्षेदी.) इन्द्रापूषणौ (ऋसर्व. १.८४.१)

१. गोतमो राहूगणः – सा. १४७

अत्राह गोरमन्वत नाम त्वष्टुरपीच्यम्। इत्था चन्द्रमसो गृहे ।।३।।

१८2. इन्द्रः (साग्री. सास्वा. सार्षेदी.) इन्द्रापूषणौ (ऋसर्व. १–३०–१०)

१. शुनःशेप आजीगर्तिः – सा. १५३

रेवतीर्नः सधमाद इन्द्रे सन्तु तुविवाजाः। क्षुमन्तो याभिर्मदेम ।।६।।

१८३. इन्द्रः (साग्री. सास्वा. सार्षेदी.) इन्द्रापूषणौ (ऋसर्व. ८–६–2४)

१. श्रुतकक्ष आंगिरसः (साग्री. सास्वा.) श्रुतकक्षः (सार्षेदी.) सुकक्षः (८–६2–४८–६३–३४) – सा. १४५

अपादु शिप्रयन्धसः सुदक्षस्य प्रहोषिणः। इन्द्रोरिन्द्रो यवाशिरः ।।१।।

१८४. इन्द्रः (साग्री. सास्वा.) इन्द्रापूषणौ (ऋसर्व.)

१. श्रुतकक्षः (सार्षेदी.) श्रुतकक्षः सुकक्षो वा आंगिरसः (साग्री. सास्वा.) सुकक्षः (ऋसर्व. ८–६३–2३ 2८ ३१) – सा. १५०; १५१; १७३

सा. १५०–१५१

उप नो हरिभिः सुतं याहि मदानां पते। उप नो हरिभिः सुतम् ।।६।।
इष्टा असृक्षतेन्द्रं वृधन्तो अध्वरे। अच्छावभृथमोजसा ।।७।।

सा. १७३

भद्रंभद्रं न आ भरेषमूर्जं शतक्रतो। यदिन्द्र मृडयासि नः ।।६।।

१८५. इन्द्रः (साग्री. सास्वा.) इन्द्रापूषणो (सार्षेदी.)

१. भरद्वाजो बार्हस्पत्यः – सा. 202

इन्द्रा नु पूषणा वयं सख्याय स्वस्तये। हुवेम वाजसातये ।।६।।

१८६. इन्द्रः (साग्री. सास्वा. सार्षेदी.) इन्द्रापूषणौ (ऋसर्व. ८–४५–2५)

१. मेधातिथिः काण्वः (ठ।सास्वा.) शंयुरबार्हस्पत्यः (ऋसर्व. ८–४५–2५) भरद्वाजः (सार्षेदी.) – सा. १४६

इमा उ त्वा पुरूवसोऽभि प्र नोनुवुर्गिरः। गावो वत्सं न धेनवः ।।2।।

१८७. इन्द्रः उशना वा

१. गौरिवीतिः शाक्त्यः – ऋ. ५.2६.६

उशना यत्सहस्यैऽरयातं गृहमिन्द्र जूजुवानेभिरश्वैः ।
वन्वानो अत्र सरथं ययाथ कुत्सेन देवैरवनोर्ह शुष्णम् ।।६।।

2. **अवस्युर् आत्रेयः – ऋ. ५.३१.८४**

त्वमपो यदवे तुर्वशायारमयः सुदुघाः पार इन्द्र ।
उग्रमयातमवहो ह कुत्सं सं ह यद्वामुशनारन्त देवाः ।।८।।

१८८. इन्द्रः (साग्री. सास्वा.) उषा (सार्षेदी.)

१. **भरद्वाजो बार्हस्पत्यः – सा. ४५४**

अया वाजं देवहितं सनेम मदेम शतहिमाः सुवीराः ।।८।।

१८६. इन्द्रः ऋणंचय

१. **बभ्रुर्आत्रेयः – ऋ. ५.३०.१–१५**

क्व१स्य वीरः को अपश्यदिन्द्रं सुखरथमीयमानं हरिभ्याम् ।
यो राया वज्री सुतसोममिच्छन्तदोको गन्ता पुरुहूत ऊती ।।१।।
अवाचचक्षं पदमस्य सस्वरुग्रं निधातुरन्वायमिच्छन् ।
अपृच्छमन्याँ उत ते म आहुरिन्द्र नरो बुबुधाना अशेम ।।2।।
प्र नु वयं सुते या ते कृतानीन्द्र ब्रवाम यानि नो जुजोषः ।
वेददविद्वांछृणवच्च विद्वान्वहतेऽयं मघवा सर्वसेनः ।।३।।
स्थिरं मनश्चकृषे जात इन्द्र वेषीदेको युधये भूयसश्चित् ।
अश्मानं चिच्छवसा दिद्युतो वि विदो गवामूर्वमुस्रियाणाम् ।।४।।
परो यत्त्वं परम आजनिष्ठाः परावति श्रुत्यं नाम बिभ्रत् ।
अतश्चिदिन्द्रादभयन्त देवा विश्वा अपो अजयद्दासपत्नीः ।।५।।
तुभ्येदेते मरुतः सुशेवा अर्चन्त्यर्कं सुन्वन्त्यन्धः ।
अहिमोहानमप आशयानं प्र मायाभिर्मायिनं सक्षदिन्द्रः ।।६।।
वि षू मृधो जनुषा दानमिन्वन्नहन्गवा मघवन्त्संचकानः ।
अत्रा दासस्य नमुचेः शिरो यदवर्तयो मनवे गातुमिच्छन् ।।७।।
युजं हि मामकृथा आदिदिन्द्र शिरो दासस्य नमुचेर्मथायन् ।
अश्मानं चित्स्वर्यं१ वर्तमानं प्र चक्रियेव रोदसी मरुद्भ्यः ।।८।।
स्त्रियो हि दास आयुधानि चक्रे किं मा करन्नबला अस्य सेनाः ।
अन्तर्ह्यख्यदुभे अस्य धेने अथोप प्रैद्युधये दस्युमिन्द्रः ।।६।।
समत्र गावोऽभितोऽनवन्तेहेह वत्सैर्वियुता यदासन् ।
सं ता इन्द्रो असृजदस्य शाकैर्यदीं सोमासः सुषुता अमन्दन् ।।१०।।
यदीं सोमा बभ्रुधूता अमन्दन्नरोरवीद्वृषभः सादनेषु ।
पूरंदरः पपिवाँ इन्द्रो अस्य पुनर्गवामददादुस्रियाणाम् ।।११।।
भद्रमिदं रुशमा अग्ने अक्रन्गवां चत्वारि ददतः सहस्रा ।
ऋणंचयस्य प्रयता मघानि प्रत्यग्रभीष्म नृतमस्य नृणाम् ।।१2।।
सुपेशसं माव सृजन्त्यस्तं गवां सहस्रै रुशमासो अग्ने ।
तीव्रा इन्द्रमममन्दुः सुतासोऽक्तोर्व्युष्टौ परितक्म्यायाः ।।१३।।
औच्छत्सा रात्री परितक्म्या याँ ऋणंचये राजनि रुशमानाम् ।
अत्यो न वाजी रघुरज्यमानो बभ्रुश्चत्वार्यसनत्सहस्रा ।।१४।।
चतुः सहस्रं गव्यस्य पश्वः प्रत्यग्रभीष्म रुशमेष्वग्ने ।
घर्मश्चित्तप्तः प्रवृजे य आसीदयस्मयस्तम्वादाम विप्राः ।।१५।।

१८६. इन्द्रः कुत्सो वा

१. **अवस्युर् आत्रेयः – ऋ. ५.३१.८३**

ऋ. ५.३१.८३

त्वमपो यदवे तुर्वशायारमयः सुदुघाः पार इन्द्र ।
उग्रमयातमवहो ह कुत्सं सं ह यद्वामुशनारन्त देवाः ।।८।।

१६०. इन्द्रः कुत्सश्च

१. अवस्युर् आत्रेयः – ऋ. ५.३१.६

इन्द्राकुत्सा वहमाना रथेना वामत्या अपि कर्णे वहन्तु ।
निः षीमद्भ्यो धमथो निः षधस्थान्मघोनो हृदो वरथस्तमांसि ॥६॥

१६१. इन्द्रः क्षत्रियो राजा

१. वासिष्ठः अथर्वा वा – अ. ४.22.१–७

इममिन्द्र वर्धय क्षत्रियं म इमं विशामेकवृषं कृणु त्वम् ।
निरमित्रानक्ष्णुह्यस्य सर्वांस्तान् रन्धयास्मा अहमुत्तरेषु ॥१॥
एमं भज ग्रामे अश्वेषु गोषु निष्टं भज यो अमित्रो अस्य ।
वर्ष्म क्षत्राणामयमस्तु राजेन्द्र शत्रुं रन्धय सर्वमस्मै ॥2॥
अयमस्तु धनपतिर्धनानामयं विशां विश्पतिरस्तु राजा ।
अस्मिन्निन्द्र महि वर्चांसि धेह्यवर्चसं कृणुहि शत्रुमस्य ॥३॥
अस्मै द्यावापृथिवी भूरि वामं दुहाथां घर्मदुघेइव धेनू ।
अयं राजा प्रिय इन्द्रस्य भूयात् प्रियो गवामोषधीनां पशूनाम् ॥४॥
युनज्मि त उत्तरावन्तमिन्द्रं येन जयन्ति न पराजयन्ते ।
यस्त्वा करदेकवृषं जनानामुत राज्ञामुत्तमं मानवानाम् ॥५॥
उत्तरस्त्वमधरे ते सपत्ना ये के च राजन् प्रतिशत्रवस्ते ।
एकवृष इन्द्रसखा जिगीवांछत्रूयतामा भरा भोजनानि ॥६॥
सिंहप्रतीको विशो अद्धि सर्वा व्याघ्रप्रतीकोऽव बाधस्व शत्रून् ।
एकवृष इन्द्रसखा जिगीवांछत्रूयतामा खिदा भोजनानि ॥७॥

१६2. इन्द्रः त्रैलोक्यात्मा (साग्री. सास्वा.) इन्द्रः (सार्षेदी.)

१. प्रजापतिः (साग्री. सास्वा.) इन्द्रः प्रजापतिः विष्णु र्विश्वामित्रो वा (सार्षेदी.) – सा. ६४१–६५०

विदा मघवन् विदा गातुमनुशंसिषो दिशः। शिक्षा शचीनां पते पूर्वीणां पुरूवसो ॥१॥
आभिषट्वमभिष्टिभिः स्वाऽ३र्न्नांशुः। प्रचेतन प्रचेतयेन्द्र द्युम्नाय न इषे ॥2॥
एवा हि शक्रो राये वाजाय वज्रिवः ।
शविष्ठ वज्रिन्नृंजसे मंहिष्ठ वज्रिन्नृंजसे। आ याहि पिब मत्स्व ॥३॥
विदा राये सुवीर्यं भवो वाजानां पतिर्वशाँ अनु। मंहिष्ठ वज्रिन्नृंजसे यः शविष्ठः शूराणाम् ॥४॥
यो मंहिष्ठो मघोनमंशुर्न्न शोचिः। चिकित्वो अभि नो नयेंद्रो विदे तमु स्तुहि ॥५॥
ईशे हि शक्रस्तमूतये हवामहे जेतारमपराजितम्।
स नः स्वर्षदति द्विषः क्रतुश्छन्द ऋतं बृहत्॥६॥
इन्द्र धनस्य सातये हवामहे जेतारमपराजितम्। स नः स्वर्षदति द्विषः स नः स्वर्षदति द्विषः॥७॥
पूर्वस्य यत्ते अद्रिवोऽशुर्मदाय। सुम्न आ धेहि नो वसो पूर्तिः शविष्ठ शस्यते ।
वशी हि शक्रो नूनं तन्नव्यं संन्यसे ॥८॥
प्रभो जनस्य वृत्रहन्त्समर्येषु ब्रवावहै। शूरो यो गोषु गच्छति सखा सुशेवो अद्वयुः ॥६॥
एवाह्योऽ३ऽ३व। एवां ह्यग्ने। एवाहीन्द्र। एवा हि पूषन्। एवा हि देवाः ॥१०॥

१६३. इन्द्रः पर्जन्यात्मा त्वष्टा वा अग्निश्च

१. प्रजापतिर् वैश्वामित्रो वाच्यो वा – ऋ. ३.५५.१७–22

यदन्यासु वृषभो रोरवीति सवो अन्यस्मिन्यूथे नि दधाति रेतः ।
स हि क्षपावान्त्स भगः स राजा महद्देवानामसुरत्वमेकम् ॥१७॥
वीरस्य नु स्वश्व्यं जनासः प्र नु वोचाम विदुरस्य देवाः ।
षोळहा युक्ताः पंचपंचा वहन्ति महद्देवानामसुरत्वमेकम् ॥१८॥
देवस्त्वष्टा सविता विश्वरूपः पुपोष प्रजाः पुरुधा जजान ।

इमा च विश्वा भुवनान्यस्य महद्देवानामसुरत्वमेकम् ।।१६।।
मही समैरच्चम्वा समीची उभे ते अस्य वसुना न्यृष्टे ।
शृण्वे वीरो विन्दमानो वसूनि महद्देवानामसुरत्वमेकम् ।।२०।।
इमां च नः पृथिवीं विश्वधाया उप क्षेति हितमित्रो न राजा ।
पुरःसदः शर्मसदो न वीरा महद्देवानामसुरत्वमेकम् ।।२१।।
निष्षिध्वरीस्त ओषधीरुतापो रयिं त इन्द्र पृथिवी बिभर्ति ।
सखायस्ते वामभाजः स्याम महद्देवानामसुरत्वमेकम् ।।22।।

2. **विश्वामित्रो गाथिनः – सा. ३३८**

इन्द्रापर्वता बृहता रथेन वामीरिष आ वहतं सुवीराः ।
वीतं हव्यान्यध्वरेषु देवा वर्धेथां गीर्भिरिडया मदन्ता ।।७।।

१६४. इन्द्रः पूषा वा

१. **देवातिथिः काण्वः – ऋ. ८.४.१५–१८**

प्र पूषणं वृणीमहे युज्याय पुरूवसुम् ।
स शक्र शिक्ष पुरुहूत नो धिया तुजे राये विमोचन ।।१५।।
सं नः शिशीहि भुरिजोरिव क्षुरं रास्व रायो विमोचन ।
त्वे तन्नः पूषन्नृंजसे वेमि स्तोतव आघृणे ।
न तस्य वेम्यरणं हि तद्वसो स्तुषे पज्राय साम्ने ।।१७।।
परा गावो यवसं कच्चिदाघृणे नित्यं रेक्णो अमर्त्य ।
अस्माकं पूषन्नविता शिवो भव मंहिष्ठो वाजसातये ।।१८।।

१६५. इन्द्रः प्रगाथो वा

१. **शंयुर् बार्हस्पत्यः (ऋसर्व. ६.४५.2८य ६.४६.१) भरद्वाजो बार्हस्पत्यः (साग्री. सास्वा. सार्षेदी.) – ऋ. ६.४६.१–१४**

त्वामिद्धि हवामहे साता वाजस्य कारवः ।
त्वां वृत्रेष्विन्द्र सत्पतिं नरस्त्वां काष्ठास्वर्वतः ।।१।।
स त्वं नश्चित्र वज्रहस्त धृष्णुया महः स्तवानो अद्रिवः ।
गामश्वं रथ्यमिन्द्र सं किर सत्रा वाजं न जिग्युषे ।।2।।
यः सत्राहा विचर्षणिरिन्द्रं तं हूमहे वयम् ।
सहस्रमुष्क तुविनृम्ण सत्पते भवा समत्सु नो वृधे ।।३।।
बाधसे जनान् वृषभेव मन्युना घृषौ मीळ्ह ऋचीषम ।
अस्माकं बोध्यविता महाधने तनूष्वप्सु सूर्ये ।।४।।
इन्द्र ज्येष्ठं न आ भरँ ओजिष्ठं पपुरि श्रवः ।
येनेमे चित्र वज्रहस्त रोदसी ओभे सुशिप्र प्राः ।।५।।
त्वामुग्रमवसे चर्षणीसहं राजन्देवेषु हूमहे ।
विश्वा सु नो विथुरा पिब्दना वसोऽमित्रान्त्सुषहान्कृधि ।।६।।
यदिन्द्र नाहुषीष्वाँ ओजो नृम्णं च कृष्टिषु ।
यद्वा पंच क्षितीनां द्युम्नमा भर सत्रा विश्वानि पौंस्या ।।७।।
यद्वा तृक्षौ मघवन् द्रुह्यावा जने यत्पूरौ कच्च वृष्ण्यम् ।
अस्मभ्यं तद्रिरीहि सं नृषाह्येऽमित्रान्पृत्सु तुर्वणे ।।८।।
इन्द्र त्रिधातु शरणं त्रिवरूथं स्वस्तिमत् ।
छर्दिर्यच्छ मघवद्भ्यश्च मह्यं च यावया दिद्युमेभ्यः ।।९।।
ये गव्यता मनसा शत्रुमादभुरभिप्रघ्नन्ति धृष्णुया ।
अध स्मा नो मघवन्निन्द्र गिर्वणस्तनूपा अन्तमो भव ।।१०।।

अध स्मा नो वृधे भवेन्द्र नायमवा युधि ।
यदन्तरिक्षे पतयन्ति पर्णिनो दिद्यवस्तिग्ममूर्धानः ।।११।।
यत्र शूरासस्तन्वो वितन्वते प्रिया शर्म पितृणाम् ।
अध स्मा यच्छ तन्वे३ तने च छर्दिरचित्तं यावय द्वेषः ।।१2।।
यदिन्द्र सर्गे अर्वतश्चोदयासे महाधने ।
असमने अध्वनि वृजिने पथि श्येनाँ इव श्रवस्यतः ।।१३।।
सिन्धूँरिव प्रवण आशुया यतो यदि क्लोशमनु ष्वणि ।
आ ये वयो न वर्वृतत्यामिषि गृभीता बाह्वोर्गवि ।।१४।।

१९६. इन्द्रः मरुतश्च

१. द्युतानो मारुतः (साग्री. सार्षेदी.) तिरश्चीर्द्युतानो वा मारुतः (ऋसर्व.) —ऋ.८.९६.१४

द्रप्समपश्यं विषुणे चरन्तमुपह्वरे नद्यो अंशुमत्याः ।
नभो न कृष्णमवतस्थिवांसमिष्यामि वो वृषणो युध्यताजौ ।।१४।।

१९७. इन्द्रः (साग्री.ध्सास्वा.) मरुतः (सार्षेदी.)

१. त्रसदस्युः पौरुकुत्सः (साग्री.ध्सास्वा.) वामदेवः (सार्षेदी.) — सा. ४४५

अर्चन्त्यर्कं मरुतः स्वर्का आ स्तोभति श्रुतो युवा स इन्द्रः ।।६।।

2. त्रिशोक काण्वः — सा. १३६

इम उ त्वा वि चक्षते सखाय इन्द्र सोमिनः। पुष्टावन्तो यथा पशुम् ।।2।।

१९८. इन्द्रः (साग्री. सास्वा.) मरुतः (ऋसर्व. १.३.७.३)

१. कण्वो घौरः (साग्री. सास्वा. ऋसर्व.) त्रिशोकः काण्वः (सार्षेदी.) — सा. १३५

इहेव शृणव एषां कशा हस्तेषु यद्वदान्। नि यामं चित्रमृंजते ।।१।।

१९९. इन्द्रः (साग्री. सास्वा.) मित्रावरुणौ (सार्षेदी.)

१. मधुच्छन्दा वैश्वामित्रः — ऋ. १.१०.१—१2; सा. ३६३

ऋ. १.१०.१—१2

गायन्ति त्वा गायत्रिणोऽर्चन्त्यर्कमर्किणः। ब्रह्माणस्त्वा शतक्रत उद्वंशमिव येमिरे ।।१।।
यत्सानोः सानुमारुहद् भूर्यस्पष्ट कर्त्वम्। तदिन्द्रो अर्थं चेतति यूथेन वृष्णिरेजति ।।2।।
युक्ष्वा हि केशिना हरी वृषणा कक्ष्यप्रा। अथा न इन्द्र सोमपा गिरामुपश्रुतिं चर ।।३।।
एहि स्तोमाँ अभि स्वराऽभि गृणीह्या रुव। ब्रह्म च नो वसो सचेन्द्र यज्ञं च वर्धय ।।४।।
शक्रो यथा सुतेषु णे रारणत् सख्येषु च ।।५।।
तमित् सखित्व ईमहे तं राये तं सुवीर्ये। स शक्र उत नः शकदिन्द्रो वसु दयमानः ।।६।।
सुविवृतं सुनिरज मिन्द्र त्वादातमिद् यशः। गवामप व्रजं वृधि कृणुष्व राधो अद्रिवः ।।७।।
नहि त्वा रोदसी उभे ऋघायमाणमिन्वतः। जेषः स्वर्वतीरपः सं गा अस्मभ्यं धूनुहि ।।८।।
आश्रुत्कर्ण श्रुधी हवं नू चिद्दधिष्व मे गिरः। इन्द्र स्तोममिमं मम कृष्वा युजश्चिदन्तरम् ।।९।।
विद्या हि त्वा वृषन्तमं वाजेषु हवनश्रुतम्। वृषन्तमस्य हूमह ऊतिं सहस्रसातमाम् ।।१०।।
आ तू न इन्द्र कौशिक मन्दसानः सुतं पिब। नव्यमायुः प्र सू तिर कृधी सहस्रसामृषिम् ।।११।।
परि त्वा गिर्वणो गिर इमा भवन्तु विश्वतः। वृद्धायुमनु वृद्धयो जुष्टा भवन्तु जुष्टयः ।।१2।।

सा. ३६३

उक्थमिन्द्राय शंस्यं वर्धनं पुरुनिषिधे। शक्रो यथा सतेषु नो रारणत्सख्येषु च ।।४।।

200. इन्द्रः (साग्री. सार्षेदी.) यमीवैवस्वती (ऋसर्व.)

१. वामदेवः गौतमः (साग्री. सार्षेदी.) यमोवैवस्वतः (ऋसर्व.) — ऋ. १०.१०.2; ४; ८—१०; १2; १४

ऋ. १०.१०.2

न ते सखा सख्यं वष्टयेतत्सलक्ष्मा यदिषुरूपा भवाति ।

महस्पुत्रासो असुरस्य वीरा दिवो धर्तार उर्विया परि ख्यन् ।।2।।

ऋ. १०.१०.४

न यत्पुरा चकृमा कद्ध नूनमृता वदन्तो अनृतं रपेम ।
गन्धर्वो अप्स्वप्या च योषा सा नो नाभिः परमं जामि तन्नौ ।।४।।

ऋ. १०.१०.८–१०

न तिष्ठन्ति न नि मिषन्त्येते देवानां स्पश इह ये चरन्ति ।
अन्येन मदाहनो याहि तूयं तेन वि वृह रथ्येव चक्रा ।।८।।
रात्रीभिरस्मा अहभिर्दशस्येत्सूर्यस्य चक्षुर्मुहुरुन्मिमीयात् ।
दिवा पृथिव्या मिथुना सबन्धू यमीर्यमस्य बिभृयादजामि ।।६।।
आ घा ता गच्छानुत्तरा युगानि यत्र जामयः कृणवन्नजामि ।
उप बर्बृहि वृषभाय बाहुमन्यमिच्छस्व सुभगे पतिं मत् ।।१०।।

ऋ. १०.१०.१२

न वा उ ते तन्वा तन्वं१ सं पपृच्यां पापमाहुर्यः स्वसारं निगच्छात् ।
अन्येन मत्प्रमुदः कल्पयस्व न ते भ्राता सुभगे वष्ट्येतत् ।।१२।।

ऋ. १०.१०.१४

अन्यम् षु त्वं यम्यन्य उ त्वां परि ष्वजाते लिबुजेव वृक्षम् ।
तस्य वा त्वं मन इच्छा स वा त्वाधा कृणुष्व संविदं सुभद्राम् ।।१४।।

२०१. इन्द्रः (साग्री. सास्वा.) यमो वैवस्वतः (ऋसर्व.)

१. वामदेवो गौतमः (साग्री. सास्वा. सार्षेदी.) यमो वैवस्वती (ऋसर्व. १०–१०–१)

– ऋ. १०.१०.१; ३; ५–७; ११; १३; सा. ३४०

ऋ. १०.१०.१

ओ चित्सखायं सख्या ववृत्यां तिरः पुरू चिदर्णवं जगन्वान् ।
पितुर्नपातमा दधीत वेधा अधि क्षमि प्रतरं दीध्यानः ।।१।।

ऋ. १०.१०.३

उशन्ति घा ते अमृतास एतदेकस्य चित्त्यजसं मर्त्यस्य ।
नि ते मनो मनसि धाय्यस्मे जन्युः पतिस्तन्व१मा विविश्याः ।।३।।

ऋ. १०.१०.५–७

गर्भे नु नौ जनिता दम्पती कर्देवस्त्वष्टा सविता विश्वरूपः ।
नाकिरस्य प्र मिनन्ति व्रतानि वेद नावस्य पृथिवी उत द्यौः ।।५।।
को अस्य वेद प्रथमस्याह्नः क ईं ददर्श क इह प्र वोचत् ।
बृहन्मित्रस्य वरुणस्य धाम कदु ब्रव आहनो वीच्या नॄन् ।।६।।
यमस्य मा यम्यं१ काम आगन्त्समाने योनौ सहशेय्याय।
जायेव पत्ये तन्वं रिरिच्यां वि चिद्वृहेव रथ्येव चक्रा ।।७।।

ऋ. १०.१०.११

किं भ्रातासद्यदनाथं भवाति किमु स्वसा यन्निर्ऋतिर्निगच्छात् ।
काममूता बह्वे३ तद्रपामि तन्वा मे तन्वं१ सं पिपृग्धि ।।११।।

ऋ. १०.१०.१३

बतो बतासि यम नैव ते मनो हृदयं चाविदाम ।
अन्या किल त्वां कक्ष्येव युक्तं परि ष्वजाते लिबुजेव वृक्ष्म् ।।१३।।

सा. ३४०

आ त्वा सखायः ववृत्युस्तिरः पुरू चिदर्णवां जगम्याः ।
पितुर्नपातमा दधीत वेधा अस्मिन्क्षये प्रतरां दीद्यानः ।।६।।

२०२. इन्द्रः वनस्पतिः परसेना हननं च

१. भृग्वंगिरा – अ. ८.८.१–२४

इन्द्रो मन्थतु मन्थिता शक्रः शूरः पुरंदरः । यथा हनाम सेना अमित्राणां सहस्रशः ।।१।।
पूतिरज्जुरुपध्मानी पूतिं सेनां कृणोत्वमूम् । धूममग्निं परादृश्यामित्रा हृत्स्वा दधतां भयम् ।।2।।
अमूनश्वत्थनिः शृणीहि खादामून् खदिराजिरम् ताजद्भंगइव भज्यन्तां हन्त्वेनान् वधको वधैः।।३।।
परुषान् परुषाह्वः कृणोतु हन्त्वेनान् वधको वधैः।
क्षिप्रं शरइव भज्यन्तां बृहज्जालेन संदिताः ।।४।।
अन्तरिक्षं जालमासीज्जालदण्डा दिशो महीः। तेनाभिधाय दस्यूनां शक्रः सेनामपावपत् ।।५।।
बृहद्धि जालं बृहतः शक्रस्य वाजिनीवतः ।
तेन शत्रूनभि सर्वान् न्युब्ज यथा न मुच्यातै कतमश्चनैषाम् ।।६।।
बृहत् ते जालं बृहत इन्द्र शूर सहस्रार्धस्य शतवीर्यस्य ।
तेन शतं सहस्रमयुतं न्यर्बुदं जघान शक्रो दस्यूनामभिधाय सेनया ।।७।।
अयं लोको जालमासीच्छक्रस्य महतो महान्। तेनाहमिन्द्रजालेनामूंस्तमसाभि दधामि सर्वान् ।।८।।
सेदिरुग्रा व्यृद्धिरार्तिश्चानपवाचना । श्रमस्तन्द्रीश्च मोहश्च तैरमूनभि दधामि सर्वान् ।।९।।
मृत्यवेऽमून् प्र यच्छामि मृतयूपाशैरमी सिताः ।
मृत्योर्ये अघला दूतास्तेभ्य एनान् प्रति नयामि बद्ध्वा ।।१०।।
नयतामून् मृत्युदूता यमदूता अपोम्भत । परः सहस्रा हन्यन्तां तृणेढ्वेनान् मत्यं भवस्य ।।११।।
साध्या एकं जालदण्डमुद्यत्य यन्त्योजसा । रुद्रा एकं वसव एकमादित्यैरेक उद्यतः ।।१2।।
विश्वे देवा उपरिष्टादुब्जन्तो यन्त्वोजसा । मध्येन घ्नन्तो यन्तु सेनामंगिरसो महीम् ।।१३।।
वनस्पतीन् वानस्पत्यानोषधीरुत वीरुधः । द्विपाच्चतुष्पादिष्णामि यथा सेनाममूं हनन् ।।१४।।
गन्धर्वाप्सरसः सर्पान् देवान् पुण्यजनान् पितृन् ।
दृष्टानदृष्टानिष्णामि यथा सेनाममूं हनन् ।।१५।।
इम उप्ता मृत्युपाशा यानाक्रम्य न मुच्यसे। अमुष्या हन्तु सेनाया इदं कूटं सहस्रशः ।।१६।।
घर्मः समिद्धो अग्निनायं होमः सहस्रहः । भवश्च पृश्निबाहुश्च शर्व सेनाममूं हतम् ।।१७।।
मृत्योराष्मा पद्यनतां क्षुधं सेदिं वधं भयम् । इन्द्रश्चक्षुजालाभ्यां शर्व सेनाममूं हतम् ।।१८।।
पराजिताः प्र त्रसतामित्रा नुत्ता धावत ब्रह्मणा । बृहस्पतिप्रणुत्तानां ममीषां मोचि कश्चन ।।१९।।
अव पद्यन्तामेषामायुधानि मा शकन् प्रतिधामिषुम्।
अथैषां बहु बिभ्यतामिषवो घ्नन्तु मर्मणि ।।2०।।
सं क्रोशतामेनान् द्यावापृथिवी समन्तरिक्षं सह देवताभिः ।
मा ज्ञातारं मा प्रतिष्ठां विदन्त मिथो विघ्नाना उप यन्तु मृत्युम् ।।2१।।
दिश□तस्रोऽश्वतर्यो देवरथस्य पुरोडाशाः शफा अन्तरिक्षमुद्धिः ।
द्यावापृथिवी पक्षसी ऋतवोऽभीशवोऽन्तर्देशाः किंकरा वाक् परिरथ्यम् ।।22।।
संवत्सरो रथः परिवत्सरो रथोपस्थो विराडीषाग्नी रथमुखम्।
इन्द्रः सव्यष्ठाश्चन्द्रमाः सारथिः ।।2३।।
इतो जयेतो वि जय सं जय जय स्वाहा। इमे जयन्तु परामी जयन्तां स्वाहैभ्यो दुराहामीभ्यः।
नीललोहितेनामूनभ्यवतनोमि ।।2४।।

२०३. इन्द्रः (साग्री. सास्वा.) वरुणमित्रार्यम्णः (ऋसर्व.) मित्रावरुणां मुख्या आदित्या देवताः (सार्षेदी.)

१. कण्वो घौरः – सा. १८५

यं रक्षन्ति प्रचेतसो वरुणो मित्रो अर्यमा। न किः स दभ्यते जनः ।।१।।

२०४. इन्द्रः (साग्री.सास्वा. ऋसर्व.) वायुः (सार्षेदी.)

१. उलो वातायनः – सा. १८४

वात आ वातु भेषजं शम्भु मयोभु नो हृदे। प्र न आयूंषि तारिषत् ।।१०।।

२०५. इन्द्रः (सार्षेदी.) विश्वेदेवाः (साग्री.ध्सास्वा.)

१. त्रसदस्युः पौरुकुत्सः (साग्री.ध्सास्वा.) वामदेवः (सार्षेदी.) – सा. ४४2

सदा गावः शुचयो विश्वधायसः सदा देवा अरेपसः ।।६।।

२०६. इन्द्रः (साग्री. सास्वा.सार्षेदी.) विश्वेदेवाः (ऋसर्व.१. ६०.१)

१. गोतमो राहूगणः – सा. 21८

ऋजुनीती नो वरुणो मित्रो नयति विद्वान्। अर्यमा देवैः सजोषाः ।।५।।

२०७. इन्द्रः विश्वेदेवा च

१. कक्षीवान् दैर्धतमसः औशिजः – ऋ. १.१21.१–१५

कदित्था नॄँः पात्रं देवयतां श्रवदगिरो अंगिरसां तुरण्यन् ।
प्र यदानड्विश आ हर्म्यस्योरु क्रंसते अध्वरे यजत्रः ।।१।।
स्तम्भीद्ध द्यां स धरुणं प्रुषायदृभुर्वाजाय द्रविणं नरो गोः ।
अनु स्वजां महिषश्चक्षत व्रां मेनामश्वस्य परि मातरं गोः ।।2।।
नक्षद्धवमरुणीः पूर्व्यं राट् तुरो विशामंगिरसामनु द्यून् ।
तक्षद्वज्रं नियुतं तस्तम्भद् द्यां चतुष्पदे नर्याय द्विपादे ।।३।।
अस्य मदे स्वर्यं दा ऋतायापीवृतमुस्रियाणामनीकम् ।
यद्ध प्रसर्गे त्रिककुम्निवर्तदप द्रुहो मानुषस्य दुरो वः ।।४।।
तुभ्यं पयो यत्पितरावनीतां राधः सुरेतस्तुरणे भुरण्यू ।
शुचि यत्ते रेक्ण आयजन्त सबर्दुघायाः पय उस्रियायाः ।।५।।
अध प्र जज्ञे तरणिर्ममत्तु प्र रोच्यस्य उषसो न सूरः ।
इन्दुर्येभिराष्ट स्वेदुहव्यैः स्रुवेण सिंचंजरणाभि धाम ।।६।।
स्ध्मा यद्वनधितिरपस्यात्सूरो अध्वरे परि रोधना गोः ।
यद्ध प्रभासि कृत्व्याँ अनु द्यूननर्विशे पश्विषे तुराय ।।७।।
अष्टा महो दिव आदो हरी इह द्युम्नासाहमभि योधान उत्सम् ।
हरिं यत्ते मन्दिनं दुक्षन्वृधे गोरभसमद्रिभिर्वाताप्यम् ।।८।।
त्वमायसं प्रति वर्तयो गोर्दिवो अश्मानमुपनीतमृभ्वा ।
कुत्साय यत्र पुरुहूत वन्वंछुष्णमनन्तैः परियासि वधैः ।।६।।
पुरा यत्सूरस्तमसो अपीतेस्तमद्रिवः फलिगं हेतिमस्य ।
शुष्णस्य चित्परिहितं यदोजो दिवस्परि सुग्रथितं तदादः ।।१०।।
अनु त्वामही पाजसी अचक्रे द्यावाक्षामा मदतामिन्द्र कर्मन् ।
त्वं वृत्रमाशयानं सिरासु महो वज्रेण सिष्वपो वराहुम् ।।११।।
त्वमिन्द्र नर्यो याँ अवो नृन्तिष्टा वातस्य सुयुजो वहिष्ठान् ।
यं ते काव्य उशना मन्दिनं दाद्वृत्रहणं पार्यं ततक्ष वज्रम्।।१2।।
त्वं सूरो हरितो रामयो नॄन्भरच्चक्रमेतशो नायमिन्द्र ।
प्रास्य पारं नवतिं नाव्यानामपि कर्तमवर्तयोऽयज्यून् ।।१३।।
त्वं नो अस्या इन्द्र दुर्हणायाः पाहि वज्रिवो दुरितादभीके ।
प्र नो वाजान्रथ्यो३ अश्वबुध्यानिषे यन्धि श्रवसे सूनृतायै ।।१४।।
मा सा ते अस्मत्सुमतिर्वि दसद्वाजप्रमहः समिषो वरन्त ।
आ नो भज मघवन्गोष्वर्यो महिष्ठास्ते सधमादः स्याम ।।१५।।

२०८. इन्द्रः (साग्री. सास्वा. सार्षेदी.) विश्वेदेवाः (ऋसर्व. ८.८३.१)

१. कसीदी काण्वः – सा. १३८

देवानामिदवो महत्तदा वृणीमहे वयम्। वृष्णामस्मभ्यमूतये ।।४।।

२०६. इन्द्रः (साग्री. सास्वा.) सदसस्पतिः (ऋसर्व. १–१८–६)

१. मेधातिथिः काण्वः – सा. १७१

Vedic Concordance of Mantras as per Devatā and Ṛṣi 469

सदसस्पतिमद्भुतं प्रियमिन्द्रस्य काम्यम्। सनिं मेधामयासिषम् ।।७।।

२१०. इन्द्रः (सास्वा. साग्री.) सरस्वती (सार्षेदी.)

१. मधुच्छन्दा वैश्वामित्रः – सा. १८६

पावका नः सरस्वती वाजेभिर्वाजिनीवती। यज्ञं वष्टु धियावसुः ।।५।।

२११. इन्द्रः (साग्री. सास्वा.) सविता (ऋसर्व. ५–८2–४सार्षेदी.)

१. श्यावाश्व आत्रेयः – सा. १४१ ऋ. ५.८2.१–६

अद्या नो देव सवितः प्रजावत्सावीः सौभगम्। परा दुःष्वप्न्यं सुव ।।७।।

ऋ. ५.८2.१–६

तत्सवितुर्वृणीमहे वयं देवस्य भोजनम्। श्रेष्ठं सर्वधातमं तुरं भगस्य धीमहि ।।१।।
अस्य हि स्वयशस्तरं सवितुः कच्चन प्रियम्। न मिनन्ति स्वराज्यम् ।।2।।
स हि रत्नानि दाशुषे सुवाति सविता भगः। तं भागं चित्रमीमहे ।।३।।
अद्या नो देव सवितः प्रजावत्सावीः सौभगम्। परा दुःष्वप्न्यं सुव ।।४।।
विश्वानि देव सवितर्दुरितानि परासुव। यद्भद्रं तन्न आ सुव ।।५।।
अनागसो अदितये देवस्य सवितुः सवे। विश्वा धामानि धीमहि ।।६।।
आ विश्वदेवं सत्पतिं सूक्तैरद्या वृणीमहे। सत्यसवं सवितारम् ।।७।।
य इमे उभे अहनी पुर एत्यप्रयुच्छन्। स्वाधीर्देवः सविता ।।८।।
य इमा विश्वा जातान्याश्रावयति श्लोकेन। प्र च सुवाति सविता ।।६।।

२१2. इन्द्रः (साग्री. सास्वा.) सविता (सार्षेदी.)

१. प्रस्कण्वः काण्वः – सा. १७८

एषो उषा उपूर्व्या व्युच्छति प्रिया दिवः। स्तुषे वामश्विना बृहत् ।।४।।

२१३. इन्द्रः (साग्री. सास्वा.) सोमो पूषा च (सार्षेदी.)

१. शुनःशेप आजीगर्तिः वामदेवो वा (साग्री. सास्वा.) पूषा (सार्षेदी.) – सा. १५४

सोमः पूषा च चेततुर्विश्वासां सुक्षितीनाम्। देवत्रा रथ्योर्हिता ।।१०।।

२१४. इन्द्राग्नादयः

१. प्रजापतिः – य. 2४.८; १७

य. 2४.८

एता ऐन्द्राग्ना द्विरूपा अग्नीषोमीया वामना अनड्वाह आग्नावैष्णवा वशा
मैत्रावरुण्योऽन्यत एन्यो मैत्र्यः ।।८।।

य. 2४.१७

उक्ताः संचरा एता ऐन्द्राग्नाः प्राशृंगाः माहेन्द्रा बहुरूपा वैश्वकर्मणाः ।।१७।।

२१५. इन्द्राग्निः

१. त्र्यरुणस् त्रैवृष्णः त्रसदस्युः पौरुकुत्स्यः अश्वमेधश्च भरतोऽत्रिर् वा – ऋ. ५.2७.६

इन्द्राग्नी शतदाव्न्यश्वमेधे सुवीर्यम्। क्षत्रं धारयतं बृहद्दिवि सूर्यमिवाजरम् ।।६।।

2. विधृतिः – य. १७.६४

उद्ग्राभं च निग्राभं च ब्रह्म देवाऽअवीवृधन्।
अधा सपत्नानिन्द्राग्नी मे विषूचीनान्व्यस्यताम्।।६४।।

३. विश्वामित्रः – य. ७.३१

इन्द्राग्नीऽआगतं सुतं गीर्भिर्नभो वरेण्यम्। अस्य पातं धियेषिता ।
उपयामगृहीतोऽसीन्द्राग्निभ्यां त्वैष ते योनिरिन्द्राग्निभ्यां त्वा ।।३१।।

४. सुहोत्रः – य. ३३.६३

इन्द्राग्नीऽअपादियं पूर्वागात्पद्वतीभ्यः।

हित्वी शिरो जिह्वया वावदच्चरत्त्रिं शत्पदा न्यक्रमीत्।।६३।।

2१६. इन्द्राग्नी

१. अत्रिर् भौमः – ऋ. ५.८६.१–६

इन्द्राग्नी यमवथ उभा बाजेषु मर्त्यम्। द्वळहा चित्स प्र भेदति द्युम्ना वाणीरिव त्रितः ।।१।।
या पृतनासु दुष्टरा या वाजेषु श्रवाय्या। या पंच चर्षणीरभीन्द्राग्नी ता हवामहे ।।2।।
तयोरिदमवच्छवस्तिग्मा दिद्युन्मघोनोः। प्रति द्रुणा गभस्त्योर्गवां वृत्रघ्न एषते ।।३।।
ता वामेषे रथानामिन्द्राग्नी हवामहे । पती तुरस्य राधसो विद्वांसा गिर्वणस्तमा ।।४।।
ता वृधन्तावनु द्यून्मर्ताय देवावदभा । अर्हन्ता चित्पुरो दधेंऽशेव देवार्ववते ।।५।।
एवेन्द्राग्निभ्यामहा वि हव्यं शूष्यं घृतं न पूतमद्रिभिः ।
ता सूरिषु श्रवो वृहद्रयिं गृणत्सु दिधृतमिषं गृणत्सु दिधृतम्।।६।।

2. अथर्वा – अ. ७.६७.१–८

यदद्य त्वा प्रयति यज्ञे अस्मिन् होतश्चिकित्वन्नवृणीमहीह ।
ध्रुवमयो ध्रुवमुता शविष्ठ प्रविद्वान् यज्ञमुप याहि सोमम्।।१।।
समिन्द्र नो मनसा नेष गोभिः सं सूरिभिर्हरिवन्त्सं स्वस्त्या ।
सं ब्रह्मणा देवहितं यदस्ति सं देवानां सुमतौ यज्ञियानाम्।।2।।
यानावह उशतो देव देवांस्तान् प्रेरय स्वे अग्ने सधस्थे ।
जक्षिवांसः पपिवांसो मधून्यस्मै धत्त वसवो वसूनि।।३।।
सुगा वो देवाः सदना अकर्म य आजग्म सवने मा जुषाणाः ।
वहमाना भरमाणाः स्वा वसूनि वसुं धर्मं दिवमा रोहतानु।।४।।
यज्ञ यज्ञं गच्छ यज्ञपतिं गच्छ। स्वां योनि गच्छ स्वाहा।।५।।
एष ते यज्ञो यज्ञपते सहसूक्तवाकः। सुवीर्यः स्वाहा ।।६।।
वषड्ढुतेभ्यो वषडहुतेभ्यः। देवा गातुविदो गातुं वित्त्वा गातुमित।।७।।
मनमस्पत इमं नो दिवि देवेषु यज्ञम् ।
स्वाहा दिवि स्वाहा पृथिव्यां स्वाहान्तरिक्षे स्वाहा वाते धां स्वाहा ।।८।।

३. कुत्स आंगिरसः – ऋ. १.१०८.१–१३; १.१०९.१–८

ऋ. १.१०८.१–१३

यइन्द्राग्नी चित्रतमो रथो वामभि विश्वानि भुवनानि चष्टे ।
तेना यातं सरथं तस्थिवांसाथा सोमस्य पिबतं सुतस्य ।।१।।
यावदिदं भुवनं विश्वमस्त्युरुव्यचा वरिमता गभीरम् ।
तावाँ अयं पातवे सोमो अस्त्वरमिन्द्राग्नी मनसे युवभ्याम् ।।2।।
चक्राथे हि सध्र्य१ङनाम भद्रं सध्रीचीना वृत्रहणा उत स्थः ।
ताविन्द्राग्नी सध्र्यंचा निषद्या वृष्णः सोमस्य वृषणा वृषेथाम् ।।३।।
समिद्धेष्वग्निष्वानजाना यतस्रुचा बर्हिरु तिस्तिराणा ।
तीव्रैः सोमैः परिषिक्तेभिरर्वागेन्द्राग्नी सौमनसाय यातम् ।।४।।
यानीन्द्राग्नी चक्रथुर्वीर्याणि यानि रूपाण्युत वृष्ण्यानि ।
या वां प्रत्नानि सख्या शिवानि तेभिः सोमस्य पिबतं सुतस्य ।।५।।
यदब्रवं प्रथमं वां वृणानो३यं सोमो असुरैर्नो विहव्यः ।
तां सत्यां श्रद्धामभ्या हि यातमथा सोमस्य पिबतं सुतस्य ।।६।।
यदिन्द्राग्नी मदथः स्वे दुरोणे यद्ब्राह्मणि राजनि वा यजत्रा ।
अतः परि वृषणावा हि यातमथा सोमस्य पिबतं सुतस्य ।।७।।
यदिन्द्राग्नी यदुषु तुर्वशेषु यद्द्रुह्युष्वनुषु पूरुषु स्थः ।
अतः परि वृषणावा हि यातमथा सोमस्य पिबतं सुतस्य ।।८।।
यदिन्द्राग्नी अवमस्यां पृथिव्यां मध्यमस्यां परमस्यामुत स्थः ।

अतः परि वृषणावा हि यातमथा सोमस्य पिबतं सुतस्य ।।९।।
यदिन्द्राग्नी परमस्यां पृथिव्यां मध्यमस्यामवमस्यामुत स्थः ।
अतः परि वृषणावा हि यातमथा सोमस्य पिबतं सुतस्य ।।१०।।
यदिन्द्राग्नी दिवि ष्टो यत्पृथिव्यां यत्पर्वतेष्वोषधीष्वप्सु ।
अतः परि वृषणावा हि यातमथा सोमस्य पिबतं सुतस्य ।।११।।
यदिन्द्राग्नी उदिता सूर्यस्य मध्ये दिवः स्वध्या मादयेथे ।
अतः परि वृषणावा हि यातमथा सोमस्य पिबतं सुतस्य ।।१2।।
एवेन्द्राग्नी पपिवांसा सुतस्य विश्वासमभ्यं सं जयतं धनानि ।
तन्नो मित्रो वरुणो मामहन्तामदितिः सिन्धुः पृथिवी उत द्यौः ।।१३।।

ऋ. १.१०९.१–८

हि ह्यख्यं मनसा वस्य इच्छन्निन्द्राग्नी ज्ञास उत वा सजातान् ।
नान्या युवत्प्रमतिरस्ति मह्यं स वां धियं वाजयन्तीमतक्षम् ।।१।।
अश्रवं हि भूरिदावत्तरा वां विजामातुरुत वा घा स्यालात् ।
अथा सोमस्य प्रयती युवभ्यामिन्द्राग्नी स्तोमं जनयामि नव्यम् ।।2।।
मा च्छेद्य रश्मीँरिति नाधमानाः पितृणां शक्तीरनुयच्छमानाः ।
इन्द्राग्निभ्यां कं वृषणो मदन्ति ता ह्यद्री धिष्णाया उपस्थे ।।३।।
युवाभ्यां देवी धिषणां मदायेन्द्राग्नी सोममुशती सुनोति ।
तावश्विना भद्रहस्ता सुपाणी आ धावतं मधुना पृङ्क्तमप्सु ।।४।।
युवामिन्द्राग्नी वसुनो विभागे तवस्तमा शुश्रव वृत्रहत्ये ।
तावासद्या बर्हिषि यज्ञे अस्मिन्प्र चर्षणी मादयेथां सुतस्य ।।५।।
प्र चर्षणिभ्यः पृतनाहवेषु प्र पृथिव्या निरिचाथे दिवश्च ।
प्र सिन्धुभ्यः प्र गिरिभ्यो महित्वा प्रेन्द्राग्नी विश्वा भुनात्यन्या ।।६।।
आ भरतं शिक्षतं वज्रबाहू अस्माँ इन्द्राग्नी अवतं शचीभिः ।
इमे नु ते रश्मयः सूर्यस्य येभिः सपित्वं पितरो न आसन् ।।७।।
पुरंदरा शिक्षतं वज्रहस्तास्माँ इन्द्राग्नी अवतं भरेषु ।
तन्नो मित्रो वरुणो मामहन्तामदितिः सिन्धुः पृथिवी उत द्यौः ।।८।।

४. **त्रिशोक काण्वः – ऋ. ८.४५.१**

आ घा ये अग्निमिन्धते स्तृणन्ति बर्हिरानुषक्। येषामिन्द्रो युवा सखा ।।१।।

५. **नाभाकः काण्वः – ऋ. ८.४०.१–१2**

इन्द्राग्नी युवं सु नः सहन्ता दासथो रयिम् ।
येन दृळहा समत्स्वा वीळु चित्साहिषीमह्यग्निर्वनेव वात इन्नभन्तामन्यके समे ।।१।।
नाहि वां वव्रयामहेऽथेन्द्रमिद्यजामहे शविष्ठं नृणां नरम् ।
स नः कदा चिदर्वता गमदा वाजसातये गमदा मेधसातये नभन्तामन्यके समे ।।2।।
ता हि मध्यं भराणामिन्द्राग्नी अधिक्षितः ।
ता उ कवित्वना कवी पृच्छ्यमाना सखीयते सं धीतमश्नुतं नरा नभन्तामन्यके समे ।।३।।
अभ्यर्च नभाकवदिन्द्राग्नी यजसा गिरा ।
ययोर्विश्वमिदं जगदियं द्यौः पृथिवी मह्यु१पस्थे बिभृतो वसु नभन्तामन्यके समे ।।४।।
प्र ब्रह्माणि नभाकवदिन्द्राग्निभ्यामिरज्यत ।
या सप्तबुध्नमर्णवं जिह्मबारमपोर्णुत इन्द्र ईशान ओजसा नभन्तामन्यके समे ।।५।।
अपि वृश्च पुराणवद् व्रततेरिव गुष्पितमोजो दासस्य दम्भय ।
वयं तदस्य संभृतं वस्विन्द्रेण वि भजेमहि नभन्तामन्यके समे ।।६।।
यदिन्द्राग्नी जना इमे विह्वयन्ते तना गिरा ।
अस्माकेभिर्नृभिर्वयं सासह्याम पृतन्यतो वनुयाम वनुष्यतो नभन्तामन्यके समे ।।७।।

या नु श्वेतावvो दिव उच्चरात उप द्युभिः ।
इन्द्राग्न्योरनु व्रतमुहाना यन्ति सिन्धवो यान्त्सीं बन्धादमुंचतां नभन्तामन्यके समे ।।८।।
पूर्वीष्ट इन्द्रोपमातयः पूर्वीरुत प्रशस्तयः सूनो हिन्वस्य हरिवः ।
वस्वो वीरस्यापृचो या नु साधन्त नो धियो नभन्तामन्यके समे ।।६।।
तं शिशीता सुवृक्तिभिस्त्वेषं सत्वानमृग्मियम् ।
उतो नु चिद्य ओजसा शुष्णस्याण्डानि भेदति जेषत्स्वर्वतीरपो नभन्तामन्यके समे ।।१०।।
तं शिशीता स्वध्वरं सत्यं सत्वानमृत्वियम् ।
उतो नु चिद्य ओहत आण्डा शुष्णस्य भेदत्यजैः स्वर्वतीरपो नभन्तामन्यके समे ।।११।।
एवेन्द्राग्निभ्यां पितृवन्नवीयो मन्धातृवदंगिरस्वदवाचि ।
त्रिधातुना शर्मणा पातमस्मान् वयं स्याम पतयो रयीणाम् ।।१2।।

६. **परमेष्ठी – य. १५.५६**

लोकं पृण छिद्रं पृणाथो सीद ध्रुवा त्वम्।
इन्द्राग्नी त्वा बृहस्पतिरस्मिन् योनावसीषदन् ।।५६।।

७. **परुच्छेपो दैवोदासिः – ऋ. १.१३६.६**

दध्यङ् ह मे जनुषं पूर्वो अंगिराः प्रियमेधः कण्वो अत्रिर्मनुर्विदुस्ते मे पूर्वे मनुर्विदुः ।
तेषां देवेष्वायतिरस्माकं तेषु नाभ्यः। तेषं पदेन मह्या नमे गिरेन्द्राग्नी आ नमे गिरा ।।६।।

८. **भरद्वाजः – य. ३३.६१**

उग्रा विघनिना मृधऽइन्द्राग्नी हवामहे। ता नो मूडातऽइर्दृशे ।।६१।।

६. **भरद्वाजो बार्हस्पत्यः – ऋ. ६.५६.१–१०; ६.६०.१–१५; सा. ८५३–८५५; ६६१–६६३**

ऋ. ६.५६.१–१०; ६.६०.१–१५

प्र नु वोचा सुतेषु वां वीर्या३ यानि चक्रथुः ।
हतासो वां पितरो देवशत्रव इन्द्राग्नी जीवथो युवम् ।।१।।
वळित्था महिमा वामिन्द्राग्नी पनिष्ठ आ ।
समानो वां जनिता भ्रातरा युवं यमाविहेहमातरा ।।2।।
ओकिवांसा सुते सचाँ अश्वा सप्ती इवादने ।
इन्द्रान्व१ग्नी अवसेह वज्रिणा वयं देवा हवामहे ।।३।।
य इन्द्राग्नी सुतेषु वां स्तवत्तेष्वृतावृधा ।
जोषवाकं वदतः पज्रहोषिणा न देवा भसथश्चन ।।४।।
इन्द्राग्नी को अस्य वां देवौ मर्तश्चिकेतति ।
विषूचो अश्वन्युयुजान ईयत एकः समान आ रथे ।।५।।
इन्द्राग्नी अपादियं पूर्वागात्पद्वतीभ्यः ।
हित्वी शिरो जिह्वया वावदच्चरत्त्रिंशत्पदा न्यक्रमीत् ।।६।।
इन्द्राग्नी आ हि तन्वते नरो धन्वानि बाह्वोः ।
मा नो अस्मिन्महाधने परा वर्क्तं गविष्टिषु ।।७।।
इन्द्राग्नी युवोरपि वसु दिव्यानि पार्थिवा ।
आ न इह प्र यच्छतं रयिं विश्वायुपोषसम् ।।८।।
इन्द्राग्नी उक्थवाहसा स्तोमेभिर्हवनश्रुता ।
विश्वाभिर्गीर्भिरा गतमस्य सोमस्य पीतये ।।१०।।

ऋ. ६.६०.१–१५

श्नथद्वृत्रमुत सनोति वाजमिन्द्रा यो अग्नी सहुरी सपर्यात् ।
इरज्यन्ता वसव्यस्य भूरेः सहस्तमा सहसा वाजयन्ता ।।१।।
ता योधिष्टमभि गा इन्द्र नूनमपः स्वरुषसो अग्न ऊळ्हाः ।
दिशः स्वरुषस इन्द्र चित्रा अपो गा अग्ने युवसे नियुत्वान् ।।2।।

आ वृत्रहणा वृत्रहभिः शुष्मैरिन्द्र यातं नमोभिरग्ने अर्वाक् ।
युवं राधोभिरकवेभिरिन्द्राग्ने अस्मे भवतमुत्तमेभिः ।।३।।
ता हुवे ययोरिदं पप्ने विश्वं पुरा कृतम् । इन्द्राग्नी न मर्धतः ।।४।।
उग्रा विघनिना मृध इन्द्राग्नी हवामहे । ता नो मृळात् ईदृशे ।।५।।
हतो वृत्राण्यार्या हतो दासानि सत्पती। हतो विश्वा अप द्विषः ।।६।।
इन्द्राग्नी युवामिमे३भि स्तोमा अनूषत। पिबतं शंभुवा सुतम् ।।७।।
या वां सन्ति पुरुस्पृहो नियुतो दाशुषे नरा। इन्द्राग्नी ताभिरा गतम् ।।८।।
ताभिरा गच्छतं नरोपेदं सवनं सुतम्। इन्द्राग्नी सोमपीतये ।।९।।
तमीळिष्व यो अर्चिषा वना विश्वा परिष्वजत्। कृष्णा कृणोति जिह्वया ।।१०।।
य इद्ध आविवासति सुम्नमिन्द्रस्य मर्त्यः। द्युम्नाय सुतरा अपः ।।११।।
ता नो वजवतीरिष आशून्पिपृतमर्वतः। इन्द्रमग्निं च बोळ्हवे ।।12।।
उभा वामिन्द्राग्नी आहुवध्या उभा राधसः सह मादयध्यै ।
उभा दाताराविषां रयीणामुभा वाजस्य सातये हुवे वाम् ।।१३।।
आ नो गव्येभिरश्व्यैर्वसव्यै३ रुप गच्छतम् ।
सखायो देवौ सख्याय शंभूवेन्द्राग्नी ता हवामहे ।।१४।।
इन्द्राग्नी शृणुतं हवं यजमानस्य सुन्वतः। वीतं हव्यान्या गतं पिबतं सोम्यं मधु ।।१५।।

सा. ८५३–८५५

ता हुवे ययोरिदं पप्ने विश्वं पुरा कृतम्। इन्द्राग्नी न मर्धतः ।।१।।
उग्रा विघनिना मृध इन्द्राग्नी हवामहे। ता नो मृडात ईदृशे ।।2।।
हथो वृत्राण्यार्या हथो दासानि सत्पती। हथो विश्वा अप द्विषः ।।३।।

सा. ६६१–६६३

इन्द्राग्नी युवामिमे३ऽभि स्तोमा अनूषत। पिबतं शम्भुवा सुतम् ।।१।।
या वां सन्ति पुरुस्पृहो नियुतो दाशुषेः नरा। इन्द्राग्नी ताभिरा गतम् ।।2।।
ताभिरा गच्छतं नरोपेदं सवनं सुतम्। इन्द्राग्नी सोमपीतये ।।३।।

१०. भृगुः – अ. ७.११०.१–३

अग्न इन्द्रश्च दाशुषे हतो वृत्राण्यप्रति। उभा हि वृत्रहन्तमा ।।१।।
याभ्यामजयन्त्स्व१रग्र एव यावातस्थतुर्भुवनानि विश्वा ।
प्रचर्षणी वृषणा वज्रबाहू अग्निमिन्द्रं वृत्रहणा हुवेऽहम् ।।2।।
उप त्वा देवो अग्रभीच्चमसेन बृहस्पतिः। इन्द्र गीर्भिर्न आ विश यजमानाय सुन्वते ।।३।।

११. मेधातिथिः काण्वः – ऋ. १.21.१–६

इहेन्द्राग्नी उप ह्वये तयोरित्स्तोममुश्मसि। ता सोमं सोमपातमा ।।१।।
ता यज्ञेषु प्र शंसतेन्द्राग्नी शुम्भता नरः। ता गायत्रेषु गायत ।।2।।
ता मित्रस्य प्रशस्तय इन्द्राग्नी ता हवामहे। सोमपा सोमपीतये ।।३।।
उग्रा सन्ता हवामह उपेदं सवनं सुतम्। इन्द्राग्नी एह गच्छताम् ।।४।।
ता महान्ता सदस्पती इन्द्राग्नी रक्ष उब्जतम्। अप्रजाः सन्त्वत्रिणः ।।५।।
तेन सत्येन जागृतमधि प्रचेतुनो पदे। इन्द्राग्नी शर्म यच्छतम् ।।६।।

१2. वसिष्ठः – ऋ. ७.६३.१–८; ७.६४.१–१2; य. ३३.७६

ऋ. ७.६३.१–८

शुचिं नु स्तोमं नवजातमद्येन्द्राग्नी वृत्रहणा जुषेथाम् ।
उभा हि वां सुहवा जोहवीमि ता वाजं सद्य उशते धेष्ठा ।।१।।
ता सानसी शवसाना हि भूतं साकंवृधाा शवसा शृशुवांसा ।
क्षयन्तौ रायो यवसस्य भूरेः पृङ्क्तं वाजस्य स्थविरस्य घृष्वेः ।।2।।

उपो ह यद्विदथं वाजिनो गुर्धीभिर्विप्राः प्रमतिमिच्छमानाः ।
अर्वन्तो न काष्ठां नक्षमाणा इन्द्राग्नी जोहुवतो नरस्ते ।।३।।
गीर्भिर्विप्रः प्रमतिमिच्छमान ईट्टे रयिं यशसं पूर्वभाजम् ।
इन्द्राग्नी वृत्रहणा सुवज्रा प्र नो नव्येभिस्तिरतं देष्णैः ।।४।।
सं यन्मही मिथती स्पर्धमाने तनूरुचा शूरसाता यतैते ।
अदेवयुं विदथे देवयुभिः सत्रा हतं सोमसुता जनेन ।।५।।
इमामू षु सोमसुतिमुप न एन्द्राग्नी सौमनसाय यातम् ।
नू चिद्धि परिमम्नाथे अस्माना वां शश्वद्भिर्ववृतीय वाजैः ।।६।।
सो अग्न एना नमसा समिद्धोऽच्छा मित्रं वरुणमिन्द्रं वोचेः ।
यत्सीमागश्चकृमा तत्सु मृळ तदर्यमादितिः शिश्रथन्तु ।।७।।
एता अग्न आशुषाणास इष्टीर्युवोः सचाभ्यश्याम वाजान् ।
मेन्द्रो नो विष्णुर्मरुतः परि ख्यन्यूयं पात स्वस्तिभिः सदा नः ।।८।।

ऋ. ७.९४.१–१२

इयं वामस्य मनमन इन्द्राग्नी पूर्व्यस्तुतिः। अभ्राद्वृष्टिरिवाजनि ।।१।।
शृणुतं जरितुर्हवमिन्द्राग्नी वनतं गिरः। ईशाना पिप्यतं धियः ।।2।।
मा पापत्वाय नो नरेन्द्राग्नी मभिशस्तये। मा नो रीरधतं निदे ।।३।।
इन्द्रे अग्ना नमो बृहत्सुवृक्तिमेरयामहे। धिया धेना अवस्यवः ।।४।।
ता हि शश्वन्त ईळत इत्था विप्रास ऊतये। सबाधो वाजसातये ।।५।।
ता वां गीर्भिर्विपन्यवः प्रयस्वन्तो हवामहे। मेधसाता सनिष्यवः ।।६।।
इन्द्राग्नी अवसा गतमस्मभ्यं चर्षणीसहा। मा नो दुःशंस ईशत ।।७।।
मा कस्य नो अररुषो धूर्तिः प्रणङ् मर्त्यस्य। इन्द्राग्नी शर्म यच्छतम् ।।८।।
गोमद्धिरण्यवद्वसु यद्वामश्वावदीमहे। इन्द्राग्नी तद्वनेमहि ।।९।।
यत्सोम आ सुते नर इन्द्राग्नी अजोहवुः। सप्तीवन्ता सपर्यवः ।।१०।।
उक्थेभिर्वृत्रहन्तमा या मन्दाना चिदा गिरा। आङ्गूषैराविवासतः ।।११।।
ताविद्दुःशंसं मर्त्यं दुर्विद्वांसं रक्षस्विनम्। आभोगं हन्मना हतमुदधिं हन्मना हतम् ।।१2।।

य. ३३.७६

उक्थेभिर्वृत्रहन्तमा या मन्दाना चिदा गिरा। आंगूषैराविवासतः ।।७६।।

१३. वासिष्ठो मैत्रावरुणिः – सा. ६१६–६१८; ६2७–६2९; ८००–८02

सा. ६१६–६१८

इयं वामस्य मन्मन इन्द्राग्नी पूर्व्यस्तुतिः। अभ्राद्वृष्टिरिवाजनि ।।१।।
शृणुतं जरितुर्हवमिन्द्राग्नी वनतं गिरः। ईशाना पिप्यतं धियः ।।2।।
मा पापत्वाय नो नरेन्द्राग्नी माभिशस्तये। मा नो रीरधतं निदे ।।३।।

सा. ६2७–६2९

पिबा सोममिन्द्र मन्दतु त्वा यं ते सुषाव हर्यश्वाद्रिः। सोतुर्बाहुभ्यां सुयतो नार्वा ।।१।।
यस्ते मदो युज्यश्चारुरस्ति येन वृत्राणि हर्यश्व हंसि। स त्वामिन्द्र प्रभूवसो ममत्तु ।।2।।
बोधा सु मे मघवन्वाचमेमां यां ते वसिष्ठो अर्चति प्रशस्तिम्। इमा ब्रह्म सधमादे जुषस्व ।।३।।

सा. ८००–८02

इन्द्रे अग्ना नमो बृहत्सुवृक्तिमेरयामहे। धिया धेना अवस्यवः ।।१।।
ता हि शश्वन्त ईडत इत्था विप्राय ऊतये। सबाधो वाजसातये ।।2।।
ता वां गीर्भिर्विपन्यवः प्रयस्वन्तो हवामहे। मेधसाता सनिष्यवः ।।३।।

१४. विश्वामित्रो गाथिनः – ऋ. ३.१2.१–९; ३.2५.४; सा. ६६९–६७१; १५७६–१५७८

ऋ. ३.१2.१–९

इन्द्राग्नी आ गतं सुतं गीर्भिर्नभो वरेण्यम्। अस्य पातं धियेषिता ।।१।।

इन्द्राग्नी जरितुः सचा यज्ञो जिगाति चेतनः। अया पातमिमं सुतम् ।।2।।
इन्द्रमग्नि कविच्छदा यज्ञस्य जूत्या वृणे। ता सोमस्येह तृम्पताम् ।।३।।
तोशा वृत्रहणा हुवे सजित्वानापराजिता। इन्द्राग्नी वाजसातमा ।।४।।
प्र वामर्चन्त्युक्थिनो नीथाविदो जरितारः। इन्द्राग्नी इष आ वृणे ।।५।।
इन्द्राग्नी नवतिं पुरो दासपत्नीरधूनुतम्। साकमेकेन कर्मणा ।।६।।
इन्द्राग्नी अपसस्पर्युप प्र यन्ति धीतयः। ऋतस्य पथ्या३ अनु ।।७।।
इन्द्राग्नी तविषाणि वां सधस्थानि प्रयांसि च। युवोरप्तूर्यं हितम् ।।८।।
इन्द्राग्नी रोचना दिवः परि वाजेषु भूषथः। तद्वां चेति प्र वीर्यम् ।।९।।

ऋ. ३.२५.४

अग्न इन्द्रश्च दाशुषो दुरोणे सुतावतो यज्ञमिहोप यातम्। अमर्धन्ता सोमपेयाय देवा ।।४।।

सा. ६६९–६७१

इन्द्राग्नी आ गतं सुतं गीर्भिर्नभो वरेण्यम्। अस्य पातं धियेषिता ।।१।।
इन्द्राग्नी जरितुः सचा यज्ञो जिगाति चेतनः। अया पातमिमं सुतम् ।।2।।
इन्द्रमग्निं कविच्छदा यज्ञस्य जूत्या वृणे। ता सोमस्येह तृम्पताम् ।।३।।

सा. १५७६–१५७८

इन्द्राग्नी नवतिं पुरो दासपत्नीरधूनुतम्। साकमेकेन कर्मणा ।।2।।
इन्द्राग्नी अपसस्पर्युप प्र यन्ति धीतयः। ऋतस्य पथ्या३ अनु ।।३।।
इन्द्राग्नी तविषाणि वां सधस्थानि प्रयांसि च। युवोरप्तूर्यं हितम् ।।४।।

१५. विश्वामित्रः प्रागाथः – सा. १६६३–१६६५; १७०2–१७०४

सा. १६६३–१६६५

इन्द्राग्नी रोचना दिवः परि वाजेषु भूषथः। तद्वां चेति प्र वीर्यम् ।।१।।
इन्द्राग्नी अपसस्पर्युप प्र यन्ति धीतयः। ऋतस्य पथ्या३ अनु ।।2।।
इन्द्राग्नी तविषाणि वां सधस्थानि प्रयांसि च। युवोरप्तूर्यं हितम् ।।३।।

सा. १७०2–१७०४

तोशा वृत्रहणा हुवे सजित्वानापराजिता। इन्द्राग्नी वाजसातमा ।।१।।
प्र वामर्चन्त्युक्थिनो नीथाविदो जरितारः। इन्द्राग्नी इष आ वृणे ।।2।।
इन्द्राग्नी नवतिं पुरो दासपत्नीरधूनुतम्। साकमकेन कर्मणा ।।३।।

१६. विश्वेदेवाः – य. १४.११

इन्द्राग्नीऽअव्यथमानामिष्टकां दृंहतं युवम्। पृष्ठेन द्यावापृथिवीऽअन्तरिक्षं च विबाधसे ।।११।।

१७. श्यावाश्वः – ऋ. ८.३८.१–१०

यज्ञस्य हि स्थ ऋत्विजा सस्नी वाजेषु कर्मसु। इन्द्राग्नी तस्य बोधतम् ।।१।।
तोशासा रथयावाना वृत्रहणापराजिता। इन्द्राग्नी तस्य बोधतम् ।।2।।
इदं वां मदिरं मध्वधुक्षन्नद्रिभिर्नरः। इन्द्राग्नी तस्य बोधतम् ।।३।।
जुषेथां यज्ञमिष्टये सुतं सोमं सधस्तुती। इन्द्राग्नी गतं नरा ।।४।।
इमा जषेथां सवना येभिर्हव्यान्यूहथुः। इन्द्राग्नी गतं नरा ।।५।।
इमां गायत्रवर्तानिं जुषेथां सुष्टुतिं मम। इन्द्राग्नी गतं नरा ।।६।।
प्रातर्यावभिरा गतं देवेभिर्जेन्यावसू। इन्द्राग्नी गतं नरा ।।७।।
श्यावाश्वस्य सुन्वतोऽत्रीणा शृणुतं हवम्। इन्द्राग्नी गतं नरा ।।८।।
एवा वामह्व ऊतये यथाहुवन्त मेधिराः। इन्द्राग्नी गतं नरा ।।९।।
आहं सरस्वतीवतोरिन्द्राग्न्योरवो वृणे। याभ्यां गायत्रमृच्यते ।।१०।।

१८. श्यावाश्व आत्रेयः – सा. १०७३–१०७५

यज्ञस्य हि स्थ ऋत्विजा सस्नी वाजेषु कर्मसु। इन्द्राग्नी तस्य बोधतम् ।।१।।
तोशासा रथयावाना वृत्रहणापराजिता। इन्द्राग्नी तस्य बोधतम् ।।2।।

इदं वां मदिरं मध्वधुक्षन्नद्रिभिर्नर। इन्द्राग्नी तस्य बोधतम् ।।३।।

२१७. इन्द्राग्नी आयुः यक्ष्मनाशनम्

१. भृग्वंगिरा – अ. ३.११.१–८

मुंचामि त्वा हविषा जीवनाय कमज्ञातयक्ष्मादुत राजयक्ष्मात् ।
ग्राहिर्जग्राह यद्येतदेनं तस्या इन्द्राग्नी प्र मुमुक्तमेनम् ।।१।।
यदि क्षितायुर्यदि वा परेतोयदि मृत्योरन्तिकं नीत एव ।
तमा हरामि निर्ऋतेरुपस्थदास्पार्षमेनम् शतशारदाय ।।2।।
सहस्राक्षेण शतवीर्येण शतायुषा हविषाहार्षमेनम् ।
इन्द्रो यथैनं शरदो नयात्यति विश्वस्य दुरितस्य पारम् ।।३।।
शतं जीव शरदो वर्धमानः शतं हेमन्तांछतमुवसन्तान् ।
शतं त इन्द्रो अग्निः सविता बृहस्पतिः शतायुषा हविषाहार्षमेनम् ।।४।।
प्र विशतं प्राणापानावनड्वाहाविव व्रजम् । व्य१न्ये यन्तु मृत्यवो यानाहुरितरांदतम् ।।५।।
इहैव स्तं प्राणापानौ माप गातमितो युवम् । शरीरमस्यांगानि जरसे वहतं पुनः ।।६।।
जरायै त्वा परि ददामि जरायै नि धुवामि त्वा ।
जरा त्वा भद्रा नेष्ट व्य१न्ये यन्तु मृत्यवो यानाहुरितरांछतम् ।।७।।
अभि त्वा जरिमाहित गामुक्षणमिव रज्ज्वा । यस्त्वा मृत्युरभ्यधत्त जायमानं सुपाशया ।
तं ते सत्यस्य हस्ताभ्यामुदमुंचद् बृहस्पतिः ।।८।।

2. ब्रह्म – अ. ३.११.१–८

मुंचामि त्वा हविषा जीवनाय कमज्ञातयक्ष्मादुत राजयक्ष्मात् ।
ग्राहिर्जग्राह यद्येतदेनं तस्या इन्द्राग्नी प्र मुमुक्तमेनम् ।।१।।
यदि क्षितायुर्यदि वा परेतोयदि मृत्योरन्तिकं नीत एव ।
तमा हरामि निर्ऋतेरुपस्थादस्पार्शमेनम् शतशारदाय ।।2।।
सहस्राक्षेण शतवीर्येण शतायुषा हविषाहार्षमेनम् ।
इन्द्रो यथैनं शरदो नयातयति विश्वस्य दुरितस्य पारम् ।।३।।
शतं जीव शरदो वर्धमानः शतं हेमन्तांछतमुवसन्तान् ।
शतं त इन्द्रो अग्निः सविता बृहस्पतिः शतायुषा हविषाहार्षमेनम् ।।४।।
प्र विशतं प्राणापानावनड्वाहाविव व्रजम् । व्य१न्ये यन्तु मृत्यवो यानाहुरितरांछतम् ।।५।।
इहैव स्तं प्राणापानौ माप गातमितो युवम् । शरीरमस्यांगानि जरसे वहतं पुनः ।।६।।
जरायै त्वा परि ददामि जरायै नि धुवामि त्वा ।
जरा त्वा भद्रा नेष्ट व्य१न्ये यन्तु मृत्यवो यानाहुरितरांछतम् ।।७।।
अभि त्वा जरिमाहित गामुक्षणमिव रज्ज्वा। यस्त्वा मृत्युरभ्यधत्त जायमानं सुपाशया ।
तं ते सत्यस्य हस्ताभ्यामुदमुंचद् बृहस्पतिः ।।८।।

२१८. इन्द्राग्नी सोमः इन्द्रश्च

१. प्रशोचनः – अ. ६.१०४.१–2

आदानेन संदानेनामित्राना द्यामसि। अपाना ये चैषां प्राणा असुनासून्त्समच्छिदन् ।।१।।
इदमादानमकरं तपसेन्द्रेण संशितम्। अमित्रा येऽत्र नः सन्ति तानग्न आ द्या त्वम् ।।2।।

२१९. इन्द्राणी

१. अथर्वा (स्वस्त्ययनकामः) – अ. १.2७.१–४

अमूः पारे पृदाक्व स्त्रिषप्ता निर्जरायवः ।
तासां जरायुभिर्वयमक्ष्या३वपि व्ययामस्यघायोः परिपन्थिनः ।।१।।
विषूच्येतु कृन्तती पिनाकमिव बिभ्रती । विष्वक् पुनर्भुवा मनोऽसमृद्धा अघायवः ।।2।।
न बहवः समशकन् नार्भका अभि दाधृषु । वेणोरद्गाइवाभितोऽसमृद्धा अघायवः ।।३।।

Vedic Concordance of Mantras as per Devatā and Ṛṣi 477

प्रेतं पादौ प्र स्फुरतं वहतं पुणतो गृहान् । इन्द्राण्येतु प्रथमाजीतामुषिता पुरः ।।४।।

२२०. इन्द्राणीवरुणानी अग्नाय्यः

१. मेधातिथिः काण्वः — ऋ. १.22.१२

इहेन्द्राणीमुप ह्वये वरुणानीं स्वस्तये। अग्नायीं सोमपीतये ।।१२।।

२२१. इन्द्रादयः

१. अथर्वा (यशस्कामः) — अ. ६.५८.१–३

यशसं मेन्द्रो मघवान् कृणोतु यशसं द्यावापृथिवी उभे इमे ।
यशसं मा देवः सविता कृणोतु प्रियो दातुर्दक्षिणाया इह स्याम्।।१।।
यथेन्द्रो द्यावापृथिव्योर्यशस्वान् यथाप ओषधीषु यशस्वतीः ।
एवा विश्वेषु देवेषु वयं सर्वेषु यशसः स्याम।।2।।
यशा इन्द्रो यशा अग्निर्यशाः सोमो अजायत। यशा विश्वस्य भूतस्याहमस्मि यशस्तमः ।।३।।

2. काण्वः — अ. ५.2३.१–१३

ओते मे द्यावापृथिवी ओता देवी सरस्वती। ओतौ म इन्द्रश्चग्निश्च क्रिमी जम्भयतामिति ।।१।।
अस्येन्द्र कुमारस्य क्रिमीन् धनपते जहि। हता विश्व अरातय उग्रेण वचसा मम ।।2।।
यो अक्ष्यौ परिसर्पति येा नासे परिसर्पति। दतां यो मध्यं गच्छति तं क्रिमिं जम्भयामसि ।।३।।
सरूपौ द्वौ विरूपौ द्वौ कृष्णौ द्वौ रोहितौ द्वौ। बभ्रुश्च बभ्रुकर्णश्च गृध्रः कोकश्च ते हताः ।।४।।
ये क्रिमयः शितिकक्षा ये कृष्णाः शितिबाहवः।
ये के च विश्वरूपास्तान् क्रिमीन् जम्भयामसि।।५।।
उत् पुरस्तात् सूर्य एति विश्वदृष्टो अदृष्टहां।
दृष्टांश्च घ्रन्नदृष्टांश्च सर्वांश्च प्रमृणन् क्रिमीन् ।।६।।
येवाषासः कष्कषास एजत्काः शिपवित्नुकाः। दृष्टश्च हन्यतां क्रिमिरुतादृष्टश्च हन्यताम् ।।७।।
हतो येवाषः क्रिमीणा हतो नदनिमोत। सर्वान नि मष्मषाकरं दृषदा खल्वाँइव ।।८।।
त्रिशीर्षाणं त्रिककुदं क्रिमिं सारङ्गमर्जुनम्। शृणम्यस्य पृष्टीरपि वृश्चमि यच्छिरः ।।६।।
अत्रिवद् वः क्रिमयो हन्मि कण्वज्जमदग्निवत्। अगस्त्यस्य ब्रह्मणा सं पिनष्म्यहं क्रिमीन् ।।१०।।
हतो राजा क्रिमीणामुतैषां स्थपतिर्हतः। हतो हतमाता क्रिमिर्हतभ्राता हतस्वसा ।।११।।
हतासो अस्य वेशसो हतासः परिवेशसः। अथो ये क्षुल्लकाइव सर्वे ते क्रिमयो हताः ।।१2।।
सर्वेषां च क्रिमीणां सर्वासां च क्रिमीणाम्। भिनद्म्यश्मना शिरो दहाम्यग्निना मुखम् ।।१३।।

३. वसिष्ठः — य. ८.५५

इन्द्रश्च मरुतश्च क्रयायोपोत्थितो ऽसुरः पण्यमानो मित्रः क्रीतो विष्णुः ।
शिपिविष्ट उरावासन्नो विष्णुर्नरन्धिषः ।।५५।।

222. इन्द्रादितिः

१. वामदेवो गौतमः — ऋ. ४.१८.१–१३

अयं पन्था अनुवित्तः पुराणो यतो देवा उदजायन्त विश्वे ।
अतश्चिदा जनिषीष्ट प्रवृद्धो मा मातरममुया पत्तवे कः ।।१।।
नाहमतो निरया दुर्गहैतत्तिरश्चता पार्श्वान्निर्गमाणि ।
बहूनि मे अकृता कर्त्वानि युध्यै त्वेन सं त्वेन पृच्छै ।।2।।
परायतीं मातरमन्वचष्ट न नानु गान्यनु नू गमानि ।
त्वष्टुर्गृहे अपिबत्सोममिन्द्रः शतधन्यं चम्वोः सुतस्य ।।३।।
किं स ऋधक् कृणवद्यं सहस्रं मासो जभार शरदश्च पूर्वीः ।
नही न्वस्य प्रतिमानमस्त्यन्तर्जातेषूत ये जनित्वाः ।।४।।
अवद्यमिव मन्यमाना गुहाकरिन्द्रं माता वीर्येणा न्यृष्टम् ।

अथोदस्थात्स्वयमत्कं वसान आ रोदसी अपृणाज्जायमानः ।।५।।
एता अर्षन्त्यललाभवन्तीर्ऋतावरीरिव संक्रोशमानाः ।
एता वि पृच्छ किमिदं भनन्ति कमापो अद्रिं परिधिं रुजन्ति ।।६।।
किमु ष्विदस्मै निविदो भनन्तेन्द्रस्यावद्यं दिधिषन्त आपः ।
ममैतान्पुत्रो महता वधेन वृत्रं जघन्वाँ असृजद्वि सिन्धून् ।।७।।
ममच्चन त्वा युवतिः परास ममच्चन त्वा कुषवा जगार ।
ममच्चिदापः शिशवे ममृड्युर्ममच्चिदिन्द्रः सहसोदतिष्ठत् ।।८।।
ममच्चन ते मघवन्व्यंसो निविविध्वाँ अप हनू जघान ।
अधा निविद्ध उत्तरो बभूवाछिरो दासस्य सं पिणग्वधेन ।।९।।
गृष्टिः ससूव स्थविरं तवागामनाधृष्यं वृषभं तुम्रमिन्द्रम् ।
अरीळहं वत्सं चरथाय माता स्वयं गातुं तन्व इच्छमानम् ।।१०।।
उत माता महिषमन्ववेनदमी त्वा जहति पुत्र देवाः ।
अथाब्रवीद्वृत्रमिन्द्रो हनिष्यन्त्सखे विष्णो वितरं वि क्रमस्व ।।११।।
कस्ते मातरं विधवामचक्रज्छयुं कस्त्वामजिघांसच्चरन्तम् ।
कस्ते देवो अधि मार्डीक आसीद्यत्प्राक्षिणाः पितरं पादगृह्य ।।१२।।
अवर्त्या शुन आन्त्राणि पेचे न देवेषु विविदे मर्डितारम् ।
अपश्यं जायममहीयमानामधा मे श्येनो मध्वा जभार ।।१३।।

22३. इन्द्रादयो मन्त्रोक्ता

१. ब्रह्म – अ. १.2६.१–४; १९.७०.१

अ. १.2६.१–४

आरे३सावस्मदस्तु हेतिर्देवासो असत्। आरे अश्मा यमस्यथ ।।१।।
सखासावस्मभ्यमस्तु रातिः सखेन्द्रो भगः सविता चित्रराधाः ।।2।।
यूयं नः प्रवतो नपान्मरुतः सूर्यत्वचसः। शर्म यच्छाथ सप्रथाः ।।३।।
सुषूदत मृडत मृडया नस्तनूभ्यो मयस्तोकेभ्यस्कृधि ।।४।।

अ. १९.७०.१

इन्द्र जीव सूर्य जीव देवा जीवा जीव्यासमहम्। सर्वमायुर्जीव्यासम् ।।१।।

22४. इन्द्रापर्वतौ

१. विश्वामित्रो गाथिनः – ऋ. ३.५३.१

इन्द्रापर्वता बृहता रथेन वामीरिष आ वहतं सुवीराः ।
वीतं हव्यान्यध्वरेषु देवा वर्धेथा गीर्भिरिळया मदन्ता ।।१।।

22५. इन्द्रापूषणौ

१. भरद्वाजो बार्हस्पत्यः – ऋ. ६.७2.१–५

इन्द्रासोमा महि तद्वां महित्वं युवं महानि प्रथमानि चक्रथुः ।
युवं सूर्यं विविदथुर्युवं स्व१ र्विश्वा तमांस्यहतं निदश्च ।।१।।
इन्द्रासोमा वासयथ उषासमुत्सूर्यं नयथो ज्योतिषा सह ।
उप द्यां स्कम्भथुः स्कम्भनेनाप्रथतं पृथिवीं मातरं वि ।।2।।
इन्द्रासोमावहिमपः परिष्ठां हथो वृत्रमनु वां द्यौरमन्यत ।
प्रार्णांस्यैरयतं नदीनामा समुद्राणि पप्रथुः पुरूणि ।३।।
इन्द्रासोमा पक्वमामास्वन्तर्नि गवामिद्दधथुर्वक्षणासु ।
जगृभथुरनपिनद्धमासु रुशच्चित्रासु जगतीष्वन्तः ।।४।।
इन्द्रासोमा युवमंग तरुत्रमपत्यसाचं श्रुत्यं रराथे ।
युवं शुष्मं नर्यं चर्षणिभ्यः सं विव्यथुः पृतनाषहमुग्रा ।।५।।

22६. इन्द्रा बृहस्पती

१. वसिष्ठः – ऋ. ७.६७.१०; ७.९८.७; अ. 20.८७.७

ऋ. ७.६७.१०

बृहस्पते युवमिन्द्रश्च वस्वो दिव्यस्येशाथे उत पार्थिवस्य ।
धत्तं रयिं स्तुवते कीरये चिद्यूयं पात स्वस्तिभिः सदा नः ।।१०।।

ऋ. ७.९८.७

बृहस्पते युवमिन्द्रश्च वस्वो दिव्यस्येशाथे उत पार्थिवस्य ।
धत्तं रयिं स्तुवते कीरये चिद्यूयं पात स्वस्तिभिः सदा नः ।।७।।

अ. 20.८७.७

बृहस्पते युवमिन्द्रश्च वस्वो दिव्यस्येशाथे उत पार्थिवस्य ।
धत्तं रयिं स्तुवते कीरये चिद् यूयं पात स्वस्तिभिः सदा नः ।।७।।

2. वामदेवो गौतमः – ऋ. ४.४६.१–६; ४.५०.१०; ११

ऋ. ४.४६.१–६

इदं वामास्ये हविः प्रियमिन्द्राबृहस्पती। उक्थं मदश्च शस्यते ।।१।।
अयं वां परि षिच्यते सोम इन्द्राबृहस्पती। चरुर्मदाय पीतये ।।2।।
आ न इन्द्राबृहस्पती गृहमिन्द्रश्च गच्छतम्। सोमपा सोमपीतये ।।३।।
अस्मे इन्द्राबृहस्पती रयिं धत्तं शतग्विनम्। अश्वावन्तं सहस्रिणम् ।।४।।
इन्द्राबृहस्पती वयं सुते गीर्भिर्हवामहे। अस्य सोमस्य पीतये ।।५।।
सोममिन्द्राबृहस्पती पिबतं दाशुषो गृहे। मादयेथां तदोकसा ।।६।।

ऋ. ४.५०.१०–११

इन्द्रश्च सोमं पिबतं बृहस्पतेऽस्मिन्यज्ञे मन्दसाना वृषण्वम् ।
आ वां विशन्त्विन्दवः स्वाभुवोऽस्मे रयिं सर्ववीरं नि यच्छतम् ।।१०।।
बृहस्पत इन्द्र वर्धतं नः सचा सा वां सुमतिर्भूत्वस्मे ।
अविष्टं धियो जिगृतं पुरंधीर्जजस्तमर्यो वनुषामरातीः ।।११।।

22७. इन्द्रा बृहस्पतिः

१. अंगिराः – अ. ७.५१.१

बृहस्पतिर्नः परि पातु पश्चादुतोत्तरस्मादधरादघायोः ।
इन्द्रः पुरस्तादुत मध्यतो नः सखा सखिभ्यो वरीयः कृणोत।।१।।

2. बृहस्पतिः – य. ९.१०–१2

देव्याहं सवितुः सवे सत्यसवसो बृहस्पतेरुत्तमं नाकं रुहेयम् ।
देवस्याहं सवितुः सवे सत्यसवसऽइन्द्रस्योत्तमं नाकं रुहेयम् ।
देवस्याहं सवितुः सवे सत्यप्रसवसो बृहस्पतेरुत्तमं नाकमरुहम् ।
देवस्याहं सवितुः सवे सत्यप्रसवसऽइन्द्रस्योत्तमं नाकमरुहम् ।।१०।।
बृहस्पते वाजं जय बृहस्पतये वाचं वदत बृहस्पतिं वाजं जापयत ।
इन्द्र वाजं जयेन्द्राय वाचं वदतेन्द्रं वाजं जापयत ।।११।।
एषा वः सा सत्या संवागभूद्यया बृहस्पतिं वाजमजीजपताजीजपत बृहस्पतिं वाजं वनस्पतयो विमुच्यध्वम्। एषा वः सा सत्या संवागभूद्ययेन्द्रं वाजमजीजपताजीजपतेन्द्रं वाजं वनस्पतयो विमुच्यध्वम् ।।१2।।

३. वामदेवः – अ. 20.१३.१

इन्द्रश्च सोमं पिबतं बृहस्पतेऽस्मिन् यज्ञे मन्दसाना वृषण्वसू ।
आ वां विशन्त्विन्दवः स्वाभुवोऽस्मे रयिं सर्ववीरं नि यच्छतम् ।।१।।

४. द्युतानो मारुतः (साग्री. सार्षेदी.) तिरश्चीर्द्युतानो वा मारुतः(ऋसर्व.)–ऋ. ८.९६.१५

अध द्रप्सो अंशुमत्या उपस्थेऽधारयत्तन्वं तित्विषाणः ।
विशो अदेवीरभ्या३ चरन्तीबृहस्पतिना युजेन्द्रः ससाहे ॥१५॥

22८. इन्द्रा ब्रह्मणस्पती

१. वसिष्ठः – ऋ. ७.६७.३; ६

ऋ. ७.६७.३

तमु ज्येष्ठं नमसा हविर्भिः सुशेवं ब्रह्मणस्पतिं गृणीषे ।
इन्द्रं श्लोको महि दैव्यः सिषक्तु यो ब्रह्मणो देवकृतस्य राजा ॥३॥

ऋ. ऋ. ७.६७.६

इयं वां ब्रह्मणस्पते सुवृक्तिब्रह्मेन्द्राय वज्रिणे अकारि ।
अविष्टं धियो जिगृतं पुरन्धीर्जजस्तमर्यो वनुषामरातीः ॥६॥

22६. इन्द्रामरुतौ

१. अगस्त्यः – य. ३३.७८

ब्रह्माणि मे मतयः शं सुतासः शुष्मऽइयर्ति प्रभृतो मेऽअद्रिः ।
आ शासते प्रति हर्य्यन्त्युक्थेमा हरी वहतस्ता नोऽअच्छ ॥७८॥

2३०. इन्द्रायः

१. प्रजापतिः – य. 22.५; 2४.७ ८ १५ १७ 2५.३ ५ ८

य. 22.५

प्रजापतये त्वा जुष्टं प्रोक्षामीन्द्राग्निभ्यां त्वा जुष्टं प्रोक्षामि वायवे त्वा जुष्टं प्रोक्षामि विश्वेभ्यस्त्वा देवेभ्यो जुष्टं प्रोक्षामि सर्वेभ्यस्त्वा देवेभ्यो जुष्टं प्रोक्षामि । यो अर्वन्तं जिघांसति तमभ्यमीति वरुणः। परो मर्तः परः श्वा ॥५॥

य. 2४.७–८

उन्नतऽऋषभो वामनस्तऽ ऐन्द्रावैष्णवा ऽ उन्नतः शितिबाहुः शितिपृष्ठस्त ऽ ऐन्द्राबार्हस्पत्याः शुकरूपा वाजिनाः कल्माषा ऽ आग्निमारुताः श्यामाः पौष्णाः ॥७॥
एता ऽ एन्द्राग्ना द्विरूपा ऽ अग्नीषोमीया वामना ऽ अनड्वाह ऽ आग्नावैष्णवा वशा मैत्रावरुण्योऽन्यत ऽ एन्यो मैत्र्यः ॥८॥

य. 2४.१५

उक्ताः संचरा ऽ एता ऽ ऐन्द्राग्नाः कृष्णा वारुणाः पृश्नयो मारुताः कायास्तूपराः ॥१५॥

य. 2४.१७

उक्ताः संचरा ऽ एता ऽ एन्द्राग्नाः प्राशृंगा माहेन्द्रा बहुरूपा वैश्वकर्मणाः ॥१७॥

य. 2५.३

मशकान् केशैरिन्द्रं स्वपसा वहेन बृहम्पतिं शकुनिसादेन कूर्म्मांछफैराक्रमणं स्थूराभ्यामृक्षलाभिः कपिंजलांजवं जङ्घाभ्यामध्वानं बाहुभ्यां जाम्बीलेनारण्यमग्निमतिरुग्भ्यां पूषणं दोर्भ्यामश्विना वंसाभ्यां रुद्रं रोराभ्याम् ॥३॥

य. 2५.५

इन्द्राग्न्योः पक्षतिः सरस्वत्यै निपक्षतिर्मित्रस्य तृतीयापां चतुर्थी निर्ऋत्यै पंचम्यग्नीषोमयोः षष्ठी सर्पाणां सप्तमी विष्णोरष्टमी पूष्णो नवमी त्वष्टुर्दशमीन्द्रस्यैकादशी वरुणस्य द्वादशी यम्यै त्रयोदशी द्यावापृथिव्योर्दक्षिणं पार्श्वं विश्वेषां देवानामुत्तरम् ॥५॥

य. 2५.८

इन्द्रस्य क्रोडोऽदित्यै पाजस्यं दिशां जत्रवोऽदित्यै भसज्जीमूतान् हृदयौपशेनान्तरिक्षं पुरीतता नभ उदर्येण चक्रवाकौ मतस्नाभ्यां दिवं वृक्काभ्यां गिरीन् प्लाशिभिरुपलान् प्लीह्ना वल्मीकान् क्लोमभिर्ग्लौभिर्गुल्मान् हिराभिः स्रवन्तीर्ह्रदान् कुक्षिभ्यां समुद्रमुदरेण वैश्वानरं भस्मना ॥८॥

2३१. इन्द्रावरुणौ

१. आगस्त्यः – य. ३.४६

मो षू णऽइन्द्रात्र पृन्सु देवैरस्ति हि ष्मा ते शुष्मिन्नवयाः ।
महश्चिद्यस्य मीढुषो यव्या हविष्मतो मरुतो वन्दते गीः ।।४६।।

2. कौरुपथिः – अ. ७.५८.१–2

इन्द्रावरुणा सुतपाविमं सुतं सोमं पिबतं मद्यं धृतव्रतौ ।
युवो रथो अध्वरो देववीतये प्रति स्वसरमुप यातु पीतये ।।१।।
इन्द्रावरुणा अधुमत्तमस्य वृष्णः सोमस्य वृषणा वृषेथाम् ।
इदं वामन्धः परिषिक्तमासद्यास्मिन् बर्हिर्षि मादयेथाम् ।।2।।

३. त्रसदस्युः पौरुकुत्सः – ऋ. ४.४2.७–१०

विदुष्टे विश्वा भुवनानि तस्य ता प्र ब्रवीषि वरुणाय वेधः ।
त्वं वृत्राणि शृण्विषे जघन्वान्त्वं वृताँ अरिणा इन्द्र सिन्धून् ।।७।।
अस्माकमत्र पितरस्त आसन्त्सप्त ऋषयो दौर्गहे बध्यमाने ।
त आयजन्त त्रसदस्युमस्या इन्द्रं न वृत्रतुरमर्धदेवम् ।।८।।
पुरुकुत्सानी हि वामदाशद्धव्येभिरिन्द्रावरुणा नमोभिः ।
अथा राजानं त्रसदस्युमस्या वृत्रहणं ददथुरर्धदेवम् ।।९।।
राया वयं ससवांसो मदेम हव्येन देवा यवसेन गावः ।
तां धेनुमिन्द्रावरुणा युवं नो विश्वाहा धत्तमनपस्फरन्तीम् ।।१०।।

४. भरद्वाजो बार्हस्पत्यः – ऋ. ६.६८.१–११

श्रुष्टी वां यज्ञ उद्यतः सजोषा मनुष्वद् वृक्तबर्हिषो यजध्यै ।
आ य इन्द्रावरुणाविषे अद्य महे सुम्नाय मह आववर्तत् ।।१।।
ता हि श्रेष्ठा देवताता तुजा शूराणां शविष्ठा ता हि भूतम् ।
मघोनां मंहिष्ठा तुविशुष्म ऋतेन वृत्रतुरा सर्वसेना ।।2।।
ता गृणीहि नमस्येभिः शूषैः सुम्नेभिरिन्द्रावरुणा चकाना ।
वज्रेणान्यः शवसा हन्ति वृत्रं सिषक्त्यन्यो वृजनेषु विप्रः ।।३।।
ग्नाश्च यन्नरश्च वावृधन्त विश्वे देवासो नरां स्वगूर्ताः ।
प्रैभ्य इन्द्रावरुणा महित्वा द्यौश्च पृथिवी भूतमुर्वि ।।४।।
स इत्सुदानुः स्ववाँ ऋतावेन्द्रा यो वां वरुण दशति त्मन् ।
इषा स द्विषस्तरेद्दास्वान्वंसद् रयिं रयिवतश्च जनान् ।।५।।
यं युवं दाश्वध्वराय देवा रयिं धत्थो वसुमन्तं पुरुक्षुम् ।
अस्मे स इन्द्रावरुणावपि ष्यात्प्र यो भनक्ति वनुषामशस्तीः ।।६।।
उत नः सुत्रात्रो देवगोपाः सूरिभ्य इन्द्रावरुणा रयिः ष्यात् ।
येषां शुष्मः पृतनासु साह्वान्प्र सद्यो द्युम्ना तिरते ततुरिः ।।७।।
नू न इन्द्रावरुणा गृणानां पृङ्क्तं रयिं सौश्रवसाय देवा ।
इत्था गृणन्तो महिनस्य शर्धोऽपो न नावा दुरिता तरेम ।।८।।
प्र सम्राजे बृहते मन्म नु प्रियमर्च देवाय वरुणाय सप्रथः ।
अयं य उर्वी महिना महिव्रतः क्रत्वा विभात्यजरो न शोचिषा ।।९।।
इन्द्रावरुणा सुतपाविमं सुतं सोमं पिबतं मद्यं धृतव्रता ।
युवो रथो अध्वरं देववीतये प्रति स्वसरमुप याति पीतये ।।१०।।
इन्द्रावरुणा मधुमत्तमस्य वृष्णः सोमस्य वृषणा वृषेथाम् ।
इदं वामन्धः परिषिक्तमस्मे आसद्यास्मिन्बर्हिषि मादयेथाम् ।।११।।

५. मेधातिथिः काण्वः – ऋ. १.१७.१–६

इन्द्रावरुणयोरहं सम्राजोरव आ वृणे। ता नो मृळात ईदृशे ।।१।।
गन्तारा हि स्थोऽवसे हवं विप्रस्य मावतः। धर्तारा चर्षणीनाम् ।।2।।

अनुकामं तर्पयेथामिन्द्रावरुण राय आ। ता वां नेदिष्ठमीमहे ।।३।।
युवाकु हि शचीनां युवाकु सुमतीनाम्। भूयाम वाजदान्नाम् ।।४।।
इन्द्रः सहस्रदाव्नां वरुणः शंस्यानाम्। क्रतुर्भवत्युक्थ्यः ।।५।।
तयोरिदवसा वयं सनेम नि च धीमहि। स्यादुत प्ररेचनम् ।।६।।
इन्द्रावरुण वामहं हुवे चित्राय राधसे। अस्मान्त्सु जिग्युषस्कृतम् ।।७।।
इन्द्रावरुण नू नु वां सिषासन्तीषु धीष्वा। अस्मभ्यं शर्म यच्छतम् ।।८।।
प्र वामश्नोतु सुष्टुतिरिन्द्रावरुण यां हुवे। यामृधाथे सधस्तुतिम् ।।९।।

६. **वसिष्ठः – ऋ. ७.८2.१–१०; ७.८३.१–१०; ७.८४.१–५; ७.८५.१–५**

ऋ. ७.८2.१–१०

इन्द्रावरुणा युवमध्वराय नो विशे जनाय महि शर्म यच्छतम् ।
दीर्घप्रयज्युमति यो वनुष्यति वयं जयेम पृतनासु दूढ्यः ।।१।।
सम्राळन्य स्वराळन्य उच्यते वां महान्ताविन्द्रावरुणा महावसू ।
विश्वे देवासः परमे व्योमनि सं वामोजो वृषणा सं बलं दधुः ।।2।।
अन्वपां खान्यतृन्तमोजसा सूर्यमैरयतं दिवि प्रभुम् ।
इन्द्रावरुणा मदे अस्य मायिनोऽपिन्वतमपितः पिन्वतं धियः ।।३।।
युवामिद्युत्सु पृतनासु वह्नयो युवां क्षेमस्य प्रसवे मितज्ञवः ।
ईशाना वस्व उभयस्य कारव इन्द्रावरुणा सुहवा हवामहे ।।४।।
इन्द्रावरुणा यदिमानि चक्रथुर्विश्वा जातानि भुवनस्य मज्मना ।
क्षेमेण मित्रो वरुणं दुवस्यति मरुद्भिरुग्रः शुभमन्य ईयते ।।५।।
महे शुल्काय वरुणस्य नु त्विष ओजो मिमाते ध्रुवमस्य यत्स्वम् ।
अजामिमन्यः श्नथयन्तमातिरद्दभ्रेभिरन्यः प्र वृणोति भूयसः ।।६।।
न तमंहो न दुरितानि मर्त्यमिन्द्रावरुणा न तपः कुतश्चन ।
यस्य देवा गच्छथो वीथो अध्वरं न तं मर्तस्य नशते परिह्वृतिः ।।७।।
अर्वाङ् नरा दैव्येनावसा गतं शृणुतं हवं यदि मे जुजोषथः ।
युवोर्हि सख्यमुत वा यदाप्यं मार्डीकमिन्द्रावरुणा नि यच्छतम् ।।८।।
अस्माकमिन्द्रावरुणा भरेभरे पुरोयोधा भवतं कृष्ट्योजसा ।
यद्वां हवन्त उभये अध स्पृधि नरस्तोकस्य तनयस्य सातिषु ।।९।।
अस्मे इन्द्रो वरुणो मित्रो अर्यमा द्युम्नं यच्छन्तु महि शर्म सप्रथः ।
अवध्रं ज्योतिरदितेर्ऋतावृधो देवस्य श्लोकं सवितुर्मनामहे ।।१०।।

ऋ. ७.८३.१–१०

युवां नरा पश्यमानास आप्यं प्राचा गव्यन्तः पृथुपर्शवो ययुः ।
दासा च वृत्रा हतमार्याणि च सुदासमिन्द्रावरुणावसावतम् ।।१।।
यत्रा नरः समयन्ते कृतध्वजो यस्मिन्नाजा भवति किं चन प्रियम् ।
यत्रा भयन्ते भुवना स्वर्दृशस्तत्रा न इन्द्रावरुणाधि वोचतम् ।।2।।
सं भूम्या अन्ता ध्वसिरा अदृक्षतेन्द्रावरुणा दिवि घोष आरुहत् ।
अस्थुर्जनानामुप मामरातयोऽर्वागवसा हवनश्रुता गतम् ।।३।।
इन्द्रावरुणा वधनभिरप्रति भेदं वन्वन्ता प्र सुदासमावतम् ।
ब्रह्माण्येषां शृणुतं हवीमनि सत्या तृत्सूनामभवत्पुरोहितिः ।।४।।
इन्द्रावरुणावभ्यां तपन्ति माघान्यर्यो वनुषामरातयः ।
युवं हि वस्व उभयस्य राजथोऽध स्मा नोऽवतं पार्ये दिवि ।।५।।
युवां हवन्त उभयास आजिष्विन्द्रं च वस्वो वरुणं च सातये ।
यत्र राजभिर्दशभिर्निबाधितं प्र सुदासभावतं तृत्सुभिः सह ।।६।।
दश राजानः समिता अयज्यवः सुदासमिन्द्रावरुणा न युयुधुः ।

सत्या नृणामद्यसदामुपस्तुतिर्देवा एषामभवन्देवहूतिषु ।।७।।
दाशराज्ञे परियत्ताय विश्वतः सुदास इन्द्रावरुणावशिक्षतम् ।
श्वित्यंचो यत्र नमसा कपर्दिनो धिया धीवन्तो असपन्त तृत्सवः ।।८।।
वृत्राण्यन्यः समिथेषु जिघ्नते व्रतान्यन्तो अभि रक्षते सदा ।
हवामहे वां वृषणा सुवृक्तिभिरस्मे इन्द्रावरुणा शर्म यच्छतम् ।।६।।
अस्मे इन्द्रो वरुणो मित्रे अर्यमा द्युम्नं यच्छन्तु महि शर्म सप्रथः ।
अवध्रं ज्योतिरदितेर्ऋतावृधो देवस्य श्लोकं सवितुर्मनामहे ।।१०।।

ऋ. ७.८४.१–५

आ वां राजानवध्वरे ववृत्यां हवयेभिरिन्द्रावरुणा रमोभिः ।
प्र वां घृताची बाह्वोर्दधाना परि त्मना विषुरूपा जिगाति ।।१।।
युवो राष्ट्रं बृहदिन्वति द्यौर्यौ सेतृभिररज्जुभिः सिनीथः ।
परि नो हेळो वरुणस्य वृज्या उरुं न इन्द्रः कृणवदु लोकम् ।।2।।
कृतं नो यज्ञं विदथेषु चारुं कृतं ब्रह्माणि सूरिषु प्रशस्ता ।
उपो रयिर्देवजूतो न एतु प्र णः स्पार्हाभिरूतिभिस्तिरेतम् ।।३।।
अस्मे इन्द्रावरुणा विश्ववारं रयिं धत्तं वसुमन्तं पुरुक्षुम् ।
प्र य आदित्यो अनृता मिनात्यमिता शूरो दयते वसूनि ।।४।।
इयमिन्द्रं वरुणमष्ट मे गीः प्रावत्तोके तनये तृतुजाना ।
सुरत्नासो देववीतिं गमेम यूयं पात स्वस्तिभिः सदा नः ।।५।।

ऋ. ७.८५.१–५

पुनीषे वामरक्षसं मनीषां सोममिन्द्राय वरुणाय जुह्वत् ।
घृतप्रतीकामुषसं न देवीं ता नो यामन्नुरुष्यतामभीके ।।१।।
स्पर्धन्ते वा उ देवहूये अत्र येषु ध्वजेषु दिद्यवः पतन्ति ।
युवं ताँ इन्द्रावरुणावमित्रान्हतं पराचः शर्वा विषूचः ।।2।।
आपश्चिद्धि स्वयशसः सदःसु देवीरिन्द्रं वरुणं देवता धुः ।
कृष्टीरन्यो धारयति प्रविक्ता वृत्राण्यन्यो अप्रतीनिं हन्ति ।।३।।
स सुक्रतुर्ऋतचिदस्तु होता य आदित्य शवसा वां नमस्वान् ।
आववर्तदवसे वां हविष्मानसदित्स सुविताय प्रयस्वान् ।।४।।
इयमिन्द्रं वरुणमष्ट मे गीः प्रावत्तोके तनये तृतुजाना।
सुरत्नासो देववीतिं गमेम यूयं पात स्वस्तिभिः सदा नः ।।५।।

७. वामदेवो गौतमः – ऋ. ४.४१.१–११

इन्द्रा को वां वरुणा सुम्नमाप स्तोमो हविष्माँ अमृतो न होता ।
यो वां हृदि क्रतुमाँ अस्मदुक्तः पस्पर्शदिन्द्रावरुणा नमस्वान् ।।१।।
इन्द्रा ह यो वरुणा चक्र आपी देवौ मर्तः सख्याय प्रयस्वान् ।
स हन्ति वृत्रा समिथेषु शत्रूनवोभिर्वा महद्भिः स प्र शृण्वे ।।2।।
इन्द्रा ह रत्नं वरुणा धेष्ठेत्था नृभ्यः शशमानेभ्यस्ता ।
यदी सखाया सख्याय सोमैः सुतेभिः सुप्रयसा मादयैते ।।३।।
इन्द्रा युवं वरुणा दिद्युमस्मिन्नोजिष्ठमुग्रा नि वधिष्टं वज्रम् ।
यो नो दुरेवो वृकतिर्दभीतिस्तस्मिन्मिमाथामभिभूत्योजः ।।४।।
इन्द्रा युवं वरुणा भूतमस्या धियः प्रेतारा वृषभेव धेनाः ।
सा नो दुहीयद्यवसेव गत्वी सहस्रधारा पयसा मही गौः ।।५।।
तोके हिते तनय उर्वरासु सूरो दृशीके वृषणश्च पौंस्ये ।
इन्द्रा नो अत्र वरुणा स्यातामवोभिर्दस्मा परितक्म्यायाम् ।।६।।
युवामिद्ध्यवसे पूर्व्याय परि प्रभूती गविषः स्वापी ।
वृणीमहे सख्याय प्रियाय शूरा मंहिष्ठा पितरेव शंभू ।।७।।

ता वां धियोऽवसे वाजयन्तीराजिं न जग्मुर्युवयूः सुदानू ।
श्रिये न गाव उप सोममस्थुरिन्द्रं गिरो वरुणं मे मनीषाः ।।८।।
इमा इन्द्रं वरुणं मे मनीषा अग्मन्नुप द्रविणमिच्छमानाः ।
अपेमस्थुर्जोष्टार इव वस्वो रघ्वीरिव श्रवसो भिक्षमाणाः ।।९।।
अश्वयस्य त्मना रथ्यस्य पुष्टेर्नित्यस्य रायः पतयः स्याम ।
ता चक्राणा ऊतिभिर्नव्यसीभिरस्मत्रा रायो नियुतः सचन्ताम् ।।१०।।
आ नो बृहन्ता बृहतीभिरूती इन्द्र यातं वरुण वाजसातौ ।
यद्दिद्यवः पृतनासु प्रक्रीळान्तस्य वां स्याम सनितार आजेः ।।११।।

८. **विश्वामित्रो गाथिनः – ऋ. ३.६2.१–३**

इमा उ वां भृमयो मन्यमाना युवावते न तुज्या अभूवन् ।
क्व१ त्यदिन्द्रावरुणा यशो वां येन स्मा सिनं भरथः सखिभ्यः ।।१।।
अयमु वां पुरुतमो रयीयंछश्वत्तममवसे जोहवीति ।
सजोषविन्द्रावरुणा मरुद्भिर्दिवा पृथिव्या शृणुतं हवं मे ।।2।।
अस्मे तदिन्द्रावरुणा वसु ष्यादस्मे रयिर्मरुतः सर्ववीरः ।
अस्मान्वरूत्रीः शरणैरवन्त्वस्मान्होत्रा भारती दक्षिणाभिः ।।३।।

९. **सुपर्णः काण्वः – ऋ. ८.५९.१–७**

इमानि वां भागधेयानि सिस्रत इन्द्रावरुणा प्र महे सुतेषु वाम् ।
यज्ञेयज्ञे ह सवना भुरण्यथो यत्सुन्वते यजमानाय शिक्षथः ।।१।।
निःषिध्वरीरोषधीराप आस्तामिन्द्रावरुणा महिमानामाशत ।
या सिस्रतू रजसः पारे अध्वनो ययोः शत्रुर्नकिरादेव ओहते ।।2।।
सत्यं तदिन्द्रावरुणा कृशस्य वां मध्व ऊर्मिं दुहते सप्त वाणीः ।
ताभिर्दाश्वांसमवतं शुभस्पती यो वामदब्धो अभि पाति चित्तिभिः ।।३।।
घृतप्रुषः सौम्या जीरदानवः सप्त स्वसारः सदन ऋतस्य ।
या ह वामिन्द्रावरुणा घृतश्चुतस्ताभिर्धत्तं यजमानाय शिक्षतम् ।।४।।
अवोचाम महते सौभगाय सत्यं त्वेषाभ्यां महिमानमिन्द्रियम् ।
अस्मान्त्स्विन्द्रावरुणा घृतश्चुतस्त्रिभिः साप्तेभिरवतं शुभस्पती ।।५।।
इन्द्रावरुणा यदृषिभ्यो मनीषां वाचो मतिं श्रुतमदत्तमग्रे ।
यानि स्थानान्यसृजन्त धीरा यज्ञं तन्वानास्तपसाभ्यपश्यम् ।।६।।
इन्द्रावरुणा सौमनसमदृप्तं रायस्पोषं यजमानेषु धत्तम् ।
प्रजां पुष्टिं भूतिमस्मासु धत्तं दीर्घायुत्वाय प्र तिरतं न आयुः ।।७।।

2३2. इन्द्राविष्णू

१. **भरद्वाजो बार्हस्पत्यः – ऋ. ६.६९.१–८**

सं वां कर्मणा समिषा हिनोमीन्द्राविष्णू अपसस्पारे अस्य ।
जतुषेथां यज्ञं द्रविणं च धत्तमरिष्टैर्नः पथिभीः पारयन्ता ।।१।।
या विश्वासां जनितारा मतीनामिन्द्राविष्णू कलशा सोमधाना ।
प्र वां गिरः शस्यमाना अवन्तु प्र स्तोमासो गीयमानासो अर्कैः ।।2।।
इन्द्राविष्णू मदपती मदानामा सोमं यातं द्रविणो दधाना ।
सं वामज्जन्त्वक्तुभिर्मतीनां सं स्तोमासः शस्यमानास उक्थैः ।।३।।
आ वामश्वासो अभिमातिषाह इन्द्राविष्णू सधमादो वहन्तु ।
जुषोथां विश्वा हवना मतीनामुप ब्रह्माणि शृणुतं गिरो मे ।।४।।
इन्द्राविष्णू तत्पनयाय्यं वां सोमस्य मद उरु चक्रमाथे ।
अकृणुतमन्तरिक्षं वरीयोऽप्रथतं जीवसे नो रजांसि ।।५।।

इन्द्राविष्णू हविषा वावृधानाग्राद्वाना नमसा रातहव्या ।
घृतासूती द्रविणं धत्तमस्मे समुद्र स्थः कलशः सोमधानः ।।६।।
इन्द्राविष्णू पिबतं मध्वो अस्य सोमस्य दस्रा जठरं पृणेथाम् ।
आ वामन्धांसि मदिराण्यग्मन्नुप ब्रह्माणि शृणुतं हवं मे ।।७।।
उभा जिग्यथुर्न परा जयेथे न परा जिग्ये कतरश्चनैनोः ।
इन्द्रश्च विष्णो यदपस्पृधेथां त्रेधा सहस्रं वि तदैरयेथाम् ।।८।।

2. वसिष्ठः – ऋ. ७.६६.४–६

उरुं यज्ञाय चक्रथुरु लोकं जनयन्ता सूर्यमुषासमग्निम् ।
दासस्य चिद्वृषशिप्रस्य माया जघ्नथुर्नरा पृतनाज्येषु ।।४।।
इन्द्राविष्णू दृंहिताः शम्बरस्य नव पुरो नवतिं च श्नथिष्टम् ।
शतं वर्चिनः सहस्रं च साकं हथो अप्रत्यसुरस्य वीरान् ।।५।।
इयं मनीषा बृहती बृहन्तोरुक्रमा तवसा वर्धयन्ती ।
ररे वां स्तोमं विदथेषु विष्णो पिन्वतमिषो वृजनेष्विन्द्र ।।६।।

2३३. इन्द्राश्वौ

१. वामदेवो गौतमः – ऋ. ४.३2.2३–2४

कनीनकेव विद्रधे नवे द्रुपदे अर्भके। बभ्रू यामेषु शोभेते ।।2३।।
अरं म उस्रयाम्णेऽरमनुस्रयाम्णे। बभ्रू यामेष्वस्रिधा ।।2४।।

2३४. इन्द्रासोमादयो मन्त्रोक्ता

१. चातनः – अ. ८.४.१–2५

इन्द्रासोमा तपतं रक्ष उब्जतं न्य र्पयतं वृषणा तमोवृधः ।
परा शृणीतमचितो न्योषतं हतं नुदेथां नि शिशीतमत्त्रिणः ।।१।।
इन्द्रासोमा समघशंसमस्य१घं तपुर्ययस्तु चरुरग्निमाँ इव ।
ब्रह्मद्विषे क्रव्यादे घोरचक्षसे द्वेषो धत्तमनवायं किमीदिने ।।2।।
इन्द्रासोमा दुष्कृतो वव्रे अन्तरनारम्भणे तमसि प्र विध्यतम् ।
यतो नैषां पुनरेकश्चनोदयत् तद् वामस्तु सहसे मन्युमच्छवः ।।३।।
इन्द्रासोमा वर्तयतं दिवो वधं सं पृथिव्या अघशंसाय तर्हणम् ।
उत् तक्षतं स्वर्यं१ पर्वतेभ्यो येन रक्षो वावृधानं निजूर्वथः ।।४।।
इन्द्रासोमा वर्तयतं दिवस्पर्यग्नितप्ते भिर्युवमश्महन्मभिः ।
तपुर्वधेभिरजरेभिरत्त्रिणो नि पर्शाने विध्यतं यन्तु निस्वरम् ।।५।।
इन्द्रासोमा परि वां भूतु विश्वत इयं मतिः कक्ष्याश्वेव वाजिना ।
यां वां होत्रां पपरिहिनोमि मेध्येमा ब्रह्माणि नृपती इव जिन्वतम् ।।६।।
प्रति स्मरेथां तुज्यद्भिरेवैर्हतं द्रुहो रक्षसो भङ्गुरावतः ।
इन्द्रासोमा दुष्कृते मा सुगं भूद यो मा कदा चिदभिदासति द्रुहुः ।।७।।
यो मा पाकेन मनसा चरन्तमभिचष्टे अनृतेभिर्वचोभिः ।
आप इव काशिना संगृभीता असन्नस्त्वासत इन्द्र वक्ता ।।८।।
ये पाकशंसं विहरन्त एवैर्ये वा भद्रं दूषयन्ति स्वधाभिः ।
अहये वा तान् प्रददातु सोम आ वा दधातु निर्ऋतेरुपस्थे ।।९।।
यो नो रसं दिप्सति पित्वो अग्ने अश्वानां गवां यस्तनूनाम् ।
रिपु स्तेन स्तेयकृद् दभ्रमेतु नि ष हीयतां तन्वा३ तना च ।।१०।।
परः सो अस्तु तन्वा३ तना च तिस्रः पृथिवीरधो अस्तु विश्वाः ।
प्रति शुष्यतु यशो अस्य देवा यो मा दिवा दिप्सति यश्च नक्तम् ।।११।।
सुविज्ञानं चिकितुषे जनाय सच्चासच्च वचसी पस्पृधाते ।
तयोर्यत् सत्यं यतरदृजीयस्तदित् सोमोऽवति हन्त्यासत् ।।१2।।

न वा उ सोमो वृजिनं हिनोति न क्षत्रियं मिथुया धारयन्तम् ।
हन्ति रक्षो हन्त्यासद् वदन्तमुभाविन्द्रस्य प्रसितौ शयाते ।।१३।।
यदि वाहमनृतदेवो अस्मि मोघं वा देवाँ अप्यूहे अग्ने ।
किमस्मभ्यं जातवेदो हृणीषे द्रोघवाचस्ते निर्ऋथं सचन्ताम् ।।१४।।
अद्या मुरीय यदि यातुधानो अस्मि यदि वायुस्ततप पुरुषस्य ।
अधा स वीरैर्दशभिर्वि यूया यो मा मोघं यातुधानेत्याह ।।१५।।
यो मायातुं यातुधानेत्याह यो वा रक्षाः शुचिरस्मीत्याह ।
इन्द्रस्तं हन्तु महता वधेन विश्वस्य जन्तोरधमस्पदीष्ट ।।१६।।
प्र या जिगाति खर्गलेव नक्तमप दुहुस्तन्वं१ गूहमाना ।
वव्रमन्तमव सा पदीष्ट ग्रावाणो घ्नन्तु रक्षस उपब्दैः ।।१७।।
वि तिष्ठध्वं मरुतो विक्ष्वि१च्छत गृभायत रक्षस सं पिनष्टन ।
वयो ये भूत्वा पतयन्ति नक्तभिर्ये वा रिपो दधिरे देवे अध्वरे ।।१८।।
प्र वर्त्तय दिवोऽश्मानमिन्द्र सोमशितं मघवन्त्सं शिशाधि ।
प्राक्तो अपाक्तो अधरादुदक्तो३भि जहि रक्षसः पर्वतेन ।।१६।।
एत उ त्ये पतयन्ति श्वयातव इन्द्रं दिप्सन्ति दिप्सवोऽदाभ्यम् ।
शिशीते शक्रः पिशुनेभ्यो वधं नूनं सृजदशनिं यातुमद्भ्यः ।।20।।
इन्द्रो यातूनामभवत् पराशरो हविर्मथीनामभ्या३ विवासताम् ।
अभीदु शक्रः परशुर्यथा वनं पात्रेव भिन्दन्त्सत एतु रक्षसः ।।21।।
उलूकयातुं शुशुलूकयातुं जहि श्वयातुमुत कोकयातुम् ।
सुपर्णयातुमुत गृध्रयातुं दृषदेव प्र मृण रक्ष इन्द्र ।।22।।
मा नो रक्षो अभि नड् यातुमावदपोच्छन्तु मिथुना ये किमीदिनः ।
पृथिवी नः पार्थिवात् पात्वंहसोऽन्तरिक्षं दिव्यात् पात्वस्मान् ।।2३।।
इन्द्र जहि पुमांसं यातुधानमुत स्त्रियं मायया शाशदानाम् ।
विग्रीवासो मूरदेवा ऋदन्तु मा ते दृशन्त्सूर्यमुच्चरन्तम् ।।2४।।
प्रति चक्ष्व वि चक्ष्वेन्द्रश्च सोम जागृतम् ।
रक्षोभ्यो वधमस्यतमशनिं यातुमद्भ्यः ।।2५।।

2३५. इन्द्रासोमौ

१. गृत्समदः शौनकः – ऋ. 2.३०.६

प्र हि क्रतुं वृहथो यं वनुथे रध्रस्य स्थो यजमानस्य चोदौ ।
इन्द्रासोमा युवमस्माँ अविष्टमस्मिन्भयस्थे कृणुतमु लोकम्।।६।।

2. भरद्वाजो बार्हस्पत्यः – ऋ. ६.७2.१–५

इन्द्रासोमा महि तद्वां महित्वं युवं महानि प्रथमानि चक्रथुः ।
युवं सूर्यं विविदथुर्युवं स्व१ र्विश्वा तमांस्यहतं निदश्च ।।१।।
इन्द्रासोमा वासयथ उषासमुत्सूर्यं नयथो ज्योतिषा सह ।
उप द्यां स्कम्भथुः स्कम्भनेनाप्रथतं पृथिवीं मातरं वि ।।2।।
इन्द्रासोमावहिमपः परिष्ठां हथो वृत्रमनु वां द्यौरमन्यत ।
प्रार्णांस्यैरयतं नदीनामा समुद्राणि पप्रथुः पुरूणि ।।३।।
इन्द्रासोमा पक्वमामास्वन्तर्नि गवामिद्दधथुर्वक्षणासु ।
जगृभथुरनपिनद्धमासु रुशच्चित्रासु जगतीष्वन्तः ।।४।।
इन्द्रासोमा युवमंग तरुत्रमपत्यसाचं श्रुत्यं रराथे ।
युवं शुष्मं नर्यं चर्षणिभ्यः सं विव्यथुः पृतनाषाहमुग्रा ।।५।।

३. रेणुः – ऋ. १०.८६.५

आपन्तमन्युस्तृपलप्रभर्मा धुनिः शिमीवांछरुमाँ ऋजीषी ।

सोमो विश्वन्यतसा वनानि नार्वगिन्द्रं प्रतिमानानि देभुः ।।५।।

४. **वामदेवो गौतमः – ऋ. ४.2८.१–५**

त्वा युजा तव तत्सोम सख्य इन्द्रो अपो मनवे सस्रुतस्कः ।
अहन्नहिमरिणात्सप्त सिन्धूनपावृणोदपिहितेव खानि ।।१।।
त्वा युजा नि खिदत्सूर्यस्येन्द्रश्चक्रं सहसा सद्य इन्दो ।
अधि ष्णुना बृहता वर्तमानं महो द्रुहो अप विश्वायु धायि ।।2।।
अहन्निन्द्रो अदहदग्निरिन्दो पुरा दस्यून्मध्यन्दिनादभीके ।
दुर्गे दुरोणे क्रत्वा न यातां पुरू सहस्रा शर्वा नि बर्हीत् ।।३।।
विश्वस्मात्सीमधमाँ इन्द्र दस्यून्विशो दासीरकृणोरप्रशस्ताः ।
अबाधेथाममृणतं नि शत्रूनविन्देथामपचितिं वधत्रैः ।।४।।
एवा सत्यं मघवाना युवं तदिन्द्रश्च सोमोर्वमश्व्यं गोः ।
आदर्दृतमपिहितान्यश्ना रिरिचथुः क्षाश्चित्ततृदाना ।।५।।

2३६. इन्द्रासोमौ रक्षोहणौ

१. **वसिष्ठः – ऋ. ७.१०४.१–७; १५; 2५**

ऋ. ७.१०४.१–७

इन्द्रासोमा तपतं रक्ष उब्जतं न्यर्पयतं वृषणा तमोवृधः ।
परा शृणीतमचितो न्योषतं हतं नुदेथां नि शिशीतमत्रिणः ।।१।।
इन्द्रासोमा समघशंसमभ्य१घं तपुर्ययस्तु चरुरग्निवाँ इव ।
ब्रह्मद्विषे क्रव्यादे घेरचक्षसे द्वेषो धत्तमनवायं किमीदिने ।।2।।
इन्द्रासोमा दुष्कृतो वव्रे अन्तरनारम्भणे तमसि प्र विध्यतम् ।
यथा नातः पुनरेकश्चनोदयत्तद्वामस्तु सहसे मन्युमच्छवः ।।३।।
इन्द्रासोमा वर्तयतं दिवो वधं सं पृथिव्या अघशंसाय तर्हणम् ।
उत्तक्षतं स्वर्यं१ पर्वतेभ्यो येन रक्षो वावृधानं निजूर्वथः ।।४।।
इन्द्रासोमा वर्तयतं दिवस्पर्यग्नितप्तेभिर्युवमश्महन्मभिः ।
तपुर्वधेभिरजरेभिरत्रिणो नि पर्शाने विध्यतं यन्तु निस्वरम् ।।५।।
इन्द्रासोमा परि वां भृतु विश्वत इयं मतिः कक्ष्याश्वेव वाजिना ।
यां वां होत्रां परिहिनोमि मेध्येमा ब्रह्माणि नृपतीव जिन्वतम् ।।६।।
प्रति स्मरेथां तुजयद्भिरेवैर्हतं द्रुहो रक्षसो भङ्गुरावतः ।
इन्द्रासोमा दुष्कृते मा सुगं भूद्यो नः कदा चिदभिदासति द्रुहा ।।७।।

ऋ. ७.१०४.१५

अद्या मुरीय यदि यातुधानो अस्मि यदि वायुस्ततप पुरुषस्य ।
अधा स वीरैर्दशमिर्वि यूया यो मा मोघं यातुधानेत्याह ।।१५।।

ऋ. ७.१०४.2५

प्रति चक्ष्व वि चक्ष्वेन्द्रश्च सोम जागृतम्। रक्षोभ्यो वधमस्यतमशनि यातुमद्भ्यः ।।2५।।

2३७. इन्द्रो ऋभवश्च

१. **सुकक्षः (ऋसर्व.) श्रुतकक्ष सुकक्षो वा आंगिरसः (साग्री.) – ऋ. ८.६३.३४**

इन्द्र इषे ददातु न ऋभुक्षणमृभुं रयिम्। वाजी ददातु वाजिनम् ।।३४।।

2३८. इन्द्रो नभश्च

१. **गृत्समदः शौनकः – ऋ. 2.३६.५**

एष स्य ते तन्वो नृम्णवर्धनः सह ओजः प्रदिवि वाह्वोर्हितः ।

तुभ्यं सुतो मघवन्तुभ्यमाभृतस्त्वमस्य ब्राह्मणादा तृपत्पिब ।।५।।

२३६. इन्द्रो बृहस्पतिश्च

१. तिरश्चीर् आंगिरसो द्युतानो वा – अ. २०.१३७.६

अध द्रप्सो अंशुमत्या उपस्थे ऽधारयत् तन्वं तित्विषाणः ।
विशो अदेवीरभ्या३चरन्तीबृहस्पतिना युजेन्द्रः ससाहे ।।६।।

२४०. इन्द्रो मघश्च

१. गृत्समदः शौनकः – ऋ. 2.३६.

तुभ्यं हिन्वानो वसिष्ट गा अपोऽधुक्षन्त्सीमविभिरद्रिभिर्नरः ।
पिबेन्द्र स्वाहा प्रहुतं वषट्कृतं होत्रादा सोमं प्रथमो य ईशिषे ।।१।।

२४१. इन्द्रो मरुत् च

१. इन्द्रो मरुत् च – ऋ. १.१६७.१–११

सहस्रं त इन्द्रोतयो नः सहस्रमिषो हरिवो गूर्ततमाः ।
सहस्रं रायो मादयध्यै सहस्रिण उप नो यन्तु वाजाः ।।१।।
आ नोऽवोभिर्मरुतो यान्त्वच्छा ज्येष्ठेभिर्वा बृहद्दिवैः सुमायाः ।
अध यदेषां नियुतः परमाः समुद्रस्य चिद्धनयन्त पारे ।।2।।
मिम्यक्ष येषु सुधिंता घृताची हिरण्यनिर्णिगुपरा न ऋष्टिः ।
गुहा चरन्ती मनुषो न योषा सभावती विदथ्येव सं वाक् ।।३।।
परा शुभ्रा अयासो यव्या साधारण्येव मरुतो मिमिक्षुः ।
न रोदसी अप नुदन्त घोरा जुषन्त वृधं सख्याय देवाः ।।४।।
जोषद्यदीमसुर्या सचध्यै विषितस्तुका रोदसी नृमणाः ।
आ सूर्येव विधतो रथं गात्त्वेषप्रतीका नभसो नेत्या ।।५।।
आस्थापयन्त युवतिं युवानः शुभे निमिश्लां विदथेषु पज्राम् ।
अर्को यद्वो मरुतो हविष्मान्गायद्गाथं सुतसोमो दुवस्यन् ।।६।।
प्र तं विवक्मि वक्म्यो य एषां मरुतां महिमा सत्यो असित ।
सचा यदीं वृषमणा अहंयुः स्थिरा चिज्जनीर्वहते सुभागाः ।।७।।
पान्ति मित्रावरुणाववद्याच्चयत ईमर्यमो अप्रशस्तान् ।
उत च्यवन्ते अच्युता ध्रुवाणि वावृध ईं मरुतो दातिवारः ।।८।।
नही नु वो मरुतो अन्त्यस्मे आरात्ताच्चिच्छवसो अन्तमापुः ।
ते धृष्णुना शवसा शूशुवांसोऽर्णो न द्वेषो धृषता परि ष्ठुः ।।६।।
वयमद्येन्द्रस्य प्रेष्ठा वयं श्वो वोचेमहि समर्ये ।
वयं पुरा महिं च नो अनु द्यून् तं□ ऋभुक्षा नरामनु ष्यात् ।।१०।।
एष वः स्तोमो मरुत इयं गीर्मान्दार्यस्य मान्यस्य कारोः ।
एषा यासीष्ट तन्वे वयां विद्यामेषं वृजनं जीरदानुम् ।।११।।

२४२. इन्द्रो मरुत्वान्

१. मेधातिथिः काण्वः– ऋ. १.२३.७–६

मरुत्वन्तं हवामह इन्द्रमा सोमपीतये। सजूर्गणेन तृम्पतु ।।७।।
इन्द्रजयेष्ठा मरुद्गणा देवासः पूषरातयः। विश्वे मम श्रुता हवम् ।।८।।
हत वृत्रं सुदानव इन्द्रेण सहसा युजा। मा नो दुःशंस ईशत ।।६।।

२४३. इन्द्रो वैकुण्ठः

१. इन्द्रो वैकुण्ठः – ऋ. १०.४८.१–११; १०.४६.१–११; १०.५०.१–७

ऋ. १०.४८.१–११

अहं भुवं वसुनः पूर्व्यस्पतिरहं धनानि सं जयामि शश्वतः ।

मां हवन्ते पितरं न जन्तवोऽहं दाशुषे वि भजामि भोजनम् ।।१।।
अहमिन्द्रो रोधो वक्षो अथर्वणस्त्रिताय गा अजनयमहेरधि ।
अहं दस्युभ्यः परि नृम्णमा ददे गोत्रा शिक्षन् दधीचे मातरिश्वने ।।2।।
मह्यं त्वष्टा वज्रमतक्षदायसं मयि देवासोऽवृजन्नपि क्रतुम् ।
मामानीकं सूर्यस्येव दुष्टरं मामार्यन्ति कृतेन कर्त्वेन च ।।३।।
अहमेतं गव्ययमश्व्यं पशुं पुरीषिणं सायकेना हिरण्ययम् ।
पुरू सहस्रा नि शिशामि दाशुषे यन्मा सोमास उक्थिनो अमन्दिषुः ।।४।।
अहमिन्द्रो न परा जिग्य इद्धनं न मृतयवेऽव तस्थे कदा चन ।
सोममिन्मा सुन्वन्तो याचता वसु न मे पूरवः सख्ये रिषाथन ।।५।।
अहमेतांछाश्वसतो द्वाद्वेन्द्रं ये वज्रं युधयेऽकृण्वत ।
आह्वयमानाँ अव हन्मनाहनं दृळहा वदन्नमस्युर्नमस्विनः ।।६।।
अभी३ दमेकमेको अस्मि निषाळभी द्वा किमु त्रयः करन्ति ।
खले न पर्षान् प्रति हन्मि भूरि किं मा निन्दन्ति शत्रवोऽन्द्रिाः ।।।७।।
अहं गुङ्गुभ्यो अतिथिग्वमिष्करमिषं न वृत्रतुरं विक्षु धारयम् ।
यत्पर्णयघ्न उत वा करंजहे प्राहं महे वृत्रहत्ये अशुश्रवि ।।८।।
प्र मे नमी साप्य इषे भुजे भूद्गवामेषे सख्या कृणुत द्विता ।
दिद्युं यदस्य समिथेषु मंहयमादिदेनं शंस्यमुक्थ्यं करम् ।।९।।
प्र नेमस्मिन्दृशे सोमो अन्तर्गोपा नेममाविरस्था कृणोति ।
स तिग्मशृंगं वृषभं युयुत्सन् द्रुहस्तस्थौ बहुले बद्धो अन्तः ।।१०।।
आदित्यानां वसूनां रुद्रियाणां देवो देवानां न मिनामि धाम ।
ते मा भद्राय शवसे ततक्षुरपराजितमस्तृतमषाळहम् ।।११।।

ऋ. १०.४९.१–११

अहं दां गृणते पूर्व्यं वस्वहं ब्रह्म कृणवं मह्यं वर्धनम् ।
अहं भुवं चोदितायज्वनः साक्षि विश्वस्मिन्भरे ।।१।।
मां धुरिन्द्र नाम देवता दिवश्च ग्मश्चापां च जन्तवः ।
अहं हरी वृषणा विव्रता रघू अहं वज्रं शवसे धृष्ण्वा ददे ।।2।।
अहमत्कं कवये शिश्नथं हथैरहं कुत्समावमाभिरूतिभिः ।
अहं शुष्णस्य श्नथिता वर्ध्यमं न यो रर आर्यं नाम दस्यवे ।।३।।
अहं पितेव वेतसूँरभिष्टये तुग्रं कुत्साय स्मदिभं च रन्धयम् ।
अहं भुवं यजमानस्य राजनि प्र यद्भरे तुजये न प्रियाधृषे ।।४।।
अहं रन्धयं मृगयं श्रुतर्वणे यन्माजिहीत वयुना चनानुषक् ।
अहं वेशं नम्रमायवेऽकरमहं सव्याय पड्गृभिमरन्धयम् ।।५।।
अहं स यो नववास्त्वं बृहद्रथं सं वृत्रेव दासं वृत्रहारुजम् ।
यद्वर्धयन्तं प्रथयन्तमानुषग्दूरे पारे रजसो रोचनाकरम् ।।६।।
अहं सूर्यस्य परि याम्याशुभिः प्रैतशेभिर्वहमान ओजसा ।
यन्मा सावो मनुष आह निर्णिज ऋधक्कृषे दासं कृत्व्यं हथैः ।।७।।
अहं सप्तहा नहुषो नहुष्टरः प्राश्रावयं शवसा तुर्वशं यदुम् ।
अहं न्य१न्यं सहसा सहस्करं नव व्राधतो नवतिं च वक्षयम् ।।८।।
अहं सप्त स्रवतो धारयं वृषा द्रवित्न्वः पृथिव्यां सीरा अधि ।
अहमर्णांसि वि तिरामि सुक्रतुर्युधा विदं मनवे गातुमिष्टये ।।९।।
अहं तदासु धारयं यदासु न देवश्चन त्वष्टाधारयद्रुशत् ।
स्पार्हं गवामूधःसु वक्षणास्वा मधोर्मधु श्वात्र्यं सोममाशिरम् ।।१०।।
एवा देवाँ इन्द्रो विव्ये नॄनन् प्र च्यौत्नेन मघवा सत्यराधाः ।
विश्वेत्ता ते हरिवः शचीवोऽभि तुरासः स्वयशो गृणन्ति ।।११।।

ऋ. १०.५०.१–७

प्र वो महे मन्दमानायान्धसोऽर्चा विश्वानराय विश्वाभुवे ।
इन्द्रस्य यस्य सुमखं सहो महि श्रवो नृम्णं च रोदसी सपर्यतः ।।१।।
सो चिन्नु सख्या नर्य इनः स्तुतश्चर्कृत्य इन्द्रो मावते नरे ।
विश्वासु धूर्षु वाजकृत्येषु सत्पते वृत्रे वाप्स्व१भि शूर मन्दसे ।।2।।
के ते नर इन्द्र ये त इषे ये ते सुम्नं सधन्य१ मियक्षान् ।
के ते वाजायासुर्याय हिन्विरे के अप्सु स्वासूर्वरासु पौंस्ये ।।३।।
भुवस्त्वमिन्द्र ब्रह्मणा महान्भुवो विश्वेषु सवनेषु यज्ञियः ।
भुवो नॄँच्यौतनो विश्वस्मिन्भरे ज्येष्ठश्च मन्त्रो विश्वचर्षणे ।।४।।
अवा नु कं ज्यायान् यज्ञवनसो महीं त ओमात्रां कृष्टयो विदुः ।
असो नु कमजरो वर्धाश्च विश्वेदेता सवना तूतुमा कृषे ।।५।।
एता विश्व सवना तूतुमा कृषे स्वयं सूनो सहसो यानि दधिषे ।
वराय ते पात्रं धर्मणे तना यज्ञो मन्त्रो ब्रह्मोद्यतं वचः ।।६।।
ये ते विप्र ब्रह्मकृतः सुते सचा वसूनां च वसुनश्च दावने ।
प्र ते सुम्नस्य मनसा पथा भुवन्मदे सुतस्य सोम्यस्यान्धसः ।।७।।

2. **सप्तगुः – ऋ. १०.४७.१–८**

जगृम्भा ते दक्षिणमिन्द्र हस्तं वसूयवो वसुपते वसूनाम् ।
विद्या हि त्वा गोपतिं शूर गोनामस्मभ्यं चित्रं वृषणं रयिं दाः ।।१।।
स्वायुधं स्ववसं सुनीथं चतुःसमुद्रं धरुणं रयीणाम् ।
चर्कृत्यं शंस्यं भुरिवारमस्मभ्यं चित्रं वृषणं रयिं दाः ।।2।।
सुब्रह्माणं देववन्तं बृहन्तमुरुं गभीरं पृथुबुध्नमिन्द्र ।
श्रुतऋषिमुग्रमभिमातिषाहमस्मभ्यं चित्रं वृषणं रयिं दाः ।।३।।
सनद्वाजं विप्रवीरं तरुत्रं धनस्पृतं शूशुवांसं सुदक्षम् ।
दस्युहनं पूर्भिदमिन्द्र सत्यमस्मभ्यं चित्रं वृषणं रयिं दाः ।।४।।
अश्वावन्तं रथिनं वीरवन्तं सहस्रिणं शतिनं वाजमिन्द्र ।
भद्रव्रातं विप्रवीरं स्वर्षामस्मभ्यं चित्रं वृषणं रयिं दाः ।।५।।
प्र सप्तगुमृतधीतिं सुमेधां बृहस्पतिं मतिरच्छा जिगाति ।
य आंगिरसो नमसोपसद्योऽस्मभ्यं चित्रं वृषणं रयिं दाः ।।६।।
वनीवानो मम दूतास इन्द्रं स्तोमाश्चरन्ति सुमतीरियानाः ।
हृदिस्पृशो मनसा वच्यमाना अस्मभ्यं चित्रं वृषणं रयिं दाः ।।७।।
यत्त्वा यामि दद्धि तन्न इन्द्र बृहन्तं क्षयमसमं जनानाम् ।
अभि तद् द्यावापृथिवी गृणीतामस्मभ्यं चित्रं वृषणं रयिं दाः ।।८।।

२४४. इन्द्रस् त्वष्टा वा

१. **गृत्समदः शौनकः – ऋ. 2.३2.2–३**

मा नो गुह्या रिप आयोरहन्दभन्मा न आभ्यो रीरधो दुच्छुनाभ्यः ।
मा नो वि यौः सख्या विद्धि तस्य नः सुम्नायता मनसा तत्त्वेमहे ।।2।।
अहेळता मनसा श्रुष्टिमा वह दुहानां धेनुं पिप्युषीमसश्चतम् ।
पद्याभिराशुं वचसा च वाजिनं त्वां हिनोमि पुरुहूत विश्वहा ।।३।।

२४५. इषवः

१. **पायुर् भरद्वाजः – ऋ. ६.७५.११; १2; १५.; १६; सा. १८६३**

ऋ. ६.७५.११–१2

सुपर्णं वस्ते मृगो अस्या दन्तो गोभिः सन्नद्धा पतति प्रसूता ।
यत्रा नरः सं च वि च द्रवन्ति तत्रास्मभ्यमिषवः शर्म यंसन् ।।११।।
ऋजीते परि वृङ्धि नोऽश्मा भवतु नस्तनूः । सोमो अधि ब्रवीतु नोऽदितिः शर्म यच्छतु ।।१2।।

ऋ. ६.७५.१५–१६

आलाक्ता या रुरुशीर्ष्ण्यथो यस्या अयो मुखम्। इदं पर्जन्य रेतस इष्वै देव्यै बृहन्नमः ।।१५।।
अवसृष्टा परा पत शरव्ये ब्रह्मसंशिते। गच्छामित्रान्प्र पद्यस्व मामीषां कं चनोच्छिषः ।।१६।।

सा. १८६३

अवसृष्टा परा पत शरव्ये ब्रह्मसंशिते। गच्छामित्रान्प्र पद्यस्व मामीषां कं च नोच्छिषः ।।३।।

२४६. इषुः

१. अप्रतिरथः – य. १७.४५

अवसृष्टा परा पत शरव्ये ब्रह्मसंशिते। गच्छामित्रान् ग्र पद्यस्व मामीषां कंचनोच्छिषः ।।४५।।

२४७. इषुधि

१. पायुर् भरद्वाजः: – ऋ. ६.७५.५

बह्वीनां पिता बहुरस्य पुत्रश्चिश्चा कृणोति समनावगत्य ।
इषुधिः सङ्काः पृतनाश्च सर्वाः पृष्ठे निनद्धो जयति प्रसूतः ।।५।।

२४८. ईर्ष्यापनयनम्

१. प्रस्कण्वः – अ. ७.४५.१–2

जनाद् विश्वजनीनात् सिन्धुतस्पयाभृतम्। दूरात् त्वा मन्य उद्भृतमीर्ष्याया नाम भेषजम् ।।१।।
अग्नेरिवास्य दहतो दावस्य दहतः पृथक्। एतामेतस्येर्ष्यामुद्नाग्निमिव शमय ।।2।।

२४६. ईशानः

१. नारायणः – य. ३१.2

पुरुषऽएवेदं सर्वं यद्भूतं यच्च भाव्यम्। उतामृतत्वस्येशानो यदन्नेनातिरोहति ।।2।।

२५०. ईश्वरः

१. अर्थवणः – य. ३७.१६–21

हृदे त्वा मनसे त्वा दिवे त्वा सूर्य्याय त्वा। ऊर्ध्वोऽअध्वरं दिवि देवेषु धेहि ।।१६।।
पिता नोऽसि पिता नो बोधि नमस्तेऽअस्तु मा मा हिंसीः ।
त्वष्ट्मन्तस्त्वा सपेम पुत्रान् पशून् मयिं धेहि प्रजामस्मासु धेह्यरिष्टाहं सह पत्या
भूयासम्।।2०।।
अहः कतना जषता सजयातिज्यातिषा स्वाहा। रात्रिः कतना जषता सज्यातिज्यातिषा स्वाहा ।।21।।

2. आथर्वणः दध्यङ् – य. ३६.१७–१६; 21; 22; ३७.१४; १६; १८

य. ३६.१७–१६

द्यौः शान्तिरन्तरिक्षं शन्तिः पृथिवी शान्तिरापः शान्तिरोषधयः शान्तिः ।
वनस्पतयः शान्तिर्विश्वे देवाः शान्तिर्ब्रह्म शान्ति सर्वं शान्तिः शन्तिरेव शान्तिः ।
सा मा शान्तिरेधि ।।१७।।
दृते दृंह मा मित्रस्य मा चक्षुषा सर्वाणि भूतानि समीक्षन्ताम् ।
मित्रस्याहं चक्षुषा सर्वाणि भूतानि समीक्षे ।
मित्रस्य चक्षुषा समीक्षामहे ।।१८।।
दृते दृंह मा। ज्योक्ते संदृशि जीवयासं ज्योक्ते संदृशि जीव्यासम् ।।१६।।

य. ३६.21–22

नमस्तेऽअस्तु विद्युते नमस्ते स्तनयित्नवे। नमस्ते भगवन्नस्तु यतः स्वः समीहसे ।।21।।
यतो यतः समीहसे ततो नोऽअभयं कुरु। शं नः कुरु प्रजाभ्योऽभयं नः पशुभ्यः ।।22।।

य. ३७.१४

गर्भो देवानां पिता मतीनां पतिः प्रजानाम। सं देवो देवेन सवित्रा गत सं सूर्य्येण रोचते ।।१४।।

य. ३७.१६

धर्त्ता दिवो वि भाति तपसस्पृथिव्यां धर्त्ता देवो देवानाम मर्त्यस्तपोजाः ।
वाचमस्मे नि यच्छ देवायुवम् ।।१६।।

य. ३७.१८

विश्वासां भुवां पते विश्वम्य मनसस्पते विश्वस्य वचसम्पते सर्वस्य वचसस्पते।
देवश्रुत्त्वं देव घर्म देवो देवान् पाह्यत्र प्रवीरनु वां देववीतये।
मधु माध्वीभ्यां मधु माधूचीभ्याम् ।।१८।।

३. कण्वः – य. ३७.७

प्रैतु ब्रह्मणस्पतिः प्र देवयेतु सूनृता। अच्छा वीरं नर्यं पंक्तिराधसं देवा यज्ञं नयन्तु नः।
मखाय त्वा मखस्य त्वा शीर्ष्णे। मखाय त्वा मखस्य त्वा शीर्ष्णे।
मखाय तवा मखस्य त्वा शीर्ष्णो ।।७।।

४. गृत्समदः – य. 2६.३

बृहस्पतेऽअति यदर्योऽअर्हाद् द्युमद्विभाति क्रतुमज्जनेषु ।
यद्दीदयच्छवसऽऋतप्रजात तदस्मासु द्रविणं धेहि चित्रम् ।
उपयामगृहीतोऽसि बृहस्पतये त्वैष ते योनि र्बृहस्पतये त्वा ।।३।।

५. गोतमः – य. ७.५; 2५.१८ १६

य. ७.५

अन्तस्ते द्यावापृथिवी दधाम्यन्तर्दधाम्युर्वन्तरिक्षम् ।
सजूर्देवेभिरवरैः परैश्चान्तर्य्यामे मघवन् मादयस्व ।।५।।

य. 2५.१८–१६

तमीशानं जगतस्तस्थुषस्पतिं धियजिन्वमवसे हूमहे वयम् ।
पूषा नो यथा वेदसामसद् वृधे रक्षिता पायुरदब्धः स्वस्तये ।।१८।।
स्वस्ति नऽइन्द्रो वृद्धश्रवाः स्वस्ति नः पूषा विश्ववेदाः ।
स्वस्ति नस्ताक्षर्योऽअरिष्टनेमिः स्वस्ति नो बृहस्पतिर्दधातु ।।१६।।

६. दध्यङ् आथर्वणः – य. ३६.१७–१६ 2१ 22; ३७.१४ १६ १८

य. ३६.१७–१६

द्यौः शान्तिरन्तरिक्षं शान्तिः पृथिवी शन्तिरापः शान्तिरोषधयः शान्तिः। वनस्पतयः शान्तिर्विश्वे देवाः
शान्तिर्ब्रह्म शान्ति सर्वं शान्तिः शान्तिरेव शान्तिः सा मा शश्रितरेधि ।।१७।।
दृते दुंह मा मित्रस्य मा चक्षुसा सर्वाणि भूतानि समीक्षन्ताम्। मित्रस्याहं चक्षुषा सर्वाणि भूतानि
समीक्षे। मित्रस्य चक्षुषा समीक्षामहे ।।१८।।
दृते दृंह मा। ज्योक्ते संदृशि जीव्यासं ज्योक्ते संदृशि जीव्यासम् ।।१६।।

य. ३६.2१–22

नमस्तेऽअस्तु विद्युते नमस्ते स्तनयित्नवे। नमस्ते भगवन्नस्तु यतः स्वः समीहसे ।।2१।।
यतो यतः समीहसे ततो नोऽअभयं कुरु। शं नः कुरु प्रजाभ्योऽभयं नः पशुभ्यः ।।22।।

य. ३७.१४

गर्भो देवानां पिता मतीनां पतिः प्रजानाम ।
सं देवो देवेन सवित्रा गत सं सूर्य्येण रोचते ।।१४।।

य. ३७.१६

धर्त्ता दिवो वि भाति तपसस्पृथिव्यां धर्त्ता देवो देवानाममर्त्यस्तपोजाः ।
वाचमस्मे नि यच्छ देवायुवम् ।।१६।।

य. ३७.१८

विश्वासां भुवां पते विश्वस्य मनसस्पते विश्वस्य वचसम्पते सर्वस्य वचसस्पते ।
देवश्रुत्त्वं देव घर्म देवो देवान् पाह्यत्र प्रावीरनु वां देववीतये ।
मधु माध्वीभ्यां मधु माधूचीभ्याम् ।।१८।।

७. दीर्घतमा – य. ३७.१७; ३८.२५

य. ३७.१७

अपश्यं गोपामनिपद्यमानमा च परा च पथिभिश्चरन्तम् ।
स सध्रीचीः स विषूचीर्वसानऽआ वरीवर्त्ति भुवनेष्वन्तः ।।१७।।

य. ३८.२५

एधोऽस्येधिषीमहि समिदसि तेजोऽसि तेजो मयि धेहि ।।२५।।

८. नारायणः – य. ३०.१३

ऋतये स्तेनहृदयं वैरहत्याय पिशुनं विविक्त्यै क्षत्तारमौपद्रष्ट्र्यायानुक्षत्तारं बलायानुचरं भूम्ने परिष्कन्दं प्रियाय प्रियवादिनमरिष्ट्याऽअश्वसादं स्वर्गाय लोकाय भागदुघं वर्षिष्ठाय नाकाय परिवेष्टारम् ।।१३।।

९. प्रजापतिः – य. २३.५० ६४–६५ २५.११–१२

य. २३.५०

अपि तेषु त्रिषु पदेष्वस्मि येषु विश्वं भुवनमा विवेश ।
सद्यः पर्येमि पृथिवीमुत द्यामेकेनांगेनः दिवो अस्य पृष्ठम् ।।५०।।

य. २३.६४–६५

होता यक्षत्प्रजापतिं सोमस्य महिम्नः ।
जुषतां पिबतु सोमं होतर्यज ।।६४।।
प्रजापते न त्वदेतान्यन्यो विश्वा रूपाणि परि ता बभूव ।
यत्कामास्ते जुहुमस्तन्नोऽ अस्तु वयं स्याम पतयो रयीणाम् ।।६५।।

य. २५.११–१२

यः प्राणतो निमिषतो महित्वैक ऽ इद्राजा जगतो बभूव ।
य ऽ ईशे ऽ अस्य द्विपदश्चतुष्पदः कस्मै देवाय हविषा विधेम ।।११।।
यस्येमे हिमवन्तो महित्वा यस्य समुद्रं रसया सहाहुः ।
यस्येमाः प्रदिशो यस्य बाहू कस्मै देवाय हविषा विधेम ।।१२।।

१०. लौगाक्षिः – य. २६.२

यथेमां वाचं कल्याणीमावदानि जनेभ्यः। ब्रह्मराजन्याभ्यां शूद्राय चार्य्याय च स्वाय चारणाय ।
प्रियो देवानां दक्षिणायै दातुरिह भूयासमयं मे कामः समृध्यतामुप मादो नमतु ।।२।।

११. वामदेवः – य. २.२६

स्वयंभूरसि श्रेष्ठो रश्मिर्वर्चोदाऽअसि वर्चो मे देहि। सूर्यस्यावृतमन्वावर्ते ।।२६।।

१२. विश्वेदेवाः – य. १४.२८–२९

एकयास्तुवत प्रजाऽअधीयन्त प्रजापतिरधिपतिरासीत ।
तिसृभिरस्तुवत ब्रह्मासृज्यत ब्रह्मणस्पतिरधिपतिरासीत् ।
पंचभिरस्तुवत भूतान्यसृज्यन्त भूतानां पतिरधिपतिरासीत् ।
सप्तभिरस्तुवत सप्त ऋषयोऽसृज्यन्त धाताधिपतिरासीत् ।।२८।।
नवभिरस्तुवत पितरोऽसृज्यन्तादितिरधिपत्न्यासीत ।
एकादशभिरस्तुवतऽऋतवोऽसृजयन्तार्त्तवाऽअधिपतयऽआसन् ।
त्रयोदशभिरस्तुवत मासाऽअसृज्यन्त संवत्सरोऽधिपतिरासीत् ।
पंचदशभिरस्तुवत क्षत्रमसृज्यतेन्द्रोऽधिपतिरासीत् ।
सप्तदशभिरस्तुवत ग्राम्याः पशवोऽसृज्यन्त बृहस्पतिरधिपतिरासीत् ।।२९।।

१३. सङ्कसुकः – य. ३५.१५

इमं जीवेभ्यः परिधिं दधामि मैषां नु गादपरोऽअर्थमेतम् ।
शतं जीवन्तु शरदः पुरूचीरन्तर्मृत्युं दधतां पर्वतेन ।।१५।।

१४. हिरण्यगर्भः – य. १३.५

द्रप्सश्चकन्द पृथिवीमनु द्यामिमं च योनिमनु यश्च पूर्वः ।
समानं योनिमनु सचंरन्तं द्रप्सं जुहोम्यनु सप्त होत्राः ।।५।।

२५१. ईश्वर–सभाध्यक्षौ

१. दीर्घतमा औतथ्यः – य. ५.२६

परि त्वा गिर्वणो गिरऽइमा भवन्तु विश्वतः। वृद्धायुमनु वृद्धयो जुष्टा भवन्तु जुष्टयः ।।२६।।

2. मधुच्छन्दाः – य. ५.३०

इन्द्रस्य स्यूरसीन्द्रस्य ध्रुवोऽसि। ऐन्द्रमसि वैश्वदेवमसि ।।३०।।

२५२. ईश्वर सभेशौ राजानौ

१. शाषः – य. ८.४५

वाचस्पतिं विश्वकर्म्माणमूतये मनोजुवं वाजेऽअद्या हुवेम ।
स नो विश्वानि हवनानि जोषद्विश्वशम्भूरवसे साधुकर्म्मा ।
उपयामगृहीतोऽसीन्द्राय त्वा विश्वकर्म्मणऽएष ते योनिरिन्द्राय त्वा विश्वकर्म्मणे ।।४५।।

२५३. ईर्ष्याविनाशनम्

१. अथर्वा – अ. ६.१८.१–३

ईर्ष्याया ध्राजिं प्रथमां प्रथमस्या उतापराम्। अग्निं हृदय्यं१ शोकं तं ते निर्वापयामसि ।।१।।
यथा भूमिर्मृतमना मृतान्मृतमनस्तरा। यथोत मम्रुषो मन एवेर्ष्योर्मृतं मनः ।।2।।
अदो यत् ते हृदि श्रितं मनस्कं पतयिष्णुकम्। ततस्त ईर्ष्यां मुंचामि निरूष्माणं दृतेरिव ।।३।।

२५४. उच्छिष्टः

१. अथर्वा – अ. ११.७.१–२७

उचिछष्टे नाम रूपं चोचिछिष्टे लोक आहितः।
उच्छिष्ट इन्द्रश्चाग्निश्च विश्वमन्तः समाहितम् ।।१।।
उच्छिष्टे द्यावापृथिवी विश्वं भूतं समाहितम् । आपः समुद्र उच्छिष्टे चन्द्रमा वात आहितः ।।2।।
सन्नुचिछष्टे असंश्चोभौ मृत्युर्वाजः प्रजापतिः ।
लौक्या उच्छिष्ट आयत्ता व्रश्च द्रश्चापि श्रीर्मयि ।।३।।
दृढो दृंहस्थिरो न्यो ब्रह्म विश्वसृजो दश । नाभिमिव सर्वतश्चक्रमुच्छिष्टे देवताः श्रिताः ।।४।।
ऋक् साम यजुरुच्छिष्ट उद्‌गीथः प्रस्तुतं स्तुतम् ।
हिङ्कार उच्छिष्टे स्वरः साम्नो मेडिश्च तन्मयि ।।५।।
ऐन्द्राग्नं पावमानं महानाम्नीर्महाव्रतम् । उच्छिष्टे यज्ञस्याङ्गान्यन्तर्गर्भइव मातरि ।।६।।
राजसूयं वाजपेयमाग्निष्टोमस्तदध्वरः । अर्कांश्वमेधावुचिछष्टे जीवबर्हिर्मदिन्तमः ।।७।।
अग्न्याधेयमथो दीक्षा कामप्रश्छन्दसा सह । उत्सन्ना यज्ञाः सत्त्राण्युच्छिष्टेऽधि समाहिताः ।।८।।
अग्निहोत्रं च श्रद्धा च वष्ट्कारो व्रतं तपः । दक्षिणेष्टं पूर्तं चोच्छिष्टेऽधिं समाहिताः ।।९।।
एकरात्रो द्विरात्रः सद्यः क्रीः प्रक्रीरुक्थ्यः । ओतं निहितमुच्छिष्टे यज्ञस्याणूनि विद्यया ।।१०।।
चतूरात्रः पंचरात्रः षड्रात्रश्चोभयः सह ।
षोडशी सप्तरात्रश्चोच्छिष्टाज्जज्ञिरे सर्वे ये यज्ञा अमृते हिताः ।।११।।
प्रतीहारो निधनं विश्वजिच्चाभिजिच्च यः । साह्नातिरात्रावुच्छिष्टे द्वादशाहोऽपि तन्मयि ।१2।।
सूनृता संनतिः क्षेमः स्वधोर्जामृतं सहः । उच्छिष्टे सर्वे प्रत्यंचः कामाः कामेन तातृपुः ।।१३।।
नव भूमीः समुद्रा उच्छिष्टेऽधि श्रिता दिवः । आ सूर्यो भत्युच्छिष्टेऽहोरात्रे अपि तन्मयि ।।१४।।
उपहव्यं विषूवन्तं ये च यज्ञा गुहा हिताः । विभर्ति भर्ता विश्वस्योच्छिष्टो जानितुः पिता ।।१५।।
पिता जनितुरुच्छिष्टोऽसोः पौत्रः पितामहः ।
स क्षियति विश्वस्येशानो वृषा भूम्यामतिध्न्यः ।।१६।।
ऋतं सत्यं तपो राष्ट्रं श्रमो धर्मश्च कर्म च ।

भृतं भविष्यदुच्छिष्टे वीर्यं लक्ष्मीर्बलं बले ।।१७।।
समृद्धिरोज आकूतिः क्षत्रं राष्ट्रं षडुर्व्यः । संवत्सरोऽध्युच्छिष्ट इडा प्रैषा ग्रहा हविः ।।१८।।
चतुर्होतार आप्रियश्चातुर्मास्यानि नीविदः । उच्छिष्टे यज्ञा होत्राः पशुबन्धास्तदिष्टस्यः ।।१९।।
अर्धमासाश्च मासाश्चार्तवा ऋतुभिः सह । उच्छिष्टे घोषिणीरापः स्तनयित्नुः श्रुतिर्मही ।।२०।।
शर्कराः सिकता अश्मान ओषधयो वीरुधस्तृणा ।
अभ्राणि विद्युतो वर्षमुच्छिष्टे संश्रिता श्रिता ।।२१।।
राद्धिः प्राप्तिः समाप्तिर्व्याप्तिर्मह एधतुः । अत्याप्तिरुच्छिष्टे भूतिश्चाहिता निहिता हिता ।।22।।
यच्क्षप्राणति प्राणेन यच्च पश्यति चक्षुषा । उच्छिष्टाज्जज्ञिरे सर्वे दिवि देवा दिविश्रितः ।।२३।।
ऋचः सामानि च्छन्दांसि पुराणं यजुषा सह । उच्छिष्टाज्जज्ञिरे सर्वे दिवि देवा
दिविश्रितः।।२४।।
प्राणापानौ चक्षुः श्रोत्रमक्षितिश्च क्षितिश्च या ।
उच्छिष्टाज्जज्ञिरे सर्वे दिवि देवा दिविश्रितः ।।२५।।
आनन्दा मोदाः प्रमुदोऽभीमोदमुदश्च ये । उच्छिष्टाज्जज्ञिरे सर्वे दिवि देवा दिविश्रितः ।।२६।।
देवाः पितरो मनुष्या गन्धर्वाप्सरसश्च ये। उच्छिष्टाज्जज्ञिरे सर्वे दिवि देवा दिविश्रितः ।।२७।।

२५५. उदीची सोमः स्वजः अशनिः

१. अथर्वा – अ. ३.२७.४

उदीची दिक् सोमोऽधिपतिः स्वजो रक्षिताशनिरिषवः ।
तेभ्यो नमोऽधिपतिभ्यो नमो रक्षितृभ्यो नम इषुभ्यो नम एभ्यो अस्तु ।
यो३स्मान् द्वेष्टि यं वयं द्विष्मस्तं वो जम्भे दध्मः ।।४।।

२५६. उपदेशकाः

१. प्रजापतिः – य. २०.११

त्रया देवा ऽ एकादश त्रयस्त्रिंशाः सुराधसः ।
बृहस्पतिपुरोहिता देवस्य सवितुः सवे। देवा देवैरवन्तु मा ।।११।।

२५७. उपनिषत् सपत्नीबाधनम्

१. इन्द्राणी – ऋ. १०.१४५.१–६

इमां खनाम्योषधिं वीरुधं बलवत्तमाम्। यया सपत्नीं बाधते यया सं विन्दते पतिम् ।।१।।
उत्तानपर्णे सुभगे देवजूते सहस्वति। सपत्नीं मे परा धम पतिं मे केवलं कुरु ।।2।।
उत्तराहमुत्तर उत्तरेदुत्तराभ्यः। अथा सपत्नी या ममाधरा साधराभ्यः ।।३।।
नह्यस्या नाम गृभ्णामि नो अस्मिन्नमते जने। परामेव परावतं सपत्नीं गमयामसि ।।४।।
अहमस्मि सहमानाथ त्वमसि सासहिः। उभे सहस्वती भूत्वी सपत्नीं मे सहावहै ।।५।।
उप तऽधा सहमानामभि त्वाधा सहीयसा।
मामन प त मना वत्स गारिव धावत पथा वारिव धावत।।६।।

२५८. उपमश्रवा–मित्र–अतिथिपुत्राः

१. कवष ऐलूषः – ऋ. १०.३०.६–९

एवेद्यूने युवतयो नमन्त यदीमुशन्नुशतीरेत्यच्छ ।
सं जानते मनसा सं चिकित्रेऽध्वर्यवो धिषणापश्च देवीः ।।६।।
यो वो वृताभ्यो अकृणोदु लोकं यो वो मह्या अभिशस्तेरमुंचत्।
तस्मा इन्द्राय मधुमन्तमूर्मिं देवमादनं प्र हिणोतनापः ।।७।।
प्रास्मै हिनोत मधुमन्तमूर्मिं गर्भो यो वः सिन्धवो मध्व उत्सः ।
घृतपृष्ठमीड्यमध्वरेष्वापो रेवतीः शृणुता हवं मे ।।८।।
तं सिन्धवो मत्सरमिन्द्रपानमूर्मिं प्र हेत य उभे इयार्ति ।
मदच्युतमौशानं नभोजां परि त्रितन्तुं विचरन्तमुत्सम् ।।९।।

२५९. उर्वशी

१. पुरुरवा ऐळः – ऋ. १०.९५.१; ३; ६; ८–१०; १२; १४; १७

ऋ. १०.९५.१

हये जाये मनसा तिष्ठ घोरे वचांसि मिश्रा कृणवावहै नु ।
न नौ मन्त्रा अनुदितास एते मयस्करन्परतरे चनाहन् ।।१।।

ऋ. १०.९५.३

इषुर्न श्रिय इषुधेरसना गोषाः शतसा न रंहिः ।
अवीरे क्रतौ वि दविद्युतन्नोरा न मायुं चितयन्त धुनयः ।।३।।

ऋ. १०.९५.६

या सुजूर्णिः श्रेणिः सुम्नआपिर्ह्रदेचक्षुर्न ग्रन्थिनी चरण्युः ।
ता अंजयोऽरुणयो न सस्रुः श्रिये गावो न धेनवोऽनवन्त ।।६।।

ऋ. १०.९५.८–१०

सचा यदासु जहतीष्वत्कममानुषीषु मानुषा निषेवे ।
अप स्म मत्तरसन्ती न भुज्युस्ता अत्रसन्नथस्पृशो नाश्वाः ।।८।।
यदासु मर्तो अमृतासु निस्पृक्सं क्षेणीभिः क्रतुभिर्न पृङ्क्ते ।
ता आतयो न तन्वः शुम्भत स्वा अश्वासो न क्रीळयो दन्दशानाः ।।९।।
विद्युन्न या पतन्ती दविद्योद्भरन्ती मे अप्या काम्यानि ।
जनिष्टो अपो नर्यः सुजातः प्रोर्वशी तिरत दीर्घमायुः ।।१०।।

ऋ. १०.९५.१२

कदा सूनुः पितरं जात इच्छाच्चक्रन्नाश्रु वर्तयद्विजानान् ।
को दम्पती समनसा वि यूयोदध यदग्निः श्वशुरेषु दीदयत् ।।१२।।

ऋ. १०.९५.१४

सुदेवो अद्य प्रपतेदनावृत्परावतं परमां गन्तवा उ ।
अधा शयीत निर्ऋतेरुपस्थेऽधैनं वृका रभसासो अद्युः ।।१४।।

ऋ. १०.९५.१७

अन्तरिक्षप्रां रजसो विमानीमुप शिक्षाम्युर्वशीं वसिष्ठः ।
उप त्वा रातिः सुकृतस्य तिष्ठान्नि वर्तस्व हृदयं तप्यते मे ।।१७।।

२६०. उषा

१. अथर्वा – अ. ३.१६.७

अश्वावतीर्गोमतीर्न उषासो वीरवतीः सदमुच्छन्तु भद्राः ।
घृतं दुहाना विश्वतः प्रपीता यूयं पात स्वस्तिभिः सदा नः ।।७।।

2. कक्षीवान् दैर्घतमसः औशिजः – ऋ.१.१२३.१–१३; १.१२४.१–१३

ऋ. १.१२३.१–१३

पृथू रथो दक्षिणाया अयोज्यैनं देवासो अमृतासो अस्थुः ।
कृष्णादुदस्थादर्या३ विहायाश्चिकित्सन्ती मानुषाय क्षयाय ।।१।।
पूर्वा विश्वस्माद्भुवनादबोधि जयन्ती वाजं बृहती सनुत्री ।
उच्चा व्यख्यद्युवतिः पुनर्भूरोषा अगन्प्रथमा पूर्वहूतौ ।।2।।
यदद्य भागं विभजासि नृभ्य उषो देवि मर्त्यत्रा सुजाते ।
देवो नो अत्र सविता दमूना अनागसो वोचति सूर्याय ।।३।।
गृहंगृहमहना यात्यच्छा दिवेदिवे अधि नामा दधाना ।
सिषासन्ती द्योतना शश्वदागादग्रमग्रमिद्भजते वसूनाम् ।।४।।
भगस्य स्वसा वरुणस्य जामिरुषः सूनृते प्रथमा जरस्व ।
पश्चा स दध्या यो अघस्य धाता जयेम तं दक्षिणया रथेन ।।५।।
उदीरतां सूनृता उत्पुरन्धीरुदग्नयः शुशुचानासो अस्थुः ।

स्पार्हा वसूनि तमसापगूळहविष्कृण्वन्त्युषसो विभतीः ।।६।।
अपान्येदत्यभ्य१न्यदेति विषुरूपे अहनी सं चरेते ।
परिक्षितोस्तमो अन्या गुहाकरद्यौदुषाः शोशुचता रथेन ।।७।।
सदृशीरद्य सदृशीरिदु श्वो दीर्घं सचन्ते वरुणस्य धाम ।
अनवद्यास्त्रिंशतं योजनान्येकैका क्रतुं परि यन्ति सद्यः ।।८।।
जानत्यह्नः प्रथमस्य नाम शुक्रा कृष्णादजनिष्ट श्वितीची ।
ऋतस्य योषा न मिनाति धामाहरहर्निष्कृतमाचरन्ती ।।९।।
कन्येव तन्वा३ शाशदानाँ एषि देवि देवमियक्षमाणम् ।
संस्मयमाना युवतिः पुरस्तादाविर्वक्षांसि कृणुषे विभाती ।।१०।।
सुसंकाशा मातृमृष्टेव योषाविस्तन्वं कृणुषे दृशे कम् ।
भद्रा त्वमुषो वितरं व्युच्छ न तत्ते अन्या उषसो नशन्त ।।११।।
अश्ववतीर्गोमतीर्विश्ववारा यतमाना रश्मिभिः सूर्यस्य ।
परा च यन्ति पुनरा च यन्ति भद्रा नाम वहमाना उषासः ।।१2।।
ऋतस्य रश्मिमनुयच्छमाना भद्रंभद्रं क्रतुमसमासु धेहि ।
उषो नो अद्य सुहवा व्युच्छास्मासु रायो मघवत्सु च स्युः ।।१३।।

ऋ. १.१2४.१–१३

उष उच्छन्ती समिधाने अग्ना उद्यन्त्सूर्य उर्विया ज्योतिरश्रेत् ।
देवो नो अत्र सविता न्वर्थं प्रासावीद् द्विपत्प्र चतुष्पदित्यै ।।१।।
अमिनती दैव्यानि व्रतानि प्रमिनती मनुष्या युगानि ।
ईयुषीणामुपमा शश्वतीनामायतीनां प्रथमोषा व्यद्यौत् ।।2।।
एषा दिवो दुहिता प्रत्यदर्शि ज्योतिर्वसाना समना पुरस्तात् ।
ऋतस्य पन्थामन्वेति साधु प्रजानतीव न दिशो मिनाति ।।३।।
उपो अदर्शि शुन्ध्युवो न वक्षो नोधा इवाविरकृत प्रियाणि ।
अद्यसन्न ससतो बोधयन्ती शश्वत्तमागात्पुनरेयुषीणाम् ।।४।।
पूर्वे अर्धे रजसो अप्त्यस्य गवां जनित्र्यकृत प्र केतुम् ।
व्यु प्रथते वितरं वरीय ओभा पृणन्ती पित्रोरुपस्था ।।५।।
एवेदेषा पुरुतमा दृशे कं नाजामिं न परि वृणक्ति जामिम् ।
अरेपसा तन्वा३ शाशदाना नार्भादीषते न महो विभाती ।।६।।
अभ्रातेव पुंस एति प्रतीची गर्तारुगिव सनये धनानाम् ।
जायेव पत्य उशती सुवासा उषा हस्रेव नि रिणीते अप्सः ।।७।।
स्वसा स्वस्रे ज्यायस्यै योनिमारैगपैत्यस्याः प्रतिचक्ष्येव ।
व्युच्छन्ती रश्मिभिः सूर्यस्यांज्यङ्क्ते समनगा इव व्राः ।।८।।
आसां पूर्वासामहसु स्वसॄणामपरा पूर्वामभ्येति पश्चात् ।
ताः प्रत्नवन्नव्यसीर्नूनमस्मे रेवदुच्छन्तु सुदिना उषासः ।।९।।
प्र बोधयोषः पृणतो मघोन्यबुध्यमनानाः पणयः ससन्तु ।
रेवदुच्छ मघवद्भ्यो मघोनि रेवत्स्तोत्रे सूनृते जारयन्ती ।।१०।।
अवेयमश्वैद्युवतिः पुरस्ताद्युङ्क्ते गवामरुणानामनीकम् ।
वि नूनमुच्छादसति प्र केतुर्गृहंगृहमुप तिष्ठाते अग्निः ।।११।।
उत्ते व्यश्चिद्वसतेरपप्तन्नरश्च ये पितुभाजो व्युष्टौ ।
अमा सते वहसि भूरि वाममुषो देवि दाशुषे मर्त्याय ।।१2।।
अस्तोढ्वं स्तोम्या ब्रह्मणा मेऽवीवृधध्वमुशतीरुषासः ।
युष्माकं देवीरवसा सनेम सहस्रिणं च शतिनं च वाजम ।।१३।।

३. गोतमो राहूगणः – ऋ. १.६2.१–१८; सा. १७३१–३३; १७५५–५७;

ऋ. १.६2.१–१८

एता उ त्याउषसः केतुमक्रत पूर्वे अर्धे रजसो भानुमंजते ।

निष्कृण्वाना आयुधानीव धृष्णवः प्रति गावोऽरुषीर्यन्ति मातरः ।।१।।
उदपप्तन्नरुणा भानवो वृथा स्वायुजो अरुषीर्गा अयुक्षत ।
अक्रन्नुषासो वयुनानि पूर्वथा रुशन्तं भानुमरुषीरशिश्रयुः ।।2।।
अर्चन्ति नारीरपसो न विष्टिभिः समानेन योजनेना परावतः ।
इषं वहन्तीः सुकृते सदानवे विश्वेदह यजमानाय सुन्वते ।।३।।
अधि पेशांसि वपते नृतुरिवापोर्णुते वक्ष उस्रेव बर्जहम् ।
ज्योतिर्विश्वस्मै भुवनाय कुण्वती गावो न व्रजं व्यु१षा आवर्तमः ।।४।।
प्रत्यर्ची रुशदस्य अदर्शि वि तिष्ठते बाधते कृष्णमभ्वम् ।
स्वरुं न पेशो विदथेष्वंजचित्रं दिवो दुहिता भनुमश्रेत् ।।५।।
अतारिष्म तमसस्पपारमस्योषा उच्छन्ती वयुना कृणोति ।
श्रिये छन्दो न स्मयते विभाती सुप्रतीका सौमनसायाजीगः ।।६।।
भास्वती नेत्री सूनृतानां दिवः स्तवे दुहिता गोमेभिः ।
प्रजावतो नृवतो अश्वबुध्यानुषो गोअग्राँ उप मासि वाजान् ।।७।।
उषस्तमश्यां यशसं सुवीरं दासप्रवर्गं रयिमश्वबुध्यम् ।
सुदंससा श्रवसा या विभासि वाजप्रसूता सुभगे बृहन्तम् ।।८।।
विश्वानि देवी भुवनाभिचक्ष्या प्रतीची चक्षुरुर्बिया वि भाति ।
विश्वं जीवं चरसे बोधयन्ती विश्वस्य वाचमविदन्मनायोः ।।९।।
पुनः पुनर्जायमाना पुराणी समानं वर्णमभि शुम्भमाना ।
श्वध्नीव कृत्नुर्विज आमिनाना मर्तस्य देवी जरयन्त्यायुः ।।१०।।
व्यूर्णवती दिवो अन्ताँ अबोध्यप स्वसारं सनुतर्युयोति ।
प्रमिनती मनुष्या युगानि योषा जारस्य चक्षसा वि भाति ।।११।।
पशून्न चित्रा सुभगा प्रथाना सिन्धुर्न क्षोद उर्विया व्यश्वैत् ।
अमिनती दैव्यानि व्रतानि सूर्यस्य चेति रश्मिभिर्दृशाना ।।१2।।
उषस्तच्चित्रमा भरामस्मभ्यं वाजिनीवति। येन तोकं च तनयं च धामहे ।।१३।।
उषो अद्येह गोमत्यश्वावति विभवरि। रेवदस्मे व्युच्छ सूनृतावति ।।१४।।
युक्ष्वा हि वाजिनीवत्यश्वँ अद्यारुणाँ उषः। अथा नो विश्वा सौभगान्या वह ।।१५।।
अश्विना वर्तिरस्मदा गोमद्दस्रा हिरण्यवत्। अर्वाग्रथं समनसा नि यच्छतम् ।।१६।।
यावित्था श्लोकमा दिवो ज्योतिर्जनाय चक्रथुः। आ न ऊर्जं वहतामश्विना युवम् ।।१७।।
एह देवा मयोभुवा दस्रा हिरण्यवर्तनी। उषर्बुधो वहन्तु सोमपीतये ।।१८।।

सा. १७३१–१७३३

उषस्तच्चित्रमा भरास्मभ्यं वाजिनीवति। येन तोकं च तनयं च धामहे ।।१।।
उषो अद्येह गोमत्यश्वावति विभावरि। रेवदस्मे व्युच्छ सूनृतावति ।।2।।
युंक्ष्वा हि वाजिनीवत्यश्वाँ अद्यारुणाँ उषः। अथा नो विश्वा सौभगान्या वह ।।३।।

सा. १७५५–१७५७

एता उ त्या उषसः केतुमक्रत पूर्वे अर्धे रजसो भानुमंजते ।
निष्कृण्वाना आयुधानीव धृष्णवः प्रति गावोऽरुषीर्यन्ति मातरः ।।१।।
उदपप्तन्नरुणा भानवो वृथा स्वायुजो अरुषीर्गा अयुक्षत ।
अक्रन्नुषासो वयुनानि पूर्वथा रुशन्तं भानुमरुषीरशिश्रयुः ।।2।।
अर्चन्ति नारीरपसो न विष्टिभिः समानेन योजनेना परावतः ।
इषं वहन्तीः सुकृतो सुदानवे विश्वेदह यजमानाय सुन्वते ।।३।।

४. प्रजापतिर् वैश्वामित्रो वाच्यो वा – ऋ. ३.५५.१

उषसः पूर्वा अध यद्व्यूषुर्महद्वि जज्ञे अक्षरं पदे गोः ।
व्रता देवानामुप नु प्रभूषन्महद्देवानामसुरत्वमेकम् ।।१।।

५. प्रस्कण्वः काण्वः: – ऋ. १.४८.१–१६; १.४९.१–४; सा. ३६७

ऋ. १.४८.१–१६

सह वामेन न उषो व्युच्छा दुहितर्दिवः ।
सह द्युम्नेन न बृहता विभावरि राया देवि दास्वती ।।१।।
अश्वावतीर्गोमतीर्विश्वसुविदो भूरि च्यवन्त वस्तवे ।
उदीरय प्रति मा सूनृता उषश्चोद राधो मघोनाम् ।।2।।
उवासोषा उच्छाच्च नु देवी जीरा रथानाम् ।
ये अस्या आचरणेषु दध्रिरे समुद्रे न श्रवस्यवः ।।३।।
उषो ये ते प्र यामेषु युंजते मनो दानाय सूरयः ।
अत्राह तत्कण्व एषां कण्वतमो नाम गृणाति नृणाम् ।।४।।
आ घा योषेव सूनर्युषा याति प्रभुंजती ।
जरयन्ती वृजनं पद्वदीयत उत्पातयति पक्षिणः ।।५।।
वि या सृजति समनं व्य१र्थिनः पदं न वेत्योदती ।
वयो नकिष्टे पप्तिवांस आसते व्युष्टौ वाजिनीवति ।।६।।
एषायुक्त परावतः सूर्यस्योदयनादधि ।
शतं रथेभिः सुभगोषा इयं वि यातयभि मानुषान् ।।७।।
विश्वमस्या नानाम चक्षसे जगज्ज्योतिष्कृणोति सूनरी ।
अप द्वेषो मघोनी दुहिता दिव उषा उच्छदप स्रिधः ।।८।।
उष आ भाहि भानुना चन्द्रेण दुहितर्दिवः ।
आवहन्ती भूर्यस्मभ्यं सौभगं व्युच्छन्ती दिविष्टिषु ।।९।।
विश्वस्य हि प्राणनं जीवनं त्वे वि यदुच्छसि सूनरि ।
सा नो रथेन बृहता विभावरि श्रुधि चित्रमघे हवम् ।।१०।।
उषो वाजं हि वंस्व यश्चित्रो मानुषे जने ।
तेना वह सुकृतो अध्वराँ उप ये त्वा गृणन्ति वह्नयः ।।११।।
विश्वान्देवाँ आ वह सोमपीतयेऽन्तरिक्षादुषस्त्वम् ।
सास्मासु धा गोमदश्वावदुक्थ्य१मुषो वाजं सुवीर्यम् ।।१2।।
यस्या रुशन्तो अर्चयः प्रति भद्रा अदृक्षत ।
सा नो रयिं विश्ववारं सुपेशसमुषा ददातु सुग्म्यम् ।।१३।।
ये चिद्धि त्वामृषयः पूर्व ऊतये जुहूरेऽवसे महि ।
सा नः स्तोमाँ अभि गृणीहि राधसोषः शुक्रेण शोचिषा ।।१४।।
उषो यदद्य भानुना वि द्वारावृणवो दिवः ।
प्र नो यच्छतादवृकं पृथु च्छर्दिः प्र देवि गोमतीरिषः ।।१५।।
सं नो राया बृहता विश्वपेशसा मिमिक्ष्वा समिळाभिरा ।
सं द्युम्नेन विश्वतुरोषो महि सं वाजैर्वाजिनीवति ।।१६।।

ऋ. १.४९.१–४

उषो भद्रेभिरा गहि दिवश्चिद्रोचनादधि। वहन्त्वरुणप्सव उप त्वा सोमिनो गृहम् ।।१।।
सुपेशसं सुखं रथं यमध्यस्था उषस्त्वम्। तेना सुश्रवसं जनं प्रावाद्य दुहितर्दिवः ।।2।।
वयश्चित्ते पतत्रिणो द्विपच्चतुष्पदर्जुनि। उषः प्रारन्नृतूँरनु दिवो अन्तेभ्यस्परि ।।३।।
व्युच्छती हि रश्मिभिर्विश्वमाभासि रोचनम्। तां त्वामुषर्वसूयवो गीर्भिः कण्वा अहूषत ।।४।।

सा. ३६७

वयश्चित्ते पतत्रिणो द्विपाच्चतुष्पादर्जुनि। उषः प्रारन्नृतूं रनु दिवो अन्तेभ्यस्परि ।।८।।

६. भरद्वाजो बार्हस्पत्यः – ऋ. ६.६४.१–६; ६.६५.१–६

ऋ. ६.६४.१–६

उदु श्रिय उषसो रोचमाना अस्थुरपां नोर्मयो रुशन्तः ।
कृणोति विश्वा सुपथा सुगान्यभूदु वस्वी दक्षिणा मघोनी ।।१।।

भद्रा ददृक्ष उर्विया वि भास्युत्ते शोचिर्भानवो द्यामपप्तन् ।
आविर्वक्षः कृणुषे शुम्भमानोषो देवि रोचमाना महोभिः ।।2।।
वहन्ति सीमरुणासो रुशन्तो गावः सुभगामुर्विया प्रथानाम् ।
अपेजते शूरो अस्तेव शत्रून् बाधते तमो अजिरो न वोळ्हा ।।३।।
सुगोत ते सुपथा पर्वतेष्ववाते अपस्तरसि स्वभानो ।
सा न आ वह पृथुयामन्नृष्वे रयिं दिवो दुहितरिषयध्यै ।।४।।
सा वह योक्षभिरवातोषो वरं वहसि जोषमनु ।
त्वं दिवो दुहितर्या ह देवी पूर्वहूतौ मंहना दर्शता भूः ।।५।।
उत्ते वयश्चिद्वसतेरपप्तन्नरश्च ये पितुभाजो व्युष्टौ ।
अमा सते वहसि भूरि वाममुषो देवि दाशुषे मर्त्याय ।।६।।

ऋ. ६.६५.१–६

एषा स्या नो दुहिता दिवोजाः क्षितीरुच्छन्ती मानुषीरजीगः ।
या भानुना रुशता राम्यास्वज्ञायि तिरस्तमसश्चिदक्तून् ।।१।।
वि तद्ययुररुणयुग्भिरश्वैश्चित्रं भान्त्युषसश्चन्द्ररथाः ।
अग्रं यज्ञस्य बृहतो नयन्तीर्वि ता बाधन्ते तम ऊर्म्यायाः ।।2।।
श्रवो वाजमिषमूर्जं वहन्तीर्नि दाशुष उषसो मर्त्याय ।
मघोनीर्वीरवत्पत्यमाना अवो धात विधते रत्नमद्य ।।३।।
इदा हि वो विधते रत्नमस्तीदा वीराय दाशुष उषासः ।
इदा विप्राय जरते यदुक्था नि ष्म मावते वहथा पुरा चित् ।।४।।
इदा हि त उषो अद्रिसानो गोत्रा गवामंगिरसो गृणन्ति ।
व्य१र्केण बिभदुर्ब्राह्मणा च सत्या नृणामभवद्देवहूतिः ।।५।।
उच्छा दिवो दुहितः प्रत्नवन्नो भरद्वाजवद्विधते मघोनि ।
सुवीरं रयिं गृणते रिरीह्युरुगायमधि धेहि श्रवो नः ।।६।।

७. वसिष्ठः – ऋ. ७.४१.७; ७.७५.१–८; ७.७६.१–७; ७.७७.१–६; ७.७८.१–५; ७.७९.१–५; ७.८०.१–३; ७.८१.१–६; य. ३४.४०; अ. १९.१2.१

ऋ. ७.४१.७

अश्वावतीर्गोमतीर्न उषासो वीरवतीः सदमुच्छन्तु भद्राः ।
घृतं दुहाना विश्वतः प्रपीता यूयं पात स्वस्तिभिः सदा नः ।।७।।

ऋ. ७.७५.१–८

व्यु१षा आवो दिविजा ऋतेनविष्कृण्वाना महिमानमागात् ।
अप द्रुहस्तम आवरजुष्टमंगिरस्तमा पथ्या अजीगः ।।१।।
महे नो अद्य सुविताय बोध्युषो महे सौभगाय प्र यन्धि ।
चित्रं रयिं यशसं धेह्यस्मे देवि मर्तेषु मानुषि श्रवस्युम् ।।2।।
एते त्ये भानवो दर्शतायाश्चित्रा उषसो अमृतास आगुः ।
जनयन्तो दैव्यानि व्रतान्यापृणन्तो अन्तरिक्षा व्यस्थुः ।।३।।
एषा स्या युजाना पराकात्पंच क्षितीः परि सद्यो जिगाति ।
अभिपश्यन्ती वयुना जनानां दिवो दुहिता भुवनस्य पत्नी ।।४।।
वाजिनीवती सूर्यस्य योषा चित्रामघा राय ईशे वसूनाम् ।
ऋषिष्टुता जरयन्ती मघोन्युषा उच्छति वह्निभिर्गृणाना ।।५।।
प्रति द्युतानामरुषासो अश्वाश्चित्रा अदृश्रन्नुषसं वहन्तः ।
याति शुभ्रा विश्वपिशा रथेन दधाति रत्नं विधते जनाय ।।६।।
सत्या सत्येभिर्महती महद्भिर्देवी देवेभिर्यजता यजत्रैः ।

रुजद् दृळहानिददुस्रियाणां प्रति गाव उषसं वावशन्त ।।७।।
नू नो गोमद्वीरवद्धेहि रत्नमुषो अश्वावत्पुरुभोजो अस्मे ।
मा नो बर्हिः पुरुषता निदे कर्यूयं पात स्वस्तिभिः सदा नः ।।८।।

ऋ. ७.७६.१–७

उदु ज्योतिरमृतं विश्वजन्यं विश्वानरः सविता देवो अश्रेत् ।
क्रत्वा देवानमजनिष्ट चक्षुराविरकर्भुवनं विश्वमुषाः ।।१।।
प्र मे पन्था देवयाना अदृश्रन्नमर्धन्तो वसुभिरिष्कृतासः ।
अभूदु केतुरुषसः पुरस्तात्प्रतीच्यागादधि हर्म्येभ्यः ।।2।।
तानीदहानि बहुलान्यासन्या प्राचीनमुदिता सूर्यस्य ।
यतः परि जारइवाचरन्त्युषो ददृक्षे न पुनर्यतीव ।।३।।
त इद्देवानां सधमाद आसन्नृतावानः कवयः पूर्व्यासः ।
गूळहं ज्योतिः पितरो अन्वविन्दन्त्सत्यमन्त्रा अजनयन्नुषासम् ।।४।।
समान ऊर्वे अधि संगतासः सं जानते न यतन्ते मिथस्ते ।
ते देवानां न मिनन्ति व्रतान्यमर्धन्तो वसुभिर्यादमानाः ।।५।।
प्रति त्वा स्तोमैरीळते वसिष्ठा उषर्बुधः सुभगे तुष्टुवांसः ।
गवां नेत्री वाजपत्नी न उच्छोषः सुजाते प्रथमा जरस्व ।।६।।
एषा नेत्री राधसः सूनृतानामुषा उच्छन्ती रिभ्यते वसिष्ठैः ।
दीर्घश्रुतं रयिमस्मे दधाना यूयं पात स्वस्तिभिः सदा नः ।।७।।

ऋ. ७.७७.१–६

उपो रुरुचे युवतिर्न योषा विश्वं जीवं प्रसुवन्ती चरायै ।
अभूदग्निः समिधे मानुषाणामकर्ज्योतिर्बाधमाना तमांसि ।।१।।
विश्वं प्रतीची सप्रथा उदस्थाद्रुशद्वासो बिभ्रती शुक्रमश्वैत् ।
हिरण्यवर्णा सुदृशीकसंदृग् गवां माता नेत्र्यह्नामरोचि ।।2।।
देवानां चक्षुः सुभगा वहन्ती श्वेतं नयन्ती सुदृशीकमश्वम् ।
उषा अदर्शि रश्मिभिर्व्यक्ता चित्रामघा विश्वमनु प्रभूता ।।३।।
अन्तिवामा दूरे अमित्रमुच्छोर्वीं गव्यूतिमभ्यं कृधी नः ।
यावय द्वेष आ भरा वसूनि चोदय राधो गृणते मघोनि ।।४।।
अस्मे श्रेष्ठेभिर्भानुभिर्वि भाह्युषो देवि प्रतिरन्ती न आयुः ।
इषं च नो दधती विश्ववारे गोमदश्वावद्रथवच्च राधः ।।५।।
यां त्वा दिवो दुहितर्वर्धयन्त्युषः सुजाते मतिभिर्वसिष्ठाः ।
सास्मासु धा रयिमृष्वं बृहन्तं यूयं पात स्वस्तिभिः सदा नः ।।६।।

ऋ. ७.७८.१–५

प्रति केतवः प्रथमा अदृश्रन्नूर्ध्वा अस्या अज्जयो वि श्रयन्ते ।
उषो अर्वाचा बृहता रथेन ज्योतिष्मता वाममस्मभ्यं वक्षि ।।१।।
प्रति षीमग्निर्जरते समिद्धः प्रति विप्रासो मतिभिर्गृणन्तः ।
उषा याति ज्योतिषा बाधमाना विश्वा तमांसि दुरिताप देवी।।2।।
एता उ त्याः प्रत्यदृश्रन् पुरस्ताज्ज्योतिर्यच्छन्तीरुषसो विभातीः ।
अजीजनन्त्सूर्यं यज्ञमग्निमपाचीनं तमो अगादजुष्टम् ।।३।।
अचेति दिवो दुहिता मघोनी विश्वे पश्यन्त्युषसं विभातीम् ।
आस्थाद्रथं स्वधया युज्यमानमा यमश्वासः सुयुजो वहन्ति ।।४।।
प्रति त्वाद्य सुमनसो बुधन्तास्माकासो मघवानो वयं च ।
तिल्विलायध्वमुषसो विभातीर्यूयं पात स्वस्तिभिः सदा नः ।।५।।

ऋ. ७.७९.१–५

व्यु2षा आवः पथ्या३ जनानां पंच क्षीतीर्मानुषीर्बोधीयन्ती सुसंदृग्निरुक्षभिर्भानुमश्रेद्वि

सूर्यो रोदसी चक्षसावः ।।१।।
व्यंजते दिवो अन्तेष्वक्तून्विशो न युक्ता उषसो यतन्ते ।
सं ते गावस्तम आ वर्तयन्ति ज्योतिर्यच्छन्ति सवितेव बाहू ।।2।।
अभूदुषा इन्द्रतमा मघोन्यजीजनत् सुविताय श्रवांसि ।
वि दिवो देवी दुहिता दधात्यंगिरस्तमा सुकृते वसुनि ।।३।।
तावदुषो राधो अस्मभ्यं रास्व यावत्स्तोतृभ्यो अरदो गृणाना ।
यां त्वा जज्ञुर्वृषभस्या रवेण वि दृळहस्य दुरो अद्रेरौर्णेः ।।४।।
देवंदेवं राधसे चोदयन्त्यस्मद्र्यक्सूनृता ईरयन्ती ।
व्युच्छन्तीः न सनये धियो धा यूयं पात स्वस्तिभिः सदा नः ।।५।।

ऋ. ७.८०.१–३

प्रति स्तोमेभिरुषसं वसिष्ठा गीर्भिर्विप्रासः प्रथमा अबुध्रन् ।
विवर्तयन्ती रजसी समन्ते आविष्कृण्वतीं भुवनानि विश्वा ।।१।।
एषा स्या नव्यमायुर्दधाना गूढ्वी तमो ज्योतिषोषा अबोधि ।
अग्र एति युवतिरह्रयाणा प्राचिकितत्सूर्यं यज्ञमग्निम् ।।2।।
अश्वावतीर्गोमतीर्न उषासो वीरवतीः सदमुच्छन्तु भद्राः ।
घृतं दुहाना विश्वतः प्रपीता ययं पात स्वस्तिभिः सदा नः ।।३।।

ऋ. ७.८१.१–६

प्रत्यु अदर्श्यायत्यु१च्छन्ती दुहिता दिवः ।
अपो महि व्ययति चक्षसे तमो ज्योतिष्कृणोति सूनरी ।।१।।
उदुस्रियाः सृजते सूर्यः सचाँ उद्यन्नक्षत्रमर्चिवत् ।
तवेदुषो व्युषि सूर्यस्य च सं भक्तेन गमेमहि ।।2।।
प्रति त्वा दुहितर्दिव उषो जीरा अभुत्स्महि ।
या वहसि पुरु स्पार्हं वनन्वति रत्नं न दाशुषे मयः ।।३।।
उच्छन्ती या कृणोषि मंहना महि प्रख्यै देवि स्वर्दृशे ।
तस्यास्ते रत्नभाज ईमहे वयं स्याम मातुर्न सूनवः ।।४।।
तच्चित्रं राध आ भरोषो यद्दीर्घश्रुत्तमम् ।
यत्ते दिवो दुहितर्मर्तभोजनं तद्रास्व भुनजामहै ।।५।।
श्रवः सूरिभ्यो अमृतं वसुत्वनं वाजाँ अस्मभ्यं गोमतः ।
चोदयित्री मघोनः सूनृतावत्युषा उच्छदप स्रिधः ।।६।।

य. ३४.४०

अश्वावतीर्गोमतीर्नऽउषासो वीरवतीः सदमुच्छन्तु भद्राः ।
घृतं दुहाना विश्वतः प्रपीता यूयं पात स्वम्तिभिः सदा नः ।।४०।।

अ. १९.१2.१

उषा अप स्वसुस्तमः सं वर्तयति वर्तनिं सुजातता ।
अया वाजं देवहितं सनेम मदेम शतहिमाः सुवीराः ।।१।।

८. वासिष्ठो मैत्रावरुणिः – सा. ३०३; ७५१–७५2

सा. ३०३

प्रत्यु अदर्श्यायत्यू३च्छन्ती दुहिता दिवः ।
अपो मही वृणुते चक्षुषा तमो ज्योतिष्कृणोति सूनरी ।।१।।

सा. ७५१–७५2

प्रत्यु अदर्श्यायत्यू३च्छन्ती दुहिता दिवः ।
अपो मही वृणुते चक्षुषा तमो ज्योतिष्कृणोति सूनरी ।।१।।
उदुस्रियाः सृजते सूर्यः सचा उद्यन्नक्षत्रमर्चिवत् ।

तवेदुषो व्युषि सूर्यस्य च सं भक्तेन गमेमहि ।।2।।

९. वामदेवो गौतमः – ऋ. ४.५१.१–११; ४.५2.१–७; सा. १७2५–१७2७

ऋ. ४.५१.१–११

इदमु त्यत्पुरुतमं पुरस्ताज्ज्योतिस्तमसो वयुनावदस्थात् ।
नूनं दिवो दुहितरो विभातीर्गातुं कृणवन्नुषसो जनाय ।।१।।
अस्थुरु चित्रा उषसः पुरस्तान्मिता इव स्वरवोऽध्वरेषु ।
व्यू व्रजस्य तमसो द्वार्योच्छन्तीरव्रंछुच्यः पावकाः ।।2।।
उच्छन्तीरद्य चितयन्त भोजान् राधोदेयायोषसो मघोनीः ।
अचित्रे अन्तः पणयः ससन्त्वबुध्यमानास्तमसो विमध्ये ।।३।।
कुवित्स देवीः सनयो नवो वा यामो बभूयादुषसो वो अद्य ।
येना नवग्वे अंगिरे दशग्वे सप्तास्ये रेवती रेवदूष ।।४।।
यूयं हि देवीर्ऋतयुग्भिरश्वैः परिप्रयाथ भुवनानि सद्यः ।
प्रबोधयन्तीरुषसः ससन्तं द्विपाच्चतुष्पाच्चरथाय जीवम् ।।५।।
क्व स्विदासां कतमा पुराणी यया विधाना विदधुर्ऋभूणाम् ।
शुभं युच्छुभ्रा उषसश्चरन्ति न वि ज्ञायन्त सदृशीरजुर्याः ।।६।।
ता घा ता भद्रा उषसः पुरासुरभिष्टिद्युम्ना ऋतजातसत्याः ।
यास्वीजानः शशमान उक्थैः स्तुवंछंसन्द्रविणं सद्य आप ।।७।।
ता आ चरन्ति समना पुरस्तात्समानतः समना पप्रथानाः ।
ऋतस्य देवीः सदसो बुधाना गवां न सर्गा उषसो जरन्ते ।।८।।
ता इन्न्वे३व समना समानीरमीतवर्णा उषसश्चरन्ति ।
गूहन्तीरभ्वमसितं रुशद्भिः शुक्रास्तनूभिः शुचयो रुचानाः ।।९।।
रयिं दिवो दुहितरो विभातीः प्रजावन्तं यच्छतास्मासु देवीः ।
स्योनादा वः प्रतिबुध्यमानाः सुवीर्यस्य पतयः स्याम ।।१०।।
तद्वो दिवो दुहितरो विभातीरुप ब्रुव उषसो यज्ञकेतुः ।
वयं स्याम यशसो जनेषु तद् द्यौश्च धत्तां पृथिवी च देवी।।११।।

ऋ. ४.५2.१–७

प्रति ष्या सूनरी जनी व्युच्छन्ती परि स्वसुः। दिवो अदिर्शि दुहिता ।।१।।
अश्वेव चित्रारुषी माता गवामृतावरी। सखाभूदश्विनोरुषाः ।।2।।
उत सखास्यश्विनोरुत माता गवामसि। उतोषो वस्व ईशिषे ।।३।।
यावयद् द्वेषसं तवा चिकित्वित्सूनृतावरि। प्रति स्तोमैरभुत्स्महि ।।४।।
प्रति भद्रा अदृक्षत गवां सर्गा न रश्मयः। ओषा अप्रा उरु ज्रयः ।।५।।
आपप्रुषी विभावरि व्यावर्ज्योतिषा तमः। उषो अनु स्वधामव ।।६।।
आ द्यां तनोषि रश्मिभिरान्तरिक्षमुरु प्रियम्। उषः शुक्रेण शोचिषा ।।७।।

सा. १७2५–१७2७

प्रति ष्या सूनरी जनी व्युच्छन्ती परि स्वसुः। दिवो अदर्शि दुहिता ।।१।।
अश्वेव चित्रारुषी माता गवामृतावरी। सखा भूदश्विनोरुषाः ।।2।।
उत सखास्यश्विनोरुत माता गवामसि। उतोषो वस्व ईशिषे ।।३।।

१०. विश्वामित्रो गाथिनः – ऋ. ३.६१.१–७

उषो वाजेन वाजिनि प्रचेताः स्तोमं जुषस्व गृणतो मघोनि ।
पुराणी देवि युवतिः पुरन्धिरनु व्रतं चरसि विश्ववारे ।।१।।
उषो देवयमर्त्या वि भाहि चन्द्ररथा सूनृता ईरयन्ती ।
आ त्वा वहन्तु सुयमासो अश्वा हिरण्यवर्णा पृथुपाजसो ये ।।2।।
उषः प्रतीची भुवनानि विश्वोर्ध्वा तिष्ठस्यमृतस्य केतुः ।

समानमर्थं चरणीयमाना चक्रमिव नव्यस्या ववृत्स्व ।।३।।
अव स्यूमेव चिन्वती मघोन्युषा याति स्वसरस्य पत्नी ।
स्व१र्जनन्ती सुभगा सुदंसा आन्ताद्दिवः पप्रथ आ पृथिव्याः ।।४।।
अच्छा वो देवीमुषसं विभातीं प्र वो भरध्वं नमसा सुवृक्तिम् ।
ऊर्ध्वं मधुधा दिवि पाजो अश्रेत्प्र रोचना रुरुचे रण्वसंदृक् ।।५।।
ऋतावरी दिवो अर्कैरबोध्या रेवती रोदसी चित्रमस्थात् ।
आयतीमग्न उषसं विभातीं वाममेषि द्रविणं भिक्षमाणः ।।६।।
ऋतस्य बुध्न उषसामिषण्यन्वृषा मही रोदसी आ विवेश ।
मही मित्रस्य वरुणस्य माया चन्द्रेव भानुं वि दधे पुरुत्रा ।।७।।

११. शुनःशेप आजीगर्तिः – ऋ. १.३०.20–22

कस्त उषः कधप्रिये भुजे मर्तो अमर्त्ये। कं नक्षसे विभावरि ।।20।।
वयं हि ते अमन्मह्यान्तादा पराकात्। अश्वे न चित्रे अरुषि ।।2१।।
त्वं त्येभिरा गहि वाजेभिर्दुहितर्दिवः। अस्मे रयिं नि धारय ।।22।।

१2. सत्यश्रवा आत्रेयः – ऋ. ५.७६.१–१०; ५.८०.१–६; सा. १७४०–१७४२

ऋ. ५.७६.१–१०

महे नो अद्य बोधयोषो राये दिवित्मती ।
यथा चिन्नो अबोधयः सत्यश्रवसि वाय्ये सुजाते अश्वसूनृते ।।१।।
या सुनीथे शौचद्रथे व्यौच्छो दुहितर्दिवः ।
सा व्युच्छ सहीयसि सत्यश्रवसि वाय्ये सुजाते अश्वसूनृते ।।2।।
सा नो अद्याभरद्वसुर्व्युच्छा दुहितर्दिवः ।
यो व्यौच्छः सहीयसि सत्यश्रवसि वाय्ये सुजाते अश्वसूनृते ।।३।।
अभि ये त्वा विभावरि स्तोमैर्गृणान्ति वह्नयः ।
मघैर्मघोनि सुश्रियो दामन्वन्तः सुरातयः सुजाते अश्वसूनृते ।।४।।
यच्चिद्धि ते गणा इमे छदयन्ति मघत्तये ।
परि चिद्वष्टयो दधुर्ददतो राधो अह्रयं सुजाते अश्वसूनृते ।।५।।
ऐषु धा वीरवद्यश उषो मघोनि सूरिषु ।
ये नो राधांस्यह्रया मघवानो अरासत सुजाते अश्वसूनृते ।।६।।
तेभ्यो द्युम्नं बृहद्यश उषो मघोन्या वह ।
ये नो राधंस्यश्व्या गव्या भजन्त सूरयः सुजाते अश्वसूनृते ।।७।।
उत नो गोमतीरिष आ वहा दुहितर्दिवः ।
साकं सूर्यस्य रश्मिभिः शक्रैः शोचद्भिरार्चिभिः सुजाते अश्वसूनृते ।।८।।
व्युच्छा दुहितर्दिवो मा चिरं तनुथा अपः ।
नेत्त्वा स्तेनं यथा रिपुं तपाति सूरो अर्चिषा सुजाते अश्वसूनृते ।।६।।
एतावद्वेदुषस्त्वं भूयो वा दातुमर्हसि ।
या स्तोतृभ्यो विभावर्युच्छन्ती न प्रमीयसे सुजाते अश्वसूनृते ।।१०।।

ऋ. ५.८०.१–६

द्युतद्यामानं बृहतीमृतेन ऋतावरीमरुणप्सुं विभातीम् ।
देवीमुषसं स्वरावहन्तीं प्रति विप्रासो मतिभिर्जरन्ते ।।१।।
एषा जनं दर्शता बोधयन्ती सुगान्पथः कृण्वती यात्यग्रे ।
बृहद्रथा बृहती विश्वमिन्वोषा ज्योतिर्यच्छत्यग्रे अह्नाम् ।।2।।
एषा गोभिररुणेभिर्युजानास्रेधन्ती रयिमप्रायु चक्रे ।
पथो रदन्ती सुविताय देवी पुरुष्टुता विश्ववारा वि भाति ।।३।।

एषा व्येनी भवति द्विबर्हा अविष्कृण्वाना तन्वं पुरस्तात् ।
ऋतस्य पन्थामन्वेति साधु प्रजानतीव न दिशो मिनाति ।।४।।
एषा शुभ्रा न तन्वो विदानोर्ध्वेव स्नाती दृशये नो अस्थात् ।
अप द्वेषो बाधमाना तमांस्युषा दिवो दुहिता ज्योतिषागात् ।।५।।
एषा प्रतीची दुहिता दिवो नॄन्योषेव भद्रा नि रिणीते अप्सः ।
व्यूर्ण्वती दाशुषे वार्याणि पुनर्ज्योतिर्युवतिः पूर्वथाकः ।।६।।

सा. १७४०–१७४२

महे नो अद्य बोधयोषो राये दिवित्मती ।
यथा चिन्नो अबोधयः सत्यश्रवसि वाय्ये सुजाते अश्वसूनृते ।।1।।
या सुनीथे शौचद्रथे व्यौच्छो दुहितर्दिवः ।
सा व्युच्छ सहीयसि सत्यश्रवसि वाय्ये सुजाते अश्वसूनृते ।।2।।
सा नो अद्याभरद्वसुर्व्युच्छा दुहितर्दिवः ।
यो व्यौच्छः सहीयसि सत्यश्रवसि वाय्ये सुजाते अश्वसूनृते ।।३।।

१३. संवर्त आंगिरसः (साग्री. –४४३; ४५१); संवर्त (ऋसर्व.); वामदेवः (सार्षेदी.) – ऋ. १०. १७2.१–४; सा. ४४३; ४५१

ऋ. १०.१७2.१–४

आ याहि वनसवा सह गावः सचन्त वर्तनिं यदूधभिः ।।१।।
आ याहि वस्व्या धिया मंहिष्ठो जारयन्मखः सुदानुभिः ।।2।।
पितुभृतो न तन्तुमित्सुदानवः प्रति दध्मो यजामसि ।।३।।
उषा अप स्वसुस्तमः सं वर्तयति वर्तनिं सुजातता ।।४।।

सा. ४४३

आ याहि वनसा सह गावः सचन्त वर्तनिं यदूधभिः ।।७।।

सा. ४५१

उषा अप स्वसुष्टमः सं वर्तयति वर्तनि सुजातता ।।५।।

2६१. उषा (साग्री. सास्वा.) अग्निः (सार्षेदी.)

१. सत्यश्रवा आत्रेयः (साग्री. सास्वा. ऋसर्व.)गोतमः (सार्षेदी.) – सा. ४2१

महे नो अद्य बोधयोषो राये दिवित्मती ।
यथा चिन्नो अबोधयः सत्यश्रवसि वाय्ये सुजाते अश्वसूनृते ।।३।।

2६2. उषा द्वितीयस्यार्द्धर्चस्य रात्रिरपि

१. कुत्स आंगिरसः – ऋ. १.११३.१–20; सा. १७४६–१७५१

ऋ. १.११३.१–20

इदं श्रेष्ठं ज्योतिषां ज्योतिरागाच्चित्रः प्रकेतो अजनिष्ट विभ्वा ।
यथा प्रसूता सवितुः सवायँ एवा रात्र्युषसे योनिमारैक् ।।१।।
रुशद्वत्सा रुशती श्वेत्यागादारैगु कृष्णा सदनान्यस्याः ।
समानबन्धू अमृते अनूची द्यावा वर्णं चरत आमिनाने ।।2।।
समानो अध्वा स्वस्रोरनन्तस्तमन्यान्या चरतो देवशिष्टे ।
न मेथेते न तस्थतुः सुमेके नक्तोषासा समनसा विरूपे ।।३।।
भास्वती नेत्री सूनृतानामचेति चित्रा वि दुरो न आवः ।
प्रार्प्या जगद्व्यु नो रायो अख्यदुषा अजीगर्भुवनानि विश्वा ।।४।।
जिह्मश्ये३ चरितवे मघोनयाभोगय इष्टये राय उ त्वम् ।
दभ्रं पश्यद्भ्य उर्विया विचक्ष उषा अजीगर्भुवनानि विश्वा ।।५।।
क्षत्राय त्वं श्रवसे त्वं महीया इष्टये त्वमर्थमिव त्वमित्यै ।
विसदृशा जीविताभिप्रचक्ष उषा अजीगर्भुवनानि विश्वा ।।६।।

एषा दिवो दुहिता प्रत्यदर्शि व्युच्छन्ती युवतिः शुक्रवासाः ।
विश्वस्येशाना पार्थिवस्य वस्व उषो अद्येह सुभगे व्युच्छ ।।७।।
परायतीनामन्वेति पाथ आयतीनां प्रथमा शश्वतीनाम् ।
व्युच्छन्ती जीवमुदीरयन्त्युषा मृतं कं चन बोधयन्ती ।।८।।
उषो यदग्निं समिधे चकर्थ वि यदावश्चक्षसा सूर्यस्य ।
यन्मानुषान्यक्ष्यमाणाँ अजीगस्तद्देवेषु चकृषे भद्रमप्नः ।।९।।
कियात्या यत्समया भवाति या व्यूषुर्याश्च नूनं व्युच्छान् ।
अनु पूर्वाः कृपते वावशाना प्रदीध्याना जोषमन्याभिरेति।।१०।।
ईयुष्टे ये पूर्वतरामपश्यन्व्युच्छन्तीमुषसं मर्त्यासः ।
अस्माभिरू नु प्रतिचक्ष्याभूदो ते यन्ति ये अपरीषु पश्यान् ।।११।।
यावयद्द्वेषा ऋतपा ऋतेजाः सुम्नावरी सूनृता ईरयन्ती ।
सुमङ्गलीर्बिभ्रती देववीतिमिहाद्योषः श्रेष्ठतमा व्युच्छ ।।१2।।
शश्वत्पुरोषा व्युवास देव्यथो अद्येदं व्यावो मघोनी ।
अथो व्युच्छादुत्तराँ अनु द्यूनजरामृता चरति स्वधभिः ।।१३।।
व्य१ञ्जिभिर्दिव आतास्वद्यौदप कृष्णां निर्णिजं देवयावः ।
प्रबोधयन्त्यरुणेभिरश्वैरोषा याति सुयुजा रथेन ।।१४।।
आवहन्ती पोष्या वार्याणि चित्रं केतुं कृणुते चकिताना ।
ईयुषीणामुपमा शश्वतीनां विभातीनां प्रथमोषा व्यश्वैत् ।।१५।।
उदीर्ध्वं जीवो असुर्न आगादप प्रागात्तम आ ज्योतिरोति ।
आरैक्पन्थां यातवे सूर्यायागन्म यत्र प्रतिरन्त आयुः ।।१६।।
स्यूमना वाच उदियर्ति वह्निः स्तवानो रेभ उषसो विभातीः ।
अद्या तदुच्छ गृणते मघोन्यस्मे आयुर्नि दिदीहि प्रजावत् ।।१७।।
या गोमतीरुषसः सर्ववीरा व्युच्छन्ति दाशुषे मर्त्याय ।
वायोरिव सूनृतानामुदर्के ता अश्वदा अश्नवत्सोमसुत्वा ।।१८।।
माता देवानामदितेरनीकं यज्ञस्य केतुर्बृहती वि भाहि ।
प्रशस्तिकृद्ब्रह्मणे नो व्यु१च्छा नो जने जनय विश्ववारे ।।१९।।
यच्चित्रमप्न उषसो वहन्तीजानाय शशमानाय भद्रम् ।
तन्नो मित्रो वरुणो मामहन्तामदितिः सिन्धुः पृथिवी उत द्यौः ।।20।।

सा. १७४९–१७५१

इदं श्रेष्ठं ज्योतिषां ज्योतिरागाच्चित्रः प्रकेतो अजनिष्ट विभ्वा ।
यथा प्रसूता सवितुः सवायैवा रात्र्युषसे योनिमारैक् ।।१।।
रुशद्वत्सा रुशती श्वेत्यागादारैगु कृष्णा सदनान्यस्याः ।
समानबन्धू अमृते अनूची द्यावा वर्ण चरत आमिनाने ।।2।।
समानो अध्वा स्वस्रोरनन्तस्तमन्यान्या चरतो देवशिष्टे ।
न मेथते न तस्थतुः सुमेके नक्तोषासा समनसा विरूपे ।।३।।

२६३. उषासानक्ता

१. मेधातिथिः काण्वः – ऋ. १.१३.७

नक्तोषासा सुपेशसास्मिन् यज्ञ उप ह्वये। इदं नो बर्हिरासदे ।।७।।

२६४. उषासा–नद्रा

१. दीर्घतमा औचथ्यः – ऋ. १.१४2.७

आ भन्दमाने उपाके नक्तोषासा सुपेशसा। यह्वी ऋतस्य मातरा सीदतां बर्हिरा सुमत् ।।७।।

२६५. उषा सूर्यप्रभावा

१. **जमदग्निः भार्गवः – ऋ. ८.१३.१३**

हवे त्वा सूर उदिते हवे मध्न्दिने दिवः। जुषाण इन्द्र सप्तिभिर्न आ गहि ।।१३।।

2६६. ऊर्ध्वा बृहस्पतिः श्वित्र वर्षः

१. **अथर्वा – अ. ३.27.६**

तेभ्यो नमोऽधिपतिभ्यो नमो रक्षितृभ्यो नम इषुभ्यो नम एभ्यो अस्तु ।
योऽस्मान् द्वेष्टि यं वयं द्विष्मस्तं वो जम्भे दध्मः ।।६।।

www.ingramcontent.com/pod-product-compliance
Lightning Source LLC
Chambersburg PA
CBHW060307240426
43661CB00059B/2688